LE
GRAND LIVRE
DU VIN

CET OUVRAGE A ÉTÉ RÉDIGÉ PAR

PIERRE ANDRIEU, lauréat de l'Office International du Vin, Grand Prix de la Confrérie des Chevaliers du Tastevin; JEAN ARNABOLDI, rédacteur de la revue «Bien vivre»; HELMUT ARNTZ, präsident der Gesellschaft für Geschichte des Weines, Allemagne; JEAN BERTIN-ROULLEAU, journaliste; GÉO H. BLANC de la Confrérie des vignerons, Vevey; DENIS BOUVIER; PHILIPPE CHERIX, chantre de la Confrérie du Guillon; RAYMOND COGNIAT, critique d'art du journal «Le Figaro», Paris; GIOVANNI DALMASSO, président de l'Accademia italiana della vite e del vino, Sienne; GÉRARD DEBUIGNE, médecin et biologue; JOSEPH DREYER, receveur de la Confrérie Saint-Etienne, Colmar; PIERRE FORGEOT, délégué général du Syndicat des négociants en vins fins de Bourgogne; ALEXANDRE FRESNEAU, conseiller technique, Institut National des Appellations d'Origine des Vins et Eaux-de-vie, Tours; BERNARD GRENOUILLEAU, président syndic de la Compagnie des Courtiers-Gourmets Piqueurs de vin de la ville de Paris; SERGUEI KASKO, rédacteur en chef de la revue «La viticulture et l'industrie vinicole en U.R.S.S.»; GASTON MARCHOU, de la Connétablie de Guyenne; KENNETH MAXWELL, journaliste; FLAVIEN MONOD, gourmet; BORIS POGRMILOVIC, journaliste; SUZANNE CHANTAL DOS SANTOS, Maison du Portugal, Paris; JOHN STANFORD, Australian Wine Advisory Service, Sydney; LEON D. ADAMS, Wine Institute, San Francisco; WALTER TOBLER, vigneron, spécialiste des arts populaires; ELADIO ASENSIO VILLA, président de l'Office International de la Vigne et du Vin et JEAN VOGEL.

SOUS LA DIRECTION DE JOSEPH JOBÉ

LE GRAND LIVRE DU VIN

NOUVELLE ÉDITION MISE À JOUR, AUGMENTÉE,
ET ENRICHIE DE 245 ILLUSTRATIONS

Dépôt légal : Janvier 1996 - Imprimé par Publiphotoffset, 93500 Pantin

PRÉFACE

Si depuis la plus haute antiquité des millions d'êtres humains ont considéré et considèrent encore le vin comme une boisson noble, cela est dû à une merveilleuse suite de relais; merveilleuse à la vérité, car nous savons que les métiers et les habitudes des hommes ne survivent pas nécessairement aux mues de l'histoire. Sans ces relais, jamais la vigne, jamais le vin n'auraient connu ni un tel succès, ni une telle expansion à travers le monde.

A l'origine, le seul raisin capable de donner une boisson agréable pousse à l'état naturel dans les pays du Moyen-Orient qui, précisément, connaissent les premiers l'art de cultiver la terre, de sélectionner les plantes et de vivre en sociétés organisées. On remarquera que si la vigne avait été une plante comme les autres, elle aurait probablement partagé, avec des fortunes diverses, le sort des civilisations du Moyen-Orient et de l'Egypte. C'est le vin qui sauva la vigne, car ce breuvage porte en lui des vertus étonnantes; l'ivresse qu'il procure fut attribuée aux puissances supérieures. Dès lors la vigne est un don du ciel, le vin une boisson liée au culte des dieux et à la célébration des héros, des poètes, des artistes, ces favoris des dieux. Les hommes l'offrent en hommage à la divinité et, grâce à lui, les dieux donnent aux hommes la vigueur, l'inspiration, voire une euphorie agréable et libératrice.

Avec l'Empire romain, la vigne se répand bien au-delà de sa région d'origine; des confins de la Gaule, de la Germanie, de l'Afrique, de la péninsule Ibérique, des outres, des amphores, des barriques de vin empruntent les routes qui mènent à Rome. Mais, quand l'empire s'écroule sous les coups des barbares qui ignoraient tout du vin, un nouveau relais est déjà effectué qui donne à la vigne et au vin plus que des chances de survie, l'assurance d'un renouveau spectaculaire. En effet, depuis le soir où Jésus-Christ partagea avec ses disciples le pain et le vin de la Cène, le vin est devenu pour la nouvelle religion, destinée à devenir universelle, une boisson indispensable au culte. Partout où la religion chrétienne s'implantera, on tentera de cultiver la vigne, on trouvera du vin, indigène ou importé. Les moines, les évêques, les missionnaires favorisèrent la viticulture, les seigneurs également, car ils n'étaient insensibles ni au prestige d'une boisson indispensable aux saints mystères, ni aux vertus d'un breuvage qui favorise la liesse et l'enthousiasme. Ils en firent le breuvage préféré de leurs fastes et de leurs victoires.

Les progrès de la viticulture et de la vinification, les conquêtes de la bourgeoisie, les révolutions industrielles et les transformations sociales, certes à des degrés divers, ont fait du vin une boisson plus populaire, plus répandue dans toutes les classes de la société. Plus n'est besoin d'être noble d'église, d'épée ou de robe pour avoir sa cave à soi. A ce moment de l'histoire du vin, la chance est nôtre, car c'est à nous qu'est destiné ce don des dieux, c'est à nous de boire à la coupe en célébrant les vertus du vin. A nous maintenant de jouer notre rôle. Des siècles de bien manger et de bien boire nous ont légué des traditions.

Cette réédition du Grand Livre du Vin a été corrigée et augmentée. Certains chapitres (Italie, Allemagne) ont été remaniés pour les rendre conformes à la nouvelle législation de ces pays; le chapitre sur les Etats-Unis a été entièrement récrit pour tenir compte de la prodigieuse extension des activités viti-vinicoles depuis la date de parution de la première édition de cet ouvrage. Enfin, tous les chiffres de production ont été mis à jour d'après les dernières statistiques disponibles en 1982.

Comment apprendre à connaître les vins et à les apprécier? Quand et comment les servir? Comment les boire avec aisance et avec grâce? Et comment en parler avec esprit? Telles sont les questions auxquelles répond ce livre. Quand vous serez dans l'embarras, consultez-le et vous dissiperez cette inquiétude qui vous assaille avant chaque réception intime, mondaine ou officielle; vous retrouverez cette merveilleuse disponibilité du cœur et de l'esprit qui fera de vous des hôtes dont on louera tout à la fois le charme et le bon goût.

Joseph Jobé

Dans le texte, les appellations des vins sont composées en petites capitales, le nom des cépages en italiques. L'éditeur a choisi les illustrations de ce livre en toute liberté et en dehors de toutes considérations commerciales ou publicitaires; il en a été de même pour le choix des quelque 6500 crus cités dans les listes des vins.

LA CIVILISATION DU VIN

ESQUISSE HISTORIQUE

«Or Noé se mit à planter de la vigne. Puis, ayant bu du vin, il s'enivra». Telle est la première mention biblique de la plante prestigieuse que l'Ancien et le Nouveau Testament ne cessent d'évoquer en un foisonnement d'allégories, de symboles, paraboles et relations.

Toutefois l'histoire de la vigne se trouve liée, dès la plus haute Antiquité, à celle de la mythologie orientale, particulièrement à celle de Dionysos qui, d'Asie, essaima vers l'Egypte, la Thrace et l'ensemble des pays méditerranéens.

L'adoration de Dionysos — ou Bacchus — par les initiés allait bien au-delà d'une vénération vouée au créateur et protecteur de la vigne. Selon la conception orphique, Dionysos apparut comme une manière de divinité suprême. Mais bientôt son caractère se précisa. Son culte se développa surtout en ses aspects extérieurs: la célébration de la vigne et du vin. A Athènes, il donna lieu à de grandes fêtes populaires, les dionysies: processions, beuveries et spectacles dramatiques. A Rome, un jour par an était consacré à Bacchus. Quant aux bacchanales, auxquelles s'adonnaient des groupes plus restreints, elles naquirent probablement en Egypte. Elles passèrent en Grèce puis à Rome où elles prirent un caractère inouï de débauche et de dérèglement. Les pouvoirs publics en ordonnèrent la suppression, après un procès retentissant, en 186 avant J.-C.

L'attribution de la vigne à une divinité, son importance dans les écrits bibliques, le prestige quasiment sacerdotal — même avant le christianisme — dont jouissait le vin, présent dans maintes cérémonies profanes et religieuses, tout cela devait susciter une iconographie extrêmement riche et d'une réelle valeur documentaire. Tel bas-relief assyrien représente deux personnages occupés à boire dans un cadre de pampres et de raisins. Telle peinture funéraire égyptienne nous décrit avec exactitude la succession des travaux viticoles, la vendange, l'encavage en présence du scribe chargé de la comptabilité. Telles tablettes, retrouvées à Carthage, en Tunisie, au Maroc, nous apportent des renseignements analogues. On ne cesse de découvrir, au fond de la mer ou dans le sol, maints vestiges qui sont autant de preuves ajoutées à celles dont regorgent les musées, les palais et les temples antiques, les cathédrales, les monastères, les châteaux, en sorte que l'archéologie presque à elle seule pourrait nous fournir les éléments suffisant à retracer l'histoire viticole depuis la plus haute Antiquité.

Le vin occupe une place souveraine dans la littérature de tous les temps. Quelques siècles avant Jésus-Christ, Homère cite les crus renommés dans l'Antiquité grecque. Il donne des détails touchant à l'encavage, à la façon de boire. Interminable serait la liste des poètes qui se succédèrent au cours des siècles en puisant leur source d'inspiration dans le vin à l'histoire duquel ils apportent, comme Virgile, une réelle contribution. Cependant, nous trouvons des renseignements précis et complets dans de véritables traités d'agriculture, par exemple dans le De re rustica, de Columelle, agronome latin né à Cadix au Ier siècle, qui décrit toutes les pratiques viticoles que nous appliquons aujourd'hui: labour, plantation, fumure, bouturage, greffage, provignage, taille, de même que la vinification.

Presque toujours cultivée en hauteur, la vigne égyptienne, importée, selon Diodore, par le dieu Osiris, servait à orner les jardins. Il n'était alors de domaine royal ou princier, ni de temple qui ne possédât sa treille et, par là, son vin.

La vigne fut également cultivée très tôt dans le bassin mésopotamien. On la trouve souvent représentée chez les Assyriens à l'époque des Sargonides. Sur ce bas-relief du VIIe siècle av. J.-C., Assurbanipal se repose, en buvant une coupe de vin, sous une vigne en berceau.

Retrouvée dans une maison d'Herculanum, ensevelie par la fameuse éruption du Vésuve (79 après J.-C.), cette fresque représente un couple en train de boire vraisemblablement un des excellents vins provenant des flancs du volcan.

Grâce à des auteurs tels que le poète Hésiode, les historiens Hérodote et Xénophon, le géographe Strabon, nous connaissons exactement la répartition des vignobles dans l'Antiquité. En Asie, ils prospéraient sur les rives du golfe Persique, en Babylonie, en Assyrie, sur les rivages de la mer Caspienne, de la mer Noire, de la mer Egée, en Syrie, en Phénicie; la Palestine, patrie de la fabuleuse grappe de Canaan, possédait toute une gamme de vins réputés, provenant de plants sélectionnés et cultivés avec soin, selon les méthodes établies par la loi hébraïque.

Florissante en Egypte et en Asie, la viticulture devait trouver en Europe son plus bel épanouissement. Elle s'installa en Grèce, dans les îles surtout, aux noms évocateurs: Lemnos, Lesbos, Chios, Samos, Cos, Tinos, Naxos où se dressent encore, au-dessus de la mer, les ruines admirables d'un immense portique, dernier vestige du temple de Dionysos. Le collier se poursuit avec Rhodes, la Crète, Cythère, Leucade et Corcyre. Suspendue entre deux azurs, la vigne y produisait des vins qu'emportaient les navires vers les cités méditerranéennes, vers Rome principalement où les crus de la Grèce, atteignant parfois des prix exorbitants, jouirent d'un prestige longtemps inégalé. Cependant les grands vins italiens, MAMERTIN, FALERNE et beaucoup d'autres, purent bientôt soutenir la comparaison. On les laissait vieillir dix, vingt, trente ans et même plus.

Grands consommateurs de vin, les anciens sombraient souvent dans l'ivrognerie. L'exemple venait de haut. Les orgies de Néron, Caracalla, Tibère, pour ne citer que ceux-là, sont restées célèbres. C'est uniquement grâce à leurs exploits bachiques que maints individus gagnèrent la faveur de Tibère ou d'autres empereurs, et furent ainsi investis de charges importantes. A Rome, le vin fut longtemps interdit aux femmes tandis que certains bas-reliefs égyptiens représentent des dames du meilleur monde en visible état d'ébriété.

L'Antiquité eut donc ses ivrognes, mais elle compta surtout des buveurs éclairés, sachant apprécier, respecter et célébrer le vin comme l'un des plus beaux dons de la nature et des dieux. Il fut et il resta l'un des éléments et même l'un des véhicules des civilisations méditerranéennes, grecque et latine notamment.

Pénétrant en Gaule sur les pas des armées romaines, la viticulture remonta le Rhône jusqu'à Lyon, qu'elle dépassa. Elle gagna la Bourgogne et poussa jusqu'au

11

Cette amphore grecque, conservée au Musée national de Naples, est ornée d'une scène de vendange et de foulage du raisin par des Amours; comment symboliser mieux le bonheur et l'abondance.

Chargé de quatre immenses fûts, cet étrange barque de pierre se trouve au Musée de Trèves, sur la Moselle; l'équipage est formé de Gaulois barbus. C'est un des plus anciens témoins de la culture de la vigne dans cette région.

Rhin qu'elle atteignit également par l'Helvétie. Le vin se trouvait déjà dans ces contrées. Dès qu'ils l'eurent goûté, les Gaulois, les Cimbres, les Germains en importèrent de grandes quantités. Dans le même temps, longeant la Garonne, la vigne parvenait à Bordeaux. Au IIIe siècle, elle occupait en Europe les régions qu'elle couvre aujourd'hui, pays danubiens y compris, cela grâce à l'empereur Probus qui transformait volontiers ses légionnaires en vignerons, lorsqu'ils n'avaient pas à combattre.

Mais Rome subit le contrecoup de cette expansion. La surproduction des crus de la péninsule, la concurrence que leur faisaient les vins de l'Empire provoquèrent des chutes de prix verticales. Ce marasme conduisit l'empereur Domitien à ordonner l'arrachage de la vigne dans certaines régions, particulièrement celles qui produisaient des vins médiocres. Ces phénomènes commerciaux ressemblent à ceux que nous pouvons observer plus tard, au Moyen Age et dans les temps modernes. Il en va de même des lois, règlements, interdictions touchant à la vinification, au négoce, au transport, de même encore en ce qui concerne l'économie viticole. Le vieux Caton ne calculait-il pas la durée d'amortissement des esclaves qui n'étaient autres que les machines de son temps?

Malgré ces aléas et ces crises, la viticulture prospérait, jouissant de la paix romaine. Elle ne souffrit pas trop de la chute de l'Empire ni de la période troublée qui s'ensuivit. L'Eglise avait pris la relève. L'évêque, maître de la cité, en était le vigneron, le caviste. Il s'agissait non seulement d'assurer la production du vin nécessaire à la communion, mais encore d'honorer les monarques et hauts personnages lors de leurs étapes dans la ville. Il fallait encore et surtout alimenter le trésor épiscopal. Cette viticulture séculière, florissante tout au long du Moyen Age, se doubla d'une viticulture monastique. Les abbayes faisaient office d'hôtelleries. Elles jalonnaient les grands itinéraires. Elles accueillaient les puissants — qui, à leur tour, se montraient généreux — aussi bien que les pauvres ou les pèlerins. Comme les moines, ces passants appréciaient le vin.

Les rois, les ducs, les seigneurs féodaux ne tardèrent pas à suivre l'exemple des religieux et des princes de l'Eglise. La vigne avoisina le château comme le monastère ou la cité épiscopale. Le vin conservait son antique prestige.

Avec le développement de la bourgeoisie, de nombreux vignobles proches des villes passèrent aux mains de riches citadins. Le commerce des vins bénéficia de la clientèle toujours plus considérable des pays du Nord, notamment les Pays-Bas, les Flandres et l'Angleterre vers lesquels affluèrent les portos, les madères, les xérès, certains crus méditerranéens et surtout les bordeaux, les bourgognes et plus tard les champagnes. Bordeaux appartint à l'Angleterre, du XIIe au XVe siècle. Plusieurs lords-maires de Londres furent des Bordelais. D'autre part, les Flandres reconnaissaient le duc de Bourgogne comme leur seigneur.

Les Grecs se servaient de ce vase à anse élevée, qu'ils appelaient «cyathos», pour puiser le vin dans les cratères et le verser ensuite dans les coupes des buveurs.

Les vases à vin ont pris dans l'antiquité méditerranéenne les formes les plus diverses. L'olpe étrusque à embouchure ronde et anse haute rappelle souvent l'œnochoé grecque.

Ancêtres de nos bouteilles, les balsamaires romains, façonnés dans une pâte vitreuse polychrome, attestent les progrès réalisés à l'époque alexandrine dans la facture des récipients.

On consommait beaucoup de vin dans les pays du Nord. On s'y montrait même beaucoup plus intempérant que dans les contrées viticoles où le dégustateur de jadis — comme celui d'aujourd'hui — revêtait une gravité presque sacerdotale.

En 1579, les Hollandais acquirent leur indépendance; ils portèrent tout leur effort vers le commerce. Ils possédaient une marine nombreuse et supérieurement organisée, des comptoirs, des entrepôts. Pratiquant d'une manière systématique l'étude du marché, ils parvenaient à créer les besoins et à diriger la consommation. Au temps de Louis XIV, ils achetaient d'énormes quantités de «petits vins» qu'ils coupaient, frelataient et revendaient à gros bénéfices à la barbe des pays exportateurs où l'on respectait scrupuleusement l'intégrité des crus et où le commerce des vins était l'objet d'une surveillance attentive de la part des corporations et des autorités. Ce sont également les Hollandais qui, tout d'abord pour des raisons purement lucratives, suscitèrent la production et la consommation massives des eaux-de-vie.

A partir du Moyen Age, en France surtout, mais encore en Italie et dans la région du Rhin, la viticulture et le négoce des vins exercèrent une influence sur le développement considérable des communes: le souverain dut accorder certains droits, franchises et privilèges aux collectivités de producteurs, par conséquent à l'autorité municipale. C'est ainsi que l'histoire du vin est fréquemment liée à celle des événements politiques.

Par exemple, parmi les meneurs de l'insurrection de juillet 1789, s'agitaient des individus, négociants en vins, qui espéraient, à la faveur des troubles, voir l'abolition de certaines taxes très impopulaires frappant l'entrée des vins dans la capitale.

Au temps de la Renaissance déjà, la carte du vignoble européen correspondait à peu près à celle que nous pouvons établir aujourd'hui. La colonisation et la christianisation répandirent la viticulture dans les pays d'outre-mer: Amérique latine, Mexique, Californie, Afrique du Sud, ou lui donnèrent un nouvel élan, comme en Algérie. Là, ainsi que dans tous les pays musulmans, elle avait été freinée par les préceptes coraniques interdisant aux croyants l'usage des boissons alcooliques. Douze siècles après Mahomet, l'Algérie se trouvait au rang des principaux pays vinicoles.

Parmi les nombreuses vicissitudes qui jalonnèrent l'histoire de la vigne et du vin, les maladies cryptogamiques et les parasites provenant d'Amérique dès le milieu du siècle dernier furent les plus redoutables. Mais toujours le génie et la persévérance de l'homme surmontèrent ces embûches. Le XIXe siècle vit s'améliorer les méthodes de vinification. Elles ont atteint aujourd'hui un degré de perfection presque scientifique. A l'époque des envols spatiaux et de la science nucléaire, le vin a conservé tout son prestige. Intimement lié aux origines de notre civilisation, il en constitue l'un des fleurons les plus somptueux et les plus pacifiques. Il reste, en vérité, la plus noble des boissons.

LES CÉPAGES

«De bon plant, plante ta vigne». Le vieux dicton proclamant là une vérité élémentaire met surtout en évidence la part prépondérante du cépage dans la réussite finale : le vin qui luit dans notre verre, le jus de raisin qu'on a empêché de fermenter et qui restitue ainsi la saveur originale du fruit, la grappe mûre et juvénile qui décore notre table.

La connaissance des cépages, extrêmement nombreux et divers, de leurs lointaines origines, de leurs caractères, de leur histoire liée à celle de la civilisation est une science multiple, ouverte sur la botanique, la biologie, la géographie humaine et même la paléontologie. Cependant le profane a tout juste entendu parler de *merlot*, de *gamay* ou de *riesling*. Peut lui chaut de savoir si les vignobles septentrionaux sont issus des vignes sauvages, les anciennes lambrusques, comme l'affirment certains ampélographes, ou si ces vignobles ont reçu les cépages venant du sud et apportés par les migrations de l'homme. Le véritable œnophile, en revanche, possède en ce domaine des lumières un peu plus précises.

Parmi les cépages producteur de vins rouges cultivés en France, il donnera la palme au *pinot noir* de Bourgogne, au *gamay* du Beaujolais, au *cabernet-sauvignon* du Bordelais, au *grenache* qui prospère le long du Rhône, en Provence, dans le Languedoc et le Roussillon. Il citera encore à l'ordre du jour le *malbec* et le *merlot*, compagnons du *cabernet*, le *cinsaut*, le *mourvèdre*, le *carignan*, le *savagnin* du Jura, le *muscat noir* de Fronti-

gnan, la *mondeuse* savoyarde et le *tannat* cultivé dans les Hautes-Pyrénées.

Les blancs proposent une gamme tout aussi riche. Voici le *chardonnay*, qui confère leur distinction aux vins de Champagne et aux grands blancs de Bourgogne ; le *sauvignon blanc* et le *chenin* qui produisent les vins de la Loire et d'Anjou ; le *sémillon* des fameux crus de la Gironde ; le *muscadet*, la *clairette*, les *muscats blancs* ; le *chasselas*, composant la majeure partie des vignobles des cantons de la Suisse romande.

Tous ces cépages offrent autant de crus, tour à tour corsés, fruités, vineux, pleins de sève... nous n'allons pas ouvrir ici le glossaire du dégustateur s'efforçant d'exprimer la subtilité des sensations organoleptiques aux multiples nuances.

Plusieurs plants français ont été adoptés par d'autres pays viticoles, comme l'Espagne, l'Italie, la Russie, la Californie tandis que les *sylvaner*, les *riesling*, les *traminer* produisent les vins du Rhin, de la Moselle, se retrouvent en Hongrie, en Tchécoslovaquie et ont essaimé ailleurs encore, notamment en Alsace et en Suisse.

En Italie, un cépage de *muscat blanc* produit l'ASTI, le *barbera* est piémontais, le *nerello* sicilien, le *soave* prospère de Vérone à l'Adriatique... Le xérès espagnol, le porto du Portugal, le madère ont eux aussi leurs cépages et la Californie, grande productrice vinicole, a adopté les plants de notre hémisphère.

Parfois, le producteur de vin se borne à un cépage unique ; parfois il choisit d'associer deux ou plusieurs cépages, ce choix étant dûment raisonné. Ainsi le vin de Médoc doit sa distinction au cépage de *cabernet* et sa sève au plant de *merlot* ; ainsi les cépages de *grenache*, de *mourvèdre*, de *syrah*, de *clairette* combinent leurs vertus et leurs caractères dans le délicieux CHÂTEAU-NEUF-DU-PAPE, premier des vins des Côtes du Rhône.

Outre les cépages producteurs de raisins de cuve, il y a tous ceux qui nous donnent les raisins de table : *gros-vert* et *chasselas* français, *regina*, *ignea* italiens, *almeria*, *malaga* espagnols, *rish baba* de Perse, *emperor* de Californie, et tant d'autres encore, sans oublier le *zante* et le *muscat* universellement répandu, ainsi que de nombreux plants dont les raisins se consomment secs de préférence.

Cette esquisse n'a qu'effleuré un chapitre fondamental de l'ampélographie. Quoique rudimentaire, elle a voulu évoquer la merveilleuse richesse, l'admirable diversité de cette vigne complexe, multiple, universelle et qui semble bien être, avec le blé, l'une des plus antiques formes de cultures.

Le botaniste Linné a baptisé *Vitis vinifera* la vigne qui nous donne le raisin de table et le raisin de cuve. Son origine remonte à l'ère tertiaire, il y a quelque quarante-cinq millions d'années. On en connaît aujourd'hui plusieurs milliers de variétés, que l'on nomme cépages.

Dessiné d'après Nature par Achille De Montaisme.

15

Le *chardonnay* (ci-dessous) est aussi appelé *pinot blanc chardonnay*. Il est répandu en Champagne, notamment dans la fameuse «Côte des blancs». Ce cépage donne au champagne toute sa finesse et aux grands vins blancs de Bourgogne leur excellente renommée. Les vignerons de Californie en font un vin blanc de table courant.

Pendant longtemps on a confondu le *pinot blanc* (ci-dessus) et le *chardonnay* (ci-dessus à droite). On trouve le *pinot blanc* en Bourgogne, en Champagne, en Alsace et en Allemagne, sous le nom de *weissburgunder*, également en Hongrie, en Yougoslavie et en Californie. Le *pinot blanc* est un cépage noble.

Le cépage *harslevelü* (feuille de tilleul) est d'origine hongroise et il n'a pour ainsi dire pas quitté son aire primitive. Mélangé avec un autre raisin, le *furmint*, il donne le fameux vin de Tokaj. Précisons que le *tokay* d'Alsace est, en fait, un *pinot gris* et non un *harslevelü*.

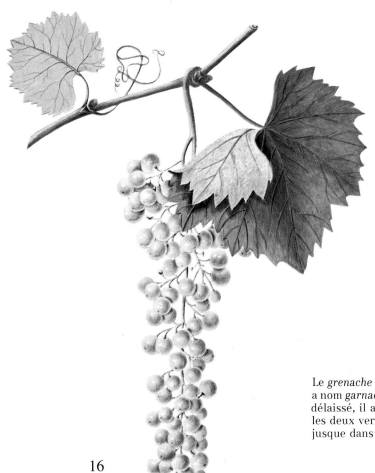

Le *grenache* paraît originaire d'Espagne où il a nom *garnacha* ou *alicantina*. Après avoir été délaissé, il a trouvé un climat d'élection sur les deux versants des Pyrénées orientales et jusque dans la basse vallée du Rhône.

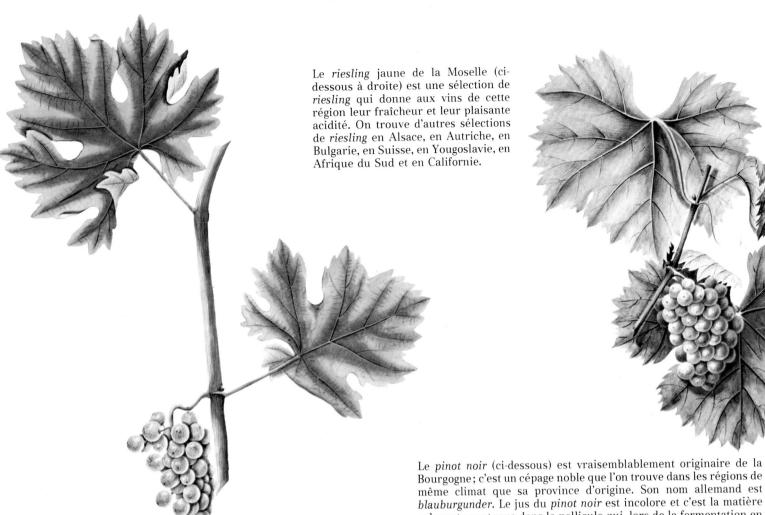

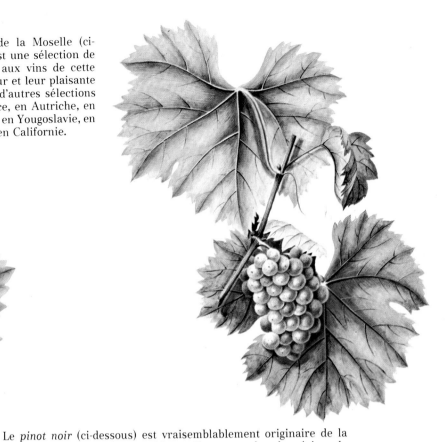

Le *riesling* jaune de la Moselle (ci-dessous à droite) est une sélection de *riesling* qui donne aux vins de cette région leur fraîcheur et leur plaisante acidité. On trouve d'autres sélections de *riesling* en Alsace, en Autriche, en Bulgarie, en Suisse, en Yougoslavie, en Afrique du Sud et en Californie.

Le *pinot noir* (ci-dessous) est vraisemblablement originaire de la Bourgogne; c'est un cépage noble que l'on trouve dans les régions de même climat que sa province d'origine. Son nom allemand est *blauburgunder*. Le jus du *pinot noir* est incolore et c'est la matière colorante contenue dans la pellicule qui, lors de la fermentation en cuve, donne au vin sa belle robe rouge, chantée par les poètes.

Le *riesling* est par excellence un cépage originaire des bords du Rhin et de la Moselle; il s'est parfaitement adapté aux différentes régions. Le *riesling* du Rheingau a ses caractéristiques propres; surtout on ne le confondra pas avec le *riesling italico* qui appartient à une tout autre variété et qui donne un vin très différent.

Le *chenin noir* (ci-contre, à gauche) fut la vigne primitive de l'Anjou. C'est un cépage vigoureux et fertile dans sa jeunesse; il donne un vin tendre, clairet, d'une belle couleur rouge. Il est resté confiné dans la vallée du Loir.

17

Ous auons dit
plusieurs choses
des plantes des
vignes par de
uant quant nous traictios
de la commune nature des
plantes. Et a present en ce
quart liure nous voullons
parler de la nature Du la
bouragе des vignes et de
toutes manieres de vignes
et de tou le proufit du fruit
en particulier.

De la naturture de la vig

ne en soy et de la vertu des
fueilles Z des cendres et de
sa larme.

Uisciua a congnois
sance des vignes que
est fors que es froides con
trees ou le fruit ne puet
coistre Si conclus que est
vne humble et ployante
arbreillon moult tortue t
noeuse et rougneuse qui
a larges conduis z pertuz
et pores grant moelle z lar
ges et entretrenchees fueilles

18

LES TRAVAUX DE LA VIGNE ET DU VIN

Mon grand-père était vigneron. Je me rappelle l'avoir vu actionner le pulvérisateur qu'on appelait, dans mon pays, la boille à sulfater et qui se chargeait sur le dos. Il portait alors un vieux canotier, une vieille veste, de vieux pantalons, de vieux brodequins, tout bleus de bouillie bordelaise qui colorait également sa moustache et ses gros sourcils. Je me rappelle aussi l'avoir vu manier la soufreuse à soufflet. Je me souviens encore des vendanges. On foulait les grappes à la vigne, dans des brantes — j'emploie toujours le langage de mon pays — qu'on allait verser dans un grand tonneau nommé bossette, bien arrimé sur un char. Le trajet jusqu'au pressoir était assez long. Là, en plein air, attendait une vaste cuve, appelée tine, mot qui nous vient directement du latin. On roulait la bossette sur deux madriers. Elle semblait vomir la vendange dans la tine dont le contenu était transvasé dans de nouvelles brantes qu'on allait vider sur le pressoir.

Le mécanisme du pressoir était mû par une poutre énorme appelée palanche. Au bout de cette dernière, il y avait une corde dont l'extrémité opposée serpentait en spirales autour d'une autre poutre, verticale celle-là, qui pivotait sur elle-même grâce à un engrenage de roues dentées, entraîné par une manivelle qu'actionnait un ouvrier. Toute la nuit on entendait le craquement des palanches, le gémissement des cordes, le refrain métallique des cliquets tandis que le moût coulait dans ses tuyaux vers la cave, tel qu'il était, sans aucune adjonction, avec ses propres levures. Et deux ou trois jours plus tard commençait le prodigieux travail de la fermentation.

Tout cela n'est pas très ancien et remonte à moins d'un demi-siècle. Il semblait alors qu'on prît plaisir à toutes ces opérations humaines et manuelles, à cette sorte d'artisanat, perpétuant ainsi des traditions séculaires auxquelles le vigneron était profondément attaché mais qui, fréquemment, ne dépassaient pas le cadre local et confinaient à la routine. Et puis tout, ou presque tout, dépendait du travail de l'homme, cette machine perfectionnée, intelligente, cette source d'énergie qui ne coûtait pas grand-chose.

Aujourd'hui, les vignes de mon grand-père se cultivent à peu près de la même manière qu'il y a cinquante ans, parce qu'elles occupent des terrasses disposées sur des pentes abruptes et parce que leurs rangs sont relativement serrés. Il en est ainsi, un peu partout, dans les marches septentrionales du royaume de la vigne lorsqu'elle recouvre les coteaux. Ailleurs, dans les plaines, là où elle s'étale à l'aise, là où elle est disposée en cultures mi-hautes ou hautes, on a vu, depuis longtemps déjà, paraître les machines, charrues vigne-

ronnes, sous-soleuses pour les défoncements que l'on peut aussi pratiquer à coups d'explosifs.

Les tracteurs se promènent entre les lignes suffisamment espacées, tirant les engins qui nettoient le sol, qui opèrent les binages. On voit des pulvérisateurs perfectionnés, à traction animale et le plus souvent mécanique, des atomiseurs, d'autres appareils — parfois disposés sur des avions ou des hélicoptères — qui répandent insecticides, fongicides et autres ingrédients.

Le vigneron, qui ressemblait à un fantassin, s'est transformé en un combattant motorisé beaucoup plus efficace. Quant à la vinification. elle est devenue de plus en plus l'affaire des œnologues, qui sont des savants fréquemment penchés sur leurs éprouvettes, leurs microscopes, leurs appareils et mettent en formules les mystères du vin sans dédaigner toutefois les expériences vinicoles transmises par tant et tant de générations, sans oublier de descendre dans les caves, d'y rencontrer le vin dans son propre habitat, afin de l'ausculter par la dégustation, de le guider, de l'élever comme cela s'est toujours fait.

En effet, si les moyens ont été perfectionnés, si pour gagner sa vie le vigneron a recouru aux progrès techniques et à la rationalisation, les travaux de la vigne et du vin sont restés fondamentalement et essentiellement les mêmes. Le thème présente quelques variations, selon les régions, les climats, les cépages. Mais le vigneron de France accomplit une tâche, des gestes à peu près semblables à ceux du vigneron de Bessarabie ou de Californie et sent chanter en lui les mêmes angoisses, les mêmes espérances, les mêmes satisfactions, les mêmes désillusions. Lié à sa vigne, il est soumis comme elle au rythme éternel des saisons. Et si la machine accomplit aujourd'hui nombre d'opérations viticoles ou vinicoles, plusieurs travaux, par exemple la taille, ne

Cette enluminure du XVᵉ siècle, empruntée au «Livre des profits champêtres» de Pierre de Crescens, illustre bien les différents travaux de la vigne au Moyen Age: labourage à la houe, sarclage, culture sur espaliers, vendanges, foulage au pied et mise en perce du fût.

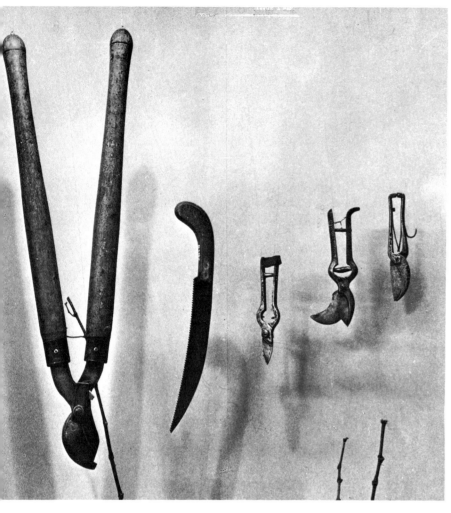

Les outils ci-dessus sont tous bourguignons; ce sont, de gauche à droite: un sécateur coupe-ceps, une scie égoïne, un sécateur (côte de Beaune), un serpo-sécateur, et un sécateur (côte Châlonnaise).
Ci-dessous, de haut en bas: une faucille et deux serpes à talon ou goués; ces trois outils proviennent de Rochepot (Côte d'Or).

peuvent et ne pourront s'accomplir que par la seule main de l'homme.

Quand faire commencer l'année de la vigne? En novembre, sans doute, lorsqu'après les vendanges le vigneron a nettoyé à grande eau et à grands coups de brosse, pressoir, ustensiles, attirail, cuves et tonneaux, sans oublier de recourir à la mèche de soufre pour éviter la moisissure. Les dernières feuilles, désormais inutiles, quittent les sarments après avoir pris les colorations merveilleuses de l'automne: toutes les nuances de jaunes pour les cépages à raisins blancs, toute la gamme des carmins et des pourpres pour les variétés à raisins noirs. Ainsi dépouillée, la vigne s'accorde un peu de repos, du moins en apparence.

Le vigneron, lui, ne se repose pas. C'est la saison où, naguère, les femmes et les enfants arrachaient les échalas en bois et les couchaient par groupe de six, bien étendus dans le rang. Aujourd'hui, de plus en plus, on laisse l'échalas sur place. D'ailleurs, l'échalas métallique est apparu depuis longtemps. D'autre part, la culture en gobelet, où les sarments s'appuient sur l'échalas central, semble peu à peu céder le terrain à la culture sur fil de fer.

Sous le ciel aimable de l'été de la Saint-Martin, le vigneron remonte la terre de ses vignes en pente, dure besogne accomplie autrefois à la hotte, si bien que le même homme, au bout de quelques années, pouvait prétendre avoir porté toute sa vigne sur son dos. Maintenant, on utilise les brouettes automotrices qui crépitent de toutes parts. Mais il a fallu tout d'abord

Ci-contre, à droite: la machine remplace l'homme pour les gros travaux de la vigne, surtout quand il s'agit de défoncer le sol. Il est toutefois des vignobles pentus où ces travaux mécanisés sont impossibles: la Moselle (RFA), le Douro (P), le Lavaux (CH).

VIGNERON

Les vignerons furent de tout temps des travailleurs acharnés. Dans une ordonnance de 1351, le roi de France exige qu'ils accomplissent «leur journée loyaument, de soleil levant jusques à soleil couchant».

Dans bien des vignobles, la culture de la vigne est aujourd'hui dominée par l'emploi des machines; l'une d'elles, ci-dessus, coupe les sarments de vigne. Les rangées de ceps sont plus espacées qu'autrefois, précisément pour permettre l'utilisation des machines.

Avant de greffer sa vigne, ce vigneron prépare les greffons. C'est grâce à la greffe systématique que l'on a pu reconstituer le vignoble européen, détruit par le phylloxéra à la fin du siècle dernier. Aujourd'hui, la greffe permet de cultiver les plans les mieux adaptés aux différents terrains et climats.

faire un travail de terrassier, creuser des tranchées au bas de la vigne, tout au long des murs. Et ces murs découvrant leurs plaies et leurs blessures, il a fallu prendre la truelle, se transformer en maçon qui répare et recrépit. «Mortier d'hiver, mortier de fer», affirme un ancien dicton.

Terres portées de bas en haut, murs consolidés, notons bien que cela concerne les vignobles échelonnés au flanc des coteaux et non point les vignobles de plaine. Dans les uns comme dans les autres, l'automne est la saison des labours ou buttages, accomplis par les charrues qui soulèvent et retroussent la terre tout au long des rangs. Il faut aussi arracher les vieilles vignes dont les souches tourmentées, noires et rugueuses, alimentent parfois encore le feu du vigneron.

Bien entendu, pendant ce temps, le vin nouveau a exigé des soins, une constante surveillance. Nous en parlerons tout à l'heure et raconterons sa belle histoire. Pour l'instant, restant à la surface de la terre, nous verrons les vignerons se mettre à l'abri du froid et du mauvais temps afin de réparer ses outils et accessoires, fendre les échalas, les appointir, les imprégner au goudron ou au sulfate. C'est en hiver encore qu'il prépare la paille destinée à attacher les sarments, mais qui est remplacée de plus en plus par des anneaux métalliques ou en matière plastique.

Lorsqu'on a Noël derrière soi, le temps va vite. A fin janvier, quand les jours s'allongent, le vigneron se sent poussé par une force obscure qui le conduit à saisir son sécateur. «Si nous voulons boire, dit un vieux proverbe français, taillons avant la Saint-Grégoire», laquelle est le 12 mars.

En ce qui concerne la taille, il y faut beaucoup d'expérience et de prudence. Il s'agit de conduire la plante, de maintenir la souche dans des dimensions convenables, et surtout de régulariser la production, le fruit futur venant sur les pousses issues de sarments de l'année précédente. Il faut donc tailler judicieusement ces sarments et, comme Janus, le dieu aux deux visages opposés du premier mois du calendrier, supputer l'avenir en tenant compte du passé.

Le vigneron sait qu'un cep trop vigoureux donne peu de fruit tandis qu'un cep plus faible en produit beaucoup, mais risque de s'épuiser. Il sait que les pousses éloignées de la base du sarment sont les plus fructifères. Il sait cela et beaucoup d'autres choses. En maniant son sécateur, il fait preuve d'intelligence, de prévoyance, guidant à l'avance le développement des rameaux. S'il taille court, en ne gardant que deux ou trois bourgeons, il entend ainsi ménager le cep et ne pas le forcer à une production démesurée. S'il taille long, en laissant plus de trois ou quatre bourgeons par rameau, il cherche à obtenir une récolte plus abondante. Le cep en est-il capable? C'est au vigneron d'en juger. Maître avisé, il ne décide rien à la légère afin que la vigne — laquelle originellement est une liane exubérante — se plie avec docilité à l'ordonnance qui lui est assignée et qui varie selon les régions, les cépages, le sol, le climat: cultures

Autrefois, le sulfatage se faisait à dos d'homme; aujourd'hui, partout où cela est possible, des pulvérisateurs géants crachent la pluie chimique qui préservera le raisin des maladies et des parasites.

Les imagiers du Moyen Age, qui aimaient tant à représenter les métiers, nous en ont laissé une peinture fidèle dans de riches livres d'heures. L'art des tonneliers n'y manquait point: on voit ici cuveliers, broquiers, futailliers, lieurs de muids s'affairer en vue de la récolte toute proche. Après avoir chanfreiné et batourné les douves, ils les ajustaient et les maintenaient ensemble avec des cercles de bois.

basses, moyennes ou hautes, formes en cordon, en espalier, en gobelet. Il y a là toute une technique, mais aussi tout un art et comme une alliance entre l'homme et le végétal.

L'hiver est bientôt derrière nous. Les sarments taillés pleurent, chaque corne portant sa perle brillante. Les bourgeons, encore emmitouflés de leur duvet cotonneux, sont prêts à débourrer. Le vigneron connaît ses premières angoisses: le gel peut en un moment s'abattre sur les jeunes pousses. Alors il faudra soigner la vigne toute une année fidèlement mais sans espoir de vendange. Dans les vignobles septentrionaux, cette menace est suspendue jusqu'à la fin d'avril, voire jusqu'en mai, le mois des saints de glace.

N'allons pas trop vite et parlons du greffage, indispensable depuis l'arrivée du phylloxéra, puceron minuscule émigré d'Amérique au milieu du siècle dernier. S'attaquant aux racines, la terrible bestiole provoque des ravages qui eussent abouti à l'anéantissement du vignoble européen si l'on n'avait imaginé et appliqué la parade appropriée. Avant la taille, le vigneron lève précieusement dans ses vignes les sarments qu'il a sélectionnés. Quelques semaines plus tard, mettant à profit les jours de giboulées et de mauvais temps, il découpe les bois américains qui bientôt recevront les greffons. Il disposera les greffes dans des caisses pleines de sciure humide qu'on empile dans un local surchauffé. En mai, elles seront plantées en pépinière. Tout cela demande des soins, de l'adresse. Le vigneron préfère parfois se décharger de cette mission sur le pépiniériste.

Décidément, nous voilà hors de l'hiver. Du sol, les vapeurs montent sous le soleil matinal. Les premières fleurettes se risquent au pied des murs. Le teuf-teuf des machines se met à bourdonner. C'est en effet le moment des débuttages.

Ces labours de printemps vous laissent un vignoble bien propre, bien net, agréable à contempler avec ses fils de fer retendus et revisés, courant à perte de vue, ou avec ses échalas dressés comme les piques d'une immense armée de lansquenets alignés pour la bataille, avec ses terres où les mauvaises herbes de toutes espèces n'ont pas encore montré le nez et au sein desquelles le fumier a été caché à moins qu'on ait préféré répandre des fumiers desséchés ou des engrais minéraux, comme cela se pratique de plus en plus.

Depuis le débuttage et jusqu'à la fin de l'été, si l'on ne recourt pas uniquement aux produits herbicides, la houe motorisée passera plusieurs fois entre les rangs, remplaçant l'homme qui, il n'y a pas longtemps encore, raclait la mauvaise herbe, du printemps à l'automne, avec une pathétique obstination. Le fils du vigneron s'est libéré de cette servitude. Le moteur lui permet de faire aussi bien, plus rapidement.

C'est au printemps qu'il faut arracher la pépinière, tailler les pieds, les paraffiner, les mettre en jauge dans du sable et en un endroit frais afin qu'ils ne débourrent pas jusqu'à la plantation à demeure. C'est encore au printemps, dès l'éclosion des bourgeons, que l'on opère les premiers traitements contre les parasites, insectes et cryptogames. Cette lutte se poursuit sans désemparer jusqu'à quelques semaines des vendanges.

L'araignée rouge entre tout d'abord en scène, bientôt suivie par les premières évolutions de chenilles, par les premiers ballets de papillons. Les champignons ne tardent guère. Le drame a commencé. Le vigneron en connaît d'avance le programme et les personnages aux noms bizarres.

Les efforts d'un an sont récompensés. Cette scène du milieu du XVᵉ siècle est empruntée au Livre d'Heures de la duchesse de Bourgogne. Les vendangeurs, embauchés à la louée sur les places publiques, sont payés à deniers ou à partage en nature) par le propriétaire. La cueillette a été bonne cette année, et tout le monde s'achemine avec satisfaction vers le pressoir du seigneur ou de la commune.

Parmi les parasites animaux, dont le phylloxéra est le plus redoutable, voici les coléoptères: l'altise de la vigne, qui s'appelle aussi pucerotte et dont les larves dévorent le dessous des feuilles; l'eumolpe «gribouri», appelé également écrivain parce qu'il découpe sur les feuilles de petites lanières ressemblant à des écritures tandis que sa larve s'attaquera aux racines; le rhynchite, nommé encore cigarier parce qu'il provoque l'enroulement des feuilles en forme de cigares à l'intérieur desquels nichent les larves. Des charançons de divers acabits complètent cette horde.

La pyrale de la vigne, les deux générations annuelles de la cochylis ou teigne de la grappe, les quatre générations de la tordeuse de la grappe ou eudémis sont de très jolis papillons volant à la tombée de la nuit ou dansant au clair de lune et dont les chenilles, communément nommées vers de la vigne, ravagent les feuilles ou la grappe, avant, pendant et après la floraison.

Penchons-nous maintenant sur les champignons. Il y a d'abord l'oïdium dont les filaments recouvrent les organes verts et y infiltrent leurs sinistres suçoirs, puis le mildiou, ennemi de la feuille, du rameau, de la grappe qu'il dessèche, brunit et grille. Il y a le black-rot, venu lui aussi d'Amérique, et les champignons provoquant le rot blanc, autrement dit l'excoriose, qui s'installe après la grêle; enfin les champignons suscitant le pourridié, maladie des racines, ou la pourriture grise, maladie des raisins, ou encore l'apoplexie, ultime et mortel phénomène d'une maladie de la souche. Cette vermine proclame son droit à l'existence sous le regard du Créateur. Si on la laissait proliférer, la vigne n'en aurait plus que pour quelques années.

L'homme de la vigne, alertant derechef l'homme de laboratoire, lui a demandé de faire intervenir la science

Dans une même région viticole, les vignerons d'autrefois ont inventé différents paniers pour transporter la vendange jusqu'au char se trouvant à proximité de la vigne; ci-dessus, un bénatou; ci-dessous, un panier-porteur.

et la technique en élaborant toutes sortes d'ingrédients, de bouillies, de poudres, en imaginant toutes sortes d'engins, depuis l'humble soufflet, depuis l'ancien pulvérisateur à dos dont le levier était actionné à la main, jusqu'aux soufreuses autotractées, jusqu'aux pulvérisateurs motorisés, jusqu'aux atomiseurs. Fleur de soufre, soufre mouillable, sulfate de cuivre, chaux, carbonate de soude, acides, perchlorures, oxydes, hydrates, bioxydes, arsenic, nicotine puis enfin produits concentrés et à effets multiples appelés fongicides de synthèses, qui réunissent plusieurs remèdes en un seul et simplifient les opérations, toute cette chimie est dispensée par le viticulteur, penché sur sa vigne comme une mère sur son enfant et, par ses soins, ses prévenances, ses interventions, la conduisant à bonne fin.

Il y faut de l'exactitude, de l'opiniâtreté. Il y faut de l'amour, et l'amour est patience. On ne peut compter les heures quand l'ouvrage presse; les jours sont alors les plus longs et le temps du sommeil trop bref. Rude effort qui mérite sa récompense, qui porte en lui l'espoir de sa récompense, mais aussi l'acceptation d'une éventuelle frustration. La patience et l'espérance feront alors place à la résignation, laquelle n'est point faiblesse ni abandon mais courageuse sagesse. Car un an chasse l'autre et la même vigne vit de longues années, bonnes, médiocres ou mauvaises.

La lutte contre les parasites, qui commence au printemps, se conduit parallèlement aux autres travaux viticoles, notamment ceux de la feuille, appelés effeuil-

les dans certaines régions. Il s'agit d'une taille en vert, pratiquée sur les jeunes pousses et complétant la taille sèche. Les premières de ces opérations sont l'ébourgeonnement et l'épamprage par lesquels, dès que la vigne a débourré, on enlève les bourgeons inutiles, les rejets se développant au pied des souches puis les bourgeons et les pousses ne contribuant pas à la réfection, à la formation du cep ou qui ne sont pas situés sur les bois de taille, bref toute végétation gourmande. Cette besogne délicate, demandant des connaissances précises, prépare et facilite la prochaine taille d'hiver en tenant compte de la vigueur de la plante. Précoce dans les vignobles méridionaux, elle est pratiquée un peu plus tard dans les régions sujettes aux gelées. Comme la vigne n'attend pas, il faut faire vite, mobiliser de la main-d'œuvre supplémentaire et compétente.

Ensuite vient le pincement, pratiqué avant la floraison pour éviter la coulure. On supprime l'extrémité des pousses herbacées, régularisant ainsi la végétation. Plus tard et jusqu'en août, on opère de nouveaux écimages ou rognages, mais l'utilité de cette pratique semble être mise en question. Complétant les travaux de la feuille, il faut encore attacher les sarments aux échalas ou aux fils de fer conducteurs avec des liens de paille, de raphia, ou avec des anneaux.

Pendant dix à quinze jours au plus — car la grappe développe ses inflorescences progressivement, les unes après les autres — flottera sur le vignoble cette odeur exquise où l'on croirait reconnaître celle du réséda ou

26

Extraite du Tacuinum sanitatis, livre de médecine traduit de l'arabe au XIVᵉ siècle, cette miniature nous restitue de manière naïve la cueillette du raisin, telle qu'elle se pratiquait alors en Italie. A remarquer le foulage au pied, procédé rudimentaire, aujourd'hui abandonné, et l'usage de la culture mixte qui connaît encore dans certaines parties de la péninsule une si remarquable extension.

Par ce détail d'une machine à pulvériser on devine aisément combien peut être efficace un pulvérisateur qui compte une ou deux dizaines de duses par où s'échappe, sous pression, le fin brouillard du traitement.

menace reste suspendue au-dessus de sa tête: ce brusque coup de grêle qui, malgré toute l'artillerie vigneronne expédiant ses fusées au cœur des nuages, peut s'abattre avec l'orage, saccager feuilles, rameaux et grappes.

Allons! Quelle qu'ait été l'année, voici enfin, dans le grand ciel d'automne, le vaste envol des troupes d'étourneaux, friands de fruits mûrs et qu'effraie à peine l'explosion des pétards parsemés dans les vignes. Branle-bas des vendanges!

On commence par le grand nettoyage du matériel vinicole; on le fait sécher au soleil. Sitôt le raisin parvenu à maturité, les vendangeurs se répandent dans les vignes. Le raisin s'empile en cageots sur des camions rapidement conduits au pressoir.

Le pressoir n'est plus celui de nos grands-pères, avec son socle de granit, son caisson et sa grosse vis verticale, mais un cylindre horizontal dans lequel passera la vendange après avoir été broyée dans une première machine. De fait, et surtout dans les grandes exploitations, dans les coopératives vinicoles, le pressoir est devenu une sorte d'usine où tout se fait plus vite, plus sûrement, où les manipulations sont beaucoup plus rares qu'autrefois. On actionne des boutons, des leviers pour mettre en train les forces électriques, hydrauliques, pneumatiques.

Dans certaines exploitations, on ne fait plus cuver les raisins rouges, ce qui donne au vin sa couleur. Cette opération s'étend sur plusieurs jours. Elle nécessite un attirail important pour lequel il faut de la place, beaucoup plus, évidemment, que n'en prend le cylindre où l'on chauffe la vendange. Et voilà le rouge cuvé.

celle de l'encens. Un temps ensoleillé et chaud permet à la vigne de fleurir puis de nouer rapidement et dans de bonnes conditions. La pluie, le froid ralentissent la floraison et gênent la fécondation. Alors intervient la coulure qui peut être provoquée aussi par certains phénomènes de dégénérescence ou par un excès de vigueur du cep.

Supposons que tout se soit bien passé. La sortie des bourgeons a été bonne ; le gel nous a épargnés; la floraison s'est déroulée par beau temps; il n'y a pas eu de coulure. La vermine a été combattue et vaincue. Les petits grains durs que la jeune grappe pointait tout d'abord vers le ciel s'inclinent maintenant vers le sol. Peu à peu, les voici translucides. C'est la véraison. On dit alors, en certains pays, que le raisin traluit. Dans le même temps, les sarments commencent à s'aoûter: ils brunissent et deviennent ligneux. Le patron se promène, un pot de peinture à la main, marquant les souches sur lesquelles, dans quelques mois, il lèvera les greffons des plantations futures.

Tandis que la vigne accomplit ainsi sa troisième phase, celle de la maturation, le vigneron peut enfin se reposer un peu. Cependant, jusqu'aux vendanges, une

La vendange avec le «Pélican» offre une vision toute nouvelle des vendanges contemporaines. Chaque vendangeur verse le contenu de son seau dans un grand bras concave (ci-dessous) qui se relève (ci-contre) pour faire glisser le raisin dans la remorque du tracteur-enjambeur (Hérault).

Ci-dessus: le réfractomètre est un appareil optique utilisé pour déterminer l'indice de réfraction d'un liquide et apprécier ainsi la richesse en sucre d'un moût.

Page ci-contre: Dans cette installation du Beaujolais, le cuvage du vin se fait dans des cuves closes. Durant cette opération les matières colorantes contenues dans la rafle donnent au jus blanc du *gamay* sa couleur de vin rouge.

A gauche et ci-dessous: les vendanges du Clos-Vougeot ont encore une allure traditionnelle; en revanche, dans la République de Moldavie (URSS), le raisin passe de la benne d'un tracteur élévateur dans la cuve d'une remorque.

Ces progrès, ces nouveaux procédés ne changent rien au phénomène qu'ils servent et dirigent, cette fermentation que les anciens attribuaient à quelque esprit surhumain et dont le mystère fut expliqué par Louis Pasteur.

Les levures, responsables de la fermentation, se trouvent sur la grappe, apportées par les vents, les insectes, fournies donc par la nature. Mais là encore on a domestiqué et corrigé la nature, dispensatrice du bon comme du mauvais. Il a fallu observer, sélectionner, élever pour obtenir enfin de belles, de bonnes levures qui ne soient pas accompagnées de bactéries comme la tourne, la piqûre acétique ou autres maladies du vin; de robustes, de saines, d'honnêtes levures évitent les fermentations languissantes et incomplètes. On les incorpore au moût après l'avoir aseptisé.

Lorsque la fermentation est enfin achevée, les levures ont accompli leur besogne; elles tombent au fond du vase où elles forment la lie du vin. En déposant ses lies, le jeune vin nouveau, trouble, laiteux, saturé de gaz carbonique, se clarifie tout seul. Le plus souvent, l'homme intervient. Il y a bien longtemps déjà qu'on pratique le collage, en délayant dans le vin des produits à base de gélatine, de blanc d'œuf, de lait centrifugé qui entraînent au fond du tonneau les lies et toutes les impuretés. Ce procédé assez artisanal est remplacé par

le filtrage, plus efficace, moins aléatoire et débarrassant le vin des germes suspects qu'il peut contenir encore, premièrement ceux qui, ayant besoin d'air, se développent en surface: la bactérie de la piqûre acétique — et voilà notre vin qui se change en vinaigre —, le champignon de la fleur, s'étalant en mince pellicule blanchâtre qui affaiblit la richesse alcoolique.

Pour éviter ces accidents, le caviste soustrait le vin au contact de l'air, veillant à ce que ses vases soient entièrement remplis, ou utilisant la mèche soufrée dont la combustion supprime l'oxygène dans l'espace libre, au-dessus du liquide.

Plus dangereux encore, voici les germes évoluant dans les profondeurs et n'ayant pas besoin d'air. La tourne s'attaque volontiers aux vins mal fermentés et leur communique des saveurs repoussantes. La maladie de la graisse rend le vin filant, huileux et fade. Les vins rouges, pauvres en tanin et en acides, sont exposés à la maladie de l'amer.

C'est à peu près tout pour les bactéries. Diverses actions chimiques peuvent venir à la rescousse! La casse brune madérise les vins nouveaux et leur donne un faux goût de vieux. La casse noire les afflige d'une vilaine teinte plombée. La casse blanche les rend troubles et laiteux. Quant aux relents et goûts de terroir, de croupi, de moisi, de fer, d'œuf pourri, etc., ils

Ce dessin à la plume de Léonar Bramer de Delft, intitulé Halte devant l'Auberge, restitue d'une façon vigoureuse une scène de la vie campagnarde au XVIIe siècle. Le débit de boisson n'est assez souvent alors qu'une ferme à peine aménagée où, à la belle saison, l'on vient, au hasard de sa route, s'arrêter quelques instants. Un tonneau tient lieu de table: qu'importe, la vie est belle le vin est si frais!

proviennent presque toujours d'erreurs ou de négligences: vendanges mal triées, futailles et caves mal entretenues, ce qui n'est pas le fait d'un vigneron avisé.

Ces accidents, ces maladies, on peut les prévenir en appliquant la propreté la plus absolue, depuis la vendange jusqu'à la mise en bouteilles. Le caviste doit aussi avoir l'œil sur le thermomètre. Le vin aime à se sentir au chaud lorsqu'il s'apprête à sa deuxième fermentation au cours de laquelle il perd l'excès de son acidité, tandis qu'il apprécie une certaine fraîcheur lorsqu'il se clarifie. Il s'agit de ne pas le contrecarrer. Il se montrerait alors capricieux et indocile. En somme, le producteur pourrait se borner à quelques opérations indispensables: bien préparer sa futaille, administrer judicieusement les levures, encaver avec soin en utilisant comme il se doit la mèche soufrée, veiller au remplissage constant des vases, chauffer, rafraîchir, aérer la cave, effectuer au bon moment filtrage et transvasages. Si l'année a été convenable, si le vin contient les éléments qu'il faut en juste proportion, tout se passera bien.

Cependant, dans les limites fixées par le législateur, lequel a nettement précisé que le vin est pur jus de raisin fermenté, l'œnologue intervient, prescrivant telle opération afin de remédier à quelque carence, défaut ou déséquilibre, d'accélérer ou de retarder tel phénomène.

La cave est un lieu auguste, protégé, secret et comme réservé aux initiés formant une sorte de confrérie. Au plus haut échelon, nous trouvons le dégustateur. Souvent, ambassadeur d'une clientèle, il engage sa responsabilité. Ou bien il est simplement l'hôte du propriétaire. En tout cas, c'est un artiste, doué d'enviables qualités anatomiques dont la première est une bonne vue afin de déceler dans son verre tout ce qui peut ternir ou voiler le limpide cristal du vin. Il dispose encore d'excellentes fosses nasales capables de saisir et humer le bouquet. Ses papilles gustatives sont particulièrement subtiles. Ayant examiné et respiré le vin, il le promène dans sa bouche, tout autour de la langue, tout au long des gencives; il le mâche, il le médite, faisant alors appel à sa mémoire; il le soupèse, il ne le juge pas encore... pas avant de le laisser glisser enfin au fond de lui-même et d'avoir ressenti cette bouffée de chaleur qui lui permet d'apprécier la vinosité.

Il s'agit quasiment d'une cérémonie. On comprend bien, d'ailleurs, que le produit de la vigne soit ainsi honoré. Lorsque le verre tendu est élevé dans la cave, le vin luit comme s'il contenait la présence prolongée, ressuscitée, fixée d'un été fugitif et disparu, mais qui nous aurait ainsi légué sa lumière et sa splendeur. Il y a là une sorte de prodige dans lequel le vigneron trouve sa récompense et la justification de ce sentiment de fierté dont il ne se départit jamais tout au long des saisons, renouvelant sans cesse sa confiance dans la Nature et sa foi en l'avenir.

Géo-H. Blanc

CRIEUR DE VIN. 1586.

Officiers publics assermentés, les crieurs de vin étaient chargés d'activer la vente du vin pour le compte des taverniers. Flacon et verre en main, ils vantaient leur marchandise dans les rues ou sur le seuil des auberges. Protégée par le roi de France, leur corporation devint puissante aux XIIIe et XIVe siècles.

LE VIN DANS L'ART POPULAIRE

Dans toute l'Europe viticole, la vigne et le vin ont fourni des sources d'inspiration à l'art populaire. Pendant des siècles, des artisans ont orné quantité d'objets utilitaires, qui, du pressoir à l'enseigne du débit de boisson, ont jalonné la vie du vin. Au Moyen Age, l'art populaire reflète avant tout la vision d'un homme profondément religieux et sensible aux symboles. La représentation du Christ dans le pressoir est fréquente et d'un symbolisme particulièrement fort. Le pressoir mystique est une allégorie des souffrances du Christ et une représentation plastique de la prophétie d'Esaïe (63, 3): «J'ai été seul à fouler au pressoir, et nul homme d'entre les peuples n'était avec moi; je les ai foulés dans ma colère, je les ai écrasés dans ma fureur; leur sang a jailli sur mes vêtements, et j'en ai taché tous mes habits.» Durant tout le Moyen Age, la Bible, où plus de deux cents passages mentionnent la vigne et le vin, se révéla une source quasi inépuisable d'inspiration. Un des thèmes les plus utilisés est celui où Josué et Caleb, les deux éclaireurs envoyés par Moïse pour explorer la Palestine, rapportent la grappe géante de Canaan, image de la merveilleuse fertilité de la terre promise. Quant au cep, il est le symbole du Christ, de la vie éternelle. Aussi, la grappe que tient la main de Jésus, de Marie ou de quelque saint fait-elle toujours allusion au sacrifice du Christ et à la sainte Cène. Dans l'art médiéval, le cep, symbole du peuple de Dieu dans la Bible, prête souvent sa forme à l'arbre généalogique du Christ. Durant des siècles, le vigneron plaça avec une naïve confiance le sort de sa vigne dans les mains de certains saints très populaires. La vigne ayant été de tout temps menacée par les rigueurs du climat, les parasites et les maladies, il n'est pas étonnant, lorsqu'un saint suscitait un miracle en faveur de la vigne ou du vin, qu'on en ait fait un protecteur du vignoble. En Suisse, on peut citer saint Othmar et saint Théodule, tous deux passant pour avoir multiplié le vin lors de mauvaises vendanges; c'est pourquoi leur attribut distinctif était un petit tonneau.

A gauche, saint Théodule, représenté en prince-évêque de Sion, est surtout honoré au Valais et en Souabe. Ci-dessous, serpe en main, saint Vernier patronne les vignes du Rhin et de la Bourgogne; saint Vincent, vêtu de la dalmatique du diacre, protège également le vin bourguignon; quant à saint Urbain, pape du IIe siècle, il préservait de la grêle l'Alsace et de nombreuses régions viticoles d'Allemagne.

Josué et Caleb, envoyés vers Chanaan pour explorer le pays, trouvèrent une vallée où croissaient des grappes d'une incroyable grosseur. A grand-peine, ils hissèrent une des grappes géantes sur une perche et la rapportèrent à deux.

Petits bonshommes en bois peint, les «Büttenmännchen» sont caractéristiques de l'art populaire germanique et souvent associés à la vie des corporations.

Il faut rappeler aussi saint Vernier, toujours représenté en vigneron et vénéré en Rhénanie, en Bourgogne et en Auvergne. A propos de saint Urbain on lit ceci dans le martyrologue gallican: «Son patronage auprès de Dieu défendait souvent les vignes du mauvais temps et de la destruction; plus d'une fois, par ses prières, il chassa les pluies, dissipa les tempêtes, préserva les vignes des orages qui les menaçaient; c'est la raison pour laquelle les vignerons l'invoquent contre l'inclémence du temps et qu'il est partout représenté avec une grappe.» Le saint Urbain dont il s'agit ici était évêque de Langres; il semble que sa figure se soit confondue avec celle de son homonyme, le pape Urbain, plus célèbre, si bien qu'aujourd'hui le patron des vignerons est bien ce dernier. De nombreux saints devinrent protecteurs des vignobles parce que leur fête tombait pendant la floraison ou la maturité de la vigne. Quant à saint Vincent, très populaire dans toute la Bourgogne — un vieux dicton en usage à Santenay prétend que tout vigneron qui ne fêterait pas la Saint-Vincent aurait les fesses mangées par les fourmis lorsqu'il ferait les quatre heures — il fut probablement choisi par les vignerons à la suite d'un jeu de mots: Vincent = sent le vin. Saint Vincent est généralement représenté en diacre tenant une palme et une grappe de raisin.

Dès le XVIe siècle, on voit apparaître des almanachs ou des livres de raison contenant des symboles des mois, des images des principaux travaux, le sarclage et la taille de la vigne, la vendange ou les travaux de tonnellerie. Ces images imprimées mettaient ainsi à la portée d'un plus grand nombre les mêmes thèmes d'inspiration que l'on trouve dans les prestigieux livres d'heures des grands seigneurs féodaux.

Dès cette époque également et compte tenu du développement de l'habileté manuelle des artisans, les objets et les emblèmes corporatifs en rapport avec la viticulture se multiplient. Des coutumes particulières s'installent. Les vignerons, tout comme les tonneliers, avaient, outre leurs bahuts et leurs fanions de corporation, leurs propres figurines domestiques; on représentait surtout le vendangeur ployant sous le poids d'une hotte en bois pleine de raisins. Dans les pays germaniques, ces statuettes sont désignées sous le nom de «Buttenmännchen». C'était souvent de charmants travaux en bois ou en métal qui ornaient les tables de réunion.

Lors des cortèges solennels marquant la fin des vendanges, on rencontre encore aujourd'hui dans les régions viticoles de la Basse-Autriche des emblèmes d'un genre particulier: ce sont tantôt des couronnes de paille tressée indiquant que le vigneron débitait sur place son vin nouveau, tantôt des soleils en bois peint signalant que le vignoble était placé sous la surveillance de gardiens. On pouvait aussi admirer la «chèvre du vignoble», un bâti de bois avec une tête de chèvre sculptée que l'on promenait chargée de fruits et qui était généralement considérée comme le symbole de la fécondité. A l'issue de la fête, on la vendait aux enchères ou on l'offrait au maire.

Dans toutes les régions viticoles, la maison vigneronne est marquée dans son architecture par les corrélations diverses existant entre les usages du travail et les nécessités économiques. Certes, cette forme se modifie d'une région à l'autre, ou même selon l'aisance et la position sociale du vigneron, mais elle se distingue toujours nettement des maisons paysannes et des autres types d'habitat rural. L'étable et la grange perdent en importance dans la mesure où la viticulture l'emporte sur les autres cultures. La cave, qui constitue souvent le fondement même de la maison tout entière, n'est pas seulement déterminante quant à l'aspect de la maison

Elément de décoration naturel, mais éphémère, le fruit de dessert a quelquefois été remplacé par des imitations de faïence. Cette assiette du XVIIe siècle est un bel exemple d'art rustique.

La «chèvre», sculptée dans le bois et chargée de grappes, était autrefois la pièce maîtresse des cortèges dans les fêtes du vin de la Basse-Autriche. Elle était le symbole de la fertilité.

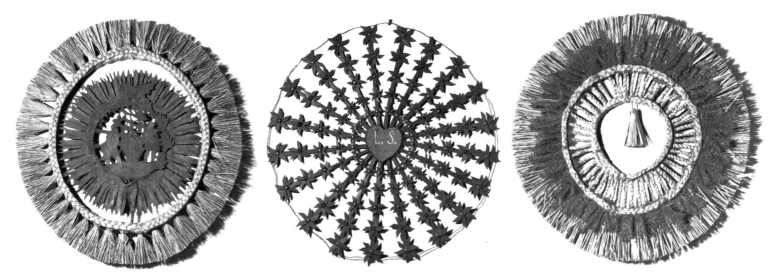

Nous voyons à gauche et à droite deux «Heurigen Kränze», couronnes de paille tressée, que, depuis un édit de Marie-Thérèse, les vignerons autrichiens fixent au-dessus de leur porte, pour signaler aux passants qu'ils ont du vin nouveau dans leur cave. Au centre, un des «soleils» de bois, qui, dominant les vignes de la Wachau, indiquaient qu'elles étaient protégées contre les maraudeurs.

vigneronne, mais elle témoigne souvent de l'aisance de ses habitants par le moyen de décorations imitées des bâtiments urbains. Sa large porte voûtée est souvent l'ornement principal de la façade. Quelle que soit la nature de l'édifice, règle-mur ou maçonnerie, la cave est toujours bâtie de manière identique: c'est une construction aussi massive et profonde que possible en pierres naturelles. Raisins et sarments ornent souvent les portes, les poutres et même les outils. On retrouve les mêmes motifs décoratifs sur les crucifix de campagne, surtout à la limite des vignobles.

Les armoiries de nombreuses familles et communes rappellent les activités vigneronnes: on y voit figurer la serpette et le pressoir, en plus, bien entendu, de la grappe et du cep.

Plus que toutes les autres activités, les travaux de vinification, de stockage, de transport et de distribution du vin ont favorisé l'éclosion de l'art populaire. Ce sont en effet les objets d'usage courant, dont le genre et la forme sont issus des traditions, qui font l'objet de décorations. Le pressoir en bois est très souvent orné car il faisait partie du patrimoine et se transmettait de génération en génération. Outre les pressoirs, on trouve aussi des foudres décorés. Considérés comme des biens de famille précieux, ces vastes tonneaux sont gravés aux noms du vigneron et de sa femme, auxquels ils sont destinés, avec des armoiries, des monogrammes et l'année de construction. Ils étaient souvent inaugurés à l'occasion d'un mariage.

La face antérieure des tonneaux plus ou moins richement sculptés est particulièrement caractéristique de l'art populaire vigneron. C'est sans doute dans les celliers des cloîtres et des châteaux qu'on a commencé à décorer et à sculpter des tonneaux qui contenaient les vins spéciaux des grands vignobles appartenant à des

communautés religieuses ou à des princes. Les grands chapitres comme ceux de Spire ou de Wurzbourg ont exercé une large influence dans tout le sud de l'Allemagne, et cette habitude d'orner les tonneaux a été reprise à l'époque baroque dans les caves des cloîtres autrichiens. C'est manifestement en s'inspirant de cet exemple que beaucoup de tonneaux ont été ornés de représentations de saints, ou du patriarche Noé considéré comme le père de la viticulture. Les abbayes engageaient parfois leur propre sculpteur, mais ce travail était le plus souvent confié aux tonneliers eux-mêmes, qui, tout au long du XVIIIe siècle et au commencement du XIXe, consacraient de nombreuses heures à sculpter et à peindre des motifs précieux (par exemple les saints protecteurs de leur corporation). Au cours du XIXe siècle, les motifs traditionnels cédèrent peu à peu le pas

Taillée dans un bloc de bois de 53 cm de long, cette grappe fut une fois l'enseigne d'une «Auberge du Raisin»; elle est aujourd'hui passée de mode et déposée au Musée national suisse, à Zurich.

Les tire-bouchons sont rarement réduits à l'essentiel: une vis allongée et une poignée. Si la vis reste à peu près semblable à elle-même, le corps du tire-bouchon prend toutes les formes possibles et imaginables; tantôt pliant, tantôt muni d'ailettes, de poignées à vis sans fin, de décorations luxueuses ou coquines, il s'est plié à toutes les fantaisies pour être le plus beau, ou le plus petit, ou le plus prestigieux, ou le plus efficace, ou le plus ingénieux... ou le plus passe-partout.

39

à une imagerie plus bourgeoise ou mondaine, consistant souvent en sculpture de noms de famille ou en reproductions de scènes profanes. Ce sont surtout les grands fûts munis d'une porte par laquelle un jeune homme pouvait entrer pour les nettoyer qui se sont prêtés à une décoration plastique non seulement du fond, mais aussi de la porte avec ses fermetures. Celle-ci, qui n'est le plus souvent aujourd'hui qu'un bloc de bois sans art, était autrefois sculptée d'une manière toute particulière. On y trouvait fréquemment des figures symbolisant les masses de liquide retenues dans le tonneau, et c'est pourquoi les poissons, les ondines, les tritons et autres animaux de fantaisie étaient très souvent représentés. C'est sans doute dans le Musée du vin de Spire (Palatinat), à l'hôpital Julius de Wurzbourg (Bavière) et dans les Musées du vin de Beaune (Bourgogne) et de

Attestant un art populaire actif, plus d'un fond de tonneau ouvragé est devenu pièce de collection. Sur ce fût, daté de 1880, le motif décoratif reste très traditionnel.

Même la bonde d'un tonneau peut servir de prétexte à un plaisant motif de bois sculpté.

Krems (Basse-Autriche) qu'on peut voir les plus riches collections de tonneaux sculptés.

Les tonneaux géants nous apparaissent comme des monuments particulièrement représentatifs. Ils constituaient un tour de force artisanal si l'on songe au fait qu'ils dépassaient de loin les mesures ordinaires. Ils étaient destinés aussi bien à l'approvisionnement d'une place forte qu'à satisfaire la vanité d'un grand personnage. Leur fonction propre consistait cependant le plus souvent à réunir en un seul mélange les différents vins fournis au titre de la dîme, de telle sorte que tous les fonctionnaires au bénéfice de prestations en nature sous forme de vin recevaient une boisson de même qualité, ce qui excluait les réclamations.

La plupart des tonneaux géants de l'époque baroque ont aujourd'hui disparu. Parmi les plus richement décorés, on peut citer celui de Königstein (Saxe), construit pour le roi Auguste le Fort, le deuxième tonneau d'Heidelberg, bâti en 1664 pour le Grand Electeur Charles-Louis du Palatinat, ainsi que celui de Ludwigsbourg, édifié en 1717-1720 pour le duc Eberhard Louis de Wurtemberg. Le maître tonnelier Michael Werner, de Landau (Palatinat), qui construisit en 1589 pour Jean Casimir le premier tonneau d'Heidelberg, acquit de ce fait une telle célébrité qu'il dut en fabriquer d'autres semblables pour maints potentats. Il existe de vieilles gravures qui montrent Werner au travail avec ses aides sur ces énormes tonneaux; cela indique bien que l'on considérait alors déjà une telle entreprise comme un exploit extraordinaire et digne d'une large renommée. On peut voir encore aujourd'hui un de ces gigantesques tonneaux dans la cave du château de Heidelberg; il a une contenance de 221 726 litres.

En plus des foudres, les tonneliers produisaient des tonnelets à usages très différents: tel servait au vigneron à emporter sa ration de vin quand il travaillait toute la journée dans sa vigne; tel était offert à un abbé lors de son élection; tel autre encore contenait, année après année, le vin de la Saint-Jean d'hiver. C'était un vin nouveau, béni le 27 décembre à l'occasion de cette fête, et conservé dévotement pour n'être bu qu'en de rares occasions, lors d'un mariage par exemple, ou avant un départ pour un long voyage, car on lui attribuait des vertus bénéfiques.

Les amusants petits tonneaux à trois crus, qui permettaient de tirer trois vins différents en manœuvrant un disque, témoignent aussi de l'art des tonneliers. Ils correspondaient bien à l'esprit de l'époque baroque, attirée par les jeux de toutes sortes. Après des décennies d'oubli apparent, cet art populaire des tonneliers resurgit aujourd'hui dans diverses régions (surtout en Basse-Autriche) et semble être très recherché par les marchands de vin, les associations viticoles et les particuliers aisés. Ces ouvrages, d'inspiration purement décorative, sont presque exclusivement originaires de régions viticoles comme le Tyrol du Sud, la Basse-Autriche, les coteaux du Rhin et de la Moselle.

Le Nouveau-Monde aussi a connu ses enseignes de taverne au siècle dernier. Certaines, simples, ne reproduisent qu'un objet symbolique: grappe, bouteille, verre à boire. D'autres, comme celle-ci, sont de véritables tableaux de la vie d'autrefois. Les erreurs de perspective importent peu: il suffit que la symétrie du sujet et la vivacité des couleurs attirent l'attention. Le vin servi en carafe, mis bien en évidence, ne semblait pas manquer au «Rendez-vous des Etrangers». Il était importé d'Europe et, s'il était bon, il était rare et cher.

La culture de la vigne et le vin firent naître une multitude de récipients plus petits. Jusque vers la fin du XVIIIe siècle, la bouteille comme récipient de conservation était encore inconnue dans les régions de langue allemande. On conservait le vin en fûts à la cave, on le tirait dans des cruches et on le versait ensuite dans des verres ou des gobelets. La bouteille, de conception française, n'apparaît dans ces régions que vers la fin du XVIIIe siècle, en relation avec l'introduction des vins mousseux. Pour emporter du vin en voyage, on utilisait des récipients commodes à glisser dans la poche des vêtements ou dans les sacoches des calèches. C'est ainsi que sont nées vers 1820 les bouteilles en forme de bourses plates. On retrouve aujourd'hui encore cette forme dans les flacons typiques de Franconie, appelées «Bocksbeutel». On confectionnait également des coffrets de bois ou de cuir pouvant contenir ces bouteilles plates. D'autres bouteilles, plus longues, plates aussi, le plus souvent garnies de côtes, étaient destinées à être portées dans les vêtements; toutes avaient une fermeture vissée en étain, voire en métal précieux pour les hauts personnages. On en trouvait encore en bois, en argile et même faites d'une calebasse pour les paysans. Beaucoup de ces récipients, munis d'une courroie,

Cette délicate enseigne de fer forgé ornait jadis l'auberge du «Cep» à Coire, dans les Grisons.

étaient destinés à être emportés aux champs; on les déposait volontiers dans un ruisseau ou dans une source pour tenir le vin au frais. Ils étaient couverts d'inscriptions proverbiales d'inspiration tout à la fois biblique et bachique, comme: «Le vin réjouit le cœur de l'homme qui en boit modérément... mais il fait du mal à celui qui en boit trop», ou encore «Qu'est-ce que la vie sans vin?» Enfin, de multiples variétés de cruches (le plus souvent à oreilles), sont sorties des innombrables petits ateliers de poterie artisanale, telles les cruches d'argile ornées de feuilles de vigne, d'armoiries et de proverbes bachiques; ailleurs ce sont des buires en étain, appelées «channes» en Suisse romande.

Les enseignes d'auberge de nos petites villes et de nos campagnes, devenues de véritables marques distinctives des mœurs bourgeoises, peuvent également être considérées comme des œuvres pittoresques et caractéristiques de l'art populaire. Celles qui sont taillées dans le bois sont aujourd'hui très rares. De magnifiques exemplaires d'enseignes suspendues, avec leurs bras porteurs très décoratifs, témoignent du haut niveau atteint au XVIIIe siècle dans l'art du fer forgé. Ces dernières, sur lesquelles figurent souvent le cep et la grappe à côté d'autres emblèmes plus variés, sont pour la plupart l'œuvre d'artisans villageois tombés aujourd'hui dans l'oubli.

Notre époque est en pleine mue; comme beaucoup d'autres, les métiers associés de près ou de loin à la vigne et au vin ont rapidement évolué ces dernières décennies. Partout, le verre ou les matières synthétiques ont remplacé le bois; partout des outils, des récipients, dont la forme semblait avoir atteint la perfection, disparaissent et deviennent des objets de collections.

Les mêmes travaux avaient fait naître les mêmes types d'outils un peu partout en Europe, mais chaque région leur avait donné une forme propre. En effet, le tonnelier, le vannier, le taillandier travaillaient sur commande et selon les exigences du terroir: ici les hottes et les paniers à vendange étaient en osier, ailleurs en bois; ici ronds et profonds, ailleurs ovales et plats. Les modes de culture, de vendange, de vinification avaient influencé la forme de tous les objets. Malgré leur parenté de destination pratique, ils étaient différents selon les vignobles, à l'image même des hommes, tous vignerons quoique se distinguant par leurs traditions et leurs habitudes de travail. Aujourd'hui, ces objets font partie d'un héritage commun et témoignent d'un art populaire que nous redécouvrons dans les musées consacrés à la vigne et au vin.

WALTER TOBLER

Grands artisans au Moyen Age de l'amélioration de la vigne en Europe, les moines possédaient souvent des celliers réputés qui furent les ancêtres de nos tavernes. Le vin, mis en perce et consommé sur place, n'était — Dieu merci — pas uniquement destiné au service divin!

Les étiquettes du milieu du siècle dernier, bien que moins précise et moins sévèrement contrôlées que celles d'aujourd'hui, avaient parfois un charme que nous ne leur connaissons plus guère.

Avant l'usage généralisé des étiquettes en papier, chacun habillait la bouteille mise sur la table d'une collerette en argent qui indiquait sommairement le contenu de la bouteille. On trouve parfois encore aujourd'hui ces collerettes sur les vins servis en carafe.

L'ÉLOGE DU VIN

L'HOMMAGE DES POÈTES

Tous les peuples qui connaissent le vin en ont célébré les mérites: Chinois, Persans, Arabes, Grecs, Latins, Germains.

La religion musulmane, on le sait, interdit à ses fidèles l'usage des boissons alcoolisées. Aussi, les poètes arabes qui font l'éloge du vin ont-ils conscience d'être dans le péché. Louvoyant avec la loi coranique, certains, tel le grand mystique du XIIIe siècle, Ibn al-Fârid, font du vin le symbole d'une réalité spirituelle, celle de l'union de l'âme à Dieu.

Les poètes persans se montrent en général beaucoup moins soucieux de la règle islamique: c'est bien un breuvage humain et profane que nombre d'eux exaltent. Seul Roûmi (XIIIe siècle) hausse le vin à la dignité de symbole religieux.

Quant aux Chinois, la boisson enivrante qu'ils ont le plus appréciée est l'alcool de riz, mais les poètes de l'Empire céleste ont aussi chanté le vin qu'ils nomment souvent «vin de raisin» pour éviter toute confusion. La Chine, en effet, connaît plusieurs espèces de vigne depuis deux millénaires. Leur introduction fut un des résultats de la conquête du Turkestan sous les Han.

Les peuples méditerranéens, pour leur part, ont toujours pu librement et abondamment profiter des bienfaits de la *vitis vinifera*. Ni la tradition gréco-latine, ni la loi mosaïque, ni les Evangiles n'ont créé d'entraves à la production et à la consommation du vin. Le Christ lui-même en a fait un symbole de vie et de communion, ouvrant ainsi la voie aux innombrables écrivains chrétiens qui ont dans leurs œuvres chanté les louanges du divin nectar. Du Cantique des cantiques aux fabliaux médiévaux, d'Homère à Rabelais et à Shakespeare, d'Ovide à Hölderlin ou Baudelaire, le vin a toujours trouvé d'éloquents panégyristes qui ont su reconnaître ses exceptionnelles vertus.

LA MISSION DU VIN

Le vin, et je parle aussi bien de ce breuvage impersonnel et courant qui rafraîchit l'honnête soif du travailleur que de ces crus antiques dont le blason empanaché honore l'armorial de nos plus belles provinces, le vin a une triple mission, il est le véhicule d'une triple communion. La communion tout d'abord avec la terre maternelle... de qui il reçoit à la fois âme et corps. En second lieu la communion avec nous-mêmes. C'est le vin tout doucement qui échauffe, qui dilate, qui épanouit les éléments de notre personnalité... qui nous ouvre sur l'avenir les perspectives les plus encourageantes. Le vin est le professeur du goût, le libérateur de l'esprit et l'illuminateur de l'intelligence. Enfin le vin est le symbole et le moyen de la communion sociale; la table entre tous les convives établit le même niveau, et la coupe qui y circule nous pénètre, envers nos voisins, d'indulgence, de compréhension et de sympathie.

Paul Claudel

UNE SOURCE DE VIGUEUR

Le vin, qui vous fait un cœur d'homme.
Homère (IXe s. av. J.-C.)

L'ivresse, si elle est véritable, te fera fort;
si elle est feinte, elle peut t'être utile.
Ovide (Ier s. av. J.-C.)

Tu réveilles dans un cœur abattu l'espérance et la force; avec toi, le pauvre lève la tête et ne craint plus la colère des rois ni les épées.
Horace (Ier s. av. J.-C.)

Verse-nous bien de ton vin rouge
Jusqu'à ce qu'on touche la lie
On ne peut pas monter la garde
En demeurant sur sa pépie.
Archiloque (VIIe s. av. J.-C.)

Grâce à toi, toute paix du cœur et tout désir durant ma vie.
Grâce à toi, ma vitalité et pour mon corps toute jouissance:
Manoutcheri (XIe s. av. J.-C.)

Je veux proclamer tes vertus, mon cher vin!
Tu possèdes beauté et bonté, tu nous donnes une ardeur joyeuse,
tu enhardis le couard; quiconque adopte tes couleurs
acquiert ruse et sagesse, vivacité et vigueur et ne redoute nulle menace;
tu réjouis la tristesse, rends à la vieillesse un esprit juvénile,
enrichis le malheureux dans son dénûment;
tu donnes à tous une mine prospère...
«Le Grand Buveur», fabliau allemand composé (sans doute dans le Tyrol) vers 1250.

...Je sais vin de rivière
Si bon que jamais tel ne fut planté,
Qui en boit, c'est droite santé
Car c'est un vin clair et brillant,
Fort, fin, frais, sur la langue friant,
Doux et plaisant à l'avaler.
Watriquet de Couvin (Fabliau «Les Trois Dames de Paris», vers 1320).

Un bon vin possède une double vertu. Il vous monte au cerveau,
vous sèche les sottes et mornes et âcres vapeurs...
vous fait l'entendement sagace, vif, inventif...
La seconde vertu du vin est de réchauffer le sang...
C'est du vin que vient la vaillance...
*Shakespeare (XVI*e *s.)*

Blanc, il est la lumière qui tire
Du chant, la pensée créatrice.
Rouge, il est le bon sang qui frémit, altier,
Au fond du cœur dans les hauts faits.
Verse au blond tes rayons et dans le rouge
Baise, ô soleil immortel, baise ton fils.
*Giosué Carducci (XIX*e *s.)*

Tu lui verses l'espoir, la jeunesse et la vie,
— Et l'orgueil, ce trésor de toute gueuserie,
Qui nous rend triomphants et semblables aux Dieux.
*Charles Baudelaire (XIX*e *s.)*

Si j'en bois, je me soulève
Et je m'enflamme si bien en chantant,
Que je peux prétendre
Rivaliser avec Phœbus lui-même.
*Francesco Redi (XVII*e *s.)*

Coupe sainte et débordante verse à pleins bords,
verse à flots les enthousiasmes et l'énergie des forts.
*Frédéric Mistral (XIX*e *s.)*

Adrien van Ostade (1610-1684).
Deux pittoresques attitudes de buveurs.

UN FERMENT DE L'AMITIÉ

J'ai un vin exquis; je le sers à mes convives afin de réjouir leur cœur.
*Le Chou King (X*e *s. av. J.-C.)*

Le vin de l'union, ô toi, verse-le afin que je brise
Comme un ivrogne querelleur, l'huis de l'éternelle prison!
*Roûmi (XIII*e *s.)*

Un soir, l'âme du vin chantait dans les bouteilles:
«Homme, vers toi je pousse, ô cher déshérité,
Sous ma prison de verre et mes cires vermeilles,
Un chant plein de lumière et de fraternité!»...
J'allumerai les yeux de ta femme ravie;
A ton fils je rendrai sa force et ses couleurs.
*Charles Baudelaire (XIX*e *s.)*

Lorsque du feu de l'amour ne te resteront que les cendres,
Tu t'en iras chercher l'ami.
Tu le trouveras à la taverne...
Et je pousserai vers toi un plein verre
Pour qu'en silence avec l'ami
Tu boives l'oubli.
*Camillo Sbarbaro (XX*e *s.)*

Je m'en remets à ces suprêmes rasades
Pour nous lier d'un éternel lien.
*Li Ling (I*er *s. av. J.-C.)*

Frères, d'un bond levez-vous de vos sièges
Quand circule la coupe pleine de vin.
Et que la mousse jaillisse jusqu'au ciel!
Que ce verre soit offert à l'Esprit de Bonté!
*Friedrich von Schiller (XVIII*e *s.)*

Miracle du vin qui refait de l'homme
ce qu'il n'aurait jamais dû cesser d'être:
l'ami de l'homme.
*René Engel (XX*e *s.)*

Hans Suess von Kulmbach (1476-1522).
Sur cette esquisse pour un joyeux festin, l'abondance du vin
réjouit, de manière évidente, belles dames et grands seigneurs.

UN PHILTRE D'AMOUR

Le vin dispose ton âme à l'amour, si tu n'en prends pas beaucoup
et si tes sens noyés par d'abondantes libations ne sont pas engourdis.
Comme le vent entretient le feu et comme il l'éteint,
une brise légère en entretient la flamme, alors que, trop froide, elle l'étouffe.
Mais ne sois pas ivre, ou alors d'une ivresse telle qu'elle emporte
tous tes soucis amoureux; un état intermédiaire est nuisible.

Ovide (Ier s. av. J.-C.)

Tous deux enfermés dans la chambre, avec le vin pour confident,
La porte du plaisir ouverte, et close celle de la chambre.

Farrokhi (XIe s.)

C'est le feu de l'amour qui pénétra la flûte,
La ferveur de l'amour qui pénétra le vin,

Roûmi (XIIIe s.)

Nous avons appris à l'amie à boire le vin,
Nous possédons le feu de l'amour qui brûle l'amour même.

Roûmi.

L'ardente fille des raisins ressemble à notre pupille:
Iris, la peau; et cristallin, le voile transparent.

Hafiz (XIVe s.)

Si l'amante de Titon
A son mari aux cheveux blancs
Une vaste coupe
De ce vin-là avait versé
Ce bon vieux aurait retrouvé la jeunesse.

Francesco Redi (XVIIe s.)

Aujourd'hui l'espace est splendide!
Sans mors, sans éperon, sans bride
Partons à cheval sur le vin
Pour un ciel féerique et divin!...
Ma sœur, côte à côte nageant,
Nous fuirons, sans repos ni trêves
Vers le paradis de mes rêves!

Charles Baudelaire (XIXe s.)

D'une espiègle gamine
Tu veux faire une Madone?
Le vin te l'apprendra.

Umberto Saba (XXe s.)

UNE INVITATION À L'OUBLI

Procure des boissons fortes à qui va périr,
Du vin au cœur rempli d'amertume:
Qu'il boive! qu'il oublie sa misère!
Qu'il ne se souvienne plus de sa peine!

La Bible (Les Proverbes, Ve s. av. J.-C.)

Le bain, c'est un foulon: l'eau a des dents et nous liquéfie le cœur, un
peu chaque jour. Mais quand je me suis enfilé une bolée de vin au miel,
j'envoie le froid se faire foutre...

Pétrone (Ier s.)

Le fils divin de Sémélé
Aux hommes le vin a donné
Afin qu'ils puissent oublier.

Alcée (VIIe s. av. J.-C.)

Après boire on oublie que le ciel est au-dessus de l'eau:
Un plein bateau de rêves purs dépasse la Voie lactée.

Sine Kiue (VIIIe s.)

Ils oublient honneurs et outrages et, une coupe de vin
à la main, ils respirent la brise. Leur joie est sans borne.

Fang Tchoug-yen (XIe s.)

On voit selon son cœur les événements en rêve,
Tout fleurit à l'envi aux yeux troublés de vin.

Houang King-kien (XIe s.)

Egbert van Heemskerk (1634-1704).
Scène de cabaret à la fin du XVIIIe siècle.

Voici le véritable or buvable
Qui chasse en exil tout mal irrémédiable;
C'est le népenthès
Qui vous rend joyeux
Et toujours vous délivre
Des sombres et noires pensées.
Francesco Redi (XVIIIᵉ s.)

Quand je bois du vin,
Ma peine est chassée,
Mes noires pensées
Vont aux vents marins.
Recueil anacréontique (VIᵉ s. av. J.-C.)

Les soucis, grâce à toi, trouvent leur remède dans le vin...
Ce feu que j'ai depuis longtemps dans les os, seule la mort pourra le
guérir, la mort ou ton vin.

Properce (Iᵉʳ s. av. J.-C.)

Pour dissiper notre chagrin
Le seul moyen est bien le vin.
T'sao (IIᵉ s.)

Le vin délivre les cœurs de leurs peines:
C'est pourquoi les sages le nomment la clé du verrou des tristesses.
J'aime cette liqueur de pourpre:
Elle flétrit la face du souci et elle enfante l'allégresse.
Bachchâr (Xᵉ s.)

Veux-tu que ta vie repose sur une voie solide?
Veux-tu vivre affranchi de tout chagrin?
Ne demeure pas un instant sans boire du vin.
Omar Khayam (XIIᵉ s.)

Que les cieux soient le prix payé pour une fête où grâce au vin
Le feu naîtra des flots et l'on s'abreuvera de flammes.
Et quand dans la liesse on aura tout oublié du monde,
On boira encore...
Modjir (XIIᵉ s.)

Les moines ont été, dans bien des régions, à l'origine de la culture de la vigne, et dans d'autres, à l'avant-garde des procédés de vinification. Faut-il s'étonner qu'un père caviste, comme le montre cette étiquette, ne résiste pas au plaisir de faire goûter son vin au visiteur de passage et de partager avec lui quelques instants d'agréable compagnie.

La vie est si amère
Et le vin si doux
Pourquoi ne pas boire?
Toute pensée triste
Que tu puisses avoir
Tu deviendras délice.
Umberto Saba (XXᵉ s.)

Profondes joies du vin, qui ne vous a connues? Quiconque a un remords à apaiser, un souvenir à évoquer, une douleur à noyer, un château en Espagne à bâtir, tous, enfin, vous ont invoqué, dieu mystérieux caché dans les fibres de la vigne. Qu'ils sont grands les spectacles du vin illuminés par le soleil intérieur, qu'elle est vraie et brûlante, cette seconde jeunesse que l'homme puise en lui! Mais combien sont redoutables aussi ses voluptés foudroyantes et ses enchantements énervants. Et, cependant, en votre âme et conscience, juges, législateurs, hommes du monde, vous tous que le bonheur rend doux, à qui la fortune rend la vertu et la santé faciles, dites, qui de vous aura le courage impitoyable de condamner l'homme qui boit du génie.

Charles Baudelaire

JEAN VOGEL

49

L'HOMMAGE DES PEINTRES

Deux musées existent en France pour montrer les rapports entre les arts et le vin, pour mettre en valeur les ressources que ceux-là ont trouvées dans l'usage de celui-ci: deux musées d'inspiration et d'aspect fort différents: l'un, somptueux, dans le château Mouton-Rothschild à Pauillac, dans la Gironde, réunit des pièces précieuses, des verreries antiques, des tapisseries, des calices, des tableaux rares: l'autre, à Beaune, plus austère, de caractère plus fruste et artisanal, consacré au vin de Bourgogne, expose les instruments et objets divers utilisés pour la fabrication, la conservation, la vente du vin étroitement mêlé à la vie familière de l'homme, le tout magnifié dans une grande tapisserie de Jean Lurçat: La Vigne, source de vie, triomphe de la mort. Ainsi ces deux collections, aux deux aspects extrêmes du thème, en résument bien l'universalité.

Lorsque je bois le vin, les soucis s'endorment; que m'importent gémissements, peines et soucis? Il faut mourir, qu'on le veuille ou non! Pourquoi donc s'égarer dans la vie? — Buvons plutôt le vin, le vin du beau Bacchus; quand nous le buvons les soucis s'endorment. Cette citation d'Anacréon est en parfait accord avec cette scène qui décore un vase antique.

A toutes les époques donc, dans toutes les civilisations, la vigne et le vin occupent une place importante dans les arts plastiques, soit par leur rôle symbolique, soit qu'il s'agisse d'une représentation réaliste. En effet, nul sujet ne s'adapte plus exactement aux deux orientations essentielles que prend l'œuvre d'art dans ses multiples métamorphoses. Autrement dit, nul prétexte ne répond mieux à la complexité des préoccupations, spirituelles et matérielles, de l'homme.

Il semble bien que toutes les mythologies accordent une place de choix au vin, probablement parce qu'il est l'élément qui, par essence, entraîne la pensée humaine au-delà des frontières physiques habituelles et oblige l'homme à un dépassement de lui-même, fût-ce dans le désordre. Mais ce désordre est dans une certaine mesure une façon d'échapper à la banalité quotidienne et permet à l'esprit d'entrer dans l'imaginaire et d'accéder à un univers plus merveilleux.

Constatant ce phénomène, les religions ne pouvaient manquer d'essayer d'en utiliser les ressorts, donc de donner une place privilégiée à ce qui suscite cet état d'esprit. Si le vin, entre tout ce que la nature met à la disposition de l'homme, est la matière qui, avant et plus que tout autre, joue un rôle que l'on peut qualifier de magique, il est bien évident que les artistes ne peuvent, eux aussi, que prévoir l'utilisation de la vigne et du vin dans leur répertoire. Il ne faut pas oublier que la peinture est déjà en soi un acte qui doit paraître magique par le fait de suggérer sur une surface plane, par une combinaison de lignes et de couleurs, l'aspect réel d'un objet qui, lui, est un volume et non un plan.

Cela explique probablement que pendant très longtemps l'art a été presque exclusivement au service de la foi. En conséquence, les images se rapportant à la vigne ou au vin ont inévitablement un caractère religieux, mais en général dans un culte étroitement associé à la représentation de la vie, par exemple dans les décorations funéraires des Egyptiens. Même dans l'art plus profane du décor des vases grecs, il s'agit bien souvent d'illustrations de scènes mythologiques. Il faut noter cependant que, jusque dans les scènes religieuses, le vin reste toujours étroitement lié à la vie familière et cette double dépendance se retrouve à toutes les époques, confirmant bien la double fonction que l'homme lui attribue.

Il en résulte que sa représentation fait alterner ou accorde les écritures symboliques ou réalistes et que, de ce fait, fût-ce lorsqu'elles se rattachent à un rite, celles-ci conservent toujours un accent de paganisme familier. Les Grecs ne s'y sont pas trompés et ont donné une fonction divine au vin. Dionysos, le Bacchus des Romains, y est devenu l'objet d'un culte. D'autre part, une anecdote célèbre nous confirme la large place faite par leurs artistes au réalisme. L'un d'eux, le peintre Zeuxis, avait si exactement représenté une grappe de raisin que des oiseaux s'y étaient laissés tromper et étaient venus en picorer les grains.

Le Moyen Age accentuera encore ce double caractère: certes, lorsque dans certains cas l'objet du péché originel est une grappe de raisin au lieu d'une pomme, nous sommes devant une représentation purement symbolique: mais dans les autres images inspirées par la Bible, tels les épisodes de la vie de Noé ou de Loth, le vin retrouve son rôle de boisson euphorisante. Le Moyen Age a d'ailleurs trouvé de nombreuses occasions de souligner cette double appartenance aux domaines spirituel et matériel, l'imagerie des cathédrales en offre maints exemples, et celle aussi des enluminures de manuscrits. Le vigneron et le moissonneur viennent en tête des images choisies dans l'évocation des mois et des saisons, ou dans celle des métiers, comme le pain et le vin viennent en tête de ce qui est essentiel à l'homme.

Lorsque avec l'époque gothique l'art commence à s'engager dans le grand cycle réaliste qui durera jusqu'à nos jours, les scènes se multiplient dans lesquelles le vin joue un rôle actif ou accessoire et prouve en tout cas par sa présence combien il appartient à tous les instants de la vie. Les peintres puisent dans le Nouveau Testament de nombreuses occasions d'associer le familier et le sacré: l'habitude que l'on prit alors de donner aux héros bibliques l'apparence de personnages contemporains, de les faire vivre dans le décor et selon les usages du moment, constitue pour nous une précieuse documentation sur l'histoire du costume, des mœurs, des métiers, documentation qui nous renseigne très précisément sur la place que tenaient en ce temps la vigne et le vin dans les activités des hommes.

La Renaissance, avec son appétit de jouissance, son goût du faste, ne peut qu'être constamment tentée par ce qu'il y a de miraculeux dans tout ce qui touche au vin: par la gaîté des fêtes autour des vendanges, par la présence indispensable de la boisson dans les réceptions fastueuses, et l'hommage rendu est si légitime que les artistes fabriquent les plus beaux objets pour permettre de recueillir, d'offrir, de mirer, de déguster la boisson qui dispense si volontiers tant d'irréalité dans un monde où règne fortement un besoin d'expansion, de dépassement.

Plusieurs grandes tapisseries du Moyen Age nous ont déjà habitués à voir que la représentation des fêtes des vendanges se prêtait aux grandes compositions, justifiait la présence d'une foule nombreuse, d'une végétation généreuse, dans un mélange d'ordre et de désordre qui, en soi, produit une impression de fête. Ce stade est largement dépassé dans les compositions des grands Vénitiens: Tintoret et Véronèse multiplient les fastes de l'abondance dans les Noces de Cana, Le Souper chez Simon. Même dans La Cène, malgré la gravité de l'événement et une relative intention d'austérité, on sent bien que le vin, à ce moment, joue un rôle, est un personnage présent.

Avec les Flamands, cette générosité va jusqu'à la truculence: Rubens, dans sa Kermesse ou dans ses Bacchanales, Jordaens, dans ses scènes de ripailles intitulées Le Roi boit, ont poussé au maximum les images joyeuses d'un paganisme effréné qu'il est curieux d'opposer aux bacchanales d'un Poussin. Ce dernier, toutefois, sait conserver un sens de l'ordre, une mesure classique, par lesquels nous retrouvons dans les scènes d'orgies un souvenir presque rituel du sens religieux.

Peut-être est-ce au XVIIe siècle que la peinture utilise le plus fréquemment le thème et y puise les motifs d'inspiration les plus variés. Cela tient sans doute au fait que c'est aussi le siècle où l'homme commence à étreindre de plus en plus avidement le monde qui l'entoure. Il le fait avec une intensité de vie, un appétit de plaisir dans lequel interviennent autant les sens que l'esprit, lesquels, en expansion mutuelle, s'enrichissent de leurs propres et réciproques découvertes. En effet, aux débordements de Rubens et de Jordaens, nous pouvons opposer l'austérité des paysans des frères

Si l'on en juge par les peintures retrouvées sur les parois de leurs tombes, les Etrusques étaient amateurs de banquets durant lesquels la musique accompagnait les libations. Aujourd'hui certaines étiquettes de vin de cette région de l'Italie centrale rappellent à la fois le talent des peintres étrusques et le raffinement d'un peuple qui appréciait les plaisirs de la vie.

Scène de vendange sur les bords de la Loire, à la fin du XVᵉ siècle. On reconnaît sur cette tapisserie la cueillette du raisin (à droite), le foulage du raisin (au centre, au premier plan) et le pressage (à l'arrière-plan). Le seigneur s'intéresse de près aux travaux tandis que la dame goûte le raisin avec une grâce toute féminine. Le lissier a su incorporer à sa tapisserie les paniers, cuves, tonneau et pressoir avec un sens très sûr de la décoration. Cette tapisserie se trouve aujourd'hui au Musée de Cluny, à Paris.

Le Nain et, en dépit d'une certaine truculence, les buveurs du Caravage, de Vélasquez, caractérisés par une rigueur formelle délibérément écartée par les Flamands.

Ceux-là sont si tentés par une joyeuse indépendance que les petits maîtres se complaisent dans les scènes de cabarets. La bonne humeur plus ou moins caricaturale de Téniers, Van Ostade, Brower, Steen, est complètement détachée de toute allusion religieuse: l'homme y est réduit à lui-même et à son plaisir de boire. Il est certes possible de situer ces petits maîtres dans la suite de Brueghel, mais il y a chez celui-ci ce qui justement leur manque à eux, cette participation à une certaine mystique. Même lorsque l'être nous semble revenu uniquement à ses instincts physiques, les bombances de Brueghel font partie d'une imagerie d'inspiration populaire derrière laquelle on sent toujours la présence de la foi.

Au XVIIᵉ siècle, on voit se développer un nouveau genre de tableau: la nature morte, qui jusqu'alors participait seulement à des compositions générales, gagne désormais son autonomie et est traitée pour elle-même. Là encore certains Flamands, tels Snyders ou Seghers, révèlent dans leurs compositions d'étals débordants de victuailles cette joie et cette sensualité qui leur sont propres. Dans ces natures mortes, les belles colorations du raisin, les transparences savoureuses des pulpes sont une tentation pour les peintres chez lesquels s'exprime presque un désir physique par la virtuosité qu'ils apportent à traduire leurs sensations tactiles et gourmandes.

Jusque chez ceux qui se veulent sobres, il y a dans la matière du verre, les reflets qu'il reçoit et la chaude coloration du vin qui l'emplit, un objet de curiosité et de tentation. Cette séduction de la nature morte en tant que matière picturale que nous avons déjà décelée tant dans les scènes de vie des paysans de Le Nain que dans les virtuosités de Vélasquez et Caravage, nous la trouvons aussi chez Franz Hals avec une vitalité et une puissance d'expression si intenses que l'on se demande parfois si, dans les grandes scènes de repas de corporations, justement célèbres, il n'a pas pris plus de plaisir à peindre les flacons et les verres que les visages des personnages.

Il faut d'ailleurs convenir que les nouvelles orientations prises par la peinture sur le plan technique s'accordent avec cette franchise de la sensualité. Comparée à ce qu'elle est devenue, la peinture antérieure, celle de la fin du Moyen Age, prend un caractère un peu contraint, soumise au dessin, elle témoigne d'un sentiment presque de pudeur, tandis qu'au contraire, au XVIIᵉ siècle, elle suit par la spontanéité, les élans, les impulsions des sens, et s'attache beaucoup plus qu'autrefois à révéler la sensibilité et le tempérament de l'artiste. Ce besoin de libération est une des raisons du succès des natures mortes, et le thème du vin devient un prétexte idéal dans lequel s'incarne cette liberté nouvellement conquise.

Le XVIIIᵉ siècle nous offre une matière infiniment moins riche, moins nouvelle; l'artiste y exploite les choses acquises. Les fêtes galantes s'accompagnent de repas élégants; la truculence n'est plus de rigueur et les excès ne sont admis qu'enveloppés des raffinements chers à la bonne société. Dans les fêtes champêtres,

dans les boudoirs, les repas amoureux ont lieu devant des tables bien garnies, dans des vaisselles précieuses; les verres et leur contenu s'incorporent à un décor général pour lequel ils semblent créés.

Il ne faut pas s'en tenir à cette vision d'une vie mondaine et superficielle pour avoir une idée complète de l'art de ce temps. S'il y eut — et tout spécialement depuis le XVIIᵉ siècle — un courant de la peinture tourné vers la vie extérieure, nous avons vu que la vie repliée sur elle-même avait fourni à bien des peintres des sujets d'observation à partir desquels la nature morte a pu se développer. Il est opportun de rappeler qu'à côté des scènes de cabarets, il y eut chez les peintres flamands et hollandais ceux qui, attachés aux images d'intimité, tels Vermeer, Metsu et Dou, surent créer un art du silence. Certains d'entre eux, se spécialisèrent dans la représentation d'élégantes tulipes, de verreries rares, de beaux arrangements de fruits où le raisin trouve naturellement sa place. Le goût pour cette peinture intime ne se perdit pas au XVIIIᵉ siècle, et si les dimensions de certaines compositions de Desportes et d'Oudry dépassent les proportions de la toile d'intimité pour devenir de grandes décorations murales, nous verrons se développer pour de plus modestes usages cet art paisible.

Sur cette toile de Lucas van Valckenborgh (1530-1597) des paysans récoltent les pommes, des tonneliers préparent les fûts, les vignerons vendangent, d'autres foulent le raisin. La douceur des derniers beaux jours, l'abondance des biens terrestres et la promesse d'un bon vin ont incité les maîtres à passer la journée à la campagne; à midi ils se retrouvent pour un repas agrémenté par les airs d'un violoneux.

Les tableaux de cette catégorie serviront souvent de dessus de portes ou de devants de cheminées. Peut-être est-ce grâce à son rôle sans prétention que ce genre ne se heurta pas à l'ambition des artistes célèbres et qu'il put ainsi conquérir discrètement ses titres de noblesse sous des dehors artisanaux. Dans ce moment triomphent aussi les jeux habiles du trompe-l'œil: le raisin, le vin, avaient dès avant ce temps incité les peintres à trouver une poésie dans l'imitation parfaite des effets de lumière et cette tendance connaît dès lors un développement normal. Chardin y apporte un accent moins mécanique, une poésie en sourdine, qui enveloppent l'objet et le fruit d'une transparence ouatée: grâce à lui la nature morte se place au niveau de la plus pure sensibilité et de l'émotion la plus vraie.

Cela est d'autant plus méritoire que le XVIIIᵉ siècle n'a pas reconnu à la nature morte la valeur prestigieuse qu'elle avait acquise au XVIIᵉ. Certes, il en a étendu l'usage, mais en lui accordant, ainsi que nous venons de le souligner, une fonction accessoire. Cependant, dans l'œuvre de Chardin reparaît cette humble dignité que nous avons perçue chez les primitifs, mais cette fois dans une atmosphère plus sentimentale et dont profitent les objets, les fruits représentés. Ce sera pour le vin et le raisin la dernière période d'utilisation dans un tableau, la dernière présence effective, tout au moins pour les grands peintres, en tant que sujets en soi.

Le XIXᵉ siècle, en brutale réaction contre le XVIIIᵉ dans l'esprit et dans les formes, ne pouvait redonner aux thèmes de la vigne et du vin une place privilégiée. La nature morte, dans le sens où elle s'était développée aux siècles précédents, c'est-à-dire dans les fastueuses et élégantes compositions de «buffets», d'étals, ou dans les motifs encadrés pour dessus de portes des demeures

Cette toile de Vélasquez (1595-1660) est intitulée Le Triomphe de Bacchus. Mais personne ne s'y trompe; le réalisme l'emporte sur la mythologie et il semble bien que l'artiste ait peint une rencontre de pauvres hères castillans auxquels une bonne pinte de vin fait oublier les pires infortunes. Au point culminant de leur joyeuse ivresse, ils rendent à Bacchus et au vin une manière de solennel hommage.

En Italie, les peintres apprécient la limpidité de la lumière; les amoureux s'aiment au son de la mandoline et des chansons d'amour; les historiens et les archéologues explorent les ruines antiques. Mais l'Italie serait-elle vraiment l'Italie si le bon vin ne coulait pas à flot, réunissant jeunes et vieux, hommes et femmes, comme dans ce romantique Cabaret italien peint par Pietro Lucatelli (1634-1710).

élégantes, ne pouvait plus trouver sa place dans le cadre de la vie bourgeoise du XIXe siècle. Comment l'eût-elle pu? Il ne saurait être question, dans ce temps de ruptures, de faire revivre ces jeux ou ces symboles, d'y trouver une signification religieuse, alors que désormais tout tend à l'exaltation de la réalité. Il n'est pas question non plus de trouver dans la réalité nouvelle, faite d'inquiétude politique, économique et sociale, une place convenable pour ce thème car l'humeur suscitée par le vin est trop joyeuse pour s'accorder avec les passions de l'esprit romantique. Il faut donc se tourner vers les arts populaires, vers l'humour et la caricature, si l'on veut retrouver des témoins et prouver ainsi qu'il subsiste une certaine continuité.

Les traces de natures mortes que nous trouverons chez les grands peintres, qu'ils soient dans la ligne de Delacroix ou dans celle d'Ingres, sont donc peu fréquentes et ne comptent guère dans le sujet général du tableau. Certes, tout un courant subsiste, mais d'impor-

tance mineure, qui, à la suite des succès obtenus par le trompe-l'œil du XVIIIe siècle (Boilly y est un dernier triomphateur de talent), est représenté par de nombreux envois dans les expositions publiques. A ce courant participent des artistes — en grande partie des femmes peintres — qui exploitent pendant des années le thème sans qu'on puisse dire que cette production ait joué un rôle digne d'intérêt dans l'histoire de la peinture au XIXe siècle.

Nous ne verrons reparaître la vigne et le vin dans les tableaux des grands maîtres, de façon assez fréquente, qu'à partir de l'impressionnisme. Encore n'y tiennent-ils qu'une place accidentelle, en tant que joyeux accessoires de dîners champêtres, ou par leur discrète présence aux tables familiales, ou encore évoqués par les vignobles au hasard des paysages. Si exceptionnelle soit-elle, cette présence a une valeur de réintégration dans la vie courante, intéressante sur le plan anecdotique, mais dont on ne saurait tenir compte pour définir avec précision les rapports entre ce sujet et l'art. Il convient de faire une exception, mais elle est considérable, pour Les Buveurs de Cézanne. Il en va tout autrement au début du XXᵉ siècle avec l'apparition du cubisme. Ce n'est plus alors dans le breuvage ni dans le fruit, dans leurs effets de couleurs ou de matière, ou dans leurs pittoresques incidences sur l'aspect physique de l'homme que les artistes trouveront des mérites, mais dans la bouteille. Celle-ci va tenir le premier rôle dans un grand nombre de compositions de l'époque, au point d'apparaître presque comme un objet symbole et dans bien des cas se prêter aux démonstrations qui justifiaient l'adoption d'une technique particulière au service des théories cubistes. Par la volonté de ramener l'art et la conception du tableau à une pureté extrême et de réduire tous les objets à leur schéma essentiel, la bouteille devient la forme idéale qui, sans avoir besoin d'être modifiée, répond au désir de tout inscrire dans une rigoureuse géométrie.

Le rapport entre l'œuvre et l'objet est, sur ce chapitre, si évident, que lorsque vers les années 1920, Ozenfant veut pousser ces théories à l'extrême dans son mouvement de purisme — qui sera pratiqué également par Le Corbusier alors débutant — il utilise presque exclu-

sivement des bouteilles dans un jeu d'imbrications ingénieuses. Même avant cette expérience intransigeante, la bouteille et son contenu serviront aux cubistes vers 1910 à justifier et expliquer le sens de leurs recherches sur la représentation et l'invention de la réalité. En effet, d'une part, le contenant peut être représenté ou suggéré en tout ou en partie sans avoir à subir les déformations de la perspective et, d'autre part, la surface du contenu, c'est-à-dire le plan qui constitue le niveau du liquide, se résume en un disque, conformément à sa réalité-vérité, et non en une ellipse-illusion imposée par la perspective.

Nous voyons donc pendant toute cette période particulièrement dynamique les carafes et les bouteilles utilisée pour leur valeur en soi, en tant qu'objets plastiques, comme instruments volontairement choisis par le peintre pour exprimer ses idées. Ainsi, dans une certaine mesure et par un détour inattendu, elles rejoignent, sous une forme renouvelée, un rôle aussi essentiel que celui qu'elles ont tenu dans les truculentes natures mortes flamandes du XVIIᵉ siècle ou dans les élégants «buffets et desserts» du XVIIIᵉ, mais cette fois d'une façon plus irremplaçable qu'au cours des siècles précédents.

Lors des journées révolutionnaires de la fin du XVIIIᵉ siècle, les habitudes des Parisiens furent bousculées. Pour maintenir l'enthousiasme de la population, il fut procédé à des distributions de denrées alimentaires. On voit ici, peint par Louis-Léopold Boilly (1761-1845), une distribution de vin dans les jardins proches des Champs-Elysées. La présence de la maréchaussée ne semble pas tempérer l'ardeur des amateurs de vin.

'Vin de Rubis' est une tapisserie de Michel Tourlière, qui est Bourguignon. Les lissiers d'autrefois célébraient les travaux de la vigne et les joyeux banquets. Tourlière chante aujourd'hui le vin lui-même, quand on le fait tournoyer dans son verre pour admirer toutes les nuances de sa robe et pour humer toutes les fragrances de son bouquet. Cette tapisserie se trouve actuellement au Musée du Vin à Beaune.

Outre cette utilisation systématique, le vin et la vigne retrouvent leur place dans l'épanouissement que connaissent entre 1920 et 1940 les peintres qui, partant souvent de l'inspiration cézannienne, montrent l'aspect détendu d'une vie inspirée par la nature. Déjà, dans les fameuses séries des Buveurs de Cézanne, le thème-prétexte montre comment accorder une recherche esthétique et une suggestion d'atmosphère, de sentiment. Plus tard, selon le tempérament de chacun, l'orientation se fera tantôt dans un sens, tantôt dans l'autre, que ce soit à travers les scènes champêtres de Dunoyer de Segonzac ou dans les compositions plus visiblement construites de La Fresnaye, ou chez la plupart des peintres de ce que l'on a appelé «la réalité poétique».

L'art, voire la bibliophilie et même la publicité, y trouveront leur compte puisque Raoul Dufy, ayant eu à illustrer les catalogues d'une maison de vins, a composé à cette occasion des albums que conservent aujourd'hui jalousement les collectionneurs, inaugurant ainsi une série qui fut ouverte à de nombreux peintres au cours des années suivantes. Après la dernière guerre, Bernard Buffet découvrira à son tour, comme les cubistes, mais avec un autre esprit, dans la forme de la bouteille, un objet idéal convenant à son ascétisme: il montrera qu'un thème, n'est jamais épuisé et qu'un nouvel artiste trouve toujours une nouvelle manière de le traiter, rendant ainsi manifestes les exigences sans cesse mouvantes de la sensibilité.

RAYMOND COGNIAT

57

LES GRANDES RÉGIONS VINICOLES DU MONDE

LA VIGNE
À LA CONQUÊTE DU MONDE

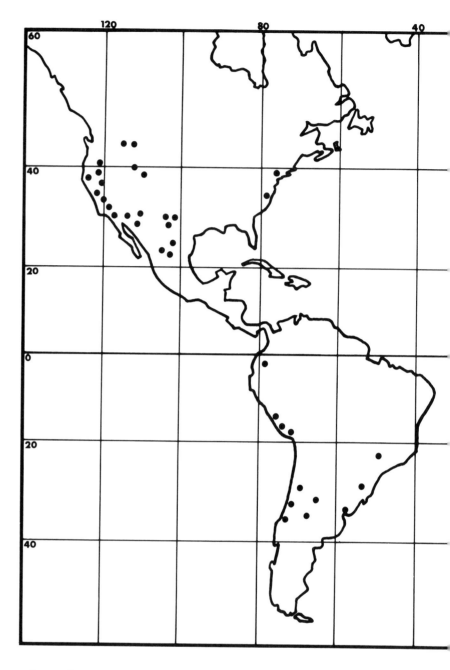

La grande famille des ampélidées, à laquelle appartient la vigne, est largement représentée sur toutes les surfaces cultivées du globe. Mais la *vitis vinifera* qui, seule, produit des raisins comestibles dont le jus fermenté est le vin, ne prospère que dans les limites des zones tempérées des deux hémisphères, entre le 50e et le 30e degré de latitude nord et entre le 30e et le 40e degré de latitude sud. Cette vigne ne résiste ni à de trop grandes chaleurs, ni à des froids excessifs, ni à des pluies trop abondantes, ni à une sécheresse trop rigoureuse. Ajoutez à cela qu'il est difficile de vinifier lorsque la température se maintient au-dessus de 15 degrés.

Un rapide survol de l'histoire montre que les régions où la *vitis vinifera* s'est développée sont celles aussi où des civilisations sont parvenues à leur plus haut point de perfection. A cela rien d'étonnant, car de toutes les plantes transformées par le génie de l'homme, la vigne — plus encore que le blé ou le riz — témoigne du patient et inlassable travail des générations.

Les vignobles originels, «autochtones», se trouvent dans le Caucase (Géorgie et Arménie), dans les îles de la mer Egée, en Egypte. Ils ont donné naissance à l'actuel vignoble mondial. D'autres vignobles, en Chine, au Japon, dans l'est et le centre de l'Amérique du Nord, n'ont pas connu des conditions favorables à leur développement et sont restés plus ou moins embryonnaires. A partir des zones eurasiennes, la *vitis vinifera* s'est répandue pour des raisons très diverses.

Certains vignobles doivent leur naissance à un fait brutal, la conquête militaire: une partie des vignobles français sont apparus au fur et à mesure que s'installaient les légions romaines. Parfois l'hégémonie politique suffit à propager des cultures; ce fut le cas des vignobles grecs quand, à l'aube des temps historiques, la Grèce continentale subissait l'influence de la puissance égéenne. Plus près de nous, les conquêtes coloniales ont transplanté la vigne en Australie, en Afrique du Sud, en Nouvelle-Zélande et en Amérique du Sud. Le zèle missionnaire des chrétiens s'est souvent accompagné d'une culture répondant aux besoins liturgiques. Ainsi, ce sont des moines qui, après l'intermède islamique sur la péninsule ibérique, ont réintroduit la culture de la vigne et l'usage du vin en Espagne du sud. Les premières vignes de Californie furent plantées par des missionnaires franciscains. Ailleurs ce sont des victimes du fanatisme religieux qui ont propagé un type de culture auquel ils étaient liés: ce fut le cas en Afrique du Sud où les premiers vignerons, déjà expérimentés, furent des protestants français qui émigrèrent après la révocation de l'Edit de Nantes, en 1685. Parmi les vignobles de la Russie méridionale, certains ont pour origine le snobisme, très fin de XIXe siècle, d'une aristocratie qui voulait produire sur ses propres terres des vins auxquels elle donnait des noms prestigieux comme Sauternes ou Vougeot.

L'augmentation ou la diminution des surfaces viticoles dépendent aussi — et cela de plus en plus — des fluctuations économiques. Au Brésil, des planteurs, lors d'une mévente du café, n'ont pas hésité, à louer une partie de leurs terres à des vignerons d'origine italienne. Dans l'ancien empire austro-hongrois, les surfaces viticoles ont varié en fonction des fluctuations de la situation économique et politique des différentes parties de l'empire. L'état actuel des surfaces viticoles dans le monde est donc le résultat de très nombreux

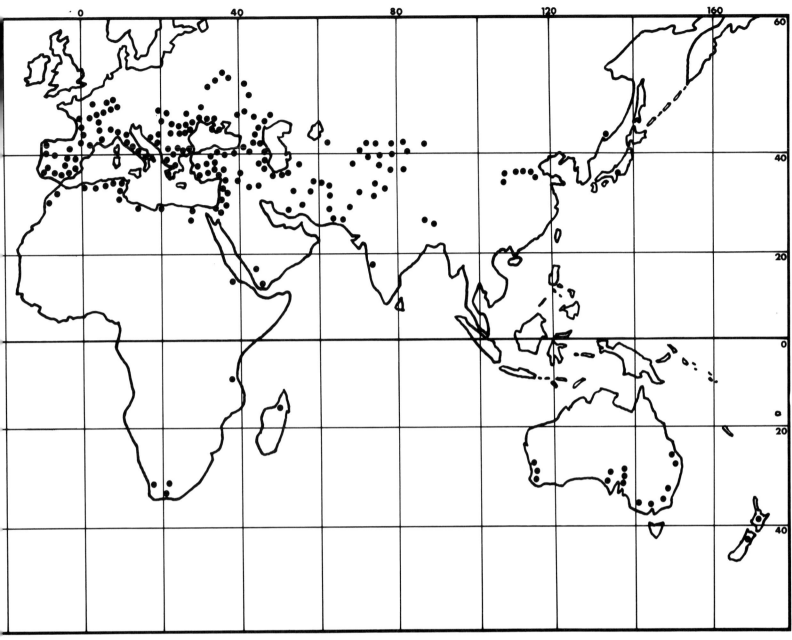

facteurs qui tiennent à toutes les faces de l'activité humaine. Pour cette raison, précisément, le vignoble mondial varie constamment à l'intérieur des limites climatiques qui lui sont favorables.

L'Office International de la Vigne et du Vin (O.I.V.), à Paris, réunit, étudie et publie, depuis bientôt un demi-siècle, tous les renseignements relatifs à la vigne et au vin dans le monde. Il fonctionne comme centre de coordination et d'informations scientifiques, technologiques, économiques et juridiques pour la plupart des pays viticoles.

L'automne est une saison bénie: le raisin est mûr, c'est le temps des vendanges. Les vignerons connaissent les mêmes soucis, les mêmes travaux, les mêmes espoirs sous tous les cieux, car la vigne forme comme une guirlande autour du monde.

LES VINS DE BOURGOGNE

PIERRE FORGEOT

D'après la Bible, la vigne fut créée le troisième jour avec les autres plantes (Genèse I, 2). Mais combien de temps lui a-t-il fallu pour arriver en Bourgogne après que Noé eut reconstitué son domaine sur le Mont Ararat? Aucun document ne peut le préciser. On estime généralement que la vigne existait, tout au moins à l'état sauvage, bien longtemps avant le début de l'ère chrétienne, dans ce vignoble bourguignon situé maintenant au centre-est de la France, au nord de celui des Côtes du Rhône, au sud-ouest de ceux de Champagne et d'Alsace. C'est seulement par une lente transformation, qui commença sans doute vers le IIIᵉ siècle av. J.-C. et qui se produisit au fur et à mesure de la connaissance acquise en cette matière par nos ancêtres, que ceux-ci arrivèrent à obtenir un raisin de meilleure qualité. La domination romaine dura cinq siècles et fut primordiale pour la constitution du vignoble bourguignon: un grand nombre de légionnaires venant de régions viticoles d'Italie apportèrent aux Eduens, qui habitaient cette partie de la Gaule, leur expérience de la culture de la vigne et de la vinification.

Dès le Iᵉʳ siècle de notre ère, le déboisement des coteaux et la plantation de cépages mieux sélectionnés permirent l'extension du vignoble et la création de types de vins propres à cette province. Le résultat fut brillant et au IVᵉ siècle Numène pouvait écrire: «Les vins de cette région sont un objet d'admiration pour les étrangers.» Un peu plus tard, en 570, Grégoire de Tours proclamait: «Il n'y a pas de liqueur préférable au vin de ses coteaux, c'est un noble Falerne.» Puis vers 456 c'est la venue des Burgondes à qui nous devons beaucoup. Peuple migrateur s'il en fut, il dut partir, plusieurs dizaines de siècles av. J.-C., des lointaines plaines de l'Asie; on le retrouve, vers 900 av. J.-C., dans la Norvège

actuelle, puis en Suède, en Allemagne, en Suisse, avant qu'il ne créât au Vᵉ siècle — en prenant la place des Romains — un vaste royaume dans le sud-est de la Gaule. Les Burgondes sont battus par les Francs en 534, mais leur bref passage marqua fortement de leur personnalité les caractères, les mœurs et les coutumes. Leur nom resta donc celui de notre province. Pendant ce temps, puis durant le Moyen Age, on assiste à l'implantation du christianisme et, par les dons faits aux églises, couvents, abbayes, etc., à la création de grands domaines religieux égalant ou dépassant bientôt ceux des princes. C'est seulement la Révolution française qui mit un terme à cet état de fait.

La Bourgogne ne fut pas à l'abri des calamités diverses qui marquèrent le Moyen Age: invasions (Arabes, Normands, Hongres, etc.), guerres civiles, pillages, famines, pestes, etc. Rossignol dans son Histoire de Beaune a pu écrire: «On ne retrouve dans les archives que quelques mots vagues qui attestent l'universelle désolation.» On conçoit aisément que la culture de la vigne ne progressait guère pendant tout ce temps. Son essor reprit seulement au Xᵉ siècle lorsque se créèrent deux ordres monastiques dont l'influence fut immense dans toute l'Europe; les moines défrichèrent, replantèrent et firent beaucoup pour le vignoble bourguignon, le conduisant vers ce qu'il est actuellement. Les recherches effectuées à l'Abbaye de Cluny d'abord, puis à Cîteaux ensuite, aboutirent aux méthodes de culture et de vinification qui, dans leurs grandes lignes, sont celles employées de nos jours. Le rayonnement spirituel et matériel de ces deux abbayes était immense: l'un des abbés, saint Mayeul, ne fut-il pas surnommé de son vivant «le prince de la religion monastique et l'arbitre des rois»? Cluny possédait 2000 dépendances, Cîteaux plus de 3000. C'est dire que cette puissance fut importante pour la diffusion et la connaissance de nos vins.

On aurait pu d'ailleurs s'orienter vers de graves incidents diplomatiques! Pétrarque n'écrivait-il pas: «Les cardinaux (alors en Avignon) ne veulent plus retourner à Rome parce qu'en Italie il n'y a pas de vin de

Le bourg de Chablis, sur le Serein, est le centre d'un vignoble connu déjà au temps des Romains. Aujourd'hui, ce vignoble produit un vin blanc sec, issus de *chardonnay*, qui accompagne à merveille poissons et fruits de mer. On en connaît quatre appellations d'origine contrôlée: CHABLIS GRAND CRU, CHABLIS PREMIER CRU, CHABLIS, PETIT CHABLIS.

Bourgogne. Nos prélats ne croient pas pouvoir mener de vie heureuse sans cette liqueur, ils regardent le vin comme un cinquième élément.» De son côté Urbain V disait: «Je me soucie peu de revoir les paysages transalpins où il n'y a pas de vin de Beaune.»

Il faut dire que nous étions alors aux XIVe et XVe siècles, périodes fastes pour la Bourgogne, tant par les ordres monastiques dont nous venons de parler que par le rayonnement de la cour des Grands Ducs d'Occident, comme aimaient à se proclamer alors les ducs de Bourgogne: Philippe le Hardi, Jean Sans Peur, Philippe le Bon et Charles le Téméraire. Pendant plus d'un siècle, de 1364 à 1477, ces quatre ducs, «seigneurs immédiats des meilleurs vins de la chrétienté», conduisirent leur duché à une puissance telle qu'elle fit trembler les rois de France et les princes de l'Europe. A la mort de Charles le Téméraire leur domination s'étendait, en dehors du duché de Bourgogne (Dijon, Beaune, Mâcon), au comté de Bourgogne (Besançon), sur une grande partie de la Hollande, de la Belgique, du Luxembourg, de l'Alsace, et sur le comté de Nevers, l'Artois et la Picardie. Leurs vins étaient l'objet de toute leur attention et leurs cadeaux fort appréciés, témoin cette lettre du pape Innocent VII: «Cher fils, salut... Ce vin de Beaune que tu nous as envoyé était de bonne et agréable saveur; il convient tout à fait à notre nature et complexion; nous en avons usé de façon à peu près régulière au cours de notre dernière maladie en guise de remède: aussi exhortons-nous ta Noblesse et la requérons de nous en expédier du même dès que tu en auras la facilité. Il nous sera fort agréable de la recevoir et ta Noblesse nous fera ainsi un très grand plaisir.»

Par la suite le vignoble se démocratisa au fur et à mesure que des libertés plus grandes étaient accordées aux bourgeois d'abord, aux vignerons par la suite. Les vignes ne furent plus une exclusivité des nobles ou des religieux. Ces derniers, d'ailleurs, allaient souvent d'excès en excès et le bon peuple réagissait à sa manière. La «compétence» des moines en matière de vin et leur goût pour cette boisson furent l'objet de maintes railleries. Ne disait-on pas à l'époque:

«Boire en Templier, c'est boire à plein gosier,
Boire en Cordelier, c'est vider le cellier.»

Car nos vins de Bourgogne étaient bons et appréciés. Deux anecdotes relatives à Louis XIV nous en apportent la preuve. Voici l'une: «Alors qu'il était souffrant, son médecin Fagon rédigea l'ordonnance bien connue: J'ai analysé avec soin le vin que m'a envoyé le Supérieur des Moines de Saint-Vivant. Or j'ai remarqué qu'il est tonique, astringent, généreux, qu'il supporte facilement l'eau du baptême (!) et que, même sous un petit volume, il produit des effets merveilleux. Il convient à un tempérament robuste comme le vôtre. Voilà pourquoi, Sire, je le recommande de préférence à votre Majesté.» Bien entendu, la renommée de nos vins en fut accrue.

L'autre anecdote est celle du voyage qu'en char à bœufs le vigneron mâconnais Claude Brosse effectua à Versailles où il devait rencontrer Louis XIV après avoir assisté à la messe au fond de la chapelle royale. Le Roi Soleil avait remarqué sa présence à cause de la très grande taille de Brosse qui, quoique agenouillé, dépassait très nettement les têtes des courtisans présents. Croyant à un geste irrévérencieux de sa part, il le fit approcher et revint vite de sa méprise en faisant la connaissance de ce géant du Mâconnais. Claude Brosse expliqua à Louis XIV qu'il était venu à Paris, avec son char à bœufs et quatre tonneaux, en vue de placer son vin, et il lui proposa de le goûter. Le roi le trouva bon, la Cour approuva et le vin fut vite vendu. La production vinicole mâconnaise devait tirer d'heureux résultats de cette initiative. Mais la démocratisation du vignoble fut définitivement accomplie au XVIIIe siècle par la Révolution française. La vente des biens du clergé et de la noblesse divisa leurs immenses propriétés et commença ce morcellement qui, par la suite, ne fit que s'amplifier en raison des séparations successives causées, en particulier, par les héritages. Ce morcellement reste la caractéristique actuelle de la viticulture bourguignonne, contrairement aux grands domaines de Bordeaux. Par rapport au Bordelais, il y a deux fois plus de vignerons en Bourgogne et très peu de domaines cohérents et d'un seul tenant, pour trois fois moins de superficie cultivée. Tout, d'ailleurs, a failli être mis en cause vers la fin du XIXe siècle lorsque le phylloxéra, un insecte venu d'Amérique, s'attaquait aux racines et faisait périr les ceps. Le vignoble entier a été menacé de destruction, aucun remède pratique et efficace ne pouvant être découvert. Finalement le greffage des anciens cépages sur des porte-greffes résistant à l'insecte — heureusement il fut possible d'en trouver — fut la seule solution qui permît une replantation et une reconstitution du vignoble. Comme pour les autres plantes, cette méthode ne nuit pas à la qualité de la production; au contraire, elle permet la création de variétés meilleures, aux fruits mieux adaptés aux exigences du consommateur.

Certains impératifs doivent être absolument respectés pour obtenir un vin de grande qualité, le seul dont nous parlons ici. Si l'on dit: «Le plus beau geste que puisse accomplir un être humain est de verser à boire à son prochain», la sagesse populaire ajoute immédiatement: «Dis-moi ce que tu bois, je te dirai qui tu es.» Etant encore bien entendu, comme l'écrit M. de Borose, «que les bonnes choses sont faites pour les bonnes gens; autrement il faudrait croire que Dieu les a créées pour les méchants... ce qui est impensable!»

Il faut au vin de Bourgogne la conjonction de cinq facteurs bien déterminés pour qu'il puisse développer ses meilleures qualités.

LE SOL. On ne plante pas n'importe où, mais en règle générale au flanc des coteaux. Dans la plaine le sol est trop riche, le raisin se gorge d'eau et le vin est délavé. Sur les sommets, la terre est pauvre, la vigne croît difficilement, le raisin n'acquiert qu'une partie des éléments nécessaires et le vin est incomplet.

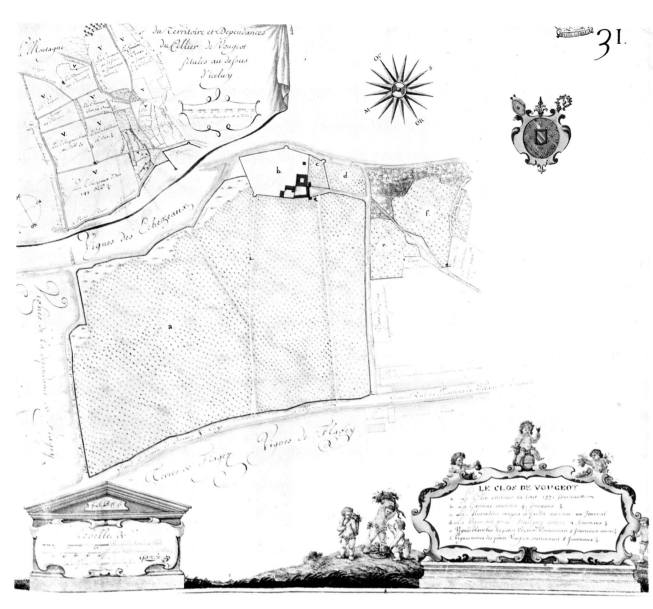

Créé vers 1150 par les Bernardins de Cîteaux, le domaine de Clos-Vougeot fut très tôt un modèle d'exploitation viticole. On l'a surnommé à juste titre «le nombril de la Bourgogne». En dépit des vicissitudes de son histoire, il n'a cessé de s'accroître jusqu'au XIVe siècle. Ses 51 hectares sont actuellement répartis entre 60 propriétaires.

Comme l'écrivait Gaston Roupnel: «Avant que le vin commençât de naître, il a fallu que sa terre de production devienne une très vieille chose, et que son berceau soit un tombeau empli de la cendre des années et de la poussière des siècles.» On s'étonne souvent de voir, dans notre région de grands crus, tant d'appellations diverses se côtoyer et présenter néanmoins des nuances importantes dans les qualités. Ce mystère de la composition extrêmement complexe du sol dans le résultat final est rappelé par Maurice Constantin-Weyer dans son ouvrage intitulé L'Ame du Vin: «Une alchimie secrète s'empare des moindres richesses du terroir pour en composer un élixir sans pareil.»

Le cépage. Planter un «hybride» au flanc des coteaux, c'est un peu comme mettre un pansement sur une jambe de bois. Le grand vin de Bourgogne exige deux cépages: le *pinot*, pour les rouges — plus le grain est fin, meilleur est le résultat — dont le jus est incolore et très sucré, et pour les vins blancs, le *chardonnay*, qui a les mêmes caractéristiques.

Deux plants secondaires principaux complètent les deux «grands»: le *gamay*, cépage rouge à jus blanc qui, sur les terrains granitiques du Beaujolais, donne les vins remarquables qui sont trop connus pour être présentés. Comme l'écrivent deux auteurs de cette région, pour jouir pleinement de leurs qualités «il eût fallu avoir la corniole (le gosier) aussi longue que celle d'un cygne pour que le plaisir durât plus longtemps». L'*aligoté* enfin, cépage blanc — très ancien — donne un seul vin: le Bourgogne aligoté.

Les soins culturels. Les labours, la taille, l'entretien du vignoble, les traitements contre les maladies, etc., sont autant de facteurs déterminants pour la bonne croissance de la vigne et la production de grappes saines et prometteuses. Ce travail se répartit tout au long de l'année, justifiant l'un de nos vieux dictons: «La vigne croît à l'ombre du vigneron.»

La vendange, enfin, fait partie de ces «soins culturels», car cueillir le raisin à bonne maturation est primordial et la date à retenir, toujours soigneusement déterminée, revêt une grande importance.

Bien entendu, les impondérables sont toujours présents et viennent contrarier ce patient labeur. Les gelées de printemps, autour des Saints-de-Glace (du 11 au 13 mai), sont chaque année redoutées, car on a vu de ce fait des récoltes anéanties aux trois quarts. La «coulure» se produit lorsque la fleur (en juin) «passe mal», c'est-à-dire si la pluie ou le froid contrarie la fécondation. La grêle reste redoutable pour le vignoble; là où elle tombe, la récolte peut être totalement perdue ou très diminuée. Enfin l'impondérable, dont chacun d'entre nous voudrait bien être le maître, c'est la température. Pour faire un grand millésime, il faut une dose bien comprise de pluie, à des moments déterminés, et surtout du soleil, beaucoup de soleil, en particulier dans les deux mois précédant la vendange.

LA VINIFICATION. On dit souvent: «Les règles de l'hygiène alimentaire sont comme les femmes laides: personne ne les suit». Ce que les esprits forts complètent aussitôt par cette autre maxime: «Appuyez-vous fortement sur les principes... ils finiront toujours par céder.» Eh bien, tout cela ne peut s'appliquer à la vinification, surtout depuis 1938, date à laquelle la Bourgogne a adopté la vinification courte (4 à 6 jours) mais régulière et très complète, pour obtenir des vins plus souples et aptes à être consommés plus rapidement, tout en conservant leurs qualités premières. Il faut donc suivre des règles impératives et c'est là que nous regrettons souvent le morcellement en petites propriétés, les vignerons ayant souvent bien du mal à suivre le progrès ou à s'y adapter.

L'ÉLEVAGE. Ce terme mal compris lorsqu'il s'applique à notre profession a été remarquablement expliqué par deux auteurs du siècle dernier, MM. Danguy et Aubertin: «Le vin rouge fait, il faut maintenant, par des soins successifs et pour ainsi dire continus, l'amener à un état tel qu'il ait toutes les qualités et puisse être dégusté avec plaisir.» En 1885 le Dr Lavalle écrivait sur le même sujet: «Précisément à cause de toutes ses perfections, le vin de Bourgogne demande à être soigné avec intelligence et, comme ces fleurs splendides que vous cultivez avec le plus grand mal pendant plusieurs années avant de voir s'ouvrir leurs merveilleuses corolles pleines d'éclat et de parfum, il exige qu'une main habile le conduise avec art et patience jusqu'au moment où il est digne d'être offert à l'homme de goût.»

L'élevage en Bourgogne est habituellement confié aux négociants-éleveurs de la région qui, au cours des derniers siècles, ont aménagé les sanctuaires nécessaires: caves voûtées ou étudiées pour conserver une température relativement constante. En effet, la viticulture bourguignonne, toujours en raison du morcellement des propriétés et du petit nombre de grands domaines existants, se cantonne souvent dans la culture, et son travail s'arrête à la vinification. Il faut d'ailleurs de la place, de grandes installations (toujours intéressantes à visiter), des capitaux pour la constitution de stocks importants en fûts et en bouteilles pendant la période de vieillissement, et un personnel nombreux et qualifié. Il faut ensuite une organisation de vente tant en France qu'à l'étranger pour écouler toute la récolte bourguignonne. C'est cet ensemble de nécessités qui ont donné une grande importance aux négociants-éleveurs bourguignons, peu nombreux: deux cents environ, et répartis surtout dans les grands centres viticoles.

Les grands vins de Bourgogne sont vendus en France dans une proportion voisine de 40% des quantités commercialisées, et cela à trois clientèles: négociants en gros de l'extérieur de la Bourgogne, distribuant nos crus dans leur zone d'influence, mais aussi, et pour une part très importante, aux revendeurs: hôteliers, restaurateurs, épiciers, cafetiers, etc., et directement aux particuliers, en fûts ou en caisses assorties.

Puisque l'on dit que «les vins de Bourgogne font trinquer le monde à la santé de la France», il n'est pas surprenant que leurs ventes à l'étranger soient fort importantes.

En 1980, on a donc exporté dans 140 pays différents, c'est-à-dire dans le monde entier, 828 939 hectolitres de vins à appellation contrôlée, produits en Bourgogne, représentant une valeur de 1,34 milliard de francs français actuels. Les vins de cette région se placent, pour la valeur et le volume des vins vendus hors de France, au deuxième rang des producteurs français de vins A.O.C. Pour 1980, sa production représentait 14% de la récolte française de vins bénéficiant d'une appellation d'origine contrôlée (A.O.C.), mais son exportation, 24% des vins A.O.C. français exportés (champagnes et vins mousseux exclus). Depuis des siècles les ventes à l'étranger ont toujours été très importantes pour cette province; ces chiffres le démontrent tout simplement et encore ne pouvons-nous faire état — les statistiques douanières ne nous donnant pas le détail — des «vins de marque» sans appellation qui passent les frontières. Pour ceux-ci également, la Bourgogne est très bien placée.

En 1980, nos exportations se sont réparties en 286 361 hectolitres pour les vins en vrac, représentant une valeur de 2 781 830 000 francs actuels, et pour les vins en bouteilles 542 578 hectolitres représentant une valeur de 1 067 773 000 francs.

Les principaux pays qui importent des vins A.O.C. de Bourgogne (y compris le Beaujolais) sont, si l'on compare les volumes, tout d'abord la Suisse, petit pays peut-être par le nombre d'habitants mais lié à notre province par tant de liens, qu'elle absorbe, à elle seule, près du tiers de nos exportations. Puis viennent les Etats-Unis, pays «sec» il n'y a pas très longtemps encore, qui reçoivent 13,4% de nos ventes à l'étranger. L'Allemagne fédérale, avec 13,9%, est encore dans une situation incertaine en raison de sa réglementation actuelle; avec l'ouverture des frontières ce marché peut se transformer complètement. La Belgique, pays ami et traditionnellement amateur de bourgognes, vient ensuite avec 12,6%; puis la Grande-Bretagne, qui ne s'occupe guère des appellations d'origine, achète des vins «à la tasse» comme autrefois et importe donc souvent des «vins de marque» sans appellation pourvu que la qualité réponde à ses désirs. Citons parmi les principaux importateurs de vins A.O.C. de Bourgogne: la Suède, le Canada, le Danemark et les Pays-Bas.

LES RÉGIONS VINICOLES

Dans le chapitre précédent nous avons parlé longuement de la Bourgogne et du bourgogne, mais nous n'avons pas donné une vision détaillée de notre région vinicole. Réparons donc cet oubli.

Au cours des siècles, le royaume, le duché ou la province de Bourgogne ressembla à une baudruche se gonflant et se dégonflant au gré des circonstances. Ses frontières furent toujours imprécises, variant dans des proportions inouïes autour de son «noyau» composé de quelques centaines de kilomètres carrés d'où émergeaient les villes de Beaune et de Dijon. La seule caractéristique certaine et indiscutée de la Bourgogne est qu'elle fut de tout temps un lieu de passage et cela lui causa, au cours de son histoire, plus d'ennuis que d'agréments.

Rien dans sa formation géographique ne permettait de tracer une ligne précise. A l'est, seule la Saône marquait nettement, sur une partie de son cours, la frontière entre le duché (Beaune-Dijon) et le comté de Bourgogne (Besançon), c'est-à-dire entre la Haute-Bourgogne et la Franche-Comté actuelles. L'aspect même de son sol confirmait ces éléments divers: plaine de la Saône, coteaux du vignoble, forêts du Morvan et du Châtillonnais.

Le XXe siècle n'a pas apporté une grande amélioration et pourtant la division de la France en départements, souvent arbitrairement constitués, aurait dû donner à la Bourgogne sinon une âme, que malgré ses déboires frontaliers elle a toujours possédée, mais au moins un territoire bien défini. Hélas, et ceci est valable pour nombre d'autres provinces françaises, suivant les diverses divisions civiles, militaires ou religieuses, ce n'est pas une Bourgogne, mais de multiples Bourgognes que nous possédons, les territoires qui les composent étant différents, et personne ne pouvant en donner une explication convaincante.

Lorsqu'il a fallu définir la Bourgogne vinicole, le texte officiel — car il en existe également un — a franchement innové. Ignorant l'histoire, ne jugeant que sur des considérations heureusement plus réalistes et plus

Inégalement réparti sur quatre départements, le vignoble bourguignon s'étend sur près de 42 000 hectares dont un peu moins de la moitié est constituée par le Beaujolais. Seule, la région de Chablis, au nord, entre l'Yonne et l'Armançon, semble résolument s'écarter de la voie naturelle qu'offre la Saône à ces vignes glorieuses. Les autres régions, sur la rive droite de cette rivière, forment une bande presque continue entre Dijon et Villefranche. La Côte de Nuits, de Fixin à Corgoloin, et la Côte de Beaune, de Ladoix-Serrigny à Santenay, ont fait rejaillir sur la Bourgogne tout entière le prestige de leurs crus. Le vignoble du Mercurey (ou Côte chalonnaise), plus dispersé que les précédents, établit la transition avec le bloc assez compact que forment au sud le Mâconnais et le Beaujolais, rattachés à la Bourgogne viticole par de très nombreuses affinités géographiques et commerciales.

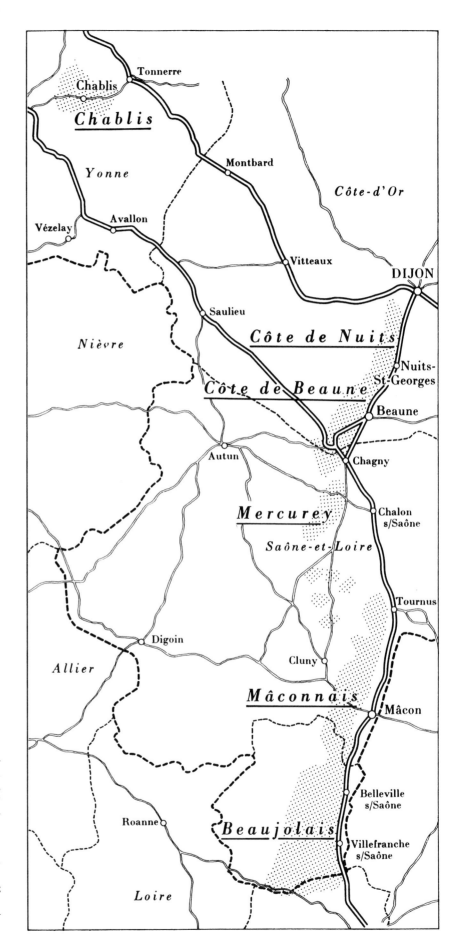

Outils de cavistes d'autrefois: à l'arrière-plan, deux chandeliers servant à éclairer la cave, notamment pendant le soutirage et l'enfûtage; en avant, à gauche, une herminette pour déborder et «siffler» les bondes; en avant, à droite, un maillet plat pour frapper le fût afin de repérer le niveau du vin dans le fût.

pratiques, le Tribunal civil de Dijon, dans son arrêt en date du 29 avril 1930, délimite les zones de production autorisées à se prévaloir de leur appartenance bourguignonne: «Il résulte, dit-il, des usages locaux, loyaux et constants que le territoire de la Bourgogne viticole est exclusivement constitué par les départements de la Côte-d'Or, de l'Yonne, de la Saône-et-Loire et par l'arrondissement de Villefranche-sur-Saône dans le Rhône.»

L'arrondissement de Villefranche, appelons-le de son nom, le Beaujolais, n'a jamais, au cours de l'histoire, fait partie de la Bourgogne et, comme l'écrivait A. Julien en 1816: «On pourrait s'étonner de la réunion que je fais du Beaujolais avec la Bourgogne, cette région fait partie du département du Rhône, mais mon intention est de présenter et de classer ensemble les vins du même genre et ceux du Beaujolais n'ont que très peu de rapport avec ceux du Lyonnais.»

C'est donc uniquement par sa situation géographique, le caractère de ses vins et ses traditions commerciales que ce grand vignoble a été appelé à faire partie intégrante de notre région viticole. Et personne ne s'en plaint.

En remontant vers le nord, nous trouvons, faisant suite immédiate au Beaujolais, le vignoble du Mâconnais, en Saône-et-Loire, groupé assez près des collines et à quelque distance de la route nationale 6 dans le sud du département, plus épars vers le nord. Il rejoint là celui de la région de Mercurey lequel, situé principalement sur le versant est des coteaux, est appelé quelquefois Côte chalonnaise, par comparaison avec les célèbres régions vinicoles sises plus au nord.

Puis nous pénétrons en Côte-d'Or et suivons cette route nationale 74, voie triomphale nous rappelant au fil des kilomètres tous les noms qui font la gloire de la Bourgogne. Bande étroite de vignes, de 200 à 800 mètres de large sur 50 kilomètres de long, formant d'abord la Côte de Beaune, puis la Côte de Nuits avant d'arriver à Dijon, capitale administrative.

Enfin, tout en haut de la carte, on découvre, dans l'Yonne, une petite tache de 2800 hectares de vignes situées principalement autour de Chablis.

Nous aurons l'occasion de revenir en détail sur la composition de ces diverses régions qui forment la Bourgogne vinicole telle qu'elle est officiellement délimitée par les lois et les décrets.

LES APPELLATIONS D'ORIGINE

Un auteur ancien avait écrit: «Le bon vin réchauffe le cœur, ranime le cerveau et remonte la machine.» On ne doit pas s'étonner qu'une boisson ayant un tel pouvoir ait été réglementée depuis les temps les plus reculés.

Il faut toutefois arriver au début du XVᵉ siècle pour trouver un texte qui a déjà, par son allure, un petit air de ressemblance avec nos appellations d'origine. C'est l'édit de février 1415 du roi Charles VI, qui précise que «sont appelés vins de Bourgogne ceux qui sont creus (produits) au-dessus du Pont-de-Sens, tant ceux des pays d'Auxerrois que ceux du pays de Beaulne». De plus il divisait les vins de Bourgogne en deux catégories: la Basse-Bourgogne, pour les finages situés au-dessus du pont de Sens jusqu'à Cravant et notamment l'Auxerrois; la Haute-Bourgogne dans laquelle il déterminait quatre régions: le Beaunois, le Mâconnais, le Tournus et le Dijonnais, présentées dans cet ordre. Il faut croire que ce roi était bien conseillé puisque la division qu'il avait instituée est toujours respectée de nos jours.

Encore un saut de 207 ans dans le temps et apparaît la répression des fraudes. Le roi Louis XIII, le 27 avril 1622, fait défense, avec sanctions appropriées, de vendre «comme bourgognes, les vins du Lyonnais et du Beaujolais».

Pendant un grand nombre d'années encore, la tasse à déguster, le tastevin, faisait seule la loi entre les parties. «Vin de Beaune» fut, pendant très longtemps, la dénomination de tous les vins fins de la Côte-d'Or, «vin d'Auxerre», celle des vins (surtout rouges alors) de l'Yonne.

Mais une loi de base fut promulguée le 1ᵉʳ août 1905 pour réprimer «les tromperies ou tentatives de tromperies sur la nature, la qualité, l'espèce, l'origine et la dénomination des marchandises». Elle fut complétée par la loi du 6 mai 1919 définissant les appellations et réglementant leur aire de production et par le décret-loi du 30 juillet 1935 contrôlant les appellations d'origine et instituant le système des appellations d'origine contrôlée.

Ainsi, dans chacune des communes viticoles on délimite la partie du territoire qui, d'après les usages anciens, peut produire, toutes autres conditions remplies, des vins de qualité. On obtient ainsi les appellations portant le nom du village de Fleurie, de Pouilly-Fuissé, de Mersault, de Beaune, de Nuits, de Chablis, etc.

Ce territoire est en fait composé de petites parcelles, que l'on nomme «climats» et qui portent un nom remontant souvent à des faits très anciens. Un texte officiel a sélectionné d'après les usages locaux, loyaux et constants un certain nombre de ces climats, situés généralement au milieu des coteaux et qui, en théorie, devraient produire les meilleurs vins. Ce sont les «premiers crus». Le nom du climat suit toujours, sur les étiquettes, prix courants et factures, le nom du village, par exemple: BEAUNE-GRÈVES, MEURSAULT-CHARMES, POMMARD-RUGIENS, NUITS-VAUCRAINS, CHAMBOLLE-MUSIGNY AMOUREUSES, etc.

Puis parmi ces premiers crus la loi a sélectionné ce qu'on appelait autrefois les «têtes de cuvée» et qui devaient être les meilleurs parmi les meilleurs. Ce sont les «grands crus»: CHAMBERTIN, MONTRACHET, CLOS

Bouteilles empilées tête-bêche dans une cave voûtée. Entreposées dans un local sec et sans écarts notables de température, les bouteilles peuvent reposer pendant deux ou trois ans — et le vin se bonifier — avant d'être habillées et mises dans le commerce.

Vougeot, Corton, Corton-Charlemagne, etc., dont le nom est indiqué seul sur les étiquettes et documents.

Dans le territoire de chaque commune qui n'est pas sélectionné ainsi, des vignes peuvent être plantées, mais elles ne bénéficient plus — sous certaines conditions — que d'une appellation plus générale: Bourgogne, Bourgogne aligoté, Bourgogne passe-tout-grains et Bourgogne grand ordinaire, ou de région: Beaujolais, Mâcon, Petit Chablis.

Puis, partout, on réglemente les cépages qui conditionnent le droit à l'appellation d'origine. Nous les avons indiqués plus haut.

La qualité étant bien difficile à définir officiellement, on crut tourner le problème en réglementant deux facteurs: le rendement à l'hectare et la teneur en alcool du vin, le rendement pouvant avoir une influence directe sur la qualité. Mais c'est tout de même très relatif et souvent, si toutes les conditions nécessaires ont été remplies au cours de l'année, quantité et qualité peuvent ne pas être incompatibles. Aussi la loi a-t-elle prévu que le rendement — fixé par exemple à 35 hectolitres à l'hectare dans les villages de Côte-d'Or — pouvait être modifié chaque année, suivant la quantité et la qualité de la récolte. La procédure est, bien entendu, très compliquée et se termine par un arrêté du ministre de l'Agriculture.

En ce qui concerne le degré, il s'agit, pour chaque appellation, d'un degré minimum, et c'est un pis-aller car, comme le disait Georges Duhamel au cours d'un chapitre de la Confrérie des Chevaliers du Tastevin: «Si l'alcool est le substratum indispensable au vin, il n'en est certes pas l'âme.» Il ne viendrait pas à l'idée d'acheter un grand vin de Bourgogne «au degré», comme un vin de table.

Cette réglementation, assez complexe, est un tout petit commencement car, en France, la circulation du vin n'est pas libre et toute une série de textes la concernant vient compléter les décrets relatifs à la production. C'est ainsi que le viticulteur doit, chaque année, avant la récolte, donner le détail de ses vins en stock, puis, après celle-ci, faire pour chaque parcelle le relevé de sa production; ces deux déclarations sont enregistrées par le service spécialisé de l'administration des contributions indirectes. Si le vin sort de la cave du producteur, que ce soit pour une vente ou pour un cadeau, il ne peut circuler sans un papier officiel: la pièce de régie, délivrée par cette même administration. Il s'agit d'un «congé» pour les vins destinés aux cafés, hôtels, restaurants, détaillants, revendeurs et particuliers, car les impôts sont alors acquittés au départ. C'est un «acquit-à-caution» lorsque les vins vont à un négociant en gros, ou à l'exportation, les impôts étant alors différés (négociants) ou non perçus (exportation). Les acquits ou congés doivent contenir toutes les indications permettant d'éviter les fraudes: nom du vendeur, de l'acheteur, quantité transportée et détail des appellations revendiquées, moyen de transport, durée de celui-ci, etc. Les quantités ainsi sorties viennent en déduction des volumes enregistrés sur les déclarations de stock et de récolte de chaque producteur. Notons que ces pièces officielles sont obligatoirement imprimées sur papier de couleur verte lorsque la vente porte sur des vins à appellation d'origine contrôlée et sur papier bulle pour ceux sans appellation d'origine. Chez le négociant en gros le processus est le même. Il est tenu un compte particulier pour chacune des appellations, sur lequel s'inscrivent à l'entrée tous les acquits provenant des achats et, à la sortie, les acquits ou congés qui viennent en déduction de ces crédits.

La vérification des quantités restantes est donc facile; c'est le travail de ce même service des contributions indirectes, qui fait deux recensements par an, et de la brigade de la répression des fraudes et du contrôle de la qualité, dont les interventions sont possibles à tout moment, non seulement dans les caves ou magasins mais aussi en cours de transport.

Il reste encore à expliquer, pour la Bourgogne, certaines appellations très connues que l'on trouve difficilement sur les cartes viticoles, par exemple: Côte de Beaune-Villages. Elles proviennent du fait que l'appellation donnée par la loi à un vin peut être modifiée, dans certains cas, mais toujours en une appellation inférieure en valeur. C'est ce qu'on appelle «déclasser» un vin.

Le déclassement est souvent volontaire, en général pour répondre à certaines exigences commerciales. C'est ainsi que de nombreuses appellations de villages peu connus sont difficiles à vendre sous leur propre nom, elles sont alors déclassées dans une appellation plus régionale: Côte de Beaune-Villages ou Bourgogne, par exemple. Ou bien un négociant qui a créé une «marque commerciale» donne à celle-ci une simple «appellation régionale» provenant du déclassement de diverses autres dénominations.

Le déclassement peut être également obligatoire. Tout d'abord dans le cas où, pour une raison ou pour une autre, on mélange deux ou plusieurs vins portant des appellations différentes: le vin ainsi obtenu ne bénéficie, en principe, d'aucune des premières appellations mais d'une autre résultant de celles-ci. C'est ainsi que le mélange d'un Chambertin et d'un Charmes-Chambertin ne donnerait plus que du Gevrey-Chambertin; un Beaune et un Aloxe-Corton ne donneraient plus que du Bourgogne. Mais le déclassement est encore obligatoire à la récolte lorsque le viticulteur dépasse le rendement maximal fixé pour l'appellation en cause: le surplus ne bénéficie plus de cette dénomination mais d'une appellation inférieure si elle existe; s'il n'y en a pas, l'excédent devient alors un vin ordinaire sans appellation.

Sur le territoire de Gevrey-Chambertin, comme ailleurs en Bourgogne, on récolte des grands crus (en rouge), des premiers crus (en jaune), des crus du village ou d'appellation générique (en vert).

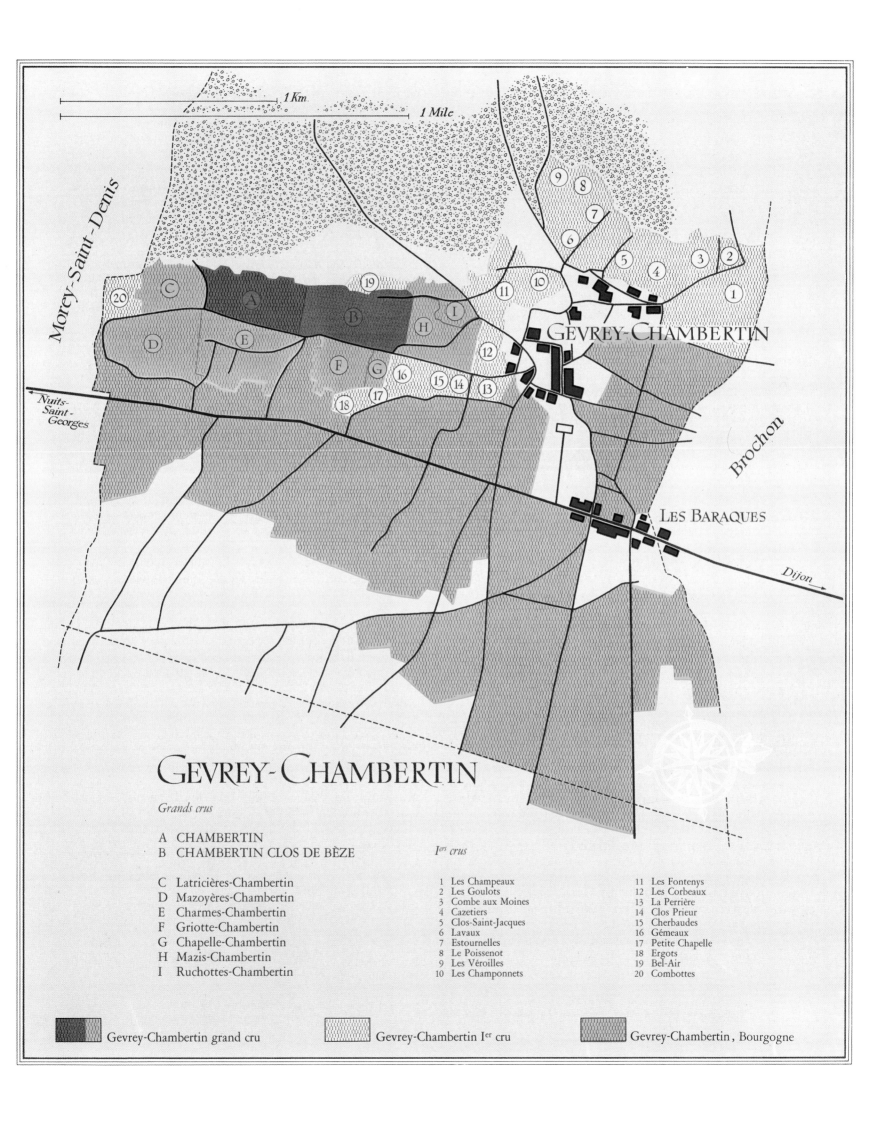

GEVREY-CHAMBERTIN

Grands crus

A CHAMBERTIN
B CHAMBERTIN CLOS DE BÈZE

I^{ers} crus

C Latricières-Chambertin
D Mazoyères-Chambertin
E Charmes-Chambertin
F Griotte-Chambertin
G Chapelle-Chambertin
H Mazis-Chambertin
I Ruchottes-Chambertin

1 Les Champeaux
2 Les Goulots
3 Combe aux Moines
4 Cazetiers
5 Clos-Saint-Jacques
6 Lavaux
7 Estournelles
8 Le Poissenot
9 Les Véroilles
10 Les Champonnets

11 Les Fontenys
12 Les Corbeaux
13 La Perrière
14 Clos Prieur
15 Cherbaudes
16 Gémeaux
17 Petite Chapelle
18 Ergots
19 Bel-Air
20 Combottes

Gevrey-Chambertin grand cru   Gevrey-Chambertin Ier cru   Gevrey-Chambertin, Bourgogne

4
1
3
2

5

CHAMBERTIN

1. Nom du vin «Chambertin». Ce simple nom ne sera en aucun cas confondu avec l'appellation «Gevrey-Chambertin» (voir page ci-contre). Le Chambertin est l'un des grands crus de la commune de Gevrey-Chambertin. — 2. Mention obligatoire d'appellation d'origine contrôlée: c'est la garantie que le vin provient des 13 hectares constituant le «climat» Chambertin, à l'exclusion de tout autre. — 3. Millésime. Quand il est inscrit sur l'étiquette et non sur la collerette, c'est une garantie supplémentaire d'authenticité. — 4. Nom du négociant-éleveur, obligatoire s'il s'agit d'un vin à appellation d'origine contrôlée. — 5. Mise en bouteilles par le négociant-éleveur, autre garantie d'authenticité.

4
1
3
1a
2

5

CHAMBERTIN-CLOS DE BÈZE

1. Nom du vin «Chambertin». A première vue rien ne distingue cette étiquette de la précédente. Une certitude en tout cas: on a bien affaire à un Chambertin, donc à un grand vin. — 1a. La mention «Clos de Bèze» introduit une précision supplémentaire. Le climat qui se nomme «Clos de Bèze» est également un grand cru de la commune de Gevrey-Chambertin (voir carte à la page 53). Cependant, si le «Chambertin-Clos de Bèze» peut s'appeler «Chambertin», le «Chambertin» ne peut s'appeler «Chambertin-Clos de Bèze». Sur certaines étiquettes la mention Clos de Bèze suit immédiatement Chambertin et dans le même caractère typographique. — 2. La mention obligatoire d'appellation d'origine contrôlée porte Chambertin; elle pourrait tout aussi bien porter Chambertin-Clos de Bèze. — 3. 4. 5. voir ci-dessus.

4
1
3
2

5

CHARMES-CHAMBERTIN

1. Nom du vin «Charmes-Chambertin». Dans ce cas, un nom nouveau précède le mot Chambertin; ce n'est pas le nom d'une commune, mais celui d'un climat (voir carte à la page 71). Une telle étiquette est celle d'un grand cru, quoique moins prestigieux que les deux précédents. Par analogie, il existe, pour d'autres climats, des étiquettes avec les mentions suivantes: Chapelle-Chambertin, Griotte-Chambertin, Latricières-Chambertin, Mazis-Chambertin et Ruchottes-Chambertin. Toutes ces appellations appartiennent à des grands crus en provenance du territoire de la commune de Gevrey-Chambertin. — 2. La mention d'appellation d'origine contrôlée ne doit pas porter Chambertin seulement, mais obligatoirement Charmes-Chambertin. — 3. 4. 5. Voir ci-dessus.

GEVREY-CHAMBERTIN «LES CAZETIERS»

1. Nom du vin «Gevrey-Chambertin». On reconnaît ici le nom de la commune; il ne s'agit plus d'un grand cru, mais d'une appellation de village. — 1a. Au nom du village s'ajoute, en dessous, la mention d'un climat «Les Cazetiers». Comme celui-ci est dans la liste des premiers crus (voir page 107), l'appellation complète «Gevrey-Chambertin Les Cazetiers» forme un tout pour indiquer un premier cru de Gevrey-Chambertin, c'est-à-dire un vin dont l'origine topographique précise donne une garantie de qualité. Sur l'étiquette, la mention du climat doit être faite, dans la règle, en caractères dont les dimensions, aussi bien en largeur qu'en hauteur, ne dépassent pas celles de l'appellation communale. — 2. On remarquera que la mention d'appellation d'origine contrôlée précise ici Gevrey-Chambertin: on pourrait aussi trouver la mention complète «Gevrey-Chambertin Les Gazetiers». — 3. 4. 5. Voir étiquettes page ci-contre.

GEVREY-CHAMBERTIN

1. Nom du vin «Gevrey-Chambertin». Cette étiquette porte la seule et unique mention de l'appellation de village. Il s'agit donc d'un vin provenant du territoire de la commune de Gevrey-Chambertin, à l'exclusion des climats produisant les grands crus et les premiers crus, à moins que ceux-ci n'aient été déclassés en Gevrey-Chambertin. — 2. L'appellation d'origine contrôlée garantit ici que le vin provient exclusivement du territoire de la commune de Gevrey-Chambertin. Cela n'est pas nécessairement une garantie de qualité. — 3. Millésime. — 4. 5. Dans ce cas, plus que dans les précédents, c'est le négociant-éleveur qui est la véritable garantie de qualité. En signant lisiblement son étiquette, le négociant-éleveur engage sa renommée.

BOURGOGNE

1. 1a. Nom générique: Bourgogne; nom commercial «La Vignée». Cette étiquette est très différente des précédentes tout d'abord parce qu'elle ne porte pas le nom de Chambertin ou de Gevrey-Chambertin. L'appellation générique Bourgogne signifie que le vin provient de différents endroits de la Bourgogne, voire même de Gevrey-Chambertin uniquement. Le négociant-éleveur ne s'est pas contenté de l'appellation générique et lui a donné un nom commercial «La Vignée»; c'est dire qu'il attache une grande importance à la qualité de ce vin. — 2. L'appellation Bourgogne signifie seulement que le vin a été récolté en Bourgogne. Pour juger de la qualité, le nom commercial et le nom du négociant-éleveur seront déterminants. — 3. La mise en bouteilles chez le négociant-éleveur indique également que celui-ci attache beaucoup d'importance à la qualité de ce vin. N. B. — On remarquera que l'étiquette ne porte pas le millésime; il est alors indiqué sur la collerette.

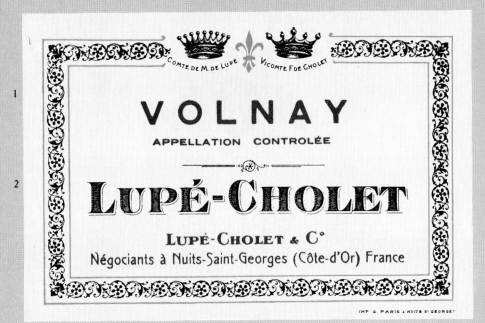

VOLNAY

1. Nom d'appellation «Volnay». C'est un cru de village de la Côte de Beaune, appellation simple et garantie d'origine. — 2. Dans un cas pareil, le nom du négociant-éleveur est déterminant pour juger à priori de la qualité du vin.

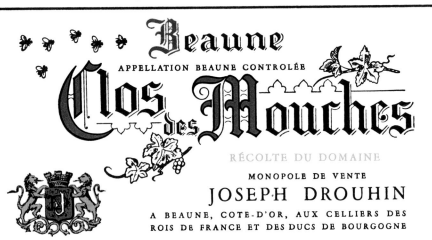

BEAUNE CLOS DES MOUCHES

1. Nom d'appellation contrôlée «Beaune». — 2. Nom du climat «Clos des Mouches»; ce climat étant indiqué avec des caractères plus grands que le nom d'appellation d'origine, nous avons affaire à un Beaune premier cru. Si tel n'était pas le cas, la mention du climat devrait figurer en caractères ne dépassant pas, en hauteur et en largeur, la moitié de ceux employés pour l'appellation. — 3. Nom du négociant-éleveur. Le monopole de vente doit être considéré comme une garantie d'authenticité et de qualité.

GRANDS ÉCHÉZEAUX

1. Nom du vin «Grands Echézeaux». Ce nom est suivi de la confirmation d'appellation d'origine contrôlée. A première vue, il ne s'agit pas d'une appellation de village; ce sera donc vraisemblablement un grand cru. Le connaisseur identifiera immédiatement un des sept grands crus de la commune de Vosne-Romanée. — 2. L'indication du nombre de bouteilles récoltées et le fait que la bouteille est habillée d'une étiquette numérotée ne laissent plus aucun doute: on est assuré d'être en présence d'une très grande bouteille à laquelle les caractères propres du millésime donneront la touche caractéristique. — 3. Le nom du négociant-éleveur dissiperait les doutes du plus obstiné. — 4. Cette mention de mise en bouteilles au domaine complète logiquement l'indication du nombre de bouteilles récoltées sur ce climat.

MERCUREY

1. Nom d'appellation d'origine «Mercurey». Ce n'est pas une appellation de grand cru ou de village, mais d'une région qui est le prolongement de la Côte de Beaune (voir page 67). Les mercurey ne sont pas sans ressembler aux vins de la Côte de Beaune. — 2. Dans le cas d'appellation de région ou de commune, le renom du négociant-éleveur est le garant de la qualité.

BROUILLY

1. Nom d'appellation d'origine «Brouilly». Seul l'amateur de beaujolais sait qu'il s'agit d'un premier cru de beaujolais. En effet, la mention «Beaujolais» ne figure pas sur l'étiquette; il faut donc un minimum de connaissance des vins de cette région pour savoir quel vin est le Brouilly. On peut trouver des étiquettes du même type avec les noms suivants: Chénas, Chiroubles, Côte de Brouilly, Fleurie, Juliénas, Morgon, Moulin-à-Vent et Saint-Amour. — 2. La mise en bouteilles par le négociant-éleveur est une garantie supplémentaire d'authenticité.

BEAUJOLAIS

1. Nom d'appellation d'origine «Beaujolais». Comme Mercurey, c'est un nom de région. On ne confondra pas Beaujolais, Beaujolais-Supérieur et Beaujolais-Villages qui sont trois appellations différentes, la première étant la plus courante. — 2. La mention du négociant-éleveur est ici très importante, car il y a autant de nuances de beaujolais que de producteurs.

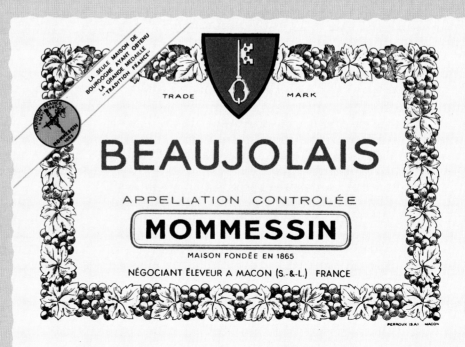

PRODUCE OF FRANCE

TRADE MARK

MERCUREY
APPELLATION CONTROLÉE
J. FAIVELEY
NÉGOCIANT A NUITS-St-GEORGES (CÔTE-D'OR)

Imprimé en France   IMP. PARIS A NUITS

1

2

MARQUE DÉPOSÉE

BROUILLY
APPELLATION CONTRÔLÉE

ÉLEVÉ ET MIS EN BOUTEILLES PAR J. Thorin A PONTANEVAUX (S-&-L) BOURGOGNE

1

2

LA SEULE MAISON DE BOURGOGNE AYANT OBTENU LA GRANDE MEDAILLE "TRADITION FRANCE"

TRADE MARK

BEAUJOLAIS
APPELLATION CONTROLÉE
MOMMESSIN
MAISON FONDÉE EN 1865
NÉGOCIANT ÉLEVEUR A MACON (S.-&-L.) FRANCE

2

LA RÉGION DE CHABLIS

Nous allons donc maintenant visiter en détail les différentes régions qui composent la Bourgogne viticole et nous commencerons au nord pour terminer très loin dans le sud.

Les vignes de la région de Chablis sont très anciennes et c'est l'occupation romaine qui en développa la culture. Elles sont situées dans le département de l'Yonne qui tire son nom de la rivière le traversant et se dirigeant vers la Seine où elle se jette à Montereau.

Ce département a pour chef-lieu Auxerre, Autissiodurum, Autricidurum ou Alciodurum d'après les vieilles chroniques, Auceure ou Aucerre par la suite. C'est une ville très ancienne qui existait déjà au temps des Celtes et dont l'importance ne fit que se développer sous la domination romaine. Elle était alors comprise parmi les «cités», civitas Autissiodorum, et avait donné son nom à une très vaste région allant jusqu'à la Loire, le pagus Autissodorensis. Si saint Pellerin christianisa le premier l'Auxerrois au IIIᵉ siècle, le sixième évêque de cette région, saint Germain, qui y possédait des vignes, contribua aussi grandement au développement de la Foi. Il avait eu une jeunesse mouvementée et une vie publique peu recommandable avant d'être nommé à ce poste important. Dès ce moment s'opéra en lui une transformation complète: sa vie devint exemplaire et il mérita la sainteté. Mais ce qu'il ne changea jamais, ce furent les soins donnés à son important vignoble et, s'il ne profita plus lui-même de son vin, il ne manqua jamais d'en offrir, largement, à ses invités qui, nous rapporte un auteur ancien, l'appréciaient fort; il reste avec saint Martin un des saints les plus populaires.

Ainsi, les vins de la région étaient connus, à l'époque, sous le nom de vins d'Auxerre. Il s'agissait de vins rouges, et cette dénomination fut maintenue jusqu'au XVIIIᵉ siècle. Cela n'empêchait pas, d'ailleurs, les vins de Chablis d'avoir leur propre réputation. Elle était due à un vieux monastère, fondé en 510 par saint Sigismond, et surtout à une filiale de l'abbaye de Cîteaux, celle de Pontigny, édifiée en 1114 et qui créa, en ce lieu, un clos semblable à celui de Vougeot. Bénéficiant, comme nous l'avons vu, de la renommée de la maison mère, il n'est pas étonnant que la qualité des vins produits ne finît par se répandre en France et en Europe. Dans toute la région, les vignes se multipliaient et, déjà au XIIᵉ siècle, «on fut obligé d'augmenter considérablement le nombre de pressoirs», nous dit l'abbé Leneuf.

Il est vrai que ce vignoble possédait un grand avantage. Alors que les transports par voie de terre étaient combien difficiles, en raison, certes, des véhicules employés et des chemins mal entretenus, mais également des pillages, brigandages et autres mœurs fort en vogue à l'époque, deux voies d'eau, l'Yonne et la Seine, facilitaient les envois vers Paris. La capitale recevait bien les «vins français», c'est-à-dire ceux de l'Ile de France, mais elle était ravitaillée en vins de meilleure qualité par ceux en provenance d'Auxerre. Ce fut la cause du développement du vignoble qui devait devenir au XIXᵉ siècle le plus important de la Bourgogne; en 1788, 32 168 hectares étaient plantés, en 1866, 37 732 et en 1888, au moment du phylloxéra, 40 600 hectares. Les bourgeois et les notables de Paris aimaient, comme encore de nos jours, avoir des «résidences secondaires» et des vignes dans la région. En 1527, on les estimait déjà à plus de 700 et Olivier de Serres pouvait écrire à la fin du XVIᵉ siècle: «On voit desloger des grosses villes les présidents, conseillers, bourgeois et autres notables personnes pour aller aux champs à leurs fermes, pourveoir aux vins, aimans mieux prendre telle peine pour estre bien abreuvés, que de l'être mal en espargnant ce peu de souci qu'il y a en tel mesnage.» La progression du vignoble fut arrêtée par l'invasion phylloxérique à la fin du XIXᵉ siècle. Dans le même temps, les conditions favorables se transformèrent brusquement. Les moyens de communication furent considérablement améliorés par la naissance du chemin de fer. La ligne Paris-Marseille venait d'être terminée et les vins du Midi pouvaient arriver facilement à Paris. Ces vins étaient produits dans des conditions meilleures et notamment du fait que les vignes ne risquaient pas les gelées. Les rendements étaient supérieurs et les prix de revient inférieurs malgré le transport. Les vignerons de l'Yonne, face à cette concurrence et désarmés par les ravages du phylloxéra, ne crurent pas que les plantations à effectuer, assez coûteuses, seraient rentables, et à peu près seule la zone des grands vins blancs, celle de Chablis, fut reconstituée. En 1979, la production fut de 19 487 hectolitres de rouge et de 141 244 hectolitres de blanc pour une superficie de 2 183 hectares.

Chablis est une petite ville conservant encore maints vestiges du passé. Elle fut autrefois fortifiée, mais il ne subsiste plus guère de cette époque que la Porte Noël. Située à peu près à égale distance d'Auxerre (route nationale 6) et de Tonnerre (route nationale 5), la ville est traversée par une rivière, le Serein, qui va se jeter dans l'Yonne.

Cette rivière a son importance, car elle a creusé une vallée à une altitude de 140 mètres environ, dominée de chaque côté par des collines peu élevées (altitude moyenne: 300 mètres environ) qui portent le vignoble de Chablis.

Sur la rive droite du Serein, face à Chablis, on trouve les vignobles donnant les grands vins vendus sous le nom de CHABLIS GRAND CRU suivi, ou non, du climat d'origine. Ces climats sont au nombre de sept: LES

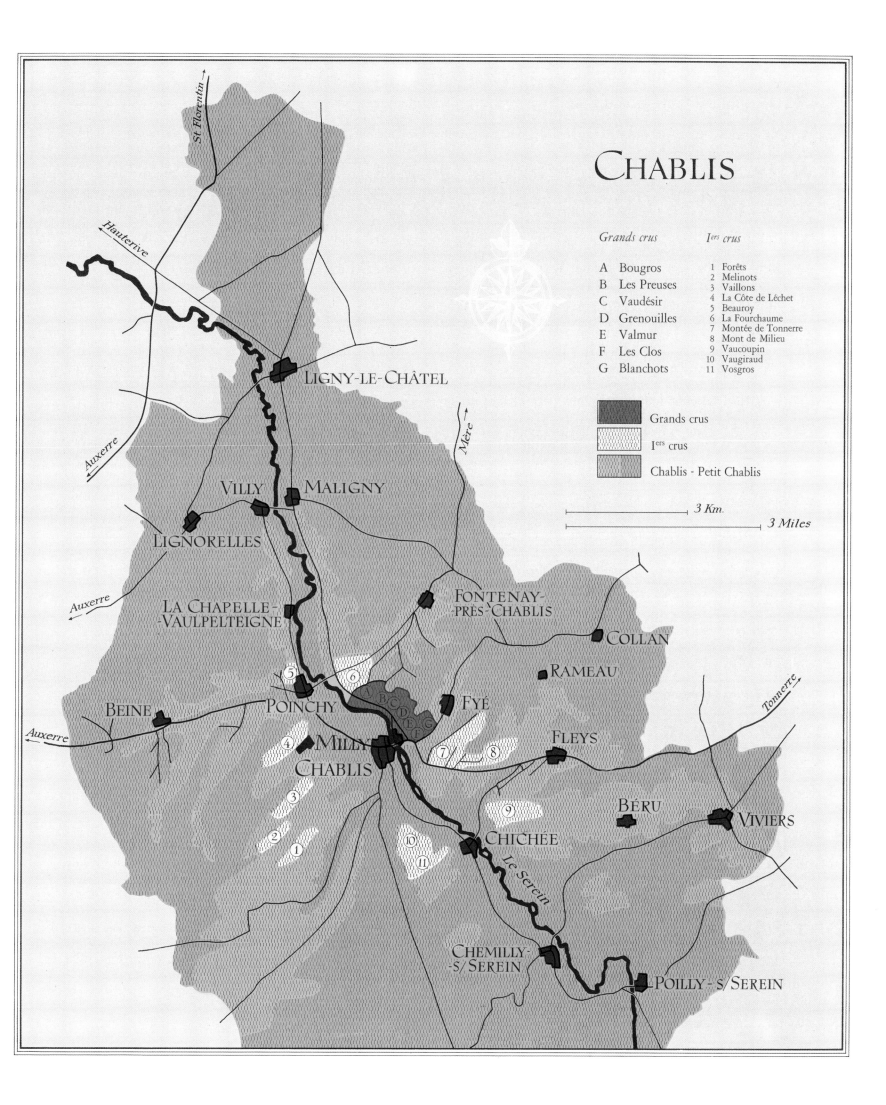

CHABLIS

Grands crus

A Bougros
B Les Preuses
C Vaudésir
D Grenouilles
E Valmur
F Les Clos
G Blanchots

I^{ers} crus

1 Forêts
2 Melinots
3 Vaillons
4 La Côte de Léchet
5 Beauroy
6 La Fourchaume
7 Montée de Tonnerre
8 Mont de Milieu
9 Vaucoupin
10 Vaugiraud
11 Vosgros

Grands crus
I^{ers} crus
Chablis - Petit Chablis

3 Km.
3 Miles

St Florentin

Hauterive

Auxerre

Auxerre

Auxerre

Mère

Tonnerre

LIGNY-LE-CHÂTEL

VILLY   MALIGNY

LIGNORELLES

LA CHAPELLE-
-VAULPELTEIGNE

FONTENAY-
-PRÈS-CHABLIS

COLLAN

RAMEAU

BEINE

POINCHY

FYÉ

FLEYS

MILLY
CHABLIS

BÉRU

VIVIERS

CHICHÉE

Le Serein

CHEMILLY-
-S/SEREIN

POILLY-S/SEREIN

BLANCHOTS, exactement face à la ville près de la route montant à Fyé; puis en allant vers le nord: Les Clos, Valmur, Grenouilles, Vaudésir, Les Preuses et Bougros. Ces grands crus produisent ensemble, en moyenne (1974-1978), 4494 hectolitres.

On récolte en outre les vins blancs vendus comme Chablis premier cru, produits sur un vignoble dispersé de chaque côté de la rivière. Les principaux climats ayant droit à cette appellation sont situés sur la rive droite, avec Mont de Milieu et Montée de Tonnerre, au sud des «grands crus», et, au nord de ceux-ci, Four-chaume; enfin, Vaucoupin, sur la commune de Chichée. Sur la rive gauche, nous trouvons Forêts, Montmains, Vaillons, Mélinots, Côte de Léchet, Beauroy, etc., et, sur Chichée, Vaugiraud et Vogros. La quantité moyenne récoltée (1974-1978) sous cette dénomination est de 20198 hectolitres.

La troisième appellation est Chablis; les vins en bénéficiant proviennent de divers vignobles de la région, toujours situés sur les coteaux dont nous venons de parler. La production moyenne (1974-1978) est de 36115 hectolitres.

La quatrième appellation de la région est Petit Chablis, attribuée aux vins blancs produits sur un plus vaste secteur mais dans des vignes assez éparses. On récolte, en moyenne (1974-1978) 6027 hectolitres.

Si nous totalisons ces quatre appellations, nous n'arrivons qu'à une production moyenne de 66828 hectolitres sur un total de quelque 160000 hectolitres. Cette différence s'explique par les appellations plus générales récoltées dans toute la région, c'est-à-dire Bourgogne (vins rouges et blancs), Bourgogne grand ordinaire (vins rouges et blancs), Bourgogne aligoté (vins blancs). Nous retrouverons la même situation dans les autres communes viticoles, surtout en Côte-d'Or.

Que dire, pour terminer, des vins blancs de Chablis sinon que cette désignation est synonyme, dans le monde entier, de «vin blanc sec», et c'est prouver leur grande renommée.

En 1759, le chanoine Gaudin écrivait à Mme d'Epinay: «Mon vin de Chablis a du montant, étant bu il embaume le gosier et laisse une odeur suave de mousseron.» Sous la Restauration, le chevalier de Piis, président du dîner des Epicuriens, le chantait ainsi:

«Qui pourra mettre en oubli
Le limpide et sec Chablis
Qui joint à tant d'autres titres,
L'art de faire aimer les huîtres?»

Un peu plus tard le Dr Guyot portait ce jugement: «Les vins de Chablis occupent un des premiers rangs parmi les vins blancs de France. Spiritueux sans que l'esprit se fasse sentir, ils ont du corps, de la finesse et un parfum charmant; ils se distinguent surtout par leur qualité hygiénique et digestive et par l'excitation vive, bienveillante et pleine de lucidité qu'ils donnent à l'intelligence. Malgré la grande réputation dont ils jouissent à juste titre, et depuis longtemps, leur valeur réelle est, selon moi, plus haute encore que leur renommée.»

Il semble inutile d'ajouter quoi que ce soit à ces citations. Le vin de Chablis, depuis le siècle dernier, n'a pas démérité. Il fait la joie des amateurs lorsqu'il accompagne les poissons et les crustacés dans la première partie d'un repas bien organisé.

Les coteaux de Poinchy sont situés dans le vignoble du Chablis et produisent un vin blanc d'excellent renom, surtout s'il s'agit d'un 1er cru comme le Beauroy.

LA CÔTE DE NUITS

Nous quittons Chablis en direction de l'ouest et après cent trente-cinq kilomètres de paysages très variés, mais dans lesquels les vignes sont assez rares et de peu d'importance, nous arrivons en Côte-d'Or, dans la capitale administrative de la Bourgogne: Dijon. Nous y trouvons une ville aux nombreux et très intéressants monuments comme l'ancien palais des ducs de Bourgogne, la Chartreuse de Champmol, la cathédrale Saint-Bénigne, les églises Saint-Michel et Notre-Dame, de vieilles maisons, un magnifique musée des beaux-arts, etc., mais peu d'activité concernant les grands vins de Bourgogne. Par contre, d'importantes maisons fabriquent des liqueurs et de la crème de cassis, spécialités de la ville, sans parler de la moutarde ou du pain d'épices.

Autrefois les vignes étaient fort nombreuses tout autour de Dijon et formaient la Côte dijonnaise. Le phylloxéra d'abord, puis l'agrandissement de Dijon les ont fait disparaître peu à peu.

Celle-ci était réputée autrefois pour ses «vins de garde», un peu longs à «se faire», mais vieillissant bien et se conservant de nombreuses années. Depuis la vinification courte dont nous avons parlé, ces vins sont, comme tous ceux de Bourgogne, «prêts» beaucoup plus rapidement; ils développent toutes leurs qualités beaucoup plus tôt, mais par contre doivent être bus dans un laps de temps beaucoup plus court.

Pour visiter la Côte de Nuits puis celle de Beaune nous partons droit vers le sud, par la nationale 74 qui nous conduira jusqu'en Saône-et-Loire et nous montrera, au passage, tous les crus les plus réputés de la Haute-Bourgogne. Cette route se situe à deux cent quarante mètres d'altitude environ et, à droite en partant de Dijon, on voit les coteaux, peu élevés, dominant la plaine de cent cinquante à trois cents mètres. Presque toujours dénudés à leur sommet, ou couverts de bois de pins noirs d'Autriche, ils supportent le vignoble produisant les vins à appellation contrôlée, la nationale faisant pratiquement la limite de ceux-ci. La plaine, allant jusqu'à la Saône et le Jura, ne comprend que des vignobles disséminés produisant des vins de consommation courante, mais pas suffisamment pour la consommation du département.

Avant de commencer la visite de la Côte de Nuits, donnons immédiatement quelques chiffres. Dans toute la Côte d'Or on compte 7771 hectares de vignes dans lesquels on récolte, en moyenne, 340000 hectolitres de vins bénéficiant d'une appellation d'origine contrôlée. Le nombre d'exploitations ayant des vignes à A.O.C. se monte, en 1980, à 1813, avec une superficie moyenne de 4,3 hectares par exploitation; c'est dire, une fois de plus, combien la propriété est morcelée avec les inconvénients que cela comporte.

COMMUNE DE CHENÔVE

C'est le premier village viticole que l'on aperçoit, au pied du coteau, à quatre kilomètres de Dijon; on peut y visiter la grande cuverie des ducs de Bourgogne contenant deux magnifiques pressoirs du XIIIᵉ siècle, dont l'un, utilisé surtout pour les vins blancs, a d'ailleurs fonctionné jusqu'en 1926. Les noms du CLOS-DU-ROI et du CLOS-DU-CHAPITRE évoquent toujours leurs anciens propriétaires. Les vins A.O.C. sont vendus sous le nom d'appellations régionales.

COMMUNE DE MARSANNAY-LA-CÔTE

Trois kilomètres plus loin, au sud de Chenôve, cette commune est réputée pour ses vins rosés et elle en a fait une spécialité car ceux-ci sont assez rares en Bourgogne où l'on préfère produire de grands vins rouges ou blancs lorsque les circonstances atmosphériques n'ont pas été catastrophiques, ce qui est heureusement assez rare. Les vins rosés, obtenus sans cuvaison en pressant directement les raisins rouges, ne peuvent être vendus que sous une appellation régionale, BOURGOGNE par exemple, suivie, dans le cas de Marsannay-la-Côte, par le nom de la commune.

COMMUNE DE FIXIN

Nous trouvons avec ce village la première appellation contrôlée qui porte le nom du pays: FIXIN. Ce bourg est très ancien et fit partie autrefois des biens de l'abbaye de Bèze. Il est réputé, en dehors de ses vins, par une statue du sculpteur Rude: «Le réveil de Napoléon», installée en 1847 dans un parc par un vieux grognard: le commandant des grenadiers de la garde Noisot.

Sur le vignoble de Fixin on récolte environ 1000 hectolitres, uniquement en rouges. Mais une autre partie des vins produits est vendue sous les noms de l'appellation plus générale CÔTES-DE-NUITS-VILLAGES et d'autres appellations régionales. Au XIXᵉ siècle les œnologues Danguy et Aubertin écrivaient à propos des vins de Fixin: «Ces vins ont de la spirituosité, de la couleur, un bouquet qui se développe avec l'âge et une grande aptitude à se conserver longtemps.» Relevons au passage les premiers crus classés de la commune: LA PERRIÈRE, du nom d'une carrière jadis célèbre; le CLOS-DU-CHAPITRE, près des anciens bâtiments du Chapitre de Langres; LES ARVELETS, dont le nom vient de arbelaie (lieu planté d'érables); AUX CHEUSOTS appelé aujourd'hui le CLOS-NAPOLÉON; LES MEIX-BAS et enfin LES HERVELETS.

Une bonne partie des vins récoltés dans le vignoble de Fixin (ci-dessus) est commercialisée sous l'appellation «Vin fin de la Côte de Nuits»; les appellations FIXIN et FIXIN 1er CRU apparaissent rarement sur les rayons des marchands de vins.

COMMUNE DE BROCHON

Ce village, à un kilomètre au sud de Fixin, a été rendu célèbre autrefois par le manoir du poète tragique dijonnais Prosper Jolyot de Crébillon (1674-1762). Il produit maintenant des vins vendus, pour les meilleurs, sous le nom de GEVREY-CHAMBERTIN, pour d'autres sous les appellations CÔTE-DE-NUITS-VILLAGES ou régionales.

COMMUNE DE GEVREY-CHAMBERTIN

Tout à côté, et à treize kilomètres de Dijon, voici le très important village viticole de Gevrey qui, par ordonnance royale de 1847, a ajouté à son nom celui de son meilleur climat: Le Chambertin. On peut encore voir dans la Rue-Haute les vestiges importants d'un château fort ayant appartenu aux abbés de Cluny. Le vignoble

est vaste et l'on y récolte une gamme de très grands vins rouges. Voici tout d'abord les «grands crus» dont les deux premiers cités sont les plus réputés.

Le CHAMBERTIN-CLOS-DE-BÈZE doit son nom aux religieux de l'abbaye de Bèze, possesseurs de cette terre dès le VIIe siècle grâce à un don d'Amalgaire, duc de la Basse-Bourgogne. La superficie de ce grand cru est de 15 hectares et la récolte moyenne (1975-1979) de 437 hectolitres.

Le CHAMBERTIN touche le précédent et rappelle le souvenir d'un vigneron nommé Bertin qui, autrefois, possédant une vigne à côté de celle des moines de Bèze, y planta les mêmes cépages et en obtint un vin excellent. Dans le pays c'était le «champ du Bertin» devenu, depuis, l'un des crus les plus célèbres de la Bourgogne. Il a une superficie de 13 hectares et une récolte moyenne (1975-1979) de 476 hectolitres. Gaston Roupnel parlait ainsi de ce vin: «Il mêle la grâce à la vigueur; il associe la fermeté à la finesse et à la délicatesse; et toutes ces qualités contraires lui composent l'admirable synthèse d'une générosité unique et d'une vertu complète. Il est à lui seul tout le grand bourgogne possible.»

Le CHARMES-CHAMBERTIN. Une partie de cette vigne s'appelait autrefois le Mazoyères-Chambertin. Charmes viendrait de «chaume», la terre en friche. Superficie: 31 ha. 61 a. 30 ca.; récolte moyenne (1975-1979): 950 hectolitres.

Le CHAPELLE-CHAMBERTIN. Le terrain contenait autrefois une chapelle, dédiée à Notre-Dame, bâtie en 1155 et rasée à la Révolution. Superficie: 5 ha. 38 a. 70 ca.; récolte moyenne (1975-1979): 194 hectolitres.

Le GRIOTTE-CHAMBERTIN dont le nom évoque une petite cerise. Superficie: 5 ha. 48 a. 5 ca.; récolte moyenne (1975-1979): 67 hectolitres.

Le LATRICIÈRES-CHAMBERTIN. Superficie: 6 ha. 93 a. 90 ca.; récolte moyenne (1975-1979): 218 hectolitres.

Le MAZIS-CHAMBERTIN. Superficie: 12 ha. 59 a. 20 ca.; récolte moyenne (1975-1979): 242 hectolitres.

Le RUCHOTTES-CHAMBERTIN. Superficie: 3 ha. 10 a. 10 ca.; récolte moyenne (1975-1979): 85 hectolitres.

Pour ces «grands crus», tout est nuance dans la qualité, et Gaston Roupnel disait, ces vins ayant ajouté l'appellation Chambertin à leur vocable propre: «Rien n'est plus légitime que ce vieil usage. Entre Chambertin d'une part, Latricières et Charmes d'autre part, il y a la différence d'un assagissement dans la vigueur et la robustesse, que souvent même, en bonnes années, compense une finesse mieux dégagée, c'est-à-dire plus sensible, plus affinée.»

En dehors de ces «grands crus», on récolte environ 13688 hectolitres de grands vins rouges, ayant droit à l'appellation GEVREY-CHAMBERTIN; de nombreux climats sont d'ailleurs classés en premiers crus. Ayons recours une nouvelle fois à Gaston Roupnel qui estimait «ces vins fermes et colorés, d'une chair pleine et savoureuse».

COMMUNE DE MOREY-SAINT-DENIS

A quatre kilomètres de Gevrey-Chambertin, nous trouvons ce bourg qui, suivant la mode dans la Côte, ajouta — tardivement il est vrai, puisque ce fut seulement en 1927 — le nom d'un climat des plus célèbres à son propre nom. Ce fut à tort car Morey était plus facile à prononcer dans toutes les langues et donc plus commercialisable.

Ses vins remarquables, mais encore trop peu connus, étaient vendus avant la loi sur les appellations d'origine sous les noms de GEVREY-CHAMBERTIN ou de CHAMBOLLE-MUSIGNY. Et pourtant son vignoble comprend quatre «grands crus» (rouges) dont le docteur Ramain disait au siècle dernier qu'ils étaient «de puissants nectars, étoffés, pleins de sève et violemment bouquetés avec une saveur un peu particulière et très parfumée de fraise ou de violette.» Ces «grands crus» sont au nombre de quatre, mais notons que la plus importante partie des BONNES-MARES, l'un d'eux, est sur Chambolle-Musigny (voir ce nom).

Le CLOS-SAINT-DENIS. Ce nom lui fut donné car il appartint à l'abbaye de Saint-Denis de Vergy, près de Nuits-Saint-Georges, fondée en 1023 par l'archidiacre d'Autun. Superficie délimitée: 6 ha. 56 a. 20 ca.; récolte moyenne (1975-1979): 161 hectolitres.

Le CLOS-DE-LA-ROCHE. Ce clos est le proche voisin des grands crus de Gevrey-Chambertin. Superficie délimitée. 15 ha. 34 a. 45 ca.; récolte moyenne (1975-1979): 428 hectolitres.

Le CLOS-DE-TART. Cette vigne appartint aux Bernardines de l'abbaye de Notre-Dame de Tart qui l'avaient reçue, en 1260, du chevalier Etienne Dojon; à la Révolution, elle fut vendue pour 68000 livres. Superficie délimitée: 7 ha. 21 a. 70 ca.; récolte moyenne (1975-1979): 170 hectolitres.

En dehors de ces grands crus, on récolte en moyenne 2308 hectolitres de MOREY-SAINT-DENIS (et premiers crus), presque tous en vins rouges (97%), sur lesquels Danguy et Aubertin donnaient cette appréciation: «Une belle couleur, un bouquet se développant avec l'âge, beaucoup de corps et de la vinosité».

COMMUNE DE CHAMBOLLE-MUSIGNY

Poursuivons vers le sud et, à deux kilomètres, assez loin de la route nationale 74 et à cinq de Gevrey-Chambertin, blotti dans une combe, nous trouvons le petit village de Chambolle-Musigny, le nom du climat le plus réputé, le Musigny, ayant été ajouté en 1878. Le docteur Lavalle aux ouvrages si connus écrivait au siècle dernier: «De l'avis de beaucoup de personnes, cette commune produit les vins les plus délicats de la Côte de Nuits.» Ce territoire possède deux «grands crus».

Le MUSIGNY. «Le vin de soie et de dentelle dont la délicatesse suprême ignore la violence et sait voiler la vigueur», disait Roupnel. Ce climat est très anciennement connu sous ce nom puisqu'on le trouve dans un acte de 1110 et, fait assez rare dans cette région et pour un grand cru, on y récolte quelques hectolitres de vins blancs: 5 en moyenne (1975-1979) contre 250 pour les vins rouges, pour une superficie délimitée totale de 10 ha. 65 a. 35 ca.

Les BONNES-MARES qui, comme nous l'avons vu, sont en partie sur Morey-Saint-Denis (1 ha. 84 a. 55 ca.) et sur Chambolle (13 ha. 70 a. 50 ca.); le nom de ce climat rappelle, peut-être, les Déesses Maires, protectrices des récoltes dans de nombreux pays anciens, ou vient de «marer» qui signifie labourer. On produit en moyenne (1975-1979) 400 hectolitres.

Chambolle-Musigny récolte, en dehors de ces deux grands crus, des premiers crus bénéficiant de l'appellation de la commune, dont Danguy et Aubertin disaient: «Ils ont un bouquet fin et délicat et plusieurs œnologues ont émis l'avis que ce sont les plus fins, les plus parfumés et les plus délicats de la Côte de Nuits. Ils sont d'une grande vinosité, d'une belle couleur, riches en éther.» La récolte moyenne, sous l'appellation CHAMBOLLE-MUSIGNY (et premiers crus) est de 4390 hectolitres. Citons, parmi les premiers crus, les climats ci-après: LES AMOUREUSES, LES CHARMES, LES CRAS, LES BORNIQUES, LES BAUDES, LES HAUTS-DOIX, DERRIÈRE-LA-GRANGE, LES FOUSSELOTTES, AUX BEAUX-BRUNS et AUX COMBOTTES.

COMMUNE DE VOUGEOT

Voici donc, tout contre la nationale, à un kilomètre de Chambolle, le plus petit village de la Côte mais certainement l'un des plus connus dans le monde entier, surtout depuis que la Confrérie des Chevaliers du Tastevin convie à ses «chapitres», tenus au château du Clos, des amateurs de tous les pays. En dehors de ceux-ci et des personnalités officielles, les gens de la presse, de la radio, de la télévision, du cinéma — ces moyens modernes de diffusion — apprécient particulièrement ce lieu; aussi n'est-il pas surprenant que son nom soit sur toutes les lèvres. Le CLOS-DE-VOUGEOT, c'est «une grave et belle chose, puissante et sans tourments», pensait Gaston Roupnel.

Certains se souviennent que ce clos fut créé par les moines de Cîteaux dans les premières années du XIIe siècle. Œuvre patiente de remembrement, d'abord, puisqu'en dehors des dons faits au monastère il fallut réunir plusieurs parcelles pour obtenir la superficie actuelle de 50 ha. 22 a. 40 ca.

Les moines construisirent au début une modeste chapelle, un abri pour leurs pressoirs et un cellier pour les vins nouveaux. Les vins «faits» étaient conduits dans un refuge plus sûr pour l'époque et dans des caves meilleures, celles du château de Gilly-les-Vougeot à quelques kilomètres dans la plaine. Puis à la période de la Renaissance, en 1551, le 48e abbé, Dom Jean Loisier, fit édifier le château. L'ensemble resta la propriété de

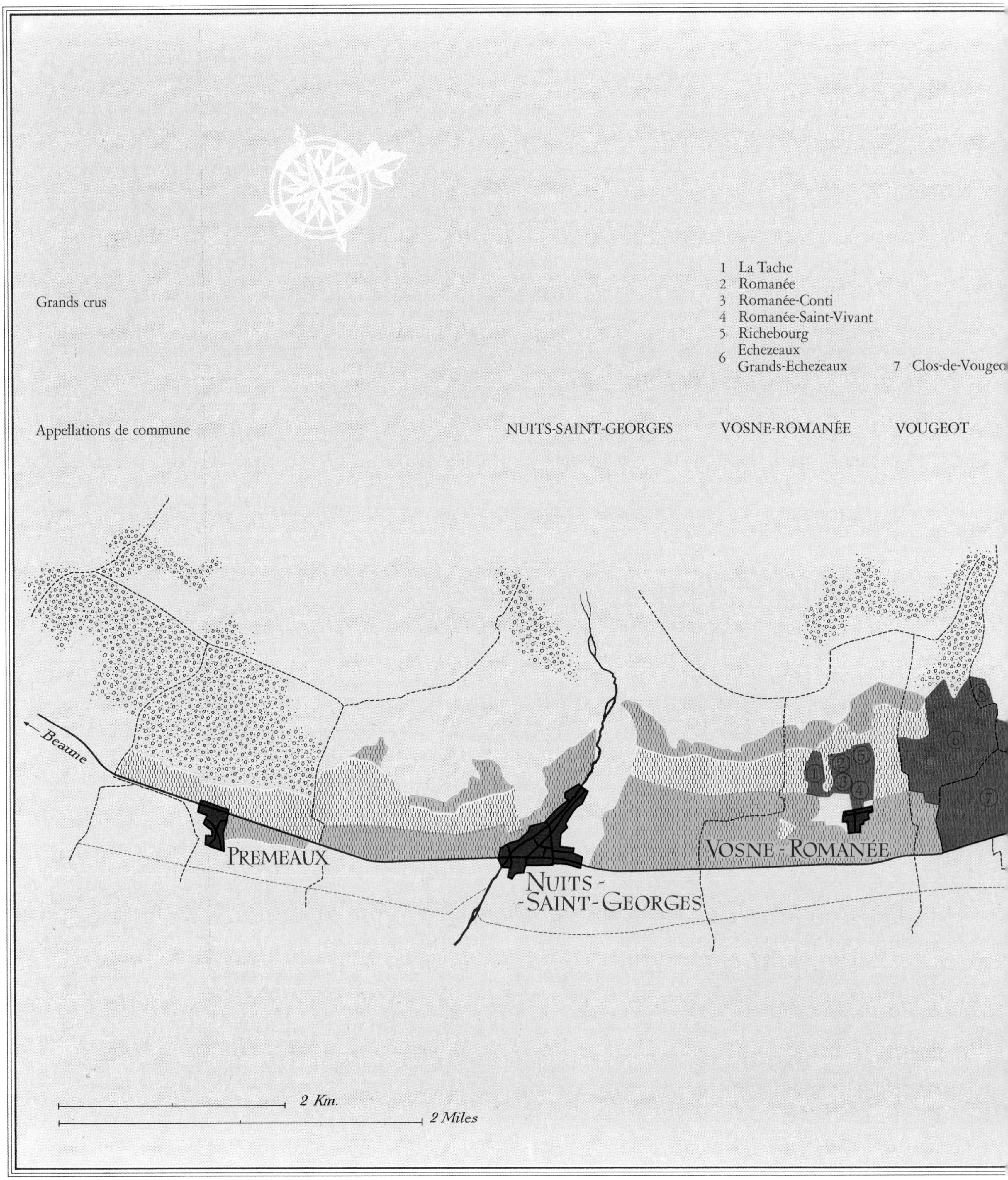

Grands crus

1 La Tache
2 Romanée
3 Romanée-Conti
4 Romanée-Saint-Vivant
5 Richebourg
6 Echezeaux
Grands-Echezeaux   7 Clos-de-Vougeo

Appellations de commune   NUITS-SAINT-GEORGES   VOSNE-ROMANÉE   VOUGEOT

← Beaune

PREMEAUX

NUITS-
-SAINT-GEORGES

VOSNE - ROMANÉE

2 Km.

2 Miles

La Côte de Nuits

8 Musigny
9 Bonnes-Mares

10 Bonnes-Mares
11 Clos-de-Tart
12 Clos-Saint-Denis
13 Clos-de-la-Roche

14 Mazoyères-Chambertin
15 Latricières-Chambertin
16 Charmes-Chambertin
17 Chambertin
18 Chambertin-Clos-de-Bèze
19 Griotte-Chambertin
20 Chapelle-Chambertin
21 Mazis-Chambertin
22 Ruchottes-Chambertin

CHAMBOLLE-MUSIGNY   MOREY-SAINT-DENIS   GEVREY-CHAMBERTIN   FIXIN

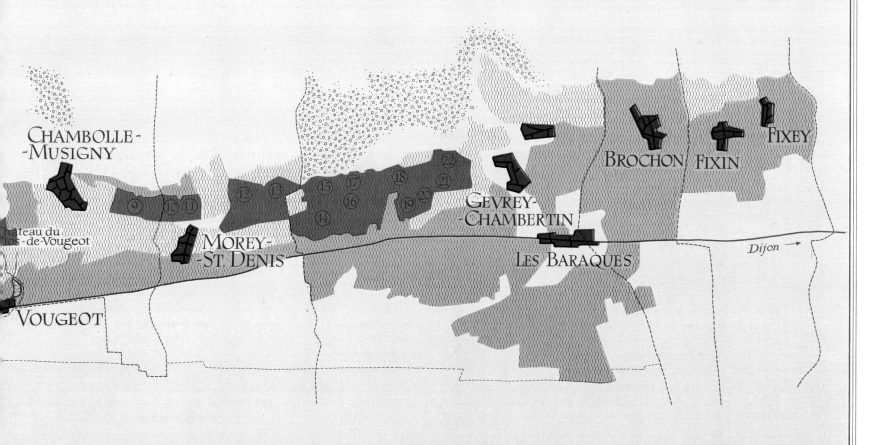

 Grands crus   I^{ers} crus   Appellations de commune

Cîteaux jusqu'à la Révolution; il fut bien entendu vendu comme «bien national» et son morcellement commença alors pour atteindre les 65 différents propriétaires actuels pour les vignes, les bâtiments appartenant à la Confrérie.

Le vin produit au Clos-Vougeot, classé comme «grand cru», a toujours joui de la plus large réputation et a même reçu les honneurs militaires puisque Stendhal nous conte que le colonel Bisson, passant devant le Clos pour se rendre à l'armée du Rhin, fit faire halte et présenter les armes à ses soldats tandis que les clairons sonnaient et que les tambours battaient aux champs. Le duc d'Aumale aurait fait de même, dit-on.

On produit, en moyenne (1975-1979), 1300 hectolitres de vin bénéficiant de l'appellation CLOS-VOUGEOT ou CLOS-DE-VOUGEOT pour adopter la dénomination moderne. Le docteur Morelot le définissait ainsi: «Il tient avec la ROMANÉE, le CHAMBERTIN et quelques autres, le premier rang parmi les vins de la Côte d'Or et peut-être même de France.»

La commune de Vougeot récolte divers autres vins rouges (88%) et blancs ayant droit à la seule dénomination VOUGEOT et qu'il ne faut donc pas confondre, c'est d'ailleurs le cas pour d'autres villages, avec le «grand cru». Citons les climats classés premiers crus: le CLOS-DE-LA-PERRIÈRE, les CRAS, les PETITS-VOUGEOTS et le CLOS-BLANC.

COMMUNE DE VOSNE-ROMANÉE

Courtépée écrivait au XVIIIᵉ siècle: «Il n'y a point de vins communs à Vosne», petit village à trois kilomètres de Vougeot et qui ne compte pas moins de sept «grands crus» dont deux sont d'ailleurs produits dans la commune voisine de Flagey-Echézeaux, mais rattachés légalement à celle de Vosne-Romanée.

Le nom de Romanée rappelle des faits anciens et sans doute le début de ce vignoble sous l'occupation romaine. Trois appellations différentes portent ce nom. La Romanée produit en moyenne (1975-1979) 26 hectolitres.

La ROMANÉE-CONTI. Une parcelle du vignoble primitif fut la propriété, à partir de 1760, des princes de Conti qui, très généreux, firent si bien connaître leur vin, «tout à la fois du velours et du satin en bouteilles», comme disait Mgr de Juigné, archevêque de Paris, que leur nom resta attaché à leur propriété. Sur 1 ha. 80 a. 50 ca., on récolte en moyenne une cinquantaine d'hectolitres (un peu plus de 6500 bouteilles) de ce vin que le docteur Ramain qualifiait de «magnifique au bouquet pénétrant de violette, mêlé d'une senteur de cerise, à la robe de rubis éclatant, à la suavité d'une exceptionnelle finesse». Ajoutons que cette vigne fut la dernière à résister au phylloxéra, mais, pendant la dernière guerre, le manque de sulfure de carbone entraîna sa destruction. On fut donc obligé de replanter des cépages greffés et la première récolte fut celle de 1952.

La ROMANÉE SAINT-VIVANT. Cette parcelle porte le nom des moines de Saint-Vivant, monastère fondé au début du Xᵉ siècle à quelques kilomètres de Nuits-Saint-Georges (9 ha. 54 a. 30 ca. produisant en moyenne (1975-1979) 228 hectolitres).

Le RICHEBOURG. Ce vin dont Camille Rodier pouvait dire: «Ce cru splendide, qui possède un velouté et une richesse de bouquet incomparables est l'un des plus somptueux de Bourgogne». Une partie des 7 ha. 99 a. 40 ca. qui le composent appartenait, avant la Révolution, aux moines de Cîteaux. Récolte moyenne (1975-1979): 221 hectolitres.

La TACHE. D'une superficie de 6 ha. 1 a. 90 ca., cette vigne produit en moyenne (1975-1979) 160 hectolitres.

Les GRANDS ECHÉZEAUX et les ECHÉZEAUX. Touchant le Clos-Vougeot, au sud-ouest de celui-ci, ces crus sont situés sur le territoire de la commune de Flagey-Echézeaux. Superficie: 9 ha. 14 a. 45 ca.; récolte moyenne (1975-1979): 244 hectolitres, pour le premier; 30 ha. 8 a. 20 ca. et 965 hectolitres, pour le second.

Vosne-Romanée produit, en plus, des vins vendus sous ce nom, récoltés sur 239 ha. 1 a. 15 ca. et totalisant, en moyenne (1975-1979), 5003 hectolitres.

Donnons encore cette appréciation: «La Bourgogne n'a rien fait de mieux que ce petit coin où elle a réuni ses enchantements et mis dans les vins la générosité tendre de son génie.»

COMMUNES DE NUITS-SAINT-GEORGES ET DE PREMEAUX

Nuits-Saint-Georges (Saint-Georges, le nom de son meilleur climat, fut ajouté en 1892) est une petite ville bourguignonne qui a donné son nom à cette partie de la Côte. Elle n'a conservé que peu de souvenirs de son passé en dehors de l'église Saint-Symphorien, commencée au XIIIᵉ siècle. Mais elle a été à l'origine de la Confrérie des Chevaliers du Tastevin créée par les deux regrettés Georges Faiveley et Camille Rodier et dont le premier «chapitre» se tint le 16 novembre 1934 dans le Caveau Nuiton. Celui-ci, devant le succès toujours plus grand, était devenu bien vite trop petit et, dix ans plus tard, ce fut le château du Clos-Vougeot, cadre combien plus imposant, qui accueillit les invitants et les invités aux nombreuses manifestations organisées par la Confrérie.

Nuits abrite de très nombreux et très importants négociants-éleveurs de vins fins ainsi que des maisons spécialisées dans la fabrication des BOURGOGNE MOUSSEUX dont on produit plusieurs millions de bouteilles par an. C'est en 1822 qu'un négociant de cette ville, après de nombreux voyages et de longues études des vins de la région, eut l'idée de traiter ceux-ci d'après la «méthode champenoise». On obtient ainsi des vins mousseux blancs, rosés ou rouges, ces derniers étant recherchés dans les pays nordiques, en Grande-Bretagne, aux Etats-Unis et dans les autres pays de langue

Le vignoble du célèbre Clos-Vougeot est le résultat de diverses donations en faveur des moines de Cîteaux, bien avant la construction du château actuel, commencé en 1551 et jamais véritablement terminé avant 1888. Il appartient aujourd'hui à la Confrérie des Chevaliers du Tastevin, tandis que le vignoble de quelque 50 ha est divisé entre de très nombreux propriétaires.

anglaise. Il existe aussi à Nuits-Saint-Georges plusieurs fabricants de liqueurs et deux très importantes maisons de jus de fruits. Tout cela fait de cette ville un centre commercial très actif. Paul Cazin pouvait dire: «A Nuits, il n'y a que l'eau qui se cache.»

Les deux communes citées en titre produisent des vins vendus sous l'appellation NUITS ou NUITS-SAINT-GEORGES, ce qui est la même chose, soit une récolte moyenne (1975-1979) de 8159 hectolitres en vins rouges et de 17 en vins blancs.

Le docteur Lavalle écrivait, au XIXᵉ siècle: «En général les vins de Nuits ont moins de fermeté, de rudesse que les vins de Gevrey et sont plus tôt prêts; ils ont plus de corps et de couleur que les CHAMBOLLE-MUSIGNY.»

Nuits abrite un hospice civil, fondé en 1692, possédant, grâce aux donations qui lui furent faites au cours des siècles, un important vignoble situé uniquement dans les climats donnant les premiers crus de la ville. Tous les ans les vins sont mis en vente aux enchères publiques, généralement le dimanche précédant les Rameaux.

COMMUNES DE PRISSEY, COMBLANCHIEN ET CORGOLOIN

Appellation CÔTE DE NUITS-VILLAGES

Ces trois communes terminent la Côte de Nuits et les deux dernières sont surtout réputées pour leurs importantes carrières d'où l'on extrait une pierre qui se polit très bien et sert à faire des revêtements de murs ou de sols. Les vins récoltés sont, en partie, couverts par l'appellation contrôlée CÔTE DE NUITS-VILLAGES.

Les vins vendus sous cette dénomination ne proviennent pas de tous les villages de la Côte de Nuits, mais uniquement des cinq ci-après: Brochon et Fixin dont nous avons parlé au début de ce chapitre, Prissey, Comblanchien et Corgoloin. Quant aux appellations réputées, celles de GEVREY-CHAMBERTIN, MOREY-SAINT-DENIS, VOUGEOT, CHAMBOLLE-MUSIGNY, VOSNE-ROMANÉE et NUITS-SAINT-GEORGES, elles ne peuvent jamais être vendues sous le nom de CÔTE DE NUITS-VILLAGES. La quantité moyenne (1975-1979) déclarée sous l'appellation CÔTE DE NUITS-VILLAGES est de 6435 hectolitres, uniquement en vins rouges.

Nous allons donc quitter la Côte de Nuits aux très grands vins rouges et, reprenant ce que nous disions au début de ce chapitre, nous conseillons de ne pas les laisser trop vieillir. René Engel, œnologue réputé et Grand Camerlingue de la Confrérie des Chevaliers du Tastevin aime à dire: «Les vieux vins ne sont pas toujours les meilleurs, hélas!... Avoir de très vieux vins dans sa cave c'est un peu comme lorsque, dans sa famille, on a une grand-mère qui est centenaire: on est très fier de la présenter aux invités, mais ces derniers doivent savoir à l'avance qu'il faut l'excuser si elle a la goutte au nez ou si elle est somnolente.»

Le raisin le plus répandu du vignoble de Bourgogne est le *pinot noir*. On le vendangeait autrefois dans des paniers tressés (ci-dessus); aujourd'hui, le plastique, tout aussi léger, a remplacé l'osier: l'efficacité a remplacé le pittoresque.

LA CÔTE DE BEAUNE

La deuxième partie du grand vignoble de la Côte-d'Or commence immédiatement après les carrières de pierre de Comblanchien.

Les vins sont plus variés, et s'il n'y a qu'un «grand cru» pour les rouges, Le CORTON, tous les grands crus pour les blancs se trouvent dans cette région. On disait autrefois que les vins récoltés dans la Côte de Beaune étaient des «vins de primeur», par opposition aux «vins de garde» de la Côte de Nuits, c'est-à-dire qu'ils pouvaient être appréciés beaucoup plus jeunes. Aujourd'hui, cependant, les vins sont «prêts» plus tôt que jadis.

COMMUNE DE LADOIX-SERRIGNY

Cette commune viticole produit des vins rouges ou blancs vendus sous diverses appellations dont une partie du CORTON. Les vins rouges sont surtout vendus, en dehors du CORTON, sous l'appellation CÔTE DE BEAUNE-VILLAGES. Sous l'appellation LADOIX, on récolte, en moyenne, 98 hectolitres de vins blancs et 1976 de vins rouges.

COMMUNE D'ALOXE-CORTON

Aloxe est un joli village construit sur une petite butte. On ajouta à son nom, en 1862, celui de son cru le plus célèbre. Ce village fut fréquenté depuis les temps les plus reculés par de très hautes personnalités: l'empe-reur Charlemagne possédait de nombreuses «ouvrées» de vignes sur son territoire, l'empereur Othon égale-ment, lequel aurait donné son nom au CORTON: le curtis (domaine ou jardin) d'Othon. Les grandes abbayes, dont celle de Cîteaux, possédaient des propriétés dans ce coin de Bourgogne.

Deux grands crus y sont récoltés.

Le CORTON dont parlait Voltaire lorsqu'il écrivait à Gabriel Le Bault, président du Parlement de Bourgo-gne: «Plus je vieillis, Monsieur, et plus je sens le prix de vos bontés. Votre bon vin me devient nécessaire.» D'autant plus qu'il ne souhaitait pas le payer!...

Les ducs de Bourgogne, puis les rois de France, possédèrent un domaine de 110 ouvrées (près de 5 hectares) dans un des climats composant ce cru. Il est resté «le clos du Roy». On récolte, en moyenne (1975-1979), 2489 hectolitres de CORTON rouge et 46 de CORTON blanc. «Les CORTON des bonnes années sont des vins parfaits dignes d'être offerts aux gourmets les plus délicats», disait le Dr Lavalle.

Quant au second cru, il s'agit du CORTON-CHARLE-MAGNE, vin blanc qui rappelle, il n'est guère besoin de le souligner, le souvenir de l'empereur Charlemagne; celui-ci aimait beaucoup cette région et fit de nom-breuses largesses aux églises de la province, en parti-culier à celles de Saint-Vincent de Chalon-sur-Saône, de Saulieu, etc.

La récolte annuelle se chiffre en moyenne (1975-1979) à 1162 hectolitres, et Camille Rodier donnait cette appréciation: «Vin blanc de grande allure, riche

Bien découpé sur un fond de brume automnale, ce porteur de «bénatou» démontre parfaite-ment la forme fonctionnelle de ce panier servant à transporter le raisin de l'endroit de la vendange au char resté sur le chemin.

Aloxe-Corton est situé à 5 km au nord de Beaune et possède un vignoble qui donne le seul grand cru en rouge de la Côte de Beaune; le Corton est également un grand cru en vin blanc: le CORTON-CHARLEMAGNE, qui perpétue le souvenir de l'empereur Charlemagne qui possédait des vignes sur le territoire de l'actuelle commune de Aloxe. On raconte même que l'empereur avait fait planter cette vigne en blanc pour éviter de laisser des taches sur sa «barbe fleurie».

en alcool, virulent, doré, plein de sève, au parfum de cannelle, au goût de pierre à fusil.»

Aloxe-Corton produit également, en moyenne, 3863 hectolitres de vins vendus sous son nom, rouges presque uniquement (99%), à propos desquels le Dr Lavalle écrivait au siècle dernier: «Ce sont les vins les plus fermes et les plus francs de la Côte de Beaune.»

COMMUNE DE PERNAND-VERGELESSES

Derrière le coteau d'Aloxe, au fond d'une combe et dans une très jolie exposition, le village de Pernand-Vergelesses produit une partie du CORTON et du CORTON-CHARLEMAGNE, mais également 471 hectolitres de vins blancs et 2456 de rouges vendus sous le nom de la commune ou sous la dénomination de CÔTE DE BEAUNE-VILLAGES. Danguy et Aubertin disaient: «Ces vins sont un peu plus fermes que ceux de Savigny, ils ont du feu, de la force et ils sont de garde.»

COMMUNE DE SAVIGNY-LÈS-BEAUNE

En retrait de la Côte et au débouché d'une vallée assez profonde est situé ce village très ancien et qui compta, pendant fort longtemps, d'importants négociants en vins. Ceux-ci ont un peu délaissé Savigny au profit de Beaune ou de Nuits, mais ce bourg conserve néanmoins une grande activité, car ses vins sont réputés. On produit, en moyenne (1975-1979), sous l'appellation SAVIGNY, 266 hectolitres de vins blancs et 9163 de vins rouges sur lesquels Camille Rodier écrivait: «Ces vins parfumés, moelleux, de primeur, bons à la santé, sont riches en bouquet.»

COMMUNE DE CHOREY-LÈS-BEAUNE

En face de Savigny, mais de l'autre côté de la route nationale 74, se trouve Chorey-lès-Beaune qui possède un vignoble produisant, sous cette appellation, 3389 hectolitres environ de vins rouges. En 1828, le Dr Morelot disait d'eux: «On emploie encore les bons CHOREY quand les vins de première qualité périclitent... Ils les bonifient et les rendent agréables à boire.»

COMMUNE DE BEAUNE

Beaune, qui donna son nom depuis l'occupation romaine à cette partie de la Côte, est véritablement la capitale du bourgogne. Son activité est axée sur le commerce des vins fins et plus de soixante négociants-éleveurs s'abritent dans les nombreuses caves creusées, au cours des siècles, à l'intérieur de ses remparts, par les couvents, églises ou abbayes de la ville ou des environs qui tenaient avant tout à mettre leurs vins à l'abri. De nombreux seigneurs firent de même ainsi que les ordres de soldats religieux.

Les imposants bastions qui, de distance en distance, font émerger leur masse en dehors des remparts ont été utilisés, et sont remplis de fûts ou de bouteilles bien à l'abri derrière leurs sept mètres de murs. Les installations des négociants-éleveurs sont, de ce fait, fort intéressantes à visiter, et les touristes le savent bien! Beaune est donc une ville très ancienne, encore presque complètement ceinturée de murailles, aux très nombreux monuments: basilique Notre-Dame, vieille église Saint-Nicolas, palais des Ducs de Bourgogne transformé en un remarquable Musée du Vin que tout amateur se doit de visiter, beffroi, vieilles maisons, etc., et dominant tous les autres, l'Hostel-Dieu, cette merveille du XVe siècle. En raison des misères de l'époque, il fut fondé en 1443 par Nicolas Rolin, alors chancelier de Philippe le Bon, duc de Bourgogne, et par sa femme Guigone de Salins; il a su conserver cette chose, très rare: sa vie primitive. Ses «dames hospitalières» circulent toujours dans les chambres pour apporter leurs soins et leur réconfort aux malades, comme elles l'ont fait sans aucune interruption depuis la fondation. Et si un hôpital très moderne a été érigé à

L'Hôtel-Dieu de Beaune, achevé en 1451, est sans conteste un joyau architectural. Cette fondation charitable a reçu de très nombreuses vignes qui composent aujourd'hui un domaine d'environ 53 ha situés dans les crus les plus réputés de la Côte de Beaune. La vente aux enchères de ces vins se fait chaque année le troisième dimanche de novembre.

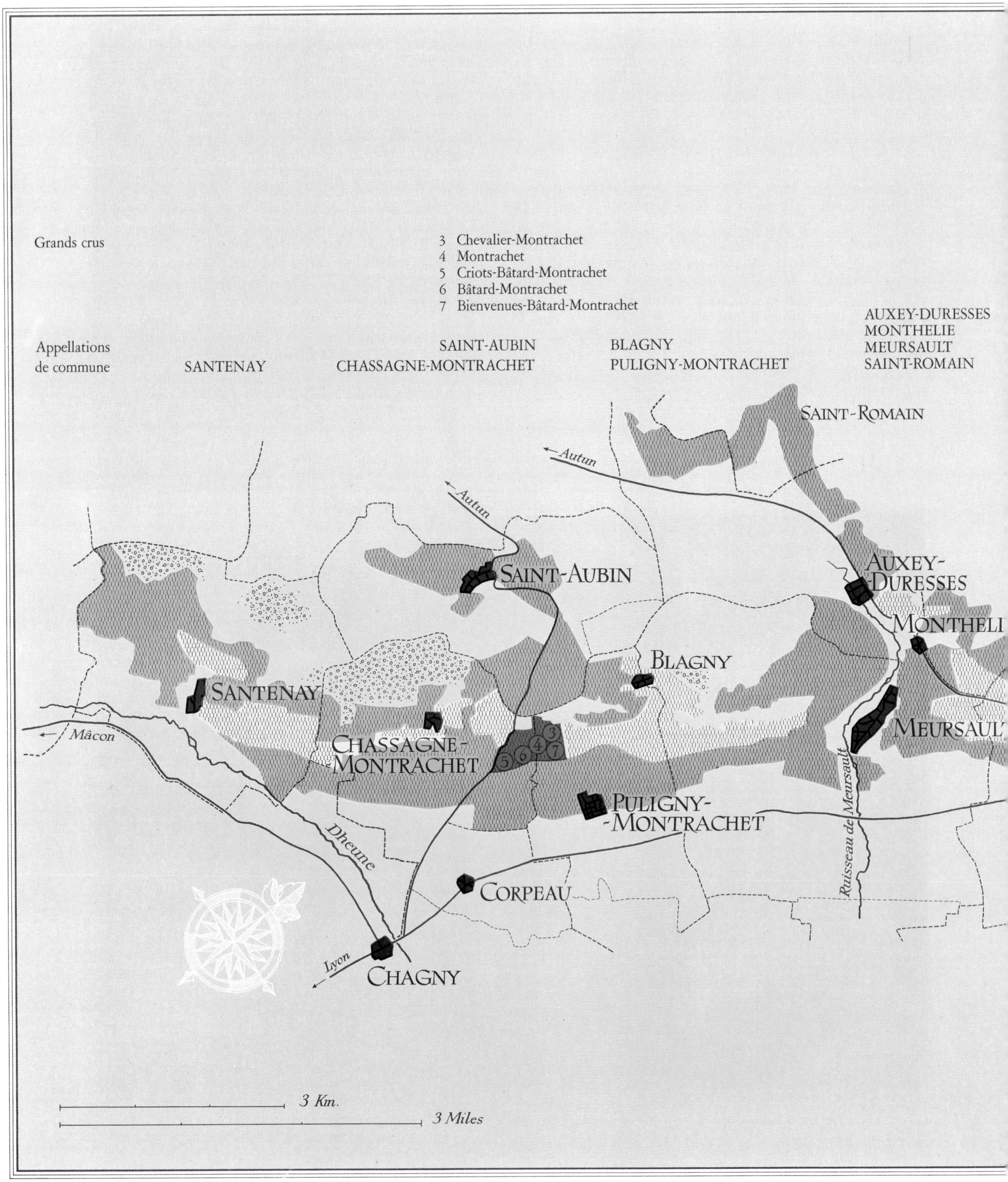

3 Chevalier-Montrachet
4 Montrachet
5 Criots-Bâtard-Montrachet
6 Bâtard-Montrachet
7 Bienvenues-Bâtard-Montrachet

AUXEY-DURESSES
MONTHELIE
MEURSAULT
SAINT-ROMAIN

Appellations
de commune   SANTENAY

SAINT-AUBIN
CHASSAGNE-MONTRACHET

BLAGNY
PULIGNY-MONTRACHET

SAINT-ROMAIN

← Autun

Autun

SAINT-AUBIN

AUXEY-
DURESSES

MONTHELI

SANTENAY

BLAGNY

← Mâcon

CHASSAGNE-
MONTRACHET

3
5 6 4 7

MEURSAUL

PULIGNY-
MONTRACHET

Ruisseau de Meursault

Dheune

CORPEAU

Lyon

CHAGNY

3 Km.

3 Miles

LA CÔTE DE BEAUNE

1 Corton (rouge - red)
2 Corton-Charlemagne (blanc - white)

PERNAND-VERGELESSES
SAVIGNY-LÈS-BEAUNE   ALOXE-CORTON
                     CHOREY-LÈS-BEAUNE   LADOIX

VOLNAY   POMMARD   BEAUNE

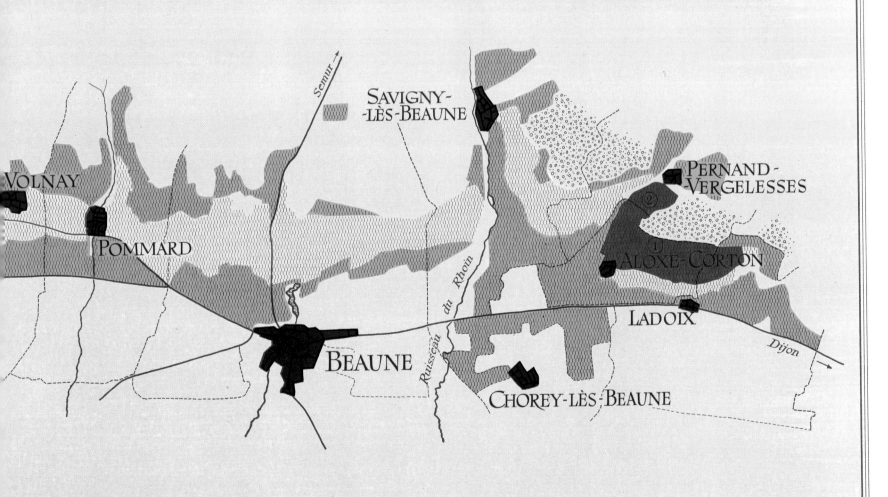

SAVIGNY-
-LÈS-BEAUNE

Semur

VOLNAY

POMMARD

PERNAND-
VERGELESSES

ALOXE-CORTON

Ruisseau du Rhoin

LADOIX

Dijon

BEAUNE

CHOREY-LÈS-BEAUNE

Grands crus   Iers crus   Appellations de commune

Beaune est une ville très ancienne, ceinturée de remparts et de bastions; ceux-ci ont été aménagés par les négociants-éleveurs pour en faire des caves dans lesquelles les vins reposent en fûts ou en bouteilles, derrière des murs de sept mètres qui garantissent de parfaites conditions de garde.

côté de l'ancien, celui-ci n'a aucunement souffert de ce voisinage et continue sa vie propre pour le grand plaisir des dizaines de milliers de touristes qui s'y arrêtent chaque année. Au cours des siècles, de nombreuses donations ont été faites à l'Hostel-Dieu et à l'hospice de la Charité réunis sous une même administration. Plus de 50 hectares de vignes ont ainsi formé peu à peu le domaine des Hospices de Beaune, situé sur Corton-Charlemagne et Meursault pour les vins blancs, Aloxe-Corton, Auxey-Duresses, Beaune, Corton, Monthélie, Pommard, Savigny et Volnay pour les vins rouges. La Vente des Vins des Hospices, le troisième dimanche de novembre, est célébrée dans le monde entier par son qualificatif de «plus grande vente de charité du monde»; en effet son produit permet la continuation de l'œuvre de Nicolas Rolin et l'entretien de vieillards sans ressources ou de malades nécessiteux.

Beaune possède un très important vignoble puisque plus de 538 hectares sont délimités pour des vins ayant droit à cette appellation. La récolte moyenne est de

8950 hectolitres dont 95% en vins rouges sur lesquels le Dr Lavalle, œnologue réputé du siècle dernier, et déjà cité, portait cette appréciation: «Je pense que les grands vins de Beaune sont dignes des plus grands éloges. Les premières cuvées arrivent, dans les bonnes années, à ne pouvoir être distinguées des vins d'extra que par les gens les plus exercés, et sont vendues le plus souvent aux prix les plus élevés. Les vins de seconde cuvée sont encore des ordinaires de prince et pour les tables bourgeoises peuvent constituer des vins de rôti.» Les climats de Beaune donnant les meilleurs vins sont LES MARCONNETS, LES FÈVES, LES BRESSANDES, LES GRÈVES, LES TEURONS, LE CLOS-DES-MOUCHES, LE CLOS-DU-ROI, LES AVAUX, LES TOUSSAINTS, LES BOUCHEROTTES, LES VIGNES-FRANCHES, LES AIGROTS, etc.; il y en a trop pour pouvoir tous les citer.

Descentes de caves et visites de l'Hôtel-Dieu, tel est le programme de plus de trois cent mille touristes s'arrêtant chaque année à Beaune.

COMMUNE DE POMMARD

Qui ne connaît le nom de ce village situé à trois kilomètres au sud de Beaune? Toutefois, pour y parvenir, il faut quitter la route nationale 74 et prendre la direction d'Autun par la 73 qui traverse les vignes pendant quelques kilomètres.

Pommard, dont le nom peut se prononcer facilement dans toutes les langues, fut, de ce fait et pendant longtemps, le «porte-drapeau» des vins de la Côte de Beaune. La loi sur les appellations d'origine apporta l'obligation de vendre sous cette désignation les seuls vins produits sur les 339 hectares délimités dans la commune. De nombreux crus provenant de villages voisins furent ainsi lésés, car ils perdirent une commercialisation traditionnelle et plus facile. On produit donc sous l'appellation POMMARD environ 9896 hectolitres de «vins fermes, colorés, pleins de franchise et de bonne conservation» comme disait Le Dr Morelot. Célèbres, ces vins étaient déjà recherchés par les puissants seigneurs et les grandes abbayes.

COMMUNE DE VOLNAY

«En dépit de Pommard et de Meursault,
C'est toujours Volnay le plus haut.»

Ce dicton bourguignon ne parle pas de la qualité des vins, mais de la situation du village, perché sur la colline en haut de son vignoble, alors que Meursault et Pommard sont à ses pieds.

On récolte, en moyenne (1975-1979), 7341 hectolitres. Les vins de Volnay sont qualifiés par Camille Rodier de «moins colorés que les BEAUNE et les POMMARD, surtout remarquables par leur élégance, leur goût suave, leur parfait équilibre et leur bouquet si délicat, et, après les MUSIGNY, les plus fins de toute la Bourgogne».

Il faut encore noter que les VOLNAY-CAILLERETS sont produits sur le territoire de Meursault.

COMMUNE DE MONTHÉLIE

A 2 kilomètres de Volnay et tournant le dos à la Côte, ce village est pittoresque par ses maisons anciennes étagées à flanc de coteau. Son vignoble est délimité sur un peu plus de 93 hectares qui produisent, en moyenne (1975-1979), 63 hectolitres de vins blancs et 3006 de vins rouges. «Ils ne sont pas assez connus des consommateurs, ils méritent pourtant de l'être», reconnaît A. Vedel, conseiller technique de l'I.N.A.O. (Institut National des Appellations d'Origine).

COMMUNE D'AUXEY-DURESSES

Au pied de Monthélie et au fond d'une large vallée, le petit village d'Auxey-Duresses est bâti sur un emplacement autrefois fréquenté par les Gaulois, lesquels avaient installé un camp sur la montagne dominant le pays. On récolte, en moyenne (1975-1979), sous le nom du village, 1024 hectolitres de vins blancs et 3011 de vins rouges «fort gravains», c'est-à-dire ne manquant ni de couleur, ni de corps, ni de bouquet. Pierre Léon-Gauthier écrivait: «Le climat des Duresses mûrit un vin qu'on a longtemps vendu — avant la loi sur les appellations — sous le titre de VOLNAY et de POMMARD, sans qu'y perdent rien ces grands vins.»

COMMUNE DE SAINT-ROMAIN

Au pied de magnifiques falaises qui ferment la vallée d'Auxey-Duresses, étagé sur la colline et sur un piton rocheux, s'élève le village de Saint-Romain qui entourait autrefois un château fort. On produit, en moyenne (1975-1979), sous cette appellation 907 hectolitres de vins blancs et 972 de rouges que chante ainsi Roland Thévenin, poète bourguignon et maire du village:

«O SAINT-ROMAIN hardi, robuste et si fruité,
Nous aimons ta fraîcheur ainsi que ta finesse.»

Le vignoble de Pommard, village situé à 3 km au sud de Beaune, est connu au-delà des mers, car son nom est facile à prononcer dans toutes les langues. Les vins de Pommard, des rouges uniquement, ont toujours eu la réputation d'être fermes, colorés, pleins de franchise et de bonne conservation. Ce vin fut longtemps le 'porte-drapeau' des vins de la Côte de Beaune.

COMMUNE DE MEURSAULT

Nous revenons sur la Côte et, fermant l'entrée de la vallée vers Auxey, trouvons la petite ville de Meursault, laquelle fut vraisemblablement, le premier lieu occupé par les Romains à leur venue dans cette région. Meursault a toujours été réputé pour ses vins blancs; le sol de la Côte, sur une longueur de 6 kilomètres environ, devient très différent de celui de Beaune ou de Volnay et le *chardonnay* y est roi. On récolte bien quelques vins rouges sous ce nom, 794 hectolitres, mais les 14 169 hectolitres de vins blancs sont, et de loin, les plus connus. Camille Rodier portait cette appréciation: «Les MEURSAULT blancs ont ceci de très caractéristique: ils sont à la fois secs et moelleux, ce qui est assez singulier. Riches en alcool, d'une belle teinte d'or vert, limpides et brillants, de bonne garde, très francs de goût avec un arôme de grappe mûre et une saveur de noisette, ils se classent parmi les plus célèbres vins blancs de France.»

Meursault est réputée également par sa Paulée qui constitue la dernière journée des Trois Glorieuses, consacrées au vin de Bourgogne.

Créée en 1923 par le comte Lafon, la Paulée officialise le repas terminant la vendange et offert par le vigneron à tous ceux qui ont travaillé avec lui. Actuellement la Paulée réunit quatre cents personnes déjeunant joyeusement en commun — sans trop d'«officiels» — l'habitude étant que chacun apporte sa ou ses bouteilles, ce qui est loin de nuire à l'ambiance générale!

COMMUNES DE PULIGNY-MONTRACHET ET DE CHASSAGNE-MONTRACHET

Si à l'extrémité nord du vignoble de Côte-d'Or, nous avons trouvé, dans la commune de Gevrey-Chambertin et les villages voisins, de très grands crus en vins rouges, à l'extrémité sud, ce sont les grands crus en blancs qui sont en vedette. Faisant suite à la Côte de Meursault, Puligny-Montrachet ne récolte pratiquement que des vins blancs dont cinq «grands crus» que nous allons citer dans l'ordre de leur qualité.

Le MONTRACHET est à cheval sur les deux communes: Puligny pour les deux tiers et Chassagne pour un tiers. Toutes deux ajoutèrent ce nom célèbre à leur vocable propre à la fin du XIXᵉ siècle. Bertall écrivait en 1878: «Cet admirable vin blanc est le premier des vins blancs de Bourgogne, de même que le CHÂTEAU-YQUEM est le premier des vins blancs du Bordelais. Laissons la palme indécise entre eux, disent les enthousiastes, constatons seulement que tous deux sont les premiers vins blancs du monde.» Il complétait ainsi ce qu'avait dit en 1855 le Dr Lavalle: «Le vin de Montrachet doit être considéré comme une de ces merveilles dont il n'est permis qu'à un petit nombre d'élus d'apprécier la perfection.» On ne produit, en effet, chaque année, que 215 hectolitres en moyenne (1975-1979). C'est peu pour le véritable Montrachet et l'amateur doit toujours éviter la confusion avec tous les autres vins qui dans leur dénomination comportent, en plus et avant, un autre nom que Montrachet.

Le CHEVALIER-MONTRACHET est situé, sur le terrain, au-dessus du MONTRACHET et il est d'une superficie équivalente. Il est «prêt» à boire un peu avant celui-ci, mais atteint rarement la même perfection, c'est pourquoi généralement on le classe en valeur immédiatement en-dessous du MONTRACHET. On y récolte, en moyenne (1975-1979), 169 hectolitres.

Le BÂTARD-MONTRACHET est situé en-dessous du Montrachet et séparé de celui-ci par un chemin. Il est à cheval sur Puligny et sur Chassagne. On y récolte en moyenne (1975-1979) 378 hectolitres.

Le BIENVENUE-BÂTARD-MONTRACHET (récolte moyenne (1975-1979): 124 hectolitres) et le CRIOTS-BÂTARD-MONTRACHET, situé sur Chassagne et dont on récolte en moyenne 56 hectolitres, sont les derniers «grands crus» blancs.

On se demande souvent d'où viennent ces noms. Une histoire, dont nous ne garantissons pas l'authenticité et que nous résumons, dit qu'au temps des Croisades le châtelain de Montrachet avait un fils qui partit pour la Terre sainte; pendant ce temps le vieux seigneur s'ennuyait au château et passait souvent près du «Clos des Pucelles» où s'ébattaient les jeunes filles du pays. Le démon de midi le tenta: neuf mois après, un événement attendu avait lieu. Le duc de Bourgogne, qui ne plaisantait pas, décréta que, dans la lignée des Montrachet, le vieux seigneur serait Montrachet l'aîné, le croisé le Chevalier-Montrachet et le dernier le Bâtard-Montrachet. Le chevalier étant mort aux Croisades, le bâtard devint héritier du nom et fut accueilli au château aux cris de «bienvenue au bâtard de Montrachet». Mais le seigneur, déjà vieux, ne supportait plus les pleurs d'un jeune bébé et souvent il répétait en patois «a crio (il crie) l'Bâtard». Une fois le château détruit, on aurait donné, en souvenir, ces divers noms aux vignes.

Puligny-Montrachet produit encore sous l'appellation du village 8004 hectolitres de vins blancs et 237 hectolitres de vins rouges. Camille Rodier pouvait écrire: «Ces vins blancs fruités, distingués, d'un joli parfum, s'apparentent aux meilleurs MEURSAULT.» En effet, LES CAILLERETS, LES COMBETTES, LES PUCELLES, LES FOLATIÈRES, etc., sont de très grande classe.

Chassagne-Montrachet produit beaucoup plus de vins rouges que Puligny, 6896 hectolitres en moyenne (1975-1979), et ceux-ci figurent parmi les plus réputés de la Côte; Camille Rodier n'hésitait pas à écrire: «Les CHASSAGNE rouges présentent une analogie indiscutable avec certaines bonnes cuvées de la Côte de Nuits.» Les vins blancs sont toutefois abondants: 4559 hectolitres en moyenne (1975-1979), ayant à peu près les mêmes caractéristiques que tous ceux de cette partie de la Côte: relativement secs et pleins de finesse.

COMMUNE DE SAINT-AUBIN

Un peu en arrière de Chassagne, en montant vers Paris par la route nationale 6, on traverse ce petit village viticole qui produit, en moyenne (1975-1979), 763 hectolitres de vins blancs et 2205 de vins rouges. Ajoutons que le hameau de Gamay fait partie de Saint-Aubin; il donna naissance au plant portant son nom.

COMMUNE DE SANTENAY

Nous trouvons avec Santenay la dernière commune viticole de la Côte-d'Or. Ce pays a été fréquenté depuis les temps les plus reculés, et ses grottes ont conservé de nombreuses traces des habitants du néolithique et de l'âge du fer. Village vineux, Santenay a voulu se distinguer en possédant... une source d'eau minérale semblant bien, toutefois, un peu négligée par les vignerons qui la laissent très volontiers «aux gens de la ville»! Le vignoble produit, en moyenne (1975-1979), sous l'appellation SANTENAY, 10610 hectolitres de vins rouges et 146 seulement de vins blancs. Le Dr Lavalle appréciait ainsi ces vins: «Ils sont fermes, moelleux, d'une conservation assurée. Ils acquièrent avec l'âge un bouquet très fin.»

Meursault est surtout connu pour ses vins blancs, à la fois secs et moelleux. Tous les ans, le lendemain de la vente des vins des Hospices de Beaune, on y célèbre la «paulée», fête qui réunit autour d'une table tous ceux qui travaillent et vivent de la vigne.

COMMUNES DE CHEILLY, DEZIZE ET SAMPIGNY-LÈS-MARANGES

Après la Côte-d'Or nous pénétrons, avec ces trois villages, en Saône-et-Loire. Comme leur vignoble fait exactement suite à celui de Santenay, ils sont compris dans la Côte de Beaune, mais se vendent soit sous leur propre nom, soit sous l'appellation CÔTE DE BEAUNE-VILLAGES.

APPELLATION CÔTE DE BEAUNE-VILLAGES

Cette appellation permet aux villages peu connus de la Côte de se regrouper sous un même nom pour éviter que leurs excellents vins aient des difficultés à se vendre. Le CÔTE DE BEAUNE-VILLAGES est toujours un vin rouge et il provient des villages (ou parties de villages) ci-après: Auxey-Duresses, Chassagne-Montrachet, Cheilly-lès-Maranges, Chorey-lès-Beaune, Côte de Beaune, Dezize-lès-Maranges, Ladoix-Serrigny, Meursault rouge, Meursault-Blagny, Monthelie, Pernand-Vergelesses, Puligny-Montrachet, Saint-Aubin, Sampigny-lès-Maranges, Santenay et Savigny.

Chassagne partage avec la commune voisine de Poligny le célèbre cru de Montrachet. Ces deux communes ont annexé ce nom pour devenir Chassagne - Montrachet et Poligny - Montrachet. Le Montrachet est le premier vin blanc de Bourgogne comme le château Yquem est le premier vin blanc de Bordeaux.

LA RÉGION DE MERCUREY

Nous sortons donc de Côte-d'Or pour entrer en Saône-et-Loire, mais nous ne quittons pas complètement la Côte de Beaune dont la région de Mercurey fait traditionnellement la suite par ses méthodes de culture et de vinification, le caractère de ses vins et ses habitudes commerciales.

Ce vignoble fut appelé Côte Chalonnaise du nom de la ville de Chalon-sur-Saône qui connut au cours des premiers siècles de notre ère une activité considérable, étant bien située sur les voies fluviales et terrestres de communication. Elle posséda également, par la suite, un important commerce pour les vins de la région, mais celui-ci disparut petit à petit pour faire place à l'industrie qui est, maintenant, maîtresse de la ville.

Nous poursuivons donc notre route du nord au sud pour parler des quatre appellations de ce vignoble: RULLY, MERCUREY, GIVRY et MONTAGNY.

RULLY. A 22 kilomètres de Beaune, à proximité de Chagny et de la route nationale 6, Rully est un village très ancien, remontant aux Romains mais qui avait vu ses grottes habitées dès l'âge de la pierre. Il était situé primitivement sur la colline, mais la peste de 1347 fit descendre ses habitants plus près de la fontaine.

Le village conserve du XIII° siècle un château féodal, remanié au XV°, et son vignoble produit, sous l'appellation RULLY, 934 hectolitres en vins blancs et 2033 en vins rouges (moyenne 1975-1979). Ce vin blanc très particulier, très fin, capiteux et bouqueté, se champagnise remarquablement. Il a été à l'origine du commerce important de vins mousseux de Bourgogne qui existe dans ce village.

MERCUREY. Les vins ayant droit à cette appellation sont produits dans un important vignoble situé sur les communes de Mercurey dont le nom rappelle l'occupation romaine, de Saint-Martin-sous-Montaigu, un des nombreux villages à la mémoire du saint le plus populaire en Bourgogne, et de Bourgneuf-Val-d'Or.

Ces vins ressemblent absolument à ceux de la Côte de Beaune. «Ils ne s'écartent du Santenay que par une modulation insensible», dit Claude Bonvin, et A. Jullien pouvait écrire: «Les vins rouges de Mercurey se distinguent par l'agrément de leur goût, leur légèreté et leur parfum; ils sont francs et se conservent très longtemps.» La récolte moyenne (1975-1979) est de 17 311 hectolitres en vins rouges et 737 en vins blancs et les premiers crus prennent les noms des cinq climats ci-après: CLOS-DU-ROY, CLOS-VOYEN, CLOS-MARCILLY, CLOS-DES-FOURNEAUX, CLOS-DES-MONTAIGUS.

GIVRY. Le vieux bourg de ce nom remonte à l'époque gallo-romaine. Il produit sur son territoire les vins ayant droit à cette appellation. Ils ont été autrefois très demandés mais, depuis la loi sur les appellations d'origine, peu d'amateurs connaissent ce nom et c'est dommage. A. Jullien disait au XIX° siècle que les crus privilégiés de cette commune étaient supérieurs à ceux de Mercurey. Francs, corsés et bouquetés, ils sont des vins de connaisseurs. On récolte actuellement en moyenne (1975-1979) sous l'appellation GIVRY 3680 hectolitres en vins rouges et quelque 379 hectolitres en vins blancs.

MONTAGNY. Sont vendus sous cette appellation des vins provenant des communes de Montagny, Buxy, Saint-Vallerin et Jully-les-Buxy, uniquement des vins blancs, soit 2968 hectolitres (moyenne 1975-1979). On dit que ces vins «tiennent la bouche fraîche et la tête libre».

LE MÂCONNAIS

C'est le plus important vignoble de Saône-et-Loire, tirant son nom de celui de sa capitale Mâcon, «reine de la Saône», ainsi désignée parce qu'elle s'étend au bord d'un magnifique plan d'eau qui en fait également une métropole des sports nautiques. Mâcon, autrefois Matisco in Aeduis, faisait partie de la même province gauloise que la future Côte-d'Or, celle des Eduens. Cette ville eut une grande importance dès l'époque romaine; il y existait alors des entrepôts de grains et une manufacture de flèches et javelots «parce que les bois de son territoire étaient excellents pour cet usage». Construite à cette époque au pied du castrum romain, elle glissa peu à peu vers la Saône, surtout après les destructions qu'elle subit au V° siècle par les barbares, puis au VIII° siècle par les Sarrazins. Elle conserve encore de nombreux vestiges gothiques ou Renaissance, dont une célèbre maison de bois, et des demeures aristocratiques du XVIII° siècle. Ses grands ensembles modernes seront peut-être également cités dans quelques années.

Le Mâconnais est donc un très vieux pays, avec de magnifiques sites viticoles, de très nombreuses et remarquables églises romanes dans beaucoup de ses petits villages. Le vignoble, avant le phylloxéra, était plus important qu'il ne l'est aujourd'hui. Dans le nord de la région, par exemple, Tournus, cité très ancienne

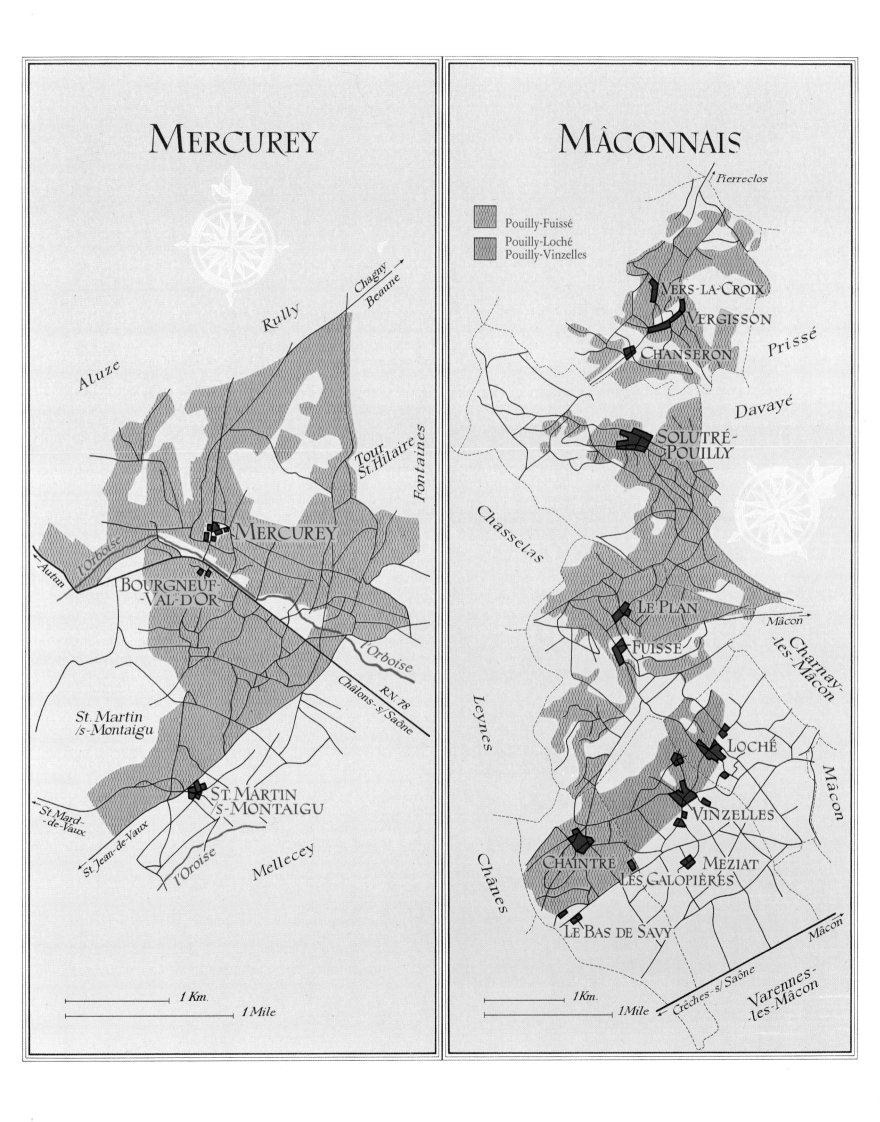

MERCUREY

Rully

Chagny
Beaune

Aluze

Tour
St.Hilaire

Fontaines

l'Orboise

Autun

MERCUREY

BOURGNEUF
-VAL-D'OR

l'Orboise

Châlons-s/Saône

R.N. 78

St. Martin
/s-Montaigu

St. Martin
/s-MONTAIGU

St Mard-
-de-Vaux

St. Jean-de-Vaux

l'Oroise

Mellecey

1 Km.

1 Mile

MÂCONNAIS

Pouilly-Fuissé
Pouilly-Loché
Pouilly-Vinzelles

Pierreclos

VERS-LA-CROIX

VERGISSON

Prissé

CHANSERON

Davayé

SOLUTRÉ-
POUILLY

Chasselas

LE PLAN

Mâcon

FUISSÉ

Charnay-
-les-Mâcon

Leynes

Mâcon

LOCHÉ

VINZELLES

CHAINTRÉ

MEZIAT

LES GALOPIÈRES

Chânes

LE BAS DE SAVY

Mâcon

Crêches-s/Saône

Varennes-
-les-Mâcon

1 Km.

1 Mile

avec sa célèbre église romane Saint-Philibert et ses vieilles maisons, était entourée de vignes mentionnées déjà par le poète Ausone et qui se développèrent à l'époque de Cluny. Il fut même écrit que «Tournus produisait à la fin du XIVᵉ siècle un vin de *pinot* à l'égal des plus fameux». Mais, de nos jours, il ne reste dans toute cette région que des vignes éparses produisant surtout des vins blancs. Il faut descendre dans le Mâconnais du sud pour trouver, au pied et au flanc des collines, un très important vignoble où, selon Lamartine, «la grappe distille à l'automne son breuvage embaumé», Lamartine qui s'estimait «vigneron plus que poète» et dont on peut suivre le souvenir le long du Circuit lamartinien par Milly-Lamartine, village de son enfance, le château de Monceau, l'une de ses résidences

Avec les vignes du Mâconnais, on entre dans la Bourgogne du sud. Le vignoble de Solutré (notre photographie) fait partie de l'aire de production du Pouilly-Fuissé, vin blanc vigoureux, au bouquet séduisant, sec sans cesser d'être caressant.

favorites, et celui de Pierreclos, où vécut Marguerite, à qui le poète donna le nom de Laurence dans Jocelyn. Ce vignoble produit diverses appellations que nous allons étudier.

Pouilly-Fuissé. Le vin blanc répondant à cette appellation est trop connu mondialement pour qu'il soit nécessaire de le présenter longuement. Il provient des communes de Pouilly, Fuissé, Solutré, Vergisson et Chaintré. Cette région est très facile à repérer en raison de deux éperons rocheux, en dents de scie, celui de Vergisson et celui de Solutré au pied duquel repose la station préhistorique ayant donné son nom à l'époque solutréenne du paléolithique, et où l'on a découvert un grand nombre de squelettes humains ainsi que les ossements de milliers de chevaux.

Du haut de ces roches, le panorama est magnifique avec toutes ces vignes les entourant et fuyant vers le soleil levant, en direction de Mâcon ou du Beaujolais. Le Pouilly-Fuissé charme l'œil avant d'enchanter le palais, de couleur d'or irradié d'émeraude, aussi vigoureux que les plus grands crus de Bourgogne, sa franchise de race se parfume en outre d'un bouquet particulièrement séduisant. On produit de ce vin, en moyenne (1975-1979), 30019 hectolitres.

Pouilly-Vinzelles et Pouilly-Loché. Ces deux appellations, réservées également à des vins blancs, sont différentes de la précédente. Le Pouilly-Loché peut être dénommé Pouilly-Vinzelles, mais le contraire est impossible. Le vignoble est proche de celui de Pouilly-Fuissé et la qualité des vins très voisine, mais on récolte peu sous ces deux appellations: 1808 hectolitres de Pouilly-Vinzelles et 1123 de Pouilly-Loché.

Mâcon. Le vignoble du Mâconnais est, nous l'avons vu, très important et nous ne pouvons entrer dans le détail des diverses appellations existantes. Pour les vins blancs, certains villages ont été sélectionnés et peuvent ajouter leur nom après Mâcon, ou bien leurs vins sont vendus sous l'appellation Mâcon-Villages.

Entre le Mâcon supérieur blanc et le Mâcon blanc il y a surtout une différence de rendement à l'hectare et de degré minimal. Pour les vins rouges et rosés qui proviennent principalement du *gamay*, certains villages peuvent ajouter leur nom à Mâcon, mais leurs vins ne peuvent jamais être vendus sous l'appellation Mâcon-Villages réservée aux blancs. Entre le Mâcon supérieur rouge et le Mâcon rouge, même remarque que pour les blancs. Ces vins du Mâconnais tiennent une place importante dans la gamme des vins de Bourgogne. Les vins blancs ayant droit à l'appellation Mâcon-Villages ou Mâcon supérieur sont vendus souvent sous l'appellation générale de Bourgogne blanc et, à ce titre, sont connus dans le monde entier. Quant aux vins rouges, s'ils ne prétendent pas aux qualités des vins de la Côte d'Or, ils remplissent avec honneur leur rôle d'être l'avant-garde des vins fins de Bourgogne. Vins assez corsés et très agréablement fruités, ce sont des «vins de primeur» devant être consommés jeunes, peu sujets à s'altérer, lors même qu'on les garde longtemps.

LE BEAUJOLAIS

Nous voici donc arrivés dans le sud de la Bourgogne, dans ce grand et beau vignoble du département du Rhône qui, rappelons-le, déborde également en Saône-et-Loire dans sa partie septentrionale.

La région doit son nom à l'ancien Château de Beaujeu, bâti vers le milieu du IXe siècle et dont l'importance devint très grande sous le règne de la première race de la Maison de Beaujeu jusqu'en 1265. L'un des seigneurs, Humbert III, fonda toutefois à partir de 1110 un nouveau village plus près de la Saône et des grandes voies de communication. Il ne se doutait pas que Villefranche, ainsi créée, prendrait petit à petit la place et l'influence de Beaujeu dans la gestion des affaires du Beaujolais dont elle devint la capitale en 1532.

Cette province, d'abord état tampon entre le Mâconnais et le Lyonnais, devait, après les sires de Beaujeu, être réunie à la couronne de France où elle resta jusqu'en 1560; elle échut alors aux Bourbon-Montpensier puis à la famille d'Orléans, en 1626. Les révolutions de 1789, 1830 et 1848 passèrent presque inaperçues dans le Beaujolais qui, au cours de son existence, avait connu des moments plus graves: invasions, pillages, famines et peste en particulier.

En 1790 cette province fut intégrée dans le découpage des nouveaux départements, Rhône-Loire d'abord, puis Rhône ensuite qui est resté le sien depuis novembre 1793, alors que Lyon, son chef-lieu, venait de se révolter contre la Convention.

Le vignoble actuel, long de 50 kilomètres sur une largeur moyenne de 12 à 15, couvre une superficie de plus de 15000 hectares pour les vins fins et monte jusqu'à environ 500 mètres d'altitude à l'assaut des Monts-du-Beaujolais qui barrent l'horizon à l'ouest. A l'est, la route nationale 6, suivant à quelques centaines de mètres la Saône, marque l'extrême limite du vignoble; il faut d'ailleurs quitter cette route pour mieux faire connaissance avec cette belle région.

Mais ce vignoble n'a pas toujours existé comme on peut l'admirer aujourd'hui; sa vie et sa croissance ont été complètement différentes de celles des autres parties de la Bourgogne.

S'il est indiscutable que certains noms sont d'origine romaine: Jullié, Juliénas, Romanèche, par exemple, le premier texte connu parlant de la vigne remonte à la fin du Xe siècle, c'est le Cartulaire de Saint-Vincent-lès-Mâcon. On trouve ensuite la trace d'un vignoble à Brulliez, Brouilly de nos jours, par une donation de 1160. Un autre texte ancien évoquant la présence des vignes conte qu'un chanoine de Lyon, Odon Rigaud, fit don à son église cathédrale, en 1282, d'une grosse cloche appelée la «Rigaud» et d'une vigne dont le produit devait être réservé à ceux qui sonneraient la cloche. C'est de là que viendrait l'expression, bien connue dans toute la Bourgogne, «boire à tire la Rigaud» ou «boire comme un sonneur».

Mais le pays était pauvre et surtout couvert de forêts qui résistèrent à la hache des hommes presque jusqu'à la Révolution.

Les vins du Beaujolais servaient surtout, dans les premiers temps, à alimenter Lyon; ne dit-on pas toujours actuellement que cette ville est arrosée par trois fleuves: le Rhône, la Saône et le Beaujolais! Ils furent très souvent en conflit avec ceux du Mâconnais qui payaient, pour entrer dans cette ville, des droits très élevés.

Par ailleurs, ne faisant pas partie du duché de Bourgogne, les vins du Beaujolais ne pouvaient pas y être vendus; encore en 1446 une ordonnance précise-t-elle qu'à Dijon «on pourra faire provision des vins de Tournus, Chalonnais et Beaunois et par-deçà la montagne jusqu'à Messigny et pas ceux du bas pays comme de Lyonnais, Viennois, Tournon et autres lieux».

Ce fut par un heureux hasard que les vins du Beaujolais se firent connaître, vers le XVIIe siècle, en dehors de leur pays. Des marchands de Lorraine goûtèrent à Mâcon des vins inconnus d'eux. On les conduisit sur les lieux de production. Ils achetèrent quelques caves, puis l'affaire arriva à la connaissance de deux autres négociants, de Paris cette fois, et les transactions s'amplifièrent rapidement entre la capitale et le Beaujolais.

Mais les moyens de transport étaient pratiquement inexistants pour conduire les vins vers le nord, et l'ouverture du canal de Briare, permettant de gagner plus facilement Paris par les Monts du Beaujolais et la Loire, eut une très grande importance, profitant également aux vins du Mâconnais.

A partir de l'Edit royal de 1776 — sous l'impulsion de Turgot — établissant la libre circulation et le libre commerce des vins par tout le royaume, les difficultés de transport des vins du Mâconnais et surtout du Beaujolais furent moins grandes et cette région prit véritablement son essor.

Au XIXe siècle le Beaujolais s'intégra encore davantage dans la Bourgogne et, par son développement continu, vint à prendre la première place des vignobles bourguignons.

Il est divisé traditionnellement en deux parties: le Bas-Beaujolais et le Haut-Beaujolais, ces deux qualifications ne voulant donner qu'une idée de leur situation géographique. L'ensemble se présente comme un vaste plan descendant de l'ouest vers l'est, formé par une succession de mamelons et de ravins, de collines et de vallons, offrant toutes les expositions. La région est parsemée de très nombreuses exploitations isolées, souvent composées de très belles maisons de maîtres ou de petits châteaux accompagnés de bâtiments agricoles et viticoles, qui font la suite des «villae» de l'époque romaine. Les petits villages sont également très dispersés; cette implantation des habitations, la variété de l'exposition des sols donnent au paysage un aspect très particulier et très agréable.

Le Bas-Beaujolais commence à une vingtaine de kilomètres de Lyon, un peu avant Saint-Jean-des-Vignes, au nom évocateur. Il remonte vers le nord à travers les cantons d'Anse, du Bois-d'Oingt et de Villefranche-sur-Saône; il se compose de très nombreux villages et forme un superbe paysage de vignes, de prés ou de bois, suivant l'altitude et l'exposition. Il produit surtout ce qu'on appelle des «vins de comptoir», ceux qui se vendent dans tous les cafés du Lyonnais pour mettre en route, ou en forme, les citadins déficients. Ils sont sans doute moins tendres, moins complets que leurs voisins récoltés plus au nord, mais ils n'ont pas la prétention d'atteindre les sommets.

Le Haut-Beaujolais se compose des cantons de Belle-ville-sur-Saône et de Beaujeu dans le Rhône, et déborde sur le sud de la Saône-et-Loire dans le canton de la Chapelle-de-Guinchay. On ne saurait trop conseiller au touriste, pas trop pressé, de consacrer quelques heures à une excursion à l'intérieur du pays. Deux itinéraires parfaitement indiqués le guideront: soit l'itinéraire rapide, jalonné par des panneaux rouges, de Villefranche-sur-Saône à Crèches-sur-Saône, qui effleure seulement la colline, mais traverse tous les «crus» du

La date des vendanges, en Beaujolais comme ailleurs en Bourgogne, dépend de l'état de maturité du raisin. Ce sont les stations œnologiques qui, après prélèvements et analyses, orientent utilement les vignerons. Toutefois, septembre est le mois des vendanges.

Beaujolais, soit l'itinéraire touristique jalonné en vert. Ce dernier est sérieusement recommandé, il est même souhaitable de le quitter à Beaujeu, si l'on vient du sud, pour monter de cette ville par la route, la départementale 136, très spectaculaire et donnant des points de vue remarquables sur toute la région, pour redescendre par le col du Fût-d'Avenas (table d'orientation). Par temps clair on découvre une grande partie du Beaujolais, la plaine de la Saône, jusqu'au Jura et aux Alpes. Nous pouvons garantir que nul ne regrettera ce détour qui permet de mieux saisir l'étendue de cette contrée aux paysages si variés.

Dans le Haut et le Bas-Beaujolais, on récolte les vins ayant droit aux appellations BEAUJOLAIS, BEAUJOLAIS SUPÉRIEURS, BEAUJOLAIS-VILLAGES, et les neuf «crus». Ce sont en quasi-totalité des vins rouges puisqu'on ne trouve guère que 2500 hectolitres de beaujolais blanc, soit 0,6 % de la récolte totale moyenne, produits d'ailleurs au voisinage de la zone des mâcons blancs.

Le BEAUJOLAIS est donc l'appellation contrôlée de base; elle est complétée par celle de BEAUJOLAUS SUPÉRIEUR, simple variante puisque seul le degré minimal les différencie.

La production (1980), pour ces deux appellations, fonction de la large superficie plantée, est très importante: 488 416 hectolitres.

Victor Rendu écrivait: «Les vins fins et demi-fins du Beaujolais ont de la délicatesse, de la légèreté et de la sève mais, sans être aussi riches en bouquet que les grands vins de la Haute-Bourgogne, ils ne manquent pas de parfums. En général, ils sont peu colorés ou, pour parler plus exactement, se dépouillent vite; ils acquièrent promptement leur point de maturité. La précocité est un de leurs caractères distinctifs.»

Disons que ce beaujolais est un bon garçon sans prétention, qui se boit, entre amis, à larges rasades, entre les trinquées joviales au café ou dans les caves et toujours loin des tables cérémonieuses. Il favorise les élans de l'amitié parce qu'il inspire à ceux qui l'apprécient ses propres qualités: l'amabilité, la tendresse et la générosité.

Les vins bénéficiant de l'appellation BEAUJOLAIS-VILLAGES proviennent de 28 communes viticoles du Rhône et de 8 de Saône-et-Loire: Juliénas, Jullié, Emeringes, Chénas, Fleurie, Chiroubles, Lancié, Villié-Morgon, Lantigné, Beaujeu, Régnié, Durette, Cercié, Quincié, Saint-Lager, Odenas, Charentay, Saint-Etienne-la-Varenne, Vaux, Le Perréon, Saint-Etienne-des-Oullières, Rivolet, Arbuissonnas, Salles, Saint-Julien, Montmelas, Blacé et Denicé, dans le Rhône; Leynes, Saint-Amour-Bellevue, La Chapelle-de-Guinchay, Romanèche, Pruzilly, Chânes, Saint-Vérand, Saint-Symphorien-d'Ancelles, en Saône-et-Loire. Les vins peuvent également se vendre sous leur propre nom, précédé souvent de BEAUJOLAIS.

Nous saluerons au passage dans cette énumération le nom de Vaux, non pas spécialement pour ses vins excellents, mais pour la réputation qui lui a été

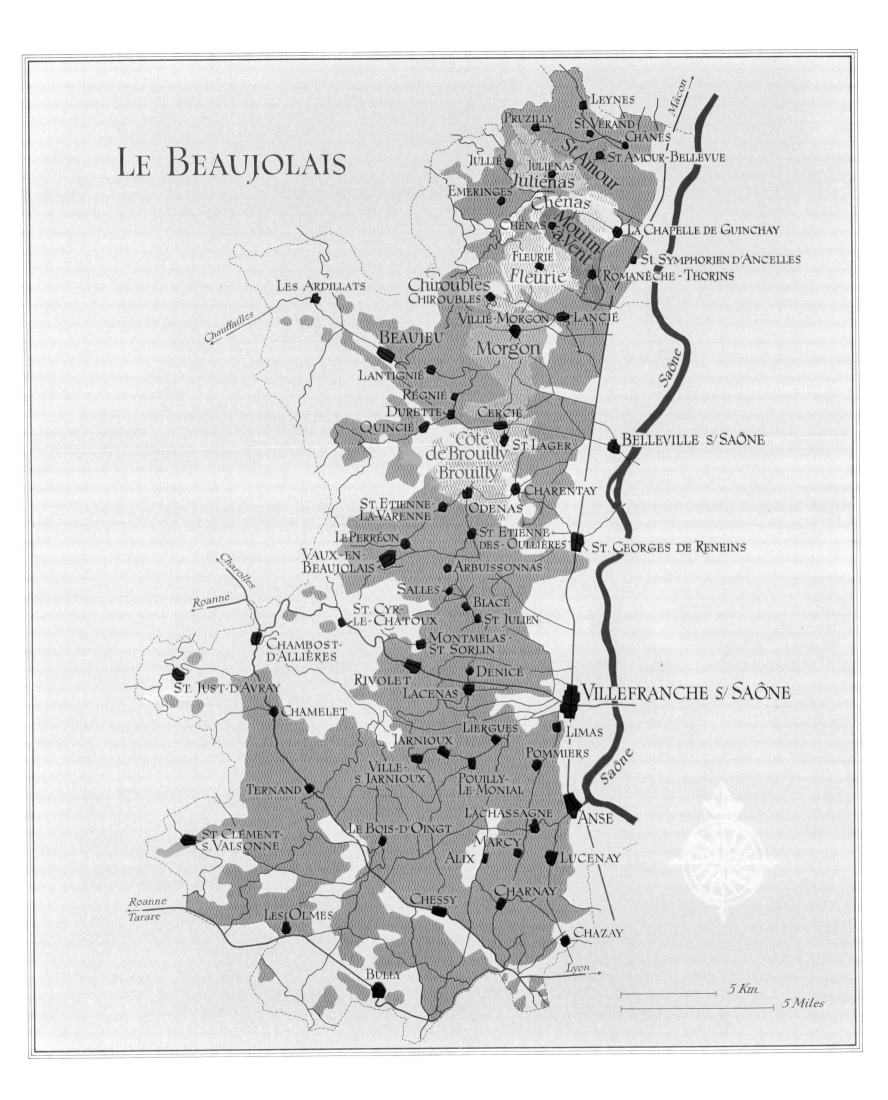

Le Beaujolais

LEYNES

PRUZILLY

St. Vérand

CHANES

St. Amour-Bellevue

JULLIÉ

St. Amour

JULIÉNAS

Juliénas

EMERINGES

Chénas

CHÉNAS

Moulin à Vent

La Chapelle de Guinchay

FLEURIE

St. Symphorien d'Ancelles

Fleurie

Romanèche - Thorins

LES ARDILLATS

Chiroubles

Chiroubles

VILLIÉ - MORGON

LANCIÉ

BEAUJEU

Morgon

Chauffailles

LANTIGNIÉ

Régnié

DURETTE

CERCIÉ

QUINCIÉ

Côte de Brouilly

St. Lager

BELLEVILLE S/ SAÔNE

Brouilly

CHARENTAY

St. Étienne - La-Varenne

ODENAS

Le Perréon

St. Étienne des - Oullières

St. Georges de Reneins

Vaux-en - Beaujolais

ARBUISSONNAS

Charolles

SALLES

BLACÉ

St. Cyr - le - Chatoux

St. Julien

Roanne

MONTMELAS - St. Sorlin

CHAMBOST - D'ALLIÈRES

RIVOLET

DENICÉ

St. Just-d'Avray

LACENAS

Villefranche s/ Saône

CHAMELET

LIERGUES

LIMAS

JARNIOUX

POMMIERS

VILLE - s- JARNIOUX

POUILLY - LE-MONIAL

TERNAND

LACHASSAGNE

ANSE

St. Clément - s. Valsonne

Le Bois-d'Oingt

MARCY

ALIX

LUCENAY

CHESSY

CHARNAY

Roanne
Tarare

LES OLMES

CHAZAY

Lyon

BULLY

Saône

Mâcon

5 Km.

5 Miles

apportée par le deuxième nom donné au village par Gabriel Chevalier: Clochemerle.

La production (1980) pour cette appellation est de 470 847 hectolitres, et Louis Orizet, chantre de cette région, pouvait dire: «BEAUJOLAIS-VILLAGES, on vous aime de n'être pas tout à fait «crus». Il vous faudrait, sans cela, vous attendre quelques mois de plus et ce serait dommage... Providence de la maîtresse de maison, le beaujolais s'assimile, c'est le cas de le dire, à toutes les sauces. Il possède le rare privilège, pour un vin rouge, de se boire frais...» Et le regretté Georges Rozet, grand historiographe de la Confrérie des Chevaliers du Tastevin, écrivait à leur propos dans un de ses livres, La Bourgogne, Tastevin en Mains: «Ils n'assomment pas leur homme et leur caractère essentiel est d'être «glissants». Glissants, que dis-je, tendres, fruités, friands, gouleyants et la suite. Car on n'en finirait pas avec la liste des adjectifs imaginés pour les définir. Je les verrais volontiers alignés sur trois colonnes, en forme de litanies, tels ces ruisseaux d'épithètes qui coulaient jadis sous la plume de l'auteur de Pantagruel.

Le BEAUJOLAIS-VILLAGES est un vin fort plaisant car, pour une bourse modeste, il peut sans déchoir accompagner tous les plats; il ne se laisse pas dominer par les plus relevés et conserve, malgré tout et tous, son caractère particulier qui, autre avantage, permet de ne pas boire dans un dé à coudre. «Je vais vous recharger», disaient autrefois les aubergistes aux clients dont les «pots» se vidaient rapidement. On peut le faire encore avec ce vin et respecter néanmoins ce que, en Bourgogne, nous estimons sage: boire bon, d'abord (ne jamais laisser souiller vos lèvres par un vin indigne de vous), et «à sa mesure» («démesure» n'est pas prouesse et n'est pas conseillée).

Comme il nous faut bien choisir un côté, commençons par le sud pour parcourir les neuf «crus» du Beaujolais trop difficiles à classer si l'on voulait tenir compte seulement de leur qualité.

BROUILLY et CÔTE-DE-BROUILLY. A peu près à la hauteur de Belleville-sur-Saône, et à huit kilomètres de cette ville en direction des collines, le Mont-Brouilly culmine à 432 mètres d'altitude. Il porte à son sommet une chapelle édifiée en 1857 qui domine toute la région et est un lieu de «remiage» (pèlerinage) pour les vignerons. Les vins portant l'appellation BROUILLY sont produits sur six communes groupées autour du mont; on récolte, en moyenne, 36 000 hectolitres pour 800 hectares environ. Le BROUILLY est le type même du BEAUJOLAIS à mi-chemin entre les vins légers et les grands crus et ne redoute pas de vieillir.

Le CÔTE-DE-BROUILLY est produit par les vignes accrochées au flanc de la colline et couvrant 200 hectares environ; on peut estimer la récolte (1980) à 15 363 hectolitres.

Les deux appellations ci-dessus sont entièrement différentes et ne doivent pas être confondues.

MORGON. A quelques kilomètres plus au nord, le petit hameau de Morgon, aux rues anciennes et tortueuses, a donné son nom au vignoble de 550 hectares situé sur le territoire de Villié-Morgon. C'est un vin de constitution très robuste, lui permettant une longue conservation et l'on en a récolté, en 1980, 54 953 hectolitres.

CHIROUBLES. Le village portant ce nom est beaucoup plus près des collines et haut perché; il fut le premier, après le phylloxéra, à planter la vigne greffée, grâce à l'ampélographe Pulliat.

La superficie délimitée pour l'appellation CHIROUBLES a produit en 1980 16 385 hectolitres d'un vin distingué, transition entre le MORGON et le FLEURIE.

Si l'on continue la route après Chiroubles on arrive, avant le col du Fût-d'Avenas, au belvédère que nous avons déjà signalé et d'où l'on jouit d'une très belle vue sur une grande partie du Beaujolais-Mâconnais.

FLEURIE. Quel beau nom pour, dit-on, «la reine du Beaujolais» au vin parfumé comme son appellation le demande, avec, peut-être, un peu plus de souplesse que les autres, une grande finesse et un bon bouquet.

Cette commune, au nom tout gonflé de printemps, est située à proximité de Romanèche-Thorins. Elle est dominée par son clocher élancé et nombreux sont les châteaux ou maisons de maîtres, souvent fort anciennes, que l'on trouve dans la campagne environnante.

La superficie délimitée pour l'appellation FLEURIE est l'une des plus importantes du Beaujolais produisant en moyenne 40 000 hectolitres.

MOULIN-À-VENT. Ce cru, sans doute le plus connu et le plus demandé du Beaujolais, est produit sur une partie du territoire de Chénas (Rhône) et sur Romanèche-Thorins (Saône-et-Loire); le vignoble compte 700 hectares environ. Il doit son nom à un ancien moulin à vent, unique de son espèce dans la région, et dont il reste encore la tour, laquelle fut classée monument historique en 1930. Un auteur ancien a pu écrire: «Nul n'a jamais contesté l'excellence de ce vignoble, c'est là le royaume de Bacchus dont Thorins et Moulin-à-Vent constituent le cœur. Le terrain y est tellement précieux pour la vigne qu'on n'y plante pas d'arbres à grand vent.» Autrefois, ce vin était surtout connu comme THORINS et c'est pourquoi Romanèche, à l'origine bien romaine, a ajouté le nom de ce cru au sien propre. La production 1980 a été de 34 083 hectolitres d'un vin de belle couleur, corsé, ferme et qui s'apparente, après quelques années, à certains vins de Côte-d'Or.

CHÉNAS. Là encore le vignoble est à cheval sur deux communes, celles de Chénas (Rhône) et de La Chapelle-de-Guinchay (Saône-et-Loire), mais il domine celui de Moulin-à-Vent, avec sa butte qui aurait été formée, dit la légende, par le géant Gargantua en vidant sa hotte.

On dit également que le vignoble de Chénas tirerait son origine des bois de chêne qui couvraient autrefois la plus grande partie de la région.

La superficie délimitée pour cette appellation a produit en 1980 12 630 hectolitres d'un vin généreux et bouqueté.

JULIÉNAS. Le vin ayant droit à cette appellation contrôlée est produit sur un territoire délimité sur les

Le vignoble de Fleurie, au nom tout gonflé de printemps, donne un premier cru de Beaujolais avec un bon bouquet, une grande finesse et peut-être un peu plus de souplesse que les autres. On a coutume de dire que ce vin est «la reine du Beaujolais». Le cépage planté est un *gamay*, raisin noir à jus blanc; le vin se boit frais, à la température de la cave; il est désaltérant: c'est un vin de carafe par excellence.

communes de Juliénas — au nom rappelant, dit-on, Jules César — de Jullié, d'Emeringes, et de Pruzilly. On pense que le long de la voie romaine mûrirent les premiers raisins du Beaujolais provenant de vignes plantées dans cette terre ressemblant à celle dont parle Claudel, «sèche et grumeleuse comme du lait caillé et pleine de petits cailloux qui gardent la chaleur comme des briques afin que la grappe, lourde et dormante, cuise des deux côtés». On a produit, en 1980, 30 252 hectolitres d'un vin complet, tout fruit, tout ardeur, mais qui sait vieillir.

SAINT-AMOUR. Nous terminerons notre voyage dans les neuf crus du Beaujolais par cette appellation récol-tée sur le territoire de la commune de Saône-et-Loire portant ce nom, nom qu'il aurait fallu inventer s'il n'existait pas, «saint amour de la vigne, saint amour du vin qui coule pour le saint amour des hommes». Ce vignoble est situé entre Juliénas et Pouilly-Vinzelles, à 12 kilomètres au sud de Mâcon. Son vin fait partie, maintenant, du vignoble du Beaujolais, alors qu'il fut pendant longtemps l'un des fleurons du Mâconnais; il appartint d'ailleurs autrefois au Chapitre de Saint-

Vincent-de-Mâcon. La production, en 1980, fut de 14 057 hectolitres d'un vin frais, agréable et franc.

De ces crus, Emile Vuillermoz disait qu'ils formaient «tous les degrés d'une gamme chromatique, depuis les notes veloutées du ravissant FLEURIE, les sons plus mystérieurx du BROUILLY, les vibrations du JULIÉNAS, les arpèges du MOULIN-À-VENT, le choc franc du MORGON et les harmoniques du CHÉNAS, jusqu'aux sonorités claires du SAINT-AMOUR et du CHIROUBLES.

Voilà donc terminée notre promenade dans ce vaste vignoble produisant le beaujolais, ce vin que l'on buvait autrefois, dans tous les cabarets, dans des «pots», récipients en grès, décorés de bleu, et achevant éga-lement notre pèlerinage aux différents crus de Bour-gogne: CHABLIS, CÔTE DE NUITS, CÔTE DE BEAUNE, et ceux des régions de Mercurey et du Mâconnais. Pour beau-coup d'entre eux, ce propos d'Henri Béraud s'applique-rait parfaitement: «Ce vin n'est pas un nouveau riche. Il demeure ou demeurera ce qu'il fut toujours; son flot clair nous apporte un peu de l'âme des vignerons qui l'ont fait naître sur leurs coteaux, une âme pleine de force, de sagesse et de jovialité.»

Le vigneron a déchargé le contenu de son *bénaton*: le raisin s'accumule dans les *ballonges* solidement arrimées aux chars qui les emmèneront vers la cuve.

Le grand moment de la vendange est arrivé. Armés du sécateur, le *layot* (vendangeur en patois bourguignon) et la *layotte* entassent les grappes dans le panier à vendange.

C'est dans l'antique cellier du château de Clos-Vougeot que se tiennent régulièrement les chapitres de la Confrérie des Chevaliers du Tastevin. Leur «éducation vineuse» achevée, les nouveaux membres sont intronisés selon un rituel dans lequel l'humour s'allie toujours au pittoresque.

LA VIE EN BOURGOGNE

On a écrit des Bourguignons qu'ils étaient «fort réfléchis au fond, voire calculateurs, modérés comme leur pays même, dans tous ses traits, réalisateurs actifs et énergiques, et pourtant très imbus de logique ordinatrice et de raison pratique, grands amoureux de la vie telle qu'elle est et dégustateurs de ses bienfaits matériels, observateurs géniaux, railleurs redoutables, souvent ingénieux et spirituels».

Il est malgré tout possible de compléter ce portait — assez réaliste — par une ou deux petites touches relatives à la table et au vin. Ici tout le monde approuve Clément Vautel: «Il n'y a pas de bonheur durable, il n'y a pas d'harmonie possible dans un intérieur où, d'ordinaire, le déjeuner est une faillite et le dîner une banqueroute.»

Et comment ne pas aimer la bonne chère lorsqu'on peut l'accompagner de «ce jus divin que les amateurs dégustent pur le matin et sans eau le soir» et qui, en dehors de toutes ses autres qualités «plaît aux femmes lorsque leurs maris l'ont bu».

Mais arrêtons là ce portrait pour rappeler que la Bourgogne a été qualifiée — entre autres — de «terre hospitalière»; et pourquoi ne pas le croire lorsqu'on voit le plaisir manifesté par ceux qui y reviennent. Beaune, capitale du bourgogne, ne reçoit-elle pas trois cent mille visiteurs par an?

La vie laborieuse en Bourgogne se déroule tranquillement et sans manifestations spectaculaires. Le travail du vigneron exige une grande patience tout au long d'une année; celui du caviste se passe sous terre et ne s'extériorise pas davantage.

Mais cette vie calme s'anime de temps en temps et alors, tout au contraire, ce ne sont que rires, chants et danses comme pendant la période des vendanges ou à l'occasion des Fêtes de la Vigne et du Vin, organisées en septembre à Dijon par le Comité Bourgogne.

D'autres manifestations marquent également très fortement la vie en Bourgogne; nous avons déjà cité, parmi elles, la Vente des Vins des Hospices de Beaune, la plus ancienne de celles connues sous le nom de «Les Trois Glorieuses».

Axée sur cette célèbre vente qui a lieu, rappelons-le, le troisième dimanche de novembre, la première des «Trois Glorieuses» groupe, le samedi à Beaune, diverses manifestations dont l'Exposition générale des vins de Bourgogne, et le soir, au château du Clos de Vougeot, le «chapitre exceptionnel» de la Confrérie des Chevaliers du Tastevin. Le dimanche, c'est donc la suite des expositions du samedi et la vente des vins du domaine des Hospices de Beaune; cette journée se termine par un grand dîner «aux chandelles» dans l'un des bastions de la ville appartenant aux Hospices. Le lundi, dernière journée, a lieu la «Paulée» de Meursault dont nous avons parlé en passant dans cette ville. C'est le déjeuner traditionnel de fin de vendanges mais, dans le cas particulier, étendu à tous les amis des vignerons.

Dans chacune des régions de la Bourgogne que nous venons de parcourir brièvement dans ce livre sont organisées des manifestations vineuses aussi attrayantes à suivre que plaisantes à fréquenter.

Dans le nord, Chablis abrite la Confrérie des Piliers Chablisiens, laquelle tient ses chapitres dans une cave de Vaucorbeil, plusieurs fois dans l'année, notamment pour la Saint-Vincent, à l'occasion de l'exposition-dégustation des vins de l'Yonne, et pour une manifestation traditionnelle: le repas de cochon.

Une chorale accompagne de ses danses et de ses chants ces repas aux chandelles, ce qui leur donne beaucoup d'attrait.

Arrivés à Dijon, nous retrouvons le Comité Bourgogne qui, en plus des Fêtes de la Vigne et du Vin, tient ses «Ordènes» dans le magnifique Cellier de Clairvaux du XIIᵉ siècle. Les ordènes, agrémentés par divers groupes folkloriques, rappellent les adoubements des chevaliers du Moyen Age; on y décerne de nouvelles distinctions dans l'Ordre des Grands Ducs d'Occident, rappelant le souvenir des quatre grands ducs de Bourgogne.

Poursuivant notre route vers le sud, nous ferons halte au Clos de Vougeot pour saluer cette «institution» admirée et copiée par tout le monde: la Confrérie des Chevaliers du Tastevin qui fut la première à réaliser ce contact fructueux entre les amateurs et le vin d'une province.

«Convier quelqu'un, c'est se charger de son bonheur pendant tout le temps qu'il est sous votre toit», disait Brillat-Savarin, et c'est bien la règle de la Confrérie au cours de ses «chapitres» dont elle a dû décupler le nombre tant leur succès est grand. «Disnées» de haute tenue, pendant lesquelles les animateurs font preuve de cet esprit, de cet humour, de cette gaîté qui sont le propre des gens de bonne compagnie. Ils sont aidés — et combien! — par les Cadets de Bourgogne, nés de la Confrérie et qui ont atteint, au long des années, cette forme folklorique indispensable mais également cet art beaucoup plus complexe de la musique et de la diction.

Nous ne parlerons que pour mémoire de la Saint-Vincent Tournante, créée par la Confrérie, qui associe dans une cérémonie à la fois religieuse et profane l'ensemble des communes viticoles de la Côte, pour célébrer la Fête du patron des vignerons, et du Tastevinage qui sélectionne de bons vins pour l'amateur et dont le fonctionnement est maintenant bien connu. Tout viticulteur ou négociant désirant recevoir cette consécration doit posséder un certain nombre de bouteilles du même vin; il envoie alors des échantillons dont l'un est dégusté et les autres conservés pour contrôles ultérieurs. Dans le cellier du Château du Clos de

Vougeot sont assemblés des professionnels, mais également des fonctionnaires spécialisés, des journalistes et, bien sûr, les représentants des consommateurs. Les dégustateurs se montrent toujours assez sévères puisque, chaque année, 30 à 35 % des vins sont refoulés, non parce qu'ils ne sont pas bons, mais parce qu'ils ne le sont pas suffisamment pour la distinction recherchée. Ces deux manifestations ont connu immédiatement la plus large audience et le succès le plus franc.

Une vingtaine de kilomètres plus au sud, dans le petit village de Savigny-lès-Beaune, la Cousinerie de Bourgogne officie sous le signe de la légendaire hospitalité de notre province. «Bouteille sur table et cœur sur la main» est son programme et «toujours gentilhommes sont cousins» sa devise.

En Saône-et-Loire, à Mâcon, nous trouvons le siège de la Confrérie des Vignerons de Saint-Vincent qui tient des «chapitres» au cours desquels sont reçus, comme chevaliers ou officiers, les personnalités et les amateurs dont l'activité vineuse est irréprochable. Ces chapitres sont agrémentés par un chœur chantant tous les airs traditionnels de la région.

Nous achèverons notre tour des grandes sociétés vineuses de la Bourgogne en citant la Confrérie des Compagnons du Beaujolais créée en 1947 et qui officie maintenant dans son propre «cuvage», à Lacenas, après avoir été reçue dans les caves les plus importantes du Beaujolais.

Les compagnons s'engagent dans un serment sur le vin, non seulement à favoriser de toutes manières les vins du Beaujolais mais également à aimer et soutenir tous leurs confrères. Celui qui manquerait à son serment serait «pour toujours indigne de trinquer avec un honnête homme».

Voilà donc terminé ce chapitre consacré à la Bourgogne. Souhaitons qu'il incite le gourmet à faire plus ample connaissance avec notre province et, pour finir, rapportons le témoignage que Jean de La Varende rend aux Bourguignons: «La somptuosité du Bourgogne ne s'est jamais démentie. Vos grands crus appartiennent en même temps à la légende et à l'histoire, ils ont la splendeur de la première et la vérité de la seconde.»

Il existe en Bourgogne 35 grands crus et premiers grands crus, soit 7 blancs dans le Chablis, 21 rouges dans la Côte de Nuits, 1 rouge et 6 blancs dans la Côte de Beaune. Voici quelques bouteilles parmi les appellations les plus prestigieuses: MUSIGNY (Chambolle-Musigny), CORTON (Aloxe-Corton), ROMANÉE-CONTI (Vosne-Romanée), CLOS VOUGEOT (Vougeot) et CLOS DE TART (Morey-Saint-Denis).

VINS DE BOURGOGNE

CHABLIS • VINS BLANCS

Appellations génériques: Chablis, Petit Chablis.

Premiers crus

Chablis-Mont de Milieu, Chablis-Montée de Tonnerre, Chablis-Fourchaume, sur la rive droite du Serein.
Chablis-Forêts, Chablis-Vaillons, Chablis-Mélinots, Chablis-Côte de Léchet, Chablis-Beauroy, sur la rive gauche du Serein.
Chablis-Vaucoupin, Chablis-Vaugros, Chablis-Vaugirard, sur la commune de Chichée.

Grands crus

Chablis-Vaudésir, Chablis-Preuses, Chablis-Les Clos, Chablis-Grenouilles, Chablis-Bougros, Chablis-Valmur, Chablis-Blanchots.

CÔTE DE NUITS • VINS ROUGES

Appellations génériques:

a) Bourgogne ordinaire, Bourgogne grand ordinaire • *b)* Bourgogne Passe-tout-grains • *c)* Bourgogne, Bourgogne Marsannay, Bourgogne Hautes Côtes de Nuits • *d)* Vins fins de la Côte de Nuits ou Côte de Nuits-Villages (Communes de Fixin, Brochon, Prissey, Comblanchien, Corgoloin).

Appellations de commune	Appellations de commune premiers crus	Grands crus	Premiers grands crus
Fixin .... (vin rouge uniquement)	La Perrière, Les Hervelets, Les Maix-Bas, Hauts-Cheusots, Le Clos du Chapitre, Les Arvelets.		
Gevrey-Chambertin ... (vin rouge uniquement)	Les Véroilles, Les Varoilles ou Clos-des-Varoilles, Village Saint-Jacques dit « Le Clos Saint-Jacques », Aux Combottes, Bel-Air, Cazetiers, Combes-aux-Moines, Estournelles, Lavaut, Poissenot, Champeaux, Les Goulots, Issarts, Les Corbeaux, Les Gémeaux, Cherbaudes, La Perrière, Clos-Prieur (partie haute seulement), le Fonteny, Champonnets, Au Closeau, Craipillot, Champitonnois dite « Petite Chapelle », Ergots, Clos-du-Chapitre.	Charmes-Chambertin Chapelle-Chambertin Griotte-Chambertin Latricières-Chambertin Mazis-Chambertin Ruchottes-Chambertin	Chambertin Chambertin-Clos-de-Bèze
Morey-Saint-Denis ... (vin rouge uniquement)	Les Larrets ou « Clos-des-Lambrays », Les Ruchots, Les Sorbés, Le Clos-Sorbés, Les Millandes, Le Clos-des-Ormes, Meix-Rentiers, Monts-Luisants, Les Bouchots, Clos Bussières, Aux Charmes, Les Charrières, Côte Rôtie, Calouères, Maison Brûlée, Chabiots, Les Mauchamps, Les Froichots, Les Fremières, Les Genévrières, Les Chaffots, Les Chenevery, La Riotte, Le Clos-Baulet, Les Gruenchers, Les Faconnières.	Clos-de-Tart Clos-St.-Denis Clos-de-la-Roche	Bonnes-Mares
Chambolle-Musigny ... (vin rouge; 2 % de vin blanc)	Les Bonnes-Mares, Les Amoureuses, Les Charmes, Les Cras, Les Borniques, Les Baudes, Les Plantes, Les Hauts Doix, Les Chatelots, Les Gruenchers, Les Groseilles, Les Fuées, Les Lavrottes, Derrière-la-Grange, Les Noirots, Les Sentiers, Les Fousselottes, Aux Beaux-Bruns, Les Combottes, Aux Combottes.		Musigny
Vougeot .... (vin rouge uniquement)	Le Clos Blanc, Les Petits-Vougeot, Les Cras, Clos de la Perrière.		Clos-de-Vougeot
Vosne-Romanée..... (vin rouge uniquement)	Aux Malconsorts, Les Beaux-Monts, Les Suchots, La Grand'Rue, Les Gaudichots, Aux Brûlées, Les Chaumes, Les Reignots, Le Clos des Réas, Les Petits-Monts.	Romanée Romanée-St-Vivant Grands-Echezeaux Echezeaux	Romanée-Conti Richebourg La Tâche
Nuits-Saint-Georges ... (vin rouge uniquement; 0,1 % de vin blanc)	Les Saint-Georges, Les Vaucrains, Les Cailles, Les Porets, Les Pruliers, Les Hauts-Pruliers, Aux Murgers, La Richemonne, Les Chabœufs, La Perrière, La Roncière, Les Procès, Rue-de-Chaux, Aux Boudots, Aux Cras, Aux Chaignots, Aux Thorey, Aux Vignes-Rondes, Aux Bousselots, Les Poulettes, Aux Crots, Les Vallerots, Aux Champs-Perdrix, Perrière-Noblet, Aux Damodes, Les Argillats, En la Chaîne-Carteau Aux Argilats.		

CÔTE DE BEAUNE • VINS ROUGES

Appellations génériques:

a) Bourgogne ordinaire, Bourgogne grand ordinaire • *b)* Bourgogne Passe-tout-grains • *c)* Bourgogne • *d)* Côte de Beaune • *e)* Côte de Beaune-Villages·

Appellations de commune	*Appellations de commune premiers crus*	*Grands crus*
Aloxe-Corton	Les Valozières, Les Chaillots, Les Meix, Les Fournières, Les Maréchaudes, En Pauland, Les Vercots, Les Guérets, La Maréchaude, La Toppe-au-Vent, La Coutière, Les Grandes-Lolières, Les Petites-Lolières, Basses-Mourettes.	Corton
Pernand-Vergelesses . . .	Ile-des-Vergelesses, Les Basses-Vergelesses, Creux-de-la-Net, Les Fichots, En Caradeux.	Corton
Savigny-lès-Beaune . . .	Aux Vergelesses, Aux Vergelesses dit Bataillière, Les Marconnets, La Dominode, Les Jarrons, Basses-Vergelesses, Les Lavières, Aux Gravains, Les Peuillets, Aux Guettes, Les Talmettes, Les Charnières, Aux Fourneaux, Aux Clous, Aux Serpentières, Les Narbantons, Les Hauts-Marconnets, Les Hauts-Jarrons, Redrescuts, Aux Guettes, Les Rouvrettes, Aux Grands-Liards, Aux Petits-Liards, Petits-Godeaux.	
Chorey-lès-Beaune . . .	Chorey-lès-Beaune.	
Beaune	Les Marconnets, Les Fèves, Les Bressandes, Les Grèves, Les Teurons, Le Clos-des-Mouches, Champs-Pimont, Clos-du-Roi, Aux Coucherias, En l'Orme, En Genêt, Les Perrières, A l'Ecu, Les Cent-Vignes, Les Toussaints, Sur-les-Grèves, Aux Cras, Le Clos-de-la-Mousse, Les Chouacheux, Les Boucherottes, Les Vignes-Franches, Les Aigrots, Pertuisots, Tielandry ou Clos-Landry, Les Sisies, Les Avaux, Les Reversées, Le Bas-des-Teurons, Les Seurey, La Mignotte, Montée-Rouge, Les Montrevenots, Les Blanches-Fleurs, Les Epenottes.	
Pommard	Les Rugiens-Bas, Les Rugiens-Hauts, Les Epenots, Les Petits-Epenots, Clos-de-la-Commaraine, Clos-Blanc, Les Arvelets, Es-Charmots, Les Argillières, Les Pézerolles, Les Boucherottes, Les Sausilles, Les Croix-Noires, Les Chaponnières, Les Fremiers, Les Bertins, Les Garollières ou Jarollières, Les Poutures, Le Clos-Micot, La Refene, Clos-du-Verger, Derrière-Saint-Jean, La Platière, Les Chanlins-Bas, Les Combes-Dessus, La Chanière.	
Volnay	En Caillerets, Caillerets-Dessus, En Champans, En Chevret, Fremiets, Bousse-d'Or, La Barre ou Clos-de-la-Barre, Le Clos-des-Chênes, Les Angles, Pointe-d'Angles, Les Mitans, En l'Ormeau, Taille-Pieds, En Verseuil, Carelle-sous-la-Chapelle, Ronceret, Carelle-Dessous, Robardelle, Les Lurets, Les Aussy, Les Brouillards, Le Clos-des-Ducs, Les Pitures-Dessus, Chanlin, Les Santenots, Les Petures, Village-de-Volnay.	
Monthélie	Sur Lavelle, Les Vignes-Rondes, le Meix-Bataille, Les Riottes, La Taupine, Le Clos-Gauthey, Le Château-Gaillard, Les Champs-Fulliot, Le Cas-Rougeot, Duresse.	
Auxey-Duresses	Les Duresses, Les Bas-des-Duresses, Reugne, Reugne dit La Chapelle, Les Grands-Champs, Climat-du-Val dit Clos-du-Val, Les Ecusseaux, Les Bretterins dit La Chapelle, Les Bretterins.	
Santenay	Les Gravières, Clos-de-Tavannes, La Comme, Beauregard, Le Passe-Temps, Beaurepaire, La Maladière.	
Chailly, Dezize, Sampigny-lès-Maranges	Le Clos-des-Rois, La Boutière, Les Maranges, Les Plantes-de-Maranges.	
Chassagne-Montrachet .	Clos-Saint-Jean, Morgeot, Morgeot dit Abbaye-de-Morgeot, La Boudriotte, La Maltroie, Les Chenevottes, Les Champs-Gain, Grandes-Ruchottes, La Romanée, Les Brussolles, Les Vergers, Les Macherelles, En Cailleret.	
Autres appellations . . . *de commune*	Saint-Romain, Meursault-Blagny ou Blagny, Puligny-Montrachet, Ladoix, Saint-Aubin.	

CÔTE DE BEAUNE • VINS BLANCS

Appellations génériques:

a) Bourgogne ordinaire, Bourgogne grand ordinaire • *b)* Bourgogne aligoté • *c)* Bourgogne • *d)* Côte de Beaune.

Appellations de commune	*Appellations de commune premiers crus*	*Grands crus*	*Premiers grands crus*
Aloxe-Corton		Corton-Charlemagne	
Pernand-Vergelesses		Corton-Charlemagne	
Chorey-lès-Beaune . . .	Chorey-lès-Beaune.		
Saint-Romain			
Meursault	Aux Perrières, Les Perrières-Dessus, Les Perrières-Dessous, Les Charmes-Dessus, Les Charmes-Dessous, Les Genevrières-Dessus, Les Genevrières-Dessous, Le Poruzot-Dessus, Le Poruzot-Dessous, Le Poruzot, Les Bouchères, Les Santenots-Blancs, Les Santenots-du-Milieu, Les Caillerets, Les Petures, Les Cras, La Goutte-d'Or, La Jennelotte, La Pièce-sous-le-Bois, Sous-le-Dos-d'Ane.		
Puligny-Montrachet . . .	Le Cailleret, Les Combettes, Les Pucelles, Les Folatières, Clavoillons, Le Champ-Canet, Les Chalumeaux, Les Referts, Sous-le-Puits, La Garenne, Hameau-de-Blagny.	Chevalier-Montrachet, Bâtard-Montrachet, Bienvenues-Bâtard-Montrachet, Criots-Bâtard-Montrachet.	Montrachet
Chassagne-Montrachet . .	Morgeot, Morgeot dit Abbaye-de-Morgeot, La Boudriotte, La Maltroie, Clos-Saint-Jean, Les Chenevottes, Les Champs-Gain, Grandes-Ruchottes, La Romanée, Les Brussoles, Les Vergers, Les Macherelles, Chassagne ou Cailleret.	Bâtard-Montrachet Criots-Bâtard-Montrachet	Montrachet
Autres appellations . . . *de commune*	Ladoix, Meursault-Blagny ou Blagny, Saint-Aubin, Cheilly, Dezize, Sampigny-lès-Maranges.		

MERCUREY

Appellation générique: Bourgogne.

Appellations de commune	*Premiers crus*
Mercurey (rouge 95 %) . .	Clos-du-Roy, Clos-Voyens ou Les Voyens, Clos-Marcilly, Clos-des-Fourneaux, Clos-des-Montaigus.
Givry (rouge)	
Rully (blanc 80 %) . . .	Margotey, Grésigny, Vauvry, Mont-Palais, Meix-Caillet, Les Pierres, La Bressande, Champ-Clou, La Renarde, Pillot, Cloux, Raclot, Raboursay, Ecloseaux, Marissou, La Fosse, Chapitre, Préau, Moulesne.
Montagny (blanc)	

MÂCONNAIS

Appellations génériques:

Bourgogne • Mâcon supérieur (vins rouges 37% et blancs) • Mâcon-villages (vins blancs) • Mâcon (vins rouges 76%) • Pinot-Chardonnay-Mâcon (vins blanc).

Appellations de commune .   Pouilly-Fuissé (blancs), Pouilly-Vinzelles (blancs), Pouilly-Loché (blancs).

BEAUJOLAIS

Appellations génériques:

a) Bourgogne ordinaire, Bourgogne grand ordinaire • b) Bourgogne Passe-tout-grains • c) Bourgogne aligoté • d) Bourgogne • e) Beaujolais • f) Beaujolais supérieur • g) Beaujolais-Villages.

Premiers crus . . . . .   Brouilly, Chenas, Chiroubles, Côte de Brouilly, Fleurie, Juliénas, Morgon, Moulin-à-vent, Saint-Amour.

Les Bourguignons ont une solide réputation de bons vivants. Et ces deux sympathiques vignerons se réjouissent de retrouver dans leur vin tous les bienfaits de la nature et toute l'expérience de leurs prédécesseurs. Et puis, boire un petit coup, c'est agréable!...

LES VINS DU RHÔNE

PHILIPPE CHERIX et JEAN BERTIN-ROULLEAU

Certains fleuves ont séparé; d'autres, plus rarement, ont uni et peu l'ont fait aussi longtemps et aussi fortement que le Rhône. Depuis toujours, la nature semble avoir désigné à l'attention de l'homme ce vaste sillon si propice aux relations pacifiques: la vigne s'y infiltre, d'emblée à son aise, à la suite des marchands grecs et des légionnaires romains. Pendant près de six cents ans, elle s'attarde dans les plaines du bas Rhône, paressant dans ce qui est alors la Gaule narbonnaise, ne parvenant à Lyon qu'au Ier siècle de notre ère. De là, une partie de la vigne s'échappe par la Saône à la conquête de la Bourgogne: c'est encore un des titres de gloire du Rhône que d'avoir permis cette colonisation viticole enchanteresse. La Savoie et le Pays romand voient à leur tour couler le vin rhodanien. Les pampres de Dionysos sont allés aussi loin qu'ils pouvaient; l'alpe seule les arrête: nous sommes à la source.

Etonnante destinée que celle de ce mince filet d'eau claire suspendu à l'intarissable nourricier qu'est pour lui le glacier de la Furka! Bousculé de toutes parts, il amorce une descente vertigineuse, labourant la montagne rebelle. Cinq cents mètres plus bas, en pays encore alémanique, à Visperterminen sur Viège (1300 mètres), l'attend déjà la vigne: elle ne le quittera plus désormais. Nous sommes encore dans le domaine de la roche: le cep parvient à peine à s'y faire une place sous un soleil parfois violent. Le viticulteur valaisan, parcheminé par le fœhn qui le brûle et la bise qui le glace, est un homme rude et tenace. Sa tâche est une véritable gageure, mais le résultat est admirable: toute une gamme de vins, pour la plupart blancs et secs, dont certains sont de purs chefs-d'œuvre. Les plants s'étagent en quadrilatères asymétriques, donnant ainsi au paysage une configuration curieusement bigarrée. Ils sont presque tous installés sur la rive droite, exposés vers le sud, ou dans les vallées latérales.

Le fleuve continue de descendre dans la plaine, de plus en plus troublé et déjà gros de toutes les rivières qui l'ont alimenté au nord comme au sud.

A Martigny, brusquement, le Rhône se ravise, forme un ahurissant angle droit, et, devenu traître un instant à sa vocation méridionale, semble vouloir retourner en terre germanique. La plaine est ouverte: il s'y précipite librement. Chargé de limon et de boue, il creuse son lit à la frontière entre le pays de Vaud et le Valais. La vigne se dissémine un peu à sa gauche, mais, sur son autre rive, elle s'étage généreusement.

Le Rhône n'est encore qu'un grand torrent gris plein de fougue lorsqu'il trouve le Léman sur sa route. Le lac apaisant va le discipliner, le réchauffer et le laver en une suite d'opérations clandestines que l'œil ne soupçonne pas. Le Rhône semble avoir disparu: il n'est que caché, mystérieusement réparti dans l'onde. Sans cesse cependant, le vignoble l'a suivi, mais il demeure assez heurté jusqu'à Lausanne (c'est le Lavaux), avant d'entrer dans le merveilleux pays de La Côte où tout paraît si facile. Les plants alignés en paliers aisément accessibles donnent des signes évidents d'opulence.

En face, c'est déjà la France. Sur les flancs des monts de Savoie (Chablais et Faucigny), les cultures sont plus éparses et soumises à un climat assez rude en hiver. C'est dans ce paysage tourmenté, dominé par l'avant-garde des Alpes, que naît un vin blanc vigoureux: le CRÉPY.

A l'ouest, les vignobles se resserrent de plus en plus entre le Léman et le Jura: Genève n'est pas loin. Le Rhône, libéré de toute tutelle, peut reprendre sa course ralentie, flirtant avec les vignes du Mandement et du Genevois haut-savoyard.

De Seyssel à Vienne, pendant près de 180 kilomètres, le vin se fait plus rare. Le Rhône, fort des eaux de la Saône, roule vers le Dauphiné et prend de l'ampleur. La vigne n'est pas opiniâtre, au point de s'installer dans des terres qui ne lui sont pas propices. Cet effacement momentané du vignoble rhodanien prépare cependant un réveil exceptionnel. A quelques kilomètres déjà de Vienne, à Ampuis, où la vigne est cultivée en archets (les souches étant liées trois par trois), croissent les premiers plants de CÔTE-RÔTIE: c'est le seuil d'un vignoble qui s'étend sur presque deux cents kilomètres. Les CÔTES-DU-RHÔNE répartis en une centaine de communes, forment deux agglomérats nettement distinguables: l'un près de Tournon, l'autre près d'Orange; le premier se concentre autour de l'HERMITAGE, le second autour de l'illustre CHÂTEAUNEUF aimé des papes.

Dans toute cette région fort pittoresque, le sol est tourmenté. Marnes, mollasses, dépôts alluvionnaires forment des coteaux caillouteux et de hautes terrasses

Dans le Vispertal, la vigne grimpe jusqu'à 1200 mètres d'altitude et donne un vin très particulier, dénommé «Vin des payens» ou «Heidenwein», issu de *savagnin blanc*.

sèches où domine le raisin rouge. Le Rhône, enrichi de l'Isère et de la Drôme, a des crues parfois redoutables; mais le soleil ardent aura tôt fait de réconforter le vigneron provençal.

Nous voici maintenant au Pays de Vaucluse, dans ce qui fut autrefois le Comtat Venaissin; c'est déjà la Provence ardente, la «province» par excellence, où alternent pluies brutales et sécheresse, mistral et tramontane, la Provence éternelle, avec son parfum de plantes et de fruits et son silence lourd, à peine troublé par les cigales ou les jurons sonores des vignerons. La saveur de la langue occitane plaît au Rhône; elle lui rappelle d'autres parlers d'autres gens de la vigne: la rudesse des patois valaisans et savoyards, l'indolence de l'accent lémanique, le rythme sec du Lyonnais et, dès Valence, ce français que chantent les Provençaux.

Le Rhône est devenu immense; il s'apprête souverainement à se laisser absorber par la mer. La vigne, elle, s'arrêtera près d'Avignon. Profitant de l'exceptionnelle richesse des terrains méridionaux, mais voulant éviter la Camargue trop humide, elle préfère s'étaler vers l'est et vers l'ouest, où, de Saint-Raphaël à Perpignan, elle forme les vignobles des Côtes de Provence, du Languedoc et du Roussillon. C'est dans ces régions que Grecs et Romains avaient en premier transmis à la France ce merveilleux héritage du vin que les vignerons ont su si bien faire fructifier.

Ainsi, en fertilisant sur près de 800 kilomètres les terres qu'il parcourt, le Rhône a donné à la vigne une assise millénaire dont elle use, pour notre plaisir, avec vigueur et générosité. Certes, les vignerons valaisans, savoyards, provençaux, ou languedociens, doivent, pour mener à bien leurs cultures, affronter des problèmes différents; le soleil, auquel le vin doit la vie, ne se montre pas toujours magnanime; le cep ne se nourrit pas partout des mêmes aliments; les accidents de terrain contraignent le vignoble à un dessin parfois cahoteux, avant que le Rhône ne trouve l'apaisement des campagnes provençales; mais, cette diversité des conditions de culture, le fleuve lui-même est parvenu à la dissiper. L'homme, naturellement guidé par son cours, a su apporter jusqu'au cœur de l'Europe le vin méditerranéen. Puis, par de constants et fructueux échanges avec ses voisins, il s'est efforcé d'accroître et d'améliorer ses vins. Ainsi, de Sierre à Marseille, s'ajoutant à la fraternité de la langue, la fraternité du vin a consacré une authentique mentalité rhodanienne, chantée par Mistral et par Ramuz.

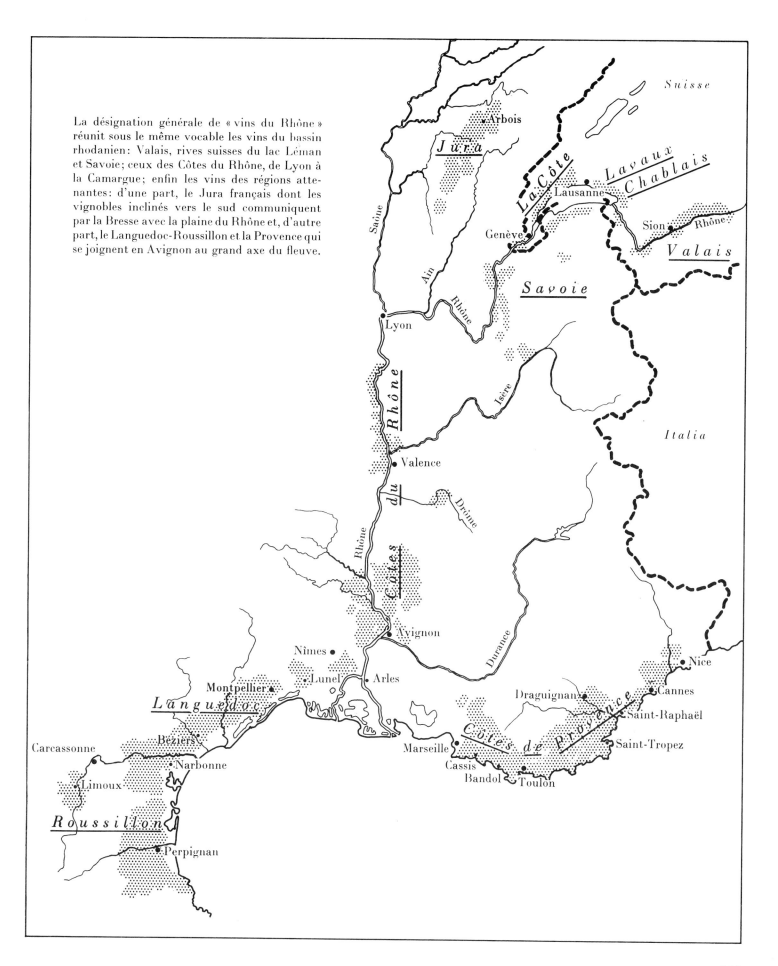

La désignation générale de « vins du Rhône »
réunit sous le même vocable les vins du bassin
rhodanien: Valais, rives suisses du lac Léman
et Savoie; ceux des Côtes du Rhône, de Lyon à
la Camargue; enfin les vins des régions attenantes: d'une part, le Jura français dont les
vignobles inclinés vers le sud communiquent
par la Bresse avec la plaine du Rhône et, d'autre
part, le Languedoc-Roussillon et la Provence qui
se joignent en Avignon au grand axe du fleuve.

Suisse

Arbois

Jura

La Côte *Lavaux* *Chablais*

Lausanne

Genève

Sion — *Rhône*

Valais

Saône

Ain

Rhône

Savoie

Lyon

Isère

Italia

Rhône

Valence

Drôme

Côtes du Rhône

Durance

Avignon

Nîmes

Nice

Lunel — Arles

Montpellier

Draguignan — Cannes

Saint-Raphaël

Languedoc

Côtes de Provence

Saint-Tropez

Béziers

Marseille

Carcassonne

Cassis

Narbonne

Bandol — Toulon

Limoux

Roussillon

Perpignan

113

LES VINS SUISSES DE LA VALLÉE DU RHÔNE

De toutes les régions viticoles de Suisse, c'est la Suisse romande qui se signale par la plus grande production de vin. Les vignobles sont implantés particulièrement sur les coteaux qui longent le Rhône ainsi que dans la plaine du fleuve et sur les pentes plus ou moins rapides qui bordent le lac Léman. La production de vins blancs est importante; celle des vins rouges, environ 25%, est en constante augmentation. Géographiquement, politiquement et qualitativement aussi, on peut distinguer trois régions bien caractéristiques sur le parcours suisse du Rhône: les cantons du Valais, de Vaud et de Genève.

Le mode de culture de la vigne est en général la culture basse «en gobelets» selon la méthode vaudoise. Quelques timides essais se font pour tenter d'introduire la culture mi-haute ou haute, essentiellement dans les terrains plats ou peu inclinés. La recherche de la richesse naturelle des vins conduit les producteurs à rester fidèles aux anciennes techniques plus coûteuses, tant pour le travail de la terre que pour les effeuilles. Ce dernier travail délicat consiste à attacher aux échalas les sarments ou tiges de la vigne. Cela se fait dans le courant du mois de juin. Autrefois, les Valaisannes comme les Savoyardes ou les Aostiennes apportaient leur concours à ce travail dans le canton de Vaud, mais cette coutume se perd. Elles partaient pour le pays voisin, parées de leur admirable costume régional et, pendant dix ou douze jours, travaillaient les vignes «en tâche», soit par lots d'un demi-hectare environ.

La méthode de culture en gobelets permet aux raisins d'être plus proches de la terre et de bénéficier d'une maturation plus complète ainsi que d'un enrichissement optimal en sucre naturel.

Canton du Valais

Le voyageur qui descend la vallée du Rhône voit déjà apparaître des parchets de vigne peu après Brigue, le long du fleuve et dans les vallées latérales. Les terres du Valais propres à la culture de la plante noble sont en général pauvres et ont été mises en valeur au prix de grands efforts au cours des siècles passés. De persévérants travaux d'entretien sont nécessaires pour maintenir en bon état les murets, soutiens indispensables des terres qui sont accrochées au flanc de la montagne. Dans cette vallée bordée de sommets aux neiges éternelles, le soleil apporte avec générosité son ardeur et ses bénédictions.

Les Valaisans forment une population tenace, fière de ses traditions, qui a su tirer le meilleur profit du climat presque méditerranéen de la vallée du Rhône. Dans ce pays où se cultivent la fraise, l'asperge, l'abricot et où se trouvent d'admirables vergers modernes, la vigne est reine. Elle doit exister en Valais depuis les temps les plus anciens. Les plants qui étaient cultivés ont été presque totalement abandonnés au cours des années pour être remplacés maintenant par des cépages parfaitement adaptés aux terres et aux conditions climatologiques de cette vallée. La surface du vignoble valaisan, qui continue à se développer, est de quelque 5000 hectares. Les vignes sont situées surtout sur la rive droite du fleuve où l'insolation est particulièrement favorable. Pour mieux accumuler les ardeurs du soleil, les viticulteurs recouvrent le sol ou y mêlent du gravier ou des schistes concassés. Le vigneron de ce pays, dont la patience est inlassable, a su aller chercher près des glaciers l'eau indispensable à ses cultures. Il l'a amenée par des canaux ou bisses qui ont été aménagés dans la montagne et il a organisé un savant système d'arrosage par ruissellement ou par aspersion.

Ce pays est très pieux, mais aussi très réaliste. Un vigneron célèbre, décédé récemment, racontait l'anecdote suivante: «Au temps où l'évêque de Sion, actuel chef-lieu du canton, était à la fois prince spirituel et temporel du Valais, un ange lui apparut dans ses prières et lui tint ces propos: «Le Seigneur a été touché de la grande peine des Valaisans dont les vignes se dessèchent au soleil, alors que sur Berne (canton voisin séparé par une chaîne de montagnes), des pluies abondantes entretiennent partout une belle verdure et de gras pâturages. Aussi mon Maître, pour mieux répartir ses richesses, fera-t-il désormais pleuvoir sur le Valais comme sur le reste de l'Helvétie. Ils pourront abandonner leurs bisses coûteux et dangereux et, au lieu de se tuer à conduire des eaux et à arroser, ils pourront prendre du bon temps.» L'évêque ému remercia avec effusion, mais demanda huit jours avant de donner son accord à cette généreuse proposition céleste afin de pouvoir la soumettre à ses chers sujets. Huit jours plus tard, l'ange, fidèle au rendez-vous, reçut la réponse suivante: «Mes sujets remercient le Seigneur de tous ses bienfaits, mais pour ce qui est de l'arrosage, ils préfèrent s'en occuper eux-mêmes, car ils savent mieux que n'importe qui ce qu'ils ont à faire.» Depuis ce temps, le soleil qui, dit-on, luit pour tout le monde, a une attention particulière pour ce canton privilégié.»

Les vins qui se récoltent et qui ont fait la renommée du Valais portent le nom de FENDANT pour les vins blancs issus du *chasselas* (*fendant roux* et *fendant vert*) et le nom de DÔLE pour les vins rouges. La DÔLE est un harmonieux assemblage de vins provenant du *pinot noir*, originaire de Bourgogne, et de *gamay*, cépage typique du Beaujolais. Ce sont chaque année quelque 400 000 hectolitres de FENDANT, de DÔLE et de vins issus de cépages spéciaux qui se récoltent et qui apportent à des consommateurs avisés forces nouvelles, délices du palais, joies du cœur et épanouissement de l'esprit.

L'église fort de Valère domine le vignoble des environs de Sion (Valais); on y
produit un vin blanc, le FENDANT, issu
de chasselas et on y élève un vin rouge,
la DÔLE, issue de *pinot noir* et de
gamay.

Les vins blancs sont nombreux et fort différents. Ils sont différenciés par la nature du cépage qui les produit, mais le plus connu et le plus répandu est le FENDANT. Ce vin blanc a fait la renommée du Valais. Il se récolte depuis un siècle environ. Les plants provenaient du canton de Vaud où ils étaient déjà fort bien acclimatés. Ce vin admirable sait plaire à toute heure par son équilibre, sa puissance contenue et, parfois même, dans les chaudes années, par sa violence cachée; c'est un vin sec, c'est-à-dire sans sucre résiduel en suspens. Il est l'ami et le compagnon de toutes les soirées de raclettes, si typiques en terre valaisanne.

C'est le JOHANNISBERG qui occupe la deuxième place en importance parmi les vins blancs. Il est produit par le cépage *sylvaner* ou *plant du Rhin*, dont les grappes se signalent par leurs grains petits et serrés. Ce vin, plus chaleureux que le FENDANT, sélectionné avec sévérité, est remarquable par sa robustesse. Il sait allier une grande distinction à un charme exquis et attirant.

L'art de guider le vin, de le conduire à son parfait épanouissement est poussé dans ce pays à un très haut point. Ce souci et ce respect de la profession d'œnologue ont valu aux vins valaisans une très large notoriété. Comme pour le FENDANT, il faut savoir boire le JOHANNISBERG encore jeune et ne pas le laisser trop vieillir.

A côté de ces deux vins blancs très répandus, il faut citer quelques spécialités de vins dont les quantités récoltées sont assez faibles, tout au plus le 5% de la récolte totale du Valais.

Le PINOT GRIS, d'abord, ou MALVOISIE, est un vin capiteux et riche. Il arrive même que, dans les bonnes années, il ne puisse transformer complètement en

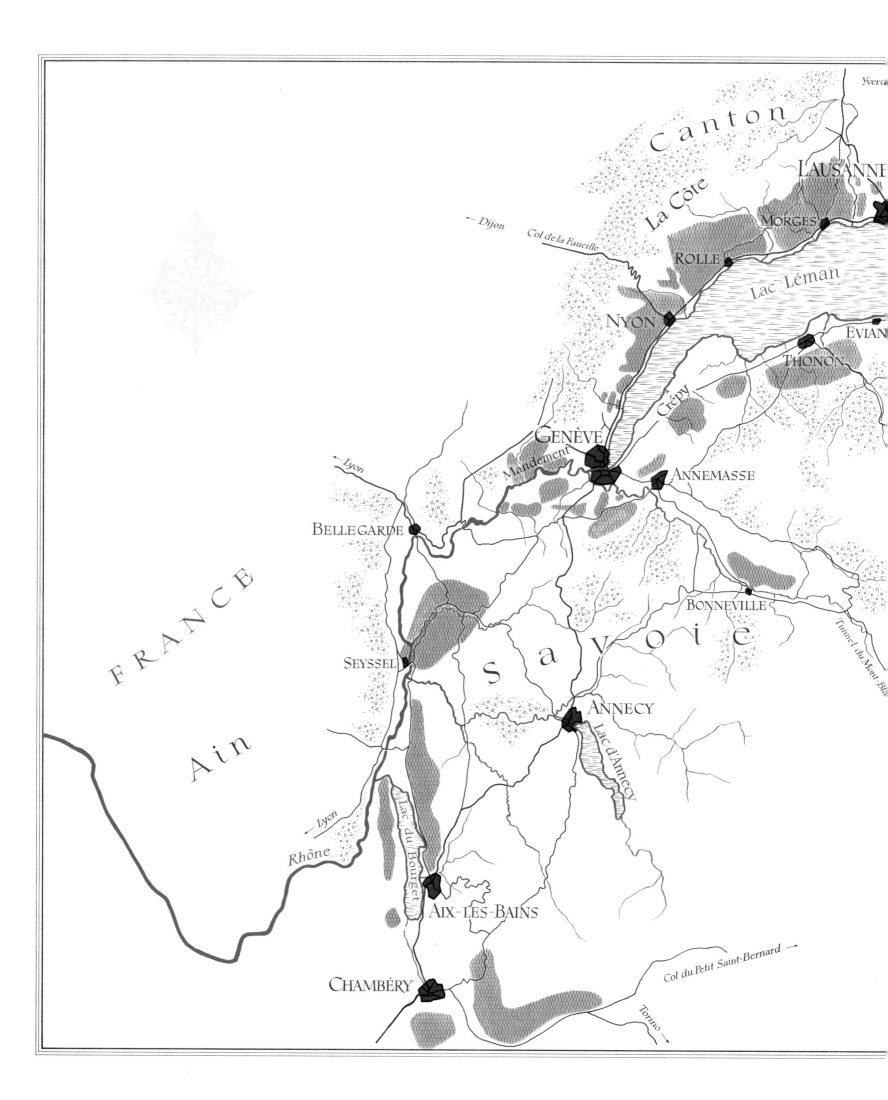

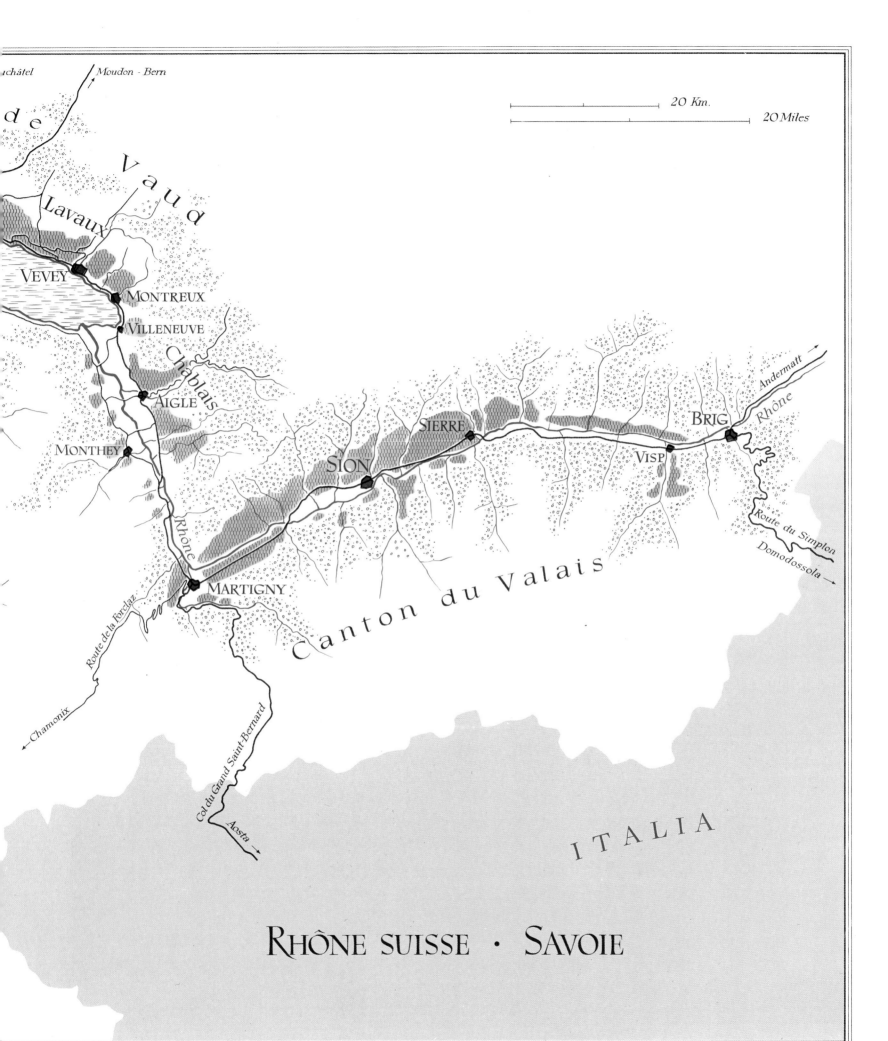

RHÔNE SUISSE · SAVOIE

alcool tout le sucre naturel qu'il contient. C'est surtout un vin de dessert, savoureux et moelleux. Sa robe éclatante brille dans le verre comme de l'or en fusion. Le MALVOISIE charme ainsi tout autant par sa beauté que par son goût et son bouquet; il met une note de béatitude dans les conclusions d'un repas plein de faste.

L'ERMITAGE est un vin ferme, puissant, alcoolique, capable de se conserver longuement et dont le bouquet chante toutes les beautés du Valais.

Notons encore la PETITE ARVINE, l'AMIGNE et l'HUMAGNE, des vins typiquement autochtones qui n'ont encore jamais émigré. L'ARVINE est un vin viril et nerveux, parfois même on lui trouve du mordant. Il résiste à l'assaut du temps grâce à sa vivacité naturelle. L'AMIGNE (vinum amoenum) est un vin plus délicat, plus agréable et qui, s'il a un bouquet assez discret, tient admirablement sa place aussi bien au début qu'à la fin d'un repas. L'HUMAGNE (vinum humanum), en voie de disparition, ressemble par certains côtés à de vieux vignerons valaisans dont il a même la brusquerie et l'âpreté, mais aussi la noblesse et la franchise.

Certains vins méritent encore d'être mentionnés, le MUSCAT en particulier; on en récolte peu, mais comme il est vinifié en vin sec et cuvé pour avoir plus de saveur et de bouquet, cela donne un vin qui, bu jeune, flatte par son arôme les papilles et le nez les plus exigeants. On peut enfin citer deux spécialités locales non commercialisées et qu'il faut avoir la chance de boire sur place pour pouvoir en apprécier les qualités originales: le PAYEN (issu d'un ancien cépage, le *savagnin*) et le VIN DU GLACIER (provenant d'un vieux plant, la *rèze*). Tous ces

Le château d'Aigle, dans le Chablais vaudois, abrite un Musée du vin, fondé par la Confrérie du Guillon, qui est aux vins vaudois ce que la Confrérie du Tastevin est aux vins bourguignons. Du point de vue vinicole, le Chablais vaudois offre des vins blancs très harmonieux qui font transition entre les vins du Lavaux et les FENDANTS valaisans.

Sur les rives du Léman, au-dessus du village de Saint-Saphorin, les vignes en étages du Lavaux, orientées vers le sud-ouest, bénéficient d'une triple chaleur solaire: celle de l'astre lui-même, celle reçue du lac par réverbération, et, à la fraîcheur, celle restituée par les murettes de pierres sèches. Dans ce vignoble, comme dans tous ceux de Suisse romande, le cépage le plus cultivé est le chasselas qui donne des vins blancs, légèrement pétillants et fort appréciés. Ailleurs, ce raisin est essentiellement répandu comme fruit de table.

vins forment les spécialités valaisannes dont on parle beaucoup mais avec lesquelles il est malheureusement difficile de faire connaissance par suite de leur extrême rareté.

Parmi les vins rouges, la DÔLE mérite une mention particulière. C'est un vin qui a du corps, du moelleux, et pourtant n'est pas lourd ni fatigant. Assemblage heureux de *pinot noir* et de *gamay*, il doit, pour pouvoir porter le nom de DÔLE, présenter une richesse naturelle minimale en sucre, qui est contrôlée très rigoureusement. Si la teneur en degrés Oechslé n'est pas atteinte, le vin portera le nom de GORON. Plus léger et fort agréable, ce dernier est très demandé et ne franchit guère les frontières du canton.

Canton de Vaud

La vallée du Rhône, jusqu'à Saint-Maurice, est relativement resserrée, mais ensuite elle s'élargit pour former le vaste lac Léman, le long duquel s'étend le canton de Vaud. En simplifiant, on y trouve trois régions viticoles différentes: le Chablais, le Lavaux et la Côte.

D'une façon générale, le canton de Vaud produit essentiellement des vins blancs sous le nom générique de DORIN, tandis que la production des vins rouges SALVAGNIN est en augmentation depuis une dizaine d'années. Ce canton produit chaque année environ 300 000 hectolitres récoltés sur 3400 hectares de vignes. Tous les vins portant l'appellation DORIN sont issus de *chasselas* (*fendant roux* et *fendant vert*). Ce cépage, en émigrant en Valais, en a, tout à propos, gardé le nom pour sa commercialisation!

Les DORIN ou CHABLAIS, YVORNE et AIGLE en particulier, se sont fait une grande réputation. Ces vins secs, racés, chaleureux et d'une grande finesse, qualité majeure du vin, sont très recherchés. Les OVAILLES d'Yvorne méritent une mention particulière. Dans le Lavaux, il faut citer en premier lieu les vins du Dézaley où les vignobles sont accrochés à des pentes très rapides. Ces DORINS du Dézaley, aristocratiques, riches, amples, sont

Entre Lausanne et Genève, le vignoble de La Côte s'étale sur des pentes douces ou des croupes paisibles (notre photo: Féchy): c'est un pays de grandes propriétés. Le vin y est plus corsé que celui de Lavaux; on dit qu'il a plus de nerf.

Parmi les vignobles de La Côte, celui de Vinzel (notre photo) produit un vin blanc de qualité, fruité, élégant et agréablement sec. Comme dans tout le vignoble vaudois, le vin blanc, désigné sous l'appellation de DORIN, est issu de chasselas.

Le paysage de Lavaux, entre Lausanne et Montreux, est fortement structuré par le travail des vignerons. Les parcelles de vigne sont petites, accrochées à la pente par des murets qui empêchent la terre de descendre.

Les vins de Lavaux portent des noms de communes ou de lieux-dits; on trouvera donc des bouteilles de Villette (commune), d'Epesses (commune), de Dézaley (lieu-dit, notre photo).

121

des vins secs empreints d'une délicate et exquise amertume qui leur assure une louable longévité. Leur léger goût de brûlon ou de pierre à fusil les caractérise. C'est vers 1100 que furent créés ces vignobles fameux grâce aux efforts persévérants de moines cisterciens. On présente les vins, dans le canton de Vaud, en précisant leur commune de provenance et c'est ainsi que se sont fait connaître les vins les plus fameux de Lavaux: EPESSES, RIVAZ, SAINT-SAPHORIN — dit SAINT-SAPH! — entre autres. Les vins blancs vaudois sont en général moins tendres que les vins valaisans, mais moins vifs que les vins genevois. Ces nuances étaient plus nettes autrefois, et les vignerons vaudois, amis des comparaisons pittoresques, disaient volontiers que les vins genevois étaient raides et pointus comme la paroi nord de l'Eiger — une montagne de Suisse alémanique fort connue des alpinistes — et ils s'entendaient répondre par des calvinistes genevois que leurs vins étaient plats comme des pages de psautier! Mais les progrès de l'œnologie ont effacé tous ces défauts et maintenant ce sont des vins délicats, fruités, frais et plaisants, aussi bien à table qu'en dehors des repas.

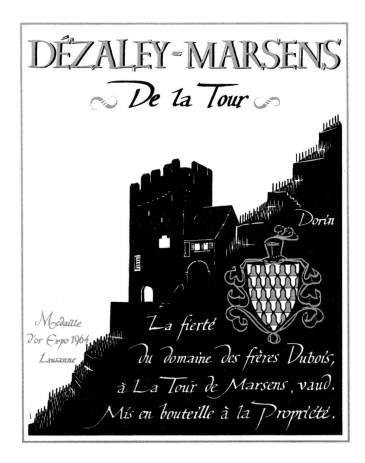

La Suisse ne connaît pas de système uniformisé pour l'appellation de ses vins. Lisant cette étiquette, chacun trouvera qu'il provient de la propriété de LA TOUR DE MARSENS, au lieu-dit Dézaley. Mais rien n'indique qu'il s'agit d'un vin blanc, ni que le DÉZALEY bénéficie d'une indication de provenance régionale, sur la commune de Puidoux.

Les coteaux de La Côte, la plus importante région viticole du canton de Vaud, sont en pentes plus douces, Les vins rouges qui ne portent pas l'appellation SALVAGNIN se vendent sous divers noms commerciaux. Ils sont extrêmement demandés. Servis frais comme des beaujolais, ce sont également des vins à consommer jeunes, tandis que le PINOT, après quelques années de vieillissement se révèle comme un vin de grande classe.

Les cépages spéciaux sont moins introduits dans le canton de Vaud qu'en Valais ou que dans le canton de Genève. Cependant, on trouve des JOHANNISBERG généreux, des PINOT-CHARDONNAY blancs liquoreux, des RIESLING-SYLVANER au bouquet fortement muscaté, mais ce sont des vins rares autant par leur haute qualité que par leur faible quantité, et pourtant suffisamment abondants pour conduire au septième ciel tous ceux qui se sont proposé de les goûter.

mais si les vins blancs récoltés sont moins corsés et moins chaleureux, ils se font apprécier, en revanche, par une fraîcheur de bouquet tout à fait remarquable.

De grandes caves coopératives ou de grands marchands ont fait connaître avantageusement les vins de cette région dont les appellations les plus réputées sont: VINZEL, MONT, FÉCHY, LUINS, TARTEGNIN et MORGES. Il reste de nombreux châteaux sur La Côte, riches d'histoire et qui recèlent dans leur caves les vins «gouleyants» et émoustillants des vignobles qui les entourent.

Les vins rouges vaudois portent l'appellation SALVAGNIN (du nom d'un vieux cépage). Seuls les vins rouges issus de cépages nobles (*pinot* et *gamay*) peuvent porter ce nom, encore que cette appellation soit conditionnée par un sévère examen de qualité. Elégants, équilibrés, veloutés, flatteurs, racés, ces vins, à la robe peu foncée, sont assez chaleureux et riches en alcool pour accompagner des plats relevés et épicés. L'incessante recherche de débouchés conduit certains propriétaires à présenter leurs vins rouges en séparant les cépages; le *pinot* pur fait alors valoir toute sa magnificence et, comme disent les vignerons qui parlent latin, «in pinot veritas».

Canton de Genève

En quittant le canton de Vaud on arrive enfin dans la région de Genève qui n'est pas seulement une grande ville internationale aux multiples attraits, mais encore un canton opulent. Le vignoble genevois est le troisième en Suisse en importance; il couvre 1086 hectares. Près d'un tiers des surfaces sont plantées en *gamay*, cépage importé du Beaujolais dans les années 1950 et qui s'est magnifiquement épanoui à Genève; le *pinot noir*, d'origine bourguignonne, couvre actuellement une vingtaine d'hectares. Les vins blancs proviennent de cépages

A quelques kilomètres seulement de la Genève cosmopolite, on trouve un vignoble de 1000 hectares, où l'on obtient la plus forte récolte de Suisse à l'ha; il s'agit de terrains en pente douce et bien ensoleillés. Le vin blanc, issu de chasselas, prédomine; il a nom PERLAN.

variés dont le plus important, le *chasselas,* qui couvre 55 % du vignoble. Environ 130 hectares fournissent des vins originaux et pleins de personnalité provenant de cépages spéciaux et bien acclimatés: le *riesling-sylvaner* (le plus répandu), le *sylvaner* et l'*aligoté.* D'autres plants tels que le *pinot gris* et le *chardonnay* ou *pinot blanc,* en particulier, produisent des vins exquis et racés mais en petites quantités. En moyenne, chaque vendange genevoise donne un volume total de 100000 hectolitres de vin, rouge et blanc.

Les vignerons genevois sont fiers d'être les descendants et les dignes successeurs d'ancêtres fort anciens. Leurs vignobles remontent, en effet, au temps de la conquête romaine.

Le vignoble genevois connut des fortunes diverses au cours des siècles et il fallut aux vignerons une foi bien enracinée pour persévérer. Après avoir connu les rapines, les pillages et des luttes meurtrières, en particulier au XVIe et au XVIIe siècle, ils virent surgir à la fin du XIXe siècle, comme dans toute l'Europe d'ailleurs,

deux maladies spécifiques de la vigne: le phylloxéra et le mildiou. Ces deux fléaux anéantirent la moitié des vignobles. Celui-ci fut reconstitué et s'étend en pentes douces étagées entre le Jura et le Salève, en trois zones aux terroirs caractéristiques: la rive droite du Rhône (Mandement), avec 686 hectares de vignes, la région entre Arve et Rhône (200 hectares) et la rive gauche du Léman, entre Arve et lac (200 hectares).

Les vins issus de *chasselas,* baptisés PERLAN, ont gagné au cours des années une place enviable. Ces vins, en général légers, sont vendus souvent «sur lie», c'est-à-dire qu'ils n'ont pas été transvasés, ont gardé leur gaz carbonique naturel, ont un parfum délicat, plein de fraîcheur et réjouissent l'œil du connaisseur en pétillant légèrement dans le verre. Ils sont souvent comme les Genevois: à peine mordants à la première rencontre, puis s'avèrent ensuite les compagnons les plus joyeux et les plus communicatifs. Ces vins se boivent déjà bourrus, un peu laiteux à cause de la fermentation non terminée, mais il est préférable de leur permettre de

123

gagner leur pleine maturité en sachant cependant qu'ils ne sont pas assez riches en alcool pour gagner à être conservés de nombreuses années.

Il faut signaler combien sont réussis les vins de cépages spéciaux. De talentueux œnologues présentent des RIESLING-SYLVANER au parfum légèrement musqué, sec, vigoureux et très indiqués à l'heure apéritive. Le SYLVANER ou JOHANNISBERG a la richesse du cépage dont il est issu; il mérite un intérêt soutenu. Grâce au plant de *muscat*, peu répandu, mais aussi à l'*aligoté* et au *chardonnay*, tous cépages fins, des vins de belle classe, harmonieux et flatteurs, sont offerts aux consommateurs.

Une mention spéciale sera faite pour les vins rouges genevois GAMAY et PINOT NOIR. Les premiers, dont la production est réjouissante, sont des vins souples, aimables, sans lourdeur et d'excellente compagnie. Le PINOT, plus riche, a déjà causé à quelques connaisseurs, dans les bonnes années, des émois et des jouissances rares.

Les 350 sociétaires de la Fédération des caves genevoises et les 30 vignerons-encaveurs indépendants travaillent avec un beau dynamisme. Les méthodes modernes utilisées, tant à la vigne qu'à la cave, et la haute compétence de tous ces professionnels ne sont certes pas étrangers aux succès toujours plus marquants remportés par les crus genevois, aujourd'hui connus et appréciés au-delà des frontières régionales.

Confréries bachiques

Partout, que ce soit en terre valaisanne, vaudoise ou genevoise, on assiste aux miracles et aux bienfaits que sait apporter le vin, car ce n'est pas seulement la boisson qu'il faut admirer, mais surtout la manière dont les mœurs du pays sont enrichies, dont les coutumes sont fortifiées et dont, finalement, la pensée souriante et la manière de vivre aimable des habitants des bords du Rhône sont conditionnées par la présence du vin.

Récemment, entre les années 1950 et 1960, dans ces trois cantons se sont constituées de joyeuses confréries bachiques dont le but est de faire connaître, de vanter et de faire aimer les diverses richesses des vignobles rhodaniens. La Channe, en Valais, la Confrérie du Guillon en terre vaudoise et l'Académie du Cep dans le canton de Genève organisent de grands dîners gastronomiques au château de Dardagny à Genève, au château de Chillon dans le canton de Vaud et dans divers lieux fameux en Valais, au cours desquels les mets et les vins sont présentés, commentés avec art, humour et compétence. Ces festivités de belle tenue voient accourir d'un peu partout des amis du vin, ce «fils sacré du soleil» selon l'expression de Baudelaire, afin de démontrer que cette boisson biblique sait admirablement forger des amitiés fidèles, épanouir les cœurs, ouvrir l'esprit et administrer enfin la preuve que le vin est partout le premier ambassadeur de la civilisation.

LES VINS DE LA SAVOIE

Deux auteurs latins, Pline le Jeune et Columelle, ont célébré les vins du pays des Allobroges, la Savoie d'aujourd'hui. Le prince des gourmets romains, Lucullus lui-même, fit servir des vins de Savoie sur sa table. Les vignerons savoyards sont fiers de ces titres d'ancienneté que l'histoire confère à leurs vins.

A part les vins de pays consommés sur place, les vins de Savoie font partie de cette honorable compagnie que l'on nomme les «vins délimités de qualité supérieure» ou plus simplement V.D.Q.S. Aucun cru prestigieux, mais des vins francs et sans prétention, quoique connus bien au-delà de leur Savoie natale. Le vignoble savoyard peut se diviser en trois zones:

1. Au nord: les rives méridionales du lac Léman, d'Evian à Annemasse, la rive droite de l'Arve, d'Annemasse à Bonneville et la région qui s'étend le long de la frontière suisse jusqu'à Saint-Julien-en-Genevois constituent une zone relativement homogène, plantée en majeure partie, comme sur territoire suisse, de *chasselas*. Les vignerons y produisent des vins blancs frais et légers. Ce sont le MARIN, le RIPAILLE, le MARIGNAN. La palme revient aux COTEAUX-DE-CRÉPY et PETIT CRÉPY, vins clairs, légèrement pétillants, au fin parfum d'amande..., les plus diurétiques des vins de France.

2. Au centre: la région du lac du Bourget, de Seyssel et de la rive gauche du Rhône jusqu'à Yenne, donne un vin très caractéristique: la ROUSSETTE de Savoie dont les principaux crus ont nom FRANGY, MARESTEL, MONTHOUX, SEYSSEL. Ce sont des vins bouquetés, fruités, assez corsés. Ils sont issus d'*altesse*, rapporté, dit-on, de Chypre par un croisé, le comte de Mareste. La région de Seyssel produit un mousseux agréable.

3. Au sud: le vignoble s'étend dans la région de Chambéry, sur la rive droite de l'Isère entre Saint-Pierre-d'Albigny et Sainte-Marie-d'Alloix, et remonte la vallée de l'Arc jusqu'à Saint-Michel.

Outre les vins de pays, certains vins blancs échappent à l'anonymat; ce sont les vins de Monterminod, Apremont, Abymes, Chignin, Cruet, Montmélian, Saint-Jean-de-la-Porte. A ces vins blancs s'ajoutent quelques rouges et rosés, légers, digestes et «n'abîmant pas le tempérament».

LES VINS DU JURA FRANÇAIS

Le naturaliste romain Pline, après avoir servi dans les armées de Germanie, garda le souvenir de «ce raisin qui sans apprêt fournit un vin à saveur de poix dont s'est enrichie récemment la Séquanie». Si l'on en croit ce passage, la vigne s'est implantée sur le rebord occidental du Jura au début de notre ère.

Aujourd'hui, le vignoble jurassien, bien exposé et jouissant d'un climat humide et froid en hiver, s'étend de Salins, au nord, à Saint-Amour, au sud, sur près de 80 kilomètres de long et 12 kilomètres dans sa plus grande largeur. Il est planté de cépages *ploussard* ou *poulsard, trousseau, gros noirin* pour les vins rouges, et de cépages *naturé* ou *savagnin, chardonnay* ou *pinot blanc* pour les blancs. Outre les vins de consommation courante, le vignoble jurassien produit trois vins renommés. Les vins des Côtes du Jura sont des vins rouges corsés et capiteux, des vins rosés au goût de terroir très caractéristique et des vins blancs secs, nerveux, fruités, parfois acides dans leur jeunesse.

Les Vins d'Arbois sont plus fins et plus généreux que les précédents. Les rosés et les rouges proviennent du *ploussard* et en moins grande quantité du *trousseau* et du *pinot noir*. Ce sont des vins à belle teinte pelure d'oignon. Rappelons que c'est à Arbois, sa ville natale où il possédait une vigne, que l'illustre Louis Pasteur élabora son étude sur la fermentation.

Le Château-Chalon est le vin par excellence du vignoble jurassien. Il a une couleur ambrée qui expli-

que son nom de «vin jaune». Ce vin constitue une curiosité: au printemps de la deuxième année, après une vinification normale, on le met dans un tonneau dont le goût est «au jaune». On l'y laisse vieillir sans y toucher, sans même froisser la pellicule qui revêt sa surface. On ne le met en bouteilles que six ans plus tard. Le vin jaune du Jura est un vin original et l'un des meilleurs blancs de France. On en produit également sous l'appellation de Côtes-du-Jura ou d'Arbois, mais le Château-Chalon en est vraiment le chef de file. C'est le seul vin blanc qui ne doit pas être servi frais, mais au contraire légèrement chambré. Une forme particulière de bouteille, le «clavelin», est réservée à ce vin appelé à vieillir sans fin.

Les vignerons jurassiens produisent encore, en dehors d'un mousseux élaboré selon la «méthode champenoise» dans la région d'Arbois, le «vin de paille». C'est un vin de gelée, fait à partir de raisins récoltés dans l'arrière-automne et gardés sur des claies de paille jusqu'en février. On les presse alors et on conserve le vin dans de petits fûts de chêne. Le vin de paille a une belle couleur de topaze brûlée; c'est un vin de dessert, au bouquet onctueux.

Parmi les curiosités du Jura, il faut encore signaler le Macvin. Le principe de sa fabrication est la réduction du moût de raisin blanc par la cuisson, l'infusion d'aromates et, après filtrage, l'adjonction d'eau-de-vie de marc. C'est un vin d'apéritif.

Sur la bordure occidentale de la chaîne du Jura, le vignoble de Châton-Châlon est célèbre pour son vin jaune, issu de *savagnin*; le raisin est récolté au début de novembre et la vinification propre à ce vin en fait un des meilleurs blancs de France.

LES VINS DES CÔTES DU RHÔNE

Infinie variété de sites, infinie variété de vins, tels sont les traits caractéristiques de la région des Côtes du Rhône qui s'étend sur 200 kilomètres de part et d'autre du majestueux Rhône, entre Vienne-la-Romaine et Avignon, la cité des Papes. En quelques heures de train ou de voiture, on passe du monde septentrional au monde méridional, des forêts de châtaigniers aux forêts d'oliviers... Les vins récoltés de part et d'autre du Rhône sont très différents en raison des variations de climat, des sols et aussi de la grande diversité des cépages.

On peut diviser la région des Côtes du Rhône en deux groupes séparés par des zones non viticoles, la région septentrionale, de Vienne à Valence, et la partie méridionale, de Bourg-Saint-Andéol (en face de Pierrelatte) à Avignon.

La culture de la vigne s'est particulièrement développée dans le vignoble à appellation d'origine contrôlée des CÔTES-DU-RHÔNE depuis une dizaine d'années et principalement dans l'appellation générique. C'est ainsi que de 1956 à 1967, la superficie a évolué de 12580 hectares à 24415 hectares, et la production — crus compris — qui était de 365000 hectolitres a atteint 900000 hectolitres, toujours en 1967. En 1980, la production s'est élevée à 2 millions d'hectolitres pour une superficie de 40000 hectares. Quant à la commercialisation sur le marché intérieur, elle a suivi la production. L'exportation de son côté s'est accrue très nettement, passant de plus de 170204 hectolitres en 1968 à environ 516282 hectolitres en 1980.

L'appellation régionale qui englobe tout, est CÔTES-DU-RHÔNE. Mais, à l'intérieur du vignoble des CÔTES-DU-RHÔNE, il y a des appellations d'origine contrôlée qui ont fait l'objet de décrets particuliers: CHÂTEAUNEUF-DU-PAPE, CÔTE-RÔTIE, CONDRIEU, CORNAS, HERMITAGE, SAINT-PÉRAY, TAVEL, CHÂTEAU-GRILLET, CROZES-HERMITAGE, LIRAC, SAINT-JOSEPH.

CÔTE-RÔTIE. Là, presque en face de Vienne, à 35 kilomètres au sud de Lyon, le vignoble de CÔTE-RÔTIE occupe des pentes escarpées dont les terres doivent être retenues par des murettes. Deux cépages, le *viognier* et le *syrah* donnent un vin d'une grande finesse et d'un délicat parfum qui rappelle à la fois la violette et la framboise.

Ce vin rouge, récolté à Ampuis, développe toutes ses qualités après un vieillissement de trois ou quatre ans en fûts et il se conserve en bouteilles pendant plus de vingt ans. La production dépasse en moyenne 3000 hectolitres.

CONDRIEU. Le vin blanc de Condrieu est produit uniquement par le cépage blanc *viognier* et doit titrer un minimum de 11°. Son aire de production englobe les trois communes de Condrieu (Rhône), Vérin, Saint-Michel (Loire) pour une production moyenne d'environ 200 hectolitres pour sept hectares de superficie avec une quinzaine de producteurs. La culture se fait unique-

ment en coteaux par petits gradins, dont les murs sont montés en pierres sèches, genre de culture extrêmement pénible et onéreux qui fait abandonner progressivement ces terrains.

On laisse se faire la fermentation, qui se produit plus ou moins lentement suivant la température et se poursuit jusqu'à la fin de l'année; par hiver rigoureux, la fermentation s'arrête et ne reprend qu'au printemps pour se terminer pendant l'été si l'on veut obtenir des vins secs. Pour avoir des vins doux qui contiennent de 15 à 30 grammes de sucre par litre et qui représentent 80 % de la production, on arrête la fermentation par soutirages successifs combinés avec des mutages.

Le CONDRIEU est un vin qui ne se consomme pas vieux, quoiqu'il supporte très bien le vieillissement mais, avec l'âge, il perd son fruité particulier qui fait sa renommée.

La mise en bouteilles se fait donc suivant le genre de vin, la première ou la seconde année.

CHÂTEAU-GRILLET. Ce cru de faible étendue est produit sur quelques parcelles des communes de Verin et de Saint-Michel-sous-Condrieu (Loire).

Le coteau granitique de Château-Grillet, exposé au midi, domine le Rhône. Son climat sec et chaud durant tout l'été, doux durant l'automne, permet au cépage *viognier* la surmaturité. Le caractère de ce petit vignoble réside dans sa topographie. Il est constitué par de petits terrains successifs ne comportant pas plus de deux rangs de souches, et parfois quelques souches seulement.

La récolte a lieu fin octobre et le moût qui coule de ces raisins blancs est, après débouchage, mis en fûts et soumis à une fermentation très lente pendant plusieurs mois. De nombreux soutirages lui assurent une clarification parfaite et le dégagement d'un bouquet très spécial de violette. Après deux ans de soins assidus, il est mis en bouteilles et se conserve durant de nombreuses années. Sec, assez capiteux, il a quelque analogie avec le vin du Rhin, mais il a cependant plus de corps et exhale un parfum plus développé.

CROZES-HERMITAGE. Ce sont les communes de Serves, Erome, Gervans, Larnage, Crozes-Hermitage, Tain-l'Hermitage, Mercurol, Chanos-Curson, Beaumont-Montreux, La Roche-de-Glun, Pont-de-l'Isère qui produisent l'appellation CROZES-HERMITAGE à l'exclusion des terrains qui par la nature de leur sol ou par leur exploitation sont impropres à la production de ces appellations.

C'est le plant *syrah* uniquement qui donne les vins rouges, et les plants *roussanne* et *marsanne* les vins blancs. Toutefois, l'adjonction dans la limite de 15 % de raisins blancs de *marsanne* et de *roussanne*, aux vendanges destinées à produire le vin rouge, est autorisée.

La configuration du sol rend les modes de culture très durs. En effet, du fait que le terrain est en forme

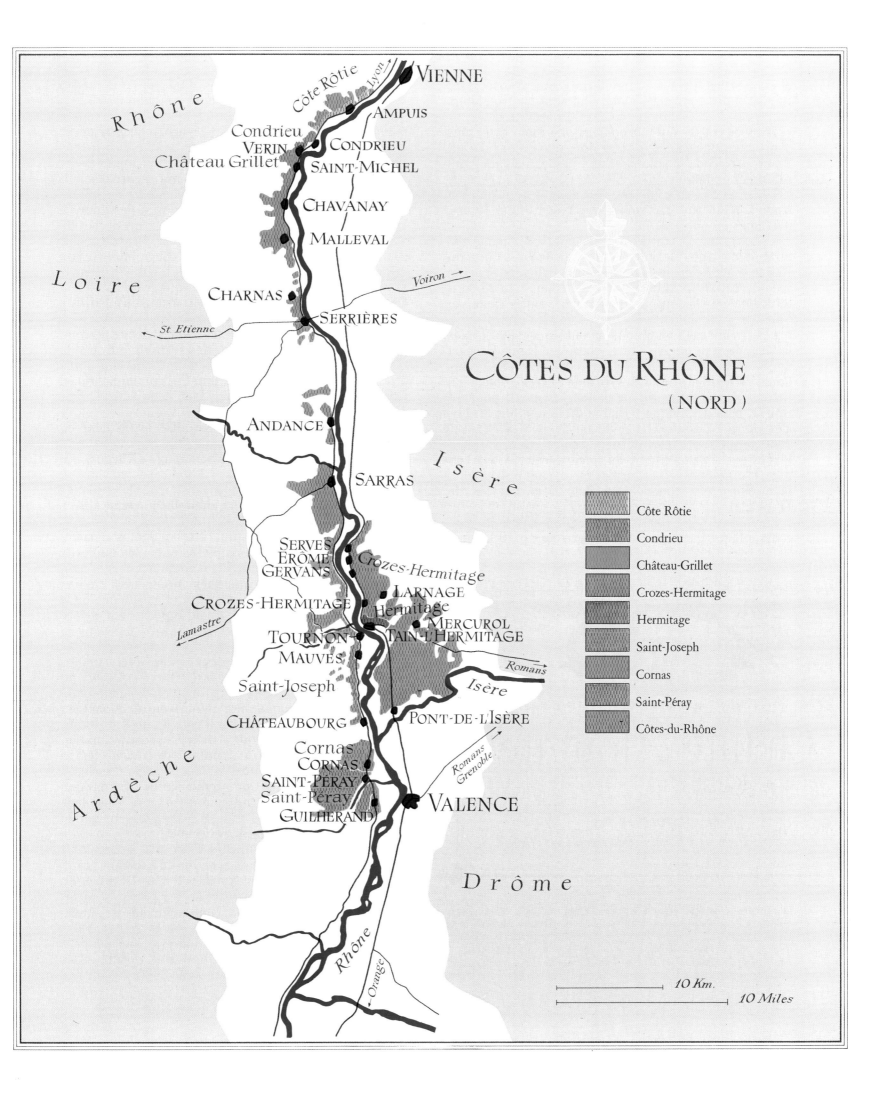

VIENNE

Côte Rôtie

AMPUIS

Condrieu
VERIN
Château Grillet
CONDRIEU
SAINT-MICHEL

CHAVANAY

MALLEVAL

CHARNAS

Voiron →

Rhône

Loire

St Etienne ←

SERRIÈRES

ANDANCE

Isère

SARRAS

SERVES
ERÔME
GERVANS
Crozes-Hermitage

LARNAGE

CROZES-HERMITAGE

Lamastre ←

Hermitage

MERCUROL
TAIN-L'HERMITAGE

TOURNON
MAUVES

Romans →

Saint-Joseph

Isère

CHÂTEAUBOURG

PONT-DE-L'ISÈRE

Romans
Grenoble

Cornas
CORNAS

SAINT-PÉRAY
Saint-Péray
GUILHERAND

VALENCE

Ardèche

Drôme

Rhône

Orange

CÔTES DU RHÔNE
(NORD)

Côte Rôtie
Condrieu
Château-Grillet
Crozes-Hermitage
Hermitage
Saint-Joseph
Cornas
Saint-Péray
Côtes-du-Rhône

10 Km.

10 Miles

d'escalier, les travaux se font à bras, et le transport du fumier et des vendanges à dos d'homme. La production moyenne (1973-1980) est de 25000 hectolitres.

Les vins rouges ont une couleur plus violacée et plus claire que celle de l'HERMITAGE dont nous allons parler. Ils ont moins de moelleux et de finesse, mais toujours un fumet de terroir.

Les vins blancs sont très peu colorés et manquent parfois d'un peu de vinosité. Ils sont fins, légers, parfumés de noisette.

L'HERMITAGE. Le coteau de l'Hermitage, sur lequel est produit le vin de l'Hermitage, est situé dans les Côtes du Rhône septentrionales, en Dauphiné. Il domine la petite ville de Tain-l'Hermitage, dans la Drôme, sise au bord du Rhône sur la rouge nationale n° 7, entre Vienne et Valence.

Les premières plantations datent du Xe siècle, mais la légende veut que ce soit le chevalier Henri Gaspart de Sterimberg qui, de retour des Croisades, sous Louis VIII, fatigué de l'aventure guerrière, ait obtenu de Blanche de Castille un petit coin de terre pour se retirer, ce qui explique l'origine du nom «Hermitage». Dès Henri IV, Louis XIII et surtout Louis XIV, l'HERMITAGE obtint ses lettres de noblesse et, avant le phylloxéra — c'est-à-dire la fin du siècle dernier — l'HERMITAGE, cru préféré de la cour des tsars, était universellement considéré comme l'un des premiers vins de France.

Le vignoble de l'HERMITAGE bénéficie d'une position géographique exceptionnelle. Il se trouve à 10 kilomè-

tres du 45° parallèle, à une altitude de 273 mètres au-dessus de la mer. Il est orienté au sud-ouest.

Le vin rouge est produit uniquement par le cépage *syrah* et le vin blanc par le cépage *marsanne*, avec adjonction de *roussanne*, en petite quantité. Les vins de l'Hermitage ne sont plus des vins du Lyonnais faisant suite aux bourgognes, et ce ne sont pas encore des vins provençaux. Ce sont des vins strictement rhodaniens.

SAINT-JOSEPH. Le vin de Saint-Joseph est une appellation relativement récente, puisque c'est un décret du 15 juin 1956 qui l'a définie. Toutefois, ce vin avait acquis ses lettres de noblesse depuis très longtemps. Si l'on croit Elie Brault, dans son ouvrage 'Anne et son Temps', Louis XII ne souffrait sur sa table que les vins de son finage de Beaune et de ses clos de Tournon ou encore de ses vignes de Chenoves.

Six communes du département de l'Ardèche peuvent produire ce vin, à l'exclusion des terrains qui, par la nature de leur sol ou de leur exposition, sont impropres à produire le vin de l'appellation. Ces communes sont: Glunn, Mauves, Tournon, Saint-Jean-de-Muzols, Lemps et Vion.

L'encépagement pour les vins rouges est le *syrah* et, pour les vins blancs, le *marsanne* et le *roussanne*.

La vigne est cultivée en coteaux escarpés qui surplombent la rive droite du Rhône. Les travaux se font le plus souvent à bras et le transport de la vendange à dos d'homme. La production annuelle moyenne (1973-1980) est de 5200 hectolitres.

Les SAINT-JOSEPH rouges sont fins, bouquetés et parfumés, peut-être un peu moins pleins et corsés que ceux de l'HERMITAGE. Ils ont une belle couleur rubis et sont agréables à boire après quelques années de bouteille.

Les blancs sont fruités, souples et moelleux; on a intérêt à les boire jeunes, alors qu'ils possèdent encore tout leur parfum.

CORNAS. Depuis des siècles, chaque jour, quand le soleil embellit la vallée du Rhône, ce sont les communes de Châteaubourg et Cornas, adossées aux Cévennes, qui profitent de ses premiers rayons. La commune de Cornas jouit d'un climat de type provençal, comme en témoignent les oliviers, les figuiers et les amandiers qui prospèrent dans nombre de jardins. C'est cette situation privilégiée qui a favorisé ici la culture de la vigne depuis un millénaire. Un document de l'époque de Charles V expose que les Grandes Compagnies firent à Cornas une halte beaucoup plus longue que ne le comportait leur programme de route, retenues qu'elles étaient par le bon vin des auberges de ce petit pays.

L'aire d'appellation contrôlée CORNAS se situe autour du village et sur le coteau constitué de terrain granitique; elle exclut les terres d'alluvion de la vallée du Rhône. Les plants qui constituent le vignoble sont les *syrahs*. Etant peu fructifères, la taille longue est autorisée, mais nécessite l'attache du sarment sur l'échalas avant le printemps. Le vigneron doit effectuer dans les terrasses toutes les façons culturales à la main, et les récoltes ne dépassent que rarement 2000 hectolitres.

La lecture des étiquettes n'est pas toujours aisée et suppose quelques connaissances préalables. Le nom 'Chante-Alouette' est un nom de cru, pour lequel le négociant-éleveur donne la garantie que ce vin provient exclusivement de la zone de l'appellation contrôlée HERMITAGE, dans les Côtes-du-Rhône. Mais comment savoir qu'il s'agit d'un vin blanc.

Vendanges dans le vignoble de Châteauneuf-du-Pape, qui s'étend sur les communes de Châteauneuf-du-Pape, Orange, Courthezon, Béddarides et Sorgues. Le cru est fait d'un mélange de treize cépages, dont sept principaux : *grenache, clairette, mourvèdre, picpoul, terret, syrah, cinsault*, et six accessoires : *counoise, muscadin, vaccarèse, picardan, roussane* et *bourboulenc*.

Ce sont les raisins mûris sur le coteau qui donnent le meilleur vin, plus corsé, charpenté, fruité et capiteux, qui doit à sa richesse en tanin un goût de terroir caractéristique. La première année, il est même souvent un peu âpre, astringent, mais après un élevage de trois hivers en fût et deux ans en bouteille, le CORNAS atteint sa qualité optimale.

SAINT-PÉRAY. Au pied de la montagne de Crussol et à la hauteur de Valence se situe le village de Saint-Péray. Le département de l'Ardèche semble avoir été de tout temps un terrain de prédilection pour la vigne et, avec les CORNAS et les SAINT-JOSEPH, les SAINT-PÉRAY forment la trilogie des vins fins du Vivarais.

Le vignoble, l'un des plus anciens de la région des Côtes du Rhône septentrionales, est assez restreint en superficie : les vignes sont piochées le plus souvent à la main du fait de la distance étroite entre les rangées. Dans les parcelles les moins en pente, on essaie de labourer au cheval ou à la charrue à bras.

Seuls sont autorisés les deux cépages blancs dits *roussette* (ou *roussanne*) et *marsanne*, à l'exclusion de tout autre. La *roussette* ou *roussanne* est un cépage très fin donnant un vin fort parfumé et de grande classe,

mais elle produit peu et est d'une sensibilité extrême à la maladie si bien que, de plus en plus, elle est abandonnée.

Jusqu'au début du XIXe siècle, les vins de Saint-Péray étaient servis «nature» c'est-à-dire comme vins tranquilles. Des essais tentés en 1828 par des négociants locaux pour les transformer en mousseux donnèrent d'excellents résultats et, depuis lors, le SAINT-PÉRAY est aussi élaboré sous cette forme. C'est la vinification classique en blanc qui est pratiquée. Après pressurage et débouchage, la fermentation s'effectue dans des barriques de 225 litres, appelées «pièces». La fermentation doit se terminer avant l'hiver. Quant à la mise en bouteilles des vins blancs secs, elle s'effectue en général au bout de deux ou trois ans.

Ainsi, les vins obtenus sont livrés comme vins tranquilles, sous la désignation de SAINT-PÉRAY sec, ou comme vins pétillants, et c'est sous cette dernière présentation, SAINT-PÉRAY MOUSSEUX, que la production de ce cru est la plus connue.

CHÂTEAUNEUF-DU-PAPE. C'est le «pontife» des vins des Côtes du Rhône. Ce vin, chaud de tout le soleil provençal, est parfumé de tout l'arôme de ses garrigues. Entre

Sur la rive gauche de la rivière Ouvèze, entre Vaison-la-Romaine et Avignon, s'étend le vignoble de Gigondas, surtout planté de *grenache*, qui donne un vin rouge grenat dense et brillant, parmi les meilleurs crus des Côtes-du-Rhône.

Les vins de la commune de Sablet, Provence (ci-dessous) ont droit à l'appellation Côtes-du-Rhône. Comme on le voit sur cette photographie, tous les vignerons n'en sont pas encore au stade de la mécanisation. Gageons toutefois qu'on ne doit plus voir souvent des chevaux dans les vignes au temps de la vendange.

Orange et Avignon, dominant un des plus vastes et des plus émouvants paysages de Provence, une colline abrupte porte un village pittoresque, couronné d'une imposante ruine féodale. L'endroit fut jadis élu par les papes pour être leur résidence d'été. Montant à l'assaut de ce haut lieu, le vignoble de Châteauneuf-du-Pape, de grande tenue, montre que les vignerons n'ont rien laissé perdre de la tradition prestigieuse attachée à ce sol. Il continue à donner un vin digne en tous points d'une table pontificale. Le territoire ayant droit à l'appellation, c'est-à-dire la commune de Châteauneuf-du-Pape, mais aussi une partie de celles d'Orange, de Courthezon, de Beddarides et de Sorgues, fut délimité sévèrement dès 1923. La réglementation nationale des vins à appellation d'origine, intervenue en décembre 1936, s'est d'ailleurs inspirée de ce qui avait été réalisé à Châteauneuf-du-Pape.

Le mode de culture, la méthode de vinification et de conservation sont fixés par la loi et les traditions locales.

Le Châteauneuf-du-Pape provient de treize cépages dont sept, *grenache*, *clairette*, *mourvèdre*, *picpoul*, *terret*, *syrah*, *cinsault* sont considérés comme principaux, et six, *counoise*, *muscadin*, *vaccarèse*, *picardan*, *roussanne*, *bourboulenc*, comme cépages accessoires. Chacun de ces cépages apporte une note particulière au vin produit; ainsi le *grenache* et le *cinsault* donnent la chaleur, la liqueur et le moelleux; le *mourvèdre*, le *syrah*, le *muscadin*, le *vaccarèse* fournissent la couleur, la solidité, la conservation; le *counoise* et le *picpoul* procurent la vinosité, l'agrément, la fraîcheur et un bouquet particulier; enfin, la *clairette*, le *bourboulenc*, la *roussanne*, le *picardan* donnent la finesse, le feu et le brillant.

Les vins sont donc toujours hauts en couleur, en chaleur. Ils ont un bouquet puissant rappelant les épices orientales. Ils sont de types bien divers: les sols de cailloux roulés leur donnent beaucoup de force tandis que les sols sableux ou argilo-sableux sont à l'origine de la finesse et de l'élégance.

La production moyenne (1973-1980) de ce vignoble atteint 88 700 hectolitres.

A côté de tous ces grands vins dont nous venons de rappeler les origines, en même temps que nous en avons souligné les caractéristiques, il existe une foule de petits villages qui n'évoquent pas de souvenir particulier, mais qui sont d'excellents producteurs de vins d'appellations contrôlées Côtes-du-Rhône et Côtes-du-Rhône-Villages. Ce ne sont pas moins de 138 communes qui produisent, bon an mal an, 2 millions d'hectolitres. Certaines de ces circonscriptions se sont entendues pour une réglementation commune plus stricte, notamment avec dégustation obligatoire avant attribution du nom de l'endroit; c'est le cas notamment de Cairanne, Gigondas, Vacqueyras, etc.

Si le *grenache* et le *carignan* forment la structure des vins des Côtes-du-Rhône, dix-huit autres cépages ont pour rôle de caractériser un vin par rapport à un autre.

130

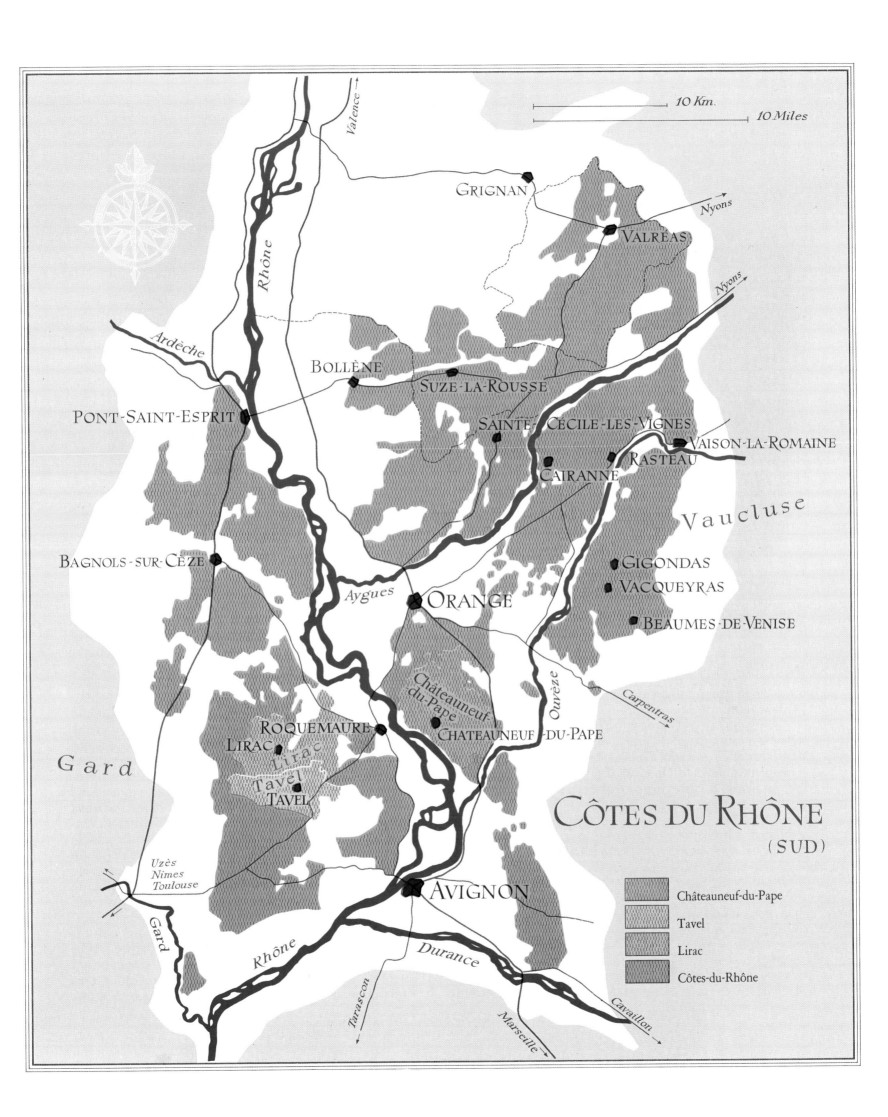

GRIGNAN

Valence

Nyons

VALRÉAS

Nyons

10 Km.

10 Miles

Rhône

Ardèche

BOLLÈNE

SUZE-LA-ROUSSE

SAINTE-CÉCILE-LES-VIGNES

VAISON-LA-ROMAINE

PONT-SAINT-ESPRIT

CAIRANNE

RASTEAU

V a u c l u s e

BAGNOLS-SUR-CÈZE

Aygues

GIGONDAS

VACQUEYRAS

ORANGE

BEAUMES-DE-VENISE

Ouvèze

Carpentras

Châteauneuf-du-Pape

G a r d

ROQUEMAURE

LIRAC

Lirac

CHÂTEAUNEUF-DU-PAPE

Tavel

TAVEL

CÔTES DU RHÔNE

(SUD)

Uzès
Nîmes
Toulouse

Rhône

Durance

AVIGNON

Châteauneuf-du-Pape

Tavel

Lirac

Côtes-du-Rhône

Tarascon

Marseille

Cavaillon

Gard

Il convient d'ajouter à cela les variations dues au sol, à l'exposition, à la culture individuelle, qui font l'originalité de chaque cru. Tout est réglementé: le cépage, le sol, la taille, le degré, le rendement.

CAIRANNE. La vigne pousse, ici, sur un des terrains viticoles les plus anciens. La presque totalité du vignoble de Cairanne, dont l'étendue couvre 1200 hectares, est constituée de coteaux et de terrasses exposés en plein midi.

VACQUEYRAS ET GIGONDAS. L'encépagement de GIGONDAS est fait surtout de *grenache*, tandis que le VACQUEYRAS est encore parfois à base de *carignan*, progressivement remplacé par le *cinsault* et le *syrah*. Signalons la grande qualité des vins rouges de cette appellation, qui se rapprochent des CHÂTEAUNEUF-DU-PAPE.

LIRAC. Les LIRAC, qu'ils soient rouges, rosés ou même blancs, ont acquis chacun leur propre type.

Le cépage principal, le *grenache*, doit, pour les rouges et les rosés, constituer les 40% au minimum et le *cinsault* et le *mourvèdre* les 60% de la plantation. Des cépages secondaires sont autorisés, tels que le *syrah* et le *picpoul*. Pour les blancs, le cépage *clairette* doit figurer dans la proportion de 30%.

Tous ces vieux cépages du terroir, répartis dans chaque exploitation selon une proportion judicieusement déterminée et, aux vendanges, mélangés dans la même cuve, produisent de ces charmants vins de Lirac dont le bouquet est si prononcé et le parfum si particulier.

TAVEL. Tavel, petit village à 12 kilomètres d'Avignon, récolte, sur un sol particulièrement aride, quelque 29000 hectolitres en moyenne d'un vin de couleur rouge clair, obtenu à partir de vieux cépages *clairette*, *cinsault*, *grenache*, etc., vin qui fut très apprécié des papes d'Avignon et de Philippe le Bel, lequel prétendait qu'«il n'est bon vin que de Tavel», ce vin au bouquet incomparable, léger à boire quoique chargé en alcool. Le Tavel peut se servir en apéritif; il accompagne très bien un plat de viande rouge; sur un perdreau ou une grive au genièvre, ce vin développe toute sa saveur.

RASTEAU. Ici, un seul cépage, le *grenache*, qui a donné naissance à un excellent vin doux naturel. Le moût est vinifié suivant la méthode classique d'obtention de vins doux naturels. Au cours de la fermentation du jus de raisin, une certaine quantité d'alcool est incorporée, qui a pour effet d'empêcher la transformation complète du sucre en alcool. Le vin garde une certaine quantité de sucre, qui est à l'origine de sa douceur, et présente quand même une dose d'alcool élevé.

BEAUMES-DE-VENISE. Il s'agit ici d'un vin doux naturel ou d'un vin de liqueur. Il est produit à partir de divers *muscats* blancs dont les raisins à goût spécial sont parmi les plus fins du type. Ces vins, vieillis en fûts ou en bonbonnes, comptent parmi les meilleurs muscats.

LES VINS DES CÔTES DE PROVENCE

Les vins des Côtes de Provence ont une origine très ancienne puisque, sous le nom de «vins de Provence», ils étaient déjà connus des Romains. Si, vraisemblablement, ce sont les Gaulois qui, aux dires de Justin, cultivèrent les premières vignes apportées d'Italie et du Proche-Orient par les Phocéens, on les trouve déjà à l'honneur sous le règne de César qui en parle dans ses Commentaires. La notoriété des vins de Provence se poursuit au Moyen Age et pendant la Renaissance; le Cartulaire de Lerins les cite et la législation seigneuriale et abbatiale commence à fixer les règles de leur production et de leur commerce, telles que l'acte du roi Charles II, de 1292, et l'autorisation de la reine Marie, de 1391. Aux XVIIᵉ et XVIIIᵉ siècles, leur réputation est consacrée à la Cour où Mme de Sévigné devient leur meilleure ambassadrice. C'est de cette époque que date la fondation par Louis de Vauvray, intendant de la marine à Toulon, d'un des premiers ordres bachiques, celui des «Chevaliers de Méduse». Au XIXᵉ siècle et au début du XXᵉ, l'appellation et même la célébrité des vins des Côtes de Provence étaient un peu tombées en désuétude; sous diverses désignations, certains de ces vins servaient au coupage et d'autres à la vermoutherie. Seuls quelques propriétaires, fiers de leurs crus et forts

Les viticulteurs des Bouches-du-Rhône et du Languedoc produisent de très grandes quantités de vin qui se heurtent à la concurrence des vins italiens et espagnols. Cette situation préoccupe les vignerons et leurs organisations, comme aussi les autorités nationales et européennes du Marché commun. La solution de ce problème est fort complexe, par conséquent longue à produire des effets.

des marchés qu'ils avaient conquis, groupés par la suite sous l'égide de l'Association Syndicale des Propriétaires Vignerons du Var, créée en 1931, maintenaient le drapeau de cette appellation; ils allaient être à la base de la résurrection des Côtes-de-Provence.

L'aire de production résulte d'une délimitation comportant l'étude géologique, hydrologique et climatique du terrain par une commission nommée par arrêté ministériel et composée de représentants de l'Institut National des Appellations d'Origine, de l'Inspection générale du ministère de l'agriculture, de la faculté des sciences des universités de Marseille et de Montpellier. L'aire de production est limitée aux zones suivantes: la zone côtière provençale, de la Ciotat à Saint-Raphaël; la dépression permienne qui, de Sanary, se dirige par Toulon vers Carnoules et Leluc; le plateau triasique de Lorgues-Carces; les terrasses de la vallée du Var; la zone désignée par les géologues sous le nom de Bassin de Fubeau, dans les Alpes-Maritimes. Un fichier pour chaque commune productrice et un fichier individuel par producteur ont été créés. Ils sont suivis chacun avec minutie.

La délimitation de l'aire de production, la fixation d'un minimum de production à l'hectare, la détermination des cépages ne constituent pas aux yeux des producteurs une sélection suffisamment sévère et ces derniers se sont imposés de soumettre leur production, répondant déjà à ces derniers impératifs, à une analyse organoleptique et ensuite à l'examen d'une commission de dégustation qui juge en dernier ressort si le vin est digne de l'appellation Côtes-de-Provence.

CÉPAGES. Les variétés composant les Côtes-de-Provence sont assez nombreuses. Cependant certaines ne jouent qu'un rôle secondaire et n'occupent qu'une surface limitée; mais partout on retrouve les mêmes cépages de base.

Parmi les cépages rouges, le *carignan* vient nettement en tête, occupant 25% et même davantage de la superficie du vignoble. De débourrement tardif, de productivité moyenne mais sensible à l'oïdium, il donne des vins alcooliques, corsés, parfois un peu âpres quand ils sont jeunes; cette âpreté diminue rapidement en vieillissant. Une certaine proportion de ce cépage est nécessaire.

Le *cinsault*, comme d'ailleurs le *grenache*, apporte de la souplesse, du moelleux et du bouquet. Il en est de même du *tibouren* qui occupe une surface importante dans les Maures.

Le *mourvèdre*, cépage d'élite, a tenu autrefois une place bien plus importante qu'actuellement; l'irrégularité de sa production l'a fait régresser. Sous l'impulsion de quelques viticulteurs d'avant-garde, il connaît à nouveau une certaine faveur et est maintenant en nette extension. Il doit, s'il entre dans une proportion convenable, assurer un bon vieillissement des vins et faire progresser encore très largement la qualité.

Parmi les cépages blancs, l'*ugni* et la *clairette*, ainsi que le *rolle* dans les Alpes-Maritimes, constituent la quasi-totalité de l'encépagement. A ces cépages principaux s'en ajoutent parfois d'autres de haute qualité: le *syrah*, le *cabernet*, le *barbaroux*, le *picpoul*, la *roussanne*, le *pecoultouar*, etc.

C'est pas une association judicieuse des cépages, chacun apportant ses caractères particuliers, que les Côtes de Provence acquièrent leur équilibre et leur qualité propre. La tendance à accroître la proportion de cépages de haute qualité s'accentue et les progrès sont rapides. Signalons que la loi impose un minimum de 11° pour les vins rouges et rosés et de 11°5 pour les vins blancs.

VINIFICATION. A leur arrivée dans les caves, celles de particuliers ou de coopératives, les vendanges sont soigneusement sélectionnées, afin de n'introduire dans les cuves que des raisins ayant droit à l'appellation. L'emploi du mustimètre et du réfractomètre étant généralisé, les viticulteurs attendent que les raisins aient atteint une complète maturité afin d'avoir le maximum de degrés.

La fermentation s'effectue le plus souvent dans des cuves en ciment; cependant quelques propriétaires de crus classés vinifient en cuves de bois. Le bois est, en revanche, toujours utilisé pour une conservation assez longue, obligatoire pour les producteurs qui vendent en bouteilles. L'égrappage est assez fréquemment pratiqué. La cuvaison est en général courte: quatre à cinq jours pour les vins rouges, plus longue au contraire pour les vins blancs, qui fermentent pendant une

L'étiquette de 'Clos d'Albizzi' habille une bouteille d'appellation contrôlée Cassis, vin des Côtes-de-Provence. Le 'Clos d'Albizzi' est un vin blanc sec, élégant et plein de caractère, issu de cépages *ugné blanc, clairette* et *sauvignon*: il fait partie de l'aristocratie des vins de Provence; il est fort apprécié des connaisseurs.

quinzaine de jours, vingt-quatre heures seulement pour les vins rosés, qui sont le résultat naturel de la première pressée à 100% de cépages rosés. Le vin blanc est obtenu le plus souvent selon la méthode dite de la «saignée». Elle consiste à laisser ouvert le robinet de vidange de la cuve dans laquelle arrive la vendange foulée et à prélever ensuite une certaine proportion de moût.

Les conditions de milieu et les cépages cultivés permettent d'obtenir, par une vinification rationnelle et des soins attentifs de conservation, des vins de tout premier ordre.

CRUS CLASSÉS. La commission de délimitation a constaté que, parmi la masse des producteurs, certains s'étaient organisés pour vinifier dans les meilleures conditions et pour conserver chaque année une partie de leur récolte qui était vendue ultérieurement après vieillissement en bouteilles. C'est pourquoi la commission a repris l'idée des crus classés pour tout domaine qui antérieurement pratiquait le vieillissement. Elle a examiné si la renommée des vins de telle ou telle exploitation était justifiée, en se basant sur les conditions de milieu, l'encépagement, les soins culturaux mis en œuvre, les procédés de vinification et d'élevage employés, les qualités des vins obtenus. Elle a, d'autre part, exigé un vieillissement minimal de quinze mois pour les vins rouges et de huit mois pour les vins rosés et les vins blancs. Sur plus de soixante domaines visités, la commission a estimé qu'une trentaine seulement méritaient d'être retenus comme crus classés CÔTES-DE-PROVENCE.

Ce qui a pu faciliter l'expansion de l'appellation au détriment de certains vins, c'est en particulier leur adaptation facile à la plupart des mets.

Le rosé, grande spécialité des Côtes de Provence, est savoureux, fruité, et sa robe est chatoyante; sa haute qualité le fait apprécier des gourmets.

Le vin blanc est en général sec, parfois pétillant, toujours plein de la saveur des collines provençales, et agrémente de la façon la plus heureuse la dégustation des coquillages et des poissons de la côte méditerranéenne. Les loups du golfe de Saint-Tropez, les langoustes des calanques corses, les rougets des fonds rocheux de la côte varoise ainsi que les fruits de mer prennent leur pleine valeur gustative lorsqu'une bouteille des CÔTES-DE-PROVENCE vient ajouter son bouquet.

Le vin rouge, très savoureux, se met pleinement en valeur lorsqu'il accompagne les pâtés, les gibiers et les rôtis. Il est le compagnon de choix des venaisons et rehausse encore le fumet délicat des rôtis de bécasses flambées au vieil armagnac.

Comme il en existe pour nombre d'autres vins, une forme de bouteille a été créée pour les CÔTES-DE-PROVENCE. Elle dérive de la forme de la bouteille provençale traditionnelle.

Confrérie vineuse

Fidèles à leurs traditions, les vignerons des Côtes de Provence, comme dans bien d'autres régions vinicoles, ont créé une société vineuse ou plus exactement font revivre une fort ancienne confrérie, fondée en 1690, la Confrérie des Chevaliers de Méduse, du nom de l'une des antiques gorgones. Elle eut pour premier Grand maître M. Dantan et pour premier animateur l'intendant de la marine à Toulon, M. Louis Girardin de Vauvray, lequel fut nommé membre bienfaiteur de l'ordre en 1697.

C'est dans le somptueux décor du Château de Sainte-Roseline, aux Arcs-de-Provence, dans son cloître et dans son parc que se déroulent les manifestations de l'ordre aux destinées duquel veillent un Président et son Grand conseil.

LES VINS DU LANGUEDOC ET DU ROUSSILLON

En Languedoc-Roussillon nous trouvons un très grand vignoble dont l'existence s'explique par des conditions naturelles favorables. La culture de la vigne est actuellement l'activité dominante de la région. Si dans certains cantons elle s'associe aux cultures maraîchères et fruitières sur la bordure gardoise du Rhône, à l'élevage ovin dans la région des Garrigues et de la basse Montagne Noire, à l'industrie dans les bassins houillers d'Alès et près des centres urbains de Montpellier, Nîmes et Béziers, à la pêche sur le littoral, elle demeure encore l'activité unique dans la plus grande partie des communes, malgré la reconversion amorcée.

Si, dans une proportion de 85%, il s'agit de vins de consommation courante, produit à partir des meilleurs cépages, vinifiés dans des conditions perfectionnées, on oublie que 12% sont des vins d'appellation d'origine simple et 3% des vins d'appellation contrôlée. Depuis cinq ans, des vins de consommation courante provenant des vignobles dépourvus d'hybrides, obtenus à l'aide de cépages recommandés ayant satisfait à un certain nombre d'analyses et soumis à une commission de dégustation, peuvent bénéficier du titre de «vins sélectionnés» et être vendus comme tels sans assemblage.

Ces vins sélectionnés commencent à prendre place à côté des crus réputés, tels SAINT-CHINIAN, COTEAUX-DU-LANGUEDOC, CABRIÈRES, FAUGÈRES, MÉJANELLE, MONT-

Adossé aux Pyrénées orientales et cultivé en terrasses, le vignoble de Collioure produit un des meilleurs BANYULS, vin doux naturel rouge ou rosé. Curnonsky, le prince des gastronomes, a dit du Banyuls qu'il a la «cambrure et la chaleur sarrazine».

PEYROUX, PICPOUL DE PINET, PIC SAINT-LOUP, SAINT-CHRISTOL, SAINT-DREZERY, SAINT-GEORGES D'ORQUES, SAINT-SATURNIN, VESARGUES, tous vins délimités de qualité supérieure, produits dans le département de l'Hérault. Rappelons que la plaine héraultaise produit aussi de très aromatiques vins de *muscat*, tels que le FRONTIGNAN, le LUNEL, le MIREVAL et la CLAIRETTE DU LANGUEDOC.

Dans le département du Gard, outre les vins d'appellation d'origine contrôlée CÔTES-DU-RHÔNE (notamment le ROSÉ DE CHUSCLAN, le TAVEL, le LIRAC), les V.D.Q.S. COSTIÈRES-DU-GARD sont d'agréables vins, fruités et gouleyants.

Deuxième département viticole français l'Aude produit des vins à appellation contrôlée: le CORBIÈRES et le MINERVOIS, et des vins de consommation courante. La tendance à l'amélioration de l'encépagement (*grenache* et *cinsault*) se développe. La vinification fait l'objet de très sensibles améliorations. Les caves coopératives du département vinifient entre 55% et 56% de la production des vins. La viticulture produit de plus en plus des vins consommables «en l'état».

Dans la gamme des vins de qualité, outre les CORBIÈRES et les MINERVOIS, il y a le FITOU, LA CLAPE, le QUATOURZE, la BLANQUETTE DE LIMOUX (17 000 hectolitres) et les vins doux naturels, autant de productions, qui ont su assurer la réputation vinicole de ce département.

Provenant uniquement des coteaux délimités du Limousin dans la Haute-Vallée de l'Aude, la BLANQUETTE DE LIMOUX est un vin blanc mousseux, préparé suivant une méthode très ancienne avec des raisins de *mauzac* et de *clairette*. La faveur dont jouit la BLANQUETTE DE LIMOUX depuis de nombreux siècles tient à son caractère pétillant, à sa finesse et à son fruité. Signalons que le vin a été classé d'appellation d'origine en 1938.

Le vignoble des Corbières s'étend pour sa plus grande partie sur le département de l'Aude et la vigne y est cultivée selon des méthodes consacrées par les usages locaux, loyaux et constants. Ce respect de la tradition a pour but de maintenir les caractères spécifiques des vins. Une réglementation judicieuse tend à établir un équilibre entre les progrès nécessaires de la technique et l'amélioration de la qualité des vins. Ces vins doivent titrer au minimum 11° et l'on retrouve une réglementation comparable dans toutes les régions françaises qui produisent des vins bénéficiant d'une appellation d'origine (délimitation parcellaire, encépagement, degré, rendement et pratiques culturales). La production annuelle dépasse un million d'hectolitres.

Les CORBIÈRES sont pour la plupart des vins rouges auxquels s'ajoutent quelques vins rosés. Les vins blancs sont beaucoup plus rares.

Les rouges sont des vins charnus, complets, dont la qualité s'améliore par le vieillissement. Au bout d'un an, ils sont bien dépouillés; après le deuxième hiver, leur qualité s'épanouit et ils peuvent être mis en bouteilles. On obtient alors un produit dont le bouquet et la finesse s'harmonisent avec la charcuterie, les volailles, les rôtis, le gibier et le fromage.

Les vins rosés se distinguent par leur fruité, leur grande finesse et leur nervosité. Ils accompagnent parfaitement les coquillages et les poissons; d'une manière générale, ils présentent le grand avantage de pouvoir être servis avec tous les mets.

Quant aux vins doux naturels du Roussillon et du Midi, l'origine des titres de noblesse dont ils s'enorgueillissent est fort ancienne. Sur les terrasses escarpées, sur les coteaux ensoleillés surplombant la mer, comme à Banyuls, ou accrochés sur les derniers contreforts des Pyrénées, s'étagent les vignobles à l'origine de ces vins.

C'est dans les Pyrénées-Orientales, pour la majorité, que sont récoltés les BANYULS, MAURY, RIVESALTES, CÔTES-d'AGLY et les CÔTES-DE-HAUT-ROUSSILLON. La partie viticole méridionale des Corbières de l'Aude, contiguë au Roussillon, en récolte aussi, mais en quantités bien moindres.

A Banyuls, le *grenache noir* domine. Il est cultivé sous l'influence directe des vents du large, sur les flancs abrupts des derniers contreforts des Albères, dans le peu de terre arable que donne le lent délitement d'une roche-mère de schistes primaires aux teintes rouille et aux allures de vieux bois.

Dans les Fenouillèdes, près de Maury, allié à un terrain exceptionnel, le *grenache noir* prévaut encore.

Les vignobles du Roussillon, comme ici à Castelnou, produisent des vins de table (vendus sous la garantie et la protection d'un label syndical) et des vins doux naturels d'appellation d'origine contrôlée.

Le vignoble s'accroche à des mamelons constitués par des marnes sombres feuilletées. Encaissé entre deux hautes falaises blanches de calcaire dur, le vignoble bénéficie, dans ce couloir aride, d'une concentration particulièrement favorable, bénéficiant de l'ardente intensité solaire. La première préoccupation de l'acheteur et du consommateur doit être de vérifier avec soin l'origine des bouteilles qu'il achète. Il sera en présence de vin rouge ou tuilé foncé s'il provient du terroir de Banyuls ou de Maury. Le vieillissement apporte des reflets de pourpre et d'or; très vieux, les BANYULS et les MAURY acquièrent souvent le goût spécial dit «rancio», apprécié des gourmets catalans. Le dégustateur averti saura retrouver dans les BANYULS et les MAURY le bouquet spécial du *grenache noir*; il appréciera toute la chaleur et le charme de ces vins vinifiés en macération. Au cours des fermentations, le moût reste en contact plus ou moins prolongé avec la pulpe et la pellicule du raisin; il acquiert, en macérant ainsi, la plus subtile de ses qualités.

Dans les côtes d'Agly, avec bon nombre de peuplements en *grenache noir*, ce sont le *grenache gris* et le *grenache blanc* que l'on trouve en mélange, complétés par du *maccabéo*. Ces cépages sont plantés sur des sols en provenance de terrains du secondaire, mais aussi des tènements d'élection constitués par la désagrégation de schistes ferrugineux et de schistes noirs du primaire, ces derniers pertinemment appelés «schistes ampéliteux» — il s'agit de schistes employés dans le passé comme amendement pour les terres à vigne.

A Rivesaltes, à côté de parcelles complantées entièrement en *muscat*, le *grenache blanc* et le *malvoisie* donnent des vins d'une extrême finesse; la majeure partie du RIVESALTES est implantée sur les terrasses d'alluvions anciennes, très caillouteuses, entre Salses, Rivesaltes et le «Crest» de Pia.

Dans les côtes du Haut-Roussillon, région des Aspres, les *grenaches* ont encore la priorité, mais ils laissent de plus en plus la place au *muscat* et au *maccabéo* qui apportent leur bouquet tout particulier. Les rangs de vignes sont plantés sur des collines de limons assez graveleux ou caillouteux, de couleur rousse, qui ont été déposés à l'époque tertiaire, puis ravinés par l'érosion. Cette zone, est, elle aussi, très aride, d'où son nom d'Aspres.

Provenant de Rivesaltes, des Côtes d'Agly ou des Côtes du Haut-Roussillon, des vins blancs dorés sont aussi produits; ils prennent souvent, en vieillissant, une belle teinte «topaze» brûlée. La vinification terminée, ces vins doivent présenter, au minimum, une richesse alcoolique totale en puissance de 21°5, et titrer au moins 15°.

Le consommateur doit prendre soin de rafraîchir ses bouteilles entre 5° et 10°; ce sont les températures idéales pour consommer les vins naturels. Il ne faut pas oublier que les muscats sont toujours très liquoreux et doivent être rangés dans les vins doux naturels les plus doux, mais que, sous les autres appellations, on peut trouver plusieurs types plus ou moins doux. En vieillissant dans certaines conditions, les vins doux naturels à base de *grenache* surtout et de *malvoisie* acquièrent le goût recherché de rancio.

Dans leur pays d'origine, les vins de Perpignan accompagnent obligatoirement un certain nombre de manifestations gastronomiques régionales. Ils préparent ou terminent les «cargolades» où tout le menu (escargots, saucisses, côtelettes) est grillé sur la braise des sarments de vigne; ils arrosent de leur saveur les préparations de fruits aussi bien que les pâtisseries catalanes telles que les «bougnettes», «rousquilles» et «tourteaux à l'anis».

Entre ses lèvres ouvertes, le Catalan, campé, le boit au «porro», carafe en verre au bec conique très effilé tendue à bout de bras: un jet très fin d'or et d'ambre scintillant décrit une trajectoire harmonieuse. Par l'habileté du buveur «à la régalade», le vin s'épanouit sur la langue et le palais et sur les papilles gustatives. Les vins doux naturels peuvent être servis comme apéritif. Dans ce cas, il vaut mieux rechercher les types les plus secs. Les BANYULS et le MAURY seront appelés à remplir ce rôle. C'est surtout comme vins de dessert ou comme digestifs que ces vins conviennent. Blancs ou tuilés, ou du type muscat, tous doivent être servis très frais mais non glacés, comme cela se rencontre trop souvent.

La construction de la chapelle de Montalba, dans les environs d'Amélie-les-Bains (Pyrénées orientales) se détache au-dessus d'un vignoble qui donne surtout des vins de table courants, chauds, solides et fermes.

VINS SUISSES DE LA VALLÉE DU RHÔNE

CANTON DU VALAIS

VINS BLANCS

Types de vin	Appellations de cru et appellations commerciales
Fendant	Fendant, Les Riverettes, Grand-Schiner Le Père du Valais, Brûlefer, Combe d'Enfer, Trémazières, Sur Plan d'Uvrier, Rives du Bisse, Réserve de Tous-Vents, Vieux Sion, La Guérite, Les Murettes, Etournailles, Vieux Sierre, Clos de Balavaud, Rocailles, Solignon, Montibeux, Grand Baillif, Pierrafeu, Vin des Chanoines, Etoile de Sierre, Ste-Anne, Réserve du Procureur, Fendant du Ravin.
Johannisberg	Johannisberg, Burgrave, Le Grand-Schiner Prince de l'Eglise, Johannisberg de Chamoson, Ravanay, Rives du Bisse, Brûlefer, Novembre, Salgesch, Mont d'Or, St-Théodule, Rhonegold, Grand Bouquet, Johannisberg Balavaud, Johannestrunk, Vin des Chevaliers.
Malvoisie	Malvoisie, Marjolaine, Combe d'Enfer, Malvoisie mi-flétrie, Rives du Bisse, Côte Dorée, Vieux Sierre, Rawyre, Vieux Plants, Brindamour, Malvoisie de la Fiancée, Malvoisie Pinot gris.
Amigne	Belle Valaisanne, Rives du Bisse, Raisin d'Or.
Arvine	Belle Provinciale, Petite Arvine de Chamoson.
Ermitage	Ermitage, Rives du Bisse, Hermitage, Ermitage « Cuvée réservée », Vieux Plants, Ermitage Vétroz, Les Chapelles.
Humagne	Humagne Vétroz.
Païen	Vin du Glacier.
Rèze	Vin du Glacier.
Riesling	Riesling, Goût du Conseil « Mont d'Or », Colline des Planzettes Sierre.

VINS ROUGES

Dôle	Le Grand-Schiner Chapeau Rouge, Clos du Château, Combe d'Enfer, Dôle de Chamoson, Dôle-Pinot noir sur Plan d'Uvrier, Dôle von Salgesch (La Chapelle), Dôle Ravanay, Rives du Bisse, Hurlevent, Les Mazots, Dôle du Mont, Dôle de Salquenen, Vieux Sierre, Soleil de Sierre, Sang de l'Enfer, Clos de Balavaud, Dôle de Balavaud, Girandole, Crêta Plan, Chanteauvieux, Gloire du Rhône, Dôle-Pinot noir, Vieux Villa, Vieux Salquenen, Romane.
Merlot	Colline des Planzettes Sierre.
Pinot noir	Pinot noir de Chamoson, Le Sarrazin, Le Grand Schiner Saint Empire, Pinot noir du Valais, Rives du Bisse, Uvrier, Vendémiaire, Rhoneblut, Römerblut, Oeil-de-Perdrix, Millésime, Beau Velours, Colline des Planzettes Sierre, La Tornale, Ste-Anne, Vieux Cellier, Le Préféré, Chapelle de Salquenen, Johannestrunk, Pinot noir de Salquenen, Vin des Chevaliers, Crête de l'Enfer.
Rosé	Oeil-de-Perdrix, Rosé d'Eros.

CANTON DE VAUD

VINS BLANCS ● Dorin (Chasselas)

Appellations de commune	Appellations de cru et appellations commerciales
CHABLAIS	
Bex	Chêne.
Ollon	Côtes de Verschiez.
Aigle	Clos de Beauregard, Clos du Paradis, Clos de la Vineuvaz, Les Forteresses, Clos du Cloître, Crosex-Grillé, Aigle Royal, Hospices Cantonaux, Domaine de la Commune, Les Cigales, Merveilles des Roches, Les Murailles, Réserve du Vidôme.
Yvorne	Château Maison blanche, Vieux Collège, Clos de la George, Clos des Rennauds, Clos du Rocher, L'Ovaille, Le Chant des Resses, Les Fornets, Les Portes Rouges, Le Petit Vignoble, Plan d'Essert, Près Roc, Domaine de la Commune.
Villeneuve	Sur la Tour, Clos du Châtelard, De nos Domaines, Caves des Hospices cantonaux, Les Terrasses, Vin de l'Empereur.
Villeneuve (pinot gris) . .	Ovaille, Jeu du Roy.
LAVAUX	
Montreux	Rossillion, Château de Châtelard, Côtes de Pallens, Coteaux du Haut-Léman.
La Tour-de-Peilz	Clos des Mousquetaires.
Vevey	Caves de l'Hôpital.
Corsier	Cure d'Attalens.
Corseaux	Clos Châtonneyre, Clos sur la Chapelle.
Chardonne	Clos des Berneyses, Château de Chardonne, Cave des Allours, le Chantey, Le Fin de la Pierraz, Burignon, Clos de la Chenalettaz, Petite Combe.
Saint-Saphorin – Rivaz . .	Faverges, Les Rueyres, Blassinges, Charmus de la Cure, Château de Glérolles, Larchevesque, Les Fosses, Planète, Roches Brûlées, La Riondaz, Roche Ronde, Roc Noir, Pierre Noire, Grand Vigne, Domaine d'Ogoz, Le Grillon, Clos des Plantaz.

Appellations de commune	Appellations de cru et appellations commerciales
Dézaley	Chemin de Fer, L'Evêque, L'Arbalète, Chapotannaz, Clos des Abbayes, Dézaley de la Ville, Embleyres, Clos des Moines, Clos de l'Ermite, Clos du Philosophe, Château Marsens, Sous-Marsens, De la Tour, La Borne, La Gueniettaz, Mousquetaires, Renard, Pertuizet, Sur les Abbayes, La Médinette.
Epesses	Boux d'Epesses, Braise d'Enfer, Calamin, Chanteperdrix, Coup de l'Etrier, Crêt-dessous, Crêt-brûlé, La République, Terre à Boire.
Cully	Les Blonnaises, Chenaux, St-Amour, La Perle.
Riex	Maison Blanche.
Villette-Grandvaux . . .	Bouton-d'Or, Belletaz, Bien-Venu, Clos des Echelettes, Clos des Roches, Daley Villette, Treize Vents, Domaine du Daley, En Genévaz, Côtes de Courseboux, Clos de la Cour.
Lutry	Bolliattaz, Grandchamp, Montagny, Clos de Chamaley, Joli Cœur, Ma Réserve, Boutefeu, Clos des Cloîtres, Châtelard, Clos des Brûlées, Bertholod.

LA CÔTE

Morges	Bravade, Clos des Abbesses, Marcelin, Domaine de la Commune.
Nyon	Château de Crans, Château de Duillier, Banderolle.
Aubonne	Curzille.
Allaman	Clos du Château, Ville de Lausanne.
Féchy	Clos des Bayels, Clos du Martheray, Vieux Coteaux, Mon Pichet, Joli Site.
Bougy	Domaine de Riencourt, Cave de Fischer, Château de Bursinel.
Gilly	Château de Vincy, Coteau de Gilly.
Perroy	Malessert, Clos de la Dame, Clos de la Donery, Abbaye de Mont Ville de Lausanne, Cave du Prieuré, Clos de l'Augmendaz.
Mont	Autecour, Haute-Cour, Crochet, Montbenay, Clos des Truits, Château de Mont, La Viborne, Chatagnéréaz, Mont-Crochet, Les Pierrailles, La Montoise, Beau-Soleil, Domaine de la Bigaire, Famolens, Beauregard.
Tartegnin	Clos du Rousillon, Clos des Panissières.
Vinzel	Domaine de la Bâtie, Château de Vinzel, Clos du Château de Bursins.
Luins	Château de Luins, La Capite, Domaine de Sarraux-dessous, Sarraux.

VINS ROUGES

CHABLAIS	Salvagnin Eminence, Salvagnin Mille pierres, Clos de l'Abbaye, Clos du Châtelard, Clos de la George, Côtes de Verschiez, Bex, Pinot noir Monseigneur, Pinot noir le Notable.
LAVAUX	Salvagnin des Caves de l'Hôpital, Salvagnin de l'Hôpital des Bourgeois de Fribourg, Salvagnin Cep d'Or, Salvagnin Chevron rouge, Salvagnin Coteaux du Haut-Léman, Salvagnin Forban, Salvagnin Grain rouge, Pinot noir Coin des Serpents, Pinot noir Cuvée du Docteur, Pinot noir Grand-Croix, Pinot noir Sept Murs, Pinot-Gamay Montorgueil, Pinot-Gamay Roche rouge, Pinot-Gamay Saint-Saphorin printanier, Pinot-Gamay sous l'Auvent, Pinot-Gamay Burignon, Dôle d'Epesses.
LA CÔTE	Salvagnin Commune de Morges, Salvagnin Château de Saint-Saphorin, Salvagnin Domaine de Valmont, Salvagnin du Baril, Salvagnin Chapeau rouge, Salvagnin Croix du Val, Salvagnin Licorne, Salvagnin Piganot, Clos des Abbesses Clos du Paradis, Pinot noir Clos du Satyre, Pinot noir Grand Brocard.

VINS ROSÉS

Gamay	Bellarosa, Busard, La Caille, Perle Rose, Roussard, St-Martin, Vieux Murs.
Pinot	Oeil-de-Perdrix, Oeil-de-Perdrix - Clos du Terraillex, Oeil-de-Perdrix - Chantemerle.

CANTON DE GENÈVE

VINS BLANCS

Types de vins	Appellations de cru et appellations commerciales
Chasselas	Les Contamines, Chasselas Genève, Clos des Curiades, Clos de la Donzelle, Perle du Mandement, Coteau de Lully, Bouquet Royal.
Riesling-Sylvaner	Riesling-Sylvaner Satigny, Les Argoulets.
Aligoté	Lully, Clos des Curiades.
Pinot blanc	Les Curiades.

VINS ROUGES

Gamay	Gamay de Gondebaud, Les Clefs d'Or, Gamay-Lully, Domaine des 3 Etoiles.
Gamay rosé	Rose Reine.
Gamay Pinot	Gamay Pinot, Pinogamay.
Pinot noir	Clos des Curiades, Le Damoiseau, Pinot noir Lully.

VINS FRANÇAIS DE LA VALLÉE DU RHÔNE

VINS DE SAVOIE

Appellations génériques	*Appellations de cru ou de commune*
Vins de Savoie	Marin, Ripaille, Marignan, Coteaux de Crépy, Petit Crépy, Monterminod, Apremont, Abymes, Chignin, Cruet Montmelian, Saint-Jean-de-la-Porte
Roussette de Savoie . .	Frangy, Marestel, Monthoux, Seyssel.

VINS DU JURA

Appellations génériques	Côtes-du-Jura, Château-Chalon, L'Etoile, Arbois.

CÔTES DU RHÔNE

VINS BLANCS

Appellations génériques . .	*Appellations de cru ou de commune*
Saint-Péray	Amour de Dieu, Arboisset, Château de Beauregard, Bellevue, La Beylesse, Biguet, Biousse, Blaches, Bouzigues, Le Bret, Buissonnet, La Cacharde, Cerisier, La Chaume, Le Chêne, Combette, Coste Claude, La Côte, Coteau-Caillard, Coudiol, La Crozette, Déseret, Fauterie, Fourniers, La Gamone, Le Géant, Grand-Champ, Hongrie, Issartel, Jirane, Lubac, Maison Blanche, Malgazon, Marcale, Mois de Mai, Moulin-à-vent, Pateaud, Perrier, Pinchenas, La Plantier, Prieuré, Putier, Aux Putiers, Rochette, Ruines de Crussol, Sainte Fleurie, Les Sapettes, Soulignasses, Thioulet, Tourtousse, La Venance, Vergomars.
Château-Grillet	
Condrieu	Chéri, La Garenne, Vernon, Boucher, Château-Grillet, Laboye, Le Colombier.

VINS ROSÉS

Tavel	Aqueria, Blaise d'arbres, Bouvettes, Cabanette, Campey, Carcenies, Comeyre, Cravailleu et Alexandre, La Genestière et Fourcadure, Manissy, Montezardes et Trinquevedel, Olivet, Les Patus, Plaine de Vallongue, Plans et Palus, Les Prés, Roc Crispin et Malaven, Romagnac, Tavelet et les Oliviers, Vau et Clos, Vaucroze, Vaucroze et Vacquières, La Vaussière, La Vaute, Vestides, Le Village.
Côte-du-Rhône Chusclans	

VINS BLANCS ET VINS ROUGES

Châteauneuf-du-Pape . .	L'Arnesque, Barbe d'Asne, Bas-Serres, Beau Renard, La Bigote, Les Blaquières, Bois de Boursan, Bois de la Vieille, Bois Senescau, Les Bosquets, Le Boucou, Les Bourguignons, Les Brusquières, Cabrières, Cansaud. Castelas, La Cerise, Charbonnières, Chemin de Sorgues, Le Clos, Colombis, Combes d'Arnavel, Combes Masques, Coste-Froide, Coteau de l'Ange, Les Coulets, La Crau, La Croze, Devès d'Estouard, Les Esqueiron, Farguerol, La Font du Loup, La Fortisse, Four à Chaux, Les Galimardes, La Gardine, Grand chemin de Sorgues, Grand Devès, Grand Pierre, Les Grands Galiguières, Grandes Serres, La Grenade, Jaquinotte, Le Lac, Le Limas, Les Marines, Les Mascarrons, Mont de Viès, Montolivet, Mont Pertuis, Mont Redon, Moulin à Vent, La Nerthe, Le Parc, Les Parrans, Pelous, Petite Bastide, Petites Serres, Pied-de-Baud, Pied-Redon, Les Pielons, Pierre-à-Feu, Pignan, Les Plagnes, Les Pradels, Relagnes, Les Revès, La Roquette, Roumiguières, Saint-Joseph, Les Serres, Terres-Blanches, Les Tresquous, Vaudieu, Cabane Saint-Jean, Cansaud, La Chartreuse, Chemin de Châteauneuf, Les Combes, Le Coulaire, Coteau de Saint-Jean, La Crau, Croix de Bois, Duvet, Les Escondures, La Font de Michelle, La Font du Loup, Les Garrigues, Le Grand Plantier, Marron, Patouillet, La Petite Crau, Pied-Redon, Piegeoulet, Ras-Cassa, Reveirores, Sauvines, Terre-Ferme. La Barnuine, Barratin, Les Bédines, Chapouin, Coucoulet, La Crau, Le Cristia, Font du Loup, La Gardiole, Le Grès, Guigasse, La Jamasse, Le Mourre de Gaud, Le Mourre de Vidal, Le Mourre des Perdrix, Palinteau, Pignan, Le Pointu, Le Rayas, Saint-Georges, Saintes-Vierges, Les Saumades, Valori, La Bertaude, Boidauphin, Boilauzon, Cabrières, Maucoil, Palestor, Chafeune, Franquizons, Le Grand Collet, La Lionne.
Crozes-Hermitage	Bourret, Les Habrards, Martinet, Les Mejeans.
Hermitage ou Ermitage .	Beaumes, Les Bessards, La Croix, La Croix de Jamot, Les Diognères, Les Diognères et Torras, Les Greffieux, Les Gros des Vignes, L'Hermite, L'Homme, Maison Blanche, Le Méal, Les Murets, Péléat, La Pierrelle, Les Rocoules, Les Signaux, Varogne.
Lirac	
Saint-Joseph	
Côtes-du-Rhône	Rochegude, Saint-Maurice-sur-Eygues, Vinsobles, Cairanne, Gigondas, Rasteau, Roaix, Séguret, Vacqueras, Valréas, Visan, Laudun.

VINS ROUGES

Côte Rôtie . . . . Les Arches, Basseron, La Blanchonne, Les Bonnevières, La Brocarde, Le Car, Chambre-tout, La Chatillonne, Les Chavaroches, La Chevalière, Chez Gaboulet, Chez Gueraud, Les Clos et Claperonne, Le Cognet, Le Combard, Combe de Calon, Corps des Loups, La Côte Baudnin, Le Crêt, Fontgent, Lefouvier, La Frizonne, Les Gagères, La Garde, Les Germines, La Giroflarie, Grande Plantée et la Garelle, Les Grandes Places, Le Grand Taillé, Grosse Roche et la Balayat, La Guillambaule, Janville, Les Journaries, Lancement, La Landonne, Les Lézardes, Le Mollar, Montmain, Montuclas, Le Moulin, Les Moutonnes, Nève, Le Pavillon Rouge, La Pommière, Les Prunelles, Les Rochains, Rosier, Les Sévenières, Thramon de Gron, Les Triottes, Le Truchet, La Turque, La Viallière, La Viria.

Cornas

PROVENCE ET RÉGION DU SUD-EST

Appellations génériques ou de commune Bandol, Bellet, Clairette de Die, Palette, Coteaux d'Aix-en-Provence, Coteaux des Baux, Côtes du Lubéron, Coteaux de Pierrevert, Côtes-de-Provence, Coteaux du Tricastin, Côtes de Ventoux, Haut-Comtat, Châtillon-en-Diois.

LANGUEDOC ET ROUSSILLON

Appellations génériques, de cru ou de commune Corbières, Minervois, Costières du Gard, Coteaux du Languedoc, Coteaux de la Méjanelle, Saint-Saturnin, Montpeyroux, Coteaux de Saint-Christol, Quatourze, La Clape, Saint-Drézéry, Saint-Chinian, Faugères, Cabrières, Coteaux de Verargues, Pic Saint-Loup, Saint-Georges-d'Orques, Picpoul de Pinet, Fitou, Roussillon dels Aspres, Corbières du Roussillon, Corbières Supérieures du Roussillon.

LES VINS
DE LA LOIRE

ALEXANDRE FRESNEAU

La vigne existait sur les rives de la Loire avant l'invasion des Gaules. Les Romains envahirent cette région vers l'an 22 après J.-C. D'après une légende populaire, ce serait saint Martin et ses disciples qui auraient effectué les premières plantations vers l'an 380, à l'époque où a été fondée l'Abbaye de Marmoutier près de Tours. Ces faits sont rapportés par l'historien Grégoire, évêque de Tours de 573 à 595, dans son Histoire ecclésiastique des Francs et par Frégédaine dans ses Chroniques de l'An 757. La vigne prospéra et se répandit vite; mais, à partir du XIIIe siècle, elle se réfugia sur les coteaux où elle produisit des vins d'une qualité supérieure. De même, l'expérience montra que les vins rouges étaient meilleurs, plus alcooliques et colorés sur les plateaux argilo-siliceux, tandis que les terrains calcaires riches en cailloux ou silex convenaient mieux aux cépages blancs qui donnaient des vins plus capiteux, plus parfumés et plus doux.

Si l'on essaie de s'imaginer ce que pouvaient être, à cette époque, les rives du grand fleuve, on peut apprécier l'immense travail accompli par les moines vignerons. La Loire ne longe pas une région unique, mais une succession de régions diverses aux aptitudes variées. Un seul lien les unit, c'est le fleuve royal et ses affluents dont les vallées sont les artères vitales de ces contrées.

Cette vaste partie du sol français couvre aujourd'hui une quinzaine de départements viticoles appartenant à plusieurs anciennes provinces: Auvergne, Bourbonnais, Nivernais, Berry, Orléanais, Touraine, Anjou et Bretagne.

Première des régions naturelles de la Loire, le Massif Central présente les vignobles de l'Auvergne, de Saint-Pourçain-sur-Sioule et de Chateaumeillant. Peu après, le fleuve traverse les collines calcaires et siliceuses entre Pouilly-sur-Loire, Sancerre et Menetou-Salon. Deux vignobles sont très légèrement écartés, Quincy et Reuilly, aux terrains identiques; ensuite on peut considérer que dès la limite du Loiret commence vraiment le Val de Loire; nous trouvons dans ce département les vignobles du Giennois et de l'Orléanais qui ont perdu beaucoup de leur importance depuis un demi-siècle.

C'est à Blois, porte de la Touraine, que s'étend sur de longues distances la formation crayeuse qui accompagne le cours de la Loire et supporte les vignobles de Monts-Près-Chambord, Vendômois, Coteaux du Loir, Jasnières, Touraine, Vouvray, Montlouis, Bourgueil, Chinon et Saumurois, jusqu'aux schistes angevins qui annoncent le Massif Armoricain. Le vignoble angevin est le plus important et, à lui seul, produit presque la moitié des vins faisant l'objet de cette étude. Avec les régions de l'Aubance et du Layon, on aborde la zone maritime de la Loire et, quittant l'Anjou, on arrive au vignoble du MUSCADET en pays de la Basse-Bretagne; nous ne pouvons omettre le vignoble d'Ancenis, ni le gros plant, si recherché des touristes. De l'Orléanais à l'Océan, le Val de Loire présente au touriste la tendresse de ses sites, la somptuosité de ses châteaux et la variété de ses trésors viticoles. D'autres paysages offrent sans doute de plus grandes beautés naturelles, mais il n'en est pas de plus harmonieux, de plus attachants que ceux de ces rives de Loire. Tout y est séduction: fleuve majestueux, étincelant parmi les sables, vallées fraîches parées de vieilles églises, forteresses et châteaux, villes et sites accueillants, parcs, vergers, vignobles célèbres couvrant les pentes jusqu'aux lisières des forêts, alliant le charme d'une nature reposante aux manifestations du travail et du génie d'une civilisation. La Loire est le lien naturel de ces provinces qui lui doivent la continuité et la permanence de leur formation humaine et sociale.

La richesse naturelle de ce pays apparaît comme due à la fois à la douceur du climat, à la luminosité du ciel et au grand travail des eaux; érosion entaillant les collines de Reuilly-sur-Loire et du Sancerrois, la craie d'Orléans jusqu'au-delà de Saumur, et usant les dures roches de schistes, de gneiss et de granit, d'Angers à Nantes; érosion creusant des vallées où purent s'établir cités et voies de communication, et les pentes calcaires ou siliceuses exposées au soleil et abritées du souffle hostile des vents, où s'installèrent les vignes blanches; apport d'alluvions arrachées aux flancs supérieurs des rivières, qui a formé les plaines fertiles des vallées basses, limoneuses ou sableuses, avec leurs prairies,

143

leurs pépinières, leurs riches cultures maraîchères, et les plaines hautes des anciennes terrasses où s'étendent les vignes rouges.

Le vignoble s'installa à l'origine sur les rives mêmes de la Loire ou à l'embouchure des affluents. Il remonta dans les vallées des rivières, seulement lorsqu'elles étaient accessibles par voie d'eau. Il fallait, en effet, pour commercialiser le vin, pouvoir le transporter, et les rivières navigables étaient les seules voies possibles de transport. Ainsi, le travail des hommes fut surtout intense sur les bords du grand fleuve. Les vignobles situés sur ses rives ou aux confluents furent ceux qui acquirent le plus rapidement la célébrité et, s'ils l'ont conservée c'est qu'ils étaient placés dans les dispositions naturelles les meilleures pour produire des vins de qualité. L'on peut dire, en effet, que l'érosion ancienne des pentes et le dépôt d'alluvions caillouteuses avaient déjà fixé la place future du vignoble, la meilleure situation que puisse occuper la vigne, car c'est dans les terrains arides, perméables à l'air et à l'eau, bien exposés, qu'elle donne ses produits les plus fins.

La production viticole de la Loire s'orienta dès les premiers siècles vers la recherche de la qualité. Les moines vignerons, pour les besoins de leur ministère, le trafic avec l'Angleterre sous le règne des Plantagenêts, les déplacements de la cour de France le long de la Loire ont suscité puis consacré la renommée viticole de ces provinces.

C'est pour obtenir des vins de choix que les vignerons ont inlassablement cherché à améliorer leurs plants,

soit par sélection, soit par création de variétés nouvelles, soit encore en important, de régions parfois fort éloignées, des cépages réputés.

Il est probable que les plants multipliés par les moines en Touraine, et ailleurs par extension, proviennent de la sélection d'une vigne à raisins noirs qui poussait à l'état sauvage dans les forêts. C'est peut-être de cette lambrusca sauvage que parle Ronsard dans son Ode à Aubepin. Cette vigne rouge fut dénommée *pineau d'Aunis*, Aunis étant un petit village du Saumurois. Elle a droit à notre reconnaissance, car il est admis qu'elle donna par sélection, à une date indéterminée, la variété blanche: *chenin blanc* ou *pineau de la Loire*, merveilleux plant de la Touraine et de l'Anjou. Il est impossible de savoir à quelle époque elle prit le nom de *chenin*, mais elle le portait déjà du temps de Rabelais.

Le *sauvignon*, plant noble qui règne à Pouilly-sur-Loire, Sancerre, Quincy, Reigny, est d'origine inconnue. Nul document n'indique s'il est un plant autochtone ou s'il a été importé.

De nombreuses variétés de vignes furent implantées, à diverses époques, des autres régions viticoles françaises ou étrangères. L'introduction du *muscadet* dans la région nantaise n'est pas connue avec certitude et date, semble-t-il, du XVIIe siècle. Ce serait à la faveur de la replantation des vignes gelées par le terrible hiver de 1709 que le *muscadet* aurait été répandu dans la région, en provenance sans doute de Bourgogne où il est dénommé actuellement *melon*.

Le *gros plant*, cultivé en Loire-Atlantique, proviendrait des Charentes et serait parvenu dans ce départe-

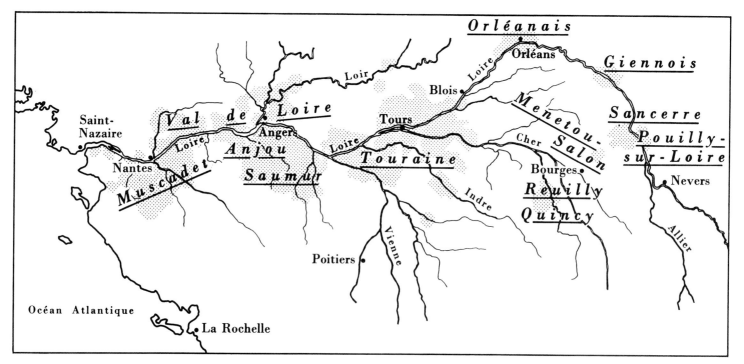

Répartis sur une quinzaine de départements viticoles, du Massif central à l'océan Atlantique, de célèbres vignobles s'étagent sur les coteaux qui dominent le «fleuve royal» et ses affluents. En fait, les vins de la Loire sont principalement produits dans quatre grandes régions: le centre (aux environs de Nevers, Giens, Bourges et Orléans), la Touraine, l'Anjou-Saumur et la région nantaise.

ment par échanges avec le Poitou, province intermédiaire. Autrefois distillé, il donne maintenant un vin sec très recherché, ayant une cote identique à celle du Muscadet.

Le *cabernet franc*, cultivé en Touraine et dans les régions de Bourgueil et de Chinon, de même qu'en Anjou, a une origine très discutée; selon certains, il proviendrait de Rhuis, en Bretagne; selon d'autres, et cela semblerait plus véridique, ce cépage bordelais aurait été amené dans la vallée de la Loire soit par l'abbé Breton, intendant de Richelieu, lorsque ce dernier hérita des biens de l'abbaye de Saint-Nicolas-de-Bourgueil, soit antérieurement si l'on en croit Rabelais qui parle «du bon vin breton, lequel ne croît en Bretagne, mais en ce bon pays de Verron».

Le *côt* est cultivé en de nombreux lieux, provenant certainement du Bordelais. Le *groslot de Cinq-Mars* ou *grolleau*, aurait été obtenu vers 1810 par une sélection dans la région de Chinon.

D'autres cépages, *pinot noir*, *pinot beurot*, *meunier*, proviendraient de Bourgogne, mais on ne possède que peu de certitudes.

La superficie des vignes produisant des vins à appellation contrôlée dans le Val-de-Loire est d'environ 57 000 hectares. En fait la surface réelle en ces cépages est supérieure, une partie de la récolte étant réservée à la production de vins courants.

Au cœur de la France, le Val de Loire produit d'excellents vins, rouges et blancs. Cités par Rabelais, certains ont une longue histoire. Ci-dessus, le raisin, sitôt vendangé, est versé dans le pressoir d'une cave taillée dans le rocher.

POUILLY-SUR-LOIRE – SANCERRE – QUINCY
REUILLY – MENETOU-SALON

Le cépage de base de ces vignobles est le *sauvignon*, avec, parfois, un cépage d'appoint différent.

POUILLY-SUR-LOIRE. L'aire de production de cette appellation s'étend sur les communes de Pouilly-sur-Loire, Saint-Andelain, Tracy-sur-Loire, Saint-Laurent, Saint-Martin-sur-Nohain, Garchy et Mesves-sur-Loire.

Les vins de Pouilly-sur-Loire bénéficient, suivant l'encépagement qui les a produits, de l'une ou l'autre des dénominations suivantes: POUILLY FUMÉ ou BLANC FUMÉ DE POUILLY pour les vins provenant uniquement du cépage *sauvignon*, POUILLY-SUR-LOIRE s'appliquant aux vins de *chasselas* avec ou sans mélange de *sauvignon*. Seules les communes de Pouilly-sur-Loire, Saint-Andelain et Tracy sont vraiment viticoles. Néanmoins, la superficie est en régression notable. Elle se limite actuellement à environ 400 hectares.

C'est la commune de Saint-Andelain, plus étendue que celle de Pouilly-sur-Loire, qui comprend le vignoble le plus important devant ceux de Pouilly et de Tracy. Les autres communes ont une surface d'exploitation réduite. Les quelque quatre cents déclarations de récolte montrent que la surface est très faible par

exploitant, d'autant plus qu'il existe une exploitation dépassant 13 hectares, une douzaine étant de l'ordre de 3 hectares. La production moyenne en POUILLY FUMÉ est approximativement de 2100 hectolitres; celle de POUILLY-SUR-LOIRE en compte 7000. Le POUILLY FUMÉ a un parfum original, parfois accentué, à la fois musqué et fumé, qui se conserve fort bien lors du vieillissement. Le POUILLY-SUR-LOIRE est considéré comme vin de primeur à consommer dans l'année.

SANCERRE. Teize communes composent l'appellation de ce nom: Sancerre, Saint-Satur, Bue, Sur-en-Vaux, Menetou-Ratel, Ménétréol, Thauvenay, Vinon, Verdigny, Cresancy et quelques parcelles isolées à Bannay et Veaugues.

La superficie en exploitation est de l'ordre de 600 hectares dont 520 en *sauvignon* et le reste en *pinot noir*. La production a évolué depuis dix ans. A cette époque, 6500 hectolitres en moyenne étaient produits; actuellement la production, en pleine croissance, dépasse 15000 hectolitres.

Comme à Pouilly-sur-Loire, les sols à vignes sont des marnes argilo-calcaires blanches ou des calcaires compacts de même époque géologique. Les plateaux qui dominent les coteaux sont argileux et ne conviennent pas à la vigne. Chaque sol donne un type de vin à caractère différent. Le coupage donne parfois un vin de qualité supérieure à celle des composants. Le SANCERRE est un peu plus moelleux que le POUILLY FUMÉ et il s'épanouit, en général, plus vite que ce dernier.

Vins agréables, très fruités, sans pour cela supporter la comparaison avec les bourgognes, les vins de *pinot noir* ont droit depuis peu à l'appellation contrôlée, tant en rouge qu'en rosé.

QUINCY. Le vignoble se trouve situé à une vingtaine de kilomètres à l'ouest de Bourges, sur la rive gauche du Cher. Il s'agit d'un vignoble réduit, de l'ordre de 250 hectares, qui devrait prendre une légère extension dans les prochaines années. Il comprend les communes de Quincy et de Brinay. La récolte moyenne est de 5000 hectolitres produits par deux cent cinquante exploitants. La superficie moyenne par récoltant est de l'ordre de 80 ares avec une vingtaine de propriétés de 2 à 3 hectares et une d'environ 10 hectares. Le vin de Quincy, presque toujours sec, trouve dans les graviers la finesse qui le rend excellent pour accompagner les huîtres.

REUILLY. Ce nom est celui d'une appellation comprenant quatre communes, deux dans l'Indre, Reigny et Diou, deux dans le Cher, Chery et Lazenay; leurs vignobles sont situés sur les rives de l'Arnon, à dix kilomètres à l'ouest de Quincy.

La superficie plantée en vigne de *sauvignon* est en nette décroissance; à l'heure actuelle, elle est de 25 hectares situés presque en totalité sur Reigny et Diou. La production est très réduite, de l'ordre de 600 à 800 hectolitres vinifiés, partie en sec, partie en demi-sec, pour la clientèle régionale.

MENETOU-SALON. A 25 kilomètres à l'est de Vierzon se trouve Menetou-Salon, qui donne son nom à la dernière née des appellations d'origine contrôlée de la Loire, laquelle a vu le jour par un décret de 1959. Elle n'intéresse qu'une superficie réduite de l'ordre de 600 hectares. Les cépages sont au nombre de deux, le *sauvignon* qui donne un vin d'un type identique à celui de Sancerre, quoique beaucoup plus court, moins charpenté, et le *pinot noir* de Bourgogne dont le vin est très agréable à déguster tant en rouge qu'en rosé. La production totale de cette appellation varie annuellement de 6000 à 10000 hectolitres.

TOURAINE

La Touraine, si douce et si accueillante, est sans doute la province de France dont la réputation est la plus solidement établie pour la finesse de ses produits et notamment de ses vins.

Les vignes, qui existaient déjà au IVe siècle, ont donné des vins dont la célébrité n'a fait que croître. Rabelais, Ronsard, les ont chantés; Alfred de Vigny, Balzac surent les apprécier et décrire le décor de leur naissance; Alexandre Dumas les fit boire aux mousquetaires du roi... Voici donc ces vins dont Jules Romain dit «qu'ils sont l'essence de l'esprit français».

Leur production n'est pas très abondante mais d'une grande diversité: les vins blancs, bouquetés et frais, secs, demi-secs ou liquoreux, dont les meilleurs se récoltent dans le site incomparable de Vouvray; les vins rouges si délicats de Bourgueil, Saint-Nicolas et Chinon sont suivis d'un aimable cortège de gais compagnons: vins rouges et rosés des Côtes du Cher, vins blancs de *pineau* ou de *sauvignon*, qu'on ne manquera pas de goûter lors d'une visite des châteaux de la Loire.

Une définition classique de la Touraine fait de cette province un «habit de bure à bordure d'or». Les plateaux couverts de forêts, de landes, de terres de culture sont l'habit qui donne une impression de tristesse, tels les forêts de Montrichard, Amboise, Chinon, la Champeigne entre le Cher et l'Indre, le Richelais et la Gâtine que chanta Ronsard. Mais ces régions ingrates sont coupées de riantes vallées où la

richesse des cultures, les châteaux somptueux, les maisons blanches, l'harmonie des paysages constituent un ensemble si séduisant qu'il présente pour l'homme le type même de la contrée où il fait bon vivre.

Le climat de la Touraine ne connaît ni les fortes chaleurs de l'été, ni les froids excessifs de l'hiver, car les brises marines viennent modifier les différences de température.

C'est à la lisière, où les plateaux affrontent les vallées, sur des pentes crayeuses ou sur des terrasses de cailloux déposés par la Loire et la Vienne que les vignerons tourangeaux ont créé, il y a une quinzaine de siècles, le vignoble actuel.

Les sols à vignes sont le plus souvent supportés par la craie jaune ou «tuffeau de Touraine», dans laquelle sont creusées les caves magnifiques de Vouvray. Cette immense nappe de craie est recouverte de sables granitiques parfois mélangés d'argile à silex provenant de la décalcification de la craie.

En bordure des coteaux, le sol contient des sables siliceux, de l'argile et du calcaire: c'est l'«aubuis» qui convient parfaitement au *pineau de la Loire*. Il porte les crus les plus fins et les plus corsés.

Sur les deux rives de la Loire et celles de la Vienne, dans les régions de Bourgueil et de Chinon, les graviers roulés par les eaux, mêlés de sable et d'argile, entre la plaine et les coteaux couverts par les bois, forment une terre légère et fertile où se plaît le *cabernet franc*.

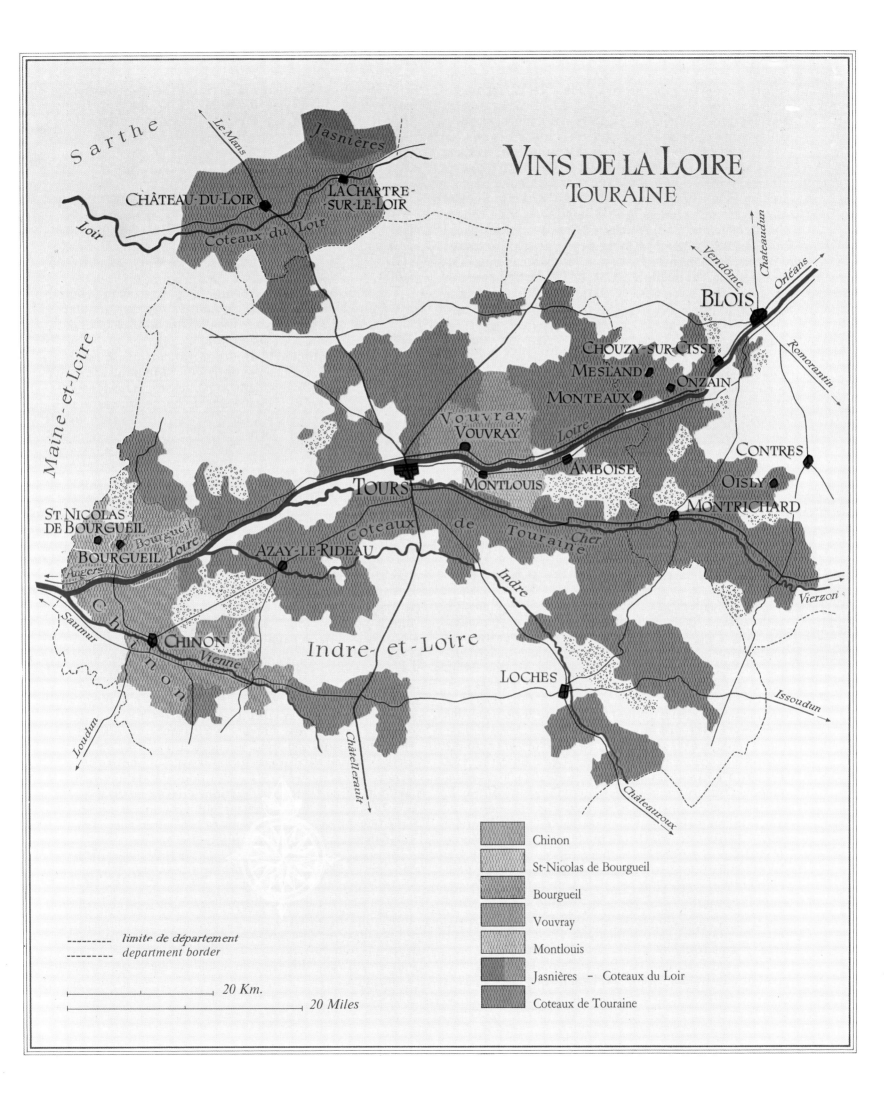

Sarthe

Jasnières

Le Mans

Château-du-Loir
La Chartre-sur-le-Loir

Loir

Coteaux du Loir

VINS DE LA LOIRE
TOURAINE

BLOIS

Vendôme

Châteaudun

Orléans

Chouzy-sur-Cisse

Mesland

Onzain

Monteaux

Romorantin

Loire

Maine-et-Loire

Vouvray
Vouvray

CONTRES

Amboise

OISLY

Tours

Montlouis

MONTRICHARD

St Nicolas
de Bourgueil

Coteaux   de   Touraine

Cher

Bourgueil

Angers

Azay-le-Rideau

Loire

Indre

Vierzon

Chinon

Indre-et-Loire

Issoudun

Chinon

Vienne

LOCHES

Saumur

Loudun

Châtellerault

Châteauroux

	Chinon
	St-Nicolas de Bourgueil
	Bourgueil
	Vouvray
	Montlouis
	Jasnières – Coteaux du Loir
	Coteaux de Touraine

-------- limite de département
-------- department border

20 Km.
20 Miles

A partir de Tours et jusqu'à Blois, c'est la région des vins blancs de *pineau* récoltés sur les pentes crayeuses recouvertes de l'aubuis. C'est dans la première partie de celle-ci que se situe le vignoble de Vouvray.

En Loir-et-Cher, la région de Mesland, sur terrains identiques, offre à côté de vins clairs et fruités de *pineau*, d'excellents rosés et rouges de *gamay*. Plus au sud, sur les rives calcaires du Cher et sur le plateau d'Oisly constitué de sables sur argile, les vins rouges s'accompagnent de vins blancs fins de *pineau* et de *sauvignon*. La vigne couvre en Touraine 8000 hectares environ, donnant des vins à appellation contrôlée, dont la production annuelle atteint 332000 hectolitres.

LES GRANDS VINS BLANCS. En Touraine comme en Anjou, ils sont produits en presque totalité par un cépage unique, le *pineau de la Loire*. Ce cépage est lui seul à l'origine de la réputation des grands vins de Touraine. Le *menu pineau*, que l'on dénomme aussi *arbois* et qui donnait des vins plus tendres, a vu son pourcentage se réduire à Vouvray et à Montlouis; néanmoins il occupe une place honorable en Loir-et-Cher sur le plateau de Contres, Pontlevoy, de même que sur les côtes du Cher. En ces mêmes lieux, le cépage *sauvignon* prend une place de plus en plus importante depuis une dizaine d'années.

Le *pineau de la Loire* exige une taille «à courts bois» pour donner les vins les plus bouquetés, mais cela ne peut être érigé en règle générale, car cette opération, la plus délicate de la culture de la vigne, doit tenir compte de la vigueur du cep, de son porte-greffe ainsi que de la nature du sol où il est planté. Le *sauvignon*, par contre, exige une taille longue, «Guyot double», avec deux longs «bois» de 6 à 8 «yeux».

La culture du *pineau de la Loire* s'effectue toujours en forme basse avec une densité de l'ordre de 5600 pieds à l'hectare. La densité du *sauvignon* est moindre, soit 4500 pieds, du fait que la taille longue exige une plantation à un mètre vingt sur le rang, au lieu de un mètre comme pour le cépage précédent. Les essais de culture haute ne donnent pas de résultat concluants: la maturation est moins bonne et l'acidité plus forte, les vins sont moins charnus et corsés.

Les vendanges de *sauvignon* débutent avant complète maturité, en général vers la fin de septembre. Celles de *pineau de la Loire* sont différentes suivant la destination donnée aux produits de la vigne. Dans le cas où la vendange est destinée aux vins mousseux, elle doit avoir lieu avant maturité totale, lorsque l'acidité fixe du raisin est de l'ordre de 7 à 8 grammes. Dans le cas où le producteur destine sa vendange au vin nature, il est dans l'obligation d'attendre une maturité complète et d'effectuer des tris. Ces conditions ne se réalisent que dans les grandes années, mais les vins obtenus, finement bouquetés, liquoreux et frais à la fois, délicats mais pleins de force, atteignent alors un degré de qualité remarquable.

LES GRANDS VINS ROUGES. Les meilleurs, ceux de Bourgueil et de Chinon, sont produits par un cépage cultivé en Gironde, surtout dans la région de Saint-Emilion, le *cabernet franc* qui exige une taille longue, une branche à fruit dite «vinée» de l'ordre de 7 à 8 yeux. Le vigneron ménage sur le cep un «courson» dit «poussier» qui doit donner le bois de taille. La production de ce cépage est très régulière mais peu importante; les rendements supérieurs à 50 hectolitres à l'hectare sont exceptionnels. Les terrains ont une grande influence sur la qualité. S'il est bien difficile pour un dégustateur non averti de distinguer un BOURGUEIL d'un CHINON, les amateurs savent fort bien différencier, parmi ces vins, ceux qui viennent des «graviers» de ceux issus des «tufs».

Les vins de graviers, bouquetés et fins, acquièrent assez rapidement toutes leurs qualités; les vins de tufs, plus durs en primeur, ne fruitent qu'un an plus tard, et sont d'une excellente conservation.

Le vin de Bourgueil charme par son parfum, son goût où domine la framboise, sa fraîcheur stimulante. Il est fruité, délicat, agréable dans sa jeunesse, généralement à point après trois ou quatre ans de bouteille; certains vins, durs les premières années, s'assouplissent avec l'âge.

Le vin de Chinon diffère de celui de Bourgueil par son parfum de violette, son moelleux. Il est particulièrement agréable bu encore jeune, plus friand. La demande en ces vins semble s'amplifier; depuis une dizaine d'années, les plantations ont pris de l'importance, principalement dans les communes de Cravant et de Chinon.

Il est nécessaire de mentionner que tous ces vins proviennent de raisins égrappés. Cette opération se faisait autrefois manuellement à la vigne. Aujourd'hui, le manque de main-d'œuvre pour réaliser cette opération assez pénible a conduit les viticulteurs à adopter des égrappoirs mécaniques, utilisés à la cave.

Dans la majorité des exploitations la cuvaison s'effectue dans des cuves en bois à chapeau flottant; dans les exploitations importantes, elle se fait dans des cuves en ciment.

Contrairement à celle de nombreuses régions viticoles, la cuvaison est longue, 18 à 20 jours. En effet, il a été constaté que, principalement dans les cuves en bois, lorsque la température du local où se trouve entreposée la cuve est supérieure à 17-18°, la fermentation malolactique s'effectue à partir du douzième ou du treizième jour, et permet une mise rapide du vin sur le marché, sans risque d'aucune complication ultérieure pour l'acheteur.

AUTRES VINS DE TOURAINE. A côté des VOUVRAY et des MONTLOUIS, des BOURGUEIL et des CHINON, la Touraine produit bien d'autres vins charmants qui égalent parfois ces crus réputés, mais on ne les rencontre guère que dans le pays même.

Signalons les principaux, en commençant par les trois agglomérations tourangelles dont le nom peut figurer sur les étiquettes en sous-titre de l'appellation Touraine:

AZAY-LE-RIDEAU. Ce pays est connu plus par son château que par ses vins; les communes environnantes, principalement Saché, où Balzac écrivit Le Lys dans la Vallée, ont toujours joui d'une renommée pour leurs vins blancs secs ou demi-secs, fruités et frais, dont la production est de l'ordre de 1000 à 1200 hectolitres. Malheureusement, depuis la Seconde Guerre mondiale, la production de ces vins s'est réduite, les producteurs ayant remplacé un grand nombre de leurs vignes par des vergers plantés de pommiers. On cherche, d'autre part, à orienter de plus en plus la production sur les vins doux.

AMBOISE. Le canton d'Amboise, à la limite orientale du département d'Indre-et-Loire, est aussi célèbre par son château que l'est celui d'Azay-le-Rideau; il produit également des vins fins de bonne conservation. Cela ne peut surprendre puisque sur les deux rives de la Loire il forme le prolongement des vignobles de Vouvray et de Montlouis. Comme toujours en Touraine, ces vins sont récoltés sur le sous-sol calcaire de tuffeau. Mais cette région produit également des vins rouges et rosés agréables issus de *côt*, parfois de *gamay* du Beaujolais et plus rarement de *cabernet*.

MESLAND. La région de Mesland continue, en Loir-et-Cher, le vignoble de Touraine sur la rive droite de la Loire, avec Monteaux, Onzain et Chousy-sur-Cisse.

La production atteint 11 000 hectolitres, soit presque la moitié de celle de l'appellation TOURAINE en Loir-et-Cher.

Tous ces vins ont beaucoup de charme en primeur, mais ce sont les rosés de *gamay* qui ont le plus de succès; ce sont eux aussi dont le volume est le plus important. Ils tirent leur fruité, leur légèreté et leur finesse des sables d'origine granitique qui recouvrent la craie tourangelle.

JASNIÈRES ET COTERAUX DU LOIR. A la limite des trois provinces, Touraine, Maine, Anjou, la vallée du Loir renouvelle, à 40 kilomètres plus au nord, les situations qu'offre à la vigne le Val de Loire en Touraine. L'orientation de la rivière, la nature du sol, le climat sont les mêmes qu'en amont et en aval de Tours. Cette région se trouve à la limite nord de la culture de la vigne, et seules les années où le soleil est généreux permettent au *pineau de la Loire* de donner des vins blancs de qualité, et au *pineau d'Aunis* de mûrir suffisamment pour donner des vins rouges plaisants.

Le vignoble était beaucoup plus important autrefois qu'il ne l'est aujourd'hui, mais les vins ont conservé leur ancienne réputation. Ronsard a chanté les vins du Loir, et Rabelais, dans Pantagruel, signale que le bourg de La Chartre était encombrée de marchands de vins et qu'on n'y comptait pas moins de vingt-sept cabaretiers.

Le vignoble de Brissac, en Anjou, produit des vins d'appellation contrôlée COTEAUX DE L'AUBANCE, complétée ou non par les mots VAL DE LOIRE. Ce sont des vins blancs secs, fruités avec un goût de terroir.

SAUMUR ET ANJOU

La région de Saumur était autrefois dénommée «Haut-Anjou». Les vins de Saumur brillaient alors au premier rang de cette région. A la fin du XVIIIe siècle, le docteur Maisonneuve rappelle, dans son étude des vins d'Anjou, l'importance de l'exportation des vins blancs de Saumur, les vins rouges étant réservés à la consommation régionale.

Les producteurs ont, à ce moment, négligé la production de vins nature pour se porter sur celle de vins mousseux, dont l'importance était très grande. Là, comme à Vouvray, la transformation en mousseux, par quelques négociants ou sociétés, était de l'ordre de 7 millions de bouteilles, dont 20% étaient exportés. Depuis vingt ans, la commercialisation de ces vins a

Protégé des oiseaux par des filets, le raisin des Coteaux du Layon (Anjou) attend la vendange, qui donnera un vin d'une saveur délicieuse et d'un arôme agréable avec un léger parfum de rose, de framboise et de coing. Un grand vin blanc moelleux et parfumé.

subi une éclipse et ne dépasse guère 3,5 millions de bouteilles.

Les vins mousseux de Saumur ont un avantage sur ceux de Vouvray. En effet, ceux-ci ne peuvent être produits qu'avec un seul cépage, le *pineau de la Loire* ou *chenin blanc*. A Saumur, la législation permet l'adjonction d'un pourcentage de vins blancs de cépages rouges dans une proportion pouvant aller jusqu'à 60%. Cet apport, en même temps qu'il affine la mousse, permet d'apporter à la cuvée des qualités complémentaires et atténue les goûts de terroirs. Sont autorisés: le *cabernet* et le *groslot*. Le premier apporte une meilleure qualité et se trouve recherché pour les grandes cuvées.

Les vins mousseux de Saumur ont de riches qualités (finesse, saveur agréable, caractère distingué et très personnel) dues au climat privilégié, au sol et aux cépages sélectionnés.

A côté des vins mousseux, nous devons signaler les vins pétillants blancs ou rosés dont la préparation est en augmentation constante. Le volume commercialisé a évolué depuis une quinzaine d'années et arrive à égaler celui des mousseux. La présentation en bouteilles se rapproche de celle des vins tranquilles; le bouchon n'est retenu que par une légère agrafe, la pression restant faible.

Rosés de Cabernet. La région de Saumur ne produit de rosés que de *cabernet*, alors que dans le reste de l'Anjou on obtient des rosés issus de *groslot*.

Les Saumur rosés de *cabernet* sont généralement très peu colorés car ils sont le plus souvent obtenus par la vinification en blanc, c'est-à-dire par le pressurage de la vendange non foulée. Leur couleur très pâle permet de les utiliser sans difficultés dans la préparation des mousseux blancs.

Certains rosés ayant subi un léger foulage ont une couleur plus vive et sont plus bouquetés.

Les autres centres de production des rosés de *cabernet* sont la région moyenne du Layon et celle de Brissac située en Aubance. Dans ces régions, les raisins sont foulés et peuvent macérer quelques heures. Les cellules de l'écorce du raisin sont déchirées et laissent écouler dans le moût une partie plus ou moins importante de matière colorante. Cette dilution se poursuit pendant le pressurage qui s'effectue rapidement. La pression doit rester faible pour éviter l'écrasement des rafles, qui donnerait au vin de l'astringence.

Les vins obtenus par ponction dans une cuve, lorsque le *cabernet* a macéré, ont une teinte rosée; ceux qui proviennent d'une vinification rapide par pressurage ont une teinte caractéristique tirant sur le jaune. Quand ils présentent une teinte framboise, c'est qu'ils ont été colorés postérieurement par l'apport d'un jus riche en couleur.

Ces vins ne doivent contenir que peu d'anhydride sulfureux, pour éviter la décoloration. Ils ne devraient

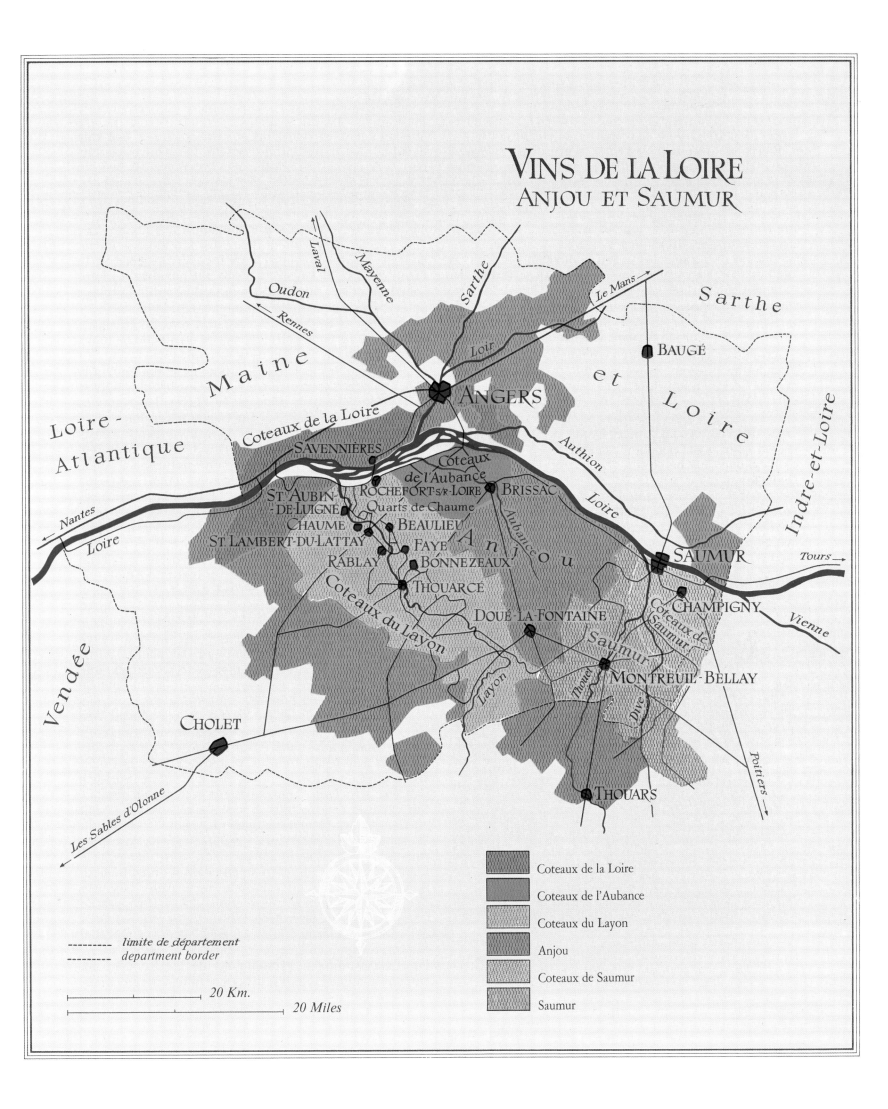

VINS DE LA LOIRE
ANJOU ET SAUMUR

Sarthe

BAUGÉ

et Loire

Maine

Loire-Atlantique

Coteaux de la Loire

SAVENNIÈRES

Coteaux de l'Aubance

ROCHEFORT-s/r-LOIRE

BRISSAC

ST AUBIN-DE-LUIGNÉ

Quarts de Chaume

CHAUME

BEAULIEU

ST LAMBERT-DU-LATTAY

FAYE

A n j o u

SAUMUR

RÁBLAY

BONNEZEAUX

Tours

THOUARCE

CHAMPIGNY

Coteaux du Layon

Coteaux de Saumur

Vendée

DOUÉ-LA-FONTAINE

S a u m u r

Vienne

MONTREUIL-BELLAY

CHOLET

Nantes

Loire

Authion

Aubance

Loire

Layon

Thouet

Dive

Poitiers

Les Sables d'Olonne

THOUARS

Indre-et-Loire

Oudon

Laval

Mayenne

Sarthe

Rennes

Loir

Le Mans

ANGERS

Coteaux de la Loire

--------- limite de département
-------- department border

20 Km.

20 Miles

Coteaux de la Loire

Coteaux de l'Aubance

Coteaux du Layon

Anjou

Coteaux de Saumur

Saumur

pas dépasser 11 à 12° pour rester fruités et frais. Une pointe de douceur ne leur nuit pas et permet de couvrir de légers défauts. Ces vins gagnent à être bus jeunes, sinon ils perdent de leur fruité et de leur vivacité.

Rosés de Groslot. Ces vins représentaient avant guerre la presque totalité des rosés récoltés en cette région. Ce sont des vins frais, légers, à consommer dans l'année.

Lorsque la production du *groslot* reste dans les limites, soit 40 à 50 hectolitres à l'hectare, son vin est agréable, titrant naturellement de 9° à 10,5°, exceptionnellement 11°. Il aime les terrains de graviers et ceux de sables siliceux ou calcaires et présente un grain spécial. Ce rosé gagne à être sec; toute douceur le rend court. Pour obtenir un rosé très fruité, charpenté et corsé, il faudrait lui associer un léger pourcentage de *gamay*, de *cabernet* ou encore de *pineau d'Aunis*.

Anjou. Les vins d'Anjou chantés par les poètes de la Pléiade ont une renommée remontant bien au-delà du XVIᵉ siècle, car Apollinius, au VIᵉ siècle déjà, vantait la ville d'Angers que Bacchus a comblée de ses dons. Ils eurent une grande renommée au XIIIᵉ siècle sous le règne des Plantagenêts qui les exportèrent en Angleterre, et, plus tard, pendant plus de deux siècles, les Hollandais et les Belges en achetèrent. Leurs barques remontaient la Loire jusqu'à leurs comptoirs de Chalonnes, Rochefort, les Ponts-de-Cé. Les vins étaient amenés au fleuve soit par voie d'eau (Layon, Thouet), soit par voie terrestre. Dans Eugénie Grandet, Balzac nous conte les épopées du père Grandet pour vendre sa récolte.

Dans les vignobles de Parnay (Coteaux de Saumur), la culture de la vigne est mécanisée; les ceps sont plantés en cordons assez espacés les uns des autres pour laisser passer les différents types de machines qui allègent les travaux des vignerons.

Si les bateaux ne remontent plus la Loire, le vin a trouvé d'autres moyens de transport et a conquis de nouveaux marchés, preuve de sa qualité et des efforts effectués par les vignerons et les négociants. Les vins d'Anjou sont d'une infinie variété. On trouve les vins blancs de *chenin*, de *pineau*, les vins rouges et rosés de *cabernet*, les rosés de *groslot*, les vins secs, demi-secs, doux et liquoreux, vins tranquilles, pétillants ou mousseux, vins légers ou puissants, récoltés par tris successifs de raisins attaqués par la «pourriture noble». Les vins d'Anjou se récoltent dans presque toute la partie sud-est du Maine-et-Loire, sur les coteaux bordant la Loire en aval d'Angers, sur le territoire de dix-sept communes des Deux-Sèvres autour de Bouillé-Loretz et de huit communes de la Vienne au sud de Saumur.

Les cantons les plus viticoles sont ceux de Thouarcé et de Rochefort-sur-Loire, puis ceux du sud de Saumur, de Montreuil, Bellay, Doué-la-Fontaine.

Ce qui fait le charme de l'Anjou, c'est son climat, le bleu profond de son ciel, adouci par les brumes légères venues de l'océan, la douceur de l'hiver, le printemps précoce. L'Anjou n'est pas une région naturelle, c'est le point de contact de contrées bien distinctes: massifs vendéens et armoricains, détroit du Poitou, et Touraine. Ainsi, par ce défaut d'homogénéité naturelle, l'Anjou présente des terrains très variés appartenant à presque toutes les époques géologiques: schistes, grès, calcaires du primaire, sables, argiles, marnes et surtout craie tuffeau, sables calcaires et graviers siliceux. A l'ouest du Saumurois, dans la vallée moyenne du Layon, les plateaux de sables calcaires sont occupés par un vignoble productif de vins rosés et blancs d'Anjou.

La superficie des cépages fins dépasse 16 000 hectares. Les vins blancs étaient produits par un cépage unique, le *chenin blanc*; un décret récent permet, dans certaines conditions, l'apport d'un pourcentage de *sauvignon* ou de *chardonnay*. Le meilleur des plants rouges est, comme en Touraine, le *cabernet franc*. Depuis une dizaine d'années, il est supplanté en partie par le *cabernet sauvignon* dont les sélections donnent des rendements plus élevés, ou se trouve en mélange avec lui. Ces deux cépages sont la base des vins rouges et rosés d'une qualité supérieure. Les autres cépages sont réservés à la production de rosés; le *groslot* qui était très cultivé est souvent, lors de reconstitution, remplacé par le *cabernet sauvignon*, le *gamay* et le *pineau d'Aunis*. Les cépages rouges, plus précoces que le *pineau*, sont vendangés les premiers, généralement à partir du 20 septembre. Pour la préparation des vins rosés, les raisins sont pressés immédiatement, sans foulage, cela pour obtenir des moûts très peu colorés. Ainsi le moût fermente toujours en l'absence de la rafle. Les vendanges destinées à la production des vins rouges de Champigny, sont pressurées après égrappage complet des raisins. La fermentation en cuve ouverte à chapeau flottant ou en cuve en ciment, dure de huit à dix jours. La conservation en barrique est de l'ordre d'un an. Depuis quelques années, un pourcentage assez important de vins rouges est vinifié sous forme de fermentation carbonique. Les vins obtenus sont très légers, plus fruités et très certainement considérés comme vins de primeur, mais de durée moindre. Les vendanges du *pineau de la Loire* ou *chenin* commencent dans les premiers jours d'octobre par les dépourrissages et se poursuivent par des tris d'autant plus nombreux que la «pourriture noble» est plus importante. Ces tris se poursuivent parfois jusqu'à la mi-novembre.

La fermentation a lieu sous bois, dans des barriques de 225 litres. La température des caves est de l'ordre de 10 à 35°, ce qui permet d'obtenir par une fermentation lente, le bouquet et la finesse qui sont le caractère de ces vins. Il faut, néanmoins, que cette fermentation ne soit pas arrêtée par les premiers froids. Dans de nombreux

Il y a peu de temps encore, le raisin était transporté au pressoir dans des cuves placées sur le tombereau que tirait un cheval. Aujourd'hui, la vendange est en partie motorisée; notre image n'est plus qu'un souvenir.

Les vignes des coteaux de Layon sont parmi les plus prestigieuses de l'Anjou. Comme en Sauternais, la vendange s'y fait par 'tries' successives quand les raisins sont atteints de 'pourriture noble'. Ces vins liquoreux sont fruités, charpentés, sentant parfois l'abricot ou le tilleul en fleurs.

cas, obligation est faite au producteur de chauffer les celliers et de les amener à une température de 16 à 18°. En Anjou, comme dans toutes les régions de la Loire, les vins gagnent à être mis en bouteilles dès le printemps qui suit la récolte, après plusieurs soutirages, collages et parfois filtrages. Les mises en bouteilles tardives de mai à septembre changent le caractère des vins et leur enlèvent la fraîcheur et la légèreté qui sont la base de leur qualité.

L'emploi de l'anhydride sulfureux est indispensable; son rôle est à la fois physiologique car il arrête la fermentation, et chimique car c'est un anti-oxygène qui empêche le vieillissement, prévient la madérisation et la casse oxydasique; une teneur de 30 à 40 mg. par litre — et parfois plus lorsqu'il s'agit de grands vins doux — est nécessaire. Cet anhydride s'élimine par oxydation et le vin reste clair, net, et conserve fraîcheur et bouquet.

Il y a en Anjou deux appellations régionales: ANJOU et SAUMUR. La région saumuroise étant considérée comme faisant partie de l'Anjou, d'après les dispositions du jugement du tribunal d'Angers, reprises par les décrets contrôlant les deux appellations, un vin de Saumur peut se vendre sous le nom d'ANJOU, mais l'inverse n'est pas possible. Les appellations sous-régionales sont: COTEAUX DU LAYON, COTEAUX DE LA LOIRE, COTEAUX D'AUBANCE, COTEAUX DU LOIR. Les appellations communales ou de crus sont: BONNEZEAUX et QUARTS DE CHAUME, dans les coteaux du Layon; SAVENNIÈRES, dans les coteaux de la Loire, avec les crus: COULÉE DE SERRANT et ROCHE AUX MOINES.

RÉGION DU MUSCADET

Lorsque l'on quitte l'Anjou à Ingrandes, l'on abandonne également les cépages cités jusqu'ici, pour trouver deux plants nouveaux. Néanmoins, depuis 1955 une tendance se manifeste dans le secteur d'Ancenis: celle d'implanter et de faire connaître un *gamay* sous forme de vin rouge ou rosé. Les superficies plantées en vignes en Basse-Bretagne à la suite de l'occupation romaine restèrent longtemps peu importantes. Les abords des abbayes et ceux des enceintes fortifiées étaient seuls réservés à la vigne.

A quelle époque le *muscadet* a-t-il fait son apparition en Loire-Atlantique? Les archives du Pays nantais nous apprennent qu'en 1639 les plants rouges de nombreuses métairies furent arrachés pour être remplacés par un bon plant de Bourgogne. Le terrible hiver de 1709 provoqua une destruction presque complète du vignoble. La reconstitution exigea un effort important; des baux prévirent la replantation en cépages dits *muscadet de Bourgogne*; vers 1735 apparaît le *muscadet* proprement dit.

A la fin du siècle dernier, le *muscadet* occupait approximativement le tiers de la superficie plantée en vignes; le reste était constitué en grande partie par un cépage dénommé *gros plant*, variété de *folle blanche*, cépage de base du Cognacais.

Avec la reconstitution des vignes, qui suivit l'invasion phylloxérique, le *gros plant* perdit de sa notoriété au profit du *muscadet*.

L'ensemble du vignoble se situe sur les schistes cristallins, sur quelques placages de graviers, enfin sur de rares îlots calcaires qui ne modifient pas l'aspect du terroir. La vigne y occupe les pentes caillouteuses exposées au sud-ouest.

Le vignoble est concentré dans la région de Sèvres et Maine, au sud de la Loire. Cette région représente les trois quarts de la production du MUSCADET. On trouve également ce vin au nord de la Loire, principalement entre Nantes et Ancenis et autour du lac de Grand-Lieu.

Le cépage *muscadet* est un cépage de première maturation; le début des vendanges peut avoir lieu à une date très avancée, dès le commencement de septembre. En général, le 15 de ce mois, les vendangeurs sont en pleine activité. Ce pays plat ne possède pas de caves, celles-ci étant remplacées par des celliers, qui sont ici de petits bâtiments couverts de tuiles. La fermentation s'effectue en fûts ou «tonnes», d'un maximum de 600 litres. Cette fermentation doit être lente pour permettre d'obtenir un vin bouqueté et fruité. Le vin reste longtemps sur lies pour maintenir un état réducteur favorable à la préservation du bouquet et de la couleur. Le MUSCADET est généralement peu acide, d'une teinte jaune pâle, souple, de caractère neutre. Le bouquet et la saveur du MUSCADET sont bien difficiles à définir. Les nuances sont nombreuses; elles varient constamment d'une commune à une autre et même de clos en clos.

On peut essayer de distinguer différents caractères parmi les MUSCADETS. Les vins des coteaux de la Loire sont plus corsés, parfois plus acides; cela n'est pas un défaut car un manque d'acidité donne au vin un caractère court et mou.

Ce vin demande une mise en bouteilles hâtive; celle-ci s'effectue, dans la règle générale, quelques mois seulement après les vendanges. La mise en bouteilles sur lies conserve au vin, avec une pointe de gaz carbonique, une finesse et un charme qui le rendent aimable et le font rechercher pour les dégustations de coquillages, de crustacés, d'huîtres, de poissons et autres fruits de mer.

La surface cultivée en vignes est de l'ordre de 12 000 hectares, et la production moyenne, de 500 000 hectolitres environ par année.

VINS DE LA LOIRE

RÉGION DU CENTRE

	Nom du vin	Principaux crus		
Vins blancs	Pouilly Fumé.	Château du Nozet Coteaux des Loges	La Loge aux Moines	Côteau des Girarmes
	Pouilly-sur-Loire	Les Berthiers Bois-Fleury Boisgibaud Bouchot Le Bouchot-du-Bas	Le Bouchot-du-Haut Les Cassiers Château du Nozet Les Chétives-Maisons Les Girarmes	Le Grand Bouchot Le Grand Puizac Mezières Le Petit Soumard
	Ménetou-Salon			
	Quincy	Bourg Les Brosses Bruniers	Les Chavoches Cornançay Le Grand Chaumoux	Les Gravoches Rimonet Villalin
Vins blancs, rouges et rosés	Sancerre	Amigny Coteau de Bannon Beauregard Les Belletins Chambraste Champtin Les Chassaignes Château de Sancerre Chavignol Chemarin Chêne Marchand Les Chevillots Les Coinches La Comtesse	La Côte La Côte-de-Verdigny Les Côtelins Les Coudebraults Les Crilles Clos de l'Epée Fricambault La Grande Côte Les Groux Lare Les Montachins Les Monts-Damnés La Moussière Le Paradis	La Perrière Les Plantes La Porte du Clos La Poussie Reigny Les Rochons Saint-Martin Les Terranges Château de Thauvenay Le Thou Côte de la Vallée Les Vicairies Les Vignes-Chatton Les Vignes de Ménetou
	Reuilly	Beaumont Les Beauregards Les Bossières Chatillons	Les Couagnons Le Figuier Les Lignys	Les Marnais Clos des Messieurs Les Varennes

RÉGION DE TOURS

	Nom du vin	Commune	Principaux crus	
Vins blancs	Touraine — Azay-le-Rideau	Azay-le-Rideau		
	Montlouis	Montlouis.	Clos de la Barre Clos de la Frelonnerie La Milletière	Clos Renard Les Sicots
		Lussault	Cray	Pintray
		Saint-Martin-le-Beau . . .	Château du Boulay Cange	Clos de Mosny
	Jasnières (dans la Sarthe, vin assez rare)	Jasnières	L'Aillerie Les Beduaux La Bonatière Les Côtières Les Fleuries Les Gargouilles La Gidonnière Les Haurières Les Héridaines	Les Hussières Les Jasnières Les Longues Vignes Les Mollières La Mule Le Paradis Saint-Jacques Sous-le-Bois Les Verboisières

VOUVRAY

Nom du vin	Commune	Principaux crus		
Vins blancs	Vouvray	Les Argouges	La Fontainerie	La Muscadelle
		Domaine de l'Auberidière	Les Fouinières	Clos Naudin
		Clos des Barguins	La Gaillardière	Clos de Nouis
		Clos de la Barre	Clos de Gaimont	Perrets de Minuze
		Clos Baudoin	Château Gaudrelle	Clos du Petit-Mont
		Clos Bel-Air	Clos des Girardières	Le Portail
		Clos des Bidaudières	Grand Echeneau	La Renardière
		Clos du Bois-Rideau	Clos des Gues d'Amant	Clos des Roches
		Les Bois Turmeaux	Le Haut-Lieu	Clos Saint-Come
		Clos Le Bouchet	Coteau J.-Jouffroy	Clos Saint-Mathurin
		Clos du Bourg	Clos des Lions	Sauzelles
		Clos de la Brianderie	La Loge	Clos Toulifaut
		Coteaux des Brosses	Clos la Lucassière	Vallée Coquette
		Les Brosses	Clos de Marigny	Clos de Val-Roche
		Les Brûlées	Monaco	Clos Vaufuget
		Coteau Chatrie	Château Montcontour	Clos les Verneries
		Clos Dubois	Clos le Mont	Clos le Vigneau
		L'Epinay		
	Chançay	Clos des Augustins	Croix-de-Vaux	La Pirée
		Clos Baguelin	Clos de la Forêt	Château Valmer
		Coteau de Chançay	Grand Bathes	Clos de Vau
		Clos de Charmigny	Château Gaillard	Coteau de Vaux
		La Croix-de-Bois	Petites Bastes	Veaux
	Noizay	Clos d'Anzou	Le Grand Coteau	La Roche-de-Cestres
		Les Barres	La Grotte	Clos de la Rochère
		Coteau de Beaumont	Les Hauts-Bois	Coteau de la Rochère
		Clos de Beauregard	Clos Hure	Roquefort
		Clos du Bois d'Ouche	Clos Marteau	La Tremblaie
		Bois Guyon	Molaville	Clos de Venise
		Clos de la Bretonnière	Château d'Ouche	Coteau de Venise
		Goguenne	Clos de la Roche	
	Rochecorbon	Clos de l'Alleau	Clos de la Bourdonnerie	Clos de l'Olivier
		Château les Armuseries	Les Chapelles	Clos des Pentes
		Château des Basses-Rivières	Clos de la Chasse-Royale	Clos de Sens
			Clos Château-Chevrier	Clos de la Taisserie
		Clos des Batonnières	Château de la Lanterne	Le Clos Vaufoinard
		Bois-Soleil	Château de Montgouverne	
	Sainte-Radegonde	Clos de l'Archerie	Clos Mon-Baril	Clos Saint-Georges
		Clos de la Hallotière	Clos de Rougemont	
	Vernou-sur-Brenne. . . .	Les Batailleries	Hardilliers	Perrets-de-Fou-Joint
		Bel-Air	Haut-Cousse	Les Pichaudières
		La Carte	L'Hermineau	Poupine
		Le Cassereau	La Joubardière	Clos de Pouvray
		Clos de Chaillemont	Clos des Longs-Reages	Clos Roc-Etoile
		Clos Chauvin	Clos des Madères	Rue Baffert
		Chopet	Clos Mauguin	Clos des Surins
		Le Clos	Clos de la Meslerie	Tabourneau
		La Coudraie	Mialet	Terne
		Les Deronières	Les Morandières	Clos Thenot
		Château de l'Etoile	Le Mortier	Clos des Thierrières
		Le Feau	La Neurie	Tortemains
		La Folie	Noyer-de-Cens	Vau-Louis
		La Follière	Pain-Perdu	Vaux-Barres
		Clos de Fougerai	Pâtureaux	Vignes-Morier
		Clos Franc	Peu-de-Cartes	Clos de Vilmier

Nom du vin	*Commune*	*Principaux crus*	
Vins blancs, rouges et rosés — Chinon	Chinon	Les Aubuis Les Bruneau Les Closeaux Montrobert Clos du Parc Clos du Pin	Repos de Saint-Martin La Rochelle Rochette Saint-Jean Saint-Louand La Vauzelle
	Avoine	Les Lignes	
	Beaumont-en-Veron . . .	Château de Dauzay Les Gresilles Clos du Langon Le Martinet	Les Peuilles Les Picasses Les Pineaux Roche-Honneur
	Cravant-les-Coteaux . . .	Les Battereaux Bel-Air Les Coutures La Gresille	Clos de la Haie-Martel Les Quatre-Ferrures La Semellerie Coteaux de Sonnay
	Rouzilles	Pelivet	
	Huismes	Bauregard La Colline	Clos Marie Le Pin
	La Roche-Clermault . . .	Les Aiguillons Les Bessardières	Les Rosettes Sassay
	Ligré	Clos de Galonnes La Noblaie Le Paradis	Clos du Saut-du-Loup Saute-aux-Loups Le Vau-Breton
	Panzoult	La Galippe La Haie-Martel	Clos Queron Ronce
	Rivière	La Croix-Marie Les Croulards	Les Harrassons Clos Saint-Hilaire
Vins rouges et rosés . . — Bourgueil	Bourgueil	Chevrette Les Galuches Clos des Geslets	Clos de l'Oie-qui-casse Les Pins-Les Sablons La Salpetrerie
	Benais	Beauvais La Chanteleuserie	Petit-Mont Les Raguenières
	Chouzé-sur-Loire	Les Goutierreries	Les Grandes Ouches
	Ingrandes-de-Touraine . .	Clos de Blottières Cru des Brunetières	La Gallotière Minière-Château
	Restigné	Les Evois Fougerolles Domaine de la Gaucherie Les Grands-Champs Les Hauts-Champs	Château Louys La Philebernière Clos de la Platerie Les Rosaies Clos du Vendôme
	Saint-Nicolas-de-Bourgueil	Beaupuy La Contrie Clos de l'Epaisse Les Fondis Forcine La Gardière	La Jarnoterie La Martellière Port-Guyet Clos de la Torrillère Clos du Vigneau La Villatte

RÉGION DE SAUMUR

Nom du vin	*Commune*	*Principaux crus*	
Vins blancs . . . . . — Coteaux de Saumur	Montsoreau	Clos des Rotissants	Clos des Pères
	Bizay	Clos des Treilles	
	Brézé	Les Clos du Château de Brézé	Château La Ripaille Clos des Carmes
	Parnay	Clos des Murs	Clos des Saints-Pères
	Saint-Cyr	Butte de Saumoussay	
	Turquant	Château Gaillard	
	Dampierre	Clos des Morains	
	Souzay	Champ Chardon	Clos de la Bienboire
	Saumur	Château de la Fuye	

	Nom du vin	Commune	Principaux crus	
Vins rouges	Cabernet de Saumur	Souzay	Champigny-le-Sec	
		Saumur	Souzay	Varrains
			Parnay	Allonnes
			Saumoussay	Brain-sur-Allones
Vins rosés	Cabernet de Saumur			

RÉGION D'ANGERS

Vins blancs

Nom du vin	Commune			
Coteaux de la Loire	Savennières	*Principaux crus*	La Coulée de Serrant	La Roche-aux-Moines
			Château d'Epire	Clos du Papillon

La Possonnière, La Pommeraye, Ingrandes, Montjean, Bouchemaine, Saint-Barthélemy, Andard, Brain-sur-l'Authion.

Coteaux du Loir	Huillé	*Principaux crus*	Clos des Tertres	Clos du Pineau
			Clos Pilate	Clos la Patrie
	Lézigné, Durtal, Baugeois.			
Coteaux du Layon	Rochefort-sur-Loire	*Principaux crus*	Quart de Chaume	Les Guimonières
			Clos de Sainte-Catherine	
	Beaulieu-sur-Layon	*Principaux crus*	Château du Breuil	Les Mullonnières
	Saint-Aubin-de-Luigné	*Principaux crus*	La Roulerie	Plaisance
			Château La Fresnaye	
	Rablay	*Principaux crus*	L'Argonette	La Touche
			Le Clos de la Roche	Les Sablonnettes
			Les Gonnordes	Les Celliers
	Faye-sur-Layon	*Principaux crus*	Château de Chanze	La Saillanderie
			Château de Mongeneau	La Pierre-Gauderie
			La Madeleine	Les Jouets
			Les Noëls	Le Miroir
	Thouarcé	*Principal cru*	Bonnezeaux	

Autres communes viticoles Saint-Lambert-du-Lattay, Le Champ, Chaudefonds, Martigné-Briand, Chavagnes, Brigné, Concourson.

Coteaux de l'Aubance   Murs-Erigné, Vauchrétien, Sainte-Melaine-sur Aubance, Quincé, Brissac, Juigné-sur-Loire, Saint-Saturnin-sur-Loire, Saint-Jean-des-Mauvrets.

Vins rosés

Rosé d'Anjou	Dampierre, Varrains	
Cabernet d'Anjou	Chacé, Bagneux, Martigné-Briand, Tigné, Le Thoureil, Vauchrétien, Murs, Notre-Dame-d'Alençon, Brissac.	

RÉGION DE NANTES

Vins blancs	Nom du vin	Principaux crus	
	Muscadet de Sèvre-et-Maine	Vallet	La Chapelle-Heulin
		Mouzillon	La Regrippière
		Le Pallet	Saint-Fiacre-sur-Maine
	Muscadet des Coteaux de la Loire	Saint-Herblon	Liré
		Ancenis	Drain
		Saint-Géréon	

158

LES VINS DE BORDEAUX

GASTON MARCHOU

Du Ier au IIIe siècle, la campagne bordelaise, sous l'influence romaine, voit le triomphe de la moyenne propriété. Le grand domaine gaulois, indivisible sous l'autorité du chef de clan, se décompose. C'est que ce chef sollicite, la plupart du temps, le titre de citoyen romain. Et cette qualité implique, évidemment, l'obligation de se soumettre au code du conquérant. Or, le droit romain ne reconnaît pas la règle de l'indivisibilité. Désormais, la terre se vend, s'achète, se partage. C'est un élément de spéculation, un moyen de s'enrichir, de payer ses dettes. On peut en disposer par testament.

La réforme agraire est donc insensible mais inéluctable sous l'action des mœurs et des intérêts. Lorsque les grands propriétaires feront leur réapparition, avant même la fin de l'empire, la grande propriété ne sera pas rétablie pour autant. Les grosses fortunes ne seront pas caractérisées par la possession d'un seul et immense domaine, mais, au contraire, par plusieurs propriétés juxtaposées ayant chacune leur économie propre. Parfois même, ces terres ne communiqueront pas entre elles.

La culture de la vigne et l'élaboration du vin s'accommodent d'ailleurs beaucoup mieux de ce morcellement que de vastes étendues relevant d'une seule direction. Au besoin, elle le commande.

En 92, Domitien inaugure une politique qui se perpétuera jusqu'à l'époque contemporaine, malgré ses échecs successifs ou ses conséquences néfastes. Cet empereur, que l'histoire devait juger sévèrement pour d'autres motifs, croit remédier à la rareté du blé en défendant de planter de nouvelles vignes sur le sol italien et en ordonnant d'arracher la moitié de celles qui existent dans les provinces occidentales. Montesquieu, il est vrai, donnera une autre raison à la décision de Domitien: «Ce prince faible et timide, dira-t-il, fit arracher les vignes dans les Gaules de peur que le vin y attirât les barbares.» Mais l'auteur de l'Esprit des Lois répugne peut-être à laisser un empereur de Rome, si médiocre soit-il, dans le parti des économistes, qui prône l'arrachage en plein XVIIIe siècle. Cependant,

Montesquieu a tort de donner, comme un fait accompli, la disparition, même partielle, des vignobles gaulois sous Domitien. En vérité, l'ordre impérial se heurte à un tissu si serré et si solide d'intérêts locaux, à des usages déjà si bien établis, que le Légat d'Aquitaine ne peut l'exécuter. Officiellement, le gouverneur de la province est obligé d'accorder des privilèges et des exemptions. D'ailleurs, les vignerons bordelais se passent souvent des uns et des autres. Ils se contentent de corrompre les fonctionnaires chargés de l'application de l'édit.

A Rome même, les intérêts vinicoles du Bordelais sont défendus avec une âpreté et une ironie bien gasconnes. Par le truchement de pamphlets distribués sous la toge, la vigne, condamnée mais toujours vivace, apostrophe Domitien: «Mange-moi jusqu'aux racines, dit-elle, je n'en porterai pas moins assez de raisins pour qu'on fasse de larges libations le jour où César sera immolé!»

Domitien meurt assassiné quatre ans plus tard. On ne s'attaque pas impunément au vignoble de Bordeaux. Le grand Tourny en fera aussi l'expérience. Bien qu'ayant sacrifié sa fortune et prodigué son amour à la cité, il sera disgracié pour avoir oublié que la gloire du vin dépassait la sienne.

Si la vigne, qui gravit en rangs pressés les coteaux de la rive droite, fait reculer la forêt sur la rive gauche et court jusqu'à l'océan par les sables du Médoc, s'est victorieusement défendue contre l'arbitraire du pouvoir central, le régime de la moyenne et de la petite propriété fournit l'explication la plus claire de cette résistance.

En effet, pour des domaines couvrant la superficie d'un canton ou de quelques communes, le contrôle de l'arrachage eût été plus facile à exercer, la désobéissance à l'empereur plus grave et la vulnérabilité des propriétaires plus grande.

Le vignoble, au temps de Domitien, est groupé autour de la ville, mais Burdigala, construit sur un plan très simple, est encore rustique. Le propriétaire réside sur son sol, dans sa villa gallo-romaine. Il préfère l'odeur du

159

foin coupé et le puissant parfum de son cellier à l'habitude forcenée d'écrire en vers, qu'il contractera à l'époque ausonienne, lorsqu'il sera complètement latinisé. Cette latinisation finale de l'Aquitaine, d'ailleurs, ne se fera, au crépuscule de l'empire, qu'à la faveur d'une régression de la latinité à l'est.

En attendant de composer des poèmes, le maître de la villa tremble pour sa vigne en fleurs, si les nuits de mai sont claires. En capuchon court et guêtré, il se lève tôt pour aller la voir. Entre l'index et le médius écartés, il prend délicatement les fragiles corolles et les place sous son regard paternel. Il rencontre ses hommes au travail, à moins qu'il ne les ait précédés. Il parle avec eux, demande l'avis du plus expérimenté, consulte aussi le ciel, observe la couleur du fleuve, tantôt brillant comme un lac d'argent, tantôt agité et jaune si de grandes pluies sont en marche venant du Haut-Pays. De son vignoble, net comme un jardin, d'une géométrie humaine et savoureuse, il a banni les arbres fruitiers, qui sont cultivés ailleurs. Il personnifie ce dicton de tous les temps qu'Olivier de Serres empruntera à la terre girondine:

«L'ombre du bon maître
Fait la vigne croître.»

Mais ce bon maître n'est pas seulement un vigneron dont l'oreille a été la première à percevoir le chant du coucou saluant l'arrivée certaine des beaux jours. Comme la villa doit pourvoir à la totalité de ses besoins, c'est aussi un artisan, voire un ingénieur. Il réalise ce rêve perdu de l'autarcie tel qu'il est encore évoqué dans le Théâtre d'Agriculture et Mesnage des Champs. Toute villa est un «pradel» où l'on trouve une forge, un atelier de menuiserie, un four à céramique. On y fabrique la vaisselle de terre, les outils et les instruments. Le propriétaire veille sur tout, comme un père de famille qui, vivant sur la terre et de la terre, connaît la limite de l'effort productif et la précarité du résultat.

Il donne au sol girondin une empreinte que n'effaceront pas les invasions. C'est grâce au premier tenancier gallo-romain, à sa vocation strictement paysanne, à la qualité des soins dont il entoure sa vigne comme une reine choyée, que ce pays ne connaîtra plus jamais le servage gaulois et n'introduira pas davantage, dans ses coutumes, l'abject usage romain du travail par groupes d'esclaves.

Ce que tente, en Italie, la compréhensive bonté d'un Pline le Jeune, ce que le christianisme réalisera à son heure est déjà en germe dans la propriété viticole bordelaise au milieu du IIIe siècle. Ainsi le tenancier girondin du Ve siècle se situe-t-il sensiblement au-dessus du fermier italien toujours endetté dont nous parle Columelle. C'est un homme vivant bien d'un travail libre et qui récolte en partie à son profit les fruits de la terre. Ce vin renommé qui se boit dans les coupes d'argent sous le toit des palais, il le boit aussi dans son rustique gobelet d'argile. Les louanges dont on glorifie cette liqueur qualifiée de divine, il en reçoit l'écho avec l'orgueil d'un père qui écoute le murmure d'hommages soulevé par un fils prodige.

Le vin de Bordeaux va devenir le souci unique de toute une population. Grâce à lui, les classes ailleurs si tranchées de la société se confondront autour d'une foi commune. Au-delà du compartimentage étroit de la féodalité, il ouvrira des horizons si attachants qu'il réunira, dans une sorte de supercorporation, l'archevêque au savetier, le noble au bourgeois. Il y aura, dans les siècles à venir, une aristocratie singulière engendrée par le vin et aux yeux de laquelle le produit des autres activités humaines, y compris la politique et la guerre, sera considéré comme négligeable ou de second ordre.

Dans la première moitié du VIIIe siècle, Bordeaux connut quelques temps la domination arabe, la seule qui pouvait mettre définitivement en danger le vignoble, car les Maures étaient des conquérants qui ne buvaient pas de vin.

Lorsque la délivrance vint avec Charles Martel, la cité traversa encore vingt ans de guerre. Les ducs d'Aquitaine défendaient leur héritage contre les successeurs de Clovis.

Enfin, le Bordelais devint une marche de l'Empire carolingien. Intermède étincelant dans la médiocrité de ces temps lointains, voici un noble cortège qui passe. Charlemagne avance en tête, monté sur son cheval de bataille, tenant son épée Joyeuse à la garde incrustée de rubis, dont il touchera le sarcophage de saint Seurin. Quatre pages à cheval soutiennent un dais au-dessus de son front. Suivent ses trois fils, les évêques, les ducs, les douze pairs, les comtes, les chevaliers. L'empereur s'intéresse au sort du vigneron, visite des chais. Il proscrit l'usage de transporter le vin de Bordeaux dans des outres et stipule l'emploi des barriques cerclées. Il discute millésimes avec les commerçants et ordonne le vieillissement des bonnes années en amphores.

Le vin de Bordeaux, cette chose éternelle, est une création continue. Non seulement dans le domaine des techniques viti-vinicoles où les références à la tradition doivent constamment contrôler les innovations de la science, mais encore sur le plan du prestige où les efforts ne sont efficaces que s'ils sont renouvelés.

Ainsi, au Moyen Age, après le remariage anglais de la belle Eléonore d'Aquitaine, la jurade bordelaise construisit toute sa politique extérieure sur la nécessité de conserver et de développer le marché britannique, débouché unique du claret. Après le rattachement de la Guyenne à la France, l'avenir du vin de Bordeaux, néanmoins, ne pouvait plus dépendre en totalité de ses exportations. Il fallait trouver des consommateurs sur le continent. Dès le XVIe siècle, les édiles agissent systématiquement en ce sens.

En 1555, le maire de Bordeaux, se rendant à la cour de France, emporte vingt tonneaux de vin destinés à faire des présents aux seigneurs favorables à la ville et à son commerce. Un an après, vingt tonneaux de vin de Graves sont envoyés dans le même but au cardinal de

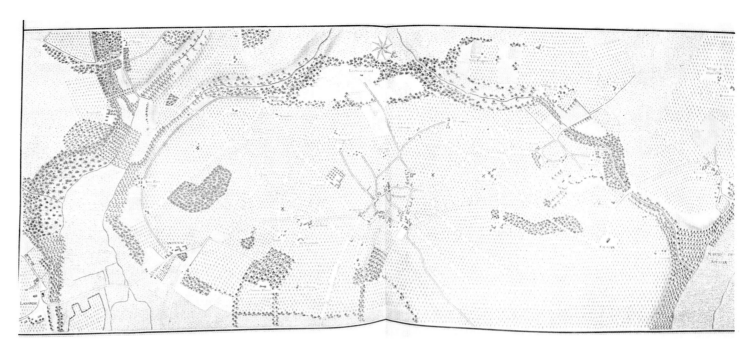

Située dans le Haut-Médoc, sur la rive gauche de la Gironde, la commune de Margaux doit sa notoriété mondiale au Château Margaux, l'un des grands seigneurs du vignoble bordelais. C'est au milieu du XVIIIe siècle, que M. de Fumel, commandant militaire à Bordeaux, procéda à la plantation des cépages fins et sélectionnés qui firent rapidement la gloire de ce domaine, représenté ici sur un plan de l'époque.

Lorraine et au maréchal de Saint-André. En 1559, le duc d'Albe, passant à bordeaux, reçoit la visite des jurats qui lui offrent du vin. En 1596, Pierre de Brach, jurat de Bordeaux, en mission à Paris, s'est chargé de distribuer au mieux quelques tonneaux de vin. Il raconte les difficultés qu'il éprouve à faire entrer ce vin dans la capitale: «J'ay cent fois souhaité que ce vin fust encore à la vigne, car je crois qu'à l'entrée d'un roy à Paris, il n'y auroit point plus de misère que pour y faire entrer du vin. Il y a cinquante tenans, aboutissans et parprenans.» Le 3 juin 1681, l'ambassadeur de Moscovie arrive à Bordeaux, et les jurats, après l'avoir salué, lui font présent de quelques douzaines de bouteilles de vins fins et d'eau-de-vie. Notons, pour cette fin du XVIIe siècle, l'apparition officielle du bordeaux en bouteilles sinon l'usage de la commercialisation dans ce logement. Il faudra attendre la création des premières verreries industrielles, au siècle suivant, pour que naisse le négoce bordelais des vins fins qui engendrera lui-même la première classification par paroisses puis par châteaux.

En 1728, douze ans avant la nomination de Tourny à l'intendance de Bordeaux, le duc d'Antin pouvait écrire à Robert de Cotte, à juste titre et de bon droit: «Les Bordelais aiment mieux vendre leur vin que construire de beaux édifices.» Les beaux édifices, en effet, ne pouvaient s'élever (comme la suite des événements le prouve) qu'à la faveur d'une dépendance étroite vis-à-vis du pouvoir central. Le commerce des vins de Bordeaux, au contraire, devait rester longtemps encore le privilège des Bordelais.

Quant au «grand privilège» ou «privilège des vins», il demeurera en vigueur jusqu'à la Révolution qui le supprimera comme institution féodale et abusive. En vérité, le privilège était une faveur justifiée. Outre les garanties qu'il donnait à une production de qualité, il impliquait une contrepartie, les bénéficiaires ayant la charge d'entretenir la ville et ses remparts. Ce monument juridique très complexe, chef-d'œuvre de la Jurade, avait pour but de réserver aux seuls vins produits dans la sénéchaussée l'accès du port de Bordeaux.

Aussi bien, tout ce qui avait trait au vin: le courtage, la vente au détail dans les tavernes et les cabarets de Bordeaux, la forme et la contenance de la barrique (dont l'étalon fut déposé à l'Hôtel de Ville en 1597), tout était-il réglementé et les règlements scrupuleusement observés.

Toute barrique devait porter, aux deux bouts, la marque du cru imprimée au fer rouge. Cette marque était enlevée dès que la barrique était vide à moins qu'elle ne fût retournée à son vignoble d'origine. Le propriétaire justifiait alors le retour de la futaille par un certificat du maire ou du curé de la localité. L'arrêt sur l'«étampe» stipulait qu'il «est enjoint à tous les maîtres de chais des négociants de raser, sur le champ, la marque des barriques qui restent en vidange dans les chais à raison des consumes, de l'ouillage, du tirage au fin ou rabattage, sous peine de trois mille livres d'amende et de punition corporelle».

Cette affaire de l'«étampe» porta au plus haut degré de tension le conflit qui opposait sans trève le

A l'entrée de Château-Mouton Rothschild, le visiteur est accueilli par un Silène, portant sur sa tête un Bacchus enfant. N'est-ce pas là une magnifique invitation à se souvenir que le vignoble bordelais fut autrefois chanté par le poète latin Ausone.

commerce à la production. Elle souleva tellement de protestations de la part des Chartronnais que le règlement fut aboli. Il faut bien reconnaître, d'ailleurs, que le système de l'étampe, élaboration des jurats, avait pour principal résultat, non seulement d'empêcher les coupages, mais encore de créer la délinquance permanente des négociants, tout travail normal devenant impossible dans un chai. Déjà, la souveraine puissance de la Jurade, faute de pouvoir s'exercer sur de grands desseins, se diluait en tracasseries.

Le quart de siècle allant du traité de 1763, qui mit fin à la guerre de Sept Ans, à 1789, c'est, grosso modo, le temps du «Commerce des Isles».

L'esprit d'entreprise ne s'est jamais manifesté avec autant d'ardeur dans le «Port de la Lune». Avec une rapidité comparable au développement foudroyant des villes du far-west américain au XIXᵉ siècle, Bordeaux remplit le programme tracé par Tourny. La société qui

va mourir sous le couperet pour crime de «négociantisme» est certainement la plus artiste et la plus aérée que la cité de Montaigne ait connue. Elle a de la finesse, de la poésie et un goût très vif de la nature, mais sans le penchant dialectique cher à Rousseau. Lorsque revient l'automne, tout ce beau monde, conseillers au Parlement en tête, quitte les «Folies» de la banlieue qu'embaume l'odeur des cuviers. C'est le repos de Pomone qui commence et le port de Bordeaux qui s'anime. La rade en forme de croissant est devenue immense. Elle s'étend du quartier des anciennes Salinières à celui, plus moderne, des Chartrons, accomplissant un demi-cercle devant la perspective classique des façades.

Dépassant les records du Moyen Age (dont parlait Froissard) une flotte de trois cents navires remplit le port, sans compter les bricks et les goélettes. Ces bâtiments battent pavillon d'Angleterre, de Hollande, des villes hanséatiques, du Danemark, des pays baltes, de l'Espagne et, aussi, de la lointaine République américaine. A ce moment, Bordeaux est le plus grand entrepôt de denrées coloniales d'Europe et monopolise le quart du commerce extérieur de la France.

En fait, si l'on réduit le temps du «Commerce des Isles» à sa période de stabilisation brillante, on s'aperçoit qu'il ne dura pas plus que le siècle de Périclès, c'est-à-dire quinze ans! Quinze ans durant lesquels, trop modestement dissimulées derrière des monceaux de richesses exotiques, s'alignaient les barriques venues de ces paroisses du Médoc et des Graves dont les crus, pour la première fois, avaient été hiérarchisés en 1755.

La ruée jacobine plongea Bordeaux dans la même stupeur que jadis l'arrivée des Barbares. Les guerres napoléoniennes furent, pour cette ville vouée au bonheur, un sombre et long tunnel. La paix revenue, le port resta longtemps désert et le «Commerce des Isles» se révéla un souvenir tenant du mirage. Au cours de ces quinze ans, heureusement, le vin de Bordeaux, selon la belle expression de Gabriel Delaunay, était devenu une création européenne. Anglais, Allemands, Hollandais, Belges et Scandinaves ne pouvaient plus s'en passer. Ce fut leur fidélité à ce produit unique qui sauva Bordeaux. Quittant les gants blancs qui leur avaient servi à manipuler les échantillons d'indigo, les Bordelais n'avaient plus qu'à retourner à leurs vignes et à leurs chais, ce qu'ils firent.

Depuis, quelle que soit la conjoncture, comme on dit, et si alléchante que soit la promesse d'un avenir industriel, les vignerons bordelais savent où ils vont. Ils ne quitteront plus leur chemin bordé de pampres.

Je me souviens d'un matin de miel enveloppé d'une brume ouatée et lumineuse. C'était sur un point de cette immense plaine de l'Europe centrale où l'on ignore jusqu'à la forme d'un cep. Ce matin-là, depuis des mois, j'ai senti la patrie lointaine revêtir mon dépouillement. Comme tant d'autres, je connus cette minute extraordinaire, presque douloureuse, où l'épuisant vertige de la captivité s'est fixé tout à coup dans une éblouissante révélation. Par des cheminements insoupçonnés, la France perdue retrouva notre troupeau anonyme et rendit à chacun son identité provinciale. A la faveur d'un signe, qui nous était expressément adressé, de merveilleuses images du passé surgirent sous nos paupières closes avec une force, une vérité et une richesse de détails que la vue réelle ne procure jamais.

Il fallut cette aurore du précoce automne silésien, la mélancolie d'une prairie pelée où d'innombrables flaques de pluie reflétaient des nuages poussés par le vent d'ouest, la perspective embrumée des baraques et une étrange qualité des sons dans l'atmosphère pour que me soit restitué, en plein camp d'Elsterhorst, le doux et magnifique «temps de vendanges».

Ce phénomène bien connu de l'exil fit de moi un de ces naïfs voyageurs des temps anciens qui découvraient brusquement une ville inconnue du haut d'une colline.

Mais ma découverte avait un sens symbolique. Elle me livrait une destinée. Je compris que la gloire de Bordeaux s'empare des sens autant qu'elle s'impose à l'esprit. Car, avant d'apprendre la vie miraculeuse de Jeanne d'Arc, avant de traduire Voltaire, avant de faire habiller ses élégantes à Paris, une nation civilisée connaît déjà le vin de Bordeaux.

Inversement, il y a une épopée de la vigne en terre bordelaise. Par le vin, la vigne préside aux actes de la vie sociale, morale et politique de chaque jour; elle règle l'existence. Elle en est aussi le cadre essentiel; un enfant né sur les bords de la Garonne ne conçoit pas qu'il puisse exister ailleurs des paysages sans vignobles.

Au cours des siècles, dans tout le pays où mûrit le raisin, la vigne a été l'amie de l'homme. Une seule fois dans l'histoire universelle, et ce fut à Bordeaux, elle a été la raison d'être d'un peuple.

LES RÉGIONS DU BORDELAIS

Lorsqu'on regarde une carte de France, l'œil est attiré par cette échancrure bleue qu'est l'estuaire de la Gironde. Elle apparaît comme une vaste antichambre de l'océan, la plus longue et la plus large de tout le littoral. Du bec d'Ambès, qui est le confluent de la Garonne et de la Dordogne, il y a cent kilomètres jusqu'à la mer. Le fleuve est large de trois kilomètres à cet endroit. En aval, plus de dix kilomètres séparent les deux rives. Cette étendue liquide subit l'action des marées. Lorsque l'océan s'élève, sa masse irrésistible pénètre dans l'estuaire en refoulant le courant. C'est le phénomène du «mascaret» plus ou moins violent selon la saison. La marée progresse à la vitesse d'un cheval au galop et soulève devant elle une muraille d'eau bouillonnante et jaunâtre. Ce phénomène ne s'atténue qu'à Bordeaux et ne cesse d'être visible, dans sa forme tumultueuse, que très au-delà. Du temps de la marine de bois, l'embouchure de la Gironde, bien qu'elle n'ait pas toujours eu sa configuration actuelle, était donc une route admirable pour pénétrer dans le continent. Nul fleuve d'Europe ne pouvait conduire les navires aussi loin dans les terres.

Mais, si l'on remonte, sur un atlas, le cours de la Garonne, on se rend compte de ce que le fleuve n'est pas seulement la «route marinesque pour se rendre de la mer de Biscaye en la ryvière de Gironde et à la noble et puyesante ville de Bourdeaulx en Guyane», comme disent les vieux portulans. Par la Limagne, on arrive au plateau de Naurouze qui relie le bassin de la Garonne à celui de l'Aude. C'est le chemin le plus commode et le plus agréable qui puisse unir la Méditerranée à l'Atlantique. Bien avant la conquête, les Romains maîtres de la

Narbonnaise, faisaient descendre la Garonne à leurs négociants qui voguaient ensuite vers les îles Britanniques et les ports du Nord.

Si la rive droite de l'estuaire, qui offre une succession de falaises, n'a pas varié depuis des millénaires, ce n'est pas le cas de la rive gauche. Celle-ci présentait, jusque dans la période historique, un ensemble confus de dunes et de marais où s'épandaient les eaux du fleuve et ses limons. Il n'y a pas plus de six ou sept cents ans, le fleuve bordelais embrassait, avant de se fondre dans l'Atlantique, une partie de la longue plaine riveraine qu'on appelle aujourd'hui Médoc. L'île ainsi formée était traversée, à marée haute, par d'autres ramifications du fleuve, lequel, véritable estuaire à l'est, s'ouvrait en delta à l'ouest.

Le département de la Gironde, dont les limites se confondent, à peu de chose près, avec les frontières de l'ancienne Guyenne, est le plus vaste de France et couvre plus d'un million d'hectares. On peut le partager en deux régions distinctes. La première intéresse près de six cents mille hectares confrontant l'océan d'une part et, d'autre part, la rive gauche de la Gironde, de la Garonne, du Ciron et du Barthus. C'est une contrée forestière appartenant au grand massif landais. Mais, en approchant du fleuve, surtout en aval de Bordeaux, un dépôt de graviers quaternaires forme une croupe portant les plus célèbres vignobles du monde. La deuxième région apparaît comme une succession de collines et de plateaux située sur la rive droite de la Gironde et de la Garonne. Le sol en est très variable. En partant du sud, on traverse successivement le Réolais, composé de mollasses plus ou moins argileuses, l'Entre-

Deux-Mers et, sur la rive droite de la Dordogne, les sous-régions très caractéristiques du Fronsadais et du Saint-Emilionnais où la grave se mêle de plus en plus aux argiles pour donner naissance à quelques grands crus. La région du Blayais-Bourgeais borde la rive droite de l'estuaire, telle une muraille où domine le calcaire.

De nos jours encore, malgré la vigne qui règne sur les deux rivages, malgré les liens deux fois millénaires qui unissent tous les habitants du Bordelais, le grand fleuve sépare deux mondes différents. A l'ouest, le rideau impénétrable de la forêt résineuse ferme l'horizon derrière le vignoble. A l'est se dressent des coteaux si abrupts que la blancheur des coupes calcaires se découvre sur quelques pentes.

Les hivers doux de la Gironde, c'est le Gulf-Stream qui les procure. Ces étés tempérés qui dispensent une lumière dorée, dont la grappe deviendra la prison liquide, ce sont les nuées qui veillent à leur juste tiédeur. Le vin de Bordeaux est le fils d'un climat autant que d'un terroir.

LES APPELLATIONS CONTRÔLÉES

Ces trois bouteilles sont classées premiers grands crus du Haut-Médoc d'après le classement de 1855; ce sont de gauche à droite: CHÂTEAU LATOUR (commune de Pauillac), CHÂTEAU MARGAUX (Commune de Margaux), CHÂTEAU LAFITE-ROTHSCHILD (commune de Pauillac). Un quatrième cru a été ajouté récemment: CHÂTEAU MOUTON-ROTHSCHILD (commune de Pauillac).

Que faut-il entendre par ces trois mots: vin de Bordeaux? Prenant un jour la parole à Nogent-sur-Marne, le regretté Jean Valmy-Baysse répondit à cette question avec autant d'allure que de simplicité: «Le vin de Bordeaux, Messieurs? Mais c'est la France!»

Pour le consommateur étranger, en effet, la marque «Bordeaux» identifie toujours les produits les plus rares, les plus recherchés, dont la consommation régulière est un signe de bon goût et un certificat de suprême distinction.

Le bordeaux, comme l'a dit Henri Binaud, c'est donc «bien autre chose qu'une marchandise». C'est un produit que l'on peut classer parmi les grands universaux selon la définition d'Aristote. Mais, si l'universel fait l'unité de l'espèce, le particulier en fait le nombre. Au nombre appartiennent les appellations légales BORDEAUX et BORDEAUX SUPÉRIEUR.

Ici, il faut faire encore un peu d'histoire. Ces appellations sont tellement chargées de références, elles expriment si bien l'idée de patrimoine et de propriété collective, que leur délimitation occasionna, naguère, un débat acharné. Celui-ci ne fut tranché qu'à la faveur d'un décret publié au «Journal Officiel» du 19 février 1911.

Avant d'en arriver à cette décision, les législateurs furent assaillis de revendications plus ou moins justifiées dont le but était d'étendre la dénomination BORDEAUX à des vins parfois très éloignés de la cité dont ils se réclamaient. En tout état de cause, le décret stipula que l'appellation générique BORDEAUX serait réservée aux crus récoltés dans le département de la Gironde seulement, à l'exclusion des communes dont la vocation est surtout forestière.

C'est l'archiviste Brutails qui apporta la contribution de ses connaissances historiques à cette délimitation en faisant un départ très net entre vins de la sénéchaussée et vins de Haut-Pays, d'après des traditions remontant au Moyen Age.

Car, en ces temps lointains, n'avaient droit à l'appellation BORDEAUX que les vins récoltés dans les alentours immédiats de la ville par des viticulteurs habitant

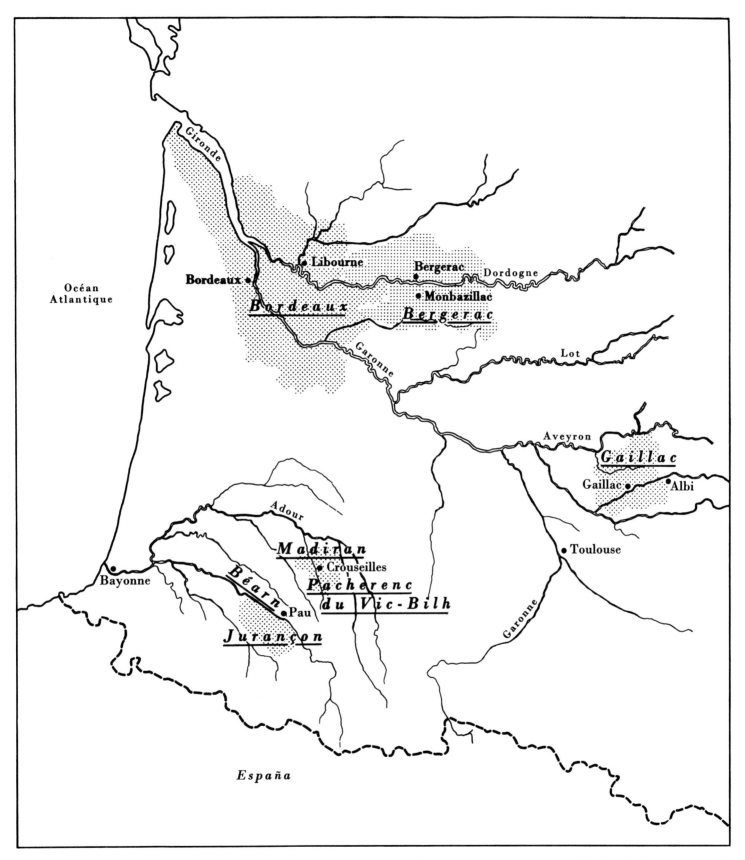

Le bassin d'Aquitaine est une des premières régions viticoles de France. La vigne y est principalement cultivée dans le département de la Gironde, celui-ci rassemblant, autour du prestigieux nom de Bordeaux, un très grand nombre d'appellations célèbres, telles que Médoc, Graves, Sauternes, Barsac, Saint-Emilion. D'autres vignobles s'étendent autour de Bergerac et de Monbazillac, sur le cours moyen de la Dordogne ; autour de Gaillac, dans l'Albigeois ; enfin, dans l'ancienne province du Béarn, au sud de l'Adour et du Gave de Pau.

165

obligatoirement «intra muros» et jouissant du droit de bourgeoisie.

Ces vins-là furent d'abord les seuls privilégiés. C'est ainsi que le roi Jean avait dit, le 15 avril 1214: «Nous voulons que tous les vins de nos bourgeois de Bordeaux, qui proviennent des vignes de leur ville, puissent circuler librement sur la rivière.» Autrement dit, les autres vins étaient soumis au blocage et fiscalement désavantagés.

Comme les ondes provoquées dans l'eau par la projection d'une pierre, l'appellation — plus exactement, le privilège — s'étendit ensuite aux 350 paroisses de la sénéchaussée de Guyenne. Telle était la situation juridique du vignoble en 1789. Elle n'était pas trop critique.

Mais la nouvelle division administrative de la France en départements étendit de nouveau, à l'orée du XIXe siècle, l'aire de l'appellation BORDEAUX. Au lieu des 350 paroisses de la sénéchaussée, elle couvrit la quasi-totalité des 554 communes de la Gironde. Il fallut même, notamment, une grève du Conseil général pour empêcher l'extension de la délimitation BORDEAUX à 63 communes de la Dordogne et du Lot-et-Garonne.

Après le décret de 1911, les viticulteurs du Lot-et-Garonne voulurent désigner les vins de leur récolte sous la dénomination de «vins du Haut-Pays bordelais». Cette prétention fut rejetée par les tribunaux, la dénomination de «Haut-Pays bordelais» n'étant pas consacrée par l'usage. Au contraire, le terme «Haut-Pays» servait à désigner des vins différents de ceux connus sous la marque BORDEAUX. Aussi bien, le coupage des vins du Haut-Pays avec le vin de ville avait-il toujours été interdit comme en témoignent nombre d'arrêts du Parlement de Bordeaux au cours des siècles. La législation de 1911 était donc des plus claires. Elle avait pour but de situer la notion d'origine dans le cadre du droit moderne et de protéger l'appellation BORDEAUX contre la notion de provenance, prétexte d'une fraude généralisée.

Mais, à ce stade de la réglementation, le nom de Bordeaux couvrait, sans distinction, tous les crus du Bordelais, y compris les grands bénéficiaires du classement de 1855, lesquels avaient usé de tout leur prestige pour obtenir le décret.

Au début de l'année 1919, le problème des appellations se posa avec une urgence nouvelle à la faveur de la Conférence de la paix qui se tenait à Versailles. Il s'agissait d'imposer à l'Allemagne le respect des appellations d'origine et, dans ce but, de mettre sur pied une réglementation intérieure. La loi sur les appellations d'origine fut promulguée le 6 mai 1919. A la suite de quoi, les textes se multiplièrent. Les plus décisifs furent la loi Capus de 1927 et le décret-loi de 1935. Les viticulteurs, en effet, ne pouvaient admettre que l'origine géographique devienne le seul critère du droit aux appellations. La loi de 1919 fut donc complétée en tenant compte d'éléments nouveaux, tels le terroir,

l'encépagement, le degré alcoolique et le rendement à l'hectare. Ainsi naquirent les appellations d'origine contrôlée.

Pour la région de Bordeaux, il résulta de ces dispositions une sorte de hiérarchie dont le tort fut peut-être de mettre au sommet l'appellation la plus restreinte pour descendre à des appellations de plus en plus génériques et de production plus importante. Ainsi, en allant decrescendo, un cru de Pauillac avait droit aux appellations PAUILLAC, MÉDOC et BORDEAUX.

En d'autres termes, un vin de Pauillac jugé indigne de porter son nom d'origine et n'ayant pas les caractères exigés pour faire un bon MÉDOC offrait toujours la ressource d'être commercialisé sous le nom de BORDEAUX. Ce rôle de «dépotoir» de l'appellation BORDEAUX engendra une confusion extrême par rapport à la célébrité universelle de la plus grande région de France productrice de vins fins. Quel que fût le degré de notoriété atteint par quelques châteaux illustres et certaines appellations restreintes, l'amateur étranger comprenait difficilement que le mot de BORDEAUX tout court servît à identifier les plus modestes produits bordelais. L'exemple le plus récent de cette regrettable confusion a été donné par la grande presse d'information commentant un discours d'Edgard Pisani, alors ministre de l'Agriculture, de passage à Bordeaux. «Je suis et demeure frappé, disait-il, par le fait que le drapeau «bordeaux» finit par couvrir les marchandises les plus médiocres et qu'en définitive le désordre qui s'est produit dans ce vignoble fait qu'on a comme premier souci de mettre une étiquette de château à l'exclusion de l'étiquette BORDEAUX.»

Mal informés de la législation sur les A.O.C., certains journalistes ne retinrent, de ce propos, que la «médiocrité» du vin de Bordeaux en général. N'empêche que la critique du ministre était fondée, et non moins fondées les réticences de certains producteurs girondins à se réclamer du nom de BORDEAUX. Cela ne signifie pas qu'ils avaient tout à fait raison. En effet, s'il était réel que les appellations BORDEAUX et BORDEAUX SUPÉRIEUR finissaient par couvrir les marchandises les plus médiocres, la plus grande masse des BORDEAUX selon la loi Capus était d'excellente qualité, largement exploitée pour améliorer des crus économiquement mieux placés.

Il fallait sortir de cette impasse et relever ce défi à la logique. La question se posait de savoir qui ferait un premier pas sur le retour à une saine tradition. Il y avait une solution de solidarité engageant la responsabilité historique des grands crus et consistant à réinscrire le nom de Bordeaux au fronton de leur gloire. Ils auraient ainsi assumé leur mission séculaire et, en vrais grands seigneurs, repris le commandement de leurs troupes en y faisant régner la discipline. On comprend leur hésitation à signer ce chèque en blanc. L'autre solution, plus en harmonie avec le style de notre époque, était que la revalorisation de l'appellation BORDEAUX vint des intéressés eux-mêmes. C'est cela qui est arrivé.

Grâce à M. Pierre Perromat, président de l'Institut National des Appellations d'Origine, mais qui n'a cessé, pour autant, de présider le syndicat des BORDEAUX et BORDEAUX SUPÉRIEURS, ces vins, depuis 1967, jouissent d'une appellation à part entière. Ils sont soumis à l'épreuve de dégustation et à l'analyse comme la plupart des autres appellations girondines, ce qui leur permet de retrouver leur autonomie. Il n'y a plus d'appellation «dépotoir». Le seul refuge, pour les appellations bordelaises déclassées, est désormais la catégorie «vins de consommation courante».

Dérivée de l'appellation BORDEAUX, l'appellation BORDEAUX CLAIRET connaît, depuis quelques années, une grande vogue. Il s'agit d'un vin rosé issu de n'importe quel cépage rouge jouissant déjà de l'appellation régionale et obtenu par «saignée» de la cuve avant que le moût n'ait pris toute sa couleur. Le BORDEAUX CLAIRET n'a rien à voir avec l'antique CLARET qui était un vin rouge à cuvaison courte. Mais ce cru n'en est pas moins fruité, plein de charme, de finesse et d'alacrité.

En Bordelais, comme partout, on 'pèse le moût'. Cette opération, très simple, consiste à remplir de moût une éprouvette et à y plonger une sonde ou pèse-moût, aréomètre qui mesure la densité du moût et qui indique la quantité de sucre qu'il contient. On se rend compte ainsi de la qualité de la vendange.

Malgré la mécanisation toujours plus poussée des travaux de la vigne, la vendange se fait le plus souvent encore à la main. Il y a à cela deux excellentes raisons: il faut couper le raisin avec précaution pour ne pas le blesser et pour n'en pas perdre des grappes ou des grains, ensuite il faut éviter absolument que des feuilles ou des tiges se mélangent au moût.

CHÂTEAU CHEVAL BLANC

1. 1a. Nom commercial «Château Cheval Blanc». Ce nom est connu des amateurs, mais le négociant-éleveur donne davantage de précisions sur son étiquette, car il indique que ce vin est un «premier grand cru classé». En plus, mention est faite, sur l'étiquette même, du millésime. — 2. 2a. Nom d'appellation d'origine: Saint-Emilion, celle-ci étant confirmée par la mention «Saint-Emilion premier grand cru classé» contrôlée. Rien n'est donc plus explicite que cette étiquette, tout au plus l'amateur averti saura-t-il que le Cheval Blanc est l'un des deux «premiers grands crus classés a» pour la région de Saint-Emilion. — 3. Mention du négociant-éleveur. — 4. La mention de la mise en bouteilles au château est obligatoire pour les grands crus de Bordeaux; c'est à la fois une garantie de qualité et d'authenticité.

CHÂTEAU HAUT-MARBUZET

1. Nom commercial «Château Haut-Marbuzet». Ce cru n'est pas dans la liste des crus classés en 1855, mais il fait partie du palmarès syndical du 3 mars 1966 avec la mention «grand-bourgeois exceptionnel» (voir page 195). — 2. Nom d'appellation contrôlée: Saint-Estèphe. La région de Saint-Estèphe est située dans le Haut-Médoc près de la frontière du Bas-Médoc.

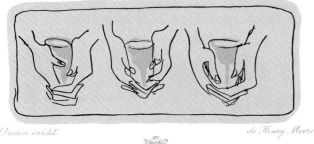

CHÂTEAU MOUTON-ROTHSCHILD

1. Nom commercial «Château Mouton-Rothschild». Cette étiquette est laconique et, sinon son style plus soigné, rien ne la distingue de sa voisine de droite. Grand seigneur, le Château Mouton-Rothschild ne fait pas mention de son rang dans le classement de 1855, où il est l'un des prestigieux deuxièmes crus (voir page 195). — 2. Nom d'appellation d'origine: Pauillac. Certains auront quelque difficulté à situer Pauillac dans le Haut-Médoc et à réaliser dès l'abord que Mouton-Rothschild est un vin de Bordeaux. — 3. Nom du négociant-éleveur. — 4. 4a. L'indication de la mise en bouteilles au château est donnée très minutieusement et la bouteille est numérotée après le mot «Ci.»; la confirmation de cette opération est donnée en 4a.

CHÂTEAU RIEUSSEC

1. Nom commercial «Château Rieussec». Immédiatement on sait que c'est un premier grand cru. — 2. 2a. Nom d'appellation d'origine: Sauternes. On a devant soi un grand vin de dessert. La mention de l'année donnera à l'amateur averti une précision de qualité. La mention d'appellation d'origine est dans les formes prescrites. — 3. Mention du négociant-éleveur. — 4. Indication de mise en bouteilles au château.

CHÂTEAU PÉTRUS

1. Nom commercial «Pétrus». La mention «grand vin» n'est pas très explicite. — 2. Nom d'appellation d'origine: Pomerol. — 2a. Cette région ne possède pas de classement officiel comme les médocs et saint-émilions, mais le Pétrus est considéré comme le premier des pomerols. L'appellation est répétée dans les formes prescrites. — 3. Mention de la mise en bouteilles au château. — 4. Mention du négociant-éleveur.

CHÂTEAU LA MISSION HAUT-BRION

1. Nom commercial «Château la Mission Haut-Brion». La mention «grand cru classé» fait immédiatement comprendre qu'il s'agit d'un grand vin; toutefois on ne le confondra pas avec le Château Haut-Brion qui est, lui, «premier grand cru classé». — 2. Nom d'appellation d'origine: Graves. Comme les graves sont rouges ou blancs, précisons que le Château la Mission Haut-Brion est un vin rouge. — 3. Mention de la mise en bouteilles au château. — 4. Mention du négociant-éleveur.

LES VINS DE LA RIVE GAUCHE DE LA GIRONDE ET DE LA GARONNE

LE MÉDOC

En 1855, déjà, un fervent Médocain, M. Saint-Amant, pouvait écrire: «Le Médoc a l'air riche et somptueux: Il l'est et ne l'est pas. Une grande année y répand l'abondance; mais cette année n'arrive que tous les trois ou quatre ans. Les autres années ont peine à couvrir les frais; ceux-ci sont beaucoup trop considérables sur les grands domaines où l'on parle sans cesse de les restreindre sans prendre jamais aucune mesure dans ce sens. Le propriétaire d'un grand cru du Médoc ne doit pas avoir là toute sa fortune, tout au plus la moitié, afin de supporter les frais et d'être le maître d'attendre le moment favorable pour vendre ses vins. Le revenu des vignes est précaire et inégal. On doit tenir pareil domaine comme accessoire et s'en faire honneur.»

Or, il y a un siècle, c'était l'apogée des grands vins de Bordeaux. Que n'écrirait donc pas, aujourd'hui, M. Saint-Amant sur l'admirable vocation d'une région noble entre les nobles?

On comprend que l'époque où M. Saint-Amant définissait la viticulture médocaine ait été, aussi, celle du célèbre «classement». De l'idée de «paroisse» (datant de 1755) on passait à l'idée de «château» pour constater une double évolution du vignoble: évolution technique avec la pratique de la «mise» au château; évolution économique avec une meilleure exploitation du Médoc grâce aux capitaux du négoce. En 1855, la viticulture médocaine s'engageait dans la voie d'un véritable humanisme. Un grand vigneron médocain nous en a donné la preuve naguère. Il nous ouvrit son «livre de raison». C'était le trésor d'une longue expérience artisanale. Certes, on n'y trouvait pas trace des événements qui, au cours du siècle, ont bouleversé la planète: guerres, révolutions ou génocides. Ce que notre vénérable ami avait noté, avec une exactitude passionnée, était peut-être plus important. Il s'agissait de la création de ce chef-d'œuvre: une illustre bouteille. Rien que de courtes observations, des dates, des chiffres. Mais ces notations avaient une allure homérique, le ton d'une épopée sans cesse enroulée et déroulée au rythme des saisons et des travaux. Le patriarche avait relevé, pour les générations futures, la douceur d'un matin, la fraîcheur d'un soir, le temps mis par un char pour venir de la vigne au chai, le chant du premier coucou ou le vol de ces merles symboliques attachés à la légende du domaine.

La viticulture, en Médoc, est d'abord et avant tout un acte de foi. Si, demain, la terre éclatait, notre justification serait de pouvoir présenter au Créateur ce livre de raison où un sage interrogeait toute la nature pour fixer le bon moment d'un «écoulage», d'une «mise» ou d'un labour.

Dans la mesure où le vin de Médoc est incontestablement une œuvre d'art, sa production comporte, comme les autres grands vins de Bordeaux, une part irréductible d'ancien artisanat. C'est un fait. Mais cela ne veut pas dire que, selon le mot de Paul Valéry, le vigneron médocain «entre dans l'avenir à reculons». Il n'est pas du tout un nostalgique du passé. Il refuse de soumettre le vignoble traditionnel à un aspect provisoire de la technique, mais se réjouit quand la technique se met au service du vignoble. Que nos planificateurs, par exemple, débarrassent le ciel médocain de cette toile d'araignée qu'y dessinent les réseaux électrique et téléphonique et nous verrons cet «artisan» adopter immédiatement l'avion ou l'hélicoptère pour l'exécution des traitements insecticides et fongicides. Que l'industrie de la machine agricole lui fournisse un engin rationnel pour ses labours et il abandonnera la traction animale là où elle est encore irremplaçable.

Sur une distance de quatre-vingts kilomètres dans le sens du fleuve et sur une profondeur de dix à quinze, le vignoble médocain donne des vins différents, mais tous remarquables, même dans les années pauvres en degré alcoolique.

Il n'y en a pas de plus racés, de plus fins, de plus intellectualisés. Ils tiennent cette noblesse de leur bouquet et de leur arôme, lesquels sont uniques parmi les grands vins français.

La vérité c'est que le MÉDOC peut se maintenir très longtemps à son point de perfection. Lorsque le président Albert Lebrun vint inaugurer, à Pauillac, les fameuses fêtes de la longévité, on ne fêta pas seulement des vignerons centenaires. On dégusta aussi un cru de 1834 qui se portait également très bien.

La partie septentrionale de la presqu'île médocaine constitue l'appellation générique MÉDOC.

Cette région s'étend de Saint-Seurin-de-Cadourne à la Pointe de Grave et borde l'embouchure de la Gironde sur un parcours de vingt kilomètres pour une largeur de six à huit.

Au bord même du fleuve, le vignoble est établi sur une bande de terrains graveleux, légèrement vallonnés et atteignant de deux à trois kilomètres de large. C'est de cette langue de terre que l'on obtient les meilleurs vins. Sur les autres terrains (argilo-calcaires), les produits sont plus communs mais dignes du nom de «Grand Ordinaire».

Le Médoc n'a pas obtenu dans le classement de 1855 de crus classés, ni de «Bourgeois Supérieurs». Il compte seulement des crus «Bourgeois», mais en nombre et jouissant souvent d'une cote supérieure à leur position dans la hiérarchie médocaine. Onze communes possè-

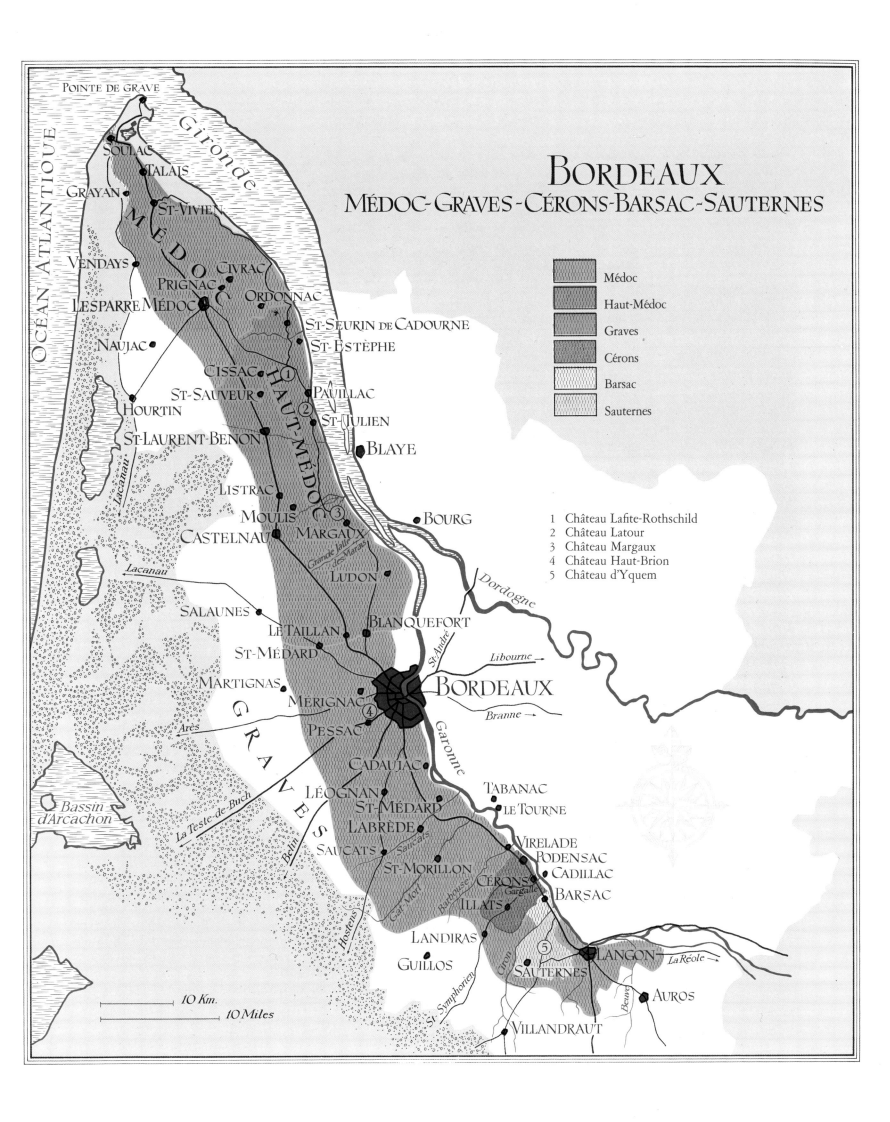

BORDEAUX
MÉDOC - GRAVES - CÉRONS - BARSAC - SAUTERNES

POINTE DE GRAVE

OCÉAN ATLANTIQUE

Gironde

SOULAC
TALAIS
GRAYAN
St-VIVIEN
MÉDOC
VENDAYS
CIVRAC
PRIGNAC
ORDONNAC
LESPARRE MÉDOC
St-SEURIN DE CADOURNE
NAUJAC
St-ESTÈPHE
CISSAC
HAUT-MÉDOC
① St-SAUVEUR
PAUILLAC
HOURTIN
② St-JULIEN
St-LAURENT-BENON
BLAYE
Lacanau
LISTRAC
Lacanau
MOULIS ③
CASTELNAU
MARGAUX
Grande Jalle des Marais
LUDON
BOURG
SALAUNES
Dordogne
BLANQUEFORT
LE TAILLAN
St-MÉDARD
St-André
Libourne →
MARTIGNAS
GRAVES
MÉRIGNAC
BORDEAUX
Arès
④
Branne →
PESSAC
Bassin d'Arcachon
La Teste-de-Buch
Garonne
CADAUJAC
TABANAC
LÉOGNAN
St-MÉDARD
LE TOURNE
Belin
LABRÈDE
VIRELADE
SAUCATS
Saucats
PODENSAC
CADILLAC
St-MORILLON
CÉRONS
Cal-Mort
Barbouss.
Gargalle
BARSAC
ILLATS
Hostens
LANDIRAS
⑤
LANGON
GUILLOS
Ciron
La Réole →
SAUTERNES
AUROS
St-Symphorien
Beuve
VILLANDRAUT

	Médoc
	Haut-Médoc
	Graves
	Cérons
	Barsac
	Sauternes

1 Château Lafite-Rothschild
2 Château Latour
3 Château Margaux
4 Château Haut-Brion
5 Château d'Yquem

10 Km.
10 Miles

Le domaine de Mouton-Rothschild est un des plus grands de France: 70 ha de vignes d'un seul tenant. Il est depuis 1853 dans la même famille. Dans une aile des bâtiments, l'actuel propriétaire, le baron Philippe, a aménagé un splendide musée où l'on peut admirer des œuvres d'art inspirées par la vigne et le vin, des temps modernes jusqu'au IIIᵉ millénaire avant J.-C.

dent de ces crus «Bourgeois». Ce sont: Saint-Germain-d'Esteuil, Ordonac-et-Potensac, Saint-Yzans, Couquèques, Blaignan, Saint-Christoly-de-Médoc, Bégadan, Lesparre, Valeyrac, Civrac et Prignac.

C'est au sud de cette région que s'étend, vers Bordeaux, l'appellation HAUT-MÉDOC. Celle-ci comporte plusieurs sous-appellations mondialement connues et qui comptent parmi les plus beaux fleurons de la couronne bordelaise. Au milieu d'elles, MARGAUX brille comme un rubis royal. De tout temps, quelques paroisses voisines bénéficièrent de sa très ancienne renommée. Aujourd'hui, quatre communes, outre celle de Margaux, ont droit à l'appellation qui renferme ainsi les vignobles de Cantenac, Soussans, Arsac et Labarde. Le CHÂTEAU MARGAUX, dont la noblesse n'a d'égale que celle des souvenirs historiques se rattachant à ce domaine et à la magnifique demeure du même nom, est un «Premier Cru Classé». L'appellation MARGAUX, dans son ensemble, produit un grand vin, parfois très grand, corsé, fin, élégant. Sa réputation universelle de haute qualité est jalousement protégée.

Moulis est situé au centre du Haut-Médoc. A la fin de la guerre de Cent Ans, cette petite région avait un caractère encore plus sylvestre que viticole, et le futur archevêque de Bordeaux, Pey Berland, y menait paître le troupeau paternel. Cependant, Moulis, par la nature de son sol graveleux, ne comporte aucun terrain inférieur et sa vocation était nettement viticole. On retrouve trace des crus de Moulis dans le tableau établi par l'Intendance de Guyenne en 1767 mais, d'après le classement de 1855, ce terrain ne contient que des «Bourgeois Supérieurs».

Très appréciés en Allemagne, en Belgique et en Hollande, les MOULIS présentent ce rare avantage de pouvoir être conservés en toute sécurité. Ils possèdent, en effet, outre la finesse, le bouquet et la sève des grands MÉDOC, un équilibre constitutionnel leur assurant une vieillesse heureuse.

Le vignoble de Listrac occupe une des croupes les plus élevées du Haut-Médoc. Les crus de cette appellation rappellent les MOULIS par le corps et la vinosité. Depuis des siècles, on produit aussi, dans cette paroisse, des vins blancs à partir de plants de *sémillon* et de *sauvignon* ayant beaucoup de ressemblance avec les meilleurs GRAVES blancs. Le classement de 1855 n'a pas donné de cru classé à Listrac, mais plusieurs «Bourgeois Supérieurs».

«Passants, vous entrez dans l'antique et célèbre cru

de Saint-Julien, saluez...» Telle est la fière inscription que l'on peut lire à l'orée de la commune de Saint-Julien-Beychevelle. Elle s'applique maintenant à un vignoble admirable, une des plus riches dépendances du Haut-Médoc. Mais elle se réfère à la coutume des marins de baisser la voile, en signe de respect, devant ce fameux château de Beychevelle où demeurait, jadis, le duc d'Epernon, Grand Amiral de France. Des autres vins fameux du Haut-Médoc, le SAINT-JULIEN se distingue par sa belle robe pourpre, une grande sève, du moelleux. Plus corsé que le MARGAUX, moins puissant que le PAUILLAC, il se fait reconnaître aussi par un bouquet très personnel qui se développe rapidement.

Sous l'impulsion du maire-vigneron de Saint-Julien, le renom de cette appellation ne cesse de progresser. L'émulation est telle, entre les producteurs de cette commune, que certains «Bourgeois Supérieurs» ou «Bourgeois», naguère presque inconnus, ont acquis la valeur de «cru classé». Située à environ cinquante kilomètres de Bordeaux, Pauillac est la plus importante des communes viticoles du Médoc. C'est le siège d'une Maison du Vin et de la Commanderie du Bontemps-Médoc. Cette confrérie en a fait le point de départ de toutes ses manifestations dont la plus importante, la Fête de la Fleur, rassemble des amis du vin de Bordeaux venus du monde entier. L'appellation PAUILLAC s'applique également aux vins récoltés dans certains terroirs de Saint-Sauveur, Saint-Estèphe, Cissac. L'arrêt de Lesparre, un des plus détaillés de la jurisprudence viticole, énumère, parcelle après parcelle, les vignobles d'où l'on tire le PAUILLAC. Parfois même, ce sont les rangs de vigne qui sont mesurés et comptés. Cette appellation, la plus représentative du vignoble girondin, est la seule à posséder deux premiers crus, trois seconds, un quatrième, onze cinquièmes et tout un cortège de «Bourgeois Supérieurs» et de «Bourgeois» dont la noblesse et les brillantes qualités sont souvent très proches des crus classés.

Le PAUILLAC, qu'il porte grand blason ou simple écu, reste le plus puissant des vins du Médoc. Les grandes années lui confèrent des caractéristiques pouvant surprendre si on le déguste avant le vieillissement qui développera ses charmes incomparables. Mais un PAUILLAC, même trop jeune, même astringent, ravit les palais exercés. Ce vin promet toujours et n'a jamais menti.

L'appellation SAINT-ESTÈPHE est uniquement réservée

Ces quelques vénérables bouteilles de CHÂTEAU-LAFITE-ROTHSCHILD (de gauche à droite: 1858, 1865, 1919, 1895, 1887, 1874, 1902, 1903) ne sont qu'un pâle reflet d'une collection unique au monde de vins en bouteilles depuis l'année 1797 jusqu'à nos jours, conservée dans les caves du château. La propriété appartient aux barons Rothschild depuis 1868 et comprend 120 hectares, dont 65 sont consacrés à la vigne.

aux crus provenant de la commune portant ce nom et qui est, d'ailleurs, une des plus grande du Médoc. Les SAINT-ESTÈPHE sont bouquetés, délicats, moelleux et d'une belle distinction. Ce terroir, graveleux à fond d'alios, compte cinq crus classés dont deux seconds, de nombreux «Bourgeois» avec toute une suite de crus «artisans» et «paysans». Mais cette hiérarchie un peu byzantine se trouve très souvent dépassée par la prestigieuse réputation de qualité de tous les SAINT-ESTÈPHE.

Aussi bien est-il temps de parler du fameux «classement». Dans quelle mesure la grandeur et le luxe des châteaux médocains influencèrent-ils le jugement porté sur le cru? Il serait difficile de le dire. Il est certain, en tout cas, que les premières étiquettes bordelaises se prévalant d'un nom de château s'ornaient toujours de l'image d'un vrai château. Et il faut reconnaître que le Médoc est parsemé de magnifiques résidences. Elles témoignent, pour la plupart, du goût régnant au début du XIXᵉ siècle, époque de leur construction. Ces demeures rappellent le style néo-gothique mis à la mode par sir Walter Scott lorsqu'il édifia, en 1812, le manoir d'Abbotsford sur la rive méridionale de la Tweed.

Certes, la dégustation, les prix atteints dans les transactions, l'aspect plus ou moins soigné du vignoble, la technicité des équipements vinaires et quelques références historiques furent les principaux éléments qui entrèrent en ligne de compte pour l'établissement d'une hiérarchie de la qualité. Mais l'initiative du classement revenant à un commerce chartronnais au sommet de sa puissance et devenu propriétaire des plus importants domaines médocains ou allié avec eux, il est permis de penser que le classement de 1855 reflète (au moins dans sa part inévitable de subjectivité) une vague notion de «caste».

C'est pourquoi, fait architectural, les châteaux médocains sont aussi, depuis leur origine, un fait commercial. Ils constituèrent l'ossature du classement et portèrent très loin la renommée du vin de Bordeaux. En conséquence, tout cru de qualité, en Bordelais, a voulu se décorer d'une étiquette de château, même si le récoltant habitait le plus simple des logis. La multiplicité des châteaux, en Gironde, n'est point une gasconnade jourdanesque, la manifestation d'un orgueil quelque peu puéril. C'est le résultat d'une donnée économique. La loi fut donc amenée à réglementer l'usage du mot château. A cette fin, le décret du 30 septembre 1949 a fixé les conditions suivantes:

1. Le vin doit avoir une appellation d'origine.

2. Le vin doit provenir de l'exploitation agricole qualifiée par le mot de château ou ses analogues, qui doit exister réellement en tant qu'exploitation agricole et être déjà exactement qualifiée par ces mots et expressions.

3. Le nom de château ou ses analogues est limité à la seule production de l'exploitation agricole qualifiée par les mots envisagés.

Déjà, la jurisprudence avait préparé, par son interprétation du mot château, l'évolution qui se manifesta dans le décret. Un arrêt du Tribunal civil de Bordeaux, en date du 8 mai 1939, avait considéré le mot château comme la désignation d'une exploitation agricole ou viticole déterminée.

Cela précisé, il ne faudrait pas se hâter de conclure en disant que les châteaux du Bordelais sont, pour le plus grand nombre, de construction contemporaine, qu'ils n'existent qu'à titre commercial sur le registre d'état-civil des crus. L'antique sénéchaussée de Guyenne, chargée d'histoire et couverte de légendes, constitue une véritable mine pour l'archéologie ou l'amateur d'art. Les demeures nobles y sont fréquentes et, non moins souvent, entourées d'un vignoble célèbre.

Ainsi trouve-t-on, dans le Médoc, le château d'Angludet, reconstruit au XVIIIᵉ siècle, mais qui fut le repaire d'un reître fameux durant la guerre de Cent Ans. A Margaux, le château d'Issan remonte également au temps de l'alliance anglo-gasconne. Avec ses neuf pavillons et ses clochers en pyramides, il semble sorti d'un conte de fées. Les bâtiments actuels ont succédé à deux ou trois constructions où vécurent, du XIVᵉ au XVIIᵉ siècle, les Noalhan, les Ségur, les Laferrière et les d'Escodéca de Boysse.

Paré de sa façade athénienne, le château Margaux n'est pas seulement l'«étiquette» la plus illustre du monde. Il a appartenu à Edouard III, roi d'Angleterre. Au XIIᵉ siècle, il était connu sous le nom de La Mothe. C'était alors, bien entendu, un château fortifié. Il fut la propriété, successivement, des familles d'Albret, de Montferrand et de Durfort. Vers le milieu du XVIIIᵉ siècle, M. de Fumel, qui en était possesseur, facilita l'embarquement du marquis de Lafayette pour l'Amérique en dépit de l'opposition de la Cour. L'actuel propriétaire du château Margaux est M. Pierre Ginestet, Grand Chancelier de l'Académie du Vin de Bordeaux.

Un peu plus vers le nord, à Pauillac, le château Mouton-Rothschild a vu se succéder, depuis 1853, quatre générations de barons de Rothschild. Dans un passé bien plus lointain, les grands viticulteurs de Mouton furent le seigneur de Pons (1350), le duc de Gloucester (1430), Jean Dunos, Gaston de Foix, les ducs de Joyeuse et les ducs d'Epernon. Le baron Philippe de Rothschild, propriétaire actuel, a fondé un splendide musée œnologique faisant suite aux chais du château. Les œuvres exposées sont d'une incomparable richesse sans aucune impression d'accumulation. On passe d'une coupe mycénienne du XIIIᵉ siècle av. J.-C. aux chefs-d'œuvre de l'orfèvrerie allemande et à des peintures de Picasso, Giacometti et Juan Gris.

Les étiquettes de CHÂTEAU-MOUTON-ROTHSCHILD sont originales et aisément reconnaissables. Chaque année le baron Philippe demande à un artiste d'illustrer le bandeau supérieur de son étiquette, si bien qu'on pourrait dire un Mouton-Rothschild-Villon pour un Mouton-Rothschild 1960.

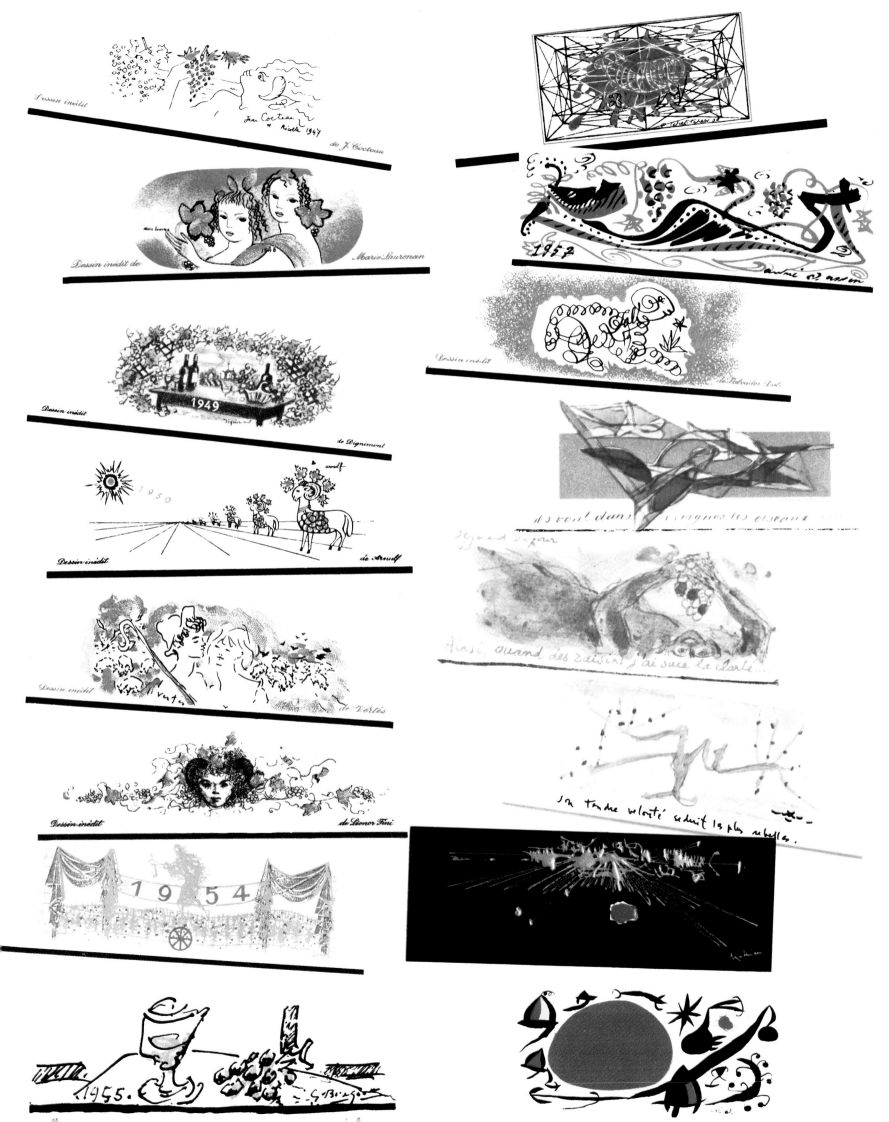

Dessin inédit
Jean Cocteau
Riolle 1947
de J. Cocteau

Dessin inédit de
Marie Laurencin

1957

Dessin inédit

de Salvador Dali

Dessin inédit
1949
de Dignimont

1950
arnulf

Dessin inédit
de Arnulf

ils vont dans les vignes les oiseaux

Dessin inédit
de Vertès

Ainsi, quand des raisins j'ai sucé la clarté...

Dessin inédit
de Leonor Fini

un tendre volonté séduit les plus rebelles.

1954

1955.

LES GRAVES

Le terroir des Graves a toujours entouré Bordeaux, sauf à l'est où le fleuve limite l'antique cité. C'est pourquoi le vignoble bordelais étant, avant tout, une création citadine, les Graves constituent le noyau de ce vignoble. Ce n'est pas le vignoble, en effet, qui engendra la ville, c'est la bourgeoisie de Bordeaux qui, ayant planté le cep civilisateur, lui a prodigué les soins les plus coûteux et les plus attentifs, et l'a honoré comme une divinité. Au Moyen Age encore, on vendangeait «intra muros» en plein Bordeaux. Les terriers gascons (registres contenant l'état des droits) nous ont révélé l'existence d'un vignoble totalement urbain dont la récolte suffisait à garnir les celliers des jurats et des chapitres. Dès la fin septembre, on cueillait à grands paniers rue de Saint-Genès, près de l'église Saint-Nicolas, à la Croix-Blanche, à Terre-Nègre, place Dauphine, au Palais-Gallien et rue des Capérans, autant de lieux charmants que les ravages de l'urbanisation n'ont point épargnés. Aujourd'hui, le vignoble des Graves commence à la Jalle de Blanquefort, frontière méridionale du Médoc. Au sud, il s'étend jusqu'à Langon après s'être écarté du fleuve à la hauteur de Virelade afin d'encercler la région de Cérons et celle de Sauternes-Barsac, comme il a encerclé, au nord, l'ancienne Burdigala. Sa longueur totale est de soixante kilomètres sur une largeur moyenne ne dépassant pas dix kilomètres.

C'est pour le vin des Graves (et non pour les autres, alors trop éloignés de Bordeaux) que le gouvernement collégial de la cité édicta les bases du plus extraordinaire monument juridique de tous les temps: le fameux Privilège des Vins dont témoigne le très secret registre des délibérations de la Jurade, autrement nommé Livre des Bouillons dont le nom évoque les «boulons» de cuivre qui en protègent la couverture.

Au milieu du Moyen Age, et avec le même souci de tout réglementer, la Jurade bordelaise créa le corps officiel des Taverniers. S'il s'agissait, à première vue, d'introduire une police dans les débits de boisson et de préserver les bonnes mœurs, l'objectif principal des jurats était, dans ce cas, de lutter contre la fraude intérieure. Pour faciliter la vente d'un vin quelconque, en effet, il avait été d'usage courant de crier un «vin de Graves bien buvant». Cette tromperie sur la marchandise, par conséquent, devenait impossible ou vraiment trop dangereuse pour un fonctionnaire revêtu de la majesté municipale.

D'ailleurs, toutes les mesures de contrôle appliquées au niveau de la production aussi bien qu'au stade de la distribution et qui ont tellement favorisé l'essor du vin de Bordeaux, ont pris naissance dans la volonté qu'avaient les bourgeois viticulteurs de protéger leurs crus citadins, c'est-à-dire l'appellation GRAVES. Voilà pourquoi, pour les XVIe, XVIIe et XVIIIe siècles, les archives bordelaises nous révèlent les noms et les démarches des inspecteurs du vignoble urbain, cette charge étant déjà, à ce moment, de fondation très ancienne.

Nous voyons, avec les yeux de l'imagination, ces bourgeois drapés de velours, chevauchant à travers les ceps. Sur des linges blancs, ils se font présenter les grappes juteuses et tièdes, écartant, de leur main gantée et baguée, la guêpe gourmande, savourant un grain de raisin avec recueillement puis, relevant la tête, étendent sur la vigne un regard sagace et lourd de réflexions.

Siégeant en permanence durant tout le temps des vendanges, la Jurade écoutait le rapport de ses experts itinérants et fixait, après en avoir débattu, le jour où les travailleurs de la vigne, «laborador de vinhas», pourraient commencer la cueillette avec les meilleures chances d'obtenir un vin de qualité. La grosse cloche de l'Hôtel de Ville sonnait alors le «ban des vendanges».

Le temps où il n'y eut pas d'autre vin de Bordeaux que le GRAVES fut, par excellence, le temps du CLARET. Ainsi les Anglais désignaient-ils le produit d'une région moins vaste que de nos jours mais dont l'ancienneté, par rapport à l'ensemble du vignoble bordelais, n'est guère contestable.

Bien plus près de nous, au milieu du XVIIIe siècle, n'importe quel bordeaux rouge exporté en Allemagne devenait, pour le commerce importateur, du vin de Pontac, ce nom étant alors celui du propriétaire du château Haut-Brion, seigneur couronné des Graves. Le futur membre des «quatre grands» servait donc de pavillon au vignoble bordelais tout entier, un siècle avant le classement de 1855.

Durant tout le XIXe siècle, l'appellation GRAVES fut à dominance «rouge». En cette seconde moitié du XXe siècle, la répartition des cépages est presque redevenue ce qu'elle était au plus beau temps de son épanouissement économique, c'est-à-dire à l'époque où le vigneron Charles Secondat de Montesquieu vendangeait à La Brède et à Martillac. Mais ce nouvel équilibre entre blancs et rouges est peut-être dû, en grande partie, au fait que la ville de Bordeaux, depuis deux cents ans, a reculé ses limites, intensifié ses constructions et englobé des communes jadis célèbres pour leur production de rouge: Caudéran, Talence, Mérignac, etc. De plus, à quinze kilomètres au sud de Bordeaux, dans des centres, tel Léognan, complètement consacrés à l'encépagement rouge avant la crise phylloxérique, des domaines entiers ont été replantés en blancs. Actuellement, la production des GRAVES est de 47 000 hectolitres pour les blancs et de 60 000 hectolitres pour les rouges.

Quoi qu'il en soit, les GRAVES blancs ont souvent porté au plus haut le renom de l'appellation et bénéficié d'une vogue méritée comme c'est de nouveau le cas depuis une vingtaine d'années. Mais cette vogue n'a jamais été le résultat d'une soumission à ce snobisme qui consiste à dire et à croire que le GRAVES blanc doit être ceci ou cela, qu'il demande à être sec ou demi-sec. Il est ce qu'il doit être en dépit de ce que peuvent décréter quelques gastronomes patentés. Les GRAVES blancs récoltés dans le nord de la région sont naturellement secs avec une pointe charmante de verdeur. A Martillac, La Brède, Saint-Morillon, Saint-Sèlve, Saint-Médard et Cadaujac, ils sont toujours secs mais attendris, déjà, de ce suave bouquet qui caractérise le terroir de Léognan. Parlant de ces vins de grande race, le bon Rabelais les qualifiait de «galants et voltigeants». A Portets, Arbanats, Landiras, Budos, leur sève un peu plus dense se divise en sillons sur les parois du verre. Les courtiers distinguent ces vins en disant qu'ils ont du gras. Enfin, plus on approche de Langon, mieux s'annonce le moelleux des CÉRONS. Ainsi trouve-t-on, en Pays de Grave, à côté des vins secs les plus nombreux, des vins moins secs, tous produits admirables parce que naturels.

En dehors de toute préférence personnelle et bien légitime, si l'on veut connaître l'âme du bordeaux, on la trouvera dans un verre de GRAVES rouge.

C'est que le GRAVES, comme il arrive souvent pour le premier-né d'une famille nombreuse, porte les traits les plus accusés de son père. Le MÉDOC, avec son bouquet subtil et complexe, ou le SAINT-EMILION, avec sa vaillance de paladin, n'ont rien à envier à leur aîné sinon cette sève dominatrice suivant partout un GRAVES rouge comme un blason invisible. C'est le parfum d'un terroir fidèlement transmis de souche en souche et de cuve en cuve depuis deux millénaires. Ce privilège du GRAVES il faut le «sentir» pour en être convaincu.

C'est cela que j'ai dû «sentir» dès l'âge le plus tendre lorsque mon grand-père me fit goûter, pour la première fois, d'un petit fromage de chèvre et qu'il me fit boire, là-dessus, (mais le palais bien net) un doigt de HAUT-BRION 1888. A cette époque déjà lointaine on n'appelait pas ce cru un GRAVES rouge, comme aujourd'hui, mais un GRAVES DE BORDEAUX. Le souvenir de cette initiation et de cet éblouissement intérieur m'a permis, une fois pour toutes, d'identifier un bordeaux, noble ou artisan, rouge ou blanc, de la rive gauche ou de la rive droite de la Garonne.

Bien sûr, il faut être de son temps, il faut admettre, non pas une évolution du goût — le goût n'a pas évolué depuis le Parthénon — mais une certaine dépravation du goût. D'aucuns prétendent que le grand public, désormais, recherche des vins rouges souples et ronds, c'est-à-dire dépouillés de leur authentique caractère. Par rapport à certains produits sans race ou mal vinifiés, ce grand public peut avoir raison. Mieux vaut, peut-être, une médiocrité aimable qu'une noblesse déchue et agressive. C'est un point de vue, mais pour celui qui a sucé son premier GRAVES trois ou quatre ans après son dernier biberon, le canon de la beauté vineuse ne sera jamais ce qu'il est pour un industriel de la citerne.

Un bon GRAVES reste «tel qu'en lui-même l'éternité le change». Il a du corps, car il est communion et nourriture. Il a une robe lumineuse, de la couleur de ces vitres campagnardes à travers lesquelles nos rêves d'enfant recréaient un crépuscule d'été en plein hiver. Il a de la finesse comme la pointe du raisonnement venant à bout d'un problème de géométrie. Il a surtout, parce qu'il est de GRAVES, cette tonique et discrète amertume qui l'apparente à toutes les saveurs du terroir bordelais.

Droit de goût, franc d'attaque, néanmoins plein de mystères et de pudiques arômes, le GRAVES surgit de mon ancienne mémoire comme la promesse de bonheur et de paix dont nous avons besoin dans ce monde titubant d'angoisses.

LA RÉGION DE CÉRONS

Située à trente-cinq kilomètres au sud-est de Bordeaux, sur la rive gauche de la Garonne, la région de Cérons se compose de trois communes: Cérons, Illats et Podensac. Les frontières de cette appellation sont un peu fictives. Il y a des vins de Cérons vinifiés en sec, possédant les caractères des plus beaux GRAVES et ne s'en différencient que par une sève particulièrement fruitée, tandis que d'autres CÉRONS s'apparentent étroitement aux SAUTERNES-BARSAC. Les CÉRONS liquoreux sont cependant plus légers que les crus obtenus dans le terroir barsacais.

Le sol de Cérons, silico-graveleux sur fond argilo-calcaire, est à peu près le même qu'à Sauternes. Pour l'obtention des CÉRONS liquoreux, les vendanges sont aussi effectuées (comme à Sauternes) par tries successives, et les moûts, relativement moins riches, produisent quand même des vins titrant de 12° à 15° d'alcool avec, en plus, 1° à 3° de liqueur. Le type CÉRONS se distingue par sa nervosité, son élégance, son bouquet très fin. Toutes ces qualités, jointes à la situation ambiguë de la région de Cérons, ont fait dire, des vins qu'elle produit, qu'ils constituent un trait d'union entre les meilleurs vins blancs secs et les plus célèbres des grands vins liquoreux.

A Cérons plus qu'ailleurs on se trouve donc en présence de ces impondérables qui confèrent aux bordeaux blancs une telle diversité. L'appellation donne en moyenne 10000 hectolitres par an.

SAUTERNES-BARSAC

L'originalité essentielle de la vinification, en Sauternais, c'est d'abord la façon de vendanger.

Une maturation normale ne suffit pas. Il faut attendre la «surmaturation» du raisin et une pourriture si spéciale, si particulière au microclimat, qu'elle a été qualifiée de «noble». Elle est provoquée par un mycoderme caractéristique n'intervenant que dans ce vignoble et qui se nomme botrytis cinerea, champignon minuscule qui, dans les grandes années, fournit le fameux «rôti» que l'on peut reconnaître dans les vieilles bouteilles.

Le paysage viticole du Bordelais n'a rien de particulièrement pittoresque. C'est la nature du sol qui compte: en surface s'étend une couche de 'grave' ou graviers constitués en grande partie de cailloux roulés aux couleurs claires, qui donne un sol maigre et réfractaire à toute autre culture que la vigne qui, elle, prospère et donne des vins de qualité!

Mais, tirer le meilleur parti du botrytis n'est pas chose simple. Son action sur la grappe n'est pas uniforme. D'où la nécessité de vendanger grain par grain. En cas de pluie, on doit suspendre la cueillette pour que le raisin sèche. Cela conduit à un étalement du temps des vendanges pouvant dépasser deux mois, à une perte de quantité au profit de la qualité, entraînant des rendements inférieurs à 20 hectolitres à l'hectare.

Grâce à ce procédé absolument unique dans la technique viti-vinicole, (il s'agit d'une véritable concentration de la vendange sur pied) les moûts pèsent de 15 à 20° au sortir du pressoir. Parfois, bien davantage. On atteignit 25° en 1929 et, en 1959, on a contrôlé des moûts qui accusaient 30°.

L'idéal, en année moyenne, est d'obtenir, après fermentation, un équilibre entre la teneur alcoolique (14°) et la teneur en sucre non transformé (4° liqueur). Quand il s'agit d'un très grand millésime, l'écart peut être considérable. Les soins à donner au chai ont donc pour but, le plus souvent, d'activer la fermentation alcoolique. Comme on le voit, la gloire du SAUTERNES BARSAC est coûteuse. Il ne saurait jamais être question, dans ce terroir, de sacrifier la qualité suprême, la qualité «extravagante», en faveur du prix de revient.

Le vin de Sauternes-Barsac compte encore (et comptera toujours) parmi les choses de ce monde dont la noblesse inimitable écarte absolument la notion de «productivité» telle que la conçoivent les économistes qui ont l'habitude de raisonner davantage sur de grandes quantités de biens de consommation courante que sur des produits rares.

C'est ainsi que le Sauternais ne peut mieux se comparer qu'à l'un de ces royaumes de rêve où règne un enchanteur. L'enchanteur, c'est le plus célèbre vin de la Terre, vin des rois et roi des vins. Il faut aller exprès dans cette région. Mais, quand on y est, le temps s'efface, le monde ordinaire, bourdonnant de soucis, s'éloigne de nos yeux et de notre mémoire. Tous les sortilèges de ce terroir magique tissent autour de nous un filet aux mailles soyeuses, un filet de féerie qui nous rend captifs d'une forme très rare du plaisir de vivre.

Je me souviens d'un bel après-midi de juin. Le parc du Château de Suduiraut paraissait resurgir sous un ciel émouvant, de cette buée qui baigne «La Fête de Saint-Cloud» de Fragonard ou la «Fête champêtre» de Jean-Baptiste Pater, à moins que ce ne fût la légère brume de «L'Embarquement pour Cythère». Maurice Chevalier chantait en serrant un jéroboam d'YQUEM sur sa poitrine. Ainsi devenait-il évident qu'il existe de mystérieuses correspondances entre les formes les plus diverses de l'art. La seule condition à remplir est que, sous des aspects changeants, la création artistique reste fidèle aux critères classiques de la qualité. Ce que la musique, la peinture ou la chanson nous offrent de mieux réussi, on peut le trouver aussi dans le bouquet subtil d'un SAUTERNES-BARSAC. C'est pourquoi on doit sillonner, moteur au «ralenti», le circuit du Sauternais (offert au visiteur par une signalisation soigneusement étudiée), tout comme on passe sans hâte devant les chefs-d'œuvre des Offices.

Il y a des découvertes qui n'ont de valeur que si on les fait soi-même. Au Palais Vecchio, par exemple, j'ai rencontré le plus spirituel des guides. Il vous regarde aller, rêver, flâner, revenir parfois sur vos pas (ce qui est tellement important). Puis, souriant, il intervient, tout simplement parce que vous avez oublié quelque chose qu'il aime. Je voudrais l'imiter, ne pas vous conduire de force devant l'entrée d'un vignoble si vous êtes attiré par une tour coiffée d'ardoise. Qu'il vous suffise de ne pas négliger, en rouge, un cru qui ne demande qu'à rester dans votre cœur et votre souvenir. Que vous abordiez le circuit du Sauternais par le commencement ou par la fin, vous constaterez qu'il ne comporte qu'un seul sens interdit: celui de la médiocrité. C'est un tapis roulant de conte de fées. Et si les virages paraissent fréquents, c'est dans le cas où la tête vous tournerait un peu.

LES VINS D'ENTRE GARONNE ET DORDOGNE

PREMIÈRES CÔTES DE BORDEAUX

Lorsque les contemporains d'Ausone se rendaient visite, c'était mollement étendus dans des barques garnies de tapis et de coussins, sous des branchages de lauriers et des banderolles déployées. La Garonne gallo-romaine dépassait sûrement en splendeur la Loire de Catherine de Médicis.

Ce luxe patricien que partageaient, intimement mêlés, viticulteurs et poètes, hommes du monde et philosophes, marque, il faut l'avouer, l'apogée de cette région qu'on appelle aujourd'hui Premières Côtes de Bordeaux. L'appellation de ce nom couvre trente-quatre communes échelonnées sur la rive droite de la Garonne, entre Bassens et Saint-Macaire. Il s'agit donc, essentiellement, des coteaux abrupts dominant le fleuve sur une distance de 60 kilomètres. Les plateaux de l'Entre-Deux-Mers constituent l'arrière-pays jusqu'à la rive gauche de la Dordogne.

Malgré sa longueur exceptionnelle et l'importance de sa production (80 000 hectolitres), la région des Premières Côtes offre des crus qui viennent en tête des palmarès dans les expositions internationales. Tandis que la partie septentrionale de l'appellation concerne à peu près exclusivement des vins rouges, la partie méridionale, depuis Gambes, se rapporte à ce qu'on appelle les grands vins blancs de la rive droite.

LOUPIAC ET SAINTE-CROIX-DU-MONT

Loupiac et Sainte-Croix-du-Mont sont également des enclaves des Premières Côtes de Bordeaux mais sans aucun lien juridique avec cette dernière appellation.

A Loupiac, comme à Sainte-Croix-du-Mont, nous sommes au royaume du *sémillon*, du *sauvignon* et de la *muscadelle*. Hors cette trilogie, aucun autre cépage ne peut entrer dans la composition de ces illustres crus liquoreux. Les grappes ne sont cueillies, sur ces coteaux raides et ensoleillés, que lorsqu'elles ont atteint un subtil degré de surmaturation. Mais aussi, quelle délicatesse, quel terroir dans un Loupiac ou un Sainte-Croix! Quelle joie légère dispense l'une ou l'autre de ces bouteilles... Sans se parer de toute la somptuosité d'un Sauternes, elles évoquent, également, le satin mordoré dont Watteau habille les belles promeneuses de ses parcs enchanteurs. La douce chaleur de ces vins, leur bouquet, leur robe topaze, dépassent la terminologie des gastronomes, et il faudrait une musique verlainienne pour traduire tant de grâce.

La limite de l'appellation Loupiac passe peu au sud de Cadillac dont les meilleurs crus ne le cèdent en rien à ceux de ces deux joyaux des Premières Côtes de Bordeaux.

Les Premières Côtes de Bordeaux rouges furent sans doute parmi les premiers vins de Bordeaux habituellement exportés. Pey Berland, dernier archevêque gascon de Bordeaux, possédait un important vignoble rouge sur le territoire de la paroisse de Bouillac. En vertu des privilèges archi-épiscopaux, c'était donc un cru des Premières Côtes de Bordeaux que les Anglais, arrivés avec la «flotte des vins», achetaient en priorité.

En primeur, ces vins sont corsés, fruités, riches en tanin et très toniques. Avec l'âge, ils acquièrent beaucoup de finesse et le bouquet caractéristique du terroir bordelais. Quant aux Premières Côtes de Bordeaux blancs, demi-secs ou moelleux, ils atteignent parfois un

Le vignoble bordelais connaît une cinquantaine d'appellations contrôlées, différents classements et plus de trois mille châteaux. Le 'Château Camarsac' fait partie de l'une des quatre appellations générales: Bordeaux, Bordeaux supérieur, Bordeaux clairet et Bordeaux mousseux.

tel degré de finesse et d'élégance que leur noblesse a nécessité, sous la forme d'enclaves, quelques appellations spécifiques. C'est le cas des appellations CADILLAC et GABARNAC, dont le nom peut être ajouté à celui de PREMIÈRES CÔTES DE BORDEAUX, et qui groupent, chacune, un certain nombre de communes.

HAUT-BENAUGE

L'appellation HAUT-BENAUGE est réservée aux vins blancs produits par les communes d'Arbis, Cantois, Escoussans, Ladaux, Soulignac, Saint-Pierre-de-Bat et Targon. Cette région, bien plus petite que l'ancien comté de Benauge, a gardé pour centre, néanmoins, l'énorme et majestueux château-fort construit par les redoutables seigneurs de Benauge sur la colline d'Arbis. On disait, jadis, la «noire Benauge». Il est vrai que la Benauge était assombrie par des forêts de chênes dont on tirait le merrain servant à la fabrication des barriques. Mais les vignerons se firent défricheurs et ce sont les ceps, désormais, qui en rangs serrés, occupent les flancs des vallées. La noire Benauge, au centre de l'Entre-Deux-Mers, est devenue un des sites viticoles les plus beaux du monde et produit un vin blanc demi-sec moissonnant diplômes d'honneur et médailles.

CÔTES DE BORDEAUX-SAINT-MACAIRE

L'appellation CÔTES DE BORDEAUX-SAINT-MACAIRE prolonge vers le sud les PREMIÈRES CÔTES DE BORDEAUX. Elle comprend les communes de Saint-Macaire, Pian, Saint-Pierre-d'Aurillac, Saint-Martin-de-Sescas, Caudrot, Saint-André-du-Bois, Saint-Martial, Saint-Laurent-du-Bois, Saint-Laurent-du-Plan et Sainte-Foy-la-Longue. Il n'y a guère de vins blancs susceptibles d'une si large utilisation que les CÔTES DE BORDEAUX-SAINT-MACAIRE. Corsés et fins, ils accompagnent agréablement aussi bien les poissons et les crustacés que les desserts et même quelques rôtis.

GRAVES DE VAYRES

A l'orée de Libourne, sur la voie antique reliant Burdigala à Lutèce, les communes de Vayres et d'Arveyres, situées sur la rive gauche de la Dordogne, fournissent le territoire viticole ayant droit à l'appellation GRAVES DE VAYRES. Celle-ci désigne un vin rouge coloré, souple, pourvu d'une grande finesse, rappelant les deuxièmes crus de POMEROL et doués de cette précieuse qualité commerciale de pouvoir être consommés en primeur. Les vins blancs du même terroir se distinguent des excellents produits de l'Entre-Deux-Mers par leur moelleux et leur sève très personnelle.

ENTRE-DEUX-MERS

L'Entre-Deux-Mers!... Voilà un nom qui parle à l'imagination. Il évoque je ne sais quelle idée de voyage lointain et de terres inconnues... Les personnes peu familiarisées avec les appellations de nos grandes régions viticoles sont généralement déçues lorsqu'on leur apprend qu'il s'agit du territoire compris entre la rive droite de la Garonne et la rive gauche de la Dordogne. L'appellation proprement dite, qui ne couvre pas, évidemment, celles qui viennent d'être définies, s'étend tout de même sur la partie la plus vaste et la plus productive du vignoble bordelais, représentant à elle seule le cinquième de la superficie du département. La luxuriance de la végétation spontanée, dans l'Entre-Deux-Mers, et la survivance d'importants bois de chênes, charmes et ormeaux, témoignent de l'antique forêt que les Romains firent défricher pour planter le cep civilisateur. Après les invasions barbares, d'immenses parties de cette forêt s'étaient reconstituées, et ce furent les moines, alors, qui s'attaquèrent de nouveau au vivace massif forestier. L'abbaye de Saint-Girard, à La Sauve, fut fondée en 1090. Pendant des siècles, cette communauté partagea, avec les moines de Sainte-Croix, à Bordeaux, le privilège de diriger les destinées viniviticoles de l'Entre-Deux-Mers. En 1647, un vin de cette région se vendait de 20 à 25 écus le tonneau contre 18 à 22 écus seulement pour un produit du Libournais-Fronsadais. Définie dès 1924, l'appellation d'origine ENTRE-DEUX-MERS devint une appellation contrôlée par le décret du 31 juillet 1937. Ce texte n'admet, dans l'appellation, que les vins blancs récoltés dans l'aire délimitée et ne peut s'appliquer qu'aux vins blancs issus de cépages nobles: *sauvignon, sémillon, muscadelle, merlot.* Les vins rouges de même provenance relèvent exclusivement de l'appellation BORDEAUX ou BORDEAUX SUPÉRIEUR.

Depuis quelques années, sous l'impulsion des jeunes dirigeants du syndicat viticole, l'ENTRE-DEUX-MERS a reconquis son antique célébrité. Cela s'est produit à la faveur d'une politique de qualité très exigeante tendant à rendre à ce vin blanc sec ses caractères naturels. Il y a quinze ans déjà, les responsables de l'appellation avaient décidé d'augmenter la proportion du *sauvignon* dans l'encépagement. Cette évolution ne cessant de se manifester à l'occasion des plantations nouvelles, l'ENTRE-DEUX-MERS est devenu un vin très fruité et «typé», frais et nerveux, répondant aux exigences du consommateur de notre époque. Cela précisé, il ne faut pas oublier que l'ENTRE-DEUX-MERS est un vin de Bordeaux. En d'autres termes, c'est un vin hygiénique, un vin de santé, au même titre que les vins rouges de semblable origine. En plus des satisfactions incomparables qu'il offre au dégustateur, il possède d'autres qualités importantes dont il convient de faire état: sa richesse en vitamine P et son pouvoir bactéricide élevé, celui-ci étant absolument indépendant du titre alcoolique. Défatigant, tonique et diurétique, il est

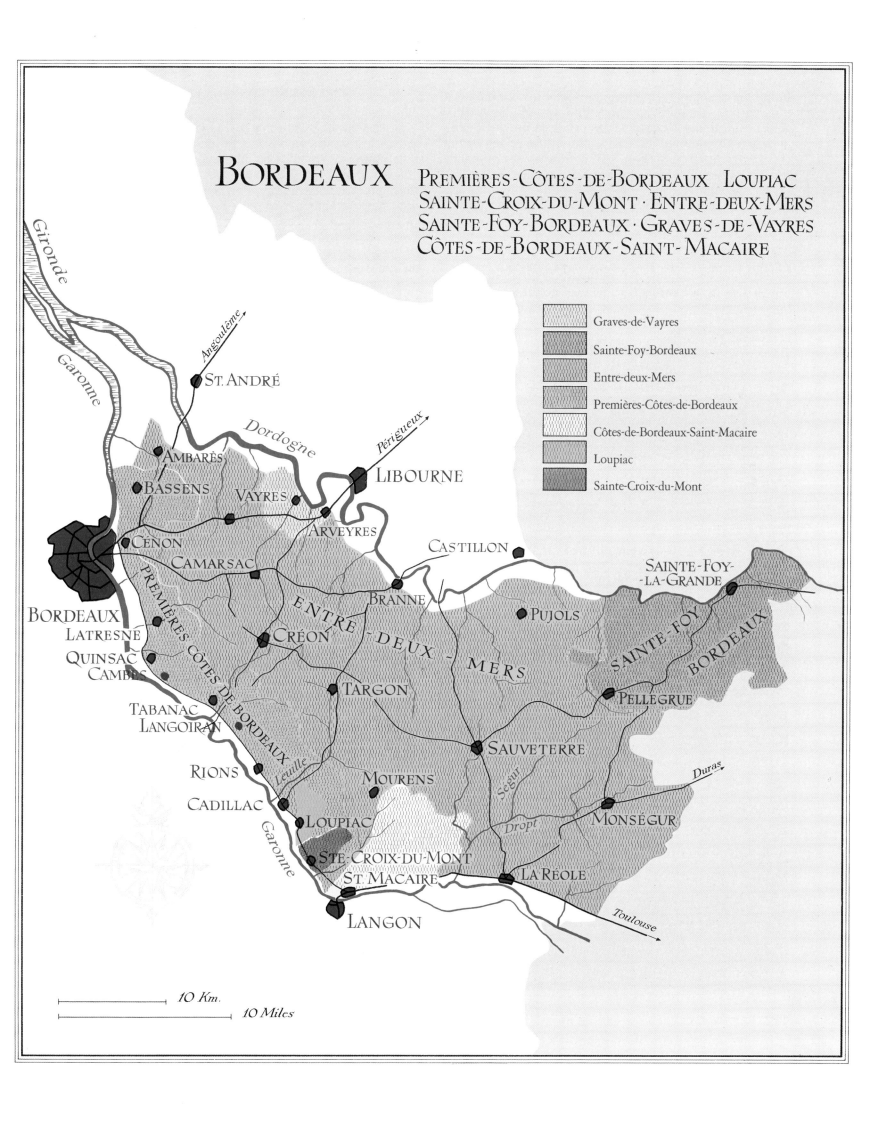

BORDEAUX

PREMIÈRES-CÔTES-DE-BORDEAUX · LOUPIAC
SAINTE-CROIX-DU-MONT · ENTRE-DEUX-MERS
SAINTE-FOY-BORDEAUX · GRAVES-DE-VAYRES
CÔTES-DE-BORDEAUX-SAINT-MACAIRE

Graves-de-Vayres
Sainte-Foy-Bordeaux
Entre-deux-Mers
Premières-Côtes-de-Bordeaux
Côtes-de-Bordeaux-Saint-Macaire
Loupiac
Sainte-Croix-du-Mont

Gironde

Garonne

Angoulême

ST. ANDRÉ

Dordogne

Périgueux

AMBARÈS

BASSENS

VAYRES

LIBOURNE

ARVEYRES

CÉNON

CAMARSAC

CASTILLON

SAINTE-FOY-
LA-GRANDE

BORDEAUX

LATRESNE

PREMIÈRES CÔTES DE BORDEAUX

ENTRE - DEUX - MERS

BRANNE

CRÉON

PUJOLS

SAINTE-FOY

BORDEAUX

QUINSAC

CAMBES

TARGON

PELLEGRUE

TABANAC

LANGOIRAN

Leuille

SAUVETERRE

RIONS

Ségur

Duras

MOURENS

CADILLAC

Dropt

MONSÉGUR

LOUPIAC

STE-CROIX-DU-MONT

Garonne

ST. MACAIRE

LA RÉOLE

LANGON

Toulouse

10 Km.

10 Miles

indiqué aux sujets ne tolérant que difficilement d'autres vins blancs. Destructeur infaillible des germes pathogènes que peuvent contenir les crudités, les médecins avertis n'hésitent pas, en outre, à lui conférer des vertus thérapeutiques. Tout cela est connu empiriquement depuis longtemps. Mais des études sérieuses faites sur l'ENTRE-DEUX-MERS dans nos laboratoires et facultés par de savants professeurs et leurs élèves ont permis de formuler l'action bienfaisante de ce cru.

L'Entre-Deux-Mers (ici à St Jean-de-Blagnac) s'étend sur les plateaux et coteaux sis entre la Dordogne et la Garonne sur le département de la Gironde. Les vins sont blancs exclusivement; frais avec un goût caractéristique de pierre à fusil.

SAINTE-FOY-BORDEAUX

Le canton de Sainte-Foy-la-Grande ne comprend que quinze communes, mais l'appellation contrôlée SAINTE-FOY-BORDEAUX en compte dix-neuf. Elles ont été détachées du nord-est de la vaste région de l'Entre-Deux-Mers pour délimiter un vin blanc moelleux ou demi-sec dont les caractères dominants sont la souplesse et l'élégance. Dans ces confins déjà périgourdins du Bordelais, ce vin blanc accompagne parfaitement les huîtres, les crustacés et les délicieuses aloses pêchées en rivière de Dordogne s'il est sec, et, moelleux, il est tout indiqué en apéritif et sur les entremets.

LES VINS DE LA RIVE DROITE DE LA DORDOGNE ET DE LA GIRONDE

SAINT-ÉMILION

Sur la rive droite de la Dordogne, Saint-Emilion et son vignoble sont des hauts-lieux où souffle l'esprit. La France entière et une bonne partie du monde civilisé en sont témoins.

La «grande» petite cité — que l'on nous pardonne cette antinomie — connaît chaque année une animation cosmopolite qui se manifeste depuis des temps fort anciens.

En effet, Camille Jullian affirme déjà, dans son Histoire des Gaules, que Saint-Emilion était une des étapes rituelles du voyage à Compostelle. Une foule pieuse et bigarrée emplissait l'église monolithe. Une vitalité et une spiritualité extraordinaires débordaient de ces rues étroites, de ces maisons à encorbellements, et la foi dans un monde fraternel prenait son essor de toutes les tours, accompagné des joyeuses volées de cloches et de solennels appels de trompettes.

A Saint-Emilion, on sent palpiter le cœur tumultueux de notre histoire. Ça et là, au hasard de la promenade, on se trouve subitement en face d'une vision étrangement fraîche du passé, que ce soit devant la Tour du Roi ou la Grotte des Girondins. Mais il n'y a pas que les pierres qui parlent sur cette acropole où viennent communier, dans les hautes traditions, tous les amis de la vigne et du vin; ce sont aussi des voix humaines et vigoureuses qui s'y élèvent pour témoigner éloquemment des siècles disparus.

Aujourd'hui comme hier, la vigne et le vin sont la raison de vivre, cause de bonheur et sujet de souffrance, parfois, pour les peuples vignerons des huit communes constituant l'appellation: Saint-Emilion, Saint-Laurent-des-Combes, Saint-Hippolyte, Saint-Christophe-des-Bardes, Saint-Etienne-de-Lisse, Saint-Sulpice-de-Faleyrens, Saint-Pey-d'Armens et Vignonet. La superficie de l'appellation atteint 4500 hectares.

De notre temps, comme le faisait Henri d'Andeli au XIᵉ siècle, les poètes glorifient le SAINT-EMILION, vin puissant et noble. De notre temps, comme le fit Louis XIV en 1650, il est permis de comparer le SAINT-EMILION au nectar des dieux. Car il n'y a pas que la ville de pierres qui soit immuable. Aussi anciennement connus que les vins de Graves, les vins de Saint-Emilion continuent, sans aucun artifice de vinification, leur carrière royale. Lorsque les années ont brisé les autres et n'ont plus laissé, dans les bouteilles, qu'une eau sans goût et sans couleur, c'est alors que le SAINT-EMILION développe toutes ses richesses et tous ses parfums. «Le vin de Saint-Emilion, écrit Victor Rendu, a du corps, une belle couleur, une sève agréable, de la générosité et un bouquet tout particulier qu'on trouve surtout dans les meilleurs quartiers de ce vignoble distingué. Le bon vin

de Saint-Emilion, après les premières années, doit avoir une couleur foncée, brillante et veloutée et un cachet d'amertume qui flatte le palais. Il faut, en outre, qu'il ait du corps, ce qui ne l'empêche pas de devenir plus tard très coulant. Après six mois de bouteille, il gagne considérablement en finesse, mais il n'est dans toute sa perfection qu'à compter de six à dix ans.»

Les plus prestigieux domaines de l'appellation ont récemment bénéficié d'un classement, mais se soumettent toujours au rigoureux contrôle de qualité qu'exercent l'illustre Jurade et le Syndicat Viticole et Agricole de Saint-Emilion qui seul peut conférer aux vins un «certificat d'agréage» pour leur commercialisation.

Outre les communes de l'ancienne juridiction jouissant de l'appellation simple, cinq autres communes ont obtenu le droit d'ajouter Saint-Emilion à leur propre nom. On a ainsi les crus suivants: SAINT-GEORGES-SAINT-EMILION, MONTAGNE-SAINT-EMILION, LUSSAC-SAINT-EMILION, PUISSEGUIN-SAINT-EMILION, PARSAC-SAINT-EMILION.

Quant à l'appellation spéciale SABLES-SAINT-EMILION, elle concerne une petite partie de la commune de Libourne, entre Saint-Emilion et Pomerol, où l'on récolte d'excellents vins rouges, souples et bouquetés, à maturation assez rapide.

POMEROL ET SA RÉGION

La commune de Pomerol qui couvre 624 hectares est située à quelques kilomètres au nord-est de Libourne, et voisine les vignobles de Saint-Emilion, à l'est, et de Fronsac, à l'ouest.

Aussi loin que l'on remonte dans l'histoire, l'existence de Pomerol se signale par des souvenirs de toutes sortes. Ce plateau argilo-graveleux était traversé par une voie romaine que le viticulteur-poète Ausone empruntait nécessairement pour se rendre du port de Condat, sur la Dordogne, à sa magnifique villa de Lucaniacus dans le Saint-Emilionnais.

Au Moyen Age, les Hospitaliers de Saint-Jean établirent leur première commanderie à Pomerol. Dès le XIIᵉ siècle, le célèbre bourg fut ainsi doté d'un manoir fortifié, d'un hôpital et d'une église romane malheureusement disparue aujourd'hui.

Avec les Hospitaliers, comme au temps des Romains, la vigne fut toujours à l'honneur dans Pomerol. Mais la guerre de Cent Ans, laquelle, comme on sait, dura trois siècles, ne fut pas favorable à cette antique appellation. Français et Anglo-Gascons transformaient trop souvent cette paroisse en champ de bataille. Et, tout le temps où Pomerol restait au pouvoir des lys, son vin ne pouvait prendre la direction de Bordeaux, c'est-à-dire de la bonne et fidèle clientèle anglaise. Cependant, après la décisive victoire de la France à Castillon, en 1453, qui amena la soumission de la Guyenne, les vins de Pomerol ne cessèrent de grandir en renommée. Ils sont devenus l'un des plus précieux fleurons de la couronne bordelaise.

Car ce sont des vins complets qui font les délices de l'odorat et du palais. Ces crus ont une belle vinosité, sont généreux, et leur finesse vient de cépages tels que le *bouchet* et le *merlot*. Tout en possédant la sève des SAINT-EMILION, ils se rapprochent des vins du Médoc. Les POMEROL accompagnent admirablement les viandes rouges, les gibiers et les fromages.

L'appellation contrôlée LALANDE DE POMEROL, par son sol tantôt silico-argileux, tantôt argilo-graveleux, produit de beaux vins rouges comparables à ceux de sa prestigieuse voisine. De son côté, la commune de Néac,

Dans certains vignobles (ici, à Saint-Emilion), on a vu apparaître récemment d'étranges machines à vendanges qui permettent de récolter le raisin plus rapidement et à moindre frais. Cette manière de vendanger ne pourra se généraliser car elle n'est possible que dans de grands vignobles, sans accidents de terrain.

qui confond exactement ses limites avec celles de l'aire de l'appellation du même nom, comporte un vignoble de quelque 300 hectares. Dignes des grands crus tout proches, les NÉACS se reconnaissent à des caractères très particuliers. Ils sont généralement veloutés, corsés et bouquetés. Leur souplesse est tout particulièrement appréciée. Sans qu'il soit possible, en ce domaine, d'énoncer une règle absolue, il est admis que les premiers crus de NÉAC sont sensiblement de la valeur des deuxièmes premiers crus de POMEROL.

CÔTES DE FRONSAC

Traversant le Bordelais à son retour d'Espagne, Charlemagne fit fortifier le tertre de Fronsac qui commande le cours de la Dordogne. Cette forteresse devint le bastion par excellence de la région stratégique. L'énorme château existait encore au XVe siècle, mais il ne tint pas trois jours devant l'artillerie de Jean Bureau, Maître de l'Artillerie de France sous Charles VII. C'est que le génie, lui-même, est impuissant à capter l'avenir. Or, si Fronsac — avec son tertre — mérite bien la qualification de haut-lieu, ce n'est pas en fonction de son histoire militaire. Fronsac est glorieux par ses vins rouges. Colorés, robustes, charnus, l'âge leur apporte une exquise distinction. Ils n'ont jamais démenti l'attention que leur prêtèrent l'Empereur à la barbe fleurie et, plus près de nous, le duc de Richelieu (1706-1788), aussi illustre par ses talents d'œnophile que par ses succès galants. Richelieu, qui portait également le titre de duc de Fronsac, fit bâtir, sur le tertre, une de ces charmantes «folies» dont le XVIIIe siècle a parsemé la région bordelaise. Il se donnait, dans cette maison, des fêtes à la mode. Et c'est précisément vers la même époque que Richelieu introduisit le vin de Bordeaux à la Cour de France.

Sur le plan légal, l'appellation FRONSAC n'existe pas. Ce nom entre dans la composition de deux appellations distinctes: CÔTES DE CANON-FRONSAC, comprenant les meilleurs coteaux dont, notamment, celui de Canon, et CÔTES DE FRONSAC.

CÔTES DE CASTILLON

Les Côtes de Castillon comprennent le territoire de Castillon-sur-Dordogne (depuis peu rebaptisé Castillon-la-Bataille) ainsi que les territoires de plusieurs communes voisines.

Nous sommes là non seulement dans une ancienne région viticole mais aussi dans un site historique. Castillon-sur-Dordogne est devenu Castillon-la-Bataille lorsque cette commune célébra, en 1953, le cinquième centenaire de la dernière bataille de la guerre de Cent Ans. C'est ici qu'est tombé le général anglais Talbot et que s'évanouirent, dans la fumée des bombardes de

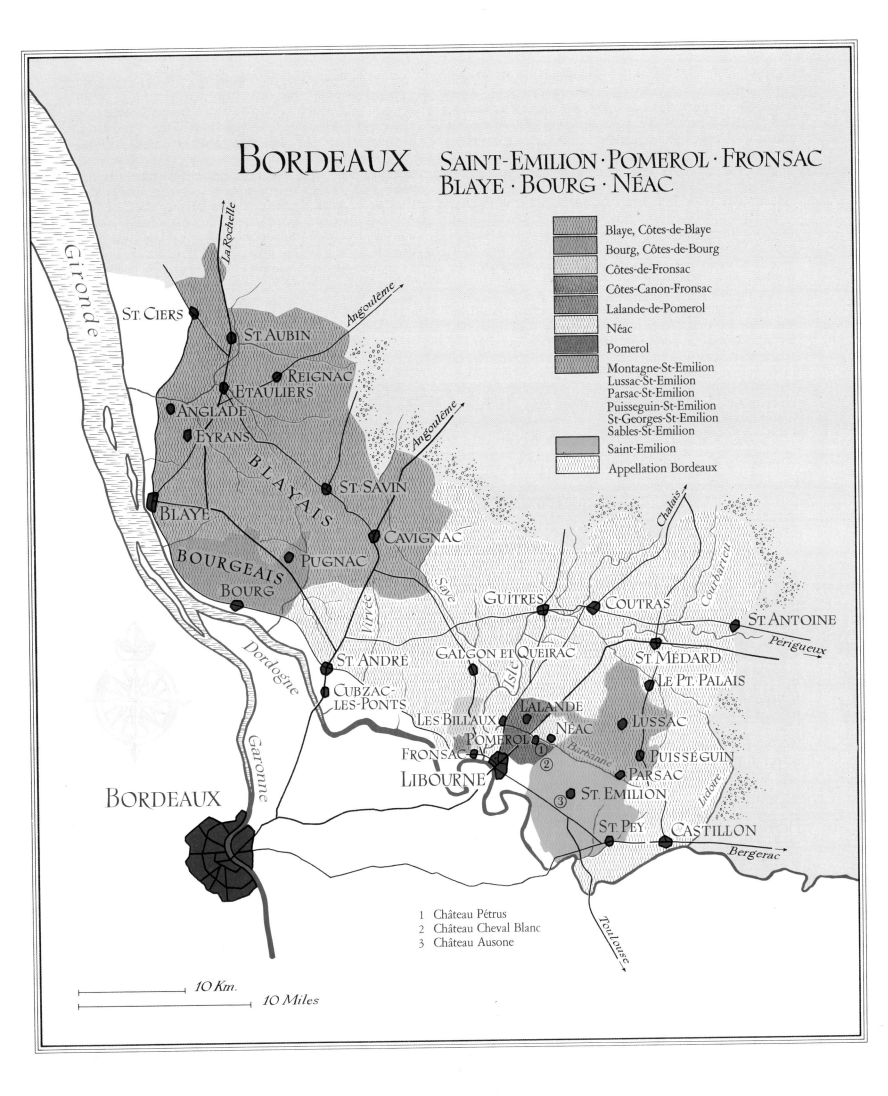

BORDEAUX SAINT-EMILION · POMEROL · FRONSAC BLAYE · BOURG · NÉAC

Blaye, Côtes-de-Blaye
Bourg, Côtes-de-Bourg
Côtes-de-Fronsac
Côtes-Canon-Fronsac
Lalande-de-Pomerol
Néac
Pomerol
Montagne-St-Emilion
Lussac-St-Emilion
Parsac-St-Emilion
Puisseguin-St-Emilion
St-Georges-St-Emilion
Sables-St-Emilion
Saint-Emilion
Appellation Bordeaux

Gironde
La Rochelle
Angoulême
Angoulême
ST. CIERS
ST. AUBIN
REIGNAC
ETAULIERS
ANGLADE
EYRANS
ST. SAVIN
BLAYAIS
BLAYE
CAVIGNAC
BOURGEAIS
PUGNAC
BOURG
Chalais
Courbartet
Saye
Virvée
GUÎTRES
COUTRAS
ST. ANTOINE
Périgueux
Dordogne
ST. ANDRÉ
GALGON ET QUEIRAC
Isle
ST. MÉDARD
LE PT. PALAIS
CUBZAC-LES-PONTS
LES BILLAUX
LALANDE
LUSSAC
Néac
Garonne
Barbanne
FRONSAC
POMEROL
PUISSÉGUIN
LIBOURNE
①
②
PARSAC
BORDEAUX
③ ST. EMILION
Lidoire
ST. PEY
CASTILLON
Bergerac
Toulouse

1 Château Pétrus
2 Château Cheval Blanc
3 Château Ausone

10 Km.

10 Miles

Charles VII, les ambitions continentales d'Albion. Morne plaine? Certes non! Les rangs symétriques de la vigne sont interrompus par des trèfles, des luzernes, des champs de maïs où évoluent les tracteurs et encore quelques bœufs patients. Dans ce plantureux paysage, les fantômes du passé sont prisonniers d'un petit cercle que parcourt, de l'aube au crépuscule, l'ombre du cénotaphe élevé à la mémoire de l'illustre vaincu. Chacun, selon son sens de l'histoire, peut mettre ce qu'il veut dans un tombeau vide. Remplir son verre a de plus graves conséquences. C'est pourquoi il ne faut jamais aller à Castillon sans saisir, au passage, l'occasion de déguster les admirables vins qui ont le droit de porter ce nom fameux.

Les rouges (80% de la récolte) ont une robe richement colorée, une sève généreuse, du corps, ce qui ne les empêche pas d'acquérir une grande souplesse dès avant le troisième soutirage. Au printemps qui suit les vendanges, ils sont dignes d'une place estimable sur la table du connaisseur. Les vins blancs, qui ne représentent qu'une petite partie de la récolte, sont obtenus au nord-ouest de la zone de l'appellation. Fins et délicats, ils ont une parfaite tenue. (La reconnaissance des CÔTES-DE-CASTILLON par l'INAO date de 1955.)

Patiemment, hotte après hotte, jour après jour, quelques hommes portent sur leurs épaules toute la vendange d'un 'château'. On compte qu'il faut 130 à 150 kg de vendange pour faire un hectolitre de vin et, pour les grands crus, trois ans de tonneau avant la mise en bouteille.

LE BOURGEAIS

L'aspect général de la petite cité de Bourg-sur-Gironde est celui d'une ville fortifiée du Moyen Age construite sur un piton dominant le fleuve. Elle n'est pas sans ressemblance avec Saint-Emilion, surplombant la vallée de la Dordogne. Mais ses origines sont peut-être encore plus anciennes. Des découvertes du plus haut intérêt et remontant aux époques paléolithique et néolithique ont été faites, à Bourg, en vingt-huit lieux différents. On a trouvé des milliers d'objets et d'outils, des tonnes de silex taillés et des gravures pariétales d'une grande beauté. De nombreuses cavernes sont encore à explorer. Telles sont les preuves indiscutables de la présence humaine dans ce gros village, à l'ère préhistorique.

Il est évident que les premiers habitants de Bourg venaient de la région des Eyzies par Rouffignac, les forêts de la Double, l'Entre-Deux-Mers et la région de Fronsac. Selon la théorie chère à André Siegfried, ils avaient suivi, tout naturellement, la «pente de l'eau» et s'étaient arrêtés devant l'immense estuaire (alors confondu avec l'océan lui-même) pour, finalement, planter la vigne sur les coteaux qui dominaient le rivage.

Voici quelque temps, une revue anglaise d'archéologie a publié un article sur la villa d'Ausone à Bourg. Elle était située à la sortie, vers Blaye-du-Bourg actuel, sur le coteau, face à la mer. Très confortable et luxueuse, comme les autres villas que le poète-consul possédait en Guyenne, elle était aussi le centre d'un vignoble important. Ausone en a parlé assez précisément lui-même en chantant le vin de Bourg. Et tout permet de supposer que ce vignoble avait déjà plusieurs siècles d'existence, car une vigne ne donne évidemment pas un vin fameux aussi vite qu'on compose un poème!

Des temps gallo-romains aux temps médiévaux et jusqu'à l'époque contemporaine, l'histoire de Bourg se mêle étroitement à celle de Bordeaux. Les deux cités procèdent du même amour de la vigne et de la liberté. Depuis 1273, sans interruption, les vignerons et bourgeois de Bourg élisent leur maire et leur «Corps de Ville». Les derniers jurats (portant chaperon et livrée de damas blanc et rouge) furent élus deux ans avant la Révolution. Jamais cette fière commune ne fut vassale d'un seigneur, sinon du plus grand de tous, le roi. Quand le roi est Anglais, Bourg profite de son éloignement pour pousser le plus loin possible la conquête de ses libertés et privilèges.

Aussi bien, les bourgeois de Bourg, contrairement à l'archevêque Pey Berland, ont-ils senti le «vent de l'histoire» caresser leurs murailles et frissonner dans les pampres. Ils n'ont point opposé de résistance à Charles VII. Au fond, animée de la même passion municipale que Bordeaux, mais plus rurale, moins déchirée par des factions «à l'italienne», Bourg put garder son unité et suivre une seule ligne de conduite

Chaque fois que le terrain et le climat étaient favorables, les moines ont planté et cultivé la vigne; il en fut ainsi dans le Bordelais. Près de Saint-Emilion, la Guerre de Cent Ans a chassé les Dominicains de leur couvent; il n'en reste que ces grands pans de mur de leur église au milieu des vignes, qui ont traversé les aléas de l'histoire.

alors que la métropole d'Aquitaine voyait sa cohésion se rompre devant l'événement.

Il n'est guère possible de dire si ce sont les vertus et la sagesse des vignerons de Bourg qui ont fait la réputation des vins de cette région, ou si c'est l'inverse. Le fait est, en tout cas, que cette réputation, qui se perd dans la nuit des âges, fut encore confirmée, à la fin du XVIIIe siècle, par le chroniqueur abbé Baurein: «Les vins de Bourg étaient si estimés dans le siècle dernier que les particuliers qui possédaient des biens dans le Bourgeais et dans le Médoc ne vendaient leur vin de Bourg qu'à la condition qu'on leur achèterait en même temps ceux du Médoc.» Ce témoignage est très contesté de nos jours, mais il existe encore des propriétaires possédant des vignobles de part et d'autre de l'eau.

Les vins rouges du Bourgeais sont riches en vitamines, d'un bouquet très agréable, et ils vieillissent dans d'excellentes conditions. Quant aux vins blancs, demi-secs ou moelleux, ils sont bien charpentés, nerveux et corsés.

Ancienne ville d'étape sur la route de Compostelle, la citadelle de Blaye, bâtie en 1652 par Vauban sur les vestiges du «castrum» romain, voit surgir l'ombre de Jauffré Rudel, troubadour du XIIe siècle et poète de L'Amour de Loin, et celle, plus tragique, de la duchesse de Berry emprisonnée en 1832 après avoir tenté d'organiser un soulèvement contre Louis-Philippe.

Tout le paysage est déjà noyé de poésie marine. On choisit d'y tourner le film Moderato Cantabile. L'estuaire, large de quatre kilomètres, en a fourni le principal décor. Mais les coteaux surplombant la Gironde sont couverts de vignes. «Plaines opulentes, gracieusement mamelonnées, collines somptueuses, éperons abrupts qui défendaient Bordeaux contre les invasions sarrasines et normandes, les terres blayaises, convoitées par les conquérants du nord et du midi, restent bien encore l'un des plus beaux fleurons du sol français. Dès la plus haute Antiquité, la vigne, sous un climat tempéré, a occupé ce terroir privilégié où les calcaires ne le cèdent qu'à grand peine aux silices et aux argiles rouges qui dénoncent déjà les coteaux périgourdins aux parfums de truffes.» (E. Lacroix).

L'aire de production des appellations BLAYE et CÔTES-DE-BLAYE est circonscrite dans les cantons de Blaye, Saint-Savin et Saint-Ciers-sur-Gironde.

La simple appellation BLAYE concerne expressément des vins rouges et des vins blancs. Les premiers doivent provenir des cépages suivants qui, d'ailleurs, ne se retrouvent pas tous dans l'appellation BORDEAUX: *cabernet*, *béquignol*, *verdot*. Tout autre cépage ôte le droit à l'appellation.

Les vins blancs ne peuvent avoir pour origine que les cépages suivants: *sémillon*, *sauvignon*, *muscadelle*, *merlot blanc*, *folle blanche*, *colombard*, *pineau de la Loire*, *frontignan*. Ces quatre derniers cépages ne se retrouvent pas, non plus, dans l'appellation BORDEAUX. En passant à l'appellation CÔTES-DE-BLAYE, subsiste encore une tolérance limitée pour l'encépagement, du moins en ce qui concerne les rouges. En vins blancs, on ne peut sortir de la trilogie classique: *sauvignon*, *sémillon*, *muscadelle*.

Les rouges ont beaucoup de couleur, du fruit, du moelleux, et peuvent bénéficier d'une mise en bouteilles précoce. Le tanin de fer qu'ils contiennent les recommande comme vins toniques. De tous les vins de la Gironde, ce sont peut-être les seuls dont la saveur rappelle les bons crus de Bourgogne. Les vins blancs ont du nerf et de la finesse. Par une de ces rencontres harmonieuses de la nature, ils accompagnent idéalement les fruits de mer et les délicieuses huîtres de Marennes dont les parcs sont établis sur la Seudre voisine.

LES VINS DES RÉGIONS AVOISINANTES

Les bassins de la Garonne, de la Dordogne et de l'Adour sont à vocation viticole. Ne revenons pas sur les problèmes qui se posèrent, au début de ce siècle, à propos de ces vignobles «marginaux» quand il fallut délimiter l'aire de production du vin de Bordeaux. L'autonomie qui fut conférée aux «marginaux» tourna finalement, à leur avantage en leur permettant de dégager leur individualité.

C'est ainsi que le vin de Cahors, avant d'être commercialisé dans le Port de la Lune sous le nom de VIN DE HAUT-PAYS, était chanté par Horace et Virgile. Comme celui qu'on récolte sur les coteaux de l'Isle, du Lot et autour de Bergerac, c'est un vin rouge puissant, coloré, âpre dans sa jeunesse mais remarquable de vinosité après quelques années de bouteille. Son cépage de base est le *malbec*, lequel lui donne un bouquet très plaisant. Les coteaux du Marmandais, région de polyculture où abondent de plantureux vergers, fournissent aussi des vins rouges agréables, à proximité des grandes appellations girondines. Les CÔTES DE BUZET, en Lot-et-Garonne encore, sont des vins rouges V.D.Q.S. (vins délimités de qualité supérieure) fruités et légers, souples et ronds.

Les VILLAUDRIC sont des vins rouges récoltés à quelques kilomètres de Montauban, qui possèdent les mêmes qualités et ont le mérite de pouvoir se boire en primeur. Sur la Côte d'Argent et au Pays-Basque, le «gastronomade» déguste avec plaisir les crus d'IROULÉGUY, SAINT-ETIENNE-DE-BAÏGORRY et ANHAUX. Ils sont délicatement fruités et accompagnent fort bien le jambon du pays. Les vins du Béarn sont souvent vinifiés en rosé et d'un emploi facile car ils s'harmonisent aussi bien avec les poissons qu'avec les viandes blanches ou la charcuterie. A cheval sur deux départements (les Landes et le Gers), le vignoble de Tursan fut assez célèbre jadis et donne des vins blancs et rouges ainsi que quelques rosés d'un bouquet plein de finesse. A la limite du Languedoc, Fronton produit également des vins rouges, blancs et rosés dont le principal débouché est Toulouse. L'élégance et la finesse caractérisent les LAVILLEDIEU, crus rouges et blancs du Tarn-et-Garonne.

Quant aux MONBAZILLAC, quoique d'un arôme un peu moins complexe, ils peuvent rivaliser, les bonnes années, avec les meilleurs vins blancs liquoreux de Bordeaux. Dans ce terroir très anciennement illustre, on doit, comme à Sauternes et à Barsac, attendre la «pourriture noble» pour vendanger. Dans les deux ou trois années qui suivent la cueillette, les MONBAZILLAC sont très attrayants et coulent comme de l'or liquide. Mais on aurait tort de céder à la tentation. En vieillissant, ils acquièrent une robe plus foncée mais non moins lumineuse et, surtout, développent tout leur caractère, lequel diffère sensiblement, alors, de celui que révèle un grand vin blanc liquoreux de Bordeaux ayant atteint le même âge.

Sans se placer au niveau des MONBAZILLAC, les BERGERAC secs, demi-secs ou demi-liquoreux, ont de la sève, un bouquet distingué et font chanter, comme écrivait André Lamandé, les nourritures de cette «terre périgourdine pavée de truffes et emparadisée de foie gras». Mais c'est dans les appellations CÔTES DE SAUSSIGNAC et CÔTES DE BERGERAC qu'on trouvera un type de BERGERAC d'une qualité supérieure et plus courante.

Le poète périgourdin Armand Got a ainsi glorifié le MONTRAVEL:

«Montravel! Montravel!
Les sucs fruités, moelleux, d'un bouquet non pareil,
Les vins «de bonne foi» comme un «dict» de Montaigne,
Qui font «vivre à propos» et sont de bon conseil.»

La simple appellation MONTRAVEL est réservée aux vins récoltés dans la plaine. Les appellations CÔTES DE MONTRAVEL et HAUT-MONTRAVEL sont situées sur des sols moins fertiles et donnent naissance à des crus d'une plus grande distinction. Leur fruité est remarquable et d'une élégance certaine. Les meilleurs vins blancs du Lot-et-Garonne s'obtiennent sur les Côtes de Duras. Moins moelleux que les MONTRAVEL, ils sont néanmoins frais et séveux.

Paré d'or pâle, ardent et capiteux, le ROSETTE provient des cépages blancs en usage dans le Bordelais: *sémillon*, *sauvignon* et *muscadelle*.

Les vignerons de Gaillac furent au nombre de ceux qui, naguère, menèrent le combat le plus acharné pour s'intégrer dans l'appellation BORDEAUX. Leur vin, aujourd'hui, se défend très bien seul, grâce à la confrérie de la Dive Bouteille qui groupe une partie de leur élite.

Le GAILLAC doux est un vin bourru consommé presque aussitôt après les vendanges. Cependant l'appellation d'origine contrôlée GAILLAC désigne un vin blanc sec sans excès d'acidité, léger et bien buvant. Le GAILLAC PREMIÈRES CÔTES possède une belle robe, une grande franchise de goût qu'il garde en vieillissant et qu'il doit à son cépage dominant, le *mauzac*, dont la particularité est de produire un raisin à peau épaisse, laquelle lui permet de mûrir complètement malgré les pluies de septembre. Le GAILLAC PERLÉ est un vin mousseux absolument naturel car il ne nécessite, pour l'obtenir, aucun produit étranger au raisin. Sans acidité ni verdeur, jaillissant en crème savoureuse, c'est un exquis «vin de dame», comme on disait il y a un demi-siècle, par son moelleux, sa finesse et son titre

alcoolique relativement bas. Les vins rouges de même provenance sont de qualité inégale, mais les meilleurs ont du corps, une belle couleur et supportent très bien le transport.

Entouré d'une grande région ne produisant que du vin blanc, Madiran possède un sanctuaire abritant une petite vierge de bois d'une très haute antiquité qui se nomme Notre-Dame des Vignes. Ces vignes sont rouges. Les principaux crus de ce terroir bigourdan sont ANGUIS, LE PARSAN, LES TUILERIES, LES TURCOS et HÈCHACQ. Ils proviennent de cépages nobles: *cabernet sauvignon* et *cabernet franc*, en usage dans les meilleurs tènements du Bordelais. Ces vins ont un arôme qui rappelle celui de la fleur du raisin, un fumet dépouillé, très fluide, évidemment dû au *cabernet*. Malheureusement, des cépages plus fertiles ont été introduits dans le vignoble sous prétexte de productivité. Dans le cadre des nouveaux débouchés qu'offre le Marché Commun, il sera sans doute de bonne politique d'éliminer ces intrus. Tonique et digeste, le MADIRAN est d'une conservation très longue. Il en résulte un dépôt adhérent sur les parois de la bouteille; il faut alors décanter.

Portet est la petite capitale d'un vignoble dont l'ancienneté est peut-être plus grande que celle de Jurançon. Il produit un vin blanc issu d'un cépage appelé *pacherenc* auquel on mêle parfois le *mansec*, plant jurançonnais. Les vendanges sont tardives. Jadis, on cueillait encore à la Noël. De nos jours, la récolte n'est guère terminée avant la fin novembre. Aussi bien les vignerons de ce pays sont-ils restés quelque peu réfractaires aux bienfaits de l'œnologie moderne. Les saveurs de leur vin se livrent sans détour, «comme les vierges béarnaises», a écrit Paul de Cassagnac qui avait un faible pour ce cru et son terroir.

Peu soucieux de la mode, le PORTET est liquoreux, moelleux ou sec selon les caprices de la nature. Il madérise facilement, mais le vigneron en a peu souci. Il ne déteste pas ce goût et c'est pour lui, non pour le négociant, qu'il fait son vin.

Des vins très dignes d'intérêt et ressemblant au PORTET ont été obtenus à Lambeye, Montpezat et Crouzeilles, communes du Vic-Bilh.

Même s'il n'y a pas de preuves historiques de ce que Henri IV, à sa naissance, ait eu les lèvres humectées de vin de Jurançon, cet épisode légendaire continue de parer d'une gloire immortelle les coteaux devant lesquels les Palois ont bâti leur ville. De plus, la scène fait partie du patrimoine spirituel de notre civilisation. Authentique ou non, elle gêne et irrite en général les adversaires du vin en France. Mais il n'est pas du tout nécessaire de recourir à cette référence pour prouver la noblesse d'un cru récolté à la fin de l'automne dans les communes de Jurançon, Gan, Laroin, Saint-Faust, Aubertin et Monein. Il ne doit rien à personne. Aucun des cépages qui le composent n'est identifié dans les autres régions viticoles. Très sensibles à l'oïdium, les gros et petits *mansencs*, le *cruchen* et la *courbu* produisent des grappes lourdes de jus et aux grains serrés que le passerillage réduit et confit, provoquant une véritable concentration du moût avant la cueillette. La richesse en sucre de ce moût se transforme en liqueur sans altérer la délicatesse du parfum et des arômes qui caractérise le produit fini.

Le JURANÇON se situe au premier rang des plus célèbres vins liquoreux. Il intéresse à la fois les sens et l'esprit et se prête à cette fameuse «arrière-dégustation» dont parlent à l'envi les grands connaisseurs. Colette en parlera comme «d'un grand prince enflammé, impérieux, traître comme tous les grands séducteurs».

Autour de cette grande reine — une bouteille millésimée de Bordeaux — que de nobles suivantes et de dames d'honneur protocolairement moins belles, mais parfois tellement jolies que, d'une certaine manière, elles deviennent leur égale. Les vins du Sud-Ouest constituent le cortège sans lequel il n'y aurait évidemment pas de souveraine.

VIE DES GENS DU VIN EN PAYS BORDELAIS

Depuis une quinzaine d'années, quelque chose a changé dans le cœur et l'esprit des vignerons bordelais. Non point qu'on ait perdu de vue la déterminante importance de l'aire de production eu égard à la qualité du cru. Mais l'on s'est souvenu de ce que l'origine d'un vin ne suffit pas à le rendre bon, de même que la meilleure naissance et le plus vertueux atavisme ne suffisent à faire le «gentleman» si l'éducation est défaillante.

La renaissance des trois grandes confréries-pilotes du Bordelais (Jurade de Saint-Emilion, Commanderie du Bon Temps Médoc et des Graves et Connétablie du Guyenne) est la conséquence de cette nouvelle psychologie vigneronne. Dans certains cas, elle en est même la cause. Les confréries, en rapprochant les professionnels de la vigne sur un plan plus humain et plus humaniste que ne pouvaient le faire les syndicats, en rendant à l'usage d'antiques traditions artisanales et corporatives, en excluant de ces réunions tout esprit démagogique et revendicatif, les confréries, donc, ont remis en honneur cette mentalité collégiale qui fut, dans le passé, la gloire des mouvements nommés «guildes». Encore que les guildes étaient aussi des syndicats en lutte pour le maintien des «privilèges».

Les actuelles confréries du Bordelais n'ont gardé, de ces vieilles associations, que les caractères les plus nobles et les plus désintéressés, laissant justement à l'action syndicale la part irréductible de technologie et de contentieux que comporte toute viticulture moderne, même quand elle est issue d'une histoire millénaire.

Le plus illustre de tous les «châteaux» bordelais est un blanc, le Château d'Yquem, dont le domaine s'étend sur 150 hectares.

Les premières opérations de foulage s'effectuent souvent sur les lieux mêmes de la récolte. Les paniers des vendangeurs sont vidés dans la «baste», petit baquet en bois léger, d'une contenance d'environ vingt-cinq litres, dans lequel, tassés de la manière rudimentaire que nous voyons ici, ils subissent le malaxage avec l'air.

190

LA JURADE DE SAINT-ÉMILION

Le document le plus ancien que l'on connaisse sur la ville de Saint-Emilion est la charte de Falaise, datée du 8 juillet 1199, dans laquelle Jean sans Terre confirme les privilèges accordés par son prédécesseur.

Ce fut l'origine de la Jurade, composée, disent les vieux grimoires, de «gens de bien» élus et chargés par leurs concitoyens d'administrer souverainement les intérêts communaux. En ce qui concerne la culture de la vigne et la vinification, les jurats déployèrent une activité infatigable, scrupuleuse et vigilante. Ils détenaient la «marque du vinetier» (marque à feu aux armes de la ville), proclamaient le «ban des vendanges», réprimaient la vente du vin insuffisamment «fin» et sévissaient contre les abus et les fraudes.

Dès le décuvage, ils surveillaient la qualité des crus, visitaient les chais et les caves, vérifiaient les barriques. Après quoi le vinetier apposait les armes de la ville, au fer rouge, sur les fûts de «bon vin». Le vin jugé «indigne» était détruit par le feu. Enfin, ils délivraient des certificats sans lesquels tout déplacement de vin était interdit. Ces mesures, qui peuvent paraître d'un dirigisme excessif, assurèrent la prospérité de la région par l'éclatante renommée du vin de Saint-Emilion que les Anglais appelaient alors «King of wines».

Les hommes de bonne volonté qui, le 13 septembre 1948, procédèrent à la reconstitution solennelle et authentique de la Jurade n'ambitionnaient pas les pouvoirs politiques de leurs ancêtres, mais se bornaient à cette tâche déjà immense de rétablir le vin de Saint-Emilion sur le trône de ses antiques splendeurs.

LA COMMANDERIE
DU BON-TEMPS MÉDOC ET DES GRAVES

De même, en octobre 1951, les hommes du Médoc ne désiraient-ils qu'une chose: réaliser, pour la société moderne, un organisme qui puisse vraiment servir la cause de leur vin, sans considération de classement ou de privilège, les grands crus comme les modestes artisans, à la seule condition qu'ils soient ces bons vins du Médoc qui furent à la base de la gloire universelle de Bordeaux.

Ainsi, se plaçant sous le lointain parrainage d'un ordre religieux et vigneron installé jadis en Médoc, se forma cette société sans doute unique au monde qui groupe les viticulteurs, propriétaires de châteaux illustres ou simples «bourgeois», les courtiers (trait d'union entre la production et le commerce), les négociants enfin, qui depuis des siècles exportent le Médoc dans l'univers entier.

La Commanderie a pris pour emblème l'écuelle de bois que l'«imaigier» des églises gothiques connaissait bien déjà. C'est le «bontemps» ou mieux, «lou desquet», comme on dit en patois. Ce petit ustensile du matériel vinaire sert à battre des blancs d'œufs en neige que l'on

La Connétablie de Guyenne, reçue ici avec solennité à l'hôtel de ville de Gouda (Pays-Bas), a ressuscité en 1952 le titre, sinon les fonctions, d'une des plus anciennes institutions du pays bordelais.

«fouette» ensuite dans la barrique de vin nouveau pour le clarifier. Le chapeau des commandeurs a la forme du «desquet» surmonté d'une coiffe blanche évoquant les blancs d'œufs battus. C'est avec «lou desquet» encore que, dans les chais du Médoc, l'été revenu, on réalise l'heureux mariage de la pêche de vigne et du vin prêt à la bouteille.

Depuis quelques années, la Commanderie médocaine possède deux filleules et filiales au pays du vignoble blanc. Ce sont la Commanderie du Bontemps de Sauternes-Barsac (en robe de velours doré) et la Commanderie du Bontemps de Sainte-Croix-du-Mont (en robe de lin jaune clair).

LA CONNÉTABLIE DE GUYENNE

La Connétablie de Guyenne, dont tout le Moyen Age bordelais porte témoignage, fut le lien qui rattachait, à la grande cité-marraine, les petites villes, filleules et vigneronnes, qui s'échelonnent toujours sur les rives de la Garonne et de la Gironde. Les importantes fonctions administratives du Connétable siégeant au Palais de l'Ombrière, sans se confondre avec les attributions dévolues aux jurats de Bordeaux, s'inspiraient du même souci: servir les intérêts viticoles de la sénéchaussée en contrôlant l'origine et la qualité des vins. Le souvenir de ces temps révolus fit naître l'enthousiasme dans le cœur des fondateurs de la contemporaine Connétablie, en

1952. Il s'agissait des vignerons des Premières Côtes de Bordeaux, de l'Entre-Deux-Mers, de Benauge, d'une partie des Graves, auxquels vinrent se joindre, plus tard, ceux des Côtes de Bourg, de Blaye et de Saint-Macaire.

Lorsque, sous les portiques du château quasi royal de Cadillac-sur-Garonne, la Connétablie défile à la lueur des torches dans ses majestueuses robes noires timbrées de la croix d'or, lorsqu'elle déroule, dans la crypte voûtée en arc de cloître, le rite émouvant des intronisations, lorsque les plus hautes personnalités françaises et étrangères écoutent le réquisitoire qui va leur ouvrir les portes du Conseil Privé, lorsque toutes ces choses arrivent, resurgies du passé, les spectateurs se sentent enveloppés par dix siècles d'histoire.

LES HOSPITALIERS DE POMEROL

C'est au début du XIIᵉ siècle que les puissants hospitaliers de Saint-Jean de Jérusalem choisirent Pomerol pour y établir leur première Commanderie en Libournais. Après les Romains, ce furent eux qui, durant presque un demi-millénaire, cultivèrent la vigne dans cette paroisse. Ils en tiraient un vin qui faisait merveille pour le réconfort des pèlerins et la guérison des malades. Au printemps de 1968, avec la caution de l'Ordre souverain de Malte, les vignerons de Pomerol

En pays bordelais, le maître de chais composera son vin en mélangeant des moûts issus de plusieurs cépages.

ont reconstitué l'illustre Commanderie venue rejoindre les autres confréries au sein du Grand Conseil de Bordeaux.

LE GRAND CONSEIL DE BORDEAUX

Le Grand Conseil de Bordeaux n'est pas une confrérie s'ajoutant aux autres, mais une haute assemblée qui, au cours du Moyen Age, présida aux destinées de la cité et de la province. Dans les graves circonstances, tous les corps constitués de Bordeaux et de la Guyenne se réunissaient en Grand Conseil pour délibérer en commun sur les décisions à prendre touchant, principalement, la production et le commerce des vins. C'est encore ce qui se passe aujourd'hui. En effet, s'il est vrai que la cité au milieu des vignes règne sur des terroirs aux vocations bien diverses, elle n'a qu'une âme comme elle n'a qu'une histoire.

Tout en respectant la personnalité de chacune des régions viticoles du Bordelais, le Grand Conseil a donc pour mission de sauvegarder et de renforcer la notion d'unité contenue dans ces trois mots: vin de Bordeaux.

Sa signification est double: à l'intérieur des limites du Bordelais, il traduit en fait une nécessaire idée d'association. A l'extérieur, et surtout dans les pays de nouveaux débouchés, où le nom de Bordeaux prime celui des nombreuses appellations girondines, il permet de fixer l'attention sur un produit dont l'extrême variété ne doit pas faire oublier l'unique provenance.

Toutes confréries réunies, le Grand Conseil tient des chapitres, soit à Bordeaux, dans la Maison du Vin, siège du Conseil Interprofessionnel du Vin de Bordeaux, soit dans les grandes villes étrangères, et au cours desquels, selon un rituel ancestral, il décerne à de rares privilégiés le titre de «Compagnon de Bordeaux».

L'ACADÉMIE DU VIN DE BORDEAUX

L'Académie du vin de Bordeaux, qui n'est pas une confrérie non plus, peut siéger au Grand Conseil. C'est une académie dans le plein sens du terme. Autour de quelques écrivains célèbres faisant déjà partie de l'Académie française, elle groupe au total quarante membres à vie appartenant aux Lettres, aux Sciences et aux Arts, des propriétaires de grands crus, des négociants éleveurs, etc. Elle siège aussi bien à Bordeaux que dans les grands châteaux de la région.

Les buts de l'Académie relèvent d'un noble humanisme. Cette compagnie met au premier plan de ses travaux la défense et l'illustration du vin de Bordeaux par l'exacte observance des usages raffinés de la dégustation et l'étude de la dialectique viti-vinicole. Chaque année elle édite un Code des Millésimes qui n'est pas une simple échelle de valeurs appliquée aux crus du Bordelais, mais une somme de renseignements sur l'évolution des récoltes depuis 1920.

VINS DE BORDEAUX
RIVE GAUCHE DE LA GARONNE ET DE LA GIRONDE

RÉGION DE SAUTERNES ET BARSAC • VINS BLANCS

GRANDS CRUS DU CLASSEMENT DE 1855

Premier cru supérieur . . . Château d'Yquem . . . Sauternes

Premiers crus

Château La Tour-Blanche . . .	Bommes	Château Rabaud-Sigalas	Bommes	Château Climens	Barsac
Château Lafaurie-Peyraguey . .	»	Château Rabaud-Promis	»	Château Guiraud	Sauternes
Clos Haut-Peyraguey	»	Château de Suduiraut	Preignac	Château Rieussec	Fargues
Château Rayne-Vigneau	»	Château Coutet	Barsac		

Deuxièmes crus

Château de Myrat	Barsac	Château Filhot	Sauternes	Château Romer	Preignac
Château Doisy-Daene	»	Château Broustet	Barsac	Château Lamothe	Sauternes
Château Doisy-Védrines	»	Château Caillou	»	Château Nairac	Barsac
Château Doisy	»	Château Suau	»		
Château d'Arche	Sauternes	Château de Malle	Preignac		

AUTRES GRANDS CRUS DE SAUTERNES ET BARSAC

Château Raymond-Lafon . . .	Sauternes	Château du Mayne	Barsac	Château Montjoie	Barsac
Château Lafon	»	Château Camperos.	»	Château Lapeloue	»
Château Lanère	»	Château Saint-Marc	»	Château Moura	»
Domaine du Coy	»	Château Gravas	»	Château des Rochers.	Preignac
Château Comarque	»	Château Latrézotte	»	Château Bastor-Lamontagne . .	»
Château d'Arche-Vimeney . . .	»	Château Villefranche.	»	Château d'Arche-Pugneau . . .	»
Château Haut-Bommes	Bommes	Clos des Princes	»	Château du Pick	»
Château Mauras	»	Clos du Roy	»	Domaine de Lamothe-Vigneau,	
Cru Bel-Air	»	Château Petit-Mayne	»	château des Remparts	»
Château Cameron	»	Château Brassens-Guiteronde . .	»	Domaine de la Forêt	»
Cru Bergeron	»	Château Fleury	»	Château Jonka	»
Château Le Hère	»	Château Simon	»	Château Saint-Amand	»
Château Lamourette	»	Château Jacques-le-Haut . . .	»	Château de Veyres	»
Domaine de Souba	»	Château Bouyot.	»	Château d'Armajan-des-Ormes .	»
Château Cantegril	Barsac	Cru Hournalas	»	Château Guimbalet	»
Château Baulac.	»	Château du Roc	»	Château Monteils	»
Château Piada	»	Château Grand-Mayne Guy-né-		Cru Peyraguey	»
Château Piot	»	Marc	»	Château Laribotte	»
Château Grillon	»	Château Simon Carrety	»	Château Fontebride	»
Château Mathalin	»	Château Menauta	»	Château du Mayne	»
Château Dudon	»	Château Coustet	»	Clos de l'Ecole	»
Château de Carles	»	Cru La Pinesse	»	Château Gilette	»
Château Guiteronde	»	Château Ducasse	»	Château Haut-Bergeron	»
Château La Clotte et Cazalis . .	»	Château Péchon	»	Château de Pleytegeat	»
Château Roumieu	»	Château Saint-Robert	»	Clos du Pape	Fargues
Château Massereau	»	Château Massereau-Lapachere .	»	Château de Fargues	»
Château Rolland	»	Château Mercier.	»	Cru Fillau	»
Château Pernaud	»	Château La Bouade	»	Cru Mothes	»
Château Prost	»	Château Grand Carretey	»	Château Paillon-Claverie	»
Château Luziès	»	Château L'Haouilley	»	Château Portarrieu	»
Château Liot	»	Château Jany	»	Château de Touilla	»
Château Hallet	»	Château Menate	»		

RÉGION DE CÉRONS • VINS BLANCS

Château de Cérons et de Calvi-		Château Mayne-Binet	Cérons	Château Haut-Mayne	Cérons
mont	Cérons	Cru Larrouquey	»	Clos Barail	»
Grand enclos du Château de Cérons	»	Château Sylvain.	»	Domaine des Moulins à Vent . .	»
Lalannette-Ferbos	»	Château Lamouroux	»	Cru de Peyroutène.	»

Domaine de Freyron	Cérons	Crus des Grands-Chênes	Cérons	Domaine de Castagnaou	Podensac
Château Beaulieu	»	Crus Ferbos-Lalanette	»	Château du Hau-Rat	Illats.
Château Grand Chemin	»	Cru des Moulins à Vent	»	Château Archambaud	»
Château Barthez	»	Clos des Moulins à Vent	»	Clos du Tauzin	»
Cru du Moulin-à-Vent	»	Domaine de Caillou	»	Château Cantau	»
Château des Bessanes	»	Château Méric	»	Château Beaulac	»
Cru Haut-Mayne	»	Cru du Moulin	»	Château Haut-La-Huntasse	»
Clos Bourgelat	»	Cru Haut-Belloc	»	Château Le Huzet	»
Château de l'Emigré	»	Cru Voltaire	»	Domaine de Calbet	»
Château Balestey	»	Clos Avocat	»	Château Thôme-Brousterot	»
Château du Seuil	»	Cru Larrouquey	»	Domaine de Prouzet	»
Cru de Du Peyrat	»	Cru Majans	»	Château Despeyrères	»
Clos de l'Avocat	»	Cru Cravaillas	»	Château Haut-Gravier	»
Château La Salette	»	Cru du Freyron	»	Domaine de Jaussan	»
Cru Dauphin	»	Cru Le Mayne	Podensac	Clos des Roches	»
Cru La Liste	»	Château d'Anice	»	Cru Navarot	»
Cru des Magens	»	Cru des Cabanes	»	Château Haut-Bourdat	»
Cru Menaut-Larrouquey	»	Château de Madère	»	Château Cazès	»
Cru Chacha	»	Cru Le Bourdieu	»	Clos du Bas Lançon	»
Cru de Pineau	»	Cru Boisson	»	Cru de Brazé	»
Clos Cantemerle	»	Cru Maucouade	»	Cru Haut-Boutoc	»
Cru Cleyrac	»	Cru du Brouillaou	»	Château Tinan	»
Château Lalanette	»	Cru Madérot	»	Cru de Lionne	»
Domaine du Salut, Château Hura-din	»	A Mayne d'Imbert	»	Domaine de Gallier	»
		Domaine Le Cossu	»	Domaine de Menjon	»

RÉGION DES GRAVES · VINS BLANCS ET VINS ROUGES

CRUS CLASSÉS · Classement de l'I.N.A.O. homologué par l'arrêté du 16 février 1959

VINS ROUGES

Château Haut-Brion	Pessac	Château de Fieuzal	Léognan	Château Malartic-Lagravière	Léognan
Château Bouscaut	Cadaujac	Château Haut-Bailly	»	Château Olivier	»
Château Carbonnieux	Léognan	Château La Mission-Haut-Brion	Talence	Château Pape-Clément	Pessac
Domaine de Chevalier	»	Château La Tour-Haut-Brion	»	Château Smith Haut-Lafitte	Martillac
		Château La-Tour-Martillac	Martillac		

VINS BLANCS

Château Bouscaut	Cadaujac	Château Couhins	Villenave-d'Ornon	Château Laville Haut-Brion	Talence
Château Carbonnieux	Léognan			Château Malartic-Lagravière	Léognan
Domaine de Chevalier	»	Château La-Tour-Martillac	Martillac	Château Olivier	»

Le classement ci-dessus est présenté dans l'ordre alphabétique, sauf pour le Château Haut-Brion, classé en 1855.

LISTE DES PRINCIPAUX CRUS

Château Haut-Brana	Pessac	Château Lespault	Martillac	Château des Fougères	La Brède
Château Haut-Carré	Talence	Château La Solitude	»	Château Guillaumot	»
Château Pique-Caillou	Mérignac	Château Lafargue	St-Médard-	Domaine de Lasalle	»
Château Chêne-Vert	»	Château Lamothe	Eyrans	Cru de Magneau	»
Château Baret	Villenave-	Château de La Prade	»	Cru de Méric	»
Château Cantebau-Couhins	d'Ornon	Château Lusseau	Aygue-	Clos du Pape	»
Château Pontac-Monplaisir	»	Château du Méjan	morte	Château Bel-Air	St-Morillon
Château Bardins	Cadaujac	Château Saint-Jérôme	»	Château Belon	»
Château Malleret	»	Château Boiresse	»	Domaine de Gravette	»
Château Lamothe-Bouscaut	»	Château de Beauchêne	Beautiran	Domaine du Jau	»
Château Poumey	Gradignan	Château Grand Bourdieu	»	Château Piron	»
Château de France	Léognan	Château de Tuquet	»	Château du Bonnat	St-Selve
Château Gazin	»	Château Ferrande	Castres	Domaine du Barque	»
Domaine de Grand-Maison	»	Château Foucla	»	Domaine de La Peyrère	»
Château La Louvière	»	Château Bas-Pommarède	»	Château Bernard-Raymond	Portets
Château Larrivet-Haut-Brion	»	Château Pommarède de Haut	»	Château Cabannieux	»
Château Le Pape	»	Château Lognac	»	Château Crabitey	»
Château Chaviran	Martillac	Domaine de Sansaric	»	Château de Doms	»
Château Ferran	»	Château de La Brède	La Brède	Château Jean-Gervais	»
Château Lagarde	»	Cru de Bichon	»	Château des Graves	»
Château Malleprat	»	Château La Blancherie	»	Château Les Gravières	»
Château Haut-Nouchet	»	Château de l'Espérance	»	Domaine de La Girafe	»
Château La Roche	»	Cru d'Eyquem	»	Château de Graveyrion	»

194

Château Lagueloup	Portets	Château de Virelade	Virelade	Domaine d'Ordonnat	Langon
Château Lhospital	»	Château de Gayon	»	Clos Léhoul	»
Château Madelis	»	Château des Tilleuls	»	Château Ludeman	»
Château Millet	»	Château d'Arricaud	Landiras	Château Péran	»
Château Le Mirail	»	Château Batsères	»	Domaine de Toumilot	»
Château Moulin	»	Château Pessille	»	Château Bellefontaine	St-Pierre-
Château Pessan	»	Cru de Baylen	Budos	Clos Cantalot	de-Mons
Château du Pingoy	»	Château de Budos	»	Clos Cazebonne	»
Château de Portets	»	Château des Charmettes	»	Château des Jaubertes	»
Château Rahoul	»	Cru de l'Hermitage	»	Clos La Magine	»
Château La Tour-Bicheau	»	Domaine de Courbon	Toulenne	Château Magence	»
Domaine de Videau	»	Château de la Gravère	»	Clos du Moulin-à-Vent	»
Château Vieille-France	»	Clos Louloumet	»	Château Peydebayle	»
Cru du Bérot	Arbanats	Château Respide	»	Château des Queyrats	»
Château Mamin	»	Château La Tourte	»	Château de Respide	»
Domaine des Places	»	Château Tustoc	»	Château Toumillon	»
Château Tourteau-Chollet	»	Château Chanteloiseau	Langon	Clos d'Uza	»
Domaine de Teychon	»	Domaine des Gluchets	»		

RÉGION DU MÉDOC • VINS ROUGES

GRANDS CRUS DU CLASSEMENT DE 1855

Premiers crus

Château Lafite-Rothschild	Pauillac	Château Margaux	Margaux	Château Latour	Pauillac

Deuxièmes crus

Château Mouton-Rothschild	Pauillac	Château Gruaud-Laroze-Sarget	St-Julien	Château Lascombes	Margaux
Château Brane-Cantenac	Cantenac	Château Léoville-Lascases	»	Château Rausan-Ségla	»
Château Cos-d'Estournel	St-Estèphe	Château Léoville-Poyféré	»	Château Rauzan-Gassies	»
Château Montrose	»	Château Léoville-Barton	»	Château Pichon-Longueville	Pauillac
Château Ducru-Beaucaillou	St-Julien	Château Durfort-Vivens	Margaux	Château Pichon-Longueville-La-lande	»

Troisièmes crus

Château Kirwan,	Cantenac	Château Palmer	Cantenac	Château La Lagune	Ludon
Château Calon-Ségur,	St-Estèphe	Château Desmirail	Margaux	Château Giscours	Labarde
Château Cantenac-Brown	Cantenac	Château Ferrière	»	Château Lagrange	St-Julien
Château Boyd-Cantenac	»	Château Malescot-Saint-Exupéry	»	Château Langoa	»
Château d'Issan	»	Château Marquis-d'Alesme-Becker	»		

Quatrièmes crus

Château Beychevelle	St-Julien	Château Talbot	St-Julien	Château Prieuré-Lichine	Margaux
Château Branaire-Ducru	»	Château Duhart-Milon	Pauillac	Château Pouget	Cantenac
Château Saint-Pierre	»	Château La Tour-Carnet	St-Laurent	Château Marquis-de-Therme	Margaux
				Château Lafon-Rochet	St-Estèphe

Cinquièmes crus

Château Pontet-Canet	Pauillac	Château Haut-Bages-Libéral	Pauillac	Château Pédesclaux	Pauillac
Château Batailley	»	Château Lynch-Bages	»	Château Clerc-Milon	»
Château Haut-Batailley	»	Château Lynch-Moussas	»	Château Belgrave	St-Laurent
Château Croizet-Bages	»	Château Dauzac	Labarde	Château Camensac	»
Château Grand-Puy-Ducasse	»	Château Mouton-Baron-Philippe	Arsac	Château Cantemerle	Macau
Château Grand-Puy-Lacoste	»	Château Le Tertre	Pauillac	Château Cos-Labory	St-Estèphe

CRUS EXCEPTIONNELS

Château Angludet	Cantenac	Château Bel-Air, Marquis d'Aligre	Sousans	Château Moulin-Riche	St-Julien
Château La Couronne	Pauillac	Château Chasse-Spleen	Moulis	Château Ville-Georges	Avensan

LISTE DES PRINCIPAUX CRUS BOURGEOIS SELON LE PALMARÈS SYNDICAL DU 3 MARS 1966

CRUS GRANDS BOURGEOIS EXCEPTIONNELS

Château Agassac	Ludon	Château La Closerie	Moulis	Château Houissant	St-Estèphe
Château Andron-Blanquet	St-Estèphe	Château Citran	Avensan	Château Lanessan	Cussac
Château Beausite	»	Château Le Crock	St-Estèphe	Château de Marbuzet	St-Estèphe
Château Le Boscq	»	Château Dutruch-Gd-Poujeaux	Moulis	Château Meyney	»
Château Capbern	»	Château du Glana	St-Julien	Château Phélan-Ségur	»
Château Caronne-Ste-Gemme	St-Laurent	Château Haut-Marbuzet	St-Estèphe	Château Villegeorge	Avensan

CRUS GRANDS BOURGEOIS

Château Belle-Rose	Pauillac	Château Hanteillan	Cissac	Château Paveil-de-Luze	Soussans
Château Bel-Orme	St-Seurin	Château Labégorce-Zédé	Margaux	Château Pibran	Pauillac
Château Bibian-Darriet	Listrac	Château Lafite-Canteloup . . .	Ludon	Château Pomeys	Moulis
Château Le Bourdieu	Vertheuil	Château Lamarque	Lamarque	Château Potensac	Potensac
Château Le Breuil	Cissac	Château Laujac	Bégadan	Château du Raux	Cussac
Château La Cardonne	Blaignan	Château Lestage	Listrac	Château Rolland	Pauillac
Château Canteloup	St-Estèphe	Château Lestage-Darquier . . .	Moulis	Château Saransot-Dupré	Listrac
Château du Castera	St-Germain	Château Liversan	St-Sauveur	Château Ségur	Parem-
Château Coufran	St-Seurin	Château Loudenne	St-Yzans		puyre
Château Coutelin-Merville . . .	St-Estèphe	Château Mac-Carthy	St-Estèphe	Château Sénéjac	Le Pian
Château Cissac	Cissac	Château Malleret	Le Pian	Châteaux Sociando-Mallet et Pon-	
Château Fonbadet	Pauillac	Château Morin	St-Estèphe	toise-Cabarrus	St-Seurin
Château Fonréaud	Listrac	Château Moulin à Vent	Moulis	Château du Taillan	Le Taillan
Château Fontesteau	St-Sauveur	Château Moulis	»	Château La Tour-de-By	Bégadan
Château Fourcas-Dupré	Listrac	Château Patache-d'Aux	Bégadan	Château Verdignan	St-Seurin
Château Grandis	St-Seurin				

CRUS BOURGEOIS

Château Bel-Air-Lagrave . . .	Moulis	Château Haut-Padarnac	Pauillac	Château Romefort	Cussac
Château Bonneau	St-Seurin	Château Larrivaux	Cissac	Château Roquegrave.	Valeyrac
Château Bellegrave	Listrac	Cru Lassalle	Potensac	Château La Rose-Anseillan . . .	Pauillac
Château de Come	St-Estèphe	Château Mac-Carthy-Moula . .	St-Estèphe	Château Saint-Bonnet	St-Christoly
Château Chambert	»	Château Malescasse	Lamarque	Château Saint-Christoly	»
Château Donissan	Listrac	Château Maurac.	St-Seurin	Château Tayac et Siamois . . .	Soussans
Château Grand-Duroc-Milon . .	Pauillac	Château Monthil	Bégadan	Château Les Ormes-Sorbet . . .	Couquèques
Château La Fleur-Saint-Bonnet .	St-Christoly	Clos du Moulin	St-Christoly	Château La Tour-Blanche . . .	St-Christoly
Château La Fleur-Milon	Pauillac	Château Moulin-Rouge	Cussac	Château La Tour-des-Termes . .	St-Estèphe
Château Fonpiqueyre	St-Sauveur	Château Pabeau.	St-Seurin	Château La Tour-St-Bonnet . .	St-Christoly
Château Fort-de-Vauban	Cussac	Château Le Privera	St-Christoly	Château Victoria	Vertheuil
Château Gallais-Bellevue	Potensac	Château Labatisse	St-Sauveur	Château Vieux-Moulin	Cussac
Château Grand-Saint-Julien . .	St-Julien	Château Renouil-Franquet . . .	Moulis		

QUELQUES AUTRES CRUS BOURGEOIS

Château Dillon	Blanquefort	Château Barreyre	Arcins	Château La Tour-Milon	Pauillac
Château Fongravey	»	Château Poujeaux	Moulis	Château La Tour-d'Anseillan . .	»
Château Grand-Clapeau	»	Château Duplessis Hauchecorne .	»	Château La Garosse	St-Sauveur
Château de Parempuyre	Parem-	Château La Closerie Gd Poujeaux	»	Château Peyrabon	»
Cru Ségur-Fillon-isle-d'Arès . .	puyre	Château Robert-Franquet . . .	»	Château La Tour du Mirail . . .	Cissac
Château La Dame-Blanche . . .	Le Taillan	Château Gressier-Grand-Poujeaux	»	Château La Tour Saint-Joseph .	»
Domaine de Chalet-de-Germignan	»	Château Duplessis-Fabre	»	Château Le Roc	St-Estèphe
Château Ludon-Pomiès-Agassac.	Ludon	Château Ruat-Petit-Poujeaux .	»	Château Tronquoy-Lalande . . .	»
Château La Providence	»	Château La Morère	»	Château Fonpetite.	»
Château d'Arche	»	Château Médrac	»	Château de Pez	»
Château « Trois-Moulins » . . .	Macau	Château du Testeron.	»	Château La Haye	»
Château Maucamps	»	Château l'Ermitage	Listrac	Château Pomys	»
Château Fellonneau	»	Château Semeillan-Mazeau . . .	»	Château Les Ormes de Pez . . .	»
Château Larronde-Desormes . .	»	Château Semeillan Balleu-Faulat	»	Château Ladouys	»
Château Larrieu-Terrefort . . .	»	Château Lafon	»	Château Saint-Roch	»
Château d'Arsac	Arsac	Château Fourcas-Hosten	»	Château Clauzet.	»
Château Montbrison	»	Château Rose-Sainte-Croix . . .	»	Château Grand-Village-Capbern .	»
Le Moulin-Avensan	Avensan	Château Granins	»	Château Domeyne	»
Château Rosemont	Labarde	Château La Bécade	»	Château Picard	»
Château Siran	»	Château du Cartillon.	Lamarque	Château Mac-Carthy	»
Château Martinens	Cantenac	Château Cap-de-Haut	»	Château Laffitte-Carcasset . . .	»
Château Montbrun	»	Château Moulin-Rose	»	Château Latour de Marbuzet . .	»
Château Rouge Port-Aubin . .	»	Château Lanessan	Cussac	Château Faget	»
Château Pontac-Lynch	»	Château Beaumont	»	Domaine de Pez	»
Château de Labegorce	Margaux	Château Lamothe-Bergeron . . .	»	Château Reysson	Vertheuil
Château L'Abbé-Gorsse-de-Gorsse	»	Château Larose-Trintaudon . .	St-Laurent	Château La Gravière-Couerbe . .	»
Château La Gurgue	»	Château Larose-Perganson . . .	»	Château Charmail	St-Seurin-
Domaine de Clairefont	»	Château Galan	»	Château du Haut-Carmail . . .	Cadourne
Château La Tour-de-Mons . . .	Soussans	Château Corconnac	»	Château Livran	St-Germ.-
Château La Bégorce	»	Château La Tour Marcillanet . .	»	Château Beaulieu	d'Esteuil
Château Haut-Breton	»	Château Gloria	St-Julien	Château Carcanieux-les-Graves .	Queyrac
Château Marsac-Séguineau . . .	»	Château Haut Bages Monpelou .	Pauillac	Château La Croix-Landon . . .	Begadan
Château de l'Aiguillette	»	Château Malécot	»	Château Bellegrave	»
Château La Tour-du-Roc . . .	Arcins	Château Balogues	»	Château Bellerive	»
Château d'Arcins	»	Château Latour-L'Aspic	»	Château Les Lesques	Lesparre

RÉGION ENTRE GARONNE ET DORDOGNE

COTES DE BORDEAUX SAINT-MACAIRE • VINS BLANCS

Château Cordeliers	St-Macaire	Domaine de Flous	St-Pierre-d'Aurillac	Château Machorre	St-Martin-de-Sescas
Domaine de Belle-Croix	»	Château Perrayne	St-André-du-Bois	Château La Serre	Caudrot
Domaine des Charmettes	St-Martial			Domaine de Jacob	St-Laurent-du-Pian
Château Haut-Bardin	»	Château Malromé	»		
Cru Terrefort	Le Pian	Château d'Arche-Lassalle	»	Domaine de Beaulieu	Ste-Foy-la-Longue
Château Fayard	»				
Cru Rigal	»				

SAINTE-CROIX-DU-MONT • VINS BLANCS

Château Loubens	Ste-Croix-du-Mont	Domaine de Morange	Ste-Croix-du-Mont	Château Terfort	Ste-Croix-du-Mont
Château de Tastes		Château La Gravière		Château Les Marcottes	
Château Bouchoc	»	Château Labory	»	Domaine de Roustit	»
Château Lafüe	»	Château Coullac	»	Cru des Arroucats	»
Château Laurette	»	Château Loustauvieil	»	Clos Belle-Vue	»
Château Bel-Air	»	Château Roustit	»	Château La Graville	»
Château de L'Escaley	»	Domaine du Tich	»	Cru de La Gravière du Tich	»
Château du Grand-Peyrot	»	Domaine des Sorbiers	»	Château Lapeyreyre	»
Château La Rame	»	Château Jean Lamat	»	Château Copis	»
Château La Mouleyre	»	Château du Pavillon	»	Château La Caussade	»
Château Médouc	»	Château Bertranon	»	Château du Verger	»
Château des Mailles	»	Clos de Verteuil	»		

LOUPIAC • VINS BLANCS

Château de Ricaud	Loupiac	Château Lanusse-Couloumet	Loupiac	Château La Yotte	Loupiac
Château Mazarin	»	Château du Vieux-Moulin	»	Cru de Montallier-Lambrot	»
Château Dauphiné-Rondillon	»	Clos Champon-Ségur	»	Domaine du Chay	»
Château du Cros	»	Domaine de Turon-Lanere	»	Domaine de Barbe-Maurin	»
Château de Loupiac-Gaudiet	»	Château des Roches	»	Château Terrefort	»
Château Pontac	»	Domaine de Rouquette	»	Château Le Portail Rouge	»
Château Tarey	»	Château Le Tarey	»	Château de Martillac	»
Domaine de Malendure	»	Cru du Couloumet	»	Cru du Merle	»
Clos Jean	»	Domaine de Pasquet	»	Clos de Giron	»
Château de Rondillon	»	Château Pageot-Couloumet	»	Domaine de Miqueu-Bel-Air	»
Château La Nère	»	Château Peyruchet	»	Château Roustin	»
Domaine du Noble	»	Domaine de Roby	»	Domaine de Guinot	»
Cru de Couloumet-Les Boupeyres	»	Domaine du Rocher	»	Château de Beaupuy	»
				Château Margès-Dusseau	»

PREMIÈRES CÔTES DE BORDEAUX • VINS BLANCS

Château Laurétan	Langoiran	Château Terrasson	Langoiran	Château de Plassans	Tabanac
Château Sauvage	»	Cru Baylibelle	»	Château Lucques Bessan	»
Château La Tour Maudan	»	Château Lagareyre	»	Château Lamothe	»
Château Pommarède	»	Domaine du Pin	»	Château Sentour	»
Château Biac	»	Château Barrère	»	Château Renon	»
Château Le Gardera	»	Domaine du Gourdin	»	Château La Providence	»
Château Tanesse	»	Domaine de Côte-Rôtie-Lamothe	»	Domaine d'Armaing	»
Château Faubernet	»	Château Dutoya	»	Château Laroche	Baurech
Château du Vallier	»	Château Chauvin	»	Domaine de Melin	»
Domaine de Bellevue	»	Domaine de Lagaloche	»	Château Puygueraud	»
Château Gourran	»	Château La Ronde	Le Tourne	Château de Lyde	»
Château Lapeyruche	»	Château Pic	»	Château Gaussens	»
Château Langoiran	»	Domaine de Moutons	»	Château Pressac	»
Château de l'Eglise	»	Château Le Mesnil	»	Château de Haux	Haux
Château La Ligassonne	»	Domaine de la Côte Rôtie	Tabanac	Château du Juge	»
Domaine Crassat-Gramman	»	Château Lagarosse	»	Château La Gorce	»

Château Peneau	Haux	Château Mony	Rions	Château Faugas	Gabarnac
Château Gréteau	»	Clos du Monastère du Broussey	»	Domaine de La Cure	»
Château Brigaille	»	Domaine de la Bastide	»	Cru du Bourdieu	Monprim-
Château Lamothe de Haux	»	Château des Remparts	»	Château Beau-Site Monprimblanc	blanc
Château du Grava	»	Château Peironnin	»	Domaine de Lagrange	»
Château de La Bézine	»	Clos de Ricouet	»	Clos La Burthe	»
Domaine de Bernadon	»	Domaine de Carsin	»	Domaine Lambert	»
Château du Courreau	»	Château La Roque	La Roque	Château de Teste	»
Château Jeanganne-Préfontaine	»	Château Peller	»	Cru de Vigneyre	»
Château Bellegarde	Paillet	Clos Dezarneauld	»	Domaine de la Frairie	»
Château Paillet	»	Château Haut-Laroque	»	Domaine de Poncet	Omet
Château l'Ermitage	»	Château Lassalle	»	Domaine des Biscarets	»
Château de Marsan	Estiac-sur-	Château Birot	Béguey	Domaine de Camelon	»
Au Moulin des Graves	Garonne	Domaine du Pin	»	Clos du Boudeur	»
Château du Peyrat	Capian	Château Peyrat	»	Domaine de La Bertrande	»
Château de Caillavet	»	Château Boisson	»	Château Mont-Célestin	Verdelais
Château Suau	»	Domaine de la Marquise	»	Château Pomirol le Pin	»
Château Barakan	»	Château de Garreau	Cadillac	Cru Cantegrit	»
Domaine de Sainte-Anne	»	Château du Juge	»	Domaine de Grava	»
Château de Grand-Mouëys	»	Château des Tourelles	»	Château Gravelines-Semens	»
Château Ramondon	»	Château Arnaud-Jouan	»	Domaine de Joffre	»
Domaine de Potiron	»	Château Fayau	»	Domaine de Lescure	»
Château de Grand-Branet	»	Château de Beaulieu	»	Cru du Haut-Roudey	»
Château Lezongard	Villenave-	Clos des Capucins	»	Cru de Nazareth	»
Château Fauchey	de-Rions	Château Lardiley	»	Domaine de Boustit	»
Domaine de Lamarque	Cardan	Château Côte-Belle	»	Château La Prioulette	St-Maixant
Château Janisson	»	Château Justa	»	Château du Point-de-Vue	»
Château Videau	»	Clos Saint-Cricq	»	Château Chante-l'Oiseau	»
Domaine de Bourgalade	»	Château de la Passonne	»	Château Malagar	»
Domaine de Lhoste	»	Château du Gard	»	Château Montonoir	»
Domaine de Mespley	»	Cru Peytoupin	»	Château Pique-Caillou	»
Château du Payre	»	Cru La Gravette	»	Château Lavison	»
Château Mageot	»	Domaine de Chasse-Pierre	»	Château Saint-Germain	St-Germain-
Château de l'Espinglet	Rions	Domaine de Saint-Cricq	»	Domaine de la Maroutine	de-Graves
Domaine du Broussey	»	Château du Pin	»	Château Génisson	»
Domaine de Hautes-Graves	»	Château Marcelin-Laffitte	Gabarnac	Clos de Millanges	»
Domaine de Cholet	»	Clos Pierre-Jean	»	Domaine de Goursin	»
Château Jourdan	»	Domaine du Moulin de Ballan	»	Château Saint-Germain	»
Domaine de Cardonne	»	Clos du Grand-Bonneau	»	Domaine du Fihl	Donzac
Château Caïla	»	Château Latour Feugas	»	Domaine du Haurin	»
				Domaine de Prentigarde	»

PREMIÈRES COTES DE BORDEAUX • VINS ROUGES

Château Bassaler Castanède	Bassens	Château Léon	Carignan	Château La Rigaudière	Camblanes
Château Favols	Carbon-	(Domaine de Camelon)	»	Château de Courtade	»
	Blanc	Château Malherbes	Latresne	Château Damluc	»
Château La Croix	Lormont	Château Gassies	»	Domaine de Cluseau	»
Château de Cypressat	Cenon	Domaine de Pardaillan	»	Château Lestange	Quinsac
Château Costeriou	Bouliac	Domaine du Grand-Parc	»	Château Péconnet	»
Château Montjon-Le-Gravier	Ste-Eulalie	Château Pascot	»	Château de Pranzac	»
Château La Tour-Gueyraud	»	Château Rauzé-Sybil	Cénac	Domaine de Chastelet	»
Château de Chelivette	»	Château Haut-Brignon	»	Domaine de Castagnon	»
L'Abbaye de Bonlieu	»	Château Materre	»	Château Montaigne	»
Château Larose	»	Château Saint-Sève	»	Château Bel-Air	»
Château Malbec	»	Château La Mouline	»	Château Bellevue	»
Château d'Intrans	»	Château Duplessis	»	Château du Peyrat	Cambes
Château du Grand Jour	Yvrac	Château Rauzé	»	Château La Navarre	»
Château Bellevue	»	Domaine de Roquebrune	»	Château Maran	»
Domaine de Bouteilley	»	Château Latour	Camblanes	Château Puy-Bardens	»
Château Maillard	»	Château Bel-Air	»	Château Brémontier	»
Château Canteloup	»	Château Brethous	»	Château Lardit	»
Château Labatut	»	Château Courtade Dubuc	»	Château Roubric	»
Château Cayre	»	Château Lafitte	»	Château La Chabanne	»
Château Miraflorès	»	Château Lagarette	»	Clos de Gourgues	St-Caprais-
Château Tertre du Renard	»	Château Tapiau	»	Château Campet	de-
Château de Carignan	Carignan	Château du Tasta	»	Domaine de Luc	Bordeaux
Château Roqueys	»	Clos Haut-Forcade	»	Domaine des Conseillants	»

ENTRE-DEUX-MERS • VINS BLANCS ET VINS ROUGES

HAUT-BENAUGE

Château du Vert	Arbis	Domaine de Fongrane	Gornac	Domaine de la Grangeotte	Gornac
Domaine de Gouas	»	Château Cazeau	»	Château d'Ories	»
Clos de Terrefort	»	Château Martinon	»	Domaine de Pédebert	»
Château de Benauge	»	Château Pouly	»	Domaine de Troubat	»
Domaine de Meyssau	Cantois	Château d'Hauretz	»	Domaine de Peyrines	Mourens-
Domaine de Fermis	»	Domaine de la Gaborie	»	Domaine de Mondain	Monpezat
Domaine de Talusson	»	Domaine de Terrefort	»	Domaine du Ferron	Soulignac
Domaine de Pasquet	Escoussans	Domaine du Houre	»	Château de Toutigeac	Targon
Domaine de Nicot	»	Château La Mazerolle	»	Domaine de Brufanno	»

CANTONS DE BRANNE, DE PUJOLS, DE SAUVETERRE ET PELLEGRUE

Domaine de Fauchey	Branne	Domaine de Vignolles	St-Quentin-	Château de Pressac	Daignac
Château de Blagnac	Cabara	Clos Picard	le-Baron	Château Mauros	Guillac
Château du Grand Puch	St-Germain-Puch	Château de Bellefontaine	Baron	Château de Vidasse-Pessac	Pessac-s.-
Domaine Le Pin	St-Aubin-de-Blaignac	Château Raymond	»	Domaine Le Mayne	Dordogne
		Château Ramonet	»	Domaine de Glayse	»
Domaine de la Girolatte	Naujan-et-Postiac	Domaine du Grand-Canteloup	Nérigean	Domaine de la Rivière	Pujols
Château Beaufresque	Postiac	Château Martouret	»	Château de la Salle	Rauzan
Château de Naujan	»	Château de Montlau	Moulon	Château Villotte	»
Domaine de la Rouergue	»	Château Mouchac	Génissac	Château du Bedat	Blasimon
Château Bonnet	Grézillac	Château Rambaud	»	Château de Roques	Mauriac
Domaine de Cabirol	Camiac	Château du Burg	»	Château de Courteillac	Ruch
Domaine de Balestard	St-Quentin-le-Baron	Château Fantin	St-Jean-de-Blaignac	Château de Grand-Champs	St-Sulpice-de-Pomiers

CANTONS DE CARBON-BLANC ET DE CRÉON

Château du Burk	Ambès	Château La Mothe	Montussan	Clos de Dominge	Camarsac
Château Sainte-Barbe	»	Château La Tour	Sallebœuf	Château Seguin	Lignan
Château Parabelle	Ambarès	Château Grand-Monteil	»	Clos Saint-Jean	»
Château du Tillac	»	Château Pontac-Gasparini	»	Château de Tustal	Sadirac
Château Formont	»	Château de Lesparre	Beychac-et-Cailleau	Domaine de Calamiac	»
Château du Gua	»	Château Quinsac	et-Cailleau	Château Guillaumet	»
Château du Peychaud	»	Domaine de La Grave	»	Château Lestage	»
Château Lagraula	St-Sulpice-	Château Senailhac	Tresses	Domaine de Landreau	»
Château Beauval	Cameyrac	Château Bel-Air	»	Château de Bergerie	St-Genès-de-
Château Quantin	»	Château Lestrilles	Artigues		Lombaud
Château de Reignac	St-Loubès	Château Lafitte	»		
Château Lescart	»	Château Landeron	Pompignac	Château Beauduc	Créon
Château Labatut	»	Château Rivasseau	»	Château Patrouilleau	La Sauve
Château Chelivette	»	Château des Arrouches	»	Domaine de Castebelle-des-Praud	»
Château Les Dauphins	»	Château Beaulé	»		
Château La Tour-Puymirand	Montussan	Domaine des Carmes	»	Château Chateauneuf	»
Château Lavergne	»	Château de Camarsac	Camarsac	Château de Goélane	St-Léon
Château Fonchereau	»	Château Beauséjour	»	Château Le Cugat	»
				Château du Bedat	Blasimon

RÉGION DE SAINTE-FOY-BORDEAUX • VINS ROUGES ET BLANCS

Château de Courauneau	Ligueux	Château de Langalerie	St-Quentin-	Château de La Tour Beaupoil	Pessac-sur
Château La Roche	Les Lèves	Domaine de Mayne	de-Caplong		Dordogne
Château des Vergnes	»				

GRAVES-DE-VAYRES • VINS ROUGES

Château Bel-Air	Vayres	Château Bussac	Vayres

RIVE DROITE DE LA DORDOGNE ET DE LA GIRONDE

RÉGION DE SAINT-ÉMILION • VINS ROUGES

GRANDS CRUS DU CLASSEMENT DE 1955

Premiers grands crus classés (a)

Château Ausone . . . . St-Emilion   Château Cheval-Blanc . . . . . St-Emilion

Premiers grands crus classés (b)

Château Beauséjour . . . . . . St-Emilion	Clos Fourtet . . . . St-Emilion	Château Magdelaine . . . . . . St-Emilion
Château Bel-Air . . . . »	Château Figeac . . . . »	Château Pavie . . . . »
Château Canon . . . . »	Château La Gaffelière . . . . . »	Château Trottevieille . . . . . »

Grands crus classés

Château l'Angélus . . . . St-Emilion	Château Le Grand-Corbin-	Château Le Couvent . . . . St-Emilion
Château l'Arrosée . . . . »	Pécresse . . . . St-Emilion	Château Le Prieuré
Château Balestard-la-Tonnelle . »	Château Grand-Mayne . . . . . »	Saint-Emilion . . . . »
Château Bellevue . . . . »	Château Grand-Pontet . . . . . »	Château Mauvezin-La-
Château Bergat . . . . »	Château Les Grandes-Murailles . »	Gommerie . . . . »
Le Cadet Bon . . . . »	Château Guadet-Saint-Julien . . »	Château Moulin du Cadet . . . »
Château Cadet-Piola . . . . . »	Château Jean-Faure . . . . . . »	Château Pavie-Decesse . . . . »
Château Canon-La-Gaffelière . . »	Clos des Jacobins . . . . »	Domaine Pavie-Macquin . . . . »
Château Cap de Mourlin . . . . »	Château La Carte . . . . »	Pavillon Cadet . . . . »
Château Chapelle-Madeleine . . »	Château La Clotte . . . . . . »	Château Petit-Faurie-de-Soutard »
Château Chauvin . . . . »	Château La Cluzière . . . . . . »	Château Ripeau . . . . »
Château Corbin . . . . »	Château La Couspaude. . . . . »	Château Sansonnet . . . . . . »
Château Corbin-Michotte . . . »	Château La Dominique . . . . »	Château Saint-Georges-
Château Coutet . . . . »	Clos La Madeleine . . . . . . »	Côtes-Pavie . . . . »
Château Croque-Michotte. . . . »	Château Larcis-Ducasse . . . . »	Clos Saint-Martin . . . . »
Château Curé-Bon-la-Madelaine . »	Château La Marzelle . . . . . »	Château Soutard . . . . »
Château Fonplégade . . . . . . «	Château Larmande . . . . . . »	Château Tertre-Daugay . . . . »
Château Fonroque . . . . . »	Château Laroze . . . . »	Château Trimoulet . . . . . . »
Château Franc-Mayne . . . . . »	Château La Serre . . . . »	Château des Trois Moulins . . . »
Château Grand-Barrail-	Château La Tour-du-Pin-Figeac »	Château Troplong-Mondot . . . »
Lamarzelle-Figeac. . . . . . »	Château La Tour-Figeac . . . . »	Château Villemaurine . . . . . »
Château Grand Corbin Despagne »	Château Le Châtelet . . . . . »	Château Yvon-Figeac . . . . . »

Principaux autres crus

Château Badette . . . . St-Emilion	Château Dassault . . . . St-Emilion	Château Haut-Simard . . . . . St-Emilion
Clos Badon . . . . »	Château Daugay . . . . »	Domaine de Haut-Veyrac . . . »
Domaine de Badon-Patarabet . »	Domaine De Rey . . . . »	Château Hermitage-Mazerat . . »
Château Baleau . . . . »	Château De Rol . . . . »	Château Jacquemeau . . . . . »
Château Beau-Mazerat . . . . »	Château Etoile-Pourret . . . . »	Château du Jardin-Saint-Julien . »
Château Belles-Plantes . . . . »	Château Fongaban-Bellevue . . »	Château du Jardin-Villemaurine . »
Château Berliquet . . . . . . »	Château Fonrazade . . . . . . »	Château Jaugue-Blanc . . . . . »
Château Bézineau . . . . »	Château Franc-Patarabet. . . . »	Château Jean de Mayne . . . . »
Château Bord-Ramonet . . . . »	Château Franc-Pourret. . . . . »	Château Jean Voisin . . . . . »
Château Bragard . . . . »	Clos du Grand-Châtelet . . . . »	Clos Jean-Voisin . . . . »
Château Cadet-Soutard . . . . »	Domaine du Grand-Faurie . . . »	Château La Clotte-Grande-Côte . »
Château Cadet-Fonroque. . . . »	Château Grand Mirande . . . . »	Château La Croix-Chantecaille . »
Château Cantenac. . . . . . . »	Château Guadet-Le-Franc-Grâce-	Château La Fleur-Mérissac . . . »
Château Cardinal-Villemaurine . »	Dieu . . . . »	Château La Fleur-Pourret . . . »
Château Cartau . . . . »	Château Gueyrot . . . . »	Château La Fleur-Vachon . . . »
Château Cassevert . . . . . . »	Château Haut-Berthonneau. . . »	Domaine La Gaffelière . . . . . »
Château Cauzin . . . . »	Château Haut-Cadet. . . . . . »	Château La Gommerie . . . . . »
Château Champion . . . . . »	Château Haut-Fonrazade . . . »	Château La Grâce-Dieu . . . . »
Domaine du Châtelet . . . . . »	Château Haut-Grâce-Dieu . . . »	Château La Madeleine . . . . . »
Domaine de Chante-Grive-Badon »	Château Haut-Grand-Faurie . . »	Château Le Manoir . . . . . . »
Château Châtelet-Moléonne . . »	Château Haut-La Rose. . . . . »	Clos La Marzelle . . . . »
Château Cheval-Noir. . . . . . »	Château Haut-Mazerat . . . . »	Château Laniotte . . . . »
Château du Clocher . . . . . »	Domaine Haut-Patarabet . . . »	Château Laplagnotte-Bellevue . »
Château Cormey . . . . »	Château Haut-Pontet . . . . . »	Château Laporte . . . . »
Château Cormey Figeac . . . . »	Château Haut-Pourret . . . . . »	Château La Rose . . . . »
Couvent-des-Jacobins . . . . . »	Clos Haut-Pourret . . . . . »	Château La Rose Pourret . . . »
Château Cravignac . . . . . . »	Château Haut-Sarpe . . . . . »	Château La Rose-Rol . . . . . »
Château Croix-de-Chantecaille . »	Château Haut-Segotte . . . . . »	Château La Tour-Fonrazade . . »

Château La Tour-Pourret . . . St-Emilion	Château Vieux-Ceps . . . . . St-Emilion	Château Puy-Blanquet . . . . St-Etienne
Château La Tour-Saint-Pierre . »	Château Villebout . . . . »	Château du Rocher . . . . . . de-Lisse
Château Magnan . . . . »	Château Vieux-Grand-Faurie . . »	Château du Vieux-Guinot . . . »
Château Magnan-La-Gaffelière . »	Château Vieux-Moulin-du-Cadet. »	Château Baladoz . . . . St-Laurent-
Château Malineau . . . . »	Château Vieux-Pourret. . . . . »	Clos La Barde . . . . des-Combes
Château Martin . . . . »	Domaine de Yon . . . . »	Château de La Barde . . . . . »
Château Matras . . . . »	Château Yon-Figeac . . . . . . »	Château de Béard . . . . »
Château Matras-Côte-Daugay . . »	Château Barde-Haut. . . . . .St-Christophe	Château Bellefont-Belcier . . . »
Château Mazerat . . . . »	Château Les Basiliques. . . . . des-Bardes	Château Belle-Isle-Mondotte . . »
Château des Menuts . . . . . . »	Château Brun. . . . . »	Château La Bouygue . . . . . »
Clos des Menuts . . . . »	Château du Cauze . . . . »	Château Godeau . . . . »
Côte Mignon-Lagaffelière . . . . »	Château Coudert . . . . »	Château Haute-Nauve . . . . . »
Château Montlabert . . . . . . »	Château Fombrauge . . . . . . St-Emilion	Château Pipeau. . . . . »
Château Moulin-Saint-Georges . »	Château Gaubert . . . . »	Château du Sable . . . . »
Château Petit-Figeac . . . . . »	Château Grangey . . . . »	Château Villebout . . . . »
Château Mouton-Blanc . . . . »	Château Guillemot . . . . »	Château Larcis-Ducasse . . . . »
Château Clos de l'Oratoire . . . »	Château Haut-Sarpe . . . . . »	Château Capet . . . . St-Hippo-
Château Le Palat . . . . »	Château Lapelletrie . . . . . . »	Château de Ferrand . . . . . . lyte
Château Patris . . . . »	Château Laroque . . . . »	Château Capet-Guillier . . . . »
Château Petit-Cormey . . . . . »	Château Larquet . . . . »	Château Haut-Plantey. . . . . »
Château Petit-Faurie-Trocard . »	Château Marrin . . . . »	Château Lassègue . . . . »
Domaine Petit-Val . . . . . . »	Château Panet . . . . »	Château Maurens . . . . »
Château Peyraud . . . . »	Clos des Moines . . . . »	Château Monlot-Capet . . . . »
Château Peygenestou . . . . . »	Château Quentin . . . . »	Château Pailhas . . . . »
Clos Picon-Cravignac . . . . . »	Château Rol-de-Fombrauge . . »	Château Pipeau-Ménichot . . . »
Château Pindefleurs . . . . . . »	Château Saint-Christophe . . . »	Clos des Sarrazins . . . . »
Château Pontet . . . . »	Château Sarpe-Grand-Jacques . »	Château Gros . . . . St-Pey-
Château Pontet-Clauzure . . . »	Clos de Sarpe . . . . »	Château Fourney . . . . d'Armens
Château Pontet-Fontlabert . . . »	Château Sarpe Pelletan . . . . »	Château Jean-Blanc . . . . . . »
Château Puygenestou . . . . . »	Château La-Tour-St-Christophe . »	Château La Chapelle-de-Lescours . »
Château Régent . . . . »	Château Vieux-Sarpe . . . . . »	Cru Peyrouquet . . . . »
Château Royland . . . . »	Château Bel-Air-Ouy . . . . . St-Etienne	Château de Saint-Pey . . . . . »
Clos Saint-Emilion . . . . . . »	Domaine du Calvaire . . . . de-Lisse	Château Saint-Pierre. . . . . . »
Château Saint-Julien . . . . . »	Château Canterane . . . . . . »	Château Le Castelot . . . . . . St-Sulpice-
Domaine de la Salle . . . . . . »	Château Côte Bernateau . . . . »	Château Grand-Pey-Lescours . . de-Faleyrens
Château Simard . . . . »	Château de Lisse . . . . »	Château Lande de Gravet . . . »
Château Soutard-Cadet . . . . »	Château La Fagnouse . . . . . »	Château de Lescours . . . . . »
Enclos de Soutard . . . . . . »	Domaine de Haut-Bruly . . . . »	Château Monbousquet . . . . . »
Château La Tour-Pourret . . . »	Château du Haut-Rocher . . . . »	Château de Faleyrens . . . . . »
Château Trianon . . . . »	Domaine de Haut-Veyrac . . . »	Château Saint-Martial . . . . . »
Cru Troquart . . . . »	Château Jacques-Blanc . . . . »	Château Trapeau . . . . »
Château Truquet . . . . »	Château Lamartre . . . . . . »	Château Quercy . . . . Vignonet
Château Vachon . . . . »	Château Mangot . . . . »	Château Peyroutas . . . . . . »
Clos Valentin . . . . »	Château Mont-Belair. . . . . . »	Château Rouchonne-Vignonet . . »
Château de la Vieille-Cloche . . »	Château de Pressac . . . . . . »	

SABLES-SAINT-ÉMILION • VINS ROUGES

Château Martinet . . . . Sables-	Château Garde-Rose . . . . . Sable-	Château Cruzeau . . . . Sable-
Clos de la Bordette . . . . . . St-Emilion	Château Doumayne . . . . . . St-Emilion	Château Gueyrosse . . . . . . St-Emilion
Château de la Capelle . . . . . »	Clos Froidefond . . . . »	Château Quinault : . . . . »

MONTAGNE-SAINT-ÉMILION • VINS ROUGES

Château Bayard. . . . . Montagne-	Château Haut-Plaisance . . . . Montagne-	Château La Tour-Montagne. . . Montagne-
Château Beauséjour . . . . . . St-Emilion	Château Jura-Plaisance . . . . St-Emilion	Château La Tour-Paquillon . . St-Emilion
Château Bellevue . . . . »	Château La Bastienne . . . . . »	Château Maison-Blanche . . . . »
Château Calon . . . . »	Château La Bichaude . . . . . »	Château des Moines . . . . . . »
Château Corbin . . . . »	Château Lafleur . . . . »	Château Montaiguillon . . . . . »
Château Coucy . . . . »	Château La Papeterie . . . . . »	Château Mouchet-Montagne . . »
Château de Fontmurée . . . . »	Château La Picherie . . . . . . »	Château Moulin-Blanc . . . . . »
Château Gay-Moulin . . . . . »	Château La Tête-du-Cerf . . . . »	Clos des Moulins-de-Calon . . . »
Château Haut-Goujon . . . . . »	Château La Tour-Calon . . . . »	Château Négrit . . . . »
Château Les Hautes-Graves . . »	Château La Tour-Corniaud . . . »	Château Paradis . . . . »

Château Petit-Clos	Montagne-	Château Les Tuileries-de-Bayard	Montagne-	Domaine de Faizeau	Montagne-
Château Pierrot-Plaisance . . .	St-Emilion	Château Vieille-Maison	St-Emilion	Domaine de Fontmurée	St-Emilion
Château Plaisance	»	Château Le Vieux-Logis	»	Domaine de Gillet	»
Château Rocher-Corbin	»	Vieux Château Goujon	»	Domaine de La Barde	»
Château Roudier	»	Domaine de Beaudron	»	Domaine de Labatut.	»
Château Saint-André-Corbin . .	»	Domaine de Cazelon	»	Domaine de La Clotte	»
Château Saint-Jacques-Calon . .	»	Domaine Croix-de-Mission . . .	»	Domaine de La Vieille	»
Château des Tours.	»				

SAINT-GEORGES SAINT-ÉMILION • VINS ROUGES

Château Bellevue	St-Georges-	Château La Tour du Pas-Saint-	St-Georges-	Château Samion.	St-Georges-
Château Calon	de-Montagne	Georges	de-Montagne	Château Tourteau	de-Montagne
Château Bel-Air Haut-Mont-		Château Macquin	»	Château Troquard	»
guillon	»	Château Saint-André-Corbin . .	»	Château Vieux-Guillou.	»
Château du Châtelet	»	Château Saint-Georges	»	Domaine de Maisonneuve . . .	»
Château Guillou	»	Château Saint-Georges Cap-d'Or.	»	Domaine de Grimon	»
Château Haut-Troquard	»	Château Saint-Louis	»		

LUSSAC SAINT-ÉMILION • VINS ROUGES

Château Belair	Lussac	Domaine de Lagrange	Lussac	Château Petit-Refuge	Lussac
Château Bellevue	»	Château La Tour-de-Ségur . . .	»	Château Poitou-Lussac	»
Clos Blanchon	»	Château Lion-Perruchon	»	Château Souchet-Piquat	»
Domaine du Courlat.	»	Château de Lussac	»	Château Taveney	»
Château Croix-de-Blanchon . .	»	Château du Lyonnat	»	Château Terrien	»
Château Haut-Larose	»	Clos du Lyonnat	»	Château Tiffray-Guadey	»
Château Haut-Piquat	»	Domaine de Rambaud	»	Château La Tour-de-Grenet. . .	»
Château La Fleur-Perruchon . .	»	Château La Ferrière	»	Château Les Vieux-Chênes . . .	»

PUISSEGUIN SAINT-ÉMILION • VINS ROUGES

Château Beauséjour	Puisseguin	Château Guibot-la-Fourvieille .	Puisseguin	Château de Puisseguin	Puissseguin
Cru Belair	»	Château Haut-Bernon	»	Château du Roc de Boissac. . .	»
Château Chêne-Vieux	»	Château La Clotte	»	Clos du Roy	»
Château Durand	»	Château des Laurets	»	Château Teyssier	»
Château Guibaud	»	Château du Mayne	»		

PARSAC SAINT-ÉMILION • VINS ROUGES

Château Langlade	Parsac	Château Malagin	Parsac	Château Piron	Parsac
Château Lestage	»	Château Musset.	»		

POMEROL • VINS ROUGES

Château Beauchêne (ancien Clos		Clos du Clocher	Pomerol	Château Grandchamp	Pomerol
Mazeyres)	Pomerol	Château Conseillante.	»	Domaine des Grands-Champs . .	»
Château Beauregard	»	Château La Croix-Saint-Georges.	»	Château Grate-Cap	»
Clos Beauregard.	»	Clos l'Eglise	»	Château Guillot	»
Château Belle-Brise	»	Domaine de l'Eglise	»	Clos des Hautes Graves	»
Château Bourgneuf-Vayron . .	»	Clos l'Eglise-Clinet	»	Domaine de Haut-Pignon . . .	»
Château Brun-Mazeyres	»	Château l'Enclos	»	Château Haut-Plateau	»
Château Le Caillou	»	Château L'Evangile	»	Domaine Haut-Pomerol	»
Château de Cantereau	»	Château Ferrand	»	Château Enclos Haut-Mazeyres .	»
Château Carillon	»	Château Feytit-Clinet	»	Château La Cabanne.	»
Château Certan-Demay	»	Château Gazin	»	Château La Croix	»
Château Certan-Marzelle	»	Château Gombaude-Guillot et		Château La Commanderie . . .	»
Château du Chêne-Liège	»	Grandes Vignes Clinet réunis .	»	Château Lacroix-de-Gay	»
Château Clinet	»	Château Gouprie	»	Château Lafleur	»

La Fleur du Gazin	Pomerol	Clos Mazeyres	Pomerol	Château Saint-André	Pomerol
Château La Fleur-Petrus	»	Château Monbran	»	Château Saint-Pierre	»
Château La Ganne	»	Château Monregard La Croix	»	Château de Sales	»
Château Lagrange	»	Château Moulinet	»	Château Samson	»
Château La Grave-Trigant-de-Boisset	»	Château Mouton-Mazeyres	»	Château Sudrat-Boussaton	»
Château La Pointe	»	Château Nenin	»	Château du Tailhas	»
Château Latour à Pomerol et Grandes Vignes réunies	»	Cru de La Nouvelle-Eglise	»	Château Taillefer	»
Château La Violette	»	Château Petit-Bocage	»	Clos des Templiers	»
Château La-Vraye-Croix-de-Gay	»	Château Petit-Village	»	Clos Toulifaut	»
Château Le Gabachot	»	Château Petrus	»	Château Tristan	»
Château Le Gay	»	Château Plince	»	Château Trotanoy	»
Château Le Prieuré La Croix	»	Château La Providence	»	Château de Valois	»
Château Mazeyres	»	Clos René	»	Château Vieux-Certan	»
		Clos du Roi	»	Vieux Château Cloquet	»
		Château Rouget	»		

LALANDE-DE-POMEROL • VINS ROUGES

Clos des Arnaud	Lalande-de-Pomerol	Clos l'Etoile	Lalande-de-Pomerol	Château de Musset	Lalande-de-Pomerol
Château de Bel-Air		Domaine de Grand-Moine		Château Perron	
Château Bourseau	»	Château Grand-Ormeau	»	Sabloire du Grand Moine	»
Petit Clos de Brouard	»	Château La Gravière	»	Château Sergant	»
Château de la Commanderie	»	Clos Haut Cavujon	»	Château Templiers	»
Château La Croix-Saint-Jean	»	Château Laborde	»	Château de Viaud	»
Château Les Cruzelles	»	Château des Moines	»	Domaine de Viaud	»
Clos de l'Eglise	»	Clos des Moines	»	Clos de la Vieille-Forge	»

NÉAC LALANDE-DE-POMEROL • VINS ROUGES

Domaine du Bourg	Néac	Château Garraud	Néac	Domaine de Machefer	Néac
Château Canon Chaigneau	»	Château Gachet	»	Château Moulin-à-Vent	»
Clos du Castel	»	Domaine des Grands-Bois-Chaigneau	»	Château Moulin-Blanc	»
Château Chaigneau-Guillon	»	Domaine du Grand-Ormeau	»	Château Moncets	»
Château Châtain	»	Château Haut-Ballet	»	Château Nicole	»
Clos du Châtain	»	Château Haut-Chaigneau	»	Domaine du Petit-Bois	»
Domaine du Châtain	»	Château Lacroix	»	Château Saint-André	»
Vieux Château Chevrol	»	Château La Croix-Saint-André	»	Château Siaurac	»
Château Les Chaumes	»	Château Lafaurie	»	Domaine de Surget	»
Château Chevrol-Bel-Air	»	Château Lafleur-Lambaret	»	Château de Teysson	»
Château Drouilleau-Belles-Graves	»	Château Lavinot-la-Chapelle	»	Château Tournefeuille	»
Château Fougeailles	»			Château Yveline	»

CANON FRONSAC • VINS ROUGES

Château Vray-Canon-Boyer	St-Michel-de-Fronsac	Cru Gros-Bonnet	Fronsac	Château Capet-Bégaud	Frousac
Château Canon		Château de Toumalin	»	Clos Lariveau	St-Michel-de-Fronsac
Château Vrai-Canon-Bodet-La Tour	»	Château Barrabaque	»	Château Pey-Labrit	
Château Vrai-Canon-Bouché	»	Domaine de Trepesson	St-Michel-de-Fronsac	Cru La Tour-Ballet	
Château Canon-Lange	Fronsac	Domaine de Trepesson-Lafontine		Domaine de Roulet	Fronsac
Château Junayme	»	Château Bodet	Fronsac	Domaine de Bourdieu-Panet	»
Château Canon	»	Château Panet	»	Château Toumalin-Jonquet	»
Château Comte	»	Domaine du Haut-Caillou	»	Domaine de Margalis	»
Château Belloy	»	Château Gaby	»	Château Coustolle	»
Château Mazeris-Bellevue	St-Michel-de-Fronsac	Château Moulin-Pey-la-Brie	»	Château Pichelèvre	»
Château La Fleur-Canon		Cru Casi-Devant	St-Michel-de-Fronsac	Cru Combes-Canon	St-Michel-de-Fronsac
Château du Pavillon-Haut-Gros-Bonnet	Fronsac	Domaine du Haut-Mazeris		Clos Nardon	
Château Mazeris	St-Michel-de-Fronsac	Château Cassagne	»	Clos Toumalin	Fronsac
		Château La Marche-Canon	Fronsac	Clos Haut-Cailleau	»
Château des Combes-Canon	de-Fronsac	Château Vincent	»	Château Canon-Bourret	»
Château Grand-Renouil	»	Château Haut-Ballet	St-Michel-de-Fronsac	Château Canon de Brem	»
Château Maussé	»	Crus Moulin-à-Vent		Château La Tour-Canon	»
Château Lariveau	»	Château du Gazin	»	Château Lamarche-Candelayre	»
Château La Chapelle-Lariveau	»	Château Cassagne	»	Château Roulet	»
		Château Larchevesque	Fronsac		

CÔTES DE FRONSAC • VINS ROUGES

Château des Trois-Croix	Fronsac	Château La Tour Beau-Site . .	Fronsac	Château de Carles	Saillans
Château Gagnard	»	Domaine de la Croix	»	Châteaux de Malgarni et Coutreau	»
Château de Pontus	»	Clos Bellevue	St-Michel-	Château Mayne-Viel	Galgon
Château La Dauphine	»	Château Queyreau-de-Haut . .	de-Fronsac	Cru Vincent	St-Aignan
Château La Valade	»	Château Tasta	St-Aignan	Château Vincent	»
Château La Fontaine	»	Château Tasta-Guillier	»	Domaine de Vincent	»
Château Arnauton	»	Château Jeandeman	»		

RÉGION DU BOURGEAIS • VINS ROUGES ET BLANCS

Château du Bousquet	Bourg	Château de Blissa	Bayon	Château Mendoce	Villeneuve
Domaine du Boucaud	»	Clos Nodot	»	Château Peychaud	Teuillac
Château du Haut-Gravat . . .	»	Château Rousset	Samonac	Château Cottière	»
Château Croûte-Charlus	»	Château Barrieux	»	Domaine de Rivereau	Pugnac
Château Croûte-Mallard	»	Château Macay	»	Domaine de Viaud	»
Château Mille-Secousses	»	Domaine de Bel-Air	»	Château Lamothe	Lansac
Château Lalibarde	»	Domaine de Bouche	»	Château de Taste	»
Château Rider	»	Château de Thau	Gauriac	Château La Barde	Tauriac
Château Cambes-Kermovan . .	»	Château du Domaine de Desca-		Domaine de Guerrit	»
Château de la Grave	»	zeaux	»	Château Nodoz	»
Château Rebeymond-Lalibarde .	»	Château Poyanne	»	Château de Maco	»
Domaine de Paty	»	Domaine de Bujan	»	Château Grand-Jour	Prignac et
Château Rebeymont	»	Domaine de Peyror	»	Château Le Mugron	Gazelles
Château Belleroque	»	Clos du Piat	»	Château de Grissac	»
Domaine de Noriou-Lalibarde .	»	Clos de Seillas	»	Domaine de Christoly	»
Château Gros-Moulin	»	Domaine de Bonne	»	Château Laureusanne	St-Seurin
Château Lagrange	»	Château La Grolet	St-Ciers-	Château Berthou	Comps
Domaine de Lalibarde	»	Château Rousselle	de-Canesse	Domaine des Augiers	»
Château Tayac	Bayon	Château Guiraud	»	Domaine de Fonbonne	Teuillac
Château Eyquem	»	Château La Tour-Seguy	»	Château des Richards	Mombrier
Château Falfas	»	Domaine de Grand-Chemin . . .	»	Château Guienne	Lansac
Château de la Croix (Millorit) . .	»	Château de Barbe	Villeneuve		

RÉGION DU BLAYAIS • VINS ROUGES ET BLANCS

Château Cazeaux	St-Paul	Château Breuil	St-Martin-	Château Meneau	Mazion
Château Lescadre	Cars	Château La Brousse	Caussade	Château La Cure	Cars
Château Crusquet	»	Château Petit-Trou	»	Château Les Alberts	Mazion
Château Barbet	»	Château La Garde	St-Seurin-	Château Le Virou	St-Girons
Château Bellevue	Plassac		Cursac	Château Chasselauds	Cartelègue
Château Les Chaumes	Fours	Château Clos d'Amières	Cartelègue	Château Le Coudeau	Cars
Domaine du Chai	»	Château Le Cone Moreau . . .	Blaye	Château Dupeyrat	St-Paul
Château Pardaillan	Cars	Château Le Cone Sebilleau . . .	»	Château Guillonnet	Anglade
Château Gontier	Blaye-Plassac	Château Berthenon	St-Paul	Château Gordat	Cars
Château Monconseil	Plassac	Château Perreyre	St-Martin	Château Haut-Cabat	»
Château Le Cone Taillasson . . .	Blaye		Caussade	Château Lagrange Marquis de	
Château Gigault	Mazion	Château Pinet La Roquete . . .	Berson	Luppe	Blaye
Château Le Menaudat	St-Androny	Château Lamothe	St-Paul	Château Puy Beney	Mazion
Château Les Petits-Arnauds . .	Cars	Château Ricadet	Cartelègue	Château La Garde Roland . . .	St-Seurin-
Château Sociondo	»	Château Rebouquet	Berson		Cursac
Château Charron	St-Martin	Château La Girouette	Fours	Château La Hargue	Plassac
Château Saugeron	Blaye	Château Pinet	Berson	Château Gadeau	»
Château Les Moines	»	Château La Bertonnière	Cartelègue	Château Lafont	Cartelègue
Château Le Mayne Gozin . . .	Plassac	Château Peybrune	Plassac	Château Pomard	St-Martin
Château Lassale	St-Genès	Château La Perotte	Eyrans	Château Boisset	Berson
Ancien Manoir de La Valette . .	Mazion	Château Le Mayne Boye	Cars	Château Cantemerle	St-Genès
Château Puy Beney Lafitte . .	»	Château La Cave	Blaye	Château Perrein	Mazion
Château Segonzac	St-Genès-	Château Chaillou	St-Paul	Château Mazerolles	Cars
	de-Blaye	Domaine de Graulet	Plassac	Château Les Bavolliers	St-Christ.-
Château La Cabane	St-Martin-	Château Les Ricards	Cars		de-Blaye
	Caussade	Château La Tour Gayet	St-Androny	Moulin de la Pitance	St-Girons
Château La Taure Sainte-Luce .	Blaye	Château Mayence	Mazion		

204

LES VINS D'ESPAGNE

ELADIO ASENSIO VILLA

La légende fait remonter l'introduction de la culture de la vigne en Espagne à des civilisations fort lointaines; dans quelques contrées du sud de la péninsule Ibérique, on affirme même que les Phéniciens, dans le cadre des relations commerciales qu'ils avaient avec certains peuples de la Méditerranée, achetaient le vin produit dans ces régions méridionales. Cependant, du point de vue historique, il a été prouvé de façon irréfutable que ce furent les Romains qui, sous l'Empire, introduisirent la culture de la vigne en Espagne. Depuis lors, cette culture s'étendit dans les provinces du nord-est et de la côte du Levante, ainsi qu'en Andalousie où, surtout à l'époque de la domination arabe, elle acquit une grande importance. Puis on commença à cultiver la vigne dans les régions tempérées de l'intérieur de la péninsule: on y vit naître, petit à petit, les nombreuses variétés de vins que l'Espagne produit actuellement dans les vallées, sur les coteaux et les montagnes de faible altitude (jusqu'à 1000 mètres), ainsi que dans les zones côtières du Levante. La répartition géographique de la vigne est extrêmement variée et correspond à la diversité même des régions de l'Espagne. Il faut également tenir compte du morcellement des propriétés. En effet, à l'origine, la culture de la vigne se prêtait particulièrement bien à l'exploitation familiale. D'autres caractéristiques doivent aussi être relevées: dans un assez grand nombre de régions, la culture de la vigne va de pair avec celle de l'olivier, autre culture méditerranéenne; dans certains cas même, vignobles et oliveraies s'enchevêtrent.

Au Moyen Age, le vin était une des principales richesses de l'Espagne; il en allait d'ailleurs de même pour d'autres pays méditerranéens. C'est au début du Xe siècle que se développa réellement le commerce des vins espagnols par voie maritime et fluviale avec les pays du nord de l'Europe et certaines régions de l'Europe orientale; il continuera à être prospère jusqu'à la fin du XIe siècle. Dès le XIIIe siècle apparaît la renaissance économique, nous dirons même culturelle, du vin. Sa consommation augmente, en effet, dans les pays les plus riches du Nord, dans ceux du centre de l'Europe et du bassin méditerranéen, où il était déjà une boisson courante et où les variétés espagnoles (Xérès, Alicante tout particulièrement) étaient réputées.

Par sa situation géographique, l'Espagne était, dans une certaine mesure, en marge du mouvement commercial européen, et cela la mettait dans une position très particulière. Il est évident que, dans ces conditions, le vin ne pouvait être exporté et était par conséquent entièrement consommé à l'intérieur du pays. Cependant, dès qu'un trafic normal fut établi à partir des ports de Barcelone et de Valence, l'Espagne se lança à la conquête des marchés étrangers pour vendre ses produits les plus caractéristiques, notamment ses vins déjà célèbres.

Les vignobles espagnols, ainsi que d'autres cultures typiques, subirent le contrecoup de la détérioration, sur le plan économique, de la situation de nombreux pays européens; cet état de choses se reflétait dans les dispositions prises par les autorités des divers royaumes espagnols, avant l'unification de l'Espagne. Et c'est ainsi que se déroule l'histoire du vignoble espagnol jusqu'en 1868, année de l'invasion et de la destruction des célèbres vignobles français par le phylloxéra, ce qui ouvrit à l'Espagne de nouveaux débouchés dans le monde. Les techniques espagnoles en profitèrent également, car en raison de l'anéantissement de leurs vignobles, nombreux furent les viticulteurs français qui vinrent s'installer dans nos meilleures régions vinicoles, en y apportant leurs pratiques et leurs connaissances en matière d'œnologie. Mais, comme cela arrive dans les moments d'euphorie, la désorganisation commença à régner sur nos marchés étrangers et nous négligeâmes de consolider ceux que nous avions pu conquérir à la suite de la disparition des vins français. L'Espagne viticole fut, en outre, victime d'une grave crise lorsque le phylloxéra y fit également son apparition à la fin du XIXe siècle: il en résulta de sérieuses conséquences économiques et sociales, qui laissèrent des traces profondes dans l'histoire de la vigne et même dans celle de l'agriculture du royaume.

La production vinicole espagnole, qui a été très inégale en quantité ces quarante dernières années, a été influencée non seulement par le climat mais aussi par les fâcheux phénomènes naturels qui se produisirent dans les autres pays. On peut cependant s'attendre à un avenir plus souriant pour la viticulture espagnole, car

205

Jouissant d'un climat exceptionnel, le vignoble espagnol est l'un des plus vastes du monde. Rares sont les provinces d'Espagne qui ne possèdent leurs propres vins. Au nombre des principales régions viticoles figurent: La Rioja, la Navarre, la province de Saragosse, la côte orientale (de Barcelone à Alicante), la Manche et le Sud avec Malaga et Jerez de la Frontera, les Canaries et les Baléares.

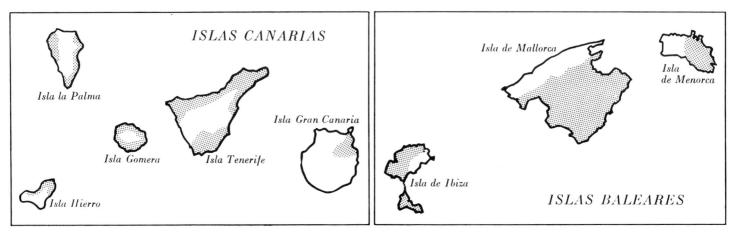

les pouvoirs publics s'y intéressent davantage et les milieux professionnels eux-mêmes souhaitent une organisation plus efficace. D'après les statistiques officielles pour 1979, la superficie totale du vignoble espagnol était de 1 710 000 hectares, dont 25 % en culture mixte. Le vignoble espagnol occupe donc la première place dans le monde quant à sa superficie, avant l'Italie et la France.

L'importance du secteur viti-vinicole dans l'agriculture et l'économie de l'Espagne provient de ce que la superficie du vignoble représente 3,73 % de la superficie totale cultivée, et surtout de ce que le vignoble destiné au raisin de cuve en occupe 3,62 %. Si nous comparons la superficie réservée au vignoble avec celle qui est consacrée à d'autres cultures importantes, nous voyons qu'elle n'est dépassée que par celle des terres où sont cultivées les céréales et les oliviers.

La production moyenne de la période 1973-1979 a été de 34,27 millions d'hectolitres. C'est là un chiffre significatif, que l'on peut considérer comme représentatif du potentiel viti-vinicole espagnol. La récolte de 1979, avec 50,5 millions d'hectolitres, peut être regardée comme une récolte record: cela est dû aux divers facteurs climatiques favorables cette année-là.

Comme il a été dit précédemment, le vignoble espagnol est largement réparti dans toutes les régions de la péninsule, car les conditions climatiques y sont partout favorables à la vigne: en effet, celle-ci exige, en particulier, un ensoleillement intégral élevé. Les plants de vigne restent en terre pendant 50 ans et parfois même plus; c'est là un facteur qui contribue à la stabilité de la population agricole.

Si nous jetons un coup d'œil sur la carte des régions agricoles de l'Espagne, nous voyons que toutes les provinces, y compris les Baléares et les Canaries, ont leurs vignobles. En ce qui concerne la superficie du vignoble, c'est la Manche et la région d'Utiel et de Requeña (province de Valence) qui sont au premier rang; viennent ensuite la Catalogne et la zone s'étendant entre Alicante et Jumilla (province de Murcie), où la superficie des vignobles est supérieure à 30 %. Si nous classons les provinces selon la superficie occupée par les vignes, l'ordre par groupes est le suivant:

— Groupe I (plus de 100 000 hectares par province): Ciudad Real, Tolède, Valence et Albacete; ces quatre provinces totalisent 624 000 hectares, c'est-à-dire plus du tiers de la superficie totale du vignoble espagnol.

— Groupe II (entre 100 000 et 50 000 hectares): Saragosse, Tarragone, Cuenca, Badajoz, Alicante, Barcelone et Murcie; ces sept provinces couvrent 522 000 hectares de vignoble.

— Groupe III (entre 50 000 et 25 000 hectares): Zamora, León, Malaga, Navarre, Madrid, Logroño et Valladolid; le vignoble de ces sept provinces s'étend sur 223 000 hectares.

Les vignobles d'Ausejo, à une trentaine de kilomètres à l'est de Logroño, font partie de la Rioja baja; on y cultive surtout le *garnacha* et les vins sont en grande majorité des rouges. Les coopératives viticoles y sont très développées.

— Groupe IV (entre 25 000 et 10 000 hectares): Cadix et Cordoue, deux provinces importantes par la qualité de leurs vins.

— Groupe V (entre 10 000 et 5 000 hectares): Pontevedra, Gérone, Grenade, Ségovie, Séville, Almeria, Alava, Lugo et Guadalajara. Le vignoble de ces neuf provinces s'étend sur 67 000 hectares. La viticulture est moins importante, mais il faut cependant mentionner la province d'Alava, aux vins de qualité exceptionnelle, et les provinces de Gérone et de Pontevedra, aux crus fort honorables.

— Finalement, dans le groupe VI (moins de 5 000 hectares), se situent les provinces où la culture de la vigne n'a qu'une importance secondaire: îles Baléares, Santa Cruz de Ténérife, Jaen, Soria, Las Palmas, La Corogne, Oviedo, Santander, Biscaye et Guipuzcoa. Les vins produits sont bus sur place.

En résumé, la superficie du vignoble dans les provinces oscille entre un maximum de 261430 hectares, dans la province de Ciudad Real, et un minimum de 26 hectares dans celle de Guipuzcoa. Les rendements moyens et le nombre de pieds de vigne par hectare varient beaucoup d'une région à l'autre, en fonction du climat, des variétés et des catégories de vins.

La superficie totale du vignoble dans les contrées de cultures irriguées n'est que de 39024 hectares, dont 26810 seulement sont occupés par des vignes à raisin de cuve. En Espagne, il est, en effet, formellement interdit de planter de la vigne sur les terrains de culture irriguée. Les vignobles qui existaient sur ces terrains au moment de l'interdiction sont frappés d'un impôt progressif.

La production des vins, qui sont classés selon leur couleur (rouges, blancs et autres), est la suivante (chiffres officiels pour 1973): vins rouges: 48 %; vins blancs: 52%. Dans les régions de la Nouvelle-Castille, de l'Andalousie et de la Catalogne, les vins blancs prédominent; dans les autres régions, ce sont les vins rouges qui sont les plus importants. Si nous comparons les régions en nous fondant sur le nombre d'exploitations viticoles qui ont leur propre cave, nous voyons que dans celles du nord-ouest (Galicie et Asturies) il y a une nette désagrégation dans le secteur de la viniculture; cela est d'autant plus marqué que les propriétés sont très morcelées. L'Andalousie occidentale et orientale, le Levante et la Nouvelle-Castille sont caractérisés par des exploitations ayant une structure plus rationnelle, donc plus rentable. D'une façon générale, le mouvement coopératif ne cesse de s'étendre, assainissant rapidement les secteurs où les réformes sont les plus urgentes; il favorise non seulement la concentration des caves, facteur indispensable du point de vue économique, mais aussi l'amélioration de la qualité des vins, étant donné que les petits exploitants ne disposent pas des connaissances et des moyens techniques indispensables pour garantir un minimum de qualité, de classification et de présentation des vins. La vinification se fait pratiquement sur le lieu de la récolte, car le raisin ne peut pas supporter un long transport jusqu'à la cave, même s'il s'agit d'une coopérative. En général, les grandes coopératives ne sont pas situées à plus d'une dizaine de kilomètres des vignobles. Parmi les vins, nous pouvons distinguer, tout d'abord, ceux de consommation courante, ou vins de l'année, puis ceux, de plus grande valeur, promis à un long vieillissement.

D'un vin à l'autre, il existe évidemment des différences inhérentes au climat, à la nature du sol, à l'exposition, aux cépages et aux diverses méthodes auxquelles le viticulteur fait appel. Tous ces facteurs font que les vins des différentes régions ont, dès leur origine, des caractères distinctifs très marqués, ce qu'accentue, par ailleurs, la grande diversité des procédés de vinification, preuve en soi les nombreux types de Xérès.

LES VINS DE LA RIOJA

La zone de production des vins de la Rioja correspond à la région du même nom qui comprend les deux provinces de Logroño et d'Alava, ainsi que quelques communes de la province de Navarre. C'est la zone des vins de table par excellence; parmi les vins d'appellation d'origine protégée, ils sont les plus recherchés. Elle s'étend des environs de Haro jusqu'à Alfaro, dans la vallée de l'Ebre, et au-delà des rives du fleuve. Nous pouvons diviser cette zone de production en trois districts: la Rioja Baja, qui s'étale entre le Yregua et la rive droite de l'Ebre; la Rioja Alta, région plus humide dont le centre est Haro et qui comprend la partie nord-ouest de la province de Logroño, des deux côtés de l'Ebre; enfin, la Rioja Alavesa, formée par les vallées des divers affluents de l'Ebre: l'Oja, le Tiron, le Najerilla, le Leza et le Cidacos; c'est une terre de transition où se retrouvent les caractéristiques naturelles des provinces basques, de la Castille et de la Navarre.

La culture de la vigne dans la Rioja est extrêmement importante dans la plupart des localités. Cette région produit une gamme très étendue de vins, tous différents en degré, saveur et arôme; cette diversité est due au grand nombre de cépages et à leur proportion variée dans les différentes régions. Cependant, ces vins ont tous un air de famille, en raison de leurs caractéristiques générales communes.

Dans le district de la Rioja Alta, on cultive les cépages rouges *tempranillo*, *mazuela*, *graciano* et *garnacha*, et les cépages blancs *viura* et *malvasia*. Les vins rouges, produits en général à partir des raisins *tempranillo*, sont très bien équilibrés, robustes, bien constitués, acides et aromatiques, très indiqués pour l'élevage. Ils titrent de 10,5 à 12° selon l'origine. La teneur d'alcool des vins blancs est un peu plus faible que celle des rouges, ils sont secs et assez aromatiques.

Le district de la Rioja Baja est le plus grand: il s'étend de la ville de Logroño jusqu'à Alfaro. Le cépage *garnacha* y prédomine et la majorité des vins sont rouges. Ils sont très vineux et de teneur en alcool très élevée, de 14 à 16°; ce sont des vins pâteux et peu acides, à la saveur douce. Dans cette zone, les coopératives sont très développées.

Le district de la Rioja Alavesa, longue et étroite région qui s'étend au nord de l'Ebre, est protégé par les monts Cantabriques et bénéficie, en raison de son orientation, d'un ensoleillement supérieur à celui du

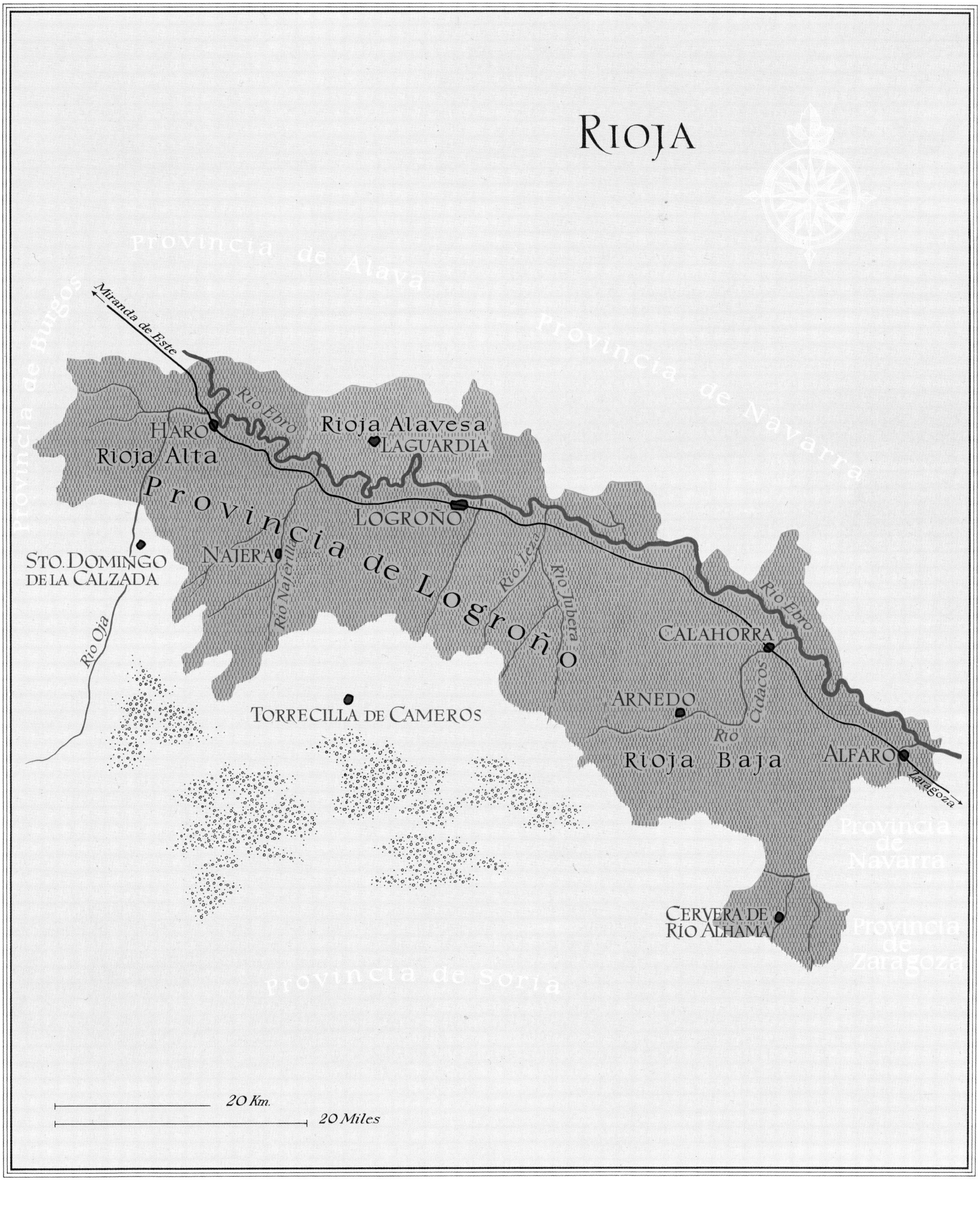

RIOJA

Provincia de Álava

Provincia de Burgos

Provincia de Navarra

Miranda de Este

Río Ebro

HARO

Rioja Alta

Rioja Alavesa

LAGUARDIA

LOGROÑO

Provincia de Logroño

STO. DOMINGO
DE LA CALZADA

NÁJERA

Río Najerilla

Río Oja

Río Leza

Río Jubera

Río Ebro

CALAHORRA

TORRECILLA DE CAMEROS

ARNEDO

Río Cidacos

Rioja Baja

ALFARO

Zaragoza

Provincia
de
Navarra

CERVERA DE
RÍO ALHAMA

Provincia
de
Zaragoza

Provincia de Soria

20 Km.

20 Miles

district de la Rioja Alta. Les cépages cultivés sont les mêmes que ceux de la Rioja Alta. Les vins produits ont pour caractéristique d'être très équilibrés, très corsés, très denses et tout indiqués pour l'élevage; leur arôme et leur saveur sont bien particuliers; leur degré, moyen, peut cependant atteindre 14°.

L'élevage des vins de la Rioja doit se faire à l'intérieur d'une zone bien déterminée et doit se prolonger pendant deux ans au moins, une année étant consacrée à l'élevage en fûts de chêne.

Le vieillissement du Rioja s'effectue dans des barriques bordelaises en chêne, de capacité relativement réduite (225 litres) à l'intérieur de caves souterraines appelées «calados». La matière première doit être soigneusement sélectionnée, car tous les vins ne sont pas aptes au vieillissement. Pour certaines variétés de raisins, le colorant ne maintient pas la stabilité nécessaire et par conséquent les vins ne peuvent pas être conservés bien longtemps. Le cépage tempranillo présente les meilleures qualités d'élevage.

La première phase (l'élevage en barrique bordelaise) doit se prolonger entre deux et cinq ans, suivant les caractères du vin et le type que l'on désire obtenir. Pendant cette période, on procède aux soutirages nécessaires et une lente oxydation a lieu dans la cave où règne une température constante et fraîche. On obtient en même temps une stabilisation naturelle du produit.

La seconde phase, au contraire, est une phase de réduction: le vin, mis en bouteilles, est conservé pendant une période variable qui dépend des caractéristiques obtenues dans la phase précédente. Ce vieillissement permet à l'arôme de se développer encore plus. Les vins rouges acquièrent une couleur rubis et sont parfaitement limpides, avec un bouquet intense caractéristique.

Les vins de la Rioja vendus en grandes quantités sont en général des vins de l'année qui proviennent des vignerons eux-mêmes ou des coopératives.

Les vins dits communs sont ceux qui ont été stabilisés et mis en bouteilles la première année.

Les vins stabilisés, mis en bouteilles et conservés pendant deux années, sont couramment appelés vins de récolte ou de deuxième année. Ce sont des vins rouges, blancs et rosés; on donne aussi le nom de Rioja clarete aux rouges peu colorés.

Finalement, ceux qui sont élevés en barriques de chêne avant d'être mis en bouteilles sont désignés par vins de troisième, quatrième année, etc., ou «viejas reservas» (vieilles réserves). Ce sont des vins rouges, des clairets, des blancs secs, des blancs doux et des rosés. Un distingué professeur a même recensé 12 types de vins blancs doux, 12 demi-doux, 4 demi-secs, 35 secs, 10 très secs, 47 rouges légers et 49 moelleux.

La Suisse importe beaucoup de vins de Rioja. Le marché des Etats-Unis promet de devenir important. Celui de Cuba est également très intéressant mais instable.

LES VINS DE NAVARRE

La Navarre, région contiguë à la Rioja, voit s'élargir dans son territoire la vallée de l'Ebre dans lequel se jettent l'Ega, l'Arga et l'Aragon. Elle est formée de vallées fertiles et de coteaux très bien orientés, abrités des vents dominants et modérément ensoleillés, deux conditions idéales pour la culture de la vigne. La zone de production des vins de Navarre comprend approximativement la moitié sud de la province d'où provient l'appellation d'origine protégée. Le cépage principal est le garnacha; on utilise aussi, mais en moindre quantité, le tempranillo et les cépages blancs viura et malvasia. Pour la préparation des mistelles, on emploie le moscatel, comme en beaucoup d'autres endroits.

Les conditions climatiques, si différentes au nord et au sud de la Navarre, influent évidemment sur les caractéristiques du vignoble et par la suite sur celles des vins. Dans le nord, où la pluviosité oscille entre 800 et 1000 millimètres, on produit des vins de degré plus faible que dans la région de la Ribera où les précipitations atteignent au maximum 500 millimètres. L'une et l'autre régions produisent des vins de qualité très appréciable, compte tenu de leurs particularités.

Dans la province de Navarre, les vins produits sur les 3260 hectares de vignoble à l'intérieur de la province, ainsi que dans les communes limitrophes de celle de Logroño ont droit à l'appellation d'origine Rioja.

Nous pouvons diviser la zone de production des vins de Navarre en trois districts bien distincts: le Ribera Baja, formé de la zone proche de l'Ebre, au sud de la province; il produit des vins rouges fortement alcoolisés, titrant parfois 18°, ainsi que des mistelles d'excellente qualité; le district de Valdizarbe, où les vins rouges ont un degré moins élevé (entre 11 et 15°), et une acidité supérieure à ceux du Ribera Baja; enfin, le district de Montaña, dont les vins ne bénéficient pas d'un marché aussi grand que ceux des deux autres districts. Citons, parmi les meilleurs vins de Navarre, les vins légers d'Estella, sur les rives de l'Ega; les rouges et les clairets de Peralta, Salces et Artajona, dans la vallée de l'Arga; sur les rives du Cidacos, les rouges d'Olite et de Tafalla; sur celles de l'Aragon, les vins de Sada et Aibar et enfin, sur les rives de l'Ebre, les vins rouges et les clairets de Murchante, Cintruénigo et Cascante.

LES VINS DE CARIÑENA

Le Conseil régulateur de l'appellation d'origine CARIÑENA, laquelle vient d'être établie, indique comme zone de production de ce vin une étendue relativement réduite, située dans la province de Saragosse, au sud de l'ancienne capitale de l'Aragon; elle est formée des communes d'Aguaron, Alfamen, Almonacid de la Sierra, Alpartir, Cariñena, Cosuenda, Encinacorba, Tosos, Langares, Paniza et Villanueva de Huerva. Dans cette zone, qui a recouvert de son nom les plus célèbres vignobles de la contrée, on produit divers types de vins qui sont très représentatifs de ceux que l'on récolte dans l'ensemble de la province de Saragosse.

Les variétés traditionnelles de cépages sont le *cariñena*, le *garnacha negra* et le *garnacha blanca*, qui donnent des produits très vineux, d'extrait sec élevé et de forte couleur. La première variété fournit des vins dont la teneur d'alcool oscille entre 14 et 17°, descendant rarement au-dessous de 13° et atteignant exceptionnellement 18°. Ce degré d'alcool coïncide avec le maximum obtenu expérimentalement en laboratoire. L'extrait sec oscille entre 20 et 32° suivant le type de vin. On obtient des vins rouges de table, des clairets secs de table, des blancs, des rouges et clairets doux, des mistelles et des vins de liqueur et de dessert.

Nous trouvons des vins destinés au coupage dans les communes d'Alfamén, Alpartir, Almonacid de la Sierra et dans la partie basse de la commune de Cariñena. Dans les communes de Langares, Cosuenda, Aguaron, Tosos et Villanueva de Huerva, on produit des vins ordinaires. Dans les zones hautes des communes que nous avons nommées, ainsi que dans celles de Encinacorba et Paniza, on élabore des vins qui, élevés à l'aide de techniques éprouvées, présentent les caractéristiques des vins fins de table; ils sont très équilibrés, d'une saveur fine et agréable et leur teneur en alcool ne dépasse guère 14°.

Dans toute la zone, on produit les vins classiques d'Aragon, de type clairet, ressemblant aux vins rouges peu colorés des autres régions vinicoles.

Les vins clairets, de couleur brillante, sont appréciés comme vins de table; ils ont une forte teneur en alcool, semblable à celle des vins rouges traditionnels. Rouges et clairets se prêtent fort bien aux coupages, particulièrement les rouges, de couleur très dense.

LES VINS DE LA CÔTE ORIENTALE

TARRAGONE. La zone de production des vins de Tarragone, comprenant une partie de la province du même nom, est formée d'un grand nombre de communes. Les cépages les plus caractéristiques sont le *cariñena*, le *garnacha* et le *picapoll* pour les vins rouges, et le *macabeo*, la *malvasia*, le *moscatel*, le *picapoll blanco* et le *pansa* pour les vins blancs.

On doit faire une distinction entre les vins de table rouges et blancs que sont le TARRAGONA CAMPO et le TARRAGONA CLASICO, vins doux de dessert, de 2,5 à 7°B., et dont la teneur en alcool varie entre 14 et 23°. La préparation très typique des vins de Tarragone se fait par oxydation rapide du moût soumis à de très hautes températures. Les caves ne sont pas souterraines, mais très ventilées avec des oscillations thermiques accentuées. On y entrepose le vin dans des récipients de verre.

PRIORATO. L'aire de production de ces vins constitue une enclave située à l'intérieur de la zone protégée par l'appellation d'origine TARRAGONA; elle est formée par diverses communes auxquelles il faut ajouter, pour l'élevage, les villes de Reus, Valls et La Secuita. Les cépages admis sont les suivants: *cariñena, garnachas, macabeo* et *pedro ximenez*.

Les vins de Priorato sont d'excellents vins de table et de coupage. Leur teneur en alcool, très élevée, se situe entre 14 et 18°; les vins de liqueur et de dessert vieillis peuvent atteindre 22°.

PANADÉS. La région productrice des vins de Panadés, excellents vins de table, blancs surtout, est formée d'une partie des provinces de Barcelone et de Tarragone. Les cépages produisant ces vins, auxquels s'applique l'appellation d'origine protégée, sont les suivants: *macabeo, xerel-lo, parellada, sumoll, merseguera, moscatel, garnacha* et *malvasia* pour les vins blancs; pour les rouges, les cépages les plus importants sont: *sumoll negra, cariñena, morastrell, garnacha negra* et *tempranillo*. Les vins de l'année ont un extrait sec faible, une teneur en alcool moyenne (10 à 12° en général), mais l'acidité fixe est élevée, ce qui fait qu'ils se prêtent fort bien à l'élaboration de vins mousseux.

De nature biochimique, l'élevage de ces vins de cave se fait avec le plus grand soin. Le vin de l'année est mis définitivement en bouteilles avec la levure et la liqueur de tirage, afin que se fasse la seconde fermentation caractéristique des vins élaborés selon la méthode champenoise. Les bouteilles sont entreposées horizontalement dans des caves souterraines pour permettre la fermentation du sucre incorporé, produisant le gaz carbonique caractéristique de ces vins et qui s'échappe quand on débouche la bouteille. Après cette seconde fermentation commence le véritable élevage du vin

Les vins de la province de Tarragone sont des vins de table, dits TARRAGONA CAMPO et des vins de dessert ou TARRAGONA CLASSICO. Ci-contre le vignoble de Perafort.

mousseux. La qualité des vins mousseux de la région de Panadés s'est sans cesse améliorée; on en produit de plus en plus de variétés et le marché va toujours en se développant.

ALELLA. Avec deux coteaux bien différents, le plus important exposé au sud et tourné vers la mer, et l'autre au nord, cette petite zone est englobée dans la province de Barcelone. On y produit des vins fins de table, des blancs de couleur très pâle, des rouges légers et des rosés. Le degré d'alcool se situe en moyenne entre 11 et 13° pour les vins secs. Les cépages employés sont les suivants: *pansa, garnacha, picaboll, macabeo* et *malvasia*, pour les blancs, et *garnacha negra, tempranillo* et *sumoll*, pour les rouges.

MALVASIA DE SITGES. Ce vin provient d'une très petite région où le seul cépage cultivé est le *malvasia*. Doux, d'un goût très agréable et de couleur vieil or, c'est un vin très apprécié au dessert; sa production reste cependant limitée.

CONCA DEL BARBARÀ. La région de même nom, qui produit ce vin, est située dans le sud de la province de Tarragone, en dessous du Priorato; on y trouve de très bons vins de table aux caractères analogues à ceux des vins de la région de Alella et de Panadés.

ALICANTE. On peut considérer que la zone de production des crus d'Alicante est divisée en deux districts: le premier s'étend d'Alicante vers l'ouest; on y produit des vins de coupage et des vins de table. Le deuxième, sis au nord-est de la province, où le principal cépage est le *moscatel*, fournit surtout des mistelles. Les vins rouges, très colorés, utilisés pour le coupage, ont un degré d'alcool qui se situe entre 14 et 18°, et leur extrait sec

titre entre 25 et 35°. Les vins de table, clairets et rouges, ont une teneur qui ne dépasse pas 14°; quant à celle des mistelles, elle oscille entre 14 et 17°, avec un degré Baumé variant de 7 à 10.

VALENCIA, UTIEL-REQUENA ET CHESTE. Ces trois appellations d'origine sont contrôlées par le Conseil régulateur et se divisent en trois sections correspondant aux trois zones de production.

La zone d'Utiel-Requena est sise dans l'ouest de la province de Valence. Celle de Cheste forme une enclave au centre, et celle de Valence proprement dite englobe le reste de la province.

La zone d'Utiel-Requena est la plus haute et la plus accidentée: pour cette raison, les vins rouges, clairets et rosés ont un degré d'alcool plus faible (de 10 à 13°). Ils se prêtent fort bien au vieillissement en raison de leur acidité fixe élevée. Les cépages utilisés pour l'élaboration des vins sont le *bobal*, le *garnacha* et le *crujidera*.

Les vins de la région de Cheste sont élaborés à partir d'une grande diversité de cépages: *pedro ximenez, planta fina, moscatel, merseguera, macabeo* et *planta nova*. Ce sont toujours des vins blancs assez typés dont le degré d'alcool se situe entre 11 et 15°.

Les vins produits dans la troisième zone, celle de Valence, présentent une très grande variété. Les cépages sont les mêmes que ceux de l'appellation CHESTE. Il faut y ajouter le *malvasia* pour les vins blancs, le *garnacha tintorera* et le *monastrell* pour les rouges. Dans cette zone, on produit des vins de table rouges, des vins de liqueur et de dessert, des mistelles et des vins doux qui portent le nom du cépage dont le vin est originaire: *malvasia, pedro ximenez* et *moscatel*.

LES VINS DU CENTRE ET DU SUD-EST

Les zones de production de ces vins font partie des provinces de Ciudad Real (pour le MANZANARES et le VALDEPEÑAS) et de Tolède (pour le NOBLEJAS) qui, avec les provinces de Cuenca et d'Albacete, forment la région de la Manche. Dans cette région, la vigne occupe la plus grande partie des terres arables: la province de Ciudad Real se trouve en tête avec 23,60% de la surface cultivée; celle de Tolède vient ensuite avec 12,80% de la surface cultivée; puis il y a celle d'Albacete, avec 12,90% et, enfin, la province de Cuenca avec 12%. Le vignoble de ces quatre provinces représente approximativement 35% du vignoble espagnol. Ces chiffres montrent l'énorme importance que la viti-viniculture a dans cette région de la Castille. Ici, comme dans les régions catalane et andalouse, les vins blancs prédominent, ce

qui n'empêche pas les quelques vins rouges produits d'être d'excellente qualité.

La Manche est une immense plaine, dont l'altitude varie entre 500 et 800 mètres; le climat est sec, semi-aride, ce qui explique les rendements relativement faibles de la culture de la vigne. Les vins produits dans toutes les zones qui forment la Manche ont des caractéristiques communes: cela est dû non seulement à des conditions climatiques identiques, mais aussi à une certaine conformité des systèmes d'élaboration. Les types de cépages cultivés sont, comme les vins, en majorité blancs: l'*airen* est le plus important; les *pardillo*, *verdencho*, *albillo* et *macabeo* sont moins répandus. Les variétés de cépages rouges les plus caractéristiques sont le *cencibel* en particulier et le

Au nord-est d'Alicante, le vignoble qui s'étend autour de Calpe (notre photo) produit surtout des mistelles, issus de *moscatel*, qui sont utilisés comme vins de coupage, et des vins clairets assez alcoolisés (13-14°).

garnacha. Les variétés les plus productives sont, pour les blancs, l'*airen* et, pour les rouges, le *cencibel*. Dans la province de Ciudad Real, le rendement moyen est de 15 quintaux par hectare; il est légèrement supérieur dans celui de Cuenca. La Manche constitue la principale zone de production des vins courants espagnols; leur degré se situe entre 11,5 et 13°, ils sont secs et leur acidité fixe est modérée. Ce sont des vins de table et d'apéritif, consommés dans toute la péninsule et spécialement à Madrid.

L'élaboration de la majeure partie des vins de la Manche s'opère dans les «tinajas», qui sont de grandes cuves en terre cuite, typiques de la région. Le plus caractéristique des vins de la Manche est le VALDEPEÑAS qui est produit à partir du raisin *cencibel*. Il est d'une couleur rubis aux nuances multiples; il titre en général jusqu'à 14°. Les vins appelés ALOQUE, de même origine, sont des clairets presque rosés et de goût agréable. L'appellation générique d'origine MANCHA protège les crus d'une vaste zone constituée par un grand nombre de communes parmi lesquelles figurent principalement celles d'Alcazar de San Juan, Campo de Criptana, San Martín de Valdeiglesias, Socuellamos, Ciudad Real, Manzanares, Méntrida, Tarancón, Ocaña, Noblejas, El Bonillo, Villarobledo, etc. Pour bénéficier de l'appellation d'origine MANCHA, les vins doivent être vieux d'au moins deux ans et avoir été élevés un minimum d'une année dans des fûts de chêne. Les vins des régions de Manchuela et d'Almansa, également protégés par l'appellation d'origine, méritent aussi d'être mentionnés dans ces pages.

Les vins blancs, les plus répandus dans la région, proviennent, dans leur immense majorité, du cépage *airen*. Ils titrent entre 12 et 14°. Ils sont dorés, clairs, mais peu brillants et leur acidité sulfurique fixe est faible (2,40). Ils sont généralement consommés dans l'année. Dans certaines régions, et spécialement dans la province de Cuenca, les vins «pardillos» de Tarancón et les vins rouges de Belmonte sont très appréciés, comme le sont les clairets de Noblejas et les vins de Yepes et de Ocaña, ainsi que ceux d'Esquivias.

Dans cette zone centrale, et plus précisément dans les provinces de Tolède et de Madrid, on produit d'excellents vins du pays. Dans les zones de Méntrida (province de Tolède) et de Navalcarnero (province de Madrid), ainsi que dans les communes d'Arganda et de Colmenar, on produit des vins très colorés, avec une forte teneur en alcool et un extrait sec élevé. Notons que les vins de Méntrida bénéficient d'une appellation d'origine. Les cépages cultivés sont les suivants: pour les rouges, le *garnacha tinta* de Madrid et, en moindre quantité, le *cencibel* et, pour les blancs, les *jaen*, *torrentes* et *pardillo*. Les vins rouges d'Arganda, Colmenar et San Martín de Valdeiglesias atteignent une teneur d'alcool de 15°; ils sont légèrement astringents, peu acides et ont, en général, une bonne saveur. On prépare également quelques vins de liqueur, dont le MOSCATEL.

On peut aussi inclure dans cette zone les vins très réputés qui sont produits dans la province d'Avila, située au nord-ouest de la province de Madrid. Les cépages les plus employés pour la préparation des vins rouges sont ceux de *garnacha* et de *tempranillo*; pour les vins blancs, les variétés *jaen*, *malvar*, *torrentes* et *verdejo* entrent surtout en ligne de compte. La localité de Cebreros produit les vins les plus réputés de cette région d'Avila. Ce sont des vins rouges peu colorés, presque clairets, et des vins blancs. Ils ont une bonne saveur mais peu de corps. A partir des rouges, on élabore d'agréables vins de liqueur ou de dessert. Les vins blancs de qualité, de couleur dorée, sont légers et généralement assez secs.

Le vignoble de Cordoba, qui s'étend entre le Guadalquivir et le Guadajoz n'est pas très important. On y produit des vins blancs MONTILLA-MORILES qui présentent une certaine analogie avec ceux de Jerez de la Frontera.

LES VINS DE JUMILLA (MURCIE)

Bien qu'elle ne fasse pas partie de la région andalouse, même si elle se trouve dans le sud de l'Espagne, plus exactement dans le sud-est, la province de Murcie produit des vins très réputés, élaborés surtout à partir du cépage *monastrell*, mais aussi du *garnacha*; ces vins bénéficient de l'appellation d'origine JUMILLA. Les JUMILLA-MONASTRELL ont un degré d'alcool variant de 14,5 à 18°; ce degré est absolument naturel, car on ne procède à aucune addition d'alcool pendant la fermentation. Il existe d'autres types de vins, protégés également par l'appellation d'origine; ils titrent entre 12,8 et 15° et sont élaborés à partir de cépages parmi lesquels le *monastrell* représente au moins 50%; cela tend évidemment à stimuler la culture de ce cépage car, même si son rendement est faible, il est d'excellente qualité. Le Conseil régulateur de cette appellation d'origine exerce donc un contrôle opportun. Les vins rouges et clairets de cette région sont très appréciés en Espagne et à l'étranger. Leur extrait sec est élevé et leur robe chargée en tannin; ils vieillissent parfaitement, bien qu'ils soient, très souvent, consommés jeunes comme vins courants.

LES VINS DU SUD DE L'ESPAGNE

Dans la zone de Montilla-Moriles, les vins de l'année sont plutôt insipides, mais se prêtent fort bien à l'élevage qui leur donne un arôme extraordinaire et de belles qualités. Les vins de Montilla et Moriles sont produits dans toute la province de Cordoue; ils proviennent de vignobles constitués sur des terrains calcaires de la Sierra de Montilla et Moriles Altos et reçoivent les appellations MONTILLA ALBERO et MORILES ALBERO. La zone d'élevage est formée par les communes de Montilla, Los Moriles, Aguilar de la Frontera, Lucena, Cabra, Dona Mencia, Puente-Genil et Cordoue. On utilise surtout le cépage *pedro ximenez*, mais également les *lairen*, *baladi*, *baladiverdejo* et *moscatel*. La culture de ces divers cépages est favorisée par le climat continental de la région, le sol, et les coteaux. Les types traditionnels de ces vins, toujours blancs, sont connus sous les noms de «fino», «fino viejo» ou «amontillado», «oloroso» et «oloroso viejo». Le premier titre entre 16 et 16,5°; le «fino viejo» ou «amontillado» entre 17 et 17,5°. Le degré d'alcool de l'«oloroso» se situe entre 18 et 19°; pour le dernier type, l'«oloroso viejo», la teneur en alcool est de 19 à 21°. Ces vins ont une couleur d'or vert pâle, ils sont limpides et transparents. Leur arôme, très accentué, et leur saveur particulière les distinguent des xérès qui portent les mêmes noms. Légers et secs, ils ont un goût délicat d'amande amère. Les MORILES ont une saveur comparable à celle de la noisette, ce qui les caractérise par rapport aux autres vins de la région andalouse.

MALAGA. Dans cette région, la culture de la vigne remonte à une époque lointaine. La zone de production comprend toute la province de Malaga qui couvre 35 960 hectares de vignes, où les cépages *moscatel* et *pedro ximenez* prédominent nettement; le premier est consommé comme raisins secs, le second produit des vins doux et demi-secs d'une couleur vieil or et titrant de 14 à 23°. Ce type est connu sous le nom de LACRYMA CHRISTI. D'une faible acidité, les vins de Malaga sont réputés à travers le monde entier.

HUELVA. Cette province est située à l'ouest de l'Andalousie, et sa région viticole fut jadis connue sous le nom de Condado de Niebla (Comté de la Brume). Les principales zones de culture de la vigne sont celles de Niebla, Bollullos del Condado, Paterna, Almonte, Bonares et Moguer. Les variétés de cépage les plus cultivées sont les *palomino*, *garrido fino*, *mantuo de Sanlucar* et *listan*. Leurs vins sont dorés, très aromatiques, plus doux dans la zone de Moguer. Les crus de cette région présentent une certaine analogie avec les vins de Jerez en raison de la similitude de climat et de sol, et des variétés de vigne cultivées; ils sont en général d'une saveur moins fine.

Le MONTILLA, appellation d'origine contrôlée MONTILLA-MORILES est un vin blanc issu de *pedro ximenès*. Il ressemble au XÉRÈS, mais il n'est pas, comme ce dernier, additionné d'alcool.

AUTRES RÉGIONS VITICOLES

RIBEIRO. Dans la province galicienne d'Orense, on peut distinguer trois zones vinicoles. La plus importante est celle du Ribeiro, dans la partie occidentale de la province et à l'ouest de la ville d'Orense. La variété *treixadura* est la plus employée pour les vins blancs; parmi les variétés moins importantes, citons l'*albariño*. Pour les vins rouges, on trouve le *garnacha*, le *caiño* et le *brancellao*. Les vins blancs titrent entre 10 et 11°; quant à la teneur d'alcool des rouges, elle varie entre 10 et 12°. Dans cette région, on apprécie les vins piquants, clairs, légers, avec un faible pétillement dû à l'acide carbonique. Les vins rouges sont très colorés et acides.

VALDEORRAS. La deuxième de ces zones est celle de Caldeorras: c'est une région de coteaux en pente douce, où la vigne est toujours plantée au-dessous de 800 mètres et sur treille, en raison des maladies cryptogamiques. On produit des vins blancs, à partir du cépage blanc *godello*, et des rouges à partir de *garnacha*, *alicante* et *mencia*.

MONTERREY. La troisième zone, la vallée de Monterrey, se caractérise par une culture sur des coteaux en pente douce, à une altitude qui ne dépasse pas 800 mètres. Les précipitations sont voisines de 1000 millimètres et on cultive beaucoup la vigne sur treille. Les cépages sont les mêmes que ceux des autres régions. Les vins rouges ont la particularité d'être un peu plus corsés que dans le reste de la province.

ESTRÉMADURE. Dans les provinces de Badajoz et Caceres qui forment l'Estrémadure, on produit des vins de consommation courante, parmi lesquels se distingue celui d'Almendralejo. Dans le district de Barros, 20% de la surface cultivée est consacrée à la vigne. Les vins produits sont consommés sur place ou transportés dans d'autres régions pour l'élevage. Le cépage blanc le plus répandu est le *jaen blanco*, mais on cultive aussi l'*airen*, bien qu'en plus petite quantité. Pour les rouges, le *garnacha* et le *morisca* sont destinés à la vinification; on cultive aussi le *pedro ximenez*, le *palomino* et le *macabeo* pour les raisins de table.

Les vins blancs de la zone d'Almendralejo sont légers, doux, dorés, peu acides et titrent 13°. Les vins de Villanueva de la Serena, un peu plus paillés, ont également une teneur plus élevée, environ 15°, et on les sert souvent comme apéritif. Les vins rouges de Guarena, titrant aussi environ 15°, sont d'une fraîcheur agréable et d'une couleur rouge violacé. Des vins rouges plus forts sont produits dans la région de Salvatierra de los Barros et les rosés, dans celle de Fregenal. Dans la province de Cáceres, on utilise pour la vinification les raisins des cépages blancs *jaen*, *cayetana* et *airen* et, pour les rouges, les *garnacha* et *negra de Almendralejo*. Les rouges, aussi bien que les blancs, sont des vins de qualités très inégales. Citons notamment les blancs de Cañamero, les clairets de Montehermoso et les rouges de Montanchez.

RUEDA ET TORO. La province castillane de Valladolid et celles de León et Zamora produisent une grande quantité de vins courants en plus de quelques vins aux caractéristiques précises. Les vins les plus importants de la province de Valladolid sont ceux de Rueda, La Nava, Peñafiel, Cigales et La Seca; le vin de La Bañeza, pour la province du León, et de Toro pour celle de Zamora.

Dans la région de Rueda, on cultive spécialement le cépage blanc *verdejo* et le rouge *garnacha*. Le climat est sec et la pluviosité moyenne est de 400 millimètres. Les vins blancs de Rueda ont une teneur d'alcool de 13° ou parfois plus; ils sont de couleur jaune paille et se consomment sur place. Les vins blancs de La Seca et de Nava del Rey sont très appréciés. Le clairet de Cigales et les vins de Mucientes et de Fuensaldaña, qui jouissent d'une réputation méritée, ont une teneur en alcool légèrement plus faible. Aux environs de Peñafiel, on produit des vins rouges très corsés, épais, de couleur rouge violacé. En plus de ces vins courants, il existe des vins spéciaux qui, une fois élevés et mis en bouteilles, donnent des crus très demandés sur les marchés nationaux. Dans la province de León, on produit, à partir des cépages rouges *mencia* et *prieto picudo*, des vins légers, piquants, légèrement acides, de saveur très agréable. Enfin, dans la partie septentrionale de la province de Zamora, comme dans la région connue sous le nom de Tierra del Vino (Terre du Vin), on produit les vins de Toro. Ces vins courants, de bonne qualité, se prêtent malheureusement peu au vieillissement.

Les îles Baléares produisent des vins de table qui sont bus sur place par les touristes. Ci-dessous, une vigne majorquine, près de Felantix, dans l'est de l'île.

Les vignes de Lanzarote, dans l'archipel des Canaries, sont réellement extraordinaires. Elles poussent sur une terre volcanique, noire et battue par les vents. Pour les protéger, les vignerons plantent chaque cep dans une large cuvette creusée dans le sol et entourée d'un muret de pierres sèches. Le vin, surtout du blanc, est très typé et très alcoolisé.

LES VINS DE JEREZ

La ville de Jerez de la Frontera (province de Cadix), sise au centre de la région qui a donné son nom aux xérès, a été fondée par les Phéniciens: en effet, dans certains textes du IVᵉ siècle av. J.-C. figure le nom de Xera, «ville située près des colonnes d'Hercule». Dans certaines de ses Epigrammes, Martial (40-104 apr. J.-C.) fait allusion aux vins de Xérès. Quand les Arabes occupèrent l'Andalousie, ils donnèrent à la ville de Jerez le nom de Scherisch, d'où provient, par corruption, le mot anglais «sherry» par lequel on désigne, sur certains marchés, les vins de Xérès. L'invasion du phylloxéra en 1894 détruisit la presque totalité des vignobles. Cependant, grâce aux porte-greffes, qui existaient en quantité suffisante, il fut possible de recréer des vignobles représentant des qualités analogues.

Les vins connus sous les noms de JERES, XÉRÈS ou SHERRY, dont l'appellation d'origine est protégée par la loi, proviennent uniquement des raisins récoltés dans une zone viticole délimitée au nord-ouest de la province de Cadix, soit les territoires des communes de Jerez de la Frontera, Puerto de Santa Maria, Sanlucar de Barra-meda, Chiclana, Puerto Real, Chipiona, Rota et Trebujena. Parmi ces vignobles, les plus remarquables sont ceux qui s'étendent sur les terrains calcaires des communes de Jerez de la Frontera, Puerto de Santa Maria et Sanlucar de Barrameda, ainsi que ceux des communes voisines de Rota et de Chipiona: les vignobles de ces cinq communes forment la zone du XÉRÈS SUPÉRIEUR.

CÉPAGES. Les deux cépages les plus appropriés à l'élaboration du vin de Xérès sont le *palomino* et le *pedro ximenez*. Les deux variétés de *palomino*, le *palomino fino* et le *jerez*, sont des raisins blancs et occupent plus de 70 % de la superficie du vignoble de la région; ils constituent la base des vins de Xérès. Le *palomino* s'adapte particulièrement bien au sol et au climat de cette région; de plus ses greffons prennent très bien sur le porte-greffe *berlianderi*, la meilleure vigne américaine en terrain calcaire. Le cépage *pedro ximenez* fournit des moûts de 13 à 14°, d'excellente qualité; convenablement exposés au soleil, ses raisins peuvent donner des vins qui atteignent de 30 à 32°. Semifermentés, ces moûts produisent les PEDRO XIMENEZ, vins doux naturels, dont les caractères organoleptiques sont très particuliers.

Nous n'estimons pas opportun de donner ici des détails sur la culture même de ces vignes: c'est en effet un sujet trop vaste et trop spécialisé. Mais nous pouvons dire que dans toute la région de Jerez de la Frontera, les vignobles font l'objet de soins minutieux, tout comme pour le plus magnifique des jardins.

VENDANGES ET PRESSURAGE. Les vendanges commencent en général les deux premières semaines de septembre; cette date varie évidemment en fonction du temps. On ne vendange jamais tant que les raisins n'ont pas atteint leur pleine maturité. En effet, c'est alors qu'ils fournissent la quantité maximale de jus et, leur teneur en sucre étant plus élevée, ils permettent d'obtenir le degré d'alcool désiré. Le moment idéal pour commencer les vendanges est indiqué par le changement de couleur du grain qui, de verte, passe à celle de tabac foncé, et par le changement du pédoncule de la grappe qui prend une consistance ligneuse.

La cueillette se pratique en plusieurs étapes, car on ne coupe les grappes que parfaitement mûres; elles sont déposées dans des paniers contenant environ 11 kilogrammes, lesquels sont transportés à l'«almijar», dont tous les grands vignobles sont équipés.

L'«almijar» est une étendue très propre de terre battue où les grappes sont étendues au soleil sur des paillassons; elles y restent plus ou moins longtemps, selon le type de vin que l'on veut obtenir. Le raisin perd ainsi l'humidité qu'il pourrait encore contenir. Pendant la nuit, on couvre les grappes avec d'autres paillassons pour les protéger de la rosée. Cette pratique séculaire provoque dans le raisin et dans le moût certaines modifications qui influent sur les caractéristiques du vin. Tout d'abord, l'évaporation de l'humidité fait diminuer le poids; cela amène une concentration du jus et par conséquent une plus forte teneur en sucre du moût, une augmentation de l'acidité et de l'alcalinité des cendres. Il est intéressant de noter que malgré l'augmentation de l'acidité totale, une partie de l'acide malique disparaît, ce qui fait que sa concentration ne s'accroît pas, ou même diminue: c'est un fait qu'il faut retenir, car cet acide modifie l'arôme et la saveur du vin.

De l'«almijar», le raisin est amené aux pressoirs. On extrait le moût par divers moyens, du procédé classique du foulage avec les pieds, où des hommes chaussés de souliers en cuir à semelles cloutées, piétinent le raisin, jusqu'aux procédés mécaniques avec divers pressoirs. Dans tous les cas, on sépare le vin de goutte, qui s'écoule naturellement du pressoir avant le pressurage, du vin de presse. Le vin de goutte (ou vin de tête) est issu d'un premier pressage léger de la vendange (poids d'un homme qui la foule avec les pieds, par exemple). Les pressoirs peuvent être soit des pressoirs à vis, les plus anciens et les plus connus, soit des pressoirs modernes à pression variable. Le vin de presse donnera des vins de qualité inférieure que l'on destine généralement à la distillation.

Une autre opération qui, de même que l'exposition au soleil, est caractéristique de la région de Jerez de la Frontera et qui est employée depuis des temps immémoriaux est le «plâtrage». Cette méthode est très discutée, car il y a différence d'opinion sur la façon dont le sulfate de calcium agit sur les moûts. Ils deviennent plus brillants, la clarification est accélérée, leur couleur avivée, des dépôts abondants se forment, la teneur en alcool augmente grâce à une fermentation plus complète. La quantité de plâtre employée dans cette méthode est d'environ un gramme par kilogramme de raisin, ce qui correspond à 800-1000 grammes pour un fût de 500 litres. L'emploi du plâtre est cependant réglementé, car la législation de nombreux pays, dont l'Espagne, fixe des limites; néanmoins, pour le xérès et les autres vins généreux, des tolérances plus larges sont acceptées. Normalement, au moment des vendanges, on stérilise le matériel et la vaisselle vinaire au moyen de l'acide sulfureux (anhydride sulfureux ou gaz sulfureux), ou bien au moyen de métabisulfites ou de SO_2 pur liquéfié. Cette stérilisation a pour but de combattre la flore microbienne qui pourrait nuire aux moûts ou aux vins. Cette méthode, si elle donne des résultats toxiques pour les micro-organismes à partir de certaines doses, est sans effet nuisible, dans les mêmes proportions, pour les levures les plus appropriées à la vinification.

VINIFICATION ET ÉLEVAGE. Pour pouvoir bénéficier de l'appellation d'origine XÉRÈS, le vin doit subir un processus de vieillissement et d'élevage dans des fûts de chêne. Cet élevage doit se faire à l'intérieur d'une zone définie par le règlement, c'est-à-dire dans les caves situées dans les communes de Jerez, Puerto de Santa Maria et Sanlucar de Barrameda; il est interdit de le pratiquer dans d'autres communes. La production maximale autorisée est de 80 hectolitres par hectare dans la zone du XÉRÈS SUPÉRIEUR et, pour le reste, de 100 hectolitres; ces limitations ont, bien entendu, pour but de protéger la qualité du vin.

L'élevage du vin de Xérès est une tâche délicate, car il doit être adapté aux moûts de chaque année. En effet, et cela est naturel, chaque récolte produit des moûts différents, en raison des facteurs que nous avons déjà exposés. Les cavistes de Jerez sont passés maîtres dans l'art de faire vieillir les vins de leur région: ils savent coordonner les divers facteurs qui influent continuellement sur le vin à cette phase de sa vinification pour obtenir du xérès aux qualités si homogènes et si constantes qu'elles en font des crus exceptionnels.

Une fois le moût obtenu par un des procédés indiqués, il est recueilli directement dans des fûts d'une capacité de 30 «arobes» (500 litres environ) qui sont immédiatement transportés à la cave.

Quelques heures après le foulage et le pressurage, la première fermentation dite «fermentation tumultueuse» commence; il est indispensable de transporter les fûts le plus rapidement possible dans les caves qui sont

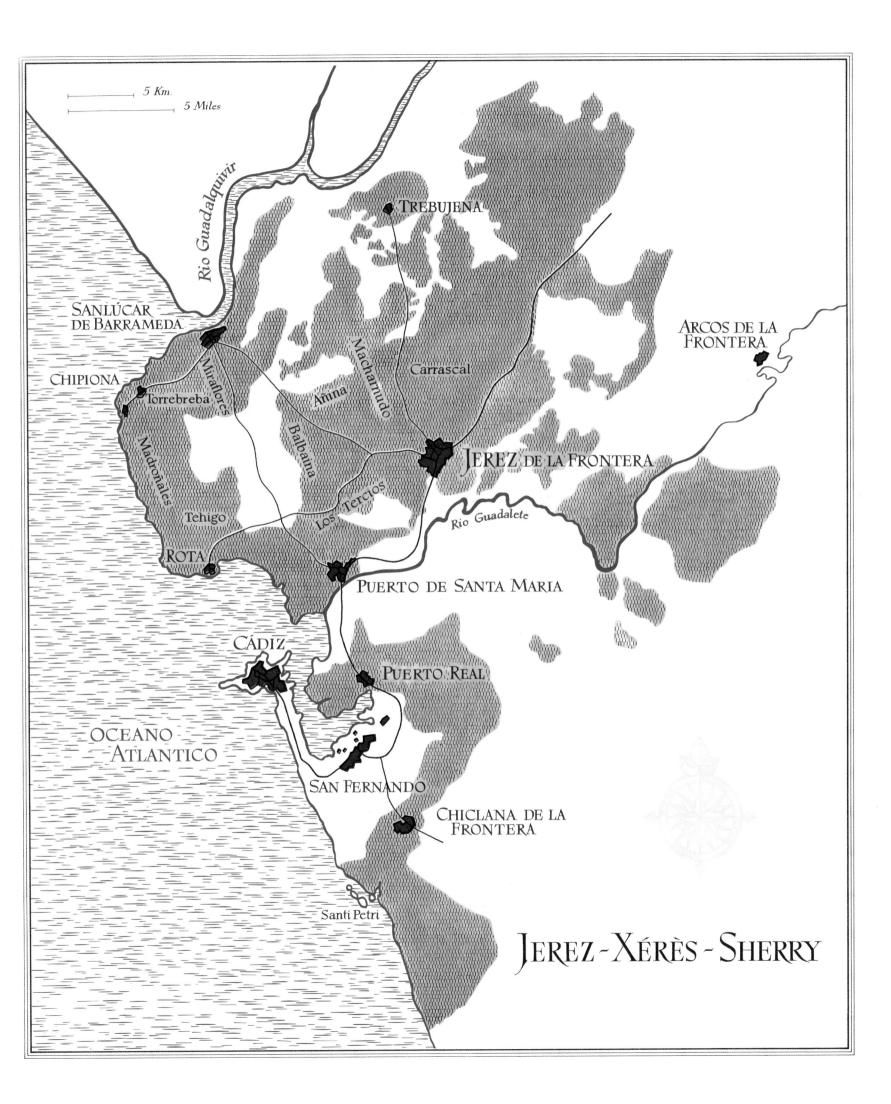

5 Km.

5 Miles

Rio Guadalquivir

TREBUJENA

SANLÚCAR
DE BARRAMEDA

ARCOS DE LA
FRONTERA

CHIPIONA

Miraflores

Carrascal

Torrebreba

Añina

Macharnudo

Balbaina

JEREZ DE LA FRONTERA

Madroñales

Tehigo

Los Tercios

ROTA

Rio Guadalete

PUERTO DE SANTA MARIA

CÁDIZ

PUERTO REAL

OCEANO
ATLANTICO

SAN FERNANDO

CHICLANA DE LA
FRONTERA

Santi Petri

JEREZ-XÉRÈS-SHERRY

en général près des villes, une température trop élevée étant préjudiciable à la multiplication normale des levures qui doivent convertir le glucose en alcool; de plus, des germes pathogènes peuvent se développer et consommer du sucre, ce qui réduirait la teneur en alcool du vin et peut même produire de l'acide acétique et faire «tourner» le vin.

Les caves de la région de Jerez de la Frontera ne sont pas souterraines comme dans les autres régions vinicoles. Ce sont de larges édifices, composés de plusieurs celliers, hauts de quelque six mètres et séparés les uns des autres par de longues colonnades. De chaque côté de ces celliers, les barriques sont placées longitudinalement en plusieurs rangs superposés, en général trois; au milieu de chaque cellier des couloirs permettent le passage. Pour que l'air soit le plus frais possible et surtout que la température soit la plus stable, les celliers doivent être construits avec d'épaisses murailles, à quelques kilomètres des zones d'habitation, dans un endroit dégagé et si possible exposé au sud-ouest ou au sud, afin qu'il puisse recevoir la brise marine. L'élevage des vins de Xérès demandant beaucoup d'oxygène, les caves ont de petites fenêtres, placées à une certaine hauteur, toujours ouvertes, afin de créer un courant d'air permanent. Le sol de la cave est en terre battue et on l'arrose souvent afin de maintenir la fraîcheur et la stabilité de la température. Là où l'on fait rouler les barriques, ainsi que dans le cellier central, où s'effectuent divers travaux, le sol est recouvert de petits pavés de chêne.

Etant donné le climat tempéré de cette région au mois de septembre, il n'y a pas à redouter, pendant la fermentation, de brusques élévations de température qui pourraient avoir des effets préjudiciables sur le vin, notamment une diminution de la teneur en alcool; ce risque est également diminué en raison de la faible capacité des fûts. On exerce néanmoins une surveillance constante et sévère pour éviter toute déconvenue. Une fois la fermentation tumultueuse terminée, on vérifie avec soin si les vins-moûts (nom employé dans la région pour les moûts qui n'ont pas encore un an) sont restés secs: si tel est le cas, la fermentation est arrivée à terme; on attend alors janvier, février ou mars, au plus tard, pour faire le soutirage, opération qui a pour but de séparer les vins-moûts des dépôts ou lies qui se forment au fond des fûts. Au cours de ce soutirage, on procède à une des opérations les plus délicates pour le futur vin: procéder à une première classification du contenu de chacun des fûts en déterminant leurs caractéristiques particulières: finesse de la saveur, arôme, couleur, etc. On met ensuite une marque sur le fond de chaque fût: une ou plusieurs «palmas» (palme stylisée) si le vin promet d'être fin; une ou plusieurs «rayas» (raies) s'il est plus corsé; une ou plusieurs raies barrées transversalement, d'où le nom de «palo cortado» (bâton coupé), lorsqu'il a une saveur nette et douce, tout en étant assez corsé. Une fois cette classification faite, on procède, en mars, au vinage, opération qui consiste à ajouter une

certaine quantité d'alcool. Les fûts sont alors transférés à la cave d'élevage où pourra se dérouler le véritable processus. Cette opération donne au vin la force qui lui manque et permet d'élever sa teneur en alcool à 15,5°, un peu plus pour les vins de type «raya» et «oloroso».

Un des phénomènes les plus intéressants de la préparation du vin de Xérès est l'action de certains micro-organismes qui vivent dans le vin et se nourrissent de ses éléments constitutifs. Ils provoquent des réactions chimiques qui libèrent des aldéhydes et des acides libres déterminant l'arôme et la saveur caractéristiques du xérès. Nous connaissons ces colonies de micro-organismes sous le nom de «fleur». Cette fleur est constituée par des levures qui, au début de la deuxième phase de leur développement à la surface du vin, forment une pellicule très fine, qui s'épaissit peu à peu si la température et l'humidité sont favorables. Pendant la période de formation de la fleur, on examine fréquemment les fûts pour en contrôler les caractéristiques: sa consistance, sa couleur, etc.; on vérifie également si le vin se maintient dans la classe fixée antérieurement — «palma», «raya» ou «palo cortado» — ou si, au contraire, il a changé de catégorie. La fleur, dans l'élevage du vin de Xérès, n'agit pas de façon continue, mais seulement quand la température et l'humidité sont favorables, c'est-à-dire vers le mois d'avril d'abord, puis en août-septembre. Pendant ces deux périodes, on voit apparaître à la surface du vin quelques points blancs qui s'élargissent pour former ensuite des taches aux contours irréguliers, ressemblant à de petites fleurs, d'où le nom de ce phénomène. Ces taches deviennent de plus en plus grandes, jusqu'à former une espèce de fine toile blanche qui atteint finalement l'épaisseur et la consistance de la crème. L'ensemble des transformations chimiques et biologiques de ces levures, qui vivent et se développent sur le vin, constitue une des principales caractéristiques de l'élevage des xérès.

Pour les classes de vins appelés «finos» (vins fins) des «amontillados», et pendant les premières années de l'élevage, on favorise la formation et le développement de la fleur jusqu'à la mise en bouteilles. Pour les classes de vins «oloroso», «palo cortado», et dans la phase finale de l'élevage de l'«amontillado», on paralyse ce développement en ajoutant un peu d'alcool vinique, ce qui augmente légèrement la teneur en alcool des vins.

Cette opération est, avec le vinage, la seule intervention extérieure au cours de l'élevage du vin.

Deux procédés classiques sont utilisés pour le vieillissement du xérès; l'un dit de «soleras» — le plus répandu — et l'autre, de l'«anada», qui consiste à laisser le vin vieillir lentement, sans compenser ses déchets ou en les compensant par addition de crus de la même année et du même type, mais jamais plus jeunes. Sur le fond de la barrique, on marque de façon bien visible l'année de la cueillette et la variété du raisin qui était à l'origine du contenu.

Le vieillissement par le système dit de «soleras»

Depuis plus de deux mille ans, les vignerons de Jerez cultivent la vigne, accumulant une expérience viti-vinicole très remarquable. Il est impossible de confondre un vin de Jerez avec un autre vin, espagnol ou non espagnol.

s'opère différemment: il a pour but la conservation indéfinie d'un type précis de vin qui aura toujours les mêmes caractéristiques, quelle que soit l'époque de sa consommation. Les pertes qui se produisent, que ce soit par soutirage et filtration, ou pour des causes naturelles, sont compensées, par l'ajout de vins plus jeunes. Pour ce genre de vieillissement, on utilise une série de fûts qui contiennent tous des vins plus ou moins vieux, mais de même type et de même catégorie d'élevage.

Dans les caves de Jerez, ces fûts sont superposés horizontalement sur trois ou quatre rangs. Le premier est le rang des barriques dites de «sole», car c'est le rang des fûts placés sur les chantiers au ras du sol, d'où le nom de «soleras». Pour éviter toute confusion, il faut préciser que cette expression s'applique également à la classe des vins très vieux et fins, de couleur foncée, car la totalité des vins de Xérès, «finos», «palidos» ou «añejos», de couleur foncée, proviennent de leurs barriques de «sole» respectives. Au-dessus du rang des barriques de «sole», nous trouvons les fûts dits «criaderas» (éleveurs).

Les vins qui doivent être mis sur le marché sont extraits du rang des barriques de «sole»: ce sont les vins les plus vieux. On prend bien soin de ne pas extraire plus de la moitié du contenu de chaque fût. Puis on complète le contenu des «soleras» avec du vin un peu plus jeune, provenant des fûts du deuxième rang, celui

des «criaderas». De même, on complète les «criaderas» avec du vin plus jeune provenant du troisième rang. Le nombre de «criaderas» varie avec les types de vins: en général il y en a plus pour les vins fins que pour les «olorosos» et les «amontillados». On prend soin, lors d'un mélange, d'ajouter une quantité inférieure de vin jeune à celle de vin vieux contenue dans le fût, de manière que le vin vieux agisse sur le jeune et lui transfère ses meilleures qualités. Les cavistes savent procéder à ces délicats mélanges et adapter chaque type de vin nouveau au vin des années précédentes.

Il faut étudier à part l'élevage du Manzanilla en raison de ses caractéristiques particulières. Les lignes générales du processus sont les mêmes que celles que nous venons d'exposer. Voyons maintenant comment est produit ce vin: dans la région de Sanlucar de Barrameda, les vendanges se font relativement tôt, les premiers jours de septembre; l'exposition au soleil, qui augmente la teneur en alcool du vin-moût jusqu'à 12-13°, n'a pas lieu: les moûts destinés à la production du Manzanilla ne doivent pas être soumis plus de douze mois au système dit d'«añada». Il faut toujours éviter que les «soleras» et les «criaderas» soient pleines; un vide correspondant au moins à 100 litres est en effet indispensable. Dans le rang des barriques de «sole», il doit y avoir 10 ou 12 fûts. Il importe que les soutirages ne soient pas trop importants, mais cependant

MANZANILLA
SHERRY

"Para conservar el conocimiento,
vete al vino con tiento;
pero, si el vino es de Jerez,
perderás el tiento alguna vez".

Produced and Bottled by
WILLIAMS & HUMBERT
JEREZ and LONDON
PRODUCE OF SPAIN
Registered Trade Mark

RGTO. EMB. No. 206   PRINTED IN SPAIN

MANZANILLA
1. Nom du vin: Manzanilla. Le Manzanilla est un xérès très pâle, sec et léger, au bouquet très particulier, mélange de fleur et de sel marin; le degré d'alcool varie entre 15,5 et 17°. — 2. Rappel: le Manzanilla appartient à la région délimitée du Jerez. — 3. Mention d'origine. — 4. Nom du négociant-éleveur.

DON ZOILO
(Etiquette ci-dessous à gauche)
1. Nom commercial «Don Zoilo». — 2. Par la mention «Very Old Dry Sherry», le négociant donne trois précisions: c'est un xérès sec (Dry) et très vieux (Very Old). Il n'est pas millésimé, par conséquent le négociant tient à produire un xérès semblable à lui-même, année après année. En fait, le vrai nom de ce xérès est «Don Zoilo Dry». — 3. Mention d'origine. — 4. Nom du négociant-éleveur. La qualité du produit est étroitement liée au renom du négociant.

PEDRO DOMECQ
1. Nom commercial «Primero». — 2. Type de xérès: Amontillado. Le vin a un bouquet et une saveur plus prononcés que le Manzanilla; il est aussi plus vieux. La mention «Medium Dry Nutty» donne deux précisions importantes: c'est un vin demi-sec (Medium Dry) avec un arôme de noisette (Nutty). Ce type de vin est le xérès le plus caractéristique; le degré alcoolique oscille entre 16 et 18°, 22 à 24° pour les vieux Amontillados. — 3. Mention d'origine. — 4. Nom du négociant-éleveur.

DON ZOILO

VERY OLD
DRY
SHERRY
PRODUCE OF SPAIN

ZOILO RUIZ-MATEOS, S.A.
JEREZ

LIT HURTADO JEREZ

Pedro Domecq
ESTABLISHED 1730

Primero
AMONTILLADO SHERRY
MEDIUM DRY NUTTY

PRODUCED AND SHIPPED BY PEDRO DOMECQ
JEREZ DE LA FRONTERA, SPAIN

SOLDADO

1. Nom commercial «Soldado». — 2. Ce type de xérès «Old Brown» est aussi appelé «Raya»; il est d'un brun foncé de saveur plus douce que rosos. Plus alcoolisé, 18 à 20°, il est moins parfumé. — 3. Mention d... On remarque ici que le négociant a précisé la «bodega» où ce sherry est élevé. — 4. Nom du négociant éleveur.

BROWN BANG SHERRY

1. Nom commercial «Brown Bang Sherry». — 2. Le type Oloroso a plus de corps et de bouquet que l'Amontillado; celui-ci a une belle couleur d'or (golden); certains Olorosos peuvent être un peu plus clair, couleur topaze brûlé (tawny). — 3. Mention d'origine. — 4. Nom du négociant-éleveur. — 5. Cette mention rappelle que cette marque a eu les honneurs d'être servie sur la table du roi Georges VI d'Angleterre.

DIAMOND JUBILEE

1. Nom commercial: «Diamond Jubilee». — 2. Ce xérès, du type «Cream» ou «Amoroso», est doux, fort savoureux et plein de vigueur. — 3. Mention d'origine générale. — 4. Nom du négociant-éleveur. On évitera de confondre ce nom avec celui du xérès, l'étiquette prêtant à confusion.

fréquents: quatre ou cinq brocs (d'une contenance de 12 litres) chaque mois et parfois même tous les cinq jours. Pendant l'élevage du MANZANILLA fin, la teneur en alcool ne doit pas dépasser 15,5°. Si cette teneur augmente, il faut l'abaisser avec du vin jeune; mais si elle descend en dessous de 14,8° on devra l'augmenter en ajoutant du vin dont la teneur est plus élevée, ou bien en ajoutant un mélange de vin de Xérès ou d'alcool, connu sous le nom de «miteado» ou «combinado». Les MANZANILLAS fins deviennent des MANZANILLAS «pasadas» si on prolonge le processus; c'est ainsi que la teneur en alcool augmente peu à peu, au point d'atteindre 17 à 20°. En raison de cette teneur en alcool élevée, la fleur meurt, mais le vin a déjà toutes les qualités qui font sa grande réputation.

Une fois que les vins des «soleras» sont tirés, on les clarifie pour les stabiliser et les garder parfaitement limpides et de couleur brillante. Cela se fait par addition de blanc d'œuf battu (cinq à vingt par fût de 500 litres).

Le règlement concernant l'appellation XÉRÈS prévoit quatre groupes de caves: caves d'élaboration, caves de production, caves d'élevage et d'entreposage, caves d'élevage et d'expédition. Ce dernier groupe se divise lui-même en caves d'expédition sur le territoire de la métropole et en caves qui sont chargées des ventes à l'étranger.

Il stipule aussi que toutes les caves d'élevage qui sont sous son administration ne peuvent vendre ou exporter que 40% au maximum des réserves qu'elles ont au début de chaque campagne. Aucun vin ne pourra bénéficier de l'appellation d'origine s'il n'est pas vieux de trois ans au moins; un conseil régulateur exerce une surveillance à cette fin.

LES DIFFÉRENTS TYPES DE XÉRÈS

FINOS. Ce sont des vins plus secs, moins corsés et ayant une plus faible teneur en alcool que les «olorosos». Il y en a deux types:
— les «finos» proprement dits: vins de couleur paille, pâles, d'arôme mordant et délicat; on peut comparer leur saveur à celle de l'amande; ils sont légers et peu acides, secs; leur degré d'alcool volumétrique se situe entre 15,5 et 17°.
— les «amontillados»: vins de couleur ambre, très secs, d'un mordant atténué, de saveur douce et pleine, comparable à celle de la noisette; degré d'alcool volumétrique entre 16 et 18°.

OLOROSOS. Il sont plus foncés que les vins fins, ont une densité et une teneur en alcool plus élevées. Il en existe différentes variétés:
— les «rayas»: c'est la classe inférieure des «olorosos». Vins de couleur vieil or plus corsés et d'arôme moins délicat. Ils ont parfois un léger goût de sucre, peut-être parce que la fermentation n'a pas été complète; ils titrent 18° et plus.

— les «olorosos» proprement dits: vins secs de couleur or sombre, ayant beaucoup d'arôme, bien que moins mordants que les vins fins. On peut comparer leur délicate saveur à celle de la noix. On les appelle également «amorosos» quand ils sont sucrés et légèrement savoureux. Leur degré d'alcool est comparable aux précédents.
— les «paloscortados»: types intermédiaires entre les «amontillados» et les «olorosos» proprement dits; on peut dire que c'est la variété supérieure des «olorosos». Ces vins ont l'arôme des «amontillados» et la saveur des «olorosos»; la couleur et le degré d'alcool sont semblables à ces derniers.
— les «creams»: vins légèrement doux, avec le corps des «olorosos». C'est un mélange judicieux de vins secs «olorosos» avec une partie de PEDRO XIMENEZ. Les mélanges sont élevés en «soleras» avant d'être mis sur le marché.

DULCES. Cette qualité s'attache à des vins doux, de couleur foncée, issus de deux cépages différents:
— le PEDRO XIMENEZ: vin doux naturel, dont la douceur est due à l'exposition au soleil, une fois cueillis, des raisins *pedro ximenez* afin d'obtenir par la suite un moût de près de 30°B., qui sera soumis à une fermentation partielle. L'exposition au soleil des raisins que l'on destine à ce type de vin est prolongée dans certains cas pendant 20 jours; on ne peut donc pas avoir une fermentation complète. Il est de couleur foncée; sa teneur en alcool se situe entre 10 et 15°.
— le MOSCATEL: vin doux naturel, obtenu à partir des raisins de cette variété, de 10 et 20°B.

MANZANILLA. Ce vin sec est produit dans la région de Sanlucar de Barrameda. Ces vins sont également contrôlés par le Conseil régulateur du xérès, mais ils ont une appellation d'origine différente de l'appellation JEREZ, XÉRÈS, SHERRY. La zone de production et les variétés de raisins employées sont les mêmes pour les deux qualités de vins. La différence ne commence qu'au niveau de l'élevage, car les MANZANILLAS doivent obligatoirement être élevés dans les caves de Sanlucar de Barrameda. Le MANZANILLA est un vin fin, léger, très pâle et très aromatique, sec et peu acide, à saveur légèrement amère; il titre de 15,5 à 17°. On distingue deux types: le premier est connu sous le nom de MANZANILLA FINA: c'est un vin suave, à saveur légèrement amère, qui n'a pas vieilli. Le deuxième, appelé MANZANILLA PASADA, acquiert en vieillissant un goût particulier: arôme plus intense, ressemblant un peu aux «olorosos», mais sa saveur est sèche et garde les caractéristiques du MANZANILLA FINA.

Pour terminer, nous citerons quelques chiffres relatifs aux vins de Xérès. La superficie viticole de cette région est de 20 000 hectares qui produisent 1,5 million d'hectolitres de vin (2 millions en 1979). Les exportations des vins de Xérès atteignent 1 million d'hectolitres. Les clients les plus importants sont le Royaume-Uni et les pays scandinaves.

VINS D'ESPAGNE

ESPAGNE DU NORD-OUEST

RIBEIRO

Vins blancs secs . . . . . . Pazo   Albariño

ESPAGNE DU NORD

RIOJA

Vins rouges secs	Banda Azul Banda Roja Bordon Castillo de las Arenas	Castillo Ygay Imperial Marques Riscal Reserva Yago	Royal Viña Monty Viña Pomal Viña Real	Viña Tondonia Viña Vial Viña Zaco
Vins blancs secs	Castillo Ygay Reserva Corona Etiqueta Blanca	Marques Riscal Monopole	Rinsol Viña Paceta	Viña Sole Viña Tondonia
Vins blancs demi-doux . . .	Diamante	Monte-Haro	Viña Zaconia	
Vins rosés secs	Brillante	Castillo de las Arenas		

RIOJA ALTA

Vins rouges	El Siglo Glorioso reserva	Monte Real Viña Albina Vieja reserva	Viña Ardanza Viña Ercoyen	Viña del Perdon
Vins blancs	Canchales	Metropol		
Vin rosé	Viña Ercoyen			

NAVARRE

Vin rouge . . . . Castillo de Tiebas

CARIÑENA

Vin rouge sec. . . . . Cariñena

ESPAGNE ORIENTALE

ALLELA

Vin rouge sec.	Marfil		
Vin rouge doux	Lacre Violeta		
Vins blancs secs	Lacre Gualda	Marfil	Super Marfil reserva
Vins rouges	Oro Viejo	Zumilla	
Vin rosé sec	Marfil		

PRIORATO

Vins rouges secs	Falset Garnacha Priorato	High Priorato	Priorato Reserva especial
Vins rouges doux	Priorato extra Rancio Solera 1918		Vicosa Generoso Priorato

PANADÉS

Vins blancs doux	Malvasia	Moscatel
Vin rouge	Sumoll	

TARRAGONE

Vins rouges secs	Spanish Red Wine 1955	Viña Vinlo
Vins rouges	Aureo	Tarragona-Tawny
Vin blanc sec	Dry Grand Solera	

JUMILLA

Vin rouge sec.	Solera
Vin blanc	Oro Viejo Solera 1902

ESPAGNE CENTRALE

NOBLEJAS

Vin rouge	Noblejas	
Vins blancs	Ocaña	Yepes

VALDEPEÑAS

Vins rouges	Cencibel (Tinto fino)	Garnacha	Tinto Basto
Vins blancs secs	Airen (Lairén)	Cirial	Pardillo

ESPAGNE DU SUD

MORILES-MONTILLA

Vins secs	*Amontillado*	Alvear Montilla	
	Amontillado pasado . .	Flor de Montilla	
	Fino	Moriles extra san Joaquin	Los Palcos
	Moriles	Seneca	Tercia
	Oloroso	Oloroso Alvear	
	Oloroso viejo	Diogenes	
	Blanco seco	Solera 1906	

MALAGA

Vins doux	*Moscatel*	Moscatel Delicioso
	Moscatel dorado	Cariño
	Extra viejo	Pedro Ximenez FP
	Lágrima selecte	Los Frailes
	Dulce	Lacrimae Christi
	Dulce añejo	Malaga
Vin demi-doux	*Vieja solera*	Pajarete 1908

226

JEREZ

Manzanillas . . . .

Aris	Eva	La Piconera	Pochola
Atalaya	Fina	Macarena	Rayito
Bertola	Garbosa	Mari-Paz	Rechi
Bone Dry	Gloria	Merito	Regina
Caricia	Greta	Montana	Sirena
Carmelita	Hilda	Olorosa Angelita	Solear
Carmen	La Ballena	Osborne	Torre Breva
Carola	La Capitana	Papirusa	Varela
Clasica	La Especial	Pemartin	Villamarta
Cochero	La Goya	Petenera	Viva la Pepa
Deliciosa	La Jaca Andaluza	Piedra	Wisdom & Warter
Duff Gordon	La Lidia		

Finos . . . .

Agustinito	Deportivo	Jardin	Pedro Dry
Alvaro	Don Algar	La Ina	Pemartin
Apitiv	Don Zoïlo « Dry »	La Condesa	Pinta
Banquete	Ducal	La Panesa	Preferido
Barbadillo	Eco	Loredo	Quinta
Benito	El Catador	Los Compadres	Quisquilla
Bergantin	Faena	Mantecoso	Redoble
Betis	Fajardo	Marinero	Rivero
Bombita	Feria Sherry	Marismeño	Sancho
Camborio	Finito	Matador Pale Dry	San Patricio
Campero	Fino F.M.	Menesteo	Tio Mateo
Canto	Flamenco	Merito	Tio Pepe
Casanovas	Gaditano	Micalet	Tres Palmas
Clarita	Hernan Cortés	Olivar	Varela
Chiquilla	Hidalgo	Palma	Victoria
Coronel	Inocente	Pando	Viña del Carmen
Cuesta Alta	Jarana	Pavon	Viña del Cuco

Amontillados . . . .

Abolengo	Dry Pale	John Peter	Principe
Algar	El Botanico	King Alfonso	Rosa
Amontillado 50	El Cid	La Capilla	Salinera
Amontillado S.S.S.	El Duque	La Uvita	Salvador
Anticuario	El Gallo	Lord Sherry	Sancho
Ataulfo	El Navio	Luque	Santa Cruz
Barbadillo	El Tresillo	Martial	Siglo de Oro
Baroness Cocktail	Escogido	Matador	Solito
Benito	Escuadrilla	Merito	Tio Diego
Botaina	Fairyland	Millonario	Tio Guillermo
Buleria	Finest	Miranda	Tito Jaime
Carta Blanca	Fino Ideal	Nila	Tocayo
Carta Real	Fino Zuleta	N.P.U.	Tulita
Casanovas	Florido	Old Dry Classic	Ultra
Chambergo	Guadalupe	Oñana	Varela
Club	Guapito	Pemartin	Viejo M.M.M.
Coquinero	Guerrero	Pizarro	Viña AB
Del Abuelo	Imperial	Predilecto	Viño del Virrey
Diestro	Jauna	Primero	Vintners Choice
Dry Don			

Olorosos . . . .

Alfonso	Cacique	Don Quijote	España
Almirante	Capitan	Don Zoïlo « Medium »	Fandango
Autumn Leaves	Cartujo	Doña Juana	Favorito
A Winter's Tale	Casanovas	Double Century	Fenecio
Bailen	Chambelan	Dry Sack	Galarza
Barbadillo	Diestro	D.S.	Gran Señor
B.C. 200	Dique	Duque	Harmony
Black Tom	Don Gonzalo	El Cesar	La Espuela
Blazquez	Don Nuño	El Patio	La Infanta

La Merced	Molino	Regio	Solera P.J.
La Novia	Montado	Rio Viejo	Solera Tizon
La Raza	Navigator	Royal Double	Solera Victoria Regina
Long Life	Nina	Sancho	Tercios
Los Flamencos	Nº 10 R.F.	Solariego 1807	Torrecera
Martial Golden	Nº 28	Solera E	Trafalgar Solera 1805
Mayoral	Nutty Solera	Solera Florido	Valdespino
Medium Golden	Ochavico	Solera Granada	Varela
Mercedes	Orrantia	Solera 1842	Viña Isabel
Merito	Pemartin	Solera 1865	Wisdom's Choice
1874	Real	Solera Misa V.O.B.S.	Zuleta

Palos cortados . . . .

Deportivo	Don José	Ojo de Gallo	Superior
Diestro	Eva	Romate	Tres Cortados

Pedro Ximenez . . . .

Bobadilla	El Abuelo	Niños	Solera 1847 (Brown)
Cardenal Cisneros	Gonzalez	Osborne	Solera Superior
Carla	La Goleta	Pemartin	Superior
Cartago (Brown)	Legionario	Procer	Superior
Cob-Nut (Brown)	Martial (Brown)	Reliquia	Valderrama
Consejero	Matador (Brown)	Romate	Venerable
Diestro	M.G.L.	Royal (Brown)	Vintners (Brown)
Diestro (Brown)	1827	Soldado (Brown)	Wisdom
Ducha	1870		

Moscatel . . . .

Ambrosia	Evora	Padre Lerchundi	San Pedro
Atlantida	Fruta	Payaso	Tambora
Baron	Gran Fruta	Pico Plata	Toneles
Duquesa	Laura	Polca	Triunfo
Evangelio	1870	Promesa	Vitoria

Creams . . . .

Abraham	Dalgar	Harmony	Real Tesoro
Armada	Descarado	Infanta	Reverencia
Benito	Diamond Jubilee	Laurel	Romate
Bertola Cream	Diestro	Luque	Royal
Blazquez	Don Zoïlo « Cream »	Matador Cream	Sancho
Carlton House	El Monasterio	Meloso	San Rafael
Carmela	El Tutor	Merito	Sherry Joselito
Casanovas	Eva	Nectar	The Dome
Celebration	Felicita	Orleans 1886	To-Night
Coronation	Flor de Jerez	Osborne	Varela
Cream 201	Gentileza	Palomino	Vintners
Cream Sherry	Grape Cream	Pemartin	Wisdom's Cream
Cristina			

LES VINS DU PORTUGAL

SUZANNE CHANTAL DOS SANTOS

Sixième du monde après l'Italie, la France, l'Espagne, l'URSS et l'Argentine par la quantité de vin produit, le Portugal tient la première place si l'on considère la densité de la production par rapport à la superficie totale du territoire (métropolitain et insulaire). Le Portugais est ainsi grand consommateur de vin: 90 litres par tête d'habitant. Pourtant, il est sobre: l'ivresse est aussi rare dans les campagnes que dans les villes. Depuis toujours, le Portugais sait boire son vin, lequel est savoureux mais peu chargé en alcool.

Les quelque 8 à 10 millions d'hectolitres que le Portugal boit ou exporte chaque année ont la diversité même dont le pays, conditionné par l'extrême mobilité de son ciel et par la grande diversité géologique de ses terres, est le reflet. Très influencé par les vents océaniques qui lui évitent la sécheresse — hormis dans les plaines au sud du Tage qui produisent, d'ailleurs, du blé et non de la vigne — le Portugal est ensoleillé et son climat favorise de manière exceptionnelle la viticulture. Aussi bien en trouve-t-on trace dans son passé le plus reculé. Sur le vénérable sarcophage de Reguengos, vieux de deux mille ans, on peut voir des hommes piétinant le raisin. On discute beaucoup à propos de qui introduisit la première vigne au Portugal, les uns disant qu'elle est venue de Gaule avec les Romains, les autres qu'elle avait été apportée par les Grecs et les Phéniciens qui, depuis la plus haute Antiquité, naviguaient sur les côtes et y avaient fondé des comptoirs.

La Lusitanie romaine était fameuse pour ses vins et son huile, oliviers et vignobles faisant bon voisinage. On vit même Rome s'alarmer de la faveur de ces vins qui risquaient de concurrencer dangereusement ceux d'Italie. L'empereur Domitien promulgua des lois sévères, interdisant la culture de la vigne dans les provinces soumises et souvent la faisant arracher pour la remplacer par celle des céréales. Néanmoins, la vigne survécut, et les Barbares, buveurs de bière, puis les Maures, d'ailleurs fort tolérants à l'égard des usages des territoires qu'ils dominaient, la laissèrent prospérer. C'est ainsi qu'à la naissance du Portugal, au XIIe siècle, alors que le jeune Alfonso Henriques recrutait — pour chasser les Arabes de son futur royaume — les croisés en route pour la Terre sainte, l'un d'entre eux, Arnulfo,

d'origine anglaise, vanta, dans une lettre parvenue jusqu'à nous, les mérites du vin de Douro: prophète de ce qui sera, des siècles plus tard, une des racines d'une des plus vieilles alliances du monde, celle des Portugais, qui font du vin, et des Anglais, qui aiment le boire. En effet, enlevant d'assaut Lisbonne, en 1147, Alfonso Henriques trouva des vignes sous les murailles de la future capitale. Lors du peuplement du jeune royaume, les moines implantèrent des vignobles dans les vastes domaines qui leur étaient confiés, et ce n'était pas seulement pour faire leur vin de messe. Dans les merveilleuses illustrations de l'Apocalypse de Lorvao, on voit la vendange et le pressoir. La dynastie bourguignonne était si consciente de la richesse que représentait la viticulture pour le pays sur lequel elle régna plus de deux siècles qu'un édit de Sancho Ier du début du XIIIe siècle prescrivit que «quiconque détruirait délibérément un cep serait jugé comme pour mort d'homme».

Un des premiers et plus fructueux échanges du Portugal avec le nord de l'Europe (Angleterre, Pays-Bas, Allemagne) fut celui des vins. On les expédiait de Viana do Castelo. C'est alors que la culture de la vigne à laquelle le Portugais excelle par nature et par goût, prit une importance nouvelle. Les vignobles s'étendirent aux rives des fleuves, s'installèrent dans les régions les plus âpres: les ravins pierreux du Douro et les sables marins de Colares. Mais le jour arriva où l'on produisit trop et au détriment de la qualité. La viticulture alors, loin de nourrir son homme, faillit le condamner à mourir de faim. Des mesures durent être prises comme au temps de Rome. On limita la production et l'on pratiqua même l'arrachage de milliers de ceps médiocres que l'on remplaça par des cultures plus utiles. D'ailleurs, tout au long de son histoire, le vignoble portugais connut succès et crises. Une des constantes de cette histoire est le souci des autorités de sauvegarder la qualité des vins consacrés à l'exportation, cela au détriment, selon les uns — ou au bénéfice, selon les autres — des crus considérés comme secondaires, destinés à la consommation interne et dont la production est laissée à la discrétion des viticulteurs locaux.

Les événements mondiaux eurent également une profonde influence sur la viticulture. Détournant vers

C'est la ville de Porto (notre photo) qui a donné son nom aux vins de Douro. Au premier plan, un 'rabelo', bateau à voile du Douro, chargé de barriques au nom de la plus ancienne compagnie vinicole de la région.

les terres lointaines récemment découvertes la fièvre et l'ambition des Portugais, le XVIᵉ siècle voua à l'abandon le vignoble qu'envahirent, en quelques années, la lande et la bruyère. Après les guerres avec la France, sous Louis XIV, l'Angleterre interdit l'entrée des vins d'Aquitaine. Puis elle signa avec le Portugal, en 1703, le Traité de Méthuen, qui échangeait le monopole des vins portugais contre celui des laines anglaises. Le commerce du vin reprit son essor: on exporta 632 pipes (d'environ 550 litres chacune) en 1687 et 17000 pipes en 1757. Les vins du Douro étaient généralement les plus consommés en Angleterre. Un grand nombre de Britanniques négociants en vins s'installèrent alors à Porto, pour acheter les vendanges sur pied et surveiller de près l'expédition des futailles. Des conditions très particulières de cette collaboration allait naître le plus fameux des vins portugais: le porto.

Alors que le XIXᵉ siècle améliora la culture et les procédés de vinification, des catastrophes successives s'abattirent sur les vignobles portugais. En 1833, pendant les luttes fratricides entre les rois rivaux Pedro et Miguel, les cultures furent négligées, saccagées, et les chais de Porto incendiés, les stocks anéantis.

En 1846 apparut une maladie insidieuse: l'oïdium. Il fallut assainir le vignoble, remplacer la plupart des plans. Vingt ans plus tard, nouveau désastre, qu'on imputa à des étés anormalement chauds et secs, à des hivers froids et humides. On s'épuisa en une lutte désordonnée et inefficace, jusqu'au jour où l'on découvrit qu'il s'agissait d'une épidémie amenée par un insecte inconnu en Europe: le phylloxéra. Beaucoup se découragèrent face à ses dévastations foudroyantes. D'autres s'obstinèrent, importèrent des plants américains qui servirent de porte-greffes, et reconstituèrent peu à peu le vignoble du royaume.

De nos jours, la vigne occupe plus de 10% de la superficie agricole cultivée (à l'exception des régions forestières). Cette vigne, diversifiée dans son essence, l'est plus encore par les méthodes de culture et de vinification. Elle convient à l'agriculture portugaise, morcelée, familiale, où chacun aime produire le blé, le seigle ou le maïs de son pain, les olives de son huile et le raisin de son vin. De nombreux vignerons boivent ainsi leur propre vin, qui ne figure sur aucune statistique. Par ailleurs, la production de beaucoup d'entre eux est trop faible pour être commercialisée; actuellement la majorité des viticulteurs travaillent en coopératives, sous les directives et la surveillance, — et avec l'aide aussi — d'organismes spécialisés. Ceci est particulièrement vrai pour les vins de Porto.

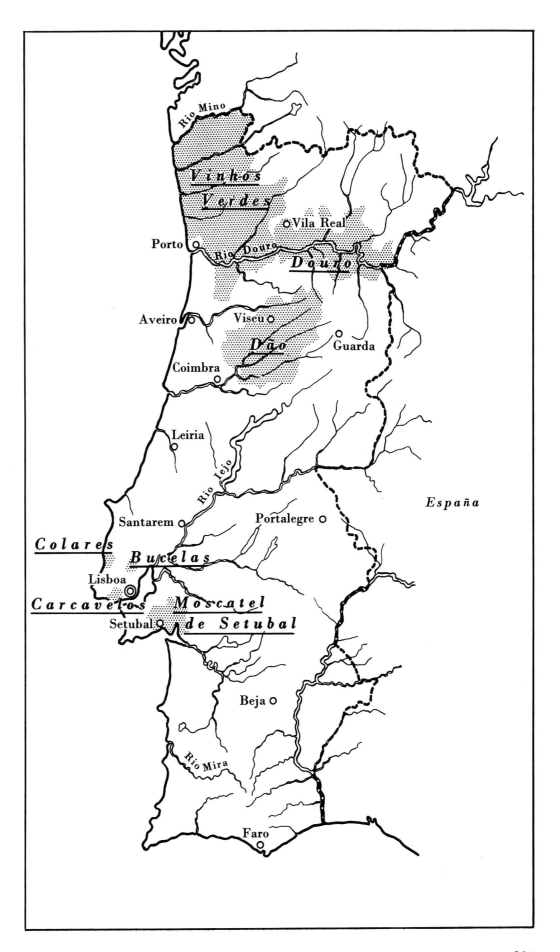

La grande majorité des vignobles portugais se situent au nord de Lisbonne. Ce sont principalement : ceux du Haut-Douro, patrie du célèbre porto ; ceux du Minho où sont produits les vinhos verdes, puis ceux du Dão, de Colares et de Bucelas. Au sud de la capitale, seules les vignes de la région de Setúbal ont une étendue assez importante.

LES GRANDES RÉGIONS VINICOLES DU PORTUGAL

Certaines régions présentent des types de vins aux caractéristiques si nettement établies que leur zone de culture a été légalement et sévèrement délimitée, ce qui leur donne droit à une appellation contrôlée. C'est le cas de huit des quatorze grandes régions viticoles du Portugal: celles du Douro, du Dao, de Colares, Carcavelos, Bucelas, Setubal, de l'Entre-Douro-e-Minho et de Madère.

Vins du Dao. Le Dao est une région verte, à la fois boisée et intensément cultivée, qui s'étage sur les contreforts des deux grandes échines rocheuses du Portugal: la Serra d'Estrela et le Caramulo. Le paysan de cette région est opiniâtre, vigoureux, résistant; son vin lui ressemble: il a du corps, de la vigueur, il vieillit bien et possède beaucoup d'arôme, du velouté, un coloris profond accordé aux larges paysages, à leurs nuances sourdes: pinèdes, bruyères pourpres, rocs à fleur de sol.

Longtemps cultivé en famille, foulé à l'air libre, le Dao est, à juste titre considéré comme le premier vin de table portugais. Il en existe plusieurs variétés, résultant de la grande diversité des sols (parfois le schiste se mêle au granit) et surtout des expositions. On trouve de la vigne à plus de 500 mètres d'altitude sur les hauteurs de Tarouca et de Castro Daire. Elle dévale les rives du Mondego (Santa Comba, Taboa, Mortagua) et s'étale en plaine (Mangualde, Viseu). Tous ces crus sont donc distincts quoique apparentés par leur commune racine: le cépage *tourigo*, qui donne une haute teneur en sucre et une saveur légèrement astringente. On mélange raisins noirs et raisins blancs et l'on obtient des vins doux, naturellement huileux. Peu alcoolisés, mais charnus, les rouges ont de beaux reflets de rubis sombre; les blancs sont légers, frais, blond clair, très parfumés. La superficie du vignoble est de 20 000 hectares qui, en 1979, ont produit 1 140 000 hectolitres (moyenne 1973-1977: 10 millions d'hectolitres.

Vins de Colares. Entre Sintra et la côte, à deux pas de Lisbonne, on s'étonnera, assurément, de voir la vigne cultivée en bordure de la mer et sur des terrains sablonneux abandonnés par celle-ci, en particulier dans l'estuaire comblé de l'ancienne rivière Galamares. Les vignobles de Colares figurent, cependant, parmi les plus anciens du Portugal. Ils s'étendent au sud du Cabo da Roca, la pointe la plus occidentale du continent, dans les régions de Turcifal, de Fontanelas et jusqu'à Azenhas do Mar. Ils ont survécu à la terrible épidémie de phylloxéra, cet insecte n'ayant pu subsister dans le sable.

Leur culture est difficile et parfois même périlleuse: il faut creuser des sillons de cinq à dix mètres de profondeur, dans un sol meuble et fuyant, pour atteindre les couches argileuses où les ceps peuvent s'accrocher. Le cep étale ses racines au fond des tranchées, qui sont comblées peu à peu à mesure que les sarments

croissent. Ainsi le cep s'allonge sous terre et, marcotté, donne naissance à de nouveaux plants qui lui restent attachés par une commune racine, si bien que des rangées entières ne sont, en fait, qu'un seul et même cep. Abrités par des auvents de bruyère ou de branchages et taillés très bas afin de résister aux vents marins, les ceps se tordent et s'étirent comme de musculeux serpents.

L'été venu, il faut soutenir les grappes pour qu'elles ne soient pas desséchées par le sable brûlant. La vendange est brève et pittoresque, souvent faite encore à l'aide d'ânes. De nos jours, une 'adega regional' fait peser sur place le raisin qui est traité ensuite dans son ensemble. Un repos en cuve, avant et après le foulage, enrichit le moût en tannin et en matières colorantes. Le Colares exige deux ans de tonneau et atteint sa plénitude à partir de cinq ans d'âge. Le site du vignoble, l'influence des brouillards et des vents marins et surtout le cépage *ramisco* (le cep des sables) donnent au Colares un goût très particulier, à la fois corsé et velouté. Sa faible teneur en alcool le rend léger, même lorsqu'il est rouge; le blanc est très parfumé. La production est faible: 4000 hectolitres seulement pour un vignoble de 250 hectares, qui va, hélas, en s'amenuisant, car les équipements touristiques envahissent la péninsule de Lisbonne.

Vins de Carcavelos. La région de Carcavelos est composée de sédiments accumulés sur les rives de l'estuaire du Tage, moins secs et sablonneux que ceux de Colares et donnant un vin différent.

Le cépage *galego dourado* donne un moût à fermentation rapide, d'une couleur nette et claire. On y ajoute un vin complètement fermenté, ou «abafado», qui donne du velouté à cette liqueur, plus sec que doux, très aromatique, enrichi d'une assez surprenante saveur d'amande. Il ne titre pas moins de 19 à 20°. Fort apprécié aux XVIIe et XVIIIe siècles, le Carcavelos est devenu un vin rare (superficie: 31 hectares; production: 250 hectolitres) qu'absorbent principalement l'Angleterre et les pays scandinaves.

Vins de Setúbal. A 40 kilomètres à peine de la capitale, mais sur la rive sud du Tage, s'étend la région de Setúbal avec ses pinèdes et ses rizières.

Le Moscatel de Setúbal a une réputation séculaire. On trouve des traces de ce cru, avec le Garnache et le Malvoisie, vins issus des cépages, de même nom, parmi les «vins étranges» qu'on appréciait fort à Paris au XVe siècle, et si Rabelais le mentionne en décrivant le Temple de la Dive Bouteille, Louis XIV en exigeait pour ses caves de Versailles, et Voltaire en faisait venir à Ferney.

On laisse séjourner les raffles dans le moût: c'est à ce procédé que le Moscatel doit son parfum vif, son coloris intense et son goût prononcé. On ne le consomme jamais avant qu'il ait cinq à six ans de cave. Il existe des

Dans le nord de l'Estrémadure portugaise, on trouve des vignobles comme celui-ci, aux environs de Torrès Vedras, qui sont surtout plantés de *ramisco* et qui donnent des vins de pays, assez plaisants à boire sur place avec la cuisine locale.

MOSCATEL très vieux, dits «vins de musée», qui sont inégalables (surtout ceux de 1920). Le MOSCATEL DE SETÚBAL, dont le Canada est le principal amateur est, selon les experts, «la quintessence des vins de liqueur». Moins musqué que le FRONTIGNAN, doux, léger, c'est un vin fruité, viril au point d'être excellent comme apéritif, à condition d'être bu glacé. Il accompagne à merveille entremets et desserts et, mieux encore, les fromages et plus particulièrement le fromage de brebis d'Azeitao, à la saveur originale et au goût un peu sauvage d'herbes aromatiques.

L'Estramadura Transtagana (au sud du Tage) produit d'autres vins estimables; par exemple, dans la région de Palmela, des vins de table rouges — en particulier le PIRIQUITA, soyeux, souple et cependant vigoureux — et des clairets. Et c'est d'Azeitao que vient le FAISCA, rosé aimable et qui connaît le plus vif succès à l'étranger: son ravissant coloris, sa fraîcheur désaltérante (il se boit, bien entendu, glacé) plaisent sans effaroucher. Sous le nom de LANCERS il est un des crus les plus demandés aux Etats-Unis.

VINS DE BUCELAS. Les vins de la région de Bucelas, issus de l'*arinto* cultivé près de l'estuaire du Tage, sont secs, acidulés, de couleur jaune paille. Très appréciés par les officiers et les soldats de Wellington, pendant les guerres péninsulaires contre les invasions napoléoniennes, ils connurent ensuite une grande faveur en Angleterre. Dickens les cite parmi ses crus préférés (avec le SAUTERNES et le XÉRÈS), Byron en loue les mérites auxquels George III d'Angleterre ajoute celui de l'avoir guéri d'une pénible affection rénale.

VINHOS VERDES. Le DAO, le COLARES, le BUCELAS et même le CARCAVELOS ou encore le MOSCATEL ont des équivalences en d'autres pays. Mais les VINHOS VERDES sont portugais, uniquement portugais. Leur appellation n'est pas due à leur couleur (les VINHOS VERDES sont rouges ou blancs) mais à leur degré de maturation. Ces vins sont produits par des vignes taillées en espaliers, dans la partie septentrionale du Portugal, et les grappes ne parviennent jamais à maturation.

Ces VINHOS VERDES, joyeux, acidulés, toujours fort jeunes, ont cependant de très anciennes lettres de noblesse. Déjà Strabon y faisait allusion.

Le Minho, où sont produits les VINHOS VERDES, est la province portugaise la plus peuplée. Son sol granitique est ingrat. Le morcellement séculaire du terrain a créé

233

Les VINHOS VERDES sont propres au Portugal. Ce sont des vins blancs ou rouges, légèrement effervescents, acidulés et très peu alcoolisés (8-10°). Riches en acide lactique et malique, volatiles et sans corps, ils sont maintenant stabilisés et exportés.

une infinité de petites propriétés qui nourrissent à peine une famille. C'est la région où l'émigration — traditionnelle — est la plus intense, bien que la vigne attache l'homme à la terre, par les soins incessants qu'elle exige, et les joies, plus encore que les profits, qu'elle dispense. Toutefois, la sagesse ordonnait qu'on ne lui sacrifiât pas un sol qui avait peine, déjà, à nourrir tant de bouches. La loi n'autorise donc la culture de la vigne que dans les terrains perdus, en bordure des champs ou des chemins. Le paysan de la région du Minho a planté sa vigne en espaliers, en haies hautes ou même, très souvent, sur des tuteurs vivants tels que les châtaigniers, platanes, peupliers, cerisiers, aunes. La vigne est liée à l'arbre par de fines tiges d'osier. On laisse pendre des pampres appelés «lampadaires» ou «tire-vin». Ce sont ces arbres porteurs de grappes qui enchantaient Jean Giraudoux, ces «vignes pendues», ces chemins de treilles, qui donnent au paysage un ombrage léger et découpent sur les routes des dentelles de soleil et d'ombre. Ce raisin aigrelet provient de cépages sélectionnés très anciens: *vinhao, borracal, espadeira* pour les raisins noirs; *azal* ou *dourado* pour les raisins blancs.

La vigne du bassin du Minho reste de longues années sur place et ses ceps deviennent presque arborescents: les racines s'enfoncent profondément dans un sol biné, engraissé à la bruyère verte et à l'engrais animal. Le tronc noueux et musclé, et les longs pampres sveltes et souples atteignent cinq mètres de haut. L'humidité de la région favorise les maladies, contre lesquelles il faut mener une lutte opiniâtre et continue, en pulvérisant, avec des lances à long jet, de la bouillie bordelaise (contre le mildiou) ou de la fleur de soufre (contre le phylloxéra). Vendangés en septembre, soutirés en fin d'année, six semaines après leur mise en bouteilles, les VINHOS VERDES sont déjà pétillants. C'est une de leurs caractéristiques, un de leurs charmes. Blancs, ils sont désaltérants, légers, sans malice, ne titrent guère que 6 à 9°, et conviennent admirablement aux pique-niques et aux déjeuners d'été. Les VINHOS VERDES rouges ont des nuances pourpres ou d'un violet sombre. Leur écume cramoisie tient le verre ou mieux encore, le bol. Gouleyants, corsés, ils sont, eux aussi, peu alcoolisés.

Très appréciés, à cause de leur goût de fruit et de jeunesse, les VINHOS VERDES n'ont longtemps été consommés que sur place. On disait qu'ils voyageaient mal. Riches en acides lactique et malique, ils étaient volatiles et sans corps. Depuis on est parvenu à les rendre stables. On les exporte donc au Royaume-Uni, en Belgique, en Afrique noire et même en France, car, là aussi, leur équivalent n'existe pas. Malheureusement — le progrès a toujours ses revers — on a remplacé les jolis cruchons de grès, dont la contenance n'était pas rigoureusement uniforme, par des bouteilles.

Il y a 90 000 producteurs de VINHOS VERDES, dont les deux tiers ne produisent que quelques dizaines d'hectolitres. La production de VINHOS VERDES, en régression ces dernières années, atteint actuellement 1,7 million d'hectolitres, dont une petite partie est exportée.

AUTRES RÉGIONS VINICOLES. Plusieurs autres régions du Portugal présentent également un intérêt vinicole non négligeable. Ce sont les vins de Pinhel, clairets, légers et agréables; les vins de Lafoes, qui s'apparentent aux VINHOS VERDES mais non pétillants, dont les ceps sont cultivés en treilles — ces «verdascos» sont généralement rouges (production: 70 000 hectolitres); ceux de la Bairrada, non loin de la région délimitée du Dao, avec ses ANADIA, vins blancs pétillants ou rouges; ceux de Buçaco en particulier, étoffés, puissants et suaves à la fois; ceux de la région de Sangalhos avec des rouges très proches des meilleurs DAO, et des blancs qui rivalisent avec ceux d'Anadia; ceux d'Alcobaça où, pour planter le vignoble, les landes ont été défrichées au XIIe siècle par les moines cisterciens; les vins du Ribatejo où les vignes sont hautes sur pied, pour échapper aux crues périodiques du Tage, avec, en particulier l'ALMEIRIM, le CARTAXO et des vins ordinaires: le gros rouge savoureux, nerveux, mais peu alcoolisé coulant à flot pendant les «festas bravas» précédant ou suivant les courses de taureaux au cours des longs festins de cabris au four et d'aloses; enfin les vins de Torres Vedras, rouges, riches en tannin, corsés, de consommation courante, vins de coupage, mais aussi bons vins bien francs des tavernes et des tables familiales. Vers Obido, le GAEIRAS est très estimable, surtout le blanc.

On remarquera que, à l'exception du Moscatel de Setúbal, ces crus classés se cultivent au nord du Tage. Pourtant, les provinces du sud ont aussi leurs vins. En Alentejo, des noms de lieux, tels que Cuba, Vidigueira, semblent indiquer que la vigne y était jadis cultivée et exploitée. Mais la région, à population clairsemée, fut consacrée à d'autres récoltes: les céréales, le liège et l'olive, mieux adaptées à la grande monoculture saisonnière. Quelques vignobles alentejans ayant échappé à l'oïdium, on vit à la fin du siècle dernier apparaître, sur le marché, des vins pratiquement inconnus, aromatiques et vigoureux, entre autres, le vin de Borba.

Quant à la province de l'Algarve, au sud du Portugal, elle eut longtemps la réputation de produire le vin le plus médiocre de ce pays. C'est injuste. Là aussi, la vigne a dû céder le pas à d'autres cultures: caroubes, figues et amandes. Pourtant, la population algarvienne, dense, rompue aux multiples tâches de la petite culture, peut donner d'excellents vignerons. Quant aux raisins cultivés, ils sont d'excellente qualité: les cépages noirs *pauferros* (bois de fer) donnent un vin au bouquet exquis, et les blancs *tamarez* un vin très sucré dont Lagoa est le principal producteur.

Fuzeta et Moncarapacho produisent un vin de dessert, du type malaga. L'Afonso III liquoreux est un apéritif ayant la chaude rigueur du xérès.

A l'extrême nord du Portugal, Chaves offre un vin qui a ses amateurs. Parce qu'on l'enterre pour en accélérer le vieillissement, on l'appelle parfois «vin des morts».

Enfin, le Portugal produit également des mousseux naturels notamment à Lamego; quant à ses rosés, il sont très appréciés. Nous avons déjà parlé du Faisca. Le Mateus rosé est lui aussi exporté dans le monde entier: l'Europe, les Etats-Unis, le Canada, Hong Kong, l'Australie. La demande du Mateus rosé est telle qu'elle absorbe la vendange bien au-delà des frontières du Trás-os-Montes, sa province d'origine, jusqu'aux alentours d'Anadia.

Cette abondance, soit 10 100 000 hectolitres en moyenne (1973-1979), cette diversité, cette qualité parfois exceptionnelle, une longue et solide réputation, font que le vin est un grand atout du Portugal sur le marché international. Nombre de ces vins sont toutefois appréciés surtout sur place, en particulier des Français, les mesures de protection des vins nationaux français ne laissant pénétrer, selon des quotas rigoureux, que les crus n'ayant pas leur équivalent en France, comme le porto, le madère, les Vinhos verdes et certains rosés. Les vins exportés en bouteilles (7% seulement du total, en raison des frais de transport) ont un cachet de garantie. Le reste est exporté en fûts. Le total des exportations a dépassé, en 1979, 1,4 million d'hectolitres.

Cette image portugaise a vraisemblablement été prise à titre de souvenir d'un passé disparu. Certes la vendange était autrefois foulée aux pieds, mais par de solides gaillards quasiment nus et tout poisseux de jus de raisin. Car c'était un fameux travail que de fouler le raisin.

LES VINS DE PORTO

Ce vin ne doit à Porto que son nom. Les vignobles qui le produisent s'échelonnent sur les ravins de la vallée du Haut-Douro, et c'est à Vila Nova de Gaia (face à la ville de Porto) qu'il est traité et qu'il mûrit, des années durant, dans l'ombre et le silence des grands chais.

Mais, de tout temps, c'est de Porto, et de Porto seulement, qu'il a été expédié aux quatre coins du monde, et c'est le nom de Porto qu'on lisait, qu'on lit encore, sur les futailles roulées gaiement sur les quais du fleuve. Certains prétendent que «rio douro» signifie «fleuve d'or» et qu'en effet, l'eau lourde et lente roule des pépites. En réalité, à ce sujet, on doit se souvenir de Jean de La Fontaine et de son riche laboureur: le trésor du Douro, il faut l'arracher à force de ténacité, de sueur, de foi et d'amour. Car le plus généreux de tous les vins naît de la terre la plus ingrate, la plus avare, et sa longue vie est à la merci de mille périls divers: la sécheresse, le vent, le gel, les brouillards, les orages et les maladies sont autant de fléaux, et il suffit d'une semaine, alors que le raisin est mûr, pour gâcher la vendange.

Le moût, lui aussi, est fragile. Il faut savoir l'observer et le traiter avec un art infaillible, si l'on veut en tirer tout le parti possible, car il est sensible à la chaleur, aux courants d'air, aux odeurs, au moindre retard dans le foulage ou la fermentation. Il passe de longues années de maturation dans les barriques où le vin se dépouille et s'enrichit à la fois. Mais le temps réduit aussi sa substance, car le taux d'évaporation peut atteindre 4% par an. Le porto exige beaucoup de vigilance et de soins et il coûte cher à ceux qui le produisent. Dans le Douro, du vigneron au dégustateur, on vit dans le culte de la vigne et du vin.

Certains prétendent que les ceps qui produisent le vin de Porto sont venus de Bourgogne. En effet, à la fin du XIe siècle, Henri, petit-fils de Robert Ier, duc de Bourgogne, s'était illustré, aux côtés du Cid, dans la lutte contre les infidèles. On le récompensa en lui donnant les pays du Douro et du Minho. Il épousa une fille naturelle d'Alphonse VI, roi de León et de Castille, et fut créé comte de Portugal. Henri s'installa dans son comté et n'eut d'autre souci que de faire valoir ses terres. Il est donc bien probable qu'il y cultiva la vigne et qu'il préféra des cépages de sa province natale. Mais il faudra de longues années avant que les vignobles du Douro deviennent fameux. A vrai dire, leur histoire ne commence guère qu'au XVIIIe siècle.

Les vins produits étaient alors très corsés, lourds, chargés en tannin. Comme on les voulait hauts en couleur, on leur ajoutait de la baie de sureau, et on tentait de les fixer pour qu'ils supportent le voyage jusqu'aux côtes anglaises. Disons-le tout net: ils étaient exécrables et, sans doute, les Anglais auraient-ils préféré les vins de Bordeaux, si les interminables querelles avec la France n'avaient interdit l'entrée des vins d'Aquitaine. Pourtant, les marins et les soldats se souvenaient avoir bu, dans les cabarets des ports et au hasard des campagnes, de bons crus de terroir.

Or la demande, accrue subitement à la suite du Traité de Méthuen (1703) encouragea des paysans sans expérience à cultiver la vigne. L'appât du gain avait incité les vignerons à bâcler la production. Ajoutons encore qu'à l'époque on ne buvait partout que des vins jeunes. En effet, le secret du vieillissement des grands crus s'était perdu en même temps que l'usage des jarres étanches. Le vin se gâtait vite dans les barils et même dans les outres.

Condamnés à boire le vin qu'ils allaient, naturellement, chercher au plus proche (c'est-à-dire au nord du Portugal) les Anglais décidèrent d'aller voir, sur place, comment il était fait. Des négociants s'installèrent donc à Porto, n'y ouvrirent, d'abord, que des bureaux de transport maritime, puis se risquèrent à acheter la vendange sur pied. C'est ainsi qu'ils découvrirent le Douro et devinrent vignerons. Ils disposaient d'argent liquide et faisaient la loi dans le vignoble; ils pouvaient choisir les meilleurs moûts. Mais bien vite, la surproduction provoqua la chute des prix, et la vallée vécut misérablement.

LA REAL COMPANHIA. C'est un homme plus riche d'idées que d'écus, Bartolomeu Pancorvo, qui le premier comprit la nécessité de prendre en main la production du vin du Douro pour en contrôler la qualité et les prix. Les Anglais firent échouer le projet, et le pauvre homme ne survécut pas à sa ruine. Mais l'idée était dans l'air et un moine, assez intrigant et fort bien vu à la cour, frère Mansilha, sut en tirer parti. Il eut, pour ce faire, l'appui du grand Pombal. Celui-ci fonda la Real Companhia dos Vinhos do Alto Douro (Compagnie royale des vins du Haut-Douro), qui reprenait le monopole du commerce, avec l'Angleterre et le Brésil, et celui de la fabrication des eaux-de-vie viniques.

Il commença par contrecarrer les manœuvres des Anglais frustrés de leur main-mise sur le vignoble, mais, comme c'est souvent le cas, il fut surtout — et plus violemment encore — en butte à l'hostilité de ceux-là mêmes qu'il voulait aider, car en 1759, trois ans après la fondation de la Compagnie — à l'époque du Carnaval et des grosses beuveries populaires — le vin avait augmenté de quelques sous dans les cabarets. Il y eut alors à Porto une émeute qui, s'enivrant de sa propre furie, saccagea les locaux de la Compagnie dont les archives furent incendiées. La répression fut brutale. On incarcéra, on pendit, on écartela. L'ordre fut rétabli envers et contre tout.

Un des premiers soins de la Compagnie, désormais souveraine, fut de délimiter la région la plus propre à produire un vin de qualité. Les caractéristiques exceptionnelles de ce vin permettaient que, par un traitement et un vieillissement appropriés, on en fît, non pas un vin de table, mais un vin généreux. On sacrifia de

Paysage de l'Alto Douro, près de Pinhâo; les vignes en terrasses sont caractéristiques de la région. Ce paysage printanier semble idyllique; qu'on ne s'y trompe pas toutefois, le climat du Douro est très contrasté: les hivers sont glacés, les étés torrides, les orages fréquents.

nombreuses vignes médiocres et, sur ce vignoble restreint, on expérimenta patiemment des procédés de vinification de plus en plus rigoureux.

Dans le même temps, on réussissait à fabriquer, en série, des récipients de verre où l'on pouvait faire reposer le vin à l'abri de l'air. Inauguré au Portugal, ce procédé allait permettre au monde entier de retrouver la saveur puissante et délicate des vins vénérables, cependant que le Haut-Douro allait découvrir le secret de son incomparable porto. Celui-ci connut vite une immense faveur en Angleterre, car, chaleureux, réconfortant, tonique, il apportait, dans la brume humide des longs hivers britanniques, la lumière vivante, la chaleur d'une belle flambée dans l'âtre.

Porto profita de la richesse des vignobles. De tout temps laborieuse, économe et vaillante, la vieille cité n'avait jamais été coquette. Mais l'or du porto la dota de palais et d'églises où l'on ne s'étonnera pas de voir, comme à Sao Francisco, les pampres et les grappes ruisseler jusque sur les autels. On construisit aussi des routes et des ponts pour le transport des vins. Et, naturellement, apparurent des chais, des locaux admi-

nistratifs officiels et privés, et des demeures spacieuses et cossues. Des commerçants anglais s'établirent dans une rue à laquelle il fut donné le nom de Rue-des-Anglais et y firent édifier, à grands frais, une «factorerie», pour y traiter de leurs affaires. Les Portugais, de leur côté, avaient pris conscience de leur patrimoine. De grands propriétaires terriens mirent en valeur leurs domaines (appelés «quintas») et fondèrent des firmes pour fabriquer et vendre, eux-mêmes, leurs vins. Ainsi, deux groupes — poursuivant les mêmes buts, à la fois associés et concurrents et demeurant, même au sein d'une ville relativement petite, absolument séparés — allaient travailler côte à côte dans les vignobles du Douro, à Vila Nova de Gaia dans les chais, et à Porto dans les bureaux.

De là la physionomie si particulière de Porto. Il est certain que son ciel de perle, ses brumes fréquentes, la fraîcheur de son climat en faisaient, déjà, une «capitale du Nord». Et l'on comprend que les Anglais s'y soient, d'emblée, sentis chez eux. Les gens de Porto étaient, par nature, laborieux, prévoyants, ennemis du gaspillage et du faste inutile. A ces qualités, le contact des Anglais ajouta l'efficacité et l'exactitude, ainsi que le goût d'un confort à la fois familier et élégant. A Porto, derrière le granit austère des façades, on découvre le bel acajou, les tapis, les argenteries précieuses, accordés à la dignité du vieux porto longuement décanté dans les flacons de cristal aux reflets soyeux.

LES VIGNOBLES DU DOURO

Les cépages les plus cultivés sont la *tinta francisca*, le *tourriga*, le *Gastardo* et le *souzao*; cependant n'importe quel bon cépage, acclimaté au Douro, donnera du vin de Porto. Un cépage du Douro, transplanté en tout autre terrain, cessera de produire du vin de Porto. L'alchimie qui, croit-on, préside à l'élaboration de ce vin, est l'œuvre de la nature, qui a réuni, sur les rives du Haut-Douro et de ses affluents, le Corgo, le Torto et le Tua, des conditions particulières, exceptionnelles, mystérieuses et délicates. Car le vigneron est aux prises avec des terrains de lave, accidentés, rocailleux. Il plante sa vigne sur des amoncellements chaotiques, érodés, émiettés, défoncés par les torrents et les rivières. Tant il est vrai que, pendant longtemps, n'ont poussé sur ces pentes ingrates que broussailles et herbes aromatiques, pâture des maigres chèvres montagnardes.

Dans les gorges profondes des rivières, les courants d'air d'hiver sont glacés, la brume s'accumule en ouate épaisse. Puis quand vient l'été, l'orage s'amoncelle et ses coups se répercutent de vallée en vallée. Enfin, le soleil chauffe la pierre à blanc. Cette fournaise de 40 et même 50° enveloppe sans un souffle d'air le «Pays du Vin», nom qu'on donne à la zone, tracée minutieusement et très strictement contrôlée, où se trouvent les vignobles dont le produit pourra être transformé en vin de Porto «approveitado» (c'est-à-dire approuvé). Le reste de la production du Douro donne du vin de table ou est transformé en alcool vinique.

En 1979, la production totale du vignoble, qui s'étend sur 26000 hectares, a été de 2142000 hectolitres.

C'est que, outre l'emplacement des terrains, leur composition, leur exposition, leur ensoleillement, il faut aussi compter avec les conditions locales, météorologiques ou autres, qui font monter ou baisser la qualité du moût de l'année. Avant de vendanger il a fallu créer le vignoble, et cela s'est fait à main et à dos d'homme. La pierre dure, feuilletée, schisteuse, a dû être défoncée au pic, concassée et étagée en gradins, afin d'être perméable, offerte au maximum au soleil et à la pluie. Ces

Cette vue du site de Cachao de San Salvador da Pesqueira, prise de la pointe de Beira, nous restitue le paysage de la haute vallée du Douro tel qu'il se présentait au milieu du XVIIIᵉ siècle. C'est de cette époque que, sous l'impulsion de la «Real Companhia dos Vinhos do Alto Douro», furent restaurés les vignobles qui donnent naissance au Porto, dont la réputation allait s'étendre dans le monde entier.

238

Tout le long du Douro, grâce aux efforts séculaires des vignerons, la vigne escalade les pentes abruptes donnant au pasage l'allure d'un escalier taillé par des géants. C'est par la voie fluviale qu'aujourd'hui encore se fait au printemps le transport du vin de Porto. Les antiques «barcos rabelos» emportent les fûts jusqu'aux chais fameux des vastes entrepôts de Vila Nova de Gaia, en face de Porto.

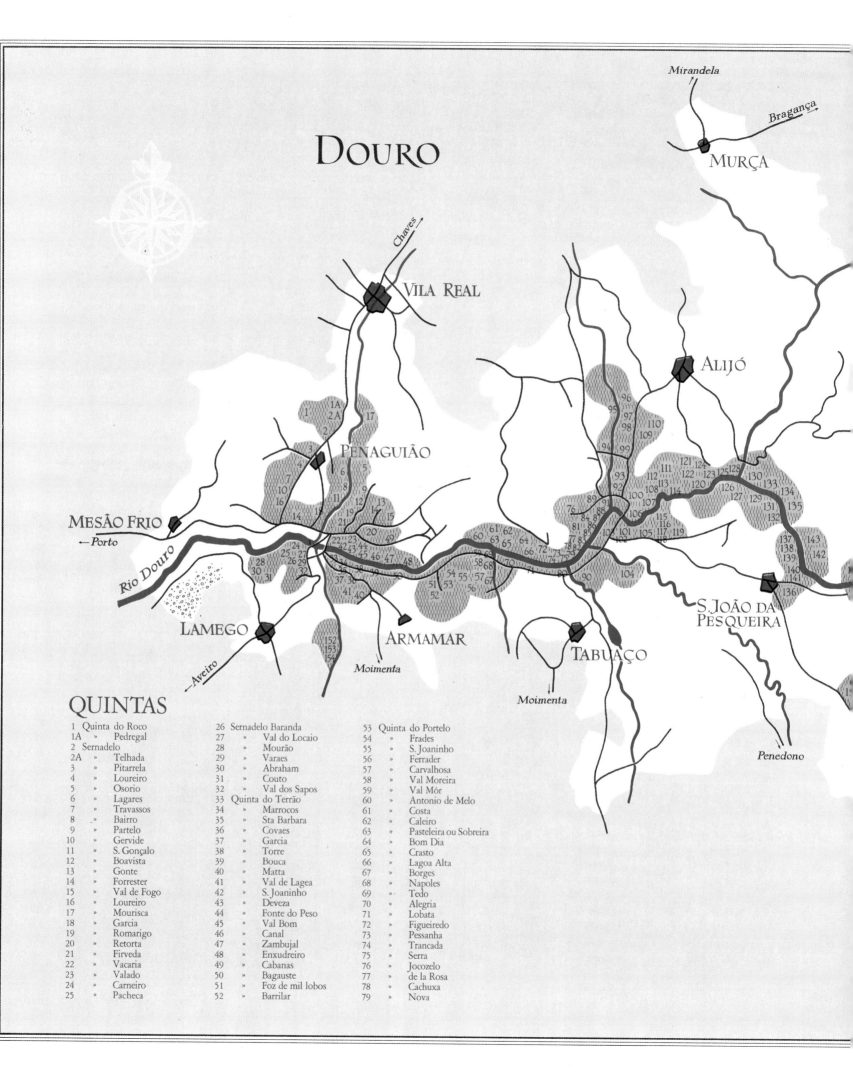

DOURO

Mirandela

Bragança

MURÇA

Chaves

VILA REAL

ALIJÓ

PENAGUIÃO

MESÃO FRIO

← Porto

Rio Douro

LAMEGO

← Aveiro

ARMAMAR

Moimenta

TABUAÇO

Moimenta

S. JOÃO DA PESQUEIRA

Penedono

QUINTAS

1	Quinta	do Roco	26	Sernadelo	Baranda	53	Quinta	do Portelo
1A	»	Pedregal	27	»	Val do Locaio	54	»	Frades
2	Sernadelo		28	»	Mourão	55	»	S. Joaninho
2A	»	Telhada	29	»	Varaes	56	»	Ferrader
3	»	Pitarrela	30	»	Abraham	57	»	Carvalhosa
4	»	Loureiro	31	»	Couto	58	»	Val Moreira
5	»	Osorio	32	»	Val dos Sapos	59	»	Val Mór
6	»	Lagares	33	Quinta	do Terrão	60	»	Antonio de Melo
7	»	Travassos	34	»	Marrocos	61	»	Costa
8	»	Bairro	35	»	Sta Barbara	62	»	Caleiro
9	»	Partelo	36	»	Covaes	63	»	Pasteleira ou Sobreira
10	»	Gervide	37	»	Garcia	64	»	Bom Dia
11	»	S. Gonçalo	38	»	Torre	65	»	Crasto
12	»	Boavista	39	»	Bouca	66	»	Lagoa Alta
13	»	Gonte	40	»	Matta	67	»	Borges
14	»	Forrester	41	»	Val de Lagea	68	»	Napoles
15	»	Val de Fogo	42	»	S. Joaninho	69	»	Tedo
16	»	Loureiro	43	»	Deveza	70	»	Alegria
17	»	Mourisca	44	»	Fonte do Peso	71	»	Lobata
18	»	Garcia	45	»	Val Bom	72	»	Figueiredo
19	»	Romarigo	46	»	Canal	73	»	Pessanha
20	»	Retorta	47	»	Zambujal	74	»	Trancada
21	»	Firveda	48	»	Enxudreiro	75	»	Serra
22	»	Vacaria	49	»	Cabanas	76	»	Jocozelo
23	»	Valado	50	»	Bagauste	77	»	de la Rosa
24	»	Carneiro	51	»	Foz de mil lobos	78	»	Cachuxa
25	»	Pacheca	52	»	Barrilar	79	»	Nova

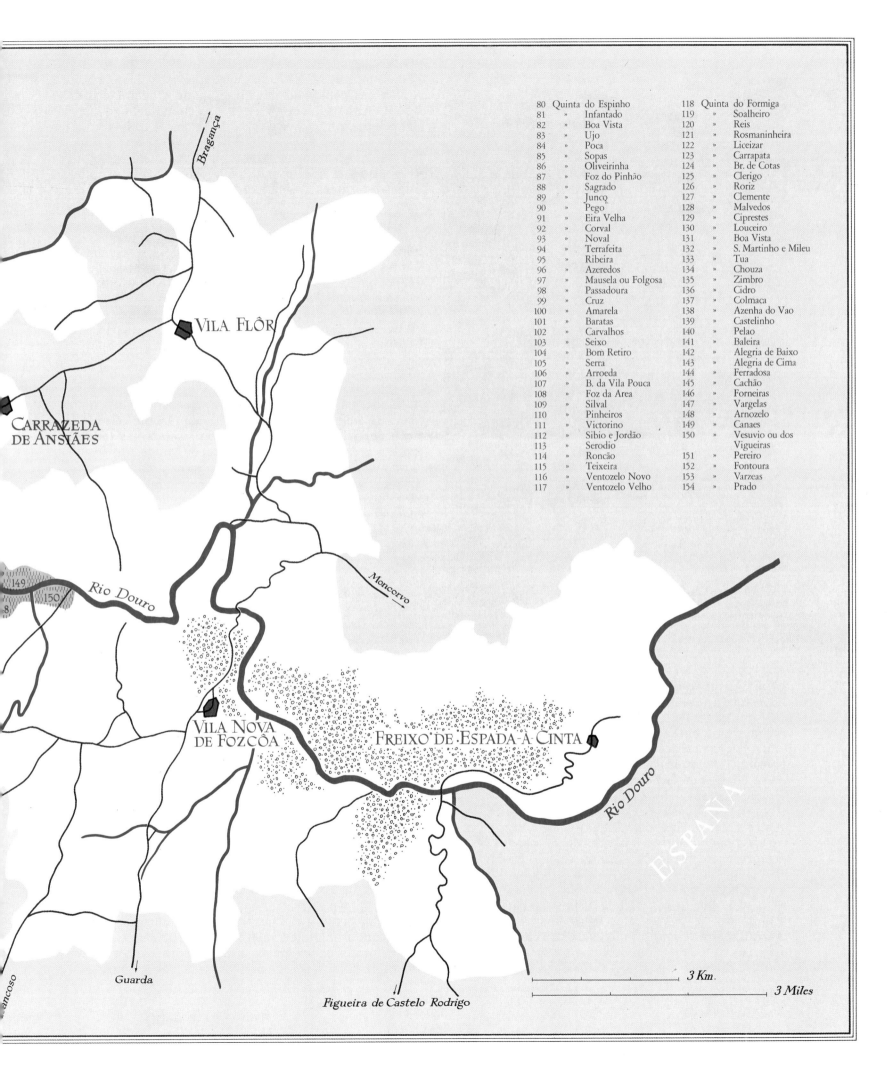

Bragança

VILA FLÔR

CARRAZEDA
DE ANSIÃES

Rio Douro

Moncorvo

VILA NOVA
DE FOZCÔA

FREIXO DE ESPADA-À-CINTA

Rio Douro

ESPAÑA

Guarda

Figueira de Castelo Rodrigo

3 Km.

3 Miles

80	Quinta do Espinho	118	Quinta do Formiga
81	» Infantado	119	» Soalheiro
82	» Boa Vista	120	» Reis
83	» Ujo	121	» Rosmaninheira
84	» Poca	122	» Liceizar
85	» Sopas	123	» Carrapata
86	» Oliveirinha	124	» Br. de Cotas
87	» Foz do Pinhão	125	» Clerigo
88	» Sagrado	126	» Roriz
89	» Junco	127	» Clemente
90	» Pego	128	» Malvedos
91	» Eira Velha	129	» Ciprestes
92	» Corval	130	» Louceiro
93	» Noval	131	» Boa Vista
94	» Terrafeita	132	» S. Martinho e Mileu
95	» Ribeira	133	» Tua
96	» Azeredos	134	» Chouza
97	» Mausela ou Folgosa	135	» Zimbro
98	» Passadoura	136	» Cidro
99	» Cruz	137	» Colmaca
100	» Amarela	138	» Azenha do Vao
101	» Baratas	139	» Castelinho
102	» Carvalhos	140	» Pelao
103	» Seixo	141	» Baleira
104	» Bom Retiro	142	» Alegria de Baixo
105	» Serra	143	» Alegria de Cima
106	» Arroeda	144	» Ferradosa
107	» B. da Vila Pouca	145	» Cachão
108	» Foz da Area	146	» Forneiras
109	» Silval	147	» Vargelas
110	» Pinheiros	148	» Arnozelo
111	» Victorino	149	» Canaes
112	» Sibio e Jordão	150	» Vesuvio ou dos Vigueiras
113	» Serodio		
114	» Roncão	151	» Pereiro
115	» Teixeira	152	» Fontoura
116	» Ventozelo Novo	153	» Varzeas
117	» Ventozelo Velho	154	» Prado

Cette photographie donne une excellente idée du sol caillouteux du vignoble du Douro et laisse deviner combien doit être pénible le travail du vigneron. En été tous les cailloux emmagasinent la chaleur du soleil à en devenir brûlants et à éclater.

gradins, soutenus par des murets de pierre, escaladent les pentes les plus rapides. Les vignes les plus basses sont au ras de l'eau. C'est là qu'on récolte le meilleur raisin «mûri en entendant grincer dans la rivière le lourd gouvernail des bateaux». La vigne ne pousse pas à plus de 300 mètres d'altitude. Au-dessus, la maturation ne se fait pas de façon satisfaisante.

Ces terrasses donnent au paysage un aspect étrange et imposant. A perte de vue, ce sont des coteaux assagis et striés comme des empreintes digitales. Et partout les ceps s'alignent, soutenus par des échalas et des fils. Les pampres pendent assez près du sol, ils profitent des émanations telluriques. Mais on a veillé aussi à ce que les grappes ne soient ni souillées ni meurtries par le sol. Au pied de chaque cep, dont la racine va puiser six pieds sous terre, est creusée une fosse, comblée de grosse pierraille, qui retient les pluies de l'hiver et maintient, au chaud de l'été, une réserve de fraîcheur. Nulle culture secondaire; toute la vigueur de la terre est

consacrée à la vigne. Les légumineuses qu'on plante entre les ceps sont englouties pour servir d'engrais. Tout l'hiver se passe à nettoyer, écheniller, fignoler le vignoble. Enfoui sous de grandes capes de paille de maïs qui le protègent des averses nombreuses entre octobre et mars, le vigneron répare les murets, désinfecte et consolide les échalas; puis, il provigne, greffe et taille; dans les vignes, pas une feuille morte ni un caillou. Le pampre verdit, la grappe pointe. C'est le moment périlleux où une gelée matinale peut la roussir et la tuer. Il faut lutter contre les parasites, guetter les orages, surveiller le ciel, et vient l'été dont la sécheresse et les vents brûlants sont redoutables. La vendange, en septembre, est à la fois une tâche, un rite, une fête. C'est l'effort à son paroxisme couronnant une année de dur labeur, lui apportant sa récompense et, parfois, l'en frustrant.

LA VENDANGE ET LE FOULAGE

Il faut saisir le moment idéal de maturation du raisin: il varie pour chaque «quinta» et pour chaque versant de colline. Munies de paniers et de ciseaux, les femmes vont s'accroupir le long des ceps, coupant la grappe et la parant aussitôt pour ne pas envoyer au pressoir un seul grain gâté ou encore vert. On étouffe sous l'auvent des feuillages, dans la réverbération aveuglante de la pierre, laquelle est si chaude qu'on n'y peut tenir la main. Les corbeilles sont déversées à l'extrémité de chaque rangée de ceps, dans des hottes que viennent ramasser les équipes de «barracheiros». Ce sont de robustes gaillards capables de porter une charge de soixante-quinze kilos de raisin, bien équilibrée sur la nuque par un ruban de cuir, et qu'ils soutiennent avec un crochet de fer. Ils marchent en file, d'un pas lourd et cadencé par la canne du meneur qui les guide le long des escaliers de pierre et des sentes raides du vignoble. Les pressoirs sont construits aussi bas que possible pour éviter l'effort de la montée, mais assez haut pour n'avoir pas à redouter les soudaines et violentes crues de rivières souvent torrentielles.

Dans l'immensité du paysage les hommes cheminent tels des fourmis. Ils ruissellent de sueur. Le jus poisseux fait coller à leur peau le sac de jute dont ils protègent leur dos. Ces «barrachieros» sont irremplaçables, car aucun autre moyen de transport n'est praticable dans le vignoble abrupt.

Dans les pressoirs, tout a été préparé pour le foulage. Depuis des mois, on a taillé des tonneaux neufs, récuré les cuves. Pendant des siècles, on a foulé le raisin au pied. C'était, pensait-on, le seul moyen d'extraire de la pulpe et de la peau du raisin toute sa substance, sans broyer le pépin. Travail épuisant, car on frissonnait de froid en pénétrant dans les cuves emplies de raisins glissants et mouillés, qu'il fallait faire éclater, broyer, transformer en une purée visqueuse qui bientôt s'enfiévrait. Il fallait l'aérer en levant haut les genoux, pour constamment briser la croûte, ou manteau, que les déchets formaient en surface. Une équipe de six hommes mettait vingt heures pour extraire dix hectolitres de moût. Mais une exaltation joyeuse présidait à ce labeur, assez semblable à une naissance. On encourageait les fouleurs, un peu étourdis par les vapeurs de la cuvée, avec des chants et de la musique. Les femmes dansaient toute la nuit autour des bacs de pierre, à la lueur des lanternes. De nos jours, on remplace de plus en plus ce foulage au pied, rendu difficile par manque de main-d'œuvre saisonnière, par un procédé mécanique, dit procédé Ducellier, qui donne, après l'égrappage (également mécanisé), d'excellents résultats: un système de soupapes, mis en action par la fermentation, brasse et aère simultanément le moût.

Il est un autre moment crucial, celui où l'on fixe la quantité d'alcool vinique à introduire dans le moût pour stopper la transformation du sucre en alcool qui résulte de la fermentation. Cette quantité dépend de la richesse propre du moût. Lorsqu'il pleut trop, avant ou pendant la vendange, le raisin est gonflé, mais sa teneur en sucre peut baisser de plusieurs degrés. La sécheresse donne un raisin riche mais rare, tant il est vrai que dans le Douro rien n'est jamais donné d'abondance. Le dosage de l'alcool vinique donnera un vin plus ou moins sec ou doux.

Convenablement dosé, assagi, le moût est entreposé au frais dans les celliers de la «quinta». Au printemps il est acheminé vers les chais de l'estuaire. Ce transport s'est longtemps opéré par le moyen d'embarcations très curieuses, à fond plat et haute poupe où trônait un timonier expérimenté. Le Douro est traître, ici impétueux, semé d'écueils ou cachant des remous mortels. Ces «barcos rabelos» ont, peu à peu, cédé la place aux trains, puis aux camions. La vallée y perd de son charme, car rien n'était plus pittoresque que le spectacle des barques à voile ou des «rabelos», halés par les bœufs et louvoyant entre les récifs.

LES TYPES DE PORTO

Jusqu'à son arrivée à Vila Nova de Gaia, le vin est jeune, encore un peu fou. Il va faire une longue retraite où on lui enseignera la plus féconde sagesse. Selon les caractéristiques qu'ils présentent dès leur naissance, c'est-à-dire au sortir du pressoir, les vins nouveaux appartiendront à l'une ou l'autre des deux grandes familles de porto: celle des «blends» (la plus nombreuse) ou celle des «vintages». Etant donné son histoire, on ne peut s'étonner que le porto parle souvent anglais.

LES BLENDS, cas de la majorité des vins de Porto, sont des vins mélangés, vieillis en fûts. Dès que le moût s'est assagi, soit après deux ans de tonneau, il est à nouveau pesé, goûté, apprécié. Puis on s'occupe de l'unir à d'autres moûts présentant d'autres caractéristiques qui soulignent les siennes ou les complètent. Les uns apportent au mélange la force, d'autres la couleur,

d'autres encore le bouquet. Tout porto digne de ce nom se compose d'au moins seize variétés de cépages. Tel un fleuriste composant une gerbe, un peintre mêlant les couleurs sur sa palette, un parfumeur dosant les essences, les experts composent, mêlent et dosent des portos différents.

Ils travaillent au milieu de cornues, d'éprouvettes, de casiers, de registres, dans les véritables laboratoires dont chaque chais est pourvu. A l'inspiration doit s'unir l'expérience. Car il ne s'agit pas seulement d'inventer un nouveau porto, mais d'établir une formule réussie, qu'il faudra pouvoir suivre et maintenir dans sa perfection, afin d'assurer la commercialisation d'une marque.

Répertoriés, leur composition savamment analysée, les blends sont alors déposés dans d'immenses futailles en bois étanche pour éviter à la fois l'oxydation et une évaporation excessive. Ils y restent sous surveillance constante. Ils sont jaugés, sondés et goûtés. L'oreille attentive des maîtres de chais guette et perçoit les bruits, profonds ou légers, qui résonnent dans l'immense cuvée. Celle-ci demeure vivante car, à mesure qu'elle prend de l'âge, elle est vivifiée et enrichie par l'apport, calculé, de moûts jeunes et puissants. Aucun vin de Porto ne peut être consommé avant cinq à six ans de chais. Il atteint sa plénitude vers trente ans, mais on peut boire des portos de soixante ans et plus qui sont demeurés merveilleux. Il est impossible, et d'ailleurs vain, de vouloir «dater» les blends. On peut seulement signaler qu'il s'agit de cuvées spéciales.

Pour des raisons de commodité et d'économie, les blends sont généralement exportés en fûts et mis en bouteilles chez les importateurs. Certaines grandes marques tiennent, pour être assurées de la qualité intacte de leurs cuvées de choix, à ne les vendre qu'après mise en bouteilles dans leurs chais. Ces bouteilles sont alors scellées par le cachet de l'Institut du Vin de Porto.

LES VINTAGES. Contrairement aux blends, les vintages ont un certificat de naissance. C'est toujours une très grande année. Lorsqu'une vendange a été exceptionnelle quant à la qualité on tient alors un vintage. Le moût, normalement traité et conservé en fût pendant deux ans, est mis en bouteilles sans aucun coupage. La bouteille, hermétiquement close, est déposée en chais, et le vin y vieillit, en une austère et silencieuse solitude, pendant dix, vingt, trente ans ou davantage. Il se dépouille lui-même et s'enrichit de sa propre substance. C'est un porto millésimé. Les vintages sont plus spécialement appréciés en Angleterre, ou du moins l'étaient: les vieux amateurs du temps de Thackeray ou de Dickens les prisaient plus qu'aucun autre. Les vintages, on le conçoit, sont fragiles. Ils exigent beaucoup de soin pour être conservés, transportés et même consommés. De plus, si leur rigueur est admirable, ils n'ont pas la complexité savante qui enchante le palais des amateurs de blends. Les grands vintages sont rares. Citons les années 1890, 1900 (qu'on trouve encore dans le

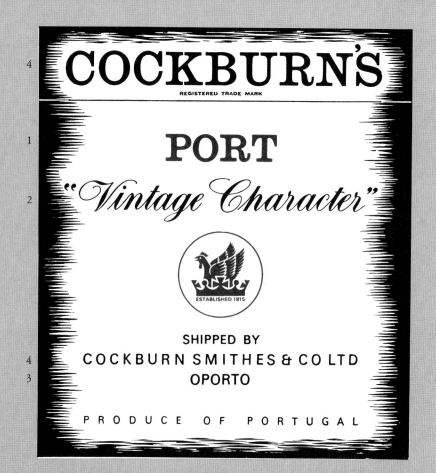

PORT: VINTAGE CHARACTER

1. Nom du vin «Port». Ce nom générique semble suffire. — 2. Toutefois la mention Port est précisée par l'expression «Vintage Character». Cela veut dire que, sans être millésimé et pur de tout mélange, ce porto a été traité à la manière d'un vintage, c'est-à-dire mis en bouteilles après quelques années de tonneau et vendu assez jeune. Il faudra donc s'attendre à un porto d'un beau rouge, demi-doux. — 3. Mention d'origine. Il n'y a pas de formule précise obligatoire. — 4. Mention de la maison de commerce; le connaisseur donnera sa préférence à telle maison, voire à tel porto de telle maison et à tel autre porto d'une autre maison. Dans ce domaine, rien ne vaut l'expérience...

VINTAGE PORT

1. Type de porto «Vintage Port». C'est un porto toujours rouge, qui provient de la meilleure cuvée d'une bonne année. Pur de tout mélange ou adjonction, il a reposé 2 ou 3 ans en fût, il a été mis en bouteilles. Attention! il faudra vraisemblablement le décanter. — 2. Millésime. Mention obligatoire pour tout véritable vintage. — 3. Cette mention indique le vignoble d'origine. — 4. Nom du négociant-éleveur. — 5. Ce porto a été mis en bouteilles en 1965.

WHITE PORT

1. Nom du vin «White Port» ou porto blanc. Ici encore cette mention semble suffisante. On l'appréciera en fonction du nom du commerçant. — 2. La mention «extra dry» attire l'attention sur le fait que ce porto blanc est très sec; ce sera un vin d'apéritif. — 3. Autre variante de la mention d'origine. — 4. Nom du négociant. On notera que la Real Companhia Velha fut, dès 1756, à l'origine de la réglementation sur les vins de Porto.

SIBIO

1. Nom commercial «Sibio». — 2. 2a. Ce nom est ainsi précisé: dôce = doux; tinto = rouge foncé; tipo vintage = genre vintage, c'est-à-dire non vieilli en fût. Nous avons donc affaire à un porto jeune, à la robe d'un rouge foncé avec des reflets violets. — 3. Mention d'origine. — 4. Nom du négociant.

EL-REI D. JOSÉ

1. Nom commercial «El-Rei D. José». — 2. Alourado indique la couleur, soit tawny en anglais, topaze brûlé ou blond doré en français. Un porto aloirado a de 15 à 20 ans d'âge. Meio doce: demi doux, c'est donc un vin de dessert ou de visite. — 3. Mention d'origine. — 4. Nom du négociant.

PARTNERS' PORT

1. Nom commercial «Partners' Port». — 2. Dans la mention «Finest rich ruby», c'est le mot ruby qui doit retenir l'attention, car il indique la couleur du porto et, par conséquent, son âge (voir page 241). Ruby = tinto aloirado en portugais = rubis en français. Cela signifie que ce porto a une belle couleur rouge avec des reflets de pierre précieuse; il a 10 à 15 ans d'âge. — 3. Mention d'origine. — 4. Nom du négociant. L'amateur considérera l'étiquette comme un tout pour juger de la qualité d'un porto.

commerce), 1908, 1927, 1931, 1945, 1947. Selon le cépage utilisé, le vintage est plus ou moins clair ou foncé; avec l'âge aussi, il se décolore ou fonce, et la plupart des vintages deviennent «tawny», c'est-à-dire acajou clair.

En complément de cette distinction fondamentale entre blends et vintages, les portos se divisent en vins extra-secs, secs (généralement blancs), mi-secs et doux (rouges). Le vieillissement, en décantant les matières colorantes, les dore les uns et les autres, et les nuances s'échelonnent du topaze clair au mordoré. Voici les coloris officiels: rouge foncé, rouge rubis (ce sont les «fulls»), blond doré, pelure d'oignon (les «tawnies»), blanc pâle, blanc paille et doré.

Les «fulls» sont des portos assez jeunes, riches, corsés, rubis ou grenat sombre. Les «tawnies» sont des vins vieux qui ont pris des tons d'ambre ou de miel sauvage. On reconnaît un bon porto d'abord à son arôme, et ensuite parce qu'il «pleure», c'est-à-dire qu'il laisse glisser une larme onctueuse sur les flancs du verre dans lequel on l'a fait doucement tournoyer.

LE PORTO DANS LE MONDE

L'Angleterre n'est plus aujourd'hui le premier importateur de porto. Entre 1900 et 1919, elle en consommait chaque année 600 000 hectolitres. Mais en 1939, elle n'en achetait plus que 290 000.

Jusqu'à la guerre de 1914-1918, le porto était, avec le madère, lié à la vie quotidienne des Anglais de condition aisée. C'était le seul vin qu'on jugeait digne du toast porté au Souverain, à la fin d'un repas. Choisie avec grand soin — les goûts se discutaient à perte de vue — une bouteille était servie aux messieurs, tandis que les dames se retiraient au salon pour les infusions et la conversation. Entre hommes, on vidait le précieux flacon en devisant. Chaque «club» connaissait les préférences de ses membres éminents, dont il conservait en réserve «le» porto et les cigares. Les bonnes maisons avaient leur cave, où l'on constituait des réserves, par goût, comme placement ou encore pour des raisons sentimentales. Une coutume, conservée au Douro, établissait, pour chaque enfant né dans la famille, un stock accru d'année en année. Celui qui avait la chance de venir au monde en même temps qu'un «vintage» était assuré d'un vin exceptionnel pour célébrer sa majorité ou ses noces.

Mais, alors que l'Angleterre se restreignait, la France, entre autres, découvrait le porto. Ou plutôt, le redécouvrait, car il y avait été apprécié, surtout après les invasions napoléoniennes du début du XIXᵉ siècle. Dans les archives de la région du Douro, sont conservés des ordres de réquisition, passé par celui qui occupait Porto, l'allié anglais ou l'ennemi français. Certains de ces ordres portent la même date, par exemple le 29 mars 1809, le jour où Wellington, débarquant à l'improviste, interrompit le déjeuner de Soult.

Malgré sa superficie relativement réduite, le vignoble du Douro présente une riche variété de cépages. On se souvient aussi que les mélanges échelonnés sur des dizaines d'années, obéissent à des règles subtiles et souples. C'est pourquoi les portos sont si variés et qu'ils conviennent à tous les goûts et à tous les climats.

QUAND ET COMMENT BOIRE LE PORTO

Il faut d'abord savoir ce qu'on en attend. S'il s'agit de servir un apéritif qui rafraîchit et en même temps donne de l'ambiance, on choisira un porto blanc sec et on le servira frais, soit en passant un glaçon dans les verres, soit en givrant ceux-ci avec un appareil adéquat. Pour un goûter, un cinq-à-sept, ou pour une fin de repas, on préférera un «tawny» ou un «full». Un mi-sec ou un doux accompagne à merveille la pâtisserie et certains fruits (sauf les agrumes). Ne pas négliger de servir le porto avec le fromage. C'est pour le mieux déguster que la table anglaise — plus raffinée qu'on veut bien le dire — a mis en vogue les «savouries» ou plats chauds, généralement au fromage, épicés, présentés en tout dernier service, alors qu'on fait circuler bouteilles ou decanters. Ce sont aussi les Anglais qui entament leur fameux fromage Stilton par le milieu. Ils remplissent le trou de bon porto au fur et à mesure qu'on le creuse; cela permet au vin d'imprégner toute la masse crémeuse. Tous les fromages du monde: fromages cuits du Danemark, de la Hollande ou de la Suisse, fromages portugais ou espagnols, fromages italiens, et l'inépuisable plateau des fromages de France, ont un dénominateur commun: ils rehaussent encore le porto qui, en échange, exalte leur saveur.

Au Douro, et au Portugal en général, on boit le porto selon certains rites. Il ne doit jamais, même dans un établissement public, être servi ouvert. Il faut, la loi l'exige, présenter la bouteille. Chez les particuliers, on ne présente pas le vin dans sa bouteille. Il est plus élégant — et l'on fait preuve d'une meilleure connaissance du porto — de le transvaser, quelques heures avant de le consommer, dans un flacon de cristal appelé «decanter» où il repose et s'aère. On ne débouche pas un vintage: en dix ou vingt ans, ou plus, le meilleur bouchon finit par se gâter et moisir. Ainsi, inévitablement, les poussières du bouchon tomberaient dans le vin. C'est pourquoi les véritables amateurs se font apporter, lorsqu'il s'agit d'ouvrir une grande bouteille, des pinces spéciales rougies au feu, avec lesquelles ils décapitent le goulot.

De tels raffinements sont tombés en désuétude, mais le porto et la maîtresse de maison qui l'offre ont tout à gagner à s'entourer d'un peu de décorum. Il existe un grand choix de decanters, les uns anciens, gravés, taillés, incrustés d'or; d'autres modernes, massifs, ceinturés de cuir. Les decanters peuvent porter, au col, un médaillon de métal, portant, en lettres plus ou moins ornées, le mot porto. Le verre, en revanche, doit être

Dans le Douro, des méthodes non habituelles de vinification ont été introduites: on voit ici des cuves dans lesquelles le vin est mis à mûrir au soleil.

très simple, en cristal fin et uni, à pied, en forme de ballon ou de tulipe. On peut ainsi mieux juger de la couleur du vin, et son bouquet se concentre davantage; les connaisseurs disent qu'il convient de le mâcher avant de l'avaler, après l'avoir (sauf pour les blancs frais) longuement caressé au creux de la main. Ainsi le porto comble tous les sens.

Vous pouvez oublier que le porto se sert dans le sens des aiguilles d'une montre, mais souvenez-vous que les amateurs ne bouchent jamais une bouteille: ils la boivent jusqu'au fond. Si toutefois vous voulez garder une bouteille entamée, et qui ne doit pas être vidée dans les jours qui suivent, transvasez le porto dans un flacon plus petit, où il sera à l'abri de l'air.

Porto des anniversaires et des repas galants; porto-flip du vieillard et de l'étudiant surmené; porto qui réchauffe le chasseur après l'affût ou le voyageur après la longue étape; prélude et conclusion d'un abondant banquet; porto des régimes amaigrissants et des régimes reconstituants; porto bu, entre amis avertis, sur le «zinc» ou en grande cérémonie dans une réception officielle; bref, le porto, vrai grand seigneur, est partout à sa place.

Le porto est aussi le vin portugais, qui suscite, au niveau des autorités, la plus grande vigilance. Plusieurs organismes officiels veillent à ce qu'il soit cultivé, vinifié, commercialisé selon des règles strictes. La Casa do Douro épaule, conseille, aide parfois financièrement les viticulteurs. Le Gremio dos Exportadores, à Porto, organise et coordonne le commerce des vins. Et l'Instituto do Vinho do Porto coiffe toutes les activités, contrôle, apprécie les vins qui vont entrer dans le circuit de consommation et qui ne peuvent, au Portugal, être vendus sans un cachet de garantie. Ce petit sceau, IVP, sur une bouteille, est un signe qui ne trompe pas. Cependant, beaucoup de vins sont exportés en fûts, avec certificat d'origine. Des fraudes peuvent être commises lors de la mise en bouteilles. Heureusement, certains pays, dont la France, ont assez de respect pour les grands vins, quelle que soit leur provenance, pour punir énergiquement et efficacement les fraudeurs. C'est pourquoi il est possible, partout, de boire du porto aussi bon que dans les caves de Gaia où le Portugal, avec un juste orgueil, aime recevoir les étrangers de passage et leur faire déguster ses crus aux nuances de joyaux.

C'est une grâce du ciel que, justement, le porto soit le vin de la cité qui, voilà plus de huit cents ans, a donné son nom au Portugal. Mais ne nous y trompons pas: il y a des vins américains, australiens, russes qui usurpent ce nom. Il n'est cependant de porto que du Portugal.

247

LES VINS DE MADÈRE

En 1419, les écuyers de l'infant Don Henrique, dit le Navigateur, abordent à Madère. Enfin! car depuis des années ils sont en quête des îles Fortunées et, échoués après une tempête horrible sur une île assez pelée — qu'ils ont par gratitude baptisée Porto Santo — ils ont, des mois durant, vu apparaître et disparaître à l'horizon une silhouette vaporeuse, celle d'une île vraiment «enchantée». Sans trop grand péril cependant, ils y débarquent dans une crique rocheuse peuplée de chiens de mer et qu'ils inscrivent sur leur portulan sous le nom de Camara de Lobos (chambre des loups). Alentour, ce ne sont que forêts épaisses, composées d'arbres admirables à la senteur si puissante que les hommes étaient pris de vertige en les abattant. Ils donnent donc à l'île le nom de Madeira, qui, en portugais, signifie «bois».

Ils rapportèrent à l'infant le récit de leur découverte, et reçurent mission d'occuper ces îles désertes. On n'y voyait que des lézards et des oiseaux. Il s'agissait d'y installer des populations et de leur donner des moyens d'existence, car on devait organiser, au plus vite, le point d'escale des caravelles qu'Henri le Navigateur voulait envoyer de plus en plus loin, vers le sud, en s'écartant des côtes africaines, de leurs vents et de leurs courants.

Pour déblayer l'île, les écuyers incendièrent la forêt, qui brûla sept années durant. Combien de bois précieux et d'essences indigènes uniques au monde disparurent presque complètement? Il n'en reste que de rares spécimens: les tils et les vinhatiques. Mais les cendres servirent d'engrais à l'humus déjà riche de l'île. Les premiers Portugais auxquels la duchesse Isabelle de Bourgogne, sœur de l'infant, joignit ses Flamands laborieux et dévôts, y essayèrent des cultures d'Europe: le climat était tempéré et l'eau abondante.

Comme le ciel était clément, que le soleil restait chaud, même en décembre, qu'un éternel printemps semblait régner sur l'île, ils y tentèrent également des cultures tropicales. C'est ainsi que Madère cultiva d'abord et, côte à côte, la canne à sucre et la vigne. L'une allait apporter à l'île une richesse rapide et considérable: c'est avec le prix du sucre qu'on a construit les premières églises, les premières demeures nobles, et qu'on a fait venir d'Europe des Nativités et des Adorations, des orfèvreries d'autel et des tapisseries. A juste titre, Funchal a inscrit cinq pains de sucre à son blason.

Le moment de la vendange est arrivé sur l'île de Madère. Le vigneron travaille debout, cueillant à hauteur d'homme les grappes gonflées de suc. Celles-ci, accumulées dans les corbeilles, sont triées sur place et conduites au pressoir. Comme dans la région du Douro, le transport du moût est assuré par les «borracheiros», dont les outres en peau de chèvre contiennent jusqu'à une cinquantaine de litres.

Mais la vigne devait assurer à Madère une fortune plus durable. Il s'agissait de ceps amenés de Chypre, de Crète, de Candie ou bien encore des vignobles des bords du Rhin, car on voulait voir quels plants s'adapteraient le mieux au sol et au climat. Ils y prospérèrent, conservant leurs caractéristiques originales. Mais l'île de Madère devait marquer les vins de son sceau.

D'emblée le madère se révéla excellent. Dès 1455, Ca da Mosto, le célèbre navigateur vénitien, vantait dans ses récits le vin bu dans ces îles nouvelles. L'Europe entière s'emballa! Le duc de Clarence, enfermé à la Tour de Londres, choisit, pour échapper à la vengeance de son frère, de se noyer dans un fût de MALVOISIE. Falstaff, dit Shakespeare, vendit son âme, un vendredi, pour un verre de bon madère et une cuisse de poulet froid. François Ier en exigeait en permanence dans ses châteaux de Touraine. Puis au XVIIe siècle, les jeunes Anglais chassés par la tyrannie d'Olivier Cromwell émigrèrent aux Indes occidentales. Le commerce entre Londres et la colonie dut se faire par les ports britanniques, mais le vin de Madère put circuler librement. Le Portugal accorda des privilèges aux négociants anglais installés à Funchal, où le commerce était actif. Les vins de l'île, qu'on échangeait contre blés et produits laitiers d'Irlande, bois et riz d'Amérique, poissons de Terre-Neuve, ravitaillaient aussi les long-courriers.

William Bolton, consul d'Angleterre à Funchal, armateur et banquier, joua un rôle important dans le développement du vignoble de Madère. En 1699, il se plaignit que l'offre ne suffisait plus à la demande, en particulier des colons d'Amérique. Après l'indépendance des Etats-Unis, ceux-ci ramenèrent en Angleterre le goût des vins de Madère. Le futur George IV, premier gentleman d'Europe, les mit à la mode: on ne buvait pas autre chose à Carlton House et, en 1813, on exportait vers la Grande-Bretagne 22000 pipes de MALVOISIE. Mais vinrent les revers.

En 1852, un mal terrible ravagea les vignobles de l'île: l'oïdium. Des plants nouveaux furent décimés. Vingt ans plus tard, ce fut le phylloxéra. Et la vigne aurait été abandonnée sans le travail obstiné des viticulteurs éclairés qui réussirent à sauver une partie des ceps et à reconstituer les stocks. Grâce à leur patience et à leur dévouement, le madère reprit peu à peu sa place et son rang. Le Portugal, en 1979, en a exporté 1,5 million sur une production légèrement supérieure à 2 millions d'hectolitres.

LES VIGNES DE MADÈRE

L'île de Madère est exiguë: 50 kilomètres de long et 25 de large, dont un tiers à peine est cultivable. C'est un ancien volcan, jailli en plein océan; il se défend par de hautes falaises et se creuse de gouffres qui atteignent jusqu'à 800 mètres. Là, comme dans le Douro, il a fallu créer la terre arable, patiemment, tenacement, défonçant la lave à coups de pioche. Le paysan de Madère

cultive le moindre lopin accessible, même suspendu sur l'abîme. La vigne est son luxe, son orgueil et sa joie. Aussi la voit-on grimper en treille au bord des chemins, noyant les toits de tuiles ombrageant la courette où les femmes s'installent pour broder. Ces raisins-là assurent la consommation familiale. Mais les grands vins de Madère proviennent du versant le mieux exposé de l'île, au sud-ouest, si restreint qu'on en désigne les régions sous le nom de «estreitos» (détroits). Citons, parmi les plus fameux, ceux de Campanario, Ponta do Pargo, Madalena.

Afin d'utiliser au maximum cette surface si chichement accordée, les vignerons enroulent les ceps en boucles nombreuses soutenues par des fils. Ils effeuillent les pampres, afin que les grappes puissent boire le soleil à longueur de journée. Ce soleil les dore, les mûrit, les confit dans leur suc; le raisin doit être cueilli très mûr, mais un grain flétri ou gâté ne doit pas atteindre le pressoir.

Bien des amateurs éprouveraient quelque embarras à reconnaître, à l'étiquette, quel type de Madère ils ont devant les yeux. Le MALMSEY est issu de *malvoisie*, transplantée de l'île de Crète à Madère au XVe siècle. C'est un vin de dessert à l'arôme riche et à la belle couleur ambrée foncé. A l'autre extrémité de la gamme, le SERCIAL est sec.

LA VENDANGE ET LES TYPES DE VINS

La vendange est une fête. Pour les mêmes raisons que dans le Douro, le transport doit se faire à dos d'homme, même celui du moût qu'on descend vers les chais dans des outres de peau de chèvre ou des petits barils de 45 à 56 litres.

Ce moût est conservé dans la cuve exposée au soleil; là il se réduit et se caramélise (méthode employée en particulier pour les vins doux). On emploie maintenant un système d'étuves qui chauffe le moût à 50°. Le moût fermenté donne le «vinho claro» qu'on laisse reposer pour obtenir le «vinho trasfugado».

Comme le vin de Porto, le madère comprend deux familles: le vintage qui est le moût d'une vendange exceptionnelle, vieilli en bouteilles closes et donc sans aucun mélange, et le madère «solera» (de sol, soleil, en portugais) qui est un vin vieillissant toujours dans le même fût, lequel est, chaque année, pour compenser l'évaporation inévitable, rempli jusqu'au bord avec du vin du même type, mais plus jeune d'un an. La date d'un «solera millésimé» est celle du moût initial. Il existe encore, dans l'île, quelques flacons d'un vin vénérable appelé MADÈRE DE NAPOLÉON, cuvée 1792. Il fut offert en 1815 — par le consul d'Angleterre à Funchal — à Napoléon en route vers Sainte-Hélène. Malade, l'exilé ne toucha pas aux précieux barils. Après sa mort, le madère fut retourné au consul qui le vendit à Charles Blandy, lequel le mit en bouteilles, en 1840. On peut encore le déguster aujourd'hui. C'est un cas exceptionnel. Pour l'usage courant, il est conseillé de choisir des madères de vingt à trente ans.

Contrairement au porto, qui exige le repos et le recueillement, le madère ne fait que gagner à faire de longs voyages. On s'en aperçut au XVIIe siècle, en dégustant les MALVOISIES expédiés en Amérique: les balancements de la houle, les chaleurs des tropiques semblaient si favorables au vieillissement du madère qu'on prit l'habitude de le faire naviguer, et qu'un vin «retour des Indes» était recherché des amateurs. Une cargaison de MALVOISIE était une bonne prise pour les pirates; certaines changeaient trois ou quatre fois de pavillon en cours de traversée.

Les Anglais des XVIIIe et XIXe siècles furent les plus grands amateurs de madère. Les belles dames en parfumaient leur mouchoir. Les officiers en campagne en exigeaient 15 bouteilles par mois. C'est que, en dépit des plaisirs qu'il procure, le madère a des vertus toniques. Dès 1785, il était recommandé aux personnes affaiblies ou surmenées; on lui donna le surnom de «lait des vieux».

Le madère est également un merveilleux vin de cuisine. Il donne un relief savoureux aux consommés, au filet de bœuf, au gibier, aux abats, aux aspics, aux punchs et permet de réussir une excellente sauce, celle qui porte son nom. On utilise alors des madères jeunes. On ne fera surtout pas de confusion entre ces madères de cuisine et celui qu'on consomme au salon.

Une innovation heureuse et de très bon style consiste à donner une réception où l'on ne sert que du madère, avec deux crus, l'un très sec, l'autre doux et velouté: le premier accompagné de canapés et biscuits salés, le second de pâtisserie.

Il existe quatre grands madères, et d'abord le MALVOISIE, obtenu par pressurage des raisins les plus mûrs. C'est le premier qui fut cultivé dans l'île, à partir de cépages venus de Candie. Il est cultivé dans la région la plus chaude. Les grappes sont longues, coniques, à grains dorés. Le jus de ces grappes est recuit de soleil; il veloute et prend l'aspect de l'or liquide, d'une suavité de miel.

Le MALVOISIE a longtemps été le grand favori parmi les vins de Madère: c'est qu'il exprime le charme sensuel, enivrant, un peu mystérieux de l'île aux parfums. Il convient surtout comme vin de dessert et se consomme à la température de la pièce. En revanche le SERCIAL, qui a pour origine des plants venus de la vallée du Rhin, est sec, ambré, puissant. Il évoque un autre aspect de l'île: des gouffres, des crêtes où se déchirent les nuées, des paysages farouches et grandioses. Les meilleurs SERCIAL viennent du vignoble où le sol est le plus tourmenté, non loin de l'abîme où niche le Curral das Freiras (l'Etable des Sœurs), couvent édifié pour échapper aux pillages barbaresques. Le SERCIAL ne peut jamais être consommé avant d'avoir, au moins, huit à dix ans d'âge. On le sert comme apéritif, et frais.

Plus puissants que le MALVOISIE, le VERDELHO, demi-sec, et le BOAL, demi-doux, n'en ont pas le moelleux et s'ils n'ont pas la hautaine austérité du SERCIAL, ils sont, de ce fait, plus aimables, plus complets, et conviennent en toute occasion.

Le madère doit être servi avec les mêmes soins que le porté, décanté en flacon avant d'être bu dans des verres fins et transparents.

Enfin, il faut dire un mot du vin de Porto Santo, île voisine de Madère, et surtout du vin de Pico, aux Açores, qui eut, lui aussi, son heure de gloire, aux XVIIIe et XIXe siècles surtout, à la cour de Russie. Les vignes — détruites par l'épidémie et qui commencent à renaître — croissent dans une terre noire comme de la braise, appelée Terre de Mystère, au pied d'un volcan qui est le plus haut sommet du Portugal. Des murets de pierre ponce abritent les plants: jamais plus que quelques-uns à la fois, rabougris, agrippés à la pierre. Le vin de Pico est sec, nerveux, un peu rude: un xérès sauvage.

*

Dans la très curieuse église de Jésus, à Setúbal, un panneau d'«azulejos» (catelles d'origine maure) représente l'Arbre de Jessé. Et cet arbre est une vigne qui jaillit du ventre du patriarche puis, s'épanouissant, représente le Fils de Dieu.

Rien ne saurait mieux exprimer le caractère vital et sacré de la culture la plus noble qui, au Portugal, réunit les deux espèces, le pain et le vin; la vigne nourrit l'homme et lui apporte la joie, la force et l'espoir.

VINS DU PORTUGAL

VINS BLANCS SECS

Bucelas
Bucelas Velho
Dão Cabido
Dão Caves Império
Dão Grão Vasco
Dão Monástico
Dão Real Vinícola

Dão U. C. B.
Douro Favaios
Vinho Verde Agulha
Vinho Verde Alvarinho-Cepa Velha
Vinho Verde Amarante
Vinho Verde Aveleda — 1 R
Vinho Verde Casa do Landeiro

Vinho Verde Casal Garcia
Vinho Verde Casal de Pejeiros
Vinho Verde Casal da Seara
Vinho Verde Casalinho
Vinho Verde Casal Miranda
Vinho Verde Deu-la-Deu
Vinho Verde Lagosta

Vinho Verde Quinta da Aveleda
Vinho Verde Quinta do Tamariz
Vinho Verde Reserva da Aveleda
Vinho Verde Valverde
Vinho Verde Verdeal
Vinho Verde Lafões
Vinho Verde Sico

VINS BLANCS DOUX

Arealva
Borlido

Casalinho
Corveta

Emir
Grandjó

Monte Serves
Murtelas

VINS ROSÉS

Aliança
Dom Silvano

Faísca
Isabel

Mateus
Grandélite

Spiral
Barros

VINS ROUGES

Aliança
Arealva
Carvalho, Ribeiro & Ferreira
Colares M. J. C.
Colares V. S.
Dão Cabido
Dão Caves Aliança
Dão Caves Império
Dão Grão Vasco

Dão Monástico
Dão Real Vinícola
Dão Sóvida
Dão U. C. B.
Dão Vale da Fonte
Evel
J. M. da Fonseca
Lagoa
Lagos

Messias
Palmela-Clarete
Periquita
Quinta do Seminário
Reserva Sogrape
Romeira
Serradayres
Solar
Vinho Verde Casal da Seara

Vinho Verde C. Mendes
Vinho Verde Casal Garcia
Vinho Verde Folgazão
Vinho Verde Moura Basto
Vinho Verde Quinta do Tamariz
Vinho Verde Verdeal
Vinho Verde Lafões
Vinho Verde São Gonçalo
Vinho Verde Valverde

VINS GÉNÉREUX DIVERS

Carcavelos-Quinta do Barão
Carcavelos-Quinta da Bela Vista

Estremadura Silveira
Estremadura Lezirão

Moscatel de Setúbal - Setúbal
  superior

Moscatel de Setúbal - Setúbal Roxo
Palmela superior

VINS MOUSSEUX NATURELS

Assis Brasil
Danúbio

Grande Natal
Monte Crasto

Neto Costa
Principe Real

Raposeira
Companhia Velha

VINS DE MADÈRE

Sercial   Verdelho   Boal   Malmsey (Malvoisie)   Rainwater   Solera

VINS DE PORTO

VINS TRÈS SECS BRANCOS (BLANCS)

Casino Dry White	D. Fernando Extra Dry White	Porto Aperitivo	Port Dry White Estoril
Dow's Dry White Aperitif Port	Prince Henry	Porto Fino	Carito
Dry Tang	Cocktail Port	Golden Crown White Extra Dry	Dry Tua
Branco Extra Seco	Revisec Extra Seco	Extra Dry White	Souza Port Dry White
Chip Dry			

VINS SECS BRANCOS (BLANCS)

Very Dry, Old	Superior Alto Douro Dry White	Dry Port	Special White Dry
Very Dry White Port	Port	Aperitive	Porto Dry White Estoril
Rainha Santa Dry White	Porto Imperial Dry White	Dry White Port	Dalva's Dry White Port
Top Dry	Argonauta Dry White	Dry Old Port	Dryor
Secco Branco	Dry Finish White Port	Clipper	Porto Triunfal (White Dry Port)
Brig's Port White Dry			

VINS SECS ALOIRADOS-CLAROS (RUBIS)   VIN SEC ALOIRADO (TOPAZE)   VIN DEMI-SEC BRANCO (BLANC)

D. Velhissimo	Gotas de Ouro (seco)	Velho Seco	Special Pale Dry

VINS DEMI-SECS ALOIRADOS (TOPAZES)

Directors Reserve	Dow's Boardroom Port	Choco	Commendador	Victória	Dalva's Port

VINS DOUX ALOIRADOS-CLAROS (BLOND DORÉ)

Fine Royal Choice	Warre's Nimrod Port	Quinta do Bom Retiro	Fine Port	Duque de Bragança

VINS DOUX ALOIRADOS (TOPAZES)

Douro Velho	Imperial	Superb Old	Porto Clube
Royal Diamond	Quinta do Junco	Shippers	Very Superior Old Port
Senex	Royal Port No. 3	Old Lodge	Royal Delicate
Medieval Port	Cintra Grand Corona	Lança 2 Coroas	Porto Antonat Tawny
Top Honours	Vintners Choice	Revinor	Porto Nogueira Genuíno
Particular	Emperor	Imperial Tawny Doce	Ultra Tawny
Noval 20 Anos	Boa Vista	Tawny Superior	Porto Cruz
Directorial	His Eminence's Choice	Very Old Superior	Atlantic
Special Reserve	Rodo	Royal Port No. 1	Vasconcellos
54 Port	Acordo Finest Old Tawny Port		

VIN DOUX BRANCO (BLANC)   VINS TRÈS DOUX ALOIRADOS (TOPAZES)   LAGRIMA BRANCO (BLANC)

Lacrima Christi	Porto V V	Royal Esmeralda	Lacrima Christi

VINS DOUX TINTOS-ALOIRADOS (RUBIS)

Quinta das Quartas	Marquês de Pombal	Crasto V. O. R.	Century Port Abelha

VINS DOUX TINTOS (ROUGES)

Rainha Santa 840	Imperial Crown

LES VINS D'ITALIE

GIOVANNI DALMASSO

Retracer les origines de la viticulture et de la préparation du vin en Italie est une entreprise ardue. C'est que souvent, dès ses origines, l'histoire se charge de légendes, de mythes, de traditions: la réalité se trouve altérée par des apports poétiques, folkloriques ou fantastiques.

Cela est d'autant plus vrai pour un pays comme l'Italie où la culture de la vigne remonte à une très haute antiquité. Il semble qu'à l'ère néolithique déjà, l'homme ait découvert les propriétés quasi magiques du raisin fermenté, qui conféraient au buveur modéré ce «sage oubli de la vie» dont parle Dante. La vigne se rencontrait alors à l'état sauvage, croissant librement dans les forêts, s'entortillant et s'élançant très haut dans les arbres. L'homme apprit à la fixer et suscita la fermentation alcoolique dont il ne comprenait pas encore le processus.

Une question fut longtemps controversée: notre vigne, celle qu'on a coutume d'appeler la vigne européenne (l'espèce nommée *vitis vinifera*) doit-elle être considérée comme une plante autochtone ou, au contraire, a-t-elle été importée en Italie dans le flux des grandes migrations humaines venues d'Asie-Mineure ou d'Afrique du Nord? Sans doute ces deux origines sont-elles vraies et, des croisements des divers cépages, sont nées les innombrables variétés de vignes qui faisaient déjà s'exclamer Virgile dans ses Géorgiques: «Quem scire velit, Libyci velit aequoris idem» (celui qui voudrait connaître les infinies variétés de vignes ferait aussi bien de compter les flots de la mer ou les grains de sable du désert de Libye).

Il est certain qu'aux temps homériques déjà, la Sicile devait produire du vin en abondance. Un épisode de l'Odyssée tendrait à le démontrer: celui où, près de l'Etna, le cyclope Polyphème, rendu aveugle par Ulysse, tombe, ivre mort, dans un profond sommeil. Les Etrusques, implantés en Italie peut-être depuis 1000 ans av. J.-C., doivent certainement avoir contribué à la diffusion de la vigne. Ils étaient venus d'Orient, où l'agriculture avait déjà atteint un certain degré d'évolution qu'avaient sans doute aussi atteint la culture de la vigne et la préparation du vin. Mais les Etrusques, débar-quant sur le littoral de la mer Tyrrhénienne, y avaient probablement déjà trouvé des vignes anciennes et vigoureuses, puisque Pline pouvait affirmer qu'à Populonia se dressait une statue de Jupiter taillée dans un seul cep.

Il n'y a pas de doute qu'au temps de Pline l'Ancien, l'Italie avait conquis dans le monde la primauté pour la quantité et l'excellence de ses vins, dépassant la Grèce elle-même dont elle avait été le disciple en matière de viticulture. Dans sa Naturalis Historia, Pline parle de 195 espèces de vins dont plus de la moitié étaient des produits de l'Italie seule. Citons pour mémoire quelques crus de l'Italie antique: le MAMERTINO aux environs de Messine, le TAUROMENITANUM, obtenu dans la région de Taormina, le POTULAMUM, le SIRACUSANUM, les vins d'Agrigente et de Sélinonte et le BIBLINO dans la région de Syracuse. En Calabre, on appréciait avant tout le BRUTIUM et, si l'on remonte vers la Lucanie, les vins de Consentia, de Tempio, de Rhegium, de Buxentium. Les Pouilles aussi produisaient des vins de bonne renommée, notamment ceux de Tarente, de Babia, de Brindisi, de Canosa et d'Aulon. La région qui, cependant, au temps de l'Empire, produisait les vins les plus chantés par les poètes latins était la Campanie. Elle vantait son FALERNO, son CECUBO, son CALENO, son FORMIANO et les vins du Vésuve, pour ne mentionner que les astres de première grandeur.

Au Latium, nombreux étaient les vins qui alimentaient la capitale du monde antique. Mais aucun d'entre eux n'avait grande renommée. Et on pouvait en dire autant, en allant vers le nord, de ceux de l'Ombrie, des Marches, et même de la Toscane, si généreuse de nos jours. Il nous faut arriver dans la Haute-Adriatique, dans le golfe de Trieste, pour retrouver un des vins les plus vantés de l'Antiquité, le PUCINUM, produit près de l'embouchure du Timaro, non loin d'Aquileia.

L'Italie du Nord produisait encore un autre grand vin, le RETICO dont Virgile lui-même affirmait qu'il n'avait de rival que le FALERNO. On ne peut toutefois savoir avec certitude s'il s'apparentait aux excellents vins actuels de la région de Vérone, de la Valteline, voire même du Trentin.

253

La renommée des vins italiens ne s'est nullement ternie au fil des siècles. L'Italie possède de nos jours le second vignoble du monde par son étendue, ainsi que la plus forte production de vin et de raisins de table. Sa production annuelle moyenne au cours de la décennie 1963-1973 était de 66 millions d'hectolitres. En 1979, elle a même atteint 84 millions d'hectolitres.

L'une des caractéristiques essentielles de la viticulture italienne est d'être distribuée selon deux formes: monoculture et culture mixte. L'Italie, en effet, est le seul pays au monde où la culture de la vigne mêlée à celle d'autres plantes ait quelque extension.

En ce qui concerne la répartition selon l'altitude, le précepte virgilien «Bacchus amat colles» (Bacchus aime les collines) se vérifie aujourd'hui encore dans l'économie agricole italienne et continue d'imprimer au paysage de l'Italie péninsulaire une physionomie très typique. Dans maintes régions, comme par exemple dans le Montferrato et dans les Langhe du Piémont ou encore dans la région de Pavie, en Lombardie, les collines qui se succèdent à perte de vue sont souvent entièrement revêtues d'un manteau de vignobles dessinés, dirait-on, par un antique calligraphe.

En maints endroits, les conditions de vie et les exigences sociales ont changé, amenant inévitablement une réduction progressive des populations rurales, toujours plus attirées par les salaires des travailleurs urbains. Le manque de main-d'œuvre a provoqué une transformation sensible de la viticulture italienne. Un peu partout, la mécanisation s'est introduite. Ainsi, des machines ont été expérimentées pour les vendanges, mais il a été quelquefois nécessaire de modifier la physionomie même des vignobles de plaine. C'est ainsi que les vignes «mariées» aux arbres (ormes, érables, peupliers) cèdent peu à peu le pas à des rangées serrées et régulières, afin de permettre une culture beaucoup plus rationnelle.

Le décret-loi du 12 juillet 1963 règlemente la production et le commerce des vins afin d'harmoniser les pratiques à l'intérieur du Marché commun. Ce décret distingue trois catégories de vins: les vins d'origine simple (D.O.S.), environ une dizaine d'appellations jusqu'à fin 1977; les vins d'origine contrôlée (D.O.C.), environ 400 jusqu'à la même date; pour les vins d'origine contrôlée et garantie (D.O.C.G.), aucune appellation n'a encore été attribuée.

Les mesures d'application ont été longues à être mises en place et il ne faudrait pas trop se leurrer sur leur efficacité immédiate. En effet, les organes et moyens de contrôle semblent faire défaut pour l'instant. Toutefois un processus de clarification est amorcé, qui permettra au consommateur de lire les étiquettes avec profit. Dans ce chapitre, nous avons tenu compte de la nouvelle terminologie, mais nous avons signalé, en plus des vins d'appellation d'origine contrôlée, des vins et des crus qui ne sont portés sur aucune liste officielle.

ITALIE SEPTENTRIONALE

L'Italie septentrionale, qui produit près de la moitié de la production nationale, a une grande variété de rouges, de blancs et de rosés; il s'agit surtout de vins de table ordinaires, fins et supérieurs, mais également de vins spéciaux, comme les mousseux, les vins aromatisés ou flétris. Il serait trop long de les rappeler tous. Nous devons donc nous limiter à quelques notes sur les plus estimés en procédant par division géographique. Nous traiterons des régions vinicoles en allant de l'ouest à l'est.

VAL D'AOSTE. Pour l'automobiliste qui vient de traverser le tunnel du Grand-Saint-Bernard, la première région viticole qu'il rencontre est le val d'Aoste, où l'on trouve deux vins de pays: l'ENFER D'ARVIER et le DONNAZ. Le premier est issu du *petit rouge*, cépage originaire du val d'Aoste; c'est un vin d'un rouge grenat clair, d'une légère amertume. Le DONNAZ est produit à partir du *nebbiolo*; c'est un vin rouge savoureux avec un léger arôme d'amande.

Enfin on citera le BLANC DE MORGET qui provient de raisins récoltés sur des moraines du val d'Aoste à 1000-1100 m. d'altitude.

PIÉMONT. Si, comme nous le savons, d'autres régions d'Italie ont une production vinicole plus forte, il n'en est peut-être aucune qui surpasse le Piémont pour la variété des vins de qualité que donnent ses vignobles étalés à perte de vue sur les collines. Dans l'ensemble, ce sont surtout les vins rouges de table qui dominent, mais les blancs ne manquent pas, des plus secs aux mousseux les plus populaires.

Le vin rouge le plus célèbre du Piémont est le BAROLO; on a dit de lui qu'il était le «roi des vins italiens» et le «vin des rois». Le raisin qui produit ce vin superbe est le *nebbiolo*, cépage cultivé au Moyen Age déjà. Ce vin dégage un bouquet spécifique où l'on retrouve un arôme de violette, de résine associé à une fragance de rose. Le BAROLO est un excellent vin pour accompagner les rôtis, le gibier, voire même le foie gras truffé. On le sert à une température de 20° et il est bon de le déboucher une heure avant, afin de l'oxyder légèrement. Ce fut le vin préféré des monarques de la Maison de Savoie au XIXᵉ siècle, qui voulurent même en devenir producteur sur leurs domaines.

L'appellation de BAROLO ne peut être donnée qu'aux vins provenant des communes de Barolo, Castiglione,

En Italie, où la vigne est cultivée dans chacune des vingt régions administratives, les systèmes d'appellation des vins varient d'une région à l'autre, voire d'une commune à l'autre. Parfois, le nom du vin reprend celui du cépage, tel le Barbera, ou celui de sa commune d'origine, tel le Marsala. D'autres appellations, comme Sangue di Guida ou Lacryma Christi, évoquent le passé.

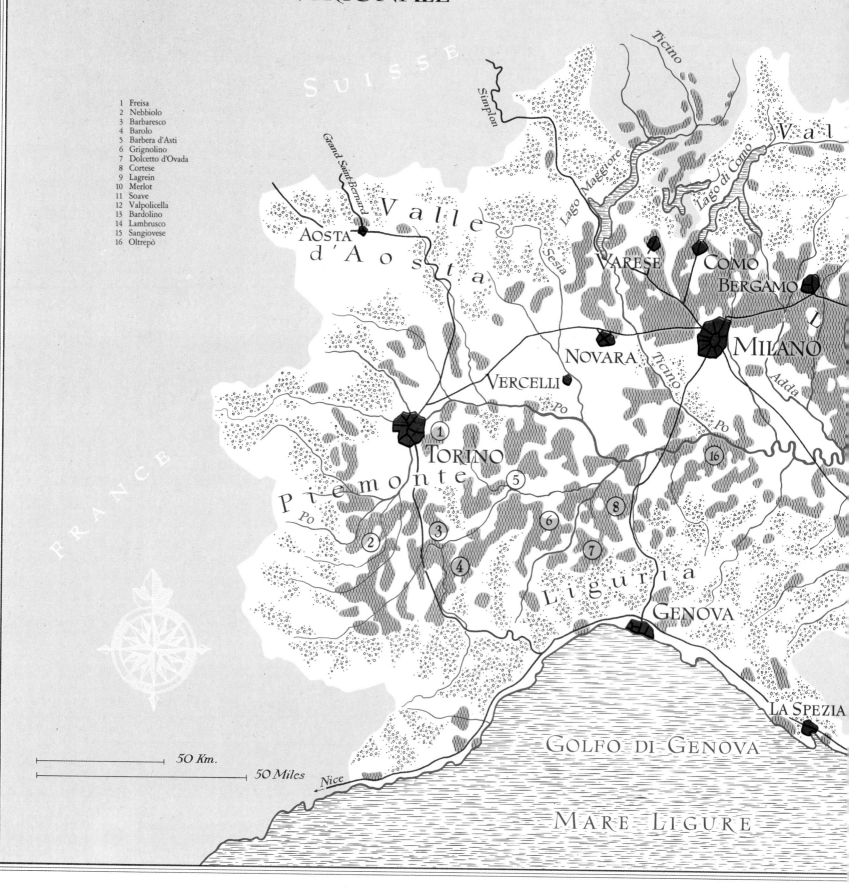

ITALIA SETTENTRIONALE

1 Freisa
2 Nebbiolo
3 Barbaresco
4 Barolo
5 Barbera d'Asti
6 Grignolino
7 Dolcetto d'Ovada
8 Cortese
9 Lagrein
10 Merlot
11 Soave
12 Valpolicella
13 Bardolino
14 Lambrusco
15 Sangiovese
16 Oltrepò

SUISSE

FRANCE

Grand Saint-Bernard

Simplon

Ticino

Lago Maggiore

Lago di Como

Val

AOSTA

Valle d'Aosta

Sesia

VARESE

COMO

BERGAMO

NOVARA

MILANO

VERCELLI

Ticino

Po

Adda

Po

Piemonte

Po

TORINO

① ⑤ ⑯

⑥ ⑧

③

② ⑦

④

Liguria

GENOVA

LA SPEZIA

Val

50 Km.

50 Miles

Nice →

GOLFO DI GENOVA

MARE LIGURE

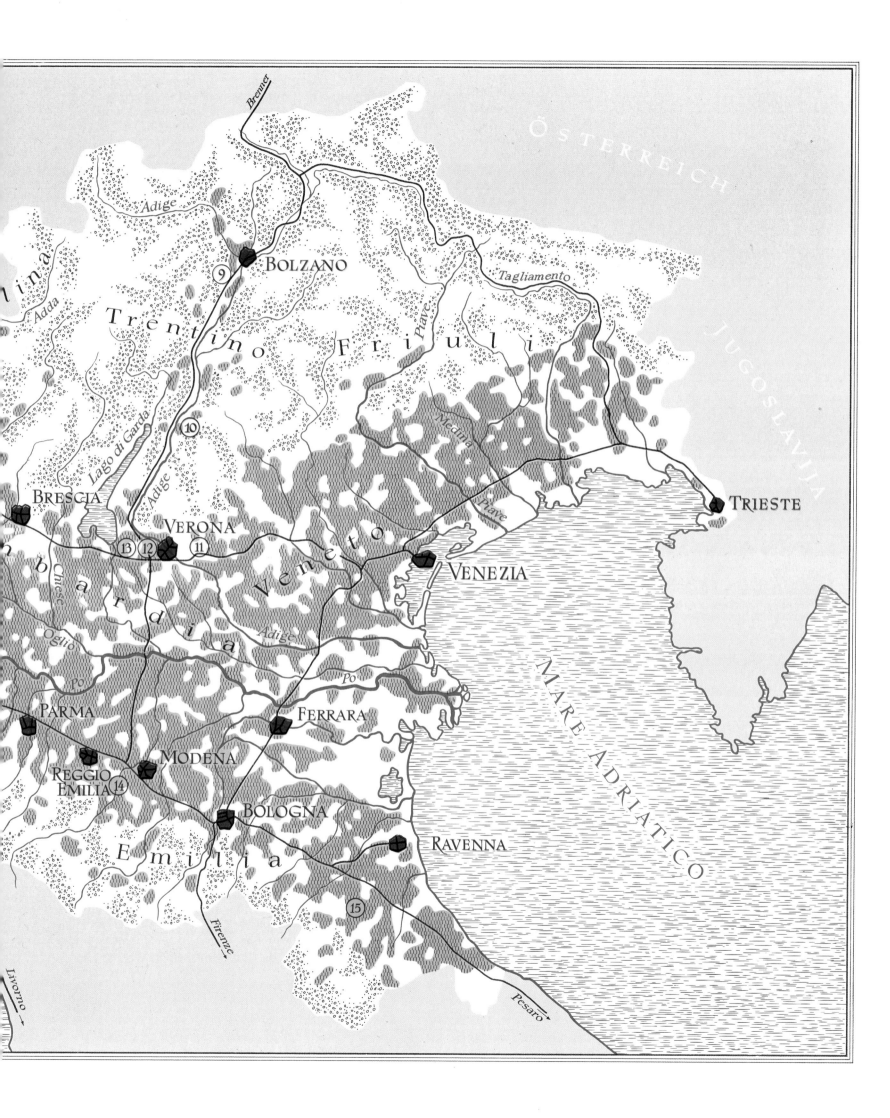

Les vignes des Langhe, dans le Piémont, sont cultivées sur des collines au sol marneux et sableux qui peuvent atteindre 700 à 800 m d'altitude. Les cépages les plus courants sont le *dolcetto* et le *nebbiolo* qui donnent des vins du même nom.

Falletto et Serralunga, également de certaines parties de quelques autres communes de la province de Cuneo. Le BAROLO doit passer trois ans en fûts de chêne avant d'être commercialisé; c'est un vin de 11° d'alcool au minimum, avec une belle robe rouge grenat à reflets orangés; il est plein, sec, robuste et harmonieusement équilibré.

Les meilleurs crus sont: dans la commune de Barrolo, le cru CANNUBIO; dans la commune de Castiglione-Falletto, le cru ROCCHE; dans la commune de La Morra, le cru BRUNATE et, dans la commune de Serralunga d'Alba, le cru VIGNA ROTONDA.

Issu lui aussi du *nebbiolo*, le BARBARESCO a beaucoup d'affinités avec le BAROLO; moelleux et plus léger cependant, c'est un bon vin de rôti et de gibier. Les meilleurs crus proviennent de la commune de Barbaresco, ASILI, PORA, BRICCO, MONTESTEFANO, de la commune de Treiso, ROMBONE, GRESY.

La mise en circulation du BARBARESCO est interdite avant deux ans. Les vins âgés de trois ans ont droit à la mention «Riserva» et ceux de quatre ans à celle de «Riserva speciale».

On obtient au Piémont, avec le *nebbiolo*, nommé aussi *spanna*, d'autres vins rouges «da arrosto»; ce sont les GATTINARA (cru réputé: CASTELLI DI PATRIARCA), LESSONA (cru réputé: SAN SEBASTIANO ALLO ZOPPO), GHEMME (cru réputé: RONCO TORAZZA), SIZZANO, FARA, BOCA (cru réputé: PODERE AI VALLONI). Tous ces vins astringents dans leur jeunesse, acquièrent, avec le temps, une harmonie fort estimable.

Toujours avec le *nebbiolo*, mais sous le nom de *picotener*, on produit sur les pentes des collines de la province de Turin, un vin très recherché, le CAREMA, de couleur un peu plus claire et, dans sa vieillesse, d'une rare finesse. L'aire de production se limite à la commune homonyme et la mise en circulation de ce vin est interdite avant quatre ans. Les bouteilles doivent indiquer clairement le millésime.

Par l'extension de sa zone de production et par l'abondance de sa production, le plus représentatif des vins piémontais est le BARBERA, du cépage du même nom. On peut estimer que près de la moitié de la production de vin piémontais est constituée de BARBERA. Jeune, ce vin a un bouquet ample et vineux, caractérisé par un arôme de violette et de rose passée; il accompagne parfaitement les plats de la cuisine régionale (tripes, bouillis, salamis, etc.); vieux, le BARBERA a une robe d'un beau rouge rubis, sa saveur et son arôme rappellent alors le BAROLO. On distingue le BARBERA D'ASTI (crus réputés: BANIN DELL'ANNUNZIATA, DELLA ROCHETTA), le BARBERA D'ALBA (crus réputés: ARIONE, BUT DI MADONNA COMO, PIAN ROMUALDO, RIVETTI), le BARBERA DEL MONTFERRATO (crus réputés: ANNIBALINI, CASTELLO DI GABIANO).

Bien des caractéristiques du BARBERA se retrouvent dans le FREISA, qui provient en partie de la même zone viticole. On en produit deux types bien distincts: l'un sec (tipo seco), l'autre légèrement moelleux (tipo amabile). On distingue le FREISA D'ALBA (cru réputé: DEL CIABOT DEL PRETE) et le FREISA DI CHIERI. Le FREISA sec gagne beaucoup à un vieillissement adéquat (plus court cependant que pour le BARBERA). Il développe alors un parfum délicat de violette, perdant beaucoup de la forte acidité qu'il avait dans sa jeunesse.

Il est un autre vin rouge de table abondamment produit dans le Piémont, c'est le DOLCETTO, qui, malgré son nom, est un vin sec accompagnant fort agréablement les viandes blanches (veau, poulet, etc.). On distingue le DOLCETTO D'ALBA (crus réputés: BASARIN, BOSCHI DI BERRI, CAGNAST, CAMPETTO DEL COLOMBE, ROCHETTEVINO, SAN CRISTOFORO), le DOLCETTO D'ASTI, le DOLCETTO D'ACQUI, le DOLCETTO DI DIANO D'ALBA, le DOLCETTO DI DOGLIANI, le DOLCETTO DELLE LANGHE MONREGALESI, le DOLCETTO DI OVADA. Dès la première année, au plus tard dès la seconde, ce vin a revêtu toutes ses qualités. Il a du corps et est d'une acidité modérée. Sa saveur est très aimable, ronde, d'une légère mais agréable amertume. On en prépare aussi une espèce légèrement pétillante ou mousseuse, appréciable surtout en dehors des repas.

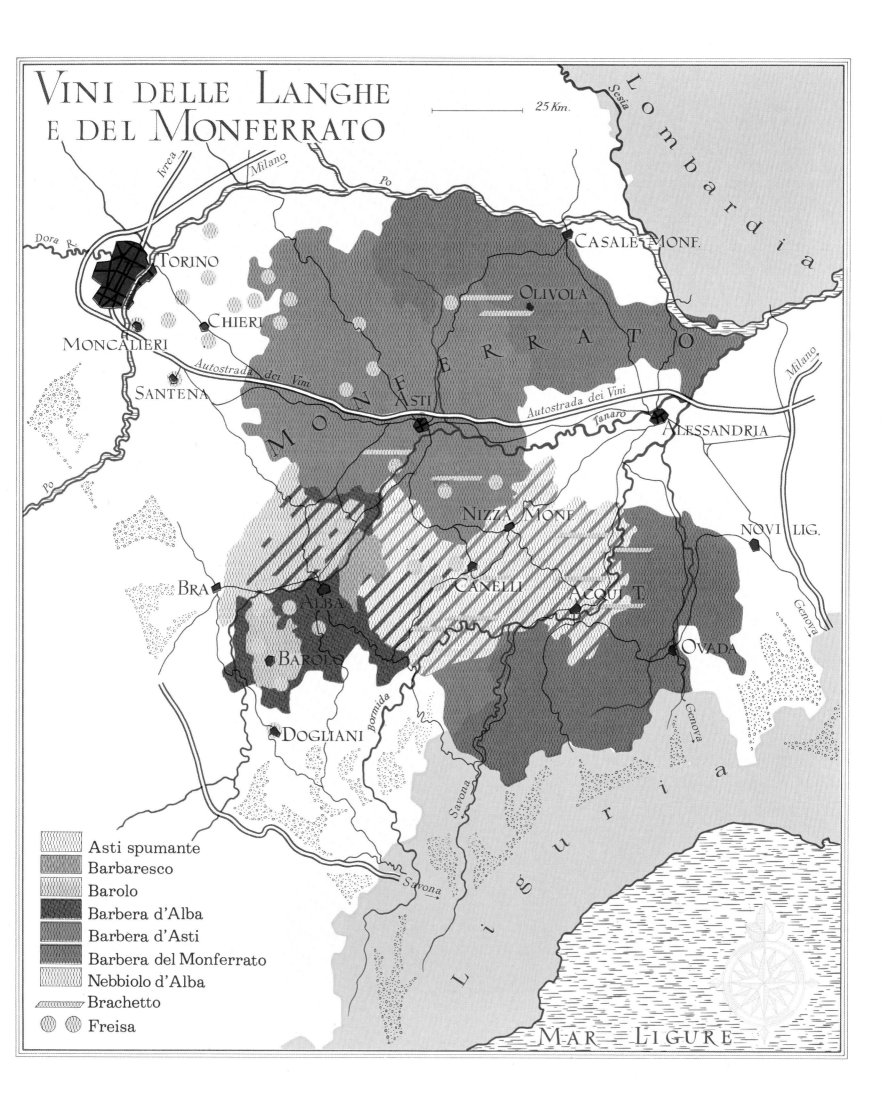

VINI DELLE LANGHE E DEL MONFERRATO

25 Km.

Lombardia

Ivrea

Milano

Po

Dora R.

TORINO

CASALE MONF.

MONCALIERI

CHIERI

OLIVOLA

M O N F E R R A T O

SANTENA

Autostrada dei Vini

ASTI

Autostrada dei Vini

Tanaro

Milano

ALESSANDRIA

NIZZA MONF.

NOVI LIG.

BRA

ALBA

CANELLI

ACQUI T.

BAROLO

OVADA

Bormida

Genova

DOGLIANI

Savona

Genova

L i g u r i a

Savona

Asti spumante
Barbaresco
Barolo
Barbera d'Alba
Barbera d'Asti
Barbera del Monferrato
Nebbiolo d'Alba
Brachetto
Freisa

MAR LIGURE

Un autre vin qui s'affine en prenant de l'âge est le GRIGNOLINO; beaucoup le considèrent comme le meilleur vin de table piémontais en raison de sa saveur délicate, harmonieuse et fraîche, de son arôme embaumant, de sa belle couleur rubis clair et de sa teneur modérée en alcool (11-12°). On distingue le GRIGNOLINO D'ASTI (crus réputés: CASCINA PRETE, MIGLIANDOLO) et le GRIGNOLINO DEL MONFERRATO CASALESE (crus réputés: CASCINA MIGLIAVACCA, TENUTA DE RE).

Dans la région d'Alba, le *nebbiolo* donne le NEBBIOLO D'ALBA dont on distingue trois types: un vin sec, un vin moelleux et un vin mousseux. Le NEBBIOLO D'ALBA est estimé des connaisseurs et plus particulièrement les crus suivants: BERNARDINA, SAN ROCCO, OCHETTI, CARRETTA, LA COLA VALLEMAGGIORE DI LA VEZZA, MONTEU RUERO, VALLEMAGGIORE DI LA VEZZA. Le NEBBIOLO mousseux, rouge, se sert frais, le moelleux avec les desserts, juste au-dessous de la température ambiante, et le sec, chambré.

Parmi les autres vins rouges, mentionnons encore: le BRACHETTO D'ACQUI, aromatique et moelleux au bouquet rappelant la rose; le BRACHETTO de type mousseux est

On distingue trois BARBERA, celui d'Asti, celui d'Alba et celui de Montferrato. Notre étiquette habille une bouteille d'un vin rouge sec, qui prend des reflets grenat en vieillissant. C'est un excellent vin de rôti.

Les vignes de Monforte d'Alba (ci-contre) sont plantées en *dolcetto*, qui donne un DOLCETTO D'ALBA, beau vin rouge, sec et agréablement équilibré.

l'un des rares vins rouges mousseux de qualité; le MALVASIA DI CASORZO D'ASTI, d'un beau rouge rubis clair, est un vin moelleux et légèrement aromatique; le MALVASIA DI CASTELNUOVO DON BOSCO a une robe rouge griotte et exhale un parfum prononcé de raisin, lui aussi moelleux et fruité; le RUBINO DI CANTAVENA, dont la robe rouge a des reflets grenade avec un parfum agréable, une saveur sèche et vigoureuse.

Dans le PIÉMONT, les vins blancs de table sont en faible minorité. Les plus connus sont les CORTESE et, parmi ceux-ci, le CORTESE DE GAVI (crus réputés: MONTE ROTONDO, ROVERETO); ce sont des vins secs à la couleur jaune paille, plus ou moins clair, d'un goût léger, sec, frais et au parfum délicat, qui accompagne fort bien les poissons. On trouve aussi des GAVI mousseux.

Un autre vin blanc est l'ERBALUCE DI CALUSO, que l'on trouve en vin sec et en vin de paille, le CALUSO PASSITO, lequel est, selon Luigi Veronelli, un vin de méditation.

Mais le Piémont est aussi, et à juste titre, orgueilleux de ses vins «spéciaux». Qu'il suffise de nommer le MOSCATO D'ASTI et l'ASTI SPUMANTE. Le raisin qui sert à les obtenir est un *muscat jaune*, dit aussi *muscat de Canelle*, du nom d'une petite ville située au centre de l'aire de production et de la zone industrielle où s'élaborent les fameux mousseux qui ont rencontré une si grande faveur sur les marchés national et international. C'est que, bénéficiant d'une préparation minutieuse et complexe, aujourd'hui parfaitement éprouvée, ces vins de dessert ont acquis une distinction prisée par le grand public.

LIGURIE. Le rôle de la viticulture dans l'économie de cette région est modeste, mais les vins liguriens n'en méritent pas moins une mention plus qu'honorable.

Sur la Riviera occidentale, entre Gênes et Vintimille, nous trouvons le DOLCEAQUA ou ROSSESE DI DOLCEAQUA, vin rouge peu alcoolisé et d'un arôme délicat ou vin blanc légèrement pétillant, frais et d'un agréable bouquet. Egalement dans cette région le VERMENTINO, qui est un blanc sec de qualité, d'une teneur en alcool modérée, d'une belle couleur jaune paille foncée, frais et d'un agréable bouquet.

Sur la Riviera orientale, les vins les plus renommés sont les CINQUE TERRE et CINQUE TERRE SCIACHETRÀ, dont on produit un type doux et un type sec (cru réputé: MANAROLA). Il s'agit-là d'une viticulture d'exception, parce qu'elle s'exerce traditionnellement sur les pentes très raides qui surplombent la mer, où les vignes s'agrippent aux rochers et produisent très parcimonieusement de petites grappes de raisins blancs des variétés *rosco*, *albarola* et *vermentino*. Ces vignes mûrissent parfaitement, donnant des moûts très riches en sucre que l'on transforme en vins secs ou en vins de dessert (SCIACCHETRÀ).

LOMBARDIE. Cette région n'est certes pas une des principales régions vinicoles d'Italie, mais elle peut se vanter de produire plusieurs vins de qualité. Les vignobles se répartissent en trois zones bien distinctes: l'Oltrepò pavesan, la Valteline et les rives occidentales et méridionales du lac de Garde.

La première de ces zones semble être le prolongement des collines du Piémont et, plus précisément, de celles du Montferrato. Elle se situe dans la province de Pavie et se présente comme une suite ininterrompue de collines recouvertes de superbes vignobles aux vins excellents, tant rouges que blancs. Parmi les premiers prédominent ceux qu'on prépare à partir du *barbera* piémontais et des cépages indigènes: *ovattina* (qu'on appelle aussi *bonarda*), *uva rara* ou «raisin rare» et *ughetta*.

Ces vins portent des noms aujourd'hui bien connus des connaisseurs: le BUTTAFUOCO DELL'OLTREPÒ PAVESE, d'un rouge profond, est un vin de table réputé, notamment le cru CASTANA, le BARBACARLO DELL'OLTREPÒ PAVESE

Outre les vignobles de la Valteline et de la Riviera del Garda, la Lombardie possède un beau vignoble qui s'étend au sud, sur les collines de l'outre-Pô de Pavie (Oltrepò Pavese) et qui produit des vins blancs et des vins rouges recherchés des connaisseurs.

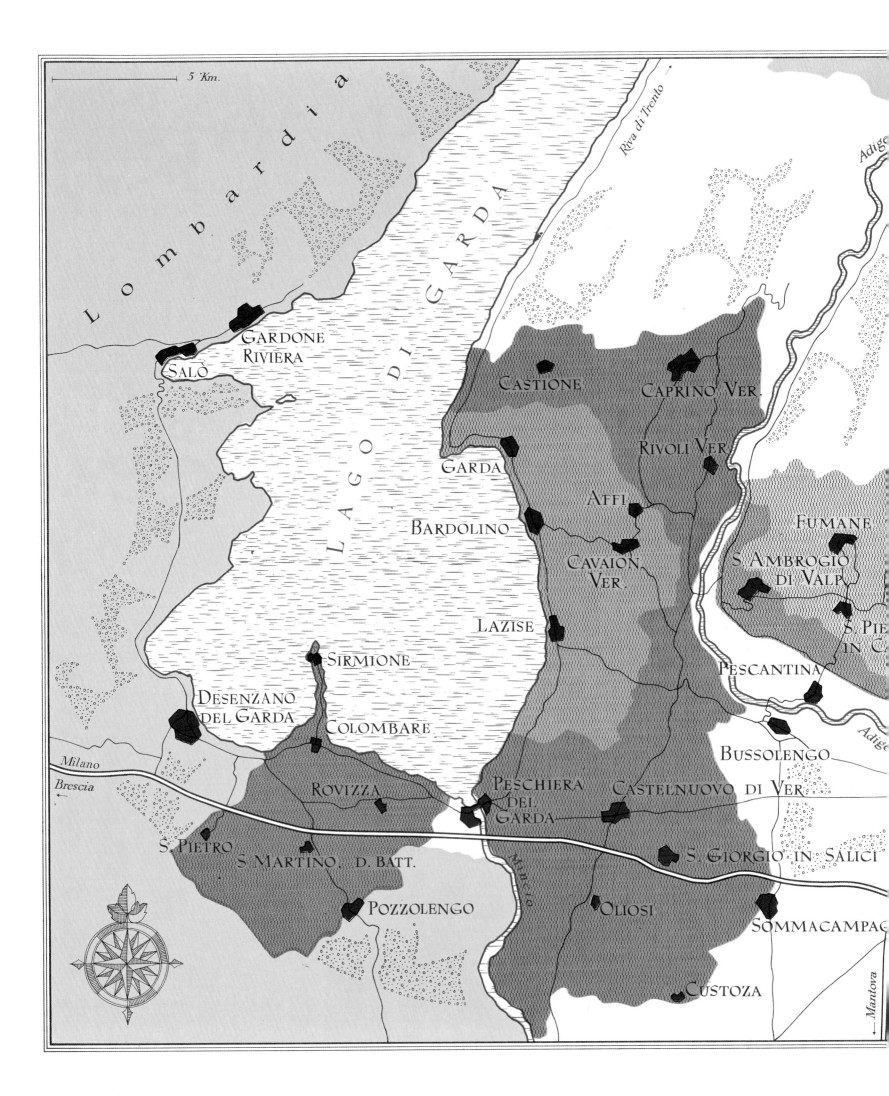

5 Km.

Lombardia

Lago di Garda

GARDONE RIVIERA

SALÒ

CASTIONE

CAPRINO VER.

RIVOLI VER.

GARDA

AFFI

BARDOLINO

CAVAION VER.

FUMANE

S. AMBROGIO DI VALP.

S. PIE IN C.

PESCANTINA

LAZISE

SIRMIONE

DESENZANO DEL GARDA

COLOMBARE

Milano

Brescia

ROVIZZA

PESCHIERA DEL GARDA

CASTELNUOVO DI VER.

BUSSOLENGO

Adige

S. PIETRO

S. MARTINO. D. BATT.

S. GIORGIO IN SALICI

POZZOLENGO

OLIOSI

SOMMACAMPAG.

Mincio

CUSTOZA

Mantova

Riva di Trento

Adige

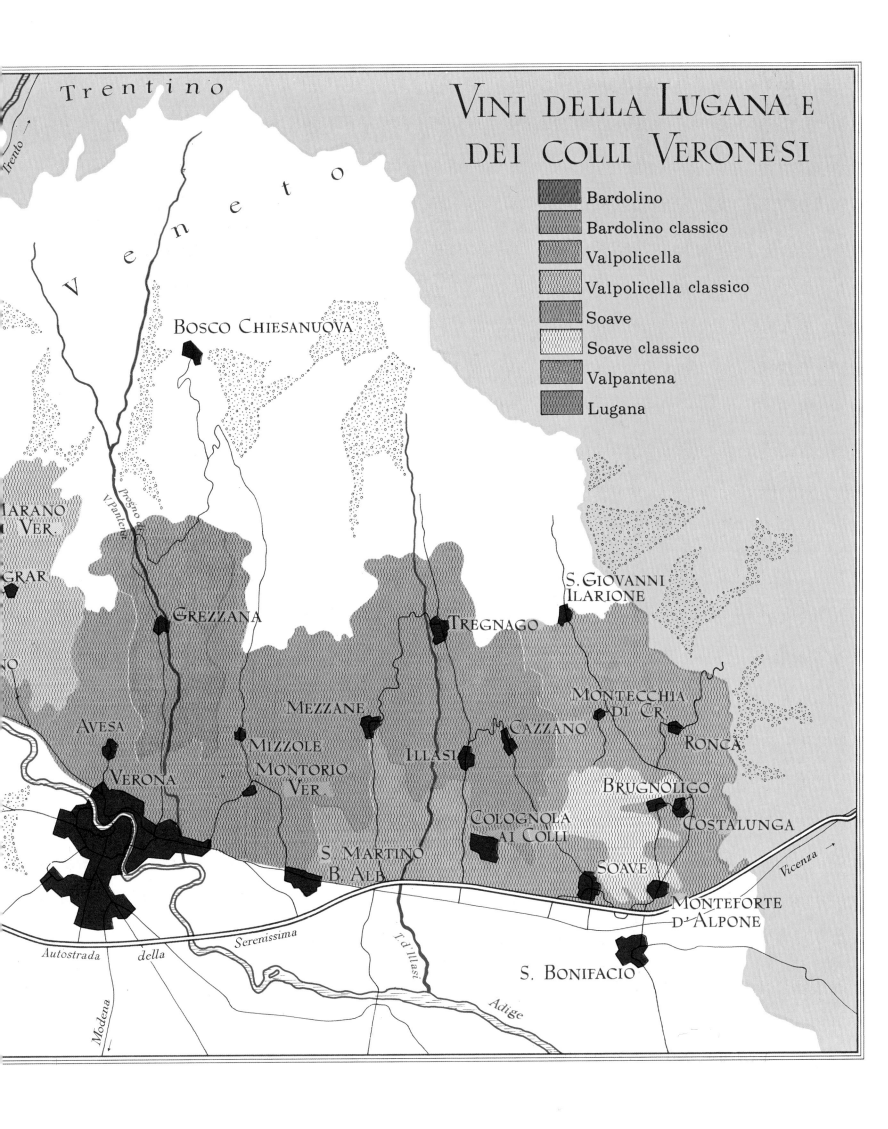

VINI DELLA LUGANA E DEI COLLI VERONESI

Trentino

Veneto

- Bardolino
- Bardolino classico
- Valpolicella
- Valpolicella classico
- Soave
- Soave classico
- Valpantena
- Lugana

BOSCO CHIESANUOVA

S. GIOVANNI ILARIONE

GREZZANA

TREGNAGO

MEZZANE

MONTECCHIA DI CR.

CAZZANO

RONCA

AVESA

MIZZOLE

ILLASI

MONTORIO VER.

BRUGNOLIGO

VERONA

COLOGNOLA AI COLLI

COSTALUNGA

S. MARTINO B. ALB.

SOAVE

Vicenza

MONTEFORTE D'ALPONE

S. BONIFACIO

Autostrada   della   Serenissima

Modena

T. d'Illasi

Adige

MARANO VER.

GRAR

a un arôme délicat de violette ou de framboise; le SANGUE DI GIUDA DELL'OLTREPÒ PAVESE a une robe rouge rubis; ces trois vins sont secs, bien parfumés et légèrement mousseux.

Le BONARDA DELL'OLTREPÒ PAVESE, de couleur rubis intense, a un arôme typique de fraise. Crus renommés: SCAZZOLINO DI ROVESCALA et ROVESCALA.

Outre ces vins caractéristiques, cette région produit également des *pinots*: PINOT DELL'OLTREPÒ PAVESE (cru réputé: MONTECALVO), des *barbera*, BARBERA DELL'OLTREPÒ PAVESE (crus réputés: FRACCHION DI ROVESCALA, SCAZZOLINO DI ROVESCALA) et un ROSSO DELL'OLTREPÒ PAVESE.

Parmi les vins blancs de cette région, le plus remarquable est assurément le RIESLING DELL'OLTREPÒ PAVESE, avec quelques crus fameux: OLIVA, RUGOLON, ROSSELLA, SCAGNO, NAZZANO et, le meilleur de tous, le CASALE.

Les autres blancs, comme le CLASTIDIO BIANCO, le FRECCIAROSSA BIANCO, le CORTESE DELL'OLTREPÒ PAVESE sont des vins secs et d'un parfum raffiné. On produit également un MOSCATO DELL'OLTREPÒ PAVESE aromatique et moelleux, à boire en dehors des repas.

La VALTELINE, dans la province de Sondrio, est une zone viticole très importante et très ancienne. On dit même que le fameux RETICO, tant aimé par l'empereur Auguste, est l'ancêtre des vins actuels de cette région.

Le MOSCATO D'ASTI est issu exclusivement de *muscat blanc* cultivé dans un nombre restreint de communes des provinces d'Asti et de Coni. Les vignes grimpent à l'assaut des collines, entourent églises ou couvents, épargnent les crêtes qu'elles laissent aux villages ou aux arbres; ci-dessus, dans les environs d'Asti; à droite, vers Valdivilla, à l'arrière automne.

Le poète latin Virgile, qui parla si bien des travaux de la campagne, aurait aimé cette scène qui l'aurait à peine surpris. Oui, bien sûr, la sulfateuse l'aurait intrigué tant par son fonctionnement que par la couleur du liquide dont elle asperge la vigne. Mais il aurait retrouvé la paire de bœufs familiers et le rythme lent de leur marche assidue. Cette scène d'un autre temps se passe dans un vignoble de la Vénétie.

Pour l'essentiel, ces vins sont issus de *nebbiolo*, qui porte le nom local de *chiavennasca*. Ce sont des vins vifs, pleins, souples et harmonieux, à la robe sombre mais intense, au parfum subtil, au goût sec et vineux. Ils se distinguent par les noms des endroits qui les produisent: SASELLA (cru réputé: PARADISO), GRUMELLO, ERACIA, VALGELLA. Dans les pays germaniques, on les connaît sous le nom générique de VELTLINER.

Un type particulier de vin de la Valteline est le SFURZAT, qui se prête à un long vieillissement et se transforme alors en un véritable vin de dessert, d'une couleur tirant sur l'orange.

Admirons en passant l'œuvre des vignerons de la vallée de l'Adda qui ne craignent pas de se hisser sur les terrasses étroites et haut perchées pour y cultiver les plants accrochés à la roche.

La troisième zone viticole lombarde est située à l'ouest et au sud du lac de Garde. On y trouve les vins suivants: le BOTTICINO (cru renommé: BETTINA) est un vin rouge à reflets grenat, à saveur bien typée et légèrement tannique; il accompagne bien les plats rustiques.

Le CELLATICA, issu d'un mélange de plusieurs cépages *(schiave gentile, barbera* et *cabernet)* est un bon vin de table à la saveur vigoureuse, pleine et sèche.

Le FRANCIACORTA ROSSO est issu de *cabernet, barbera, nebbiolo* et *merlot*; vin rouge à reflets violets dans sa jeunesse, plus tard à reflets grenat. Cru renommé: le BORGOGNATO.

Les vins blancs de cette région sont le FRANGIACORTA PINOT et le VALCALEPIO (également en rouge).

La région située au sud du lac de Garde produit des vins rouges, rosés et blancs sous la dénomination de RIVIERA DEL GARDA, des rosés et des blancs sous la dénomination de COLLI MORENICI MANTOVANI DEL GARDA.

Le LUGANA est un vin blanc, de couleur jaune paille tirant sur le vert, de saveur fine, légère et fraîche. Crus renommés: LUGANA, LA GHINIDA. La même région produit encore le PUSTERLA, excellent vin fin, vinifié en blanc, rouge et rosé. Ce vignoble est assez restreint.

Le TOCAI DI SAN MARTINO DELLA BATTAGLIA a une saveur ronde et sèche.

VÉNÉTIE. Cette grande région de l'Italie du Nord dispute aujourd'hui aux Pouilles la première place pour la quantité de la production vinicole. Elle peut également se glorifier de posséder un nombre fort important de vins de qualité de catégories les plus diverses.

Les vignes du Haut-Adige sont cultivées en terrasses, sur les flancs de la vallée creusée par le fleuve. Les vins y ont parfois deux noms, en italien et en allemand: on dit, par exemple, du SANTA MADDALENA ou du MAGDALENER, du CALDARO ou du KALTERER, du TEROLDEGO ou du TERLANER. C'est qu'on y est proche de la frontière suisse alémanique et autrichienne où ces vins sont très appréciés.

Quand on se dirige de Milan à Venise, la première région viticole de la Vénétie que l'on traverse est celle de Vérone. Dans le vignoble situé entre le lac de Garde et Vérone, les vignes produisent surtout des vins rouges. Ce sont le BARDOLINO (cru réputé: CALMASINO), un des plus charmants vins de table italien; il a une robe claire et vive; il est frais et d'un bouquet agréable; le VALPOLICELLA-VALPANTENA, vin rouge d'usage courant, à la robe rouge virant au grenat en vieillissant, sec ou légèrement moelleux, a beaucoup de corps, un velouté harmonieux et, à l'occasion, un léger rappel d'amandes amères. Parmi les crus remarquables: MAZZUREGA, ARTIZZANA, SAN PERETTO, SAN FLORIANO, PEDEMONTE, SAN GIORGIO, CAMPO FIORIN, LE RAGOSE, MONTE FONTANA.

Le RECIOTO DELLA VALPOLICELLA a une couleur grenat plutôt vineuse, une saveur fine, pleine, chaude, veloutée et séduisante. Il titre 14° d'alcool au minimum, accompagne fort bien le foie de veau à la vénitienne (crus réputés: LE RAGOSE, MONTE OLMI, TORBE).

Au sud de Vérone, la vigne donne le BIANCO DI CUSTOZA à la robe jaune paille, au bouquet légèrement amer et moelleux.

A l'ouest de Vérone, on produit surtout des vins blancs et notamment le SOAVE (cru réputé: CALVARINO), jaune paille virant parfois au vert, à la saveur sèche avec un léger arôme d'amande. On apprécie un SOAVE frais avec un plat de poisson. Le RECIOTTO DI SOAVE est un vin quasi liquoreux et moelleux qui titre 14° d'alcool minimum; il est de très ancienne tradition dans la province de Vérone — certains voudraient même le faire remonter à Théodoric le Grand, roi des Ostrogoths (454-526). Il est issu des mêmes cépages que le VALPOLICELLA et soumis à un long flêtrissement.

Le GAMBELLARA est, lui aussi, un bon vin blanc de table à la saveur rude, fraîche et légère.

Les vins groupés sous l'appellation COLLI BERICI sont blancs: le COLLI BERICI GARGANEGA, le COLLI BERICI TOCAI, le COLLI BERICI PINOT BIANCO; ou rouges: le COLLI BERICI MERLOT, le COLLI BERICI TOCAI ROSSO, le COLLI BERICI CABERNET. Ce sont des vins de table à boire relativement jeunes.

Au sud de Padoue, le vin des COLLI EUGANEI est rouge ou blanc; le rouge est issu en grande partie de *merlot*, le blanc d'un mélange de *garganega*, de *serpina* et de *tocai*

Les vignerons italiens ont hérité d'un lointain passé de très anciennes habitudes pour cultiver la vigne. Suivant la qualité du sol et les caractéristiques du micro-climat, les sarments sont portés assez haut et soutenus par des perches: le raisin mûrit ainsi dans les meilleures conditions possibles. A droite, vigne d'Emilie.

Souvent les ceps noueux montent très haut, soutenus par des tuteurs; la vigne prend alors des allures d'arbres fruitiers. Dans certains cas, il s'agit de cultures mixtes, vigne et légumes.

italien. Le Colli Euganei Moscato est issu du muscat blanc; on le trouve parfois vinifié en mousseux.

Au nord de Padoue, de Bassano à l'Adriatique, on trouve une nouvelle région viticole de la Vénétie, qui produit le Breganze, rouge ou blanc; ce dernier convient à merveille au fameux «risi e bisi» (riz et petits pois) de la cuisine vénitienne; le Prosecco di Conegliano-Valdobiadene et le Superiore di Cartize sont des vins blancs secs ou «amabile» (moelleux) qui sont aussi vinifiés en mousseux.

Dans la région de Trévise, on trouve les Piave ou Vini del Piave; ce sont des rouges issus de *merlot* (crus réputés: Castello di Roncade, Vallonto), de *cabernet* (cru réputé: Certosa del Montello), de *pinot noir* (cru réputé: San Vendemiano), de blancs comme le Tocai (cru réputé: San Lorenzo) et le Verduzzo.

Plus à l'est encore, on rencontre le Cabernet et le Merlot di Pramaggiore, qui sont des vins rouges secs à la senteur légèrement herbacée.

Enfin cette même région produit un blanc appelé Tocai di Lison, issu d'un cépage *tokay* du Frioul.

C'est dans la province de Trévise qu'en 1877 a été fondée la première école de viticulture et d'œnologie d'Italie, l'Ecole de Conegliano, qui a tant contribué à faire progresser ces disciplines dans la péninsule.

Trentin – Haut-Adige. Au nord de Vérone, la route conduit dans le Trentin et le Haut-Adige et, au-delà, en Autriche par le col du Brenner. Les vignerons de ces régions ont accompli de très grands progrès ces dernières années dans la vinification de leurs moûts.

Dans le Trentin, le vin le plus remarquable est le Teroldego Rotoliano, qui est un rouge sec avec un goût d'amande amère. Crus réputés: Maso Scari, Maso Ischia. On trouve aussi un rosé, le Teroldego Rotoliano Rosato. Les autres appellations d'origine contrôlée sont les suivantes: le Casteller, le Caldaro ou Lago di Caldaro pour les rouges. Le Trentino est rouge dans les Trentino Cabernet, Trentino Lagrein, Trentino Marzemino et Trentino Merlot; blanc dans les Trentino Pinot, Trentino Riesling; aromatique ou moelleux dans les Trentino Traminer, Trentino Moscato et Trentino Vino Santo; il existe également un rosé, le Trentino Lagrein Kretzer.

Au nord de Trente, le Haut-Adige produit des vins rouges et blancs dont voici les principaux. Les rouges: le Santa Maddalena, le Lagrein (meilleur cru provenant de Muri-Gries), le Meranese di Collina, le Colli di Bolzano et les différents rouges groupés sous l'appellation Alto Adige (–Cabernet, –Lagrein, –Scuro, –Malvasia, –Merlot, –Pinot Nero, –Schiave); les blancs: les Valle Isarco (–Traminer, –Pinot, –Pinot Grigio, –Sylvaner, –Muller-Thurgau), le Terlano et les différents Alto Adige (–Moscato Giallo, –Pinot Bianco, –Pinot Grigio, –Riesling Italico, –Riesling Rennano (crus réputés: Kolbenhof, Terlano), –Riesling Sylvaner, –Sylvaner, – Sauvignon, –Gewürztraminer (crus réputés: Mazzon, Novacella).

Ces vins sont souvent connus à l'étranger sous un nom germanisé (Magdalener, Lagreinkretzer, Terlaner, Kalterer).

Vénétie Julienne – Frioul. Au nord-est de Venise, on trouve encore deux régions viticoles, la Vénétie julienne et le Frioul.

Pour la Vénétie julienne, on signalera les Latisana (rouges: –Merlot, –Cabernet, –Refosco; blancs: –Tocai, –Pinot Bianco, –Pinot Grigio, –Verduzzo, –Traminer, –Aromatico, –Riesling Rennano), les Aquileia (rouges: –Merlot, –Cabernet, –Refosco; blancs: –Tocai, –Pinot Bianco, –Riesling) et le Collio Goriziano ou simplement Collio, qui est un blanc sec (crus réputés: *Riesling*: Cormons, Dolegna; *müllerthurgau*: Spessa; *malvasia*: Lucinico; *pinot bianco*: Russiz; *pinot grigio*: Plessiva di Cormons; *sauvignon*: Roncada Russiza; *tocai*: Paradis di Cormons, Russiz; *traminer*: Plessiva di Cormons.

Dans le Frioul, les types de vin sont moins nombreux; on trouve des rouges et des blancs dans les Colli Orientali del Friuli, notamment des blancs: un *pinot gris* (cru réputé: Gramogliano), un *tocai* (cru réputé: San Martino) et un *verduzzo* (cru réputé: Ronchi di Rosazzo) et dans les Grave del Friuli. On produit encore dans le Frioul un vin blanc liquoreux, le Piccolit, dont le meilleur cru est le Rocca Bernarda.

Emilie Romagne. Dans cette région, la vigne s'étend sur une plaine dont le climat est des plus favorables à son développement. Beaucoup apprécient les vins rouges issus des différentes variétés de *lambrusco*. Tous ces vins ne sont pas de la même qualité. La palme revient au Lambrusco di Sorbara, qui est un vin d'un beau rouge grenat et dont le caractère légèrement mousseux se manifeste par une vive écume rose. Cru remarquable: Villanova di La. On citera encore le Lambrusco Salamino di Santa Croce (cru réputé: Ciberno), le Lambrusco Reggiano, le Lambrusco Grasparossa di Castelvetro.

Les Lambruschi s'harmonisent parfaitement avec la cuisine émilienne, très savoureuse, plutôt grasse, en grande partie à base de viande de porc, qui réclame donc une boisson plutôt piquante.

Autre vin rouge de cette région, le Sangiovese di Romagna (cru réputé: Rocca di Ribano), robe rouge aux reflets violets, sec, parfois légèrement tannique; également le Gutturnio dei Colli Piacentini (cru réputé: Solitaria), les vins des Colli Bolognesi di Monte San Pietro.

Parmi les blancs, l'Albana di Romagna (cru réputé: Montericco) et le Monterosso Val d'Arda, dont on connaît, pour chacun, un type sec et un type «amabile», aromatique et moelleux, le Trebbiano di Romagna (cru réputé: Biancanigo) et le Trebbiano Val Trebbia. Il existe aussi des blancs parmi les vins des Colli Bolognesi di Monte San Pietro: ce sont des *sauvignons*, des *pinots blancs* et des *rieslings italiens*.

ITALIE CENTRALE

Cinq régions d'Italie centrale (Toscane, Ombrie, Marches, Latium et Abruzzes) produisent à peu près un sixième de la production totale du pays, mais jouissent d'une réputation très ancienne.

TOSCANE. Cette région est avant tout la patrie du CHIANTI, si connu qu'il n'est pas rare qu'il soit synonyme de «vin d'Italie». Le nom est très ancien, car il apparaît dans des documents du XIIIᵉ siècle déjà. Ce nom vient d'une petite zone située au centre de la Toscane, entre la province de Sienne et celle de Florence. Dès l'an 1260, on voit ce nom apparaître dans des documents très sûrs; mais les textes anciens se réfèrent le plus souvent à un CHIANTI de 1378, date où fut instituée la «Ligue du CHIANTI» (acte officiel de la République de Florence) qui comprenait alors les communes actuelles de Gaide, Radda et Castellina. Avec le temps la zone de production s'est peu à peu étendue, atteignant les communes de Poggibonsi, San Sasiano Val di Pesa, Castelnuovo Berardenga; d'autres vignobles toscans, plus ou moins limitrophes de cette dernière, produisent aussi depuis longtemps un vin possédant les caractéristiques chimico-organiques du CHIANTI d'origine. Ce vin est produit actuellement dans une zone située au centre de la Toscane, sur les provinces de Florence, Sienne, Pise, Pistoie et Arezzo.

Les vins rouges produits dans cette région s'allient fort bien aux mets savoureux de la cuisine toscane; le Chianti particulièrement avec la «bistecca alla fiorentina», apprêtée avec sel, poivre et huile d'olive et grillée sur un feu de sarments.

Les CHIANTI se divisent en deux grands groupes: le CHIANTI CLASSICO qui est produit dans les zones les plus anciennement productrices, c'est-à-dire sur les collines entre Florence et Sienne. Il faut signaler, parmi les meilleurs crus: CASTELLO DI UZZANO, VIGNAMAGGIO, VIGNA VECCHIA, CAGGIOLO, CASTELLO DI CERRETO, FATTORIA DI TIZZIANO, VILLA D'ARCENO, NOZZOLE, VERRAZZANO. Les CHIANTI produits sur une zone plus vaste, autour de la région plus ancienne sont autorisés à porter, selon leur origine, les appellations suivantes: CHIANTI MONTALBANO, CHIANTI DEI COLLI FIORENTINI, CHIANTI DEI COLLI SENESI, CHIANTI DEI COLLI ARETINI, CHIANTI DELLE COLLINE PISANE et CHIANTI RUFINA.

Crus remarquables: ARTIMINO, FATTORIA LA QUERGIA, VILLA DI CAPEZZANA, CASTEL PUGNA, I COLLAZZI, I COLLI, BADIA A COLTIBUONO.

Le CHIANTI a une couleur rouge rubis vif, une saveur harmonieuse, légèrement tannique, qui gagne en souplesse et en velouté avec l'âge. C'est un vin de table remarquable dont le nom est largement répandu au-delà des frontières italiennes. Le règlement de production du CHIANTI stipule que les cépages fondamentaux doivent être: le *sangiovese* pour 50 à 80%, le *canaiolo nero* pour 10 à 30%, le *trebbiano toscano* et le *malvasia del Chianti* pour 10 à 30%. Parmi les cépages complémentaires, on trouve le *colorino*, le *mammolo* et le *bonamico*.

Il existe une pratique caractéristique traditionnelle pour la vinification du CHIANTI: c'est le «governo» (gouvernement). Elle consiste à ajouter, pendant le mois de novembre, dans les fûts qui contiennent le vin nouveau, une petite quantité de moût (à raison de 5 à 10%) de raisins spécialement conservés sur treilles ou encore suspendus à des crochets. Si l'on maintient la

L'aire de production du CHIANTI couvre un vaste territoire au sud de Florence. La mention CHIANTI CLASSICO est réservée aux vins provenant des vignobles les plus anciens; le CHIANTI VECCHIO a deux ans d'âge au moins, et le CHIANTI RISERVA a plus de trois ans. La photographie a été prise dans la cave de la propriété «Villa di Capezzana», qui produit un remarquable CHIANTI.

cave à une bonne température, ce raisin fermente et, si l'on garde les fûts hermétiquement fermés, l'anhydride carbonique se dissout dans le vin, lui donnant un piquant caractéristique qui confère au CHIANTI jeune un goût surprenant mais agréable dont les Toscans disent qu'il «baise et mord». Le CHIANTI est consommable dès la première année, au plus tard après le printemps. Mais le meilleur est celui qui a vieilli en fûts pendant deux ou trois ans. Après deux ans au moins, on peut lui donner l'étiquette de CHIANTI VIEUX, et après trois ans il a droit à la qualification «réserve».

Outre le CHIANTI, la Toscane produit d'autres vins rouges: le BRUNELLO DI MONTALCINO (cru réputé: IL GREPPO DI BARBI), vin rouge grenat à l'arôme de violette, excellent avec les rôtis et le gibier; le CARMIGNANO est un vin des vignobles des deux communes de Carmignano et de Poggio a Caiano, couleur rouge rubis vif, tournant au grenat en vieillissant; crus remarquables: ARTIMO RISERVA DEL GRANDUCA, IL POGGIOLO, VILLA DI CAPEZZANA; le VINO NOBILE DI MONTEPULCIANO mérite une mention honorable car, en dépit d'une certaine rudesse dans son jeune âge, il acquiert en vieillissant un bouquet de violette et un léger goût de griotte. Cru remarquable: SANT'AGNESE. Le ROSSO DELLE COLLINE LUCCHESI, le PARRINA ROSSO, sont de bons vins de table, harmonieux et souples.

Les vins blancs de cette région sont moins nombreux et moins abondants que les rouges; on signalera le VERNACCIA DI SAN GIMIGNANO (cru réputé: FATTORIA DI PETRAFITTA), le PARRINA BIANCO, le MONTECARLO BIANCO, le BIANCO DI PITTIGLIANO, le BIANCO DELLA VALDINIEVE, le BIANCO VERGINE VAL DI CHIANA. On trouve aussi de bons CHIANTI blancs qui portent le nom de CHIANTI BIANCO (cru réputé: l'ABBIA BIANCO de Ricasoli).

Les amateurs de rosé trouveront en Toscane les vins suivants: le ROSATELLO COLLI ARETINI, le ROSÉ DI BOLGHERI, le VILLA DI CORTE ROSÉ.

On note, dans la Toscane d'aujourd'hui, une lente transformation des techniques de culture, car on y abandonne la traditionnelle culture mixte au profit de la monoculture.

MARCHES. Dans cette province, sise sur le versant adriatique de la Toscane, la culture mixte de la vigne concurrence encore largement les cultures spécialisées. C'est une région de vins de pays.

Dans l'ensemble, la proportion des vins blancs des Marches est plus élevée que celle des autres régions d'Italie. Et c'est indiscutablement parmi les blancs qu'on trouve les vins les plus caractéristiques et les plus appréciés.

Les vins blancs d'appellation contrôlée sont les suivants: le VERDICCHIO DEI CASTELLI DI JESI, sec, harmonieux, avec une agréable amertume à l'arrière-goût; le VERDICCHIO DI MATELICA; le BIANCHELLO DEL METAURO; le BIANCO DEI COLLI MACERATESI; le FALERIO DEI COLLI ASCOLANI. Ce sont des vins secs, agréables à boire frais, à servir avec du poisson.

Les vins rouges des Marches sont de bons vins de table, mais peu d'entre eux peuvent rivaliser avec les grands vins toscans. Le plus connu est le ROSSO CONERO (cru réputé: VIGNA DEL CURATO); viennent ensuite le ROSSO PICENO, le VERNACCIA DI SERRAPETRONA (cru réputé: PIAN DELLE MURA) produit à partir de raisins légèrement flétris et le SANGIOVESE DEI COLLI PESARESI (cru réputé: SANGIOVESE DI SANSEVERINO – PIAN DELLE MURA).

OMBRIE. Les vins de l'Ombrie sont surtout des blancs de consommation courante. Un seul toutefois confère à sa région d'origine un renom mérité: l'ORVIETO, dont on produit deux types: l'un, sec, est le plus connu aujourd'hui; l'autre, moelleux (abbocato) est un vin de conversation, à boire entre les repas. Le type moelleux est vinifié à partir des moûts de raisins passerillés, mis à fermenter dans de petits tonneaux, à l'intérieur de grottes profondes creusées dans le tuf, et à température plutôt basse, ce qui permet aux parfums et aux saveurs de se développer avec beaucoup de subtilité. L'ORVIETTO ABBOCATO était le vin préféré du pape Paul III, au XVIᵉ siècle. Crus remarquables: CASTELLO DELLA SALA, LEVELETTE.

On mentionnera encore d'autres blancs, consommés sur place: le TORGIANO BIANCO, le BIANCO DEI COLLI DEL TRASIMENO, le BIANCO DI MONTALCINO, le MONTEFORCONE BIANCO, le TEVERE BIANCO.

Les rouges, moins nombreux, sont aussi moins connus: le TORGIANO ROSSO (cru réputé: RUBESCO RISERVA), le MONTEFORLONE ROSSO, le PANICALE, le ROSSO DI MONTALCINO, le SACCIADIAVOLI, le SACRAMENTINO.

LE LATIUM. La renommée des vins du Latium remonte aux siècles où l'Empire romain déployait sa puissance. Le Latium est aujourd'hui une importante région viticole d'Italie; les blancs l'emportent sur les rouges. Dans les provinces de Rieti, Frosinone et Latina quelque 65% des vins sont blancs; dans celle de Rome et dans celle de Viterbe, les blancs constituent les 90%!

Le vin blanc le plus réputé est le FRASCATI, si apprécié des Romains et des touristes; vin sec agréable ou doux (on le dit alors cannelino). Jadis, il était de couleur jaune foncé, parce qu'on laissait longtemps fermenter les moûts sur marcs; aujourd'hui, on obtient des vins de couleur jaune paille, légèrement dorée, et de goût moins accentué qu'autrefois. Le FRASCATI sec est un excellent vin de poisson. Cru réputé: VIGNE DI COLLI MATTIA.

Le FRASCATI appartient aux vins connus sous le nom générique DEI CASTELLI (des châteaux) parmi lesquels on trouve encore le MARINO, le COLLI ALBANI. Tous deux sont des vins fins de table, sympathiques, très goûtés des consommateurs locaux, mais aussi des étrangers.

Le Latium produit un autre vin blanc que l'on cite souvent à cause de son nom curieux, le EST, EST, EST DI MONTEFIASCONE, qui est un vin sec ou moelleux, jouissant d'une réputation hors pair auprès des gourmets. Autres vins blancs: le COLLI LANUVINI, le BIANCO CAPENA, le MONTECOMPATRI COLONNA, le ZAGAROLO.

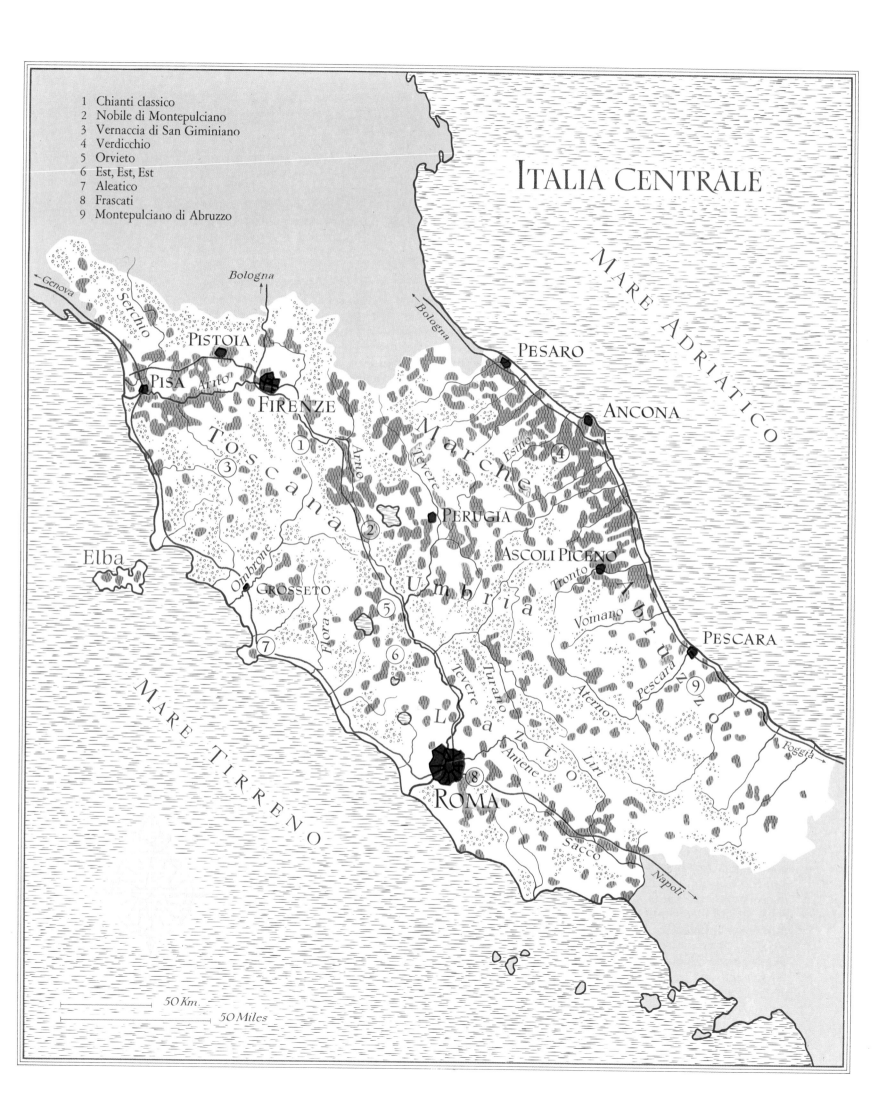

ITALIA CENTRALE

1 Chianti classico
2 Nobile di Montepulciano
3 Vernaccia di San Giminiano
4 Verdicchio
5 Orvieto
6 Est, Est, Est
7 Aleatico
8 Frascati
9 Montepulciano di Abruzzo

MARE ADRIATICO

MARE TIRRENO

Toscana

Umbria

Marche

Abruzzo

Lazio

Elba

Genova
Serchio
Bologna
PISTOIA
PISA
Arno
FIRENZE
Tevere
PESARO
ANCONA
Esino
PERUGIA
ASCOLI PICENO
Tronto
Ombrone
GROSSETO
Flora
Vomano
PESCARA
Aterno
Pescara
Liri
Turano
Tevere
Nera
Aniene
ROMA
Sacco
Napoli
Foggia

50 Km
50 Miles

La région d'Aprilia produit un blanc, le TREBBIANO DI APRILIA, un rosé, le SANGIOVESE DI APRILIA, et un rouge, le MERLOT D'APRILIA.

Les vins de la région d'Aprilia ont une histoire très récente par comparaison avec tant d'autres qui remontent à des temps antérieurs à Jésus-Christ. En effet, Aprilia est un nom donné à un des centres habités après l'assainissement des Marais Pontins, réalisé quelques années avant la Seconde Guerre mondiale. Entreprise audacieuse, car là où il n'y avait eu que des marais malsains ont surgi des villes et des bourgs florissants, des campagnes riantes, des vergers et des vignes. Les terrains y sont variés, d'origine volcanique, en partie sablonneux, en partie argileux, d'autres encore plus nettement volcaniques.

Sur les monts d'Aprilia, on trouve une autre zone délimitée produisant de bons vins tant rouges que blancs connus sous l'appellation CORI, du nom du centre viticole de cette région. La vigne plantée ici sur un sol volcanique jouit d'un climat doux, grâce aux Monts Lepini qui la protègent des vents froids; autant de conditions naturelles favorables à l'élaboration de vins de qualité. Le CORI BIANCO est tiré de raisins de *malvoisie de Candie*, de *bellone*, de *trebbiano toscan* et de *trebbiano giallo*; le CORI ROSSO, de *montepulciano*, de *sangiovese* et d'autres plants locaux. Tous deux sont des vins de table non dépourvus de finesse; le blanc est parfois sec, parfois doux, titrant 11°. Le rouge est toujours sec, mais moelleux, frais et modérément alcoolisé.

Depuis l'assainissement, est née une exploitation modèle dans le Latium: la Maccarese, domaine qui produit entre autres un blanc et un rouge très appréciés et vendus sous le nom de CASTEL SAN GIORGIO, ainsi que d'autres vins plus ordinaires.

CERVETERI, VELLETRI, sont des appellations qui recouvrent aussi bien des vins rouges que des vins blancs. Les vins rouges méritent également une mention: l'ALEATICO DI GRADOLI (vin doux naturel) et du type sec *(secco, asciutto)* au type doux *(amabile, dolce)*: le CESANESE DEL PIGLIO, le CESANESE DI OLEVANO, le CESANESE DI AFFILE.

ABRUZZES ET MOLISE. Cette région essentiellement montagneuse, où se trouvent les plus hauts sommets des Apennins (Gran Sasso et Maiella) a toutefois une partie de son territoire au niveau de l'Adriatique. Entre les deux se déroulent une succession de collines qui offrent une grande variétés de paysages et de localités souvent fort pittoresques. Une partie importante du raisin cultivé dans cette région est destinée à la table.

Le plus caractéristique des vins rouges est le CERASUOLO D'ABRUZZO, à la belle robe rouge cerise; vient ensuite le savoureux MONTEPULCIANO D'ABRUZZO, qui a une couleur rouge rubis intense à reflets violacés, tournant plus tard au rouge orangé; c'est un vin sec, légèrement tannique à 12-13° d'alcool.

Le vin blanc principal est le TREBBIANO D'ABRUZZO (cru remarquable: CASTELLUCIO-REMARTELLO), sec et d'un arôme délicat. Dans la vallée de Peligna, on produit le REGINELLO, blanc sec qui mérite une mention.

ITALIE MÉRIDIONALE

On cultive beaucoup la vigne dans l'Italie du Sud, car de vastes étendues présentent, de façon évidente, une «vocation viticole» parce qu'il serait bien difficile de les consacrer à d'autres cultures. On distinguera toutefois cinq régions viticoles: la Campanie, les Pouilles, la Calabre et le Basilicate.

CAMPANIE. «Campania felix», heureuse Campanie, ainsi l'avaient surnommée les Romains. Des poètes comme Horace, Tibulle, Martial ont chanté ses vins: les plus célèbres sont le FALERNO et le LACRIMA CHRISTI.

Le FALERNO est issu de l'*aglianico* (nommé aussi *ellanico*) et le vin actuel est lourd, de couleur rouge sombre, au goût plein, plutôt âpre en raison de son abondance en tanin, riche en alcool (13-16°). Ces caractéristiques viennent du fait que les moûts fermentent assez longtemps avec les marcs.

Le LACRIMA CHRISTI DEL VESUVIO provient des vignes plantées sur les pentes du Vésuve et tire son nom des larmes que le Christ aurait versées sur Capri, terre de péché que Lucifer, chassé par Dieu, aurait laissé tomber dans le golfe de Naples après l'avoir dérobée au Paradis. Le LACRIMA CHRISTI existe en vin rouge et blanc.

La région proche de Naples produit encore des rouges comme le CONCA et le GRAGNANO, tous deux excellents vins de table, le dernier légèrement piquant; encore, le VESUVIO ROSSO.

Parmi les blancs, à signaler l'ASPRINO, légèrement pétillant et d'une belle couleur jaune d'herbe.

Plus à l'est, mais toujours en Campanie, dans la région de Bénévent, on trouve le SOLOPACA, rouge ou blanc, secs et excellents vins de table tous les deux. Le SOLOPACA rouge offre une robe rouge rubis, un parfum intense, une saveur sèche, veloutée et harmonieuse; le blanc est sec et velouté.

Dans ce tableau, Cipriano Cei (1864-1922) a voulu célébrer, de manière allégorique, les beautés et les séductions de l'Italie, parmi lesquelles les raisins — et par conséquent aussi les vins — ne sont pas les moindres puisqu'il les associe aux charmes d'une fille de son pays, en habit du début du siècle.

Aux alentours d'Avellino, les vignerons produisent l'AGLIANICO, rouge au goût épicé, et le TAURASI, qui est remarquable après quelques années de vieillissement. Les gourmets italiens le conseillent avec le sanglier. Les deux vins blancs de ce pays sont le FIANO, au goût de noix rôties, qui convient bien aux fruits de mer et le GRECO DI TUFO, bon vin sec de table.

La péninsule de Sorrente ne produit que des vins de pays (rouges, blancs et rosés) que l'on groupe sous l'appellation (non contrôlée) de RAVELLO (cru réputé: EPISCOPIO), de SORRISO DI SORRENTO.

Plus au sud, dans la province de Salerne, on trouve le CORBARA, d'un beau rouge grenat, et le GRAN FUROR DIVINA COSTIERA (ROSSO ou BIANCO), qui tire son nom de son lieu d'origine, Furore, et non de ses effets réels ou hypothétiques.

LES POUILLES. La région qui s'étend de Foggia à Tarente, à Brindisi, et au-delà, dans le talon de la botte est

L'AGLIANICO DEL VULTURE est peu connu en dehors de l'Italie méridionale; c'est un vin rouge épicé de la région de Potenza. Buvez-le sur place avec le plat typique du pays: le «pollo alla lucana», poulet rempli d'une farce composée d'œufs, de fromage de chèvre et de foie haché.

ici considérée comme une seule région qui produit des rouges, des blancs et des rosés.

Aujourd'hui, la production des vins de qualité se répand de façon remarquable dans les Pouilles, grâce à l'adoption de meilleurs cépages et par la transformation des moyens traditionnels d'émondage des vignes (systèmes bas de taille courte et pauvre, rappelant beaucoup le gobelet du Midi de la France) en des systèmes plus hauts et plus productifs innovés surtout là où la profondeur, la fertilité des terrains et leur fraîcheur (soit naturelle, soit par irrigation) le permettent. On obtient ainsi des récoltes plus abondantes et destinées, du fait de la plus faible teneur en sucre du raisin, à l'élaboration de vins de table de consommation courante.

Les rouges titrent rarement moins de 13° d'alcool. Ce sont: l'ALEATICO DI PUGLIA, rouge à l'arôme plein, velouté; il en existe d'ailleurs un type doux naturel, quasi liquoreux. On trouve encore le MANDURIA, issu du cépage *primitivo*, d'où son nom officiel de PRIMITIVO DI MANDURIA, qui est, comme l'ALEATICO, plutôt velouté ou moelleux; le SQUINZANO, sec et rond, à la couleur d'un rouge grenat intense, qui prend des tons orangés et une saveur sèche et d'une agréable plénitude en vieillissant; le SALICE SALENTINO, vin rouge foncé à la saveur pleine et sèche. Le ROSSO DI CERIGNOLA est un bon vin de pays qui s'harmonise parfaitement avec la cuisine locale, savoureuse et rustique. Tous ces vins bénéficient d'une appellation d'origine contrôlée.

Il en existe toutefois d'autres qui méritent mention: le BARLETTA, qui convient bien aux pâtes et aux fromages de montagne; le FIVE ROSES, à la robe d'un rouge clair et au bouquet intense, agréable avec les viandes rouges.

On signalera que tous ces vins rouges sont rarement bus en dehors de leur province d'origine ou, en tout cas, hors d'Italie.

Les Pouilles produisent aussi des vins d'appellation contrôlée que l'on trouve en rouges, en blancs ou en rosés sous la même appellation, tels le CASTEL DEL MONTE, le MATINO, le SAN SEVERO ROSSO. Le ROSATO DEL SALENTO, un rosé, est rafraîchissant.

Les vins blancs des Pouilles, ceux du moins qui ont une appellation d'origine contrôlée, sont les suivants: le LOCO ROTONDO, sec et agréable (cru réputé: TORRE SUEVA), le MARTINA ou MARTINA FRANCA, l'OSTUNI, le SAN SEVERO BIANCO, tous secs et vins de table; le MOSCATO DI TRANI, moelleux ou liquoreux.

BASILICATE. Entre les Pouilles, à l'est, et la Calabre, au sud-ouest, le Basilicate est une région montagneuse et n'a qu'un seul vignoble, assez peu étendu. La partie la plus importante se trouve dans la zone du Vulture, ancien massif volcanique, situé au nord de la région. On y trouve l'AGLIANICO DEL VULTURE, un des meilleurs vins fins de l'Italie méridionale; d'une belle robe rouge rubis lorsqu'il est jeune, il tourne au grenat en vieillissant. Il est très harmonieusement développé après quatre ans d'âge (cru réputé: GINESTRA). Son frère jumeau, quoique

Autrefois en Italie, la vigne grimpait fréquemment aux arbres. Les vendanges étaient alors aussi pittoresques que celles peintes, à la fin du XVIIIe siècle, par Philipp Hackert dans les environs de Sorrente.

Les vins de l'île d'Ischia, dans le golfe de Naples sont consommés sur place tant ils sont appréciés par tous ceux qui fréquentent cette île pour leur plaisir ou leur santé.

moins prestigieux, est l'AGLIANICO DEI COLLI LUCANI. Le MALVASIA DEL VULTURE est un vin blanc, généralement mousseux, et, comme tel, vin de dessert à servir bien frais dans un seau à glace.

CALABRE. Presque entièrement entourée par la mer, la Calabre est un pays de montagnes et la vigne n'occupe le territoire que de manière éparpillée. Ses vins étaient déjà célèbres dans l'Antiquité et l'historien Pline faisait déjà l'éloge des vins de Cosenza, de Reggio di Calabria et de Tempsa. Les meilleurs rouges sont: le POLLINO (cru réputé: EIANINA), le CIRÒ et le SAVUTO, auxquels s'ajoute le DONNICI; tous ces vins sont secs et à 11,5° d'alcool, sauf le CIRÒ (on trouve aussi du blanc et du rosé) qui titre 12,5-13°. On précisera que tous ces vins rouges sont issus du cépage *gaglioppo*, avec parfois un peu de *greco nero*.

La Calabre produit aussi un grand vin blanc liquoreux assez rare: le GRECO DI GERACE.

ITALIE INSULAIRE

Sur la côte ouest de l'Italie, du nord au sud, nous trouvons l'île d'Elbe, la Sardaigne, Ischia, Capri et la Sicile, qui toutes donnent des vins, dont certains comptent parmi les meilleurs d'Italie, aussi bien dans les rouges que dans les blancs.

ILE D'ELBE. Cette île, liée au souvenir de l'exil de Napoléon, produit des vins de qualité en provenance de vignobles souvent accrochés, en terrasses, aux flancs des montagnes.

Dans les rouges, on trouve l'ALEATICO DI PORTOFERRAIO, qui est plutôt un vin de conversation qu'un vin de table, car il est un peu doux; l'ELBA ROSSO, au contraire, est un vin de table, sec et légèrement tannique.

Les blancs sont plus nombreux: tout d'abord l'ELBA BIANCO, sec et harmonieux, très bon vin d'huîtres, d'écrevisses et de fruits de mer; le PROCANICO D'ELBA, sec à subtil parfum de safran, convient aux hors-d'œuvre et aux poissons de mer; le MOSCATO D'ELBA est un vin jaune doré, délicieusement aromatique et liquoreux, que certains conseillent aux convalescents et aux anémiques à cause de son contenu en oxyde de fer.

Enfin, pour les amateurs de rosés ou d'histoire, signalons le VIEUX ROSÉ DELLA WALEWSKA et le ROSATO DI MADAMA, qui rappellent que Marie Walewska, «l'épouse polonaise» de Napoléon, fit le voyage de l'île d'Elbe pour voir l'empereur.

SARDAIGNE. Dans cette île, seconde en superficie après la Sicile, la vigne est très ancienne, mais l'île est restée longtemps à l'écart des grands courants commerciaux et des engouements touristiques et ses vins sont assez mal connus du grand public. Et pourtant la Sardaigne produit d'excellents vins dont les blancs surtout ont conquis la notoriété, au moins en Italie.

Et tout d'abord, le VERNACCIA DI ORISTANO (cru réputé: VERNACCIA IS ARENAS) qui a un bouquet rappelant le parfum des amandiers en fleurs, une saveur sèche et fruitée et qui titre 15° d'alcool au minimum; c'est un vin de poissons qui se sert frais, également un bon vin d'apéritif.

Très caractéristique de l'île, le NURAGUS DE CAGLIARI, issu du *nuragus*, l'un des plus anciens cépages, qui remonterait jusqu'aux temps préhistoriques; c'est un excellent vin de table, légèrement parfumé, sec, subtil et frais (11,5° d'alcool). Autre vin blanc sec, le VERMENTINO DI GALLURA (cru réputé: AGHILOIA), de couleur ambrée et de saveur très légèrement amère.

L'île produit aussi plusieurs vins doux ou liquoreux, comme le NASCO DI CAGLIARI dont il existe un type sec, doux naturel, liquoreux doux et liquoreux sec; le MOSCATO DI CAGLIARI, moelleux avec un arôme marqué de raisin; le MALVASIA DI CAGLIARI, qui laisse dans la bouche un arrière-goût caractéristique d'amandes

rôties; le MALVASIA DI BOSA, doux ou liquoreux; le MOSCATO DI SORSO-SENNORI.

Dans l'éventail des vins rouges de table, signalons l'ANGHELU RUJU, à la robe de pourpre cardinalice, qui est un grand vin de table dont la saveur rappelle celle de la cannelle; le CANNONAU DI SARDEGNA, d'un rouge rubis sombre, sec ou légèrement moelleux; le MONICA DI SARDEGNA, produit dans toute la Sardaigne, a une teinte rouge rubis clair et brillant; le TERRALBA, issu de cépages locaux *bavale*, *connonau* et *pascale*, sec avec un arrière-goût légèrement amer (13° d'alcool minimum).

Il existe encore des vins rouges spéciaux; le plus célèbre était récemment encore l'OLIENA, chanté par Gabriele d'Annunzio, qui est un vin de forte teneur en alcool (15-17°) et qui, sans être doux, est très parfumé et légèrement amer. On le dit de bonne compagnie avec la cuisine sarde à base de gibier; le MONICA DI CAGLIARI, qui est un rouge doux et liquoreux avec 14,5° d'alcool au minimum; le CIRO DI CAGLIARI, produit en sec et en doux, ressemble à certains vins de Malaga, en Espagne.

ISCHIA. Cette île merveilleusement située à l'entrée du golfe de Naples, jouit d'un climat excellent et d'un sol volcanique favorable à la culture de la vigne. Elle produit surtout des vins blancs dont le plus caractéristique est le BIANCOLELLA D'AMBRA, sec et à saveur d'amandes, qui provient des vignes les plus ensoleillées des collines. En vue d'un éventuel séjour dans l'île, nous signalons les crus les meilleurs: BUTTAVENTO, CANDIANO, MONTEVETTO, SPARAINO (commune de Barano), MAIO (commune de Casamicciola Terme), BOCCA, FUMARIE, MONTECORBARO, MONTE CORVO, MORTOLA, PANNOCHIA, PENNANOVA (commune de Forio), PIANO LIQUORI (commune même d'Ischia), CETRANGOLA, FANGO, PANNELLA (commune de Lacco Ameno), CASALE, CIGLIO, COATRO, FASANO, MADONELLA, MARTOFA, MIGLIACCIO (commune de Serrara Fontana).

L'ISCHIA BIANCO, produit dans le nord de l'île, est sec et frais, avec une légère pointe d'acidité; les cépages d'origine sont le *forastera* et le *biancoletta*.

Il n'existe qu'un rouge. l'ISCHIA ROSSO, issu de *guarnaccia* et de *pedirosso*; c'est un bon vin de table que l'on savourera avec un lapin à la mode d'Ischia.

Les vins d'Ischia se trouvent rarement dans le commerce car ils constituent, pour la presque totalité, les vins de table que l'on sert communément aux hôtes en séjour dans l'île.

CAPRI. L'île de Capri produit un vin rouge et un vin blanc, le CAPRI. Le blanc est sec, agréable, avec une très légère pointe d'acidité et il convient bien avec les poissons et les fruits de mer. Le rouge est un vin de table, avec moins de caractère. Comme à Ischia, ces vins sont à boire sur place.

50 Km.
50 Miles

1 Falerno
2 Lacryma Christi
3 Malvasia
4 Etna
5 Corvo
6 Alcamo
7 Pachino
8 Faro
9 Marsala

Roma

MARE ADRIATICO

Pescara

Candelaro

Celone

FOGGIA

Volturno

①

Ofanto

BARI

Pu
g
g
i
a

NAPOLI

②

SALERNO

MATERA

Bradano

Basento

BRINDISI

TARANTO

③

LECCE

Sele

Calore

Platano

Agri

Basilicata

Sinni

GOLFO
DI TARANTO

SASSARI

Mannu

Tirso

Sardegna

NUORO

Flumendosa

Mannu

Cixerri

CAGLIARI

MARE
TIRRENO

Crati

Trionto

Calabria

Savuto

MARE
IONIO

PALERMO

TRAPANI

⑥

⑤

MESSINA

⑧

REGGIO CALABRIA

⑨

Sicilia

Simeto

④

ENNA

Platani

CALTANISSETTA

Salso

CATANIA

MARE MEDITERRANEO

AGRIGENTO

Acate

SIRACUSA

⑦

ITALIA
MERIDIONALE
E INSULARE

Travail de défonçage dans un vignoble des environs de Palerme. En Sicile, on cultive la vigne le long des côtes, mais aussi jusque sur les plateaux de l'intérieur.

SICILE. Au temps de Pline, la Sicile se vantait de posséder quelques-uns des vins les plus chantés de l'Italie romaine, tel le MAMERTINO, dont Jules César disait: «Si l'on te fait cadeau... d'une amphore de MAMERTINO, donne-lui le nom qui te plaît, pourvu que tu le dises le plus célèbre des vins.»

Aujourd'hui, la Sicile occupe la troisième place parmi les régions viticoles d'Italie. Son essor a été largement facilité grâce à l'impulsion donnée par l'Institut régional de la Vigne et du vin, créé à Palerme en 1950.

Par sa latitude et son insularité, la Sicile jouit d'un climat en général plus chaud que toute autre région d'Italie; sa viticulture ne s'exerce pas seulement le long des plages riantes et si riches en agrumes, mais s'élève aussi vers l'intérieur jusqu'à de hautes altitudes, comme sur les pentes de l'Etna. La Sicile produit des vins blancs, des vins rouges et des vins doux et liquoreux.

Les vins blancs sont plus nombreux que les rouges; on citera l'ALCAMO, couleur paille clair et reflets verts, qui a une saveur sèche, riche, fruitée (11° d'alcool); l'ETNA BIANCO, couleur jaune paille, sec et frais; le CAPO BIANCO, sec; le COMISO, un peu moelleux, à saveur de cerise amère; le CORVO BIANCO PRIMA COCCIA et le CORVO BIANCO (cru réputé: SALA PARUTA), qui sont des vins secs, nerveux et frais; l'ELORO BIANCO, très typé, sec, et frais, convient bien avec le poisson de mer; le TAORMINA, sec;

le VAL DI LUPO BIANCO, sec et délicat; le MAMERTINO, dont il existe un type sec et un type *amabile*, velouté; l'ALBANELLO DI SIRACUSA, sec avec une pointe d'amertume, est un vin d'apéritif, de même que le PARTINICO BIANCO.

Parmi les vins rouges, nous citerons le CERASUOLO DI VITTORIA (cru réputé: VILLA FONTANE), qui a une couleur de cerise, un parfum délicat et qui sert parfois de vin de coupage pour d'autres vins italiens; L'ETNA ROSSO, saveur sèche, chaude, pleine et vigoureuse (12,5° d'alcool); le CAPO ROSSO, rouge rubis, sec et bon vin de table; le CORVO ROSSO (cru réputé: SALA PARUTA), à la robe rouge rubis, au parfum relevé et au goût plein harmonieux, est un vin de table qui convient parfaitement avec les mets rustiques et la venaison, comme l'ELORO ROSSO; le FARO, peu connu, a un délicat bouquet qui rappelle l'orange; il est sec et généreux; le SAN SALVADOR et le VAL DI LUPO ROSSO qui sont de bons vins de table.

La Sicile produit encore des vins spéciaux, plus généreux, dont voici les principaux: tout d'abord le MARSALA, qui est le vin sicilien le plus connu, sinon le plus recherché. Son origine remonte à 1773, époque à laquelle un Anglais, John Woodhouse, qui exportait des produits de la Sicile occidentale vers l'Angleterre, comprit la valeur des vins des vignes de Marsala, en développa la production et présida à leur renommée. Les cépages qui donnent le MARSALA sont le *grillo* et le *cataratto* et, de façon plus limitée, l'*inzolia* et le *catanese*, tous raisins de forte teneur en sucre et de peu d'acidité. Les vignobles du MARSALA, presque entièrement situés dans la province de Trapani, avec une saillie en province de Palerme et en province d'Agrigente, bénéficient d'un climat chaud. Pour obtenir le MARSALA, on ajoute du moût concentré cuit au moût alcoolisé. Selon les proprotions de ce mélange, on obtient divers types de MARSALA, plus ou moins doux et plus ou moins forts en alcool. Le degré d'alcool oscille entre 17 et 20°, la teneur en sucre de 5 à 10% et l'acidité entre 5 et 6 pour mille. Une condition essentielle pour obtenir un MARSALA de grande qualité est de le laisser en fûts de bois. Chose singulière, ce vieillissement s'opère dans de grands locaux, à même le sol, sujets aux brusques variations de température. On trouve divers types de MARSALA: le MARSALA FINO, le MARSALA SPECIALE, le MARSALA SUPERIORE et le MARSALA VERGINE. Sur les îles Lipari, on trouve un MARSALA DI LIPARI.

Outre le MARSALA, les vins spéciaux de Sicile sont issus de *muscat* ou de *malvoisie*, complétés par d'autres cépages locaux. Ce sont le MOSCATO DI NOTO (également en mousseux), le MOSCATO DI SIRACUSA, le MOSCATO DI PANTELLARIA et le MOSCATO PASSITO DI PANTELLARIA; parmi les MALVOISIES, citons le MALVASIA DELLE LIPARI, qui est produit non sur l'île de Lipari, mais sur celles de SALINA et de STROMBOLI; il a une couleur jaune d'or ou jaune ambré, une saveur à l'arôme exceptionnel (15 à 16° d'alcool) et on le trouve en type doux ou liquoreux, issus de raisins qui mûrissent ici sous un soleil de feu.

VINS D'ITALIE

La nouvelle réglementation italienne sur la qualité (denominazione di origine controllata) distingue trois catégories de vins:

1. *Les vins d'origine simple:* D.O.S. (Denominazione di origine semplice). Cette appellation s'applique à tous les vins issus de cépages traditionnels, cultivés selon les méthodes locales dans les régions viticoles classiques.

2. *Les vins d'origine contrôlée:* D.O.C. (Denominazione di origine controllata) s'applique aux vins provenant de zones viticoles strictement délimitées et répondant aux conditions prescrites.

3. *Les vins d'origine contrôlée et garantie:* D.O.C.G. (Denominazione di origine controllata e guarantita) s'applique aux vins de très grande qualité. Ce terme de qualité n'est actuellement attribué à aucun vin italien.

VALLÉE D'AOSTE

Vins d'origine contrôlée « D.O.C. » (Denominazione di origine controllata): Enfer d'Arvier – Donnaz

PIÉMONT

Vins d'origine contrôlée « D.O.C. » (Denominazione di origine controllata): Barbera – Barbera d'Asti – Barbera d'Alba – Barbera del Montferrato – Nebbiolo d'Alba – Barolo – Gattinara – Carema – Barbaresco – Erbaluce di Caluso – Malvasia di Casorzo d'Asti – Brachetto d'Acqui – Fara – Ghemme – Sizzano – Boca – Colli Tortonesi – Dolcetto d'Acqui – Dolcetto d'Alba – Dolcetto d'Asti – Dolcetto di Diano d'Alba – Dolcetto di Dogliani – Dolcetto delle Langhe Monregalesi – Dolcetto d'Ovada – Freisa d'Asti – Freisa di Chieri – Gavi ou Cortese di Gavi – Grignolino del Monferrato Casalese – Malvasia di Castelnuovo Don Bosco – Dolceacqua – Rubino di Cantavenna – Grignolino d'Asti

Vins rouges secs	Barolo	Boca	Barbera d'Alba
	Nebbiolo d'Alba	Fara	Barbera del Monferrato
	Carema	Ghemme	Dolcetto delle Langhe e d'Ovada
	Gattinara	Sizzano	Freisa di Chieri e d'Asti
	Lessona	Barbera d'Asti	Grignolino d'Asti
Vins rouges demi-doux .	Brachetto d'Acqui	Barbera d'Asti	Freisa di Chieri
	Malvasia di Casorso	Barbera d'Alba	Freisa d'Asti
	Nebbiolo Piemontese	Barbera del Monferrato	Grignolino d'Asti
Vins blancs secs	Cortese di Gavi (ou dell'Alto monferrato)	Erbaluce di Caluso	
Vins blancs doux	Moscato d'Asti	Asti spumante	Caluso Passito

LOMBARDIE

Vins d'origine contrôlée « D.O.C. » (Denominazione di origine controllata): Barbera dell'Oltrepò Pavese – Bonarda dell'Oltrepò Pavese – Moscato dell'Oltrepò Pavese – Pinot dell'Oltrepò Pavese – Riesling dell'Oltrepò Pavese – Cortese dell'Oltrepò Pavese – Barbacarlo dell'Oltrepò Pavese – Buttafuoco dell'Oltrepò Pavese – Sangue di Giuda dell'Oltrepò Pavese – Valtellina – Valtellina superiore – Riviera del Garda – Franciacorta Rosso – Franciacorta Pinot – Lugana – Botticino – Cellatica – Colli Morenici Montovani del Garda – Tocai di San Martino della Battaglia – Valcalepio

Vins rouges secs	Barbacarlo dell'Oltrepò pavese	Grumello	Riviera del Garda
	Buttafuoco dell'Oltrepò pavese	Inferno	Franciacorta
	Sangue di Giuda Oltrepò pavese	Sassella	Botticino
	Freccia Rossa di Casteggio	Valgella	Cellatica
Vins rouges demi-doux .	Barbacarlo dell'Oltrepò pavese	Canneto	Clastidium
	Sangue di Giuda dell'Oltrepò pavese	Bonardo amabile	Nebbiolo di Retorbido
Vins blancs secs	Riesling dell'Oltrepò pavese	Frecciarossa di Casteggio	Tocai di San Martino della Battaglia
	Cortese dell'Oltrepò pavese	Lugana	Pusterla
Vin blanc demi-sec . . .	Clastidio di Casteggio		
Vins blancs doux	Spumante di S. Maria della Versa	Moscato di Casteggio	
Vins rosés secs	Chiaretto del Garda	Pusterla	

LIGURIE

Vins d'origine contrôlée « D.O.C. » (Denominazione di origine controllata): Rossese di Dolceaqua – Cinque Terre – Cinque Terre Sciacchetrà

Vin rouge sec	Rossese di Dolceacqua			
Vins blancs secs	Vermentino	Polcevera	Cinqueterre	Coronata
Vin blanc doux	Cinqueterre passito (Sciacchetrà)			

TRENTIN HAUT-ADIGE

Vins d'origine contrôlée « D.O.C. » (Denominazione di origine controllata): Santa Maddalena – Lagrein – Teroldego Rotaliano – Terlano – Marzemino – Merlot – Riesling – Traminer – Cabernet – Meranese di Collina – Valle Isarco – Casteller – Colli di Bolzano – Valdadige – Lago di Caldaro – Alto Adige

Vins rouges secs	Lago di Caldaro (ou Caldaro) Santa Maddalena Teroldego	Marzemino Lagrein Termeno	Cabernet Merlot Pinot
Vins blancs secs	Pinot Ruländer	Riesling renano Traminer	Sylvaner verde Terlano
Vins blancs doux	Moscato trentino	Moscato atesino	
Vins rosés	Lagarino rosato (Lagrein)	Mazermino d'Isera	

VÉNÉTIE

Vins d'origine contrôlée «D.O.C. » (Denominazione di origine controllata): Valpolicella – Recioto della Valpolicella – Soave – Recioto di Soave – Bardolino – Prosecco di Conegliano – Valdobbiadene – Breganze – Gambellara – Colli Euganei – Bianco di Custoza – Cabernet di Pramaggiore – Colli Berici – Tocia di Lison – Vini del Piave – Merlot di Pramaggiore

Vins rouges secs	Bardolino Valpantena	Valpolicella Cabernet delle Venezie	Merlot delle Venezie Rosso dei Colli veronesi
Vins rouges doux	Recioto della Valpolicella	Recioto Veronese	
Vins blancs secs	Soave Bianco di Breganze Bianco di Gambellare	Bianco dei Colli Berici Bianco dei Colli Euganei Prosecco di Conegliano	Valdobbiadene Verduzzo Pinot
Vins blancs demi-secs . .	Bianco dei Colli Berici	Colli Trevigiani	

FRIOUL ET VÉNÉTIE JULIENNE

Vins d'origine contrôlée « D.O.C. » (Denominazione di origine controllata): Colli Orientali del Friuli – Grave del Friuli – Collio Goriziano – Isonzo – Latisana – Aquileia

Vins rouges secs	Rossi dei Colli Friulani Rossi del Collio Goriziano	Cabernet friulano Tocai friulano	Merlot friulano Refoschi
Vins blancs secs	Bianchi dei Colli Friulani	Bianchi del Collio Goriziano	Tocai Friulano

ÉMILIE ET ROMAGNE

Vins d'origine contrôlée « D.O.C. » (Denominazione di origine controllata): Lambrusco Salamino di Santa Croce – Lambrusco Grasparossa di Castelvetro – Lambrusco di Sorbara – Lambrusco Reggiano – Albana di Romagna – Sangiovese di Romagna – Gutturnio dei Colli Piacentini – Colli bolognesi di Monte San Pietro – Monterosso Val d'Arda – Trebbiano di Romagna – Trebbianino Val Trebbia

Vins rouges secs	Lambrusco di Sorbara Lambrusco Salamino di S. Croce	Lambrusco grasparossa di Castelvetro Gutturnio dei Colli Piacentini	Sangiovese di Romagna Grasparossa
Vins blancs secs	Albana di Romagna	Trebbiano di Romagna	Bertinoro
Vin blanc doux	Albana di Romagna		

TOSCANE

Vins d'origine contrôlée « D.O.C. » (Denominazione di origine controllata): Chianti – Chianti Classico – Chianti Montalbano – Chianti dei Colli Fiorentini – Chianti dei Colli Senesi – Chianti dei Colli Aretini – Chianti delle Colline Pisane – Chianti Rufina – Elba Bianco – Elba Rosso – Vernaccia di San Gimignano – Brunello di Montalcino – Vino nobile di Montepulciano – Bianco Vergine Val di Chiana – – Carmignano – Parrina – Bianco della Valdinievole

Vins rouges secs	Chianti Chianti classico Chianti Colli Aretini Chianti Colli Fiorentini Chianti Colli Senesi Chianti Montalbano	Chianti Rufina Chianti Colline Pisane Brunello di Montalcino Vino nobile di Montepulciano Antinori Brolio	Nipozzano Artimino Carmignano Monte-Carlo Rosso delle Colline Lucchesi Elba
Vin rouge doux	Aleatico di Porto-Ferraio		
Vins blancs secs	Vernaccia di San Gimignano Bianchi vergini dell'Aretino	Arbia Moscadello di Montalcina	Bianco dell'Elba Monte-Carlo
Vins blancs doux	Moscato dell'Elba	Vino Santo toscano	

280

LES MARCHES

Vins d'origine contrôlée « D.O.C. » (Denominazione di origine controllata): Bianchello del Metauro – Sangiovese dei Colli Pesaresi – Rosso Piceno – Vernaccia di Serrapetrona – Verdicchio dei Castelli di Jesi – Verdicchio di Matelica – Bianco dei Colli Maceratesi – Rosso Conero – Falerio dei Colli Ascolani

Vins rouges secs	Rosso Conero	Rosso Piceno	
Vin rouge doux	Vernaccia di Serrapetrona		
Vins blancs secs	Verdicchio dei Castelli di Jesi	Verdicchio di Matelica	Bianchello del Metauro

OMBRIE

Vins d'origine contrôlée « D.O.C. » (Denominazione di origine controllata): Torgiano – Orvieto – Colli del Trasimeno

Vins rouges	Torgiano	Sacrantino de Montefalco	
Vins blancs secs	Orvieto	Torgiano	Greco di Todi
Vin blanc doux	Orvieto		

LATIUM

Vins d'origine contrôlée « D.O.C. » (Denominazione di origine controllata): Est! Est! Est! di Montefiascone – Frascati – Colli Albani – Marino – Cerveteri – Trebbiano di Aprilia – Sangiovese di Aprilia – Merlot di Aprilia – Aleatico di Gradoli – Bianco Capena – Cesanese di Affile – Cesanese di Olevano – Cesanese del Piglio – Montecompatri – Colonna – Velletri – Zagarolo

Vins rouges secs	Cesanese Cesanese del Piglio	Sangiovese di Aprilia Falerno	Merlot di Aprilia Castel San Giorgio
Vin rouge demi-doux . .	Cesanese del Piglio		
Vin rouge doux	Aleatico viterbese		
Vins blancs secs	Est! Est! Est!!! Colli Lanuvini Colli Albani Colonna	Frascati Marino Velletri Montecompatri	Cori Trebbiano di Aprilia Falerno
Vins blancs demi-secs . .	Est! Est! Est!!! Colli Albani Colli Lanuvini	Colonna Frascati Marino	Malvasia di Grotta-ferrata (ou Grotta-ferrata) Cori
Vins blancs doux	Moscato di Terracina	Colonna	Frascati

ABRUZZES

Vins d'origine contrôlée « D.O.C. » (Denominazione di origine controllata): Montepulciano d'Abruzzo – Trebbiano d'Abruzzo

Vins rouges secs	Cerasuolo di Abruzzo	Montepulciano di Abruzzo
Vin blanc demi-doux . .	Cerasuolo di Abruzzo	
Vins blancs demi-secs . .	Trebbiano di Abruzzo	Peligno

CAMPANIE

Vins d'origine contrôlée « D.O.C. » (Denominazione di origine controllata): Ischia Bianco Superiore – Greco di Tufo – Taurasi – Solopaca

Vins rouges secs	Aglianico Lacryma Christi del Vesuvio Falerno	Taurasi Vesuvio	Ischia Ravello
Vins rouges demi-doux .	Conca	Gragnano	Solopaca
Vins blancs secs	Capri Ischia Greco di Tufo	Lacryma Christi del Vesuvio Ravello Falerno	Furor divina Costiera Asprinio Bianco d'Avellino
Vins blancs demi-secs . .	Solopaca	Greco di Tufo	
Vin rosé sec	Ravello		
Vin rosé demi-sec	Solopaca		

POUILLES

Vins d'origine contrôlée « D.O.C.» (Denominazione di origine controllata): Locorotondo – Martina Franca – Ostuni – Primitivo di Manduria – Squinzano – Salice Salentino – Matino – Rosso di Cerignola – Aleatico di Puglia – Castel del Monte – Moscato di Trani – San Severo – Cacc'e Mmitte di Lucera

Vins rouges secs	Castel del Monte Santo Stefano di Cerignola	Primitivo di Gioia e Manduria	Barletta
Vins rouges demi-doux .	Castel Acquaro	Primitivo di Manduria	
Vins rouges doux	Aleatico di Puglia	Moscato del Salento (ou Salento)	Zagarese
Vins blancs secs	Sansevero	Martinafranca Locorotondo Ostuni	Torre Giulia di Cerignola
Vins blancs doux. . . .	Moscato di Salento (ou Salento liquoroso)		Moscato di Trani
Vins rosés secs	Castel del Monte	Gigliano	

BASILICATE

Vins d'origine contrôlée « D.O.C. » (Denominazione di origine controllata): Aglianico del Vulture

Vin rouge sec	Aglianico del Vulture	
Vin blanc sec	Provitaro	
Vins blancs doux	Malvasia del Vulture	Moscato del Vulture
Vin rosé demi-sec	Malvasia di Lucania	

CALABRE

Vins d'origine contrôlée « D.O.C. » (Denominazione di origine controllata): Donnici – Savuto

Vins rouges secs	Ciro di Calabria Savuto di Rogliano	Pollino	Lacryma di Castrovillari
Vins blancs secs	Provitaro	Balbino	
Vins blancs doux	Greco di Gerace	Moscato di Cosenza	Malvasia di Cosenza
Vin rosé	Pellaro		

SICILE

Vins d'origine contrôlée « D.O.C. » (Denominazione di origine controllata): Etna – Marsala – Cerasuolo di Vittoria – Alcamo – Moscato di Pantelleria – Moscato Passito di Pantelleria – Malvasia delle Lipari – Moscato di Siracusa – Moscato di Noto

Vins rouges secs	Faro Etna	Eloro Corvo di Casteldaccia	Frappato di Vittoria Cerasuolo di Vittoria
Vins blancs secs	Corvo di Casteldaccia Etna	Eloro Lo Zucco	Bianco di Alcamo
Vins blancs demi-secs . .	Mamertino	Marsala vergine	
Vins blancs doux	Malvasia di Lipari Mamertino Marsala	Moscato Lo Zucco Moscato di Siracusa Moscato di Noto	Moscato Passito di Pantelleria Cerasuolo di Vittoria
Vins rosés secs	Eloro	Etna rosato	

SARDAIGNE

Vins d'origine contrôlée « D.O.C. » (Denominazione di origine controllata): Vermentino di Gallura – Cannonau di Sardegna – Monica di Sardegna – Vernaccia di Oristano – Campidano di Terralba – Nuragus di Cagliari – Ciro di Cagliari – Moscato di Sorso-Sennori – Malvasia di Cagliari – Moscato di Cagliari – Nasco di Cagliari – Monica di Cagliari – Malvasia di Bosa – Terralba

Vins rouges secs	Oliena	Cannonau del Campidano	Campidano di Cagliari
Vins rouges doux	Cirò di Sardegna	Monica di Sardegna	
Vins blancs secs	Nuragus Vernaccia di Oristano	Vermentino di Gallura Vernaccia di Sardegna	Malvasia di Bosa
Vins blancs doux	Nasco	Moscato del Campidano	Moscato di Tempio

LES VINS DU RHIN

JOSEPH JOBÉ, JOSEPH DREYER et HELMUT ARNTZ

La vigne serait demeurée confinée dans le bassin du Rhône si le Rhin n'avait prolongé vers le nord son œuvre civilisatrice. Les deux fleuves, que l'on voudrait aujourd'hui rapprocher par un canal navigable, n'ont pas attendu les contraintes faites par l'homme à la nature pour se prolonger mutuellement et relier ainsi les terres du nord à celles du sud; la fécondité des échanges n'a pas permis longtemps à la vigne de demeurer la propriété exclusive des Méditerranéens. Des Grecs particulièrement hardis n'hésitent pas, au IVe siècle déjà, à remonter le cours du Rhône jusqu'au Plateau suisse. Sans doute, établissent-ils, avant les Romains, des contacts avec les Celtes répartis le long du Jura jusqu'à Bâle et introduisent-ils chez eux les cépages qu'ils avaient acclimatés en Gaule. La romanisation, puis la christianisation progressive de l'Europe centrale feront le reste à l'est, la barrière des Alpes franchie, la vigne s'implante partout dès que l'altitude le permet et se sédentarise autour des colonies de vétérans et des premiers cloîtres rhénans. Le relais est désormais assuré de Coire à Bonn, une nouvelle route du vin est ouverte.

Le berceau du Rhin, au moins du plus important de ses deux bras originels qu'on appelle le Rhin antérieur, n'est pas très éloigné de celui du Rhône. En effet, quelques lieues seulement séparent le ruisseau issu du lac Tuma du glacier de la Furka. Mais les deux fleuves se tournent résolument le dos, promis dès la montagne à des destins différents. Le Rhin, parti de plus haut, ira aussi plus loin et choisira moins vite sa direction définitive. La vigne grisonne, qui n'a pas l'audace de sa sœur valaisanne, n'apparaît qu'à 600 mètres d'altitude, au moment même où le Rhin met pour la première fois le cap vers le nord. Elle est essentiellement constituée par des cépages rouges que l'on trouve d'ailleurs en majorité tout au long du Rhin supérieur. Le paysage, avec les Alpes pour toile de fond, confine souvent au grandiose. La langue des riverains, jusque-là romanche, fait place désormais aux divers dialectes de la Suisse orientale. En même temps, le fleuve impétueux, mais déjà dompté par l'homme, s'internationalise. Sa rive droite côtoie le Vorarlberg autrichien et la minuscule Principauté du Liechtenstein, où la vigne est rare, mais dont les gens, tournant leurs regards vers la Suisse, s'en

sont toujours crus plus rapprochés que séparés par le Rhin au point de lier leur sort à celui de la Confédération.

Mais voici le lac de Constance qui exerce sur le fleuve la même action lénifiante que le Léman sur le Rhône. Au nord, les premiers vignobles allemands, appuyés sur les contreforts naissants de la Forêt-Noire, semblent se mirer dans l'eau. En face, les plants rouges du Rheintal saint-gallois et de l'Untersee thurgovien donnent la réplique aux blancs de Bade. Saint-Gall, ce prestigieux bastion de la culture médiévale, n'est pas loin; un grain de plus à l'illustre chapelet de villes épiscopales et universitaires que formera le Rhin moyen: Constance, Bâle, Fribourg-en-Brisgau, Strasbourg.

En traversant le lac de Constance, le fleuve forme un coude prononcé, infléchissant brusquement son cours de l'est à l'ouest, direction qu'il conservera jusqu'à Bâle. Large de plus de cent mètres, il salue au passage le vignoble du Klettgau dans le canton de Schaffhouse, se resserre quelque peu sous la pression du Jura souabe, juste avant d'effectuer un bond impressionnant de plus de vingt mètres qui le fait traverser en bolide les cantons de Zurich et d'Argovie. Là, tout en recommençant à longer au nord les vignes de Bade, il accueille sur sa gauche l'Aar dont le bassin fort étendu le relie à la plupart des lacs helvétiques. Ainsi sont rattachés au Rhin les vignobles de Zurich, du Jura bernois, de Fribourg et de Neuchâtel. Leurs rapports furent même étroits: preuve en soit l'alliance conclue au XVIe siècle entre Strasbourgeois et Zurichois. Ces derniers, désireux de démontrer la promptitude de leur intervention, descendirent à forces de rames la Limmat, l'Aar et le Rhin, et parvinrent à Strasbourg en moins de dix-huit heures, «avant qu'un plat de mil ait eu le temps de refroidir». Quant à Neuchâtel, il faut remarquer que le vignoble a subi l'influence de la France, puisque le *riesling* traditionnellement rhénan y est supplanté par un cépage venu de l'ouest, le *chasselas*.

A Bâle, le Rhin devient adulte. Se heurtant à l'extrémité du Jura, il s'en va résolument vers le nord le long du couloir formé par les reliefs parallèles de la Forêt-Noire et des Vosges. Deux cent cinquante mètres le séparent encore du niveau de la mer: il lui faudra huit cent cinquante kilomètres pour les dévaler. La route du vin, ininterrompue sur la rive droite, ne reprend à l'ouest qu'à la hauteur de Mulhouse pour constituer le célèbre vignoble alsacien. Bien étagées sur les derniers contreforts vosgiens, exposées au soleil levant, soumises à un climat des plus propices, morcelées à l'extrême: telles se présentent les vignes de la France rhénane. Le Rhin lui-même depuis longtemps les a fait connaître à l'Europe, et, au Moyen-Age, plus d'un bateau transporta les précieux SILVANER et RIESLING aux cours du Souabe, de Bavière, et même au-delà des mers, en Suède et en Angleterre.

À l'est, la Forêt-Noire sépare les vignobles de Bade et de Wurtemberg, réunis aujourd'hui en un même Land. Très appréciés déjà dans l'Europe féodale, les vins du Neckar, tout comme ceux du Main, de la Moselle et de l'Aar, ont contribué à la gloire des vins du Rhin.

La forte concentration des cultures n'a nullement nui à la personnalité de chaque région: les vins rhénans, issus d'un petit nombre de cépages blancs, semblent tous se donner la main, mais chaque vignoble a son caractère propre que le voisin ne tend pas à imiter. Le Palatinat, où le fleuve nous entraîne maintenant, n'est que le prolongement naturel de l'Alsace et pourtant le terroir a changé: nous étions déjà acquis au GEWURZ-TRAMINER, nous voilà charmés par les crus célèbres de Forst et de Deidesheim. Rien d'étonnant si nous hésitons, tant il est vrai que «dans le verre se tient le ciel, se tient le climat, se tient le pays». La mystique rhodanienne de Ramuz rejoint la mystique rhénane de Brentano ou d'Apollinaire.

De Karlsruhe à Mayence, le paysage se modifie insensiblement pour perdre sa rudesse; le Rhin abandonne peu à peu ses sautes d'humeur dévastatrices: renonçant désormais à former des alluvions mouvantes entre ses bras multiples, il se répand en un large flot, ramasssé dans un lit régulier, stable et profond, navigable, aux berges solides. Les villes, qui semblaient s'en écarter prudemment jusque-là, s'établissent au plus près du fleuve, telle Worms dont l'altière cathédrale romane surveille la maturation des vins palatins au sud, de la Hesse rhénane au nord.

Parvenue à Mayence, la vigne emprunte à l'est la voie tortueuse du Main pour sillonner la Franconie, et tente ainsi avec succès une incursion en terre bavaroise, fief apparemment inexpugnable du houblon. Sur l'autre rive, à Bingen, à l'instant même où le Rhin se dégage enfin de la gigantesque courbe qu'il avait tracée en aval de Worms, la Nahe vient à son tour recueillir l'héritage de la vigne pour l'emporter dans la Hesse rhénane.

Nous arrivons au cœur de l'Allemagne romantique. C'est le décor fantastique des burgraves pillards et des elfes, des carnages et des sortilèges. Fürstenberg, Gutenfels, la Pfalz, cette menace jaillie des flots du Rhin, la Katz et la Maus qui se narguent encore, Rheinfels: autant de tours décapitées, de donjons édentés, d'ombres massives et inquiétantes, entre lesquelles, miracle de vie parmi tant de mort, serpentent, de part et d'autre du fleuve, les vignes de la basse Rhénanie.

À Coblence, au confluent de la Moselle et non loin de celui de la Lahn, la route du vin dessine un trident dont la pointe médiane ira jusqu'à Bonn. Là, parvenue à la limite septentrionale de l'aire que lui avait imposée la nature, la vigne se raréfie. Rotterdam et la mer sont encore loin, trop loin pour que le vin y parvienne jamais autrement qu'importé. Mais ne serait-ce que sur la moitié de son cours, le Rhin fournit par l'histoire de sa vigne un exemple probant de ce qu'une voie naturelle peut apporter à l'homme pour accroître son profit ou son plaisir. En dépit de beaucoup d'épisodes sanglants, il n'y eut pas sur le Rhin qu'un en deçà et un au-delà, une rive gauche et une rive droite: il y eut aussi et surtout un amont et un aval, route mouvante où se propagèrent au fil des siècles la technique de l'imprimerie, l'humanisme d'un Erasme, la mystique romantique et, plus récemment, l'esprit de l'Europe. Fêtée ici plus que partout ailleurs, la vigne n'aura pas moins, quoique de façon plus occulte, contribué à l'élaboration d'une prise de conscience rhénane.

LES VINS DU RHIN SUPÉRIEUR

Les vignes de Suisse orientale et septentrionale appartiennent toutes au bassin du Rhin. Elles semblent s'y trouver moins à l'aise que dans le Valais et sur les rives du lac Léman. Les traditions viticoles sont pourtant tout aussi anciennes. Autrefois, les vignerons produisaient surtout des vins blancs; actuellement le rouge prédomine, sauf dans les vignobles des lacs de Bienne et de Neuchâtel.

Dans cette partie de la Suisse la vigne semble plus menacée que dans le bassin rhodanien; cela tient à de nombreux facteurs: industrialisation et urbanisation en constant développement, concurrence des vins étrangers. Certains vignobles ne sont déjà plus que des vignobles fossiles: ceux de Bâle-Ville, Lucerne, Soleure et Schwyz, dont aucun ne dépasse huit hectares.

Des vieux cépages de blanc, l'*elbling* a quasiment disparu, le *räuschling* et le *completer* font figure de curiosités; ils ont été remplacés par le *riesling-sylvaner* qui joue dans ces régions le même rôle prépondérant que le *chasselas* en Suisse occidentale. Le *riesling-sylvaner* est né en 1882 d'un croisement entre le *riesling*, qui mûrit tard et qui a une forte teneur en acide, et le *sylvaner vert* (ou *johannisberg*), tardif lui aussi. En Allemagne, ce cépage a gardé le nom de son

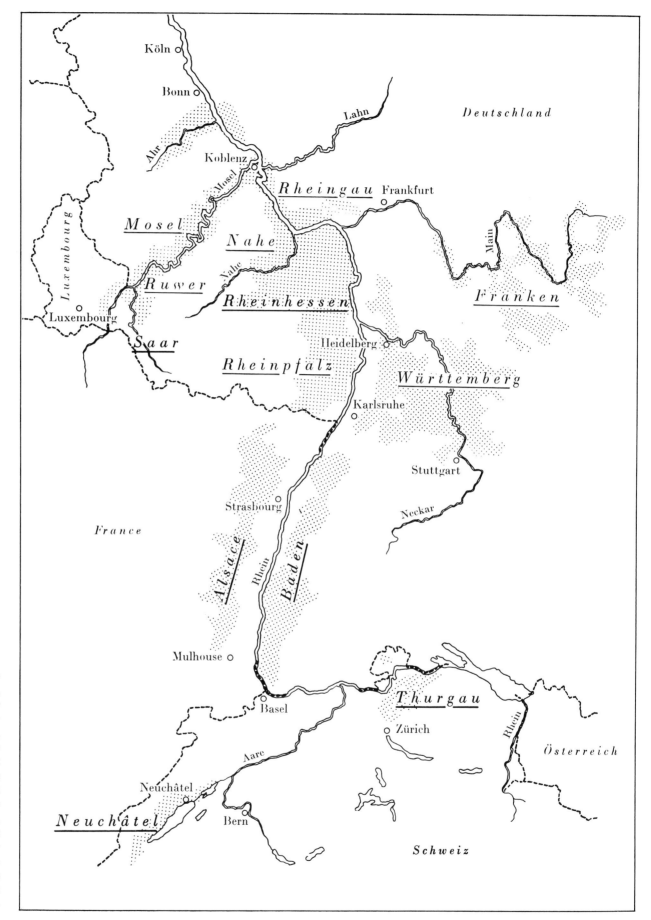

Sont réunis sous la déno-
mination «vins du Rhin»,
les vins du Rhin supérieur
(ceux des cantons vitico-
les de Suisse alémanique),
les vins des bords du lac
de Neuchâtel ; puis ceux
d'Alsace ; enfin, les vins
allemands du Bade, du
Wurtemberg, du Palati-
nat, de la Hesse rhénane,
de la vallée de la Nahe, de
la Franconie, du Rhein-
gau, des vallées de la
Moselle, de la Sarre, de la
Ruwer, de l'Ahr et du
Mittelrhein, Rhin moyen.

Pendant leur fermentation, les vins de la Bündner Herrschaft (Grisons) sont suivis avec beaucoup d'attention par les œnologues. Ceux-ci considèrent qu'un vin rouge qui 'pèse' 85,4° oechslé et contient 11 à 13‰ d'acidité donnera un bon millésime.

auteur Müller-Thurgau. Après de nombreuses années d'essais et d'améliorations on obtint une nouvelle espèce, stable, vigoureuse, pauvre en acide, de haut rendement et peu exigeante sur le choix du terrain. C'est le plant le mieux adapté aux conditions locales du climat et du terrain. Le *riesling-sylvaner* donne un vin au riche bouquet, élégant et frais, souvent avec une légère saveur de *muscat*.

Le cépage de rouge le plus répandu est le *pinot noir*, appelé ici *blauburgunder*. Il fut introduit dans les Grisons entre 1630 et 1635 par le duc de Rohan qui exerçait à Maienfeld le commandement des troupes françaises. Par la suite, ce cépage essaima dans d'autres régions, surtout dans celles, bien exposées, qui ont des sols profonds, riches et meubles. Les vins de *pinot noir* produits dans les Grisons sont, avec ceux de Neuchâtel, les meilleurs de Suisse, mais non les plus abondants.

CANTON DES GRISONS. Le voyageur qui descend le cours supérieur du Rhin trouve la vigne en aval de Coire ; ce sont les vignobles de Costamser, Trimmis et Zizers. Le *pinot noir* y donne un rouge léger, et le *riesling-sylvaner* un blanc ayant un bouquet prononcé.

Après le confluent de la rivière Landquart, le Bas-Rheintal semble plus favorable à la vigne, et les vignobles de la «seigneurie grisonne» — la Bündner Herrschaft — s'étendent sur les communes de Malans, Jenins, Maienfeld et Fläsch. Le cépage de loin le plus répandu (99%) est le *pinot noir*, introduit pendant la guerre de Trente Ans.

Cette région des Grisons, moins visitée par les touristes que l'Engadine, jouit d'un climat très agréable,

surtout en septembre et en octobre; les brouillards y sont quasiment inconnus et le fœhn, ce vent chaud qui vient du sud, s'il est parfois désagréable aux hommes, y est assurément bienfaisant pour le raisin qui mûrit ainsi dans des conditions plus favorables que dans beaucoup d'autres endroits de la Suisse alémanique.

La vigne appartient la plupart du temps à de petits propriétaires qui la cultivent sur fil et y consacrent environ 1000 à 1500 heures de travail annuel par hectares. Cette vigne, quoique n'ayant jamais connu le phylloxéra, est remplacée petit à petit par des porte-greffes résistants. Sur le territoire de la commune de Malans, on trouve encore un cépage d'origine inconnue, le *completer*, qui donne un vin blanc, spécialité du pays. Les meilleurs crus des Grisons sont les rouges; ils sont fruités et harmonieux. Il faut les boire jeunes et de préférence sur place avec quelques spécialités gastronomiques du pays. La récolte, très variable, est en moyenne de 6000 hectolitres.

CANTON DE SAINT-GALL. En descendant le Rhin on pénètre ensuite dans le canton de Saint-Gall, dont le vignoble peut se diviser en trois régions:
— La partie méridionale: ce sont les vignobles compris dans les régions de Bad Ragaz, Sargans et du lac de Walenstadt. Les vins rouges dominent nettement et, parmi les crus réputés, on citera le SCHLOSS WERDENBERG et le PORTASER, de Pfäfers.
— La partie septentrionale comprend le vignoble sis entre Hub et l'embouchure du Rhin dans le Bodan. Comme au nord dans les Grisons, la vallée du Rhin se prête ici à la culture de la vigne. Pourtant la surface du vignoble a diminué des trois quarts depuis la fin du siècle dernier. Les vins rouges les meilleurs portent les noms suivants: BALGACHER, SONNENBURGER, REBSTEINER, MARBACHER, PFAUENHALDE, ROSENBERG, EICHHOLZ, MONSTEINER, BERNECKER et BUCHENBERG, appelé la «perle du Rheintal». Le FORSTWEIN d'Alstätten atteint des prix fabuleux. Ces vins sont tous issus de *pinot noir*, qui sur place porte le nom de *blauburgunder*. On peut rattacher à cette partie les deux communes viticoles du canton d'Appenzell: Wolfhalden et Lutzenberg, qui produisent par moitié des vins blancs et des vins rouges, destinés à être consommés sur place.
— Enfin, les petits vignobles du nord-ouest du canton, sur les communes viticoles de Bronschhofen et Wil, dont le WILBERG est très estimé.

Signalons aux amateurs de spécialités que les vignerons de cette région font un vin de raisins rouges égrappés, auquel ils donnent le nom de BEERLIWEIN; il est fruité et riche en bouquet.

CANTON DE THURGOVIE. C'est entre le Bodan inférieur et le cours du Rhin d'une part et le cours de la Thur d'autre part, que l'on trouve le vignoble de la Thurgovie. La plus grande partie (80%) donne un vin rouge de *pinot noir* et le solde un vin blanc de *riesling-sylvaner*.

L'Arenenberg Domane mérite une mention et une dégustation sur place.

Plus au sud, les vignes de Stettfurt produisent le fameux Sonnenberg qui est un cru d'une excellente tenue. La presque totalité des crus de cette région est consommée sur place. Aussi le touriste de passage ne manquera-t-il pas de les accompagner des spécialités du pays: féra du Bodan avec un blanc de l'Untersee et des tranches de foie à la thurgovienne avec un rouge de Warth.

Canton de Schaffhouse. Dans le pays de Schaffhouse, la vigne enjambe le Rhin et passe sur la rive droite. Les derniers contreforts du Jura forment un écran protecteur. Le *pinot noir* est cultivé sur des terres lourdes, le *riesling-sylvaner* sur des terres calcaires.

La surface du vignoble, qui était de 1100 hectares en 1900, s'est stabilisée ces dernières années entre 360 et 380 hectares.

Les vins rouges de *pinot noir* sont produits par le 90% de la surface du vignoble. Les vins blancs sont issus de

Les vignerons du village de Dorf, dans l'Unterland zurichois, protègent leurs vignes des gelées printanières — on songe aux fameux Saints de glace — avec des paillassons. Cette méthode est éprouvée et efficace.

A Schaffhouse, les vignes du Munot sont raides. Les vignerons installent une sarcleuse qui sera tirée par un treuil situé au sommet de la pente qui mène à cette imposante forteresse médiévale. Le Munotler est un vin rouge corsé, issu de *blauburgunder (pinot noir)*.

riesling-sylvaner et se distinguent par un bouquet très prononcé. Quelques autres cépages (*pinot gris, elbling*) n'ont qu'une importance réduite. Hallau est la plus grande commune viticole et elle produit notamment un Hallauer «Im hintere Waatelbuck» qui est un vin rouge d'excellente qualité. De passage à Schaffhouse, où il visitera selon ses goûts le musée Zu Allerheiligen ou les fameuses chutes du Rhin, le voyageur pourra déguster un rouge corsé, le Munotler, qui emprunte son nom au lourd donjon qui domine la ville et la vallée du Rhin.

Canton de Zurich. Plus au sud, dans le canton de Zurich, les zones urbaines et industrielles ont lentement rongé la surface viticole qui a passé de quelque 5000 hectares au début du siècle à 300 hectares aujourd'hui. Dans cette région, le climat est moins favorable à la vigne que sur les bords du Rhin, surtout à cause du gel printanier. La vigne pourtant s'accroche aux pentes les plus abritées et les mieux ensoleillées. Ce vignoble peut être divisé en trois régions:
— Au nord: le vignoble zurichois — on appelle cette région Weinland ou «pays du vin» — fait suite à celui de Thurgovie et produit comme lui des crus rouges de *pinot noir*, des vins blancs de *riesling-sylvaner* et de *räuschling*, corsés et de bonne garde.
— Plus à l'ouest: l'Unterland zurichois appartient encore au Jura et offre une grande diversité de vins: ici encore, en majorité, des crus rouges de *pinot noir* et des vins blancs de *riesling-sylvaner*: ce sont des vins de pays consommés sur place.

Dans le canton de Zurich, les vignes sont des îlots. On n'y connaît pas la culture extensive et on y fait la vendange à l'ancienne.

Plus on tient à sa vigne, mieux on la protège. La chimie fournit aux vignerons des filets arachnéens qui, sans faire obstacle aux rayons du soleil, protège le raisin de la gourmandise des oiseaux.

— Au sud: les rives du lac de Zurich et les bords de la Limmat, en aval de Zurich. Ces vins ont une bonne renommée. Stäfa, la plus grande commune viticole du canton, est fière de son STERNENHALDE et de son LATTENBERG. Herrliberg produit un CLEVNER SCHIPF-GUT qui est fameux auprès des amateurs locaux. Parmi les autres crus on citera APPENHALDE, CHOR-HERRENHALDE, ÄBLETEN, TURMGUT. Sur les coteaux de la Limmat, Weiningen est la seconde commune viticole du canton.

Les Zurichois possèdent de nombreuses spécialités gastronomiques et il ne sera pas difficile de trouver une gamme de vins pour les accompagner dignement. Ces délicates satisfactions seront réservées à ceux qui, en toute quiétude, sauront profiter de leur séjour en pays zurichois, car aucun de ces «accords régionaux» ne peut être exporté.

CANTON D'ARGOVIE. Le cours de la Limmat nous conduit tout naturellement dans le canton d'Argovie. La vigne s'étend sur les coteaux de l'Aar et de ses affluents, la Limmat et la Reuss, sur les pentes abritées du Jura et sur la rive nord-est du lac de Hallwil. La superficie du vignoble argovien ne dépasse pas 300 hectares. Le *riesling-sylvaner* (27%) et le *pinot noir* (55%) sont les deux cépages dominants. Les vins sont légers, fruités et peu alcooliques. Les vins blancs, comme le SCHINZ-NACHER RÜHBERG, ont un bouquet fort apprécié; les

rouges, le NETTELER, le GOLDWAND et le BRESTENBERGER en particulier, font d'excellents vins de table.

Prolongement vers le sud du vignoble argovien, les vignes du canton de Lucerne sont assurément une curiosité car elles ne comptent que 171 ares.

CANTON DE BÂLE. Depuis la frontière du canton de Schaffhouse jusqu'à Bâle, le Rhin ne baigne aucun

288

Le réfractomètre, qui remplace le bon vieux pèse-moût, est un appareil optique utilisé pour apprécier la richesse en sucre du jus de raisin. Grâce à lui, on peut fixer le temps de la vendange au moment où le raisin atteint sa pleine maturité.

LES VINS DE NEUCHÂTEL

Bien que faisant partie du bassin du Rhin, le vignoble des rives du lac de Neuchâtel est en pays latin. Peut-être est-ce pour cela qu'un poète local affirmait que «le pays de Neuchâtel n'est plus du midi, mais point encore du nord.»

Terre de transition par la géographie et par l'histoire, cette région semble avoir connu la vigne avant même l'arrivée des Romains. La culture des vignes dans le pays est établie avec certitude par un document de 998; Rodolphe, seigneur de Neuchâtel, donnait une vigne, située à Bevaix, à l'abbaye des Bénédictins de Cluny. Aujourd'hui, le vignoble du lac de Neuchâtel s'étend sur les derniers coteaux du Jura, du lac de Bienne jusqu'aux rives de l'Orbe, c'est dire que la partie occidentale est sur territoire vaudois. Cette zone viticole forme un long ruban de quelque 50 kilomètres de long sur un kilomètre de large environ. Au niveau du lac, l'altitude est de 432 mètres au-dessus du niveau de la mer; les clos les plus élevés sont situés à 600 mètres, mais c'est entre 432 et 530 mètres que se trouve la majeure partie des vignes. Celles-ci bénéficient de l'influence adoucissante et régulatrice du lac; à Neuchâtel même la moyenne hivernale est de 1 à 1,5 degré supérieure à celle de Fribourg ou de Berne. En été, la vigne, par réverbération, reçoit du lac lumière et chaleur. Cependant, elle n'échappe pas aux gelées printanières, malgré la chaîne du Jura qui la protège des vents froids du nord. Actuellement la superficie de ce vignoble est d'environ 630 hectares sur le canton de Neuchâtel et de 200 hectares sur le canton de Vaud.

Le commerce des vins de Neuchâtel, avec beaucoup de fluctuations, s'est fait tantôt en direction de Berne, tantôt en direction de Soleure, aux temps où cette ville donnait l'hospitalité aux ambassadeurs étrangers accrédités auprès de la Diète fédérale. On raconte même que les bateliers, chargés de transporter les tonneaux de Neuchâtel à Soleure ne résistaient pas à la tentation de déguster leur marchandise, quitte à la remplacer par le même volume d'eau.

Aujourd'hui, les vins de Neuchâtel sont connus bien au-delà des frontières helvétiques. Actuellement ils sont vendus sous l'appellation unique NEUCHÂTEL, tant est grande l'homogénéité du vignoble. Certains propriétaires-encaveurs font suivre cette appellation générique du nom de la localité ou d'un cru. Aussi les connaisseurs se décideront-ils par exemple, pour un NEUCHÂTEL SAINT-BLAISE ou un NEUCHÂTEL-CORTAILLOD s'il s'agit de communes, et pour un NEUCHÂTEL-CHÂTEAU D'AUVERNIER ou un NEUCHÂTEL-HÔPITAL DE POURTALÈS s'il s'agit d'un cru. Les propriétaires-encaveurs dont le nom est toujours mentionné sur l'étiquette, s'engagent à ne vendre que des vins de Neuchâtel. Ils sont soumis à un contrôle de production et de qualité. En effet, depuis plus de vingt-cinq ans l'Etat de Neuchâtel a institué le contrôle des degrés lors de la récolte, ce qui incite les

vignoble. Les cantons jumeaux de Bâle-Ville et de Bâle-Campagne possèdent chacun des vignes. Celle de Bâle-Ville, car il n'y en a qu'une, est située au-delà du Rhin, à Riehen; elle s'appelle «Im Schlipf» et n'a qu'une centaine d'ares. Bâle-Campagne est un peu plus riche (50 hectares environ), notamment sur les dernières pentes du Jura et le long de la Birse. On y produit quasi uniquement des vins blancs de *chasselas* et de *riesling-sylvaner*, qui sont d'ailleurs davantage des curiosités destinées aux initiés locaux que des vins de pays à l'usage des touristes de passage.

CANTON DE SOLEURE. De Bâle, en remontant le cours de l'Aar, on traverse le canton de Soleure qui produit des vins de pays, dont la teneur en alcool varie entre 9 et 11°. Les vins blancs sont produits à partir de *chasselas*, qui prend ici le nom de *gutedel*, tandis que les rouges sont issus de *burgunder*. En moins d'un siècle, le vignoble soleurois s'est amenuisé considérablement. Il ne s'étend plus, aujourd'hui, que sur quatre hectares.

CANTON DE BERNE. On parvient ensuite au lac de Bienne, dont les rives septentrionales, adossées au Jura, de Vingelz-Bienne à La Neuveville, forment un vignoble qui se prolonge vers l'ouest dans le canton de Neuchâtel. Il est planté presque exclusivement en *pinot noir* et en *chasselas* avec une nette prédominance de ce dernier. Ces vins sont légers, fruités, apéritifs; il convient de les boire jeunes. Les crus les plus connus sont le TWANNER et le SCHAFISER. Beaucoup plus en amont, sur le cours de l'Aar, on trouve encore aux portes mêmes des Alpes, les vignobles de Spiez et Oberhofen, qui produisent des blancs de *riesling-sylvaner* et des rouges de *pinot noir*.

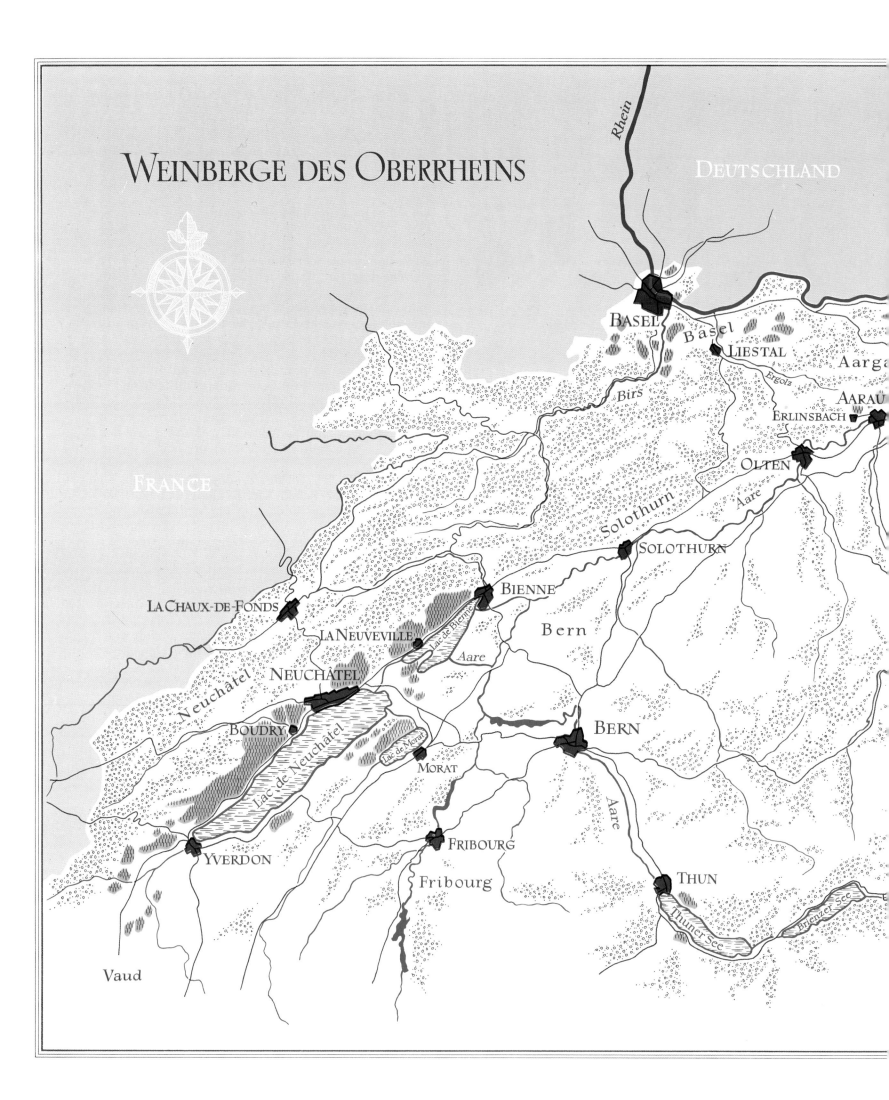

WEINBERGE DES OBERRHEINS

DEUTSCHLAND

Rhein

FRANCE

BASEL

Basel

LIESTAL

Aarga

Birs

Ergolz

AARAU

ERLINSBACH

Solothurn

OLTEN

Aare

SOLOTHURN

LA CHAUX-DE-FONDS

BIENNE

Lac de Bienne

Bern

LA NEUVEVILLE

Aare

Neuchâtel

NEUCHÂTEL

BOUDRY

Lac de Neuchâtel

Lac de Morat

BERN

MORAT

Aare

FRIBOURG

YVERDON

Fribourg

THUN

Thuner See

Brienzer See

Vaud

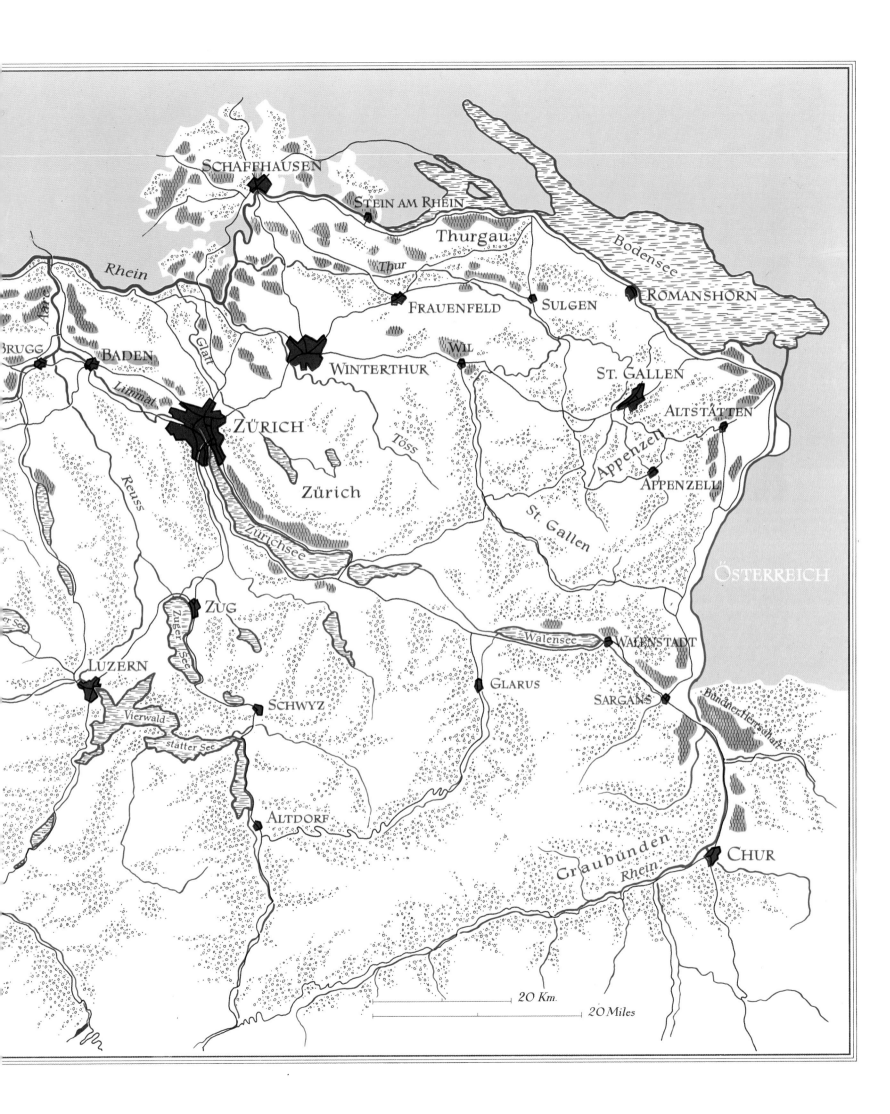

SCHAFFHAUSEN

STEIN AM RHEIN

Thurgau

Rhein

Thur

Bodensee

FRAUENFELD

SULGEN

ROMANSHORN

Glatt

BRUGG

BADEN

WIL

WINTERTHUR

ST. GALLEN

Limmat

ALTSTÄTTEN

Töss

Reuss

Zürich

Appenzell

APPENZELL

Zürichsee

St. Gallen

ÖSTERREICH

ZUG

Zuger See

Walensee

WALENSTADT

LUZERN

GLARUS

SARGANS

Vierwald-

Bündner Herrschaft

stätter See

SCHWYZ

ALTDORF

CHUR

Graubünden

Rhein

20 Km.

20 Miles

Cette gravure romantique représente le vignoble neuchâtelois vu du sud-ouest, aux environs de Colombier et en direction d'Auvernier et de Neuchâtel. Les vignes s'étendent en une bande de cinquante kilomètres de long sur un kilomètre de large en moyenne. Le lac tempère la rudesse du climat et la chaîne du Jura protège la vigne contre les vents du nord; cependant le gel y est parfois redoutable.

vignerons à retarder les vendanges et à rechercher la qualité. Les contrôleurs sont payés par l'Etat et doivent se tenir à disposition de l'encaveur et contrôler chaque gerle (environ 100 litres) dès son arrivée au pressoir.

Les vins rouges de Neuchâtel comptent parmi les meilleurs de Suisse; leur robe est magnifique, leur bouquet prononcé; fruités, assez frais, ils ont une saveur fine et distinguée. On citera notamment ceux de Cortaillod. Ils sont tous issus de *pinot noir*. Egalement obtenu à partir de *pinot noir*, mais à peine cuvé, L'ŒIL DE PERDRIX est un vin clair de fort belle teinte qu'il faut boire jeune.

Les vins blancs (le triple environ des rouges) sont tous issus de *chasselas*. Mis en bouteilles alors qu'ils reposent toujours sur lies, ils renferment encore du gaz carbonique qui les rend légèrement pétillants. On dit dans le pays qu'ils font l'étoile. Ils sont légers, frais et très finement fruités. Certains leur découvrent un goût de pierre à feu et de réséda. Outre les vins issus de *chasselas*, on trouve, mais en petites quantités seulement, des blancs de *sylvaner vert*, fins et bien équilibrés, de *riesling-sylvaner* au goût de *muscat* prononcé, de *pinot gris*, parfumés, souples et moelleux et de *pinot blanc*, très fins. Dans toute cette région, les blancs de *chasselas* s'harmonisent fort agréablement avec les poissons caractéristiques du lac de Neuchâtel: la palée

et la bondelle. Les rouges de *pinot noir* s'accordent fort bien avec les viandes rouges ou noires. La production totale se chiffre bon an mal an de 60 000 à 70 000 hectolitres.

La partie vaudoise, la plus occidentale, est plantée, elle aussi en *chasselas* et en *pinot noir*, à quoi s'ajoutent quelques spécialités. Certains producteurs vinifient «à la neuchâteloise», c'est-à-dire sur lies et produisent des vins comparables au vrai neuchâtel; d'autres vinifient «à la vaudoise», avec transvasage, et offrent des vins plus souples, mais qui, au gré de certains, perdent un peu de leur originalité. La plus grande partie de ces vins est vendue sous l'appellation BONVILLARS. Rouges et blancs sont des vins de pays.

Alors que les vins vaudois de La Côte, du Lavaux ou du Chablais (voir chapitre sur les vins du Rhône) ont généralement 10,5 à 13°, ceux-ci ont 9,5 à 11°, exceptionnellement 12°. Ce sont des vins qui pétillent avec malice, mais sans traîtrise et passent pour donner de l'entrain et de l'esprit à ceux qui les goûtent.

Egalement dans le bassin du Rhin, il faut encore citer le vignoble situé sur les pentes méridionales du Mont-Vully, entre le lac de Neuchâtel et le lac de Morat. Les vins blancs de *chasselas* sont légers, acides et frais; les quelques vins rouges, issus de *pinot noir* ou de *gamay* ont une belle couleur, un bouquet fin et agréable.

LES VINS D'ALSACE

L'Alsace se trouve dans un fossé d'effondrement d'axe nord-sud provenant d'un massif ancien dont il reste des vestiges, les Vosges à l'ouest et la Forêt-Noire à l'est. Fermée au sud par le Jura, au nord par les collines de la Basse-Alsace, elle forme une cuvette au climat continental froid en hiver, chaud en été, avec un maximum de précipitations en juillet et août et un minimum en hiver.

Le vignoble alsacien occupe les collines sous-vosgiennes de Thann au sud, de Marlenheim au nord, c'est-à-dire entre la Trouée de Belfort et le col de Saverne, seules ouvertures aux influx venant de l'ouest et rompant l'équilibre thermique et climatique de cette partie de l'Alsace dont le centre est Colmar, placée sensiblement sur le 48ᵉ parallèle. Les vents dominants sont ceux du sud en hiver et ceux du nord en été. Les jours de gel à Colmar se chiffrent, selon une moyenne calculée sur cinquante ans, à une soixantaine par an; ils sévissent jusqu'au début de mai, lors des funestes saints de glace. Toutefois, les dégâts sont relativement rares et

restent localisés. Cela est dû à la situation du vignoble à une altitude comprise entre 180 et 400 mètres — c'est-à-dire au-dessus des brouillards qui se forment dans la plaine — où l'ensoleillement et les conditions géologiques d'accumulation thermique sont bien supérieurs à ceux de la plaine. La moyenne thermique annuelle de Colmar est de 10,8°C; dans les coteaux elle dépasse cette température de quelques dixièmes. Les collines sous-vosgiennes se trouvant dans l'ombre pluviométrique des Vosges, les précipitations y sont faibles, entre 500 et 700 millimètres par an.

L'état climatique dans lequel se trouve le vignoble alsacien est donc en définitive très favorable à la culture de la vigne. Le cycle végétatif annuel se déroule en moyenne comme suit: débourrement à mi-avril, floraison à mi-juin, véraison à mi-août et vendanges vers le 10 octobre, ce qui donne aux raisins une durée de développement d'environ 115 journées, échelonnées sur un printemps généralement beau, un été chaud et orageux et, enfin, un automne ensoleillé. Le vignoble alsacien

A quelques kilomètres au nord-ouest de Colmar, le village de Kalzenthal est entouré de vignes. On dit que le muscat et le riesling y ont trouvé le sol qui leur convient le mieux.

profite en outre de conditions géologiques exceptionnelles. Les collines sous-vosgiennes sont en effet l'affleurement de la faille d'effondrement et présentent une structure géologique très complexe: roches triasiques, liasiques, jurassiques oligocènes y voisinent; elles sont coupées par des alluvions modernes, partiellement recouvertes par des anciennes graveleuses, par des talus d'éboulis d'origine glaciaire ou encore par des placages de lœss provenant de la plaine.

Ces conditions climatiques et géologiques permettent de dégager les caractéristiques particulières du vin d'Alsace par rapport à d'autres vins et les principes de la viticulture alsacienne.

CARACTÉRISTIQUES DU VIN D'ALSACE

Le vin provient de la fermentation du jus de raisin — cela est bien connu — et celui-ci possède à l'état latent toutes les qualités auxquelles le vin peut prétendre par la suite. On ne peut jamais améliorer un vin, on ne peut que lui conserver les qualités qu'il possède. La chaleur emmagasinée au cours du processus de maturation se traduit par la concentration en sucre et détermine la force subséquente du vin; le terroir en forme le corps, et les variations de température, sous l'influx d'air froid d'origine continentale ou océanique, en module la finesse. Si donc on passe d'une région chaude à une autre plus fraîche, la teneur en sucre diminue, la force fléchit; par contre, l'acidité augmente pour atteindre sa valeur maximale admissible près de la limite septentrionale de la culture viticole, cependant que les arômes du fruit s'affinent pour se perdre enfin dans la verdeur. La démonstration de cet état de choses se fait, en suivant les vins blancs, du midi vers le nord, par l'étude du rapport relatif existant entre leurs deux éléments conservateurs antagonistes, l'acidité et le sucre. Un vin blanc d'origine méridionale possède naturellement un excès de douceur naturelle et une acidité peu conséquente (BORDEAUX, MONTBAZILLAC...). A partir d'une certaine latitude tout le sucre est fermentescible: on obtient alors un vin sec. Si l'acidité est relativement faible, le vin s'affine par un développement du corps (BOURGOGNES et en particulier MÂCON); si elle augmente,

Hunawihr, situé à proximité de Ribeauvillé, est une des 93 communes qui ont droit à l'appellation VIN D'ALSACE. Elle possède aussi, au milieu des vignes, une curieuse église entourée d'une enceinte fortifiée qui date du XVIe siècle.

Les Alsaciens sont fiers de leurs vins issus de quatre cépages nobles: Traminer (ou Gewurztraminer), Riesling, Tokay et Muscat. Rappelons que les vins d'Alsace sont toujours désignés par leur cépage d'origine. Les vignes de Bergheim (à gauche) et de Zellenberg (ci-dessus) sont situées dans la partie centrale du vignoble alsacien.

les arômes du fruit sont plus prononcés et plus délicats, les vins deviennent fruités. Si enfin l'acidité naturelle du jus de raisin est importante, la vinification devient difficile, car il s'agit à la fois de chercher à abaisser la concentration d'acide et d'accentuer la douceur compensatrice, ce qui suppose une grande adresse œnologique.

En Alsace, la vinification est simple: elle est d'ordre purement conservatoire. Le degré alcoolique se situe couramment entre 11 et 14° et, les bonnes années, de nombreux crus conservent du sucre résiduel, quelques grammes par litre. L'acidité tartrique des vins faits est comprise entre 5 et 7 grammes par litre. Les conditions de stabilité du vin sont donc excellentes. Toutefois, pour garder au vin d'Alsace son originalité, il est indispensable de lui conserver son arôme de fruit c'est-à-dire son fruité, son caractère de jeunesse. Pour cela il faut absolument éviter toute oxydation qui rendrait nécessaire une vinification à la bourguignonne et modifierait totalement le type de ce vin. Ce détail œnologique est très délicat et demande une surveillance continue; il explique le refus que le vigneron alsacien oppose à la livraison de son vin en fûts, et à la mise en bouteilles dans la cave d'origine dès le mois de mai.

En conclusion, les vins d'Alsace ont trois caractères fondamentaux: la fraîcheur, le fruité et la jeunesse, dus à un équilibre ternaire entre le corps, l'acidité et les arômes du fruit. L'impression qui s'en dégage est une sensation de finesse, de délicatesse et de race, variable avec le cépage et la relation entre les trois éléments constitutifs. L'amateur habitué aux vins moelleux se trouve un peu surpris à la première gorgée de vin d'Alsace, car l'équilibre ternaire qui le caractérise est une originalité dans la production française et même allemande, mais rapidement il prend goût à ces vins séduisants, de bonne descente, cachant sous des abords frais une étoffe plus ou moins luxueuse; ils sont toujours naturels, francs et honnêtes.

PRINCIPES DE LA VITICULTURE ALSACIENNE

La viticulture alsacienne est régie par les impératifs climatiques et géologiques de son vignoble et par la tradition.

Il n'existe aucun vignoble — abstraction faite de certaines cultures en Europe centrale, climatiquement semblables — où la vigne prend un développement végétatif aussi important qu'en Alsace. Tirée sur cordons, elle atteint couramment 2,40 mètres de haut et porte une récolte conséquente. Le vignoble est donc porté naturellement à une production quantitative, vers laquelle on a toujours cherché à le pousser, alors que la sagesse du vigneron alsacien, profitant de l'extrême variété géologique des terrains viticoles, s'est toujours appliquée à un encépagement approprié pouvant conjuguer les besoins du marché et le maintien indispensable de la qualité des vins.

Dans divers ouvrages, il a été écrit que le vignoble alsacien a subi une réduction notable de superficie. En réalité depuis des siècles il est resté sensiblement le même à peu de choses près, étant bien entendu que, sous la dénomination «vignoble d'Alsace», il faut comprendre la région viticole traditionnelle se trouvant sur les collines sous-vosgiennes, soit environ 14000 hectares en production et 2000 à 3000 hectares en friche ou en extension, selon le cycle normal de culture. Toute cette région est reconnue officiellement depuis 1961 comme vignoble d'Appellation d'Origine Contrôlée (A.O.C.). Elle produit annuellement une récolte d'environ 1123000 hectolitres de vins, blancs à 99%. Cette délimitation est le résultat d'efforts constants depuis de longues années pour retrouver la stabilité, le contrôle de la qualité — jadis en usage dans les villes et villages du vignoble qui mettaient tout en œuvre pour réduire, voire supprimer, les cultures viticoles en plaine — et pour interdire les cépages grossiers dont les rendements sont trop élevés.

Un décret ministériel ayant force de loi, paru en 1945, a défini les cépages autorisés. Leur nombre a été réduit: ne sont conservés que ceux qui fournissent la qualité la plus sûre. On distingue les cépages nobles: *riesling, muscat, gewurztraminer, pinots* (blanc, gris ou *tokay d'Alsace*, rouge) et le *sylvaner* — et les cépages courants: *chasselas, knipperlé* et *goldriesling*. Tous les autres qui figuraient dans les anciens inventaires ont disparu.

Ces cépages sont fort anciens; la plupart, mentionnés dès le XVIe siècle, ont été sélectionnés par tradition séculaire et par plantation réfléchie. Chacun nécessite un terrain approprié, le calcaire fournissant la légèreté et l'élégance, l'argile le corps et l'étoffe. Alors que le *sylvaner* est assez indifférent à la nature du sol, les *pinots* préfèrent le calcaire, le *muscat* et le *gewurztraminer* les terrains argileux, le *riesling* par contre réussit mieux dans les formations primaires. Etant donné l'extrême variété des terres, chaque commune est en mesure, naturellement avec plus ou moins de bonheur, de cultiver la majorité des cépages.

LES VINS D'ALSACE

Le ZWICKER est un vin léger et aimable sans grande prétention, qui se débite en carafe. Il est issu de divers cépages, généralement de *chasselas*, et obligatoirement d'un cépage noble.

Le SYLVANER est plus fruité, plus nerveux, avec un semblant de pétillant, et très agréable à boire. Il atteint une bonne classe à Barr; il est bien corsé dans le Haut-Rhin et affriolant à Westhalten.

Le PINOT BLANC est un vin très équilibré; c'est un monsieur discret et distingué, actuellement fort bien en cours auprès du public.

Le TOKAY D'ALSACE, issus de *pinot gris*, est un grand vin d'une rare élégance possédant une charpente majes-

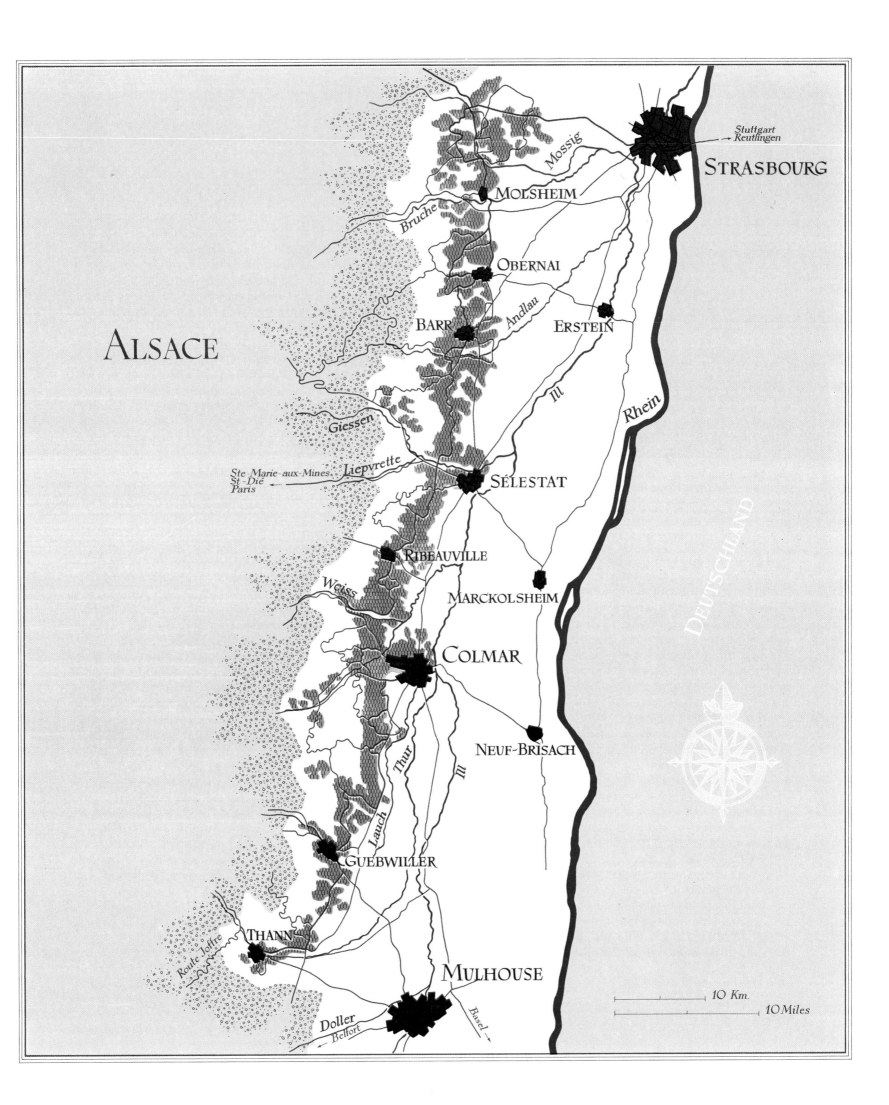

ALSACE

STRASBOURG

Stuttgart
Reutlingen

MOLSHEIM

Mossig

Bruche

OBERNAI

BARR

Andlau

ERSTEIN

Ill

Rhein

Giessen

Ste-Marie-aux-Mines
St-Dié
Paris

Liepvrette

SÉLESTAT

DEUTSCHLAND

RIBEAUVILLE

Weiss

MARCKOLSHEIM

COLMAR

Thur

Ill

NEUF-BRISACH

Lauch

GUEBWILLER

THANN

Route Joffre

MULHOUSE

10 Km.

10 Miles

Doller
Belfort

Basel

Les vins d'Alsace sont toujours désignés par le cépage dont ils sont issus. On distingue les cépages nobles: Riesling, Gewurztraminer, Muscat, Tokay d'Alsace (pinot gris), les cépages fins: Sylvaner, et Pinot blanc (clevner). Le vin EDELZWICHER est un coupage de vins issus de cépages nobles; le ZWICKER est un coupage issu des cépages courants (chasselas, kniperlé) avec au moins un cépage noble.

tueuse et le plus voluptueux des crus alsaciens, s'il se pare d'un moelleux séduisant. Il s'appelle TOKAY par tradition, car une vieille légende raconte que le général Lazare de Schwendi, guerroyant en Hongrie contre les Turcs vers 1560, en rapporta des plants de vigne qu'il fit cultiver dans sa serre de Kientzheim. Il est toujours produit autour de Kientzheim dans la région centrale du vignoble haut-rhinois, entre Eguisheim et Bergheim, où se trouvent les noms les plus connus des terroirs alsaciens.

Le MUSCAT D'ALSACE est le vin le plus bouqueté mais aussi le plus frais de la gamme des vins d'Alsace. Son fruité est très caractéristique; il restitue fidèlement la saveur du raisin frais.

Le GEWÜRZTRAMINER, que les Parisiens appellent «Gewurz» et d'autres seulement «Traminer», est la grande spécialité alsacienne. Ce vin s'habille de velours, embaume, brille et séduit les femmes, car il est puissant et charmeur.

Le RIESLING est un vin fin et distingué, d'une grande élégance, mais d'une retenue altière. Délicat et frais, il exhale un bouquet fin et discret. Un grand nombre d'Alsaciens, pourtant démocrates dans l'âme, acclament le RIESLING comme leur empereur: affaire de goût! Les RIESLING, de Turckheim à Bergheim dans le département du Haut-Rhin et autour de Dombach dans le Bas-Rhin, sont très appréciés. Ces vins acquièrent en vieillissant de remarquables qualités.

DU PRESSOIR
À LA TABLE DU CONSOMMATEUR

Il y a quelques années encore, toute la récolte de raisin était pressurée par le producteur et le vin était vendu par tonneaux entiers dans la cave du vigneron, après dégustation, comparaison et discussion de prix avec l'acheteur négociant, l'aubergiste ou le particulier, par l'intermédiaire d'un gourmet, commissionnaire en vins. Depuis 1945, le vignoble alsacien a subi une mutation importante et nécessaire mais néanmoins un peu regrettable. Autrefois, tous les vignerons avaient dans leurs caves leurs propres vins. On se rendait visite, on dégustait, on riait, on passait des nuits entières dans les chais, on chantait, on vidait les verres en mangeant du lard ou du jambon fumé.

Maintenant on ne trouve plus cette ambiance que chez certains vignerons importants, les manipulants qui rentrent leurs raisins, vinifient leurs vins et vendent ceux-ci directement aux consommateurs. Bien des caves de vignerons sont vides et les magnifiques fûts de chêne sonnent creux: on vend ses raisins au négoce ou on les amène à la coopérative qui procède alors aux diverses opérations de vinification et de vente. La poésie a perdu une part de son sourire, mais la qualité des vins a gagné une bataille.

Négociants-viticulteurs, coopératives, viticulteurs-manipulants ne commercialisent pas leurs vins en barriques, ou très rarement, mais essentiellement en bouteilles dites «flûtes d'Alsace», d'une contenance de 72 centilitres pour les vins de qualité ou de un litre pour les vins de carafe, après une mise opérée dès mars pour les vins courants et à partir de mai ou juin pour les vins de qualité. Toutes ces bouteilles portent une étiquette avec la mention obligatoire «Appellation Alsace Contrôlée», complétée généralement par l'indication du cépage et le nom du fournisseur. Parfois, on ajoute des dénominations comme «grande réserve», «grand vin», «vin fin», termes conventionnels pour des crus ayant une puissance native obligatoirement supérieure à 11°. Le consommateur reçoit donc des vins qui se trouvent dans des conditions de stabilité parfaite, jeunes, clairs et limpides, soufrés juste ce qu'il faut. Il lui suffira donc d'entreposer les bouteilles dans une cave fraîche, légèrement humide, maintenue à une température voisine de 12 °C et dans l'obscurité. Si ces conditions sont remplies, un vin de qualité se conservera quelques années, de cinq à dix ans, et d'autant mieux qu'il sera plus corsé, c'est-à-dire de bonne année, ou plus frais, c'est-à-dire d'une année peu ensoleillée. Ainsi, la Confrérie Saint-Etienne, dans son œnothèque possède des bouteilles des années 1834 et 1865, donc plus que centenaires, bien conservées: 1834 fut, en fait, une année assez dure et 1865 apparaît comme la grande année du siècle.

Le vin d'Alsace se boit frais, non frappé, à une température de 12 °C environ; grâce à un léger échauffement, son bouquet se développe délicatement tout en conservant une allure juvénile. Il peut se boire seul, bien sûr, pour désaltérer: le CHASSELAS, le ZWICKER et le SYLVANER font merveille sans lasser. Qui veut mieux, prend un PINOT BLANC ou un EDELZWICKER, tandis que dans les circonstances solennelles l'un des quatre grands, RIESLING, MUSCAT, TOKAY ou GEWÜRZTRAMINER s'impose, avec, cependant, une faible préférence pour un beau MUSCAT.

Les Alsaciens cherchent toujours à accompagner leur vin de quelques amuse-gueule originaux: noix et pain paysan avec le vin bourru, gâteaux secs, feuilletés au fromage, aux amandes, olives... en attendant que l'on se mette à une table combien copieuse, quoique réduite par rapport à celles d'autrefois. L'Alsace a été, de tout temps, un pays riche malgré ses nombreux malheurs, et pendant des siècles le grenier et la cave d'une grande partie de l'Europe. On y trouvait de tout: poissons, volailles, viandes de tout genre, gibier, grenouilles, escargots, pain blanc, fromages et surtout d'excellents vins qui, dès le VIIᵉ siècle, étaient exportés vers tous les horizons, surtout en remontant ou en descendant le Rhin, pour figurer sur les tables des bourgeois aussi bien que sur celles des princes.

L'Alsace a la réputation d'avoir toujours été le pays de l'équilibre à tous points de vue et, à table, tout excès est réprouvé. On boit à grand verre, certes, mais pas à coup sec; le savoir-boire est naturel et l'on ne manque jamais de s'arrêter avant que le rire devienne bégaiement. Les services de vins et de table s'insèrent en se jouant, selon des règles simples et conformes à l'esprit méthodique de l'Alsacien. Pour un repas modeste, une bonne choucroute, un baeckaoffa, de la charcuterie, un vin courant suffit ou, si l'on désire mieux, un PINOT BLANC ou un petit RIESLING. Si le repas est plus soigné et comporte fromage et dessert, on ouvre vers la fin du repas une bouteille de TRAMINER. Pour un grand dîner, le nombre de verres devant chaque assiette augmente, car chaque mets exige son vin. Ainsi, pour les plats peu relevés, les asperges, les fruits de mer, les viandes blanches, les poissons, la truite au bleu, il faut un RIESLING ou en décroissant, faute de mieux, un PINOT ou un SYLVANER. Pour une langouste à l'armoricaine, un munster ou un roquefort bien relevés ou forts en goût, le GEWÜRZTRA-MINER s'impose et donne des harmonies incomparables. Pour un mets riche, tel le foie gras de Strasbourg, Le TRAMINER et surtout le TOKAY se marient admirablement. Pour la grosse pièce, liberté... quoique parfois un TOKAY de grande année ne soit pas à dédaigner.

L'Alsacienne sait bien cuire, mais il lui faut la bouteille de vin à côté de la marmite, car les petits plats bien arrosés se digèrent mieux.

Jamais il ne faut manger pour manger, ni boire pour boire, mais manger pour mieux boire et boire pour manger mieux. Telle est la philosophie de l'Alsacien à table, et les Alsaciennes prennent le plus grand soin à l'honorer.

Le vignoble alsacien est l'un des plus anciens de France, apparu après celui de la Narbonnaise, lors d'une invasion germanique au IIIᵉ siècle. Il connut un essor considérable dès le VIIᵉ siècle, coïncidant avec celui de Strasbourg, pendant longtemps le plus grand port fluvial sur le Rhin et le marché de vins le plus renommé de l'Europe du centre; et cela dura jusqu'à la guerre de Trente Ans qui amena des bouleversements sans fin. Ce vignoble était riche, mais non opulent; il était bourgeois, il l'est resté; il ne connaît pas de châteaux, mais des villes et des bourgs de large aisance, où le sens du devoir ne se discute pas.

Le vigneron alsacien est un bourgeois, il est son maître, il ne connaît ni servitude ni métayage. Il achète sa terre, mais ne la prend pas à bail; il fait son vin et il le veut bon pour lui et ses amis.

Cela explique son caractère, mais aussi combien l'Alsace, pays riche et généreux, respire l'équilibre.

Avant de parvenir au pressoir, le raisin passe du panier du vendangeur dans la hotte du porteur, puis dans une benne (bettig, en alsacien) placée sur un char où il est tassé au moyen d'un pilon (stessel, en alsacien).

LES VINS D'ALLEMAGNE

L'Allemagne est le pays vinicole le plus septentrional du monde, avec le Canada et l'URSS. Le rayonnement assez faible du soleil durant une période prolongée crée les conditions idéales pour la formation de vins blancs à faible titrage en alcool, dont la fraîche acidité et le bouquet ne sont pas estompés par une forte teneur en sucre.

La viticulture atteignit la zone celtique sur la rive gauche du Rhin avant l'époque romaine, et les fouilles pratiquées dans la vallée de la Moselle, de l'Ahr et du Rhin moyen ont apporté la preuve incontestable que les Romains cultivaient la vigne sur la rive gauche du Rhin. Sur la rive droite, du temps des Romains, le vin était un article commercial, mais il est attesté qu'à l'époque franque (vers 800) la viticulture était pratiquée partout où la vigne pousse encore, et à la période climatique chaude du Moyen Age elle atteignit une extension remarquable sur la totalité du territoire du Saint-Empire romain germanique: au XIIᵉ siècle la vigne est cultivée en Prusse, au Mecklembourg, et même plus au nord.

Les étiquettes des vins allemands sont spécialement pimpantes et toujours explicites. On reconnaît très rapidement la région viticole du vin qui nous est proposé (Nahe, Rheinessen, Rheinpfalz, Mosel-Saar-Ruwer, ci-dessous). Du fait du grand nombre de crus et de communes, le reste de l'étiquette est moins facile à déchiffrer pour un non-initié.

Au XVIᵉ siècle il s'est amorcé un mouvement de régression qui ne s'est pas encore arrêté. La détérioration du climat depuis 1550 n'est qu'une composante de cette évolution. Les importations de meilleures qualités, à des prix modiques, par la Ligue des villes hanséatiques et la suppression, par la Réforme, des monastères qui jusque-là avaient été les principaux centres viticoles, furent capitales pour l'Allemagne du Nord. Dans d'autres régions, comme le Wurtemberg, la viticulture ne s'est jamais remise de la guerre de Trente Ans.

Il y a eu par ailleurs des changements dans le goût des consommateurs. Le vin avait conquis des régions dont les conditions climatiques rendaient généralement impossible la maturation des raisins. Dire que les Allemands au Moyen Age préféraient les boissons amères, comme ils avaient une prédilection (attestée) pour les aliments amers, ne correspondrait guère à la vérité. Le vin ne fournissait souvent que l'alcool; il était sucré au miel, aromatisé et assez souvent chauffé pour être bu comme une sorte de vin chaud. Jusqu'à la fin du XVIᵉ siècle, la consommation de vin devait être dix fois plus élevée qu'à l'heure actuelle. Même la Bavière, qui est considérée aujourd'hui comme le fief de la bière, cultivait le vin jusqu'en Haute-Bavière du XVᵉ au XVIIᵉ siècle.

Mais vers l'an 1500, l'art d'obtenir de l'alcool par distillation d'autres fruits se généralisa en Allemagne, et la bière, qui jusque vers 1550 était plus chère que le vin, devint bien meilleur marché. Ce sont toutes ces raisons, sans compter les énormes charges de douanes et de taxes, qui expliquent que la surface viticole, aujourd'hui, est bien inférieure à la moitié de la superficie cultivée vers 1550.

Ces dernières années, la récolte de moût fut en moyenne de l'ordre de 6 à 7 millions d'hectolitres, dont 85 % de vin blanc et 15 % de vin rouge. La part essentielle, soit 4,4 millions d'hectolitres, est fournie par les trois régions attenantes, le Palatinat, la Hesse rhénane et le groupe des vallées Moselle-Sarre-Ruwer. Des régions, comparativement minuscules, telles que l'Ahr (30 000 hectares) et le Rhin moyen, y compris les Sept-Montagnes (70 000 hectares), rappellent que jadis la vigne fut cultivée bien plus au nord, jusqu'au jour où les vins importés d'Europe méridionale exercèrent une concurrence telle que la production vinicole allemande déclina rapidement, précipitée par les dévastations de la dernière grande guerre de religion. La consommation de vin représente actuellement en moyenne 16 litres par tête d'habitant; elle est couverte à 36,4 % par des importations (3,9 millions d'hectolitres en 1971).

CÉPAGES. Parmi les blancs — *riesling, sylvaner, müller-thurgau, traminer, ruländer* — il en est qui ne donnent leur maximum que les bonnes années et dans les situations bien ensoleillées. C'est le cas notamment du *riesling*. D'autres, en revanche, comme le *müller-*

thurgau, mûrissent plus vite et donnent encore un vin agréable même sans beaucoup de soleil. A cette diversité s'ajoute celle du sol; avec le cépage c'est lui, en effet, qui détermine le caractère du vin. Cette particularité distingue nettement l'Allemagne d'autres pays viticoles. Elle tient à l'effacement de l'alcool et du sucre; du fait qu'aucune de ces deux composantes ne s'impose à l'odorat et au goût, les fines variétés gustatives et aromatiques qui proviennent des roches du sous-sol sont mises pleinement en valeur.

Pour ce qui est des cépages rouges, l'Allemagne laisse la préséance à son voisin occidental; pourtant le *spätburgunder* cultivé sur le grès coloré et le schiste donne un vin rubis d'une verdeur fine, distinguée, d'un ton bourguignon relevé et d'un caractère qui ne le cède en rien aux vins d'autres pays. C'est le cas aussi du *frühburgunder* au ton grenat; son vin est distingué, corsé, parfois velouté; le *portugieser* donne un vin plus clair, ayant peu de bouquet, et plus léger; il est sensible aux gelées, précoce, et se boit jeune. Les bonnes années, il est chaud et velouté et se présente sous une couleur rouge foncé.

Tous ces cépages sont parfaitement adaptés aux caractéristiques du sol et du climat.

La superficie du vignoble totalise 84000 hectares, dont 78000 étaient plantés de vignes en 1971. Voici la ventilation par cépages:

Cépages blancs	Müller-Thurgau	25%
	Riesling	24%
	Sylvaner	23%
	Ruländer (pinot gris)	3%
	Morio-muskat	3%
Cépages rouges	Portugieser	7%
	Spätburgunder bleu	4%
	Trollinger	2%

Pourcentage des autres cépages réunis
(Traminer, Gutedel, Limberger, etc.)   9%
                                                            100%

Les vins allemands de qualité ont un caractère très particulier — acidité fruitée, harmonie, bouquet fleuri, faible teneur en alcool, légèreté — qui correspond à un type de vin toujours plus demandé.

La nouvelle loi allemande sur le vin a été votée en 1969. Mais la création de l'Organisation européenne du marché du vin a eu pour effet de transférer dans une large mesure les compétences législatives à la C.E.E. Il a donc fallu modifier des articles de la loi, qui a pu entrer en vigueur à la date prévue (19 juillet 1971), pour l'adapter aux nouvelles dispositions. Les vignobles de la Communauté sont répartis en zones A, B, CI, CII et CIII. L'Allemagne et le Luxembourg font partie de la zone A. Fait exception le Bade qui, comme certaines régions françaises (Alsace, vallée de la Loire, etc.), appartiennent à la zone B.

Dans le Rheingau, les vendanges se font assez tard dans la saison. Alors, même par beau temps, une brume légère estompe les berges du Rhin et les silhouettes des péniches qui se suivent ou se croisent sans arrêt sur le fleuve.

Cette machine étrange permet de doubler le rendement d'un vendangeur. Celui-ci, assis sur un siège suspendu à une potence, utilise un sécateur pour couper la grappe qui, par un entonnoir et un tuyau souple, est aspirée jusque dans un conteneur placé sur un tracteur, qui progresse entre les rangées.

2
1
4
5
3

ASSMANNSHÄUSER HÖLLENBERG

1. Nom du vin: Assmannshäuser Höllenberg (nom de commune plus nom du cru). — 2. Appellation générique: Rheingau. — 3. Propriétaire-encaveur. — 4. Indication du cépage Spätburgunder (pinot noir) et du type de vendange "Edelbeerenauslese" (raisins choisis). — 5. Sans adjonction de sucre.

2a
1
4
2b
3

BINGER SCHLOSSBERG-SCHWÄTZERCHEN

1. Nom du vin: Binger Schlossberg-Schwätzerchen (nom de commune plus nom de cru). — 2. Mention d'origine (a): Rheinhessen, et de première qualité (b). — 3. Propriétaire-éleveur. — 4. Type de cépage et de vendange.

4
5
1
2
3

BACHARACHER SCHLOSS STAHLECK RIESLING

1. Nom du vin: Bacharacher Schloss Stahleck (nom de commune plus cru). — 2. Appellation générique: Mittelrhein. — 3. Propriétaire. — 4. Encaveur-négociant. — 5. Mention de qualité simple.

BADENWEILER RÖMERBERG

1. Nom du vin: Badenweiler Römerberg (nom de commune plus nom du cru). — 2. Appellation générique (Baden) et année. — 3. Mention du cépage Ruländer et du type de vendange (choix de raisins passerillés); l'ensemble constitue en allemand un 'Prädikat'. — 4. Propriétaire-encaveur. — 5. Mention de première qualité.

BEREICH BERNKASTEL

1. Nom du vin: Bernkastel (nom de région). — 2. Mention de qualité simple (a) et d'origine (b): Mosel-Saar-Ruwer. — 3. Encaveur-négociant.

DEIDESHEIMER HOHENMORGEN

1. Nom du vin: Deidesheimer Hohenmorgen (nom de commune plus nom de cru). — 2. Mention de première qualité (a) et de région d'origine (b): Rheinpfalz. — 3. Propriétaire-éleveur. — 4. Type de vin: Riesling Trockenbeerenauslese.

PAYS DE BADE

La région viticole du Rhin supérieur, incorporée depuis 1952 à l'Etat du Bade-Wurtemberg à la suite d'un référendum, permet de distinguer six vignobles totalement différents. Au sud-est on trouve, au bord du lac de Constance et plus précisément à Meersbourg, le SEEWEIN. Ce vin corsé, piquant, issu des cépages *rulän-der*, *traminer* et *burgunder* cultivés sur des moraines, se ressent de l'altitude que le climat méridional et la vaste étendue d'eau n'arrivent à compenser que partiellement. Ici comme dans d'autres régions du Bade, on boit le fameux WEISSHERBST, issu d'un *burgunder* vinifié en blanc. C'est un vin corsé au bouquet fin.

Sur les sols argileux profonds et recouverts en partie de lœss du margraviat, entre Bâle et Fribourg-en-Brisgau, le cépage *gutedel* (65% de la surface viticole) ou *chasselas*, importé de Genève en 1780, donne un vin tendre et parfumé à faible acidité. De Fribourg à Baden-Baden, trois régions se partagent la chaleur de la vallée supérieure du Rhin et la protection du massif de la Forêt-Noire contre les vents d'est: le Brisgau, le vignoble du Kaiserstuhl-Tuniberg et l'Ortenau. Au Kaiserstuhl la vigne pousse sur du tuf volcanique, au Brisgau sur du lœss, dans l'Ortenau sur du granit, près de Fribourg et dans la vallée de la Glotter sur du gneiss. La nouvelle loi sur le vin a créé deux autres secteurs: la Badische Bergstrasse/Kraichgau (qui comprend les anciennes subdivisions Bergstrasse, Kraichgau, Pfinzgau et Enzgau) et le Badisches Frankenland.

Les 10075 hectares de vignes du Bade sont plantés à 30% de *müller-thurgau* et à 22% de *spätburgunder bleu*. Le cépage *gutedel (chasselas)* a 11%, le *ruländer (pinot gris)* 15%, le *sylvaner* 6% et enfin le *riesling* 7%. Mais

il reste encore 9% pour le *traminer*, le *portugieser*, le *weissburgunder* (3,1%), l'*auxerrois* (1,1%), et de nouvelles sélections comme le *freisamer*. La vendange est de 8,8 millions d'hectolitres, dont 25% de vin rouge.

A Neuweier et dans les environs, le MAUERWEIN est présenté, comme en Franconie, dans des bouteilles plates, les «Bocksbeutel»; ailleurs, comme dans la Moselle, dans des bouteilles renflées. Sur les 400000 exploitations agricoles il y en a environ un sixième qui cultivent la vigne en marge des autres cultures. Le Bade est un «land» de coopératives vinicoles; elles sont au nombre de 120 environ; c'est d'elles que provient le 80% de la production. La Fédération centrale des coopératives viticoles en est l'organisme directeur.

Parmi les vins du Brisgau, le GLOTTERTÄLER est réputé, et un peu redouté pour ses effets.

Les meilleurs vins proviennent du Kaiserstuhl, dont le sommet domine la plaine du Rhin. Les grandes localités sont Achkarren (SCHLOSSBERG), Ihringen (WINKLERBERG, FOHRENBERG), Bickensohl (STEINFELSEN), Oberrottweil (HENKENBERG, KIRCHBERG, EICHBERG), Bischoffingen (STEINBUCK, ROSENKRANZ) et les domaines d'Etat de Blankenhornsberg. La vigne croît partout sur le tuf basaltique érodé de l'ancien volcan, donnant des vins de type *sylvaner* étoffé, mûr; *riesling* acide, élégant; *spätburgunder* marquant; *ruländer* ardent et impétueux, au fruit doux et exquis.

Dans l'Ortenau, où le *riesling* s'appelle *klingelberger* d'après le château autour duquel il fut planté pour la première fois en 1776, on trouve également des vins de classe, par exemple à Durbach, Ortenberg, Neuweier et Oberkirch; d'autres vins de l'Ortenau sont issus de *burgunder*. Le MAUERBERG à Neuweier, le SONNENBERG à Sinzheim, le KLOSTERBERGFELSEN à Varnhalt sont des crus réputés. Ce vignoble donne aussi des TRAMINER aromatisés qui rappellent le vin alsacien.

Dans le Bühlertal, le vin rouge domine, tel l'AFFENTALER dont la bouteille, facilement reconnaissable, est ornée d'un singe mais dont le nom vient de la salutation latine Ave.

Le Bade septentrional jusqu'à Heidelberg possédait autrefois des vignobles étendus, qui en bien des endroits sont devenus insignifiants par suite de l'industrialisation. Mais dans la région Badische Bergstrasse/Kraichgau, sur les pentes du Kraichgau et de l'Odenwald, on produit toujours des BERGSTRASSENWEINE (vins de la route de la montagne) et des vins de table obtenus au nord de Heidelberg. Enfin, à la pointe nord-est, dans le Badisches Frankenland, le Taubergrund produit un vin qui, près de Wertheim am Main, est presque contigu au vin de Franconie, dont il est très proche de caractère. Les Badois ont, comme les Palatins, leur «route du vin»; elle est sensiblement plus longue. En effet, le Bade s'étend sur 200 kilomètres de long. Un label badois garantit la qualité des vins.

Le vignoble du Kaiserstuhl est situé sur la rive droite du Rhin, peu au nord de Fribourg-en-Brisgau. Le terrain y est d'origine volcanique. Le village de Achkarren (notre photo) fait partie de la région Kaiserstuhl-Tuniberg, qui produit les meilleurs crus.

En hiver, les vignes (en terrasses) de Mundelsheim sur le Neckar dessinent des rythmes qui structurent le paysage et réjouissent les regard.

WURTEMBERG

Les vignobles s'étagent dans les vallées du Neckar et de ses affluents: Jagst, Kocher, Rems, Enz, Murr, Bottwar et Zaber. Le sol est en partie triasique et en partie calcaire conchylien. Les sols triasiques sont lourds, calcaires, notamment là où ils sont dégradés par les couches marneuses. Le calcaire conchylien est plus léger, plus chaud.

Jusqu'à la guerre de Trente Ans, le vignoble souabe couvrait 40 000 hectares. Aujourd'hui il n'en représente plus que 6375 produisant 460 000 hectolitres de vin. En tête des cépages vient le *trollinger* (28,4 %), qui est limité à ce Land et donne un vin rouge brique, corsé; 24,8 % des vignobles sont plantés de *riesling* et 13,1 % de *sylvaner*. Le reste se répartit entre le *portugieser* (10,6 %), le *müller-thurgau* (6,3 %) et le *limberger* rouge foncé (6 %), le *samtrot*, ou rouge velours, et le *schwarzriesling*.

Les vignes atteignent, près de Reutlingen, l'altitude de 575 mètres. Ce sont les coopératives qui donnent à la viticulture sa physionomie. Depuis 1920, elles ont repris en main la culture de la vigne totalement abandonnée et l'ont portée à un niveau qui peut soutenir la comparaison avec d'autres régions. Les vins du Wurtemberg sont difficiles à trouver sur le marché; les vignerons de cette région boivent, paraît-il, leur vin eux-mêmes, et généralement très jeune, au cours des deux premières années.

Une des spécialités du Wurtemberg est le SCHILLER-WEIN, qui correspond au rosé français. On l'obtient soit par pressurage commun de raisins rouges et blancs, soit en laissant le jus des raisins rouges reposer peu de temps seulement sur les peaux (c'est ainsi que l'on obtient le WEISSHERBST en Bade). Une autre spécialité du Wurtemberg est la dégustation du jeune vin qui n'a pas encore fini de fermenter et que l'on appelle SUSER.

Stuttgart, la capitale du Land de Bade-Wurtemberg, n'est pas seulement une métropole du commerce du vin; elle possède encore un vignoble de 800 hectares. Vers 1630, un dicton français prétendait que «si on ne cueilloit de Stuttgart le raisin, la ville iroit se noyer dans le vin».

Le cépage *sylvaner* donne dans la haute vallée du Neckar des vins verts, nerveux. Dans la vallée de la Rems on trouve des *riesling* frais et corsés, ainsi que des *sylvaner* fondants. C'est de là que provient le célèbre STETTENER BROTWASSER. Les vallées de la Murr et de la Bottwar abritent Steinheim, Kirchheim, Murr, Klein-bottwar, Grossbottwar, Lembach et Marbach, la patrie du poète Friedrich von Schiller, dont la famille a prêté son nom au SCHILLERWEIN.

Il y a un autre Stetten dans la région de vin rouge de Heuchelberg, et pas loin de là, Schwaigern. Il convient de citer, dans la basse vallée du Neckar, Lauffen, où la vigne, comme à Heilbronn et Flein, pousse sur du calcaire conchylien. C'est également sur ce calcaire que mûrissent le *riesling* et le *sylvaner* de Taubergrund. Maulbronn, Gundelsheim et Schnait dans la vallée de la Rems produisent des vins de bonne renommée.

PALATINAT

Le Palatinat, dans le Land de Rhénanie-Palatinat, compte 19303 hectares de vignobles et les vendanges donnent en moyenne 1800000 hectolitres de moût: c'est la plus grande région viticole d'Allemagne. En tête des cépages vient le *sylvaner* qui couvre 31,3% de la superficie totale, suivi du *müller-thurgau* avec 23,3%, du *portugieser* rouge avec 15,8%, enfin du *riesling* avec 13,9%; le reste en cépages divers.

Déjà du temps des empereurs, le Palatinat était surnommé «le cellier de l'empire». La nature a tout particulièrement favorisé cette région; elle totalise en moyenne 1875 heures de soleil et n'a même pas trois mois d'hiver. Les vignobles se trouvent généralement en terrain plat et ils sont faciles à cultiver à l'aide de machines; rares sont les endroits où ils grimpent jusqu'à 300 mètres. Protégée du vent par le massif de la Haardt, la vigne s'étend, entre la frontière alsacienne et la Hesse rhénane, en un ruban de 4 à 6 kilomètres de largeur sur 80 kilomètres, le long de la route du vin entre Schweigen et Grünstadt.

La région est riche en trouvailles archéologiques qui prouvent que les Romains pratiquaient ici la viticulture à une grande échelle. Un grand nombre de ces vestiges sont conservés au Musée du vin de Spire, le plus grand d'Allemagne. L'importance de ce pays vinicole à l'époque des royaumes francs vient du fait que, par le Traité de Verdun, en 843, lors du partage de l'empire de Charlemagne, la région de Spire, de Worms et de la Nahe revint au royaume de Germanie, en raison de sa richesse viticole *(propter vini copiam)*.

Le Palatinat comprend deux zones viticoles, la Südliche Weinstrasse de Schweigen à la frontière alsacienne jusqu'à Maikammer au sud de Neustadt, et la zone Mittelhaardt-Deutsche Weinstrasse de Neustadt–Diedesfeld à Bockenheim et Zellertal. La zone méridionale est recouverte d'un loess fertile sur lequel le *sylvaner* donne un vin de table frais et généreux, dans près de 50 communes viticoles entre la frontière alsacienne et Maikammer. Le *müller-thurgau* (30,4%), le *morio-muskat* (8,4%) et le *ruländer* (3,1%) y prospèrent également. Hambach, Maikammer et Edenkoben se distinguent par leurs rendements élevés. Les meilleurs crus se trouvent entre Gleisweiler et Hambach; parmi les localités les plus célèbres figurent Edenkoben et Diedesfeld, aux vins sains et bien typés. Nussdorf a enregistré en 1971 le poids de moût le plus élevé obtenu jusqu'ici en Allemagne: 326° Œchslé.

Au nord on passe insensiblement à la Mittelhaardt–Deutsche Weinstrasse, dont les localités les plus réputées sont Neustadt, Deidesheim, Ruppertsberg, Forst et Wachenheim, et qui s'étend jusqu'à Dackenheim et Weisenheim am Berg. Les sols sont généralement plus légers, faits de sable et de gravier chaud; les précipitations sont faibles. Les vignes de Forst et de Deidesheim reçoivent des amendements sous forme de poussières de basalte, qui les rendent encore plus chaudes.

Sur les pentes escarpées du massif de la Haardt on trouve des affleurements triasiques, du grès rouge et du schiste, mais aussi du granit, du gneiss et du basalte; au pied du massif, des alluvions argilo-calcaires. Le *riesling*, dont la culture est généralement limitée, donne ici un vin nerveux, fruité, au goût du terroir bien prononcé; mais le *sylvaner* y est aussi représenté par des vins doux et tendres, de première qualité, comme d'ailleurs le *traminer* qui allie la flamme à la rondeur.

La Mittelhaardt produit le moût le plus lourd d'Allemagne. Les grands vignobles qui donnent ces grains triés et desséchés gardent leurs grappes sur la souche jusqu'à la mi-novembre.

Le nombre des crus, qui se chiffrait à près de 3500, est réduit systématiquement. A côté des grands domaines de renommée internationale (comme von Bassermann-Jordan, von Buhl, Bürklin-Wolf), il y a des coopératives possédant de vastes propriétés viticoles.

Une liste des noms les plus célèbres de la Haardt centrale comprendrait les crus suivants, classés par communes: à Forst: Kirchenstück, Freundstück, Jesuitengarten, Ungeheuer; à Deidesheim: Grainhübel,

Cette vigneronne de Edenkoben, dans le Palatinat, compte d'abord sur son travail car elle sait que la culture de la vigne exige des soins constants... et elle espère que le ciel lui sera favorable... sinon la récolte sera compromise.

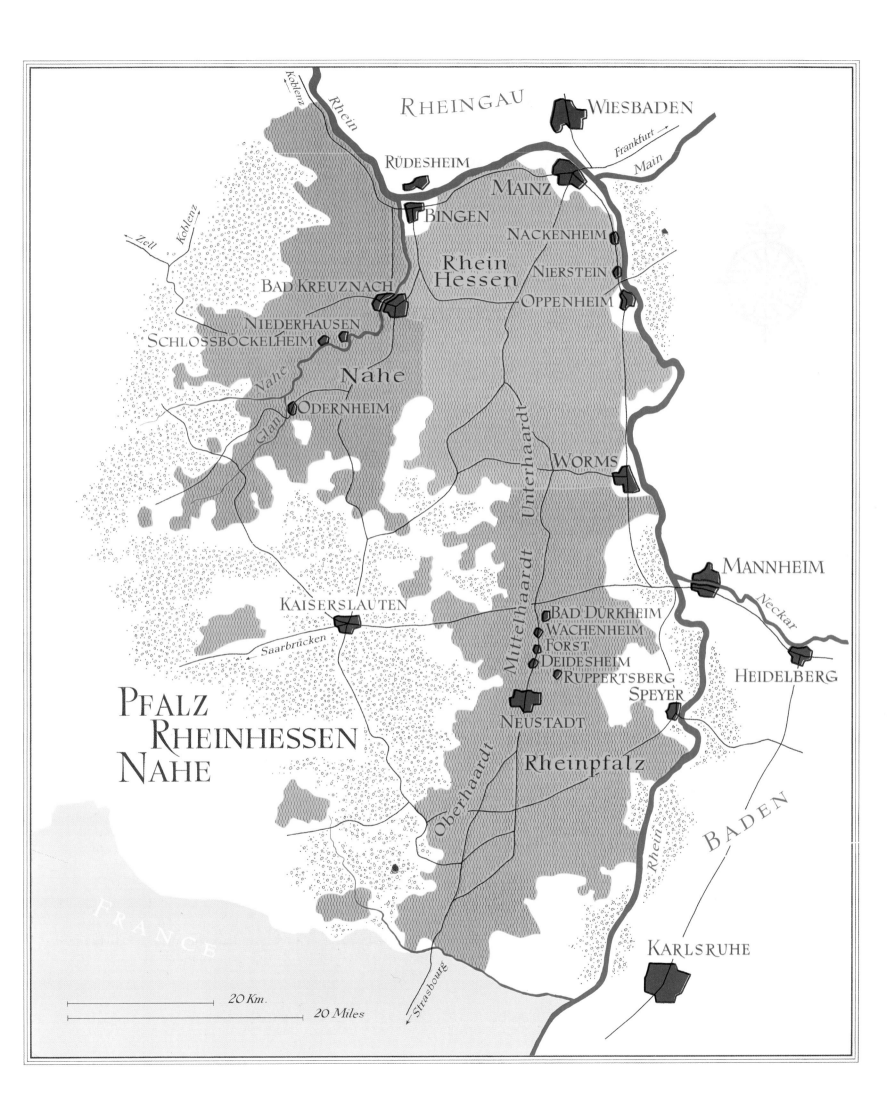

RHEINGAU

WIESBADEN

Koblenz

Rhein

Frankfurt

Main

RÜDESHEIM

MAINZ

BINGEN

Zell

Koblenz

NACKENHEIM

Rhein
Hessen

NIERSTEIN

BAD KREUZNACH

OPPENHEIM

NIEDERHAUSEN

SCHLOSSBÖCKELHEIM

Nahe

Nahe

Nahe

ODERNHEIM

Glan

WORMS

Unterhaardt

MANNHEIM

Neckar

KAISERSLAUTEN

BAD DÜRKHEIM

Saarbrücken

WACHENHEIM

FORST

Mittelhaardt

DEIDESHEIM

RUPPERTSBERG

HEIDELBERG

SPEYER

PFALZ
RHEINHESSEN
NAHE

NEUSTADT

Rheinpfalz

Oberhaardt

Rhein

BADEN

FRANCE

Strasbourg

KARLSRUHE

20 Km.

20 Miles

HOHENMORGEN, KIESELBERG, LEINHÖHLE, MÄUSHÖHLE; à Ruppertsberg: REITERPFAD, HOHEBURG, NUSSBIEN; à Wachenheim: BÖHLIG, GOLDBÄCHEL, GERÜMPEL; à Bad Dürkheim: HOCHBENN, MICHELSBERG, SPIELBERG.

Il existe aussi des vins de qualité à Gimmeldingen, Kallstadt (NILL), Ungstein (HERRENBERG), Freinsheim et Herxheim am Berg.

L'Unterhaardt, ou Haardt inférieure, qui s'étend jusqu'à la Hesse rhénane et à la Nahe, fournit des vins courants et des vins de table, parmi lesquels le ZELLER SCHWARZER HERRGOTT émerge dans le groupe de tête. Un poète a dit du vin palatin qu'en alliant la maturité à la douceur, il représentait la femme maternelle, et un autre l'a caractérisé ainsi: «Le vin du Palatinat a sur ses frères (du Rheingau et de la Hesse rhénane) l'avantage de son tempérament bien particulier, qui va de la légèreté gracieuse de l'adolescent à la fougue impétueuse de l'homme mûr, de la jeunesse florissante, parfumée et volage, à la noble, douce et lourde maturité.»

HESSE RHÉNANE

A en juger par le nom, il s'agirait de l'ancien Land compris entre les cathédrales impériales de Worms et de Mayence, mais celui-ci disparut de la carte politique en 1945. Il constitue maintenant une région du Land de Rhénanie-Palatinat dans laquelle se trouve également Mayence, la capitale. Au sud, les vignobles du Palatinat près de Worms passent sans transition dans la Hesse rhénane. Au nord et à l'est, la frontière suit l'arc du Rhin entre Bingen et Worms; à l'ouest, elle remonte la vallée de la Nahe. La légende rattache volontiers à Charlemagne la culture de la vigne en Hesse rhénane; mais des documents l'attestent dès 753.

La Hesse rhénane est par sa dimension le second vignoble allemand. Répartis dans 176 communes, 19 826 hectares sont plantés de vignes, dont 7,5% de cépages rouges (presque exclusivement du *portugieser*). Le *sylvaner* vient (avec 38%) avant le *müller-thurgau* (37%) et le *riesling* (6,2%). En 1948 encore, le *müller-thurgau* ne représentait que 15%, mais le *sylvaner* 60%. La quantité de moût se monte à 1 600 000 hectolitres, soit un quart de la production allemande.

La culture du *sylvaner* convient aux sols lourds, sur lesquels ce cépage donne un vin doux, riche en bouquet. Ce pays vallonné a des sols calcaires et marneux, argileux qui, s'ils ne sont pas favorables les années humides du fait qu'ils ne permettent pas l'écoulement des eaux, donnent, car l'été est chaud, une excellente terre nourricière. Le lœss et le sable mouvant sont également répandus, notamment entre Worms, Osthofen et Oppenheim. Sur les pentes des montagnes, au sud-est de la région, la vigne repose sur du porphyre de quartz, qui est riche en potasse. En revanche, près de Nackenheim et Nierstein, le grès rouge et l'argile sablonneux de l'âge permien affleurent à la surface. Près de Bingen la vigne repose sur des schistes quartzeux, qui sont des emplacements de prédilection pour le *riesling* et donnent un vin léger, fondant, d'une douceur naturelle qui rappelle le goût du raisin frais, et d'une fine acidité.

Le vin de Hesse rhénane le plus connu à l'étranger n'est pas un cru. Autour de l'église Notre-Dame de Worms, s'étendaient de grands vignobles cultivés par des moines. Le moine, qui se dit «minch» en patois local, devint «milch» et c'est ainsi que prit naissance la dénomination «Liebfrauenmilch» qu'adoptent tous les vins doux de la Hesse rhénane possédant les bonnes qualités du vin rhénan. Même les vins voisins du Palatinat revendiquent l'étiquette LIEBFRAUENMILCH.

Les vins de qualité proprement dits sont issus des localités viticoles qui s'échelonnent le long du Rhin. L'arrière-pays, jusqu'à Alzey et la vallée de la Nahe, fournit des vins de consommation courante. Quant à Mayence et Worms, elles demeurent les capitales du négoce des vins allemands. Les vignes sont généralement aux mains de petits et moyens vignerons et de coopératives viticoles, ce qui n'empêche pas Bingen, Nierstein et Oppenheim d'avoir des vignobles réputés.

Oppenheim avec son sol calcaire et marneux produit des «Auslese», vins faits de grappes triées avec soin, et des «Beerenauslese», élaborés à partir de grains atteints de pourriture noble, récoltés aussitôt après les vendanges et pressés à part; ils peuvent atteindre un âge élevé. Les vins d'Oppenheim sont denses et mûrs, notamment ceux des grands crus KREUZ et SACKTRÄGER et du HERRENBERG, cru de renommée mondiale.

Sur l'arête de grès rouge affleurant à Nierstein, la vigne produit des vins blancs qui figurent incontestablement parmi les plus célèbres du monde: ils ont un bouquet fruité et une grande élégance. Pour réduire la multitude des appellations qui prêtent à confusion, on a choisi un seul nom de cru destiné à absorber tous les autres; mais cette réforme est demeurée à l'état de projet. Les crus de renommée mondiale ont pour noms: AUFLANGEN, REHBACH, ORBEL, ÖLBERG, KRANZBERG et PETTENTAL. A courte distance suivent: HEILIGENBAUM et GUTES DOMTAL.

Mais la Hesse rhénane est naturellement plus que les OPPENHEIM, NIERSTEIN et LIEBFRAUENMILCH réunis, bien que les ROTENBERG de Nackenheim et STEIG de Dalsheim soient peut-être les seuls «crus mondiaux» en sus de ceux déjà cités.

Au-dessus de Bingen, le Rochusberg — avec les crus

SCHLOSSBERG, SCHWÄTZERCHEN et SANKT ROCHUSKAPELLE —
et le Scharlachberg produisent des vins de grande
classe; il convient de citer encore les quelques vins
suivants: à Bodenheim, HOCH, ST. ALBAN, WESTRUM et
SILBERBERG; à Nackenheim, l'ENGELSBERG et le FENCHEL-
BERG; à Flörsheim-Dalsheim, le STEIG et le BURG-RODEN-
STEIN (récoltés sur quatre communes voisines).

La couronne des crus va d'Osthofen, Westhofen,
Worms, Laubenheim et d'autres localités aux coteaux
de la Hesse rhénane.

Voici enfin Ingelheim, qui doit au *burgunder bleu* ses
fameux vins rouges des crus du PARES, et de toutes les
communes de la KAISERPFALZ (Jugenheim, Engelstadt,
Schwabenheim, Wackernheim, Heidesheim).

Peu après 1800, le poète romantique Ludwig Tieck a
caractérisé ainsi les vins de la Hesse rhénane: «Ces
excellentes vagues qui vont du léger LAUBENHEIMER au
fort NIERSTEINER, ces esprits, en vous «rinçant la dalle»,
flattent le palais, purifiant, clarifiant et, tout ensemble,
rafraîchissant et vivifiant les sens.»

VALLÉE DE LA NAHE

La vallée viticole de la Nahe s'étend de Bingerbrück,
confluent de la Nahe et du Rhin, à Martinstein, avec les
vallées latérales de Krebsbach, Guldenbach, Trollbach,
Gräfenbach, Alsenz et Glan. Une superficie de 3258
hectares est plantée de vignes; on utilise presque
exclusivement des cépages blancs. Le *sylvaner* domine
avec 33%; le reste se répartit pour moitié entre le
riesling (28%) et le *müller-thurgau*. La récolte annuelle
est de l'ordre de 250000 hectolitres. La région de la
Nahe est rattachée à la Rhénanie-Palatinat.

Le vignoble est protégé à l'ouest, au nord et à l'est par
les chaînes moyennes du massif schisteux rhénan. Il
bénéficie de la sorte d'un climat chaud, peu venté et,
avec 500 à 600 mm de précipitations, un des plus secs
d'Allemagne.

Ce climat est idéal pour la culture de la vigne. Les sols
sont extrêmement variés, du fait que les nombreux
affluents s'enfoncent dans la contrée à travers des
vallées parfois très encaissées.

Comme les diverses parties de la Nahe sont presque
étagées, on parle de la Nahe inférieure, moyenne et
supérieure. Les vins qui proviennent des rives des trois
affluents de la Nahe (Krebsbach, Trollbach et Guldenbach) sont apparentés à ceux du Rheingau et du
Mittelrhein, en raison de conditions géologiques et
climatiques semblables.

Le cœur du vignoble, ou Nahe moyenne, est situé
entre Bad Kreuznach et Schlossböckelheim. A côté de
sols lourds et argileux, on trouve des sols volcaniques,
dont les vins ont grandement contribué à la réputation
du Nahewein.

La Nahe supérieure va de Sobernheim à Martins-
heim. Les vins rappellent parfois ceux de la Moselle et
de la Sarre. Meddersheim et Monzingen, dont Goethe
vantait déjà les vins, sont les principales communes
viticoles de la Nahe supérieure. Les vallées du Glan et
de l'Alsenz produisent des vins de qualité d'un type
particulier, qui se distinguent par des nuances bien
spécifiques. Des vestiges attestent que la vigne était
cultivée depuis plus de deux mille ans dans la vallée de
la Nahe. Mais, du fait que la Nahe n'a jamais été

navigable, le vin était acheminé par le Rhin et vendu
comme vin du Rhin. Cela explique que le vin de la Nahe
n'ait porté son vrai nom qu'au XXe siècle.

Malgré la loi sur le vin de 1971, les crus les plus
célèbres sont restés quasi inchangés. Le vignoble de la
Nahe comprend les régions viticoles de Kreuznach,
dont 3906 hectares peuvent être plantés en vignes, et de
Schlossböckelheim, avec 2922 hectares. L'appellation
générique SCHLOSSKAPELLE inclut 62 crus et près de la
moitié de la région; l'appellation générique suivante
dans l'ordre d'importance est celle de KRONENBERG, avec
45 crus, dont ceux de Bad Kreuznach. L'appellation
SONNENBORN comprend 7 crus, celle de PFARRGARTEN en
totalise 30. La région de Schlossböckelheim comprend
les appellations génériques ROSENGARTEN, avec 37 crus,
BURGWEG (64), PADIESGARTEN (43) et LANDSBERG (39).

Les KUPFERGRUBE, KÖNIGSFELS et FELSENBERG de Schloss
Böckelheim; les KAUZENBERG, BRÜCKES, KRÖTENPFUHL
et NARRENKAPPE de Bad Kreuznach; le ROTENFELS de
Münster am Stein et les HERMANNSBERG, HERMANNSHÖHLE
et ROSENHECK de Niederhausen sont des crus de renom
international. De même, les autres crus de Schloss
Böckelheim, Waldböckelheim, Kreuznach, Münster am
Stein, Niederhausen et Norheim ont une belle réputation, et les vallées d'Alsenz et de Glan produisent des
vins de qualité égale, ceux d'Altenbamberg, Ebernburg
et Dielkirchen.

Les domaines d'Etat autour de Schloss Böckelheim et
de Niederhausen ont vu le jour à la suite de déboise-
ments. La propriété fut agrandie ultérieurement. Les
vins sont fruités et fondants, tantôt vigoureux et virils,
tantôt d'une douce maturité et pleins de caractère. On
a souvent dit que les vins de la Nahe, insérés entre
les vignobles de la Hesse rhénane et de la Moselle,
cumulent les qualités de ces deux régions.

On a dit pendant des siècles que les vins «bei der
Nahe» (près de la Nahe) étaient du vin «beinahe-Wein»
(à peu près). En 1816 il n'y avait encore que 990
hectares plantés de vignes. Elle a, depuis, beaucoup
augmenté car elle est actuellement de 4469 hectares
(Muller-Thurgau 31%, Silvaner 24,3%, Risling 22,5%).

FRANCONIE

En Franconie, dans le vignoble de l'Etat libre de Bavière, il y avait encore 11000 hectares plantés de vignes vers 1800; aujourd'hui on n'en compte plus que 2725, dont le rendement total par année est en moyenne de 140000 hectolitres de moût.

Les vignobles de Franconie s'étendent de Hanau, à l'ouest, jusqu'à Bamberg à l'est, et de la ligne Bad Kissingen-Hammelburg, au nord, jusqu'aux environs d'Ansbach au sud. A l'ouest du massif du Spessart, le climat est maritime, à l'est il est continental. Au point de vue géologique, la Franconie comprend des marnes triasiques, de Zeil am Obermain à l'Aichgrund, du calcaire conchylien, de Schweinfurt à Ochsenfurt, et du grès bigarré, sur les pentes occidentales du Spessart. Les sols rocailleux sont souvent recouverts du lœss et de sable. Le rendement par hectare n'est que de 40 à 50 hectolitres; le vin n'en a que plus de corps et de bouquet. Ce bouquet, et non sa teneur alcoolique, lui a valu la réputation d'être capiteux.

Le *sylvaner* domine avec 45%. Le *müller-thurgau* atteint 40%. Le *riesling* passe tout à fait à l'arrière-plan avec 4%; il faut dire que c'est le cépage des meilleurs crus de Wurtzbourg, la capitale: le LEISTE, doux et moelleux, et le STEIN, vin allemand de première classe, nerveux et aromatisé, qui a donné son nom au vin de Franconie: le STEINWEIN. Les vins d'Escherndorf, Randersacker et Iphofen ne leur cèdent en rien. Escherndorf a les meilleurs crus: LUMP, KIRSCHBERG, EULENGRUBE; les vignes poussent ici sur des nappes argilo-calcaires, sur de la glaise ou du limon. Rander-

sacker possède le PFÜLBEN, cru de réputation mondiale, ainsi que les crus HOHBURG, SPIELBERG et TEUFELSKELLER, tous issus de sols calcaires lourds; Iphofen, les crus JULIUS-ECHTERBERG, KRONSBERG KALB et BURGWEG. Il faut y ajouter les vins d'Hörstein et de Frickenhausen, ainsi que ceux de Klingenberg.

A côté de vignobles célèbres, tels le Juliusspital et le Bürgerspital, existent de nombreuses coopératives viticoles. La Franconie possède le plus grand domaine d'Etat: plus de 160 hectares. Les Carolingiens avaient richement doté les monastères en vignobles dispersés dans tout le pays. Après leur sécularisation, l'ensemble des possessions ecclésiastiques revint à l'Etat libre de Bavière. On y trouve une partie des vins les plus réputés de Franconie, notamment le STEIN à Wurtzbourg, l'ABTS-LEITE, le LEISTE sur l'autre rive du Main et plus en amont, le RANDERSACKER et, en aval, le THÜNGERSHEIM. L'Institut bavarois de viticulture dont dépendent les anciennes Caves royales bavaroises de Wurtzbourg et l'Institut viticole d'Etat, à Veitshöchheim, est fort renommé pour ses cultures expérimentales. A quelques exceptions près, tous ces vins sont présentés dans le «Bocksbeutel», qui leur est réservé. On peut choisir entre 17 appellations régionales et 157 appellations de crus.

Le vin de Franconie a le goût du terroir qui lui a donné naissance. Il peut être corsé et terre à terre, mais aussi racé et frais. Sa qualité dépend beaucoup du climat de l'année. Aussi, un poète a pu dire que ce vin avait toutes les variantes d'une arme, de la lame souple de Damas au sabre turc.

RHEINGAU

Les 3047 hectares de vignobles du Rheingau se répartissent entre vingt communes seulement; ils s'étendent sur un ruban de plus de 50 kilomètres, sur la rive droite du Rhin entre Wiesbaden et la vallée de la Wisper près de Lorch. (Hochheim am Main fait partie du Rheingau). Jusqu'en 1946 la région faisait partie de la province rhénane prussienne, depuis elle est incluse dans le Land de Hesse, dont la capitale Wiesbaden est elle-même une commune viticole du Rheingau. Le Rhin, dont le cours est par ailleurs orienté du sud au nord, coule ici d'est en ouest. Les vignobles du «genou du Rhin» sont exposés en plein sud, ce qui leur permet de jouir d'un climat viticole méridional, d'autant que le massif du Taunus protège le Rheingau contre le vent froid du nord.

Une mer géologique intérieure et ses sédiments qui, à l'époque diluviale, furent recouverts d'une couche de lœss argileux, aménagea progressivement en terrasses le Rheingau supérieur, de Hochheim à Rüdesheim. Les

pentes sud, qui s'élèvent jusqu'à 200 mètres, reçoivent la chaleur supplémentaire de la réverbération du soleil sur le Rhin, qui atteint ici une largeur de 800 mètres. Les étés chauds, l'humidité d'évaporation complète celle du sol, souvent insuffisante.

En aval de Rüdesheim le fleuve s'engage entre des falaises et a creusé son lit à 200 mètres de profondeur. Il n'y a plus ici de pentes douces comme dans le Rheingau supérieur, mais des terrasses escarpées, retenues par des quantités de murettes s'étageant entre le fleuve et le sommet des falaises, à quelque 300 mètres plus haut. Le Rhin traverse ici Assmannshausen qui produit un vin issu de *spätburgunder* au goût d'amande bien prononcé; c'est un des plus nobles vins rouges allemands. Par contre, dans tout le reste du Rheingau on ne cultive que des cépages blancs.

Au point de vue superficie, le Rheingau ne vient qu'en septième position parmi les régions viticoles allemandes; mais pour ce qui est de la qualité, ses vins

Le peintre Janscha a exécuté cette aquarelle en 1789; elle représente, au bord du Rhin, le village d'Östrich et à l'extrême droite le château de Johannisberg. En 1816, l'empereur François II d'Autriche donna cette propriété au prince de Metternich pour avoir restauré la puissance autrichienne en Europe. Actuellement le «Schloss Johannisberg» est le meilleur et le plus réputé des vins du Rheingau.

font partie de l'élite mondiale. Les vins de Hochheim sont appréciés à tel point en Angleterre que, là, tous les vins du Rhin s'appellent communément «Hock» par abréviation.

Le dicton «Good Hock keeps off the doctor» aurait été forgé en 1853 lors de la visite de la reine Victoria. Mais les vins du Rheingau étaient déjà réputés dès les XIIIᵉ et XIVᵉ siècles, notamment grâce à la viticulture très perfectionnée des abbayes de Johannisberg et d'Eberbach. C'est ici que furent obtenus les premiers vins du type «Spätlese», à partir de grappes bien mûres vendangées après la fin des vendanges normales, et surtout les «Trockenbeerenauslese», vins liquoreux récoltés sous un climat particulier favorisant la pourriture noble, ce qui provoque une évaporation de l'eau et une diminution de l'acidité. Ce sont des vins pour lesquels dix vendangeuses doivent travailler deux bonnes semaines pour recueillir la quantité suffisante pour 20 bouteilles. La brume automnale qui monte du Rhin, appelée «Traubendrücker» (presse-raisin), favorise la surmaturation et la pourriture noble et les conditions météorologiques permettent souvent d'attendre la seconde quinzaine de novembre pour vendanger. Une des spécialités de la région est l'«Eiswein» (vin de glace), qui résulte

d'une gelée subite: l'eau réduite à l'état de glace reste sur le pressoir et la cuve ne recueille qu'un extrait d'huiles sucrées éthériques et de parfums.

Tous les bons crus sont plantés de *riesling*, qui couvre 77% de la surface viticole; le reste se répartit entre le *müller-thurgau* (17,9%) et le *sylvaner* (7,6%). La récolte moyenne de moût est de l'ordre de 220 000 hectolitres. La petite exploitation est prépondérante par suite du régime successoral. Les grandes propriétés viticoles ont aussi beaucoup d'importance. En revanche, il n'y a guère de coopératives viticoles.

Les vins issus de *riesling* allient la maturité et l'élégance fruitée, la douceur et l'acidité en une noble harmonie, que le connaisseur appelle la finesse. Leur bouquet est fleuri et élégant. En dépit de leur caractère de maturation prolongée, les vins du Rheingau sont légers, sensiblement plus légers, par exemple, que les vins de grande classe du Bade et du Palatinat. Cela tient pour une bonne part au sol. Sur les terrasses du Rhin, la vigne pousse sur de la séricite et du schiste argileux, souvent aussi sur du quartz. Les roches érodées ont donné naissance à des sols argileux et glaiseux, et le lœss alluvial est très calcaire.

Il est difficile de faire un choix parmi tant de vins de

311

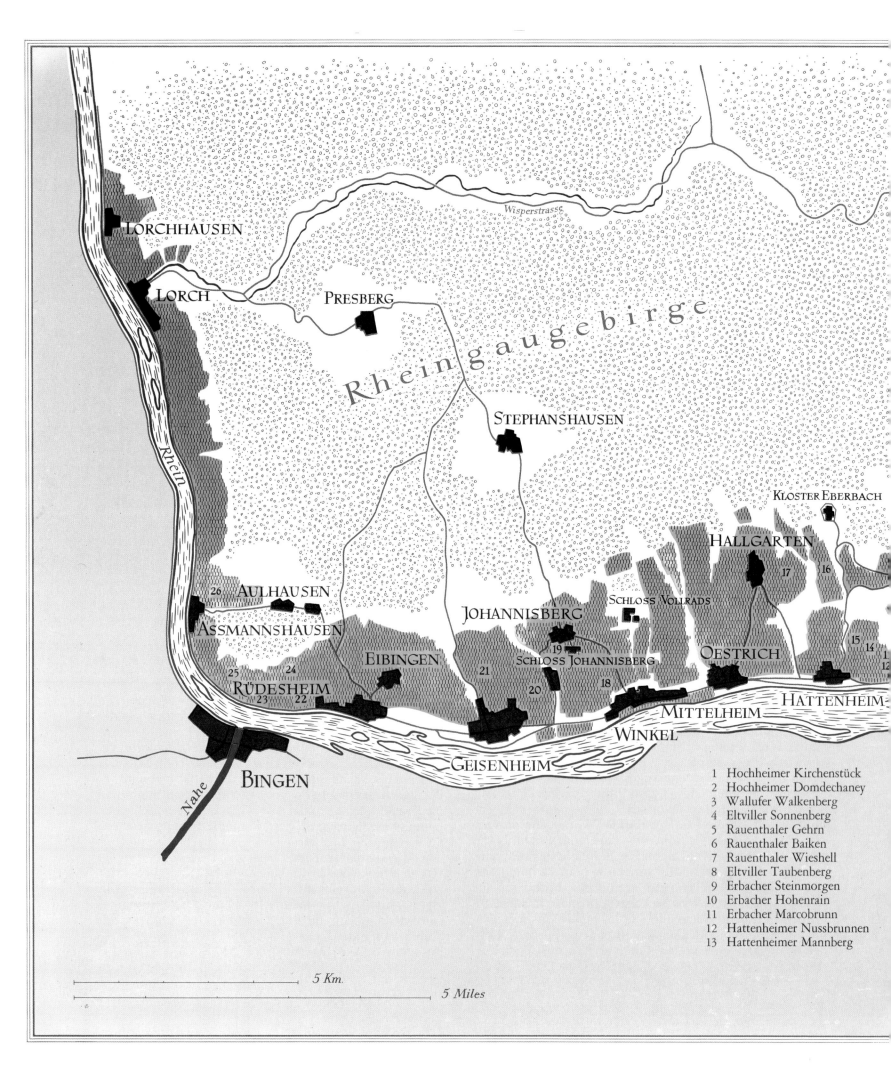

LORCHHAUSEN

LORCH

PRESBERG

Wisperstrasse

R h e i n g a u g e b i r g e

STEPHANSHAUSEN

KLOSTER EBERBACH

HALLGARTEN

17   16

SCHLOSS VOLLRADS

JOHANNISBERG

26 AULHAUSEN

ASSMANNSHAUSEN

15 14

EIBINGEN

21

19
Schloss Johannisberg

OESTRICH

Rhein

25   24

RÜDESHEIM

23   22

20   18

HATTENHEIM

MITTELHEIM

WINKEL

GEISENHEIM

Nahe

BINGEN

1   Hochheimer Kirchenstück
2   Hochheimer Domdechaney
3   Wallufer Walkenberg
4   Eltviller Sonnenberg
5   Rauenthaler Gehrn
6   Rauenthaler Baiken
7   Rauenthaler Wieshell
8   Eltviller Taubenberg
9   Erbacher Steinmorgen
10 Erbacher Hohenrain
11 Erbacher Marcobrunn
12 Hattenheimer Nussbrunnen
13 Hattenheimer Mannberg

5 Km.

5 Miles

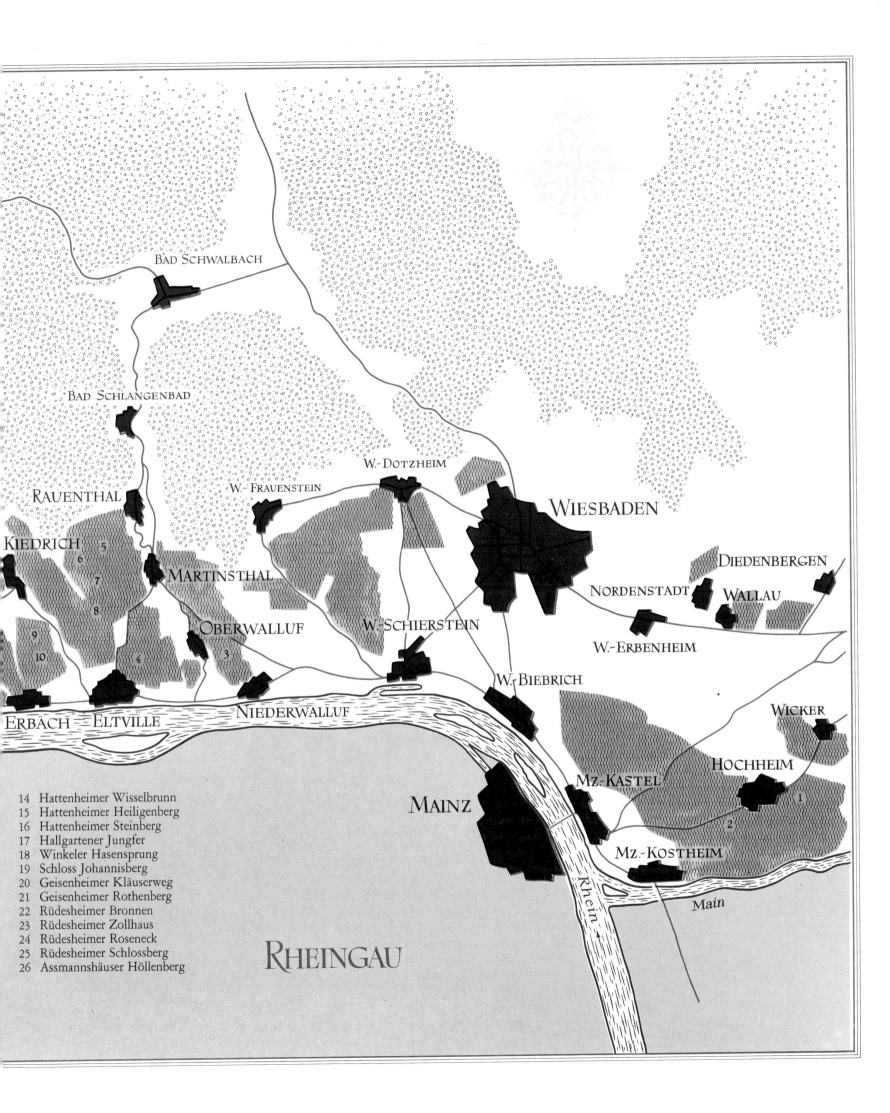

BAD SCHWALBACH

BAD SCHLANGENBAD

RAUENTHAL

W.-DOTZHEIM

W.-FRAUENSTEIN

WIESBADEN

KIEDRICH

5

6

7

8

9

10

4

MARTINSTHAL

3

OBERWALLUF

DIEDENBERGEN

NORDENSTADT

WALLAU

W.-SCHIERSTEIN

W.-ERBENHEIM

W.-BIEBRICH

ERBACH ELTVILLE NIEDERWALLUF

WICKER

HOCHHEIM

MZ.-KASTEL

1

2

MAINZ

MZ.-KOSTHEIM

Rhein

Main

14 Hattenheimer Wisselbrunn
15 Hattenheimer Heiligenberg
16 Hattenheimer Steinberg
17 Hallgartener Jungfer
18 Winkeler Hasensprung
19 Schloss Johannisberg
20 Geisenheimer Kläuserweg
21 Geisenheimer Rothenberg
22 Rüdesheimer Bronnen
23 Rüdesheimer Zollhaus
24 Rüdesheimer Roseneck
25 Rüdesheimer Schlossberg
26 Assmannshäuser Höllenberg

RHEINGAU

qualité. Si l'on veut citer les crus de réputation mondiale, Hochheim sera en premier lieu représenté avec le DOMDECHANEY, le KIRCHENSTÜCK et le STEIN. Eltville fournit le LANGENSTÜCK, le SONNENBERG, le TAUBENBERG. Les vins d'Eltville, comme ceux des grandes propriétés viticoles du comte d'Eltz et des barons Langwerth von Simmern, ont beaucoup de caractère et sont fermes et corsés.

Erbach possède des vins de renommée mondiale, le célèbre MARKOBRUNN, le HOHENRAIN et le SIEGELSBERG; ENGELMANNSBERG, HASSEL, MANNBERG, NUSSBRUNNEN, WISSELBRUNN font la gloire de Hattenheim; DOOSBERG, KLOSTERBERG et LENCHEN contribuent au renom d'Oestrich; EDELMANN et GOLDBERG sont les deux principaux crus de Mittelheim — corsés et riches en bouquet.

Immédiatement après vient Winkel, dont Goethe avait déjà apprécié les vins prestigieux: DACHSBERG, HASENSPRUNG et JESUITENGARTEN. Dans la commune de Winkel se trouve aussi le château de Vollrads, propriété de la famille Greiffenclau depuis le XIVe siècle, voisin

du château de Johannisberg que l'empereur d'Autriche offrit en 1816 au prince de Metternich. Il y a des connaisseurs pour qui le SCHLOSS JOHANNISBERGER (riesling) est le roi des vins allemands. Néanmoins, ceux des HÖLLE et KLAUS ne le lui cèdent en rien.

Geisenheim produit le ROTHENBERG, le KLÄUSERBERG, le FUCHSBERG, le MÄUERCHEN et la localité suivante, Rüdesheim, s'enorgueillit de ses crus de renom international: RÜDESHEIMER BERG, BRONNEN, BURGWEG, KLOSTERLAY, ROSENECK, ROTTLAND, et les crus BISCHOFSBERG et SCHLOSSBERG. On dit des vins de Rüdesheim qu'ils sont particulièrement corsés.

Assmannshausen est connu pour ses vins issus de *spätburgunder*, dont les principaux crus sont le HÖLLENBERG et le HINTERKIRCH. Rauenthal produit le BAIKEN, le GEHRN, le ROTHENBERG et le WÜLFEN. Ces vins de montagne ont un corps et un bouquet remarquables et, en général, leur vigueur les fait classer parmi les vins réservés à la clientèle masculine. Mais leur souplesse veloutée et leur arôme délicat ne leur vaut pas moins

C'est à Lochhausen que se trouve le vignoble le plus septentrional du Rheingau (plus au nord, c'est la région du Mittelrhein). Les pentes y sont abruptes; les hivers, relativement doux, et les étés chauds conviennent à la culture du raisin, en majorité du riesling, qui donne un vin apprécié. Les grands crus toutefois proviennent de la région située entre Wiesbaden et Rüdesheim.

la faveur des dames. Parmi les vins de Kiedrich, il convient de citer le GRÄFENBERG, le WASSEROS et le SANDGRUBE et à quelques kilomètres de là naît le STEINBERG dont le vignoble, comme l'abbaye d'Eberbach, fait partie du domaine d'Etat. La haute réputation de son nom lui permet de n'ajouter d'autre précision, suivant le mode de vendange, que: Kabinett, Spätlese, Auslese, Beerenauslese ou Trockenbeerenauslese.

Il ne reste plus que Hallgarten avec ses crus HENDELS-BERG, JUNGFER et SCHÖNHELL; sa marne argileuse donne des vins appréciés pour leur finesse et leur plénitude.

L'année 1866, en laquelle le duc de Nassau dut céder ses possessions au roi de Prusse, marque le début des domaines d'Etat dans le Rheingau. La plus grande propriété viticole, le Steinberg, mesure 50 hectares. Le domaine comprend aussi des vignes à Rüdesheim, Hattenheim, Rauenthal, Kiedrich et Hochheim, ainsi que les vignobles d'Assmannshausen spécialisés dans le vin rouge. L'Etat possède au total plus de 190 hectares, où le *riesling* est cultivé presque exclusivement.

L'Institut d'arboriculture, de viticulture et d'horticulture, fondé à Geisenheim en 1872, est à l'avant-garde de la recherche viticole en Allemagne, tandis que l'ancienne abbaye cistercienne d'Eberbach est une sorte de lieu de pèlerinage pour les amis du vin.

Un poète anglais, qui comparait les vins allemands à des humains, appelait le vin du Rheingau «une grande dame». Les pères qui veulent apprendre à leurs fils les bonnes manières doivent par conséquent leur enseigner de bonne heure à respecter le vin du Rheingau.

MOSELLE – SARRE – RUWER

Les trois vallées — Moselle, Sarre et Ruwer — s'étendent sur un territoire d'environ 300 kilomètres de long. Le vignoble mosellan s'étire de Perl à Coblence sur 200 kilomètres. De Serrig jusqu'à l'embouchure près de Konz, la vigne sarroise se répartit sur quelque cinquante kilomètres et 15 kilomètres séparent Waldrach-Sommerau de l'embouchure de la Ruwer. Par ailleurs d'excellents vignobles courent le long des rivières telles que le Dhron et la Lieser qui se jettent dans la Moselle. Ce territoire est situé en Rhénanie-Palatinat; une très faible partie seulement mord sur la Sarre, avec 50 hectares de vignobles.

Les trois vallées constituent une entité, bien que leurs vins aient des nuances caractéristiques. Tous ont en commun le bouquet typique du *riesling* et une acidité fine et fruitée. Les vins de la Sarre sont pétillants et racés; ceux de la Ruwer se reconnaissent à leur goût de fumée et à leur acidité élégante. Les vins mosellans ont en général plus de corps. On distingue les vignobles de la Moselle supérieure, de la Moselle moyenne et de la Moselle inférieure. Ces vignobles sont protégés par les falaises de l'Hunsrück et de l'Eifel. Ils suivent les sinuosités du fleuve, qui font de tels méandres, surtout dans la partie moyenne, que les boucles paraissent se refermer. De ce fait l'orientation change sans arrêt, si bien qu'un grand nombre de pentes ensoleillées, orientées vers l'est et le sud, font face sans transition à des forêts et à des prairies ombragées. La canalisation de la Moselle s'est avérée bénéfique en raison de la réverbération plus intense du soleil due au niveau d'eau uniformément élevé.

Les vignobles, contrairement à ceux du Palatinat ou de la vallée du Neckar, sont ici en pente. Dans la Moselle inférieure, ils sont si escarpés que tous les travaux doivent se faire à la main. Comme à Bremm, les vignerons sont obligés de remonter, dans des hottes, la terre entraînée par la pluie. Dans ces localités les vignobles ne sont plus compétitifs au sein de la CEE par rapport aux vignes cultivables mécaniquement.

Les rives de la Moselle, entre la frontière lorraine et le confluent de la Sarre, se composent de calcaire blanc; de là jusqu'à l'embouchure de la Ruwer, elles sont constituées par le grès rouge de la cuvette de Trèves. Alors seulement commencent les rives bleues du massif schisteux.

L'étiquette d'un vin allemand donne les renseignements suivants: 1. la région (ici Mosel-Saar-Ruwer); 2. la commune (ici: Trittenheim); 3. le cru (ici: Altärchen); 4. le type de vin (ici Riesling + Kabinett, soit Riesling de choix); 5. la garantie de qualité (indiquée par la mention 'Quatlitätswein mit Prädikat').

La culture de la vigne dans la vallée de la Moselle est la plus ancienne d'Allemagne. Peut-être a-t-elle été introduite dans la région de Trèves par les Grecs de Massalia (Marseille).

Le vieux cépage *elbling*, qui était le seul cultivé le long de la Moselle jusqu'à la guerre de Trente Ans, ne recouvre aujourd'hui que 11% des 10869 hectares de vignobles, cultivés uniquement en blancs. Le *riesling* vient bien en tête avec 73%; le reste est planté de *müller-thurgau*. La récolte moyenne de moût est de 1 100 000 hectolitres.

Le vignoble de la Moselle supérieure, qui s'étend de la frontière luxembourgeoise à l'embouchure de la Sarre près de Trèves, donne des petits vins de table, qui servent également à la fabrication des vins mousseux. Le vignoble de la Moselle inférieure, entre Boulay et le confluent avec le Rhin, donne des vins de table courants qui, dans certaines localités, sont de très bonne qualité, par exemple à Bremm, Ediger, Beilstein, Valwig, Pommern ou Winningen. Parfois, ils présentent déjà un trait de caractère rhénan.

De la vieille ville impériale romaine de Trèves, qui a incorporé à sa commune cinq vieux villages viticoles, jusqu'à Alf et Bullay, la Moselle moyenne n'est qu'un seul grand vignoble. Les localités les plus réputées sont Trittenheim avec les crus ALTÄRCHEN, APOTHEKE, LAURENTIUSBERG, puis Neumagen (ROSENGÄRTCHEN, ENGELGRUBE, LAUDAMUSBERG), Dhron (HOFBERG, ROTERD, SÄNGEREI) et Piesport (GOLDTRÖPFCHEN, GÜNTERSLAY, FALKENBERG). Piesport a une réputation mondiale par la finesse inégalée de l'arôme de ses vins. Après Wintrich avec l'Ohligsberg et le Geierslay, on arrive bien vite à Brauneberg qui, il y a cinquante ans encore, s'appelait Dusemont — en latin «in dulce monte» (sur la douce montagne) — un nom très justifié; en effet, tous les grands crus, tels que FALKENBERG, HASENLAUFER et JUFFER, sont exposés au sud et leurs vins ont une maturité rapide et présentent un bouquet très fin. Les localités suivantes ont des crus de réputation mondiale: Lieser (NIEDERBERG), Bernkastel, Kues, Wehlen, Graach, Zeltingen, Erden, Ürzig et Traben-Trarbach. Le BERNKASTELER DOKTOR, vendu aussi sous le nom de DOKTOR UND GRABEN et, en face, à Bernkastel-Kues, le JOHANNISBRÜNNCHEN, le KARDINALSBERG et le PAULINUSHOFBERG ouvrent la voie qui mène à Ürzig, point culminant de la viticulture mosellane. Les vins réputés de Wehlen sont: le LAY, le NONNENBERG et le SONNENUHR; à Graach: l'ABTSBERG, le DOMPROBST et le HIMMELREICH; à Zeltingen: de nouveau le HIMMELREICH, le SCHLOSSBERG et le SONNENUHR; à Erden le BUSSLAY, le HERRENBERG, le PRÄLAT et

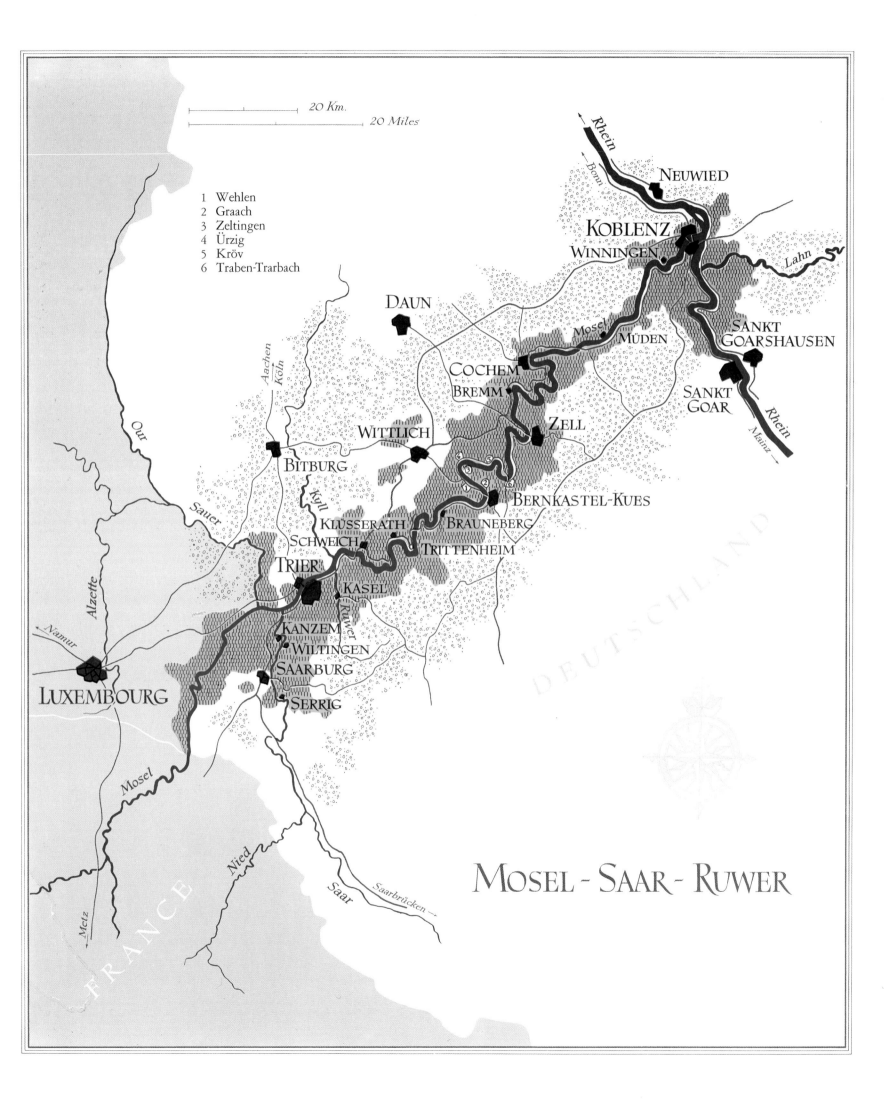

20 Km.
20 Miles

1 Wehlen
2 Graach
3 Zeltingen
4 Ürzig
5 Kröv
6 Traben-Trarbach

Rhein

NEUWIED

Bonn

KOBLENZ

WINNINGEN

Lahn

DAUN

Mosel

MÜDEN

SANKT
GOARSHAUSEN

Aachen
Köln

COCHEM

BREMM

ZELL

SANKT
GOAR

Rhein

WITTLICH

Our

Mainz

BITBURG

Sauer

Kyll

4
5
3
2
1
6

BERNKASTEL-KUES

KLÜSSERATH

BRAUNEBERG

SCHWEICH

TRITTENHEIM

TRIER

KASEL

Ruwer

Alzette

Namur

KANZEM

WILTINGEN

SAARBURG

DEUTSCHLAND

LUXEMBOURG

SERRIG

Mosel

Metz

Nied

Saar

Saarbrücken

FRANCE

MOSEL - SAAR - RUWER

le TREPPCHEN; à Ürzig, le WÜRZGARTEN et à Traben, le GAISPFAD, le GEIERSLAY, le KRÄUTERHAUS, le WÜRZGARTEN, le ZOLLTURM et le KÖNIGSBERG.

La Sarre produit des vins dans son cours inférieur, vallée pittoresque aux pentes souvent escarpées et rocheuses. Les vignobles commencent près de Staadt et ont de bons crus à Serrig, Sarrebourg et Irsch (HUBERTUSBERG), mais surtout à Ayl (KUPP), Ockfen (BOCKSTEIN, GEISBERG, HERRENBERG), Wavern (HERRENBERG) et Wiltingen (SCHARZHOFBERG, BRAUNE KUPP, DOHR). Wiltingen est la plus grande commune viticole de la vallée de la Sarre. Son vignoble le plus célèbre, le Scharzhofberg, ne fut planté qu'après 1750.

Oberemmel compte parmi ses grands crus: l'AGRITIUSBERG, le SCHARZBERG et le HÜTTE. ALTENBERG, SONNENBERG et HÖRECKER sont les vins réputés de Kanzem; ALTENBERG et EUCHARIUSBERG font la renommée de Krettnach; Filzen produit le HERRENBERG; enfin le FALKENSTEIN, de Konz, est si célèbre qu'il se suffit à lui-même, comme le SCHARZHOFBERGER de Wiltingen.

La Ruwer produit de grands vins à Waldrach (HAHNENBERG, HUBERTUSBERG, JESUITENGARTEN, JUNGFERNBERG, KRONE), à Kasel (NIES'GEN, KERNAGEL, KÄULCHEN) et dans les deux grands vignobles de Grünhaus (MAXIMIN GRÜNHÄUSER) et de Karthäuserhof qui, depuis le XIVe siècle, appartenait à l'ordre des chartreux (EITELSBACHER KARTHÄUSER HOFBERG). Citons enfin le vignoble d'Alvelsbach (ALTENBERG, HERRENBERG et HAMMERSTEIN). Dans toutes les régions de la Moselle, de la Sarre et de la Ruwer on est frappé par l'abondance des noms ecclésiastiques: l'évêque de Trèves et les couvents qui, depuis l'implantation du christianisme, ont tant fait pour la culture de la vigne, sont aujourd'hui encore en possession des meilleurs vignobles, tel l'hôpital Bernkastel, fondé à Kues par le cardinal Nicolas de Cusa.

Les vins de la Moselle délient le palais et excitent l'appétit. On les sert de préférence avec le poisson, les hors-d'œuvre et les salades. De couleur vert tendre, ces vins sont d'une fraîcheur tonifiante. Jeunes, ils picotent la langue et sont pétillants.

Cette courbe de la Moselle est à coup sûr spectaculaire, encore qu'un peu exagérée par l'optique de l'appareil photographique. On voit ci-dessous le vignoble de Kröv dans la Moselle moyenne. On trouve dans cette région d'autres paysages semblables car la rivière est sinueuse au point de presque doubler la distance entre Coblence et Trèves.

Vendange du riesling dans la vallée de l'Ahr. Le riesling est souvent cueilli tard (spätlese) ou par tries successives (Beerenauslese). Ces indications sont portées sur l'étiquette si les vins ont satisfait aux dégustations obligatoires.

Le vignoble de la vallée de l'Ahr est un des plus petits d'Allemagne: il n'a que 500 hectares sur 25 kilomètres de vallée. Ici le vignoble de May-schon. Les vins rouges de l'Ahr viennent en tête des rouges allemands.

VALLÉE DE L'AHR

Le cours de l'Ahr suit à peu près la frontière septentrionale du Land de Rhénanie-Palatinat. La viticulture se limite à une bande de 25 kilomètres le long de la vallée inférieure, où les vignes reposent sur des schistes. Le vignoble est disposé en terrasses rocailleuses, parfois très exiguës, où une faible couche de terre ne supporte souvent que de rares pieds de vigne. Avec ses 11 communes viticoles et ses 495 hectares, qui produisent tout au plus 30000 hectolitres de vin, à l'extrême limite septentrionale de la culture mondiale de la vigne, le vignoble de l'Ahr a un caractère romantique. C'est encore le plus grand vignoble de vin rouge de l'Allemagne, bien qu'aux 31,1% de *portugieser* et aux 25,2% de *spätburgunder bleu* soient venus s'ajouter 43% de raisins blancs, dont 23% de *riesling* et 17% de *müller-thurgau*.

Il reste à espérer que le vignoble demeurera fidèle au *spätburgunder*, qui sur le schiste ensoleillé acquiert de la flamme et une grande finesse. C'est surtout aux environs du domaine d'Etat, l'ancien couvent de Marienthal, que l'on obtient, les bonnes années, des vins rouges nobles, veloutés et moelleux. Le vignoble commence à Altenahr, où l'Ahr achève son parcours romantique à travers les falaises; il conduit par Rech, Mayschoss et Dernau à Marienthal, Walporzheim et Ahrweiler pour prendre fin à Bad Neuenahr et Heimerzheim, bien avant d'atteindre le Rhin.

C'est de l'Ahr, qui avait beaucoup de difficultés autrefois à écouler ses vins, que les coopératives ont essaimé en Allemagne; en effet, les exploitations, généralement inférieures à un demi-hectare, incitaient à un regroupement salutaire.

319

RHIN MOYEN

Tous les vins au nord de la ligne Bingen-Lorchhausen — à l'exclusion des vallées de la Moselle et de l'Ahr — sont désignés par le terme de «Mittelrhein» ou Rhin moyen. La région fait partie du Land de Rhénanie-Palatinat (arrondissements de Rhein-Hunsrück, Rhein-Lahn, Coblence et Neuwied), sauf la partie septentrionale qui mord sur la Rhénanie-Westphalie (région des Sept-Montagnes avec 18 hectares de vignobles).

La surface viticole, qui est répartie sur 125 kilomètres et 104 communes, mesure 864 hectares. Elle n'a cessé de régresser au cours des derniers siècles: en 1833, elle était encore de 3200 hectares. L'arrondissement de Neuwied comptait, en 1828 encore, 1175 hectares de vignobles; il n'y en avait plus que 216 en 1949. Le vin rouge ne joue un certain rôle que dans la région des Sept-Montagnes. C'est le *riesling* qui domine dans le Mittelrhein proprement dit (83%). Le *müller-thurgau* atteint 37,2% dans les Sept-Montagnes, ailleurs 6,2% seulement. La récolte totale est de l'ordre de 70000 hectolitres.

Ce déclin tient surtout à l'industrialisation, qui a soustrait à la viticulture sa main-d'œuvre, et à la culture d'autres fruits de rendement plus élevé. Le recul qui s'est manifesté dans le Rhin moyen inférieur a entraîné dès le XIXᵉ siècle celui des avant-postes de la viticulture rhénane dans le plat pays entre Cologne et Bonn.

Une des principales raisons du recul de la vigne réside dans sa disposition, en terrasses escarpées, qui ne peuvent être travaillées à la machine.

Les vins ont beaucoup de corps et un caractère robuste; leur acidité n'est pas négligeable. Parmi les localités du Mittelrhein, Bacharach s'est rendu célèbre par le fait qu'on y transbordait les vins en raison des rapides en amont de Bingen.

Faisant suite aux vignes du Rheingau vers le nord, celles du Mittelrhein, où le cours du fleuve est le plus romantique, sont accrochées à la pente. On reconnaît ici, au milieu du Rhin, le fameux château de la Pfalz, et en haut à gauche, le burg de Gutenfels.

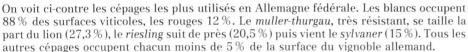

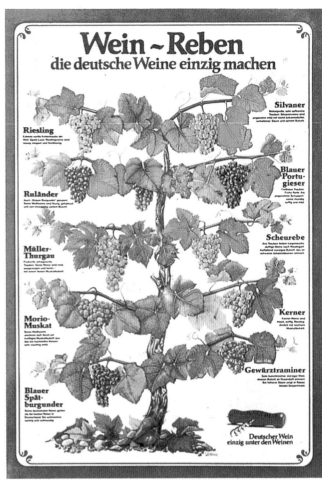

On voit ci-contre les cépages les plus utilisés en Allemagne fédérale. Les blancs occupent 88 % des surfaces viticoles, les rouges 12 %. Le *muller-thurgau*, très résistant, se taille la part du lion (27,3 %), le *riesling* suit de près (20,5 %) puis vient le *sylvaner* (15 %). Tous les autres cépages occupent chacun moins de 5 % de la surface du vignoble allemand.

Quand on vendange le riesling tardivement, la vigne a presque son aspect hivernal: non seulement le feuillage est jauni, mais la plus grande partie des feuilles est déjà tombée.

Nouvelle réglementation relative aux vins allemands

Depuis la première édition de ce livre, une loi allemande du 19 juillet 1971 a modifié sensiblement la classification des vins produits sur le territoire de la République fédérale d'Allemagne. Pendant plusieurs années, anciennes et nouvelles étiquettes coexisteront sur le marché. Nos lecteurs trouveront ci-dessous les caractéristiques générales de la nouvelle législation. Dès l'application de celle-ci, les vins allemands ont été officiellement contrôlés et divisés en trois classes.

1. Les vins de table allemands («Deutsche Tafelweine»)

Ce sont les petits vins de pays, les vins de consommation courante et aussi les vins de coupage. Après enrichissement éventuel, ils doivent titrer au moins 8,5° et au maximum 15° et avoir une acidité d'au moins 4,5 g par litre. Sont considérés comme vins blancs les vins obtenus uniquement à partir de raisins blancs; et vins rouges, les vins obtenus par fermentation de moûts rouges provenant de raisins rouges pressurés; comme vins rosés, les vins obtenus par fermentation de moûts rosés de raisins rouges. L'indication d'un cépage n'est autorisée que si le vin provient à 75 % de raisins du cépage indiqué et si celui-ci détermine le caractère du vin. — *Libellé de l'étiquette*: la mention «deutsch» ne peut être employée que s'il n'est pas utilisé de raisins récoltés à l'étranger. Si un vin de table provient exclusivement d'une des six grandes régions viticoles: Oberrhein Römertor, Oberrhein Burgengau, Neckar, Main, Rhein, Mosel, il porte également cette mention sur l'étiquette. L'étiquette peut en outre mentionner un nom de district («Bereich»), si 75 % du raisin provient du même district vinicole, mais jamais de nom de cru.

2. Les vins de qualité («Qualitätsweine»)

Ce sont les vins récoltés sur des terroirs bien définis. — *Libellé de l'étiquette*: l'étiquette, outre la mention «Qualitätswein» et le numéro de contrôle officiel, doit mentionner la région de provenance, soit l'une des suivantes: Baden, Württemberg, Franken, Hessische Bergstrasse, Rheinpfalz, Rheinhessen, Nahe, Mosel-Saar-Ruwer, Rheingau, Mittelrhein et Ahr, à quoi s'ajoute la mention du cru.

3. Les vins de qualité supérieure avec mention spéciale («Qualitätsweine mit Prädikat»)

Ce sont des vins de grande classe. Les étiquettes portent les mêmes inscriptions que celles de la classe 2, plus l'une des mentions suivantes: Kabinett (vin sélectionné) ● Spätlese (vin de raisins très mûrs) ● Auslese (grande cuvée) ● Beerenauslese (vin fait de raisins triés ou vendangés en plusieurs fois) ● Trockenbeerenauslese (vin liquoreux, obtenu grâce à des circonstances favorisant la pourriture noble). — Outre l'une ou l'autre des cinq mentions ci-dessus, la précision «Eiswein» (vin de glace) est également admise, à condition que les raisins soient gelés naturellement lors de leur cueillette et de leur pressurage. Le cépage n'est indiqué que si le vin provient à 75 % de raisins du cépage en question et si celui-ci détermine son caractère. Le millésime n'est autorisé que si le vin provient au moins pour 75 % de raisins récoltés dans l'année indiquée.

LES VINS DU RHIN

VINS SUISSES DU RHIN SUPÉRIEUR

CANTON DES GRISONS

Vins blancs . . . . . . Malanser Completer, Malanser Tokayer, Tokayer Eigenbau, Churer Tokayer aus dem Lochert

Vins rouges . . . . . . Malanser Blauburgunder, Malanser Blauburgunder Fuchsen, Malanser Blauburgunder Rüfiser, Churer Süssdruck Lürlibader, Churer Costamser Beerli, Süssdruck Duc de Rohan, Süssdruck Bündner Rheinwein, Malanser Rüfiwingert, Schloss Freudenberg, Maienfelder Blauburgunder Kuoni-Wii, Maienfelder Schloss Salenegg Jeninser Chüechler Beerliwein, Malanser Beerli Weisstorkel

CANTON DE SAINT-GALL

Vins blancs . . . . . . Tokayer Hoch Chapf Eichberg, Balgacher Riesling-Sylvaner

Vins rouges . . . . . . Altstätter Forst, Altstätter Rebhaldner Blauburgunder, Balgach Beerli Blauburgunder, Rebsteiner Süssdruck Blauburgunder, Hoch Chapf Eichberg, Bernecker Blauburgunder, Sarganser Langstrich Blauburgunder, Bernecker Rosenberger, Balgacher Buggler, Walenstadt Beerli Felixer am Ölberg, Melser Beerli Ritterweg, Portaser Blauburgunder, Baccastieler-Beerli Sevelen, Freudenberger Beerli

CANTON DE THURGOVIE

Vins blancs . . . . . . Kalchrainer Tokayer, Arenenberg Domaine

Vins rouges . . . . . . Nussbaumer, Götighofer, Kalchrainer Blauburgunder, Hüttwiler Stadtschryber

CANTON DE SCHAFFHOUSE

Vins blancs . . . . . . Löhningen, Munötler Tokayer

Vins rouges . . . . . . Buchberger, Gächlinger, Osterfinger, Trasadinger, Steiner, Wilchinger Beerli, Hallauer Blauburgunder, Siblingen Eisenhalder, Osterfinger Blauburgunder, Osterfinger-Beerli Badreben, Hallauer Beerli Graf von Spiegelberg, Blauburgunder Beerli Munötler, Löhninger Clevner Beerli, Chäfer-Steiner Blaurock, Hallauer Süssdruck vom Schälleweg

CANTON DE ZURICH

Vins blancs . . . . . . Riesling-Sylvaner Berg am Irchel, Riesling-Sylvaner Meilen, Meilener Räuschling, Riesling-Sylvaner Stäfner, Tokayer Weiningen, Riesling-Sylvaner Weinigen, Eglisauer Riesling-Sylvaner, Eglisauer Tokayer, Weininger Räuschling, Flurlinger Tokayer, Räuschling Küsnacht, Riesling-Sylvaner Sternenhalde

Vins rouges . . . . . . Blauburgunder Oberembach, Blauburgunder Schlosshof Berg am Irchel, Birmenstorfer Klevner, Eglisauer Blauburgunder, Stammheimer Blauburgunder, Eglisauer Stadtberger Beerli, Weiniger Klevner, Worrenberger Blauburgunder Rebhüsli, Blauburgunder Burg Schiterberger, Blauburgunder Schloss Goldenberg, Clävner Sternenhalde, Rudolfinger Beerli Blauburgunder, Stammheimer Beerli Blauburgunder, Clevner Sternhalden Stäfa

CANTON D'ARGOVIE

Vins blancs . . . . . . Zeininger Riesling-Sylvaner, Bözer Riesling-Sylvaner, Tokayer Schlossberg Villingen, Mandacher Riesling-Sylvaner, Riesling-Sylvaner Würenlingen, Schinznacher Riesling-Sylvaner, Schinznacher Rütiberger

Vins rouges . . . . . . Birmenstorfer Klevner, Blauburgunder Klingnauer Kloster Sion, Blauburgunder Schlossberg Villigen, Brestenberger Klevner, Döttinger Clevner Auslese, Döttinger Süssdruck, Elfinger Blauburgunder Schlotterboden, Ennetbadener-Beerli, Goldwändler, Klevner Villiger Steinbrüchler Beerliwein, Rütiberger, Wettinger Herrenberg Blauburgunder, Wettinger Kläfner, Wettinger Scharten, Zeininger Clevner

CANTON DE LUCERNE

Vin blanc . . . . Riesling-Sylvaner Schloss Heidegg

Vin rouge . . . . Schloss Heidegg Clevner

CANTON DE BÂLE

Vin blanc. . . . . Arlesheimer Schlossberg Gutedel

Vins rouges . . . . . . Arlesheimer Blauburgunder, Benkener Blauburgunder, Liestaler Blauburgunder

322

VINS DES LACS DE BIENNE ET DE NEUCHÂTEL

CANTON DE BERNE

Vins blancs . . . . . . Ligerzer, Ligerzer Kirchwein, Schafiser, Schafiser Bois de Dieu, Schafiser Engel, Schafiser Stägli-Wy, Schafiser Schlössliwy, Twanner, Twanner Engelwein, Twanner Engelwein pinot gris, Twanner Kapfgut Clos des Merles, Twanner Kapfgut Sous la roche, Twanner Steinächt, Twanner Auslese Johanniter, Der edle Twanner Chroshalde, Twanner Closer, Tschugger, Erlach Chasselas Lamperten, Schlossberg Erlach Gutedel

Vins rouges . . . . . . La Neuveville Oeil-de-Perdrix, Twanner Blauburgunder, Schafiser Pinot noir, Tschugger Pinot noir, Schlossberger Erlach Blauburgunder

CANTON DE NEUCHÂTEL

Appellation générique obligatoire: Neuchâtel

Vins blancs . . . . . . Pinot gris, Cortaillod, Auvernier, Cressier, Domaine de Champréveyres, Champréveyres de la Ville, Château d'Auvernier, Domaine de Chambleau P.H. Burgat, Goutte d'or, Domaine du Mas des Chaux, Chasse-Peines, Cru des Gravanys, Hôpital Pourtalès, Cressier La Rochette, La Grillette, Clos des Sous-Monthaux, Francœur, Cru des Bourguillards, Cru des Chair d'Ane, Cru des Merloses

Vins rouges . . . . . . Pinot noir, la Béroche, Oeil de Perdrix, Cru d'Hauterive, Francarmin, Cru des Gravanys, Hôpital Pourtalès, Pinot noir Cru des Chanez, Cru de la Ville, La Grillette, Clos des Sous-Monthaux

CANTON DE VAUD

Vins rouges . . . . . . Salvagnin Clos du Manoir, Salvagnin Grand Nef, Clos Chenevières, Domaine du Château de Valeyres, Pinot noir Clos du Terraillex, Pinot noir Vin des Croisés

VINS D'ALSACE

Zwicker, Edelzwicker, Chasselas, Pinot blanc-clevner, Riesling, Muscat, Gewürtzraminer, Tokay d'Alsace

VINS D'ALLEMAGNE

RHIN MOYEN (Mittelrhein) Deux districts vinicoles: Bacharach et Rheinburgengau.

Le district vinicole de Bacharach comprend les appellations génériques et les crus de qualité des communes de Bacharach, Manubach, Oberdiebach, Niederheimbach, Oberheimbach, Trechtingshausen.

Appellation générique: Schloss Reichenstein

Crus de qualité : Soonecker Schlossberg – Froher Weingarten – Reifersley – Schloss Hohneck – Klosterberg – Römerberg – Sonne – Wahrheit – Morgenbachtaler.

Appellation générique: Schloss Stahleck

Crus de qualité : Kloster Fürstental – Posten – Hahn – Mathias Weingarten – Wolfshöhle – St. Jost – Lennenborn – Schloss Stahlberg – Hambusch – Insel Heylesen Wert – Heilgarten – Mönchwingert – St. Oswald – Langgarten – Rheinberg – Fürstenberg – Kräuterberg – Bischofshub.

Le district vinicole du Rheinburgengau comprend les appellations génériques et les crus de qualité des arrondissements de Rhein-Hunsrück et de Rhein-Lahn, des arrondissements ruraux de Coblence et de Neuwied, de l'arrondissement urbain de Coblence, ainsi que de Königswinter (Siebengebirge).

Appellation générique: Herrenberg

Crus de qualité : Backofen – Rauschelay – Blüchertal – Pfalzgrafenstein – Rossstein – Burg Gutenfels – Kupferflöz – Wolfsnack.

Appellation générique: Schloss Schönburg

Crus de qualité : Sieben Jungfrauen – Ölsberg – St. Martinsberg – Bernstein – Goldemund – Römerkrug – Bienenberg – St. Wernerberg – Sonnenstock – Frankenhell – Rosental – Rheingoldberg – Hundert – Beulsberg.

Appellation générique: Loreleyfelsen

Crus de qualité : Loreley-Edel – Burg Katz – Burg Maus – Hessern – Rothenack – Teufelstein – Brünnchen – Pilgerfahrt – Liebenstein-Sterrenberg.

Appellation générique: Burg Rheinfels

Crus de qualité : Rosenberg – Kuhstall – Ameisenberg – Frohwingert.

Le cru de Probsteiberg (commune de Hirzenach) ne relève d'aucune appellation générique.

Appellation générique: Gedeonseck

Crus de qualité : Elfenley – Fässerlay – Weingrube – Mandelstein – Feuerley – Ohlenberg – Engelstein – Sonnenlay – König Wenzel – Hämmchen.

Appellation générique: Marksburg

Crus de qualité : Koppelstein – Marmorberg – Mühlberg – Pfarrgarten – Kreuzberg – Rheinnieder – Liebeneck-Sonnenlay.

Appellation générique: Burg Hammerstein

Crus de qualité : Forstberg – Gartenlay – Rosenberg – Römerberg – Monte Jub – Schlossberg – Sonnenberg – Berg – Weisses Kreuz – Stehlerberg – Rheinhöller – Gertrudenberg – In den Layfelsen – Hölle.

Appellation générique: Drachenfels

Crus de qualité : Laurentiusberg – Sülzenberg – Rosenberg – Longenberg Berg – Heisterberg – Domley – Ulaneneck – Am Domstein.

AHR District vinicole Walporzheim/Ahrtal. L'appellation générique Klosterberg recouvre la totalité du vignoble de l'Ahr.

Eck – Übigberg – Mönchberg – Silberberg – Laacherberg – Schieferlay – Burgberg – Lochmühlerley – Herrenberg – Blume – Hardtberg – Goldkaul – Pfarrwingert – Burggarten – Jesuitengarten – Trotzenberg – Klostergarten – Rosenberg – Stiftsberg – Domlay – Kräuterberg – Gärkammer – Himmelchen – Pfaffenberg – Alte Lay – Rosental – Daubhaus – Silberberg – Forstberg – Ursulinengärten – Riegelfeld – Karlskopf – Sonnenschein – Steinkaul – Schieferlay – Sonnenberg – Kirchtürmchen – Landskrone – Burggarten – Kapellenberg.

RHEINGAU Ce vignoble se confond avec le district vinicole de Johannisberg. Il s'étend le long du Rhin de Lorchhausen à Wiesbaden, et au-delà jusqu'à Flörsheim.

Appellation générique: Steil
Crus de qualité : Frankenthal – Höllenberg – Hinterkirch – Berg Kaisersteinfels.

Appellation générique: Burgweg
Crus de qualité : Berg Kaisersteinfels – Rothenberg – Kläuserweg – Fuchsberg – Kilzberg – Mäuerchen – Mönchspfad – Schlossgarten – Klaus – Schlossberg – Kapellenberg – KroneP – Bodental-Steinberg – Rosenberg – Seligmacher – Berg Rosenberg – Berg Rottland – Berg – Pfaffenwies – Schlossberg – Bischofsberg – Drachenstein – Kirchenpfad – Klosterberg – Klosterlay – Magdalenenkreuz – Rosengarten.

Appellation générique: Erntebringer
Crus de qualité : Kläuserweg – Kilzberg – Klaus – Schwarzenstein – Vogelsang – Hölle – Mittelhölle – Hansenberg – Goldatzel – Klaus – Goldberg – Dachsberg – Schloss Johannisberg.

Appellation générique: Honigberg
Crus de qualité : St. Nikolaus – Edelmann – Goldberg – Gutenberg – Schlossberg – Jesuitengarten – Hasensprung – Bienengarten – Schloss Vollrads – Klaus – Dachsberg.

Appellation générique: Gottesthal
Crus de qualité : Klosterberg – Lenchen – Doosberg – Schloss Reinhartshausen.

Appellation générique: Deutelsberg
Crus de qualité : Marcobrunn – Schlossberg – Siegelsberg – Honigberg – Michelsmark – Hohenrain – Steinmorgen – Mannberg – Nussbrunnen – Wisselbrunnen – Hassel – Heiligenberg – Schützenhaus – Engelmannsberg – Pfaffenberg – Steinberg.

Appellation générique: Mehrhölzchen
Crus de qualité : Schönhell – Jungfer – Würzgarten – Hendelberg – Edelmann – Klosterberg.

Appellation générique: Heiligenstock
Crus de qualité : Klosterberg – Gräfenberg – Wasserros – Sandgrub – Taubenberg – Langenstück – Sonnenberg – Rheinberg.

Appellation générique: Steinmächer
Crus de qualité : Taubenberg – Langenstück – Sonnenberg – Rheinberg – Wildsau – Langenberg – Rödchen – Berg-Bildstock – Walkenberg – Oberberg – Fitusberg – Neroberg – Baiken – Gehrn – Wülfen – Rothenberg – Nonnenberg – Dachsberg – Hölle – Marschall – Homberg – Herrnberg – Judenkirch.

Appellation générique: Daubhaus
Crus de qualité : Königin Victoriaberg – Hofmeister – Stielweg – Sommerheil – Hölle – Domdechaney – Kirchenstück – Reichesthal – Weiss Erd – Berg – Steig – Herrnberg – Lohrberger Hang – Stein – Goldene Luft – König-Wilhelmsberg – Nonnenberg.

MOSELLE-SARRE-RUWER Ce vignoble se répartit en quatre districts vinicoles: Zell, Bernkastel, Saar-Ruwer et Obermosel.

District vinicole de Zell (basse Moselle), comprenant les vignobles qui s'étendent entre Coblence et Zell.

Appellation générique: Weinhex
Crus de qualité : Bleidenberg – Burgberg – Hunnenstein – Bischofstein – Heilgraben – Bienengarten – Königsfels – Marienberg – Röttgen – Burg Bischofsteiner – Bischofstein – Kirchberg – Stolzenberg – Steinchen – Fahrberg – Neuwingert – Fuchshöhle – Gäns – Kehrberg – Schlossberg – Weissenberg – Hamm – Hubertusborn – Ausoniusstein – Klosterberg – Lay – Würzlay – Goldblume – Sonnenring – Fächern – Goldlay – Kahllay – Brauneberg – Rosenberg – Brückstück – Domgarten – Uhlen – Im Röttgen.

Appellation générique: Goldbäumchen
Crus de qualité : Götterlay – Bischofstuhl – Herrenberg – Hochlay – Klostergarten – Pinnerkreuzberg – Schlossberg – Sonnenberg – Rüberberger Domherrenberg – Altarberg – Feuerberg – Kirchlay – Brauneberg – Burg Coreidelsteiner – Rosenberg – Sonnengold – Kirchberg – Übereltzer – Funkenberg – Grosslay – Leckmauer – St. Castorhöhle – Sonnenring – Goldberg – Sonnenuhr – Römerberg – Dechantsberg – Juffermauer – Münsterberg – Kurfürst – Zeisel.

Appellation générique: Rosenhang
Crus de qualité : Schlossberg – Abtei Kloster Stuben – Herrenberg – Kapellenberg – Römergarten – Servatiusberg – Layenberg – Martinshorn – Rathausberg – Rosenberg – Pfarrgarten – Arzlay – Nikolausberg – Silberberg – Woogberg – Abteiberg – Deuslay – Goldgrübchen – Bienengarten – Vogteiberg – Wahrsager – Greth – Treppchen – Palmberg – Schwarzenberg.

Le cru de Lay (Commune de Senheim) ne relève d'aucune appellation générique.

Appellation générique: Grafschaft
Crus de qualité : Arrasburg-Schlossberg – Burggraf – Herrenberg – Hölle – Kapellenberg – Katzenkopf – Kronenberg – Pelzerberger – Laurentiusberg – Schlemmertröpfchen – Frauenberg – Brautrock – Graf Beyssel-Herrenberg – Kirchweingarten – Kronenberg – Sonneck – Bienenlay – Calmont – Elzogberg – Engelströpfchen – Feuerberg – Höll – Osterlämmchen – Pfaffenberg – Pfirsichgarten – Schützenlay – Petersberg – Rosenberg – Römerberg – Himmelreich – Klosterkammer – Palmberg Terrassen.

Appellation générique: Schwarze Katz

Crus de qualité : Burglay-Felsen – Domherrenberg – Geisberg – Kreuzlay – Nussberg – Petersborn-Kabertchen – Pomerell – Marienburger – Römerquelle – Rosenborn – Adler – Fettgarten – Klosterberg – Königslay Terrassen – Stefansberg – Sonneck.

District vinicole de Bernkastel (Moselle moyenne), comprenant les vignobles qui s'étendent entre Zell, Traben-Trarbach, Erden, Ürzig, Wehlen, Bernkastel, Brauneberg, Drohn, Trittenheim et Ruwer.

Appellation générique: Vom Heissen Stein

Crus de qualité : Herzchen – Nonnengarten – Schäferlay – Schelm – Weisserberg – Marienburg – Rosenberg – Falklay – Goldlay – Moullay-Hofberg – Sorentberg.

Appellation générique: Schwarzlay

Crus de qualité : Herzlay – Hubertuslay – Falklay – Hahnenschrittchen – Schlossberg – Thomasberg – Wendelstück – Johannisberg – Batterieberg – Edelberg – Ellergrub – Herrenberg – Montenbeul – Steffensberg – Weinkammer – Zeppwingert – Busslay – Prälat – Treppchen – Reichelberg – Klosterweg – Rosenberg – Burgberg – Försterlay – Klosterberg – Rotlay – Auf der Heide – Burgweg – Gaispfad – Goldgrube – Hühnerberg – Königsberg – Kräuterhaus – Kreuzberg – Rosengarten – Schatzgarten – Sonnenlay – Tauberhaus – Ungsberg – Würzgarten – Zollturm – Bottchen – Felsentreppchen – Kupp – Lay – Portnersberg.

Appellation générique: Nacktarsch

Crus de qualité : Burglay – Herrenberg – Kirchlay – Letterlay – Paradies – Steffensberg.

Appellation générique: Münzlay

Crus de qualité : Abtsberg – Domprobst – Himmelreich – Josephshöfer – Nonnenberg – Hofberg – Sonnenuhr – Klosterberg – Abtei – Klosterhofgut – Deutschherrenberg – Schlossberg.

Appellation générique: Badstube

Crus de qualité : Bratenhöfchen – Doctor – Graben – Lay – Matheisbildchen.

Appellation générique: Beerenlay

Crus de qualité : Niederberg-Helden – Rosenlay – Süssenberg.

Appellation générique: Kurfürstlay

Crus de qualité : Schlossberg – Johannisbrünnchen – Kardinalsberg – Rosenberg – Weissenstein – Hasenläufer – Juffer – Juffer-Sonnenuhr – Kammer – Klostergarten – Mandelgraben – Hasenläufer – Kirchberg – Römerberg – Herrenberg – Paulinsberg – Paulinshofberg – Honigberg – Klosterberg – Römerpfad – Sonnenuhr – Amtsgarten – Elisenberg – Helenenkloster – Sonnenlay – Kätzchen – Kirchlay – Paulinslay – Carlsberg – Eisenberg – Grafschafter Sonnenberg – Mühlberg – Grosser Herrgott – Ohligsberg – Sonnenseite – Stefanslay – Geierslay.

Appellation générique: Michelsberg

Crus de qualité : Burglay – Günterslay – Kapellchen –Rosenlay – Engelgrube – Grafenberg – Grosser Hengelberg – Häschen – Hofberger – Nusswingert – Laudamusberg – Rosengärtchen – Roterd – Sonnenuhr – Domherr – Falkenberg – Gärtchen – Goldtröpfchen – Kreuzwingert – Schubertslay – Treppchen – Brauneberg – Geisberg – Niederberg – Rosenberg – Rotlay – Altärchen – Apotheke – Felsenkopf – Leiterchen.

Appellation générique: St. Michael

Crus de qualité : Brauneberg – Klostergarten – Schlossberg – Mühlenberg – St. Martin – Sonnenlay – Bruderschaft – Königsberg – Laurentiuslay – Blattenberg – Goldkupp – Zellerberg – Held – Südlay – Klosterberg – Sonnenberg – Enggass – Ritsch – Schiesslay – Würzgarten – Maximiner Klosterlay.

Appellation générique: Probstberg

Crus de qualité : Maximiner Burgberg – Held – Maximiner Hofgarten – Hirschlay – Maximiner Herrenberg – Römerberg – Annaberg – Burgmauer.

District vinicole de Saar-Ruwer, comprenant les vignobles qui s'étendent entre Ruwer, Trèves, Kanzem, Wiltingen, Saarburg et Serrig.

Appellation générique: Römerlay

Crus de qualité : Johannisberg – Dominikanerberg – Herrenberg – Hitzlay – Kehrnagel – Nieschen – Paulinsberg – Timpert – Laykaul – Felslay – Mäuerchen – Abstberg – Bruderberg – Kuhnchen – Heiligenhäuschen – Schlossberg – Altenberg – Andreasberg – Augenscheiner – Benediktinerberg – Burgberg – Deutschherrenberg – Deutschherrenköpfchen – Domherrenberg – Hammerstein – Jesuitenwingert – Kupp – Kurfürstenhofberg – Marienholz – Maximiner – Rotlay – St. Martiner Hofberg – St. Matheiser – St. Martiner Kreuzberg – St. Martiner Petrusberg – Sonnenberg – Thiergarten Unterm Kreuz – Thiergarten Felsköpfchen – Karthäuserhofberg Burgberg – Karthäuserhofberg Kronenberg – Karthäuserhofberg Orthsberg – Karthäuserhofberg Sang – Karthäuserhofberg Stirn – Doktorberg – Ehrenberg – Hubertusberg – Jesuitengarten – Jungfernberg – Krone – Kurfürstenberg – Laurentiusberg – Meisenberg.

Appellation générique: Scharzberg

Crus de qualité : Herrenberger – Kupp – Scheidterberger – Herrenberg – Liebfrauenberg – Pulchen – Steinberger – Unterberg – Urbelt – Hubertusberg – Sonnenberg – Vogelsang – Hörecker – Schlossberg – Altenberg – König Johann Berg – Maximin Staadt – Feld – Kirchberg – Auf der Kupp – Brauneberg – Euchariusberg – Falkensteiner – Hofberg – Klosterberg – Sprung – Agritiusberg – Hütte – Karlsberg – Raul – Rosenberg – Bockstein – Zickelgarten – Neuwies – Laurentiusberg – Heppenstein – Jesuitengarten – Antoniusbrunnen – Bergschlösschen – Fuchs – Stirn – Rausch – Saarfelser Marienberg – Brüderberg – Heiligenborn – Hoeppslei – Schloss Saarsteiner – Schloss Saarfelser Schlossberg – Würtzberg – Goldberg – Jesuitenberg – Ritterpfad – Braune Kupp – Braunfels – Gottesfuss – Hölle – Sandberg – Scharzhofberger – Schlangengraben – Herrgottsrock.

District vinicole d'Obermosel (haute Moselle), comprenant les vignobles qui s'étendent entre Liersberg, Fellerich, Onsdorf et Nennig.

Appellation générique: Königsberg

Crus de qualité : Dullgärten – Pilgerberg.

Appellation générique: Gipfel

Crus de qualité : Schleidberg – Kapellenberg – Schloss Thorner Kupp – Blümchen – Leiterchen – Rochusfels – Hirtengarten – Römerberg – Hubertusberg – Karlsfelsen – Lay – Münstertsatt – St. Georgshof – Albachtaler – Reinig auf der Burg – Rosenberg – Altenberg – Burg Warsberg – Fuchsloch.

Crus de qualité ne relevant d'aucune appellation générique : Schlossberg – Römerberg – Klosterberg – Marienberg – Quirinusberg – Hasenberg.

NAHE Ce vignoble comprend les deux districts vinicoles de Kreuznach et de Schloss Böckelheim.

District vinicole de Kreuznach, comprenant les vignobles entre Bingen-Bingerbrück, Spabrücken, Bad Kreuznach et Langenlonsheim.

Appellation générique: Schlosskapelle
Crus de qualité : Felsenberg – Hölle – Schlossgarten – Steyerberg – Rossel – Rothenberg – Schlossberg – Steinköpfchen – Hölle – Johannisberg – Laurenziweg – Klosterpfad – Burgberg – Goldloch – Honigberg – Pittermännchen – Trollberg – Nixenweg – Jungbrunnen – Layer Berg – Abtei Ruppertsberg – Hildegardisbrünnchen – Klostergarten – Römerberg – Binderweg – Alteburg – Domberg – Hörnchen – Lieseberg – Otterberg – Saukopf – Sonnenmorgen – Hölle – Preiselberg – Hausgiebel – Schäfchen – Römerberg – Fels – Rosenberg – Honigberg – Apostelberg – St. Martin – Teufelsküche – Hölle – Rosenteich – Hipperich – Sonnenberg – Steinkopf – Königsschloss – Dautenpflänzer – Rheinberg – Trollberg – Pittersberg – Liebehöll – Kapellenberg – Römerberg – Vogelsang – Karthäuser – St. Remigiusberg – Krone – Hörnchen – Junker – Fuchsen.

Appellation générique: Sonnenborn
Crus de qualité : St. Antoniusweg – Bergborn – Rothenberg – Königsschild – Lauerweg – Steinchen – Löhrer Berg.

Appellation générique: Pfarrgarten
Crus de qualité : Ritterhölle – Sonnenberg – Schlossberg – Herrschaftsgarten – Mönchberg – Hörnchen – Mühlenberg – Felseneck – Laurentiusberg – Sonnenweg – Backöfchen – Pastorenberg – Kirschheck – Johannisberg – Hasensprung – Höllenpfad – Steinrossel – Ratsgrund – Birkenberg – Römerberg – Sonnenlauf – St. Ruppertsberg – Schloss Gutenburg – Schäfersberg – Höll.

Appellation générique: Kronenberg
Crus de qualité : Mollenbrunnen – Straussberg – Hofgut – Pastorei – Vogelsang – Schlossgarten – Felsenköpfchen – Osterhöll – Hinkelstein – Forst – Monhard – Narrenkappe – Steinberg – Hungriger Wolf – Mönchberg – Gutental – In den 17 Morgen – Honigberg – Berg – Rosenheck – Hopfgarten – Kahlenberg – Steinweg – Kapellenpfad – Krötenpfuhl – Breitenweg – St. Martin – Brückes – Rodenberg – Tilgesbrunnen – Galgenberg – Höllenbrand – Hirtenhain – Paradies – Nonnengarten – Katzenhölle – Römerhalde – Junker – Himmelgarten – Agnesienberg – Schloss Kauzenberg – In den Mauern – Rosenhügel.

District de Schloss Böckelheim, comprenant les vignobles qui s'étendent entre Braunweiler, Martinstein, Meisenheim, Bayerfeld-Steckweiler, Altenbamberg, Bad Münster/Ebernburg et Schloss Böckelheim.

Appellation générique: Rosengarten
Crus de qualité : Michaeliskapelle – Helenenpfad – Wetterkreuz – Schlossberg – Steinkreuz – Klostergarten – Fels – Birkenberg – Mühlenberg – Höllenpfad – Hüttenberg – Berg – Sonnenberg – Becherbrunnen – Dellchen – Alte Römerstrasse – Rosengarten – Palmengarten – Goldgrube – Wiesberg – Grafenberg – Mühlberg – Abtei – Pfaffenberg – Im Felseneck – Geisberg – Im Neuberg – Stromberg – Steinkraut – Kellerberg – Kantergrube – Mönchberg – Steuer – Gutenhölle.

Appellation générique: Paradiesgarten
Crus de qualité : Goldgrube – Herrenberg – Kastell – Johannisberg – Auf dem Zimmerberg – Heiligenberg – Herrenzehntel – Schlossberg – Frühlingsplätzchen – Rosenberg – Halenberg – Rotfeld – Höllenberg – Sonnenberg – Römerstich – Kaulenberg – Marbach – Domberg – Spitalberg – Hunolsteiner – Römerberg – Vogelsang – Altenberg – Liebfrauenberg – Präsent – Rheingrafenberg – Edelberg – Wildgrafenberg – Lump – Vor der Hölle – Hengstberg – Allenberg – Schwalbennest – Obere Heimbach – Kloster Disibodenberg – Hessweg – Montfort – Kapellenberg – Weinsack – Hahn – Schikanenbuckel – Königsgarten – Feuerberg – Bocksberg – Kahlenberg – Höchstes Kreuz – Liebesbrunnen – Falkenberg – Elkersberg – Pfaffenpfad – Hölle – Graukatz – Rheingasse – Inkelhöll – Rosenberg – Weissenstein – Schloss Randeck – Seidenberg – Layenberg – Hahnhölle – Silberberg – Geissenkopf – Langhölle – Schlossberg – Sonnenplätzchen – Beutelstein – Feuersteinrossel – Römerpfad – Würzhölle – Schloss Stolzenberg – Mittelberg – Aspenberg – Adelsberg.

Appellation générique: Burgweg
Crus de qualité : Drachenbrunnen – Kronenfels – Hamm – Römerberg – Kirchberg – Muckerhölle – Mühlberg – Marienpforter Klosterberg – Heimberg – Königsfels – In den Felsen – Kupfergrube – Felsenberg – Pfingstweide – Hermannshöhle – Klamm – Kertz – Rosenheck – Felsensteyer – Pfaffenstein – Stollenberg – Steinberg – Rosenberg – Steinwingert – Hermannsberg – Nonnengarten – Rotenfels – Kickelskopf – Bastei – Kafels – Dellchen – Kirschheck – Oberberg – Sonnenberg – Onkelchen – Klosterberg – Götzenfeld – Rotenfelser im Winkel – Höll – Steigerdell – Königsgarten – Götzenfels – Luisengarten – Feuerberg – Stephansberg – Köhler-Köpfchen – Erzgrube – Felseneck – Rotenberg – Laurentiusberg – Treuenfels – Kehrenberg – Schlossberg – Kaiserberg – Vogelschlag – Kieselberg – Leistenberg.

HESSE RHÉNANE (Rheinhessen) Trois districts vinicoles: Bingen, Nierstein et Wonnegau.

District vinicole de Bingen, comprenant les vignobles qui s'étendent entre Bingen, Erbes-Büdesheim, Wörrstadt et Wackernheim.

Appellation générique: Sankt Rochuskapelle
Crus de qualité : Johannisberg – Sonnenberg – Bubenstück – Kapellenberg – Kirchberg – Osterberg – Pfarrgarten – Rosengarten – Scharlachberg – Schelmenstück – Schlossberg-Schwätzerchen – Schwarzenberg – Honigberg – Klosterweg – Mainzerweg – Ölberg – Gewürzgärtchen – Goldberg – Hockenmühle – Kreuz – Laberstall – St. Jakobsberg – Schönhölle – Palmenstein – Kirchgärtchen – Klostergarten – Galgenberg – Römerberg – Kieselberg – Hölle – Mandelbaum.

Appellation générique: Abtei
Crus de qualité : Daubhaus – Drosselborn – Eselspfad – Hundertgulden – Goldberg – Johannesberg – Rothenberg – St. Laurenzikapelle – Steinert – Honigberg – Steinacker – Mönchpforte – Sankt Georgen – Steinberg – Geyersberg – Klostergarten – Hölle – Sonnenberg – Wissberg – Götzenborn – Osterberg – Sankt Kathrin.

Appellation générique: Rheingrafenstein
Crus de qualité : Eselstreiber – Kirchberg – Sonnenköpfchen – Goldenes Horn – Heerkretz – Höllberg – Martinsberg – Äffchen – Haarberg-Katzensteg – Hölle – Ölberg – Sonnenberg – Rheingrafenberg – Fels – Reichskeller – Eichelberg – Kapellenberg – Steige – Klostergarten – Gewürzgarten – Kirchberg – Galgenberg – Eichelberg – Kirschwingert – Kletterberg – Sternberg – Graukatz – Liebfrau – Mönchberg – Alte Römerstrasse.

Appellation générique: Adelberg
Crus de qualité : Geiersberg – Goldstückchen – Leckerberg – Hildegardisberg – Hähnchen – Hütte-Terrassen – Kirchenstück – Schönberg – Kachelberg – Geisterberg – Vogelsang – Bingerberg – Klostergarten – La Roche – Pfaffenberg – Rotenpfad – Mandelberg – Ahrenberg – Wingertsberg – Greifenberg – Honigberg – Schildberg – Heiligenpfad – Steigerberg – Rheingrafenberg.

Appellation générique: Kurfürstenstück
Crus de qualité : Bockshaut – Kapelle – Saukopf – Geyersberg – Kaisergarten – Wissberg – Schlosshölle – Goldberg – Sonnenberg – Heil – Vogelsang.

Appellation générique: Kaiserpfalz

Crus de qualité : Honigberg – Kallenberg – Adelpfad – Römerberg – Bockstein – Heilighäuschen – Klosterbruder – Geissberg – Höllenberg – Stein-acker – Burgberg – Höllenweg – Horn – Kirchenstück – Lottenstück – Pares – Rabenkopf – Rheinhöhe – Roten Kreuz – Sonnenberg – Sonnen-hang – Schloss-Westernhaus – Täuscherspfad – Goldberg – Hasensprung – Heiligenhäuschen – St. Georgenberg – Klostergarten – Schlossberg – Schwalben – Steinberg.

District vinicole de Nierstein, comprenant les vignobles entre Mayence, Gabsheim, Dalheim, Oppenheim, Nierstein et Mettenheim.

Appellation générique: St. Alban

Crus de qualité : Burgweg – Ebersberg – Heitersbrünnchen – Hoch – Kapelle – Kreuzberg – Leidhecke – Mönchspfad – Silberberg – Westrum – Reichsritterstift – Glockenberg – Herrnberg – Kellersberg – Pfaffenweg – Börnchen – Lieth – Schlossberg – Hohberg – Ölgild – Edelmann – Hütt-berg – Johannisberg – Kirchenstück – Klosterberg – Sand – Weinkeller.

Appellation générique: Domherr

Crus de qualité : Römerberg – Teufelspfad – Dornpfad – Kirchberg – Rosengarten – Geiershöll – Herrgottshaus – Villenkeller – Kapellenberg – Haubenberg – Heiligenhaus – Hölle – Pfaffengarten – Probstey – Schlossberg – Mönchspfad – Ritterberg – Sonnenhang – Blume – Bockstein – Lenchen – Spitzberg – Tempelchen – Goldberg – Kirchberg – Sonnenberg.

Appellation générique: Gutes Domtal

Crus de qualité : Altdörr – Kranzberg – Steinberg – Doktor – Bergpfad – Knopf – Moosberg – Goldgrube – Königstuhl – Kloppenberg – Silber-grube – Schmittskapellchen – Goldberg – Klosterberg – Sonnenberg – Pfaffenkappe – Gottesgarten – Osterberg – Rheinpforte – Hohberg – Kehr – Dachgewann – Güldenmorgen – Mönchbäumchen – Pilgerweg – Vogelsang.

Appellation générique: Spiegelberg

Crus de qualité : Engelsberg – Rothenburg – Bildstock – Brückchen – Ebersberg – Findling – Hölle – Kirchplatte – Klostergarten – Paterberg – Rosenberg – Schloss Hohenrechen.

Appellation générique: Rehbach

Crus de qualité : Brudersberg – Goldene Luft – Hipping – Pettenthal.

Appellation générique: Auflangen

Crus de qualité : Bergkirche – Glöck – Heiligenbaum – Kranzberg – Ölberg – Orbel – Schloss Schwabsburg – Zehnmorgen.

Appellation générique: Güldenmorgen

Crus de qualité : Falkenberg – Höhlchen – Kreuz – Siliusbrunnen – Tafelstein – Daubhaus – Gutleuthaus – Herrenberg – Sackträger – Schützen-hütte – Zuckerberg.

Appellation générique: Krötenbrunnen

Crus de qualité : Kreuzberg – Schützenhütte – Hexelberg – Römerschanze – Sonnenhang – Liebfrauenthal – Sonnenweg – Eiserne Hand – Sonnen-berg – Sankt Julianenbrunnen – Steinberg – Altenberg – Sonnheil – Honigberg – Goldberg – Herrengarten – Paterhof – Schloss – Schlossberg – Aulenberg – Frauengarten.

Appellation générique: Vogelsgärten

Crus de qualité : Authental – Bornpfad – Himmelthal – Kreuzkapelle – Steig-Terrassen – Teufelskopf.

Appellation générique: Petersberg

Crus de qualité : Homberg – Hundskopf – Schloss Hammerstein – Klosterberg – Sonnenberg – Wingertstor – Pilgerstein – Rosenberg – Hornberg – Kreuzweg – Zechberg – Pfarrgarten – Schlossberg – Fuchsloch – Herrgottspfad – Ölberg – Vogelsang – Osterberg.

Appellation générique: Rheinblick

Crus de qualité : Fischerpfad – Frühmesse – Römerberg – Sonnenberg – Hasensprung – Michelsberg – Schlossberg.

District vinicole de Wonnegau, comprenant les vignobles qui s'étendent entre Mauchenheim, Alzey, Dittelsheim, Worms et Wachenheim.

Appellation générique: Sybillenstein

Crus de qualité : Kapellenberg – Pfaffenhalde – Römerberg – Rotenfels – Wartberg – Fröhlich – Himmelacker – Frankenstein – Sonnenberg – Sioner Klosterberg – Mandelberg – Schelmen – Heiliger Blutberg – Hölle – Kirchenstück.

Appellation générique: Bergkloster

Crus de qualité : Hasenlauf – Felsen – Goldberg – Feuerberg – Höllenbrand – Königstuhl – Hungerbiene – Mandelbrunnen – Sonnenberg – Sommer-wende – Aulerde – Benn – Brunnenhäuschen – Kirchspiel – Morstein – Rotenstein – Steingrube.

Appellation générique: Pilgerpfad

Crus de qualité : Hasensprung – Heiligkreuz – Edle Weingärten – Geiersberg – Kloppberg – Leckerberg – Liebfrauenberg – Mönchhube – Mond-schein – Pfaffenmütze – Heil – Goldberg – Steinböhl – Kirchberg – Klosterberg – Liebenberg – Rheinberg.

Appellation générique: Gotteshilfe

Crus de qualité : Geyersberg – Rosengarten – Stein – Goldberg – Hasenbiss – Neuberg/Leckzapfen.

Appellation générique: Burg Rodenstein

Crus de qualité : Seilgarten – Bürgel – Frauenberg – Goldberg – Hubacker – Sauloch – Steig – Katzebuckel – Nonnengarten – Blücherpfad – Deutsch-herrenberg.

Appellation générique: Domblick

Crus de qualité : Kirchenstück – Sonnenberg – Silberberg – Zellerweg am schwarzen Herrgott – Rosengarten – Engelsberg – Schlossgarten – Horn – Rotenberg.

Appellation générique: Liebfrauenmorgen

Crus de qualité : Affenberg – Am Heiligen Häuschen – Bildstock – Burgweg – Goldberg – Goldpfad – Hochberg – Kapellenstück – Klausenberg – Kreuzblick – Lerchelsberg – Liebfrauenstift-Kirchenstück – Nonnenwingert – Remeyerhof – Rheinberg – Römersteg – Sankt Annaberg – Sankt Cyriakusstift – Sankt Georgenberg – Schneckenberg.

PALATINAT (Rheinpfalz) Ce vignoble se divise en deux districts vinicoles : Mittelhaardt Deutsche Weinstrasse et Südliche Weinstrasse.

District vinicole de la Mittelhaardt Deutsche Weinstrasse, comprenant les vignobles qui s'étendent entre Morschheim, Kirchheimbolanden, Bad Dürkheim, Wachenheim, Forst, Deidesheim et Neustadt.

Appellation générique: Schnepfenflug vom Zellertal
Crus de qualité : Heiligenborn – Schlossberg – Hahnenkamm – Goldloch – Sonnenstück – Esper – Im Heubusch – Schlossgarten – Bräunersberg – Am hohen Stein – Breinsberg – Heilighäuschen – Klosterstück – Königsweg – Schwarzer Herrgott.

Appellation générique: Grafenstück
Crus de qualité : Burggarten – Heiligenkirche – Klosterschaffnerei – Schlossberg – Goldgrube – Vogelsang – Burgweg – Sonnenberg – Katzenstein – Benn – Hochgericht – Mandelgarten – Rosengarten – Schloss – Hassmannsberg.

Appellation générique: Höllenpfad
Crus de qualité : Schlossberg – Bergel – Goldberg – Honigsack – Hütt – Klostergarten – Röth – St. Stephan – Schloss – Frauenländchen – Herrenberg – Herrgottsacker – Kieselberg – Senn – St. Martinskreuz – Feuermännchen – Sonnenberg.

Appellation générique: Schwarzerde
Crus de qualité : Goldberg – Held – Orlenberg – Steig – Herrgottsacker – Jesuitenhofgarten – Mandelpfad – Klosterweg – Lerchenspiel – Burgweg – Osterberg – Schafberg – Lange Els – Steinkopf – Geisskopf – Kreuz – Römerstrasse – Steinacker – Schlossgarten – Vorderberg – Kirschgarten – Mandelberg – Schnepp – Kapellenberg.

Appellation générique: Rosenbühl
Crus de qualité : Kieselberg – Goldberg – Altenberg – Burgweg – Hahnen – Halde – Hasenzeile.

Appellation générique: Kobnert
Crus de qualité : Kapellgarten – Liebesbrunnen – Mandelröth – Kirschgarten – Musikantenbuckel – Oschelskopf – Schwarzes Kreuz – Himmelreich – Honigsack – Kirchenstück – Kronenberg – Steinacker – Herzfeld – Kalkofen – Bettelhaus – Osterberg – Sonnenberg.

Appellation générique: Feuerberg
Crus de qualité : Herrenmorgen – Nonnengarten – Steinberg – Kieselberg – Ohligpfad – Bubeneck – Dickkopp – Sonnenberg – Martinshöhe – Annaberg – Kreidekeller – Vogelsang.

Appellation générique: Saumagen
Crus de qualité : Horn – Kirchenstück – Nill.

Appellation générique: Honigsäckel
Crus de qualité : Herrenberg – Nussriegel – Weilberg.

Appellation générique: Hochmess
Crus de qualité : Hochbenn – Rittergarten – Spielberg – Michelsberg.

Appellation générique: Schenkenböhl
Crus de qualité : Abtsfronhof – Fronhof – Fuchsmantel – Königswingert – Mandelgarten – Odinstal – Schlossberg.

Appellation générique: Schnepfenflug an der Weinstrasse
Crus de qualité : Letten – Stift – Süsskopf – Kreuz – Schlossgarten – Bischofsgarten – Luginsland.

Appellation générique: Mariengarten
Crus de qualité : Grainhübel – Hergottsacker – Hohenmorgen – Kalkofen – Kieselberg – Langenmorgen – Leinhöhle – Mäusehöhle – Paradiesgarten – Elster – Freundstück – Jesuitengarten – Kirschenstück – Musenhang – Pechstein – Ungeheuer – Altenburg – Belz – Böhlig – Gerümpel – Goldbächel – Rechbächel.

Appellation générique: Hofstück
Crus de qualité : Nonnenstück – Kirchenstück – Gerümpel – Rosengarten – Klostergarten -- Mandelgarten – Sonnenberg – Fuchsloch – Neuberg – Spielberg – Wolfsdarm – Osterbrunnen – Schlossberg – Gaisböhl – Hoheburg – Linsenbusch – Nussbien – Reiterpfad – Spiess.

Appellation générique: Meerspinne
Crus de qualité : Biengarten – Kapellenberg – Mandelgarten – Schlössel – Bürgergarten – Herrenletten – Herzog – Mandelring – Idig – Jesuitengarten – Ölberg – Reiterpfad – Bischofsweg – Eselshaut – Glockenzehnt – Johannitergarten – Kurfürst – Spiegel – Mönchgarten.

Appellation générique: Rebstöckel
Crus de qualité : Johanniskirchel – Ölgässel – Paradies – Feuer – Kaiserstuhl – Kirchberg – Schlossberg – Grain – Erkenbrecht.

Appellation générique: Pfaffengrund
Crus de qualité : Berg – Kalkberg – Kreuzberg – Mandelberg – Gässel – Römerbrunnen – Kroatenpfad – Langenstein – Lerchenböhl.

District vinicole de la Südliche Weinstrasse, comprenant les vignobles qui s'étendent au sud de Neustadt.

Appellation générique: Mandelhöhe
Crus de qualité : Mandelberg – Oberschloss – Römerweg – Heiligenberg – Immengarten – Kapellenberg – Kirchenstück.

Appellation générique: Schloss Ludwigshöhe
Crus de qualité : Bergel – Blücherhöhe – Heidegarten – Heiligkreuz – Kastaniengarten – Klostergarten – Mühlberg – Schwarzer Letten – Baron – Kirchberg – Zitadelle.

Appellation générique: Ordensgut
Crus de qualité : Forst – Mandelhang – Rosengarten – Schloss – Kapelle – Kirchenstück – Letten – Klosterpfad – Schlossberg – Heide – Michelsberg.

Appellation générique: Trappenberg

Crus de qualité : Gottesacker – Hochgericht – Gollenberg – Ortelberg – Neuberg – Osterberg – Rossberg – Sonnenberg – Bildberg – Kirchberg – Roterberg – Klostergarten – Kahlenberg – Alter Berg – Narrenberg – Schlittberg – Bründelsberg – Doktor – Schlossberg.

Appellation générique: Bischofskreuz

Crus de qualité : Rosenkranz – Altenforst – St. Annaberg – Schäwer – Schlossgarten – Höhe – Herrenbuckel – Vogelsprung – Zechpeter – Hölle – Hohenrain – Herrenberg – Kaiserberg – Kirchenstück – Rosenkränzel – Simonsgarten – Forstweg – Silberberg.

Appellation générique: Königsgarten

Crus de qualité : Kirchberg – Latt – Seligmacher – Rosenberg – Kastanienbusch – Mandelberg – Biengarten – Kalkgrube – Klostergarten – Münzberg – Altes Löhl – Im Sonnenschein – Mönchspfad.

Appellation générique: Herrlich

Crus de qualité : Hasen – Kaiserberg – Engelsberg – Am Gaisberg – Rittersberg – Abtsberg – Schäfergarten – Sonnenberg – Pfaffenberg – Mütterle.

Appellation générique: Kloster Liebfrauenberg

Crus de qualité : Altenberg – Kirchberg – Pfaffenberg – Sauschwänzel – Steingebiss – Venusbuckel – Mandelpfad – Rosenberg – Frühmess – Narrenberg – Herrenpfad – Rosengarten – Maria Magdalena – Silberberg – Frohnwingert – Schlossberg.

Appellation générique: Guttenberg

Crus de qualité : Wonneberg – Kirchhöh – Gräfenberg – Galgenberg – Lerchenberg – Herrenberg – Eselsbuckel – Sonnenberg – Wolfsberg – Herrenwingert – Krapfenberg.

HESSISCHE BERGSTRASSE

Selon la nouvelle loi sur le vin de 1971, la petite Hessische Bergstrasse forme une région vinicole indépendante entre Zwingenberg et Heppenheim. Elle comprend les districts vinicoles de Starkenburg et de Umstadt.

District vinicole de Starkenburg.

Appellation générique: Schlossberg

Crus de qualité : Eckweg – Guldenzoll – Maiberg – Steinkopf – Centgericht – Stemmler.

Appellation générique: Wolfsmagen

Crus de qualité : Paulus – Hemsberg – Streichling – Kirchberg – Kalkgasse.

Appellation générique: Rott

Crus de qualité : Herrnwingert – Fürstenlager – Höllberg – Steingeröll – Alte Burg.

Le cru de Mundklingen (commune de Seeheim) ne relève d'aucune appellation générique.

District d'Umstadt.

Crus de qualité : Steingerück – Herrnberg – Stachelberg – Rossberg – Wingertsberg.

FRANCONIE (Franken)

Le vignoble franconien (Bavière) comprend trois districts vinicoles: Mainviereck, Maindreieck et Steigerwald, rattachés sur le plan administratif à la Basse-Franconie. La seule région vinicole de Bavière est le Bayerischer Bodensee (région du lac de Constance). C'est pourquoi nous en traiterons ici.

District vinicole de Mainviereck, comprenant les vignobles qui s'étendent entre Hörstein, Aschaffenburg, Grossostheim, Miltenberg et Kreuzwertheim.

Appellation générique: Reuschberg

Cru de qualité : Abtsberg.

Crus de qualité ne relevant d'aucune appellation générique : Apostelgarten – Steinberg – Pompejaner – Schlossberg – Sanderberg.

Appellation générique: Heiligenthal

Crus de qualité : Reischklingeberg – Harstell.

Crus de qualité ne relevant d'aucune appellation générique : Lützelalterberg – Johannisberg – Jesuitenberg – Hochberg – Schlossberg – Bischofsberg – Klostergarten – Steingrübler – Mainhölle – Centgrafenberg – Predigtstuhl – Kaffelstein.

District vinicole de Maindreieck, comprenant les vignobles qui s'étendent entre Gambach, Homburg, Würzburg, Randersacker et Escherndorf.

Crus de qualité ne relevant d'aucune appellation générique : Kallmuth – Edelfrau – Alter Berg – Oberrot – Krähenschnabel.

Appellation générique: Burg

Crus de qualité : Trautlestal – Schlossberg – Heroldsberg – St. Klausen – Scheinberg.

Appellation générique: Rosstal

Crus de qualité : Arnberg – First – Stein – Kalbenstein – Im Stein – Langenberg – Kelter.

Appellation générique: Ravensburg

Crus de qualité : Johannisberg – Scharlachberg – Weinsteig – Wölflein – Sommerstuhl – Benediktusberg.

Crus de qualité ne relevant d'aucune appellation générique : Sonnenschein – Kobersberg – Wurmberg – Paffenberg – Stein – Stein/Harfe – Schlossberg – Innere Leiste – Abtsleite – Kirchberg – Dabug.

Appellation générique: Ewig Leben

Crus de qualité : Teufelskeller – Sonnenstuhl – Marsberg – Pfülben.

Appellation générique: Ölspiel

Crus de qualité : Steinbach – Reifenstein.

Crus de qualité ne relevant d'aucune appellation générique : Kapellenberg – Mönchsleite – Königin – Feuerstein – Fischer – Markgraf – Babenberg.

Appellation générique: Hofrat

Crus de qualité : Maustal – Cyriakusberg – Wilhelmsberg – Heisser Stein – Sonnenberg – Kaiser Karl – Hofstück – Zobelsberg – Pfaffensteig.

Appellation générique: Honigberg

Crus de qualité : Berg-Rondell – Sonnenleite.

Appellation générique: Kirchberg

Crus de qualité : Karthäuser – Vögelein – Kreuzberg – Eselsberg – Höll – Sonnenberg – Katzenkopf – Rosenberg – Lump – Fürstenberg – Berg – Landsknecht – Ratsherr – Sonnenleite – Glatzen – Zehntgraf.

Crus ne relevant d'aucune appellation générique : Schlossberg – Rosenberg – Peterstirn – Mainleite.

Dietrict vinicole de Steigerwald, comprenant les vignobles qui s'étendent entre Wipfeld (au sud de Schweinfurt) et Iphofen.

Appellation générique: Kapellenberg

Crus de qualité : Ölschnabel – Nonnenberg – Kronberg – Eulengrund.

Crus de qualité ne relevant d'aucune appellation générique : Stollberg – Teufel – Krone – Sonnenwinkel – Vollburg – Herrenberg – Monchshang – Langstein – Schlossleute – Wutschenberg – Burg Hoheneck.

Appellation générique: Schild

Crus de qualité : Altenberg – Bastel.

Appellation générique: Herrenberg

Crus de qualité : Schlossberg – Hohnart – Bausch – Kirschberg – Kugelspiel – Trautberg – Feuerbach – Reitsteig.

Appellation générique: Schlossberg

Crus de qualité : Wachhügel – Storchenbrünnle – Küchenmeister – Schwanleite – Kiliansberg.

Appellation générique: Burgweg

Crus de qualité : Vogelsang – Julius-Echter-Berg – Kronsberg – Kalb.

Appellation générique: Schlossstück

Crus de qualité : Herrschaftsberg – Paradies – Hohenbühl – Tannenberg.

District vinicole du Bayerischer Bodensee.

Crus de qualité ne relevant d'aucune appellation générique : Seehalde – Sonnenbüschel.

PAYS DE BADE (Baden) Le vignoble de Bade est subdivisé en sept districts vinicoles: Badisches Frankenland, Badische Bergstrasse/Kraichgau, Ortenau, Breisgau, Kaiserstuhl/Tuniberg, Markgräflerland, Bodensee.

District vinicole du Badisches Frankenland, comprenant les vignobles qui s'étendent entre Wertheim, Tauberbischofsheim, Lauda, Königshofen, Boxberg et Krautheim (arrondissements ruraux de Buchen et de Tauberbischofsheim).

Appellation générique: Tauberklinge

Crus de qualité : Altenberg – Beilberg – Ebenrain – Edelberg – First – Frankenberg – Heiligenberg – Herrenberg – Hirschberg – Hoher Herrgott – Kailberg – Kemelrain – Kirchberg – Mandelberg – Mühlberg – Nonnenberg – Satzenberg – Schlossberg – Silberquell – Sonnenberg – Stahlberg – Steinklinge – Turmberg – Walterstal.

District vinicole de la Badische Bergstrasse/Kraichgau, comprenant les vignobles qui s'étendent entre Laudenbach, Heidelberg, Wiesloch, Bruchsal et Karlsruhe (arrondissements ruraux de Bruchsaal, Karlsruhe, Heidelberg, Mannheim, Mosbach, Pforzheim et Sinsheim, ainsi que les arrondissements municipaux de Heidelberg et de Karlsruhe).

Appellation générique: Rittersberg

Crus de qualité : Heiligenberg – Herrnwingert – Hubberg – Kahlberg – Kuhberg – Madonnenberg – Ölberg – Sandrocken – Schlossberg – Sonnberg – Sonnenseite ob der Bruck – Stephansberg – Staudenberg – Wüstberg.

Appellation générique: Mannaberg
Crus de qualité : Altenberg – Bergwäldle – Burg – Burggraf – Burgwingert – Dachsbuckel – Goldberg – Hägenich – Heiligenstein – Herrenberg – Himmelreich – Hummelberg – Kirchberg – Klosterberg – Kreuzweg – Michaelsberg – Ölbaum – Osterberg – Rosenberg – Rosenkranzweg – Rotsteig – Schlossberg – Spitzenberg – Teufelskopf – Ulrichsberg – Weinhecke – Wilhelmsberg.

Appellation générique: Stiftsberg
Crus de qualité : Berg – Burg Ehrenberg – Burg Ravensburger Dicker Franz – Burg Ravensburger Husarenkappe – Burg Ravensburger Löchle – Eichelberg – Goldberg – Götzhalde – Herzogsberg – Himmelberg – Hohberg – Kapellenberg – Kirchweinberg – Königsbecher – Lerchenberg – Schellenbrunnen – Schollerbuckel – Silberberg – Sonnenberg – Spiegelberg – Steinsberg – Vogelsang – Wallmauer.

Appellation générique: Hohenberg
Crus de qualité : Eichelberg – Hasensprung – Katzenberg – Keulebuckel – Klepberg – Lichtenberg – Petersberg – Rosengarten – Rotenbusch – Sonnenberg – Steig – Steinwengert – Turmberg.

District vinicole d'Ortenau, comprenant les vignobles qui s'étendent entre Baden-Baden, Bühl, Achern, Offenburg et Niederschopfheim (arrondissements ruraux d'Offenburg, Kehl, Bühl et Rastatt, ainsi que l'arrondissement municipal de Baden-Baden).

Appellation générique: Schloss Rodeck
Crus de qualité : Altenberg – Alter Gott – Althof – Betschgräber – Bienenberg – Burg Windeck – Kastanienhalde – Eckberg – Eichwäldle – Engelsfelsen Frühmessler Gänsberg – Grafensprung – Gut Alsenhof – Heiligenstein – Hex vom Dasenstein – Kestelberg – Klosterbergfelsen – Klostergut – Fremersberger – Feigenwäldchen – Klostergut Schelzberg – Klotzberg – Kreuzberg – Mauerberg – Pfarrberg – Sätzler – Schlossberg – Schloss Neu-Windeck – Sommerhalde – Sonnenberg – Steingrübler – Sternenberg – Stich den Buben – Wolfhag – Yburgberg.

Appellation générique: Fürsteneck
Crus de qualité : Abtsberg – Amselberg – Andreasberg – Bergle – Bienengarten – Franzensberger – Freudental – Josephsberg – Kapellenberg – Kasselberg – Kinzigtäler – Kochberg – Kreuzberg – Nollenköpfle – Ölberg – Plauelrain – Renchtäler – Schlossberg – Schloss Grohl – Steinberg.

District du Breisgau, comprenant les vignobles qui s'étendent entre Oberschopfheim près d'Offenburg, Lahr et Fribourg-en-Brisgau (communes de l'arrondissement rural de Fribourg au nord de la Dreisam et à l'est de l'autoroute Karlsruhe-Bâle et la partie de l'arrondissement municipal de Fribourg au nord de la Dreisam, ainsi que les arrondissements ruraux d'Emmendingen et de Lahr).

Appellation générique: Schutterlindenberg
Crus de qualité : Haselstaude – Herrentisch – Kirchberg – Kronenbühl.

Appellation générique: Burg Lichteneck
Crus de qualité : Alte Burg – Bienenberg – Hummelberg – Herrenberg – Kaiserberg – Roter Berg – Schlossberg – Sommerhalde.

Appellation générique: Burg Zähringen
Crus de qualité : Bergle – Eichberg – Halde – Roter Bur – Schlossberg – Sonnenberg – Sonnhalde.

District vinicole de Kaiserstuhl/Tuniberg comprenant les vignobles qui s'étendent entre Riegel, Sasbach, Bickensohl, Achkarren, Ihringen et Munzingen (communes sises à l'ouest de l'autoroute Karlsruhe-Bâle et faisant partie des arrondissements ruraux de Fribourg-en-Brisgau et d'Emmendingen).

Appellation générique: Vulkanfelsen
Crus de qualité : Augustinerberg – Bassgeige – Castellberg – Doktorgarten – Eckartsberg – Eckberg – Eichberg – Eichert – Engelsberg – Enselberg – Feuerberg – Fohrenberg – Gestühl – Hasenberg – Henkenberg – Herrenstück – Herrenbuck – Hochberg – Käsleberg – Kirchberg – Kreuzhalde – Lasenberg – Lerchenberg – Limburg – Lotberg – Lützelberg – Ölberg – Pulverbuck – Rosenkranz – Rote Halde – Scheibenbuck – Schlossberg – Schlossgarten – Silberberg – Steinbuck – Steinfelsen – Steinhalde – Steingrube – Steingrüble – St. Michaelsberg – Tannacker – Teufelsburg – Winklerberg.

Appellation générique: Attilafelsen
Crus de qualité : Bühl – Franziskaner – Kapellenberg – Kirchberg – Rebtal – Rotgrund – Sonnenberg – Steinmauer.

District du Markgräflerland, comprenant les vignobles qui s'étendent entre Fribourg-en-Brisgau, Bad Krozingen, Müllheim et Weil (arrondissements ruraux de Lörrach et Müllheim, les communes de l'arrondissement rural et de l'arrondissement municipal de Fribourg-en-Brisgau au sud de la Dreisam et à l'est de l'autoroute Karlsruhe-Bâle).

Appellation générique: Lorettoberg
Crus de qualité : Alemannenbuck – Altenberg – Batzenberg – Dürrenberg – Höllberg – Höllhagen – Jesuitenschloss – Kapuzinerbuch – Kirchberg – Maltesergarten – Oberdürrenberg – Ölberg – Rosenberg – Sommerberg – Sonnhohle – Schlossberg – Steinberg – Steingrüble – Steinler.

Appellation générique: Burg Neuenfels
Crus de qualité : Altenberg – Castellberg – Frauenberg – Gottesacker – Höllberg – Kirchberg – Letten – Paradies – Pfaffenstück – Reggenhag – Römerberg – Röthen – Rosenberg – Schlossgarten – Sonnenstück – Sonnhalde – Sonnhole – Schäf.

Appellation générique: Vogtei Rötteln
Crus de qualité : Hornfelsen – Kapellenberg – Kirchberg – Ölberg – Sonnenhohle – Sonnhohle – Schlipf – Steinacker – Steingässle – Stiege – Wolfer.

District vinicole de Bodensee (lac de Constance), comprenant les vignobles qui s'étendent entre Überlingen, Markdorf, Immenstaad et Constance et ceux de l'île de Reichenau (arrondissements ruraux de Waldshut, Constance, Stockach et Überlingen).

Appellation générique: Sonnenufer
Crus de qualité : Bengel – Burgstall – Chorherrnhalde – Elisabethenberg – Felsengarten – Fohrenberg – Haltnau – Hochwart – Jungfernstieg – Kirchhalde – Königsweingarten – Leopoldsberg – Lerchenberg – Olgaberg – Rieschen – Sängerhalde – Sonnenhalde – Schlossberg – Kapellenberg – Steinler.

WURTEMBERG (Würtemberg) Le vignoble du Wurtemberg comprend trois districts vinicoles: Kocher-Jagst-Tauber, Württembergisch Unterland (Bas-Wurtemberg) et Remstal-Stuttgart.

District vinicole de Kocher-Jagst-Tauber, comprenant les vignobles qui s'étendent entre Markelsheim (près de Bad Mergentheim), Künzelsau et Mockmühl (arrondissements ruraux de Künzelsau et Mergentheim; communes de Bittelbronn, Jagsthausen, Mockmühl, Olnhausen, Roigheim, Siglingen, Widdern et Züttlingen dans l'arrondissement rural de Heilbronn; communes de Forchtenberg, Ernsbach et Sindringen dans l'arrondissement rural d'Öhringen).

Appellation générique: Tauberberg

Crus de qualité : Hardt – Karlsberg – Mönchsberg – Probstberg – Röde – Schafsteige – Schmecker.

Appellation générique: Kocherberg

Crus de qualité : Altenberg – Ammerlanden – Burgstall – Engweg – Flatterberg – Heiligkreuz – Hofberg – Hoher Berg – Schlüsselberg – Sommerberg.

District du Württembergisch Unterland (Bas-Wurtemberg), comprenant les vignobles qui s'étendent entre Brettach, Heilbronn, Knittlingen, Ludwigsburg et Rietenau (la partie sud-ouest de l'arrondissement rural de Backnang au sud-ouest des communes de Nassach, Oppenweiler, Sulzbach, Murrhardt et Fornsbach; l'arrondissement rural de Heilbronn à l'exclusion des communes citées dans la région Kocher-Jagst-Tauber; l'arrondissement municipal de Heilbronn; l'arrondissement rural d'Öhringen à l'exclusion des communes citées dans la région de Kocher-Jagst-Tauber; l'arrondissement rural de Vaihingen/Enz).

Appellation générique: Staufenberg

Crus de qualité : Berg – Himmelreich – Kayberg – Scheuerberg – Schön – Stahlbühl – Stiftsberg – Vogelsang – Wartberg.

Appellation générique: Lindelberg

Crus de qualité : Dachsteiger – Goldberg – Himmelreich – Margarete – Schlossberg – Schneckenhof – Schwobajörgle – Spielbühl – Verrenberg.

Appellation générique: Salzberg

Crus de qualité : Altenberg – Althälde – Dezberg – Dieblesberg – Eberfürst – Frauenzimmer – Hundsberg – Nonnenrain – Paradies – Ranzenberg – Schemelsberg – Schlierbach – Sommerhalde – Steinacker – Wildenberg – Wohlfahrtsberg – Zeilberg.

Appellation générique: Schozachtal

Crus de qualité : Burgberg – Burg Wildeck – Rappen – Schlossberg – Sommerberg.

Appellation générique: Wunnenstein

Crus de qualité : Forstberg – Götzenberg – Harzberg – Lichtenberg – Oberer Berg – Schlosswengert – Steinberg – Süssmund – Wartberg.

Appellation générique: Kirchweinberg

Crus de qualité : Altenberg – Eselsberg – Herrlesberg – Hohe Eiche – Jungfer – Katzenbeisser – Mühlberg – Nonnenberg – Riedersbückele – Roter Berg – Schelmenklinge – Schlossberg – Sonnenberg.

Appellation générique: Heuchelberg

Crus de qualité : Altenberg – Dachsberg – Grafenberg – Gräfenberg – Hahnenberg – Hohenberg – Jupiterberg – Kaiserberg – Katzenöhrle – Krähenberg – Leiresberg – Mönchsberg – Michaelsberg – Ochsenberg – Ruthe – Schlossberg – Sonnenberg – Sonntagsberg – Staig – Steingrube – Vogelsang – Wolfsaugen – Zweifelberg.

Appellation générique: Stromberg

Crus de qualité : Eichelberg – Eilfingerberg – Klosterstück – Forstgrube – Halde – Heiligenberg – Höllisch Feuer – Kirchberg – Klosterberg – König – Kupferhalde – Lerchenberg – Lichtenberg – Liebenberg – Reichshalde – Sauberg – Schranzreiter – Sonnenberg – Steinbachhof – Wachtkopf.

Appellation générique: Schalkstein

Crus de qualité : Alter Berg – Berg – Burgberg – Felsengarten – Güldenkern – Käsberg – Katzenöhrle – Kelterberg – Königsberg – Mühlbächer – Neckarberg – Neckarhälde – Rozenberg – Schlossberg – Sankt Johännser – Wurmberg.

District de Remstal-Stuttgart, comprenant l'arrondissement municipal de Stuttgart, les arrondissements ruraux d'Esslingen, Leonberg, Nürtingen et Waiblingen, ainsi que la ville de Metzingen dans l'arrondissement rural de Reutlingen.

Appellation générique: Weinsteige

Crus de qualité : Abelsberg – Ailenberg – Altenberg – Berg – Bopser – Gips – Goldberg – Götzenberg – Halde – Herzogenberg – Hinterer Berg – Kirchberg – Kriegsberg – Lämmer – Lenzenberg – Mönchberg – Mönchhalde – Scharrenberg – Schlossberg – Steingrube – Steinhalde – Wetzstein – Zuckerle.

Appellation générique: Kopf

Crus de qualité : Berg – Berghalde – Grafenberg – Greiner – Grossmulde – Holzenberg – Hörnle – Hungerberg – Rossberg – Schlossberg – Sommerhalde – Söhrenberg – Wanne.

Appellation générique: Wartbühl

Crus de qualité : Altenberg – Brotwasser – Gastenklinge – Häder – Happenhalde – Haselstein – Himmelreich – Käppele – Klingle – Lichtenberg – Lindhälder – Luginsland – Maien – Nonnenberg – Pulvermächer – Sonnenberg – Steingrüble – Wetzstein – Zügernberg.

Appellation générique: Sonnenbühl

Crus de qualité : Altenberg – Burghalde – Hintere Klinge – Mönchberg.

Appellation générique: Hohenneuffen

Crus de qualité : Hofsteige – Schlosssteige.

Les crus de Sonnenhalden (commune de Tübingen), Kapellenberg (commune de Rottenburg) et Berghalde (commune de Kressenbronn/Bodensee) ne relèvent d'aucune appellation générique.

LES VINS D'EUROPE CENTRALE, DES BALKANS ET D'URSS

JOSEPH JOBÉ et BORIS POGRMILOVIC

Au temps de la colonisation romaine, la vigne fut cultivée en Espagne, en Gaule et en Helvétie, ainsi que dans les marches de l'empire, sur le Rhin et sur le Danube. Durant le Moyen Age, tous les pays du centre de l'Europe produisirent du vin, peu ou prou. Cependant, les conditions climatiques et géologiques, les fluctuations économiques et politiques ne leur furent pas aussi favorables qu'à la France ou à l'Italie par exemple.

Aujourd'hui, en Europe centrale, c'est la Tchécoslovaquie qui produit le moins de vin; c'est aussi le pays où l'on en boit le moins, environ cinq litres par an et par habitant. Cela se comprend fort aisément car les vignobles, situés à la limite septentrionale de la zone viticole de notre hémisphère, n'y sont que des cultures marginales. Et pourtant, au début du XVIIe siècle, avant la guerre de Trente Ans, même la Bohême, les environs de Prague notamment, était un pays de vigne et de vin. Avant l'invasion du phylloxéra, le vignoble tchécoslovaque était aussi important que celui de l'actuelle République d'Autriche. Durant ces derniers siècles, on a certes constaté une lente transformation du climat, qui s'est faite au détriment de la vigne. Mais il y a d'autres raisons à cette régression. En effet, la Tchécoslovaquie, l'Autriche, la Hongrie et la Yougoslavie partiellement appartenaient à un même grand ensemble dont l'Autriche était l'élément prédominant. Dans cet empire, l'augmentation ou la réduction des surfaces viticoles dépendaient non seulement des conditions climatiques mais aussi des événements historiques. En effet, certaines provinces, la Hongrie plus particulièrement, ont subi la pression et l'invasion des Turcs musulmans, non buveurs de vin. Comme il arrivait que le vin se fasse rare dans les meilleures régions de production, on demandait alors un effort accru aux

vignerons des autres pays de l'Empire. A la fin de la Première Guerre mondiale, chacun des jeunes états issus de l'Empire austro-hongrois dut envisager l'avenir sous un jour nouveau.

Le vignoble autrichien, dont l'étendue est en très lente progression, reste modeste et confiné dans la seule partie orientale du pays.

En Tchécoslovaquie, les vignes occupaient 17 000 hectares en 1917, 10 000 hectares en 1947; aujourd'hui, elles occupent environ 40 000 hectares en 1979. Cette évolution est très différente en Hongrie où le vignoble s'est maintenu, de 1973 à 1977, au-dessus de 200 000 hectares pour régresser à 174 000 hectares en 1979. Les Hongrois boivent chacun 25 à 30 litres de vin par an; ils exportent en gros le 20% de leur production.

La culture de la vigne fut introduite en Yougoslavie tant par les Grecs que par les Romains et, plus tard, fut encouragée par les seigneurs et les monastères. La domination turque, là encore, fit régresser la superficie des vignobles sans pour cela la faire disparaître. Depuis le début du siècle, la vigne a doublé de surface. La consommation par tête d'habitant est semblable à celle des pays voisins, Autriche, Hongrie, Bulgarie.

En Roumanie et en Bulgarie, il semble bien que la vigne soit d'origine grecque, puis romaine. Les conditions climatiques y sont plus favorables qu'en Tchécoslovaquie et, en Roumanie surtout, l'influence de la mer Noire tempère les excès du climat continental. Aussi la vigne apparaît-elle chaque fois que le terrain et l'ensoleillement lui sont propices. Malgré une longue appartenance à l'Empire turc, les vignerons ont toujours maintenu une culture pour laquelle leurs suzerains musulmans n'avaient, par principe, aucune sympathie.

En Bulgarie, la superficie viticole était de 53 000 hectares en 1913; elle est aujourd'hui de 200 000 hectares; la consommation a plus que doublé ces dix dernières années: elle est de 15 à 20 litres par an et par habitant.

En 1913 également, la Roumanie n'avait que 72 000 hectares; elle en a aujourd'hui près de 335 000. Elle produit surtout des vins blancs alors qu'en Bulgarie les rouges prédominent. L'essor se poursuit actuellement sous l'impulsion des coopératives et des stations de recherche installées par le gouvernement.

En Russie méridionale, on constate une évolution analogue: en 1914, le vignoble était de 213 hectares et aujourd'hui il en possède plus d'un million. Certes, les Russes ne sont pas de grands consommateurs de vins nature; ils donnent leur préférence aux vins mousseux (200 bouteilles par an pour 1000 habitants).

Dans toute cette zone qui va de Prague à la mer Noire et à l'Adriatique, un seul cru est célèbre à l'égal des plus grands: c'est le TOKAJ.

AUTRICHE

L'Autriche produit aujourd'hui beaucoup moins de vin qu'autrefois. Le flux et le reflux de l'histoire en sont principalement la cause. Ce sont vraisemblablement les Romains qui, voici deux mille ans, introduisirent la vigne sur les bords du Danube. Après les invasions barbares qui ruinèrent les colonies romaines, les vignes furent replantées sous l'empereur Otto Ier, dès l'an 955; à la fin du Moyen Age, la superficie de la vigne, pour la Basse-Autriche seulement, était de 80 900 hectares. L'occupation de la Hongrie voisine par les Turcs musulmans, en 1526, fit cesser tout le commerce des vins —

toute concurrence également — entre ce pays et l'Autriche; aussi, pendant un siècle et demi, la superficie des vignes s'accrut-elle considérablement en Autriche. Mais cette superficie n'est plus que le dixième de ce qu'elle était durant sa meilleure période. Aujourd'hui quelque 56 000 hectares de vignes produisent plus de 2 600 000 hectolitres de vin. Comme le pays en importe 250 000 hectolitres, on en déduit que chaque Autrichien boit en moyenne 15 litres de vin par an alors qu'il boit soixante-dix litres de bière. Les exportations s'élèvent de 180 à 250 000 hectolitres par an, des vins blancs quasi uniquement. En effet la plus grande partie de la production (85%) est faite de vins blancs à partir de différents cépages; les plus répandus sont le *riesling*, le *traminer*, le *sylvaner*, voire le *grüner veltliner*; ici et là le *sauvignon*, le *rotgipfler* et le *muskat-ottonel*.

Les vins autrichiens sont appréciés depuis des siècles; vers 1580 déjà, Johannes Rasch écrivait un important ouvrage sur la viticulture dans ce pays. A la fin du XVIIe siècle, on en vint même à classer les vins selon des critères de qualité, et la cour impériale tint à ratifier ce classement.

En 1780, l'impératrice Marie-Thérèse publia une loi sur les vins dont les conséquences se font sentir encore aujourd'hui. Certaines dispositions de cette loi stipulaient que chaque vigneron pouvait vendre, sans taxe, le vin de ses vignes. Tant qu'il avait du vin dans sa cave, le vigneron plaçait une couronne de feuillage ou de paille au-dessus de sa porte (voir page 34) afin d'inviter le passant à entrer chez lui pour s'y reposer et s'y désaltérer. C'est ainsi que naquirent les fameuses «Heurigen» où chaque année les Viennois et des milliers de touristes vont goûter quelques instants de franche gaieté. Sous les tonnelles ombragées, l'amateur de vin blanc savourera, de préférence en agréable compagnie, les crus de GRINZING, SIEBERING, NUSSDORF, donnant probablement la palme au WIENER NUSSBERG. Hâtons-nous d'ajouter que les crus des environs de Vienne ne sont ni les seuls, ni même les meilleurs du pays.

La région viticole du Burgenland comprend les rives du lac de Neusiedel et plus au sud les environs de la ville d'Eisenberg. La plupart du temps ce sont des vins

Cette étiquette de vin paraît assez confuse pour un non-initié. Signalons que 'Gumpoldskirchen' désigne la commune d'où provient le vin (au sud de Vienne), 'Stocknarren' indique le cru et 'Spärot-rotgipfler' les cépages. Rien n'indique qu'il s'agit d'un vin autrichien, mais cela est indiqué sur le mantelet du bouchon avec le sceau de garantie de qualité.

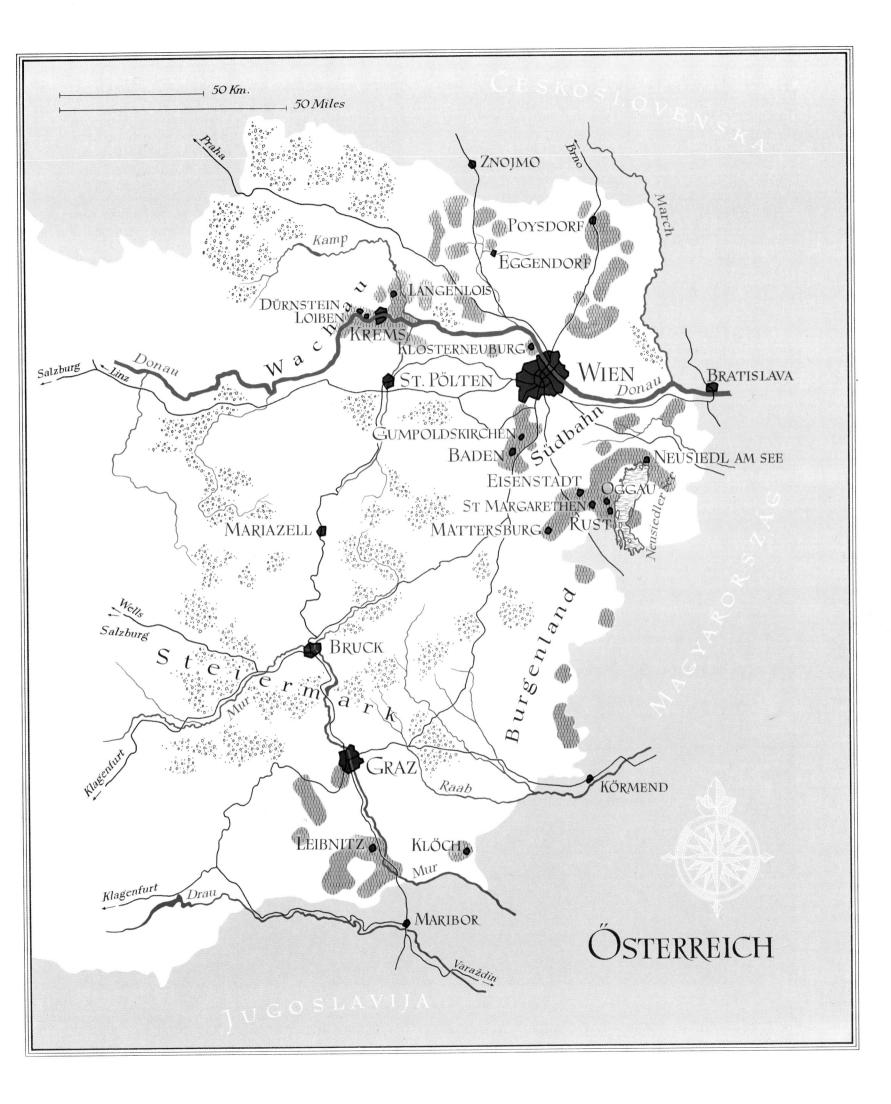

50 Km.

50 Miles

ČESKOSLOVENSKA

Praha

Znojmo

Brno

March

Kamp

Poysdorf

Eggendorf

Langenlois

Dürnstein a.
Loiben

Wachau

Krems

Klosterneuburg

Donau

Salzburg
Linz

St. Pölten

Wien

Donau

Bratislava

Gumpoldskirchen

Baden

Südbahn

Neusiedl am See

Eisenstadt

Oggau

St Margarethen

Rust

Neusiedler See

Mariazell

Mattersburg

Magyarország

Burgenland

Wells
Salzburg

Steiermark

Bruck

Mur

Klagenfurt

Raab

Körmend

Graz

Klagenfurt

Drau

Leibnitz

Klöch

Mur

Maribor

Varaždin

Österreich

Jugoslavija

de pays que l'on goûtera sur place dans les villes ou villages d'Oggau, Mörbisch, Rust, St. Margarethen, Eisenstadt, Mattersburg et Oberpullendorf. Parmi ces vins, certains sortent du lot: parmi les blancs, les RUSTER GREINER, RUSTER SATZ, RUSTER TURNER, et parmi les rouges, les RUSTER BAUMGARTEN, RUSTER G'MÄRK, RUSTER MITTELKRÄFTEN et surtout le RUST LIMBERGER, un *pinot noir.* La Styrie, dans la vallée de la Mur en aval de Graz et dans celle de la Sulm, produit surtout des vins blancs. Le vignoble le plus célèbre est situé sur la commune de Klöch, et certains considèrent le KLÖCHER BERG comme l'un des meilleurs traminers d'Europe. D'autres crus sont fort prisés des Autrichiens; ce sont les HARTBERGER RING et le HARTBERGER LÖFFEL-BACH, le GRASSNITZBERG, l'OTTENBERGER WITSCHEINBERG, le KOBELBERG.

Dans la région de Baden, au sud de Vienne — région appelée aussi Südbahn — les vins blancs de Gumpolds-kirchen sont les plus connus — surtout les GUMPOLDS-KIRCHNER SPIEGEI, GUMPOLDSKIRCHNER WIEGE, GUMPOLDS-KIRCHNER SONNBERG; parmi les rouges, plus rares, le VÖSLAUER ROTWEIN mérite une mention.

Les régions viticoles situées au nord du Danube, le Weinviertel, le long et à l'ouest de la Brunnerstrasse, qui conduit de Vienne en Tchécoslovaquie, ainsi que les rives du Danube, de Vienne jusqu'au confluent de la Kamp, avec Klosterneuburg, puis la vallée de la Kamp, avec Langenlois, donnent des vins de pays, blancs pour la plupart.

Mais c'est surtout la région de Krems et la Wachau, en amont de Krems, qui donnent les meilleurs vins autrichiens. Alors qu'autrefois ils étaient méprisés à cause de leur acidité — on disait couramment «sauer wie der Wachauer» (acide comme les vins de la Wachau) — les vignerons de Krems, ville fort coquette et très dynamique, offrent des rieslings au bouquet savoureux dont les meilleurs sont comparables à ceux de la Moselle. On citera les KREMSER KÖGL, KREMSER KREMSLEITEN, KREMSER WACHTBERG.

Plus en amont, Dürnstein, très pittoresque avec les ruines de son château féodal, est connue pour son DÜRNSTEINER LIEBENBERG et pour le DÜRNSTEINER HOLLE-RIN qui fut servi, en 1945, lors de la proclamation de la constitution autrichienne. Plus en amont encore, les

Le vignoble de Soos près de Baden (Autriche) est situé dans la région connue sous le nom de Südbahn, qui donne des vins blancs — les GUMPOLDSKIRCHEN notamment — et des vins rouges, les VÖSLAUER, les meilleurs rouges autrichiens.

Quittant Vienne par la route en direction de Brno en Tchécoslovaquie, l'amateur de vins du pays pourra faire halte à Mistelbach, à mi-chemin entre Vienne et la frontière tchèque. Quoique apparentés aux blancs de la Wachau (Krems et environs), ils ne les valent pas.

vignobles de Stein donnent le STEINER GOLDBERG, issu des cépages *müller-thurgau* les meilleurs de la Wachau. Parmi les plus fameux vins blancs des rives du Danube, il faut encore citer les vins de Loiben, comme le LOIBENER KAISERWEIN et l'UNTERLOIBENER BURGSTALL.

Le voyageur auquel on présente une carte des vins autrichiens reste généralement perplexe car les appellations de ces vins ne sont pas aussi systématiquement libellées que celles d'autres régions. Certains vins portent uniquement le nom de l'origine, par exemple WACHAUER 1959, vin provenant de la Wachau, année 1959; d'autres simplement celui du cépage sans nom de lieu, par exemple VELTINER 1959, vin provenant du typique *grüner veltliner*, année 1959; d'autres encore celui du cépage précédé du nom de la commune, par exemple STEINER VELTLINER 1959, vin issu de *grüner*

veltliner de la commune de Stein, année 1959. On remarquera toutefois que les meilleurs vins, notamment ceux que nous avons cités, portent le nom de la commune ou du village suivi du nom du vignoble, par exemple DÜRNSTEINER LIEBENBERG, vin provenant du vignoble appelé Liebenberg sur la commune de Dürnstein. En choisissant ces derniers, l'amateur sera certain de donner sa préférence aux meilleurs vins d'Autriche. Les vins autrichiens sont peu connus à l'étranger; c'est donc sur place qu'il faut les boire. On donnera la préférence aux vins blancs en se gardant toutefois de les comparer aux vins allemands issus du même cépage. Ceux que l'on boit dans les «Heurigen» des environs de Vienne sont pauvres en alcool; ils ont une robe pâle, parfois d'un blanc laiteux; ils sont frais, souvent légèrement pétillants.

337

HONGRIE

Le vin le plus célèbre de Hongrie est le TOKAJ. Associé aux noms des empereurs et des rois, des seigneurs et des poètes, ce vin a relégué dans l'ombre les autres vins du pays. Car la Hongrie est un pays de vignes et de vins: 175000 hectares de vignes, et 4 à 5 millions d'hectolitres de vin, ce qui le place à peu près au dixième rang des pays européens producteurs de vins.

La vigne fut introduite dans la plaine hongroise par les Romains. Depuis cette époque lointaine, le sort de la vigne y a connu bien des vicissitudes. D'abord cultivée par les Magyars, elle fut délaissée quand les Tartares, en 1241, ravagèrent le pays; par la suite, des colons venus d'Occident apportèrent avec eux un nouveau cépage, le *furmint*, qui donnera le fameux TOKAJ. Plus tard encore, les Turcs musulmans occupèrent le pays, et pendant 173 ans (de 1526 à 1699) la vigne fut délaissée une fois encore. Au XVIIIe siècle, sous l'impulsion du comte István Szécheny, les celliers hongrois comptèrent parmi les mieux fournis d'Europe.

Actuellement la production hongroise de vin oscille autour de quatre millions d'hectolitres dont un quart au plus est exporté. La Hongrie produit surtout des vins blancs (60%), des vins rosés (25%) et, en beaucoup moins grande quantité, des vins rouges (15%). Ces vins ont généralement un nom composé; le premier indique la région d'origine, le second le cépage. Par exemple BADACSONYI KÉKNYELÜ signifie que le vin, issu du cépage *kéknyelü* («tige bleue»), provient de la région de Badacsony. La plupart des vins sont destinés à la consommation courante: ce sont les vins blancs de Sopron, Somló, Villány-Pécs, Gyöngyös-Visonta.

On trouve du vin rouge à Sopron, mais surtout dans le district de Skekszárd, au sud du lac Balaton. La plus grande partie du vin rouge provient d'un cépage propre aux Balkans, le *kadarka*.

Le SOPRONI KEKFRANKOS, vin d'un rouge rubis intense et brillant, à la saveur ronde et aromatique, mérite une mention. Il est issu de cépage *kekfrankos*; le vignoble est situé sur les pentes qui entourent le lac Fertö, à la frontière austro-hongroise.

La rive occidentale du lac Balaton, sur les pentes du Mont Badacsony, s'est révélée particulièrement favorable à la culture des cépages *kéknyelü*, *furmint* et *szürkebarát (pinot gris)*. Le vin blanc BADACSONYI KÉKNYELÜ est un vin sec à la saveur agréable et d'une belle couleur tirant légèrement sur le vert. Le BADACSONYI SZÜRKEBARÁT est un vin blanc demi-doux qui prend à maturité une belle robe ambrée. Cependant il n'a pas la distinction des vins de *pinot gris* que l'on trouve dans d'autres régions d'Europe. Les vins blancs bon marché sont des RIESLING d'origine italienne, très différents du vrai RIESLING du Rhin.

La région de Mór, située plus au nord, est une des plus anciennes régions viticoles de Hongrie. Le MÓRI EZERJÖ, qui signifie «le mille fois bon de Mor», est un vin

d'une belle couleur vert clair, agréablement acide.

Parmi les autres vins blancs typiquement hongrois, on citera encore le DEBRÖI HÁRSLEVELÜ. Le cépage *hárslevelu*, ou *soproni* «feuille de tilleul» est cultivé dans la région montagneuse du nord; il donne un vin doux, fort prisé des Hongroises.

Des vins rouges, seul le EGRI BIKAVÉR, ou «sang de taureau d'Eger» est connu à l'étranger, peut-être précisément à cause de son nom. La région d'Eger est située entre Budapest et la région de Tokaj. Le EGRI BIKAVÉR est un vin d'un beau rouge foncé, un peu âpre au goût. Il est fait d'un mélange de plusieurs cépages: *kadarka*, *médoc noir* et *bourguignon*. En Hongrie, on conseille de le boire en cas de convalescence à cause de ses propriétés toniques. Le EGRI LEANYKA est un vin blanc issu d'un cépage indigène, le *leanyka*.

Et maintenant, revenons au fameux TOKAJ. La ville qui a donné son nom aux vins de la région est située sur le Bodrog, au pied des derniers contreforts de l'Hégyalja, qui dominent la plaine de la Tisza. C'est une région de vergers et de vignobles dont seuls vingt-huit villages peuvent donner le nom de TOKAJ aux vins qu'ils produisent.

L'excellence de ce vin provient d'une merveilleuse harmonie entre le sol et le climat, le cépage et les procédés de vinification. Le sol est fait d'une couche de lave émiettée sur un fond de rochers d'origine volcanique et de lœss. Le climat y est très contrasté; les étés sont très chauds et très secs, les automnes longs et ensoleillés, mais les hivers rigoureux. L'altitude du vignoble varie entre 150 et 200 mètres au-dessus du niveau de la mer. Le cépage qui donne au TOKAJ son caractère est le *furmint*. Les ampélographes sont partagés quant à son origine, mais ils s'accordent à dire qu'il a trouvé dans ce pays le terrain et le climat qui lui conviennent le mieux. Ce sont des colons venus d'Occident qui, semble-t-il, ont mis ce plant en honneur; son nom viendrait, à cause de la couleur des raisins vraisemblablement, de «froment», devenu furmint en magyar. A ce cépage, toujours prédominant dans les vins de Tokaj, s'ajoutent des quantités moindres de *hárslevelü* et de *muscat jaune*. Enfin, troisième facteur de cette réussite, les procédés de vinification et des caves spéciales. Précisons tout d'abord que l'appellation générale VIN DE TOKAJ n'explique pas la gamme des vins produits dans cette région; elle peut même induire en erreur un amateur peu averti.

Il y a tout d'abord le TOKAJI FURMINT, ou FURMINT DE TOKAJ, qui est un vin préparé selon les méthodes conventionnelles par pressurage de grappes de *furmint*, sans raisins passerillés. C'est un vin savoureux, fruité, souvent millésimé.

Le TOKAJI SZAMARODNI ou SZAMARODNI DE TOKAJ est le résultat de la fermentation de grappes non sélectionnées, mais récoltées tardivement et contenant partielle-

338

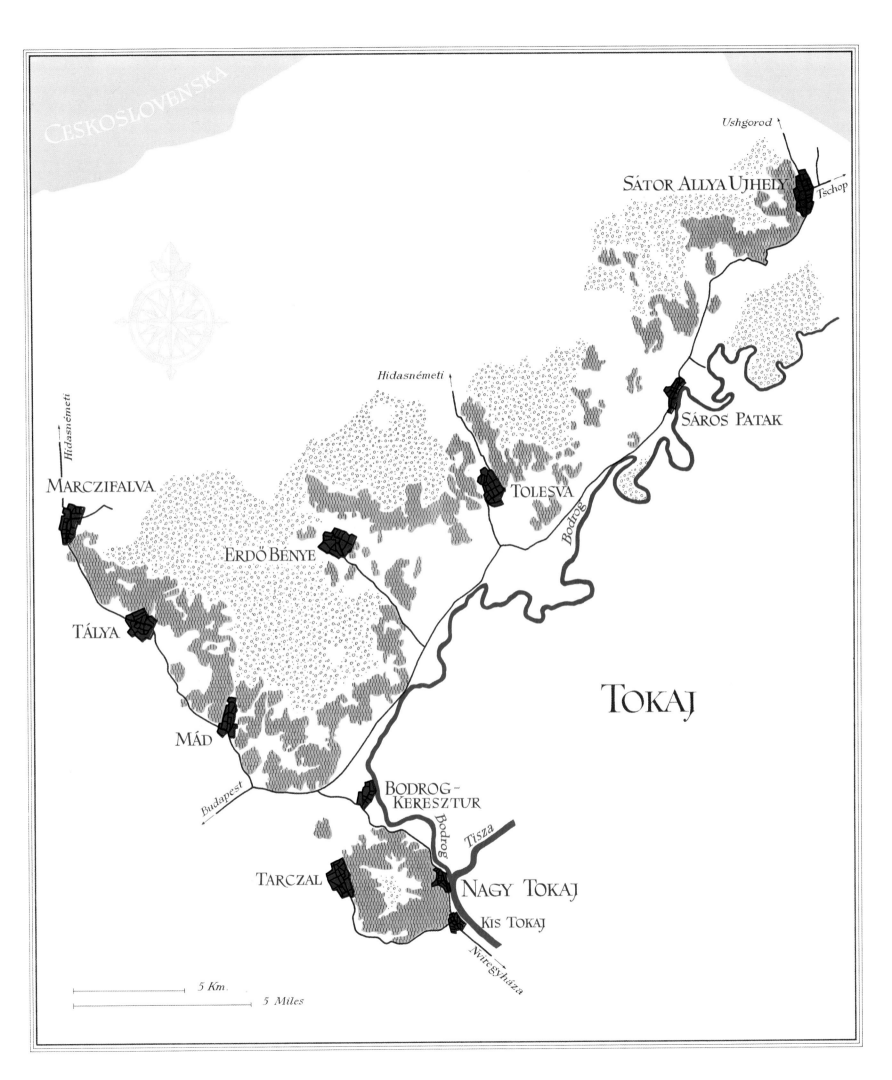

CESKOSLOVENSKA

Ushgorod

SÁTOR ALLYA UJHELY

Tschop

Hidasnémeti

SÁROS PATAK

Bodrog

Hidasnémeti

MARCZIFALVA

TOLESVA

ERDÖ BÉNYE

TÁLYA

TOKAJ

MÁD

Budapest

BODROG-
KERESZTUR

Bodrog

Tisza

TARCZAL

NAGY TOKAJ

KIS TOKAJ

Nyiregyháza

5 Km.

5 Miles

ment des grains desséchés ou attaqués par la pourriture noble. La teneur en alcool est plus forte que dans le Tokaji furmint; il peut être doux, notamment dans les années les plus ensoleillées; sec, il est un excellent apéritif. La collerette de la bouteille indique l'année et la qualité (dry = sec; sweet = doux).

Le Tokaji aszu ou Aszu de Tokaj est le plus célèbre et c'est généralement à ce vin-là que pensent tous ceux qui parlent simplement de vin de Tokaj. On raconte qu'il doit son origine à une guerre locale qui, au XVIIe siècle, fit retarder la vendange; les vignerons auraient ainsi redécouvert les avantages de la récolte tardive, déjà connue des Anciens. Tard dans la saison, parfois même après la première neige, et quand les grains sont rôtis, desséchés — on dit passerillés —, atteints de pourriture noble, les vendangeurs récoltent les grains un à un. Cette récolte est foulée ou brassée jusqu'à formation d'une espèce de pâte de raisin. Cela fait, on ajoute deux à six hottées de quinze kilogrammes de cette pâte à chaque muid de 136 litres de moût ou de vin, jeune ou vieux, produit dans la même région.

La pâte de raisins passerillés dissout son sucre et son arôme dans le moût ou le vin qui, après une nouvelle et lente fermentation, donne le Tokaji aszu, si célèbre dans le monde entier. Le nombre de hottées versées dans chaque muid dépend de différents facteurs: d'une part, de la qualité du moût ou du vin employé, qui varie suivant les années, d'autre part du type de Tokaji aszu désiré. Car ce vin peut être plus ou moins doux.

D'une année à l'autre, le Tokaji aszu reste sensiblement de même qualité, cet équilibre étant dû essentiellement à l'art des maîtres de chai. Au contraire, le Tokaji furmint et le Tokaji szamarodni peuvent varier d'année en année selon les qualités de la récolte. A l'acheteur de Tokaji aszu, signalons enfin que la collerette de la bouteille indique toujours le nombre de hottées de pâte de raisins versées dans le muid: par exemple la mention «3 puttonos» signifie que ce vin est doux, mais beaucoup moins toutefois que si la collerette portait «6 puttonos», qui est le maximum. De plus, la bouteille de Tokaji aszu est caractéristique, pansue comme la bouteille de bourgogne, avec un col bien dégagé et plus long que celui de la bouteille de bordeaux. Les vins se conservent très longtemps, tout comme les xérès et les madères. Ce vin a fait le tour du monde. Il fut célébré par Voltaire, Gœthe, Burns et c'est Louis XIV qui lui donna ses titres de noblesse en le décrétant «Vin des rois et Roi des vins».

Le Tokaji máslás ou Máslás de Tokaj, est préparé en faisant fermenter du moût ou du vin sur une lie de vin de Tokaj, généralement sur celle des aszu et des szamarodni.

Le Tokaji eszencia, ou Essence de Tokaj, est produit par la fermentation du moût dense s'écoulant sous le seul poids des raisins passerillés ou atteints de pourriture noble. C'est un vin liquoreux très doux.

Enfin, il convient de signaler que des vins appelés Tokaj sont produits dans différents pays (Alsace, Italie septentrionale, Suisse orientale). Mais seuls les vins désignés par les appellations mentionnées ci-dessus sont vraiment originaires de Hongrie et par conséquent d'authentiques Tokaj, exportés par la Société hongroise pour le Commerce extérieur (Monimpex). Cependant on peut espérer trouver encore, ici ou là, de très vieilles bouteilles, qui feront la joie des connaisseurs ou de ceux qui, au temps de la monarchie austro-hongroise ou de l'entre-deux guerres, ont connu le charme des joyeuses nuits de Budapest.

TCHÉCOSLOVAQUIE

De tous les pays qui formaient l'ancien Empire austro-hongrois, la Tchécoslovaquie est assurément celui qui produit le moins de vin, environ 1 200 000 hectolitres par année.

La Bohême, dans la région de Melnik, Roudnice et Litomerice, au nord de Prague, produit un vin blanc courant appelé Luomilla, ainsi que du sylvaner et du traminer. Les rouges sont issus de *bourguignon bleu*, de *portugais* ou de *saint-laurent*.

En Moravie, il y a peu de vins et presque tous proviennent de la région frontalière autrichienne; ce sont des riesling du Rhin, des riesling italiens, des veltliner aussi.

La Slovaquie est la plus viticole des trois grandes régions du pays. Tout proches de la frontière hongroise au nord de Tokaj, les vignerons de Mala Trna et Novè Mestro produisent également des vins dits de Tokaj; ailleurs, dans les environs de Bratislava, ce sont les vins habituels: veltliner, riesling ou sylvaner. La Tchécoslovaquie importe du vin chaque année: 375 000 hectolitres en 1978, 312 000 hectolitres en 1979. Le Tchèque moyen boit moins de six litres de vin par an. C'est dire que le vin n'est nullement une boisson nationale. A défaut de grandes bouteilles, le touriste aura le plaisir de déguster des vins blancs de pays, légers, assez fruités et de faible degré alcoolique, dans des endroits charmants et assurément dans une bonne humeur communicative. Les vins tchèques se sont beaucoup améliorés depuis l'établissement d'un contrôle de leur qualité. Ce pays n'oublie pas ces vieilles traditions viticoles.

Le vignoble de Tihany s'étend sur un promontoir qui s'avance dans le lac Balaton.

Les vignes de la rive occidentale du lac Balaton sont situées sur les flancs du mont Badacsony (de l'autre côté du lac, sur la photo). On y produit surtout des vins blancs secs et demi-secs.

ROUMANIE

En Roumanie, les vignerons ont réussi, depuis des siècles, à créer une difficile harmonie entre leur sol, leur climat et l'art de cultiver la vigne. En effet, si le pays est géographiquement compris dans la zone tempérée propice à la vigne, le climat y est excessif: très chaud en été, très froid et très venteux en hiver. Et pourtant ce pays est vinicole depuis le VIIe siècle avant

Dans les pays de l'Est européen, les vendanges ont encore souvent des allures d'autrefois. On voit ici que le raisin est apporté dans des paniers, qu'il est broyé dans un tonneau, puis pressé. Toutes ces opérations se font en plein air. Mais est-ce vraiment encore comme ça aujourd'hui?

J.-C., car les Grecs déjà y cultivaient la vigne dont ils faisaient du vin qu'ils gardaient dans de grosses amphores pansues.

Le vignoble roumain actuel dépasse 300 000 hectares et produit 7 à 8 millions d'hectolitres de vin, en très grande majorité des vins blancs. Les plus connus et les plus estimés viennent des vallées de la Tirnava Mica et de la Tirnava Mare, régions situées au centre du pays. La PERLE DE TIRNAVA, vin auquel un mélange de divers cépages donne un bouquet bien équilibré, a une renommée qui dépasse les frontières roumaines. D'autres vins blancs sont faits d'un seul cépage dont ils portent le nom, par exemple le FETEASCA DE TIRNAVE ou le RIESLING DE TIRNAVE, ou encore le RIESLING DE DEALUL-MARE, près de Ploesti en Munténie.

Parmi les vins rouges, on retrouve le KADARKA, commun dans les Balkans: celui de Teremia, à la frontière yougoslave, est souvent cité. On trouve aussi le SEGARCEA CABERNET, issu d'un plant de *cabernet* introduit dans les vignobles de la Valea Calugareasca, à l'est de Ploesti.

Le SADOVA est un vin rosé, légèrement doux, en provenance de la région de Dragasani, où la vigne est plusieurs fois séculaire. Les vins blancs de dessert jouissent d'une excellente renommée. Dans le nord du pays, le vin de Cotnari est un vin naturel, doux et fruité. Sur le littoral de la mer Noire, le MURFATLAR a un délicat bouquet de fleur d'oranger, probablement unique.

Les exportations de vins roumains se font surtout en direction de l'Allemagne et de l'Autriche ainsi que dans tous les pays de l'est européen. On trouve en Roumanie de nombreux cépages locaux, mais un réel effort a été entrepris pour améliorer la qualité des vins par l'élimination progressive des hybrides et la sélection des cépages; l'implantation des coopératives a permis d'améliorer également les procédés de culture.

BULGARIE

A la veille de la Seconde Guerre mondiale, le vignoble bulgare avait une superficie de 134 000 hectares; en 1978 cette superficie atteignait 181 000 hectares. Cette progression est due en grande partie à une importante transformation du régime de la propriété et à une reconstruction systématique du vignoble afin de permettre un travail mécanisé sur de grandes étendues. La production annuelle de vin est de l'ordre de 3 millions d'hectolitres; 52% en vins rouges, 48% en vins blancs. Bien que le pays soit divisé en régions viticoles, il est malaisé d'attribuer de façon caractéristique tel type de vin à une région plutôt qu'à une autre. Aussi,

est-il plus judicieux de présenter seulement les vins bulgares les plus connus.

Le cépage le plus répandu est le *dimiat*, qui, sur la côte de la mer Noire et dans les régions de Choumen, et, plus à l'ouest, de Tirnovo, donne des vins secs mais fruités, à la robe d'un beau jaune vert. Ces vins portent un nom double qui indique d'une part l'origine, de l'autre le cépage (WARNENSKI DIMIAT signifie DIMIAT DE WARNA). Si ces vins rappellent quelque peu le riesling, ceux issus de *misket*, surtout le MISKET KARLOVA, ou MISKET DE KARLOVO, font songer au sylvaner, tout comme le SONGURLARÉ MISKET de la côte. D'autres vins blancs sont plus communs: ce sont le BALGARSKE SLANTSÉ ou SOLEIL DE BULGARIE obtenu du raisin *furmint*, et le DOUNAVSKA PERLA ou PERLE DU DANUBE, ou encore le SLANTCHEV BIRAG, ou CÔTE DU SOLEIL, fait d'un cépage géorgien, le *rehaziteli*. Le SLAVIANKA est un vin de *muscat*, doré et très fruité.

Bien que plus abondants en quantité, les vins rouges sont moins diversifiés; la plupart du temps ils portent simplement un nom de cépage. Le PAMID est destiné à la consommation domestique. Le GAMSA (nom bulgare du KADARKA) est un vin plaisant, au bouquet agréable, surtout quand il est jeune. Il porte parfois un nom local, par exemple KRAMOLINSKA ou VIN DE KRAMOLINE.

Le MAVROUD, produit dans la région d'Assennovgrad, est d'un beau rouge foncé; acide, il titre 11 à 12° d'alcool.

Le MELNIK est un vin du sud-ouest, rouge foncé et assez robuste, mais de bonne qualité. On trouve aussi du CABERNET, produit à partir de *cabernet sauvignon* introduit dans le pays.

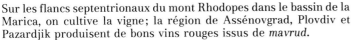
Sur les flancs septentrionaux du mont Rhodopes dans le bassin de la Marica, on cultive la vigne; la région de Assénovgrad, Plovdiv et Pazardjik produisent de bons vins rouges issus de *mavrud*.

Vendanges près de Cirpan, en Bulgarie; pour une surface de 116 000 hectares, ce pays produit 2 731 000 hectolitres de vin et exporte 900 millions de quintaux de raisin de table.

En Serbie, comme partout ailleurs dans les pays viticoles, la vendange se fait dans la joie et la bonne humeur. Les vins produits par cette république sont en majorité des rouges de consommation courante et des blancs élégants et racés.

Les grands vignobles yougoslaves appartiennent à des coopératives et les méthodes de culture sont de plus en plus mécanisées, ce qui remodèle complètement le paysage; ici, en Slovénie.

Ce vignoble est situé en Croatie, la principale région vinicole de Yougoslavie. La composition du sol et le climat ont imposé un type de culture original.

YOUGOSLAVIE

En Yougoslavie, l'histoire de la vigne et du vin ressemble beaucoup à celle de l'Italie, de la France et de l'Espagne. On y trouve aussi les mêmes méthodes de vinification et les mêmes cépages : le *burgundac* ou *pinot noir*, le *cabernet*, le *merlot*, le *riesling*. Le climat et le sol, facteurs propres à la Yougoslavie, donnent aux vins leurs caractères particuliers. Les vignes s'étendent sur 250 000 hectares et produisent, outre du raisin de table, 5 à 6 millions d'hectolitres de vin. Le vignoble yougoslave se répartit, du nord au sud, en six régions : Slovénie, Istrie, Croatie, Dalmatie, Serbie, Macédoine.

La Slovénie a un beau vignoble situé dans les vallées de la Save et de la Drave, avec les centres de Ljutomer, Ormoz, Ptuj, Radgona et Maribor, et sur le littoral de l'Adriatique jusqu'à la frontière italienne. On y produit des vins blancs issus de *traminer, riesling rhénan* et *riesling laski, sauvignon, pinot blanc* et *sipon*, variété locale du *furmint* hongrois.

L'Istrie est connue pour ses vins rouges issus de cépages *téran, borgonja (gamay), merlot* et *cabernet*. On y trouve deux vins blancs, l'un de *pinot*, l'autre de *malvoisie*.

La Croatie est une des régions viticoles les plus importantes ; le nord produit des vins blancs légers un peu acides, ou des vins à bouquet somptueux et d'une grande richesse alcoolique. Le littoral donne des rouges de type méditerranéen.

En Dalmatie, le cépage le plus répandu est le *plavac* qui donne un vin rouge du même nom, corsé, d'une belle couleur rubis et au bouquet très caractéristique, et des vins rouges demi-secs connus sous les noms de DINGNAC et POSTUP.

Le vignoble serbe, quant à lui, le plus étendu de Yougoslavie, produit presque la moitié des vins yougoslaves. Ce sont surtout des vins blancs et quelques vins rouges comme le ZUPA. Dans les environs de la ville de Smederevo on trouve un vin blanc, le SMEDEREVKA, qui rappelle le CHABLIS de Bourgogne. Le FRUSKA GORA, le VRSAC, le SUBOTICA sont des blancs également réputés. Dans le reste de la Serbie on cultive un cépage local, le *prokupac* qui donne un vin de table honorable.

La Macédoine produit surtout des vins rouges de consommation courante. La Yougoslavie exporte également des vins de l'Herzégovine, le ZILAVKA, vin blanc sec, des vins de Kosovo et de Metohija, connus en Allemagne de l'Ouest sous le nom d'AMSELFELDER SPÄT-BURGUNDER.

Depuis la fin de la Seconde Guerre mondiale, le développement des caves coopératives a fait progresser les méthodes de vinification et de conservation des vins. Toutefois le 90 % du vignoble est encore en propriété privée. Les exportations se font surtout en Allemagne de l'Est, en Tchécoslovaquie, en Pologne et en Italie.

B. POGRMILOVIC.

UNION SOVIÉTIQUE

Sur le territoire de l'Union Soviétique, la viticulture est contemporaine de l'homme préhistorique. On a retrouvé des vestiges de la culture de la vigne datant de l'âge du bronze en Géorgie, en Azerbaïdjan, en Arménie, en Turkménie. La production et l'usage du vin sont connus, dans ces régions, depuis l'antiquité.

Dans la Russie prérévolutionnaire, les activités vinicoles étaient artisanales. En 1913, la superficie plantée en vignes ne dépassait pas 215 000 hectares et la production de vin s'établissait autour de 3 millions d'hectolitres, soit le 2 % seulement de la production mondiale des vins. Actuellement, l'URSS possède 12,7 % de la superficie viticole mondiale et produit 11,4 % de la production mondiale de raisins et 11 % de la production des vins.

L'URSS occupe la troisième place au monde pour les plantations de vignobles (après l'Espagne et l'Italie), la quatrième pour la production de vins (après l'Italie, la France et l'Argentine).

Les raisins récoltés sont traités dans de grandes entreprises où fonctionnent des installations mécanisées pour la fermentation continue et la production de vins blancs ou rouges, des ultra-réfrigérateurs, des filtres, des presses et autres équipements modernes. Une place importante revient aux usines d'une capacité de 10 000 tonnes et plus de raisins traités pendant une saison.

Dans un secteur moins important la production de vin est le fait d'usines d'une capacité de plus de 20 000 hectolitres par an.

Les vins mousseux sont produits dans 11 républiques selon le principe de la champagnisation à la chaîne. Toutefois dans certaines entreprises on applique une nouvelle méthode de champagnisation par concentration surper-élevée des ferments. La capacité de la plupart des entreprises produisant des vins mousseux dépasse 5 millions de bouteilles par an.

Actuellement, l'éventail de la production vinicole du

pays compte 604 appellations de vins de table et de dessert et 32 appellations de vins mousseux.

La viticulture et l'industrie vinicole en URSS se développent grâce aux travaux de recherches effectués par les savants du pays tout entier. C'est l'Institut national de l'URSS de recherches scientifiques de l'industrie vinicole et de viticulture «MAGARATCH» qui coordonne les travaux.

L'état de la viticulture et de l'industrie vinicole en Union Soviétique est caractérisé par les données suivantes (1980):

R. S. F. S. de Russie:	197000 ha; 10620000 hl; 65 millions de bouteilles de vins mousseux
R S S d'Ukraine:	257000 ha; 4400000 hl; 44,9 millions de bouteilles de vins mousseux
R S S de Moldavie:	257000 ha; 4280000 hl; 5,2 millions de bouteilles de vins mousseux
R S S de Géorgie:	143000 ha; 2160000 hl; 13 millions de bouteilles de vins mousseux
R S S d'Arménie:	36000 ha; 920000 hl; 5 millions de bouteilles de vins mousseux
R S S d'Azerbaïdjan:	240000 ha; 2200000 hl; 5,8 millions de bouteilles de vins mousseux
R S S du Kazakhstan:	27000 ha; 1550000 hl; 9,25 millions de bouteilles de vins mousseux
R S S d'Ouzbekistan:	97000 ha; 7,6 millions de bouteilles de vins mousseux
R S S de Tadjikistan:	28000 ha; 2,85 millions de bouteilles de vins mousseux
R S S de Kirgihizie:	8000 ha; 350000 hl; 5,7 millions de bouteilles de vins mousseux
R S S de Turkménie:	15000 ha; 150000 hl.

La République socialiste fédérative soviétique de Russie occupe la première place parmi les républiques soviétiques pour la production des vins. Elle produit 34,7% des vins et 36,7% des vins mousseux de l'Union Soviétique.

La viticulture et l'industrie vinicole sont concentrées dans les territoires de Krasnodar et de Stavropol, dans les républiques autonomes du Daghestan et des Tchetchènes-Ingouches, dans la région de Rostov.

La région de Krasnodar est connue pour ses excellents vins: RIESLING ABRAOU, CABERNET ABRAOU, RIESLING

La région vinicole de Massandra en Crimée offre un paysage assez tourmenté, mais elle produit des vins de dessert fameux, comme le MUSCAT NOIR DE MASSANDRA (rouge) et le MUSCAT BLANC PIERRE ROUGE.

ANAPA, CABERNET ANAPA, ALIGOTÉ GUELENDJIK, MUSCAT AMBRÉ, PERLE DE RUSSIE, YEUX NOIRS. C'est aussi là que l'on trouve le fameux mousseux ABRAOUDIOURSSO, connu au-delà des frontières.

Les républiques autonome du Daghestan et des Tchetchènes-Ingouches pratiquent la viticulture depuis des temps immémoriaux. La production de ces régions est orientée vers des vins de table et de dessert; pour le Daghestan: le RKATSITELI GEDJOUKH, le KIZLIARSK de dessert, le TERSK de dessert; pour le territoire des Tchetchènes-Ingouches: le NAOURSK de dessert, le SILVANER TERSKI. Le territoire de Stavropol produit des vins blancs: RIESLING BECHTAOU, SILVANER BECHTAOU; dans la région de Rostov, on produit surtout des vins de table légers.

Dans la république de Moldavie, le terrain est favorable à la culture extensive. Les labours se font au moyen de tracteurs chenillés, car il est en effet impensable de labourer et sarcler un des plus grands vignobles d'URSS (257 000 hectares).

La république d'Ukraine produit 14,3% des vins et 25,3% des vins mousseux. L'industrie vinicole y est répartie dans les régions de Crimée, d'Odessa, de Nikolaev, de Kherson et de Transcarpathie.

Le littoral sud de la Crimée mérite bien son nom de «perle de l'industrie vinicole soviétique». C'est là que l'on produit les fameux vins liquoreux de dessert: Muscat blanc «Pierre Rouge», Muscat livadia, Muscat rose de dessert, Muscat noir Massandra. Le Muscat blanc «Pierre rouge» est unique en son genre; il n'est produit que lorsque les conditions atmosphériques permettent au raisin d'amasser au moins 30% de sucre. La teneur en sucre de ce vin est de 23% et son taux d'alcool de 13%. Il est agréable à boire entre 2 et 20 ans d'âge, mais on peut le conserver bien au-delà, car il acquiert un bouquet original. Aucun muscat au monde ne conserve aussi longtemps son parfum, fortement typé de muscat allié à des senteurs de fleurs et de citron.

Les vins fortifiés, de type porto, madère ou xérès, jouissent d'une grande renommée; ils ont nom Porto rouge Livadia, Madère Massandra. On dit que ce dernier est né deux fois: une première fois dans les grappes de raisin et une seconde fois lorsqu'il a séjourné pendant cinq ans dans les tonneaux de chêne au soleil.

Sont également dignes d'attention les vins de table de la partie steppique de la Crimée: L'Aligoté Zolotaia Balka, le Riesling de Crimée, le vin rouge de table Aloucҳta, issus d'un mélange de cépages.

La république de Moldavie produit 14% des vins et 2,9% des vins mousseux de l'Union Soviétique. La zone centrale de cette république est spécialisée dans la production de vins blancs d'appellation contrôlée et de moûts pour les vins mousseux. Dans la partie sud on produit des vins rouges, des vins de dessert et des vins fortifiés.

Parmi les appellations les plus connues, on citera: le Negru de Purkar, le Rochou de Purkar, Le Romanechti, le Cabernet. Les vins de dessert ont nom Cahors Tchoumai, Nectar, Tendresse.

La république de Géorgie jouit de conditions particulièrement favorables pour la culture de la vigne. Elle produit 6,6% des vins et 7,1% des vins mousseux de l'URSS.

Cette république est spécialisée dans la production de vins de table, blancs et rouges: le Tsinandali, le Gourdjaani, le Teliani, le Moukouzani, le Napareouli, le Tibaani, le Saperavi. Dans la partie orientale de la Géorgie, la Kakhetie, on fabrique, selon les recettes ancestrales comme selon les méthodes les plus modernes, des vins dans des récipients en terre cuite d'une capacité de 15 à 30 hectolitres. Parmi les vins naturels demi-doux de Géorgie, on trouve le Khvantchkara, le Kindzmaraouli, le Akhacheni, le Tvichi, le Tchhaveri, le Tetra, etc.

La république d'Arménie produit 3% des vins et 2,8% des vins mousseux d'URSS.

La viticulture et l'industrie vinicole se sont surtout développées dans la partie méridionale de la république, dans les plaines et les régions prémontagneuses de la vallée de l'Ararat, qui jouissent d'un climat continental chaud. On trouve en Arménie des vins blancs, par exemple le Stcmiadzine, des vins rouges, tels le Norachen et des vins de dessert, le Arevchat et le Arevik; l'Aigechat est un vin fortifié.

La république d'Azerbaïdjan produit 7,1% des vins et 3,3% des vins mousseux d'Union Soviétique.

La zone vinicole la plus importante est celle de Kirovabadakstafinsk, où l'on produit surtout des vins d'appellation contrôlée.

Dans la zone du haut-Chirvan, on trouve des vins de table demi-doux et des vins de dessert comme le Kiourdamir (rouge).

Dans la zone Nagorno-Karabakh, on produit des vins de table rouges et de dessert. Parmi les noms connus, on trouve: le Sadilly blanc, le Matrassa rouge, l'Akstafa (type porto blanc), l'Alabachly (type porto blanc), le Mil (blanc de dessert), le Chamakhy (rouge de dessert), le Kara-Tchanakh (blanc de dessert).

Ailleurs en Union Soviétique, la production vitivinicole est encore développée dans d'autres républiques asiatiques, au Kazakhstan, en Ouzbekistan, au Tadjikistan, en Kirghizie, en Turkménie.

VINS D'EUROPE CENTRALE

AUTRICHE

WACHAU

Vins blancs	Loibener Kaiserwein	Dürnsteiner Liebenberg	Weissenkirchner Achleiten	Undhof Wieden Spät- und
	Unterloibener Rotenberg	Kremser Pfaffenberg	Undhof Wieden-	Auslese Grüne Veltliner
	Unterloibener Burgstall	Steiner Pfaffenberg	Weissburgunder	Dürnsteiner Muskat-Ottonel
	Kremser Kögl	Steiner Schreck	Weisser Burgunder	Zöbinger Muskat-Ottonel
	Steiner Goldberg	Dürnsteiner Hollerin	Ruländer	Sonnenkönig
	Kremser Kremsleiten	Dürnsteiner Himmelsstiege	Neuburger	Heiligensteiner Sauvignon
	Kremser Wachtberg	Weissenkirchner Klaus		Undhof Goldberg

Vins rouges	Alter Knabe - Saint Laurent

WIEN - SÜDBAHN

Vins blancs	Wiener Nussberg	Klosterneuburger	Kahlenberger Traminer	Kavalier-Zierfandler
	Gumpoldskirchner Spiegel	Rheinriesling	Sauvignon	Zierfandler Ried Kramer
	Gumpoldskirchner Sonnberg	Nussberger Schwarze Katz	Weisser Burgunder	Gumpoldskirchner
	Gumpoldskirchner	Original Gumpoldskirchner	Klostercabinet	Zierfandler
	Goldknöpfel	Rheinriesling	Franzhauser Kabinett-	Goldknöpferl-Rotgipfler
	Gumpoldskirchner Rasslerin	Neuburger	Neuburger	Rotgipfler Spät- und
	Gumpoldskirchner	Neuburger Spät-	Grüner Veltliner	Auslesen
	Grimmling	und Auslesen	Jungherrn Müller-Thurgau	Kreuzweingarten-Spätlese
	Gumpoldskirchner	Badener Lumpentürl-	Königswein Zierfandler	Zierfandler-Rotgipfler
	Stocknarrn	Neuburger	Zierfandler	Sonnberg
				Spätrot-Rotgipfler

Vins rouges	Blauburgunder	Saint Laurent		
	Soosser Blauer Burgunder	Sooser Blauer Portugieser	Saint-Laurent-Ausstich	Vöslauer Rotwein

BURGENLAND

Vins blancs	Ruster Greiner	Ruster Ruländer	Original Golser	Ruster Ausbruch
	Ruster Satz	Original Joiser Ruländer	Welschriesling	Müller-Thurgau
	Ruster Turner	Ruster Muskateller	Weisser Storch Ruster	Beerenauslese
	Ruster Vogelsang	Muskat-Ottonel	Welschriesling	Oggauer Ambrosi
	Muskat-Traminer	Welschriesling-Spätlesen		

Vins rouges	Ruster Baumgarten	Rust Limberger	Oggauer Blaufränkisch	Schützenberger Rotkelch
	Ruster G'märk	Ruster Blauburgunder	Blaufränkisch	Blaufränkisch Spätlesen
	Ruster Mittelkräften	Blauer Burgunder Spätlese	Pöttelsdorfer Bismarckwein	

STEIERMARK

Vins blancs	Klöcher Berg	Köbelberg	Silberberg	Hochbrudersegg
	Hartberger Ring	Sulztal	Hochkittenberg	Muskat-Sylvaner
	Hartberger Löffelbach	Glanzer Berg	Morillon	Sausaler Welschriesling
	Grassnitzberg	Steinbach	Ruländer	Müller-Thurgau
	Ottenberger Witscheinberg	Schlossberg	Muskateller	

Vin rouge	Schilcher

TCHÉCOSLOVAQUIE

Furmint   Harchlevelu   Lipouvina   Muskat de Lunel   Muskat Ztly

HONGRIE

Vins blancs	Tokaji Szamorodni (sec)	Badacsonyi Kéknyelü	Balatonfüredi	Debröi Hárslevelü
	Tokaji Furmint	Badacsonyi Szürkebarát	Móri Ezerjó	Léanyka

Vins rouges	Egri Bikavér	Soproni Kékfrankos

Vins de dessert	Tokaji Aszu (3-5 puttonos)	Tokaji Szamorodni (doux)

VINS DES BALKANS

YOUGOSLAVIE

Vins blancs	Banatski rizling (Kreaca) — sec	Grk	Pošip — sec	Traminac — sec et demi-sec
	Belan — sec	Malvazija — sec et doux	Rebula — sec	Vugava
	Grasevina (Riesling italien) — sec	Maraština — sec et demi-sec	Silvanac — sec et demi-sec	Žilavka — sec
		Muškat Ottonel — demi-sec et doux	Smederevka — sec	
Vins rosés	Cviček — sec	Opol dalmatinski — sec	Ruzica — sec	
Vins rouges	Burgundac crni (pinot noir) — sec	Kavčina (Žametna črnica) — sec	Muskat ruza (Moscate rosa) — demi-doux et doux	Prokupac — sec et demi-doux
	Dingač — demi-sec	Kraski teran — sec	Plavac — sec	Refošk — sec et demi-doux
	Frankovka — sec	Kratošija — sec	Postup — demi-sec	Vranac — sec

BULGARIE

Vins blancs	Dimiat de Pomorié	Dimiat de Varna	Misket de Songurlaré	Riesling de la Vallée des Roses
	Dimiat de Preslav	Euxinograd	Riesling de Liaskovetz	
	Dimiat de Tchirpan	Hémona		
Vins rouges	Chipka	Gamza de Soukhindol	Loud Guidia	Pamid
	Gamza de Novosseltzi	Kalouger	Mavroud d'Assénovgrad	Pirgovo
	Gamza de Pavlikeni	Kramolin	Melnik	
Vins de dessert . . .	Bisser	Kadarka « Vallée des Roses »	Pomorié	Tarnovo
	Hebros	Misket de Vratza	Slavianka	Varna

ROUMANIE

Vins blancs	Dealul Mare	Husi	Nicoresti	Valea Târnavelor
	Diosig	Murfatlar	Teremia-Tomnatic-Comlos	Cotnar
	Drâgâsani	Muscel	Valea lui Mihai	
Vins rouges	Sarica-Niculitel	Cotnar		

VINS DE L'UNION SOVIÉTIQUE

Vins blancs de Crimée	Aligoté Ay-Danil	Riesling Alkadar	Sémillon Oreanda
	Riesling Massandra		
Vins blancs de Krasnodar	Riesling Abraou	Riesling d'Anape	
Vins blancs de Géorgie	Gurdjurni	Myshako Riesling	Napureouli
	Manadis	Mzvane	Tsinandali
	Mukuzani		
Vins rouges d'Azerbaïdjan	Chemakha	Kurdamir	Matrassa
Vins rouges de Crimée	Bordo Ay-Danil	Cabernet Livadia	Sapéravi Massandra
Vins rouges de Krasnodar	Cabernet Abraou		

LES VINS DE LA MÉDITERRANÉE ORIENTALE

JOSEPH JOBÉ

Tous les pays qui entourent le bassin oriental de la Méditerranée ont connu la vigne depuis la plus haute Antiquité. L'Egypte des pharaons, la Terre promise du peuple hébreu, l'immense Empire perse et les cités grecques produisaient du vin. Sous le regard bienveillant des dieux, les poètes l'ont chanté, les artisans et les artistes l'ont célébré sur les bas-reliefs et sur les fresques.

Plus tard, les peuples du bassin méditerranéen, devenus chrétiens, continuèrent à cultiver la vigne, à produire du vin jusqu'à l'ère musulmane.

L'histoire ultérieure de la vigne dans ces régions s'explique en partie par le flux et le reflux de la Chrétienté et de l'Islam. Aujourd'hui encore, l'influence de l'Islam est prépondérante en Egypte et en Jordanie; elle se fait sentir en Turquie musulmane et même en Grèce chrétienne par la mise sur le marché d'une partie considérable de la vendange, non sous forme de vin, mais sous forme de raisins secs (plus d'un million de quintaux par année dans chaque pays).

Depuis la fin de la Première Guerre mondiale, la culture de la vigne a connu un essor remarquable dans cette partie du globe. La surface du vignoble grec a été multipliée par quinze et la production de vin par dix; à Chypre la progression est un peu moins forte. En Turquie le vignoble a doublé de 1939 à 1966 et la production de vin a quadruplé dans le même temps. L'examen de l'évolution du vignoble en Israël permet de faire une autre constatation: la superficie du vignoble a beaucoup varié, mais depuis 1965, elle est en moyenne de 9000 hectares. Or, malgré ces fluctuations, la production de vin a constamment augmenté et elle est, bon an mal an, d'environ 388000 hectolitres. L'Egypte et le Liban ont, eux aussi, augmenté leur surface viticole et leur production de vin, mais dans une proportion moindre. L'Egypte produit actuellement environ 62000 hectolitres et le Liban 40000; ce sont des quantités négligeables par rapport aux grandes régions viticoles de France. De tous ces peuples, ce sont évidemment les Grecs et les Cypriotes qui boivent le plus de vin, soit 30 à 40 litres par habitant et par an en Grèce, et 10 à 15 litres à Chypre.

GRÈCE

Dans ce pays, la vigne et le vin sont aussi vieux que les dieux, la terre et les poètes: Dionysos fit pousser le pampre et Homère chanta le vin dans l'Iliade et l'Odyssée. Mieux encore, les Grecs transplantèrent la vigne dans leurs colonies, c'est pourquoi des vignobles célèbres ont une origine grecque, entre autres la Sicile, Malaga, Jerez et la vallée du Rhône.

Actuellement, la superficie plantée en vignes est de 200000 hectares qui produisent 5400000 hectolitres de vin, 2000000 quintaux de raisins de table et un peu moins de raisins secs. Le Grec aime son vin et il en boit 35 à 40 litres par année. Le pays exporte, en tout, près de 900000 hectolitres.

La région viticole la plus importante est le Péloponèse, dont on trouve les vins sur presque toutes les cartes d'hôtel; ce sont des blancs secs comme le DEMESTICHA, le SANTA HELENA, l'ANTIKA ou le SANTA LAOURA. Le vignoble du Péloponèse peut se diviser en trois régions: le centre, aux alentour des ruines de Mantinée, produit un vin blanc bien équilibré, le MANTINEIA; la région de Patras produit d'excellents vins de liqueur, comme le MAVRODAPHNI (rouge) ou le MUSCAT DE PATRAS (blanc); sur les rives du golfe de Corinthe, notamment à Némée, on trouvera un vin rouge corsé, le NÉMÉE ou le HAUTE NÉMÉE, suivant l'altitude du vignoble, du niveau de la mer à 800 mètres plus à l'intérieur des terres.

PRODUIT DE GRECE   PRODUCT OF GREECE

LION DE NEMEA

VIN ROUGE SEC   RED DRY WINE

APPELLATION D'ORIGINE **NEMEA** DE QUALITE SUPERIEURE
APPELLATION OF ORIGIN   OF HIGH QUALITY

PRODUCTEUR & EMBOUTEILLEUR KANTZA · GRECE

ANDREW P. CAMBAS S.A.

PRODUCER & BOTTLER KANTZA · GREECE

ΑΔ. ΕΜΦ. Γ.Χ.Κ. 46/67 ΠΑΡ. ΑΘΗΝΩΝ

PRINTED IN GREECE   ALEX. MATSOUKIS S.A.

Ce vin Lion de Nemea est un rouge de la province de Corinthe; il est issu d'un cépage local, le *agiorgitiko*. Sa robe est d'un rouge rubis intense, sa saveur pleine et sèche. Sa teneur en alcool est de 12 à 13°. Certes il ne peut rivaliser avec les grands rouges français, il fait un excellent vin de table pour les vacances en Grèce.

Vin rouge de Rhodes, le Chevalier de Rhodes est sec, corsé, équilibré; sa robe est d'un beau rouge grenat. Il est plus alcoolisé que le Lion de Némée, puisqu'il titre 14 - 15°. S'il est commun à Rhodes, il l'est beaucoup moins dans les autres îles et sur le continent.

VIN ROUGE SEC

Chevalier de Rhodes

APPELLATION D'ORIGINE RHODES DE QUALITÉ SUPÉRIEURE

ΟΝΟΜΑΣΙΑ ΠΡΟΕΛΕΥΣΕΩΣ ΡΟΔΟΣ ΑΝΩΤΕΡΑΣ ΠΟΙΟΤΗΤΟΣ

RHODES C·A·I·R GRÈCE

ΕΛΛΗΝΙΚΟΝ ΠΡΟΪΟΝ. Κ.Α.Ι.Ρ ΡΟΔΟΣ Α.Ε.

ΑΔΕΙΑ 1/11/-12-61 ΠΑΡ/ΤΟΣ ΡΟΔΟΥ Γ.Χ.Κ.

Κ.Β. 650 ΓΡ. ΟΙΝΟΣ   ΕΡΥΘΡΟΣ ΞΗΡΟΣ

352

En Grèce continentale, l'Attique, pays de vignes et d'oliviers dans l'Antiquité déjà, donne aujourd'hui toute une gamme de vins blancs issus du cépage *saviatiano*, connus sous le nom d'appellation simple Attiki. L'Attique est aussi renommée pour son Retsina qui, pour beaucoup, est le meilleur du pays. Le touriste qui aime goûter les vins de pays trouvera presque partout de quoi satisfaire sa curiosité. Pour ceux qui visiteront les ruines prestigieuses du site consacré à Apollon, citons le vin d'Arachova, village situé non loin de Delphes. La Macédoine produit le meilleur vin rouge, le Naoussa, issu du cépage *popolka*, nommé aussi *noir de Naoussa*. En Thessalie, on trouvera deux vins rouges, le Rapsani et l'Ambelakia; l'Epire n'a qu'un vin blanc, demi doux, le Zitsa.

Le sol et le climat des îles grecques sont généralement favorables à la vigne. Chaque île ou presque a son cru. La Crète, dont le vignoble est fort important, donne, à l'est, des vins rouges de table, robustes et charnus, issus de cépages *léatiko*; plus à l'ouest, la région d'Héraclion produit des vins rouges issus de cépages *kotsifali* et *mandilari*; ce sont des vins généreux et bouquetés, avec beaucoup de corps. A l'extrémité occidentale, dans la région de La Canée on cultive presque exclusivement le cépage rouge *roméïkon*. Santorin, grâce à son sol volcanique, est très fertile et produit un vin blanc sec, comme le Nychteri, ou doux comme le Vino Santo. L'île de Samos donne toute une gamme de vins blancs, du plus sec au plus doux, réunis sous le nom de Muscat de Samos. On trouve également des vins blancs secs dans les îles de Rhodes, Zakynthos et des rouges dans l'île de Leucade.

Pour beaucoup, la Grèce est le pays du Retsina, qu'ils ont aimé ou, au contraire, qu'ils n'ont pas pu supporter. En effet, ce vin a un goût très particulier, âpre, qui provient d'une adjonction de résine lors de la fermentation. Cette résine est celle d'un pin, le calitris quadrivalvis, qui pousse dans la région. Comme après un an d'âge le Retsina prend un goût amer, nous conseillons pour les premières dégustations de boire un Retsina jeune, d'Attique de préférence.

Très connus et très appréciés en Grèce sont les vins de dessert: tout d'abord le Muscat de Samos déjà cité, ensuite le Mavrodaphni, vin rouge très doux, du type malaga. Enfin rappelons que le cépage *malvoisie* (*malmsey*, en anglais) est originaire du Péloponèse. On trouve aujourd'hui ce cépage dans de nombreux pays, en Italie, en France, en Espagne, à Madère où il s'est parfaitement adapté et où il donne d'excellents vins blancs.

La Grèce peut légitimement être fière de sa tradition vigneronne car Homère, il y a quelque 2800 ans, chantait déjà les vins de son pays: «Il n'y a pas de moment plus agréable que lorsque les convives prêtent l'oreille à un chanteur, tandis qu'autour d'une table bien servie, ayant puisé le vin dans les amphores, l'échanson le porte et le verse dans les coupes à la ronde.» Et cette affirmation n'a rien perdu de sa valeur.

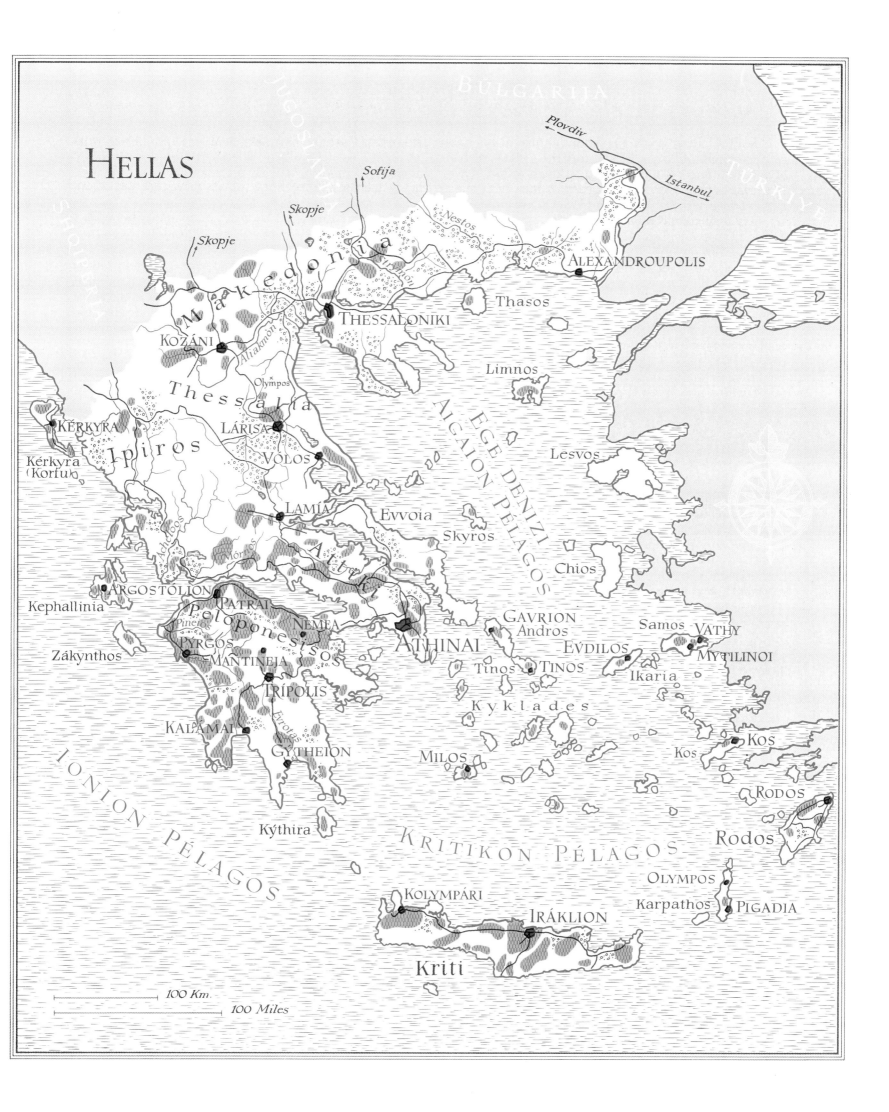

HELLAS

JUGOSLAVIJA

BULGARIJA

TÜRKIYE

SHQIPËRIA

Plovdiv

Sofija

Skopje

Skopje

Nestos

Istanbul

ALEXANDROUPOLIS

M a k e d o n i a

Thasos

Strimón

THESSALONIKI

KOZÁNI

Aliakmón

Limnos

Olympos

T h e s s a l í a

LÁRISA

Ipiros

Lesvos

KÉRKYRA

VÓLOS

Kérkyra
(Korfú)

EGE DENIZI

LAMÍA

Achéloos

Evvoia

A i t ó l í a

Skyros

AIGAION PÉLAGOS

Mórnos

Chios

ARGOSTÓLION

Kephallinia

PATRAI

P e l o p o n e s o s

NEMEA

Pineiós

GAVRION

Samos

VATHY

Zákynthos

PÝRGOS

ATHINAI

Andros

EVDILOS

MYTILINOI

MANTINEIA

Tinos

TINOS

Ikaria

TRÍPOLIS

Evrótas

K y k l a d e s

KALÁMAI

Kos

Kos

GÝTHEION

MILOS

RODOS

IONION PÉLAGOS

Kýthira

KRITIKON PÉLAGOS

Rodos

OLYMPOS

KOLYMPÁRI

Karpathos

PIGADIA

IRÁKLION

Kriti

100 Km.

100 Miles

CHYPRE

L'île de Chypre, grâce à sa situation privilégiée, non seulement connut très tôt la culture de la vigne, mais fit encore le commerce du vin durant toute l'Antiquité avec l'Egypte, la Grèce et Rome. Après la chute de l'Empire romain d'Occident (476), il y eut une longue nuit de sept siècles. Le vignoble fut replanté sous l'impulsion des Croisés, puis des Templiers. Dès l'arrivée des Turcs (1571), une nouvelle période commença qui, quoique peu favorable à la vigne, ne la vit cependant pas disparaître totalement. Elle s'est maintenue notamment dans le sud-ouest de l'île, sur les pentes ensoleillées des monts Troghodhus et Mekhera. Les vignerons cypriotes y font surtout des vins pour la consommation courante: les vins rouges contiennent beaucoup de tannin et sont très corsés, par exemple l'AFAMES et l'OTHELLO; les blancs sont moins nombreux, les plus secs — et les meilleurs — sont l'APHRODITE et l'ANSINOÉ. Le rosé, ou KOKKINELLI, est un vin frais et demi-sec, quoique de robe assez foncée. Le meilleur vin de Chypre est un vin de dessert dénommé COMMANDARIA, du nom de la Commanderie des Chevaliers du temple de Colossi. Il est fait de raisins passerillés blancs ou rouges, ceux-ci étant en plus grande proportion. Seuls une vingtaine de villages (Kalokhono, Zoopiyi, Yerass, Ayias Mancas, parmi les plus connus) sont autorisés à produire le COMMANDARIA, et les amateurs savent reconnaître les qualités propres au COMMANDARIA de chacun de ces villages, un peu comme un amateur de bourgogne fait la différence entre n'importe quels crus de la Côte de Nuits ou de Beaune.

Chypre exporte un bon tiers de ses vins, notamment des vins rouges et des COMMANDARIA.

Enfin rappelons que ce sont des ceps originaires de Chypre, qui, au XVe siècle, fournirent les premières vignes de Madère.

TURQUIE

La Turquie a un lointain passé viticole si l'on admet, avec beaucoup d'auteurs, que l'Anatolie se trouve être la mère-patrie de la vigne européenne. Tant que des peuples non musulmans vécurent à l'intérieur des frontières turques d'Europe, il y eut des vins turcs sur les marchés intérieurs et extérieurs. Au début du XXe siècle, à la suite de bouleversements politiques, la Turquie connut une longue période peu favorable à la production du vin. Mais depuis 1928, grâce à la constitution d'une Administration des Monopoles, tout changea: la production qui n'avait été que de 26 820 hectolitres en 1928, atteignit 350 000 hectolitres en 1978. Il faut signaler que seuls 2 à 3% du vignoble produisent du raisin de cuve. On trouve en Turquie des vins blancs (beyaz) et des vins rouges (kirmizi) principalement dans les régions suivantes: la Thrace et les rives de la mer de Marmara, la région de Smyrne et l'Anatolie. Parmi les vins blancs secs, on choisira de préférence ceux issus des cépages *hasandede*, *narince* et *emir* qui tous trois donnent des vins secs.

Les vins rouges les meilleurs sont issus de cépages *oküzgüzö-bogazkere*, *papaskarasin* et *kalecikkarasi*; la couleur de ces vins est très sombre.

Sur les marchés internationaux on trouvera surtout le BUZBAG, un vin d'Anatolie issu d'un cépage *bogazkere* et le TRAKYA (rouge ou blanc sec), originaire de la Turquie d'Europe. Les Suédois importent un vin blanc demi-sec, le BEYAZ, provenant de Tekirdag, en Thrace.

Parmi les vins de qualité, mentionnons les rouges, notamment l'ADABAG et le KALEBAG. Le Turc aime les vins sucrés et le terme «sarap» porté sur l'étiquette indique un vin trop sucré au palais d'un occidental. Parmi les vins de dessert, on donnera la préférence au TEKEL GAZIANTEP et au TEKEL KALEBAG ANKARA, tous deux rouges, et un blanc, le TEKEL MISBAG IZMIR.

Les vins courants ont les noms suivants: à Istanbul: GÜZEL MARMARA (rouge, blanc sec et demi-sec); à Ankara: GÜZELBAG (rouge, blanc sec et demi-sec) et CUBUK (rouge et blanc sec); à Izmir: IZMIR (rouge et blanc sec). Vins de pays à déguster sur place.

ISRAËL

La culture de la vigne par le peuple d'Israël est un fait attesté par la Bible. S'il est une grappe de raisin fameuse, c'est bien celle que rapportèrent les éclaireurs hébreux envoyés dans le pays de Canaan: «...ils y coupèrent un sarment et une grappe de raisin qu'ils emportèrent à deux, sur une perche...» (Les Nombres, V, 13, 23). Et s'il est une ivresse célèbre, encore qu'involontaire, c'est bien celle de Noé.

De même que la Palestine eut une histoire mouvementée, de même la vigne fut détruite par les uns, replantée par les autres, réintroduite par les Croisés et finalement laissée à l'abandon pendant des siècles.

Ce cep de vigne, vraiment extraordinaire, a été photographié près de Bursa (Brousse) en Turquie d'Asie. On y produit surtout des raisins de table et des raisins secs; c'est en Turquie d'Europe qu'on trouve les meilleurs vins, d'ailleurs en quantités assez modestes.

La vigne à vin (vitis vinifera) est originaire d'Asie, peut-être bien d'Arménie. Aujourd'hui le vignoble arménien produit surtout du raisin de table et du vin à usage domestique, issu de cépages locaux.

355

Il est dit dans la Bible (nombres 13, 23): «...ils parvinrent au val d'Eshkol; ils y coupèrent un sarment et une grappe de raisin qu'ils emportèrent à deux, sur une perche...» C'est dire que le pays d'Israël a une très ancienne tradition viticole. La grappe ci-dessus provient toutefois de la cathédrale de Vienne, en Autriche.

Lorsque les premiers sionistes s'établirent en Palestine, vers 1882, ils plantèrent, à l'instigation des Rothschild, des ceps d'origine française. Avec les années, la superficie plantée en vignes s'accrût et atteint actuellement près de 10000 hectares. Le vignoble producteur de raisins de cuve se répartit en différentes régions, du sud au nord: le Negev, le littoral et les collines de Judée, les montagnes de Jérusalem, la vallée de Charon et les collines de Samarie, la Haute et la Basse-Galilée. La moyenne annuelle des pluies varie de 200 mm., dans le Negev, à 700 mm., dans les montagnes de la Haute-Galilée.

Les deux cépages les plus répandus sont le *carignan* (41%) et l'*alicante grenache* (32%). Les vignerons et les coopératives viticoles produisent toute la gamme des vins, jusqu'à des vins mousseux élaborés selon la «méthode champenoise». Parmi les vins blancs, le AVDAT WHITE (sec) et le CARMEL HOCK (demi-sec); parmi les rouges, le MIKWE ISRAIL (sec), le ADOM ATIC (demi-sec), parmi les rosés, le BINYAMINA. Il existe également des vins de dessert blancs (MUSCATEL) ou rouges (INDEPENDENCE WINE). Cela fait, au total, une production annuelle de l'ordre de 388000 hectolitres, dont une quarantaine de mille sont exportés.

Précisons encore que si l'Israélien boit quatre à cinq litres de vin par année, il mange douze à treize kilogrammes de raisin frais.

Dans les pays voisins, Syrie, Liban et Jordanie, les superficies plantées en vignes sont beaucoup plus importantes qu'en Israël. Mais comme ces trois pays sont de religion musulmane la production du vignoble est consommée ou exportée sous forme de raisins de table ou de raisins secs, et fort peu sous forme de vin. La Jordanie produit de 10000 à 15000 hectolitres de vin, la Syrie environ 70000 hectolitres, le Liban 40000 hectolitres alors que l'Etat d'Israël en produit près du quintuple pour une superficie dix fois plus petite que celle de ses trois voisins réunis. Notons enfin l'existence d'un petit vignoble en Iran, dans les régions d'Azerbaijan et de Téhéran. Une particularité: le vin du Kurdistan reçoit des violettes en macération. La production de ce pays n'excède pas 4000 hectolitres.

EGYPTE

Les peintures des tombes pharaoniques témoignent de l'ancienneté de la vigne dans ce pays (voir page 10). Après l'arrivée des Arabes, cette culture périclita, les vins se firent rares ou mauvais. Au début de ce siècle des vignes furent replantées et, après trente ans d'effort, les experts reconnurent que les vins égyptiens avaient retrouvé leurs qualités d'antan. Et même si l'Egypte n'apparaît ni dans beaucoup de livres consacrés à la vigne et au vin, ni même dans nombre de statistiques, le pays des Pharaons produit chaque année quelque 62000 hectolitres de vin, d'excellent vin.

La région de Mariout, à l'ouest du delta du Nil, était déjà célèbre dans l'Antiquité: Cléopâtre servit un vin de la Maréotide à César quand celui-ci vint lui rendre visite. Parmi les vins de cette région: deux vins blancs, le CLOS MARIOUT et le CRU DES PTOLÉMÉES, et un vin rouge, le CLOS MATAMIR.

Pays de religion musulmane, l'Egypte boit peu de vin: les importations sont négligeables; le tiers de la production est destiné à l'exportation.

VINS DE GRÈCE

VINS BLANCS SECS

Agrylos	Gerania	Lindos de Rhodes	Pallini	Verdes
Arcadia	King Minos	Mantineia	Samos	Votrys
Demesticha	Lefkas	Marco	Santa Helena	Ymettos
Peza				Santa Laoura

VINS BLANCS DEMI-DOUX

Gerania	Pallini	Samos	Zitsa

VINS BLANCS DOUX

Samos	Muscat Rion de Patras	Muscat de Limnos	Paros	Rhodes Kair (ou Chevalier
Muscat de Samos	Muscat Achaïa de Patras	Vino Santo de Santorin	Pilion	de Rhodes)
Muscat de Rhodes				Ymettos

VINS ROUGES SECS

Agrylos	Halkidiki	Demesticha	Lefkas	Nadussa
Archanès	Castel Danielis	Peza	Marco	Nemea

VIN ROUGE DOUX

Mavrodaphni

VIN MOUSSEUX

Zitsa

VINS D'ISRAËL

VINS BLANCS SECS

Askalon Blanc 1963	Avdat White	Binyamina Blanc	Ein Guedi White	Mikwe Israel Blanc

VINS BLANCS DEMI-SECS

Carmel Hock	Doron	Ein Guedi	Hock d'Askalon	Hock Patron

VINS DE DESSERT

Ashdod	Golden Cream	Muscat Supérieur	Muscatel - 19°	Topaz Ein Guedi

VINS ROSÉS

Binyamina Rosé	Mikwe Israel	Pink (sec)	Rose of Carmel (demi-sec)	Vin Rosé d'Askalon

VINS ROUGES SECS

Arad	Avdat Red	Ben-Ami 1965	Binyamina Red	Mikwe Israel

VINS ROUGES DEMI-SECS

Adom Atic	Askalon Rouge 1965	Château Binyamina	Ein Guedi Red	Mont Rouge

VINS DE DESSERT

Château Richon Red	Hadar	Mikwe Israel-Dessert	Porath Atic	Poria
Ein Guedi Red Wine	Independence Wine			

VINS DE CHYPRE

VINS BLANCS SECS

Aphrodite
Arsinoe

VINS ROUGES

Cyprus
Afames

VINS ROSÉS

Othello
Kokkineli

VINS DE DESSERT

Commandaria
Muscat de Chypre

VINS D'ÉGYPTE

VINS ROUGES

Clos Mariout   Cru des Ptolémées

VIN BLANC

Clos Matamir

VINS DE TURQUIE

VINS BLANCS SECS

| Barbaros | Doluca | Kulüp beyaz | Merih | Tekel ürgüp |
| Diren | Kalebag | Marmara Incisi | Quakaya yildizi | Trakya |

VINS BLANCS DEMI-SECS

Beyaz   Narbag

VINS BLANCS DOUX

Tekez Misbag izmir   Adabag

VINS ROUGES

Buzbag   Kalebag   Kulüp   Merih   Trakya   Yakut Damcasi

LES VINS D'AFRIQUE DU NORD

DENIS BOUVIER

Par la nature de son sol, par son climat et par l'appartenance de son lointain passé à l'antiquité latine, l'Afrique du Nord ressemble beaucoup plus aux rives européennes de la Méditerranée occidentale qu'au reste du continent africain. Les Arabes ne l'appellent-ils pas eux-mêmes «djezira el Maghreb», ce qui signifie «l'île de l'Occident»? La vigne, signe avant-coureur de la civilisation méditerranéenne, naît dans le sud, sur les contreforts des monts de Daïa, aux portes du Sahara. En deçà, vers le nord, commence «l'antidésert», selon l'expression de Paul Morand, qui cerne la Méditerranée. D'est en ouest, la vigne court dans les plaines côtières, sur les coteaux et sur les montagnes jusqu'à 1100 mètres d'altitude environ, de Kélibia en Tunisie jusqu'à Bou Assida dans le Maroc atlantique.

En marge des faits saillants de l'histoire du Maghreb se dégagent quelques traits significatifs de l'apparition et de la disparition périodiques de la vigne; et parmi eux la rivalité permanente des peuples sédentaires et des peuples nomades, de la Chrétienté et de l'Islam, et plus près de nous, les impératifs d'ordre politique et économique.

Aucune trace ne permet d'affirmer que la vigne existait avant l'arrivée des Tyriens venus fonder Carthage. Il est probable qu'ils l'implantèrent eux-mêmes dans la vallée de la Medjerdah avant de la développer dans leurs colonies côtières de l'Afrique septentrionale. Mais Rome entreprit la première de «coloniser» la province d'Afrique où elle avait succédé à Carthage. Les légions envoyées par César, puis par Auguste, mirent en œuvre leurs talents de bâtisseurs, d'agriculteurs et de vignerons. De Carthage, ranimée de ses cendres, à Lixus (dans les environs de l'actuel Larache au Maroc) — où la légende situe le jardin des Hespérides, l'extrémité du monde — Rome transforma la Maurétanie en cellier de l'empire. La vigne y poussait aux environs des ports ou, plus à l'intérieur des terres, sur les coteaux autour des fermes romaines telles qu'elles figurent, par exemple,

sur les mosaïques de Tabarka. Le vin d'Afrique, fort apprécié à Rome, le fut aussi à Byzance qui donna une impulsion nouvelle à la vigne, en christianisant les Berbères et en répandant son influence jusque dans les régions montagneuses de l'Atlas. Mais la vie agricole et vinicole dut bientôt céder le pas à la vie pastorale. En effet, les hordes musulmanes venues d'Arabie entreprirent au VIIe siècle de conquérir l'Afrique du Nord et de l'islamiser. L'ancien empire romain sombra dès lors dans le chaos le plus total. Quant à la vigne, le Coran interdisant le vin, elle recula devant l'islamisation croissante et souvent forcée des populations chrétiennes ou israélites. Elle faillit même être totalement anéantie. Mais ce serait une erreur de croire que, par suite des multiples luttes intérieures et des invasions qui se succédèrent alors, tous les rapports cessèrent entre le Maghreb et l'Europe chrétienne. Il existait encore, dans l'Algérie du Xe siècle, près de quarante villes épiscopales autour desquelles il y a lieu de penser que les cultures, dont la vigne, furent maintenues. En d'autres lieux, plus arabisés, comme en Tunisie, des colonies chrétiennes s'étaient formées après la huitième Croisade, et bien qu'éparpillées, un commerce de vin put s'établir, par Tunis, entre elles et Marseille. Dans le Fondouk marseillais de Tunis — les fondouks étaient des quartiers réservés aux Européens à l'extérieur de la ville musulmane et protégés par une enceinte — la vente du vin se faisait en gros comme en détail au moyen de mesures poinçonnées. Ainsi, la présence de vin fut maintenue, ce qui semble incroyable à une époque où la Chrétienté se trouvait en lutte quasi permanente avec l'Islam. Elle y fut maintenue jusqu'à l'arrivée des Janissaires qui ensanglantèrent à leur tour le Maghreb. L'activité vinicole s'éteignit alors rapidement pour ne renaître qu'au début du XVIIIe siècle. A cette époque et notamment en Tunisie, sous le règne des Husseinites, la vie sédentaire reprit ses droits ça et là; la maison de pierre reconquit le terrain où les nomades

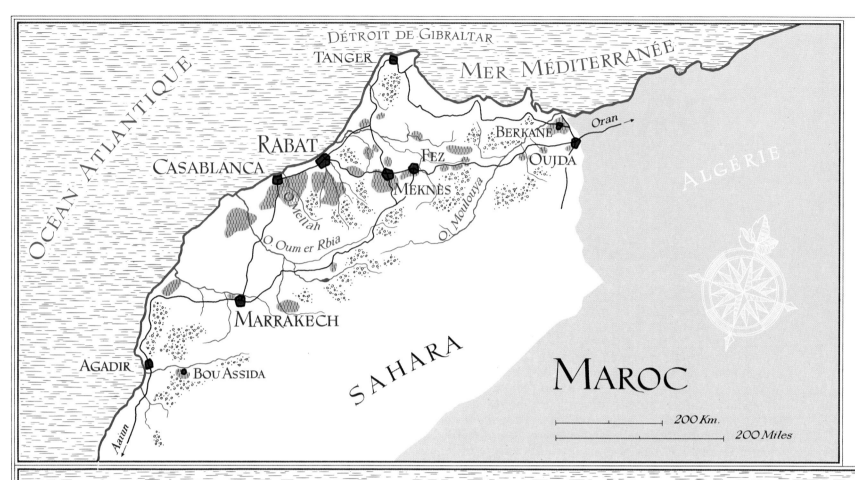

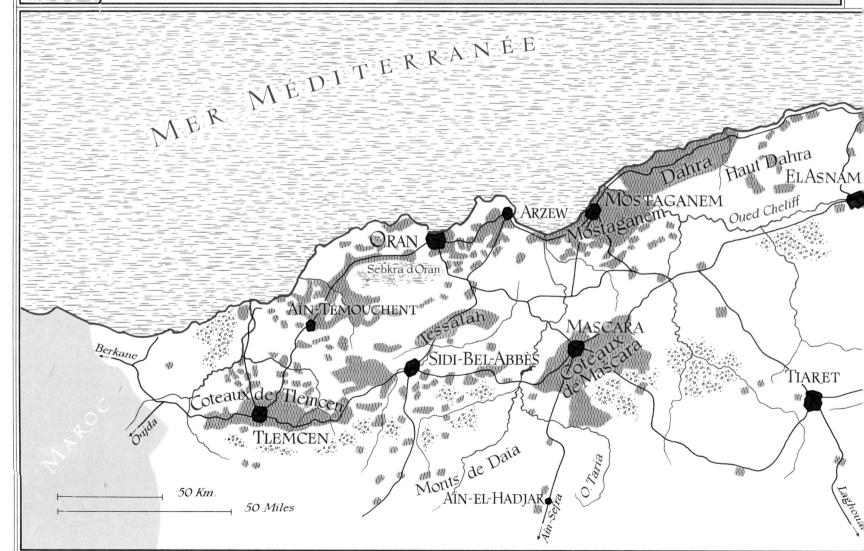

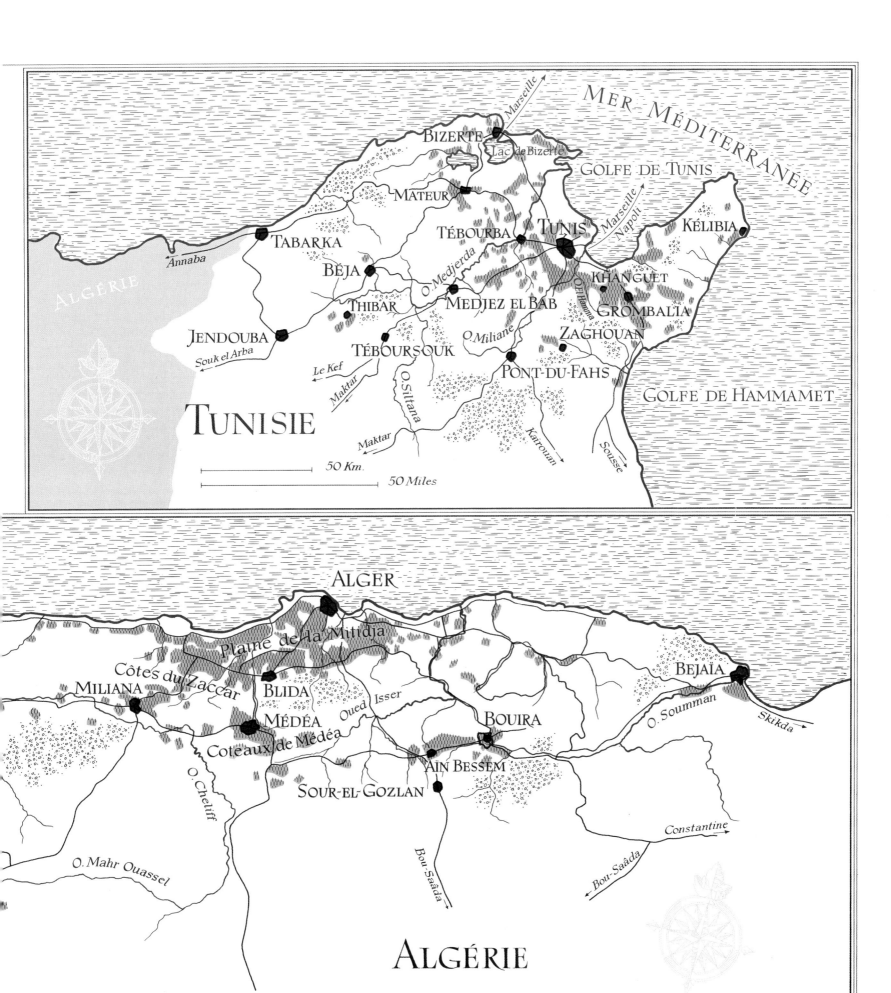

avaient jadis établi leur campement. Quelques vignobles furent alors recréés pour la consommation fruitière, et la Tunisie possédait avant le Protectorat déjà plus de 2000 hectares de vignes.

Les premiers colons de la conquête s'étaient peu souciés de cette culture, bien qu'un petit nombre se fût risqué à tenter une expérience de vinification, sous climat africain, selon des procédés encore inadaptés. Ils se heurtèrent vite au problème de la fermentation des moûts, car l'automne est, en Afrique du Nord méditerranéenne, une saison encore chaude. La température des chais étant très élevée, la fermentation se fait trop rapidement et la qualité du vin s'en trouve bien compromise. Cependant, plusieurs facteurs contribuèrent par la suite à l'expansion de ce vignoble. Ce fut l'immigration des Alsaciens et des Lorrains à partir de 1871, suivie de celle des vignerons vaincus par le phylloxéra, en 1880. Ils vinrent de tous les vignobles de France, apportant une grande diversité de cépages, et purent mettre en valeur une terre immense, sous un climat idéal pour la culture de la vigne. A cela s'ajoutait la possibilité de gagner le marché de la métropole où le phylloxéra avait anéanti les récoltes. Tant en Algérie qu'en Tunisie l'occasion fut saisie d'augmenter le volume de production. Cependant, la situation se stabilisa tandis que le vignoble français se reconstituait par l'implantation de porte-greffes américains résistant au phylloxéra, et que cette maladie gagnait les vignes de l'Afrique du Nord où, rapidement, elle fut enrayée. Ainsi la France se retrouva en peu d'années en possession de deux importants vignobles et il devint nécessaire de remédier à une dangereuse surproduction. De part et d'autre, l'on procéda à de nombreux arrachages dans les vignes qui donnaient des vins de qualité ordinaire. Par bonheur, ceux d'Algérie, lourds, vineux et de robe sombre, pouvaient harmonieusement compléter ceux du Languedoc-Roussillon, plus acides et plus légers; il s'établit alors un réseau permanent d'exportation de vins de coupage d'Algérie vers la France. Le vignoble nord-africain se développa, se modernisa, et grâce à l'implantation de nouveaux cépages tels que l'*alicante-bouschet*, le *cinsault*, le *carignan*, la *clairette* et le *grenache*, et à des méthodes de vinification mieux adaptées au climat, les vins produits gagnèrent en qualité. De 1919 à 1955, l'essor fut remarquable; au cours de cette période, les méthodes de cultures devinrent plus rationnelles, et la vigne une industrie, par son outillage de plus en plus mécanisé et par de nouveaux moyens de transport et de distribution du vin. La vinification elle-même apparut comme une opération industrielle. Le travail — de la récolte à la mise en bouteilles — fut simplifié à l'extrême pour remédier au manque de main-d'œuvre qualifiée. Cependant, l'on se préoccupa aussi de former des vignerons parmi les indigènes à qui l'on dispensa un enseignement agricole dans des centres spécialisés. Si cet effort n'eut qu'une portée réduite, des autochtones, en Oranie surtout, se mirent à cultiver la vigne à vin, vendant ce dernier directement ou par l'intermédiaire des coopératives agricoles, fort nombreuses en Algérie.

Certes, les crises de surproduction ne manquèrent pas, et la rivalité ne cessa jamais d'exister de part et d'autre de la Méditerranée. Mais l'Afrique du Nord avait acquis par sa vigne une dimension économique de réelle importance.

Après les bouleversements politiques dont tour à tour le Maroc, la Tunisie et l'Algérie furent le théâtre, peut-on envisager avec optimisme l'avenir du vignoble nord-africain? Quoi qu'il en soit, la production semble pouvoir se maintenir partout où la vigne n'accapare pas le sol où les gouvernements souhaiteraient développer des cultures vivrières ou industrielles, et dans la mesure où l'exportation du vin vers les marchés étrangers peut être assurée solidement par des accords bilatéraux avec les pays d'Europe et plus particulièrement avec la France. Ainsi, l'existence même du vignoble de l'Afrique du Nord se trouve très étroitement liée à des contingences économiques et politiques.

TUNISIE

Regardant la Méditerranée orientale, le petit port de Kélibia est comme une île, cerné d'un côté par la mer, et de l'autre par les champs d'oliviers et de vignes. C'est le premier vignoble que l'on découvre en abordant le littoral tunisien par l'est. Son raisin, le *muscat d'Alexandrie*, donne un vin plein de sève et comme imprégné des parfums de l'Orient. Mais c'est à Carthage qu'il nous faudrait accoster pour pénétrer de plain-pied dans le grand vignoble tunisien. Là, le sculpteur punique a fixé des grappes de raisin dans la pierre des stèles dédiées à la déesse Tanit. Dans sa forme moderne, ce vignoble de 35000 hectares, est l'œuvre du colon européen qui introduisit, pour suppléer les rares plants indigènes de raisins de table, éparpillés le long de la côte orientale, de nouveaux cépages tels que le *grenache*, le *cinsault*, le *carignan*, l'*alicante-bouschet*, le *mourvèdre*, le *morastel*, le *nocéra*, le *pinot noir* et le *cabernet* pour les rouges, et tels que le *pedro-ximenez*, le *sémillon*, le *sauvignon*, la *clairette de Provence*, le *beldi*, l'*ugni*, le *merseguera*, les *muscats d'Alexandrie*, *de Frontignan* et *de Terracina* pour les blancs.

Compromis par l'invasion du phylloxéra en 1936 seulement, le vignoble tunisien connut, de 1943 à 1953, dix années catastrophiques à l'issue desquelles il

Quand la Tunisie devint indépendante, les vignes étaient presque toutes propriétés d'Européens; les Tunisiens ont continué de cultiver la vigne et de produire du vin, souvent avec des moyens traditionnels, le pays ne pouvant pas se moderniser à la même vitesse que les pays industrialisés. Ce pays produit en moyenne un million d'hectolitres par an.

entama de nouveau une croissance régulière, malgré le départ de nombreux viticulteurs européens après la proclamation de l'indépendance du pays en 1956. Aujourd'hui, 900 exploitations se sont regroupées en coopératives bien équipées, dont les caves sont capables de loger un demi-million d'hectolitres de vin qui, grâce aux soins que lui prodigue un personnel expérimenté, peut atteindre une belle qualité. Mais le stock, déjà considérable, est capable de doubler, voire même de tripler, au gré du marché français qui demeure le principal client. Tandis que la consommation intérieure baisse, l'ouverture de nouveaux débouchés devient urgente.

D'ouest en est, le vignoble tunisien occupe les régions de Bizerte, Mateur et Raf-Raf au nord; de Tebourba, Massicault, Sedjourni, Carthage dans la grande banlieue de Tunis; de Khanguet, Grombalia, Bou Arkoub, Bir Drassen et Kélibia dans le Cap Bon. Il forme ainsi un vaste croissant autour du golfe de Tunis. Mais au sud, d'autres vignobles, de moindre importance

s'en détachent. Ce sont ceux du golfe de Hammamet, de Zaghouan au nord de la Dorsale, et de Thibar au pied des monts de Teboursouk, dans le caïdat de même nom.

La législation tunisienne protège trois types de vin. Tout d'abord, le VIN SUPÉRIEUR DE TUNISIE, rouge, rosé ou blanc, titrant de 11 à 13° suivant la région et le rendement, et dont l'âge est d'un an au moins. Le second type est le muscat bénéficiant de la simple appellation d'origine MUSCAT DE TUNISIE, ou bénéficiant d'une appellation d'origine contrôlée, et alors vendu sous le nom de la commune où il est produit, tel le MUSCAT DE RADÈS ou le MUSCAT DE THIBAR. Enfin, ce sont les vins fins de pays bénéficiant d'une appellation d'origine contrôlée, mais où la mention du cépage n'apparaît pas, tels le RADÈS et le KÉLIBIA.

Exportés pour la plupart, les vins de Tunisie peuvent également être dégustés sur place et l'on aura toujours plaisir à boire un SAINT-CYPRIEN ou un THIBAR du domaine de Saint-Joseph.

ALGÉRIE

La mise en valeur du sol, le développement des techniques de production, de vinification et de commercialisation des vins, qui ont valu à l'Algérie de se placer aux premiers rangs des pays viticoles, est l'œuvre incontestable de la colonisation.

Vingt ans après son indépendance, le jeune Etat algérien, qui peu à peu s'est vidé de sa main-d'œuvre européenne et qualifiée — en même temps que son marché intérieur et non musulman disparaissait — a néanmoins su maintenir vivante la viticulture. C'est tout à son honneur. Cultiver la vigne, véritable moteur de l'économie algérienne, est d'ailleurs une nécessité vitale pour le pays même: plus de la moitié des journées de travail nécessaires à la population agricole est procurée par la vigne. Celle-ci non seulement produit le vin, dont la vente couvre la moitié de la valeur des exportations et alimente en frêt les navires, mais donne naissance à des industries dérivées importantes telles que la fabrication d'alcool, de tartrates, d'huile, d'engrais et de fourrages. Tout cela exige des installations multiples, et l'on conçoit aisément l'importance sociale et économique de la production vini-viticole. Aussi les gouvernants ont-ils la préoccupation essentielle de faire fructifier cet héritage colonial, mais il leur faut accroître la formation professionnelle et enrayer l'exode des campagnes, manifesté depuis 1962. Certes, la préférence risque d'être donnée parfois à la reconversion de régions viticoles en régions de cultures plus indépendantes du marché français, car les contingents de vins ne trouvent de débouchés intéressants que vers l'ancienne métropole, et sont pour l'instant assurés par des accords dont se passeraient volontiers les vignerons français.

Le vignoble algérien est compris entre La Calle, à l'est, et Nemours (aujourd'hui Ghazaouet), à l'ouest. Il s'étend du nord au sud, des rivages de la Méditerranée aux versants sud des hauts-plateaux atlasiques. Sa superficie actuelle est d'environ 200 000 hectares. Mais sa répartition ne présente en fait aucune continuité, car le relief de l'Algérie est des plus mouvementés. Outre quelques plants d'origine indigène (*hasseroum*, *grilla*, *farhana*), tous les cépages cultivés en Algérie viennent d'Europe et ont été greffés sur des plants américains pour lutter contre le phylloxéra. Les vins rouges, qui sont le plus souvent des vins de coupage de fort degré alcoolique, chargés en tannin et corsés, mais qui peuvent être aussi d'excellents vins fins délimités de qualité supérieure ou à appellation d'origine simple, sont issus des cépages suivants: *carignan*, *cinsault*, *alicante-bouschet*, *morastel*, *mourvèdre*, *gamay*, *pinot noir* et *cabernet*. Les vins blancs, généralement de bonne qualité, sont corsés, alcooliques et parfumés. Ils viennent des cépages *clairette*, *grenache*, *ugni blanc*, *faramon*, *macabéo* et *merseguera*; mais il arrive que l'on vinifie aussi en blanc de l'*alicante* ou du *cinsault*. Si

l'influence de la nature du sol, de l'exposition, du climat et du cépage, agit, comme en toute région viticole, sur la qualité du vin, l'altitude semble jouer ici un rôle particulièrement important, car elle définit, à quelque latitude que ce soit, des types distincts qui sont: les vins de plaine, généralement légers et de faible garde; les vins de montagne, corsés, riches, lourds, épais; les vins de coteaux, fins, vifs et exhalant un bouquet délicat. La production actuelle est annuellement d'environ quatre millions d'hectolitres.

ALGÉRIE DE L'EST

DÉPARTEMENT D'ANNABA (BÔNE). Venant de Tunisie par la vallée de la Medjerdah, nous découvrons les premières vignes de montagne, autour de Souk-Ahras, à environ 700 mètres d'altitude. Leur vin est souple, et corsé, et sa robe vive. Si, de Souk-Ahras, nous poursuivons notre route vers l'ouest par Medjez-Sfa, nous pénétrons dans la vallée de l'oued Seybouse, qui, au nord, conduit à la plaine de Bône, et, à l'ouest, à la région de Guelma. Là se développent sur les flancs de la vallée, à une altitude variant entre 100 et 300 mètres, autour de Guelma, Héliopolis et Petit, de beaux vignobles donnant des vins corsés, gras et souples, mais qui «terroitent» légèrement. En direction de Bône, la vigne est rare; il faut obliquer jusqu'à Aïn-Mokra, à l'ouest de la Seybouse, pour la retrouver, ou bien atteindre la côte et longer celle-ci vers l'est jusqu'à La Calle dont le vin est franc de goût, léger et de bonne constitution.

DÉPARTEMENTS DE CONSTANTINE, BATNA ET SÉTIF. Revenant dans la vallée de la Seybouse, nous remontons, après Guelma, l'oued Bou Hamdane puis l'oued Zenati pour déboucher, par le Kroub, sur Constantine au nord, et sur Batna et Lambèse au sud. La région immédiate de Constantine produit des vins d'excellente tenue. Ceux de Batna et de Lambèse sont corsés et souples. Puis par-delà Constantine et le col des Oliviers, nous abordons la région vinicole de Azzaba (Jemmapes) produisant d'honnêtes vins de table. Mais la palme des vins du Constantinois revient, avec ceux de Souk-Ahras, aux BÉNI-MELEK dont le vignoble est établi sur l'éocène des collines de Skikda (Philippeville). Les blancs sont ici recherchés pour leur vigueur et leur robustesse. Toujours plus à l'ouest de Constantine, nous remarquerons les vignobles de la Petite-Kabylie, aux vins légers, vifs et francs de couleur, manquant cependant d'acidité et de corps. On les trouve dans les environs de Djidjelli, de Chefka, sur les contreforts du Djebel Seddets, dans la vallée de l'oued Djinedjerre. Deux vignobles enfin, cernant la Petite-Kabylie, sont, au sud, celui de Sétif, à 1100 mètres d'altitude, et, à l'ouest, celui d'Akbou-El Maten-El Kseur dans la vallée de l'ouest Soummam séparant la Petite de la Grande-Kabylie. La saveur et le bouquet de ces vins sont particulièrement fins.

DÉPARTEMENTS D'ALGER ET DE TIZI-OUZOU. Pénétrant dans la région centrale de l'Algérie, la seconde par son importance vinicole, nous y découvrons d'immenses vignobles. Là, les propriétés des Européens sont aujourd'hui passées sous le régime de l'autogestion et, du fait de l'inexpérience des vignerons improvisés qui remplacèrent du jour au lendemain les colons, de nombreuses vignes, notamment dans la Mitidja, ont été épuisées avant l'âge et abandonnées. La viticulture n'en reste pas moins une des premières activités agricoles tant dans la Mitidja que dans le Sahel d'Alger, de Thénia à Ténès.

Suivant ainsi le littoral, nous trouvons à l'est de la capitale les vignobles de Thénia, Rouïba, Bou Bérah et Abbo. Ces vignobles se prolongent, au sud-est de Reghaïa, par ceux de Saint-Pierre et Arbatache, puis par ceux de Souk-el-Haad, Chabet-et-Ameur, Isserville-lès-Issers, les Isserts, dans le département de Tizi-Ouzou.

Cette région donne des vins rouges très équilibrés. Plus près d'Alger s'étendent les vignes d'Aïn Taïa, de Dar-el-Baïda (Maison-Blanche) et de El Harrache (Maison-Carrée). Dans la zone littorale de la Mitijda, les communes viticoles sont Boufarik, Hadjout, Sidi Moussa, puis Mouzaïa, Blida, El Affroun, et, sur les coteaux, Bouzaréa, Montebello, Béni-Méred, Guyotville, Cheragas, Zeralda, Douera, Mahelma, Kolea, Bou Aroun, etc... Leurs vins, titrant de 10 à 12°, sont frais, coulants et fruités.

DÉPARTEMENT D'EL ASNAM (ORLÉANSVILLE). Les vignes de ce département se situent, au nord, dans le Sahel. Voici Villebourg, Novi, Gouraya et Ténès; puis dans le Dahra, à l'ouest de Hadjout: Meurade et Bou Yersen, donnant des vins de coteaux, solides, nerveux et de vive coloration. En fait, les vins les plus réputés de ce département sont les CÔTES DU ZACCAR, produits au-dessus de Miliana et se prolongeant vers Rouïna et Orléansville. Ce sont des vins relativement corsés, de 11 à 13°, pleins, robustes et nerveux.

Les vignobles de la plaine de la Mitidja, au sud d'Alger (notre photo), donne des vins robustes, sains et de bonne constitution. Autrefois exportés comme vins de coupage, ils le sont aujourd'hui comme vins de table courants. Toutefois la production totale algérienne a baissé: de 8 millions d'hectolitres par an pour 1963-1973, elle est tombée à 4 millions d'hectolitres pour 1973-1979.

DÉPARTEMENT DE MÉDÉA. On y rencontre des vignes à 700 mètres d'altitude, autour des villes de Médéa, Hassen-ben-Ali, Damiette et Lodi, et plus à l'est, à une altitude de 600 mètres, dans la région de Sour-el-Gozlan, Bir-Rabalou et de Aïn Bessem. La réputation des MÉDÉA et des AIN-BESSEM n'est plus à faire. On pourrait leur comparer ceux de Bouïra, non loin de là (au pied du Djurdjura, dans le département de Tizi-Ouzou), tous vins délimités de qualité supérieure.

ALGÉRIE DE L'OUEST

DÉPARTEMENT DE MOSTAGANEM. Cette région, où l'on rencontre encore de très nombreuses propriétés privées, faisait partie, avant l'indépendance, du vaste département d'Oran qui a lui seul produisait plus des deux tiers de la récolte, et sans doute les meilleurs vins d'Algérie.

En descendant l'oued Cheliff par sa rive droite, laissant derrière nous les vignes des côtes du Zaccar, nous trouvons non loin de son embouchure, sur les versants marneux du Dahra, des vins de coteaux, fins, fruités et de bonne garde. Au sud de l'oued, croissent des vignobles de plaine sur des sols argilo-siliceux, autour de Mohammédia, Relizane, et de coteaux, près de Mostaganem, Mesra, Rivoli, Mazagran, Aïn Tédélès... Leurs vins titrent de 10 à 12° seulement, mais ils sont francs et robustes; ceux de Mostaganem bénéficient de l'appellation VDQS, appellation dont jouissent également les vins de Mascara, grand centre viticole situé au sud des monts de Béni-Chougran. Les vins connus sous l'appellation COTEAUX DE MASCARA sont réputés comme les meilleurs d'Algérie. Les MASCARA, issus de vignes d'altitude plus basses, sont de qualité moindre. Le MASCARA est vinifié en rouge, blanc et rosé. Généreux et corsé, il vieillit remarquablement.

DÉPARTEMENT D'ORAN. La vigne, dans ce département, se répartit en quatre grandes zones. A l'est du chef-lieu, dans une magnifique plaine aux paysages languedociens, elle s'étend à perte de vue de Sidi-Chami à Arzew, en passant par Assi-Bou-Nif, Fleurus, Gdyel, Renan et Sainte-Léonie. Plus au sud, c'est le petit vignoble de Saint-Lucien, dans la vallée de l'oued Tlélat. Puis, à l'ouest d'Oran, de part et d'autre du Sahel, s'étagent les vignes de Aïn el Turk et Bou Sfer, regardant la mer; celles de Misserghin et de Brédéah tournées vers le Sebkra d'Oran; enfin, celles des coteaux de M'silah. Ces vignes donnent des vins nerveux et de bouquet prononcé. Au sud-ouest du Sahel d'Oran sont élaborés les vins de Aïn Temouchent et de Aïn Kial, et, en bordure de la plaine de la Metla, ceux de Rio Salado et de Hammam-bou-Hadjar à une altitude moyenne de 400 mètres. Enfin, la dernière région viticole du département est celle des monts du Tessalah, donnant d'excellents vins rouges, blancs et rosés, délimités de qualité supérieure. Les principaux centres sont: Sidi-Bel-Abbes, Sidi-Daho, Sidi-l'Hassen, Sidi-Khaled, Lamtar et Oued Imbert.

DÉPARTEMENTS DE TLEMCEN ET DE SAÏDA. Limitrophe du Maroc, le département de Tlemcen produit des vins fins dont le plus réputé est le COTEAUX DE TLEMCEN. En dehors de Tlemcen, les vignes se répartissent sur les communes de Bréa, Négrier, Mansourah, Aïn Fezza, Lamoricière et Oued-Chouly. Signalons enfin le petit vignoble de Marnia au nord-ouest des monts de Tlemcen, près de la frontière marocaine, et dont les vins sont du même type que les précédents.

Nous terminerons notre tour d'horizon des vignobles de l'Oranais et de l'Algérie par le département de Saïda. Là, nous découvrons, adossés aux Monts de Daïa, et face au Sahara, le vignoble de Saïda et, le plus méridional d'Algérie, celui de Aïn-el-Hadjar, au vin prestigieux.

MAROC

La Maurétanie tingitane, nom donné par les Romains à leur colonie du Maroc, connut la vigne dès l'Antiquité. Aujourd'hui, les vignobles les plus modernes côtoient la vigne traditionnelle dont on consomme directement les raisins. En tout, ce sont 49000 hectares dont plus des quatre cinquièmes sont consacrés à la viticulture, et la production de vin se chiffre à 1000000 hectolitres.

La plupart des vins marocains sont rouges ou rosés, à côté d'une faible quantité de blancs. Les rouges sont généreux et titrent de 12 à 14°. Assez étoffés, ils sont souples, équilibrés et charnus. Les rosés clairs, limpides et spiritueux possèdent une agréable saveur fruitée. Quant aux blancs, élégants, chauds mais un peu lourds, ils se distinguent par leur bouquet. On produit aussi des vins «gris» secs et fruités à Boulaouane, El Jadida (au

sud de Casablanca), et Demnate dans la région de Marrakech, ainsi que des vins de dessert issus de *muscat d'Alexandrie*. Les cépages les plus répandus sont le *cinsault*, le *carignan, le grenache* et l'*alicante-bouschet* pour les rouges. Les vins blancs sont produits à partir du *pedro ximenez*, du *plant X*, de la *clairette* et du *grenache*. Les principales régions de viticultures s'étendent: à l'est, près de Oujda, Berkane, Anged El Aioum et Taourirt; autour de Taza, Fez et Meknès (dont les vins rouges, assez légers, sont les plus réputés du Maroc); enfin, les environs de Rabat et la plaine des Chaouïa. D'autres vignobles s'éparpillent dans le sud marocain, entre Safi et Mogador et plus à l'est le long de l'oued Tensift jusqu'à Sidi-Addi; et même jusqu'à Bou Assida sur les versants sud-ouest du Haut-Atlas.

LES VINS D'AFRIQUE DU SUD

KENNETH MAXWELL

La vigne a trouvé dans le sol du cap de Bonne-Espérance un terrain d'élection. Elle y a prospéré pendant plus de trois siècles. Aujourd'hui, les vignobles s'étendent à travers les coteaux et les vallées de l'arrière-pays depuis le pied de la montagne qui s'élève au-dessus de la baie de la Table jusqu'à la chaîne de montagnes pourpres dont l'imposante stature confère au Cap sa magnificence et sa beauté.

Sur un fond de montagnes et de collines, les vignobles du Cap donnent sur un des plus attrayants panoramas du monde. Les fermes avec leurs pignons et leurs façades blanches sont l'histoire même des premiers colons. Elles reflètent la volonté et le caractère de ceux qui ont conçu l'architecture si caractéristique du Cap et qui est inspirée de modèles néerlandais.

En février 1655, trois ans après le premier établissement néerlandais au cap de Bonne-Espérance, un long-courrier de la Compagnie néerlandaise des Indes orientales entrait dans la baie de la Table avec à son bord une petite quantité de plants de vigne européens. Johan van Riebeeck, gouverneur de la colonie, repiqua ces plants dans les jardins de la Compagnie néerlandaise des Indes orientales, situés au pied de la montagne de la Table. Quatre ans plus tard, on pressa ces grappes pour faire le premier vin du Cap: ce fut le point de départ de la viticulture en Afrique du Sud. Quelque vingt ans plus tard, le gouverneur Simon van der Stel repiqua lui-même 100000 pieds de vigne dans une ferme modèle de la vallée de Constantia, encourageant ainsi les colons à développer la culture de la vigne. A la fin du XVIIᵉ siècle, un nombre important de réfugiés huguenots français affluèrent au Cap. Ils apportaient avec eux l'expérience et les secrets de la fabrication du vin et s'établirent dans les vallées de Stellenbosch, de Paarl, de Drakenstein et de Franschhœk, édifiant des exploitations vinicoles et améliorant grandement la qualité des vins de la région. Aujourd'hui, certaines de ces exploitations portent encore leurs noms français d'origine.

Les récoltes s'accrurent; on expédia bientôt du vin à Batavia. Il faut rappeler que la raison initiale de l'établissement d'une colonie au Cap fut l'installation d'une escale de ravitaillement entre les Pays-Bas et les Indes orientales. Quand le fameux vin de Constantia fut connu en Europe, on en expédia de grandes quantités en Angleterre et vers le continent.

Sise dans la vallée de Constantia, la ferme Groot-Constantia, alors propriété de la famille Clœte, produisait la majeure partie du vin sud-africain. On décrivait le muscat de Constantia comme «indiscutablement un vin de dessert, fort et délicat, et ayant dans son bouquet quelque chose de singulièrement agréable». En 1805, l'Angleterre, en guerre contre Napoléon, occupa le Cap pour la deuxième fois; elle revenait s'approvisionner au Cap, ne pouvant plus le faire en France. On encouragea les cultivateurs à produire, pour l'exportation des vins de qualité. Un dégustateur officiel fut nommé pour goûter les vins exportés et s'assurer qu'ils avaient la qualité et le vieillissement requis. Pour favoriser plus encore l'exportation, le Gouvernement britannique introduisit en 1813 des tarifs préférentiels pour les vins coloniaux importés. L'effet fut foudroyant. La production de vins de toutes sortes, à la fois naturels et liquoreux, qui était, en 1813, de 930000 gallons (41850 hectolitres), atteignit, en 1824, 2442000 gallons (109890 hectolitres) dont 1011000 furent exportés. Cependant, les tarifs préférentiels furent progressivement réduits jusqu'à être finalement abolis en 1861 par le gouvernement de William Gladstone.

En 1885, le phylloxéra ravagea les vignobles du Cap, plaçant les viticulteurs dans une triste situation. On élimina finalement la maladie selon le procédé habituel en greffant les vignes sur des souches américaines résistant au parasite. Après la guérison, la surproduction fut un nouveau problème durant la première partie du XXe siècle. Les vignobles devinrent si généreux qu'en 1916 les vignerons devaient se contenter d'un penny par bouteille de bon vin.

Pour éviter une nouvelle crise de surproduction, une organisation coopérative fut créée. Personne ne pensait que cette organisation, fondée en 1918, allait devenir un moyen de contrôle tout puissant, dirigeant et réglant les activités des vignerons et des producteurs. En 1916 déjà, les principaux viticulteurs s'étaient réunis à plusieurs reprises pour discuter la possibilité d'établir une organisation centrale qui protégerait leurs intérêts. Un projet de coopérative centrale fut établi et présenté à Paarl lors d'une gigantesque assemblée. Le résultat fut la fondation, en 1918, de l'organisation connue sous le nom de Ko-operatieve Wijnbouwers Vereniging van Zuid-Africa (association sud-africaine de coopératives vinicoles), dite K.W.V. Elle était et est encore constituée surtout par des Afrikaners. La nouvelle organisation avait comme but principal de diriger, contrôler et régler la vente et l'écoulement de la production de ses membres, mais aussi de leur garantir ou tenter de leur garantir un profit adapté à cette production. Actuellement, un des pouvoirs principaux de la K.W.V. se borne au contrôle de la production. Ce contrôle s'effectue selon les normes suivantes: nul ne peut produire de vin sans l'autorisation de la K.W.V.; celle-ci fixe la production annuelle maximale de chaque vignoble et le prix minimal des bons vins et des vins de distillation; elle établit la fraction en « surplus » de la récolte de chaque producteur, laquelle doit lui être livrée sans frais; les producteurs ne peuvent passer de contrats de vente avec les négociants sans l'approbation préalable de la K.W.V. qui en reçoit les paiements; par ailleurs ils ne peuvent vendre une partie de leur récolte aux particuliers qu'avec l'autorisation expresse de la coopérative.

RÉGIONS VINICOLES

Le vignoble de l'Afrique du Sud se situe dans le sud-ouest de la province du Cap et se divise en deux grandes parties distinctes. La première comprend les régions de Stellenbosch, de Paarl, de Wellington, puis celle qui va de Malmesbury à Tulbagh, enfin la péninsule du Cap avec la fameuse vallée de Constantia. Là, le climat est tempéré, avec un temps doux, au printemps; chaud et parfois très chaud, en été; doux ou chaud, en automne; froid et humide, en hiver. Cette région relativement limitée—petite même, quand on la compare aux régions vinicoles européennes productrices d'un grand type de vin avec des variantes— peut produire la plupart des vins renommés, grâce à la grande variété des sols et du relief. On y trouve la plupart des vins naturels de consommation courante.

Puis vient la région d'altitude plus élevée connue sous le nom de Little Karoo, et qui s'étend de Ladismith à Oudtshoorn, entre le Drakenstein et le Swartberg, embrassant Worcester, Robertson, Bonnievale et Swellendam. Avec un climat plus sévère que celui de la région côtière—moins de pluie et plus de chaleur, d'où la nécessité d'irriguer— cette région produit en grande partie des vins de dessert, xérès ou portos.

CÉPAGES. Il pousse dans ces deux régions une grande variété de raisins. Les cépages utilisés pour les blancs (*riesling, steen, blanc français, clairette blanche*) prospèrent sur la côte. Les cépages *hermitage, cabernet sauvignon, shiraz* donnent des rouges légers. Le *pinot*, le *gamay*, le *cabernet*, l'*hermitage*, le *shiraz* et le *pinotage* donnent des rouges corsés. En ce qui concerne les vins—les meilleurs proviennent de Paarl, Stellenbosch et Tulbagh—, les plus robustes sont produits dans les régions voisines de la côte (Constantia, Somerset-West, certaines parties de la région de Stellenbosch), tandis que les rouges légers viennent des régions de Paarl et de Durbanville. Le *pinotage*, développé par un chercheur de la K.W.V. qui croisa l'*hermitage* et le *pinot*, est très connu en Afrique du Sud. On le plante maintenant d'une façon assez extensive et son vin réunit les qualités les meilleures des deux espèces. C'est un rouge corsé, agréablement distingué, au bouquet fruité et parfumé qui n'est pas sans rappeler celui du beaujolais. Dans le Little Karoo, le *blanc français*, l'*hermitage*, le *hanepoot*, le *muscat* et le *sultana* produisent les vins de dessert.

CLIMAT. Dans l'hémisphère sud, le calendrier de croissance du raisin est bien entendu différent de celui de l'Europe; cependant l'influence des saisons est à peu près semblable. Le printemps, entre septembre et novembre, est l'époque la plus chargée pour le viticulteur. Le raisin mûrit pendant l'été, de décembre à février, on récolte en automne, entre mars et mai. L'hiver, froid et humide, tombe au milieu de l'année.

Le climat d'Afrique du Sud est généreux et le soleil pose des problèmes aux vignerons. Alors qu'en Europe la vendange mûrit dans le froid de l'automne, après un été relativement court, la vendange du Cap mûrit pendant la chaleur du milieu de l'été, ce qui crée des difficultés particulières de fermentation et de vieillissement. Mais en même temps, le raisin qui mûrit pendant les plus grandes chaleurs contient une forte quantité de sucre qui n'équilibre pas toujours l'acidité; le vigneron du Cap est bien moins affecté par les humeurs du temps que son homologue européen, car chaque année est une bonne année! On recherche cependant la fraîcheur durant le mûrissement du raisin, car elle facilite la conservation du bouquet et de l'arôme, particulièrement des cépages blancs. Certains fermiers échallassent pour éloigner les grappes du sol pendant la saison torride de la mi-été, tandis que d'autres prétendent qu'une bonne couverture de feuilles protège le raisin de l'ardeur du soleil. On accorde par ailleurs beaucoup

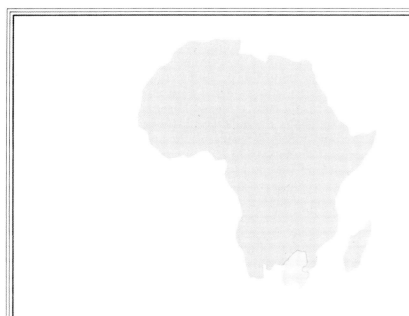

REPUBLIC OF SOUTH AFRICA

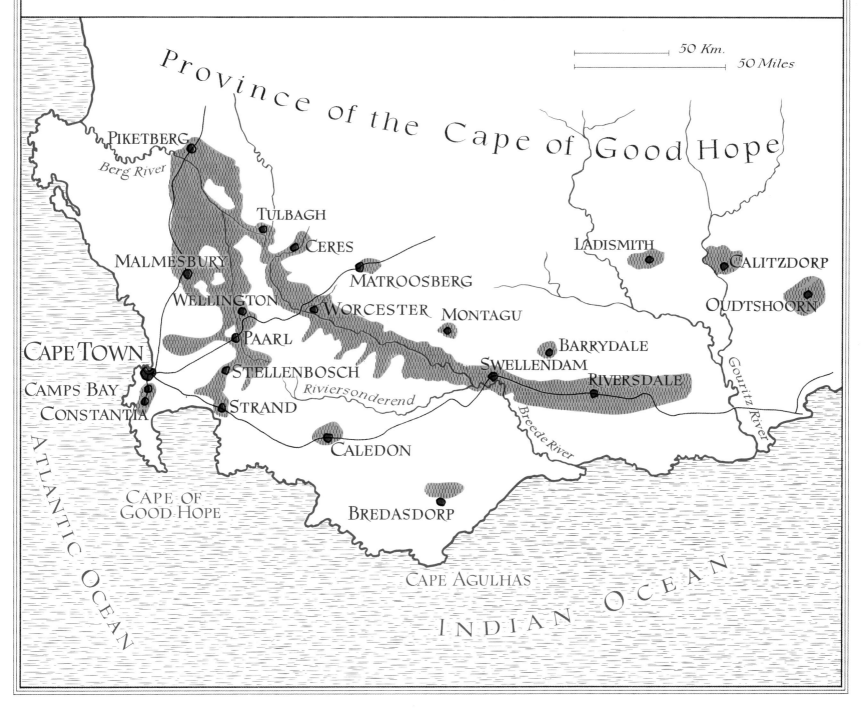

Province of the Cape of Good Hope

50 Km.

50 Miles

PIKETBERG

Berg River

TULBAGH

CERES

LADISMITH

CALITZDORP

MALMESBURY

MATROOSBERG

OUDTSHOORN

WELLINGTON

WORCESTER

MONTAGU

CAPE TOWN

PAARL

BARRYDALE

STELLENBOSCH

SWELLENDAM

RIVERSDALE

CAMPS BAY

Riviersonderend

Gouritz River

CONSTANTIA

STRAND

Breede River

CALEDON

ATLANTIC OCEAN

CAPE OF
GOOD HOPE

BREDASDORP

CAPE AGULHAS

INDIAN OCEAN

d'importance à l'orientation des vignobles car on sait que les vignes cultivées sur les frais coteaux orientés au sud donnent les meilleurs raisins blancs, tandis que pour les raisins rouges les vignerons préfèrent les sites orientés vers le nord, c'est-à-dire du côté soleil.

CARACTÈRES GÉNÉRAUX DES VINS

Les produits des vignobles du Cap ne peuvent être identiques aux vins européens, quoiqu'on utilise, pour simuler des conditions semblables à celles de l'Europe, des méthodes modernes de réfrigération et de contrôle durant la fermentation et le vieillissement. Quand bien même le raisin et le sol seraient identiques à ceux de l'Europe, la chaleur du Cap élève la teneur en sucre, diminue l'acidité et donne par conséquent un vin différent. En cela, ceux qui regarderaient les vins d'Afrique du Sud comme l'exacte réplique des vins européens se priveraient d'une jouissance opportune. Les vins du Cap possèdent leur arôme et leur caractère propres, malgré la parenté certaine qui les lie aux vins européens.

L'apparition des vins blancs fins du Cap se fit avec l'introduction du contrôle de la température dans les caves. En utilisant de grands réservoirs en acier, le vigneron peut maintenant contrôler la vitesse de fermentation à basse température et reproduire le climat frais de l'Europe pour maintenir au vin son parfum délicat et sa saveur. On maintient une température faible soit en faisant circuler de l'eau froide dans les tuyaux traversant le moût, soit en faisant circuler le moût lui-même à travers un bloc réfrigérant, soit encore en refroidissant la cave par air conditionné.

Pour obtenir les vins légèrement doux, si populaires en Afrique du Sud, on arrête la fermentation soit en utilisant du gaz sulfureux, soit en comprimant ou en refroidissant le moût de telle sorte que le vin, qui contient les 2% de sucre autorisés, garde une partie de sa douceur naturelle. Après le vieillissement dans des caves rafraîchies, le soutirage et le filtrage assurent la clarification du vin. En Afrique du Sud, les vins blancs sont mis en bouteilles et bus jeunes encore, parfois après six mois seulement, pendant qu'ils sont encore frais, lumineux et d'un goût délicieusement fruité.

Le RIESLING est probablement le meilleur vin blanc du Cap, suivi de près par le STEEN. Le RIESLING tend à être le plus sec, mais n'est pas, comme le laisse supposer le climat du Cap, aussi sec que le RIESLING allemand. Habituellement, le STEEN est demi-doux, mais parfois il peut être sec, comme le RIESLING peut, lui, être demi-sec ou demi-doux. Ces vins frais, d'une saveur, d'un fruité et d'un arôme agréables, ont cependant tendance à être plus corsés que les vins demi-doux européens. Les vins issus de la *clairette blanche* sont plus délicats. Bus jeunes, l'on appréciera leur fraîcheur mordante et leur arôme parfumé.

La vinosité des vins blancs du Cap (de 11 à 12% d'alcool en volume) est légèrement supérieure à celle des blancs européens. On produit maintenant du SPÄT-LESE, vin mi-flétri, qui contient légèrement plus d'alcool, et des vins de robe jaune sombre, très attrayants, provenant de *steen*, de *riesling* ou même de *hanepoot*, qui est le nom local du *muscat d'Alexandrie*.

Quant aux vins rouges du Cap, ils sont vieillis deux ou trois ans avant l'embouteillage. On peut très bien les boire alors, la plupart étant secs et d'un parfum très agréable, mais pour les abonnir les connaisseurs les laissent encore vieillir deux ou trois ans. Malheureusement, quelques producteurs seulement prennent le soin d'indiquer sur leurs étiquettes l'année de la récolte, et encore s'agit-il là de vins provenant de petits domaines dont les raisins sont reconnus de qualité. Par ailleurs, quelques restaurateurs avertis se donnent la peine d'encaver le vin pendant deux ans pour éviter toute surprise désagréable et lui permettre d'affirmer ses plus belles qualités.

Les vins rouges du Cap sont ceux qui se rapprochent le plus des vins européens. Des rouges corsés provenant de *cabernet*, *pinot noir*, *gamay* et *hermitage*, cultivés dans les régions de Paarl, Stellenbosch et Durbanville sont du type bourgogne, avec toutes les qualités que cela peut représenter. Les rouges légers tendent plus vers le type bordeaux et proviennent de raisins de la vallée de Constantia, dans les régions de Stellenbosch et de Somerset-West. Le *shiraz*, en particulier, prospère au Cap et donne un vin rouge riche en bouquet. Il est souvent coupé avec de l'*hermitage* ou du *cabernet* et donne alors, après vieillissement, un vin corsé d'une certaine distinction. Le vin issu de *pinotage*, avec sa robe vive, son fruité et son bouquet prononcé, est l'un des meilleurs vins rouges corsés du pays.

Les rosés, plus légers, ont une popularité grandissante, leur fraîcheur étant spécialement recherchée sous la chaleur sud-africaine. Alors qu'ils ont la couleur des rouges et gardent les caractéristiques principales des blancs, ils ont tendance à être astringents et à manquer de corps.

APPELLATIONS. La législation sud-africaine fait défaut en ce qui concerne l'utilisation de la formule «vin à appellation d'origine contrôlée». Au sens strict, une telle définition ne convient pas aux vins d'Afrique du Sud. En effet, beaucoup de vins sont décrits comme «mis en bouteilles» dans tel domaine, mais le plus souvent ne proviennent certainement pas de raisins récoltés sur un seul et même domaine ou résultent d'un mélange de vins d'origines différentes. Il convient d'ajouter que la mention «appellation d'origine contrôlée» n'intéresserait probablement pas le consommateur sud-africain, celui-ci ayant davantage confiance dans une garantie de qualité standard offerte par les grandes exploitations. En fait, le nom du cépage est parfois indiqué sur l'étiquette; c'est là une indication non négligeable, car l'amateur saura faire son choix entre un vin issu de *riesling*, de *cabernet* ou de *pinotage*.

370

Comme beaucoup de vins fins ne portent qu'un nom de marque, la seule méthode d'investigation reste la dégustation. Certaines étiquettes portent la mention « selected » (sélectionné), ce qui veut dire que le raisin a été choisi avant le pressurage ou que le vin, jeune encore et avant d'être traité et vieilli, a été sélectionné comme étant d'excellente qualité. Cette mention n'est certes pas négligeable pour juger de la qualité du contenu d'une bouteille. Le millésime de la récolte, nous l'avons vu, est rarement indiqué; le consommateur sud-africain y prête rarement attention et les vignerons prétendent que la qualité est semblable d'une année à l'autre, les conditions climatiques restant constantes!

Enfin, on rendra attentif le consommateur étranger au fait que les vins appréciés par les Sud-Africains peuvent lui paraître, à lui, trop doux ou trop lourds. Inversement, l'amateur de vins européens pourra très bien faire son bonheur d'un vin tenu pour quelconque par les Sud-Africains. Plus de 90% des vins d'appellation d'origine sont produits et vendus par quatre firmes. Ces établissements, à la fois producteurs et négociants, s'approvisionnent en raisins dans leurs vignobles ou dans les vignobles voisins et produisent leurs propres vins ou achètent les vins jeunes des exploitations ou des caves coopératives. Ils sont équipés d'immenses caves et d'installations modernes.

La Stellenbosch Farmer's Winery (S.F.W.), qui englobe aussi le groupe Monis, fournit le plus grand choix de vins. Ceux de Zonneblœm sont les vins de première ligne de la S.W.E.; ce sont d'une part d'excellents blancs issus de *riesling* et de l'autre, un CABERNET sec et corsé au bouquet délicieux. Citons enfin le ZONNEBLŒM mi-flétri au caractère demi-doux et bien mûr.

Dans un autre domaine de la S.F.W., qui se nomme Lanzerac et dont l'origine remonte à 1692, une magnifique ferme de type néerlandais bien conservée a été transformée en hôtel dont la renommée est aujourd'hui internationale. Les vins de Lanzerac, vendus dans des bouteilles en forme de « goutte de rosée », comprennent deux blancs: le RIESENSCHON, vin sec issu de *riesling*, et un vin demi-doux, le STEEN GRÜNMÄDCHEN. Dans les LANZERAC rouges, on trouve un CABERNET corsé et un bon exemple de PINOTAGE plus léger que le précédent, mais encore assez corsé. Le rosé est lui aussi léger et demi-doux.

Des caves « Oude Libertas » de la S.F.W., qui datent de 1707, proviennent deux vins blancs très populaires à prix modérés: le GRATITUDE, du type chablis sec, et le TASHHEIMER GOLDTRÖPFCHEN, du type vin du Rhin demi-doux. Le CHÂTEAU LIBERTAS, portant le nom des fameuses vieilles caves, est un bordeaux sec très connu.

La Stellenbosch Farmer's Winery produit aussi une série de vins ordinaires très répandus sur le marché, comprenant un bordeaux, le TASSENBERG et un vin demi-doux appelé ZONNHEIMER ayant le goût du *hanepoot*. Le LIEBERSTEIN, un blanc demi-doux ayant fait l'objet d'une abondante publicité, est certainement le plus populaire.

Le domaine Nederburg, associé récemment à la S.F.W., s'est aventuré le premier à introduire au Cap les méthodes allemandes de vinification par fermentation et vieillissement à basse température. De plus, ce domaine a une politique ferme: il ne plante et ne propage que des vins de race pure.

Un joli choix de blancs vient des caves Nederburg. Le HOCHHEIMER, un vin du type riesling du Rhin, et le MI-FLÉTRI, pour ceux qui aiment les spätlesen plutôt doux, sont remarquables. Le SYLVANER-NEDERBURG est un blanc agréable assez sec, mais le SELECTED RIESLING et le RIESLING sont, à des prix modérés, les blancs les plus vendus. Les CABERNETS sont corsés et d'un goût de noisette. Notons qu'aucun vin ordinaire ne figure dans la série des NEDERBURG.

Gilbey-Santhagens, de Stellenbosch, offre au consommateur plusieurs vins connus sous le nom de TWEE JONGEZELLENS (deux jeunes célibataires). Le RIESLING « 39 » est du type vin du Rhin sec, au bouquet très agréable, alors que le STEEN SUPÉRIEUR est un rhin demi-sec. Les vins les moins chers de la série TWEE JONGEZELLENS sont le RIESLING sec, le STEEN demi-sec, le LIEBFRAUENMILCH demi-doux, et un rosé doux.

Les vignobles du Cap ont ceci de particulier que ce sont les endroits exposés au nord qui reçoivent le plus de soleil et que la vendange se fait entre mars et mai.
Ci-dessous, la fameuse vallée de Constantia.

La Distillers Corporation of South Africa (la corporation sud-africaine des distillateurs) met sur le marché deux vins de qualité moyenne provenant du Clos de la Résidence, très appréciés par les amateurs de rafraîchissements peu coûteux. Le THEUNISKRAAL, agréablement sec et de bonne saveur, est un riesling tandis que l'ALTO ROUGE est un vin sec très savoureux, issu de *cabernet*. Le GRÜNBERGER, du type steen demi-sec, contenu dans une bouteille particulière, le VILLA BIANCA et le VILLA ROSA, deux autres vins demi-secs, proviennent des mêmes caves. La Corporation propose aussi les vins ordinaires de la gamme renommée des WITZENBERG.

La Castle Wine and Brandy Company of Capetown offre une gamme de vins blancs du nom de VLOTTENHEIM ESTATES OF VLOTTENBERG. On y trouve un SYLVANER demi-sec très agréable, un SCHLOSSBERG, un RIESLING KABINETT sec de qualité et un HONIGBERG demi-doux. Mis à part ces vins, le plus connu est le ROUGEMONT, bordeaux moelleux qui connaît un grand succès. La majorité des autres produits de la compagnie est cependant constituée de vins plus ordinaires.

Il existe un certain nombre de clos individuels dont les vins valent la peine d'être recherchés, mais leur production réunie est faible en regard de celle des grandes maisons. On ne les trouve que dans leur région d'origine, leurs propriétaires n'éprouvant pas la nécessité de trouver des marchés extérieurs. Nous prendrons ces crus par ordre alphabétique, aucun d'entre eux ne présentant réellement plus d'intérêt que les autres. La liste commence par Alphen, le domaine bicentenaire de la vallée de Constantia. A côté de bons xérès et de bons vins de dessert, Alphen possède un ALPHEN RIESLING SELECTED et deux bordeaux légers. Le domaine de Bellingham (de Groot-Drakenstein) s'efforce d'égaler les vins d'appellation contrôlée européens, avec une gamme équilibrée de produits de qualité, et offre un remarquable BLANC SEC PREMIER GRAND CRU, un JOHANNISBERG demi-sec, un délicieux SHIRAZ, un STEEN et un rosé. Le clos Delheim, de Kœlenhof, produit un SPATZENDRECK mi-flétri, pour ceux qui aiment le blanc plutôt doux, et des vins rouges très acceptables, comprenant un PINOTAGE corsé et un CABERNET-SAUVIGNON.

De Muratie, à Kœlenhof, viennent des rouges de table très attachants. Le CABERNET-SAUVIGNON est un bordeaux léger et parfumé, alors que le GAMAY PINOT-NOIR corsé a les qualités du bourgogne et qu'un BORDEAUX a une légère saveur d'*hermitage*. Le domaine Schoongezicht, près de Stellenbosch, produit deux vins très recherchés par les connaisseurs, particulièrement le RUSTENBERG, vin sec et corsé issu de *cabernet*. Il a les caractéristiques d'un vin de Médoc et a couronné de succès d'excellentes vendanges. L'autre est un blanc plein de saveur et au riche bouquet, qui tire son nom du domaine où on le récolte. On utilise aussi, pour ce vin, des raisins de *clairette blanche*. Le clos Uitkyk, à Mulders Vlei, produit

deux vins qui gagneraient à être connus. Le premier est un blanc sec, vendu sous le nom de CARLSHEIM, l'autre est le CARLONET CABERNET, rouge, corsé mais très frais.

Pour les vins mousseux, le GRAND MOUSSEUX de la Stellenbosch Farmer's Winery, allant de l'extra-sec au doux, est de loin le plus populaire. Ces vins, quelque peu plus doux que les mousseux européens, ont une saveur très fruitée.

En ce qui concerne les vins liquoreux, l'Afrique du Sud a sans aucun doute d'excellents produits. La gamme des vins de dessert est immense. Elle couvre tous les types. Il est difficile de retenir parmi eux une appellation particulière, mais signalons par exemple le MOOIUITSIG WYNKELDERS de Bonnievale; la S.F.W. produit aussi une MUSCADINE délicieuse; son MONIS MARSALA est quant à lui excellent. Deux caves offrent à la vente des vins qui, paraît-il, seraient identiques au fameux vin de Constantia du XVIIIe siècle : le CONSTANTIABERG et le SCHOONGEZICHT FRONTIGNAC.

La gamme des portos que l'on peut trouver au Cap est également très large. Les topazes ambrés sont les plus légers. Ils vont des rouges très clairs aux rouges foncés. Les rubis sont plus riches en couleur et plus corsés. Les vintages, produits en quantités limitées, sont rouge foncé et corsés, leur moelleux provenant de dix à quinze ans de vieillissement en bouteille.

Les meilleurs portos sud-africains naissent dans la région côtière autour de Paarl et Stellenbosch. La plupart des cépages utilisés viennent de la région portugaise du Douro, lieu de naissance du porto. On utilise aussi, en vue du coupage, les *pontacs*, *mataros* et *shiraz*. On prend soin d'assurer un vieillissement suffisant bien que la période nécessaire soit plus courte sous le climat sud-africain qu'en Europe.

Les xérès sud-africains sont issus d'authentiques *xérès flor*. Les vignobles de xérès du Cap sont à la même latitude sud que la latitude nord des régions espagnoles productrices de xérès. De plus, le principal cépage utilisé est le *palomino*, base des xérès espagnols. Les cépages donnant les xérès clairs poussent à Paarl, Stellenbosch, Tulbagh et Goudini dans le sud-ouest du Cap. Les xérès les plus corsés viennent de Worcester, Robertson, Montagu et Bonnievale. La K.W.V. est de loin le plus grand producteur et exportateur des xérès du Cap. Elle possède en vieillissement des stocks de vins de plusieurs millions de litres.

Quoiqu'on ne connaisse pas en Afrique du Sud le xérès très sec et pâle demandé en Europe, on trouve cependant d'autres excellents xérès. Les plus secs—qui le sont en fait beaucoup moins que leurs homologues espagnols—sont les « finos » et les « amontillados » de couleur assez pâle et de saveur délicate. Les « olorosos » sont plus foncés, franchement corsés et doux. Quant aux xérès venus au terme de leur vieillissement par « solera », ils présentent une robe beaucoup plus foncée et une saveur beaucoup plus douce qu'en Espagne.

VINS D'AFRIQUE

ALGÉRIE

Aïn Bessem-Bouira	Coteaux de Médéa	Côtes du Zaccar	Miliana
Aïn El Hadjar	Coteaux de M'Silah	Haut-Dahra	Monts du Tessalah
Coteaux de Mascara	Coteaux de Tlemcen	Mascara	Mostaganem-Dahra

TUNISIE

Cap Bon	Kélibia	Muscat de Thibar	Sidi-Tabet
Carthage	Muscat de Kélibia	Radès	Thibar
Coteaux de Khanguet	Muscat de Radès	Saint Cyprien	Tébourba

AFRIQUE DU SUD

VINS DE QUALITÉ SUPÉRIEURE

Vins blancs secs	Bellingham Premier Grand Cru Carlsheim 8	Lanzerac Riesenschön Nederburg Riesling	Nederburg Selected Riesling Twee Jongegezellen Riesling « 39 »
Vins blancs demi-secs	Bellingham Late Vintage Bellingham Vintage Johannisberger	Nederburg Sylvaner Twee Jongegezellen Stein	Twee Jongegezellen Stein Superior Vlottenheimer Sylvaner
Vins blancs demi-doux	Bellingham Selected Steinwein Blumberger Late Harvest Charantelle Delheim Late-Harvest « Spatzendreck »	Delheim Selected Stein Goldspatz Kupferberger Auslese Lanzerac Grünmädchen Nederburg Hochheimer Nederburg Late Harvest	Nederburg Stein Tulbagher Twee Jongegezellen Spätlese Vlottenheimer Schlossberg Zonneblœm Late Harvest
Vins rouges secs	Lanzerac Pinotage Lanzerac Cabernet	Nederburg Selected Cabernet Stellenrood	Zonneblœm Cabernet Alphen Special Old Vintage
Vins rouges demi-secs	Bellingham Shiraz	Carlonet Cabernet	
Vins rosés secs	Bellingham Rosé	Nederburg Rosé Sec	
Vin rosé demi-sec	Bellingham Almeida		
Vins rosés demi-doux	Lanzerac Rose	Nederburg Rose	

VINS DE TRÈS BONNE QUALITÉ

Vins blancs secs	Alphen Dry White Alphen Selected Riesling Bellingham Riesling Constantia Riesling Culemborg Selected Riesling Delheim Riesling Delheim White-French De Rust Riesling Huguenot Riesling	La Gratitude La Residence Theuniskraal J.C. le Roux Mont Pellier Molenburg Riesling Muratie Riesling Muratie Stein Paarl Valley Old Riesling Prestige Selected Riesling Prestige Selected Stellenblanche	Schoongezicht Stellenvale Selected Riesling Stellenvale Selected Stellenblanche Theuniskraal Twee Jongegezellen Liebfraumilch Twee Jongegezellen Riesling Vlottenheimer Riesling Kabinet White Leipzig Witzenberg
Vins blancs demi-secs	Delheim Selected Riesling De Rust Stein Grunberger Stein	Tafelheim Villa Bianca	Vlottenheimer Selected Riesling Witzenberg Grand

Vins blancs demi-doux	Amaliensteimer	Liebfrauborg	Stellenvale Estate Riesling
	Bruderberg Na Œs (late harvest)	Lombards Liebfraumilch	Tasheimer Goldtröpfchen
	Capinella	Molenberg Stein	Vlottenheimer Honigberg
	Constantia Valley Stein	Molenhof Stein	Volson
	Culemborg Selected Stein	Monis Steinheimer	Winterhock Stein
	Gezellen Liebfraumilch	Stellenvale Hochheimer	Witzenberg Spatlese
	Kloosterberg		
Vins blancs pétillants	Culemborg Perlé	La Provence	Nauheimer
Vins rouges secs	Bodenheim	Delheim Pinotage	Rustenburg
	Bruderberg Selected Cabernet	La Résidence Alto Rouge	St. Augustine
	Château Alphen	Muratie Claret	Valais Rouge
	Château Constantia	Muratie Pinot noir-Gamay	Vredenburg
	Château Le Roux	Nederburg Cabernet	Alphen Red
	Château Libertas	Province Red	Muratie Cabernet Sauvignon
	Château Monis	Rougemont	Vlakkenberg
	Delheim Cabernet-Sauvignon		
Vins rouges demi-doux	Back's Claret (light-bodied)	Stellenvale Cabernet (light-bodied)	
Vin rosé sec	Valrosé		
Vin rosé demi-sec.	Villa Rose		
Vins rosés demi-doux	Culemborg Rose	Rosala	Witzenberg Grand Rose
	La Provence	Twee Jongegezellen Rose	

VINS DE DESSERT ET D'APÉRITIF

Vins de dessert	Amarella	Malvasia	Mooiuitsig White Muscadel
	Consanto	Miranda	Liqueur Wine
	Constantia Berg	Monis Barbola	Morilos Marsala
	Golden Bonwin	Monis Marsala	Muscadine
	Golden Mantilla	Monis Moscato	Ruby Bonwin
	Kloovendal	Mooiuitsig Red Muscadel Liqueur	Rynilla
	La Rhone	Wine	Stellenvale Marsala
	Malaga Red		
Vins du type porto	Castelo Port	Government House Port	Mooiuitsig Fine Old Port
	Devonvale Port	Libertas	Muratie Port
	D.C. Vintage Port	Monis Cardinal Port	Santyis Old Ruby Vintage Port
Vins du type Xérès très secs . .	Gonzales Byass Dry		
Vins du type Xérès D.G.			
Flor No. 1	Harvey's Extra Dry	Old Master Amontillado	Libertas
	Karroo Sherry	Devonvale Solera Dry « Flor »	Monis Palido Sherry
	Mattersons Fine Dry	Harvey's Dry Sherry	Tayler's Pale Dry Sherry
Vins du type Xérès demi-secs .	Bertrams Biscuit Sherry	Monis Dry Cream Sherry	Tudor Medium Cream Sherry
	D.G. Flor No. 2	Tayler's Mmooth Medium Sherry	
Vins du type Xérès demi-doux .	Bertrams Oloroso Sherry	Gonzales Byass Medium	Sedgwick's Medium Cream
	Devon Cream Sherry	Roodezand Sherry	Vlei Sherry
Vins du type Xérès doux . . .	D.G. Olorose	Harvey's Full Cream Sherry	Tayler's Full Cream Sherry
	Gonzales Byass Sweet	Libertas	Tayler's Rich Brown Sherry

374

LES VINS D'AMÉRIQUE DU NORD

LÉON D. ADAMS

L'évocation des vins d'Amérique du Nord suscite généralement l'éloge des connaisseurs pour les vins originaires de Californie, et le plus grand mépris pour la plupart de ceux qui proviennent des régions situées à l'est des Montagnes rocheuses. La raison en est que les vins de Californie sont produits presque exclusivement à partir des cépages *vitis vinifera* d'Europe au bouquet délicat, tandis que les cépages *vitis labrusca* au goût foxé, prédominant dans l'est des Etats-Unis et au Canada, n'ont commencé à être remplacés que dans les années 1960 par des *vinifera* et des cépages hybrides franco-américains qui donnent maintenant dans ces régions des vins de type européen.

Les vins d'Amérique du Nord ont une longue et tumultueuse histoire qui remonte à quatre cents ans. Les cépages *vinifera* ont été apportés d'Espagne au Mexique par les conquistadores à partir de 1524. Pour apaiser la jalousie des marchands de vin espagnols, Philippe II interdit en 1595 la culture de la vigne dans le Nouveau-Monde, mais il ne fut que partiellement obéi. Du Mexique, des missionnaires franciscains transportèrent à leur tour le *vinifera* en haute Californie après la fondation de la mission de San Diego en 1769. Ces premiers cépages européens étaient d'une variété inférieure, appelée *criolla* ou « Mission ». Dans les années 1830, le vigneron français Jean-Louis Vignes apporta des cépages français de Bordeaux à Los Angeles. La culture de la vigne se répandit alors du sud au nord de la Californie, à la suite de l'introduction d'un plus grand nombre de variétés européennes et de l'afflux de population engendré par la ruée vers l'or de 1849. Le bruit se répandit à l'étranger qu'on avait découvert un nouveau paradis pour la vigne, une région aux hivers doux et aux étés longs et secs, où le raisin arrivait facilement à maturité chaque année. Des viticulteurs français se rendirent sur place pour vérifier ces dires et publièrent leurs conclusions en 1862 : la Californie était effectivement une région d'Amérique « susceptible d'entrer en compétition avec l'Europe pour ses vins, et de devenir un sérieux concurrent pour la France... dans un avenir lointain ». Le climat enchanteur de la Californie suffit à expliquer pourquoi ce seul Etat produit les neuf dixièmes du raisin cultivé aux Etats-Unis.

On essaie depuis trois siècles de faire pousser des cépages importés d'Europe dans les Etats de l'est, mais les délicats *vinifera* dépérissent et meurent invariablement. On a incriminé les hivers froids, mais, en réalité, ce qui tue les cépages de l'Ancien Monde, ce sont les maladies et les parasites, comme le phylloxéra, inconnus des vignes sauvages de la région. Les colons firent du vin avec des raisins sauvages seulement jusque dans les années 1800, où ils commencèrent à utiliser des variétés domestiquées du *labrusca* sauvage. Une importante industrie vinicole se développa alors dans l'est, basée sur des cépages foxés comme l'*isabella*, le *catawba*, l'*elvira*, le *niagara*, le *delaware* et le *dutchess*, sans doute issus de croisements spontanés avec le *vinifera*. En 1859, l'Ohio qui produisait des vins de *catawba*, doux et pétillants, était devenu le premier Etat vinicole du pays. Il fut supplanté en 1866 par le Missouri puis en 1870, avec l'achèvement du chemin de fer transcontinental, par la Californie qui expédiait déjà ses vins en barriques vers l'Europe, l'Australie et l'Orient. Pendant ce temps, le *concord* foxé, utilisé à la fois pour le jus de raisin non fermenté et pour le vin, devenait le premier cépage de l'est et du middle-west. New York était à

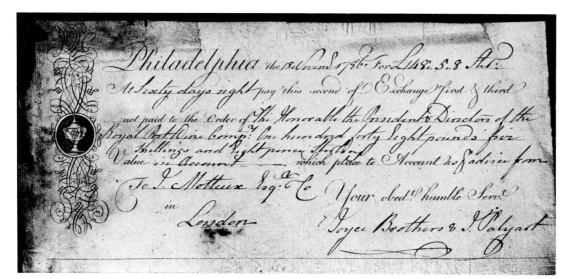

Au XVIIIᵉ siècle, les Américains, ne produisant pas de bons vins, les faisaient venir d'Europe comme en témoigne ce billet à ordre relatif à l'achat de Porto.

Les vignes et les chais des «Beringer Brothers», à St. Helena (Napa Valley, California) existent depuis 1876. Ci-dessous, une vue de la propriété à la fin du siècle dernier.

l'époque le second état vinicole avec ses vins pétillants de la région des Finger Lakes qui se vendaient dans tout l'est et remportaient des médailles à l'étranger.

Mais tandis que l'industrie vinicole américaine s'acheminait vers sa maturité, au cours du XIXᵉ siècle, le mouvement en faveur de la tempérance — qui devait la détruire — se propageait dans les Etats de l'est. Dès les années 1840, des dizaines de villes et de comtés votèrent l'interdiction de vendre des boissons alcoolisées, et durant les années 1880, tous les Etats leur emboîtèrent le pas. La plus grande partie du pays était déjà légalement « sèche » * au moment du vote de la loi sur la Prohibition à l'échelon national en 1919 et 1920. Mais si le vin était interdit à la vente en tant que boisson, plus d'une centaine d'entreprises vinicoles

* Note du traducteur: les Etats ayant voté la Prohibition étaient dits «dry», c'est-à-dire «secs», et les autres «wet», littéralement «humides».

survécurent en produisant légalement des vins de messe, de cuisine et médicinaux. Au début, quelques vignes furent arrachées, mais soudain on en replanta pour satisfaire la demande en raisin frais et en jus de raisin concentré suscitée par un article de la loi qui autorisait les chefs de famille à faire fermenter jusqu'à 200 gallons (750 litres) de jus de fruit « non enivrant » par an.

L'Abrogation de la loi sur la Prohibition en 1933 trouva donc la Californie mieux pourvue que jamais en raisin, mais en mauvais raisin. Les raisins à peau fine avaient été remplacés durant les quatorze années « sèches » par des variétés moins délicates supportant les transports. Les entreprises de vinification étaient en ruines, sauf celles qui avaient continué à fournir du vin de messe au clergé. Les vins de table en vente aux Etats-Unis étaient pour la plupart exécrables, oxydés ou frelatés. Les seuls vins acceptables étaient les vins de dessert comme les portos et les sherries préservés par l'addition d'alcool. La consommation de vins de dessert aux Etats-Unis à l'époque de l'Abrogation était trois à quatre fois supérieure à celle des vins de table. Une génération entière d'Américains accoutumés au whisky et au gin du marché noir, ne pouvait s'habituer aux vins de table qui leur paraissaient acides, souvent à juste titre. La plus grande partie du pays restait sous le joug de la Prohibition, et la plupart des Etats où elle était abrogée imposaient des taxes et des restrictions intolérables au vin que leurs lois considéraient comme une version édulcorée des liqueurs. La demande de vin de table était si faible qu'en 1938, il ne restait que 212 entreprises de vinification en Californie sur les 800 — environ — existant en 1934.

Au cours des années 1930, le gouvernement californien et celui de la Fédération adoptèrent des mesures qui prohibaient la vente de vin frelaté ou d'appellation fallacieuse, mais autorisaient l'utilisation des noms de vins européens, bourgogne, vin du Rhin, chablis, champagne, porto et sherry, que les négociants américains avaient empruntés deux siècles plus tôt. A la fin des années 1930, le journaliste-importateur Frank Schoonmaker commença à populariser les appellations particulières en fonction des cépages: JOHANNISBERG RIESLING, CABERNET SAUVIGNON, CATAWBA, DUTCHESS et DELAWARE, auxquelles des dizaines d'autres furent ajoutées par la suite.

Pendant ce temps, l'université de Californie relançait son programme de recherches sur la viticulture mis sur pied en 1880, et reprenait l'enseignement de la viticulture et de l'œnologie. Durant les années 1950 et 60, le vignoble et le laboratoire de Davis sont devenus le premier centre mondial de recherches sur le vin; ce centre a fait davantage progresser les connaissances sur la chimie du raisin et du vin en vingt ans qu'au cours des deux mille ans précédents. Les négociants des autres pays ont commencé à envoyer leurs fils se former à Davis. Les gouvernements étrangers ont invité les experts de Davis à venir les conseiller sur la manière d'améliorer leurs vins. Une nouvelle génération de viticulteurs et d'œnologues, formés à l'Université, ont appliqué une nouvelle technologie scientifique à l'an-

Cette carte schématique de la culture de la vigne aux Etats-Unis d'Amérique permet de constater deux choses: que 35 Etats de l'Union cultivent des vignes et cela de la Floride, au sud, jusque dans l'Etat de Washington, au nord.

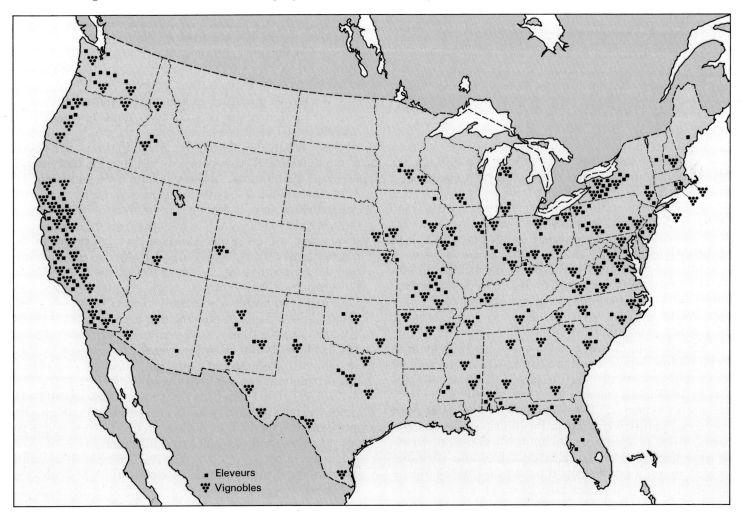

377

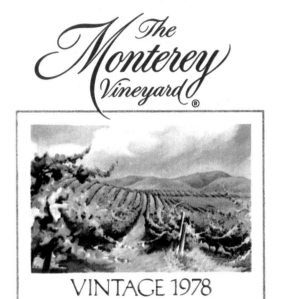

VINTAGE 1978

CALIFORNIA

CHARDONNAY

PRODUCED AND BOTTLED BY THE MONTEREY VINEYARD • B.W. 4674
GONZALES, MONTEREY COUNTY, CA. USA • ALCOHOL 13.4% BY VOL.

Les vins américains portent souvent le nom du cépage dont ils sont issus, ici du *chardonnay*, qui donne un vin blanc, type BOURGOGNE. La garantie de qualité est donnée par la réputation du producteur.

cien art de la viticulture. Ils ont introduit dans les vignobles la multiplication des plants réfractaires aux virus, de nouvelles méthodes de taille et de culture, des ratios sucre-acide, une récolte précoce et le pressurage sur place des raisins destinés à la vinification; dans les chais, des cuves en acier inoxydable à la place du bois et du béton, le contrôle de la température durant la fermentation, de nouvelles méthodes de clarification du vin, le filtrage par micropore, et des procédés d'analyse et de contrôle de qualité du vin par ordinateur.

Pour la première fois au monde, des vins de table sont ainsi devenus buvables aux Etats-Unis, et ceux qui ne l'étaient pas ont pratiquement disparu. En 1968, pour la première fois depuis avant la Prohibition, la quantité de vin de table consommé dans le pays a dépassé celle des vins de dessert. La consommation de vin aux Etats-Unis atteignait environ 7,5 litres par habitant en 1970, soit trois fois le chiffre d'avant la Prohibition. Ces changements, et les progrès technologiques qui les ont suscités, ont soulevé dans les vins de table, une véritable révolution qui a eu des répercussions à travers tout le continent et dans tous les pays producteurs de vin du monde. Ils ont également déclenché dans le pays entier,

une vague de plantation de vignes jamais vue auparavant — cent vingt-cinq mille hectares d'une côte à l'autre. De nouveaux terroirs propices à la vigne ont été découverts en Californie, dans l'est de l'Etat de Washington et dans l'ouest de l'Orégon, et nombre de vieilles régions viticoles ont repris vie en Californie et dans quelque trente-cinq autres Etat. Vingt-deux Etats ont voté des lois en faveur de la création de vignobles. Alors qu'on comptait 271 établissements viticoles aux Etats-Unis en 1947, on en a dénombré près de 900 en 1981, dont 500 dans la seule Californie.

De nouveaux types de vins américains ont fait leur apparition: les premiers blancs liquoreux, style vins d'Allemagne et de Bordeaux, jamais produits en Amérique du nord; les rouges «nouveau» et «primeur» produits avec la méthode de macération carbonique du BOURGOGNE, et un large éventail de vins pétillants additionnés de parfums naturels. Vers la fin des années 1970, certaines entreprises ont lancé des vins de table «léger», «peu alcoolisé», «basse calorie», titrant de 7 à 10° d'alcool au lieu des 12° habituels. En 1980, pour la première fois dans l'histoire, la consommation de vin aux Etats-Unis a dépassé celle des alcools distillés. Et pour les neuf dixièmes, il s'agissait de vins de table.

Au cours d'une série de tests comparatifs aveugles effectués en France à la fin des années 1970, quelques CHARDONNAY et CABERNET SAUVIGNON de Californie ont surclassé leurs homologues de Bourgogne et de Bordeaux. Les vins de Californie ont commencé à faire leur apparition sur les cartes les plus prestigieuses d'Europe et d'Orient. Les exportations reprennent. Cette évolution a conduit quelques-uns des principaux négociants européens à investir des millions dans les vignobles américains. Des firmes françaises, suisses et allemandes ont acheté ou acquis des participations dans plus d'une douzaine d'entreprises de vinification des comtés de Napa et Sonoma. Moët et Chandon a entraîné les autres en plantant ses propres vignes en Californie et en construisant une unité de production de champagne dans la vallée de Napa. D'autres maisons de champagne françaises comme Piper-Heidsieck et Laurent-Perrier ont passé des contrats avec des entreprises californiennes pour produire en commun des «vins tranquilles». De grandes firmes canadiennes et européennes ont planté des vignobles et acheté des entreprises dans l'Etat de New York et en Virginie. En 1981, les régions viticoles américaines ont commencé à attribuer à leur vin des appellations d'origine sanctionnées par le gouvernement, comparables aux appellations contrôlées qui distinguent les meilleurs vins français.

En 1981, les Etats-Unis se sont classés au sixième rang des pays vinicoles avec une production annuelle moyenne de vin de 15,9 millions d'hectolitres, originaires pour les neuf dixièmes de Californie.

L'histoire des vins de demain enregistrera qu'au cours des quarante dernières années du XXᵉ siècle, les vins d'Amérique du nord se seront taillé une place de choix parmi les vins du monde entier.

378

VIGNOBLES ET VINS DE CALIFORNIE

Les régions viticoles californiennes sont classées par l'Université en cinq Régions climatiques, numérotées de I à V en fonction du nombre de jours d'ensoleillement enregistrés durant la fructification de la vigne. Les comtés proches de la côte du Pacifique, rafraîchis par les brises océaniques et les brouillards, sont pratiquement tous classés Région I à III et leur climat est à peu près équivalent à celui de l'Allemagne, de l'Italie et de la France. Les comtés situés au pied des montagnes enregistrent des températures qui les classent, suivant les années, dans les Régions III et IV; le nord de la vallée de San Joaquin est classé Région IV, et le reste est en général Région V avec un climat aux températures estivales comparables à celles de Naples et Alger. Les cépages dont les vins atteignent les prix les plus élevés, tels le *johannisberg* ou le *white Riesling*, le *chardonnay*, le *cabernet sauvignon* et le *pinot noir*, poussent surtout dans les comtés de la côte où il atteignent l'équilibre sucre-acide le plus favorable pour obtenir des vins de qualité. Les cépages moins onéreux comme le *chenin blanc* et le *colombard* poussent dans les régions côtières et quelque peu dans les Régions IV et V. Seuls les comtés de la côte ont produit jusqu'ici des vins blancs liquoreux. La vallée de San Joaquin où les rendements à l'hectare sont supérieurs à ceux des climats plus tempérés, fournit la plus grande partie des vins californiens susceptibles d'entrer dans le budget d'une famille moyenne pour l'usage quotidien.

La création d'un établissement vinicole dans une région donnée ne signifie pas nécessairement que tous ses vins sont originaires de cet endroit, à moins que l'étiquette stipule que le vin est mis en bouteilles à la propriété, ce qui veut dire qu'il provient des alentours. Raisins et vins font l'objet de transports réguliers à travers l'Etat, permettant à la Californie de produire pratiquement tous les types de vins du monde entier. Quelques grandes firmes mettent en bouteilles des douzaines de vins différents sous leurs différentes marques, mais d'autres, plus petites, n'en offrent que deux ou trois types.

Dans la plupart des terroirs californiens, la vigne pousse sur des souches résistantes. Le phylloxéra, puceron de la vigne, qui dévasta les vignobles européens à la fin du XIXe siècle en attaquant leurs souches *vinifera*, devait se répandre peu après en Californie en y accomplissant les mêmes dégâts. Il y a été combattu de la même manière qu'en Europe, en greffant les vignes sur des souches sauvages. La Salinas Valley dans le comté de Monterey, où le sol est sableux et hostile au phylloxéra, est le seul terroir important de Californie où tous les vignobles ont gardé leurs propres souches.

NORTH COAST

L'appellation « North Coast » désignant un terroir viticole, recouvre les vins originaires du nord de San Francisco — Napa, Sonoma, Mendocino — et en partie, Solano et Lake County. Napa et Sonoma sont présentés comme « le pays du vin » parce qu'ils sont proches de San Francisco et reçoivent le plus de visiteurs. Les Régions I à III se partagent les comtés de Marin, Alameda et Contra Costa, qui bordent également la baie, ainsi que tous les autres comtés de la côte jusqu'à la frontière mexicaine à 950 kilomètres au sud.

Les vignobles californiens, proches de la côte du Pacifique, ne sont pas à l'abri des brises et des brouillards provenant de l'Océan. Leur climat correspond, bon an mal an, à celui de l'Allemagne, de l'Italie du Nord et de la France.

1979 CALIFORNIA
ROSÉ OF CABERNET SAUVIGNON

PRODUCED & BOTTLED BY GEYSER PEAK WINERY, GEYSERVILLE,
SONOMA COUNTY, CALIFORNIA   ALCOHOL 12.5% BY VOLUME

Les vignerons californiens ont particulièrement bien réussi avec le *cabernet sauvignon* qui donne des vins rosés ou des rouges légers, dit clarets, fort appréciés des consommateurs. La firme Geyser Peak fut fondée en 1880 et est aujourd'hui plus que centenaire.

SONOMA

Les comtés les plus méridionaux de Sonoma et de Napa, près de la baie, comportent le terroir de Carneros (« moutons » en espagnol), généralement considéré comme l'un des meilleurs climats californiens pour les cépages de bourgognes comme le *chardonnay* et le *pinot noir*. Dans la vallée de Sonoma que le romancier Jack London appelait la Vallée de la Lune, on compte quatorze entreprises de vinification dont les plus anciennes sont Buena Vista, fondée en 1856 par le célèbre émigré hongrois Agoston Haraszthy, Gundlach-Bundschu de deux ans plus récente, et Sebastiani, ouverte en 1904. C'est à partir de la ville de Sonoma que la viticulture se répandit au nord de San Francisco. Les Franciscains établirent 21 missions en haute Californie entre 1769 et 1833, et dans chacune, ils plantèrent des vignes et firent du vin. La plus septentrionale et la dernière de la chaîne fut la Mission Francisco Solano de Sonoma qui jouxte la grand'place de la ville. Lorsque la Mission fut abandonnée sur ordre du gouvernement mexicain en 1834, le 'comandante' de la province, le général Mariano Guadalupe Vallejo, reprit les vignes, en planta d'autres, et devint le premier viticulteur à faire du commerce au nord de la Baie. C'est sur la grand'place de la ville que treize ans plus tard eut lieu la Bear Flag Revolt * qui conduisit à l'indépendance de la Californie.

Les 90 autres entreprises du comté de Sonoma se trouvent pour la plupart au nord de la Sonoma Valley, dans les vallées de Santa Rosa et de la Russian River. Les plus anciennes sont l'Italian Swiss Colony à Asti, Simi Winery à Healdsburg, et Geyser Peak à Geyserville, qui datent toutes trois de 1880, et Korbel qui commença à faire du « champagne » près de Guerneville en 1886. Healdsburg est la capitale vinicole du comté de Sonoma avec trente entreprises à son actif. Certaines se trouvent dans l'Alexander Valley à l'est de la ville, plusieurs dans la Dry Creek Valley à l'est, et d'autres, plus nombreuses, le long de la rive occidentale de la Russian River. Quatre appellations de terroirs californiens attendaient en 1981 la reconnaissance du gouvernement : NORTH COAST, RUSSIAN RIVER, ALEXANDER VALLEY et DRY CREEK.

MENDOCINO

Immédiatement au nord du comté de Sonoma se trouve Mendocino dont l'activité principale reste l'exploitation forestière. A l'origine, le nord du comté de Sonoma et celui de Mendocino produisaient surtout des vins de table, mais avec la plantation de cépages supérieurs dans les années 1970, Mendocino est devenu l'un des terroirs de l'Etat produisant les meilleurs vins. Il y avait vingt mille hectares de vignes en 1980, un tiers de plus que dix ans auparavant. La plupart des vignobles se trouvent dans les Ukiah, Redwood, McDowell, Feliz Creek et Potter Valleys, qui sont classés Région III, mais de nouveaux vignobles ont été plantés dans l'Anderson Valley, à une vingtaine de kilomètres du Pacifique, et classés Région I. Des dix-sept entreprises de Mendicino en activité en 1981, quatorze dataient de moins de dix ans. Les plus nombreux sont Fetzer dans la Redwood Valley et Parducci et Cresta Blanca à Ukiah. Cette dernière est une ancienne coopérative de producteurs rebaptisée en 1971 du nom d'une firme de la Livermore Valley vieille d'un siècle.

LAKE COUNTY

A l'est du comté de Mendocino et au nord de celui de Napa, se trouve le Lake County qui s'est souvenu récemment de son passé viticole longtemps oublié et pourtant prestigieux. Avant la Prohibition, le Lake County comptait trente-trois entreprises dont certaines obtinrent des récompenses à l'Exposition universelle de Paris en 1900. En 1887, la célèbre actrice anglaise Lily

---

* Note du traducteur: Bear Flag = drapeau blanc portant la silhouette d'un ours brun, créé par un groupe d'insurgés en Californie. Ceux-ci, dès le début de la guerre contre le Mexique, proclamèrent, sous cet étendard, la République libre de Californie.

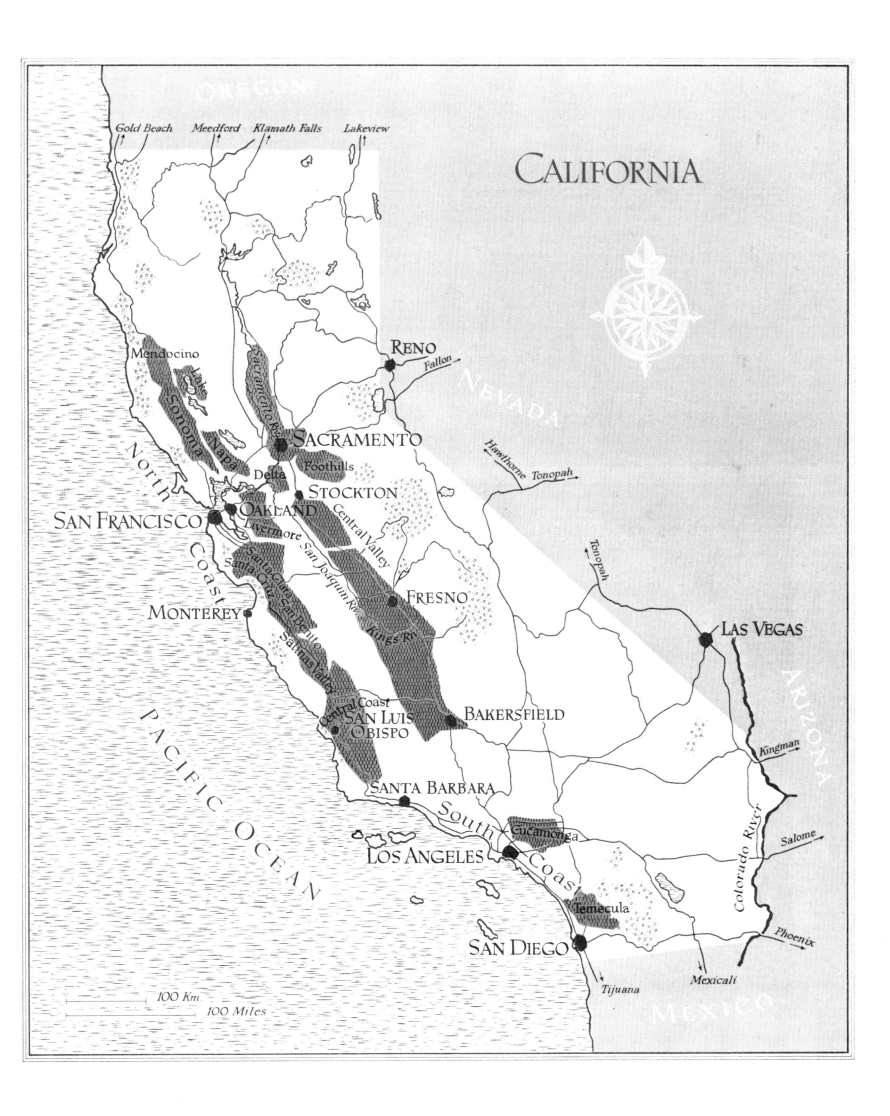

1979

Napa Valley
FUMÉ BLANC
Dry Sauvignon Blanc
ALCOHOL 13% BY VOLUME
PRODUCED AND BOTTLED BY
ROBERT MONDAVI WINERY
OAKVILLE, CALIFORNIA

Ce «Fumé blanc» est un vin blanc sec issu du cépage *sauvignon blanc*, acclimaté sous le nom de *fumé blanc* en Californie. La propriété et les vignes de Robert Mondavi (ci-dessous) sont situées en région II, c'est-à-dire dans une région moyennement tempérée de la Vallée de Napa.

Langtry, « The Jersey Lily », acheta un domaine du Lake County, près de Middletown, appelé Guenoc Ranch. Mais la Prohibition survint avant l'arrivée de son vin sur le marché; pourtant, certains vignobles subsistèrent au long des années «sèches», fournissant des raisins *zinfandel* du Lake County très appréciés des gens de l'est qui faisaient leur vin chez eux. En 1933, au moment de l'Abrogation, il existait encore trois cents hectares de vignobles qui furent rachetés par des entreprises vinicoles des comtés voisins qui, pour certains, donnèrent à leur production le nom de vins de Lake County. Dans les années 1970, les vignobles reprirent de l'extension et la surface plantée fut multipliée par six. Les vignobles se trouvent à 400 mètres d'altitude autour du Clear Lake qui mesure une trentaine de kilomètres de long, et du majestueux Mt. Konocti. Ils sont classés Régions II ou III. Trois nouvelles entreprises de vinification ont été construites dans le comté, la dernière étant un chai moderne bâti en 1981 au milieu des vignobles ressuscités du Guenoc Ranch de Lily Langtry. En même temps, l'appellation GUENOC VALLEY était reconnue par le gouvernement.

NAPA

Sur les contreforts des Macayamas Mountains dans le comté de Sonoma, se trouve la vallée de Napa, la région viticole la plus célèbre des Etats-Unis. Les vignobles du comté de Napa ont doublé depuis les années 1960 et couvrent treize mille hectares, presque autant que ceux de Sonoma pourtant deux fois plus grands. En 1981, le comté de Napa possédait cent quatorze entreprises vinicoles, plus qu'aucun autre comté du continent. La vallée de Napa est petite — 56 kilomètres de long sur 1,6 à 8 kilomètres de large seulement — mais comporte de nombreuses régions climatiques. Le terroir de Carneros est classé Région I basse; au nord d'Oakville, le pays se réchauffe et devient Région II, et St. Helena et Calistoga en haut de la vallée sont classés Région III. Les vignobles des montagnes situées à l'est et à l'ouest de la vallée parviennent à maturité à des époques différentes et cela se reflète dans leurs vins. Il faut lutter en permanence contre l'urbanisation galopante qui a déjà détruit de nombreux vignobles dans les autres comtés avoisinant la baie de San Francisco. La plus ancienne entreprise en activité dans la vallée est celle de Charles Krug à St. Helena: un mur de pierre de ses chais d'origine est daté de 1861. La plus récente, la firme Beringer, peut se prévaloir aussi d'une belle ancienneté puisqu'elle est restée en activité depuis sa création en 1876, y compris pendant la Prohibition où

La firme «The Christian Brothers» a été fondée en 1889 et compte parmi les plus anciennes de Californie.

1977
Napa Valley

ZINFANDEL
MEAD RANCH — ATLAS PEAK

PRODUCED AND BOTTLED BY
RUTHERFORD HILL WINERY, RUTHERFORD, CALIFORNIA
Alcohol 15.7% by volume

Le Zinfandel est un vin que l'on ne trouve qu'en Californie. Pendant longtemps, l'origine du cépage *Zinfandel* est restée obscure; aujourd'hui, on croit savoir qu'il a quelque parenté avec le *primitivo di gioia*, qui pousse dans la région de Bari (Italie).

elle produisait des vins de messe. Près d'une centaine d'entreprises datant d'avant la Prohibition parsèment la vallée: certaines sont encore en activité, d'autres ont été transformées en résidences, et quelques-unes ne sont plus que ruines, témoignages du siècle dernier où les vins de Napa commençaient à connaître la célébrité jusqu'à ce que la Prohibition les obligeât à fermer. Parmi les autres maisons anciennes de Napa, on trouve Schramsberg, ouverte en 1862, Château Montelena, 1882, Macayamas, 1889, The Christian Brother's Greystone, 1889, et Beaulieu Vineyard, 1904. Parmi les plus récentes, il y a Martini — déjà célèbre — qui s'est installée pour la première fois dans la vallée dans les années 1930, et d'autres comme Joseph Heitz, Freemark Abbey, Joseph Phelps, Robert Mondavi, Domaine Chandon et Sterling Vineyard avec ses bâtiments situés en haut d'une colline et que l'on atteint par un funiculaire. La ville du vin par excellence aux Etats-Unis est St. Helena au centre de la vallée, qui compte quarante entreprises vinicoles. C'est la première ville américaine à avoir créé une bibliothèque publique spécialisée dans les vins. A côté de cette bibliothèque se trouve le Silverado Museum avec des souvenirs de Robert Louis Stevenson qui, en voyage de noces dans la vallée en 1880, y écrivit 'Silverado Squatters'. Stevenson décrivait ainsi les premiers vignerons de Napa à la recherche des meilleurs terrains pour planter leurs vignes: « Ils essaient un coin de terre après l'autre avec différents types de raisin... ils cherchent à tâtons leur Clos Vougeot et leur Lafite... et le vin qu'ils mettent en bouteille est toute poésie ». NAPA VALLEY est la première appellation d'origine officiellement reconnue par le gouvernement américain (en 1980) à apparaître sur des étiquettes, mais les limites acceptées englobent la plus grande partie du comté de Napa, dont la Pope Valley plus chaude, à l'est. Si la délimitation des régions viticoles américaines se poursuit, les vignerons de terroirs de Napa comme Mount Veeder, Spring Mountain, Diamond Mountain, Oakville et Rutherford risquent de demander au gouvernement de reconnaître leurs appellations particulières.

ALAMEDA – CONTRA COSTA – SOLANO

La loi sur la conservation des sols votée en Californie en 1965 pour protéger les terres cultivables de l'urbanisation, a contribué à sauver certains des vignobles historiques du comté d'Alameda qui possède encore mille hectares de vignes. La plupart de ces vignobles se trouvent dans la Livermore Valley qui compte six établissements vinicoles. Les plus anciens sont le Concannon Vineyard et le domaine Wente Brothers tout proche, à Livermore. Les deux datent de 1883 et ont survécu à la Prohibition en produisant des vins de messe pour le clergé. Près de Pleasanton, se trouve une autre maison ancienne, Ruby Hill, rebaptisée par la suite Stony Ridge. Villa Armando, dont l'établissement de Pleasanton date de 1904, a cent cinquante hectares préservés de l'urbanisation, sur le domaine du département des eaux de San Francisco à Suñol. Les comtés de Contra Costa et Solano qui avaient des dizaines d'entreprises vinicoles avant la Prohibition, possèdent encore mille hectares de vignes et six établissements. Parmi ceux de Solano, deux datent des années 1970.

SANTA CLARA – SAN MATEO – SANTA CRUZ

Les comtés de Santa Clara, San Mateo et Santa Cruz juste au sud de San Francisco, produisaient déjà quelques-uns des meilleurs vins de Californie avant la Prohibition et ont continué après. Mais l'explosion démographique, l'urbanisation et la création de centres commerciaux qu'elle a entraînées, a délogé la plupart des vignobles de la haute vallée de Santa Clara après la fin de la Seconde Guerre mondiale. Les plus célèbres maisons de la vallée qui remontent au XIXe siècle (1852 pour Paul Masson et Almadén, Mirassou 1852, Novitiate of Los Gatos, 1888) n'ont plus que de petites parcelles

Ce vignoble californien est cultivé «à l'ancienne»; les ceps, très développés, portent un feuillage fourni. Il y a contraste avec d'autres vignobles dont la culture est totalement mécanisée (ci-dessous).

Sous l'impulsion de l'Université de Californie, campus de Davis, les vignerons de ce pays sont parmi les plus attentifs aux soins à donner à la vigne et au raisin. Ici, un technicien observe les grappes dans les vignes de Beaulieu (Napa Valley).

La majorité des vignobles américains est cultivée avec un luxe de moyens techniques, ce qui donne au paysage une allure géométrique, parfois sur des milliers d'hectares.

385

Le vignoble de Paicines, dans le comté de San Benito, s'étend sur 1500 hectares; il appartient à la firme Almaden, fondée en 1852, dans le comté voisin de Santa Clara, qu'elle a dû quitter sous la pression démographique.

de vignes à faire admirer par les milliers de visiteurs qui se pressent dans leurs halls de dégustation. Leurs vignobles ont été déplacés vers les régions moins habitées du sud. Un seul établissement vinicole nouveau a été construit à San José depuis l'Abrogation de la loi sur la Prohibition, Turgeon & Lohr, qui produit et met en bouteilles les vins de ses vignes, proches de Monterey. Mais dans les régions montagneuses à l'ouest de ces trois comtés, classées Régions I et II, on trouve une douzaine de petites firmes, souvent récentes, qui produisent des vins meilleurs que par le passé. Elles ont d'ailleurs demandé au gouvernement de leur accorder l'appellation SANTA CRUZ MOUNTAINS. Il y a encore 800 hectares de vignobles dans les trois comtés, mais la plus grande partie des vendanges va aux établissements vinicoles anciens et nouveaux de l'extrême sud de Santa Clara, entre Morgan Hill et Gilroy. Cette dernière ville est la capitale de l'industrie de l'ail et tient un festival annuel de l'ail qui incite des milliers de personnes à venir acheter et goûter les vins locaux.

SAN BENITO

De la Mission San Juan Bautista, à une demi-heure de voiture au sud de Gilroy, la San Benito Valley s'étend vers le sud-est entre les chaînes du Diablo et de Gavilán sur une centaine de kilomètres. Dans cette vallée, à l'écart de l'explosion démographique, on trouve près de 250 hectares de vignes dont la plupart ont été plantées pour remplacer celles qu'Almadén possédait antérieurement dans le comté de Santa Clara, et huit entreprises vinicoles dont une qui fait du saké et des vins à partir de fruits autres que le raisin. Almadén possède deux de ces entreprises. Son vieux chai du district de Cienega est célèbre dans le monde entier pour être construit à cheval sur la faille de San Andreas. Des tremblements de terre fréquents continuent à écarter les deux moitiés du bâtiment de deux centimètres par an. Les vignerons de la région ont demandé au gouvernement de reconnaître les appellations d'origine CIENEGA et LIME KILN VALLEY.

MONTEREY

De l'autre côté de la chaîne de Gavilán par rapport à la vallée de San Benito, s'étend la Salinas Valley sur 130 kilomètres de long dans le comté de Monterey. Ici, en 1962, Mirassou et Paul Masson voyant leurs vignobles menacés par l'urbanisation, ont entrepris une vague de plantations qui, en dix ans, a fait de Monterey le plus grand comté viticole côtier de l'Etat avec 16000 hectares — plus que Sonoma ou Napa. Il existait déjà un vignoble de la vallée de Salinas qui produisait du raisin à vin de première qualité sur la terrasse de Chalone dans la chaîne de Gavilán, à 600 mètres au-dessus de la vallée où l'humidité est si faible que l'eau est montée du bas par camions-citernes pour arroser les vignes.

Toute la vallée n'a qu'une pluviométrie réduite (12,5 cm par an) soit la moitié du minimum requis pour produire du raisin. Mais cela ne posait pas de problèmes car au fond de la vallée coule la Salinas, le plus grand cours d'eau souterrain d'Amérique. L'eau pompée sous la terre est amenée à des rampes d'arrosage surélevées qui déversent toute la pluie artificielle nécessaire. La partie nord de la vallée, entre Chualar et Gonzales, est classée Région I et II; c'est l'une des zones viticoles les plus fraîches de la région. Après les plantations de Mirassou et Masson, sont arrivées celles de Wente Brothers de Livermore, d'Almadén et de nombreuses autres entreprises depuis Soledad et Greenfield jusqu'à aussi loin que King City et San Lucas, où le climat est classé Région III. Masson a construit une entreprise à Soledad, mais Mirassou et les Wente, avec leurs vignobles situés à près de 150 kilomètres des leurs, ont dû affronter le problème de la protection des raisins. Ils l'ont résolu en ajoutant des égrenoirs-broyeurs aux machines à vendanger et des citernes de dioxyde de carbone qui protège le moût transporté par camions-citernes jusqu'aux entreprises. Six nouvelles entreprises de vinification ont été construites dans la vallée durant les années 1970. La plus grande est la Monterey Vineyard appartenant à Coca-Cola d'Atlanta, Géorgie. Non loin se trouve un chai encore plus récent qui coupe et met en bouteilles des vins des Taylor California Cellars et des vins de la vallée de San Joaquin. Vignobles et entreprises s'étirent jusqu'à la Carmel River Valley et la péninsule de Monterey où se situe l'action de «Cannery Row» de John Steinbeck. La transformation de la Salinas Valley, jadis «saladier de la nation» à l'époque où elle produisait essentiellement de la laitue, en zone viticole de premier plan, est célébrée chaque année en septembre à la Mission de Soledad, fondée par les Franciscains en 1791.

Ce ZINFANDEL d'Almaden est originaire des vignobles du comté de Monterey; c'est que le producteur veut ainsi le distinguer de celui qu'il produit ailleurs sous l'appellation générale de «California».

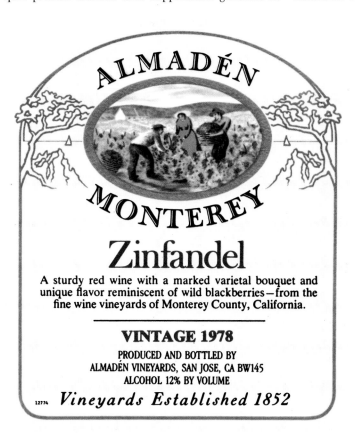

SAN LUIS OBISPO

Le comté de San Luis Obispo, région viticole côtière dès avant la Prohibition, retrouve aujourd'hui une certaine importance. Lorsque dans les années 1960, les Américains ont commencé à apprécier les vins de table, le vignoble est passé de 350 à près de 2500 hectares. Les différentes zones viticoles du comté ont des climats s'étendant de la Région I à la Région IV. Il compte quatorze entreprises de vinification: trois à Templeton, où l'un des vignobles date de 1856; six au pied des montagnes de Santa-Lucia à l'ouest de Paso Robles, où la firme York Mountain s'enorgueillit d'avoir été fondée en 1882; un nouveau chai spectaculaire près de l'Estrella River à l'est de Paso Robles; une entreprise dans le Rancheritá Canyon à l'est de la Mission San Miguel; deux nouvelles dans l'Edna Valley, au sud de San Luis Obispo, et une autre dans le Corbit Canyon pas loin de là.

SANTA BARBARA

«Central Coast» en tant que nom de terroir relie San Luis Obispo au comté de Santa Barbara, son voisin au sud. Santa Barbara possède 3500 des 6000 hectares que comptent la région. Ces deux comtés, avec celui de Ventura, également proche, étaient déjà d'importantes

ESTATE BOTTLED

Buena Vista

HARASZTHY ZINFANDEL

ESTATE GROWN AND BOTTLED BY
HARASZTHY CELLARS
BUENA VISTA VINEYARDS, SONOMA, CALIF

ALCOHOL 12½% BY VOLUME

4
2
1
5

HARASZTHY ZINFANDEL

1. Nom du vin et du cépage. Ce cépage aurait été introduit en Californie par le comte Agoston Haraszthy, mais son origine n'est pas encore éclaircie; on lui reconnaît quelque parenté avec le *primitivo di gioia* d'Italie du Sud. – 2. Nom du vignoble. – 3. Adresse et raison sociale du producteur. – 4. Mise en bouteille à l'origine. – 5. Teneur en alcool.

CABERNET SAUVIGNON

1. Nom du vin et du cépage. Ce *cabernet sauvignon* est le même qui donne les clairets de Bordeaux; il donne en Californie un vin rouge d'un agréable bouquet. – 2. Nom du vignoble. – 3. Adresse du producteur et de la mise en bouteille. – 4. Teneur en alcool.

Beaulieu Vineyard

BV

ESTATE BOTTLED

NAPA VALLEY

CABERNET SAUVIGNON

PRODUCED & BOTTLED BY BEAULIEU VINEYARD
AT RUTHERFORD, NAPA COUNTY, CALIFORNIA

ALCOHOL 12.5% BY VOLUME

2
1
3
4

Vineyards Established 1852

ALMADÉN
California Mountain
PINOT NOIR

A distinguished, authentic Pinot Noir, velvety and fine,
made entirely from grapes of this illustrious Burgundian variety,
grown in Mountain Vineyards at Paicines, California

PRODUCED AND BOTTLED BY
Almadén Vineyards, Los Gatos, California
Alcohol 12½% by volume   O-67

4
2
1
3
5

PINOT NOIR

1. Nom du vin et du cépage; ce dernier est le même que celui de Bourgogne. – 2. Nom du vignoble et précisions sur la région de production. – 3. Raison sociale et adresse du producteur. – 4. Date de fondation du vignoble. – 5. Teneur en alcool.

PINOT CHARDONNAY

1. Nom du vin et du cépage; celui-ci est originaire de Bourgogne. – 2. Nom de région. – 3. Nom du propriétaire-producteur. – 4. Année de la récolte. – 5. Teneur en alcool.

GEWÜRZ TRAMINER

1. Nom du vin et du cépage; originaire d'Alsace, celui-ci donne des vins fruités et très élégants. – 2. Nom de la région. – 3. Nom du producteur. – 4. Date de fondation du vignoble. – 5. Teneur en alcool.

SAUTERNE

1. Nom du vin. Ce nom n'indique pas le cépage mais le type de vin, comparable au Sauterne français. Ce vin peut être issu de raisins provenant de différentes régions de Californie. – 2. Nom du producteur. – 3. Teneur en alcool.

régions vinicoles au siècle dernier comme en témoigne les différentes «Routes des vins» indiquées sur les cartes. Ce qui est aujourd'hui la ville de Santa Barbara était autrefois parsemé de vignobles, de même que l'île de Santa Cruz à une cinquantaine de kilomètres de la côte. On dénombre 12 entreprises vinicoles dans le comté, une dans la ville de Santa Barbara, une à Santa Ynez, Los Alamos et Lompoc Valleys, et plusieurs autour de Buellton et du centre touristique de Solvang, une colonie danoise qui a conservé son décor danois. La plus connue est la Firestone Vineyard à Los Olivos, créée dans les années 1970 par Brooks Firestone, de la famille dont le nom est associé aux pneumatiques, en association avec son père Léonard et Suntory, le plus grand producteur de vins et alcools du Japon. Mais la plus vaste zone vinicole du comté de Santa Barbara est située plus au nord dans la vallée de Santa Maria; c'est une ceinture d'avant-monts d'une trentaine de kilomètres de long où jusqu'en 1964, aucune vigne n'avait jamais été plantée. Le climat, rafraîchi par le vent de Santa Maria et les brouillards océaniques, est classé Région I. La plus récente entreprise de vinification est celle de Los Viñeros construite à Santa Mariaville en 1981.

TEMECULA

La Californie du sud où est née l'industrie du vin de l'Etat, il y a deux siècles, a vu la majorité de ses anciens districts viticoles submergés par l'explosion démographique, l'industrie et le smog, mais un nouveau district appelé Temecula, à l'écart de l'urbanisation, produit des vins bien supérieurs à ceux du passé. Les principaux vignobles du sud de la Californie au XIXe siècle se trouvaient dans le bassin de Los Angeles. A la Mission San Gabriel, le bâtiment d'adobe où les Indiens foulaient le raisin, subsiste toujours. Les vignobles ont progressivement disparu de Los Angeles à partir de la fin du XIXe siècle, et la viticulture s'est alors concentrée, à l'est, dans la vallée de Cucamonga qui avant 1947, avec ses 10000 hectares de raisin à vin, était le troisième district viticole de l'Etat par sa taille. Depuis la Seconde Guerre mondiale, deux tiers des vignobles de Cucamonga ont à leur tour disparu, victimes du smog engendré par la croissance industrielle et démographique. Sur les huit entreprises subsistant autour de Cucamonga en 1981, seules Brookside dans le vieux village viticole de Guasti, et Filippi, à Mira Loma, produisaient encore du vin en quantité appréciable. Il y a deux vieilles entreprises à Escondido, dans le comté de San Diego, et une nouvelle a été construite dans la vallée proche de San Pasqual en 1974, parce que ses 50 hectares de vignes sont situées sur le domaine protégé des eaux de la ville de San Diego. Temecula, le nouveau district, compte près de 1500 hectares de cépages supérieurs plantés depuis 1960 autour d'une communauté de ranches organisée appelée Rancho California, à l'extrémité sud-ouest du Riverside County, dont l'eau d'irrigation est fournie par un nouveau système de puits. Le climat de Temecula, rafraîchi par les vents venus du Pacifique à environ trente-cinq kilomètres à l'ouest, est classé Région II ou III, alors que Cunamonga est Région IV. Un des éléments originaux du climat de Temecula est la présence d'une brume matinale qui favorise la production de vins issus des raisins attaqués par la 'botrytis cinerea', ou pourriture noble. Sept entreprises de vinification ont été construites dans le district de Temecula depuis qu'Ely Callaway y a ouvert la première sur son domaine en 1974. Des pétitions ont été envoyées au gouvernement pour réclamer la reconnaissance d'une appellation d'origine pour les vins du district de Temecula. SAN PASQUAL VALLEY a été reconnu comme terroir en 1981.

LES TERROIRS DU PIED DE LA SIERRA

Des dizaines de nouveaux vignobles et deux douzaines de nouvelles entreprises de vinification ont fait leur apparition durant les années 1970 dans les comtés situés au pied de la Sierra appelés aussi Mother Lode en raison de leur histoire, aussi vieille que l'Etat, liée aux mines d'or. A l'époque de la ruée vers l'or, lorsque le métal précieux commença à se raréfier, des mineurs se mirent à planter des vignes autour de leurs galeries et à faire du vin. Plus d'une centaine d'entreprises fonctionnaient avant la Prohibition, à 600 mètres d'altitude et plus, dans les comtés d'Eldorado, Amador, Calaveras, Nevada et Placer. Il y en avait plus dans le comté d'Eldorado que dans ceux de Napa ou Sonoma. Durant la Prohibition, la viticulture se révéla moins profitable sur les avants-monts car les vallées donnaient des récoltes plus abondantes. Pendant trente ans après l'Abrogation, il n'y eut plus qu'une seule entreprise de vinification dans le comté d'Amador, le chai D'Agostini, à Plymouth, créé en 1856. Durant les années 1960, les entreprises qui recherchaient de nouvelles zones de plantation éliminèrent le pied de la montagne parce que si les jours d'ensoleillement atteignaient la moyenne de la Région III, à cette altitude, le gel menace sérieusement les récoltes. Puis dans les années 1970, des spécialistes firent une découverte: les cépages *zinfandel*, poussant dans la Shenandoah Valley du comté d'Amador, donne un vin plus bouqueté et plus alcoolisé que les vins obtenus avec les mêmes cépages poussant ailleurs dans le même Etat. Quelques entreprises du comté de Napa commencèrent à faire du vin avec des raisins *zinfandel* d'Amador. Bientôt de nouveaux vignobles de *zinfandel* et d'autres cépages de première qualité furent plantés dans d'anciens sites de la ruée vers l'or, Plymouth, Fiddletown et Sutter Creek, et jusqu'aux autres comtés du pied de la montagne au climat et au sol volcanique identiques à ceux d'Amador. En 1980, le gouvernement a reçu deux pétitions demandant de reconnaître «Shenandoah Valley» comme appellation d'origine — l'une de la vallée du comté d'Amador, qui compte plusieurs entreprises vinicoles et porte ce nom depuis 1851, et l'autre de la vallée de Virginie, qui possède deux entreprises et s'appelle Shenandoah depuis l'époque coloniale. Chacune demandait que l'autre ne soit pas reconnue, mais aux dernières nouvelles, l'opinion publique serait pour la reconnaissance des deux.

LODI, LE DELTA ET LA VALLÉE DE SACRAMENTO

Le district de Lodi dans la partie nord du comté de San Joaquin est unique en son genre sur le plan de la viticulture. Les ceps y atteignent une taille gigantesque, avec des troncs gros comme des arbres, dans son sol de sable gras profond. Dans la plus grande partie de ce comté, les journées d'été sont moins torrides que dans la vallée principale de San Joaquin; son climat est classé Région IV. Mais à Lodi, les vignes sont encore plus rafraîchies la nuit par les vents humides provenant de la région voisine du Delta San Joaquin-Sacramento avec ses milliers de kilomètres de rivières, de baies et de marécages. Au cours des années 1970, certains cépages à vin blanc de qualité comme le *chenin blanc* ou le *sémillon* ont été plantés autour de Lodi où les principaux raisins à vin cultivés étaient des raisins noirs comme le *zinfandel* et le *carignane*. Mais le raisin auquel Lodi doit surtout sa célébrité est le *flame tokay*, un raisin de table qui n'a rien à voir avec le *tokai* hongrois. Ce n'est que dans le district de Lodi et dans les environs immédiats, Acampo et Woodbridge, que le *flame tokay* développe sa couleur rouge flamme qui attire tant les amateurs de fruits frais; pratiquement tout le *flame tokay* du pays pousse ici. La fierté que le district de Lodi tire de son *tokay* et de ses principaux vins de table s'exprime chaque année à la mi-septembre avec le Lodi Grape Festival et le National Wine Show, manifestation annuelle la plus marquante de tout le pays. Parmi la douzaine d'entreprises que compte le district, cinq sont de grands chais qui ne produisent que du vin en vrac de qualité standard; cinq autres mettent aussi en bouteilles et ont des salles de dégustation. Il y a enfin deux petites entreprises de viticulture créées dans les années 1970.

Le long du Sacramento à 40 kilomètres au nord-ouest de Lodi, et sur certaines îles de la région du Delta, un nouveau district viticole avec un climat «basse Région IV» a été planté durant les années 1970. Il est situé entre Clarksburg dans le comté de Yolo et Courtland sur l'autre rive du fleuve dans le comté de Sacramento. Lorsque les célèbres entreprises de la côte ont commencé à remporter des prix pour les vins qu'elles faisaient avec des raisins qu'elles achetaient aux viticulteurs du district du Delta, deux entreprises ont été construites sur place à Clarksburg, à la fin des années 1970, afin de produire les vins sur place.

La vallée du Sacramento qui s'étend au nord-ouest de Lodi et du Delta sur près de 320 kilomètres, avait des dizaines d'entreprises et près de 20 000 hectares de vignes avant la Prohibition. Le fond de la vallée relève principalement du climat de la Région V. Durant la sécheresse, une partie de la récolte a été transformée en raisins secs au soleil, mais la plupart des vignobles ont été rapidement abandonnés parce que la viticulture commençait à se regrouper autour de Fresno dans la vallée de San Joaquin, où la plupart des années le raisin peut être séché au soleil avant l'arrivée des pluies d'automne. En 1970, il ne subsistait que quatre entreprises de vinification et 250 hectares de vignes dans les neuf comtés au sud de Shasta. La révolution est arrivée dans les vins avec la nouvelle demande de vins de table; en 1980, il y avait de nouveau 3000 hectares de vignes dans la vallée de Sacramento. Les entreprises vinicoles des comtés côtiers achetaient les raisins de la vallée de Sacramento mais montraient une préférence pour ceux qui poussaient dans les collines à l'est et à l'ouest. La plupart des nouvelles plantations se trouvaient dans les comtés de Sacramento, Glenn et Yolo. Il y a plusieurs petites entreprises et une grande dans la vallée de Sacramento, mais la plupart utilisent des raisins provenant d'ailleurs.

Dans les vignes californiennes on voit beaucoup d'ouvriers agricoles, saisonniers ou permanents, d'origine mexicaine, que l'on nomme là-bas «chicanos». Manœuvres non spécialisés, ils font les travaux qui ne peuvent être faits avec des machines.

LA VALLÉE PRINCIPALE DE SAN JOAQUIN

La douzaine de districts vinicoles californiens — et plus — déjà décrits, ne représentent qu'un tiers de la production de vin de Californie. Les deux autres tiers proviennent des neuf comtés de la vallée principale de San Joaquin avec ses 320 kilomètres de long, un empire agricole où le raisin le dispute au coton pour l'importance de la récolte. La plus grande partie de la vallée était déserte jusqu'à il y a un siècle où des barrages furent construits dans les montagnes de la Sierra Nevada à l'est et où les hommes commencèrent à creuser des canaux d'irrigation qui ont transformé le désert jadis desséché en domaines plus productifs que le delta du Nil. La vallée est déjà chaude à son extrémité septentrionale classée Région IV, et devient plus chaude encore au sud où elle devient Région V. Les vignes de la vallée donnent normalement quatre à six tonnes de

La vallée de San Joaquin était désertique il y a à peine un siècle; aujourd'hui, grâce à l'irrigation (ci-dessous), la vigne y prospère (4 à 6 tonnes de raisins à l'hectare) et produit les deux tiers des vins californiens, actuellement sur le marché.

raisin à l'hectare, beaucoup plus que celles des districts côtiers plus frais, et il n'est pas inhabituel d'en obtenir jusqu'à 8,5 tonnes à l'hectare, pour la vigne à raisins secs. C'est de cette vallée que proviennent tous les raisins secs produits aux Etats-Unis, deux tiers du raisin de table de Californie mangé frais, et presque tous les vins de dessert type porto, sherry, et muscat, pratiquement tout le cognac, et plus de la moitié des vins de table et pétillants de l'Etat. Des norias de camions-citernes transportent les vins de la vallée dans les autres parties de l'Etat, et des trains-citernes les emportent dans les autres régions du pays pour être coupés avec des vins de l'est. La plantation de cépages supérieurs durant les années 1970, ajoutée à une technologie moderne, a permis à certaines entreprises de la vallée de produire des vins de table que seuls des goûteurs professionnels parviennent à distinguer des vins originaires de régions plus fraîches. Le raisin à vin prédomine dans les districts de Manteca et d'Escalon, et dans les comtés de Stanislaus et Merced dans le nord de la vallée. Le *grenache* cultivé dans les zones d'Escalon et Manteca est depuis longtemps la base des rosés de Californie. A Modesto, dans le comté de Stanislaus se trouve le quartier général et le principal chai des frères Gallo, l'une des plus grandes entreprises de vinification du monde. Les frères Gallo possèdent trois autres chais, un vignoble et une entreprise de vinification dans le comté de Sonoma, et ils utilisent également des raisins provenant d'autres comtés. Modesto signifie « modeste ». Lorsque l'emplacement de la gare du chemin de fer fut choisi en 1870, le premier nom proposé fut celui du magnat des chemins de fer, William Ralston. Mais quand celui-ci déclina cet honneur, un Mexicain s'exclama: *'El señor es muy modesto!'*, ce qui fut promptement retranscrit sur la carte. Huit seulement des quarante entreprises de vinification de la vallée ont des salles de dégustation et peu de vins sont présentés comme originaires de la vallée. Les seuls vins vraiment locaux remportant des prix sur le marché sont les portos de la petite maison Ficklin et de l'entreprise Andy Quady, de Madera; ainsi que les vins de table et pétillants de Pagagni, non loin de là, dont certains ont été primés lors de concours les opposant à des vins d'autres parties de l'Etat. Le comté de Fresno, au sud de Madère, comptait 102 000 hectares de vignobles en 1980, dont les trois quarts de *thompson seedless*. Ce cépage, à l'origine incertaine, est le plus répandu en Californie. Quoique classé comme variété à raisins secs, c'est aussi l'un des principaux raisins de table, il sert à fabriquer le cognac et intervient dans de nombreux coupages de vins de table blancs et de « champagne ». Le comté de Tularé vient juste après celui de Fresno pour l'étendue de ses vignobles avec 40 000 hectares en 1980, dont un cinquième en raisin à vin. Le comté de Kern où la vallée de San Joaquin se termine au pied des montagnes de Tehachapi, comptait 39 500 hectares de vignes en 1980, plus de la moitié de son raisin à vin ayant été planté depuis 1972.

RAISINS ET VINS DE CALIFORNIE

Plus d'une centaine de cépages divers sont exploités commercialement en Californie et le nom de dizaines d'entre eux apparaissent sur les étiquettes des vins de l'Etat. En réalité, la plus grande partie des vins californiens arrive sur le marché sous des appellations génériques, y compris celle de «champagne». Mais l'utilisation de cette dernière tend à se raréfier depuis que les maisons de champagne françaises ont acquis des domaines en Californie et appellent leurs propres produits «sparkling wine» c'est-à-dire «vin pétillant».

LES BLANCS

Le *colombard de Charente* domine tous les autres cépages de blanc en Californie parce qu'il mûrit avec un équilibre acide-sucre favorable dans les régions les plus chaudes de l'Etat comme dans les plus fraîches, et qu'il donne des vins blancs de table qui ont du corps et du bouquet, secs et extra-secs. Vient ensuite le *chenin blanc* (appelé aussi *pineau de la Loire*) cépage noble de la vallée de la Loire, qui s'adapte à de nombreux climats et donne des vins doux, fruités, souvent légèrement sucrés. Ceux qui sont originaires des climats côtiers gagnent en bouquet après un ou deux ans en bouteilles. Le troisième cépage de blanc est le *chardonnay* qui donne en France les grands bourgognes blancs et une grande partie du Champagne. En Californie, il pousse surtout dans les Régions I et III et produit les meilleurs vins blancs de l'Etat, vigoureux et veloutés, susceptibles de développer arôme et bouquet s'ils restent en cave de deux à six ans. Il fait aussi le meilleur 'blanc de blancs' de Californie. Le *german johannisberg* ou *white riesling* a pris la quatrième place parmi les cépages de blanc californiens durant les années 1970. Il donne des vins de table fleuris, parfumés et rafraîchissants, et des «champagnes». Quand ils sont sucrés, surtout quand ils sont faits avec des raisins affectés par la pourriture noble, les meilleurs JOHANNISBERG RIESLINGS de Californie conservent et développent leur arôme et leur bouquet après plusieurs années en cave. Le cinquième cépage par la surface qu'il occupe, est le noble *sauvignon blanc* de Bordeaux et de la Loire. Il donne des vins épicés, quelque peu austères, mais aussi parfumés, vieillissant aussi bien que les vins issus de *chardonnay*. En Californie, les *sauvignons blancs* sont souvent appelés *fumés blancs*. Vient ensuite le *palomino* qui ne peut servir pour les vins de table parce qu'il s'oxyde rapidement. C'est en revanche le premier pour la production de vins type sherry. A la septième place, on trouve le *gewürztraminer* d'Autriche, d'Allemagne et d'Alsace, parfumé, fleuri, épicé, et ses vins, lorsqu'ils sont sucrés ont prouvé qu'ils vieillissent bien. A la huitième place, le noble *sémillon* de Bordeaux donne un vin sec élégant

quand il pousse dans les comtés de la côte, mais sous les étés secs de Californie, il est rarement attaqué par la pourriture noble, la '*botrytis cinerea*' qui fait du *sémillon* en France le principal cépage des *Sauternes*. Les blancs californiens liquoreux sont le *riesling*, le *sauvignon blanc* et le *chenin blanc*. A la neuvième place vient l'*emerald riesling*, un croisement *riesling-muscadelle*, réalisé à l'université de Californie pour les districts les plus chauds de l'Etat. Si ses vins ont un caractère de *riesling*, son nom est mal venu parce qu'il favorise la confusion en Californie avec les vins dont une partie du nom est aussi «Riesling». Le *sylvaner* autrichien donne des vins blancs légers et rafraîchissants dans les comtés de la côte, mais la plupart se vendent sous le nom de FRANKEN RIESLING, qui est aussi le nom de cépage en Franconie, et aussi sous celui de CALIFORNIA RIESLING, ce qui est regrettable puisque ce cépage n'a aucun lien avec le vrai *riesling*. C'est la même chose pour le *grey riesling*, un cépage dont on ne connaît pas bien les origines, qui donne un vin blanc populaire dans les Régions I à III. Parmi les autres cépages apparaissant sur les étiquettes californiennes, on trouve le *St Emilion* et ses synonymes italiens et français, *trebbiano* et *ugni blanc*; le *flora*, un croisement effectué par l'université entre le *gewürztraminer* et le *sémillon*; le *rkatsiteli* russe, et le *pinot blanc*. Ce dernier peut inclure quelques hectares d'un cépage connu en France sous le nom de *melon* ou *muscadet*. Certains producteurs de vins pétillants préfèrent le *pinot blanc* au *chardonnay* parce que sous le soleil de Californie, le *chardonnay* donne parfois plus de parfum qu'ils n'en désirent pour leurs cuvées.

LES MUSCATS

Cinq cépages de *muscat* sont exploités commercialement en Californie. Le plus fin est le cépage de la Grèce antique répandu à travers l'Europe, plus connu sous le nom de *muscat blanc* mais aussi sous ceux de *muscat Frontignan* dans le sud de la France et de *moscato canelli*, dans le Piémont italien. Les vins de Californie faits avec ce raisin, utilisent n'importe lequel de ces noms. Le *muscat d'Alexandrie*, moins fin et plus gros, est beaucoup plus répandu parce qu'il sert aussi à faire des raisins secs et comme raisin de table. Les vins de *muscat* californiens sont faits avec les deux cépages; les versions pétillantes sont appelées indifféremment MOSCATO AMABILE et SPUMANTE qui signifie pétillant en italien. Le *malvasia bianca* est un cépage à goût de *muscat* d'un autre nom encore. Les vins de muscat de table sont toujours demi-secs ou sucrés, parce que «secs», ils ont un arrière-goût amer. L'Université a créé un nouveau cépage à goût de muscat baptisé *symphony* et qui n'est pas encore répandu, mais dont le vin « sec » n'est pas amer. On trouve également deux *muscats* rouges ou noirs : le *muscat de Hambourg* qui donne des vins de dessert, et l'*aleatico de Toscane* qui en Californie donne un muscat rouge.

LES ROUGES

Le raisin à vin rouge le plus répandu en Californie est le *zinfandel* rond, à la peau fine, et juteux. Son origine est longtemps restée mystérieuse, mais des chercheurs de l'Université lui ont trouvé dans les années 1970, une apparente identité avec le *primitivo di Gioia*, qui pousse près de Bari dans les Pouilles, au sud-est de l'Italie. Sous les climats des comtés de la côte californienne, le *zinfandel* donne un vin d'une vive couleur rubis, frais, à l'arôme de baie sauvage ou de « mûre », particulièrement agréable quand il est bu jeune, comme le BEAUJOLAIS. Mais s'il est vieilli en fûts de bois et en bouteilles plusieurs années, il développe un bouquet aussi fin que celui des nobles CABERNETS. Mais peu de négociants font vieillir leurs vins de *zinfandel* plus d'un an ou deux, car les vieux ZINFANDELS n'atteignent pas sur le marché le prix des vieux CABERNETS. Les *zinfandel* qui poussent en Californie dans les districts du pied de la montagne, comme on l'a déjà dit, peuvent donner des vins de 15 à 17° de teneur en alcool, proches des portos secs. Dans les districts de Lodi, Manteca et Escalon, les *zinfandels* vendangés précocement donnent des vins de table fruités et ils sont utiles, mélangés à d'autres raisins, pour faire des rosés et des portos rouges. Dans la vallée principale de San Joaquin, cependant, le *zinfandel* risque de voir ses grappes pourrir si on ne lui applique pas un traitement hormonal qui fait grossir les raisins et aère la grappe. La souplesse d'utilisation du cépage est évidente quand on voit le nombre de rosés ZINFANDEL en vente sur le marché, ainsi que les ZINFANDELS BLANCS, faits avec le jus incolore.

Le second cépage de rouge par la surface plantée, est le *carignane* espagnol. En Région IV, il donne des vins de table, mais cultivé sans forcer sur le rendement dans les comtés de la côte, il donne un vin qui, une fois surmontée son âpreté de jeunesse, prend du corps et du bouquet.

A la troisième place, on trouve le noble *cabernet sauvignon* du Médoc. Tannique, de couleur profonde, au bouquet évoquant la violette, le CABERNET SAUVIGNON est le meilleur vin de Californie. Avant la Prohibition et durant quelques décennies après l'Abrogation, on laissait les meilleurs vins de CABERNET des comtés de la côte fermenter jusqu'à élimination complète du sucre au contact des peaux de raisin et la plupart étaient presque imbuvables tant qu'ils n'avaient pas vieilli en fûts et en bouteilles pendant au moins quatre ans. Mais comme ceux de Bordeaux, les vinificateurs californiens ont appris à raccourcir le temps de contact avec la peau et leurs CABERNET SAUVIGNON sont devenus délicieux après

seulement un ou deux ans d'âge. Au cours des années 1960 et 70, les entreprises des comtés de la côte se sont mis à planter de plus en plus de *merlot noir*, une variété inférieure de Bordeaux qui donne un vin plus doux qui vieillit plus vite, pour le mélanger avec leur *cabernet sauvignon*. Non seulement ce mélange permet à nouveau la fermentation jusqu'à élimination du sucre avec les peaux, mais les négociants ont découvert que le *merlot* seul donnait dans les comtés de la côte, l'un des meilleurs vins rouges de Californie obtenu avec une seule variété de raisin.

A la quatrième place vient le *barbera*, grand rival du *nebbiolo* dans le Piémont italien. Cultivé dans les comtés de la côte, il donne d'excellents vins. Mais peu de viticulteurs de ces régions sont disposés à le cultiver parce que c'est en principe le rouge de la vallée principale de San Joaquin. Sa vertu essentielle dans la vallée est le taux d'acidité élevé qu'il conserve quand il est cultivé en climat chaud ; c'est la raison pour laquelle les *barberas* cultivés dans la vallée donnent des vins de table rouges doux, agréablement parfumés. La même chose vaut pour le *ruby cabernet*, croisement de *cabernet sauvignon* et de *grenache* obtenu par l'Université dans les années 40 pour être planté dans les Régions IV et V. Certains vins de *ruby cabernet* de Lodi ont tant de caractère qu'il est difficile de les distinguer des vins issus de *cabernet sauvignon* des comtés de la côte. L'Université a réalisé plus récemment deux autres croisements *cabernet-grenache* baptisés *cornelian* et *centurion*, qui ont tous deux amélioré certains vins de table de la vallée de San Joaquin. Il existe un autre hybride obtenu récemment par l'Université et appelé *carmine*, destiné aux Régions I à III ; il donne au vin un caractère encore plus *cabernet* que le *cabernet noble*, mais il n'est pas encore très répandu parce que son nom manque du prestige associé à l'appellation CABERNET. Certains viticulteurs des comtés de la côte ont commencé dans les années 70 à planter une autre variété de *cabernet de Bordeaux*, le *cabernet franc*, très parfumé. Au cours de cette décennie également, s'est produit le boom sur les achats de vin blanc à l'échelon national, et les viticulteurs se sont aperçus qu'ils avaient plus de raisin *cabernet sauvignon* qu'ils n'en avaient besoin. Cela donna à certaines entreprises l'idée de commencer à faire des rosés de *cabernet sauvignon* et aussi quelques blancs très acceptables issus de *cabernet*.

A la sixième place, se trouve le *grenache*, raisin rouge espagnol très utilisé pour le coupage des vins du sud de la France. En Californie comme en France, il n'existe aucun vin rouge spécifiquement étiqueté GRENACHE. Les seuls vins portant la mention de ce cépage sont les GRENACHE ROSÉ.

Les vins de *petite sirah*, septième parmi les cépages de rouges de l'Etat, sont très prisés quand ils proviennent des Régions I à IV, parce que ce cépage leur donne un parfum poivré qui leur permet de s'harmoniser avec de nombreux plats. Ce cépage ressemble au *syrah* (*sirah* ou *shiraz*) de Perse auquel il est sans doute apparenté, et qui donne leur piquant aux meilleurs vins rouges de Tain l'Hermitage dans la vallée du Rhône en France. Cependant, la *petite sirah* de Californie ressemble plus à une autre variété de la vallée du Rhône que les Français appellent *durif* ou *duriff*. Ses vins, originaires des comtés de la côte, supportent de vieillir plusieurs années en développant leur bouquet. Durant les années 1970, le véritable *syrah* français a été planté dans de nombreux vignobles californiens, mais remplacera-t-il le *petite sirah* ou *duriff*, cela reste à voir.

A la huitième place vient le noble *pinot noir* qui donne les grands vins rouges de Bourgogne et une partie des vins blancs pétillants de Champagne. Pendant plus d'un siècle, les viticulteurs californiens se sont demandés pourquoi le *pinot noir* donnait en France des vins veloutés, subtils, au parfum de menthe poivrée et au bouquet incomparable comme les grands bourgognes rouges de la Côte d'Or alors que chez eux, cultivé avec le même soin, il donnait des vins agréables, certes, mais sans la séduction des bourgognes. Durant les années 1960-70, les Californiens ont découvert quelques-unes des réponses à cette énigme. La première est qu'au cours des siècles le noble *pinot noir* s'est divisé lui-même en quelque deux cents sous-variétés ou clones. Deuxièmement ces clones parfaits exigeaient d'être plantés uniquement dans certains sols et sous des climats frais pour donner des vins ayant le caractère des bourgognes rouges de la Côte d'Or. Troisièmement, le jus demandait durant la fermentation, des températures plus élevées que les *cabernets*. Et quatrièmement, certains des parfums souhaités provenaient apparemment de l'addition d'une certaine proportion de rafles dans le moût. Les températures de la Région I permettant un mûrissement lent du raisin semblait être le point le plus important et le district de Carneros dans le sud des comtés de Sonoma et de Napa se sont mis à produire les vins de *pinot noir* les plus réussis qui, au cours de tests comparatifs aveugles récents, ont surclassé de nombreux bourgognes rouges français. Mais l'identification des clones de *pinot noir* se complique de l'énigme que posent les cépages et les vins de *gamay*.

Durant un siècle, la Californie a cultivé un raisin appelé *gamay de Napa*, et a produit des vins du même nom, qui diffèrent de ceux produits en Bourgogne à partir d'un cépage appelé *Gamay noir* à jus blanc. En même temps, certains viticulteurs californiens produisaient des vins d'un caractère tout à fait différent à partir d'un cépage appelé *gamay Beaujolais*. Mais durant la dernière décennie, l'ampélographe français Pierre Galet a découvert que le *Gamay de Napa* ressemblait comme un frère au *valdiguié* du département du Lot, et l'ampélographe californien Dr. Harold P. Olmo soutenu par P. Galet, a identifié le *gamay Beaujolais* de Californie comme l'un des nombreux clones de *pinot noir* que les pépiniéristes californiens appellent maintenant *pinot noir number two*. Il en résulte qu'aujourd'hui seul le *pinot noir number one* est utilisé pour produire la plupart des vins de *pinot noir*, et que les vins de *number*

La plupart des vins californiens portent des noms de cépages; ils ne sont pas identifiables grâce à la forme de leur bouteille, comme en France, les BORDEAUX, les BOURGOGNE, les ALSACE.

two sont appelés *gamay Beaujolais*. Durant les années 70, les entreprises de vinification californiennes ont appris à utiliser la technique de la macération carbonique (fermentation des grappes entières non pressurées) pour faire des vins 'nouveau' et 'primeur' ressemblant au BEAUJOLAIS nouveau. Ces vins sont mis sur le marché américain quelques semaines après la vendange en concurrence avec le Beaujolais français. Au cours de la même décennie, les producteurs de « champagne » californiens se sont mis à utiliser du *pinot noir number one* dans leurs cuvées de vin pétillant, en étiquetant leurs produits « Blanc de Noir ». Puis à l'époque du boom sur le vin blanc, et des surplus de raisin rouge, sont apparus de nombreux blancs appelés PINOT NOIR BLANC, et aussi quelques PINOT NOIR ROSÉ.

Le *mission original* ou *criolla* est encore largement cultivé en Californie, mais il sert presque exclusivement à faire des sherries. Il existe aussi deux vins de table rouges des comtés de la côte produits avec des cépages dont les origines européennes sont mal connues. L'un est le *charbono* qui s'écrit également *charbonneau*, mais personne ne sait s'il s'agit du cépage qui porte ce nom en Suisse ou de celui de *douce noire* en Savoie. L'autre est le *pinot St George*, qui de l'avis de Mr Galet serait le *Negrette* du sud de la France. Les meilleurs portos californiens sont maintenant produits avec trois cépages portugais sous les étiquettes TOURICA SOUZÃO et TINTA MADEIRA.

VINS D'AUTRES ETATS DE L'OUEST

Trois Etats côtiers du nord-ouest, Washington, Oregon et Idaho, se sont mis à produire à la fin des années 1960 des vins de table de qualité à base de *vinifera*. Ces vins, encore limités en quantité, sont jugés égaux ou parfois même supérieurs à ceux de Californie.

Washington, l'Etat le plus septentrional, exploite la vigne à des fins commerciales depuis les années 1870 où une variété de *vitis labrusca*, l'*island belle* fut plantée pour la première fois autour de Puget Sound, dans la partie fraîche et pluvieuse située à l'ouest de l'Etat. La région est, avec moins de 200 mm de pluie par an, resta pratiquement désertique jusque vers 1906 où elle fut transformée en un riche verger par l'irrigation. Du raisin *concord* de l'est fut alors planté dans la vallée de Yakima et dans le bassin de Columbia pour produire du jus de raisin frais. Washington devint le troisième Etat viticole après la Californie et l'Etat de New York. A l'époque de l'Abrogation de la loi sur la Prohibition, une quarantaine d'entreprises vinicoles firent leur apparition dans l'Etat et produisirent des vins de *labrusca* à vendre dans les tavernes; les vins d'autres Etats ne se trouvaient à l'époque que dans les magasins de spiritueux autorisés. Un propriétaire de la vallée de Yakima, William Bridgman, étudia les climats californiens et européens propices à la vigne et constata que sa vallée, située à 46° de latitude nord, se trouvait à mi-chemin entre la Bourgogne et le Bordelais. Il en conclut qu'avec un nombre de jours d'ensoleillement supérieur à celui de ces régions françaises, la vallée de Yakima devait avoir le climat du monde le plus favorable à la viticulture. Il planta des *vinifera*, mais personne n'y accorda grande attention jusqu'à ce qu'un groupe de vinificateurs amateurs de l'université de Seattle se mette à faire du vin avec ses raisins. En 1967, l'œnologue californien de renom, André Tchelistcheff, se rendit dans l'Etat de Washington, goûta les vins artisanaux des professeurs et les jugea d'excellente qualité. Tchelistcheff conseilla à l'American Wine Growers, la plus grande firme de l'Etat, de consacrer une partie des activités de son entreprise proche de Seattle, à des tentatives de vinification de *vinifera*. Les vins ainsi produits ont été hautement appréciés des connaisseurs californiens invités à les goûter. L'American Wine Growers, rebaptisée Château Ste Michelle, a donc planté 2500 hectares supplémentaires de *vinifera*, construit deux nouvelles entreprises et modernisé une troisième, et elle a été la première à produire en 1974 dans le nord-ouest, des vins pétillants de *pinot noir* selon la « méthode champenoise ». Pendant ce temps, les professeurs-producteurs de vin de Seattle ont créé une entreprise de vente en entrepôt, appelée Associated Vintners, qu'ils ont dû doubler depuis pour satisfaire la demande de leurs clients. Une douzaine d'autres entreprises se sont ouvertes dans l'Etat de Washington, les plantations de *vinifera* ont atteint 2500 hectares et augmentent d'un cinquième par an. Les dégustations annuelles de vins des Etats du nord-ouest se font désormais à Seattle, où elles sont confiées à l'Enological Society of the Pacific Nothwest. Les meilleurs vins de l'Etat de Washington sont jusqu'ici ceux issus de *riesling*, de *gewürztraminer*, de *chardonnay*, de *muscat*, de *cabernet*, de *merlot* et de *grenache*.

Le plus important dans le fait que l'Etat de Washington est désormais un Etat vinicole, c'est peut-être qu'il existe à l'est des Cascade Mountains des terres permettant de planter jusqu'à 50000 hectares de vignes de *vinifera* si la révolution des vins de tables se poursuit au rythme actuel et que le besoin s'en fait sentir. Seuls facteurs négatifs, des hivers parfois rudes compromettent certaines années la récolte.

OREGON

La viticulture est plus ancienne en Orégon que dans l'Etat de Washington, son voisin septentrional. Parmi les premiers colons qui arrivèrent sur le territoire en chariot par « l'Oregon Trail », certains transportaient des boutures de *labrusca* et se mirent à produire du vin

C'est en 1963 que furent plantées les vignes d'Hillvest Vineyard dans l'Oregon. Le climat de la région, plutôt frais, convient au *riesling*, qui donne un vin sec et fruité comme les vins du Rhin.

dans la vallée de Willamette au sud de Portland. Des pieds de *vinifera* furent importés de Californie dans la Rogue River Valley, dans le sud de l'Orégon, dès 1854. Cet Etat comptait des douzaines d'entreprises vinicoles avant la Prohibition, mais deux seulement poursuivirent leurs activités après l'Abrogation dans les années 1930. En effet, le zèle prohibitionniste continua à animer les autorités agricoles locales qui recommandaient encore en 1965 de planter de la *vitis labrusca*, « seule vigne adaptée au climat de l'Orégon ». Quatre ans plus tôt, le jeune Richard Sommer qui avait appris dans son cours d'introduction à la viticulture à l'université de Californie que les meilleurs vins provenaient des vignes cultivées sous les climats les plus frais, venait s'installer en Orégon, sous un climat encore plus froid, pour y planter une vigne de *vinifera*. Il choisit pour cela un site proche de Roseburg dans l'Umpqua Valley, dans l'ouest de l'Orégon, où il créa sa propre entreprise vinicole, Hillcrest Vineyard, en 1963. Par la suite, quatre autres adeptes des climats frais ont émigré de Californie pour fonder des établissements vinicoles sur leurs vignobles dans l'ouest de l'Orégon. Leurs vins se sont bien vendus dans les magasins de Portland et ils ont commencé à trouver des débouchés en Californie. D'autres domaines ont également créé des entreprises vinicoles. En 1977, ils ont convaincu l'administration de l'Etat d'accorder les appellations de vins de *vinifera* d'Orégon aux seuls cépages identifiés à condition que ces vins en contiennent au moins 90 %. En 1981, l'Orégon comptait trois douzaines d'établissements vinicoles, près de 500 hectares de *vitis vinifera*, et une entreprise produisait déjà le premier vin pétillant de l'Etat. Jusqu'ici, les vins d'Orégon proviennent des mêmes cépages que ceux de Californie et de l'Etat de Washington, plus un de *pinot gris*. Le PINOT NOIR est particulièrement apprécié depuis que le PINOT NOIR 1975 des Eyrie Vineyards, originaire des Dundee Hills dans la vallée de Willamette, s'est classé second au cours d'une dégustation organisée à Paris en 1980, face à six BOURGOGNES français et à cinq autres vins des Etats-Unis, de Suisse, d'Australie et de Grèce.

IDAHO

L'Idaho, comme l'Orégon, avait des vignobles et des entreprises vinicoles avant la Prohibition. A l'époque de l'Abrogation, la vente des vins fut limitée aux seuls magasins de spiritueux jouissant du monopole d'Etat. A la suite de la modification de cette loi en 1971, autorisant désormais la vente des vins dans les magasins ordinaires, les plantations de vigne ont repris dans plusieurs régions mais de manière limitée à cause des herbicides répandus par les producteurs de blé et qui tuent les ceps. Le premier établissement à connaître le succès dans l'Idaho est le chai Ste Chapelle, à Sunny Slope dans la Snake River Valley, à l'ouest de Boise, la capitale de l'Etat. Ses quatre premières cuvées de

RIESLING et de CHARDONNAY ont remporté des médailles d'or à Seattle, et une autre à Bristol en Angleterre en 1980. Une seconde entreprise s'est ouverte dans l'Idaho près de Caldwell, en 1981.

ARIZONA, COLORADO, UTAH

Des cépages de qualité ont été plantés à flanc de montagne dans l'Arizona, et des entreprises doivent être créées sur les domaines quand ces vignes parviendront à maturité. L'Etat possède déjà un petit établissement de vinification ouvert en 1980, mais il n'utilise jusqu'ici que des raisins provenant de Californie. Le Colorado dispose d'une petite entreprise qui produit des vins de *vinifera* locaux dans la région à vergers située près de Grand Junction, dans l'ouest de l'Etat. L'Utah compte également une entreprise ouverte en 1981 par une secte à Salt Lake City : elle a l'intention de planter une vigne, mais importe pour le moment son raisin de Californie. Des raisins de *vinifera* poussent déjà dans le sud-ouest de l'Utah, à Toquerville, où un prophète Mormon, du nom de Brigham Young, fit planter une vigne par ses disciples à la fin du XIXe siècle ; il abandonna vers 1900 parce que ses vins ne pouvaient rivaliser avec ceux de Californie. Un projet de recherche entrepris vers 1970 par la Four Corners Regional Commission financée par la Fédération, vise à développer les industries vinicoles en Arizona, dans le Colorado, l'Utah et le Nouveau-Mexique.

NOUVEAU-MEXIQUE

Dans l'Etat du Nouveau-Mexique, la viticulture remonte au XVIIe siècle, quand des Franciscains plantèrent des vignobles autour de leurs missions pour faire du vin de messe. De nombreuses autres entreprises apparurent ensuite dans la vallée du Rio Grande et poursuivirent leurs activités jusqu'à la Prohibition ; nombre d'entr'elles les reprirent après l'Abrogation. Mais elles étaient dans l'incapacité de rivaliser avec les vins de Californie, et on n'en comptait plus que deux en 1976. Cette année-là, dans la vieille firme Rico, près d'Albuquerque, un œnologue formé en Californie produisait les premiers vins de qualité du Nouveau-Mexique à partir d'un vignoble de *vinifera* situé à 900 mètres d'altitude. Depuis lors, deux nouvelles petites maisons modernes produisent de bons vins : l'une, sur la Pecos River au sud de Roswell, et l'autre à l'ouest d'Anthony dans la partie méridionale de l'Etat. Le vignoble américain situé le plus à l'ouest est celui de Tedeschi, à 600 mètres d'altitude, sur l'île hawaïenne de Maui. Son premier vin produit avec du *carnelian rouge* était excellent, mais en attendant que le vignoble donne des récoltes assez importantes, elle fabrique du vin d'ananas.

VINS DES ETATS DE L'EST ET DU MIDDLE-WEST

Dans les Etats de l'est et du middle-west, la viticulture commerciale date des XVIIe, XVIIIe et XIXe siècles. Les vins étaient surtout produits avec des cépages de *vitis labrusca* à goût de fox, ou, dans certains cas, avec des cépages voisins de *vitis riparia*, non foxés. Dans les Etats du sud-est, certains vins étaient également faits avec du *suppernong* sauvage indigène. En 1849, le *concord bleu*, variété robuste de *labrusca*, fut introduit par Ephraim Bull du Massachussetts. Le jus de *concord* pasteurisé, promu par le dentiste prohibitionniste Thomas Welch en 1870 sous l'appellation de « vin non-fermenté », a été à la base d'une industrie nationale du jus de raisin frais, et le *concord* est devenu le raisin le plus répandu dans la moitié est du pays. Les vins issus de *concord* sont doux; si on leur ôte leur sucre à la fermentation, ils prennent un goût âpre. Il existait d'autres cépages de *labrusca* moins foxés que le *concord*, en particulier le *dutchess* et le *delaware* blancs, et le *catawba rosé* qui donnaient, déjà en 1870, des vins de table blancs et des « champagnes » populaires. Il existait des entreprises de vinification dans trente Etats de l'est et du middle-west en 1880 quand le Kansas vota une loi sur la Prohibition. La vague de lois identiques qui suivit entraîna la fermeture des établissements, Etat après Etat, mais certains étaient encore en activité dans quatre Etats de l'est au moment du vote de la Prohibition à l'échelon national en 1919 et 1920. Durant la Prohibition, un dénommé Philip Wagner, journaliste du Maryland, vinificateur à ses heures, qui détestait les vins de *labrusca*, introduisit dans l'est des hybrides français non foxés, très répandus en France. Il y eut beaucoup de petites plantations d'hybrides durant les années 1940 et 1950. En 1957, l'émigré allemand d'origine russe Dr. Konstantin Frank, prouva avec son vignoble proche de Hammondsport dans la région des Finger Lakes, que les nobles cépages de *vitis vinifera* européens pouvaient également se développer avec succès dans l'est, s'ils étaient cultivés avec soin et protégés par les produits chimiques modernes. Au moment du boom sur la consommation des vins de table aux Etats-Unis à la fin des années 1960, des centaines de vignes nouvelles — des hybrides et des *vinifera* — ont été plantées dans l'est et le middle-west. Durant les années 1970 et au début des années 80, plus de deux cents nouveaux établissements ont été créés dans vingt Etats où les lois avaient été modifiées pour encourager les viticulteurs à produire leurs propres vins de table.

NEW YORK

La vigne destinée au vin est cultivée dans l'Etat de New York depuis le milieu du XVIIe siècle où elle fit son apparition à Manhattan et Long Island. (Elle fut cultivée à New York même jusqu'en 1846.) Puis elle s'étendit à la vallée de l'Hudson, vers 1677, au comté de Chautauqua sur le lac Erié, en 1818, à la région des Finger Lakes en 1829 et à la péninsule du Niagara, en 1860. L'Etat de New York ne connaissait que les *labrusca* quand les premières plantations d'hybrides de Wagner et de *vinifera* du Dr. Frank firent leur apparition, dans la région. Durant les années 1970, on a commencé à planter des *vinifera* dans un cinquième district de l'Etat — au nord-est de Long Island — où d'après certaines études, le climat est suffisamment tempéré par les masses d'eau avoisinantes pour permettre aux vignes européennes délicates de survivre aux rudes hivers de la région. En 1976, l'Etat de New York a voté des lois encourageant les viticulteurs à créer des entreprises de vinification sur leur domaine. A ce moment-là encore, la plupart des vins de table de la région avaient un goût de *labrusca*. En 1981, trois douzaines de domaines avaient désormais leurs propres entreprises de vinification, dans les cinq districts viticoles de l'Etat, et la plupart avaient planté des hybrides français ou des *vinifera* et se spécialisaient dans la vente de vins non foxés. Deux tiers environ des 21 500 hectares de vignobles étaient encore en *concord* en 1978, mais 2500 hectares d'hybrides français et de *vinifera* étaient venus s'y ajouter dans les années précédentes. De nouvelles cuvées

Depuis que des hybrides français ont été introduits dans l'Etat de New York, les viticulteurs produisent des vins auxquels ils donnent des noms qui rappellent le pays d'origine du cépage comme ici cet AMERICAN CHABLIS.

GOLD SEAL
American
Chablis

MADE AND BOTTLED AT THE WINERY
BY GOLD SEAL VINEYARDS
HAMMONDSPORT, NEW YORK *Charles Fournier*
ALCOHOL 12% BY VOLUME

Les vignes de l'Etat de New York (ci-dessus) s'étendent sur 21 500 hectares. Comme les consommateurs de cet Etat ont une préférence pour les vins champagnisés, les producteurs mettent sur le marché des vins mousseux, blancs et rouges, comme ce CHAMPAGNE AND SPARKLING BURGUNDY, ci-dessous.

intéressantes sont apparues dans les vins de table de la région offerts à la vente et présentés dans les concours de vins de l'est: parmi les blancs, des vins issus de *johannisberg riesling*, de *chardonnay*, de *gewürztraminer* et de *catuga*, nouveau cépage non-foxé sélectionné à la Station expérimentale de Genève et introduit en 1973. Les meilleurs blancs d'hybrides français étaient le *sevyal blanc* (surnommé «le *chardonnay de l'est*»), le *vidal*, le *ravat*, le *verdelet* et le *rayon d'or.* Parmi les rouges de *vinifera* quelques domaines de l'Etat de New York faisant leur propre vin concurrençaient le Dr Frank en produisant des *cabernet sauvignon* et des *pinot noir.* Les vins de table rouges de l'Etat produits avec des hybrides comme le *maréchal Foch*, le *chancellor* et le *baco noir*, ont commencé à faire leur apparition sur les cartes des vins prestigieuses, et certains sont expédiés à des acheteurs des Etats voisins. L'Etat de New York produit également des vins vieillis très appréciés du type porto et sherry, ces derniers étant fabriqués avec du *concord* débarrassé de son goût de *labrusca*. De nombreux consommateurs de l'est préfèrent les «champagnes» de l'Etat de New York et les vins de table demi-secs au léger parfum de *labrusca* donné par le *dutchess* et le *delaware*, les moins foxés des cépages

399

Pendant des siècles, les vins produits dans l'Etat de New York étaient issus de *labrusca* ; ils avaient un goût foxé très prononcé. Aujourd'hui, avec le cépage *concord*, débarrassé de son goût de *labrusca*, les viticulteurs produisent un vin rouge et des vins de type PORTO ou SHERRY.

indigènes. Ce sont des produits exclusivement originaires de l'Etat de New York car ces cépages n'ont jamais voulu pousser en Californie.

PENNSYLVANIE

Le fondateur de la Pennsylvanie, William Penn, essaya de créer une industrie vinicole à Philadelphie en 1683, en plantant des vignes originaires d'Espagne et de France, mais ce fut un échec. En 1793, plus d'un siècle plus tard, un Français nommé Pierre Legaux créa les premiers éléments d'une production vinicole aux Etats-Unis. Il introduisit une variété de raisin qu'il appela *cape of Constantia*, et qui se propagea bientôt dans plusieurs autres Etats. Il s'agissait sans doute de plants de *labrusca* ou peut-être d'un croisement naturel *labrusca-vinifera*. La Pennsylvania Vine Company de Legaux produisit du vin jusqu'à sa mort en 1827. D'autres entreprises furent créées près de Philadelphie et dans d'autres parties de l'Etat, et certaines restèrent en activité jusqu'au vote de la Prohibition à l'échelon national. Mais lors de l'Abrogation, alors que les entreprises rouvraient dans les autres Etats de l'est, aucune ne redémarra en Pennsylvanie parce que le vin était soumis au nouveau monopole instauré par l'Etat sur les spiritueux et ne pouvait être vendu que dans les magasins de spiritueux autorisés. La viticulture stagna, sauf dans le comté d'Erié au nord-ouest, extension de la région viticole de Chautauqua (N.Y.) où des vignobles de *concord* donnaient du raisin qui servait à faire du jus. Dans les années 1960, un groupe de producteurs de vins amateurs parmi ceux qui possédaient du *concord* d'Erié, ont planté des hybrides français et du *vinifera*, jugé qu'ils en tiraient du bon vin et amorcé un mouvement de relance de l'industrie vinicole dans la région. Ils ont fait amender la loi en 1968 pour permettre aux entreprises implantées sur les domaines de faire du vin et de le vendre dans les chais. Une trentaine d'entreprises de ce genre se sont ouvertes dans tout l'Etat au cours des douze années qui ont suivi. Des vignobles d'hybrides et de *vinifera* ont été créés à l'ouest de Philadelphie, dans la région exploitée par William Penn et Pierre Legaux. Si l'industrie vinicole renaissante de Pennsylvanie est encore jeune, ses vins rencontrent déjà la faveur du public. Jusqu'ici, les meilleurs sont issus de *sevyal*, de *vidal*, de *riesling* et de *cabernet sauvignon*.

NEW JERSEY

Le New Jersey voisin a une industrie vinicole locale depuis plus d'un siècle. Elle est basée sur un raisin de *labrusca* appelé *noah* qui fut planté dans divers coins de France durant l'épidémie de phylloxéra dans les années 1870. L'entreprise Renault, à Egg Harbor City, date de 1864 et a continué à fonctionner à l'époque de la Prohibition par autorisation du gouvernement, en fabriquant un tonique vendu en pharmacie dans tout le pays. Renault continue à produire toute une gamme de vins, y compris des « champagnes ». En 1981, lorsque l'Etat du New Jersey adopta une loi sur les entreprises de vinification implantées sur les domaines pour encourager la plantation de vignes, il y avait dix entreprises de vinification dans l'Etat mais il paraissait certain qu'il y en aurait rapidement davantage.

LES ETATS DE LA NOUVELLE-ANGLETERRE

On trouve mention de viticulture et de production de vin dans les Etats de la Nouvelle-Angleterre depuis l'époque coloniale et à travers tout le XIXe siècle. Quelques vignes à vin ont été plantées dans le Connecticut après l'Abrogation de la loi sur la Prohibition en 1933, mais aucun vin n'a été lancé dans le commerce car les lois de ces Etats imposaient le paiement de licences exorbitantes pour pouvoir les vendre. Durant les années 1960, des vignobles plantés par les amateurs ont donné des récoltes prouvant que la région est aussi propice à la viticulture que la plupart des autres districts de l'est. Durant les années 1970, quatre Etats de la Nouvelle-Angleterre ont modifié leurs lois afin de réduire le prix des licences pour les entreprises implantées sur des domaines et d'autoriser la vente en gros et au détail de leurs propres cuvées. Il y avait déjà un domaine qui produisait ses vins depuis les années 1960 dans le centre du New Hampshire. En 1981, on comptait cinq nouvelles entreprises à Rhode Island, quatre dans le Connecticut, et trois dans le Massachussets, dont une sur Martha's Vineyard, île de l'Atlantique située à une quinzaine de kilomètres au large du cap Cod. Les vins de Nouvelle-Angleterre, types *vinifera* ou hybrides français et *labrusca*, commencent à connaître une certaine faveur dans ces Etats.

AUTRES ETATS DE LA CÔTE ATLANTIQUE

De tout l'est, c'est en Virginie, l'un des Etats voisins de la capitale fédérale, Washington D.C., que la vigne se répand le plus rapidement. Dix-sept domaines ont été plantés de vignes en Virginie depuis 1970, dont deux grâce à des investisseurs européens (Zonin d'Italie, et Dr Wilhelm Guth d'Allemagne) et un grâce à Paul Masson de Californie, filiale de l'empire de la liqueur, Seagram. Les facteurs qui ont favorisé cette expansion remarquable sont à l'évidence: le climat plus doux que celui de l'Etat de New York où le *vinifera* souffre parfois d'hivers trop rudes, une loi votée par l'Etat en 1980 pour faciliter la création d'entreprises sur les domaines, et l'excellente qualité des premières cuvées de vins de *vinifera* de Virginie. Cet Etat a une impressionnante histoire des vins car la Virginie est la première colonie américaine à avoir planté du raisin à vin. En 1619, Lord Delaware a fait venir des ceps et des vignerons de France et l'assemblée coloniale vota une loi demandant à chaque foyer de planter au moins dix pieds de vigne. Mais c'était avant l'apparition des insecticides modernes et toutes les vignes périrent. Le virginien Thomas Jefferson, troisième président des Etats-Unis, essaya également sans succès de faire pousser des ceps importés de Château d'Yquem dans son domaine de Monticello à Charlottesville. Le rêve de Jefferson devait devenir temporairement réalité un siècle plus tard lorsque se développa une importante industrie vinicole

en Virginie basée sur le *norton*, cépage de *vitis riparis* ou *aestivalis* non foxé, découvert en 1835 à Richmond. En 1880, la Virginie était devenue le onzième Etat vinicole de l'Union. Mais à ce moment-là, le mouvement en faveur de la Prohibition commença à réduire l'importance du marché du vin dans l'est et en 1900, la plupart des entreprises de Virginie avaient dû fermer leurs portes. Lorsque la Virginie adopta la loi sur la Prohibition en 1914, les vignobles disparurent presque complètement. La plantation de vignes n'a repris son essor qu'en 1970 au plus fort de la révolution dans les vins de table en Amérique. En 1981, la Virginie totalisait 250 hectares de vignes à vin, dont un tiers de cépages de *vinifera*. Les nouvelles entreprises de vinification produisaient déjà des vins de classe internationale issus des cépages suivants: *riesling*, *chardonnay*, *sauvignon blanc*, *cabernet sauvignon*, et *merlot*, ainsi que des vins du type hybrides français comme le *sevyal blanc* et le *maréchal Foch*.

L'Etat voisin de la Virginie occidentale avait, lui aussi, une industrie vinicole implantée avant la Guerre civile qui fit rage entre 1861 et 1865. En 1981, il a voté une loi favorisant la création d'entreprises sur les domaines, et deux entreprises ont immédiatement fait leur apparition tandis que d'autres sont en construction.

Le Maryland, au nord et à l'est des deux Virginie, s'est également adonné assez tôt à la viticulture. Lord Balti-

La Virginie fut la première colonie américaine à planter du raisin: c'était en 1619. Mais c'est tout récemment que les vins de Virginie sont apparus sur le marché; d'ailleurs le vignoble de cet Etat n'est pas très étendu, environ 250 hectares en 1981. Ce CABERNET SAUVIGNON est un vin rouge.

401

more y fit ses premières tentatives au XVIIe siècle et en
1828, l'Etat créa une Société pour la Promotion de la
Culture de la Vigne, mais sans grand résultat. Le
Maryland compte actuellement six entreprises de vinification utilisant des hybrides français et des *vinifera*
cultivés sur place. Toutes furent créées après l'introduction des hybrides en Amérique par Philip Wagner et
après qu'il ait créé un entrepôt de vente dans sa petite
firme Boordy Vineyard en 1954. L'expansion future des
vignobles du Maryland est cependant entravée par une
loi de l'Etat qui empêche les entreprises de vendre leurs
produits au détail, sauf dans deux comtés.

OHIO

En 1859, à l'époque où l'Ohio était le premier état
vinicole du pays, ses vins issus de *catawba blanc*,
pétillants, se vendaient dans toute l'Amérique et même
à Londres où un écrivain le louait en ces termes:
« C'est le plus fin des blancs, meilleur que tous les vins
du Rhin ». Les *catawbas* originaires des rives de l'Ohio
inspirèrent en 1854 au poète Henry Wadsworth Long-
fellow ce qui est peut-être le premier poème dédié à un
cépage, son 'Ode au Vin de Catawba'. Mais peu après, les
vignobles des bords de l'Ohio furent attaqués par le
mildiou et l'oïdium et périclitèrent en l'absence de
traitement approprié. De nouveaux vignobles furent
alors plantés le long des rives du lac Erié à l'ouest de
Sandusky et sur le groupe d'îles qui parsèment le lac
jusqu'au Canada. L'influence du lac donne à ces îles la
plus longue saison viticole de l'est et du middle-west. La
Prohibition provoqua la fermeture des entreprises de
vinification de l'Ohio, mais certaines d'entr'elles rouvri-
rent dans les années 1930 et se mirent à planter des
hybrides français pour produire des vins de type
européen. Durant les années 1960, l'introduction de
traitements chimiques modernes ressuscita les vignobles des bords de l'Ohio, et des douzaines d'entreprises
furent créées au nord comme au sud de l'Etat. Des
quarante-deux firmes que comptait l'Ohio au moment
de la rédaction de cet ouvrage, la moitié datait d'après
1971. Certains vignobles situés à l'ouest de Cleveland et
ceux de l'île de Bass sur le lac Erié sont actuellement
replantés de *vinifera* et d'hybrides français. Parvenus
sur le marché, ces vins sont en train de susciter un
regain de faveur pour la production de l'Ohio. Les
meilleurs ont même obtenus des récompenses lors des
dégustations de vins de l'est organisées en 1981 dans
l'Etat de New York: le ROSÉ DU CHALET DEBONNÉ à
Madison, le BACO NOIR de la firme Vinterra Vineyard à
Houston, le CHELOIS de Meiers Wine Cellars à Silvers-
tone, les RIESLING et CHARDONNAY d'Arnulf Esterer's
Markko Vineyard à Conneaut, et le CHARDONNAY et le vin
pétillant « méthode champenoise » de la petite firme
Cedar Hill sise au restaurant du Dr. Thomas Wykoff à
Cleveland Heights.

MEIER'S

Great Wines
for over 100 Years.

Isle St. George
Rosé

A semi-dry, versatile table wine

Produced and Bottled by Meier's Wine Cellars, Inc.
Silverton, Ohio   Alcohol 12% by Volume

La plupart des domaines viticoles de l'Ohio sont de fondation très
récente. La firme Meier a planté des *vinifera* dans l'île de Saint-
George (lac Erié); cela lui permet de produire des blancs légers et
fruités, comme le JOHANNISBERG RIESLING (notre étiquette) ou des
vins de dessert, type SAUTERNE, ou encore des rouges de table.

MISSOURI

La viticulture reprend également son essor dans le
Missouri qui était il y a un siècle le premier producteur
de vins du middle-west. Cette renaissance a commencé
avec la réouverture dans les années 1960 des deux plus
anciennes entreprises d'avant la Prohibition, Stone Hill
à Hermann et Mount Pleasant à Augusta. En dix ans,
dix-huit autres entreprises ont vu le jour sur de
nouveaux vignobles dans les vieilles régions à vin, sur
les bords du Missouri, dans les comtés du plateau
d'Ozark et jusqu'aux alentours de Kansas City. Des
experts ont été conviés de Californie et de New York à
l'université de l'Etat pour conseiller les viticulteurs et
les producteurs de vins. Parmi les nouveaux vins du
Missouri, on trouve des vins de type *vinifera* issus de

riesling et de *chardonnay*, mais jusqu'ici, la plupart sont des vins d'hybrides français et de *labrusca*. Trois entreprises du Missouri font déjà des « champagnes ». Une à St James fait un vin rouge d'un cépage rare appelé *neva munson*, découvert au Texas à la fin du siècle dernier par le fameux horticulteur Thomas Volney Munson. C'est du Missouri et du Texas que dans les années 1870, la France importa les millions de souches résistantes au phylloxéra qui sauvèrent les vignobles européens, puis ceux de Californie. Pour marquer de reconnaissances en 1888, le gouvernement français décora Munson et Hermann Jaeger du Missouri, de la Croix du Mérite agricole.

KENTUCKY ET INDIANA

La première tentative de viticulture dans le Kentucky démarra après 1798 quand Jean-Jacques Dufour quitta la vigne de son père à Vevey en Suisse pour fonder une colonie viticole suisse en Amérique. Il planta des *labrusca* sur les bords du Kentucky au sud de Lexington, mais sans succès ; il les transporta alors sur les bords de l'Ohio dans l'Indiana où il parvint à ses fins. Dufour baptisa l'endroit d'Indiana où il s'était installé du nom de sa patrie d'origine en l'orthographiant comme les Américains le prononcent 'Vevay'. Vignobles et entreprises vinicoles prospérèrent et dans l'Indiana et dans le Kentucky, mais elles périclitèrent à la suite du vote de la Prohibition. Près d'un siècle et demi après la mort de Dufour, la viticulture a repris dans l'Indiana avec le vote par l'Etat en 1971 d'une loi favorisant l'implantation d'entreprises sur les domaines viticoles. Neuf entreprises se sont créées en l'espace de quelques années, dont une à Vevay dans le comté de « Switzerland », où un festival du vin suisse se tient chaque année à la mémoire de Dufour. L'Indiana produit quelques vins très acceptables d'hybrides français, et quelques cépages de *vinifera* ont été plantés dans certains coins de l'Etat. Les vignobles ont également repris leur essor dans le Kentucky, où il existe maintenant deux entreprises de vinification produisant de bons vins d'hybrides, mais les lois de l'Etat restreignent leur vente à leurs seuls chais d'origine. En 1981, la Kentucky Vineyard Society a repris de l'activité sous l'impulsion de viticulteurs soucieux de voir leur Etat adopter une loi favorisant l'implantation des entreprises sur les domaines comme dans l'Indiana.

MICHIGAN

Le Michigan est le cinquième Etat du pays pour la production de vin et possède 7500 hectares de vignobles, plus qu'aucun autre Etat du middle-west. Mais les quatre cinquièmes de ces vignobles sont plantés en *concord* datant de l'époque de la Prohibition où il servait à fabriquer du jus et des gelées, ou du raisin de table. Quatre grandes entreprises du Michigan créées au moment de l'Abrogation, se sont spécialisées dans les vins de type *labrusca* mais à partir des années 1970 où les plantations d'hybrides français et de cépages de *vinifera* se sont multipliées, elles ont commencé à produire de bien meilleurs vins. Les grandes entreprises de vinification sont situées dans la partie sud-ouest du Michigan autour de Paw Paw où a lieu chaque année en septembre un festival de la vigne et du raisin. Des vignobles et des entreprises plus récents existent à Fennville (qui est devenu en 1971 la première région viticole du Michigan à être reconnue par le gouvernement fédéral) et plus au nord autour de la péninsule de Leelanau bordée par le lac Michigan et la Grand Traverse Bay. Il y a quelques excellents RIESLING du Michigan (dont un vin « de glace » produit en 1980), du CHARDONNAY, du BACO NOIR et du VIDAL. Ce dernier est le meilleur vin blanc du Michigan produit jusqu'ici avec des hybrides français. Quatre entreprises du Michigan font du « champagne », dont une par la méthode champenoise.

La vogue des vins frais et légers, de type « nouveau » ou « primeur », a gagné les Etats-Unis d'Amérique et ce producteur du Michigan a lancé, pour la première fois en 1980, un « vin nouveau » issu d'hybrides européens.

WISCONSIN ET MINNESOTA

A Prairie du Sac dans le sud du Wisconsin se trouve la firme Wollersheim, créée en 1973 sur l'emplacement d'une entreprise du XIXe siècle avec des caves taillées dans le roc. On y fait de l'excellent vin de table d'hybrides français et aussi quelques RIESLINGS et CHARDONNAYS. Sept autres entreprises du Wisconsin produisent surtout des vins de cerises et d'autres fruits. Dans le Minnesota voisin, de nombreux petits vignobles et deux entreprises de vinification ont fait leur apparition dans les années 1970. Les hivers du Minnesota sont si rudes qu'il faut ôter les vignes des treilles et les couvrir, comme dans certaines régions de Russie, jusqu'à l'arrivée du printemps. Malgré ce handicap, l'Alexis Bailly Vineyard à Hastings, au sud de Minneapolis, donne le meilleur vin fabriqué avec l'hybride français *Léon Millot* jusqu'ici aux Etats-Unis.

ILLINOIS, KANSAS, OKLAHOMA, NEBRASKA, IOWA

L'Illinois possède trois petites entreprises, et de nombreux vignobles de raisins à vin y ont été plantés dans les années 1970, ainsi que dans d'autres Etats du Middle-west comme le Kansas, le Nebraska, l'Iowa et l'Oklahoma. Mais la renaissance de leur industrie vinicole jadis importante attend le vote de nouvelles lois protégeant les vignobles des herbicides utilisés par les producteurs de céréales et la modification des lois d'Etat qui imposent des licences exorbitantes aux petites entreprises et réglementent strictement la vente de leurs vins.

TEXAS

Le Texas produisait déjà du vin au XVIIe siècle dans les missions espagnoles de la vallée d'El Paso, et des dizaines d'entreprises de vinification y poursuivirent leur activité, ainsi que sur les bords de la Red River près de la frontière de l'Oklahoma, jusqu'à l'époque de la Prohibition. Une seule entreprise texane, le chai Val Verde, créé en 1881 à Del Rio sur le Rio Grande, rouvrit ses portes au moment de l'Abrogation. En 1974, une étude de faisabilité effectuée par l'Université a démontré que le Texas pouvait devenir l'un des premiers Etats viticoles du pays si des solutions étaient trouvées aux problèmes de sol, d'eau et de climat, tels les hivers froids et les orages de grêle avec des grêlons gros comme des balles de golf qui ravagent les vignes comme cela s'est déjà produit dans la partie ouest de l'Etat. Au cours des années qui ont suivi la publication de cette étude, des centaines de nouveaux vignobles et cinq nouvelles entreprises de vinification ont fait leur apparition dans des coins du Texas où la vigne n'avait jamais été cultivée auparavant. Deux de ces entreprises se trouvent dans la « région des collines » au nord de San Antonio, et deux à l'ouest de Fort Worth. L'une de ces dernières, la Buena Vida Vineyard à Springtown, est déjà connue pour ses vins de table d'hybrides français baptisés ESTRELLA DE VIDA et VIDA DEL SOL. En 1976, a été créée la plus grande entreprise jamais construite dans l'Etat, à Lubbock, dans l'ouest du Texas ; elle produit 570 hectolitres de vins d'hybrides français et de *vinifera*, et porte le nom de STAKED PLAIN ou LLANO ESTACADO. (Les hautes plaines du Texas furent ainsi baptisées par l'explorateur Coronado à cause des piquets de bois — stakes — dont il jalonna son chemin à travers les hautes herbes pour le guider à son retour de son expédition au Nouveau-Mexique en 1542.) Des vignobles de *vinifera* ont été plantés dans deux autres nouvelles zones du Texas ; d'une part sur des terres appartenant à l'université d'Etat autour de Bakersfield, dans l'ouest du Texas, où les températures estivales sont comparables à celles de la vallée centrale californienne (Région V) ; d'autre part, assez haut dans les Davis Mountains où le climat — Région III — est comparable à celui de la vallée de Napa : un vignoble de ce secteur a déjà produit des vins très honorables issus de *sauvignon*, de *chenin blanc* et de *riesling*.

ARKANSAS

Entre 1879 et 1900, de nombreux immigrants suisses, allemands et italiens se sont installés au nord-ouest de l'Arkansas où le plateau d'Ozark descend du Missouri jusque vers la vallée de l'Arkansas. Ils commencèrent par faire du vin d'un raisin sauvage appelé *muscadine*, puis ils importèrent du *labrusca* du Missouri et utilisèrent également un cépage de *vitis riparia* ou *aestivalis* appelé *cynthiana*. Lorsque la Prohibition entraîna la fermeture des premières entreprises d'Arkansas, la construction d'une fabrique de jus de fruits à Springdale déclencha une vague de plantation de *concord*. Au moment de l'Abrogation, l'Arkansas comptait plus d'une centaine d'entreprises mais leur nombre se réduisit progressivement à neuf, dont une nouvelle à Fayetteville. Quatre se trouvent près du village suisse-allemand d'Altus dans la région du plateau d'Ozark. La plus grande est la firme Wiederkehr avec une production de 80 000 hectolitres, qui possède une auberge alpine, un magasin de souvenirs et un restaurant suisse autour desquels se tient chaque année en août un festival de la vigne. Vient ensuite l'entreprise des cousins de Wiederkehr, la famille Post, avec 19 000 hectolitres. Toutes les deux prétendent avoir été fondées en 1880. Elles comptent 300 hectares de vignes, en grande partie de *labrusca*, de *muscadine* et d'hybrides français, mais Wiederkehr consacre une cinquantaine d'hectares à des cépages de *vinifera* comme le *riesling*, le *gewürztraminer* et le *cabernet sauvignon*. L'un des vins rouges de table de Wiederkehr les plus intéressants est fait avec du *cynthiana* que certains ampélographes rapprochent du *norton* de Virginie.

LES VINS DU « DEEP SOUTH »

Au sud-est des Etats-Unis, et nulle part ailleurs dans le monde, pousse une famille de raisins si parfumés que les équipages des navires qui rallient la côte en septembre en décèlent le parfum entêtant à des miles en mer. Ce sont les *muscadines*, *Vitis rotundifolia*, dont le plus connu est le *scuppernong* vert bronze. Ils ne poussent pas en grappes serrées mais apparaissent bien détachés les uns des autres, ronds et gros comme des cerises ou des billes. Leur arôme musqué est si puissant que si on mélange leur jus à celui de raisins *labrusca*, il masque le goût foxé de ces derniers. Les *scuppernongs* et autres variétés de *muscadines* sont à l'origine de la plupart des vins vendus en Caroline du nord, dans le Mississippi et dans l'Alabama, et de quelques-uns dans l'Arkansas, en Caroline du sud et en Géorgie. Les vins de *muscadine* non coupés semblent surtout appréciés des habitants des localités d'où ils proviennent; mais pour les consommateurs d'autres vins, un petit pourcentage de *muscadine* ajoute un arôme agréable aux vins d'autres raisins moins parfumés. C'est un mélange de *scuppernong* avec du jus de *labrusca* de l'Etat de New York et de *vinifera* de Californie qui donna le GARRETT'S VIRGINIA DARE, blanc et rouge, vin le plus vendu aux Etats-Unis pendant les vingt ans qui précédèrent la Prohibition. Les *muscadines* furent longtemps les seuls raisins cultivés à basse altitude dans le sud-est parce qu'ils étaient épargnés par une maladie attaquant la plupart des variétés à grappes serrées qui poussaient en revanche normalement à plus haute altitude. Le Biltmore Estate à Asheville, N.C., produit des vins commerciaux d'hybrides français depuis 1977. Mais les vins de *muscadine* sont les seules productions de deux jeunes entreprises de Caroline du nord situées à Edenton et Rose Hill, ainsi que des six établissements créés dans les années 1970 dans le Mississippi, et de la seule entreprise de l'Alabama, Perdido Vineyards, ouverte en 1979. Les vignerons cultivent des douzaines de nouveaux raisins *muscadine* blancs, rouges et noirs baptisés par exemple *magnolia*, *carlos*, *higgins* et *noble* et dont les noms apparaissent sur de nombreuses étiquettes, mais le *scuppernong* reste le plus connu. Des viticulteurs de Floride et de Californie ont croisé des *muscadines* avec des *labrusca* et des *vinifera* et ont obtenu des raisins en grappes débarrassés du parfum des *muscadines* et qui poussent avec succès dans les régions où seul le *muscadine* parvenait à maturité auparavant. De nouvelles industries vinicoles basées sur ces nouveaux cépages se sont créées en Floride et dans le Tennessee. Deux entreprises récentes (1980) se spécialisent dans les vins issus d'hybrides et de *vinifera*.

LES VINS DU CANADA

L'histoire des vins canadiens est en bien des points parallèle à celle des vins des Etats-Unis, mais avec quelques différences importantes. La première est que jusqu'ici la vigne n'est cultivée au Canada que dans deux régions viticoles précises. A l'est, les vignobles couvrent 13 000 hectares sur la péninsule du Niagara à l'extrême sud de la province de l'Ontario, bordée par les lacs Erié, Ontario et Huron, face au Michigan et à l'Etat de New York. La région ouest est également limitée avec quelque 1500 hectares dans les vallées d'Okanagan et de Similkameen au centre-sud de la Colombie britannique, jusqu'à la frontière de l'Etat de Washington. Mais si des tentatives de viticulture ont été faites dans la Fraser River Valley au centre-sud de la Colombie britannique, et si un nouveau vignoble prometteur, d'hybrides et de *vinifera* à Kentville dans l'ouest de la Nouvelle Ecosse a donné son premier CHARDONNAY en 1982, le reste du Canada est trop au nord pour offrir des climats propices à la culture de raisins à vin.

La viticulture dans l'Ontario date de 1811 où l'ancien caporal de l'armée allemande Johann Schiller commença à faire fermenter des raisins de la péninsule du Niagara à Cooksville qui est devenu un faubourg de Toronto. Ses vins furent jugés « purs et d'excellente qualité » à l'exposition de Paris en 1867. Dans les années 1890, l'Ontario comptait 2500 hectares de vignes et treize entreprises florissantes dont Barnes Wines fondée à St Catharines en 1873, et Brights qui ouvrit l'année suivante dans la ville de Niagara Falls. Les établissements d'Ontario prospérèrent jusqu'à ce que la croisade en faveur de la tempérance aux Etats-Unis franchissent les frontières et que les villes canadiennes se mettent à voter des lois similaires. Puis en 1916 et 1917, tandis que les soldats canadiens combattaient en Europe, les provinces canadiennes (à l'exception du Québec avec son héritage français) adoptèrent des lois prohibitionnistes. Dans l'Ontario, les vins ne furent pas totalement proscrits, mais les acheteurs devaient se rendre dans les entreprises et acheter au moins un tonnelet de 20 litres; et peu de gens le faisaient. Les établissements de l'Ontario expédièrent alors leurs vins en contrebande de l'autre côté des lacs dans les Etats « secs » des Etats-Unis en prétendant qu'ils étaient destinés à Cuba ou à l'Amérique centrale. Ce trafic se révéla si lucratif que de nouvelles entreprises firent leur apparition; la province en comptait cinquante-et-une au moment où elle abrogea la loi sur la Prohibition en 1927. Les entreprises de l'Ontario ne firent que des vins type porto et sherry jusqu'à la fin de la Prohibition aux Etats-Unis en 1933 où l'œnologue français Adhémar de Chaunac fit démarrer la production de vins de table dans la firme Brights. Il introduisit des hybrides français et des cépages de *vinifera*, venus de France, et fit le premier vin pétillant canadien qui remporta une médaille à la California State Fair de 1949. On commença à replanter les vignobles de l'Ontario en hybrides et en *vinifera*, à un rythme beaucoup plus rapide que dans l'est des Etats-Unis. En 1980, près de la moitié de la production viticole de l'Ontario était en cépages européens, et le gouvernement a encore accéléré cette reconversion en faisant distiller les surplus de *labrusca* pour faire du cognac. Il a également encouragé les vignerons de la péninsule du Niagara possédant des vignobles de qualité à ouvrir des « cottage wineries » et sept d'entr'eux accueillaient déjà des visiteurs dans leurs salles de dégustation en 1981. L'amélioration considérable des vins originaires de l'Ontario au cours de ces dernières années a été mise en évidence lors de la dégustation de vins de l'est organisée dans l'Etat de New York en 1981. Vingt-et-une des douzaines de récompenses distribuées à cette occasion — médailles d'or, d'argent et de bronze, et « hors classe » — sont allées à des vins de l'Ontario dont des « champagnes » et des vins de table issus de *sevyal*, le *vidal*, le *chelois*, le *baco noir*, le *millot-Chambourcin*, le *gamay beaujolais* et le *merlot*.

La vallée d'Okanagan en Colombie britannique, à 3200 kilomètres à l'ouest de l'Ontario, ne fut habitée que par des Indiens, des commerçants intrépides et des missionnaires jusqu'à l'arrivée des chercheurs d'or après 1860. Ce sont les Oblats qui plantèrent les premières vignes sur la mission qu'ils créèrent près de Kelowna vers 1864. Durant les années 1920, les deux premières entreprises vinicoles de Colombie britanni-

que ouvrirent à Victoria sur l'île de Vancouver pour faire du vin de ronces-framboises poussant tout près de là dans la péninsule de Saanich. A peu près à la même époque, le vinificateur hongrois Dr. Eugene Rittich se livra dans la vallée d'Okanagan à des plantations d'un cépage au parfum étrange appelé *okanagan riesling*. En 1932, fut créée à Kelowna une entreprise, la Calona Winery, destinée à faire du vin avec des surplus de pommes. Elle les compléta rapidement avec des raisins apportés par camions de Californie, et d'autres établissements, à Victoria, suivirent son exemple. D'autres vignes furent plantées dans la vallée d'Okanagan, surtout des cépages de *labrusca*, pour approvisionner l'entreprise Calona et la firme Andrés ouverte en 1961 à Port Moody près de Vancouver. Andrés est à l'origine d'un vin de *labrusca* doux et léger appelé BABY DUCK, moins taxé que les autres en raison de sa faible teneur en alcool, (moins de 7%). Le BABY DUCK se vend maintenant dans tout le Canada et même en Angleterre. Les vins de Colombie britannique sont restés principalement à base de raisins californiens jusqu'en 1961 où le gouvernement de la province a fixé une limite à la quantité de raisins étrangers à l'Etat susceptibles d'être utilisés. Cela devait déclencher une vague de plantations de nouveaux vignobles, dont des hybrides et des cépages de *vinifera*. Dans les années 1970 ont été tentées des plantations expérimentales de cépages blancs allemands dont de nouveaux clones de *riesling*, l'*ehrenfelser* et le *scheurebe*. L'expérience a été concluante et a permis de produire quelques vins de classe internationale. Entre 1979 et 1981, plusieurs petits domaines vinicoles ont vu le jour dans la vallée d'Okanagan, toutes spécialisées dans les vins de *vinifera*. La Colombie britannique compte maintenant onze établissements vinicoles dont sept nouveaux ouverts depuis 1979, signe évident d'un renouveau.

LES VINS DU MEXIQUE

Si l'industrie vinicole mexicaine est la plus ancienne de l'hémisphère occidental, elle est aussi très récente. En 1524, le conquistador Cortez ordonna la plantation de vignes à vin, mais soixante-dix ans plus tard, Philip II ordonna leur destruction pour satisfaire les négociants espagnols jaloux. Durant les guerres et les révolutions du XVIIe au XIXe siècle, les vignobles mexicains furent négligés. La plus grande partie de leur histoire était oubliée en 1950 quand s'amorcèrent la plantation de nouveaux vignobles et la construction d'entreprises vinicoles modernes. Au cours des années 1970, ces plantations se sont multipliées pour atteindre un total national de 55000 hectares. Elles ont surtout touché l'Etat de Sonora, en partie pour la production de raisin de table destiné au marché américain, et surtout pour la production de cognac, l'alcool mexicain par excellence, beaucoup plus populaire que la tequila. Les principales

régions vinicoles sont le nord de la Basse Californie, Aguascalientes, Parras et certaines parties de Durango, Coahuila et Querétaro. La région la plus inattendue se trouve entre San Juan del Río dans l'Etat de Querétaro, à cent cinquante kilomètres seulement de Mexico. Les vignes se trouvent dans la zone torride, mais le climat à 1800 mètres d'altitude est assez frais pour les meilleurs cépages européens. De nouveaux vignobles pour les vins de table ont été plantés récemment jusqu'à plus de 2000 mètres d'altitude dans l'Etat de Zacatecas. Le meilleur vin de table mexicain et les vins 'espumosos' (pétillants) viennent ces dernières années de plusieurs vallées de Basse Californie entre San Vicente, Ensenada et Tecate, à quelques heures de la frontière américaine. Le climat ressemble à celui des vallées côtières de Haute Californie parce que les vignobles ne se trouvent qu'à une vingtaine de kilomètres de l'océan Pacifique.

VINS DE CALIFORNIE

Vins rouges	*Type claret*	Cabernet Sauvignon . . .	Almadén, Beaulieu, Inglenook, Louis Martini, Paul Masson, Martin Ray
		Zinfandel	Buena Vista, Louis Martini
	Type bourgogne . .	Pinot noir	Almadén, Beaulieu, Inglenook, Louis Martini, Paul Masson, Martin Ray
	Type italien . . .	Barbera	Louis Martini
		Grignolino	Garrett's I.V.C.
		Chianti	Italian Swiss Colony
Vins blancs	*Type sauternes* . .	Sauvignon blanc	Beaulieu, Novitiate of Los Gatos, Wente
		Sémillon	Almadén, Beaulieu, Concannon, Inglenook, Charles Krug, Louis Martini, Novitiate of Los Gatos, Wente
	Type bourgogne . .	Pinot Chardonnay . . .	Almadén, Beaulieu, Inglenook, Paul Masson, Mayacamas, Martin Ray, Weibel, Wente
		Pinot blanc.	Almadén, Paul Masson, Novitiate of Los Gatos
		Chenin blanc	Charles Krug
		Folle blanche	Louis Martini
		Chablis	Beaulieu
	Type rhin	Johannisberger Riesling .	Almadén, Beaulieu, Hallcrest, Charles Krug, L. Martini
		Grey Riesling	Almadén, Garrett's I.V.C., Charles Krug, Wente
		Traminer.	Louis Martini
		Sylvaner	Buena Vista, Inglenook, Louis Martini
Vins d'apéritif et de dessert	*Type sherry* . . .	dry	Solera Cocktail (Almadén) Pale dry (Beaulieu, Simi Vineyards, Louis Martini) Ultra dry (Buena Vista) Dry Watch (Cresta Blanca)
		medium dry	Solera Golden (Almadén) Flor Sherry (Weibel)
		Sweet and Cream Sherry .	Solera Cream (Beaulieu) Triple Cream (Cresta Blanca) Rare Cream (Paul Masson) Cream Flor (Weibel)
	Type porto	Solera Ruby	Almadén
		Solera Tawny	Almadén
		Vintage Port	Buena Vista
		Tawny Port	Louis Martini
		Rare Tawny	Paul Masson
		Tinta Port	Ficklin
	Type champagne .	Champagne.	very dry. dry, extra dry, sec, demi-sec
		Pink Champagne	
		Crackling Rosé	
		Sparkling Burgundy . . .	
		Sparkling Muscat	
Vins rosés		Grenache rosé	Almadén, Beaulieu, Novitiate of Los Gatos
		Gamay rosé	Louis Martini
		Guignolino rosé	Garrett's I.V.C.

VINS DE L'ÉTAT DE NEW YORK

Vins rouges	Burgundy Claret	Delaware Isabella	Lake Country Red Niagara
Vins blancs	Catawba Delaware Gewürztraminer	Johannisberger Riesling Spätlese Lake Niagara Muscat Ottonel	Pinot Chardonnay Rhine Wine White Tokay

408

LES VINS D'AMÉRIQUE DU SUD

DENIS BOUVIER

Aux premières heures de la Conquête, les galions battant pavillons espagnols ou portugais déversèrent sur les plages quantité de barils contenant de la poudre pour les armes ou du vin pour l'autel dressé au nom des rois Très Catholiques. Mais comme le vin ne tarda pas à manquer, les missionnaires se convertirent un temps en vignerons: telle est l'origine du vin en Amérique du Sud. En fait, lorsque les envoyés de Ferdinand d'Espagne et de Manuel le Fortuné résolurent de conquérir les «Indes occidentales», ils n'avaient d'autre but que de s'approprier les richesses aurifères de ces nouvelles contrées, de l'Atlantique au «Grand Océan» par-delà les Andes. Mais ni la croix, ni l'étendard royal, ni la verroterie ne suffirent à convaincre les indigènes de se laisser dépouiller; des moyens plus sommaires furent alors mis en œuvre. Aux pillages des Conquistadors, les Indiens répliquèrent en faisant subir aux prisonniers les pires supplices; ainsi, pour étancher la soif de ces derniers, ils leur donnèrent à boire de l'or en fusion, réplique atroce du vin que leur avait tendu, avec l'hostie, les pères franciscains et jésuites. Que resta-t-il donc de cet immense empire après que se furent formées les nations chilienne, argentine, brésilienne, péruvienne?... L'or des mines était épuisé, les trésors d'art réduits depuis longtemps, et sans vergogne, en lingots, les peuples décimés par la guerre et saignés par l'impôt, tandis que ça et là, signe d'éternité, un plant de vigne subsistait.

Un plant qui donna naissance à l'immense vignoble sud-américain courant aujourd'hui le long des côtes,

dans les vallées andines, au pied de la Cordillère, sur de hauts plateaux, dans la Pampa ou en Uruguay. L'usage du vin, qui aux temps héroïques de la Conquête était l'apanage des nouveaux croisés, se répandit à la faveur de l'hispanisation des populations, et la viticulture ne cessa de s'intensifier sous l'action des colons français, italiens et allemands, chacun apportant, pour toute fortune, dans ses bagages d'émigré, son amour de la vigne et du vin, son savoir et des siècles de tradition bourguignonne, basque, toscane ou rhénane. Ainsi se diversifia la vigne dans cette terre nouvelle d'Amérique du Sud qui ne semblait hospitalière que pour l'agave, le maté, le maïs ou le café. Certes, il fallut aménager le sol trouvé en friche, y amener l'eau par de nombreux canaux d'irrigation, rechercher quelles variétés de vigne pouvaient le mieux s'adapter à des climats divers et capricieux, éprouver de nouvelles méthodes de vinification et d'élevage; à cet égard, on s'inspira parfois d'expériences ayant donné de bons résultats dans les vignobles africains.

Aujourd'hui, le vignoble sud-américain est parvenu à une dimension respectable et la qualité de ses produits ne cesse de s'améliorer, même si les contingents exportés (à des prix concurrentiels) ne semblent pas pouvoir rivaliser, quant à leur classe, avec les grands vins d'Europe occidentale; ils rappellent davantage ceux d'Afrique du Nord.

Seuls l'Equateur, le Venezuela, les Guyanes et le Paraguay ne figurent pas au nombre des pays vinicoles. Par ordre d'importance, tant du point de vue des surfaces plantées en vignes que de celui de la production, les autres Etats sont: l'Argentine, le Chili, le Brésil, l'Uruguay, le Pérou, la Bolivie et la Colombie. Fait curieux, aucune législation sud-américaine n'a jusqu'ici institué de systèmes d'appellations d'origine contrôlée; les vins portent des noms de cépages ou de fantaisie.

Cette scène de travail dans la vigne a été photographiée au Chili. A part le harnais du cheval, rien ne distingue cette scène d'une scène analogue en Espagne ou en Italie. Le vignoble chilien produit 15,5 millions d'hectolitres de vin.

ARGENTINE

L'introduction de la vigne en Argentine remonte au XVIe siècle alors que les Espagnols prenaient possession de la Pampa, puis, descendant des hautes plaines et des régions minières de Bolivie, venaient chercher de nouveaux trésors dans le Piémont andin. L'humble vigne implantée par les franciscains et par les jésuites ne semblait pas promise à un grand avenir en comparaison de l'or dont les chercheurs, à la suite de Don Pedro de Castillo et Juan Jupe, fondaient les villes de Mendoza et de San Juan. Et pourtant, malgré les entraves apportées par les rois d'Espagne au développement de la viticulture dans leurs possessions d'Amérique, la fortune de la région de Cuyo fut l'œuvre patiente et ingénieuse de ses vignerons, alors que — les caisses de Philippe II s'emplissant de métal rare — l'économie espagnole se paralysait mortellement.

En fait, il est probable que les premières vignes éparses des provinces de Mendoza et de San Juan n'eûssent pas connu d'extension sans l'irrigation des plaines en friche. Grâce aux immigrés italiens parvenus à capter l'eau des torrents dévalant les Andes et chargée d'un limon fécondant, la vigne s'infiltra dans des régions jusque-là désertiques: ce fut la création des fameuses «oasis viticoles». Certes, l'eau transporta, plus tard le redoutable phylloxéra, qui faillit anéantir les récoltes, et si le réseau dense des canaux d'irrigation favorisa l'extension de cette maladie, il permit aussi d'y remédier. Grâce à lui, il fut en effet possible d'inonder les vignes compromises et de noyer les germes en retenant l'eau par de petites digues.

Les premiers cépages français furent introduits en 1855; plus tard furent encore implantés des cépages italiens et espagnols. Le plus ancien cépage est le *criollo*, introduit à partir du Mexique et du Pérou, mais qui peut être considéré comme indigène. Il sert aujourd'hui à produire des vins blancs.

Peu à peu, le vin, d'abord produit pour la consommation locale, trouva de nouveaux débouchés par l'ouverture de communications nouvelles entre l'est et l'ouest du pays, en même temps que, au siècle dernier, les techniques viti-vinicoles progressaient sous l'impulsion des immigrés européens. Aujourd'hui la viticulture argentine est en plein essor et suit la progression démographique du pays. Les vignerons mettent davantage l'accent sur la qualité de leur vin, malgré une vinification souvent pratiquée à très grande échelle.

L'Argentine est le premier producteur viticole de l'Amérique latine — et le cinquième mondial — avec 20 à 22 millions d'hectolitres.

La zone viti-vinicole argentine a un climat continental, semi-désertique avec de faibles précipitations estivales. Les sols, d'origine alluvionnaire ou éolienne, sont sablonneux ou argileux, mais avec une prédominance de sols légers et profonds. Les vignes, cultivées en espaliers ou en treilles, sont irriguées grâce à des canaux qui vont chercher l'eau provenant des dégels de la Cordillère des Andes; on trouve aussi des régions irriguées au moyen de captages des eaux souterraines. Le rendement moyen est de 70,75 hectolitres à l'hectare, un des plus hauts du monde.

En 1977, l'exportation de vins atteint 50 millions de litres. Pour les vins en vrac (en majorité des blancs), les principaux clients sont: l'URSS, le Chili, la Yougoslavie, la Bulgarie; pour les vins en bouteilles (en majorité des rouges), ce sont des pays latino-américains les meilleurs clients: Paraguay, Venezuela, Brésil, Equateur et également les Etats-Unis.

PROVINCES VINICOLES

Dans l'ordre d'importance, ce sont Mendoza, San Juan, Rio Negro et Neuquen, qui fournissent environ le 95% de la récolte argentine; viennent ensuite les régions de la Rioja, Catamarca, Cordoba, Salta et la région de Beunos Aires.

MENDOZA. Cette province est de loin la plus importante. Elle a produit, à elle seule en 1978, 13 583 833 hectolitres de vin. En 1977, la superficie plantée en vignes est de 252 748 hectares (en augmentation de quelque 55 000 hectares depuis 1966): cela représente le 71,07% de la superficie viticole du pays. Le 65% des vignes sont cultivées en espaliers, hauts et bas, et le reste en treilles.

Les cépages pour vins rouges (31%) sont: le *malbec*, le *bonarda*, le *merlot*, le *barbera*, le *tempranilla*, le *lambrusco*, le *pinot* et le *cabernet*.

Les cépages pour vins blancs (18%) sont: le *pedro ximenès*, le *chenin*, le *sémillon*, le *palomino*, le *muscat*, le *riesling* et le *chardonnay*.

Si la province de Mendoza compte des milliers de producteurs, elle est toutefois un pays de grandes, voire de très grandes propriétés, d'ailleurs remarquablement équipées.

SAN JUAN. Prolongeant au pied de la Cordillère des Andes la province de Mendoza, celle de San Juan possède un vignoble de 63 223 hectares, ce qui représente le 18,83% de la superficie viticole du pays.

La vigne y est cultivée pour 86% sur treille. Ce système jouit de la préférence des producteurs parce qu'il met le raisin à bonne distance d'un sol généralement trop chaud.

Cette région produit surtout des vins blancs (80%) issus de *ceresa*, *muscat blanc*, *criolla grande*, *torrentes*, *pedro ximenès*; les rouges sont issus de *barbera*, *malbec*, *nebbiolo*, *raboso del piave*.

Les raisins de table et les raisins secs représentent environ le 50% de la récolte.

RIO NEGRO ET NEUQUEN. La région du Rio Negro et Neuquen est la plus méridionale des régions viticoles.

Grâce à l'irrigation, les vignes de la province de San Juan, en Argentine, ont prospéré et formé de véritables «oasis viticoles» dans une région par ailleurs désertique. Ci-dessus, une jeune vigne de trois ans, copieusement irriguée.

Etiquette de vin argentin. Le nom commercial de ce vin rouge est CANCILLER (Chancelier); il est issu de *cabernet* et mis en bouteille chez le producteur. Il est originaire de la Province de Mendoza, de loin la plus importante d'Argentine pour la culture de la vigne.

Le vignoble s'étend sur 17 135 hectares, représentant 3% de la surface viticole totale de l'Argentine.

Pour les vins rouges, les cépages sont: le *malbec*, le *barbera*, le *syrah*, le *pinot*, le *merlot* et le *cabernet*; pour les blancs, le *torrontès*, le *pedro ximenès*, le *sémillon*, le *chenin* et le *malvoisie*.

AUTRES RÉGIONS. Le reste de la production se répartit dans les provinces de la Rioja, de Catamarca, de Jujuy et de Buenos Aires.

LES TYPES DE VIN. L'Institut National de Viti-viniculture a classé les vins argentins en vins «comunes» (ordinaires) et en vins «no comunes».

On entend par vin «comunes» — soit 90% de la production totale (en majorité des rouges) — ceux qui sont vendus sous la dénomination «vinos de mesa» (vins de table). Les rouges sont très corsés et de robes vives. Ils titrent de 11 à 12,5°. Les blancs sont de qualité courante et plus alcoolisés que les rouges. D'autres vins ordinaires bénéficient d'une appellation régionale réservée aux provinces de La Rioja, San Juan, Catamarca, Cordoba, Jujuy et Salta. Ils sont purs de tout

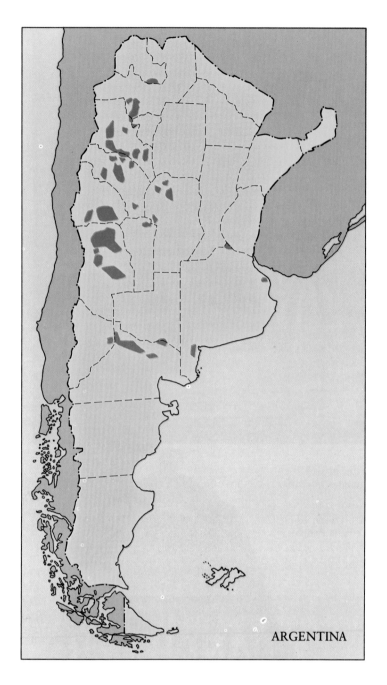

ARGENTINA

coupage et «envasado en origen» (mis en bouteilles par
le producteur) ou mélangés à des vins d'autre origine (à
condition que pour leur élaboration on n'ait utilisé que
des raisins produits sur le territoire juridique des
régions correspondantes): ce seront alors des «vinos de
corte». Le troisième genre de vins «comunes» est celui
des «vins spéciaux» vendus sous dénomination «vinos
de postre» (vins de dessert) ou «moscato». Les «vinos de
mesa» et «vinos de postre» sont tantôt «seco», tantôt
«dulce» ou «abocado». Le «vino de postre abocado» est
obtenu par addition, à un moment quelconque de son
élaboration, de moût concentré; il est très apprécié par
les Argentins.

En ce qui concerne les «vinos no comunes», les
meilleurs d'Argentine, ils peuvent être «finos», «reservas» (de réserve), «reservados» (réservés) ou encore
«especiales». Les vins fins sont issus plus particulièrement des cépages *semillon*, *pedro ximenez*, *cabernet*,
barbera, *malbec* et *torrontès*. Selon leur couleur, ils sont
«tinto», «blanco», «clarete», «rosado» ou «criollo». Les
rouges sont bien charpentés, riches en extrait sec,
chauds et généreux, et titrent de 12 à 13°. Les blancs,
légèrement moins alcooliques que les rouges, exhalent
un bouquet prononcé; de saveur très équilibrée, ils sont
très agréables. Quant aux rosés ou aux clairettes, ce
sont des vins harmonieux titrant eux aussi de 12 à 13°.
Parmi les meilleurs vins d'Argentine, citons le célèbre
EL TRAPICHE (blanc, rouge et rosé).

Le vigneron argentin produit également des vins
mousseux du type champagne ou du type asti, sans
parler des vins gazéifiés (tout aussi médiocres que par
le reste du monde). Il élabore enfin des vermouths et
des quinquinas.

A ces quelques précisions, il faut ajouter que l'on
trouve en Argentine des vins empruntant leurs noms à
des lieux géographiques étrangers tels que Porto, Jerez,
Champagne, Marsala, Médoc, Bourgogne. Si la législation sur les vins établit un contrôle rigoureux sur la
production et la qualité, et garantit la loyauté des
produits argentins, elle n'en autorise pas moins l'usur-
pation de ces noms.

CHILI

Parmi les vins d'Amérique du Sud, ceux du Chili
présentent incontestablement les plus hautes qualités
et ont assis le plus durablement possible leur réputation
à travers le continent. Certes, ils sont exportés dans une
faible mesure puisque, sur une production annuelle
d'environ 15500000 d'hectolitres, 1,25% seulement
gagne le marché mondial. Ces vins exportés sont en
général d'honnêtes vins de table; il est préférable de se
rendre sur place, et plus particulièrement dans la
région de Santiago, pour y déguster les meilleurs
produits.
Comme dans la plupart des pays du Nouveau Monde,

la *vitis vinifera* fut implantée au Chili par les Européens.

Au XIXᵉ siècle, le vignoble s'est modernisé grâce aux
immigrants italiens, français et allemands. Les techniques de culture et de vinification pratiquées en France
notamment ont pu, sous le climat chilien, favorable à la
vigne, donner de fort bons résultats, aussi leur application se généralisa-t-elle dans les «haciendas».

L'on chercha aussi à étendre la viticulture dans des
régions moins favorisées et plus sèches. Il fut donc
indispensable d'y amener de l'eau. Un Chilien, Silvestre
Ochagavia, se préoccupa d'importer et de replanter des
cépages français tels que le *cabernet*, le *sauvignon* et le

412

pinot dans la vallée centrale du Chili. Suivant cet exemple, le gouvernement chilien prit diverses mesures pour y stimuler le développement de la viticulture.

Le Chili compte trois grandes régions viticoles. La plus importante par la superficie est le vignoble méridional (dont le nord, de climat trop sec, a dû être irrigué) avec les régions de Linares, de la rivière Maule, de Nuble, Conception et de la vallée du Bio-Bio, dont la production est constituée principalement de rouges (70%) et le reste de blancs. Ces vins, nés pour la plupart dans des régions humides et froides, sont légers et peu alcoolisés; ils sont issus de *malbec*, de *cabernet*, de *sémillon* et de *riesling*.

La seconde région viticole, au climat chaud et sec, produit, grâce à l'irrigation, des vins de première qualité autour des centres du Curico, Talca, Santiago, O'Higgins et Colchaga. Ces vins sont issus des cépages *cabernet franc*, *cabernet sauvignon*, *merlot*, *malbec* et *petit verdot* pour les rouges, et *sémillon*, *sauvignon* pour les blancs. Ça et là, on cultive également le *pinot blanc*, le *pinot noir* et le *païs*, l'un des plus anciens cépages implantés en terre chilienne.

Enfin, plus au nord, près de Coquimbo, dans les vallées de l'Aconcaga et de la rivière Maipo, ainsi qu'à la limite du désert d'Atacama s'étendent des vignobles de *muscat* aux produits riches en alcool, complets et généreux, de type madère, porto ou sherry. On utilise souvent ces vins pour le coupage des vins du sud. Le climat de ces régions septentrionales est sans doute un obstacle à la viticulture, car il y fait tantôt très sec, tantôt très humide à cause de chutes de pluie précipitées et abondantes.

Par âge, les vins chiliens se classent en quatre catégories. La première réunit des vins courants ayant au moins un an; la seconde est celle des «especiales» qui comptent deux années, la troisième, celle des «reservados» (réserves) avec quatre ans (très souvent d'excellente qualité) et enfin les «gran vino» reconnus comme étant les meilleurs, dont l'Etat garantit la qualité; ils sont vieillis en fûts, au moins pendant six ans.

BRÉSIL

Troisième producteur de vins d'Amérique du Sud, avec environ 2 500 000 hectolitres, le vignoble brésilien occupe 60 000 hectares. Implantée lors de la conquête portugaise, la vigne prit son essor au début du siècle dernier. En fait, il fallut attendre l'entre-deux-guerres pour que sa croissance s'affirmât et se poursuivît jusqu'à nos jours. En moins de cinquante ans, la superficie septupla. Ce développement est avant tout l'œuvre des immigrés italiens qui surent mettre en valeur une terre laissée jusque-là à l'abandon. Mais, le Brésilien ne consomme que deux litres de vin par an: une partie de la production peut trouver des débouchés sur le marché international. Aussi le vin est-il exporté, principalement vers les Etats-Unis, l'Argentine et l'Allemagne.

LES CÉPAGES. Le plus répandu est l'*isabella*, hybride américain qui donne un vin de consommation courante. Les autres plants sont le *duchesse*, le *merlot*, le *cabernet*, le *barbera*, le *niagara*, le *folha de figos*, le *black july*, le *seibel*, et d'autres du type *delaware*, *jacques gaillard*, *concord*, *gothe*, *trebbiano*, *poverella* et *moscatel*.

LES VINS. La législation brésilienne se borne à une classification peu élaborée des vins, où elle distingue ceux de table des liquoreux et des composés. Ces vins peuvent porter la dénomination de la variété de cépage dont ils sont issus, s'ils procèdent réellement de cette variété dans un pourcentage autorisé. C'est ainsi que l'on trouvera des vins BARBERA, MOSCATEL, TREBBIANO, MALVASIA, RIESLING et MERLOT. Du point de vue de la qualité, on peut boire au Brésil des vins ordinaires ou des vins de bonne qualité, mais jamais de grands vins. Les vins de table les plus ordinaires sont des rouges du type bourgogne et claret, des rosés et des vins blancs secs, demi-secs ou doux. Parmi les bons vins de table, signalons ceux issus de *barbera*, *cabernet* et *merlot* pour les rouges, et de *trebbiano*, *povarella*, *malvasia* ou de *riesling* pour les blancs. On pourra apprécier également d'autres bons vins vendus sous des noms commerciaux. Le Brésil produit encore des vins mousseux élaborés soit en bouteilles, soit dans n'importe quel autre vase clos; ils sont le plus souvent du type «espumante» et issus des cépages *moscatel* et *malvasia*.

La plus importante région vinicole du Brésil est l'Etat de Rio Grande do Sul dont le climat est le plus favorable à la culture de la vigne. Les autres régions sont celles de Sao Paulo, Santa Catarina, puis les Etats de Rio de Janeiro et du Minas Gerais. L'altitude des vignes varie de 700 à 1800 mètres; c'est là un record.

Les principaux centres de production de l'Etat de Rio Grande do Sul sont Caxias do Sul et Bento-Conçalves. Ayant abandonné le cépage *lambrusca* dont il ne tirait qu'un vin médiocre, le vigneron de ces régions cultive principalement, le *concord*, l'*isabella*, le *tercy*, l'*herbemont* et des hybrides de *seibel*. Les meilleurs plants de substitution sont ici pour les rouges: le *sangiovesi*, le *barbera* et le *cabernet*; pour les blancs: le *merlot*, le *riesling*, le *malvasia* et le *trebbiano*. Les vins produits dans cet Etat sont en général d'excellente qualité et les rouges plus particulièrement.

Dans l'Etat de Sao Paulo, la vigne se concentre principalement autour de Jundiai et de Sao Roque, mais les meilleurs vins s'obtiennent à Pardo, Sao José do Rio, Serra Negra, Salto de Itu, Ararquara, Campinas et Guararema. Les variétés de cépages sont sensiblement les mêmes que dans le Rio Grande do Sul.

Les autres centres viticoles du Brésil sont, entre autres, Videira, dans l'Etat de Santa Catarina et Recife dans l'Etat de Pernanbuco.

URUGUAY

L'Uruguay, le plus petit des Etats de l'Amérique du Sud, à l'exception des Guyanes française et hollandaise, produit annuellement 850 000 hectolitres de vin, ce qui le place au quatrième rang des pays viticoles du continent. Le marché est presque exclusivement interne et les stocks de vins sont insignifiants. La production répond ici très étroitement à la consommation, laquelle est huit fois plus importante qu'aux Etats-Unis pour une production dix fois plus petite! C'est dire, malgré la concurrence du maté, boisson nationale, l'importance de la viticulture dont la production a presque doublé de 1958 à 1963. Ainsi, le vin est de plus en plus adopté pour accompagner les repas, dont l'asado, quartier d'agneau à la broche, est un des fleurons gastronomiques de l'Uruguay.

Pays au climat tempéré et pluvieux, l'Uruguay possède plusieurs régions viticoles dont la plupart se situent dans sa partie méridionale. La région la plus importante est celle de Canelones dont le vignoble s'étend sur plus de 9900 hectares répartis en petites propriétés. Vient ensuite celle de Montevideo où 1874 viticulteurs se répartissent 5418 hectares et, dans l'ordre de production, celles de San José, Colonia, Paysandu, Florida et Maldonado. Si le nombre de viticulteurs est assez important — quelque 7300 pour l'ensemble du pays — de grandes coopératives, les «bodéguéros», possèdent par ailleurs leurs propres caves, équipées de moyens modernes de pressurage et de vinification. Notons que c'est dans la région de Montevideo que la viticulture fut introduite en Uruguay, à la fin du siècle dernier, notamment par un immigrant français.

Le cépage sans doute le plus répandu en Uruguay est un plant que l'on ne trouve que rarement dans le monde et qui, ici appelé *harriague*, est originaire des Hautes-Pyrénées, en France, et plus connu sous le nom de *tannat*. Il donne un vin rouge de bonne qualité. Les meilleurs vins d'Uruguay sont cependant issus de plants tels que l'*alicante*, le *carignan*, le *grenache* et le *cinsault*. Mais les vignes sont aussi plantées de *vidiella* d'origine inconnue, de *cabernet* qui donne ici un vin ordinaire, de *barbera* et de *nebbiolo*. Parfois la qualité des vins s'améliore par des coupages habilement opérés. Pour les blancs, les cépages les plus courants sont le *sémillon*, le *pinot blanc*, l'*isabella* américain et quelques hybrides dont on ne tire qu'un vin très commun.

Ainsi, le vignoble uruguayen donne naissance à des vins «tinto» (rouges), «rosado» (rosés) ou «blanco» (blancs), communs ou fins. Mais il n'existe aucune classification méthodique qui donne au consommateur une garantie de qualité. Sans doute, les «gran reserva» seront-ils souvent des vins plus fins que les autres, et une appellation supplémentaire d'origine sera-t-elle une indication utile pour distinguer les vins de pays des vins de coupage, ceux-là pouvant provenir de divers vins uruguayens mélangés entre eux ou avec des vins étrangers. On trouve par ailleurs bon nombre de vins dont l'appellation reproduit le nom des cépages dont ils sont issus. L'Uruguay produit enfin des vins spéciaux tels que le jerez-quinquina, des vins liquoreux, des mousseux et des champagnes. Ces deux dernières catégories ne répondent pas aux exigences généralement instituées dans d'autres pays, puisque l'on peut dénommer «vin mousseux» tout vin présentant une effervescence naturelle ou artificielle, et «champagne» tout vin à prise de mousse qui se produit naturellement en vase clos.

PÉROU, BOLIVIE ET COLOMBIE

PÉROU. Francisco Carabantès, conquérant espagnol du Pérou, y introduisit la vigne dès le milieu du XVIe siècle. Le Pérou possède aujourd'hui 10 000 hectares de vignes et produit 80 000 hectolitres de vin, prenant ainsi le cinquième rang des pays vinicoles sud-américains. Les principales régions productrices sont celles de Lima, d'Ica, de Chincha, Moquegua, Taona de Lacumba et de Lunahuanca.

Le climat ne se prête guère à l'élaboration de grands vins; cependant les vins blancs sont agréables, légers et parfumés, tandis que les rouges sont plus ordinaires, chargés en tannin et sans grande distinction. Le Péruvien consomme lui-même son vin et n'en exporte pas. A côté du vin et du «chicha», boisson nationale à base de maïs sucré, il arrive aussi au Péruvien de consommer des vins doux du type madère ou xérès. Notons qu'au Pérou les vins prennent le plus souvent le nom des régions dont ils sont originaires. On pourra ainsi se procurer un LOCUMBA, un MOQUEGUA, un CHINCHA, un ICA, etc.

BOLIVIE. La vigne fut probablement implantée en Bolivie à partir de cépages venant des îles Canaries. Elle s'étend aujourd'hui sur quelque 2000 hectares et produit environ 6000 hectolitres. Elle se concentre dans la province de La Paz. Les vins produits sont rouges ou blancs. Ils titrent de 13 à 15° et sont généralement lourds. On peut également trouver des vins ressemblant au xérès.

COLOMBIE. La Colombie est le plus petit des producteurs de vin d'Amérique. On estime sa production à une centaine d'hectolitres seulement. Ici, les conditions de culture présentent des particularités étonnantes dues au climat torride. Le raisin vient à maturité plusieurs fois l'an; le cycle des vendanges s'en trouve donc bouleversé. On élabore principalement des manzanillas et des vins du type porto ou des vins légers de table.

LES VINS D'AUSTRALIE

JOHN STANFORD

La civilisation moderne n'a atteint l'Australie que tardivement. En 1788, une colonie britannique s'installe à Sydney. C'est ainsi que des plants européens de *vitis vinifera* sont cultivés, au début des années 1790, à Parramatta, dans le jardin du pasteur Samuel Marsden. En 1820, James Busby, avec l'aide d'une subvention de l'Etat, créait des vignobles commerciaux près de Newcastle, à 160 kilomètres environ au nord de Sydney. Ceux-ci sont parmi les plus importants.

Au cours des vingt années suivantes, on planta de la vigne près de Melbourne, à Lilydale et à Geelong; à Rutherglen et à Corowa, à la frontière des Etats de Victoria et des Nouvelles-Galles-du-Sud; en Australie du sud, près d'Adelaïde; en Australie occidentale, près de Perth. Entre 1840 et 1860, des immigrants de Silésie, fuyant les persécutions politiques et religieuses auxquelles ils étaient en butte dans leur pays, viennent s'établir dans la vallée de Barossa, y plantent des vignes et fondent les colonies de Tanunda, Lyndoch, Nuriootpa, Angaston, Seppeltsfield, Watervale et Clare. Dans la Swan Valley, en Australie occidentale, les vignes qui produisaient du raisin de table depuis 1820 sont destinées, dès 1880, à la production du vin. Les frères Chaffey arrivèrent de Californie en 1887 et créèrent les vignobles irrigués de la région de Mildura, sur le fleuve Murray, dans la province de Victoria.

Par la suite, l'irrigation s'étendit aux régions situées le long du Murray jusqu'en Australie du sud (Renmark, Berri, Loxton, Waikerie, Nildottie), et en aval, le long de la frontière de la province de Victoria. L'événement important dans ce domaine fut l'irrigation, en 1912, de la région de Riverina autour des villes de Griffith, Leeton et Yenda, dans le sud-ouest des Nouvelles-Galles-du-Sud, par les eaux du fleuve Murrumbidgee.

Le climat des régions vinicoles australiennes est stable, chaud durant la période de croissance, avec plutôt trop de soleil et moins de pluie qu'il n'en faudrait. Les variations dans la qualité des récoltes sont moins grandes que dans les régions plus froides de l'Europe, mais les mêmes variétés de cépages sont utilisées pour produire des vins de même caractère.

Des appellations telles que Claret, Bordeaux, Bourgundy, Hock, Chablis, White Burgundy, Moselle, Champagne, Sherry, Porto et Madeira, désignent des vins qui correspondent de très près aux produits européens du même nom, mais dont le goût diffère en raison du caractère du sol et des conditions plus chaudes de maturation. Remplaçant progressivement les appellations traditionnelles, les étiquettes indiquent les cépages et les régions vinicoles: Cabernet-sauvignon, Hermitage, Cabernet-Shiraz, Great Western Pinot, Malbec, Riesling, Traminer-Riesling, Sémillon, Coonawarra Claret, Hunter River Red Dry, etc.

D'autres étiquettes précisent les mélanges habilement réalisés avec des vins de différentes régions, de caractère similaire, mais de goûts différents. Cette technique a été mise au point par des familles propriétaires de vignobles et de caves parfois éloignés les uns des autres de 1500 kilomètres, mais soumis au même climat. On a constaté que cette catégorie de vins de table gagnait en qualité après plus de vingt ans de bouteille; voilà de quoi fêter de joyeux anniversaires.

Les viticulteurs australiens tiennent beaucoup à la qualité de leurs produits. Chaque année, une foire des vins a lieu dans les principales villes (Melbourne, Sydney, Adelaïde, Perth et Brisbane). Une moyenne de 550 échantillons provenant de toutes les régions vinicoles sont jugés pour l'attribution de médailles. Les vins australiens présentés dans les foires de France, de Pologne et de Yougoslavie y obtiennent de nombreuses récompenses.

Le volume de la production courante annuelle est d'environ 3 400 000 hectolitres. Ce chiffre est relativement modeste par rapport à la production mondiale. Les méthodes de vinification sont sérieuses mais laissent place à l'imagination. Si la plupart des viticulteurs ont obtenu un diplôme à l'Ecole d'Œnologie de Roseworthy, en Australie du Sud, ou dans des écoles d'œnologie françaises, allemandes ou américaines, ils ont néanmoins élaboré leurs propres systèmes de culture, d'élevage, de production, de recherche et d'analyse chimique, en collaboration avec l'Institut Australien de

Recherche sur le Vin et l'Organisation du Commonwealth de Recherche Industrielle et Scientifique (C.S.I.R.O.), afin de s'adapter aux conditions particulières d'insolation et de climat. La production de vin augmente de 10 à 12% par an; elle est absorbée principalement par l'Australie elle-même.

VIGNOBLES DE HUNTER VALLEY. Cette région vinicole peu développée, mais qui s'étend progressivement, est située entre 160 et 225 kilomètres au nord de Sydney. Le plus ancien vignoble est celui de Pokolbin, près de Cessnock. De nouvelles exploitations se trouvent près de Muswellbrook, dans la Haute Vallée du Hunter, 120 kilomètres environ plus au nord. La production consiste surtout en vins de table blancs et rouges.

Principaux cépages: *shiraz (hermitage)* et *sémillon*, avec un peu d'*hermitage blanc*, de *mataro*, de *pinot noir*, de *cabernet* et de *traminer*.

Types de vins: vins moelleux, arrondis, de genre bourgogne, blanc et rouge, d'un arôme caractérisé par la région. Ils s'améliorent et se conservent longtemps en bouteilles.

CENTRE ET NORD-EST DE LA PROVINCE DE VICTORIA. Cette région fut jadis célèbre pour ses terrains aurifères, puis vers 1900, elle devint, pour un temps, la plus grande région vinicole d'Australie. Mais le phylloxéra détruisit de nombreux vignobles et l'Australie du Sud, sauvegardée, produisit alors le 70% des vins du pays.

Principaux cépages: *shiraz, grenache, cabernet-sauvignon, sémillon, hermitage blanc, verdeilho, muscatel, marsanne* et *riesling*.

Types de vins: vins de dessert riches et savoureux, (muscat, madère et porto), grands vins rouges vigoureux et secs, quelques riesling légers et autres vins secs.

OUEST DE LA PROVINCE DE VICTORIA. Ces vignobles sont situés au pied des Monts Grampian; ils furent créés par des colons suisses en 1853.

Principaux cépages: *shiraz, cabernet-sauvignon, malbec, pinot meunier, mataro, ouillade, riesling, sémillon* et *chardonnay*.

Types de vins: vins légers et délicats du genre champagne et riesling; vins blancs secs, frais et plus robustes, issus de *sémillon* et *chardonnay*; vins rouges secs et aromatiques, issus de *shiraz, cabernet, pinot* et *malbec*.

RÉGION D'AUSTRALIE MÉRIDIONALE. Cette région fraîche, de basse altitude, est située à 550 kilomètres d'Adelaïde, près de la frontière de l'Etat de Victoria. Ces vignobles qui, à l'origine, servaient d'apport à de grandes bergeries, devinrent par la suite une région importante de production de vins rouges secs d'un goût caractéristique.

Principaux cépages: *shiraz, cabernet-sauvignon*. Quelques vignobles sont constitués de *riesling*.

Types de vins: vins rouges secs, nerveux et ayant du corps, de type léger et de haute qualité.

ADÉLAÏDE ET SOUTHERN VALES. C'est dans cette région côtière fraîche et humide, à la température peu variable, située entre les basses collines proches de la ville d'Adelaïde et le long de la côte sud de la baie de Saint-Vincent, qui s'étend jusqu'à Reynella, McLaren Vale et Langhorne Creek, que se trouvent certaines des plantations les plus anciennes de l'Australie du Sud (1838).

Principaux cépages: *shiraz, cabernet-sauvignon, grenache, riesling, sémillon, white hermitage* et *sauvignon blanc*.

Types de vins: vins rouges secs, aromatisés, ressemblant aux bordeaux français, vins blancs légers et délicats, sherry, vins rouges doux (de type vintage et tawny).

BAROSSA VALLEY—EDEN VALLEY—CLARE. Cette région vinicole est l'une des plus étendues des vignobles australiens. Elle part du plateau de Clare-Watervale, à 130 kilomètres environ au nord d'Adelaïde, traverse la principale vallée du Barossa, autour de Tanunda, Nuriootpa et Angaston, et va jusqu'aux districts plus élevés et plus frais de Springton, Eden Valley et Pewsey Vale, à 80 kilomètres d'Adelaïde. Elle est célèbre par sa fête des vendanges et produit toutes sortes de vins.

Principaux cépages: *shiraz, cabernet, mataro, grenache, malbec, clare riesling, riesling, sémillon, white hermitage*.

Types de vins: riesling légers, secs et parfumés des régions de Clare, Watervale, Eden Valley, Rowland Flat et Angaston. Vins rouges secs, moelleux et savoureux, d'Angaston, Keyneton, Springton, Kalimna, Seppeltsfield et Tanunda. Vins de dessert, riches et sucrés de Tanunda, Lyndoch et Nuriootpa. Sherry et eaux-de-vie au fond de la vallée de Barossa.

SWAN VALLEY. Cette région vinicole ancienne est à une distance de 10 à 30 kilomètres à l'est de Perth, en Australie occidentale. On y trouve beaucoup de petits producteurs, mais seulement quatre ou cinq grandes sociétés.

Principaux cépages: *shiraz, grenache, cabernet, malbec, ouillade*.

Types de vins: les précipitations étant rares en janvier et février, soit durant la période de maturation qui précède immédiatement la vendange, les vins de cette région sont en général du type bourgogne, vigoureux, riches et de faible acidité. On retrouve dans tous les vins de Swan Valley, comme dans ceux de Hunter Valley, un arôme caractéristique plus ou moins prononcé et déterminé par la nature du sol.

MURRAY VALLEY. Le Murray est alimenté par les pluies et par l'eau provenant de la fonte des neiges des Alpes australiennes. Il quitte la bordure orientale pour poursuivre son cours à travers les plaines sèches le long de la frontière du Victoria et des Nouvelles-Galles-du-Sud. Près de Waikerie, à environ 250 kilomètres au nord d'Adelaïde, il tourne vers le sud et débouche dans l'océan à environ 100 kilomètres au sud d'Adelaïde, après avoir parcouru une distance totale de près de 2500 kilomètres. Des vignobles irrigués s'échelonnent sur tout son parcours. Les centres vinicoles les plus importants sont: Mildura, Robinvale, Renmark, Berri,

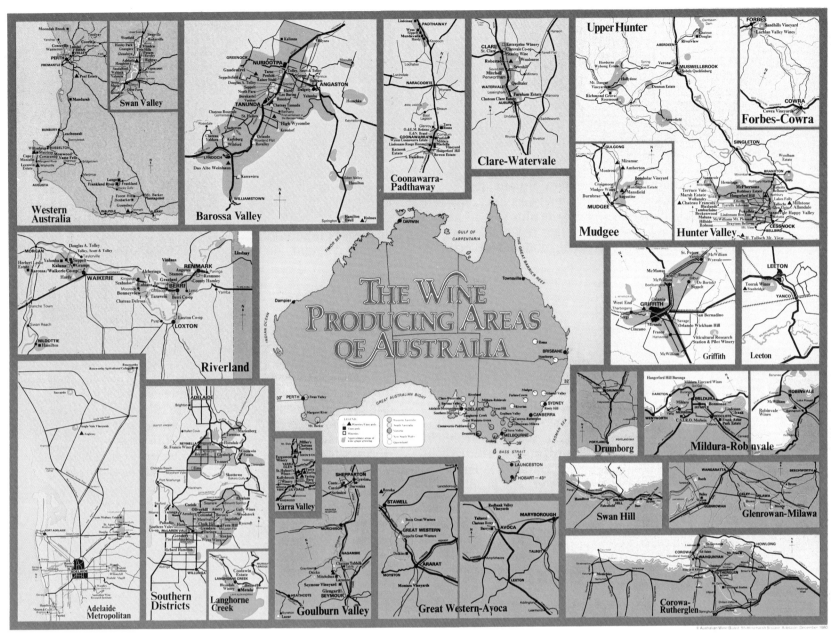

Cartes des vignobles australiens. On remarquera qu'ils sont concentrés, à part quelques exceptions, dans le sud-est du continent.

Dans ce vignoble de Clare Valley, en Australie méridionale, la vigne est plantée comme pour dessiner les courbes de niveau du paysage; c'est un mode de culture qui combat l'érosion des sols. On produit là des vins blancs de type RIESLING.

Loxton, Waikerie-Cadell, Nildottie et Langhorne Creek. Cette vaste région produit une grande quantité d'eau-de-vie. Les vins de base sont faits principalement de raisins *sultana*, *waltham cross* et *doradillo*. Ce sont également ces vignobles qui produisent les vins de dessert liquoreux faits de *muscat* et de variétés similaires qui servent de coupages pour les vins blancs de dessert et le sherry doux, écoulés sur les marchés australiens, anglais et canadiens. Les mêmes vignobles et les mêmes viticulteurs produisent des vins de base de haute qualité pour le FLOR SHERRY et pour des vins de table moelleux, secs ou doux (des types hock, moselle, sauternes), ainsi qu'une quantité de plus en plus grande de vins de table rosés et de rouges légers et secs.

Dans de nombreux districts, notamment ceux de Cadell, Nildottie, Langhorne Creek, Mildura et Loxton, on a planté ces dernières années des cépages plus nobles tels que le *cabernet*, le *shiraz*, le *riesling*, le *sémillon*, etc.

DISTRICT DE RIVERINA. Ce vignoble a été créé en 1912, lorsque l'eau fut amenée de Narrandera, à 100 kilomètres de là, par un réseau de canaux pour arroser les terres riches qui entourent les villes de Griffith, Yenda et Leeton.

La région produit des fruits de toutes sortes, mais presque toutes les vignes sont cultivées pour le vin. Quatorze entreprises vinicoles produisent du vin rouge sec, des vins blancs secs ou doux, du sherry et des vins de dessert liquoreux. Un système d'irrigation contrôlée permet d'obtenir des vins de table de qualité.

LES VINS DE NOUVELLE-ZÉLANDE

Les deux îles principales de la Nouvelle-Zélande sont situées sur le passage des « westerlies », (vents humides d'ouest), entre 34 et 47° de latitude sud. L'Ile du Sud possède quelques vignobles à Otago et à Nelson, mais se prête peu à la grande culture, en raison du froid. En revanche, le climat de l'Ile du Nord, qui varie entre celui de la forêt subtropicale (dans les contrées volcaniques du nord) et le climat frais du sud, est propice à la viticulture. Les districts septentrionaux de Henderson et de Kumeu, près d'Auckland, la station de recherche viticole de Te Kauwhata, la péninsule de Coromandel et, plus au sud, Hawkes Bay, sont les régions où la majorité des vins néo-zélandais sont produits. Les conditions d'ensoleillement nécessaires y sont à peine inférieures à celles des régions plus fraîches d'Australie, mais les pluies y sont plus abondantes et atteignent, dans certains endroits, 1250 millimètres par an.

Deux personnages célèbres dans l'histoire du vignoble australien, James Busby et le révérend Samuel Marsden, s'installèrent, au début des années 1830, dans la Bay of Islands (Baie des Iles). Lorsque le centre administratif du pays fut déplacé vers le sud, à Auckland, les vignes de ces pionniers furent peu à peu abandonnées.

Vers 1835, les Pères Maristes introduisirent la viticulture à Hawkes Bay. En 1979, la superficie totale plantée en vignes était de 4000 hectares. Les vignobles moins étendus de Thames (Coromandel) et de Te Kauwhata se développeront avec l'augmentation régulière et croissante de la consommation du vin en Nouvelle-Zélande.

Ce n'est que vers la fin des années 1950 que la viticulture a fait de réels progrès. Les récents investissements des compagnies australiennes McWilliams et Seppelts ont donné, en effet, une impulsion nouvelle à la production vinicole.

La région vinicole de Henderson est située en bordure de la ville d'Auckland. Elle a été créée par quelques grandes familles de viticulteurs et par des colons yougoslaves et dalmates.

Les vins blancs atteignent une qualité standard; leurs variétés de base sont le *müller-thurgau (riesling-sylvaner hybride)*, le *chardonnay* et le *chasselas*. Le cépage *palomino* sert à faire un bon sherry sec.

Les vins rouges sont légers et n'ont pas beaucoup de corps. Les meilleurs proviennent du *pinotage (pinot-hermitage hybride)*, du *cabernet*, du *sauvignon* et de l'un des meilleurs hybrides, le *seibel 5437*, qui donne un vin de belle couleur mais de moindre saveur que les autres.

Le vignoble de la mission des Pères Maristes est le plus ancien, mais ses quelques crus ne sont pas mis sur le marché. Les vignes sont situées près de Napier et s'étendent jusqu'à Hastings, à travers les districts de Taradale et Greenmeadows.

On utilise ici des cépages semblables à ceux du district de Henderson, principalement le *müller-thurgau* pour les vins blancs, et le *cabernet*, le *pinotage* et le *seibel 5437* pour les rouges.

L'addition de sucre de canne au moût est un procédé admis pour la vinification, en raison de la brève période de maturation et par conséquent de la faible teneur en sucre du raisin mûr.

L'industrie du vin est encore peu importante en Nouvelle-Zélande, bien qu'en plein développement. La population n'est que de 2 500 000 habitants, et la consommation annuelle moyenne est de 280 000 hectolitres pour les années 1973-1979. Au début, la production consistait presque entièrement en vins de dessert fortifiés et liquoreux, et en sherry. Actuellement, elle se concentre de plus en plus sur les vins de table dont les meilleurs sont blancs et légers.

418

LES VINS DE CHAMPAGNE

JEAN ARNABOLDI

Le champagne est sans contredit l'un des vins les plus célèbres du monde mais, si le savoir des hommes l'a conduit à cette juste renommée, il convient aussi de dire que ses origines se perdent réellement dans la nuit des temps. En l'occurrence, il n'est pas exagéré de parler de prédestination. En effet, lorsque la mer intérieure qui occupait la région champenoise disparut, elle libéra des terrains calcaires qui se recouvrirent lentement d'une couche cultivable où les plantes purent commencer de croître. De récentes découvertes faites à Sézanne ont prouvé que la vigne existait à l'ère tertiaire, et les feuilles fossilisées mises au jour ont été jugées très proches du *vitis rotunda folia*, que nous nommons communément *plant américain*. Voilà une surprenante anticipation. Des milliers d'années après, le même cépage devait sauver le vignoble champenois dévasté par le phylloxéra.

Les témoignages historiques apparaissent avec la conquête romaine. En effet, lorsque les légions parvinrent jusqu'aux coteaux riverains de la Marne, elles découvrirent une culture viticole florissante. Porteuses de connaissances et de méthodes nouvelles, elles contribuèrent à son développement tout comme elles l'avaient fait précédemment dans les autres provinces de la Gaule. Les Romains connaissaient la culture arborescente courante en Italie, mais ils comprirent les avantages présentés par la culture en ceps pratiquée par les Gaulois. En revanche, ils introduisirent une conception nouvelle, celle de la sélection des plants. Ils importèrent même de la Narbonnaise une variété hâtive. La réputation des vins de la Champagne fit rapidement la conquête de Rome, et Pline lui-même en porte témoignage: «Les autres vins de la Gaule recommandés pour la table des rois sont ceux de la campagne de Reims qu'on appelle vins d'Ay.» (L6 XIVCVI).

Le décret pris par Domitien, en l'an 92, allait porter un coup presque fatal à l'expansion du vignoble gaulois et singulièrement du vignoble champenois. L'empereur prescrivit l'arrachage de toutes les vignes sans obtenir, heureusement, une obéissance absolue. Il est bien certain que le stationnement des troupes nécessitait qu'elles vécussent sur les productions locales et qu'une armée a davantage besoin de céréales et de produits de l'élevage que de boissons ne favorisant pas toujours la discipline ou la conduite héroïque. Peut-être s'y mêla-t-il aussi de banales raisons commerciales, les vins gaulois faisant concurrence à ceux des rivages méditerranéens. Toujours est-il que pendant deux cents ans la vigne entra dans la clandestinité jusqu'au jour où un autre empereur mieux inspiré, Probus, leva l'interdiction, et même occupa ses troupes au travail de reconstitution du vignoble entrepris avec entrain par les Gaulois. Entre Reims et Châlons, l'affaire fut rondement menée et le souvenir de Domitien s'estompa.

L'avènement et le développement du christianisme eurent une influence prépondérante sur la culture de la vigne car les moines devaient se procurer sur place le vin nécessaire à la célébration de la messe. D'autre part, les monastères étaient des relais où pèlerins et voyageurs trouvaient la table ouverte et l'asile. Notons que la qualité des vins de Champagne était remarquée, dès cette époque.

Le sol champenois a livré de nombreux vestiges confirmant l'importance du vignoble: jarres en terre, monnaies dont l'ornementation tire ses motifs de la vigne, et même des verres dont la forme allongée préfigure celle de la flûte actuelle.

Aux Ve et VIe siècles, le champagne se mêle à l'histoire de France et au paradis, puisque Clovis est sacré roi de France à Reims par saint Rémi, apôtre des Francs. Les chroniques du temps rapportent les miracles qu'il accomplit: comment il fit jaillir du vin d'un tonneau plein d'eau et comment il remit à Clovis, en guerre contre Alaric, «un vase empli de vin bénit, en lui recommandant de poursuivre la guerre tant que le flacon fournirait du vin à lui et à ceux des siens à qui il voudrait en donner. Le roi but, ainsi que plusieurs de ses officiers, sans que le vase ne désemplît». Plus positif, le testament de saint Rémi constitue un document irrécusable sur l'économie et les mœurs de l'époque: il est très souvent question des offrandes et dons en vin faits par les vignerons au roi et à l'évêché de Reims. D'autres chroniques montrent l'extension croissante du vignoble champenois et nous éclairent sur la qualité et l'usage que l'on faisait des vins. Le champagne était alors un vin tranquille, «de qualité, pur et fruité», excellent pour les malades. Le décor et les sculptures des monuments, notamment ceux de la cathédrale de

419

Reims, de l'église d'Ay, sont directement inspirés par la vigne et révèlent une part de la vie de ceux qui lui consacraient leur labeur.

Dans son Histoire de l'Eglise de Reims, Flodoard relate que la vendange de 929 était terminée au mois d'août, ce qui prouve que la maturation du raisin était alors très précoce. Au XIᵉ siècle, le pape Urbain II, qui avait prêché la Deuxième Croisade, était né à Châtillon-sur-Marne où une statue gigantesque perpétue son souvenir. Une sorte de remembrement se produit alors, car les seigneurs partant pour la Terre sainte confient leurs biens aux congrégations. Pendant leur absence, parfois définitive, les moines organisent la culture, la rationalisent, et c'est à partir de cette époque que leur influence sur le destin des vins de Champagne devient déterminante.

Les invasions et les combats eux-mêmes ont pour conséquence annexe de développer le renom des vins, et l'on raconte que Wenceslas, empereur d'Allemagne, rencontrant le roi de France Charles VI à Reims en 1398, s'adonna à de telles libations qu'il signa «ce que l'on voulut».

Le sacre des rois de France à Reims contribua au prestige des vins champenois et, pour la première fois, le champagne fut le seul vin servi à l'occasion du sacre de Henri III, le 13 février 1575. Son pouvoir de séduction était si grand qu'empereurs et monarques, Charles Quint, François Iᵉʳ, Henri VIII, et un pape, Jean de Médicis, devenu Léon X, possédèrent leur maison à Ay. Henri IV aimait à se dire «Sire d'Ay» et prisait fort ce «vin de Dieu» léger, fruité et spirituel.

Aimé des rois, le champagne fit la conquête de la cour. Les poètes le chantèrent. Les vignerons s'activèrent pour satisfaire à la demande et remarquèrent que, pour d'obscures raisons, il lui arrivait parfois de manifester une certaine effervescence, sans jamais réussir à dominer ce mystère. Louis XIV fut un fervent adepte du vin d'Ay, mais ses plus grands zélateurs furent le maréchal de Bois-Dauphin, puis le marquis Charles de Saint-Evremond et le comte d'Olonne qui n'en voulaient goûter d'autre à leurs repas. En 1672, Saint-Evremond écrivait au comte d'Olonne: «N'épargnez aucune dépense pour avoir des vins de Champagne, fussiez-vous à deux cents lieues de Paris. Il n'y a point de province qui fournisse d'excellents vins pour toutes les saisons que la Champagne. Elle nous fournit les vins d'Ay, d'Avenet, d'Auville jusqu'au printemps; Tessy, Sillery, Verzenay pour le reste de l'année. Si vous me demandez lequel je préfère de ces vins, sans me laisser aller à des modes de goût qu'introduisent de faux délicats, je vous dirai que le bon vin d'Ay est le plus naturel de tous les vins, le plus sain, le plus épuré de toute senteur de terroir, d'un agrément le plus exquis, par le goût de pêche qui lui est particulier et le premier de tous les goûts.»

Cette analyse et cette finesse de palais montrent bien que le champagne avait déjà conquis une place prépondérante. On dit que Saint-Evremond ayant encouru la dis-

grâce royale en 1661, dut se réfugier en Hollande puis en Angleterre où il introduisit à la cour de Charles II les bonnes manières du boire et du manger. Il sut facilement convaincre et le champagne fut mis à l'honneur de l'autre côté de la Manche.

Sur ce point d'histoire, il nous semble utile de donner quelques précisions, car nous approchons maintenant de l'événement qui va définitivement distinguer les vins de Champagne de tous les autres vins. Nous l'avons dit, les vins champenois sont jusqu'alors tranquilles, ou presque. Les raisins noirs, peu ou non cuvés, produisaient un vin gris, mais les vins rouges dominaient bien que leur conservation fût courte et le transport très risqué. Au milieu du XVIIᵉ siècle (1640 ou 1668, la date est controversée) les vignerons champenois multiplient leurs efforts pour «rendre leurs vins plus exquis que dans les autres provinces du royaume» et réussissent à produire des vins pâles qui, dans certaines années, produisent en bouteille une certaine effervescence, fort agréable, et développant leur bouquet. Or, cette effervescence était plus fréquente dans les vins blancs préparés avec des *pinots*, dont le moût fermentait séparé des marcs, et c'est ainsi que naquit l'idée de conduire cette fermentation en bouteille. Le «vin de Dieu» devint «vin diable» ou «saute-bouchon» sans rien perdre de ses mérites ni de sa vogue, bien au contraire, comme nous le démontre l'histoire.

Dom Pérignon fut l'homme du destin. Nous savons bien que si ses mérites sont reconnus, sa découverte est parfois contestée, mais il nous semble vain de jouer les briseurs d'idole, cela d'autant plus qu'un inventeur doit toujours quelque chose à ceux qui l'ont précédé.

Né la même année que Louis XIV, il devait mourir la même année aussi (1638-1715). Elevé dans une famille bourgeoise originaire de Sainte-Menehould, il entre dans les ordres à l'abbaye royale des bénédictins de Sainte-Vanne, à Verdun, et se signale par sa vaste intelligence et sa charité fervente. En 1668, il devient cellerier de l'abbaye bénédictine d'Hautvillers dans le diocèse de Reims, et son rôle consiste à surveiller l'approvisionnement en denrées et produits de tous ordres, à contrôler les sources de revenus, l'exploitation et les comptes. L'administration des caves lui incombait donc. Le village d'Hautvillers est construit sur des coteaux dominant la vallée de la Marne et leur exposition est particulièrement favorable à la culture de la vigne. Le domaine était considérable et de nombreux autres vignobles en dépendaient. Pour ces raisons, dom Pérignon consacra son intelligence au vin et il fut servi par ses extraordinaires dons de dégustateur. Sa première grande idée fut d'assembler les vins de telle manière qu'en se mariant, les mérites des uns viennent s'ajouter à ceux des autres, harmonieusement, sans jamais dominer. La finesse de son palais était si délicate qu'il goûtait d'abord les raisins et en distinguait la provenance. Il composait ses cuvées par avance et cette façon de procéder devait se révéler essentielle dans l'élaboration d'un vin mousseux. C'est aussi dom Péri-

Dom Pérignon, moine bénédictin de l'abbaye d'Hautvillers eut l'idée géniale de mélanger différents crus de la Champagne afin d'obtenir une cuvée d'une qualité surpassant celle de chacun des éléments qui la composent. José Frappa nous le montre ci-dessus, vieux et atteint de cécité, en train de goûter des raisins avec une telle finesse de palais qu'il reconnaissait la provenance de chaque panier. Jamais homme, selon un de ses contemporains, n'a été plus habile à faire le vin et le nom de dom Perignon est devenu synonyme de champagne.

gnon qui fit adopter le bouchage au liège en Champagne, remplaçant ainsi l'antique cheville en bois entourée de chanvre huilé.

Il organisa la production du vin, étudia le phénomène de la prise de mousse avec les moyens empiriques dont il disposait, mais nul ne peut préciser s'il obtenait la fermentation en bouteille avec le sucre naturel, c'est-à-dire non transformé en alcool, que contient le vin ou si, le premier, il ajouta une dose de sucre de canne.

Son corps repose dans l'église d'Hautvillers et, sur la pierre tombale, cette épitaphe est gravée: «Ici repose Dom Pierre Pérignon, pendant 47 ans cellerier de ce monastère, qui, après avoir administré les biens de notre communauté avec un soin digne d'éloge, plein de vertus et en première ligne d'un amour paternel envers les pauvres, décéda dans la 77e année de son âge, en 1715.»

Toute la modestie bénédictine au service du champagne. Désormais la prise de mousse est «gouvernée» et les amateurs se multiplient. Le début du XVIIIe siècle correspond à une étonnante croissance; les vins tranquilles sont délaissés au profit des mousseux. A la cour, le marquis de Sillery, réputé pour la sûreté de son goût, est un ardent propagandiste. Le Régent est aussi convaincu de l'excellence du champagne que le seront plus tard Louis XV et Louis XVI, avec plus de calme. Mme de Pompadour lui conquiert les faveurs féminines en déclarant «qu'il est le seul vin qui laisse la femme belle après boire», tandis que la comtesse de Parabère est accusée de boire comme un lansquenet! En 1739, un bal brillant est donné par la ville de Paris. Il y fut consommé 1800 bouteilles de vin de Champagne.

C'est vers cette époque que naquirent les premières maisons de commerce en Champagne et certaines existent toujours. Leurs caves sont établies dans la craie assurant au vin une bonne conservation, mais il reste à résoudre deux problèmes: l'étude des fermentations et la casse des bouteilles. Le second fut résolu avant le premier par un pharmacien de Châlons, nommé François, dont le nom mérite l'immortalité. Le bris de bouteilles atteignait parfois 40% de la production et le mérite de François est d'avoir permis de dominer, par ses recherches, une fermentation excessive en fixant les proportions du dosage de sucre. Dans le même temps, la verrerie accomplissait aussi de grands progrès et l'angoissante question de la «casse» fut grandement limitée. En 1858, Maumené, professeur à Reims, semble être le premier à avoir étudié l'action des levures qui président à la fermentation, mais il fallut attendre les travaux de Pasteur pour entrer dans la période vraiment scientifique de la préparation du champagne.

Depuis, l'histoire du champagne n'est faite que de victoires, durement acquises, parfois sur les maladies de la vigne ou sur la folie des hommes. Les techniques nouvelles et le progrès, alliés à la ténacité, au savoir des vignerons et des commerçants champenois, trouvent leur juste récompense dans une expansion constante dans le monde.

LE VIGNOBLE CHAMPENOIS

La Champagne, d'origine crétacée comme l'Ile de France qu'elle prolonge jusqu'aux Ardennes, constitue la partie orientale du bassin parisien. Ses paysages possèdent la même douceur, la même harmonie née de plaines aux ondulations légères, s'inclinant parfois vers des vallées peu profondes. Les coteaux dominent d'une centaine de mètres les rivières aux eaux paisibles et ne dépassent guère une altitude de 200 mètres.

Sa géologie et sa situation géographique ont de tout temps conféré à la Champagne une identité nettement caractérisée. Sous l'Ancien Régime, elle couvrait 2 500 000 hectares, soit presque le vingtième de la superficie de la France. La Révolution l'a divisée en constituant quatre départements — Aube, Haute-Marne, Marne, Ardennes — le reste de son territoire allant à l'Yonne et à l'Aisne.

Le sous-sol est un sédiment crayeux d'où se détachent, par bandes larges ou étroites, des calcaires, des argiles et des sables siliceux.

La zone viticole a été définie par la loi du 22 juillet 1927 en raison de ses caractères naturels et seuls les vignobles qu'elle englobe peuvent conférer au vin l'appellation CHAMPAGNE.

Cette zone viticole ne se présente pas d'un seul tenant, nous allons le voir. Elle couvre une superficie de 35 000 hectares qui étaient dans leur totalité plantés en vignes au siècle dernier. L'invasion phylloxérique l'a d'abord considérablement réduite, mais, à l'heure actuelle, 24 800 hectares de vignes sont en rendement. Ils se répartissent de la façon suivante: 19 200 hectares dans la Marne, 3 800 dans l'Aube et 1 800 dans l'Aisne. L'ensemble représente environ deux centièmes de la superficie consacrée en France à la culture de la vigne.

On distingue quatre zones dans le vignoble champenois: La Montagne de Reims, la Vallée de la Marne, la Côte des Blancs et les vignobles de l'Aube. Les arrondissements de Reims et d'Epernay englobent les trois premières, qui forment l'essentiel, le cœur de la région champenoise, et produisent les crus les plus réputés. Les vignes, cultivées à flanc de coteau, constituent un ruban long de quelque 120 kilomètres, dont la largeur varie entre 300 mètres et 2 kilomètres.

Notons qu'en Champagne, à l'exception des vins tranquilles ayant une appellation d'origine précise, le classement du cru n'apparaît pas dans l'appellation du champagne, qui, par nature, est un assemblage de moûts d'origines diverses. Le cru n'est donc ici qu'un «cru de raisin».

LA MONTAGNE DE REIMS. La classification des grands crus dans le vignoble principal de la Champagne a été établie selon des usages anciens. Pour la Montagne de Reims, située au nord, en lisière de la forêt de Reims, Verzenay, Mailly, Sillery, Beaumont-sur-Vesle représentent les grands crus. Parmi les premiers crus, citons Ludes, Chigny-les-Roses, Rilly-la-Montagne, Verzy, Villers-Allerand, Villers-Marmery et Trépail.

Au sud-est de la ville, la Petite Montagne comporte aussi des crus de valeur tels que Villedommange, Ecueil, Sacy, Pargny-lès-Reims, Jouy-lès-Reims.

Ajoutons que la Montagne de Reims constitue le versant méridional de la vallée de la Vesle; à son extrémité orientale, elle rejoint la vallée de la Marne qu'elle domine à la hauteur d'Epernay.

LA VALLÉE DE LA MARNE. Les coteaux s'étendent le long du fleuve entre Tours-sur-Marne et Dormans avec une extension vers Château-Thierry et au-delà, jusqu'aux confins de la Seine-et-Marne. Elle a pour vignoble de tête Ay, encadré par Mareuil-sur-Ay et Dizy, suivis, à un rang moins élevé dans la classification des vignobles, de Cumières et d'Hautvillers où s'illustra dom Pérignon.

Sur la rive droite de la rivière, les crus de Damery, Venteuil, Châtillon-sur-Marne, Vandières, Verneuil et Vincelles méritent d'être cités. Pour une raison toute différente, le nom du hameau de Tréloup reste lié à l'histoire champenoise car la première tache phylloxérique y fut décelée en 1890. Sur la rive gauche, la vallée du Cubry, qui aboutit à Epernay, présente une suite de crus intéressants issus de *pinot fin*: Epernay, Pierry. D'autres proviennent de *pinot meunier* et ce sont notamment: Moussy, Vinay et Saint-Martin-d'Ablois, remarquables par leur fruité. Enfin, Mardeuil, Boursault, Leuvrigny, Festigny, Troissy et Dormans portent des vignobles réputés.

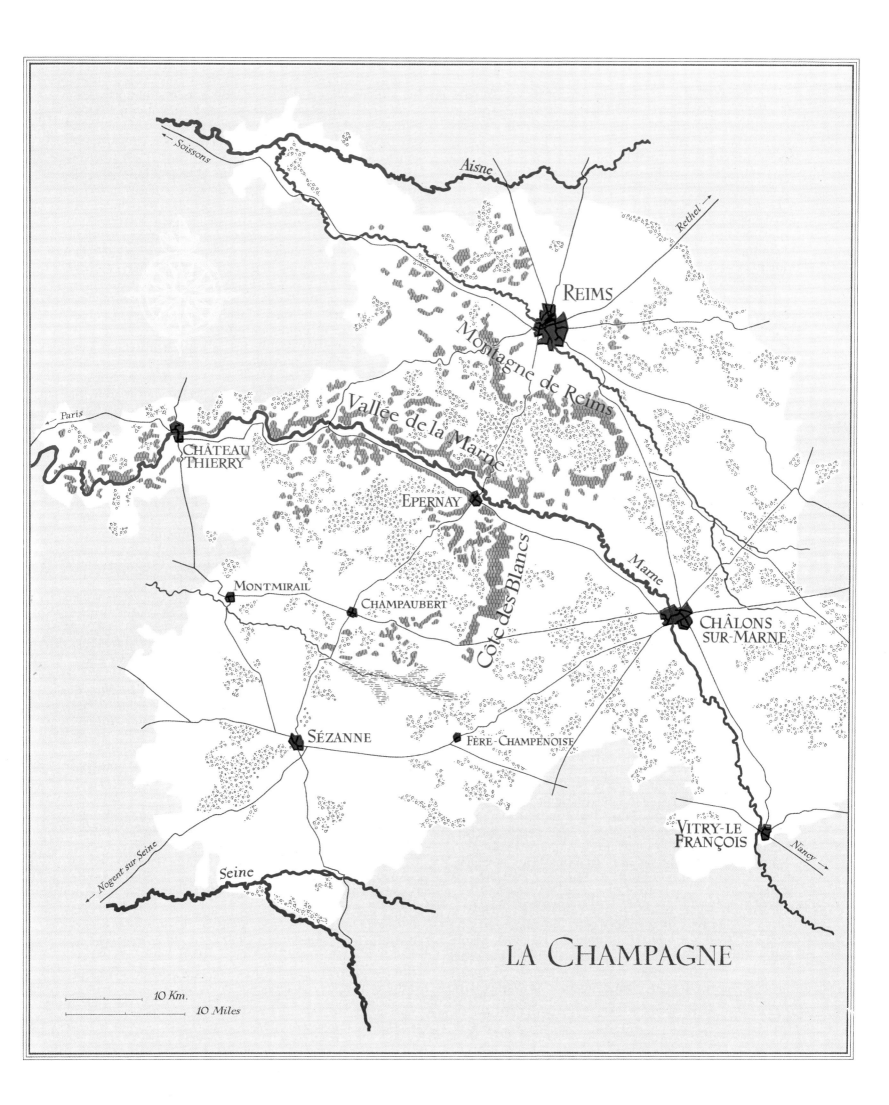

← Soissons

Aisne

Rethel →

REIMS

Montagne de Reims

← Paris

CHÂTEAU
THIERRY

Vallée de la Marne

EPERNAY

Marne

MONTMIRAIL

CHAMPAUBERT

Côte des Blancs

CHÂLONS
SUR-MARNE

SÉZANNE

FÈRE-CHAMPENOISE

VITRY-LE
FRANÇOIS

← Nogent sur Seine

Nancy →

Seine

LA CHAMPAGNE

10 Km.

10 Miles

LA CÔTE DES BLANCS ET LES AUTRES VIGNOBLES. La Côte des Blancs est située immédiatement au sud de la Marne, et ses grands noms chantent dans la mémoire de tous les connaisseurs de champagne: Cramant, Avize, Oger, Le-Mesnil-sur-Oger. Chouilly se trouve à la jonction des deux zones. Les vignobles produisent ici du raisin blanc d'une extrême finesse dont le *chardonnay* est le roi.

Cette Côte des Blancs s'étend au sud jusqu'aux environs du Petit Morin. Elle est alors relayée par une nouvelle côte de raisin noirs et blancs comptant parmi les premiers crus. Précisons que la vallée du Petit Morin est bordée de quelques vignobles de *meunier* produisant des vins très fruités.

Ces zones que nous venons de parcourir rapidement constituent pratiquement l'essentiel de la Champagne. Cependant, il existe une autre zone, de transition, dont les caractéristiques géologiques ne sont plus aussi nettes, mais qui produisent néanmoins des vignes ayant encore droit à la même appellation. Citons parmi ces vignobles ceux de la Côte de Château-Thierry, ceux de la région de Sézanne et ceux qui ressortissent à l'arrondissement de Vitry-le-François.

Il existe entre la région de Sézanne et le vignoble de l'Aude une importante cassure puisqu'il faut atteindre Bar-sur-Aube et Bar-sur-Seine pour trouver de nouveaux coteaux faisant partie de la Champagne viticole.

LE SOL. Le sol, nous l'avons indiqué précédemment, est établi sur le calcaire, et c'est là une caractéristique essentielle. Les grands crus reposent, en général, à mi-coteau sur une mince couche d'éboulis provenant de pentes tertiaires où affleure la craie séronienne en un bloc dépassant parfois une épaisseur de 200 mètres.

La craie du sous-sol assure un drainage parfait régularisant l'infiltration des eaux et maintenant de ce fait une humidité idéale. De plus, cette constitution géologique présente un grand avantage: celui d'emmagasiner la chaleur solaire et de la restituer d'une façon régulière et constante.

Enfin, la lumière, qui joue un rôle primordial dans la maturation du raisin, est plus intense que le climat ne le laisserait paraître, en raison même de la blancheur calcaire du sol.

LE CLIMAT. Le climat champenois est pratiquement identique à celui du bassin parisien. Il est généralement modéré. Les hivers sont rarement rigoureux, les printemps incertains mais doux, les étés chauds et les automnes souvent beaux, ce qui est d'une extrême importance. Les vents soufflant de la mer atténuent les influences continentales aux maxima trop marqués, et la température annuelle moyenne s'établit à 10 degrés.

Enfin, la vigne bénéficie du rôle modérateur des forêts et des bois qui, de surcroît, entretiennent une humidité très favorable. L'altitude du vignoble, planté entre 130 et 180 mètres, le met partiellement à l'abri des gelées de printemps et des froides brumes matinales qui sont naturellement beaucoup plus sensibles dans les vallées. Il est bien évident que ces ennemis du viticulteur ont suscité de sa part une défense très efficace et que les moyens modernes mis à sa disposition ont grandement limité leurs effets désastreux. Il en va de même pour la grêle.

LES CÉPAGES. Des dispositions légales extrêmement strictes ont défini les cépages dont les raisins entrent dans la composition du champagne. Il s'agit du *pinot noir* et du *pinot meunier* qui produisent des raisins noirs, d'une part, et du *chardonnay*, d'autre part, qui fournit les raisins blancs. En dehors de ces variétés, la loi reconnaît quelques plants locaux, en voie de disparition d'ailleurs, tels que le *petit meslier* et l'*arbanne*. Notons qu'à la suite de l'invasion du phylloxéra, les cépages francs de pied durent, bien entendu, être remplacés par des plants greffés.

Cette désignation légale n'a fait que confirmer une expérience vigneronne plus que millénaire en soulignant la parfaite concordance de ces cépages avec le sol et le climat. L'influence des cépages sur la nature du vin est considérable. En effet, chacun d'eux apporte ses qualités propres, et le dosage, le mariage, l'harmonisation de ces qualités donnent au champagne l'essentiel de son caractère. Sa finesse, son bouquet et son moelleux tiennent directement aux divers raisins et à leur proportion déterminée par des palais subtils, formés à une délicate opération que nous examinerons dans un prochain paragraphe. Aucune analyse, aucun examen ne saurait remplacer l'expérience humaine.

Le *pinot noir* (et ses variétés) est un cépage très répandu en Champagne. Rappelons qu'il est aussi celui qui préside à la production des grands vins rouges de Bourgogne. Il donne un vin puissant, plein de sève et de générosité. Il est vinifié en blanc par des procédés que nous étudierons ultérieurement.

Le *pinot meunier* est une variante du *pinot noir*. Plus rustique, il joue un rôle très important pour les seconds crus de Champagne.

Le *chardonnay*, qui est un raisin blanc, se trouve principalement sur la Côte des Blancs. Il apporte au moment du mariage ses qualités essentielles de finesse et d'élégance.

Tous trois possèdent des caractéristiques communes. Ce sont la précocité, la vigueur, la rapidité de maturation, la richesse en sucre dans les moûts, une finesse et un bouquet incomparables.

Après l'invasion phylloxérique, la totalité du vignoble fut donc reconstituée en cépages traditionnels, greffés sur les espèces résistant à l'insecte.

La vigne dure pendant une trentaine d'années et ne commence à produire des fruits que quatre années après avoir été plantée. En Champagne, la densité serrée et régulière permet de compter de 8000 à 10 000 pieds par hectare, le rendement en raisins étant limité (en principe, 7500 kilos à l'hectare) pour préserver la qualité. Cette disposition légale est contrôlée par l'Institut National des Appellations d'Origine (I.N.A.O.), qui veille à la stricte observance de la loi.

Précisons enfin que la taille fait aussi l'objet d'une réglementation sévère. Toutes les vignes de la Champagne viticole doivent être taillées court et suivant des systèmes reconnus: «Royat», «Chablis», «Guyot» ou «Vallée de la Marne».

DE LA VENDANGE À LA CONQUÊTE DU MONDE

Après une année de labeur, de soins, d'inquiétudes, d'espérances aussi, voici venu le temps de la vendange. Cet avant-dernier acte du grand spectacle annuel mérite, en Champagne notamment, des soins et des précautions exceptionnels, aussi croyons-nous pouvoir dire que nulle part ailleurs la cueillette n'est effectuée avec une aussi grande minutie.

La fleur est sortie depuis cent jours environ lorsque la date légale est proclamée par arrêté préfectoral. Auparavant, les laboratoires ont procédé aux essais permettant de déterminer la richesse en sucre et la teneur en acide des raisins finissant de mûrir au doux soleil de la mi-septembre. Aussitôt, le grand travail s'engage et il est bien évident que la seule main-d'œuvre locale ne saurait suffire. Les vignerons reçoivent l'aide extérieure de toutes les régions de France et surtout celle des mineurs du Nord et de Lorraine. Ils recherchent d'année en année les travailleurs volants déjà exercés au délicat travail de la cueillette et bien au fait

Les paysages de la Champagne viticole ont l'aspect de plaines aux ondulations légères, ici coiffées de forêts, là s'inclinant vers des vallées peu profondes. Les sommets des coteaux ne dépassent guère 200 m d'altitude. Le climat est identique à celui du bassin parisien.

des habitudes champenoises. Réunis en «hordes» ou «hordons», ils vont entreprendre leur labeur avec méthode et leurs taches multicolores tranchent sur le vert serré des vignes. Les vendangeurs sont nourris et logés. Leur salaire est fixé par une commission paritaire du Comité interprofessionnel du vin de Champagne selon la catégorie à laquelle ils appartiennent du fait de leur qualification et de leur âge. C'est ainsi que l'on distingue les cueilleurs (12 ans, 13 ans puis 14 ans et plus), les porteurs de petits paniers, les débardeurs de gros paniers et manœuvres employés aux vendangeoirs et les chefs recruteurs d'équipes, toutes ces catégories constituant le personnel étranger.

Viennent ensuite les pressureurs, classés eux aussi par spécialités: pressoirs hydrauliques, séchoirs à bras et séchoirs hydrauliques. Chaque armée, même pacifique, ayant besoin d'une intendance, les emplois de cuisine s'ajoutent aux précédents. Les cueilleurs, hommes, femmes et enfants, détachent les grappes du pied de vigne, précautionneusement, à l'aide de sécateurs, et procèdent à un premier tri sommaire lorsque le besoin s'en fait sentir. Ils déposent les grappes dans de petits paniers individuels d'une contenance approximative de 5 kilos.

Les porteurs entrent en scène à leur tour. Ils collectent les paniers et les déversent sur de larges clayettes en osier sous l'œil scrutateur des «éplucheuses» qui

Le domaine de la Marguetterie est situé à Pierry, au sud d'Epernay, dans la Vallée de la Marne, l'une des quatre grandes zones du vignoble champenois.

sont responsables d'un tri sévère. Il est en effet nécessaire d'éliminer les raisins verts ou insuffisamment mûris dont la présence atténuerait la teneur alcoolique du vin, et les grains abîmés ou trop avancés qui pourraient nuire à la qualité. Ces opérations sont fort onéreuses et certains en discutent l'opportunité. Mais ce ne sont pas des Champenois.

Les raisins reconnus bons pour la vinification sont alors déposés — et non versés — dans de grands paniers en osier pittoresquement dénommés «mannequins» ou dans des récipients analogues, souvent en matière plastique, d'une contenance de 50 à 80 kilos. Ces paniers, confiés aux «débardeurs» sont logés, toujours avec soin, dans des voitures munies de ressorts — ce qui est particulier à la région depuis longtemps — puis transportés jusqu'aux pressoirs en évitant toute conduite brutale génératrice de meurtrissures.

Les pressoirs se trouvent dans les «vendangeoirs» qui appartiennent aux négociants, aux coopératives locales, aux propriétaires-vignerons ou encore à des courtiers. Sauf dans le cas du récoltant-manipulant (nous reviendrons ultérieurement sur ces diverses catégories), le travail du vigneron est alors absolument terminé, ce qui est une particularité essentielle de la Champagne viticole. Les raisins sont pesés et payés suivant un prix déterminé chaque année par le C.I.V.C. après avoir été débattu entre vignerons et négociants. L'achat devient définitif au moment où l'acheteur fait verser les raisins sur le pressoir.

LE PRESSURAGE. Aussi rapidement que possible on procède au pressurage. Pour cela, les Champenois utilisent des pressoirs spéciaux présentant une aire assez vaste pour une hauteur réduite. Ainsi le moût peut s'écouler très vite sans dissoudre la matière colorante provenant des rafles, et sans que sa saveur risque d'être altérée par le bois. Sur l'aire du pressoir, on dispose 4000 kilos de raisin, soit ici un marc. L'appellation CHAMPAGNE est réservée aux seuls vins provenant de moûts obtenus dans la limite d'un hectolitre pour 150 kilos de vendange. La limite de pressurage est, pour cette raison, fixée à l'extraction de 2666 litres de moût pour un marc correspondant à 13 pièces de 205 litres chacune.

On procède alors à la première presse ou, mieux, à la première «serre». Commandé électriquement le plus souvent, le «plancher» soutenu par un «mouton» s'abaisse sur le raisin et la pression peut atteindre environ 40 tonnes au mètre carré.

Le moût passe au travers de la masse de raisin et s'écoule par une goulotte, munie d'un panier de filtrage, dans une cuve contenant dix hectolitres, nommée «bélon».

L'opération est renouvelée et l'ensemble du pressurage doit être accompli en une heure et demie, deux heures au maximum.

Les dix premières pièces de moût ainsi obtenues, soit 2050 litres, constituent la «cuvée» qui servira de base à l'élaboration des grands champagnes. Les trois autres

La côte d'Hautvillers (ci-dessus) est un vignoble fameux de la vallée de la Marne. Lors de la vendange, les «cueilleurs» déposent le raisin dans un petit panier que les «porteurs» (ci-contre) déversent sur des clayettes où des «éplucheuses» vont les trier soigneusement. Le temps est précieux et, à midi, les vendangeurs, la plupart saisonniers, prennent leur repas sur place (ci-dessous).

427

portent le nom de «tailles» car il a fallu découper à la bêche le marc compressé avant de serrer à nouveau. On obtient donc une première et une deuxième taille dont la qualité est évidemment moindre.

Le moût ne séjourne guère dans les cuves graduées, en chêne ou en ciment, où il a été recueilli. Il est prestement dirigé vers d'autres cuves dites de «débourbage», où il repose pendant 10 à 12 heures, temps nécessaire au dépôt de toutes les matières étrangères qu'il contient encore: pépins, peaux, impuretés, etc.

Lorsque le débourbage s'est accompli, le moût est soutiré en pièces de 205 litres portant mention des origines. Cette opération est souvent pratiquée à l'aide de cuves automobiles. Quel que soit le procédé choisi, il est alors transporté dans les celliers des maisons de Champagne où la vinification délicate va pouvoir commencer.

LA VINIFICATION. Le champagne est le produit de deux fermentations successives dont les éléments essentiels sont les levures. Ces micro-organismes apparaissent sur la pellicule des raisins peu avant leur maturité. Ce sont elles qui transformeront le moût en vin.

LA PREMIÈRE FERMENTATION. Elle porte aussi le nom évocateur de «bouillage» et s'opère soit dans des tonneaux en chêne, soit dans des cuves en ciment verré, en acier émaillé ou en acier inoxydable. La température ambiante est maintenue à 20 ou 22° centigrades, et le moût bouillonne. Pendant quelques jours, la fermentation est tumultueuse, puis sa violence décroît et le calme lui succède. Trois semaines se sont écoulées lorsque l'on procède au premier soutirage. C'est alors le froid qui agit sur le vin car il provoque la précipitation des dépôts avant de le stabiliser et de lui donner sa limpidité. Un second soutirage devient nécessaire.

Jadis Noël trouvait grandes ouvertes les portes des celliers. La poésie s'en est allée, cédant le pas à l'efficacité et, dans de nombreuses maisons, des installations de climatisation permettent de conduire cette opération avec une exactitude qui est, elle aussi, gage de qualité et de constance.

C'est maintenant, en fait, que l'élaboration du champagne va se distinguer de celle des autres vins.

LA CUVÉE. On dit aussi la «cuvée de tirage» et sa préparation comme sa réalisation vont nécessiter la collaboration du talent et de la technique.

Au cours du premier soutirage, on assemble généralement les vins provenant d'un même cru pour obtenir une cuvée homogène qui servira aux assemblages ultérieurs.

Dès le commencement de l'année, les spécialistes de chaque maison goûtent les vins de la récolte car ils vont devoir constituer, en dépit des variations de tous ordres, un champagne conforme à la tradition de la marque, c'est-à-dire un vin suivi, fidèle à la personnalité qui le fait choisir parmi d'autres. C'est donc après le deuxième soutirage que l'on assemble différents crus.

Deux hypothèses se présentent alors. Si l'on veut obtenir un «millésime», il est bien évident que tous les vins assemblés doivent être de la même année. Si l'on ne fait pas un millésime, les imperfections de l'année peuvent être compensées par l'adjonction de vins d'années antérieures et spécialement gardés à cet effet. Bien entendu l'assemblage nécessite de nombreux essais en petit avant de passer à sa réalisation en foudres. Les caractères essentiels pour atteindre un résultat idéal sont la vinosité, l'arôme, la sève, l'élégance, la délicatesse, la nervosité et l'aptitude à la conservation, cette dernière étant confirmée par des analyses complexes.

Les mariages se célèbrent donc dans d'énormes foudres ou dans des cuves équipées de mélangeurs permettant un brassage parfait.

Il est bon de préciser que, traditionnellement, le champagne comporte un mélange de vins provenant de raisins noirs et de raisins blancs. Cependant, certains sont réalisés uniquement à partir de raisins blancs: ils portent le nom de «blanc de blancs». Il existe aussi du champagne rosé, généralement obtenu par l'incorporation de vin rouge provenant exclusivement de la Champagne viticole, mais, parfois, prévu en rosé dès le pressoir.

Au début du mois de mars, la composition de la cuvée doit être terminée. On procède ensuite à la clarification, soit par filtration, soit par collage.

LE TIRAGE. Le vin de la cuvée est encore tranquille mais, au tirage de printemps, son destin va changer. Pour le mettre en état de prendre mousse, on le transfère dans des cuves de tirage, puis on y ajoute des ferments naturels champenois et une liqueur. Cette liqueur n'est autre qu'une dissolution de sucre de canne dans du vin. Un brassage assure l'homogénéité du mélange.

La dose de liqueur incorporée au vin est plus faible lorsque l'on désire obtenir un «crémant».

Le vin est ensuite tiré en bouteilles et la transformation va s'y produire. En effet, le sucre se mue en alcool et en gaz carbonique qui assure la prise de mousse. Prisonnier de la bouteille, dont le bouchon est solidement maintenu par une agrafe, le gaz carbonique reste dissous dans le liquide et ne se formera en bulles que lors du débouchage.

LA SECONDE FERMENTATION. C'est la lente poursuite du processus que nous venons d'expliquer. Descendues immédiatement dans les caves creusées à même la craie, les bouteilles sont couchées sur des lattes. Elles sont l'objet d'une surveillance attentive car les risques d'éclatement demeurent en dépit des progrès accomplis en verrerie, la pression du gaz atteignant 5 à 6 atmosphères. Les bouchons aussi peuvent présenter un défaut et laisser s'écouler le vin.

Le trouble du vin et la formation d'un dépôt témoignent de la prise de mousse et, pendant toute cette période, les bouteilles sont remuées de temps en temps, d'un coup de poignet, puis replacées en un tas différent. Lorsque la fermentation secondaire est terminée, le vin retrouve toute sa limpidité et le dépôt se masse au flanc de la bouteille. Le champagne titre alors 12°, environ.

Une fois triés, les meilleurs raisins sont déposés dans des paniers appelés « mannequins » (ci-contre, à droite) pouvant contenir 70 à 80 kilogrammes de vendange. Les « débardeurs » les porteront au pressoir.

Depuis la cueillette jusqu'au pressoir, il importe que les raisins ne soient ni meurtris, ni écrasés, ni même simplement froissés. Le contremaître y veille.

Le remuage consiste à faire se rassembler le dépôt dans le goulot de la bouteille. Pour y parvenir, des ouvriers impriment chaque jour à chaque bouteille un mouvement alternatif très rapide de rotation.

429

Il va maintenant falloir expulser le dépôt et, à cet effet, procéder au dégorgement.

LE REMUAGE. Les bouteilles sont placées «sur pointe», le col en bas, sur des pupitres conçus de manière telle que l'inclinaison puisse varier au fur et à mesure du remuage. Chaque jour, des cavistes avertis impriment à chaque bouteille un mouvement alternatif très vif accompagné d'une trépidation. En même temps, ils lui font effectuer une rotation d'un huitième de tour à droite ou à gauche suivant un repère peint sur la partie inférieure. Le remuage nécessite un tour de main très précis et non moins rapide puisqu'un bon ouvrier «passe» 30 000 bouteilles par jour.

Petit à petit, le dépôt vient s'agréger dans le col de la bouteille qui atteint la position verticale dans un délai variant de six semaines à trois mois. A ce moment, les bouteilles sont disposées «en masse» dans la même position.

LE DÉGORGEMENT. Il s'agit maintenant d'expulser le dépôt tout en laissant s'échapper le minimum de gaz et de vin. Le dégorgement, confié à de vrais spécialistes, se pratiquait «à la volée» dès le retrait du bouchon, mais, de plus en plus, le froid est utilisé. Alignées la tête en bas, les bouteilles sont dirigées vers une saumure à moins 20° où, seul, le goulot trempe. Très vite, un glaçon se forme près du bouchon, emprisonnant les impuretés. Au débouchage, le glaçon est vivement chassé en même temps qu'une faible quantité de mousse et de vin. La bouteille est alors mirée et une «liqueur de dosage», composée de vieux et excellent vin de Champagne et de sucre de canne, vient remplacer le vin perdu. Cette dose dépend du type de champagne désiré: brut, sec, demi-sec ou doux (l'extra-brut étant pur de tout sucre).

LE BOUCHAGE. Après une élaboration aussi longue et délicate, le bouchage, on le conçoit, est d'une très grande importance. Il doit être absolument hermétique, aussi le liège choisi est-il de toute première qualité. La hauteur du bouchon varie entre 48 et 55 millimètres, et son diamètre entre 30 et 35 millimètres. Le bouchon doit légalement comporter certaines mentions sur lesquelles nous reviendrons. Une fois mis en place, il est revêtu d'une capsule d'origine puis enserré dans un muselet en fil de fer afin de ne pas risquer d'être chassé par la pression du gaz. Les bouteilles retrouvent alors la fraîcheur des caves où elles vieilliront avant de partir à la conquête du monde.

LA DIVERSITÉ DES CHAMPAGNES

Le champagne, nous l'avons vu, est obtenu par mariage de vins issus de trois cépages: le *pinot noir* et le *pinot meunier*, donnant les raisins noirs, le *chardonnay* qui fournit les raisins blancs. Bien des gens sont encore surpris d'apprendre que ce vin, merveilleusement clair et lumineux, provient en majeure partie de raisins noirs.

Comme dans les autres vignobles, les raisins produits par les mêmes plants n'ont pas la même saveur et ne présentent pas les mêmes qualités suivant le terrain, le lieu où ils ont mûri. Un bon amateur peut s'en rendre compte très aisément. Cependant, il est plus difficile qu'ailleurs de discerner la diversité des vins et leur variété, en raison même des mariages qui ont fondu les particularismes pour la plus grande gloire du champagne. Les marques des maisons de champagne possèdent leurs caractères propres que seule une longue expérience permet de discerner.

L'importance du sol et de l'exposition est si grande et elle assure une telle diversité que des coefficients ont été affectés aux communes champenoises, en fonction de la qualité de leurs produits. Ces coefficients de base sont, chaque année, susceptibles de révision suivant les résultats des vendanges. Ces coefficients s'étagent de 77% à 100%; les crus à 100% sont qualifiés traditionnellement de «grands crus», ceux de 90 à 99% ont droit à la qualification de «premiers crus». Ces mentions sont rarement portées sur les étiquettes car la garantie de qualité est, dans la majorité des cas, donnée par les grandes maisons qui écoulent, à elles seules, le 80% de la production.

Avant d'en venir à l'examen des divers types de champagne, il nous paraît utile de rappeler cette protection légale, commune aux producteurs et aux consommateurs, que constitue l'appellation.

Seul est reconnu CHAMPAGNE le vin:

1. provenant de vignes plantées des cépages autorisés, situées dans les limites de la Champagne viticole, taillées court, d'un rendement limité en raisins à l'hectare.

2. présentant une qualité dont la garantie est assurée par un rendement limité en moût au pressurage, ainsi que par un degré minimal.

3. préparé selon les procédés naturels connus sous le nom de «méthode champenoise», dans des locaux sis en Champagne, séparés de tous autres et où l'on ne peut entreposer que des vins en provenance de la Champagne viticole.

4. conservé en bouteilles avant expédition, pendant une année minimum (trois années depuis la vendange pour les vins millésimés).

L'application de ces principes, progressivement sanctionnés par la loi française, est contrôlée, pour éviter toute fraude, par le Comité Interprofessionnel du Vin de Champagne, au nom de la puissance publique, des vignerons et des négociants.

Les divers types de champagne peuvent être déterminés ainsi: brut sans année: c'est un vin généralement léger et vif convenant parfaitement à l'apéritif car il dispose à la fois l'esprit et le palais; brut millésimé: il correspond évidemment à une année de très bonnes vendanges et seuls les vins de même année peuvent être mariés pour constituer une bouteille exceptionnelle.

Dans certains cas, ce peut même être une bouteille de collection. Ce type de vin est souvent plus corsé, plus généreux aussi, et mérite d'être goûté avec une attention toute particulière. Parmi les anciens millésimes, fort difficiles à trouver dans le commerce, citons les années 1928, 1933, 1934, 1937, 1943, 1945, 1949 et 1953, 1966, 1969, 1971, 1973. Leurs mérites sont divers, mais il convient de se méfier d'un vieillissement prolongé. De manière générale, une question se pose: faut-il consommer le champagne jeune ou vieux? Une précision s'impose d'abord: si le gaz carbonique que renferme le champagne lui donne une très grande résistance aux maladies et lui assure une bonne conservation, il ne faut pas croire que ce vin puisse tout supporter et qu'il soit définitivement fixé. Il est aussi vivant que les autres vins et doit faire l'objet des mêmes soins attentifs. Il vieillit donc et risque de s'altérer. Après une dizaine d'années, il peut prendre une pointe de madérisation qui ira en s'accentuant. On dit alors qu'il «renarde». Bien entendu, il reste buvable, mais ses qualités spécifiques s'estompent, tout comme une fleur se fane. En outre, la pression du gaz décroît et, petit à petit, la vie s'en va. Il n'y a donc pas d'intérêt — sinon pour une expérience et dans le cas d'une année privilégiée — à conserver longtemps le champagne et cela d'autant plus qu'il est commercialisé au moment où il peut être consommé. C'est, nous l'avons vu, l'une des règles impératives qui régissent sa qualité.

Sec et demi-sec: la tendance actuelle est orientée vers les bruts; les champagnes plus doux, plus sucrés, possédant moins de caractère, sont nettement moins consommés que par le passé. Ce sont des vins accompagnant agréablement les desserts et qui doivent être plus rafraîchis que les autres.

Le rosé: il reste une amusante exception, mais ne manque pas de séduction ni d'adeptes. Très fruité, d'un bel aspect, il connaît une faveur de plus en plus affirmée et les grandes maisons n'hésitent pas à le présenter.

Il faut noter que son bouquet varie selon la façon dont il a été préparé: soit par l'adjonction d'une faible quantité de vin rouge provenant de la Champagne viticole, soit — ce qui est mieux — vinifié en rosé dès le pressurage. En tout état de cause, il ne peut être comparé aux grands champagnes classiques.

Ces grands types étant définis, il faut ajouter que les maisons de Champagne préparent, à l'usage des marchés étrangers et selon les préférences manifestées par cette clientèle, des bouteilles adaptées à son goût, plus ou moins fruitées, plus ou moins douces.

Il reste, dans le domaine des vins effervescents de Champagne, à parler de deux variétés également fort agréables à déguster:

Le «crémant»: la teneur en gaz des crémants est moins élevée que celle du champagne. Pour obtenir ce résultat, on modifie la quantité de liqueur ajoutée au vin avant la deuxième fermentation. Souples, légers, fruités, les crémants se boivent facilement. Il ne faut pas les comparer aux seigneurs mais considérer qu'ils

En Champagne, les vendangeurs, armés d'un sécateur, détachent les grappes du cep et procèdent, si nécessaires, à un tri sommaire avant de les déposer dans des paniers individuels qui sont collectés par des porteurs. Le raisin vient ensuite trié par les «éplucheuses».

ont leur place dans la famille champenoise où nul ne saurait démériter.

Le «blanc de blancs»: il est élaboré uniquement à partir de raisins blancs produits par le *chardonnay*. Il est très élégant, léger, et développe un bouquet d'une très grande finesse.

Enfin, la Champagne viticole propose d'autres types de vins dits «tranquilles».

LES VINS NATURE DE LA CHAMPAGNE

Tout d'abord, le vin blanc nature: c'est un «blanc de blancs» non champagnisé, le plus souvent, mais il existe aussi un «blanc de noirs», nettement plus corsé. Les plus grandes maisons en proposent. On y distingue, dans leur pureté, les caractères dominants du vignoble champenois et l'on y retrouve cet esprit, cette robe, ce charme qui leur sont particuliers. La dégustation des vins blancs nature nous semble une excellente initiation à la meilleure connaissance du champagne. Quant aux vins rouges de la Champagne, ils sont simples, excellents mais fragiles. Leur vinosité rappelle celle des vins de Bourgogne tandis que leur richesse en tannin évoque ceux de Bordeaux. Le plus réputé d'entre eux est l'incomparable BOUZY, mais Cumières, Ambonnay, Verzenay, Sillery, Mailly, Saint-Thierry, Vertus en possèdent d'excellents. L'apparition sur la table d'un

1

2

3

2

1

3

1

2

3

PERRIER-JOUET
1. Nom commercial «Champagne Perrier-Jouët». —
2. Type de champagne: extra brut, c'est-à-dire que le vin n'a pas reçu de liqueur; c'est donc un vin sec. Les mentions «Finest quality» et «Réserve cuvée» signifient que le négociant-manipulant attribue une importance particulière à ce type de champagne. En d'autres termes, il faudra juger de la qualité de ce champagne par le renom du négociant-manipulant ou par expérience. — 3. Dans la mention N.M. 3.624.332, les lettres N.M. indiquent qu'il s'agit d'une marque principale d'un négociant-manipulant. Les lettres M.A. signifieraient une marque secondaire. Le nombre qui suit est le numéro d'inscription de la marque sur les registres du Comité Interprofessionnel du Vin de Champagne (CIVC).

MERCIER
1. Nom commercial «Champagne Mercier». —
2. Type de champagne: brut; cela veut dire que le vin n'a reçu que très peu, jusqu'à 1,5 %, ou pas du tout de liqueur. — 3. La mention N.M. indique qu'il s'agit d'une marque principale d'un négociant-manipulant.

MUMM DOUBLE CORDON
1. Nom commercial «Double Cordon de G.H. Mumm» ou communément «Mumm Double Cordon». — 2. Type de champagne: sec, c'est-à-dire que le vin a reçu entre 2,5 et 5 % de liqueur. Le champagne sera donc moins sec que le brut et l'extra-brut. — 3. La mention N.M. indique qu'il s'agit bien d'une marque principale d'un négociant-manipulant.

TAITTINGER

1. Nom commercial «Champagne Taittinger». —
2. Type de champagne: demi-sec, soit vin avec
adjonction de 5 à 8 % de liqueur, c'est donc un vin
légèrement doux. — 3. Ici il s'agit encore d'une
marque principale d'un négociant-manipulant
(N.M.).

1

2

3

CLICQUOT-PONSARDIN

1. Nom commercial «Champagne Veuve Clicquot
Ponsardin». — 2. Type de champagne: brut 1962,
soit un champagne brut millésimé; pour les champagnes le millésime n'est accordé qu'aux vins des
meilleures années. — 3. Egalement marque principale d'un négociant-manipulant.

2

1

3

DOM PÉRIGNON

1. Nom commercial «Dom Pérignon». C'est un des
rares cas où un nom donné à un champagne a
supplanté le nom du négociant-manipulant. Le Dom
Pérignon est toujours millisimé, mais chaque
vendange ne donne pas nécessairement un Dom
Pérignon. Il est toujours issu du jus provenant de la
première pressée de raisins choisis, blancs uniquement; c'est donc un «blanc de blancs». — 2. Nom du
négociant-manipulant. — 3. Marque principale d'un
négociant-manipulant.

2

1

3

vin rouge de Champagne est toujours accueillie avec étonnement et intérêt. Ces surprenants vins rouges ont un fruit particulier et leur espièglerie est plus apparente que réelle. Ce sont de grands vins qu'il faut soigneusement élever et présenter non pas chambrés mais au contraire assez frais. Ils développent alors toutes leurs vertus. Quand il s'agit d'années exceptionnelles, de millésimes, ils acquièrent un corps surprenant et peuvent se conserver longtemps. En revanche, la dégustation d'un 1959, par exemple, apporte des satisfactions très différentes, fort éloignées de la légèreté gouleyante. A notre avis, ils deviennent alors trop grands et perdent ainsi beaucoup de leur originalité.

Indépendamment des grandes maisons champenoises, le BOUZY, par exemple, est directement commercialisé par les vignerons qui l'ont produit, puisqu'il ne s'agit pas d'un vin savamment assemblé comme le sont les champagnes mousseux.

LE COMMERCE DU CHAMPAGNE

Le vin est fait, le champagne est né. Il s'agit maintenant de le commercialiser et, depuis longtemps, la preuve est faite que les Champenois sont aussi avisés qu'habiles. La structure du commerce, du négoce est également particulière à la Champagne où l'on distingue traditionnellement:

les négociants-manipulants,
les négociants non manipulants,
les récoltants-manipulants,
les coopératives de manipulation.

Les négociants-manipulants doivent faire figurer sur leurs étiquettes le numéro sous lequel leur marque est répertoriée sur les registres du Comité Interprofessionel du Vin de Champagne. Ce numéro est précédé des initiales N.M. correspondant à leur catégorie.

Les négociants-manipulants vinifient eux-mêmes le vin provenant des vignes qu'ils possèdent ou qu'ils achètent en moût à des vignerons-propriétaires. Ils procèdent eux-mêmes aux assemblages, aux mariages, mettent en bouteilles et livrent leur vin directement à la consommation.

Les négociants non manipulants commercialisent un vin qui est élaboré par d'autres. Ils apportent la puissance de leur organisation commerciale à des manipulants qui n'ont pas eu la possibilité de créer leur propre réseau. Dans ce cas, le nom de la marque et le numéro sont précédés des initiales M.A. Ces mêmes initiales figurent sur les marques secondaires éventuelles d'un négociant-manipulant.

Les récoltants-manipulants sont les viticulteurs qui produisent leur propre vin et le commercialisent directement. Les initiales R.M. précèdent leur numéro et leur nom sur les étiquettes.

Les coopératives de manipulation procèdent à la vinification, aux assemblages, à la champagnisation des vins qui leur sont confiés par les vignerons adhérents. Elles se chargent aussi de la commercialisation. Les initiales C.M. figurent alors sur les étiquettes avec les autres mentions obligatoires.

Creusé dans la craie, un extraordinaire réseau de caves sinue dans le sous-sol champenois. Certaines crayères existent depuis l'époque gallo-romaine, mais le développement de la production a suscité — et suscite — des aménagements continuels. A l'heure actuelle, plus de 200 kilomètres de galeries abritent, à une température constante de 10 à 11°, des millions de bouteilles. Certaines caves atteignent une profondeur de 40 mètres et les grandes maisons de champagne se font un devoir et un plaisir de les faire visiter. Sans elles, leur vin ne pourrait pas être ce qu'il est. En 1980, 176 466 231 bouteilles ont quitté les caves de la Champagne, le record ayant été atteint en 1978 avec 185 922 892 bouteilles.

L'augmentation des ventes de la part des récoltants s'explique par le fait qu'ils peuvent continuer à aller de l'avant tandis que les négociants doivent mettre un frein à certaines ambitions commerciales. Placés à la source de l'approvisionnement, les récoltants peuvent développer largement la vente directe à la clientèle. En revanche, les négociants sont tributaires des achats au vignoble et de l'état du marché des raisins, ce dernier étant directement influencé par le volume des récoltes. Il ne faut pas oublier que les vignes appartenant au négoce ne permettent de couvrir que le cinquième de ses besoins. Il doit donc acquérir les quatre cinquièmes qui lui font défaut.

A titre indicatif, le prix du kilogramme de raisin a été payé cette année (1980) aux environs de 20 francs français, ce qui montre l'importance des capitaux engagés dans ce seul domaine.

Les ventes à l'exportation marquent des points et ce fait présente un grand intérêt. Toutefois, le marché français reste de loin le plus important: 121 436 120 bouteilles contre 55 030 111 à l'exportation (chiffres de 1980). Par ordre d'importance décroissante, voici quels étaient les douze principaux marchés en 1977-1980: Italie, Grande-Bretagne, Etats-Unis, Belgique, Allemagne, Suisse, Venezuela, Hollande, Canada, Mexique, Australie, Danemark.

CE QUE VOUS DEVEZ SAVOIR POUR BIEN ACHETER. Avant toute chose, regardez attentivement l'étiquette que porte la bouteille, objet de vos désirs, à moins qu'il s'agisse d'une grande marque en qui vous pouvez, évidemment, avoir toute confiance. Nous savons qu'il n'existe pratiquement pas de fraude en Champagne, mais on ne peut pas prétendre pour autant que tous ses vins soient bons.

Le mot champagne ainsi que le millésime éventuel doivent être inscrits sur l'étiquette ou sur la collerette, en caractères très apparents. Vous les trouverez également imprimés sur la partie du bouchon qui se trouve également à l'intérieur du goulot. Ensuite, vous relèverez toutes les indications dont nous avons donné précédemment le détail en considérant les diverses formes du commerce champenois: numéros d'inscriptions au C.I.V.C. et initiales révélant la catégorie.

Vous connaissez certainement un bon marchand de vins à qui vous pouvez vous fier. Cependant, ne tolérez jamais que l'on vous vende une bouteille qui a fait l'étalage et en aura naturellement souffert. La bouteille devra être tirée de la cave, ou d'un casier où elle reposait couchée, le bouchon devant toujours être humecté par le vin.

Vous n'avez pas intérêt à stocker une grande quantité de champagne. Tout dépend de votre consommation. Constituez votre cave champenoise avec diverses sortes de bouteilles allant de la plus simple au millésime prestigieux, en passant par les champagnes plus corsés des grandes marques ou de celles qui montent. A titre indicatif, nous vous suggérons ceci:

Vins frais, gouleyants, faciles à boire: Laurent-Perrier, Lanson, Piper Heidsiek, Mercier, Canard Duchène, Jeanmaire, etc.

Vins plus charpentés, plus caractérisés: Mumm, Perrier-Jouët, Pommery, Ruinart, Taittinger, etc.

Vins plus anciens et plus puissants: Bollinger, Krug, Pol Roger, Veuve Clicquot, Roederer, etc.

Nous insistons bien sur la valeur strictement indicative de ces conseils.

LES BOUTEILLES DE PRESTIGE. Toujours à la recherche d'une qualité extrême susceptible de satisfaire le goût des amateurs les plus avertis, soucieuses aussi de confirmer un renom déjà assuré, de nombreuses grandes maisons ont élaboré depuis quelques années des «cuvées spéciales». Elles sont le plus souvent présentées avec un grand luxe de raffinement, mais s'inspirent cependant de formes simples et séduisantes empruntées aux flacons anciens qui retrouvent ainsi une nouvelle jeunesse. Ces cuvées sont donc très caractérisées. Parmi les plus célèbres, citons le DOM PÉRIGNON de Moët et Chandon qui ouvrit la voie, la CUVÉE GRAND SIÈCLE de Laurent-Perrier, les COMTES DE CHAMPAGNE de Taittinger, le FLORENS LOUIS de Piper-Heidsieck, la CUVÉE CHARLES VII de Canard Duchène, la CUVÉE ELYSÉE de Jeanmaire, la CUVÉE DE L'EMPEREUR de Mercier et Roederer présentée en bouteilles cristallines. Quant à Bollinger, c'est un millésime 1955, pour lequel on ne procéda au dégorgement qu'en 1967, qui constitue la bouteille de prestige de la marque.

Puisque nous parlons de bouteilles, il nous semble bon de donner quelques précisions en rappelant leur gamme: quart, demie, médium, bouteille (80 cl.), magnum (2 bouteilles), jéroboam (4 bouteilles), réhoboam (6 bouteilles), mathusalem (8 bouteilles), salmanazar (12 bouteilles), nabuchodonosor (20 bouteilles).

Disons sans ambages que les flacons bibliques situés au-delà du magnum ne présentent qu'un attrait de curiosité et relèvent plutôt du folklore. En revanche, pour des raisons mal définies, le champagne en magnum est toujours d'une excellente qualité. Cela se vérifie d'ailleurs pour n'importe quel autre grand vin.

En règle générale, pensez à garnir votre cave avec des bouteilles de dimensions différentes pouvant correspondre à diverses opportunités en considérant que la bouteille permet de servir six ou sept convives, s'il ne s'agit pas d'amateurs fervents. Les quarts doivent être proscrits, ils sont trop petits pour être chez vous...

LE CHAMPAGNE ET LES MOUSSEUX

Le cas du champagne, nous venons de le voir, est tellement particulier que, parmi tous les vins effervescents, il est le seul à ne jamais être nommé «mousseux». L'usage et la consécration sont ainsi venus s'opposer à l'étymologie. Pourtant, le terme «mousseux» s'applique à tous les vins qui, à la suite d'une fermentation secondaire provoquée, produisent une mousse au moment où on les verse dans un verre. Suivant l'importance de cette mousse, ils sont «perlants», «pétillants», ou «mousseux», le terme «crémant» n'étant pas réservé exclusivement au champagne.

L'élaboration des vins mousseux peut être conduite suivant trois procédés: la méthode rurale, ou naturelle, la méthode champenoise et la méthode dite de la «cuve close». Nous allons les examiner rapidement.

MÉTHODE RURALE ou naturelle: elle tient de la méthode de vinification et ne comporte aucune adjonction, d'aucune sorte. C'est le sucre naturel, non transformé en alcool après la première fermentation, qui agit. En effet, la mise en bouteilles ayant été effectuée après la première fermentation, il se produit ensuite une fermentation secondaire qui donne au vin une effervescence naturelle. Les procédés modernes d'analyse et de vinification permettent de contrôler à tout moment cette effervescence et d'obtenir ainsi à volonté un vin simplement perlant ou un vin pétillant.

Cette méthode est utilisée en France, notamment à Gaillac, à Limoux (la BLANQUETTE) ou encore à Die dont la CLAIRETTE est fort réputée.

MÉTHODE CHAMPENOISE. Nous l'avons étudiée en détail, mais il convient d'en rappeler les grands principes pour mieux marquer ses particularités.

La première fermentation, dite, à juste titre, «tumultueuse» s'opérait jadis dans des fûts mais, avec le progrès, l'emploi des cuves s'est généralisé. Elle s'apaise après trois semaines et jusqu'à ce moment les travaux de vinification ne diffèrent pratiquement pas de ceux que l'on conduit dans tous les vignobles. L'élaboration de la cuvée, en revanche, est spécifiquement champenoise car les mélanges effectués dans cette province sont beaucoup plus subtils que nulle part ailleurs. Le tirage intervient ensuite. Les ferments naturels et la liqueur, faite de sucre et de vin, vont mettre le vin en état de prendre mousse, ce qui se passera, nous l'avons vu, en bouteilles.

C'est la deuxième fermentation, très précisément contrôlée, qui assure la noblesse du vin dont la mousse doit être à la fois persistante et légère. Le séjour en cave

Les champagnes n'ont pas d'appellation de crus, comme dans les autres régions viticoles de France, mais ils sont reconnus par les noms de marques commerciales. Le renom de ces maisons, ci-dessus la propriété Moët et Chandon à Epernay, garantit la qualité des différents types de champagnes qu'elles mettent sur le marché français et étranger.
Il existe environ 140 maisons de champagne, dont les douze plus importantes commercialisent le 65 % de la production.

ne mettra évidemment pas un terme aux travaux d'élaboration dont le déroulement est proprement champenois: remuage, dégorgement, adjonction d'une nouvelle liqueur, dite de «dosage», nous n'insisterons pas davantage sur ces opérations précédemment examinées plus en détail.

MÉTHODE DE LA CUVE CLOSE: à la différence des deux méthodes précédentes, la seconde fermentation n'est pas conduite en bouteilles mais dans des cuves de grandes dimensions. La qualité du vin en souffre et les lois françaises interdisent le traitement en cuve close pour tous les vins d'appellation d'origine contrôlée (A.O.C.).

Ces trois méthodes sont les seules pratiquées en France, et, plus ou moins rigoureusement, dans les autres pays producteurs de vins mousseux. En Italie, L'ASTI SPUMANTE est élaboré suivant la méthode champenoise pour une partie de son processus jusqu'au moment où la seconde fermentation en bouteille s'est produite. Pour éviter les opérations de remuage et de dégorgement, les vins sont alors transvasés des bouteilles dans de grandes cuves closes où ils sont traités et filtrés.

Enfin, et nous ne citons cette méthode que pour mémoire, on peut obtenir des vins mousseux par adjonction pure et simple de gaz carbonique. Il paraît superflu de dire que les produits ainsi obtenus sont de mauvaise qualité.

436

LA VIE EN CHAMPAGNE

La vie en Champagne est rythmée par les travaux du vignoble. Si l'histoire de la province est particulièrement riche en faits comme en légendes, il faut bien convenir que le folklore est tombé en désuétude. Il ne faut pas en incriminer les Champenois mais la nature de leur pays et son climat qui sont moins propices aux réjouissances populaires que celles de grands vignobles plus méridionaux. En outre, des guerres cruelles l'ont bouleversé tout au long des siècles entraînant également la disparition de coutumes aimables bien difficiles à observer quand le cœur n'y est pas.

Il ne faudrait pas en déduire que le vigneron champenois est un personnage triste, car partout où se trouve le vin, la générosité règne et la joie de vivre.

Comme dans tous les vignobles, la Saint-Vincent est célébrée le 22 janvier, mais les cérémonies religieuses une fois terminées (toutes de simplicité, avec bénédiction des vignes) on se réunit entre amis autour d'une vieille bouteille propitiatoire.

Pour la fête patronale et toutes les autres, carillonnées ou profanes, la joie vient du vin, mais le Mardi Gras ou les Feux de la Saint-Jean d'été avec leurs rondes et leurs chansons en chœur n'éclairent plus que le passé. Aux vendanges, le dur travail n'empêche pas les réjouissances, cependant la main-d'œuvre importée n'approche la vigne qu'en cette occasion et ne saurait retrouver des coutumes tombées dans l'oubli.

Si l'on ne danse plus la «Vigneronne» autour du pressoir, la dernière journée de vendanges est encore marquée par le «Cochelet» dont l'essentiel consiste en un repas plantureux, généreusement arrosé de champagne, suivi d'un bal et de farandoles nées de l'imagination des participants.

Jadis, quand le vigneron versait le raisin dans la cuve ou le vin dans la pièce, il ne manquait pas de prononcer une formule chargée de toutes ses espérances: «Saint Martin, bon vin». Ayant ainsi satisfait à sa foi, il n'hésitait pas à recourir à d'autres pratiques où la piété n'était pas en cause. Deux précautions valent mieux qu'une, n'est-il pas vrai? Superstitieux, il plaçait donc un couteau de fer entre le bois du tonneau et le premier cercle métallique puis s'en allait, le cœur tranquille.

Les temps modernes ont également eu raison des «cavées», ces réunions de vignerons où chacun apportait sa bûche pour garnir le feu, sa voix pour des chansons, avant de partager les «queugnots», sortes de galettes, avec les amis réunis sous le signe du vin.

LA COMMANDERIE DES COTEAUX DE CHAMPAGNE. Cette prestigieuse confrérie a voué ses activités à l'éloge du champagne. Ses origines remontent au XVIIᵉ siècle et les fondateurs, le comte d'Olonne, les marquis de Saint-Evremond et de Mortemart, prêchant par l'exemple, avaient réuni autour d'eux des épicuriens notoires. On les appelait alors «les marquis friands», mais les irrévérencieux leur avaient trouvé un autre titre où se

glissait peut-être un peu d'envie: «les fins débauchés». A la vérité, ils avaient en commun l'amour de la bonne vie et marquaient leur prédilection pour les vins de Champagne, ce qui leur valait, sans nul doute, une pleine absolution. Le temps passa et la confrérie ne sortit d'un long sommeil qu'après guerre, sous l'impulsion d'un vigneron de Champillon, Roger Gaucher, et de François Taittinger. A sa tête, se trouve un Commandeur qu'assiste un Conseil Magistral. Les membres les plus représentatifs en sont le Capitaine Chambellan, le Connétable Premier officier, le Grand Chancelier, le Gardien de la Constitution, etc.

Les Coteaux de Champagne se sont fixés pour objectif la propagande du noble vin, la défense de son prestige, de sa qualité, une lutte acharnée contre les malfaçons et les contrefaçons. Cet effort constant se porte aussi bien à l'intérieur qu'à l'extérieur des frontières nationales. Il est malheureusement exact que bien des mousseux étrangers se parent du nom de champagne.

Toque en tête, épée au côté, les hauts dignitaires se déplacent fréquemment organisant ou s'associant à de grandes manifestations nationales et internationales. Ils se veulent, avec rigueur, indépendants et, quoique en excellents termes avec des maisons amies, ils n'acceptent aucune tutelle, n'admettent aucune exclusive.

La confrérie qui compte maintenant plus de 4000 adhérents tient ses chapitres dans les celliers des plus illustres maisons de Reims et d'Epernay. Elle se rend fraternellement dans le vignoble pour y célébrer la Saint-Vincent, fête des vignerons.

L'ancienne maison des comtes de Champagne, construite au XIIIᵉ siècle, a été achetée puis restaurée par la maison Taittinger: elle est utilisée aujourd'hui pour les réceptions de cette maison, dont la bouteille de prestige a nom «Comte de Champagne».

LES VINS MOUSSEUX DANS LE MONDE

Les divers procédés généraux d'élaboration des vins mousseux venant d'être exposés, il convient, ici, de localiser ces vins dans le monde, tout en précisant certaines de leurs particularités. On trouve des mousseux dans presque toutes les grandes régions viticoles du globe; ils peuvent être blancs, rouges ou rosés et offrir un très grand éventail de qualité.

LES VINS MOUSSEUX DE FRANCE

La France est le plus grand producteur de vins mousseux du monde (19 500 000 hectolitres en 1973), compte tenu du champagne (900 000 hectolitres).

La Bourgogne, le Bordelais produisent des vins mousseux d'appellation contrôlée, mais qui sont loin de porter ombrage aux crus célèbres de ces régions. Dans le bassin du Rhône, on citera les mousseux qui ont pour noms: ARBOIS MOUSSEUX, L'ETOILE MOUSSEUX ou CÔTES DU JURA MOUSSEUX; plus au sud, les mousseux de SAVOIE AYSE (Ayse est le nom du cru), le SEYSSEL MOUSSEUX, le SAINT-PERAY MOUSSEUX et la CLAIRETTE DE DIE MOUSSEUX bénéficient de l'appellation d'origine contrôlée. Dans la vallée de la Loire, chaque région viticole — ou presque — possède son vin mousseux: MONT-LOUIS MOUSSEUX, VOUVRAY MOUSSEUX, TOURAINE MOUSSEUX, SAUMUR MOUSSEUX, ANJOU MOUSSEUX. Tous ces vins connaissent la faveur populaire. Dans le sud-ouest, la BLANQUETTE DE LIMOUX et le GAILLAC MOUSSEUX méritent une mention plus qu'honorable.

Tous les mousseux français portent obligatoirement sur l'étiquette une mention telle que «méthode champenoise», «vin mousseux produit en cuve close» ou «vin mousseux gazéifié».

LES VINS MOUSSEUX D'ALLEMAGNE

Après la France, l'Allemagne est le plus grand producteur de vins mousseux. Les mots qui les désignent sont «Sekt» ou «Schaumwein», ces derniers étant généralement de qualité inférieure aux Sekt. La gamme des prix est très étendue puisqu'un Sekt de première qualité peut coûter jusqu'à dix fois plus qu'un Schaumwein ordinaire. La plupart des mousseux allemands ne sont pas élaborés à partir de vins allemands mais avec des vins importés. Les achats à l'étranger peuvent atteindre les trois-quarts de la production des vins mousseux allemands. En 1967, seuls les 23,4 % des vins utilisés pour la production des mousseux étaient d'origine allemande. Il existe deux types de mousseux: le type «riesling» qui conserve le bouquet fruité et la saveur propre au cépage, et le type «champagne» au goût plus standard d'un vin d'apéritif ou de dessert. Dans chacun de ces types, on trouve toute la gamme

habituelle, du plus sec au plus doux, avec les mêmes termes que l'on utilise pour les champagnes. La législation oblige le producteur à préciser sur la bouteille le pays dans lequel le vin a été mis en bouteilles. Une étiquette spécifiant «Französicher Schaumwein» est un vin mousseux français élaboré en France; la mention «Deutscher Schaumwein» signifie que l'élaboration et la mise en bouteilles se sont faites en Allemagne, mais l'origine des vins peut être allemande ou étrangère. L'équivalent de la mention française «vin mousseux gazéifié» est ainsi libellée en allemand: «mit Zusatz von Kohlensäure». Afin d'éviter des méprises, on doit signaler que des étiquettes portant le nom de «Beeren-Schaumwein» n'ont aucune parenté avec d'autres mentions comme «Trockenbeerenauslese» ou «Beeren-auslese» que l'on trouve sur des étiquettes de vins allemands. Les mentions «Beeren-Schaumwein» ou «Obst-Schaumwein» signifient «vin de groseilles mousseux» ou «vin de fruits mousseux»; ces produits ne sont pas des vins mousseux mais des jus de fruits plus ou moins gazéifiés.

La plupart des producteurs de vins mousseux allemands sont installés en pleine région viticole de la Hesse-Rhénane ou du Palatinat. Le plus grand, Henkell, est à Wiesbaden; parmi les meilleurs et les plus anciens, Söhnlein est à Wiesbaden-Schierstein, Mattheus Müller (MM) à Eltville, Kupferberg à Mayence, Kessler à Esslingen, Burgeff à Hochheim, Deinhard à Coblence. Certains mousseux allemands ont des noms

Les mousseux allemands sont faits avec des moûts en provenance des différentes régions viticoles allemandes, voire françaises.

438

de crus et sont millésimés; on citera le SCHLOSS VAUX STEINBERGER. La production de vins mousseux a beaucoup augmenté ces dernières années.

LES VINS MOUSSEUX DE L'UNION SOVIÉTIQUE

Les Russes semblent très friands de vins mousseux; en 1980, la production s'est élevée à 160 millions de bouteilles. Le SOWJETSKOJE SCHAMPANSKOJE est obtenu par une fermentation secondaire en bouteille, en cuve close ou bien encore dans des réservoirs jumelés. S'il est conservé pendant trois ans avant d'être mis sur le marché, on lui ajoute le qualificatif de «vieux». Ce vin mousseux produit à partir de vins rouges prend le nom de «champagne soviétique rouge», mais s'il est élaboré à partir de vins rouges de Tzymlyansk, il porte le nom de ZYMLJANSKSJE. Un vin saturé en gaz carbonique par voie artificielle s'appelle «vin gazéifié», indication qui est obligatoirement portée sur l'étiquette. On trouve dans les mousseux soviétiques toute la gamme, depuis les bruts jusqu'aux doux (10 à 10,5 % de teneur en sucre). Les meilleurs champagnes soviétiques sont probablement le KAFFIA, produit en Crimée, et celui produit par le combinat Abraou Dursso, à Krasnodar, dans la vallée de Kouban.

LES VINS MOUSSEUX DES ÉTATS-UNIS D'AMÉRIQUE DU NORD

Les Etats-Unis connaissent plusieurs types de vins mousseux. Il y a d'abord ce qu'on nomme communément sur place du champagne; c'est un vin mousseux léger dont la seconde fermentation s'est faite dans des récipients de verre d'une capacité ne dépassant pas le gallon (3,8 litres environ) et dont les apparences et le goût tendent à se rapprocher le plus possible du véritable champagne. Les producteurs français de champagne se sont toujours opposés à cet emploi abusif du nom de leur province et de leur produit donné à un vin mousseux américain.

Il y a encore le «sparkling grape wine» qui est un mousseux produit en cuve close. Si le goût de celui-ci rappelle le champagne, on lui donne le nom de «sparkling wine — champagne type». Le «crackling wine» est un vin pétillant et le «carbonated wine», un vin mousseux gazéifié. La production totale des vins mousseux s'élève à environ 776000 hectolitres.

Ces quelques renseignements sur la production de vin mousseux ne permettent pas de porter un jugement de valeur sur leur qualité. Ici comme dans beaucoup d'autres régions, on trouve toutes les qualités et tous les prix. L'amateur de champagne est cependant toujours surpris de trouver ce mot sur certaines bouteilles de vins mousseux américains d'un prix très élevé, et d'un goût très différent du véritable champagne. Les meilleurs producteurs de vins mousseux sont, en Californie:

A la différence du «sekt» allemand, l'Asti mousseux bénéficie d'une appellation d'origine contrôlée; il est très populaire en Italie.

F. Korbel & Brothers, Hanns Korbel Cellars, Almadén Vineyards et, dans l'Etat de New York: Great Western Producers et Gold Seal Vineyards.

Les Américains amateurs de vrai champagne sont assez nombreux; il en fut importé 7095480 bouteilles en 1980.

LES VINS MOUSSEUX DANS LES AUTRES PAYS

Un vin mousseux a nom «spumante» en Italie, «espumoso» en Espagne et «espumante» au Portugal. En Italie, la gamme des mousseux est peu étendue; chacun connaît l'ASTI SPUMANTE, mais un peu moins ses cousins BARBERA D'ASTI SPUMANTE, GRIGNOLINO D'ASTI SPUMANTE ou MOSCATO D'ASTI SPUMANTE. L'ASTI SPUMANTE est fameux même hors des frontières italiennes: c'est un mousseux élaboré selon la méthode champenoise à partir d'un vin de muscat. En Lombardie, on boit aussi du MOSCATO DI CASTEGGIO SPUMANTE et en Vénétie du PROSECCO DI CONEGLIANO SPUMANTE, tous deux moins connus que l'ASTI.

En Espagne, le centre de production des vins mousseux est San Sandurni de Noya, près de Villafranca del Panadès. Les mousseux espagnols ont une robe claire et un bouquet fleurant le miel.

Au Portugal, les mousseux sont élaborés à partir de vins provenant des régions de Bairrada et de Lamego; ils portent souvent le nom de la compagnie vinicole qui les produit.

D'autres pays comme la Suisse, l'Argentine, le Brésil, l'Uruguay, Israël, ou encore l'Afrique du Sud, produisent également des vins mousseux par l'une ou l'autre des méthodes habituelles. Partout, sous toutes les latitudes, le vin mousseux est un vin de fête; il est synonyme de joie et de gaieté.

CARTE DES QUALITÉS COMPARÉES DES VINS DE FRANCE
PAR RÉGIONS ET ANNÉES, COMPTE TENU DE LEUR ÉVOLUTION

ANNÉES	Bordeaux blancs moelleux	Médoc - Graves	Pomerol - St-Emilion	Bourgogne rouge	Bourgogne blanc	Beaujolais	Pouilly s/Loire Sancerre	Anjou Touraine	Côtes-du-Rhône	Alsace	Champagne
1945	⊛	⊛	⊛	⁝⁝	—	—		⊛	⁝⁝		
1947	⊛	⊛	⊛	⁝⁝				⊛	⁝⁝		
1949	⁝⁝	⊛	⊛	⊛				⁝⁝	⁝⁝		
1953	•ᐧ•	⁝⁝	⁝⁝	•ᐧ•				•ᐧ•			
1955	⁝⁝	⁝⁝	⁝⁝	⁝⁝	•ᐧ•			⁝⁝	⁝⁝		
1959	⁝⁝	•ᐧ•	•ᐧ•	⊛	•ᐧ•			⊛	•ᐧ•	⊛	
1961	⊛	⊛	⊛	⊛	⁝⁝			•ᐧ•	⁝⁝	⁝⁝	
1962	⁝⁝	⁝⁝ ⬇	⁝⁝ ⚹	•ᐧ•	•ᐧ•			•ᐧ•	•ᐧ•	•ᐧ•	
1964	• ⬇	⁝⁝ ⬇	⁝⁝ ⬇	•ᐧ•	•ᐧ•				•ᐧ•	•ᐧ•	
1966	•ᐧ• ⬇	•ᐧ• ⬇	•ᐧ• ⬇	⁝⁝					•ᐧ•	⁝⁝	
1967	⊛ ⚹	•ᐧ• ⬇	•ᐧ• ⬇	•ᐧ•				•ᐧ•	⁝⁝	⁝⁝	
1969	• ⬇	•ᐧ• ⬇	•ᐧ• ⬇	⁝⁝	•ᐧ•			•ᐧ•	•ᐧ•		
1970	•ᐧ•	⊛	⊛	•ᐧ• ⬇	⁝⁝			•ᐧ•	⊛	⁝⁝	
1971	•ᐧ• ⚹	⁝⁝ ⬇	⁝⁝ ⚹	⁝⁝	⁝⁝			•ᐧ•	•ᐧ•	⊛	
1972	•ᐧ•	•ᐧ•	•ᐧ•	•ᐧ•	—			•ᐧ•	⁝⁝		
1973	•ᐧ•	•ᐧ•	•ᐧ•	•ᐧ•	⁝⁝		⁝⁝	•ᐧ•	•	⁝⁝	
1974	•ᐧ•	•ᐧ•	•ᐧ•	•ᐧ•	•ᐧ•		•ᐧ•	•ᐧ•	•ᐧ•	•ᐧ•	
1975		⁝⁝	⁝⁝	—	•ᐧ•		•ᐧ•	•ᐧ•	•ᐧ•	•ᐧ•	
1976	⁝⁝	⁝⁝	⁝⁝	⁝⁝ ⬇	⁝⁝ ⬇		⁝⁝	•ᐧ•	•ᐧ•	⊛	
1977	•ᐧ•	•ᐧ•	•ᐧ•	•ᐧ•	•ᐧ•		•ᐧ•	•ᐧ•	•	•ᐧ•	
1978	•ᐧ• ⬇	⁝⁝	⁝⁝	⁝⁝ ⚹	⁝⁝ ⬇		⁝⁝	•ᐧ•	⁝⁝	•ᐧ•	
1979	⁝⁝	⁝⁝ ⬇	⁝⁝ ⬇	•ᐧ• ⚹	⁝⁝ ⬇	⁝⁝	•ᐧ•	•ᐧ•	•ᐧ•	•	
1980	•ᐧ•	•ᐧ•	•ᐧ•	•ᐧ•	•	•ᐧ•	•ᐧ• ⬇	•ᐧ•	•ᐧ•	•ᐧ•	
1981	•ᐧ• ⚹	•ᐧ• ⚹	•ᐧ• ⚹	•ᐧ• ⬇	•ᐧ• ⬇	• ⬇	•ᐧ• ⬇	•ᐧ• ⬇	•ᐧ• ⬇	•ᐧ• ⚹	•ᐧ• ⬇ ⚹
1982	•ᐧ• ⚹	⊛ ⬆	⊛ ⬆	•ᐧ•	•ᐧ•	• ⬇	⁝⁝ ⚹	⁝⁝ ⚹	•ᐧ• ⬇	•ᐧ•	•ᐧ•
1983	⊛ ⬆	⁝⁝	⁝⁝ ⚹	•ᐧ• ⚹	⁝⁝ ⚹	⁝⁝ ⬇	⁝⁝ ⬇	⁝⁝ ⬇	⊛ ⚹	⊛ ⚹	•ᐧ• ⚹
1985	•ᐧ•	⁝⁝	⁝⁝	⁝⁝	⁝⁝ ⚹	⁝⁝ ⬇	⁝⁝ ⬇	⁝⁝ ⚹	⊛	⁝⁝ ⚹	⁝⁝ ⬆
1986	⁝⁝ ⬆	⁝⁝	•ᐧ• ⬆	•ᐧ•	•ᐧ•	•	•ᐧ•	•ᐧ•	•ᐧ•	•ᐧ• ⬇	•ᐧ• ⬆
1987	•ᐧ• ⚹	•ᐧ• ⚹	•ᐧ• ⚹	•ᐧ• ⚹	•ᐧ• ⚹	• ⬇	•ᐧ•	•ᐧ•	•ᐧ• ⬇	•ᐧ• ⬇	En vieillissement
1988	⁝⁝ ⬆	⁝⁝ ⬆	⁝⁝ ⬆	⁝⁝ ⬆	⁝⁝ ⬆	⁝⁝ ⚹	⁝⁝	⁝⁝	⁝⁝	⁝⁝	
1989	⊛ ⬆	⁝⁝ ⬆	⊛ ⬆	•ᐧ• ⬆	⁝⁝ ⬆	⊛ ⚹	⊛ ⬆	⊛ ⬆	⁝⁝ ⬆	⊛ ⬆	
1990	⁝⁝ ⬆	⁝⁝ ⬆	⁝⁝ ⬆	⁝⁝ ⬆	⁝⁝ ⬆	⁝⁝	⁝⁝ ⬆	⁝⁝ ⬆	⁝⁝ ⬆	⊛ ⬆	

Explication des signes :

- • petite année
- •ᐧ année moyenne
- •ᐧ• bonne année
- ⁝⁝ grande année
- ⊛ année exceptionnelle
- ⬆ de garde
- ⬇ sur le déclin
- ⚹ au mieux de la forme

Champagne : Millésimés varient selon les marques. Les récoltes 1987 à 1990 sont actuellement en vieillissement.

La valeur de ces appréciations correspond à des moyennes, l'exception confirmant la règle.

LE BON USAGE
DU VIN

LE VIN ET LA SANTÉ

GÉRARD DEBUIGNE

Depuis bien longtemps, le vin est considéré comme un élément de base de la nourriture humaine. Ce qu'écrivit Olivier de Serres, en 1600, dans son Théâtre de l'Agriculture ne fait que résumer une opinion générale confirmée par le temps: «Après le pain vient le vin, second aliment donné par le Créateur à l'entretien de cette vie et le premier célébré par son excellence.» Mais avant lui, la phrase célèbre de l'Ecclésiaste prouve qu'il était admis déjà, 1000 ans avant notre ère, que le vin était un aliment de première nécessité aussi indispensable que le pain: «Va, mange avec joie ton pain et bois de bon cœur ton vin.»

Aux XVIIe et XVIIIe siècles, l'eau, d'ailleurs, était considérée comme une mauvaise boisson. Sydenham prétend que les gens pauvres, buveurs d'eau, ne parviennent à garder la santé que par une adaptation de leur organisme à de mauvaises conditions. Buffon, lui aussi, était de cet avis: «L'eau pure ne suffirait pas aux hommes de travail pour maintenir leurs forces.» Depuis toujours, l'homme a cherché dans sa nourriture quelque chose de plus que la vulgaire satisfaction d'un besoin physique. Il a toujours cherché à se procurer, grâce aux aliments, non seulement le simple fait de se «nourrir», mais un ensemble de satisfactions physiques et psychiques, un moyen de lutter contre la fatigue et les soucis, en même temps qu'une excitation légère et bienheureuse.

En plus de ses vertus hygiéniques et diététiques, le vin, trait d'union entre la Terre et l'Esprit, est le seul aliment qui ait répondu, d'emblée et de façon idéale, à ce désir inhérent à l'espèce humaine. Nul produit issu de la terre n'occupe cette place d'honneur; nul produit ne parle mieux à nos cœurs, à nos goûts, à nos souvenirs ou à nos rêves: ni le blé, grâce auquel le mythe du «pain quotidien» est réalité pour des millions d'hommes, ni le riz qui assure la subsistance de tout un continent, ni le café, ni le thé.

Et c'est pourquoi le vin, aliment spirituel, dont l'histoire est inséparable de celle de l'homme et de la civilisation, gardera sans doute toujours sa place à part dans notre alimentation.

LES PROPRIÉTÉS DU VIN

Elles sont précieuses, innombrables, irremplaçables. Avant de les énumérer, il nous faut toutefois fixer les limites journalières de consommation du vin. En effet,

pour profiter des merveilleuses vertus du vin, il faut, cela va de soi, ne pas dépasser les limites quotidiennes généralement admises par les auteurs et confirmées par les travaux de laboratoire. Celles-ci sont, dans l'ensemble, celles données par le professeur Trémolières au dernier Congrès sur l'alcoolisme: lorsque les sujets sont des adultes en bonne santé et que leur ration alimentaire est suffisante et équilibrée, «l'organisme peut normalement oxyder au maximum un litre de vin pour un homme et trois quarts de litre pour une femme. Au-delà, ou si l'une des conditions n'est pas remplie (dénutrition par exemple), l'alcool s'oxyde par des processus toxiques qui justifient sa nocivité».

Lorsqu'on ne dépasse pas cette dose journalière et qu'on prend soin de la répartir entre les deux principaux repas, le vin peut alors jouer son rôle d'aliment tonique et bienfaisant.

Il faut remarquer, d'ailleurs que, en général l'individu normal et sain se cantonne tout naturellement dans ces limites. L'alcoolisme, longtemps traité comme une funeste passion, comme un vice, est considéré de plus en plus, en pathologie médicale, comme une maladie. Cette notion de «maladie alcoolique», dont Jellinek se fit le champion, a été introduite dans les milieux médicaux français vers 1956. Elle montre que l'alcoolisme est un «assujetissement physique compliqué d'une obsession mentale» et qu'il a pour victimes des sujets souffrant d'un état psycho-affectif particulier. N'importe qui ne devient donc pas alcoolique et il n'y a aucune raison de frapper le vin d'un ostracisme qu'il ne mérite pas et de donner le complexe de l'alcoolisme à de braves gens qui en usent sagement.

Il est d'ailleurs classique de constater que les ravages de l'alcoolisme s'exercent précisément dans les régions qui n'ont pas le bonheur de cultiver la vigne. Certes, cela ne veut pas dire que les grands buveurs de vin ne soient pas exposés aux conséquences de l'abus des boissons alcoolisées! Mais, sur un fond de personnalité perturbée par des désordres d'origines diverses, ce sont surtout les avaleurs d'apéritifs, de cocktails, d'alcools industriels — de tout ce qui, bon ou mauvais, contient de l'alcool — chez qui s'exercent les ravages de l'alcoolisme: ce sont eux que j'ai eu l'occasion de «désintoxiquer» dans les services de l'hôpital psychiatrique, jamais d'honnêtes et raisonnables dégustateurs de bons vins. Il en est du vin comme de beaucoup d'autres choses, c'est l'excès qui est nuisible.

Valeur alimentaire du vin

Certes, le vin est une boisson puisqu'il contient presque 900 grammes d'eau par litre, ce qui permet à d'aimables farceurs de dire plaisamment que «tout buveur de vin est un buveur d'eau qui s'ignore»! Mais la richesse des éléments qui le composent font de lui, en réalité, un véritable aliment liquide, aux incomparables vertus. Et encore faut-il avouer que, si les méthodes analytiques modernes perfectionnées permettent de séparer et de doser les composants du vin, elles ne nous révèlent pas — et ne nous révéleront sans doute jamais — cette part du miracle et de mystère qui donne au vin toute sa valeur d'aliment symbolique et sacré. Le bien-être, l'euphorie qui nous envahissent corps et âme en dégustant un bon vin ne peuvent se traduire en milligrammes de tel ou tel élément.

Force nous est donc de nous contenter de ce que le vin a bien voulu nous révéler de lui-même, les divers éléments qui le composent variant d'ailleurs d'un vin à l'autre, selon les terrains, les cépages, l'année de la vendange, l'ancienneté de la mise en bouteilles et, surtout, selon les soins qu'il aura reçus durant son «élevage».

Valeur calorique

Elle dépend de deux facteurs: degré alcoolique du vin, sucre qu'il contient.

Même si l'on ne considérait le vin que comme une dilution d'alcool dans l'eau (en négligeant tous les autres éléments qui le composent), le vin serait déjà un aliment ou, tout au moins, un aliment d'épargne. En effet, l'alcool, comme l'ont prouvé les travaux d'Atwater en 1902, étant immédiatement utilisé par l'organisme (contrairement aux sucres, aux graisses et aux acides aminés), permet d'économiser, dans une certaine mesure, d'autres aliments énergétiques. Il ne peut toutefois assurer que 50% des dépenses de base de l'organisme, soit 600 à 800 calories (travaux de Schaeffer, Le Breton et Dontcheff).

Mais, on ne le répétera jamais assez, les 10 centilitres d'alcool par litre que l'on reproche au vin de contenir, n'ont aucun rapport avec la même quantité d'alcool absorbée à l'état pur. Le vin n'est pas qu'une simple solution d'alcool éthylique à 10%! Mêlé intimement dans le vin à un complexe vivant, l'alcool, matière inerte, fait profiter de ses réelles qualités l'ensemble de ce complexe.

Le nombre de calories apportées à l'organisme par un litre de vin varie de 600 à 1000 calories, avec une moyenne de 600 à 700 calories pour le vin rouge. Les vins blancs liquoreux (type Sauternes), riches en sucre, sont plus caloriques que les vins blancs secs. Les vins doux naturels, les vins de liqueur, à la fois chargés en sucre et en alcool, sont les vins les plus caloriques. Certes, dans nos pays à haut niveau de vie, cette source de calories peut sembler d'une importance négligeable, puisque notre problème actuel serait plutôt de diminuer une ration trop riche. Mais ce combustible utilitaire, lorsqu'il provient du vin, ne semble-t-il pas posséder la miraculeuse vertu d'engendrer l'euphorie, l'enthousiasme, l'activité intellectuelle?

Les vitamines

Le vin apporte à l'organisme toutes les vitamines du raisin. Ne serait-ce que par cette richesse vitaminique, le qualifier de «boisson vivante» n'est donc pas exagéré.

Nous trouvons dans notre vin quotidien:

la vitamine C dont l'action sur le tonus général, la forme physique, la résistance à la fatigue et au froid est bien connue. Ainsi, l'organisme d'un sportif a besoin de 2 à 3 fois plus de vitamines C qu'un individu au repos;

la vitamine P (ou C_2), facteur d'épargne de la vitamine C, qui augmente la résistance et a un effet réel sur certains états asthéniques avec hypotension. Lavollay et Sevestre attribuent d'ailleurs l'action tonifiante du vin à sa teneur en vitamine P;

la vitamine B_2 (ou riboflavine), dite d'utilisation nutritive. Elle intervient dans le métabolisme des glucides, des protides, du fer, des vitamines A, B_1, PP et des hormones corticosurrénaliennes;

La vitamine B_3 (ou PP), stimulant puissant du fonctionnement des cellules. Andross a démontré, d'ailleurs, que la productivité augmentait quand on fournissait un apport important de cette vitamine à certains groupes d'ouvriers.

Les sels minéraux et les oligo-éléments

L'organisme humain ne peut vivre sans eux. Soufre, phosphore, chlore, sodium, potassium, magnésium, calcium, fer, etc., sont indispensables à notre existence. Or, l'organisme ne peut les assimiler que sous forme de sels organiques, c'est-à-dire combinés à des substances du règne végétal ou du règne animal; il est incapable de les assimiler soit sous forme simple, soit sous forme de sels minéraux (à part quelques exceptions comme le sel de cuisine par exemple). Dans le vin, les sels minéraux se trouvent incorporés, précisément, sous leur forme assimilable. Si la carence absolue en sels minéraux est rare, la carence relative en est assez fréquente et le vin est donc une source de ces précieuses substances.

EFFETS BIOCHIMIQUES DU VIN SUR L'ORGANISME

Par les calories, les vitamines, les sels minéraux qu'il nous apporte sous une forme particulièrement assimilable et agréable, le vin serait déjà un de nos plus

443

précieux nutriments. Mais là ne se bornent pas les vertus de cet aliment dont nos ancêtres éprouvaient le besoin physique instinctif.

Le vin facilite la digestion

Saint Paul était persuadé de cette vertu. Ne dit-il pas à Timothée: «Cesse de ne boire que de l'eau. Prends un peu de vin à cause de ton estomac et de tes fréquents malaises». Déjà, grâce à son acidité naturelle, le vin accroît la sécrétion salivaire. C'est donc un excellent apéritif qui, dès les premières gorgées, met l'organisme en bonne condition pour digérer. C'est d'ailleurs le seul apéritif valable, naturel et sain, qui ne risque pas, comme certaines boissons frelatées «d'ouvrir l'appétit à la manière dont les fausses clés ouvrent les serrures, c'est-à-dire en les démolissant», selon la boutade d'un médecin célèbre!

La sécrétion du suc gastrique est, elle aussi, excitée et accrue. Le vin contient, en outre, des diastases analogues à celles de nos sucs digestifs, ce qui lui permet de venir en aide aux estomacs fatigués et déficients. Son tannin excite les fibres de tout l'appareil digestif. Stimulant aussi les sécrétions intestinales, l'usage régulier du bon vin permet de lutter contre la constipation qui afflige tant de nos contemporains.

Mais, surtout, on a constaté que le vin facilitait puissamment la digestion des protides (viandes, poissons, huîtres, fromages). Il est même, selon Genevois, la seule de toutes les boissons qui permette une digestion aisée des protides, grâce à son acidité ionique et à sa faible pression osmotique. Or, avec l'élévation du niveau de vie, la ration alimentaire de l'homme moderne s'est singulièrement enrichie en protides nobles d'origine animale, autrefois luxe réservé à la classe aisée. Le vin, en s'alliant à merveille avec ses protides, réalise d'abord un accord gourmand parfait, avant de faciliter leur digestion. Ainsi, le mariage gastronomique des viandes, poissons, coquillages, crustacés et fromages avec le vin qui leur convient n'est pas seulement un raffinement épicurien mais une sage mesure d'hygiène digestive, prouvée scientifiquement!

Le vin est un antiseptique

Depuis longtemps, le pouvoir bactéricide du vin a été reconnu. Les Sumériens utilisaient déjà des baumes et des pommades à base de vin, et nos ancêtres s'en servaient, d'instinct, pour laver les blessures et aseptiser les plaies. Cette action bactéricide du vin est due, non seulement à l'alcool qu'il contient, mais aussi à ses acides, au tannin, à l'acide sulfureux, aux éthers.

On a prouvé qu'un cm^3 de vin blanc, mêlé à un cm^3 de bouillon de culture, tuait 99 % des colibacilles et des bacilles du choléra et de la typhoïde. Aussi, n'est-il pas étonnant qu'on distribuât du vin aux armées, lorsque sévissait la dysenterie, ainsi que nous le révèle le *Journal* de Percy (Campagne de Prusse 1807): «La dysenterie fait des progrès. L'armée ne s'en ressent encore que faiblement: on distribue du vin aux troupes; c'est le meilleur préservatif.»

De même, l'habitude gastronomique qui consiste à arroser d'un bon petit vin blanc une dégustation d'huîtres ou de coquillages s'avère, par surcroît, une remarquable précaution hygiénique. Et pensons avec émotion que l'absorption d'eau rougie de notre enfance (qui n'a pas fait de nous des alcooliques) n'était pas si bête que cela.. et, en tout cas, pas criminel!

Le vin a des propriétés antitoxiques

Elles font de lui un agent thérapeutique éprouvé dans la prophylaxie des maladies contagieuses et fébriles et dans certaines toxi-infections comme la grippe. Le bon vin chaud aromatisé de jadis demeure à notre époque, bien que la gamme médicamenteuse se soit considérablement élargie, l'antigrippe de choix qu'il serait bien sot d'oublier. Cette action antitoxique a même été constatée dans la prévention des intoxications par certains alcaloïdes (spartéine, strychnine).

De même, la marinade et la cuisson au vin des gibiers se révèlent être une sage prévention d'hygiène alimentaire. Certes, l'emploi du vin a surtout pour but d'attendrir les viandes un peu dures et d'en exalter la saveur. Mais, lorsqu'il s'agit d'un gibier «forcé» à la chasse, dont la viande est chargée de toxines de fatigue ou dont les blessures sont souillées, le vin évite le risque d'une intoxication alimentaire.

Le vin a des propriétés anaphylactiques

Celles-ci ont été bien mises en évidence par Weissenbach qui conseille d'écraser les fraises avec du vin rouge, un quart d'heure avant de les déguster, afin d'éviter l'urticaire dont souffrent certaines personnes.

LE VIN ET L'HOMME MODERNE

Certes, le vin n'est plus de nos jours l'aliment de première nécessité qu'il était autrefois, lorsque l'alimentation était bien moins riche et variée. Sans cesser de jouer son rôle d'aliment, il demeure la boisson idéale de l'homme de notre temps.

Boisson tonique et vivante, en plus de sensations incomparables qui font vibrer nos palais blasés, le vin donne, aux organismes malmenés par la vie actuelle, le tonus nécessaire pour résister aux agressions, aux «stress» de toute nature qui sont notre lot. Le vin répond, précisément, à un besoin impérieux de la vie actuelle: le besoin de maintenir son esprit en éveil et son corps en forme parfaite. Les vitamines qu'il contient, par un don bien-heureux de la nature, sont précisément celles qui permettent de lutter contre la fatigue, ce mal d'un siècle où le machinisme est roi.

Le tannin contribue encore à l'action tonifiante du vin. Les vins rouges, à cause de leur plus grande richesse en cet élément, sont plus toniques que les vins blancs et ont une action stimulante plus marquée. Leurs matières tanniques et colorantes «tonifient à la façon du quinquina» (Gautier).

Il faut donc préférer le vin rouge chaque fois que l'organisme, en perte de vitesse, a besoin d'un coup de fouet.

La pratique répandue du fameux «coup de l'étrier», cher aux siècles passés, bu avant de sauter en selle, prouvait bien la valeur de ce tonique des muscles et de l'esprit, de ce réconfortant dynamique, apte à soutenir le cavalier dans ses éprouvantes chevauchées. A dose normale évidemment, cette action stimulante du vin, absolument naturelle, n'est jamais suivie de dépression subséquente, rançon de tant de drogues modernes.

Mais, s'il est un tonique de choix, le vin est aussi le meilleur et le plus sain des euphorisants. Depuis toujours, l'homme a recherché, instinctivement, dans son alimentation, non seulement des stimulants mais aussi des réconfortants. Plus que jamais, l'homme d'aujourd'hui a besoin de «tranquillisants» pour supporter ses soucis, résoudre les problèmes qui l'assaillent, lutter contre l'ambiance d'angoisse déprimante dans laquelle, souvent, il se débat. Le vin verse dans les cœurs l'optimisme et la joie de vivre et procure même une nette amélioration du psychisme dans les états anxieux.

Aussi vieux que le monde, naturel, inoffensif, le bon vin, à dose raisonnable, ne vaut-il pas toutes les «drogues du bonheur» et leurs dangereux paradis artificiels? C'est dans l'euphorie des bons plats et des bons vins que se pratique, joyeusement et sans effort, la «relaxation» tant à la mode... que nos aïeux connaissaient si bien sans l'avoir apprise! Et, au moins, pas besoin de méthode ennuyeuse, ni de fauteuil-relax spécial: la carte des vins suffit!

Enfin, cette euphorie communicative que fait naître le bon vin permet de rendre à la société actuelle un visage fraternel et optimiste qu'elle n'aurait jamais dû perdre. A une époque où les soucis, le surmenage, l'énervement peuplent le monde d'étrangers ou d'ennemis, trinquer entre amis ne fait-il pas renaître les symboles oubliés d'amitié et de chaleur humaine?

LE VIN ET LE SPORTIF

Sport = pas d'alcool. C'est l'équation rigoureuse que certains ascètes du sport, entraîneurs ou sportifs, veulent tellement intransigeante qu'ils vont jusqu'à englober le bon vin dans cet interdit! Or, les derniers travaux modernes en diététique sportive, loin de prôner les régimes exceptionnels en vogue autrefois, sont d'accord sur le fait que l'alimentation de l'athlète doit être, tout simplement, l'alimentation idéale, c'est-à-dire saine et équilibrée, d'un homme ordinaire accomplissant des efforts musculaires. Sauf occasions exceptionnelles, les apéritifs et les digestifs doivent, évidemment, être exclus des menus de l'athlète et totalement interdits en période d'entraînement sportif. Condamner en même temps le bon vin est une exagération bien regrettable!

Plus encore que pour le sédentaire, le vin, que Pasteur appelait «la plus saine et la plus hygiénique des boissons», se révèle être la boisson idéale du sportif.

Toutes les boissons autres que le vin présentent des inconvénients. Les jus de fruits sont parfois mal tolérés, surtout les jus d'agrumes; très agréables entre les repas, ils ne font sûrement pas une alliance gastronomique rêvée avec les plats cuisinés! La bière alourdit et donne des phénomènes désagréables d'éructation et de flatulence. Le cidre cause souvent des troubles gastriques et a une action laxative irritante sur l'intestin. Trop de café et de thé entraîne insomnie et nervosisme (et les athlètes sont volontiers anxieux). Le lait, d'ailleurs mal toléré par l'adulte la plupart du temps, est un aliment, non une boisson. La consommation habituelle des eaux à fort pourcentage de minéralisation et des sodas est tout à fait déconseillée en diététique sportive. Il ne reste plus guère que les eaux faiblement minéralisées ou l'eau du robinet à relent d'antiseptique... c'est vraiment pousser l'ascétisme très loin!

Plus qu'un autre, le sportif, dont les performances réclament une pleine «forme» physique et psychique, a besoin du vin, nutriment précieux, stimulant du fonctionnement de toutes les cellules et dont l'action heureuse est indéniable.

Le vin, rappelons-le, aide puissamment à la digestion des protides. Or, actuellement, surtout en période d'entraînement et lorsque le sport pratiqué exige de gros efforts musculaires, on recommande à l'athlète un régime très riche en protides (viandes, poissons, œufs, fromages). Par ses vitamines, le vin lutte contre la fatigue musculaire et nerveuse de l'organisme sportif et maintient le tonus général.

Par ses sels minéraux, il prévient les carences qui peuvent avoir de graves conséquences, le moindre déséquilibre ayant des répercussions sur la «forme» sportive, cet état de grâce physique, assez indéfinissable et capricieux. Ainsi, le fer peut parfois manquer dans certaines circonstances: or, l'augmentation de la ventilation et du volume du sang nécessaire à l'irrigation d'une grosse masse musculaire en font un élément essentiel de l'entraînement sportif. De même, l'élimination des toxines de fatigue provoquées par l'entraînement intensif exige du soufre. Soufre et fer se retrouvent précisément dans le vin. Enfin, l'action tonique et euphorisante du vin ne peut qu'exercer une influence heureuse sur le moral de l'athlète car différents facteurs (volonté tendue tout entière vers la performance, discipline stricte, entraînement poussé parfois jusqu'à l'obsession) donnent à l'athlète un psychisme très particulier, en général assez fragile et vulnérable. Dans ces conditions, le sportif a donc tout intérêt à inclure une quantité raisonnable de vin dans ses menus, d'autant qu'il produit une grosse dépense musculaire, que sa ventilation pulmonaire est donc accélérée, ce qui lui permet (comme au travailleur de force, d'ailleurs) d'éliminer l'alcool plus facilement que chez le sédentaire.

D'ailleurs, les spécialistes du sport sont loin d'interdire la consommation raisonnable du bon vin! Ainsi, le docteur Mathieu, médecin olympique, déclare: «Pour un sujet normal, si la quantité de vin ne dépasse pas un demi-litre par repas (un litre par jour), l'alcool est entièrement brûlé par l'organisme et le vin est alors une excellente boisson alimentaire.» Boigey, dont les ouvrages sur la cure d'exercices ont fait autorité, pense que «le vin naturel est la plus louable des boissons alcoolisées. Il renferme une complexité merveilleuse de substances utiles bien équilibrées que rien ne remplace».

Le docteur Encausse, médecin-inspecteur du Haut Commissariat à la Jeunesse et aux Sports, fixe les limites de la consommation à trois quarts de litre pour un adulte sain de 65 kg. Il conclut, avec une remarquable sagesse, que le corps médical doit préconiser «la tempérance, non l'abstinence! La sobriété, non l'ascétisme!»

Toutefois, dans la limite des goûts personnels et d'une certaine souplesse d'interprétation, tous les vins ne sont pas recommandés aux sportifs par les auteurs. C'est le cas des vins corsés, généreux, riches en bouquet, hauts en couleur. Bourgogne, vins des Côtes du Rhône seront, hélas! réservés aux jours de liesse, en dehors des périodes d'entraînement. Il en est de même du vin blanc qui a la fâcheuse réputation, bien connue des guides de montagne, de «casser les pattes». Mais il reste au sportif l'incomparable éventail de tous les vins légers et gouleyants! Qui s'en plaindrait?

LE VIN ET LA JEUNESSE

Il n'est évidemment pas question de donner du vin pur à un enfant. Signalons toutefois que, dans la famille italienne traditionnelle, les enfants boivent du vin à table (en quantité très modérée, cela va de soi), parce que le vin y est considéré comme faisant partie de l'alimentation. Or, l'incidence de l'alcoolisme est moins élevée en Italie qu'aux Etats-Unis par exemple.

La célèbre carafe «d'abondance» des collèges d'autrefois (c'est-à-dire d'eau légèrement rougie de vin), objet de notre ironie enfantine, était une boisson saine et agréable, détrônée de nos jours par des boissons de meilleur «standing» et, surtout, de meilleure publicité. Elle n'en demeure pas moins, pour la jeunesse d'âge scolaire, la boisson de choix, désaltérante, naturelle et inoffensive. Les sodas et autres boissons gazeuses qu'on donne à satiété aux enfants, en toute bonne foi, sont loin

d'être aussi hygiéniques! Il en est de même de la bière qu'on laisse boire à volonté, en oubliant le degré alcoolique parfois élevé lorsqu'il s'agit d'une bière de luxe.

Aux adolescents, par contre, un doigt de bon vin pur aux repas ne peut faire du mal, bien au contraire! Beaucoup de fortifiants, genre élixir, recommandés pour les croissances difficiles, ne sont-ils pas à base de vin ou de vin de liqueur? Pourtant, on ne s'interroge guère, en les prescrivant, sur le danger d'alcoolisme possible! Au contraire, la connaissance et l'amour du vin, progressifs et raisonnés, éviteront par la suite, aux jeunes gens devenus adultes, de se laisser entraîner par ignorance à boire n'importe quelle boisson alcoolisée. Le respect du vin, la modération dans sa consommation, l'apprentissage de sa dégustation, inculqués dès l'enfance, empêcheront plus tard notre belle jeunesse de s'abîmer le foie et le cerveau avec des mixtures quelconques et des coktails à la mode.

LE VIN ET LE VIEILLARD

On a souvent appelé le vin — et à juste raison — le «lait du vieillard». Le Médoc, producteur et buveur de vin, n'est-il pas fier d'être en tête des records de longévité humaine?

A cause de la diminution de ses sécrétions digestives, l'appétit du vieillard est souvent déficient. Un état de dénutrition peut s'installer insidieusement, encore aggravé par une mauvaise denture, des considérations de «régime» plus ou moins erronées ou un budget réduit. Facilement accepté, source de sensations gustatives agréables, le bon vin stimule l'appétit du vieillard et facilite sa digestion. Ses vertus stimulantes et toniques sont précieuses aux organismes que l'âge rend asthéniques. Le vin apporte aussi (plus encore s'il s'agit de vins liquoreux ou de vins doux naturels) l'appoint non négligeable de sa valeur calorique et le réconfort de sa chaleur. Enfin, il n'est pas inutile de souligner qu'il existe de bons vins à des prix très abordables, à la portée des budgets réduits (malgré tous les soins qu'il exige, le vin demeure d'un prix relativement économique, quand on le compare à d'autres boissons industrielles... ou même à l'eau minérale!).

LE VIN ET LE MALADE

Le vieil Hippocrate (460-377 av. J.-C.), père de la médecine, enseignait déjà: «Le vin est chose merveilleusement appropriée à l'homme si, en santé comme en maladie, on l'administre avec à propos et juste mesure.»

Dès l'époque carolingienne, le régime ordinaire des malades et des vieillards accueillis dans les asiles des monastères comprenait de réconfortantes et savoureuses «soupes au vin», soupes que Jeanne d'Arc, plus tard, aimait tant, dit-on.

Nous avons déjà souligné les vertus bactéricides et antitoxiques du vin qui font de lui un excellent agent anti-infectieux. Mais la généreuse nature, qui a offert à l'homme les premiers remèdes contre ses maux, a décidément tout prévu: à chaque cas particulier, son vin particulier!

C'est ainsi que les vins doux naturels, les vins blancs liquoreux, ces friandises de la vigne, sont surtout recommandés aux convalescents, aux amaigris, aux asthéniques. Leur richesse en sucre les fait, toutefois, interdire aux diabétiques.

Les petits vins blancs secs, pauvres en sucre, d'une agréable acidité et légers en alcool, excitent l'appétit et la digestion. Ils conviennent fort bien aux dyspeptiques qui souffrent d'hypochlorhydrie. Ils sont aussi recommandés aux obèses, leur valeur calorique étant peu élevée... et leur pouvoir diurétique fort grand (les vins blancs de Savoie soutiennent le moral des pauvres curistes de Bride-les-Bains).

Les vins mousseux conviennent à certaines catégories de dyspeptiques; l'acide carbonique qu'ils contiennent les fait utiliser avec succès contre les vomissements. Le champagne est la providence des convalescents à qui il fait voir la vie en rose. Il remet d'aplomb après un choc et se montre excellent en cas de baisse de tension.

En général, les vins légers, peu corsés, peu alcoolisés, qu'ils soient blancs, rouges ou rosés, conviennent à tous et doivent être préférés pour la consommation habituelle. Les vins corsés, généreux, riches en bouquet, ceux qu'on appelle les «grands vins» doivent être réservés dans la cave aux trésors, pour les grands jours.

A la fois symbole religieux et source d'inspiration artistique, le vin est considéré, à juste titre, comme un signe de civilisation, d'une civilisation où la douceur de vivre unit le cœur et l'esprit.

Qu'il soit habillé de velours pourpre, de satin d'or ou de taffetas rose, ce noble produit de la vigne est la boisson idéale de l'homme de goût de notre temps, qui répond parfaitement à ses besoins comme à ses désirs. Précieux complément d'une alimentation qui se veut saine et équilibrée, il emplit nos cœurs de joie de vivre, sans laquelle il n'est pas de bonne santé physique et psychique. Comme l'a dit sir Alexandre Flemming: «C'est la pénicilline qui guérit les humains, mais c'est le vin qui les rend heureux.»

LES CONSEILS DU MÉDECIN

Vous êtes en pleine santé: tous les vins vous sont permis et vous n'hésitez pas devant le plus capiteux des bourgognes; le moment n'est donc pas venu de vous attarder sur les conseils du médecin; de grandes bouteilles vous réclament. Mais voici que vous ressentez quelque faiblesse, quelque trouble, quelque douleur. De quoi souffrez-vous? Serait-ce d'embarras gastrique? Si oui, quelle aubaine: l'heure d'un vieux médoc a sonné! Vous sentez-vous un peu déprimé? Mettez donc une bouteille de champagne au frais ou, si vous êtes pressé, ouvrez un Bourgueil qui vous ragaillardisse. Il se peut, malheureusement, que tout vin vous soit formellement interdit: prenez patience. Avec l'âge, le vin acquiert des qualités qu'il vaut bien la peine d'attendre. De la prison de verre où il repose, il se promet de vous chanter, un jour, son hymne «plein de lumière et de fraternité». D'ici là, pour ne pas compromettre à jamais votre santé, suivez les conseils du médecin; verre en main, vous célébrerez bientôt joyeusement, en compagnie de vos parents et de vos amis, la fin de votre convalescence.

Si vous souffrez de	Vous pouvez boire	Ne buvez pas
Hyperchlorhydrie (exagération de la teneur en acide chlorhydrique du suc gastrique)	Vins rouges légers en petite quantité.	Vins rouges corsés, vins blancs très secs, vins jeunes et acides (se méfier des vins blancs et rosés en général), vins de liqueur.
Hypochlorhydrie (diminution de l'acidité normale du suc gastrique)	Vins rouges légers, vins blancs secs un peu acides et peu alcoolisés, vins jeunes, Muscadet, Crépy, Fendant, champagne, beaujolais.	Vins à teneur alcoolique élevée, vins de liqueur.
Troubles gastriques divers	Vins rouges légers en petite quantité, vieux Médoc.	Vins blancs et rosés, vins mousseux, vins pétillants.
Poussée ulcéreuse	Aucun vin.	Tous les vins.
Entre les poussées ulcéreuses	Pas d'interdiction.	
Troubles intestinaux	Tous les vins rouges en dehors des périodes aiguës.	Vins blancs, vins mousseux, vins à teneur alcoolique élevée, bourgogne, Côtes-du-Rhône. Ne jamais boire de vin «frappé».
Constipation	Tous les vins légers, blancs, rouges ou rosés.	Vins à teneur alcoolique élevée, bourgognes, Côtes-du-Rhône.
Insuffisances hépatiques graves (éthylisme, précirrhose, cirrhose, suites d'hépatites et d'ictères)	Aucune boisson alcoolisée quelle qu'elle soit; même pas de vin coupé.	
Lithiases vésiculaires (dyskinésies biliaires, migraines des vésiculaires)	Vin rouge ou blanc coupé d'eau (ne pas dépasser 1/4 de litre par jour).	Vin pur, vins de liqueur.
Hypercholestérolémie et artériosclérose	Tous les vins mais en quantité limitée.	
Insuffisance cardiaque	Tous les vins sont permis: blancs, rouges, rosés, secs ou liquoreux.	Eviter les vins très corsés, d'un degré alcoolique élevé.
Insuffisances hépatobiliaires, (lithiases biliaires, cholémie familiale)	Vin léger, rouge surtout en petite quantité ou, mieux, coupé d'eau — très peu de vin blanc.	Vins corsés, très alcoolisés, riches en extraits minéraux, vins de dessert, champagne et mousseux, vins «frappés».
Hypertension artérielle (régimes déchlorurés et désodés)	Utiliser les vins et eaux-de-vie pour parfumer la cuisine. Les sauces au vin sont recommandées à cause de leur sapidité.	Limiter la quantité de boisson en cas de décompensation.

Insuffisance rénale *(néphrites aiguës et chroniques)*	Tous les vins mais en petite quantité.	
Calculs urinaires	Vins blancs, rouges et rosés, secs ou liquoreux.	Eviter les bordeaux riches en extraits minéraux, les bourgognes, les vins corsés.
Maladies de la nutrition: *(arthritisme, goutte, lithiase urique, hyperuricémie, albuminurie isolée)*	Vins de Bordeaux rouges, jeunes ou vieux, en quantité limitée; très peu de vin blanc léger; vins de pays à faible degré alcoolique.	Bourgognes, Côtes-du-Rhône, Saint-Emilion, champagne et mousseux, porto, madère, vins de liqueur; vins corsés, généreux, colorés.
Obésité *(régime d'attaque)*	Aucun vin.	Tous les vins sont défendus: la ration alimentaire étant insuffisante et déséquilibrée, l'alcool s'oxydera dans l'organisme par des processus toxiques. De plus, le vin apporterait des calories supplémentaires indésirables.
Obésité *(cure d'entretien)*	Vins blancs très secs, jeunes et peu alcoolisés; vins de Savoie, Muscadet, vins d'Alsace; bordeaux légers; rouges et rosés de pays (se rappeler que les calories apportées par le vin — 1/4 à 1/2 litre par jour au maximum — doivent être comptées dans la ration calorique permise).	Vins blancs liquoreux, vins corsés et alcoolisés, vins doux naturels et vins de liqueur.
Diabète	Vins blancs très secs, champagne extra-dry, vins rouges d'un petit degré alcoolique.	Vins blancs liquoreux, bordeaux blancs, Vouvray; vins à teneur alcoolique élevée, bourgogne, Saint-Emilion; vins de paille; vins doux naturels et vins de liqueur français ou d'autres pays (muscat, porto, malaga, madère, samos).
Dermatoses	Vins secs, jeunes et légers, rosés et rouges de pays, peu alcoolisés.	Vins corsés et alcoolisés; vins blancs liquoreux; vins doux naturels et vins de liqueur.
Maigreurs	Vins blancs liquoreux, vins de pourriture noble, vins de paille, vins doux naturels et vins de liqueur, Médoc, bourgogne généreux, Côtes-du-Rhône, vieux Cahors; peu à la fois mais souvent dans la journée en même temps qu'une prise alimentaire.	Eviter de boire abondamment en mangeant: éviter, par conséquent, les vins légers et gouleyants.
Convalescents	Champagne, vins blancs liquoreux, vins de pourriture noble, Médoc, vieux bourgognes rouges, grands bourgognes blancs.	
Hypotension	Champagne, vins rouges corsés et bouquetés, grands vins blancs de Bourgogne.	
Dépression nerveuse	Champagne, vins rouges riches en tannin, Bourgueil, Madiran, vieux Médoc.	Vins à teneur alcoolique élevée, éviter les vins blancs.
Grossesse	Vins blancs secs, vins rouges de Bordeaux (Médoc surtout), champagne et vins mousseux.	Suppression absolue des vins à teneur alcoolique élevée, notamment les vins d'apéritif.

Peut-on donner du vin aux enfants?

Certes il n'est pas recommandé de donner de l'alcool à boire aux enfants; en ce qui concerne les vins, on évitera tout particulièrement les vins généreux ou capiteux. Cependant les enfants peuvent boire du vin à table, de préférence en fin de repas; on leur offrira un vin jeune ou léger que l'on mouillera de quatre fois son volume d'eau. La quantité de vin pur dépendra de l'âge de l'enfant, par exemple 1/4 à 1/2 verre à vin pour un enfant de 5 à 7 ans, 1/2 verre à vin pour un enfant de 7 à 10 ans, 2/3 à 3/4 de verre à vin pour un enfant de 10 à 12 ans et 1 verre à vin dès 13 ans. Ces indications ne sont valables que pour un enfant robuste, sain et bien équilibré.

Ces deux vénérables bouteilles sont les témoins d'un temps quasiment révolu; rares sont en effet aujourd'hui ceux qui disposent de caves permettant de conserver des vins au-delà de dix à quinze ans.

LA CAVE DE L'AMATEUR

BERNARD GRENOUILLEAU

Nous voudrions, en termes simples, essayer de donner quelques utiles conseils aux amateurs, amoureux du vin et désireux de savoir le déguster.

Malgré les efforts des œnologues, malgré les remarquables travaux de très grands savants qui se sont consacrés à l'étude des caractères organoleptiques des vins, particulièrement des grands vins, malgré les résultats très importants obtenus, notamment au cours de ces vingt dernières années, à la suite de recherches très poussées d'éminents biologistes, voire même de mathématiciens, le vin a gardé une bonne partie de son mystère, et la dégustation n'est pas devenue une science exacte, pas même une technique; elle demeure un art... fort heureusement.

Mais si art il y a, il est bien évident qu'il ne peut y avoir unanimité d'appréciation, comme il est parfaitement logique d'avoir des préférences artistiques et des réactions différentes devant les fresques de Fra Angelico ou devant la Ronde de Nuit de Rembrandt, devant un van Gogh ou un Picasso, en écoutant Berlioz, Mozart ou Erik Satie. Avant tout, la personnalité de chacun, mais aussi le climat sous lequel on vit, l'alimentation, le genre d'existence, la mode, voire le snobisme, vont jouer au gré des affinités de chacun, et c'est pourquoi, comme toujours en la matière, il faut se garder d'être trop catégorique dans ses affirmations, la dégustation restant en premier lieu subjective; car enfin, de quels critères pourrait-on se prévaloir pour mépriser les goûts de tout un chacun quand ils ne sont pas contre nature?

Ces quelques conseils ne sont aucunement destinés à des professionnels qui n'en ont que faire; ceux-ci, surtout s'ils sont dégustateurs patentés, tentent d'établir des lois et des règles précises, absolument nécessaires quand il s'agit de prononcer des jugements qui peuvent avoir de redoutables conséquences et qui engagent moralement, et très profondément, leur responsabilité. En ce cas, le dégustateur est absolument tenu de faire abstraction de ses goûts et de ses préférences.

Naturellement, il faut se référer à toutes les disciplines auxquelles se soumettent les dégustateurs professionnels; celles-ci peuvent parfois paraître exagérées et même comiques aux non-initiés. Ces références seront avant tout simples et pratiques, car l'amateur qui ne recherche que son plaisir et qui pour cela même ne se livrera vraisemblablement qu'à des «dégustations esthétiques», n'a pas besoin de profondes analyses pour trouver un vin à son goût ou pour rejeter, à tort ou à raison, celui qui ne lui plaît pas. Notre seul but, au fond, est de guider, autant que faire se peut, le dégustateur amateur sur les sentiers difficiles, mais si merveilleusement évocateurs et si riches en plaisirs et enseignements de toutes sortes, de la connaissance du vin. «Qui ne sait boire ne sait rien», a dit Boileau.

Et c'est pourquoi nous allons essayer d'aider tous ceux qui le désirent à se perfectionner dans l'art de la dégustation; nous disons bien se perfectionner, car chaque buveur et amateur de vin est un dégustateur qui s'ignore, s'il est modeste, ou se hausse du col, s'il est prétentieux. En effet, très souvent, l'amateur, de façon empirique et sans employer les termes techniques propres à la constitution du vin ou aux sensations olfactives et gustatives, donne des appréciations valables dont les professionnels auraient grand tort de ne pas tenir compte. En ce qui me concerne, suivant en cela l'exemple de Molière lisant ses comédies en première lecture à sa cuisinière, il m'arrive très souvent de demander leur avis à des gens qui n'ont aucune prétention sur l'art de déguster un vin et qui reconnaissent, très humblement, n'y rien connaître. Leurs réactions et leurs réflexions, le plus souvent me sont fort utiles et particulièrement, chose curieuse, celles des femmes.

Mais abordons maintenant le fond de notre sujet. La première condition, pour devenir un bon dégustateur, est d'abord, évidemment, le désir et la bonne volonté de mieux apprécier un vin et pour cela d'être très attentif aux différentes sensations que ce dernier lui procure. J'emploie le terme de sensation dans son sens le plus étroit, car ce sont bien, en effet, nos cinq «sens» qui sont tour à tour mis à contribution au cours d'une véritable dégustation.

LE TOUCHER ET L'OUÏE

Certains peuvent prétendre que pour le toucher et l'ouïe leur collaboration relève plus de la poésie que de la réalité, encore que l'agréable toucher d'un verre de fin cristal ou d'une tasse d'argent, leur tintement dans la pénombre sonore d'une cave, ajoutent à l'agrément du dégustateur; le vin, il est vrai, n'est pas directement responsable de ces agréables sensations, mais il en est le prétexte et, en tout cas, le bénéficiaire. Il faut bien admettre cependant que le toucher joue un rôle véritable dans la dégustation et l'on peut honnêtement parler d'une «dégustation tactile», ces sensations étant perçues par l'ensemble des organes de la bouche. Elles permettent en effet, de juger de la consistance du liquide, de sa fluidité ou de sa viscosité, ces dernières apportant des précisions importantes sur la qualité du vin, au fond, ce que M. Chauvet appelle «le relief architectural du vin». Et d'ailleurs, comme l'a dit fort éloquemment M. Orizet: «A quoi devons-nous, sinon à des sensations tactiles, le fait de traduire notre émotion gustative par les termes de vin dur, rond, souple, tendre, maigre ou velouté?»

Bien que de façon plus modeste, l'ouïe participe également à la dégustation, ne serait-ce que pour déceler une fermentation latente, en portant son verre à l'oreille.

LA VUE

Mais, à juste titre, nous nous étendrons bien davantage sur les trois autres sens que le dégustateur devra mettre à contribution et d'abord la vue. Le premier geste du dégustateur, une fois son verre rempli, est de l'élever, dans un geste d'offrande, vers la lumière du jour. Cet examen préliminaire déjà doit donner de très précieuses indications sur la qualité du produit.

Parlons d'abord des vins blancs. Ces derniers, qui doivent être mis jeunes sous verre et n'avoir pas subi de coloration due à un séjour prolongé sous bois, doivent être limpides, brillants, d'un blanc tirant sur le vert. Il est naturellement des exceptions: sans parler des vins jaunes d'Arbois, de l'ambre des Sauternes, on sait que tous les grands vins blancs se dorent délicatement au cours des années. Mais en ce qui concerne les vins jeunes, une teinte peu franche indique toujours une maladie ou un défaut, les vins jaunissants, sont certainement des vins oxydés, qui vermouthent ou qui madérisent, ce que peu de gens considèrent comme une qualité, sauf en ce qui concerne quelques vins spéciaux. J'ai même pu constater — certaines années où l'acidité volatile était fréquente dans beaucoup de vins blancs — qu'il était très facile, et pratiquement sans craindre de se tromper, de déceler les candidats à la piqûre à la vue de certains reflets cuivrés. Si la limpidité, le brillant réjouissent le regard du dégustateur, il n'est pas bon de leur accorder, ce que fait trop souvent le consommateur

moyen, une importance primordiale, car un vin non filtré peut ne point avoir une absolue limpidité et être malgré cela d'une excellente qualité.

La vue permet également, après l'ouïe, de se rendre compte des dégagements gazeux. Si ces derniers troublent très sérieusement la limpidité du vin, il s'agit fort probablement d'une fermentation secondaire; le vin doit être éliminé pour être traité en conséquence. Par contre, si le dégagement est faible et ne trouble pas, malgré une certaine effervescence la limpidité du vin (nous ne parlons naturellement ni des vins mousseux ni des champagnes), il s'agit alors de vins pétillants dont l'effervescence est naturelle et sera considérée, sinon comme une qualité, au moins comme une agréable originalité. Beaucoup de vins blancs suisses sont pétillants, des vins français aussi et bien d'autres, souvent selon la date de leur mise en bouteilles. Aussi agréable que soit, en certaines circonstances et particulièrement sur les lieux mêmes de leur origine, la dégustation de ces vins, il est souvent à craindre que ce dégagement gazeux ne voile une certaine médiocrité. Cette effervescence plus rare et moins prisée chez les vins rouges fait pourtant le charme de certains vins, dont les délicieux Valpolicella.

En ce qui concerne les rosés, la vue joue aussi un rôle primordial. La gamme des teintes est infinie, du rosé de Tavel ou vin gris des Côtes de Toul, d'autant plus que la mode étant à la consommation de ce genre de vin, maints vignobles dont telle n'était pas à l'origine leur vocation, sont devenus producteurs de vins rosés. Il n'est pas souhaitable qu'un vin rosé soit trop pâle, car il y perd de son charme et de son agrément; d'ailleurs cette pâleur correspond souvent à des pratiques peu louables au cours de la vinification. Sur une table de restaurant, une belle couleur soutenue et chantante dans une bouteille blanche, bien habillée, est appréciée des convives et même des consommateurs voisins; le plaisir de l'œil est en effet pour beaucoup dans la progression de la consommation des rosés.

Naturellement, pour ces vins et particulièrement pour les blancs, nous mettons hors de cause les vins très nouveaux, les «bourrus», pour employer un terme de métier, qui sont naturellement troubles, contenant encore en suspension des éléments solides; même dans ce cas, l'examen visuel apporte quelques précieuses indications. D'ailleurs, et ceci est valable pour les vins de toute couleur, un vin bien constitué s'éclaircit rapidement pourvu que le temps s'y prête.

Pour les vins rouges aussi, bien sûr, l'examen visuel est d'une très grande importance et donne de sérieux éléments d'appréciation sur leur qualité, sur leur âge, voire sur leur origine; l'intensité de la couleur, est fonction du cépage et de la durée de cuvaison, et s'atténue avec les années. Mais qu'elle soit peu prononcée comme chez les beaujolais, rubis foncé chez les CHÂTEAUNEUF-DU-PAPE, plus soutenue encore chez les bordeaux de l'année (tout au moins dans les vinifications traditionnelles), elle doit être franche; un beau rouge vif, tirant sur la cerise, est souvent un signe de qualité, alors que les teintes violacées peuvent indiquer une hybridation plus ou moins importante. La «robe», chez les vins rouges, puisque c'est le terme consacré, est d'une très grande importance et par conséquent le dégustateur doit très sérieusement s'attacher à cet examen visuel, qui permet de déceler certaines maladies, et tout d'abord la «casse», qu'un œil averti peut même différencier: casse brune, casse bleue, casse ferrique, etc. Il peut également diagnostiquer la maladie de la graisse (vins huileux et filants), la tourne, reconnaissable à des ondes soyeuses qui se perçoivent quand on agite le liquide.

En outre, surtout chez les vins rouges, l'examen visuel renseigne également sur l'âge approximatif d'un vin: sa jeunesse, sa maturité ou son usure. Après cet examen, le dégustateur est donc déjà en possession d'éléments positifs visuels et peut se permettre d'attaquer l'examen olfactif beaucoup plus important encore.

L'ODORAT

Le geste classique du dégustateur est de faire tourner le vin dans son verre avant de le porter à ses narines pour en percevoir et en différencier les effluves. Ce brassage du liquide a pour but de diffuser au maximum les substances volatiles odorantes dans la partie supérieure du verre. Le résultat est obtenu par le mouvement de rotation imprimé au vin, mouvement qui favorise l'oxygénation par augmentation de la surface, le liquide se répandant en couches très minces sur les parois supérieures du verre. Cet examen est capital, car chacun sait que l'arôme d'un vin ou son bouquet, suivant l'expression consacrée, détermine, en quelque sorte, sa qualité propre. Bien que les phénomènes physiologiques de l'olfaction aient été très sérieusement étudiés, cette science est encore muette sur le mécanisme des réactions biologiques après que les vapeurs odorantes, constituées de molécules gazeuses, sont arrivées en contact avec les cellules olfactives.

C'est là que le dégustateur doit faire preuve de beaucoup de subtilité et de beaucoup de mémoire, car il est bien évident que la mémoire joue, dans la dégustation, un rôle de premier plan. Il faut que le dégustateur puisse se souvenir de toutes les caractéristiques des vins précédemment dégustés et, en matière de sensations olfactives, de tous les arômes précédemment rencontrés, car c'est bien l'odorat qui permet de reconnaître les terroirs et les origines des crus, l'arôme étant intimement lié au cépage complanté dans un terroir déterminé.

L'arôme primaire qui se dégage d'un moût avant la fermentation aromatique est essentiellement fonction du cépage, particulièrement reconnaissable dans un jus de raisin muscat, par exemple, mais une fois la fermentation aromatique terminée, les vins nouveaux de qualité présentent, au dégustateur ébloui, toute une

Le tastevin, en argent ou en métal argenté, est, par excellence, l'instrument du dégustateur. Il comprend deux séries de facettes, de relief différent, qui permettent un meilleur examen des vins.

gamme de parfums le plus souvent floraux, s'apparentant parfois à des goûts de fruits: la violette, l'iris, la rose, le tilleul, le cassis, la pomme, la cerise, la fraise, la framboise, etc., pour ne citer que les principaux, les parfums constituant l'arôme secondaire. C'est ce qu'exprime en gros l'amateur de vin en disant que les vins nouveaux sont fruités. Et puis, par la secrète et lente alchimie que la nature impose dans les tonneaux d'abord puis dans les bouteilles, le vin peu à peu se transforme, les arômes primaires et secondaires s'amenuisent, se fondent pour qu'enfin le «bouquet» définitif apparaisse, beaucoup plus discrètement floral, révélant toute une nouvelle gamme de parfums qui forment un tout par quoi le connaisseur peut reconnaître la classe, l'origine, voire le millésime d'un grand vin. Dans ce bouquet définitif, qui se maintiendra jusqu'à l'usure du vin, l'amateur pourra reconnaître bien des arômes dont je ne citerai que les plus connus: ceux du café, du cuir de Russie, de l'ambre, de la truffe surtout, et même celui de la crotte de poule comme l'affirment très rustiquement les vignerons du Médoc. Mais, comme en toute chose point trop n'en faut, si c'est le droit strict de chacun de priser les vins qui révèlent plus de la parfumerie que de l'œnophilie, on peut ne pas apprécier les vins «sophistiqués», pour employer un rassurant euphémisme.

D'ailleurs, à mon sens, comme la vie nous l'enseigne hélas! il est parfois prudent d'avoir une certaine méfiance pour les vins par trop flatteurs à la première gorgée: peut-être cela cache-t-il, comme chez les hommes, un certain manque de sincérité; les grandes bouteilles n'étalent que lentement et progressivement leurs qualités au cours d'un repas soigneusement ordonné. Et c'est pourquoi je tiens pour très intéressante l'observation des vieux producteurs de GRAVES rouges, à savoir que leurs vins ne sont vraiment bons qu'au troisième verre. Compte tenu d'un peu d'exagération, cette sentence ne cache aucun désir d'augmenter la consommation de leur produit, mais elle est le fruit d'une très ancienne expérience.

LE GOÛT

Vient enfin le stade essentiel si l'on s'en tient au sens littéral du mot dégustation, le test du goût. Le vin étant destiné à être bu, la gustation semble être, en effet, le seul critère définitif. Les sensations éprouvées par le dégustateur, après qu'il a soigneusement examiné le liquide à la lumière, non moins minutieusement recherché tous les parfums qui s'en dégagent, quand il s'est finalement décidé à promener une ample gorgée dans sa bouche, ces sensations ne sont pas uniquement gustatives, mais gusto-olfactives, pour ne point parler des tactiles et des thermiques. En effet, ce qu'on appelle le goût est la résultante des sensations purement gustatives et gusto-olfactives. C'est la langue qui joue le rôle essentiel dans la gustation stricte, mais elle ne permet de reconnaître que quatre goûts élémentaires, à savoir: l'acide, l'amer, le salé, le sucré. Tous les autres goûts ne sont que des mélanges de ces quatre goûts élémentaires. C'est pourquoi, dans les écoles de dégustation, afin de connaître leurs aptitudes naturelles, on présente aux élèves, séparément puis mélangés, ces quatre goûts élémentaires; on peut facilement se rendre compte de leurs possibilités.

Le goût amer est perçu par l'arrière de la langue; le goût salé ainsi que le sucré par la pointe et aussi par les bords, surtout pour le salé; le goût acide par le milieu et les bords de la langue. Mais les parfums et la finesse sont perçus par les cellules olfactives simultanément (ou presque) avec le goût tout court et par un mécanisme contraire à celui de la dégustation purement olfactive. Cette dernière est inspiratoire alors que, dans la gustation, elle est expiratoire. Cela provient du fait que le voile du palais, pendant que le dégustateur promène le liquide dans sa bouche, le déglutit ou le rejette, intercepte toute communication entre le pharynx et les fosses nasales et que, en se décontractant, il projette, par un mouvement expiratoire, les particules odorantes du vin déposées le long des parois du pharynx, vers la région olfactive. Ce fait explique que ce n'est qu'après la déglutition ou le rejet du vin par le dégustateur que se perçoivent les arômes, le goût parfumé du vin.

Une fois ces trois opérations terminées, le dégustateur doit être à même de porter un jugement. S'il est expert et entraîné, il peut avec une marge d'erreur réduite déterminer la richesse alcoolique, les sucres réducteurs, l'acidité totale et, bien sûr, l'acidité volatile si elle est critique. Il doit pouvoir donner son sentiment sur la qualité du vin, mais personne n'a jamais pu définir ce qu'était exactement la qualité, et le coefficient personnel, aussi objectif que l'on soit, entre évidemment en ligne de compte.

On a raconté et on raconte beaucoup d'histoires sur les extraordinaires possibilités de diagnostic de certains dégustateurs. Paul Mounet, sociétaire de la Comédie-Française, Bergeracois d'origine, frère de Mounet-Sully, était, dit-on, remarquable en cette matière et capable, les yeux bandés, de reconnaître et le cru et le millésime des grandes bouteilles qu'on lui présentait. Je ne voudrais pas jouer à l'iconoclaste et au démolisseur de légendes, mais personnellement je n'en crois rien. Entendez-moi bien: je ne mets pas en doute que l'expérience ait été faite et même qu'elle ait réussi, mais il ne pouvait s'agir que de vins très caractérisés, que Paul Mounet avait l'habitude de consommer tout au moins de temps en temps et à la condition que l'expérience ne se prolonge pas.

La possibilité de reconnaissance à coup sûr d'un vin d'une origine et d'une année déterminée n'est possible, à mon avis, que sur le plan local ou, par extension, régional. Il est bien évident qu'un vigneron du Beaujolais, bon dégustateur qui tous les ans a coutume de goûter les différents crus de son terroir et d'en suivre l'évolution, est à même de reconnaître les différents crus de ce terroir, voire les vins de M. X.; en effet, bien qu'issus d'un même cépage, les différentes appellations de cette région présentent des particularités très reconnaissables. Cependant ce diagnostic, relativement facile pour les vins nouveaux, devient beaucoup plus délicat pour les vins vieux.

De toute façon, pour reconnaître un vin, il faut d'abord, comme dirait M. de La Palice, le connaître. Et qui peut prétendre connaître tous les vins? De là la nécessité, pour un expert sérieux, de se spécialiser.

Mais autant je suis sceptique sur les prétendues performances de dégustateurs prétentieux, autant je ne puis admettre qu'un amateur moyennement doué ne puisse reconnaître, par exemple, un cru familier qu'il possède dans sa cave.

CONSEILS PRATIQUES

Il nous faut maintenant dire quelques mots des conditions physiques et matérielles nécessaires pour faire une bonne dégustation. Il est incontestable (et chacun en a fait ou peut en faire l'expérience) que l'état physiologique du dégustateur, l'heure à laquelle il procède à la dégustation, l'ambiance générale jouent un rôle très important. On peut être plus ou moins bien disposé, tout simplement être enrhumé. Il est donc nécessaire d'être en bonne santé. Je me souviens que, dans mes débuts, j'allais souvent quérir les avis d'un vieux négociant en vins dont la sûreté de palais m'avait toujours plongé dans une très grande admiration. Or, au bout de quelques années, il me sembla que ses jugements étaient moins probants, jusqu'au jour où je me trouvai en complète contradiction avec certains de ses avis, alors que j'étais aussi convaincu qu'on peut l'être de la justesse de mon opinion. Très impressionné et n'osant le contredire de front, je m'enquis auprès de son entourage et j'appris que la Faculté avait trouvé chez lui depuis quelque temps une très forte dose de diabète. Cette maladie était certainement la cause des très mauvais diagnostics de ce grand connaisseur.

Le moment le plus favorable se situe à la fin de la matinée, peu de temps avant le déjeuner de façon que l'on commence à sentir les premiers symptômes de l'appétit. On attribuera une grande importance à l'ambiance dans laquelle se fera une dégustation; par ambiance, on entend aussi bien d'excellentes dispositions morales qu'un environnement agréable. Des expériences très intéressantes ont été faites justement sur l'influence des éléments extérieurs, de la lumière, de la température, voire des sons. On a pu constater que les appréciations de mêmes dégustateurs pouvaient varier, suivant les différentes couleurs de la lumière, les diverses températures de la pièce, suivant un silence complet ou un accompagnement musical.

Quant à l'amateur, l'essentiel pour lui est de savoir qu'une dégustation, pour être sérieuse, a besoin en tout premier lieu d'une très grande concentration. En conséquence, les bruits, les conversations, les commentaires en cours de travail sont à proscrire radicalement. Elle doit se faire, si possible, à la lumière du jour; si l'éclairage est artificiel il convient que ce soit une lumière blanche non fluorescente; si la dégustation se fait dans une cave, c'est encore à la lumière d'une bougie qu'on juge le mieux de la limpidité et du brillant du vin. Si l'amateur veut vraiment juger de la qualité et de l'avenir d'un vin et non passer seulement un agréable moment, il faut qu'il s'abstienne de consommer tout ce qu'on a l'habitude d'offrir au cours d'une dégustation: fromages, noix, etc., le moindre mal étant de prendre un peu de pain.

Je ne saurais également trop attirer l'attention du dégustateur sur la verrerie qui doit être, si faire se peut, de cristal à bord très fin. La forme la mieux indiquée est le calice ou le ballon. Mais la chose la plus importante, à propos de laquelle on rencontre le plus de difficultés, c'est le lavage des verres. De plus en plus, dans les machines à laver la vaisselle, on a coutume d'utiliser des détergents dont le goût tenace peut fausser une dégustation. Certains dégustateurs exigent d'ailleurs un rinçage à l'eau distillée. C'est pourquoi l'homme de métier doit toujours avoir sur lui sa tasse en argent qui d'ailleurs ne vaut pas, à mon avis, particulièrement pour les vins blancs, le verre de fin cristal.

Il faut éviter de déguster dans une salle surchauffée ou glaciale. La bonne température doit tourner autour de 20 à 22° avec une humidité de l'air suffisante. Naturellement, et cela coule de source, il y a lieu de proscrire tous les parfums; il faut veiller à ne pas se laver les dents avec un dentifrice odorant trop peu de temps avant la dégustation et on évitera, bien sûr, de fumer durant celle-ci. Personnellement, je suis beaucoup plus gêné par des gens qui fument autour de moi que par la cigarette qu'il m'arrive d'allumer au cours d'une trop longue dégustation, mais fumer est cependant à déconseiller.

Ajoutons que la dégustation est un art difficile mais beaucoup plus éducatif et plaisant qu'on ne le pense généralement. Paul Claudel n'a-t-il pas dit fort éloquemment: «Le vin est le professeur du goût, le libérateur de l'esprit et l'illuminateur de l'intelligence.»

PETIT VOCABULAIRE POUR BIEN PARLER DU VIN QU'ON VIENT DE BOIRE

	Qualités	Défauts
Constitution générale du vin	corsé, charpenté, étoffé, complet, gras, charnu, velouté, franc, ample, a de la sève, long, a de la mâche.	maigre, âpre, astringent, déséquilibré, acide, austère, court, commun.
Robe	somptueuse, rubis, ambrée, nette, vive, brillante.	dépouillée, louche, chargée.
Vinosité	vif, nerveux, généreux, puissant, plein, capiteux, a du corps, corsé.	mou, plat, léger, froid.
Richesse en sucre	sec, doux, moelleux, liquoreux.	dur, plat, cru, pâteux, doucereux.
Bouquet ou arôme	fruité, fin, bouqueté, a du nez, aromatique.	bref, mâché, bouchonné, plat.

455

PETIT LEXIQUE DE L'AMATEUR DE VIN

Amer	sensation analogue à celle produite par la quinine.
Ample	complet, riche, charnu, équilibré, charpenté; a du corps et une grande franchise de goût.
Apre	astringent, rude, happe la langue.
Aromatique	a une odeur suave, pénétrante et agréable.
Aromatisé	parfumé avec des essences végétales.
Astringent	excès de tannin; prenant aux gencives.
Austère	raide, sévère, corsé mais sans moelleux.
Bien en bouche	complet, harmonieux, équilibré.
Bien en chair	a de la consistance, est gras et de bonne constitution générale.
Bouchonné	goût rebutant de bouchon.
Bouqueté	exhale finement son parfum.
Bref	de saveurs gustatives de courte durée, sans persistance.
Capiteux	riche en alcool, très bouqueté; a du feu.
Charnu	donne une sensation de plénitude, de volume, de formes fines ou plantureuses; a une certaine consistance.
Charpenté	équilibré; a de la force, de l'harmonie et du «corsage».
Commun	sans race et sans origine définie.
Complet	équilibré, bien constitué, bien meublé, agréable, bouqueté.
Corps (a du)	a de la force et de la vinosité avec une saveur agréable accusée.
Corsé	étoffé, charnu, de bonne consistance; richesse alcoolique.
Coulant	moelleux, rond, tendre, sans défaut; laisse une sensation de souplesse, d'onctuosité; est friand.
Court	sensation fugace, saveur faible.
Cru	peu évolué, vert sans moelleux.
Cuisse (a de la)	bien étoffé, robuste.
Délicat	fin, agréable, inférieur à distingué.
Dépouillé	a perdu de sa force et de sa coloration, mais aussi est davantage limpide, affiné de goût.
Déséquilibré	présente des défauts d'harmonie des éléments gustatifs ou olfactifs par excès ou par défaut.
Distingué	toutes les teneurs et qualités de la race.
Droit de goût	net, franc, sans arrière-goût.
Dur	austère, mordant; manque d'agrément et de moelleux.
Echaudé	saveur forte, commune, verte; petite pointe d'aigreur.
Echauffé	légère acidité acétique; saveur désagréable.
Etoffé	bien constitué, solide, charpenté, complet; a du caractère, du corsage, du relief, de la plénitude; est soyeux.
Ferme	nerveux, corsé, mordant.
Feu (a du)	capiteux; monte à la tête.
Fin	élégant, distingué, délicatement bouqueté.
Frais	a conservé fruit et qualité d'un vin jeune.
Franc	droit; ne terroite pas; la seule saveur du raisin, sans faux goût.
Friand	frais, fruité, de saveur agréable; se dit surtout d'un vin jeune.
Froid	pauvre en alcool; l'arôme se dégage mal, restant enfermé en lui-même.
Fruité	saveur de raisin frais, bouqueté, moelleux, franc.
Généreux	riche en alcool, corsé, bien constitué, revigorant; laisse cependant la tête libre.
Gouleyant	en Beaujolais, coulant, léger, friand, agréable, frais.
Gras	onctueux, a de la chair.
Léger	faible en couleur, pas trop riche en alcool, harmonieux.
Liquoreux	onctueux, de saveur agréable, très sucré, glycériné.
Long	signe de grande qualité; sensation agréable et persistante.
Madérisé	jauni (pour les blancs) et de goût rappelant le madère; amer.
Mâche (a de la)	charnu, consistant; donne la sensation de relief et de volume; a la saveur fruitée du raisin original quand on mâche le vin.
Mâché	intermédiaire entre fatigué et éventé.
Maigre	manque de corps; insuffisante constitution générale.
Moelleux	moins ferme que sec, moins doux que liquoreux; onctueux, velouté, flatteur.
Mordant	un peu acide, légèrement acerbe, avec un certain piquant qui mord au palais.
Mou	manque de corps, de nerf et d'acidité.
Muscaté	léger arôme de muscat.
Nerveux	vigoureux, vivace, frais, puissant, robuste, fort, intègre, ferme.
Nez (a du)	aromatique, bouqueté.
Paille (se)	passe du rouge à la pelure d'oignon claire.
Plat	sans corps, ni saveur, ni bouquet, ni vivacité.
Puissant	a du corps; est vineux, fougueux, généreux.
Queue de paon (fait la)	fin, souple, plein de sève, long.
Racé	ayant tous les caractères distinctifs de son origine.
Rond	équilibré, étoffé, moelleux, corsé, souple.
Sève (a de la)	racé, fin, soyeux, distingué, très grande qualité qui se révèle en avalant le vin.
Solide	résiste aux altérations.
Terroir (goût de)	goût caractéristique d'un vignoble délimité.
Velouté	a du gras, de l'ampleur, de la délicatesse, du moelleux, de la finesse; est soyeux.
Vert	jeune, cru, acide.
Vert de fruit	forte acidité accompagnée d'un fruité bien franc.
Vif	impressionne fortement le nez et le palais; a du nerf, du mordant, de l'acidité.
Vineux	plein, vigoureux, riche en alcool, mais sans grande finesse.

456

COMMENT CONSTITUER UNE CAVE

La concentration dans les villes, phénomène mondial, l'exiguïté des locaux d'habitation et plus encore des dégagements, les nouveaux constructeurs, qui creusent encore beaucoup certes, mais plus souvent sans doute, pour loger des chaufferies ou des automobiles que des tonneaux, la facilité relative de trouver, à sa porte, la bouteille désirée ou celle de téléphoner au spécialiste qui vous la fera livrer, à l'heure convenable parfois même pour certaines prestigieuses bouteilles, accompagnée de son sommelier, pourraient donner à penser que la cave personnelle, en voie de disparition, intéresse de moins en moins le public. Certes il existe encore de vieilles maisons provinciales et de petites villes tranquilles en France, des pays où la tradition de la cave «bien à soi» reste vivante: la Suisse, la Belgique, la Hollande, voire l'Angleterre et l'Allemagne entre autres, où le souci de se constituer et de se transmettre une cave ne paraît à quiconque un sentiment attardé et anachronique.

La mode veut en effet que, par un réflexe de défense fort sympathique, le citadin n'ait qu'une pensée en fin de semaine, celle de s'échapper vers sa maison de campagne, souvent construite ou restaurée de ses propres mains, où il se livre, avec fatigue mais avec délices à tous les travaux ou servitudes que le confort moderne lui évite tout au long de la semaine, cultive son jardin, tond ses pelouses, scie du bois, voire bûcheronne, allume son feu en plein air pour les grillades ou pour les rôtis et ne peut ou ne pourra (le contraire serait impossible), un jour ou l'autre, ne point désirer se constituer une cave personnelle ou l'améliorer si elle existe déjà.

Puisque nous entrons, dit-on, dans une civilisation de loisirs, peut-il être une meilleure façon d'en occuper une partie que de créer et d'entretenir une cave? Programme déjà séduisant dans l'immédiat, mais tellement plus prometteur encore, avec l'espoir de toutes les satisfactions que libérera l'ouverture des vieux flacons soigneusement conservés, «quand avec des amis on boit en liberté». L'habitude prise, les bénéfices connus, beaucoup de ces convertis, tenteront de se faire, en ville aussi, une petite cave bien aménagée.

LES QUALITÉS D'UNE BONNE CAVE

Les conditions essentielles d'une bonne cave sont en premier lieu la constance de la température (11° environ), l'obscurité, une bonne aération, ni trop de sécheresse ni trop d'humidité; l'idéal pour une cave c'est d'être creusée à même la pierre ou voûtée en maçonnerie, chaux et sable, toujours orientée vers le nord. Dans certaines régions, très souvent d'ailleurs régions de vignobles, les caves naturelles sont courantes, mais il n'en est pas de même partout et, de nos jours, dans les provinces comme dans les capitales, les possesseurs de grandes et bonnes caves peuvent se considérer comme des privilégiés.

Si la cave possède toutes les qualités qui sont énoncées plus haut, il s'agira seulement de l'agencer pour le mieux. Si, par contre, elle est malsaine, trop humide ou trop sèche, il est peut-être possible d'y remédier en partie, le mieux étant de recouvrir le sol de sable de rivière que l'on arrosera au besoin au temps des grandes chaleurs. Si la cave possède des soupiraux ou d'autres ouvertures, les tenir ouverts ou fermés, sauf besoin d'aération, suivant les cas, mais toujours fermés au cours des grands froids et des grandes chaleurs. Se méfier du phénomène de condensation qui, avec les différences de la température, pourrait occasionner des ruissellements sur les murs et presque une véritable pluie dans certaines caves. L'essentiel est toujours de maintenir au maximum la constance de la température. Que la cave soit naturellement bien tenue, propre et nette! Evitons d'y entreposer des denrées périssables, en particulier des légumes et des fruits sujets à fermentation, et ne laissons pas traîner de vieux papiers ou de vieux chiffons, susceptibles de répandre, à la longue, une odeur préjudiciable de moisissure. Deux états de chose, malheureusement très fréquents en ville, sont à déplorer, tout au moins le premier qui ne concerne que les capitales en possession d'un chemin de fer souterrain. Nous ne connaissons pas de remède à apporter au tremblement que le passage proche des rames de métro impose aux bouteilles entreposées. Hélas le même problème peut se poser aujourd'hui pour la province et pour la campagne quand la cave se trouve en bordure d'une route fréquentée par des poids lourds. Le second, c'est la proximité d'une source de chauffage ou le passage des tuyaux du dit chauffage quand ils sont insuffisamment calorifugés. A cela on peut remédier, en partie d'ailleurs, en installant une cave parfaitement isolée des variations de température. Mais nous voudrions insister sur le cas de tous ceux qui ne disposent pas, pour de multiples raisons, d'une cave à vin et qui ne doivent pas pour autant, s'ils en ont le désir, se priver du bénéfice d'une réserve de bouteilles adaptée à leur capacité de logement. C'est le cas de beaucoup, dans les grandes villes, voire dans des localités moins importantes.

LA CAVE D'APPARTEMENT

Il est toujours possible, avec un peu d'habileté et d'imagination, de se constituer ce que nous appellons une cave d'appartement. Rares sont ceux, aussi étroitement logés qu'ils soient, qui ne peuvent disposer d'un placard, autant que possible éloigné de la cuisine ou des sources de chaleur. On peut également, au besoin, utiliser l'embrasure d'une porte condamnée. De toute façon, quel que soit le meuble employé, il sera nécessaire d'établir un courant d'air, ce qui est parfaitement possible en disposant une ouverture grillagée dans le haut et dans le bas. Le dit meuble se verra dûment capitonné de laine de verre pour assurer une bonne isolation thermique. L'emplacement nécessaire pour une bouteille est de 10 cm × 10 cm × 35 cm. Il est bien évident qu'une petite cave de cet ordre ne pourra pas vous permettre la conservation d'une quantité importante de bouteilles, mais vous pourrez tout de même y conserver facilement de cinquante à cent flacons et, si ce sont des vins fins, c'est déjà un chiffre coquet.

En possession d'un local de plus ou moins grande dimension, il s'agit maintenant de le remplir. Les casiers destinés aux bouteilles peuvent être de bois, de ciment, de briques ou de fer selon le goût et les moyens de chacun. Dans une cave où on a l'intention d'entreposer des vins en fûts, quand l'accès n'en est pas trop difficile, il faut également prévoir des chantiers de bois, de pierre ou de ciment sur lesquels devront être installés ces fûts pour les caler et les isoler.

COMMENT CHOISIR SON VIN

Le plus difficile reste à faire, à savoir les achats destinés à remplir la cave. En cette matière les conseils sont très difficiles à donner. Il y a d'abord une question de moyens financiers qui prime tout, et puis le goût personnel, le fait que l'on habite une région productrice de vins ou non. Nous ne pourrons donc donner que des lignes très générales.

Sachant le montant dont il peut disposer pour l'établissement de sa cave, l'amateur devra se montrer très prudent, voire méfiant, pour son utilisation. Il ne s'adressera qu'à des fournisseurs qu'il connaît personnellement ou qui lui sont indiqués ou recommandés par des amis en qui il a toute confiance, et, s'il n'en connaît point, à des maisons de premier plan jouissant d'une excellente réputation. Se méfier des publicités trop tapageuses, se méfier surtout des démarcheurs à domicile. Certes, beaucoup représentent des maisons sérieuses et ceux-ci ne sont pas à rejeter, mais il fut un temps, révolu semble-t-il, où la vente des vins fins à domicile était une véritable entreprise d'escroquerie, soit que la marchandise fût mauvaise, soit qu'elle fût surfaite comme prix. Certains démarcheurs vous proposaient un nombre de bouteilles déterminé et livraient ensuite, en petits fûts ou en bonbonnes l'équivalence en volume, ce qui n'en constituait pas moins une tromperie. Que l'éventuel acheteur prenne garde de l'influence de l'ambiance dans laquelle il peut se trouver quand il achète. Au cours de quelque voyage, il lui arrive de s'arrêter dans un vignoble quelconque et de visiter quelques caves de propriétaires ou de négociants. C'est souvent une atmosphère de vacances; il a sans doute fait un bon déjeuner; la cave est attrayante et fraîche; il

déguste un vin à bonne température qui lui paraît excellent et qui l'est très souvent; il s'emballe; il en achète parfois pour une grosse somme, mais une fois rentré chez lui et l'ayant reçu, il peut avoir la mauvaise surprise de ne plus reconnaître le vin qu'il avait tellement apprécié sur place. De là à accuser à tort le vendeur de malhonnêteté, il n'y a qu'un pas. Tout simplement l'ambiance n'y est plus, les circonstances sont différentes, le transport ne convient pas à tous les vins qui peuvent mettre plus ou moins longtemps à se remettre. Il faut goûter chez soi les vins que l'on veut acheter. Cela n'empêche en aucune façon de visiter avec profit, plaisir et satisfaction les différents vignobles, de rendre visite aux producteurs, qui, sauf exception très rare, sont toujours flattés et heureux de recevoir, le verre en main, et d'entendre chanter les louanges de leurs produits. Mais, par prudence, si vous voulez acheter un vin qui vous a particulièrement séduit, demandez à en emporter une bouteille, en payant s'il le faut, et ne vous décidez qu'après l'avoir regoûté à tête reposée, chez vous.

Naturellement, si vous habitez un pays producteur, le problème est quelque peu différent. Il est d'abord fort probable qu'étant de la région, vous avez plus de compétence pour choisir les bons vins du pays, plus de renseignements, plus de relations utiles qui vous permettent de mieux choisir. Il est également normal que vous ayez le désir de posséder une cave particulièrement riche en vins locaux afin de les faire connaître et apprécier de vos amis de passage. Le contraire est peut-être vrai également, et beaucoup sont heureux de pouvoir faire déguster des vins étrangers à la région, voire au pays lui-même.

COMMENT CONSERVER SON VIN

L'achat des vins en tonneaux, par des particuliers, n'est recommandable que pour les vins locaux. Outre qu'il est de plus en plus difficile à acheter ainsi, beaucoup de propriétaires producteurs de crus mettent eux-mêmes leur production en bouteilles, et les commerçants abandonnent de plus en plus la vente en fûts pour tous les soucis que cela leur donne. En outre cela demande une certaine compétence et n'est vraiment valable que pour une quantité relativement importante d'un même vin, ce qui, à moins de la constitution d'une cave considérable, vous empêche d'avoir une gamme importante de crus. Pour les vins locaux, au contraire, il peut être intéressant de procéder à des achats de ce genre, surtout s'il s'agit d'un vin que vous buvez quotidiennement et dont on peut acheter par conséquent une barrique et peut-être plus, suivant le nombre des membres de la famille et l'ampleur de vos relations. Quoi qu'il en soit, si l'on désire recevoir le vin sous cette forme, il faut savoir d'abord s'il est prêt à la mise en bouteilles ou s'il faut au contraire l'amener à ce stade. Dans ce dernier cas, il s'agit d'un vin relativement

Dans votre cave, l'idéal est de disposer d'une rangée de casiers ; vous y rangez vos bouteilles par lot, selon un ordre à la fois logique et pratique ; les vins de consommation courante à portée immédiate de la main. Vous ferez en sorte que les casiers du bas soient à quelques centimètres au-dessus du sol afin que l'air puisse circuler librement. Chaque casier portera une étiquette mentionnant le nom du vin et son année. L'essentiel est de pouvoir, d'un coup d'œil rapide, repérer les casiers dans lesquels vous n'avez plus assez de bouteilles.

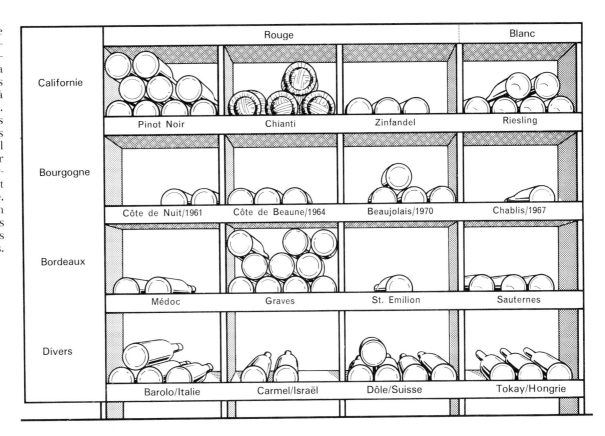

	Rouge			Blanc
Californie	Pinot Noir	Chianti	Zinfandel	Riesling
Bourgogne	Côte de Nuit/1961	Côte de Beaune/1964	Beaujolais/1970	Chablis/1967
Bordeaux	Médoc	Graves	St. Emilion	Sauternes
Divers	Barolo/Italie	Carmel/Israël	Dôle/Suisse	Tokay/Hongrie

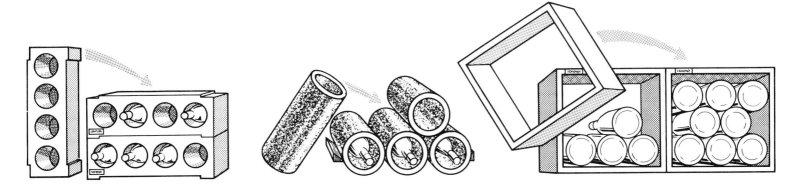

Dans les caves des maisons modernes, il est parfois difficile de conserver quelques centaines de bouteilles à la fois. Mais on pourra disposer de dizaines de bouteilles dans des emballages en plastique, en bois ou en métal, récupérés, achetés ou bricolés sur place et correctement assemblés. Toutes les solutions sont bonnes pourvu qu'elles soient pratiques, c'est-à-dire qu'elles permettent de déposer et de prendre facilement les bouteilles, de classer rapidement les différents vins et de laisser l'air circuler librement.

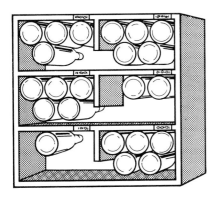

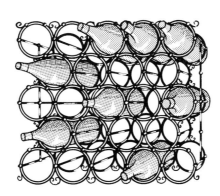

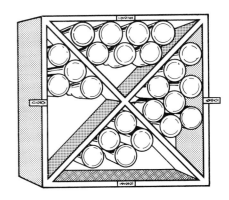

courant, les soins peuvent être simples et de courte durée. L'essentiel est que le vin soit bien reposé, mais s'il n'a reçu aucun traitement au préalable il sera peut-être préférable de procéder à un léger «collage». Pour un amateur, il est inutile de rechercher des méthodes que peuvent utiliser des professionnels pour des vins destinés à être filtrés, mais suivre simplement la vieille méthode du collage aux blancs d'œufs, qui se pratique d'ailleurs encore dans d'excellentes maisons pour des vins de grande classe. Pour ce faire, on bat deux ou trois blancs d'œufs, pour une pièce, soit 225 litres environ, avec une pincée de gros sel, dans un récipient qui ne soit pas de métal, dans un bol de faïence par exemple, et on introduit le mélange dans la barrique par la bonde du dessus, puis on fouette avec un fouet spécial ou un simple bâton bien propre et on laisse reposer quelques jours. L'albumine entraîne au fond de la barrique les impuretés qui pouvaient rester encore en suspension dans le liquide. Si le vin est sain et bien constitué, on pourra, quelques jours après, le mettre en bouteilles en veillant à ce que la cannelle soit suffisamment surélevée pour que ne coule que le vin parfaitement clair. Pour la même raison, si on décide de tirer le vin au caoutchouc, on veillera à ce que ce dernier ne touche pas le fond et, pour ce faire, on l'attachera à un bâton dont l'extrémité dépassera le bout du caoutchouc de deux ou trois centimètres. Le dépôt n'excédera pas quelques litres, qu'il sera d'ailleurs loisible de récupérer en le filtrant ou tout simplement en le mettant dans des bouteilles tenues debout, la colle tombant au fond de la ou des bouteilles dont on pourra transvaser le contenu clair. Mais si l'on veut acheter des vins fins en fûts, il faut les acheter prêts à la mise en bouteilles, car l'élevage pose trop de problèmes au simple amateur.

Si on garde longtemps un vin en fût, il faut tenir ce dernier «bonde de côté» sur le chantier sans quoi il serait nécessaire de l'ouiller fréquemment pour éviter une préjudiciable vidange. En principe on ne met un fût «bonde de côté» que quand le vin a au moins un an. De toute façon si un jour l'ouillage s'avère indispensable, comme un particulier n'aura certainement pas le même vin pour y procéder il pourra toujours employer la méthode ancestrale qui consiste à introduire dans le liquide des cailloux soigneusement lavés et séchés jusqu'à ce que le vin affleure au ras de la bonde. Evidemment, dans le cas de vins jeunes, il faudrait procéder à des soutirages périodiques, mais cela exigerait d'avoir de la vaisselle vinaire. D'ailleurs l'entretien des fûts est très délicat et risque de n'apporter que des déboires, car un fût vide s'abîme rapidement et peut causer des désastres au remplissage. Il est important de ne rincer les fûts vides, à l'eau, qu'avant même d'y mettre à nouveau du vin. Si vous avez à les garder vides, laissez-les sur lie de vin, brûlez-y seulement une mèche de soufre et rebouchez-les avec soin.

Pour la mise en bouteilles, il faut que la verrerie soit soigneusement lavée et que chaque bouteille soit sentie afin qu'aucune odeur ne puisse être communiquée au vin. Elles doivent être complètement égouttées sur un if, à l'abri de la poussière. Il ne faut pas lésiner sur le prix des bouchons, surtout s'il s'agit d'un vin qu'on espère conserver un certain temps. Pour des vins courants à boire dans l'année ou dans l'année suivante, on peut employer des bouchons coniques, ce qui évitera l'emploi d'une machine à boucher, mais, coniques ou non, qu'ils soient de première qualité. Rien n'est aussi désagréable que de constater qu'un bon vin a été gâté par un mauvais bouchon, accident qui peut quand même arriver quelquefois malgré toutes les précautions prises. Vos bouchons doivent être ébouillantés puis avinés ou, mieux encore, humectés avec un bon alcool neutre, du type cognac, même s'il s'agit de grands vins. Le vin tiré et les bouteilles dûment bouchées, il n'y aura plus qu'à les ranger soigneusement dans les casiers. Dans certains pays on a coutume de mettre dans le sable les bouteilles que l'on veut conserver longtemps; pour certains vins blancs capricieux on enterre les bouteilles debout.

Pour les bouteilles à garder, l'emploi de la cire plutôt que celui de la capsule d'étain est à conseiller pour deux raisons: d'abord sa très grande efficacité, ensuite cela donne un cachet — sans jeu de mots — artisanal et d'ancienneté; de toute façon les vins ainsi mis en bouteilles n'auront pas droit à la mention de mise au château ou autre. Seuls les flacons possédant une capsule pourraient y prétendre. Pour cirer les bouteilles, il faut faire fondre la cire dans une casserole, en y ajoutant une cuillerée d'huile, et maintenir la casserole sur une source de chaleur pas trop forte mais suffisante pour que la cire reste liquide, enfin plonger rapidement le col de la bouteille en tournant et en relevant d'un coup sec. On prend très vite le mouvement désirable. Bien essuyer le col de la bouteille avant de le plonger dans la cire afin de minimiser les risques de casse. Pour ceux qui tiendraient essentiellement à des capsules, qu'ils les prennent en étain et, s'ils n'ont pas de machine spéciale pour la pose, ils peuvent, avec un peu d'habileté, se contenter d'une grosse ficelle attachée à un point fixe quelconque et dont on tient l'autre bout avec une main. On enfonce soigneusement et bien à fond la capsule sur le col de la bouteille et on l'entoure avec la ficelle, puis on fait remonter et descendre le dit col tout au long de la ficelle en serrant bien. La capsule tient ainsi parfaitement.

La mise en bouteilles et surtout l'élevage des vins sont à déconseiller aux particuliers, qui peuvent sans grand danger s'amuser à le faire pour des vins courants déjà propres, ce qui d'ailleurs pourra sans doute leur permettre d'obtenir des conditions intéressantes, de faire leur provision au moment favorable et dans les bonnes années. Mais, qu'ils achètent leur vin de table en fûts ou en litres, qu'ils sachent bien qu'ils ont toujours intérêt à l'acheter à l'avance et à le garder en bouteilles au moins quelques mois. Même le vin litré que l'on achète chez l'épicier ou chez tout autre détaillant peut s'améliorer au bout de quelques mois.

LA COMPOSITION D'UNE BELLE CAVE

Pour le Français, comme pour les autres, même dans le cas de la cave la plus exiguë, il faut avoir toujours à l'avance, au moins, une cinquantaine de bouteilles de vin de table, bu quotidiennement, et surtout ne pas attendre l'épuisement complet pour renouveler le stock, ce qui permettra de faire plus facilement une suite, tout au moins si le fournisseur, de son côté, s'attache à une qualité suivie. N'oublions pas, en effet, que suivant une très vieille constatation, pour ce qui est du vin de tous les jours, «on a toujours plaisir à changer de pain, jamais à changer de vin». Nous indiquons un chiffre de cinquante bouteilles seulement pour des raisons de place ou d'argent, mais si vous le pouvez c'est alors un devoir d'en avoir bien davantage. En ce qui concerne les vins fins de grande conservation, l'intérêt de constituer une cave particulière, en dehors de toutes les satisfactions qu'il est loisible d'en retirer, vient que, si l'on sait choisir — et que l'on soit quelque peu aidé par la chance — loin de faire une opération coûteuse, ont fait une excellente opération financière. Nous en avons la preuve chaque jour, quand on voit les prix que peuvent atteindre les bouteilles de certaines caves particulières vendues à l'encan à la suite de successions par exemple.

Une cave de vins fins, bien constituée et qui se veut éclectique, doit comporter pour une moyenne, par exemple de 1000 bouteilles (chiffre rarement atteint) avec naturellement, de nombreuses variantes, suivant les goûts du propriétaire:

— 25 à 50 bouteilles de champagne, renouvelables tous les deux ans au moins; 50 bouteilles de SAUTERNES ou grands vins liquoreux achetés lors d'une année particulièrement prometteuse et que l'on conservera longtemps.

— 200 bouteilles au moins de grands bordeaux rouges — MÉDOC, GRAVES, SAINT-EMILION — autant que possible de bonnes années et qui seront à renouveler avant total épuisement.

— 200 bouteilles de bourgogne rouge et blanc, à boire dans les trois, quatre ou cinq ans.

— 50 bouteilles de vins spéciaux pour apéritif ou dessert — porto, madère, SAMOS, BANYULS, MALVOISIE, MARSALA, MAVRODAPHNI, etc.

— 100 bouteilles de vins blancs divers, vins du Rhin, de la Moselle, de Hongrie, d'Alsace, de Suisse, CHABLIS, POUILLY, MUSCADET, GRAVES, HUELVA et vins de l'Italie du Nord ainsi que des pays d'Europe centrale.

Le reste, soit environ le tiers du total, en vins rouges amusants ou susceptibles d'être bus plus couramment et au besoin entre les repas, beaujolais bien sûr, dont les bonnes années d'ailleurs dans les crus peuvent se garder aussi, CÔTES DU RHÔNE, rosés de Provence et d'ailleurs et notamment d'Anjou, vins rouges d'Espagne bien fruités, VALPOLICELLA, etc.

L'essentiel étant d'avoir un fond de cave où figureront les grands vins français: champagne, bordeaux, bourgogne pour les grands repas; vins d'apéritif et de dessert, puis, suivant l'origine et le goût de chacun, des vins régionaux ou exotiques, des vins blancs quelle que soit leur origine, friands et jeunes, enfin un bon vin de table, peu chargé en alcool, bien franc et bien net.

PROPOSITIONS POUR UNE CAVE DE MOYENNE GRANDEUR

La proportion entre les vins blancs et les vins rouges est certes affaire de goût; chacun pourra augmenter la part des blancs ou la part des rouges selon ses préférences. Nous proposons 10 vins blancs et 12 vins rouges, et pour chacun 12 bouteilles au minimum. Et maintenant quels vins faut-il choisir? Voici un éventail qui, sans être limitatif, donnera pourtant quelques suggestions précises.

CHOIX DES VINS BLANCS

Dans les vins blancs, le choix pourrait se faire ainsi:

4 *vins blancs secs* pour servir avec les poissons et fruits de mer, éventuellement comme apéritif;

2 *vins blancs moelleux ou demi-secs* pour accompagner les plats au riz, certaines entrées et légumes;

2 *vins doux* comme vins de dessert;

2 *champagnes* ou, à défaut, 2 mousseux de grande classe.

Vins blancs secs

Allemagne:	Riesling de la Moselle, du Rheingau, du Palatinat. On aura soin de déguster avant l'achat.
Alsace:	Riesling, Pinot gris, Tokay.

CHOIX DES VINS ROUGES

Le choix des vins rouges s'établirait ainsi:

2 *vins rouges légers* pour accompagner les volailles rôties, les viandes de veau et d'agneau;

4 *vins de grande sève* pour servir avec les viandes rouges, les rôtis et les fromages;

6 *grands vins* constituant une réserve pour les fêtes et les grandes occasions.

Vins rouges légers

Bourgogne:	Beaujolais.
Côtes du Rhône:	Châteauneuf-du-Pape, Crozes, Hermitage.

461

VINS BLANCS

Italie:	Orvieto, Vino del garda, Frascati, Vernaccia, Est! Est!! Est!!!, Trevigiani, Garganega di Ganbellara.
Loire:	Sancerre, Anjou, Muscadet.
Portugal:	Vinho verde (branco).
Savoie:	Roussette de Savoie.
Suisse:	Neuchâtel, Dorin, Fendant.
Yougoslavie:	Smederevka, Zilavka.
USA:	Chablis, Riesling et Sylvaner de Californie.

Tous ces vins devront être renouvelés au fur et à mesure de leur consommation. Leur durée moyenne de conservation sera de 4 ans.

Vins blancs moelleux ou demi-secs

Alsace:	Gewürztraminer.
Allemagne:	Riesling Spätlese de la Moselle ou du Rhin; également Sylvaner Spätlese de Franconie et de la Hesse rhénane.
Bordeaux:	Graves de Vayres, Premières Côtes de Bordeaux, Saint-Foy, Saint-Macaire.
Touraine:	Vouvray.
Italie:	Castelli Romani, Frascati, Orvieto, Verdicchio, avec mention «abbocato» ou «semi-seccho».
Suisse:	Malvoisie, Petite Arvine.
Autriche:	Riesling, Zierfandler et Rotgipfler «Spätlese».
Hongrie:	Badacsonyi Kéknyelu, Badacsonyi Szurkebarat.

Tous ces vins seront renouvelés au fur et à mesure de leur consommation. Leur durée de conservation n'excédera pas 4 ans.

Vins blancs doux et vins blancs de dessert

Bordeaux:	Sauternes, Cérons, Loupiac, Barsac, Montbazillac.
Anjou:	Vouvray.
Hongrie:	Tokay aszu (3 à 6 puttonos).
Espagne:	Malaga ou Priorato extra rancio, Xérès doux.
Italie:	Cinqueterre (doux) — Malvasia de Lipari, Moscato, Vino santo, Caluso passito.
Grèce:	Mavrodaphni, Samos.
Portugal:	Porto.
Allemagne:	Vins de la Moselle ou vins du Rhin avec la mention «Trockenbeerenauslese».
Yougoslavie:	Spalato prosecco, Stolacer Ausbruch.
Roumanie:	Cotnari Grase, Murfatlar-Muskat.
USA:	Tokay de Californie.

Les vins doux peuvent généralement se conserver au-delà de 5 ans et certains des dizaines d'années; seule la dégustation donnera des indications sur leur longévité.

Champagnes

Champagne brut. — Champagne sec ou demi-sec.

On pourra remplacer le champagne par un mousseux de grande classe. Un champagne se conserve 4 à 5 ans.

VINS ROUGES

Bordeaux:	Médoc ou Graves légers.
Italie:	Chianti, Bardolino, Barbaresco, Grignolino Valpolicella.
Espagne:	Priorato tinto.
Portugal:	Vinho verde (tinto).
Suisse:	Salvagnin.
Autriche:	Blauburgunder (pinot noir).
Allemagne:	Spätburgunder (pinot noir).
Californie:	Zinfandel.
Bulgarie:	Kramolin.

On pourra également choisir les meilleurs parmi les vins de pays qui rempliront fort bien ce rôle. Comme pour les vins blancs secs ou demi-secs, on renouvellera au fur et à mesure des prélèvements. Durée de conservation moyenne: 5 ans.

Vins rouges de grande sève

Bourgogne:	Les crus de communes ou les premiers crus de la Côte de Nuits et de la Côte de Beaune.
Côtes du Rhône:	Hermitage, Côte Rôtie.
Suisse:	Dôle du Valais.
Italie:	Barbera, Nebbiolo, Reciotto, Veronese, Falerno.
Bordeaux:	Les crus bourgeois supérieurs du Médoc, de Saint-Emilion et de Pomerol.
Algérie:	Vins de Médéa et de Tlemcen.
Espagne:	Les meilleurs Rioja (Rioja Imperial, Rioja Marqués de Riscal), Vina Pomal.
Chili:	Vins de Curico et de Talca.
Portugal:	Vins Dao ou Colares.
Yougoslavie:	Plavac.
Hongrie:	Egri Bikaver.

Ces vins se conserveront 6 à 8 ans; certains bordeaux ou bourgognes pourront dépasser cette limite. La dégustation seule permettra de juger de l'évolution du vin.

Grands vins rouges

On se limitera ici aux meilleurs crus, généralement assez chers, mais qui pourront se conserver plus longtemps.

Bourgogne:	Chambertin ou l'un des autres grands crus de Gevrey-Chambertin; Bonnes Mares (Côte de Nuits); Corton (Côte de Beaune); Musigny; Clos-de-Vougeot; Romanée Conti ou l'un des autres grands crus de Vosne-Romanée.
Bordeaux:	Château Margaux ou l'un des grands crus classés de Margaux; Château Lafitte ou l'un des grands crus classés de Pauillac; Château Montrose ou l'un des grands crus classés de Saint-Estèphe; Château Ausone ou l'un des meilleurs Saint-Emilion; Château Haut-Brion ou l'un des meilleurs Graves rouges.
Italie:	Barolo, Vino Nobile de Montepulciano.
Autriche:	Oggauer Blaufränkisch Alte Reserve.
Allemagne:	Ihringer Blankenhornsberg.

Les grands vins rouges peuvent se conserver au-delà de 10 ans, mais sauf pour des vins exceptionnels, on ne dépassera pas 15 ans. On aura souci de choisir les meilleurs millésimes en se souvenant qu'ils ne sont pas les mêmes pour toutes les régions viticoles.

QUELQUES EXEMPLES DE CAVES D'AMATEURS

1. L'amateur de rosés pourra choisir parmi les crus suivants:

Allemagne:	Assmannshäuser Höllenberg; Durbacher Schlossberg Weissherbst Auslese; Ihringer Jesuitengarten, Burgunder Weissherbst Auslese.
Autriche:	Schloss Kirchberg.
France:	Tavel (rosé); Sancerre (rosé); Cabernet d'Anjou, Brégançon (Provence).
Italie:	Chiareto del Garda, Cagarino, Ravello.
Suisse:	Œil-de-Perdrix (Neuchâtel).

Tous ces vins doivent être bus jeunes, car leur durée de conservation dépasse rarement 3 ans.

2. La cave de l'amateur de Pinot.

Il réunira, par exemple, des vins issus de pinot en provenance d'Allemagne, de Suisse, de France, d'Italie, voire de Roumanie, de Yougoslavie, d'Afrique ou d'Amérique.

a) Pinot noir (Blauburgunder, Spätburgunder)

Allemagne:	Oberingelheimer Sonnenberg Spätburgunder (Rheinhessen); Ihringer Winklerberg (Baden); Assmannshäuser Höllenberg (Rheingau).
Suisse:	Dôle (Valais); Duc de Rohan Pinot noir (Bündern Herrschaft); Auvernier Pinot noir (Neuchâtel).
France:	Tous les Bourgognes rouges de la Côte de Nuits et de la Côte de Beaune.
Italie:	Pinot Nero (Trentino).
Roumanie:	Dealne Mare.
Yougoslavie:	Burgundac crni.
Californie:	Pinot noir ou Red Pinot.

b) Pinot gris (Ruländer en Allemagne et en Autriche); Tokay en Alsace et en Suisse orientale; Szürkebarat en Hongrie; Malvoisie en Valais.

Allemagne:	Durbacher Herrenberg (Baden); Bickensohler Steinfelsen (Kaiserstuhl).
Autriche:	Ruster Ruländer (Burgenland).
Suisse:	Malvoisie (Valais), Malanser Tokajer (Grisons).
Italie:	Pinot grigio (Trentino).
Hongrie:	Badacsonyi Szürkebarat (Lac Balaton).
Yougoslavie:	Ljutomer Rulendac sivi (Slovénie).

c) Pinot blanc (Weisser Burgunder en Allemagne) ou Pinot Chardonnay.

Allemagne:	Blankenhornsberger Weissburgunder (Kaiserstuhl); Ihringer Winklerberg (Ihringen).
Autriche:	Undhof Wieden Weissburgunder (Wachau); Kloster-Cabinet Weissburgunder (Klosterneuburg).
France:	Montrachet, Meursault, Chablis et Pouilly-Fuissé.
Italie :	Pinot bianco (Trentin).
Yougoslavie:	Collio, Burgundac bijeli (Slovénie).
Californie:	Pinot blanc.
Afrique du Sud:	White Pinot.

3. La cave de l'amateur de Riesling.

Allemagne:	Rüdesheimer Schlossberg (Rheingau); Wehlener Sonnenuhr (Moselle); Deidesheimer Leinhöhle (Rheinpfalz); Oppenheimer Sackträger (Rheinhessen); Durbacher Schlossberg (Baden).
Autriche:	Kremser Kögl, Dürnsteiner Hollerin.
Suisse:	Goût du Conseil (Valais).
France:	Riesling d'Alsace.
Californie:	Johannisberg-Riesling.
Afrique du Sud:	Paarl-Riesling.
Chili:	Coquinto-Riesling.
Australie:	Quelltaler Hock.

4. La cave de l'amateur de vins rares ou spéciaux.

Chaque région viticole produit des spécialités dont la renommée ne franchit pas toujours les limites régionales. L'amateur de raretés est un voyageur, un dilettante et un gourmet. Il choisira donc ses vins en fonction de ses voyages et de ses découvertes.

Les amateurs qui s'ignorent trouveront ci-dessous une liste de quelques-unes de ces merveilles, qu'ils pourront compléter, par la suite, au gré de leurs expériences.

Allemagne:	Les vins portant la mention «Trockenbeerenauslese» ou «Eiswein»; Durbacher Herrenberg (Baden); Assmannshäuser Höllenberg Rotwein Edelbeerenauslese (Rheingau).
Autriche:	Ruster Ausbruch (Burgenland), vin très doux.
Suisse:	Rèze (vin de glacier, Valais). Païen (Traminer de Visperterminen, Valais). Malanser Completer (Grisons).
France:	Château-Chalon (vin jaune du Jura). Romanée (le plus rare des grands vins rouges de Bourgogne: 25 hectolitres chaque année). Musigny blanc (le plus rare des grands vins blancs de Bourgogne: 8 hectolitres chaque année).
Italie:	Falerno (rouge), le vin chanté par Horace; Cinqueterre (blanc), le vin chanté par Pline, Pétrarque et D'Annunzio; Marsala vergini.
Espagne:	Un vin de Los Moriles (type Jerez à goût de noisette).
Portugal:	Un authentique «Vintage Port» des années 1921, 1927, 1931, 1935, 1943, 1945, 1947.
Chypre:	Commandaria (vin doux).

5. Autres suggestions.

Pourquoi ne pas se procurer des vins selon leur origine géographique, constituer par exemple une cave avec des vins du Rhône (du Valais aux Côtes du Rhône) ou des vins du Rhin (des Grisons au Rheingau), ou une cave italienne, etc. Pour cela on consultera les listes de vins publiées dans la deuxième partie de cet ouvrage.

Enfin, à côté d'un fond de cave conventionnel, nous conseillons de faire l'achat de quelques bouteilles d'un vin peu connu dans la région que l'on habite. Chacun pourra ainsi faire preuve d'originalité et offrir à ses amis et à ses hôtes des sujets d'émerveillement et de conversation, pourvu que le vin choisi ne déçoive pas.

LA VAISSELLE DU VIN

PIERRE ANDRIEU

A ses débuts sur la terre, l'homme ne s'abreuvait que d'eau, et nous pouvons penser qu'il s'allongeait simplement au niveau des ruisseaux et des rivières alors non endigués pour avaler le liquide et calmer sa soif. Ensuite, il eut l'idée de se servir du creux de sa main, puis de coquilles ou d'écorces concaves assez étanches. Enfin, au fur et à mesure que la civilisation se transformait, il inventa des récipients lui permettant de boire.

Le verre n'apparut que beaucoup plus tard. Il est incontestable qu'il était connu des Egyptiens et des Phéniciens; les verreries de Sidon et d'Alexandrie étaient célèbres. Au sujet de son origine, le chimiste J. Girardin a écrit:

«Le hasard fut sans doute pour beaucoup dans cette invention du verre; cependant on ne peut accorder aucune créance à l'origine que Pline l'Ancien lui donne. Suivant cet auteur, des marchands de soude phéniciens ayant atterri sur les bords du fleuve Balus, voulurent préparer leurs aliments sur le rivage. Faute de mieux, ils se servirent de quelques blocs de natron pour supporter le vase qui contenait les aliments; mais pendant la cuisson, ces blocs fondirent et transformèrent en verre le sable sur lequel ils reposaient. Il est bien évident, à cause de la température nécessaire à la fabrication du verre le plus flexible, que ce composé n'a pu prendre naissance dans la circonstance rapportée par Pline.» N'est-il pas intéressant de savoir que l'invention du verre, comme d'ailleurs beaucoup d'autres inventions, fut le résultat d'un hasard?

Lorsque régnait Alexandre le Grand, les Perses employaient déjà des vases de verre et d'autres de différentes matières. Le musée du Caire conserve des flacons de verre ancien contenant des résidus de vin égyptien, «et recouverts d'un dépôt caractéristique de crème de tartre». Au Ier siècle apr. J.-C., on commença à établir des verreries en Gaule et en Espagne.

Ce serait vers 1800 av. J.-C. que les Phéniciens auraient trouvé le verre qui fit son apparition sur les tables romaines sous le règne de Néron, au Ier siècle apr.

J.-C. On faisait alors venir d'Egypte, surtout d'Alexandrie, des coupes et des vases de cristal fort chers, certains colorés. Dans des écrits anciens, il est dit que ces récipients avaient l'avantage de ne pas se casser en tombant, tout au plus se bosselaient-ils, ce qui est assez curieux! François Carnot a fait remarquer à ce sujet qu'il s'agissait, en la circonstance, des premiers verres soufflés dans un moule. «Leur refroidissement dans le moule, écrit-il, se faisait lentement, évitant ainsi que le verre soit cassant. Cette fabrication s'est rapidement développée et partout où les Romains ont étendu leurs conquêtes, on retrouve de la vaisselle de verre: petites coupes et flacons. Comme à cette époque les morts étaient incinérés, leurs cendres étaient enterrées avec la vaisselle d'usage du défunt. Beaucoup de vases nous sont parvenus par les fouilles pratiquées dans les cimetières. Leur séjour en terre a décomposé leur surface extérieure et ils nous apparaissent avec des irisations magnifiques qui en augmentent le charme».

Retenons que pour boire il n'y avait pas que le récipient en verre. Les Etrusques furent parmi les premiers à travailler la terre cuite et à la recouvrir d'émail. On a retrouvé de nombreux vestiges de vases qui font l'admiration des artistes.

Les premières coupes fabriquées pour les riches furent en cuivre. Celles d'or et d'argent, parfois incrustées de pierreries, ne se rencontraient que dans les palais des empereurs ou des rois. Il y avait aussi, plus modestes, des sortes de timbales d'argent ou d'étain. Les coupes grecques et romaines étaient admirablement ouvragées, portant en relief des têtes de dieux, souvent de Bacchus, des feuilles de vigne, des grappes, etc.

Par contre, les spécimens que nous possédons de l'industrie métallurgique gauloise avant la conquête romaine, vases en bronze pour verser la boisson et coupes en poterie pour la boire, sont gravés avec un art beaucoup plus sommaire, mais leur forme n'est pas sans élégance. Dans les festins celtiques, la bière ou cervoise, l'hydromel et le vin étaient servis dans des

Les formes et les matières de la vaisselle vinaire sont très variées. Au fond: à droite, un flacon bulle syro-romain; à gauche, un pot turc (XVe-XVIe s.), puis une bouteille persane en faïence (XIIe-XIIIe s.); au premier plan, deux objets de céramique persane du XIIe siècle.

465

L'artisanat du verre était florissant chez les Romains, témoins ces objets destinés au service du vin: une carafe, un gobelet et un verre.

cornes, surtout des cornes d'urus plus ou moins richement cerclées d'or et d'argent. La corne resta très en faveur pendant toute l'époque mérovingienne, et jusqu'au XVe siècle même il en est fait mention. Un usage singulier, attesté par divers historiens, consistait à boire dans des crânes humains, crânes d'ennemis tués à la guerre ou crânes d'ancêtres. C'était un grand honneur pour un invité d'être sollicité de boire dans un tel crâne, et il fallait pour cela avoir tué un adversaire au combat.

Dans les repas plus simples et familiaux, on utilisait des tasses ou des bols en terre, avec lesquels chaque convive puisait dans une marmite également en terre, placée sur la table ou le sol.

Parmi les verres d'importance dont l'histoire a conservé le souvenir, on peut citer celui du bon roi René d'Anjou, qui contenait trois pintes et était enrichi de diamants. La pinte valant 0,93 litre, cela représentait

une bonne mesure! Depuis la coupe d'or du roi Dagobert jusqu'à l'œuf d'autruche en argent doré de Charles Quint, il y eut beaucoup de récipients bizarres, luxueux, inattendus que la mode et les possibilités financières des consommateurs désignaient comme réceptacles provisoires du divin breuvage.

Aujourd'hui, la verrerie ancienne atteint de hauts prix lorsque quelque rare exemplaire passe en vente publique. Voici quelques exemples. En 1947 fut vendu en Angleterre un chef-d'œuvre de ce genre pour 1400 livres de l'époque: c'était une coupe gravée, datée de 1577, pièce du verrier vénitien Jacob Verzelini établi en Angleterre en 1576. La gravure représentait deux lévriers, l'un lancé à la poursuite d'une licorne et l'autre d'un cerf. Le pied manquait; on l'avait remplacé par un socle de poirier orné d'une bordure d'argent. En 1951, à Londres, un verre daté de 1795, fabriqué par David Wolff, fut vendu 135 livres sterling. Une scène gravée représentait — symbolisant la liberté donnée à la Hollande par la France — un Hollandais serrant la main d'un Français.

Au Moyen Age, fait curieux, l'usage du récipient à boire en verre disparut en beaucoup d'endroits pendant quelques siècles, et nous noterons que, la verrerie étant rare, on donnait, comme pour les écuelles, un verre pour deux convives. Parfois, le fabricant de verre à vitre — on en fabriquait alors une sorte assez grossière de couleur verte — sortait quelques petits gobelets dont le fond était formé d'un cône rentrant, mais ils étaient peu communs. La surface extérieure portait des traces de décoration que les verriers complétaient par de gros fils de verre collés en arabesques sur le premier vase soufflé.

Sous la Renaissance, l'art du verre atteint son apogée, influencé par les Italiens.

En France, installés dans toutes les régions forestières (Normandie, Lorraine, Nivernais, Orléanais, Poitou, Dauphiné, Provence), changeant d'emplacement à mesure que le bois ou la fougère venait à être épuisé, les verriers français, honorés comme des gentilshommes, alliés souvent, à partir du XVIe siècle, à des familles de verriers de Murano ou d'Altare ramenées d'Italie par la noblesse de France, créèrent dans diverses provinces des types de verrerie qu'on peut aisément différencier dans leur origine.

Rares sont les pièces antérieures à la Renaissance qui sont arrivées jusqu'à nous, et nous ne connaissons pas les «gobelets en forme de cloche» et les hanaps que, vers

La timbale d'argent convient au voyage, à la chasse ou au déjeuner de plein air. Objet personnel et pratique — une série s'emboîte aisément — elle est souvent gravée au nom de son propriétaire et ornée de divers motifs.

Deux spécimens de verre du Rhin inférieur (XVIIe s.). Celui de gauche rappelle le «römer» dans sa forme générale et par la superposition de deux éléments, ici un cône sur un cylindre, moulés à part. A droite, le verre ressemble à un tonnelet.

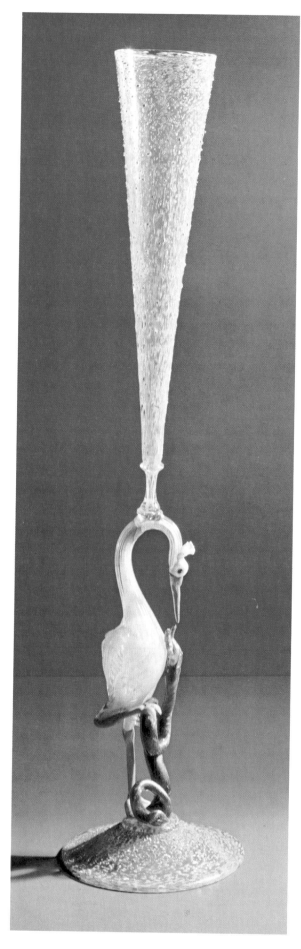

Dès le XVIe siècle, les Vénitiens passèrent maîtres dans l'art de la verrerie, de l'émaillage et de l'ornement en relief. Ci-dessus, coupe ovale en agate ciselée (fin XVIe s.); des émeraudes serties sur de l'or et de l'argent émaillés lui confèrent une grande distinction. Ci-contre et à gauche: types de flûtes vénitiennes du XVIIe siècle, qui, par leurs motifs très travaillés, font la joie et la fierté des collectionneurs.

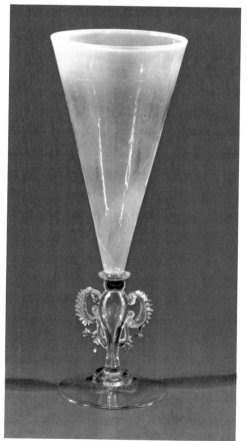

Ci-contre, à droite: Ces deux nautiles témoignent du grand art des orfèvres allemands du XVIIe siècle. Ce sont de fort belles pièces d'apparat, mais peu adaptées, en fait, au service du vin.

Passglas: pour diminuer la quantité de vin jouée lors de parties de cartes, on divisa le verre en sections, chacune correspondant à une partie.

La multitude de fiefs qui divisaient l'Allemagne au XVIIe siècle, donnait lieu à d'interminables querelles de successions. Le seigneur affirmait, sur des verres armoriés, ses titres de propriété, ses prétentions territoriales et même ses ambitions.

1340, Guionet fabriquait dans la forêt de Chamborant, pour le Dauphin de Viennois; mais les verres ambrés de Provence, les verres rosés de la Bourgogne et du Nivernais qui, souvent hélas, «jettent du sel et gâtent le vin»; les verres limpides et aux formes grasses de Normandie, venant des forêts d'Eu et du Lihult; les verres bleutés de la Margeride, comme marbrés et revêtus d'un tissu d'émail bleu clair, blanc et rouge sombre; les verres du Poitou, aux formes simples et nobles, souvent bordés d'un filet de verre bleu, les verres lyonnais laiteux comme une porcelaine, et couverts de rinceaux, d'armoiries, de devises galantes, d'émail polychrome; les verres moulés de Perrot d'Orléans, rehaussés de filets ou d'ornements de verre rubis; autant de types, de matières, de coloris, de décors différents, et qui, au cours de trois siècles, se différenciaient, même dans le seul emploi du gobelet ou du verre à pied.

On doit la renaissance de la verrerie aux Arabes et, en grande partie, aux verreries de Damas qui, du XIIe au XVe siècle, ont fait de très beaux verres émaillés. Venise, dont les navigateurs transportaient la plupart des produits provenant de la côte asiatique, commença par copier ces verres, à les imiter, et leur succès fut d'autant plus grand que les Vénitiens trouvèrent le moyen d'en améliorer l'exécution. Ils surent mieux fixer l'or. L'émaillage devint plus fin; les margaritaires de Venise, qui n'avaient fait que de petites perles, manièrent les bâtons d'émail avec beaucoup de délicatesse. Les belles coupes de Venise, les bouteilles décorées d'émaux, œuvres de grand luxe, ornèrent seules les tables de souverains et de hauts dignitaires. Au XVIe siècle, les Vénitiens étaient arrivés à faire du verre blanc assez pur pour qu'on pût le dénommer verre cristallin ou cristal de Venise. A la même époque, ils fabriquèrent un verre plus ordinaire pour la table des bourgeois, verre jaunâtre mais particulièrement léger appelé «verre fougère». La gravure intervint alors et ne fit que s'amplifier. Il est juste de préciser que les célèbres ateliers de Murano furent créés par des ouvriers grecs réfugiés à Venise après la prise de Constantinople.

Les verres ordinaires n'étaient pas tous prisés et les colporteurs, qui ne devaient pas craindre la casse, criaient par les rues et les campagnes:

«Gentils verres, verres jolis,
A deux liards les verres de bière.»

Le grand écrivain Montaigne ne voulait pas de récipients en métal pour boire; il accordait sa faveur au verre. «Tout métal m'y déplaît au prix d'une matière claire et transparente, disait-il. Que mes yeux tastent aussi suivent leur capacité.»

Quoi qu'il en soit et quel que fût le goût de celui-ci ou de celui-là, le verre de Venise était à la mode et ses admirateurs nombreux, d'autant plus que les Vénitiens avaient fait courir le bruit que leurs verres se brisaient dès que l'on y versait du poison, fort en vogue à l'époque!

Henri IV fit venir de Venise à Saint-Germain un maître verrier, Theses Mutio, qui produisit de jolies pièces en se servant de sable d'Etampes et de soude de Provence.

En Hollande, comme dans la plupart des pays, ce furent des transfuges vénitiens qui installèrent des verreries. Comme c'est aussi la patrie de la taille du diamant, il fut facile d'orner les verres délicats d'armes ou de motifs gravés à la pointe de diamant. Certains graveurs se distinguèrent au XVIIIᵉ siècle par un pointillage nouveau.

Le verre d'outre-Manche possédait un pied très lourd en forme de chapeau, mais la tige s'affina par la suite. Souvent on intercalait, dans l'épaisseur du cristal, de petites boules de vapeur qui faisaient un jeu de lumière original. Certains aussi étaient filigranés. Les Anglais eurent le mérite de découvrir le cristal vers la fin du XVIIᵉ siècle, grâce à l'introduction du baryte de plomb dans le verre. Contrairement à la verrerie vénitienne qui était très légère, le cristal anglais était lourd. La mode, qui favorise toujours la nouveauté, exigea de la verrerie lourde et pure; en conséquence, toute la

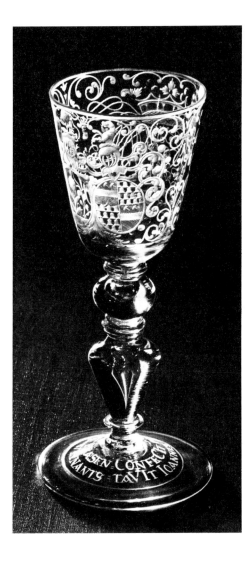

Ces deux élégants verres sont de formes très répandues en Allemagne, au XVIIIᵉ siècle. Ils contrastent par leurs ciselures très fines et leurs lignes recherchées avec les exemples précédents. Si tous restent d'admirables pièces de collection, les modèles jusqu'ici présentés répondent mal aux exigences de la consommation telle que nous la concevons de nos jours: les verres sont trop évasés, trop chamarrés; la robe du vin est masquée, souvent déformée.

production vénitienne fut abandonnée. Les Anglais envoyèrent leurs beaux verres en Hollande pour les faire graver, non au diamant mais au rouet.

Les verres gravés jacobites, les verres religieux et les verres de bateaux très stables se singularisent par leur tige courte et leur pied lourd.

En Russie, c'est la Grande Catherine qui fit venir près de Moscou des verriers de Silésie ayant pris exemple sur ceux de Bohême, qui n'étaient autres que des Vénitiens.

En Silésie, on employa comme en Bohême le cristal à base de potasse, et certaines moulures extérieures remplacèrent la taille, complétées par des surcharges d'or et souvent d'admirables gravures. Quelquefois, on peignit des paysages en noir, et dans toute l'Allemagne on rencontre une verrerie émaillée qui n'est pas sans mérite. C'est en Bohême que fut découverte la façon de colorer les verres en pourpre au moyen de sels d'or. Souvent même, ces verres sont enrichis de décors où l'or et la pourpre se mélangent. Dans le même ordre d'idée, on a fabriqué des verres «églomisés» où une feuille d'or ou d'argent est peinte ou gravée et enchâssée entre deux gobelets. On obtient ainsi un seul objet dont l'extérieur est taillé.

Tout naturellement l'Espagne subit d'abord l'influence arabe avec des verres composés de couleurs s'opposant souvent avec violence. Puis les Vénitiens prirent le pas, craquelèrent le verre resté jaune et augmentèrent encore les petits ailerons coloriés qu'y posaient leurs devanciers.

C'est au XVIe siècle que les verreries de Venise installèrent leur première manufacture dans les Flandres, exactement à Anvers, puis, au début du XVIIe siècle, dans la Principauté de Liège. Les verres qu'ils façonnèrent étaient grands, jaunâtres, ornés souvent de masques, de macarons et de perles bleues. Emaillés, ils ont comme signe distinctif une fleur de muguet avec des feuilles de couleurs différentes entremêlées de spirales du plus bel effet.

Louis XIV possédait cinq magnifiques verres de cristal de roche, mais à partir du XVIIIe siècle, le cristal de roche fut détrôné sur les tables princières ou royales par le verre de Bohême, que l'on fabriquait aussi en France. A Tourlaville, puis à Saint-Louis, à Montcenis, à Sèvres, à Baccarat, des cristalleries s'installèrent et se développèrent; certaines existent encore de nos jours et ont répandu dans le monde la renommée de leur art. Dans l'est de la France, exactement dans l'ancien comté de Bitche, berceau des verreries de Lorraine, se montèrent, au milieu de leur domaine forestier, les cristalleries de Saint-Louis. Vers la même époque, elles fabriquèrent aussi des verres dits de comptoir, réservés pour l'alcool, verres-illusions pourrions-nous dire, car leur forme et leur épaisseur laissent croire qu'ils contiennent beaucoup plus que leur contenance réelle.

C'est à Cologne que l'on fabriquait les verres à vin du Rhin, à long pied et coupe bulbeuse, les «römer». On trouvait aussi des verres à ailerons et à serpents à tête émaillée. En Bavière, les verres, là aussi émaillés, sont grands, pour buveurs notoires. On a la place d'y représenter, avec l'aigle impérial, tous les blasons des pays soumis à l'autorité de l'Empereur. A l'occasion du Traité de la paix d'Augsbourg, on créa des verres à l'image des trois souverains, français, suédois et allemand: d'un côté les catholiques et, de l'autre, les protestants recevant la bénédiction du Bon Dieu qui ouvre ses bras à tout le monde. D'autre part, le vingt-cinquième anniversaire donne lieu à la création de verres commémoratifs, où les membres de la famille sont représentés.

On voyait à la Cour de Saxe des verres avec les armes de chacun de ses dignitaires, à Nuremberg, des verres de cristal blanc, et à Potsdam des verres gravés, de grandes dimensions, avec des taches mates concourant à la décoration.

On lit dans le Nouveau Traité de la Civilité qui se pratique en France parmi les Honnêtes Gens, ouvrage édité en 1673, que dès 1586 la verrerie de Münsthal, l'actuel Saint-Louis, est mentionnée. Elle fut ruinée par la guerre de Trente Ans. En 1767, au lendemain de la réunion de la Lorraine à la France, Münstahl renaissait sous le nom de Verrerie Royale de Saint-Louis (lettres patentes du 4 mars 1767). Sur la plus ancienne maison du village, une plaque commémore ce souvenir: «La Cens de Münsthal, autrefois située sur la Commune de la Soucht, au Comté de Bitche, a été érigée en Verreries Royales de Saint-Louis par ordonnances de 1767 et de 1768. La Compagnie des Cristalleries de Saint-Louis rappelle, par ce souvenir historique, que cette habitation est regardée à juste titre comme le berceau de cet établissement.»

Après avoir subi bien des vicissitudes au cours des périodes révolutionnaires et napoléoniennes, Saint-Louis, sans jamais arrêter ses fabrications, devenait, en 1829, la Compagnie des Cristalleries de Saint-Louis. C'est là qu'a été mis au point et fabriqué le premier cristal de France.

Au XVIIe siècle, parmi les verres que nous pourrions appeler «spéciaux», doivent figurer en première ligne les flûtes à champagne, dont un certain nombre se rencontre dans la collection de la maison Moët et Chandon, qui a intelligemment constitué à Epernay un petit musée pittoresque de tout ce qui a trait au champagne.

Le premier Empire vit la consécration du service de table en verrerie. Il est imposant, somptueux; cependant, bien des gourmets regrettent le vieux verre de fougère, si léger qu'il en était presque aérien, véritable fleur translucide dans le calice de laquelle la lumière faisait jouer toute la gamme des couleurs de nos vins.

Aujourd'hui, beaucoup de cristalleries fabriquent des verres de diverses dimensions dans chaque modèle, ce qui permet de disposer un couvert gardant une unité dans l'ensemble. Il y a même des verres différents de forme pour chaque vin, ce qui engendre une curieuse harmonie.

BOUTEILLES ET CARAFES

Aujourd'hui, les bouteilles sont si communes que l'on ne songe guère à leur histoire, et bien des gens se figurent qu'elles ont toujours existé. Or, l'usage de mettre du vin dans des flacons de verre ne remonte guère au-delà du XVᵉ siècle. Certes, l'Egypte, Athènes et Rome connaissaient et fabriquaient des récipients en verre, mais surtout pour y enclore des parfums. Si, parfois, ces récipients contenaient du vin, on les remplissait seulement au moment de le servir. Leur rôle était alors celui des carafes, aujourd'hui.

Avant l'apparition de la bouteille proprement dite il y eut des pots en céramique ou en métal, ces derniers fabriqués et ciselés avec plus ou moins de raffinement par les potiers ou les orfèvres.

Bien des musées, entre autres celui de Reims, conservent dans leurs collections des vases à boire et des bouteilles en poterie de l'époque gallo-romaine. Leurs formes sont variées et non dénuées d'élégance. Parmi les objets exhumés lors de fouilles en Champagne, on peut citer un vase en argent datant du Iᵉʳ siècle avant notre ère, des gobelets et des bouteilles de verre accompagnés de médailles et de monnaies à l'effigie de Trajan, une coupe à vin en terre rouge portant les mots «Reims Feliciter» et datant du IIᵉ ou du IIIᵉ siècle, une cruche en terre dont la partie inférieure de l'anse porte une grappe de raisin.

Chez les Gaulois, des domestiques apportaient le vin aux convives dans des vases de terre ou d'argent semblables à une marmite. Chacun y puisait à tour de rôle avec sa petite tasse ou cyathe.

Peu à peu, à mesure que croissait le luxe de la table, l'usage s'est établi de présenter le vin dans des vases richement ornés. Froissart nous apprend que le comte de Douglas, portant en 1328 le cœur du roi d'Ecosse au Saint-Sépulcre, n'avait dans son bagage que des bouteilles d'or. Mais le bon Froissart ne nous dit pas ce que le noble comte mettait dans ses opulents flacons. Dans l'inventaire dressé à la mort de Charles V figurent deux bouteilles d'argent «esmaillées à tissu d'argent» et une bouteille de jaspe rouge garnye d'argent doré à ance». Voilà évidemment — l'anse l'indique — un genre de carafe. A Paris, le Musée du Louvre possède deux belles bouteilles d'argent doré aux armes de Henri III. Ces bouteilles, d'une forme et d'une décoration exquises dans leur simplicité, tiennent nettement de la gourde. Une chaînette de vermeil, fixée par des têtes de dragon formant crochets, facilitait le transport. Le dernier des Valois avait offert ces objets d'art à l'Ordre du Saint-Esprit, dont il portait le collier.

Voici, dans le Journal de la Dépense du roi Jean d'Angleterre, au compte de l'argenterie, année 1360, une indication qui va nous éclairer sur l'usage qu'on faisait, au Moyen Age, de ces objets: «A Jehan Petit Fay, marchand suivant la court, la somme de soixante sols tournois pour quatre bouteilles de cuir pour porter l'eau et le vin dudict Seigneur quand il va aux champs.»

En voyage, on emportait souvent aussi le vin dans des bouteilles en métal, généralement en argent, que l'on appelait des ferrières.

L'orfèvre avait donc une grande part dans l'élaboration des récipients pour contenir le vin. C'était une puissante corporation à laquelle le roi Charles le Chauve avait accordé ses premiers privilèges, car auparavant l'orfèvrerie n'était guère pratiquée que dans les ateliers monastiques. Concurremment avec les flacons de métal précieux, des vases de verre figurent dans les inventaires royaux. Le testament de Jehanne de Bourgogne, en 1352, mentionne «deux petites bouteilles de voirre grinellé, garnies d'argent».

A partir du XVIᵉ siècle, les récipients de verre s'introduisirent dans les intérieurs aisés. Le mot «bouteille» commença à prendre le sens bachique qu'il conservera désormais. Pierre de l'Estoile, dans son Journal d'un Bourgeois de Paris, applique au cardinal de Guise le sobriquet de Cardinal des Bouteilles, «pour ce qu'il les aimait fort et ne se meslait guère d'autres affaires que

Ce flacon, introduit ou fabriqué sur place par les Romains dans les années 50 à 75, a été mis au jour dans un cimetière de Barnwell (Grande-Bretagne). La coutume voulait, à cette époque, que l'on plaça dans la tombe du défunt ses objets familiers. Sur un fond moulé, l'artisan a ajusté le corps et le col, soufflés d'une seule pièce; puis ayant appliqué une boule de pâte de verre sur le corps, il l'a étirée pour former une anse. Les spirales ont été gravées après coup.

473

Malgré l'apparition du verre, l'usage de la terre cuite pour les récipients à vin n'a jamais tout à fait disparu; le vin léger retrouve la fraîcheur des chais au creux du pot de terre; les formes de ce dernier n'ont guère évolué depuis l'Antiquité. A gauche: petit pot romain du IIIᵉ siècle; à droite: pot rustique allemand, façonné au tour et sobrement décoré du début du XVIᵉ siècle.

celles de la cuisine, où il se cognoissait fort bien, et les entendait mieux que celles de la Religion et de l'Etat.» Cette existence épicurienne conduisit le prélat dans son lit, où le retinrent, longtemps avant sa mort, de multiples infirmités.

A cette époque, la verrerie est le seul art manuel auquel un gentilhomme pouvait se livrer sans déroger, et ce qu'il y a d'étrange c'est que, dans la fabrique, le noble avait seul le droit de souffler les bouteilles. Quand le verre était fondu, le gentilhomme prenait la felle et commençait l'opération. «Qu'à gentilhomme verrier seul il appartient de souffler le verre», dit Savary. Il ne faut pas croire d'ailleurs que ce métier anoblît et que les ouvriers devinssent nobles en l'exerçant: «C'est là une erreur populaire et grossière», écrit de la Roque. Les gentilshommes verriers ou gentilshommes souffleurs ne dérogeaient pas, voilà tout. On a fait remonter ce privilège jusqu'à Philippe de Valois; il fut en tout cas confirmé par Louis XIV en décembre 1655.

Très souvent, quand on voulait boire, on tirait simplement le vin à la pièce au fur et à mesure des besoins, non seulement chez les marchands et au cabaret, mais même chez les grands seigneurs. Cela avait l'inconvénient de laisser le tonneau en vidange.

Dans la province d'Anjou, quand on voulait transporter une petite quantité de vin en voyage ou en promenade, on plaçait à côté de soi sur la selle de son cheval, une sorte d'outre le renfermant. On l'appelait une «boutille», et le mot bouteille serait venu de là. Pour boire aux champs, les cultivateurs utilisaient aussi des récipients en faïence à ventre aplati, ou de petits barils de même matière, décorés de peintures allégoriques.

Ce n'est qu'au XVᵉ siècle, sous Louis XI, que la bouteille prendra une forme déjà élégante et commode se rapprochant de celle de nos jours; cependant la bouteille en verre ne supplanta pas encore celle en métal ou en cuir usitées jusqu'alors. Il nous fut donné de voir une bouteille en argent doré du XVIᵉ siècle, de fort noble allure, solide sur sa base, de forme aplatie et portant, gravées sur un plat, les armoiries de son propriétaire.

Au XVIIᵉ siècle, l'usage de la bouteille devint fréquent. On la nommait flacon, carafe, carafon, gourde, etc., alors que le terme de bouteille servait spécialement à désigner un récipient contenant du vin. Il y avait aussi les récipients décorés de figures ou d'armoiries, mais à la cave comme à l'office régnait la bouteille. On lui donna une large assise et pour que le dépôt du vin troublât le moins possible son contenu, on imita en verrerie les coupes d'orfèvrerie du Moyen Age, rentrant un fond conique dans l'intérieur du flacon.

Jusqu'à la fin du XVIIIᵉ siècle les vases à boire ne figuraient pas sur la table; ils restaient sur le buffet avec les vases, fontaines ou barils qui contenaient les boissons. Quand on voulait boire, il fallait faire signe à un valet, qui prenait un verre au buffet, le remplissait, le présentait sur une assiette, attendait qu'il fût vidé, et le rapportait alors où il l'avait pris. Parfois aussi ce service était fait, à gauche du convive, par deux valets, dont l'un tenait le verre, l'autre une carafe. Le marquis de Rouillac, mort en 1662, est le premier qui ait eu l'idée de renvoyer ses gens et de manger tranquillement sans laquais. On n'osa l'imiter, et l'usage de laisser sur la table les verres et les bouteilles ne date guère que de 1760.

Dans la région de Montreuil-Bellay (Anjou), on a recueilli un certain nombre de bouteilles anciennes fort intéressantes, telles une «fillette» du XVIIᵉ siècle et des bouteilles de même époque en verre foncé, massives, assez peu régulières et dont la contenance était variable. On remarque que, parfois, l'épaule est plus large que le fond.

Spécimens amusants que ceux de la «bouteille du curé», dont la capacité dépassait la mesure ordinaire, note le docteur P. Maisonneuve; on les appelait ainsi parce que les curés, qui avaient droit de prélever la dîme sur la récolte des vins, avaient soin de choisir à cet effet des bouteilles de grande capacité.

Au XVIIIᵉ siècle, la forme des bouteilles évolua; celles-ci commencèrent de s'élancer, indiquant assez bien ce qu'elles deviendront de nos jours. C'est surtout à ce moment-là que l'usage de la bouteille prit un développement très important. En effet, les cristaux anglais faisaient une grande concurrence aux cristaux français. De ce fait, nos verreries durent tourner leur activité vers d'autres fabrications, entre autres celles de la flaconnerie et des bouteilles. Des propriétaires firent apposer les armes de leur château sur des bouteilles spécialement soufflées pour eux, et des gourmets, particulièrement les Liégeois, firent représenter leur blason sur les bouteilles de leur cave. En 1755, la renommée d'une verrerie d'Ingrandes-sur-Loire, en Anjou, était très grande; cette maison exportait des bouteilles jusqu'en Amérique et aux Indes. Nous avons vu que dès le XVIIe siècle l'on observa que l'élévation conique de la partie inférieure facilitait la précipitation du dépôt quand il s'en produit après la mise en bouteilles. Etant plus lourd que le liquide, il occupe la partie la plus basse et ne peut guère se recombiner avec le vin si l'on a soin de ne pas manier brutalement le récipient. Quant au col de la bouteille, il diminue insensiblement jusqu'à une certaine hauteur et laisse très peu de surface aérée sur le vin, évitant ainsi une évaporation. Sa forme n'est donc pas arbitraire mais le résultat de l'expérience.

Dans le rarissime 'Traité sur la Culture de la Vigne et l'Art de faire le Vin', nous trouvons de pertinentes indications relatives aux bouteilles, dont les formes changent suivant les pays. «En Angleterre, le col est court, écrasé, le corps presque aussi large dans toutes ses parties. En France, la contenance varie, ce qui favorise la friponnerie. Il y en a dont le col est fort allongé, le corps petit, et le cul très enfoncé. Toutes ces bouteilles se rapprochent plus ou moins de la forme d'une poire. Il serait à désirer que le règlement fait pour la province de Champagne fût exécuté dans toute la France; on serait par là assuré de la quantité du vin qu'on demande, car l'acheteur ne voit souvent que la forme du verre, et il est trompé sur le contenu. Par exemple, la bouteille ordinaire à long col, à corps court et à cul enfoncé, ne tient pas trois quarts de la pinte; et cependant, suivant la loi de l'équité, elle devrait contenir la pinte. Ainsi l'acheteur est toujours trompé plus ou moins; il ne peut l'être en Champagne.»

Le XVIIIe siècle généralisa l'emploi de la bouteille. Chez Mlle Desmares, sous Louis XV, on compte onze cent quatre bouteilles, tant grandes que petites, armoriées ou non. La bouteille a maintenant conquis droit de cité sur toutes les tables du monde.

Sous la Restauration et pendant une bonne partie du

Au début du XVIII siècle, la forme des flacons est encore peu élancée, témoin cette bouteille anglaise (à droite) dont la silhouette se rapproche encore beaucoup des flacons du XIIe siècle. A gauche: bouteille hollandaise très répandue à la fin du XVIIe siècle.

XIXe siècle, des commerçants avisés suivirent l'actualité en faisant fabriquer pour leurs liqueurs des bouteilles aux formes inattendues: coq, parapluie, grenadier, Tour Eiffel, pipe, lanterne, main tenant un pistolet, la tête de Gambetta, du général Boulanger, Jeanne d'Arc béatifiée. Rappelons enfin ce qu'écrivait le grand gourmet belge Maurice des Ombiaux: «J'aime à voir la bouteille d'un MÉDOC ou d'un PAUILLAC et son bouchon estampé, la bouteille poudreuse d'un vieux VOUGEOT sur laquelle plusieurs générations d'araignées ont tissé leurs toiles, ou la bouteille couverte de limon par les inondations de l'hiver. Mais j'aime aussi à contempler le rubis d'un SAINT-EMILION, la pelure d'oignon d'un NUITS, le vert d'eau d'un POUILLY, le jaune paille d'un SAUTERNES, le doré d'un MEURSAULT, le paillé d'un ARBOIS à travers le cristal taillé d'une carafe.» Enfin, laissons au voyageur à l'esprit curieux la liberté de faire, lors de ses voyages, d'étonnantes découvertes sur l'origine et la forme de bouteilles originales, propres à certains vins ou à certaines régions.

Jusqu'au siècle dernier, les négociants ne livraient pas toujours la quantité exacte de vin qu'ils facturaient. L'étalonnage des bouteilles était, il est vrai, des plus approximatifs.

Plus lourdes mais plus fragiles, les bouteilles d'autrefois n'étaient-elles pas aussi plus belles, plus sympathiques que celles d'aujourd'hui?

ETIQUETTES

Au Iᵉʳ siècle de notre ère, lorsque Caïus Pétrone, l'arbitre des élégances, était proconsul en Béthanie, on conservait le vin dans des sortes d'amphores. Le bouchon de liège étant inconnu à cette époque, on fermait le goulot avec du plâtre ou avec un tampon imbibé d'huile. Ces amphores portaient des étiquettes sur lesquelles on pouvait lire, en plus du cru, le nom du consul existant au moment où le récipient avait été rempli. A notre connaissance, aucune de ces étiquettes ne figure dans une collection particulière.

Même lorsqu'il s'agit d'étiquettes manuscrites, les chercheurs n'ont pu remonter au-delà du XVIIIᵉ siècle. Elles sont fort simples, sans armoirie ni dessin. Un filet, parfois tracé à l'encre avec une règle, sert d'encadrement. On lit des inscriptions de ce genre: «Vins Mousseux — 1741 — Claude Moët», «Rozé — Claude et J.-R. Moët — Epernay», «Vins vieux — 1743 — Claude Moët — Epernay». Plus tard, le cadre devient plus compliqué. Le commandant Quenaidit en donne la description suivante: «D'une forme généralement rectangulaire dans le sens de la hauteur, ou de trapèze, la petite base en bas, quelques-unes avec le sommet plus ou moins arrondi. Ce ne sont que des passe-partout sans inscription et ornés d'un cadre formé d'éléments de plantes, comme du reste la plupart des étiquettes de pharmacie de la même époque. Le genre est encore employé pour étiqueter les échantillons de vins. Au centre, on voit écrit à la main l'année et le cru d'origine».

Ces diverses étiquettes du siècle dernier prouvent que le producteur ou le négociant attachait peu d'importance à l'habillage de ses bouteilles, même s'il s'agissait de grands vins. L'étiquette du Château d'Yssan, la plus ancienne, est des plus discrètes quant à l'origine du vin qu'elle présente. Celle de Margaux est plus explicite, mais l'appellation demeure vague.

C'est au XIXᵉ siècle que nous allons voir l'étiquette régner sous toutes ses formes. Des spécialistes en feront de luxueux symboles dont la diversité constituera un hymne à la gloire des vignobles du monde. Si les étiquettes de liqueurs, contemporaines de celles des vins, ont suivi l'actualité jusqu'au XXᵉ siècle, les secondes ne s'en sont pour ainsi dire jamais occupées, se contentant d'indiquer le cru, le millésime et le propriétaire ou la marque. Les exceptions sont rares.

La place faisant défaut pour étudier un grand nombre d'étiquettes, voici quelques précisions au sujet du champagne, vin universellement connu. Grâce à un vieil employé de mairie, aujourd'hui décédé, qui avait eu dans sa jeunesse l'idée de coller sur les feuillets d'un cahier d'écolier, les étiquettes d'un bon nombre de maisons de champagne, on connaît les modèles en usage pendant la première moitié du XIXᵉ siècle.

Celle qui paraît être la première en titre peut dater à peu près de 1820. Elle provient de la maison Chanoine frères, qui orna joliment ses étiquettes suivant le goût du moment. Cette première étiquette est à impression argentée sur fond noir. Peu de temps après, la maison Moët et Chandon en adoptait une à peu près semblable, mais avec une impression blanche sur fond bleu. Ce fut là l'origine de la fameuse «carte bleue» Moët et Chandon. Elle avait été dessinée pour l'Ay rosé par le peintre J.-B. Isabey. Toutes ces étiquettes étaient lithographiées. Moët et Chandon eut aussi au début du XIXᵉ siècle, une étiquette en forme d'écu que l'on fit redessiner pour orner des bouteilles du fameux vintage 1928; on la retrouve sur le DOM PÉRIGNON.

Dans certaines régions vinicoles où les marques laissent la place aux crus, les propriétaires pendant longtemps ne cherchèrent pas à différencier leurs produits les uns des autres. Ce fut le règne du type standard, de l'étiquette passe-partout.

Vers 1835, les mousseux champenois s'ornaient d'étiquettes à dentelles blanches ou or sur fond couleur, constituées par des sortes de hachures parallèles, mais parfois se transformaient, surtout à mesure que le temps passait, en rinceaux, guirlandes, fleurons Renaissance. A Reims, vers 1830, firent leur apparition les étiquettes de la maison Pommery et Greno. Elles étaient fort simples: le nom en noir sur fond blanc. Celles de Roederer s'entouraient de feuilles de vigne, tandis que sur celles de Clicquot-Ponsardin, on voyait des ornements calligraphiques. Ruinart Père et Fils présentent une étiquette d'Œil-de-Perdrix mousseux. Elle est de petit format, de même que celle de la maison Jacquesson & Fils pour l'Ay mousseux, à peu près de la même époque. Cette dernière est surmontée d'une couronne.

La plupart des négociants en vins considéraient alors que le rôle de l'étiquette était simplement d'indiquer le contenu de la bouteille. On lit sans autre renseignement: Bourgogne mousseux, Volnay, Vosne, Beaune,

En associant au vin un nom célèbre, le vigneron du siècle dernier envisageait le succès de sa marque. En haut, à gauche: G.M. Pabstmann fils dédia sa vigne à la reine Victoria; à droite: on reconnaît sur l'étiquette, les empereurs François-Joseph, Guillaume 1er et le tsar Alexandre II. Ci-dessus et ci-contre: les auteurs de ces étiquettes ont illustré, dans le style très enluminé de la Belle Epoque, les vertus des vins: l'un s'intitule Fontaine de Jouvence, l'autre, Source de Fraîcheur.

De nos jours, un soin particulier est apporté à la présentation des grands vins. A tout seigneur, tout honneur. Si toutes les étiquettes n'ont pas la distinction de celle du château Mouton-Rothschild, illustrée par le peintre Georges Mathieu, elles font preuve, chacune dans leur style, d'une recherche esthétique évidente.

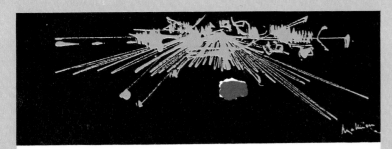

Dessin inédit   *de Mathieu*

1961   1961

Cette récolte a produit :
76.732 Bordelaises et ½ B.ses de 1 à 76.732
900 Magnums de M 1 à M 900
72 Grands Formats de GF 1 à GF 72
double-magnums, jéroboams, impériales
2.000 Réserve du Château marquées R.C.
Ci,

Philippe de Rothschild

Château
Mouton Rothschild

BARON PHILIPPE DE ROTHSCHILD PROPRIÉTAIRE A PAUILLAC
APPELLATION PAUILLAC CONTRÔLÉE
TOUTE LA RÉCOLTE MISE EN BOUTEILLES AU CHÂTEAU

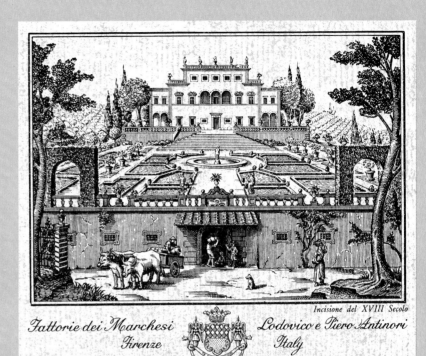

Incisione del XVIII Secolo

Fattorie dei Marchesi   *Lodovico e Piero Antinori*
Firenze   *Italy*

VILLA ANTINORI
Chianti Classico

Imbottigliato alle Cantine Antinori in S. Casciano Val di Pesa - Vino a gradi 12,5 - Cont. Litri 0,720
Si raccomanda di servire chambrè

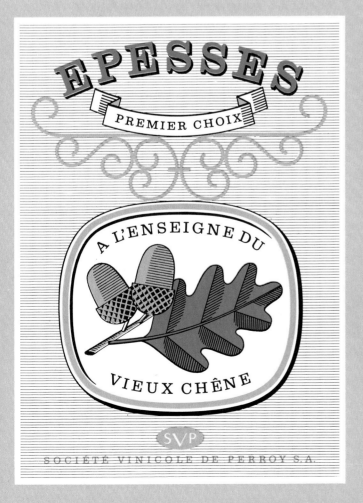

EPESSES
PREMIER CHOIX

A L'ENSEIGNE DU
VIEUX CHÊNE

SVP

SOCIÉTÉ VINICOLE DE PERROY S.A.

VINTAGE 1966

LIVERMORE
PINOT CHARDONNAY
A LIGHT WINE OF PINOT CHARDONNAY GRAPES
ESTATE BOTTLED
PRODUCED AND BOTTLED AT THE WINERY BY
WENTE BROS.
ALCOHOL 12% BY VOLUME   LIVERMORE, CALIFORNIA, U.S.A.

EAST OF THE ROCKY MTS.	Distributed By	WEST OF THE ROCKY MTS.
"21" Brands Inc. NEW YORK, N.Y.		PARROTT & Co. SAN FRANCISCO, CALIF.

Romanée, etc., même un Chambertin s'écrit «Chambetin», sans que l'on se soit occupé de l'absence de la lettre r. Meursault figure dans un cartouche entouré de feuilles de vigne, à moins que, tels Volnay et Pomard (avec un seul m), il paraisse au-dessous d'une petite gravure représentant dans un ovale le majestueux portail d'un château bourguignon.

Le second Empire apporte une floraison d'étiquettes, mais la taille-douce et la lithographie sont souvent délaissées au bénéfice des chromolithographies glacées exécutées sans beaucoup de soin. Il y a des étiquettes imprévues, comme celles du «Champagne des Préhistoriens», «Au 20-100-0», «A la source d'O claire», ce qui est assez paradoxal pour une marque de vin! On voit même, à Reims, le champagne «Bismarck-Schönhausen», puis le «Grand Vin des Cent Gardes», le «Grand Vin des Maréchaux». Citons encore: «Le Lord Maire», «Fête du 14 juillet», «Grand Mousseux des Loges maçonniques», même «A Philomène»! et «Le Vésuve»!... Il y a aussi les vins pour les souverains et pour le pape. Nous n'en finirions pas de dresser la liste des étiquettes originales.

Depuis les lois sur les appellations d'origine et autres décrets spéciaux suivant les pays, les inscriptions de la plupart des étiquettes ont été réglementées, ce qui n'a pas empêché les dessinateurs et imprimeurs de donner libre cours à leur imagination: paysages, scènes de vendanges, costumes, symboles, forment une fresque colorée, pleine de gaîté, où l'art se conjugue avec les nécessités de la propagande. Des imprimeurs spécialisés ont ainsi réalisé de véritables tableaux.

En Bourgogne, une émulation s'est créée entre divers viticulteurs et négociants pour conserver à leurs étiquettes un genre ancien bénéficiant de la technique d'aujourd'hui.

Dans le Bordelais, la quantité de vignobles donne lieu à une floraison d'étiquettes qui, pour la plupart, représentent avec plus ou moins de bonheur le «château». Certaines sont parfaites, mais d'autres utilisent le passe-partout.

Nous devons signaler la fastueuse initiative du baron Philippe de Rothschild qui s'est adressé aux plus grands artistes pour la composition des étiquettes de ses crus célèbres: Jean Cocteau (1947), Marie Laurencin (1948), Dignimont (1949), Vertès (1951), Leonor Fini (1952), Carzou (1954), Georges Braque (1955), Salvador Dali (1958), Jacques Villon (1960), Georges Mathieu (1961) et bien d'autres.

L'Alsace, la Provence, le Roussillon, les Côtes du Rhône, le Béarn, le Jura ont fait des efforts très louables, tandis que la Champagne garde pour ses bouteilles une allure de grand seigneur.

Dans Clarisse ou la Vieille Cuisinière, de Léo Larguier, ce gourmet raffiné, la brave femme s'exprime ainsi sous la plume de l'écrivain: «Mon maître m'a conté jadis qu'il avait connu, en son jeune temps, un vieil original qui faisait lui-même sa cuisine, bien qu'il fût riche, et qui habillait les bouteilles qu'il servait à sa

table. Si chaque flacon avait un costume, ce serait infiniment commode pour les maîtresses de maison: les petits vins de pays porteraient une blouse paysanne bleue et bien amidonnée, et leur bouchon serait coiffé d'un bonnet de coton; les bordeaux et les bourgognes légers auraient la veste de velours des chasseurs aisés et des bons propriétaires campagnards; les grands vins de la Côte d'Or seraient vêtus comme des châtelains; il y en aurait de cossus et de dépenaillés, et les bouteilles de champagne seraient en frac de soirée, avec un chapeau de soie luisante sur leur belle tête dorée.»

L'étiquette est la carte de visite de ce que renferme le flacon; c'est à la fois une annonce et un pedigree, un état civil et une invitation à faire plus ample connaissance. Elle doit séduire par son sourire et s'imposer par son attrait. Elle est le reflet de ce qu'elle cache, et si nous tentions une image un peu audacieuse, une prédégustation par les yeux. L'étiquette doit exciter le désir et provoquer le rêve. Elle doit aussi s'accorder avec le genre du produit. On ne conçoit pas un modeste rouge revêtu d'une rutilante étiquette de porto, pas plus qu'un somptueux chambertin décoré sans façon comme une appellation d'un petit vin agréable pour le casse-croûte. Elles sont le symbole du caractère de chaque pays. Les suisses sont d'une extrême délicatesse. Pour la France, très variées suivant les provinces: sans teintes vives pour l'Alsace, dorées pour le champagne, vin de luxe; elles s'éclairent pour donner toute leur lumière avec les vins de Provence et du Roussillon. Les vins de la Loire, du POUILLY FUMÉ au MUSCADET, gardent, sauf pour les mousseux, un reflet du ciel limpide et ils n'oseraient se vêtir de robes trop voyantes. Les vins des CÔTES-DU-RHÔNE ensoleillés prennent à l'astre quelques-uns de ses reflets; les bourgognes et les bordeaux se tiennent dans une moyenne pleine de dignité.

Avec l'Espagne, c'est la noblesse flamboyante, le Cid et la somptuosité mauresque. Des couleurs éclatantes et des titres aux lettres affirmées.

Le Portugal dispense des étiquettes riches, enluminées. Des saints et des saintes sur des vitraux, des conquistadors, le rouge sanglant du feu et l'or des trésors amoncelés dans les entrepôts de Villanova de Gaya, en face de Porto.

L'Italie entoure ses vermouths et ses chiantis de couleurs vives aussi mais plus populaires. Parfois, de la sobriété aussi, mais il semble que ce soit une exception confirmant la règle. Naples et le Piémont, Venise et Florence ne se conçoivent qu'avec une expression méridionale que l'art antique a marquée de son sceau. Les étiquettes du Luxembourg ressemblent beaucoup à celles des vins d'Alsace; elles ont, comme d'ailleurs celles des vins du Rhin, les teintes douces du ciel de la Moselle.

Nous pourrions ainsi faire le tour du monde et nous découvririons des rapprochements certains entre le paysage, le caractère, le produit et son étiquette à laquelle les artistes peuvent apporter leur concours sans craindre de déchoir.

LE VIN ET LA GASTRONOMIE

FLAVIEN MONOD

Une maîtresse de maison ne laisse jamais sa demeure sans un bouquet — si simples qu'en soient les fleurs. Un maître de maison n'est pas lui-même sans sa cave. Connaître les fleurs, vraiment savoir les disposer, les harmoniser, éclairer la chambre d'ami d'une note vive et fraîche, c'est savoir donner, donc recevoir. Connaître le vin, savoir le servir, aller au-devant des goûts de chacun, c'est vouloir partager une joie avec ceux qu'on aime et qu'on veut honorer.

Carrefour de toutes les rencontres familiales et familières, lieu prédestiné à la création de nouvelles amitiés, la maison dit presque tout sur les goûts, les possibilités et les choix de ceux qui la gouvernent. Presque tout: on ne saura le reste qu'après un coup d'œil à la bibliothèque et à la cave, ou sur le rayon des livres et celui des vins.

Un seul repas ne livre pas les secrets d'un tempérament, mais que ce soit dans la rigueur du grand service ou dans une aimable spontanéité, on se sent ou non l'objet d'une attention, d'une sollicitude particulière.

Mieux vaut souvent un bouquet de fleurs des champs ou d'herbes séchées qu'une anonyme et somptueuse corbeille. Mieux vaut souvent la vive répartie familière et la cordialité sincère de l'accueil que les conversations guindées, conventionnelles et diplomatiques. Ainsi, mieux vaut souvent un véritable vin de pays, franc de goût, pimpant de robe, humble de bouteille, qu'un vin de haut renom, pesamment étiqueté, lourdement prétentieux, aux titres de noblesse incertains.

Après avoir beaucoup cédé à des séductions douteuses telles que le goût des cocktails, mélanges parfois aberrants, notre XXe siècle vieillissant retrouve un ami de tous les temps: le vin. La cave reprend le pas sur le «bar»: c'est sans doute un heureux retour aux sources, un profond besoin de retrouver la vérité dans le naturel.

LA TABLE QUOTIDIENNE

Comment choisir le vin de tous les jours, celui qu'on boit entre soi et même avec quelques rares intimes? Ce vin qui accompagne des repas d'autant plus sommaires qu'on en prend d'autres plus raffinés et plus copieux. Ce vin qui doit toujours désaltérer, qu'on peut boire à franches rasades et qui ne vous trahira jamais. Avant d'aller plus loin, disons qu'il doit être d'abord léger. C'est un vin bon camarade, sans cérémonie, sans faste. On ne lui demandera pas de mettre en valeur un plat, mais on exigera de lui qu'il ne gâche pas les mets, qu'il soit accommodant, jovial, sympathique et surtout... sans arrière-pensée. Ainsi n'adopterait-on pas sans une sérieuse mise à l'épreuve tel petit rosé, tel rouge sans prétention dont l'apparente innocence cache souvent des revanches sournoises: somnolence, lourdeur de tête, confusion de pensée.

Cependant, légèreté n'est pas médiocrité, simplicité n'est pas sottise. Un mot juste vaut une longue phrase. Un vin sans apprêt, sans parchemins, accompagnant d'un pas égal des repas souvent trop rapides, aidera le travail, disposera à la bienveillance et au sourire, qualités non négligeables dans ces temps d'intense activité.

Précisons qu'en ce domaine du «tous les jours», nous ne parlerons que de vins rouges, jeunes et légers. Les vins blancs, les grands crus auront leur place plus loin.

Mais encore? Eh bien, le goût joue son rôle ici comme partout ailleurs. Si l'on a la chance d'habiter une région viticole, on trouvera toujours — et mieux — sur place le vin qui conviendra. Ne méprisons pas les vins de coupage: ils peuvent être de bon mérite, acquis avec prudence et choisis avec soin. Les Italiens opteraient peut-être pour un petit vin du Piémont, les Espagnols pour un vin de Galice ou de la Manche et les Portugais pour un Colarès.

PROPOSITIONS POUR UN VIN QUOTIDIEN

France: Médoc léger, Pomerol, Beaujolais de l'année, Côtes - du - Ventoux, Châtillon-en-Diois, Bourgueil, Chinon; Italie: Chianti, Valpolicella; Espagne: rouges légers de Galice; Suisse: Salvagnin.

Le vin quotidien? Il doit être encore plus notre ami que nous le sien.

LA TABLE DOMINICALE, FAMILIALE ET AMICALE

Le vin joue ici un rôle capital. Il ne s'agit pas de grandes réceptions — ce ne sont pas toujours les plus importantes — ni de repas donnés à grands frais, en grande cérémonie et en grande tenue. Mais la table du dimanche, prise ici comme symbole d'un jour où le corps et l'esprit sont plus libres, la table familiale et la table amicale sont naturellement préparées avec le plus grand soin. On doit autant — oserions-nous dire plus? — à l'amour, à l'affection, à l'amitié, qu'à la déférence et au respect. Le vin devient un élément de sentiment. Quoi de plus tendre, de plus joyeux, de plus exaltant, que de choisir des vins destinés à ceux et à celles que l'on aime? On choisit pour le meilleur des plaisirs: faire plaisir.

Pour en venir au choix des vins, il faut dire deux mots du menu. On a très heureusement perdu l'habitude presque partout de confondre abondance et raffinement, quantité et qualité. Il ne s'agit pas de laisser repartir les convives apoplectiques et flageolants. Un repas bien orchestré doit laisser chacun l'esprit net et le jarret ferme.

On servira donc, en règle générale, des hors-d'œuvre, une entrée légère, un plat de viande, des légumes, des fromages et un dessert. Si le plat principal doit être lourd (viandes en sauce, gibier) on peut supprimer les hors-d'œuvre ou l'entrée. La salade est diversement appréciée selon les pays. On dira justement qu'elle s'accommode mal du vin, quel qu'il soit; mais précisément elle peut avoir le mérite d'exiger un verre d'eau; lequel rafraîchira utilement la bouche et créera la césure entre le «vin du milieu» et le vin des fromages. Le dessert peut être, comme il est admis depuis belle lurette, ce qu'on appelait un entremets. Ce peut être aussi une pâtisserie fraîche et les fruits, indigènes ou exotiques, suivront éventuellement.

Un menu ainsi composé très simplement va conditionner la sélection des vins. Arrêtons-nous un moment à une proposition remarquable que font d'excellents amateurs de table et de cave. Pourquoi ne pas choisir un certain vin de milieu, un vin qu'on connaît bien, dont la qualité paraît évidente et qui vient d'atteindre l'âge précis de sa plus haute qualité? Et pourquoi ne pas partir de ce vin pour établir le menu?

Cette attitude, qui peut passer pour paradoxale, a de grands mérites: elle conduit à une certaine révision des idées les plus reçues quant à l'ordonnance du repas. Ayant la chance de posséder quelques bouteilles «à point», il faut en faire profiter ses hôtes de choix.

On ne saurait ici faire de «personnalités». Ce sont les qualités du vin qui commandent. La bouteille est reine, qu'elle soit de Bourgogne, de Bordeaux, de Toscane, du Douro, de Rioja ou remplie d'un vin tel que le roumain Kadarka, le yougoslave Plavac, le grec Naoussa, pour ne parler ici que de vins rouges européens.

Suivant la nature du vin, ses qualités essentielles, on aura le choix, pour le plat central, entre une viande rouge, une viande en sauce ou une volaille. Ce qui n'empêche nullement d'accompagner le début du repas d'un vin blanc très classique. Pour les fromages et les plats sucrés, nous y venons plus loin.

Mais il va de soi que la méthode habituelle «tel plat demande tel vin» demeure tout naturellement excellente. On se reportera pour l'application de cette méthode à nos observations sur les menus (cf. infra). Les repas d'amitié ne peuvent être établis qu'avec le soin constant d'être agréables à chacun.

LA FÊTE DE FAMILLE

Il en est de toutes sortes, de la plus simple à la plus fastueuse. Pour les plus simples, on se reportera aux indications données pour la table familiale. Mais il en est qui font date s'il s'agit d'une halte dans la vie, d'un événement dont les répercussions se font sentir longtemps. Un misanthrope disait: «On ne se méfie jamais assez des mariages; pour peu qu'on vive assez longtemps, on est automatiquement condamné au baptême... puis au mariage de la génération suivante; et cet enchaînement logique ne cesse qu'avec la disparition du convive.» Prenons-le plus gaiement.

On pourrait peut-être distinguer deux sortes de repas donnés à l'occasion d'une fête de famille: ceux qui suivent ou précèdent une cérémonie religieuse et ceux dont la joyeuse occasion est purement profane. Ainsi le repas de baptême, le repas de noces doivent garder une note de discrétion, voire de retenue, qui exclut évidemment les solennelles bâfreries et même les excès de gastronomie. Encore admet-on que la chère y soit remarquable et les vins de haut choix.

On devrait, dans ces circonstances, se limiter à trois vins: un blanc et deux rouges. La règle classique doit être appliquée: aller en progressant à la fois dans la vigueur et dans la qualité. C'est avec le fromage (ou «sur» le fromage) que doit être servi le vin roi de la fête.

Quantités de propositions sont acceptables. Tout au bourgogne: un blanc sec, deux rouges, le second plus corsé, plus puissant que le premier; tout au bordeaux; tout avec des vins de la même cave: en ce cas, l'amphitryon les choisira selon ses réserves et les connaissances qu'il en a.

On a toujours plaisir à s'asseoir devant une table bien dressée, présage de l'excellence du repas dominical: la bouteille de Barbera Bersano s'allie fort bien à la côte de bœuf, accompagnée de pommes nouvelles rissolées et de haricots verts. Le barbera n'est ici qu'un exemple, car presque chaque région vinicole produit de bons vins rouges sans prétention qui conviennent parfaitement au rôti familial.

MENU TOUT AU BOURGOGNE

Version Côtes-de-Beaune

Blanc	MEURSAULT ou MONTRACHET
Premier rouge	POMMARD ou SAVIGNY
Second rouge	PERNAND-VERGELESSE ou ALOXE-CORTON

Version Côtes-de-Nuits

Blanc	CLOS VOUGEOT blanc
Premier rouge	CHAMBOLLE-MUSIGNY ou FIXIN
Second rouge	ROMANÉE-CONTI ou CLOS-VOUGEOT

MENU TOUT AU BORDEAUX

Blanc	GRAVES sec
Premier rouge	MÉDOC ou POMEROL
Second rouge	PAUILLAC, SAINT-ESTÈPHE, SAINT-EMILION

MENU SELON LES VINS DE VOTRE CAVE

L'expression parle d'elle-même: l'amateur choisira d'associer trois des vins qu'il a la chance de posséder. Et pourquoi pas un blanc suisse ou allemand, un rouge italien puis un rouge espagnol ou portugais?

Cependant, toutes sortes de dates peuvent se trouver frappées du sceau qu'est un déjeuner ou un dîner savamment accompagné de vins harmonieusement choisis. Ces types de repas peuvent être précédés d'un bon champagne brut. Et nous disons bien précédés. Car si apporter le champagne avant le café est tolérable, le servir immédiatement après est une funeste erreur.

On peut fêter le succès à un examen, un changement de maison (quand la nouvelle cave aura eu le temps de reposer...), une décoration. Et puis aussi, le retour d'un ami lointain, le printemps, la présentation d'un tableau, l'acquisition d'un meuble rare. Pendre la crémaillère, c'est aussi l'arroser. Toute cérémonie familiale doit être un élan du cœur. Créer des harmonies dans les vins peut aller loin: c'est aussi créer des souvenirs heureux, compagnons ailés des jours de la vie.

LE DÎNER DE RÉCEPTION

Le vin fera dans les dîners de réception plusieurs entrées fracassantes. Les plus précieuses bouteilles vont tenir leur partie dans une orchestration de grand style. La maison est parée. Vaisselle et verrerie, argenterie et lingerie ont délégué leurs plus nobles représentants. Le menu a été mis au point avec patience et minutie. Les convives sont tous là: chacun a eu le temps de se détendre, de faire connaissance avec ceux qu'il ne connaissait pas. On va passer à table. Honneur à la cuisine, certes, et grand honneur. Salut aux boissons qu'on abandonne dans la pièce voisine. Mais voici la première bouteille du premier vin...

Qui va la servir? Dans les maisons, dans les occasions où l'on peut avoir du personnel de service, c'est un maître d'hôtel ou une aide domestique qui versera le vin dans le verre convenable. L'essentiel est dans la tenue d'une impeccable propreté et d'une absolue discrétion. Sinon ce sera le maître de maison lui-même, avec simplicité et gentillesse.

Les bouteilles auront été ouvertes d'avance, gardées au frais pour les unes ou «chambrées» pour les autres. On ne répétera jamais assez que le mot «chambré» — qui veut dire à la température de la pièce — n'a plus sa signification d'autrefois. Il faisait jadis moins chaud dans les salles à manger. Aucun vin ne supporterait, sauf exception rarissime, la température d'une pièce où les épaules féminines sont nues et les complets des hommes en tissu léger. Il est inadmissible de mettre de la glace dans un verre de vin, soit! Mais il n'est pas moins inadmissible de servir du vin chaud. Toutes indications de température suivant les vins sont données par ailleurs dans les chapitres consacrés aux régions viticoles.

Nous supposons, dans cet ouvrage, que les convives sont, pour la plupart, des amateurs de vin, sinon des spécialistes. Il n'est donc pas interdit de commenter. On n'emploiera pas des mots savants: il ne faut déconcerter personne. Mais des appréciations pertinentes seront toujours bienvenues du maître de maison qui rendra ensuite service en indiquant la provenance et les caractéristiques principales.

N'employez les termes de dégustation qu'avec beaucoup de compétence et de certitude. Le vocabulaire technique doit simplifier les conversations et non les compliquer. Dites, par exemple, d'un grand vin rouge qu'il a: une belle robe, un nez puissant aux arômes riches et bien mariés, une franche réponse du palais. Dites qu'il est long, de bonne persistance gustative. Ne dites pas qu'il est bien habillé (c'est l'étiquette), d'une odeur agréable, d'un goût délicieux. Dites à la rigueur qu'il a du corps et du bouquet et qu'il vieillira bien. Dites surtout qu'il a été choisi par un véritable connaisseur et qu'en simple profane vous êtes sensible à ses qualités: on n'en croira pas votre modestie!

Dans les réceptions «châtelaines», c'est bien entendu le maître d'hôtel qui, mains gantées, la gauche derrière le dos et la droite inclinant la bouteille, glissera à l'oreille du convive le nom du vin et son millésime. Cela n'étant possible qu'avec de grands vins de grandes années.

Revenons à notre première bouteille. Elle sera sans doute de vin blanc. Il faut en mesurer la qualité, compte tenu de l'indispensable progression et de la règle d'or qui veut qu'un vin ne doit jamais faire regretter le précédent. Ainsi le triomphe d'un très grand vin blanc ne doit pas faire paraître trop modeste le premier vin rouge à le suivre. A moins qu'un dîner de grande réception ne tourne fâcheusement à la séance de dégustation. Le vin est un seigneur. Sa courtoisie naturelle et sa bonne éducation l'empêcheront d'attirer l'attention sur lui seul. Il se conformera aux goûts subtils de la cuisine; en compagnon bien élevé, il la mettra en valeur, il en magnifiera les qualités. Quelque ami du vin qu'on puisse être, on ne tolérera pas qu'il prenne le pas sur le grand art du chef ou de la cuisinière. Dans un concerto, le premier violon du monde joue avec l'orchestre et ne dispute pas un match contre lui.

S'il doit y avoir quatre vins, qu'ils passent toujours du léger au corsé, du clos bourgeois au grand cru, du plus jeune au plus vénérable, et qu'ils soient, c'est évident, de meilleur en meilleur.

Une très belle rose dans un très beau cristal, c'est très facile. Un grand vin dans un très beau verre, c'est très facile. Une grande composition florale, c'est très difficile. Un grand dîner accompagné de grands crus, c'est très difficile. Mais c'est passionnant, et l'on en garde un grand souvenir.

C'est en comparant des menus les uns aux autres (cf. infra) qu'on trouvera des exemples de grands vins accompagnant de grands plats.

Répétons que le champagne est merveilleusement à sa place avant le dîner. Il ne gâte pas la bouche, il s'apprécie parfaitement et prépare dans une juste mesure à ce qui va suivre.

Un grand dîner, c'est une symphonie. Si l'on n'a pas un grand chef et un vaste ensemble, il vaut mieux faire de la musique de chambre; elle a son charme profond. L'émotion naît de la qualité, du talent. Jamais du nombre seul.

LES IMPRÉVUS DE L'AMITIÉ

Toute occasion, nous l'avons dit, est bonne qui fait se rencontrer des gens qui s'estiment et qui s'aiment, et qui — c'est là notre sujet — reconnaissent à la présence du vin la grâce d'être un charmant terrain d'entente. Aussi dirons-nous deux mots de ces rencontres plus ou moins impromptues que sont les «barbecues» (que nous baptiserions bien volontiers: «grillades au soleil», encore qu'aux Etats-Unis ce soient de vastes pique-niques), les buffets aux champs, les repas de plein air. Il est convenu qu'à la campagne, sur une terrasse, en vacances, on abandonne résolument le cérémonial au profit de l'intimité, les conventions en faveur d'une totale simplicité. N'allons toutefois pas plus loin: une saucisson-partie, un buffet tout à fait paysan, une grillade au jardin n'impliquent nullement le laisser-aller. C'est avec beaucoup de soins qu'on peut donner l'impression de liberté, de cordialité, d'intimité. La négligence entraîne le sans-façon: le mot vaut mieux que la chose.

Les vins? Qu'ils soient capables de supporter un excès de froid ou de chaleur. Nous entonnerons encore le «los» des vins «de pays» bus dans la région. Les vins légers, les rouges clairs, les rosés authentiques (et non les 'pelure d'oignon'), les blancs secs, fruités ou «pierre à fusil». Rien de capiteux, rien de solennel. Des adjectifs pour les vins bus au grand air? Gouleyant, vif, gai, jeune, friand.

On aimera les vins blancs de la Loire, du Pays de Vaud, les vins d'Alsace (SYLVANER, RIESLING); s'ils sont légers: des vins de la Moselle ou du Rhin. Les rosés de Provence, des Baléares, de Bulgarie (MAVROD) ou de Slovénie (CVICEK) conviendront. Les rouges sont innombrables: on les souhaitera clairs de robe, fruités et francs de goût. On en trouve partout, du Beaujolais à l'Autriche, du Périgord à la Californie (SANTA-ROSA). Chaque pays, chaque région a le sien.

C'est sans doute le meilleur lieu pour les vins qui pétillent vraiment sans mousser: ceux d'Anjou, de Saumur, de Touraine, de Seyssel, de Neuchâtel ou le RIESLING ITALICO, le LAMBRUSCO, etc.

Il ne faut jamais hésiter, en plein air, à tenir les vins blancs, rosés, ou les petits rouges très au frais, même dans des glacières portatives. Ils ne se réchaufferont que trop vite dans les verres.

Dehors, que chacun se serve au tonneau le vin de l'année. C'est une solution aussi sympathique que commode. Il y a un réel plaisir à la vue et au toucher de l'honnête «bois d'arbre» contenant le fruit de la vigne.

LE VIN DANS LES MENUS DE RESTAURANT

Souvent amené à faire des invitations au-dehors et donc à choisir un restaurateur, on fait en général deux sortes de repas: le déjeuner d'affaires et le dîner d'invitation.

Dans le cas du déjeuner d'affaires, on formule souvent des souhaits contradictoires: faire un bon repas, faire un repas léger, faire un repas rapide. Le problème est déjà ancien. Si l'on est bien informé des goûts de son invité ou de ses invités, on choisit en fonction de ces goûts. Ce n'est pas toujours commode, l'invité ayant souvent plus de temps et moins de travail, ce jour-là, que l'invitant. Mais la courtoisie veut que ce type de repas soit court et qu'il n'accable pas les

Pour les grandes fêtes, le menu sera plus important et plus soigné, les vins plus recherchés. C'est l'occasion pour le maître de maison de sortir ▷ l'un ou l'autre des trésors de sa cave. Sur les pages suivantes, l'assiette de fruits de mer est accompagnée d'un vin du Rheingau, le gigot d'agneau d'un prestigieux Mouton-Rothschild; le tout est couronné par un dessert de pâtisserie et un champagne millésimé.

partenaires par un choix de spécialités, de vins trop nombreux ou trop capiteux. La cuisine étant un peu sacrifiée, le vin peut être un élément de compensation. Nombre d'excellents restaurateurs ou sommeliers sauront vous conseiller le vin (unique, si possible) qui ne vous gâchera pas la demi-journée de travail. Il saura qu'un client content sur l'heure mais somnolent plus tard ne reviendra plus... A chacun de surveiller la carte et de savoir la lire. Il est des vins blancs qui se laissent boire «comme du petit lait» et qui encombrent l'entendement et le ralentissent plus qu'il ne convient, alors que les rouges légers un peu montés en tannin s'oublient vite. On ne parle pas ici des qualités intrinsèques du vin mais de leur prolongement.

Pour un dîner entre amis, ou même pour honorer un hôte de passage, c'est différent. On a plus de temps; la nuit permet de récupérer. On se doit, c'est clair, ou de faire connaître les beautés de sa région et donc de ses vins, ou d'aller au-devant des goûts personnels de son hôte. Les mêmes règles que chez soi s'appliquent alors tout naturellement.

VINS DE VISITE ET DE CONVERSATION

Voici bien un chapitre où l'amateur se sent pousser des ailes! Toutes les fantaisies, toutes les délicatesses, toutes les inventions y sont permises. L'usage veut à nouveau, nous l'avons dit, que le vin ait repris la place qu'il avait un temps quittée. On peut donc, sans déroger au bon usage, sans se déconsidérer aux yeux des relations et connaissances qui ne sont pas encore des amis, offrir du vin. Pendant des années qui furent folles, puis grises, puis noires en des lieux hélas nombreux, on n'osait guère boire de vin en dehors des repas ou de l'intimité la plus stricte. Le bon sens a repris le dessus et chacun est libre de célébrer toute rencontre, un verre de vin à la main. Tout devient plaisir: celui de réjouir un ami par la recherche de la bouteille qui saura lui plaire particulièrement; celui de sentir quel vin convient à quelle heure, à quel moment de la semaine, à quelle intime préoccupation, à quelle humeur.

«Visite et conversation», cette formule appelle prétexte d'une amicale politesse et d'un agrément spontané. On y trouve aussi bien le visiteur — quelque bouteille amusante ou prestigieuse sous le bras — que le visité, quêtant chez lui le vin opportunément choisi. Quel beau sujet pour commencer une conversation!

Vin de visite: un vin d'un mérite non assuré, un vin de divertissement, d'exotisme, un cru singulier; un vin d'évocation, souvenir de voyage, rappel d'un jour donné.

Vin de conversation: point trop de subtilité; aimons ensemble le même vin, nous nous en aimerons mieux. Si le temps s'y prête et si nous en avons le temps, donnons-nous la joie des comparaisons. Tout en parlant d'autre chose, goûtons les vins du bout du monde qu'un

bénéfique accident nous aura permis de savourer! Goûtons-les sans nous sentir forcément Européens. Que le monde vienne à nous dans une bouteille!

C'est le moment de tâter d'un vin nouveau, de se demander si l'année sera bonne. Mais on aura peut-être aussi rapporté (ou trouvé) un vin d'Israël, de Turquie (laissons chanter les noms: TEKIRGAD, BOZCAADA, MÜREFTE, ELAZIG...), KOKKINELLI de Chypre, COONAWARRA d'Australie méridionale, ou, pourquoi pas, STELLENBOSCH d'Afrique du Sud et EL TRAPICHE d'Argentine. On peut jouer à deviner la provenance — à condition d'être beau joueur car les pièges sont perfides.

VINS DE FROMAGE

C'est surtout avec le fromage que le vin prend sa vraie valeur, entre dans sa gloire. Il n'est pas possible d'énumérer tous les fromages et tous les vins pour établir des rapports entre eux.

On s'accorde toutefois sur de grands — et simples — principes. Certains types de fromages seront accompagnés, de préférence, par certains types de vins. Nous donnons ici une classification très traditionnelle et des accords bien établis. Dans chaque famille de fromage et dans chaque catégorie de vins, nous citerons un ou deux exemples. A l'amateur de tenter d'autres expériences en adaptant ces règles classiques à des fromages et des vins qu'il connaît. Et en n'oubliant pas que les exceptions sont souvent bien savoureuses. Ainsi, le Roquefort, dit-on, doit être accompagné d'un grand vin rouge. Mais des gastronomes émérites évoquent avec une émotion non feinte le sublime mariage du Roquefort et du Monbazillac. Ce qui est tout dire.

Grands vins rouges puissants, corsés et charpentés, de toutes régions:
   Bleu danois — Gorgonzola — Roquefort — Stilton.

Vins rouges de haute ou moyenne vigueur, de toutes régions:
   Camembert — Brie.

Vins rouges bouquetés et de corps moyen de Dalmatie, Médoc, Morgon, Palatinat, Toscane:
   Maroilles — Livarot — Munster.

Vins blancs et rouges corsés de Bordeaux, Bourgogne, Catalogne, Andalousie, Piémont, Tunisie:
   Cheddar — Gruyère.

Vins blancs, rosés et rouges secs ou fruités de Beaujolais, Galice, Loire, Ombrie, Savoie, Serbie:
   Cantal — Gouda — Hervé — Port-Salut.

Vins légers et secs, vins du pays d'origine des fromages:
   Fromages de chèvre et fromages de brebis secs.

Nous mentionnerons, en dehors des catégories ci-dessus, les fromages frais qui peuvent être salés ou sucrés (petits-suisses, fromages à la crème, etc.) et les fromages fondus (crème de Gruyère, etc.). Les fromages sucrés, avec ou sans crème, rejoignent les entremets et desserts. Les fromages fondus s'accompagnent de vins blancs, rosés ou rouges légers et plutôt secs.

Avec les «fondues», les «râclettes» et les soufflés au fromage, on boira les vins qui se marient bien aux fromages dont ces plats sont composés. Avec les «savories» au fromage qu'on déguste en Angleterre à la fin du repas, on peut aussi boire un xérès (jerez ou sherry), voire un porto sec.

Un dernier mot: ce que nous appelons ici le «vin de milieu», celui qui se sert avec le rôti ou la venaison, peut parfaitement être le vin du fromage, à condition d'avoir choisi celui-ci de façon à ne trahir ni l'harmonie ni la hiérarchie des vins.

VINS, ENTREMETS, DESSERTS ET SUCRERIES

On ne peut guère attribuer une place d'importance aux desserts dans un ouvrage sur le vin. Chacun s'accorde à dire que les plats sucrés ne s'accommodent d'aucun vin. C'est un peu simplifier le problème. Mais il est fort utile de savoir quel dessert on peut servir si l'on boit du vin.

Notons qu'on ne peut servir de vin ni avec les fruits frais acides ni avec les entremets ou pâtisseries au chocolat. Personne n'échappe à la loi, mais chacun peut tricher... Si l'on souhaite, toutefois, rester dans la bonne règle, voici l'avis des bons auteurs sur les accords possibles.

Vins doux ou liquoreux: ALICANTE, BARSAC, LACHRYMA-CRISTI, MOSCATI DI PANTELLERIA, MARSALA ALEATICO, SAUTERNES, VINO SANTO.

Vins pétillants doux: ASTI SPUMANTE, BLANQUETTE DE LIMOUX, CHAMPAGNE demi-sec, CLAIRETTE DE DIE.
Cakes — Biscuits — Petits fours — Tourtes...

Vins rouges de corps moyen, dont le bouquet évoque le fruit.
Fraises, framboises, pêches.

Vins doux naturels: FRONTIGNAN, MALVOISIE, MAVRODAPHNI DE PATRAS, MOSCATEL.
Pâtisserie (éviter l'excès de crèmes).

Répétons que ces accords sont toujours discutables et toujours discutés. La «tricherie» à laquelle nous faisions allusion plus haut consiste à laisser chacun finir son vin avant ou avec le dessert — dont il prendra peu ou prou — à munir chacun d'un grand verre d'eau fraîche et à servir tout de suite après un de ces vins de dessert glorieux qu'on oublie trop souvent: porto, madère, malaga, jerez oloroso. Le goût d'un grand MONBAZILLAC est aussi un plaisir de qualité.

LE VIN DANS LA PRÉPARATION DES METS

Il existe un très grand nombre de recettes — que nous n'exposerons pas ici — où le vin entre dans la composition des sauces et des marinades. On hésite parfois à sacrifier une grande bouteille à la préparation d'un mets, bien que la règle veuille que le vin choisi à cet effet soit le même que celui servi à table. Un riesling, un champagne, un BOURGOGNE GRAND-ORDINAIRE ou un honnête CÔTES-DU-RHÔNE feront pourtant l'affaire dans la plupart des cas.

GRANDS MENUS ET GRANDS VINS

Les menus du passé ont plus une valeur de comparaison que d'indication pratique. Par un phénomène mal expliqué bien que parfaitement constaté, nous assistons à une diminution considérable des quantités de nourriture absorbées par un convive moyen. Beaucoup d'explications ont été avancées.

Il ne faut pas prendre au pied de la lettre l'énoncé des menus d'autrefois. Sur cinquante ou cent «articles» servis, on ne prenait pas de tout; on prenait peu de quelques uns.

L'obligation quasi générale du travail et les impératifs de l'hygiène moderne ont amenuisé progressivement les gloutonneries de jadis. La raison aurait ainsi pris le pas sur l'instinct. C'est presque trop beau.

Quoi qu'il en soit, les menus se sont simplifiés, épurés, allégés. La diététique bien comprise est une forme alimentaire de l'hygiène et une forme gastronomique de la pondération. Souhaitons que notre bonne condition physique nous permette alors de faire honneur à des menus de grand dîner.

MENUS DU PASSÉ

Menu du dîner offert, en 1656, à Louis XIV
par Madame la Chancelière
en son château de Pontchartrain

Premier service
Huit pots-à-oillet et seize hors-d'œuvre chauds

Deuxième service
Huit grands relevés desdicts potages
Seize entrées de fines viandes

Les vins et les fromages créent de sublimes accords, dont voici de multiples possibilités illustrées sur les pages suivantes: un beaujolais avec ▷ des fromages à pâte molle, un vin blanc suisse avec des fromages à pâte ferme cuite, un chianti avec des fromages à pâte ferme non cuite, un vin blanc du Rhin avec des fromages à pâte fraîche et un grand bordeaux savoureux avec des fromages à pâte persillée.

Troisième service

Huit plats de rost et seize plats
de légumes apprestés au coulis de viandes

Quatrième service

Huit pâtés ou viandes et poissons froids
et seize salades creûes, à l'huile, à la cresme
et au beurre

Cinquième et dernier service

Vingt et quattre pâtisseries diverses
Vingt et quattre jattes de fruits creûs
Vingt et quattre assiettes de sucreries
conserves et confitures sèches ou liquides

Soit, en tout: 168 plats ou assiettes garnies sans compter les divers
mets servis au dessert.   (D'après Prosper Montagné)

On ne nous dit pas quels vins furent servis. Ce
premier exemple historique marque surtout l'abondance d'un dîner auquel participa Louis XIV qui fut
un extraordinaire mangeur. Mais notre objet étant le
vin, voici ensuite, plus proche de nous, un menu du
XIXe siècle.

Menu du dîner des «Trois Empereurs»
servi à Alexandre II, au tzaréwich et au roi de Prusse,
au Café Anglais, à Paris, le 7 juin 1867

Potages

Impératrice — Fontanges

Relevés

Soufflé à la Reine
Filets de sole à la vénitienne
Escalopes de turbot au gratin
Selles de mouton purée bretonne

Entrées

Poulets à la portugaise
Pâté chaud de cailles
Homard à la parisienne
Sorbet au vin de champagne

Rôts

Caneton à la rouennaise
Ortolans sur canapés

Entremets

Aubergines à l'espagnole
Asperges en branches
Cassolettes princesse
Bombe glacée

Vins

MADÈRE RETOUR DES INDES 1846
XÉRÈS 1821
CHÂTEAU YQUEM 1847   CHAMBERTIN 1846
CHÂTEAU MARGAUX 1847   CHÂTEAU LATOUR 1847
CHÂTEAU LAFITE 1848

Dans l'exemple précédent, mention est faite des vins,
mais la question se pose de savoir, par exemple, avec
quoi on a servi le CHÂTEAU YQUEM: avec le soufflé, les
ortolans ou la bombe glacée? On ne saurait qu'imaginer
ou essayer peut-être. Dans le menu qui suit, là encore
manquent les précisions d'accord entre plats et vins,
mais elles sont moins difficiles à imaginer.

*Menu du banquet offert à Emile Loubet,
président de la République*
à son retour de Russie, le 27 mai 1902 à Dunkerque,
par le Conseil général du Nord.

Hors-d'œuvre à la Russe
Saumon de Dunkerque à la Flamande
Filet de Bœuf à la Parisienne
Chaud-Froid de Caneton Potel
Poulardes du Mans à l'Estragon
Salade Jean-Bart
Suprêmes de Pêches et Reines-Claude
à la Montmorency
Desserts

Vins

BARSAC
MÉDOC
CHÂTEAU GRUAUD-LAROZE
MONTEBELLO FRAPPÉ
LIQUEURS

GRANDS MENUS D'AUJOURD'HUI

GRAND MENU AU BOURGOGNE

Dans un repas où les bourgognes, tout seuls, sont les
grands ordonnateurs du menu, on peut faire toutes les
variantes possibles et imaginables quant aux plats
servis. L'amateur de vin fera, ici comme ailleurs, une
sélection gastronomique telle que le manger serve le
boire. On peut faire «chanter» un MONTRACHET avec une
autre entrée de poisson; les vins de la Côte de Beaune
sont assez hauts de couleur et de renom pour se marier
avec des viandes de plus haut goût.

Mousseline de saumon
CHEVALIER-MONTRACHET

Jambon à la Villandry
SAVIGNY-LÈS-BEAUNE

Poularde truffée
Timbales Agnès Sorel
Salade mimosa
RICHEBOURG

Sabayon au Madère
MADÈRE

En quelques solennelles occasions, les dîners intimes ou officiels, s'ordonneront selon les meilleures traditions de la gastronomie. Un
restaurant élégant et réputé peut mettre à votre service ses salons et son personnel et à votre disposition toutes les ressources de sa cuisine et
de sa cave; à vous de créer, comme sur la page ci-contre, la symphonie des mets et des vins qui enchanteront vos convives.

GRAND MENU AU BORDEAUX

Les grands bordeaux blancs sont méconnus. On trouve d'ailleurs — hors l'hexagone français — des vins qui leur ressemblent. On les aura découvert au long de ce livre. Ici, nous donnons encore comme exemple la mousseline de saumon, encore que pour les bourgognes il s'agisse d'une mousseline et pour les bordeaux de mousselines, le pluriel indiquant une quantité moindre. Disons seulement un mot du foie gras accompagné d'un vin blanc liquoreux. Un mot, un seul, oui: essayez!

Mousselines de saumon
CÔTES-DE-BLAYE

Gratin de queues d'écrevisses
SAINTE-CROIX-DU-MONT SEC

Selle d'agneau
CHÂTEAU LAFITE

Parfait au foie gras
Crêpes fourrées
CHÂTEAU YQUEM

GRAND MENU AU CHAMPAGNE

Ici, les choses sont simples: on aime ou on n'aime pas le, les champagnes. Si on les aime, on conviendra qu'ils sont seuls capables de chanter sans musique. Leur accompagnement doit seulement les mettre en valeur.

Timbale de filets de sole à la gelée
AVIZE

Truffe sous la pâte
CRAMANT

Faisan à la Bohémienne
MAREUIL-SUR-AY

Cardons à la moelle
Salade Aïda
BOUZY

Biscuit glacé Lyrique
MAILLY-CHAMPAGNE

GRANDS MENUS AVEC DIFFÉRENTS VINS

Avant le dîner: CHAMPAGNE BRUT

Foie gras en croûte
CHAMPAGNE NATURE

Soufflé de truites Beauvilliers
ENTRE-DEUX-MERS-HAUT-BENAUGE

Jambon de Prague à la Chablisienne
POMMARD

Cailles au nid
Pommes Bonne-femme
Salades Béatrix
NUITS-SAINT-GEORGES

Gâteaux de noix
CHÂTEAU-CHALON

Médaillons de jambon Polignac
BLANC DE L'ÉTOILE

Queues d'écrevisses à la mode du couvent de Chorin
MEURSAULT

Poulet de grain Jacqueline garniture Marie-Louise
Salade Orloff
POMEROL

Charlotte Royale
QUART-DE-CHAUME

*

Salade de Homard en noix de coco
MÂCON BLANC

Timbale Sully
MARGAUX

Filet de bœuf Wellington
Salade Rachel
CHAMBOLLE-MUSIGNY

Diplomate chaud
VIN DE PAILLE

*

Langouste en Bellevue
PALETTE

Selle de chevreuil Grand Veneur
Timbales Maréchale
Salade Belle Hélène
GEVREY-CHAMBERTIN

Croûte à l'ananas
PINEAU DES CHARENTES

David Téniers (1610-1690) a intitulé sa toile «Les cinq sens». Les plaisirs de la table semblent combler différemment, mais de manière fort agréable, ces amis assemblés autour d'une table pour le seul plaisir de rendre savoureux l'instant qui passe.

LE VIN EN VOYAGE

Il est bien difficile de voyager uniquement à des fins gastronomiques. C'est un plaisir supplémentaire (ou une compensation bien agréable...) à tel voyage de délassement, de culture ou d'affaires. Le vin tient naturellement une place de choix dans ces rencontres avec la cuisine d'une ville, d'une région ou d'un pays.

Nous signalons simplement un certain nombre de rencontres curieuses entre le chef et le sommelier, le cordon bleu et le vigneron, entre le bien-manger et le bien-boire. L'ordre alphabétique épargnera les susceptibilités régionales ou nationales — nous osons l'espérer. Il est plein d'injustices, pourtant: les provinces françaises, même petites, y tiennent plus de place que de vastes contrées lointaines. L'auteur n'y est (presque) pour rien: c'est le vin qui le guide et non les spécialités.

Ainsi tel pays de haute cuisine n'est pas cité car il produit peu ou pas du tout de vins. Les noms que voici sont de simples échantillons, témoins gourmands d'un imaginaire voyage en zigzag à travers des raretés... souvent rares.

Répétons-nous une dernière fois: on ne trouvera ci-dessous que des préparations culinaires et des vins le plus souvent sans grand renom. C'est une litanie modeste qui peut chanter à l'oreille plus pour le plaisir que pour la documentation.

Les plats évoqués, produits typiques, sont accompagnés de vins particuliers. Les poètes mineurs, les auteurs de second rang ne sont ni sans saveur ni sans génie. Ainsi en peut-il être de ces petits poèmes en casseroles et en bouteilles.

SUGGESTIONS POUR UN VOYAGEUR GASTRONOME

ALSACE	Tokay d'Alsace	Blanc	Jambon braisé, gratin aux pommes.
ALLEMAGNE	Schloss Böckelsheimer Kupfergrube	Blanc	Blancs d'oie grillés au feu de sarments avec pommes au beurre et airelles.
ANJOU	Champigny	Rouge	Bouilleture (matelote au vin rouge).
AUTRICHE	Prälatenwein	Blanc	Quetsches préparées avec amandes et pâte.
AUVERGNE	Chanturgue	Rouge	Coq au vin de Besse-en-Chandesse.
BÉARN	Irouléguy	Rouge	Isard aux mousserons.
BERRY	Châteaumeillant	Rouge	Pompe aux grignaudes (fouace fritons de porc).
BOURBONNAIS	Saint-Pourçain	Rouge	Truffat (pâté aux pommes de terre).
BOURGOGNE	Passe-tout-grain	Rouge	Compote de pigeons.
BRETAGNE	Muscadet	Blanc	Lapin au muscadet.
BUGEY	Charveyron	Rouge	Salmis de bécasse du Bernardin.
CORSE	Sciaccarello	Rouge	Coppa, figatello, lonzo (charcuterie).
DAUPHINÉ	Jarjayes	Blanc	Poulet roussille.
ESPAGNE	Ribeiro	Blanc	Calamares en su tinta (seiches dans leur encre).
FRANCHE-COMTÉ	Hypocras	Rouge	Pâtes de coing de Baume-les-Dames.
GASCOGNE	Madiran	Rouge	Sanguète de poulet.
ITALIE	Rocca-di-papa	Blanc	Mozzarella in carrozza (croque-monsieur).
LANGUEDOC	Minervois	Rouge	Mourtayrol (pot-au-feu avec bœuf, poule et jambon au safran).
LORRAINE	Gris de Pagny-sur-Moselle	Blanc	Grenouilles au gratin de Boulay.
LYONNAIS	Beaujolais de l'année	Rouge	Farci de veau en vessie.
ORLÉANAIS	Cour Cheverny	Blanc	Croûte aux champignons de Montargis.
PÉRIGORD	Côtes de Duras	Rouge	Fromages de chèvre de la Trappe d'Echourgnac.
PORTUGAL	Moscatel de Setubal	Blanc	Doce d'ovos (pâte de jaunes d'œufs).
PROVENCE	Taradeau	Blanc	Escargots à la suçarelle.
SAVOIE	Princess-Rocheray	Rouge	Civet de porc à la crème.
SUISSE	Dézaley	Blanc	Crème de saucisse de foie.

NOTES

BRÈVES DÉFINITIONS DE QUELQUES TERMES TECHNIQUES

Acidité

Il faut distinguer l'acidité volatile de l'acidité fixe ou stable. L'acidité volatile résulte principalement de l'acide acétique et des acides butyrique, formique et propionique; elle concourt à donner au vin son bouquet et sa stabilité. L'acidité fixe ou stable provient notamment de l'acide tartrique et des acides malique et citrique; d'elle dépend l'harmonie du vin. On parle encore d'acidité totale ou ensemble des acides volatils et fixes. Certains acides sont présents dans le grain du raisin; d'autres se forment au cours de la fermentation du moût.

Aération des moûts

On obtient une bonne aération (ou oxygénation) des moûts par l'égrappage qui divise les éléments de la vendange et leur fait traverser l'air avant qu'ils ne se rendent dans la cuve. Physiologiquement, l'oxygène de l'air active la fermentation en faisant bourgeonner les jeunes levures ; chimiquement, il concourt au dépouillement du vin, au développement de la matière colorante et à la production du bouquet. C'est donc un précieux agent de mûrissement du vin, mais par excès, il peut amener son usure et son jaunissement.

Collage

Opération qui consiste à ajouter au vin, dans le but de le clarifier, une substance capable de se déposer en entraînant les éléments solides en suspension. On emploie le plus souvent à cet effet le blanc d'œuf battu, le sang frais, la caséine, la gélatine ou la colle de poisson.

Cuvage ou cuvaison

Opération qui consiste, avant le pressurage et après le foulage, à laisser fermenter les raisins dans les cuves. Le temps de cuvaison dure en général de un à plusieurs jours. Cette opération a pour but d'extraire des pellicules des grains leurs principes colorants par l'alcool; on pratique le cuvage pour l'obtention des vins rouges et parfois des vins rosés. Par l'absence de cuvage du raisin rouge, on peut obtenir des vins blancs légèrement rosés.

Débourbage

Opération qui consiste à séparer les principales impuretés (terre, débris organiques) du moût, avant sa mise en fermentation. Elle se fait en présence d'anhydride sulfureux qui empêche toute fermentation. Cette opération est pratiquée surtout dans la vinification des vins blancs. En cas de forte attaque de pourriture du raisin, cela évite les faux-goûts de moisi.

Débourrage

Opération qui consiste à effectuer un premier soutirage pour séparer le vin de ses lies ou bourres.

Décuvage ou décuvaison

Opération qui consiste à retirer le vin rouge de la cuve après fermentation. Le vin dit de goutte est alors séparé du marc que l'on pourra pressurer pour obtenur du vin de presse.

Degré d'alcool ou titre légal du vin

C'est le nombre de cm^3 d'alcool éthylique mesuré à 15° C. que renferment 100 cm^3 de vin mesurés à la même température. Depuis 1954, un règlement international a été adopté en vue de titrer l'alcool à 20°C., mais son application n'est pas encore généralisée.

Egouttage

Opération qui consiste à laisser s'égoutter les raisins foulés.

Extrait

C'est la résultante d'un vin dont on a éliminé l'alcool par distillation pour le titrer. L'extrait sec est l'ensemble des substances non volatiles du vin qui contribuent à lui donner sa couleur, son arôme et son goût.

Fermentation lente ou seconde fermentation

Transformation de l'acide malique du vin en acide lactique à l'aide des bactéries dites malo-lactiques contenues naturellement dans le vin. Cette fermentation qui suit habituellement la première fermentation ou fermentation tumultueuse est très importante. Elle amène une forte diminution de l'acidité totale et ainsi favorise l'harmonie du vin.

Fermentation tumultueuse

Transformation du sucre du raisin en alcool à l'aide de levures (ou ferments) se trouvant naturellement dans le grain de raisin, ou de levures sélectionnées en laboratoire.

Foulage

Opération qui consiste à écraser légèrement le raisin pour en faire sortir la pulpe, mais de telle sorte que ni les pépins, ni la rafle ne soient écrasés. Le foulage a lieu avant la cuvaison; il permet la meilleure répartition des ferments dans toute la masse du moût et facilite la dissolution de la matière colorante.

Lie

La lie est constituée par les matières épaisses qui se déposent au fond des fûts au cours de la fermentation. On dit qu'un vin est «sur lie» ou «sur bourre» tant qu'il n'a pas encore été soutiré.

Marc

Le marc est le résidu de la vendange après extraction du jus. Il se compose de la rafle, de la pellicule et des pépins du raisin. On peut traiter le marc pour obtenir du vin de piquette, ou le distiller pour obtenir une eau-de-vie.

Maturation ou affinage d'un vin

Phénomène d'oxydation qui se produit surtout pendant la période de conservation en logement de bois de chêne.

Mutage

Opération qui consiste à empêcher ou à arrêter la fermentation alcoolique dans les moûts de raisin. Dans le premier cas, en injectant de l'anhydride sulfureux et dans le second, en ajoutant simplement de l'alcool au moût en fermentation; ceci pour conserver une partie de son sucre et obtenir ainsi, par exemple, des mistelles.

Ouillage

Opération qui consiste à remplir jusqu'à la bonde un fût, à mesure que la quantité de vin diminue. Une pièce de 225 litres, par exemple, perd par évaporation de 13 à 15 litres, la première année, et de 8 à 10 litres les années suivantes. L'ouillage a pour but d'éviter que le vin ne s'oxyde au contact de l'air.

Remontage des moûts

Opération qui consiste à arroser la vendange rouge avec son propre moût en cours de fermentation, afin d'augmenter l'extraction de la coloration rouge et d'activer la fermentation.

Soutirage

Opération qui consiste à séparer le vin clarifié des matières épaisses déposées au fond de la futaille (lies).

Tannin ou tanin

Les tannins, ou acides tanniques, se rencontrent dans les pépins, dans la rafle et dans la pellicule du raisin. Plus solubles dans l'eau que dans l'alcool, ce sont des corps très altérables et très oxydables : ils jouent un rôle important dans la conservation des vins. Les vins rouges peuvent contenir environ dix fois plus de tannin que les vins blancs ; un excès de tannin communique parfois au vin une âpreté excessive.

Vin généreux ou liquoreux ou naturellement doux

Vin n'ayant pas été soumis au vinage, mais dont la fermentation n'a pas pu transformer tout le sucre en alcool.

Vin gris

Ce vin est obtenu par la vinification en blanc de raisins rouges très colorés.

Vin de coupage

Vin obtenu par le mélange de vins de provenances différentes.

Vin de goutte

Vin provenant du jus qui résulte du foulage de la vendange.

Vin de liqueur

Vin obtenu à partir de moût de raisin frais par addition d'alcool, soit avant, soit après la fermentation.

Vin de paille

Vin naturellement doux produit à partir de raisins passerillés, c'est-à-dire desséchés sur de la paille. Ces raisins sont récoltés en novembre et pressurés en février. On dit aussi vin de gelée.

Vin de presse

Vin obtenu par pressurage du marc après le cuvage.

Vin sur lies

Vin n'ayant subi aucun soutirage.

Vinage

Opération qui consiste à ajouter au moût (voir mutage) ou au vin une certaine quantité d'alcool pur. Le vinage des vins tend à leur donner le corps ou la force qui leur manquent ; il n'est autorisé que pour les vins spéciaux (mistelles, vins doux et apéritifs).

Vinification

Procédés mis en œuvre pour transformer le raisin en vin, répartis en trois phases : transformation du raisin en moût ; fermentation du moût ; conservation et élevage du vin.

Vinification en blanc des raisins blancs ou rouges (phases de la)

1. Foulage de la vendange — 2. Egrappage — 3. Pressurage — 4. Sulfitage — (5. Levurage) — (6. Débourbage) — 7. Fermentation, maturation — 8. Soutirage — 9. Mise en bouteilles.

Vinification en rosé

Le vin rosé s'obtient généralement par la vinification en blanc de raisins rouges. On peut aussi obtenir du vin rosé par la vinification en rouge de raisins rouges mais avec un temps de cuvaison très court, ou par la vinification en rouge de raisins rouges peu teintés.

Vinification en rouge des raisins rouges uniquement (phases de la)

1. Foulage de la vendange — 2. Egrappage — 3. Cuvage et sulfitage — 4. Levurage — 5. Remontage — 6. Fermentation — 7. Soutirage — 8. Ouillage — 9. Collage ou filtration — 10. Vieillissement en fût ou mise en bouteilles immédiate.

MUSÉES DU VIN

ALLEMAGNE

Weinbaumuseum
MEERSBURG / BODENSEE

Historisches Museum der Pfalz
mit Weinmuseum
Gr. Pfaffengasse 7
SPEYER

Museum für die Geschichte des Weines
RÜDESHEIM

ANGLETERRE

Harvey's Winemuseum
BRISTOL

AUTRICHE

Museum der Stadt Krems
Theaterplatz 9
KREMS AN DER DONAU

ESPAGNE

Museo del Vino
Plaza Jaime I°
VILAGRANCA DEL PANADÉS

FRANCE

Musée du Vin
ANGERS

Musée du Vin
Hôtel des Ducs de Bourgogne
BEAUNE

Château d'Entrecasteaux
Ile de Bendor (au large de Bandol)

Maison du Vin
1, cours du 30-juillet
BORDEAUX (GIRONDE)

Musée du Vin
CÉRONS (GIRONDE)

Musée du Vin de Champagne
EPERNAY

Château-Lascombes
MARGAUX (GIRONDE)

Musée Rothschild
Domaine Mouton-Rothschild
par PAUILLAC (GIRONDE)

Musée d'Espelosin
ROCHECORDON (I.-et-L.)

Musée de la Mission Haut-Brion
TALENCE (GIRONDE)

ITALIE

Museo del Vino
Castello Ringberg
CALDERO (BOLZANO)

Musée du Vin Martini
PESSIONE (TORINO)

SUISSE

Musée du vin
Château d'Aigle
AIGLE / VD

Musée de l'Areuse
BOUDRY / NE

CRÉDIT PHOTOGRAPHIQUE

A.A.A. Photo: 355 A. Picou, 363 Naud, 365 Naud
Alinari: 11
Leon Adams: 382, 383
A.G.E.: 207
Aldo Agnelli: 258, 260, 264
Almasy: 20, 133, 425
Atlas Photo: 62 Rozencwajg, 78 A. Froissardey, 95 Dumontier, 136 Aotani, 314 G. Boutin, 411 R. d'Herbais
Australian Wine Board: 417

Bavaria: 212 A. Tessore, 213 W.F. Vollmer, 214 A. Masagne, 221 D. Grathwohl, 230 M. Bickel
Bildarchiv d. Öst. Nationalbibliothek: 356

Caisse nationale des monuments historiques et des sites, Paris: 56
Champagnes Taittinger: 426, 437
Comet: 288

J. Decker: 145, 152, 153, 450
Deutsche Wein-Information: 12, 30, 316, 318, 319, 321

Ente provinciale per il turismo, Asti: 264
Explorer: 22 R. Truchot, 23 H. Veiller, A. Visage, 30 P. Lorne, 31 C. Errath, 80 J. Dejouy, 85 L. Salou, 86 Hug, 87 H. Veiller, 88 H. Veiller, 100 C. Errath, 103 R. Lanaud, 125 H. Veller, 167 P. Roy, A. Nadeau, 184 P. Roy, 186 P. Roy, 192 G. Boutin, 233 L.-Y. Loirat, 237 L.-Y. Loirat, 293 G. Boutin, 294 H. Veiller, 295 H. Veiller, 295 H. Duboutin, 299 H. Veiller, 417 J.-P. Ferrero

Foto-Flair: 173 C. Keller
Fotogram: 93 Chapman, 95 G. Feinstein, 137 A. Picou, 153 G. Fleury, 295 J. Mounicq, 436 D. Ruth

Gamma: 89 M. Maiofiss, 98 O. Martel
Giraudon: 52
A. Guichard: 106, 120-121, 162, 164, 172

Jugoslovenska Revija: 344 B. Budimovski, D. Manolev, 345 D. Manolev
Albert Justin: 26, 92, 431

Keystone, Zurich: 286, 287, 298, 301, 305
Ko-operatieve Wijnbouwers Vereniging van Zuid-Afrika: 371
Kreisbildstelle Ahrweiler: 319

Ginette Laborde: 265, 266-267, 337, 341, 342, 343

Pierre Mackiewicz: 132, 142
Musée des arts décoratifs, Paris: 39
Musée des arts et traditions populaires, Paris: 20, 25, 68
Musée national suisse: 38
Musée vaudois de la vigne et du vin: 39

Novosti, Paris: 347

Office national suisse de tourisme: 112 Giegel, 115 Giegel, 118 Giger
Office des vins genevois: 123

Photopress: 306
ProChile: 408

Jean Ribière: 22, 28, 29, 138, 149, 182, 187, 247
Dr. K. Röder: 320
Edouard Rousseau: 23

Roger Schall: 110
Staatliche graphische Sammlung, Munich: 61
Studio Daniel: 69

Tass: 30, 348
Max Thommen: 336
J. Walter Thompson: 300, 321

Victoria and Albert Museum: 43
Viva: 129 C. Raimond-Dityvon, 130 C. Raimond-Dityvon, 150 H. Gloaguen, 235 E. Baitel, 278 Y. Jeanmougin, 385 H. Gloaguen, 391 H. Gloaguen, 395 H. Gloaguen, 399 H. Gloaguen

Wine Institute, San Francisco: 376, 379, 392
Georges A. Wino: 269
Dr. Wolff & Tritschler: 301, 304

Zefa: 216 Stapelberg, 217 K. Hackenberg, J. de Wit
Zumbrunn: 178

REMERCIEMENTS

L'éditeur remercie vivement les conservateurs de musées et de bibliothèques,
les directeurs et administrateurs des organismes officiels ou des sociétés privées et les collectionneurs qui
l'ont aidé à rassembler les informations et les illustrations de cet ouvrage et plus particulièrement:

Ambassade d'Israël, Berne: Pierre Androuët, Paris; Piero Antinori, Florence; François des Aulnoyes, Centre National de Coordination, Paris; Dr von Bassermann-Jordan'sches Weingut, Deidesheim; Ferdinando de Bianchi, Madeira Wine Association Ltd., Funchal; Bouchard Père & Fils, Beaune; Louis Philippe Bovard, Office de propagande pour les vins vaudois, Lausanne; Carlos Cavero Beyard, Presidente del Sindicato Nacional de la Vid, Madrid; Champagne Mercier, Epernay; Champagne Perrier-Jouët, Epernay; Champagne Taittinger, Reims; Jacques Chevignard, Grand Chambellan de la Confrérie des Chevaliers du Tastevin, Nuits-Saint-Georges; Cockburn Smithes & Co. Lda, Vila Nova de Gaia; Comité Interprofessionnel du Vin d'Alsace, Colmar; Comité Interprofessionnel des Vins à Appellation Contrôlée de Touraine, Tours; Companhia Geral da Agricultura das Vinhas do Alto Douro «Real Companhia Velha», Vila Nova de Gaia; Confrérie Saint-Etienne d'Alsace, Colmar; Confrérie des Vignerons de Saint Vincent, Mâcon; Confrérie des Vignerons de Saint Vincent, Mâcon; Confrérie des Vignerons, Vevey; Conseil Interprofessionnel des Vins d'Anjou et de Saumur, Angers; Consejo Regulador de la Denominación de Orígen Jerez, Jerez de la Frontera; Consejo Regulador de la Denominación de Origen Panadés, Vilafranca del Panadés; Consejo Regulador de la Denominación de Origen Rioja, Logroño; Il Corriere Vinicolo, Rome; J.M. Courteau, Conseil Interprofessionnel du Vin de Bordeaux, Bordeaux; J. Dargent, Comité Interprofessionnel du Vin de Champagne, Epernay; Kemalettin Demirer, Ambassade de Turquie, Berne; Manuel Cotta Dias, Junta Nacional do Vinho, Lisbonne; Pedro Domecq S.A., Jerez; Joseph Drouhin, Beaune; H. Duboscq, Saint-Estèphe; J. Faiveley, Nuits-Saint-Georges; F.A.O., Rome; Héritiers Fourcaud, Laussac, Saint-Emilion; P. Fridas, sous-directeur Office International de la Vigne et du Vin, Paris; Pierre Galet, Ecole Nationale Supérieure Agronomique de Montpellier, Montpellier; Garvey S.A., Jerez Gonzalez, Byass & Co. Ltd., Jerez; Dr Heger, Ihringen; Juliusspital-Weingut, Würzburg; Dr Harry Kühnel, Archivdirektor, Krems a.d. Donau; Restaurant Ledoyen, Paris; Henri Leyvraz, Station fédérale d'essais agricoles, section de viticulture, Lausanne/Pully; Madame Edmond Loubat, Pomerol; Henri Maire, Arbois; Manuel & Cie, S.A., Lausanne; Dr A. Miederbacher, Unione Italiani Vini, Milan; Moët & Chandon, Epernay; Jean Mommessin, Mâcon; Monimpex, Budapest; G.H. Mumm & Co., Reims; New Zealand High Commission, London; H.F.M. Palmer, Adelaide; Dr Adolf Paulus, Museum für die Geschichte des Weines, Rüdesheim; Americo Pedrosa Piros de Lima, Instituto do Vinho do Porto, Porto; Porcelaine Limoges-Unic, Paris; R. Protin, Directeur de l'Office international de la Vigne et du Vin, Paris; Joh. Jos. Prüm, Wehlen; C. Quittanson, Inspecteur Divisionnaire du Service de la Répression des Fraudes et du Contrôle de la Qualité, Ministère de l'Agriculture, Dijon; Real Companhia Vinicola do Norte de Portugal, Vila Nova de Gaia; Représentation Commerciale de l'U.R.S.S. en Suisse, Berne; Gilbert Rohrer, Lausanne; Roth & Sauter, Lausanne; Baron Philippe de Rothschild, Mouton-Rothschild; Fritz Salomon, Präsident des Österreichischen Weininstituts, Wien; Sandeman Bros. & Co., Jerez; José Augusto dos Santos, Casa de Portugal, Paris; Francisco Sanz Carnero, Dirección General de Agricultura, Madrid; Antonio Carlos Sarmento de Vasconcellos, Instituto do Vinho do Porto, Porto; Dr Karl Schultz, Konservator, Historisches Museum der Pfalz, Speyer; Antonio José da Silva Vinhos, S.A.R.L., Vila Nova de Gaia; Jean-Louis Simon, Station fédérale d'essais agricole, section de viticulture, Lausanne/Pully; Société Civile du Domaine de la Romanée-Conti, Vosne-Romanée; Société Vinicole Perroy S.A., Epesses; Société des Domaines Woltner, Bordeaux; Staatliche Lehr- und Versuchsanstalt für Wein- und Obstbau, Weinsberg; Staatsweingut, Weinbaulehranstalt, Bad Kreuznach; Syndicat régional des Vins de Savoie, Chambéry; Szende László, Orszagos Borminösitö Intézet, Budapest; J. Thorin, Pontanevaux; E. Tomov, Ambassade de la République Populaire de Bulgarie, Berne; Johann Traxler, Österreichisches Weininstitut, Wien; Verwaltung der Staatsweingüter im Rheingau, Eltville; Veuve Clicquot-Ponsardin, Reims; Wente Bros., Livermore, Californie; Fred Wick, Vevey; Dr Robert Wildhaber, Basel; Williams & Humbert Ltd., Jerez; Leo Wunderle, Lucerne; Zoilo Ruiz-Mateos S.A., Jerez.

Les cartes en couleurs ont été dessinées par Robert Flach, d'après les documents et informations fournis par:

Pierre Forgeot, Beaune; Office International de la Vigne et du Vin, Paris; Office de propagande pour les vins vaudois, Lausanne; Fédération des Vins de Savoie, Chambéry; Comité Interprofessionnel des Vins des Côtes du Rhône, Avignon; Comité Interprofessionnel des Vins à Appellation Contrôlée de Touraine, Tours; Conseil Interprofessionnel des Vins d'Anjou et de Saumur, Angers; Conseil Interprofessionnel des Vins de Bordeaux, Bordeaux; Comité Interprofessionnel du Vin d'Alsace, Colmar; Consejo Regulador de la Denominación de Origen Jerez, Jerez de la Frontera; Consejo Regulador de la Denominación de Origen Rioja, Logroño; Dirección General de Agricultura, Madrid; Instituto do Vinho do Porto, Porto; Verkehrsverein Rüdesheim; Österreichisches Weininstitut, Wien; Wine Institute, San Francisco; Comité Interprofessionnel du Vin de Champagne, Epernay.

500

TABLE DES CARTES EN COULEURS

COMMUNE DE GEVREY-CHAMBERTIN   Chambertin, Chambertin-Clos-de-Bèze, Charmes-Chambertin, Griotte-Chambertin, Latricières-Chambertin, Mazis-Chambertin, Ruchottes-Chambertin, Chapelle-Chambertin, Gevrey-Chambertin   71

CHABLIS   Chablis grands crus, Chablis, Petit-Chablis   77

CÔTE DE NUITS   Fixin, Gevrey-Chambertin, Morey-Saint-Denis, Chambolle-Musigny, Vougeot, Vosne-Romanée, Nuits-Saint-Georges   82

CÔTE DE BEAUNE   Aloxe-Corton, Pernand-Vergelesses, Savigny-lès-Beaune, Beaune, Pommard, Volnay, Monthélie, Auxey-Duresses, Meursault, Puligny-Montrachet, Chassagne-Montrachet, Saint-Aubin, Santenay, Ladoix, Chorey-lès-Beaune, Blagny   90

MERCUREY, MÂCONNAIS   97

BEAUJOLAIS   Juliénas, Saint-Amour, Chenas, Moulin-à-Vent, Fleurie, Chiroubles, Brouilly et Côte de Brouilly   101

RHÔNE SUISSE, RIVES DU LAC LÉMAN ET SAVOIE   116

CÔTES DU RHÔNE   Côte-Rôtie, Condrieu, Château-Grillet, Crozes-Hermitage, Hermitage, Saint-Joseph, Cornas, Saint-Péray, Côtes-du-Rhône   127

CÔTES DU RHÔNE   Châteauneuf-du-Pape, Tavel, Lirac   131

RÉGION DE LA LOIRE   Coteaux de Touraine, Saint-Nicolas de Bourgueil, Bourgueil, Montlouis, Jasnières, Coteaux du Loir   147

RÉGION DE LA LOIRE   Coteaux de la Loire, Coteaux du Layon, Coteaux de l'Aubance, Saumur, Coteaux de Saumur, Anjou   151

BORDEAUX   Médoc, Graves, Cérons, Barsac, Sauternes   171

BORDEAUX   Premières-Côtes-de-Bordeaux, Loupiac, Sainte-Croix-du-Mont, Entre-Deux-Mers, Sainte-Foy-Bordeaux, Graves-de-Vayres, Côtes-de-Bordeaux-Saint-Macaire   181

BORDEAUX   Saint-Emilion, Pomerol, Fronsac, Blaye, Bourg, Néac   185

RÉGION DE LA RIOJA   209

RÉGION DU JEREZ – XÉRÈS – SHERRY   219

RÉGION DU DOURO   240

ITALIE SEPTENTRIONALE   256

RÉGION DES LANGHE ET DU MONFERRATO   259

RÉGION DE LA LUGANA ET DES COLLI VERONESI   262

ITALIE CENTRALE   271

ITALIE MÉRIDIONALE ET INSULAIRE   277

RHIN SUISSE ET RIVES DES LACS DE NEUCHÂTEL ET DE BIENNE   290

ALSACE   297

PALATINAT, HESSE RHÉNANE, NAHE   307

RHEINGAU   312

MOSELLE, SARRE, RUWER   317

AUTRICHE   335

RÉGION DE TOKAJ   339

GRÈCE   353

MAROC – ALGÉRIE – TUNISIE   360

AFRIQUE DU SUD   369

CALIFORNIE   381

ARGENTINE   412

AUSTRALIE   417

CHAMPAGNE   423

TABLE DES MATIÈRES

PRÉFACE 7

LA CIVILISATION DU VIN

ESQUISSE HISTORIQUE 10
par Géo-H. Blanc, membre de la Confrérie des Vignerons, Vevey

LES CÉPAGES 14
par Géo-H. Blanc

LES TRAVAUX DE LA VIGNE ET DU VIN 19
par Géo-H. Blanc

LE VIN DANS L'ART POPULAIRE 35
par Walter Tobler, vigneron, spécialiste des arts populaires

L'ÉLOGE DU VIN

L'HOMMAGE DES POÈTES 46
par Jean Vogel

L'HOMMAGE DES PEINTRES 50
par Raymond Cogniat, critique d'art du journal « Le Figaro », Paris

LES GRANDES RÉGIONS VINICOLES DU MONDE

INTRODUCTION: LA VIGNE À LA CONQUÊTE DU MONDE 60

LES VINS DE BOURGOGNE 63
par Pierre Forgeot, délégué général du Syndicat des négociants en vins fins de Bourgogne

LES VINS DU RHÔNE 111
LES VINS SUISSES DE LA VALLÉE DU RHÔNE 114
par Philippe Cherix, chantre de la Confrérie du Guillon, Lutry
LES VINS DE LA SAVOIE ET DU JURA FRANÇAIS 124
par Joseph Jobé
LES VINS DES CÔTES DU RHÔNE, DES CÔTES DE PROVENCE, DU LANGUEDOC ET DU ROUSSILLON 126
par Jean Bertin-Roulleau, journaliste et gastronome

LES VINS DE LA LOIRE 143
par Alexandre Fresneau, conseiller technique I.N.A.O., Tours

LES VINS DE BORDEAUX 159
par Gaston Marchou, grand connétable de la Connétablie de Guyenne

LES VINS D'ESPAGNE 205
par Eladio Asensio Villa, président de l'Office International de la Vigne et du Vin

LES VINS DU PORTUGAL 229
par Suzanne Chantal dos Santos

LES VINS D'ITALIE 253
par Giovanni Dalmasso, président de l'Accademia italiana della vite e del vino, Sienne

LES VINS DU RHIN 283
LES VINS DU RHIN SUPÉRIEUR ET DE NEUCHÂTEL 284
par Joseph Jobé

LES VINS D'ALSACE 293
par Joseph Dreyer, receveur de la Confrérie Saint-Etienne, Colmar

LES VINS D'ALLEMAGNE 300
par Helmut Arntz, président de la Société de l'histoire du vin, Bad Honnef

LES VINS D'EUROPE CENTRALE, DES BALKANS ET D'UNION SOVIÉTIQUE 333
par Joseph Jobé, Boris Pogrmilović, Zagreb et Serguei Kasko

LES VINS DE LA MÉDITERRANÉE ORIENTALE 351
par Joseph Jobé

LES VINS D'AFRIQUE DU NORD 359
par Denis Bouvier

LES VINS D'AFRIQUE DU SUD 367
par Kenneth Maxwell, Stellenbosch Farmers' Winery

LES VINS D'AMÉRIQUE DU NORD 375
par Leon D. Adams

LES VINS D'AMÉRIQUE DU SUD 409
par Denis Bouvier

LES VINS D'AUSTRALIE ET DE NOUVELLE-ZÉLANDE 415
par John Stanford, Australian Wine Advisory Service, Sidney

LES VINS DE CHAMPAGNE 419
par Jean Arnaboldi, de l'Académie Rabelais

LES VINS MOUSSEUX DANS LE MONDE 438
par Joseph Jobé

LE BON USAGE DU VIN

LE VIN ET LA SANTÉ 442
par Gérard Debuigne, médecin et biologue

LA CAVE DE L'AMATEUR 451
par Bernard Grenouilleau, président de la Compagnie des Courtiers-Gourmets Piqueurs de Vins de Paris

LA VAISSELLE DU VIN 465
par Pierre Andrieu, lauréat de l'Office International de la Vigne et du Vin, Grand Prix de la Confrérie des Chevaliers du Tastevin

LE VIN ET LA GASTRONOMIE 481
par Flavien Monod, gastronome et homme de lettres

INDEX DES VINS 505

INDEX DES VINS

A=Autriche AG=Algérie All=Allemagne Arg=Argentine A.S.=Afrique du Sud Aus=Australie· Bg=Bulgarie Br=Brésil Cal=Californie Cs=Tchécoslo-vaquie Cy=Chypre E=Espagne Et=Egypte F=France G=Grèce H=Hongrie I=Italie Is=Israël N.Y.=Etat de New York P=Portugal R=Roumanie S=Suisse Tu=Tunisie T=Turquie U.R.S.S.=Union Soviétique U.S.A.=Etats-Unis d'Amérique (sauf Californie) Yu=Yougoslavie

L'Abbaye de Bonlieu (F), 198
Abbaye de Mont, Ville de Lausanne (S), 140
Sur les Abbayes (S), 140
Abbia blanco (I), 270
Abela (P), 252
Abelsberg (All), 332
Äbleten (S), 288
Abolengo (E), 227
Abraham (E), 228
Abraoudioursso (U.R.S.S.), 347
Abstfronhof (All), 328
Abstleite (All), 310, 330
Abtei (Mosel-Saar-Ruwer; All), 325
– (Nahe; All), 326
– (Rheinhessen, All), 326
Abteiberg (All), 324
Abtei Kloster Stuben (All), 324
– Ruppertsberg (All), 326
Abtsberg (Baden; All), 331
– (Franken, All), 329
– (Mosel-Saar-Ruwer; All), 325
– (Rheinpfalz; All), 329
Del Abuelo (E), 227
El Abuelo (E), 228
Abymes (F), 141
Acordo Finest Old Tawny Port (P), 252
Adabag (T), 354, 358
Adelberg (All), 326
Adelpfad (All), 327
Adelsberg (All), 326
Adler (All), 325
Adom Atic (Is), 356, 357
Afames (Cy), 354, 358
Äffchen (All), 326
Affenberg (All), 327
Affentaler (All), 304
Afonso III (P), 235
Aglianico (I), 274, 281
– dei Colli Lucani (I), 275
– del Vulture (I), 274, 282
Agnesienberg (All), 326
Agritiusberg (All), 318, 325
Agrylos (G), 357
Agustinito (E), 227
Ahr (All), 324
Ahrenberg (All), 326
Aigechat (U.R.S.S.), 348
Aigle (S), 119, 139
– Royal (S), 139
Les Aigrots (F), 92, 108
Les Aiguillons (F), 157
Ailenberg (All), 332
L'Aillerie (F), 155
Aïn Bessem-Bouira (Ag), 366, 373
– El Hadjar (Ag), 366, 373
Airen (Lairen) (E), 226
Akhacheni (U.R.S.S.), 348
Akstafa (U.R.S.S.), 348
Alabachly (U.R.S.S.), 348
Albachtaler (All), 325
Albana di Romagna (I), 268, 280
Albanello di Siracusa (I), 278
Albariño (E), 225
Alcamo (I), 278, 282
Aleatico di Gradoli (I), 272, 281
– di Porto-Ferraio (I), 276, 280

– di Puglia (I), 274, 282
– viterbese (I), 281
Alella (E), 212, 225
Alemannenbuck (All), 331
Alexander Valley (Cal), 380
Alfonso (E), 227
Algar (E), 227
Algérie (Ag), 364
Aliança (P), 251
Alicante (E), 212, 489
Aligoté (S), 140
Aligoté (U.R.S.S.), 348, 350
– guelendjik (U.R.S.S.), 347
Allaman (S), 140
Allenberg (All), 326
Allonnes (F), 158
Almadén (Cal), 398
Almeirim (P), 234
Almirante (E), 227
Aloque (E), 214
Aloxe-Corton (F), 87, 108, 109, 484
Alouchta (U.R.S.S.), 348
Alphen Dry White (A.S.), 373
– Red (A.S.), 374
– Selected Riesling (A.S.), 372, 373
Special old Vintage (A.S.), 373
Alsace (F), 293, 323
Altarberg (Au), 324
Altärchen (All), 316, 325
Altdörr (All), 327
Alteburg (All), 326
Alte Burg (Baden, All), 331
– (Hessische Bergstrasse; All), 329
– Lay (All), 329
Altenburg (Baden; All), 330, 331
– (Franken; All), 329, 330
– (Mosel-Saar-Ruwer; All), 318, 325
– (Nahe; All), 326
– (Rheinhessen; All), 327
– (Rheinpfalz; All), 328, 329
– (Württemberg; All), 332
Altenburg (All), 328
Altenforst (All), 329
Alter Berg (Franken; All), 329
– (Rheinpfalz; All), 329
– (Württemberg; All), 332
– Gott (All), 331
– Knabe-Saint-Laurent (A), 347
Alte Römerstrasse (Nahe; All), 326
– (Rheinhessen; All), 326
Altes Löhl (All), 329
Althälde (All), 332
Althof (All), 331
Alto Adige (I), 268, 280
Alto rouge (A.S.), 372
Altstätter Forst (S), 322
– Rebhaldner Blauburgunder (S), 322
Alvaro (E), 227
Alvear Montilla (E), 226
Amaliensteimer (A.S.), 374
Amarella (A.S.), 374
Ambelakia (G), 352
Amboise (F), 149
Ambrosia (E), 228
Ameisenberg (All), 323
Amigne (S), 118, 139
American Chablis (U.S.A.), 398
Amigny (F), 155

Ammerlanden (All), 332
Amontillado 50 (E), 227
– S.S.S. (E), 227
Amour de Dieu (F), 141
Les Amoureuses (F), 69, 81, 107
Amselberg (All), 331
Amselfelder Spätburgunder (Yu), 346
Amtsgarten (All), 325
Anadia (P), 234
Ancenis (F), 158
Ancien Manoir de La Valette (F), 204
Andarol (F), 158
Andreasberg (Baden; All), 331
– (Mosel-Saar-Ruwer; All), 325
Anghelu Ruju (I), 276
Les Angles (F), 108
Anguis (F), 189
Anhaux (F), 188
Anjou (F), 152, 154, 462
– Mousseux (F), 438
Annaberg (Mosel-Saar-Ruwer; All), 325
– (Rheinpfalz; All), 328
Anticuario (E), 227
Antika (G), 351
Antinori (I), 280
Antoniusbrunnen (All), 325
Aperitive (P), 252
Aphrodite (Cy), 354, 358
Apitiv (E), 227
Apostelberg (All), 326
Apostelgarten (Franken, All), 329
Apotheke (All), 316, 325
Appenhalde (S), 288
Apremont (F), 141
Aqueria (F), 141
Aquileia (I), 280
L'Arbalète (S), 140
Arbia (I), 280
Arbois (F), 125, 141
– Mousseux (F), 438
Arboisset (F), 141
Arcadia (G), 357
Archanès (G), 357
Les Arches (F), 142
Arealva (P), 251
Arenenberg Domane (S), 287, 322
Arevchat (U.R.S.S.), 348
Arevik (U.R.S.S.), 348
Aux Argilats (F), 107
Les Argilats (F), 107
Les Argillières (F), 108
Argonauta Dry White (P), 252
L'Argonette (F), 158
Les Argoues (F), 156
Les Argoulets (S), 140
Aris (Sp), 227
Arlesheimer Blauburgunder (S), 322
– Schlossberg Gutedel (S), 322
Armada (E), 228
Arnberg (All), 329
L'Anesque (F), 141
Arrasburg Schlossberg (All), 324
Arsinoé (C), 354, 358
Artimino (I), 280
Les Arvelets (F), 79, 107, 108
Arvine (S), 118, 119

Arzlay (All), 324
Ashdod (Is), 357
Askalon Blanc 1963 (Is), 357
– Rouge 1965 (Is), 357
Aspenberg (All), 326
Asprinio (I), 272, 281
Assis Brasil (P), 251
Assmannshäuser Hollenberg (All), 463
Asti spumante (I), 14, 261, 435, 439, 489
Atalaya (E), 227
Ataulfo (E), 227
Atlantic (P), 252
Atlantida (E), 228
Attiki (G), 352
Attilafelsen (All), 331
Aubonne (S), 140
Les Aubuis (F), 157
Auflangen (All), 308, 327
Augenscheiner (All), 325
Augustinerberg (All), 331
Aulenberg (All), 327
Aulerde (All), 327
Aureo (E), 226
Ausoniusstein (All), 324
Les Aussy (F), 108
Autecour (S), 140
Authental (All), 327
Autumn Leaves (E), 227
Auvernier (S), 323, 463
Auxey-Duresses (F), 93, 108
Les Avaux (F), 92, 108
Avdat Red (Is), 357
– White (Is), 356, 357
Avize (F), 494
Avoine (F), 157
Azay-le-Rideau (F), 149, 155

Babenberg (All), 330
Baby Duck (U.S.A.), 406
Baccastieler-Beerli Sevelen (S), 322
Bacharach (All), 323
Backofen (All), 323
Backöfen (All), 326
Back's Claret (A.S.), 374
Baco Noir (U.S.A.), 402, 403
Badacsonyi Kéknyelü (H), 338, 349, 462
– Szürkebarat (H), 338, 349, 462, 463
Baden (All), 304, 330
Badener Lumpentürl-Neuburger (A), 349
Badische Bergstrasse/Kraichgau (All), 330
Badisches Frankenland (All), 330
Badstube (All), 325
Bagneux (F), 158
Baiken (All), 315, 324
Bailen (E), 227
Balatonfüredi (H), 349
Balbino (I), 282
Balgacher Riesling-Sylvaner (S), 322
– Beerli Blauburgunder (S), 322
– Buggler (S), 322
Balgarske Slantse (Bg), 342
La Ballena (E), 227
Banatski rizling (Yu), 350

Banda Azul (E), 225
– Roja (E), 225
Banderolle (S), 140
Bandol (F), 142
Banquete (E), 227
Banyuls (F), 137, 138, 461
Barbacarlo dell'Oltrepò pavese (I),
 261, 279
Barbaresco (I), 258, 279, 462
Barbadillo (E), 227
Barbaros (T), 358
Barde d'Asne (F), 141
Barbera (Br), 413
– (Cal), 407
– (I), 258, 462
– d'Alba (I), 258, 279
– d'Asti (I), 258, 279, 439
– d'Asti spumante (I)
– del Monferrato (I), 258, 279
– dell'Oltrepò Pavese (I), 264, 279
Bardolino (I), 265, 280, 462
Barletta (I), 274, 282
La Barnuine (F), 141
Barolo (I), 254, 258, 279, 462
Baron (All), 328
– (E), 228
Baroness Cocktail (E), 227
Barratin (F), 141
La Barre ou Clos-de-la-Barre (F), 108
Les Barres (F), 156
Barros (P), 251
Barsac (F), 193, 462, 489, 492
Les Bas-des-Duresses (F), 108
Le Bas-des-Teurons (F), 108
Basseron (F), 142
Bas-Serres (F), 141
Basses-Mourettes (F), 108
Les Basses-Vergelesses (F), 108
Bassgeige (All), 331
Bastei (Nahe, All), 326
Bastel (All), 330
Les Batailleries (F), 156
Bâtard-Montrachet (F), 94, 109
Les Batereaux (F), 157
Batterieberg (All), 325
Batzenberg (All), 331
Les Baudes (F), 81, 107
Baugeois (F), 158
Bauregard (F), 157
Bausch (All), 330
Bayerischer Bodensee (All), 330
Bayon (F), 210
B.C. 200 (E), 227
Beaujolais (F), 70, 75, 100, 110,
 394, 395, 461, 481, 495
– supérieur (F), 100, 102, 110
– Villages (F), 100, 110
Beaulieu (Cal), 39
Beaulieu-sur-Layon (F), 158
Beaumes (F), 141
Beaumes-de-Venise (F), 132
Beaumont (F), 155
Beaumont-en-Véron (F), 157
Beaune (F), 89, 92, 108
Beaune-Clos-des-Mouches (F), 74
Beaune-Grèves (F), 69
Beaupuy (F), 157
Beauregard (S), 140
– (F), 108, 155, 157
Les Beauregards (F), 155
Beau Renard (F), 141
Beau Repaire (F), 108
Beau-Soleil (S), 140
Beauvais (F), 157
Beau-Velours (S), 139
Aux Beaux-Bruns (F), 81, 107
Les Beaux-Monts (F), 107
Becherbrunnen (All), 326
Les Bédines (F), 141
Les Beduaux (F), 155
Beerenauslese (All), 321
Beerenlay (All), 325
Beerliwein (S), 286

Beilberg (All), 330
Bel-Air (F), 156, 157
Belan (Yu), 350
Bellarosa (S), 140
Belle Provinciale (S), 139
Bellet (F), 142
Belletaz (S), 140
Les Belletins (F), 155
Belle Valaisanne (S), 139
Bellevue (F), 141
Bellingham Almeida (A.S.), 373
– Late Vintage (A.S.), 373
– Premier grand cru (A.S.), 373
– Riesling (A.S.), 373
– Rosé (A.S.), 373
– Selected Steinwein (A.S.), 373
– Shiraz (A.S.), 373
– Vintage Johannisberg (A.S.), 373
Belz (All), 328
Benais (F), 157
Ben-Ami 1965 (Is), 357
Benediktinerberg (All), 325
Benediktusberg (All), 330
Bengel (All), 331
Béni-Melek (Ag), 364
Benito (E), 227, 228
Benkener Blauburgunder (S), 322
Benn (Rheinhessen; All), 327
– (Rheinpfalz; All), 328
Berg (Baden, All), 331
– (Franken; All), 330
– (Mittelrhein; All), 323
– (Nahe; All), 326
– (Rheingau; All), 324
– (Rheinpfalz; All), 328
– (Württemberg; All), 332
Bergantin (E), 227
Berg-Bildstock (All), 324
Bergborn (All), 326
Bergel (All), 328
Bergerac (F), 189
Berghalde (All), 332
Berg Kaisersteinfels (All), 324
Bergkirche (All), 327
Bergkloster (All), 327
Bergle (All, 331
Bergpfad (All), 327
Berg-Rondell (All), 330
– -Rosenberg (All), 324
– -Rottland (All), 324
Bergschlösschen (All), 325
Bergstrassenwein (All), 304
Bergwäldle (All), 331
Bernecker Blauburgunder (S), 322
– Rosenberger (S), 286, 322
Bernkastel (All), 324, 325
Bernkasteler Doktor (All), 316
Bernstein (All), 323
La Béroche (S), 323
Berson (F), 210
La Bertaude (F), 141
Les Berthiers (F), 155
Bertholod (S), 140
Bertinoro (I), 280
Les Bertins (F), 108
Bertola (E), 227
– Cream (E), 228
Bertrams Biscuit Sherry (A.S.), 374
– oloroso Sherry (A.S.), 374
Les Bessadières (F), 157
Les Bessards (F), 141
Betis (E), 227
Betschgräber (All), 331
Bettelhaus (All), 328
Beulsberg (All), 323
Beutelstein (All), 326
Bex (S), 139, 140
Beyaz (T), 354, 358
La Beylesse (F), 141
Bianchello del Metauro (I), 270, 281
Bianchi dei Colli Friulani (I), 280
– del Collio goriziano (I), 280
– vergini dell'Aretino (I), 280

Bianco di Alcamo (I), 282
– d'Avellino (I), 281
– di Breganze (I), 280
– Capena (I), 270, 281
– dei Colli Berici (I), 280
– dei Colli Euganei (I), 280
– dei Colli Maceratesi (I), 270, 281
– dei Colli di Trasimeno (I), 270
– di Custoza (I), 266, 280
– dell'Elba (I), 280
– di Gambellara (I), 280
– di Montalcino (I), 270
– di Pittigliano (I), 270
– della Valdinievole (I), 270, 280
– vergine Val di Chiana (I), 270, 280
Biancolella d'Ambra (I) 276
Biblino (I), 253
Bickensoler Steinfelsen, (All), 463
Bienenberg (Baden, All), 331
– (Mittelrhein, All), 323
Bienengarten (Baden; All), 331
– (Mosel-Saar-Ruwer, All), 324
– (Rheingau; All), 324
Bienenlay (All), 328, 329
Bien-Venu (S), 140
Bienvenue-Bâtard-Montrachet (F),
 94, 109
La Bigote (F), 141
Biguet (F), 141
Bildberg (All), 329
Bildstock (All), 327
Binderweg (All), 326
Bingen (All), 326
Bingerberg (All), 326
Binyamina Blanc (Is), 357
– Red (Is), 357
– Rosé (Is), 356, 357
Biousse (F), 141
Birkenberg (All), 326
Birmenstorfer Klevner (S), 322
Bischofsberg (Franken) 329
– (Rheingau; All), 314, 324
Bischofsgarten (All), 328
Bischofshub (All), 323
Bischofskreuz (All), 329
Bischofstein (All), 324
Bischofstuhl (All), 324
Bischofsweg (All), 328
Bisser (Bg), 350
Bizay (F), 157
Blaches (F), 141
Black Tom (E), 227
Blagny (F), 109
Blaise d'arbres (F), 141
Blanc de l'Etoile (F), 494
Blanc Fumé de Pouilly (F), 145
Blanc de Morget (I), 254
Les Blanches-Fleurs (F), 108
La Blanchonne (F), 142
Blankenhornsberger Weissburgunder
 (All), 463
Blanquette de Limoux (F), 136, 435,
 438, 489
Les Blaquières (F), 141
Blassinges (S), 139
Blattenberg (All), 325
Blauburgunder (A), 349, 462
– Beerli Munötler (S), 322
– Burg Schiterberger (S), 322
– Klingnauer Kloster Sion (S), 322
– Oberembach (S), 322
– Schlossberg Villigen (S), 322
– Schloss Goldenberg (S), 322
– Schlosshof Berg am Irchel (S), 322
Blauer Burgunder Spätlese (A), 349
Blaufränkisch (A), 349
– Spätlese (A), 349
Blaye (F), 188, 204
– -Plassac (F), 204
Blazquez (E), 227, 228
Bleidenberg (All), 324
Les Blonnaises (S), 140
Blücherhöhe (All), 328

Blücherpfad (All), 327
Bluchertal (All), 323
Blumberger Late Harvest (A.S.), 373
Blümchen (All), 325
Blume (Ahr; All), 324
– (Rheinhessen; All), 327
Boal (P), 250, 251
Boa Vista (P), 257
Bobadilla (E), 228
Boca (I), 258, 279
Bocksberg (All), 326
Bockshaut (All), 326
Bockstein (Moser-Saar-Ruwer; All),
 318, 325
– (Rheinhessen; All), 327
Bodenheim (A.S.), 374
Bodensee (All), 330, 331
Bodental-Steinberg (All), 324
Böhlig (All), 308, 328
Boilauzon (F), 141
Boisdauphin (F), 141
Bois de Boursan (F), 141
– de la vieille (F), 141
Bois-Fleury (F), 155
Boisgibaud (F), 155
Bois-Guyon (F), 156
Bois-Senescau (F), 141
Bois-Soleil (F), 156
Les Bois Turmeaux (F), 156
Bolliataz (S), 227
Bommes (F), 199
Bonarda dell'Oltrepò Pavese (I), 264
Bonardo amabile (I), 279
La Bonatière (F), 155
Bone Dry (E), 227
Les Bonnes-Mares (F), 81, 107, 462
Les Bonnevières (F), 142
Bonnezeaux (F), 154, 158
Bonvillars (S), 292
Bopser (All), 332
Bordeaux (Aus), 415
Bordeaux (F), 164, 166, 167, 179
– Clairet (F), 167, 179
– mousseux (F), 179
– supérieur (F), 164, 166, 167, 179
Bordo Av-Danil (U.R.S.S.), 350
Bordon (E), 225
Borlido (P), 140
Börnchen (All), 327
Les Borniques (F), 81, 107
Bornpfad (All), 327
Les Bosquets (F), 141
Les Bossières (F), 155
Botaina (E), 227
El Botanico (E), 227
Bottchen (All), 325
Botticino (I), 265, 279
Bouchemaine (F), 158
Boucher (F), 141
Les Bouchères (F), 109
Les Boucherottes (F), 92, 108
Bouchot (F), 155
Le Bouchot-du-Bas (F), 155
Le Bouchot-du-Haut (F), 155
Les Bouchots (F), 107
Le Boucou (F), 141
Aux Boudots (F), 107
La Boudriotte (F), 108, 109
Bougy (S), 140
Bouquet Royal (S), 140
Bourg (Loire, F), 155
Bourgeais (Bordeaux; F), 186, 204
Bourgogne (F), 70, 73, 78, 79, 107,
 108, 109, 110, 378, 481
– aligoté (F), 70, 78, 109, 110
– blanc (Aus), 415
– grand ordinaire (F), 70, 78, 107,
 108, 109, 110
– Hautes Côtes de Nuits (F), 107
– Marsannay (F), 79, 107
– ordinaire (F), 107, 108, 109, 110
– Passe-tout-grain (F), 70, 107, 108,
 110

Bourgueil (F), 148, 157, 481
Les Bourguignons (F), 141
Bourret (F), 141
Bousse-d'or (F), 108
Aux Bousselots (F), 107
Boutefeu (S), 140
La Boutière (F), 108
Bouton-d'Or (S), 140
Bouvette (F), 141
Boux d'Epesses (S), 140
Bouzigues (F), 141
Bouzy (F), 494
Bozcaada (T), 485
Bözer Riesling-Sylvaner (S), 322
Brachetto d'Acqui (I), 260, 279
Brain-sur-Allones (F), 158
Brain-sur-l'Authion (F), 158
Braise d'Enfer (S), 140
Branco Extra Seco (P), 252
Bratenhöfchen (All), 325
Brauneberg (All), 324, 325
Braune Kupp (All), 318, 325
Bräunersberg (All), 328
Braunfels (All), 325
Brautrock (All), 324
Bravade (S), 140
Brégançon (F), 463
Breinsberg (All), 328
Breigau (All), 330, 331
Breitenweg (F), 326
Breganze (I), 268, 280
La Bressande (F), 109
Les Bressandes (F), 92, 108
Brestenberger (S), 288
– Klevner (S), 322
Le Bret (F), 141
Les Bretterins (F), 108
–, dit La Chapelle (F), 108
Brézé (F), 157
Brigné (F), 158
Brig's Port White Dry (P), 252
Brillante (E), 225
Brindamour, (S), 139
Brissac (F), 158
La Brocarde (F), 142
Brolio (I), 280
Bronnen (Au), 314
Les Brosses (F), 155, 156
Brotwasser (All), 332
Les Brouillards (F), 108
Brouilly (F), 75, 102, 103, 110
Brown Bang Sherry (E), 223
Brückchen (All), 327
Brückes (All), 309, 326
Brückstück (All), 324
Bruderberg (All), 325
Bruderberg Na Oes (A.S.), 374
– Selected Cabernet, 374
Bruderschoft (All), 325
Aux Brûlées (F), 107
Les Brûlées (F), 156
Brülefer (S), 139
Bründelsberg (All), 329
Les Bruneau (F), 157
Brunello di Montalcino (I), 270, 280
Bruniers (F), 155
Brünnchen (All), 323
Brünnenhäuschen (All), 327
Les Brusquières (F), 141
Les Brussoles (F), 108, 109
Brutium (I), 253
Bubeneck (All), 328
Bubenstück (All), 326
Bucelas (P), 232, 233, 251
– Velho (P), 251
Buchberger (S), 322
Buchenberg (S), 286
Bühl (All), 331
Buissonnet (F), 141
Buleria (E), 227
Burg (Baden, All), 331
– (Franken, All), 329
Burgberg (Ahr; All), 324

– (Mosel-Saar-Ruwer; All), 325
– (Nahe; All), 326
– (Rheingau; All), 324
– (Rheinhessen; All), 327
– (Württemberg, All), 332
Burg Bischofsteiner (All), 324
– Coreidelsteiner (All), 324
– Ehrenberg (All), 331
Bürgel (All), 327
Bürgergarten (All), 328
Burggarten (Ahr; All), 324
– (Rheinpfalz; All), 328
Burggraf (Baden; All), 331
– (Mosel-Saar-Ruwer; All), 324
Burg Gutenfels (All), 323
Burghalde (All), 332
Burg Hammerstein (All), 323
– Hoheneck (All), 330
– Katz (All), 323
Burglay (All), 325
– -Felsen (All), 325
Burg Lichteneck (All), 331
Burgmauer (All), 325
Burg Maus (All), 323
– Neuenfels (All), 331
Burgrave (S), 139
Burg Ravensburger Dicker Franz (All), 331
– -Husarenkappe (All), 331
– -Löchle (All), 331
– Rheinfels (All), 323
– Rodenstein (All), 309, 327
Burgstall (Baden; All), 331
– (Württemberg; All), 332
Burgundac bijeli (Yu), 463
Burgundac crni (Yu), 350, 463
Burgundy (U.S.A.), 407
Burg Warsberg (All), 325
Burgweg (Franken; All), 310, 330
– (Mosel-Saar-Ruwer; All), 325
– (Nahe; All), 309, 326
– (Rheingau; All), 314, 324
– (Rheinhessen; All), 327
– (Rheinpfalz; All), 328
Burgwingert (All), 331
Burg Wildeck (All), 332
– Windeck (All), 331
– Zähringen (All), 331
Burignon (S), 139
Busard (S), 140
Busslay (All), 316, 325
Buttafuoco dell'Oltrepò pavese (I), 261, 279
Butte de Saumoussay (F), 157
Buzbag (T), 354, 358

Cabane Saint-Jean (F), 141
Cabanette (F), 141
Cabernet (Bg), 343
Cabernet (Cal), 394
– (I), 268, 279
– (A.S.), 371
– Abraou (U.R.S.S.), 347, 350
– -Anapa (U.R.S.S.), 347
– -d'Anjou (F), 158, 463
– Livadia (U.R.S.S.), 350
– di Pramaggiore (I), 268, 280
– de Saumur (F), 158
– Sauvignon (A.S.), 372
– Sauvignon (Aus), 415
– Sauvignon (Cal), 377, 378, 388, 394, 401, 407
– Shiraz (Aus), 415
– delle Venezie (I), 279
Cabrières (F), 135, 141, 142
Cacc'e Mitte di Lucera (I), 282
La Cacharde (F), 141
Cacique (E), 227
Le Cadet Bon (F), 200
Cadillac (F), 180
Cagarino (I), 463
Cahors Tchoumai (U.R.S.S.), 348
La Caille (S), 140

Le Cailleret (F), 109
Les Caillerets (F), 94, 109
En Caillerets (F), 108
Caillerets-Dessus (F), 108
Les Cailles (F), 107
Cairanne (F), 132, 141
Calamin (S), 140
Caldaro (I), 268
Calenco (I), 253
California Riesling (Cal), 393
Calmont (All), 324
Calouères (F), 107
Caluso Passito (I), 261, 279, 462
Camborio (E), 227
Campero (E), 227
Campey (F), 141
Campidano di Cagliari (I), 282
Campidano di Terralba (I), 282
Canchales (E), 225
Canciller (Arg), 411
Cange (F), 155
Canneto (I), 279
Cannonau di Sardegna (I), 276, 282
Cansaud (F), 141
Canto (E), 227
Cap Bon (Tu), 373
La Capilla (E), 227
Capinella (A.S.), 374
Capitan (E), 227
La Capitana (E), 227
La Capite (S), 140
Capo (I), 278
Capri (I), 276, 281
Le Car (F), 142
En Caradeux (F), 108
Carcavelos (P), 232, 233
– -Quinta da Bela Vista (P), 251
– -Quinta do Barão (P), 251
Carcenies (F), 141
Cardenal Cisneros (E), 228
Carelle-Dessous (F), 108
Carelle-sous-la-Chapelle (F), 108
Carema (I), 258, 279
Caricia (E), 227
Cariñena (E), 211, 225
Cariño (E), 226
Carito (P), 257
Carla (E), 228
Carlonet Cabernet (A.S.), 372, 373
Carlsberg (All), 325
Carlsheim 8 (A.S.), 372
Carlton House (E), 228
Carmela (E), 228
Carmel Hock (Is), 356, 357
Carmelita (E), 227
Carmen (E), 227
Carmignano (I), 270, 280
Carola (E), 227
Carta Blanca (E), 227
Cartago (Brown) (E), 228
Carta Real (E), 227
Cartaxo (P), 234
La Carte (F), 156
Carthage (Tu), 373
Cartujo (E), 227
Carvalho, Riberio Ferreira (P), 251
Casalinho (P), 251
Casanovas (E), 227, 228
Casino Dry White (P), 252
Le Cas-Rougeot (F), 108
Le Cassereau (F), 156
Les Cassiers (F), 155
Cassis (F), 134
Castel Acquaro (I), 282
– Danielis (G), 357
– Del Monte (I), 274, 282
– San giorgio (I), 281
Castelas (F), 141
Castellberg (All), 331
Casteller (I), 268, 280
Castelo Port (A.S.), 374
Castillo de las Arenas (E), 225

– de Tiebas (E), 225
– Ygay (E), 225
– Ygay Reserva (E), 225
El Catador (E), 227
Catawba (N.Y.), 377, 407
Cave des Allours (S), 139
– de Fischer (S), 140
– du Prieuré (S), 140
Caves de l'Hôpital (S), 139
– des Hospices cantonaux (S), 139
Cazetiers (F), 73, 107, 272
Cecubo (I), 253
Celebration (E), 228
Cellatica (I), 265, 279
Les Celliers (F), 158
Cencibel (E), 226
Centgericht (All), 329
Centgrafenberg (All), 329
Century Port (P), 252
Les Cent-Vignes (F), 108
Cerasuolo di Abruzzo (I), 272, 281
– di Vittoria (I), 278, 282
La Cerise (F), 141
Cerisier (F), 141
Cérons (F), 177, 462
Cervetri (I), 272, 281
Cesanese del Piglio (I), 272, 281
– di Olivano (I), 272, 281
– di Affile (I), 272, 281
El Cesar (E), 227
Cirò (I), 275
– di Cagliari (I), 276
Chabiots (F), 107
Chablais (S), 119, 140
Chablis (F), 63, 78, 103, 107, 461, 463
– (Aus), 415
– (Cal), 407, 462
– -Beauroy (F), 78, 107
– -Blanchots (F), 78, 107
– -Bougros (F), 78
– -Côte de Léchet (F), 78, 107
– -Les Clos (F), 78, 107
– -Forêts (F), 78, 107
– -Fourchaume (F), 78, 107
– -Grand cru (F), 63, 78, 107
– -Grenouilles (F), 78, 107
– -Mélinots (F), 78, 107
– -Montmains (F), 78
– -Mont de Milieu (F), 78, 107
– -Montée de Tonnerre (F), 78, 107
– Premier Cru (F), 63, 78, 107
– -Preuses (F), 78, 107
– -Vaillons (F), 78, 107
– -Valmur (F), 78, 107
– -Vaucoupin (F), 78, 107
– -Vaudésir (F), 78, 107
– -Vaugirard (F), 78, 107
– -Vaugros (F), 78, 107
Les Chabœufs (F), 107
– Chacé (F), 158
Chäfer-Steiner Blaurock (S), 322
Chafeune (F), 141
Les Chaffots (F), 107
Aux Chaignots (F), 107
Les Chaillots (F), 108
En La Chaîne-Carteau (F), 107
Les Chalumeaux (F), 109
Chamakhy (U.R.S.S.), 348
Chambelan (E), 227
Chambergo (E), 227
Chambertin (F), 69, 72, 80, 84, 462, 492
– -Clos-de-Bèze (F), 72, 80
Chambolle-Musigny (F), 69, 81, 86, 107, 484, 494
Chambraste (F), 155
Chambre-tout (F), 158
Champagne (Aus), 415
Champagne (Cal), 399, 407
Champagne (F), 426, 430, 432-433, 489, 494
En Champans (F), 108

Le Champ-Canet (F), 109
Champ Chardon (F), 157
Champ-Clou (F), 109
Champeaux (F), 107
Champigny (F), 495
Champigny-le-Sec (F), 158
Champs-Pimont (F), 108
Champitonnois dit « Petite Chapelle » (F), 107
Champonnets (F), 107
Champréveyres de la Ville (S), 323
Les Champs-Fulliot (F), 108
Les Champs-Gain (F), 108, 109
Aux Champs-Perdrix (F), 107
Champtin (F), 155
Chançay (F), 156
La Chanière (F), 108
Chanlin (F), 108
Les Chanlins-Bas (F), 108
Le Chant des Resses (S), 139
Chanteauvieux (S), 139
La Chanteleuserie (F), 157
Chanteperdrix (S), 140
Le Chantey (S), 139
Chanturgue (F), 495
Chapelle-Chambertin (F), 72, 80
La Chapelle-Heulin (F), 158
Chapelle de Salquenen (S), 139
Les Chapelles (F), 156
Les Chapelles (S), 139
Chapitre (F), 109
Les Chaponnières (F), 108
Chapotannaz (S), 140
Chapouin (F), 141
Charantelle (A.S.), 373
Chardonnay (U.S.A.), 378, 397, 402, 403
Chardonne (S), 139
Les Charmes (F), 81, 107
Aux Charmes (F), 107
Charmes-Chambertin (F), 72, 80
– -Dessus (F), 109
– -Dessous (F), 109
Es-Charmots (F), 108
Charmus de la Cure (S), 139
Les Charnières (F), 108
Les Charrières (F), 107
La Chartreuse (F), 141
Charveyron (F), 495
Chassagne ou Cailleret (F), 109
Chassagne-Montrachet (F), 94, 108, 109
Les Chassaignes (F), 155
Chasselas, Alsace (F), 299, 323
– , Genève (S), 140
Chasse-Peines (S), 323
Chatagnéréaz (S), 140
Château l'Abbé-Gorsse-de-Gorrse (F), 196
– Agassac (F), 195
– de l'Aiguillette (F), 196
– Les Alberts (F), 204
– Alphen (A.S.), 374
– Andron-Blanquet (F), 195
– L'Angélus (F), 200
– Angludet (F), 195
– d'Anice (F), 194
– Archambaud (F), 194
– d'Arche (F), 193, 195, 196
– d'Arche-Lassalle (F), 197
– d'Arche-Pugneau (F), 193
– d'Arche-Vimeney (F), 193
– d'Arcins (F), 196
– d'Armajan-des-Ormes (F), 193
– les Armuseries (F), 156
– Arnaud-Jouan (F), 198
– Arnauton (F), 204
– d'Arricaud (F), 195
– l'Arrosée (F), 200
– des Arrouches (F), 199
– d'Arsac (F), 196
– Ausone (F), 200, 462

– d'Auvernier (S), 323
– Badette (F), 200
– Baladoz (F), 201
– Baleau (F), 200
– Balestard-la-Tonnelle (F), 200
– Balestey (F), 194
– Balogues (F), 196
– Barakan (F), 198
– de Barbe (F), 204
– Barbet (F), 204
– La Barde (F), 201
– La Barde (Bourgeois; F), 204
– Barde-Haut (F), 201
– Bardins (F), 194
– Baret (F), 194
– Barrabaque (F), 203
– Barrère (F), 197
– Barreyre (F), 196
– Barrieux (F), 204
– Barthez (F), 194
– Les Basiliques (F), 201
– Bas-Pommarède (F), 194
– Bassaler-Castanède (F), 198
– des Basses-Rivières (F), 156
– La Bastienne (F), 201
– Bastor-Lamontagne (F), 193
– Batailley (F), 195
– Batsères (F), 195
– Les Bavolliers (F), 204
– Bayard (F), 201
– de Béard (F), 201
– de Beauchêne (F), 194
– Beauchêne (ancien Clos Mazeyres) (F), 202
– Beauduc (F), 199
– Beaufresque (F), 199
– Beaulac (F), 193, 194
– Beaulé (F), 199
– de Beaulieu (F), 198
– de Beaulieu (Cérons; F), 194
– de Beaulieu (Médoc; F), 196
– Beau-Mazerat (F), 200
– Beaumont (F), 196
– de Beaupuy (F), 197
– Beauregard (F), 202
– de Beauregard (F), 141
– Beauséjour (Entre-Deux-Mers; F), 199
– Beauséjour (Montagne-Saint-Emilion; F), 201
– Beauséjour (Puisseguin-Saint-Emilion; F), 202
– Beauséjour (Saint-Emilion; F), 200
– Beausite (F), 195
– Beau-Site Monprimblanc (F), 198
– Beauval (F), 199
– La Bécade (F), 196
– La Bégorce (F), 196
– Belair (F), 202
– Bel-Air (Bourgogne; F), 107
– Bel-Air (Entre-Deux-Mers; F), 199
– Bel-Air (Grave-de-Vayres; F), 199
– Bel-Air (Graves; F), 194
– Bel-Air (Lalande de Pomerol; F), 203
– Bel-Air (Premières-Côtes-de-Bordeaux; F), 198
– Bel-Air (Sainte-Croix-du-Mont; F), 197
– Bel-Air (Saint-Emilion; F), 200
– Bel-Air (Saint-Morillon; F), 194
– de Bel-Air (F), 203
– Bel-Air Haut-Montguillon (F), 202
– Bel-Air Lagrave (F), 196
– Bel-Air, Marquis d'Aligre (F), 195
– Bel-Air-Ouy (F), 201
– Belgrave (F), 195
– Belle-Brise (F), 202
– Bellefontaine (F), 195
– de Bellefontaine (F), 199
– Bellefont-Belcier (F), 201
– Bellegarde (F), 198
– Bellegrave (F), 196

– Belle-Isle-Mondotte (F), 201
– Bellerive (F), 196
– Belleroque (F), 204
– Belle-Rose (F), 196
– Belles-Plantes (F), 200
– Bellevue (Blayais; F), 204
– Bellevue (Lussac; F), 202
– Bellevue (Montagne-Saint-Emilion; F), 201
– Bellevue (Premières-Côtes-de-Bordeaux; F), 198
– Bellevue (Saint-Emilion; F), 200
– Bellevue (Saint-Georges-Saint-Emilion; F), 202
– Belloy (F), 203
– Belon (F), 194
– Bel-Orme (F), 196
– de Benauge (F), 199
– Bergat (F), 200
– De Bergerie (F), 199
– Berliquet (F), 200
– Bernard-Raymond (F), 194
– Berthenon (F), 204
– Berthou (F), 204
– La Bertonnière (F), 204
– Bertranon (F), 197
– des Bessanes (F), 194
– Beychevelle (F), 195
– de La Bézine (F), 198
– Bézineau (F), 200
– Biac (F), 197
– Bibian-Darriet (F), 196
– La Bichaude (F), 201
– Binyamina (Is), 357
– Birot (F), 198
– de Blagnac (F), 199
– La Blancherie (F), 194
– de Blissa (F), 204
– Bodet (F), 203
– Boiresse (F), 194
– Boisset (F), 204
– Boisson (F), 198
– du Bonnat (F), 194
– Bonneau (F), 196
– Bonnet (F), 199
– Bonnes-Mares (F), 81
– Bord-Ramonet (F), 200
– Le Boscq (F), 195
– La Bouade (F), 193
– Bouchoc (F), 197
– du Boulay (F), 155
– le Bourdieu (F), 196
– Bourgneut-Vayron (F), 202
– Bourseau (F), 203
– Bouscaut (F), 194
– du Bousquet (F), 204
– La Bouygue (F), 201
– Bouyot (F), 193
– Boyd-Cantenac (F), 195
– Bragard (F), 200
– Branaire-Ducru (F), 195
– Brane-Cantenac (F), 195
– Brassens-Guiteronde (F), 193
– de La Brède (F), 194
– Brémontier (F), 198
– Brethous (F), 198
– Breuil (F), 204
– du Breuil (F), 158
– Le Breuil (F), 196
– Brigaille (F), 198
– La Brousse (F), 204
– Broustet (F), 193
– Brun (F), 201
– Brun-Mazeyres (F), 202
– de Budos (F), 195
– du Burg (F), 199
– du Burk (F), 199
– de Bursinel (S), 140
– Bussac (F), 199
– La Cabane (Blayais; F), 204
– La Cabanne (F), 202
– Cabannieux (F), 194
– Cadet-Fonroque (F), 200

– Cadet-Piola (F), 200
– Cadet-Soutard (F), 200
– Caïla (F), 198
– de Caillavet (F), 198
– Caillou (F), 193
– Le Caillou (F), 202
– Calon (Montagne-Saint-Emilion; F), 201
– Calon (Saint-Georges-Saint-Emilion; F), 202
– Calon-Ségur (F), 195
– de Camarsac (F), 199
– Cambes-Kermovan (F), 204
– Camensac (F), 195
– Cameron (F), 193
– Camperos (F), 193
– Campet (F), 198
– Canon (Canon-Fronsac; F), 203
– Canon (Saint-Emilion; F), 200
– Canon-Bourret (F), 203
– Canon de Brem (F), 203
– Canon Chaigneau (F), 203
– Canon-La-Gaffelière (F), 200
– Canon-Lange (F), 203
– Cantau (F), 194
– Cantebau-Couhins (F), 194
– Cantegril (F), 193
– Canteloup (Médoc; F), 196
– Canteloup (Premières-Côtes-de-Bordeaux; F), 198
– Cantemerle (Blayais; F), 204
– Cantemerle (Médoc; F), 195
– Cantenac (F), 200
– Cantenac-Brown (F), 195
– Canterane (F), 201
– de Cantereau (F), 202
– Capbern (F), 195
– Capet (F), 201
– Capet-Bégaud (F), 203
– Capet-Guillier (F), 201
– Cap-de-Haut (F), 196
– Cap de Mourlin (F), 200
– de La Capelle (F), 201
– Carbonnieux (F), 194
– Carcanieux-les-Graves (F), 196
– Cardinal-Villemaurine (F), 200
– La Cardonne (F), 196
– de Carignan (F), 198
– Carillon (F), 202
– de Carles (Barsac; F), 193
– de Carles (Côtes-de-Fronsac; F), 204
– Carlsheim 8 (A.S.), 373
– Caronne-Ste-Gemme (F), 195
– Cartau (F), 200
– La Carte (F), 200
– du Cartillon (F), 196
– Cassagne (F), 203
– Cassevert (F), 200
– Le Castelot (F), 201
– du Castera (F), 196
– La Caussade (F), 197
– du Cauze (F), 201
– Cauzin (F), 200
– La Cave (F), 204
– Cayre (F), 198
– Cazeau (F), 199
– Cazeaux (F), 204
– Cazès (F), 194
– de Cérons et de Calvimont (F), 193
– Certan-Demay (F), 202
– Certan-Marzelle (F), 202
– La Chabanne (F), 198
– Chaigneau-Guillon (F), 203
– Chaillou (F), 204
– Chalon (F), 125, 141, 463, 494
– Chambert (F), 196
– Champion (F), 200
– Chanteloiseau (F), 195
– Chante-l'Oiseau (F), 198
– de Chanze (F), 158
– La Chapelle-de-Lescours (F), 201
– La Chapelle-Lariveau (F), 203

– La Chapelle-Madeleine (F), 200
– de Chardonne (S), 139
– Charmail (F), 196
– des Charmettes (F), 195
– Charron (F), 204
– Chasselauds (F), 204
– Chasse-Spleen (F), 195
– Châtain (F), 203
– Châteauneuf (F), 199
– de Châtelard (S), 139
– Le Châtelet (F), 200
– du Châtelet (F), 202
– Châtelet-Moléonne (F), 200
– Les Chaumes (Blayais; F), 204
– Les Chaumes (Néac Lalande-de-Pomerol; F), 203
– Chauvin (Premières-Côtes-de-Bordeaux; F), 197
– Chauvin (Saint-Emilion; F), 200
– Chaviran (F), 194
– Chelivette (F), 199
– de Chelivette (F), 198
– du Chêne-Liège (F), 202
– Chêne-Vert (F), 194
– Chêne-Vieux (F), 202
– Cheval-Blanc (F), 168, 200
– Cheval-Noir (F), 200
– Chevrol-Bel-Air (F), 203
– Cissac (F), 195
– Citran (F), 195
– Clauzet (F), 196
– Clerc-Milon (F), 195
– Climens (F), 193
– Clinet (F), 202
– du Clocher (F), 200
– Clos d'Amières (F), 204
– Clos de l'Oratoire (F), 201
– La Closerie (F), 195
– La Closerie Grand Poujeaux (F), 196
– La Clotte (Puisseguin-Saint-Emilion; F), 202
– La Clotte (Saint-Emilion; F), 200
– La Clotte et Cazalis (F), 193
– La Clotte-Grande-Côte (F), 200
– La Cluzière (F), 200
– Comarque (F), 193
– des Combes-Canon (F), 203
– de Come (F), 196
– La Commanderie (F), 202
– de la Commanderie (F), 203
– Comte (F), 203
– Le Cone Moreau (F), 204
– Le Cone-Sebilleau (F), 204
– Le Cone-Taillasson (F), 204
– Conseillante (F), 202
– Constantia (A.S.), 374
– Copis (F), 197
– Corbin (Montagne-Saint-Emilion; F), 201
– Corbin (Saint-Emilion; F), 200
– Corbin-Michotte (F), 200
– Corconac (F), 196
– Cordeliers (F), 197
– Cormey (F), 200
– Cormey-Figeac (F), 200
– Cos-d'Estournel (F), 195
– Cos-Labory (F), 195
– Costeriou (F), 198
– Côte-Belle (F), 198
– Côte Bernateau (F), 201
– Cottière (F), 204
– Coucy (F), 201
– Le Coudeau (F), 204
– Coudert (F), 201
– Coufran (F), 196
– Couhins (F), 194
– Coullac (F), 197
– de Courauneau (F), 199
– La Couronne (F), 195
– du Courreau (F), 198
– de Courtade (F), 198
– Courtade Dubuc (F), 198
– de Courteillac (F), 199

– La Couspaude (F), 200
– Coustet (F), 193
– Coustolle (F), 203
– Coutelin-Merville (F), 195
– Coutet (Barsac; F), 193
– Coutet (Saint-Emilion; F), 200
– Le Couvent (F), 200
– Crabitey (F), 194
– de Crans (S), 140
– Cravignac (F), 200
– Le Crock (F), 195
– La Croix (F), 198, 202
– La Croix-Chantecaille (F), 206
– Croix-de-Blanchon (F), 202
– Croix-de-Chantecaille (F), 200
– La Croix-Landon (F), 196
– de la Croix (Millorit) (F), 204
– La Croix-Saint-André (F), 203
– La Croix-Saint-Georges (F), 202
– La Croix-Saint-Jean (F), 203
– Croizet-Bages (F), 195
– Croque-Michotte (F), 200
– du Cros (F), 197
– Croûte-Charlus (F), 204
– Croûte-Mallard (F), 204
– Crusquet (F), 204
– Cruzeau (F), 201
– Les Cruzelles (F), 203
– Le Cugat (F), 199
– La Cure (F), 204
– Curé-Bon-la-Madeleine (F), 200
– de Cypressat (F), 198
– la Dame-Blanche (F), 196
– Damluc (F), 198
– Dassault (F), 200
– Daugay (F), 200
– La Dauphine (F), 204
– Dauphiné-Rondillon (F), 197
– Les Dauphins (F), 199
– Dauzac (F), 195
– de Dauzac (F), 157
– Desmirail (F), 195
– Despeyrères (F), 194
– Dillon (F), 196
– Doisy (F), 193
– Doisy-Daene (F), 193
– Doisy-Védrines (F), 193
– du Domaine de Descazeaux (F), 204
– Domeyne (F), 196
– La Dominique (F), 200
– de Doms (F), 194
– Donissan (F), 196
– Doumayne (F), 201
– Drouilleau-Belles-Graves (F), 203
– Ducasse (F), 193
– Ducru-Beaucaillou (F), 195
– Dudon (F), 193
– Duhart-Milon (F), 195
– de Duillier (S), 140
– Dupeyrat (F), 204
– Duplessis (F), 198
– Duplessis-Fabre (F), 196
– Duplessis-Hauchecorne (F), 196
– Durand (F), 202
– Durfort-Vivens (F), 195
– Dutoya (F), 197
– Dutruch-grand-Poujeaux (F), 195
– de L'Eglise (F), 197
– de l'Emigré (F), 194
– l'Enclos (F), 202
– Enclos Haut-Mazeyres (F), 202
– d'Epire (F), 158
– L'Ermitage (Médoc; F), 196
– L'Ermitage (Premières-Côtes-de-Bordeaux; F), 198
– de l'Escaley (F), 197
– de l'Espérance (F), 194
– de l'Espinglet (F), 198
– de l'Etoile (F), 156
– Etoile-Pourret (F), 200
– L'Evangile (F), 202
– Eyquem (F), 204
– Faget (F), 196

– La Fagnouse (F), 201
– de Faleyrens (F), 201
– Falfas (F), 204
– Fantin (F), 199
– de Fargues (F), 193
– Faubernet (F), 197
– Fauchey (F), 198
– Faugas (F), 198
– Favols (F), 198
– Fayard (F), 197
– Fayau (F), 198
– Fellonneau (F), 196
– Ferran (F), 194
– Ferrand (F), 202
– de Ferrand (F), 201
– Ferrande (F), 194
– Ferrière (F), 195
– La Ferrière (F), 202
– Feytit-Clinet (F), 202
– de Fieuzal (F), 194
– Figeac (F), 200
– Filhot (F), 193
– La Fleur-Canon (F), 203
– La Fleur-Mérissac (F), 200
– La Fleur-Milon (F), 196
– La Fleur-Perruchon (F), 202
– La Fleur-Petrus (F), 203
– La Fleur-Pourret (F), 200
– La Fleur-Saint-Bonnet (F), 196
– La Fleur-Vachon (F), 200
– Fleury (F), 193
– Fombrauque (F), 201
– Fonbadet (F), 196
– Fonchereau (F), 199
– Fongaban-Bellevue (F), 200
– Fongravey (F), 196
– Fonpetite (F), 196
– Fonpiquevre (F), 196
– Fonplégade (F), 200
– Fonrazade (F), 200
– Fonréaud (F), 196
– Fonroque (F), 200
– La Fontaine (F), 204
– Fontebride (F), 193
– Fontesteau (F), 196
– de Fontmurée (F), 201
– Fort-de-Vauban (F), 196
– Formont (F), 199
– Foucla (F), 194
– Fougeailles (F), 203
– des Fougères (F), 194
– Fourcas-Dupré (F), 196
– Fourcas-Hosten (F), 196
– Fourney (F), 201
– de France (F), 194
– Franc-Mayne (F), 200
– Franc-Patarabet (F), 200
– Franc-Pourret (F), 200
– La Fresnaye (F), 158
– de la Fuye (F), 157
– Le Gabachot (F), 203
– de la Gaborie (F), 199
– Gaby (F), 203
– Gachet (F), 203
– Gadeau (F), 204
– La Gaffelière (F), 200
– Gagnard (F), 204
– Gaillard (Bourgogne; F), 108
– Gaillard (Loire; F), 156
– Galan (F), 196
– Gallais-Bellevue (F), 196
– La Ganne (F), 203
– du Gard (F), 198
– La Garde (F), 204
– Le Gardera (F), 197
– La Garde Roland (F), 204
– Garde-Rose (F), 201
– La Garosse (F), 196
– Garraud (F), 203
– de Garreau (F), 198
– Gassies (F), 198
– Gaubert (F), 201
– Gaudrelle (F), 156

– Gaussens (F), 197
– Le Gay (F), 203
– Gay-Moulin (F), 201
– de Gayon (F), 195
– Gazin (Graves; F), 194
– Gazin (Pomerol; F), 202
– du Gazin (F), 203
– Génisson (F), 198
– Gigault (F), 204
– Gilette (F), 193
– La Girouette (F), 204
– Giscours (F), 195
– du Glana (F), 195
– de Glérolles (S), 139
– Gloria (F), 196
– Godeau (F), 201
– de Goélane (F), 199
– Gombaude-Guillot et Grandes Vignes Clinet réunis (F), 202
– La Gommerie (F), 200
– Gontier (F), 204
– La Gorce (F), 197
– Gordat (F), 204
– Gouprie (F), 202
– Gourran (F), 197
– La Grâce-Dieu (F), 200
– Grand-Barrail-Lamarzelle-Figeac (F),200
– Grand Bourdieu (F), 194
– de Grand-Branet (F), 198
– Grand Carretey (F), 193
– Grandchamp (F), 202
– de Grand-Champs (F), 199
– Grand Chemin (F), 194
– Grand-Clapeau (F), 196
– Grand Corbin Despagne (F), 200
– Le Grand-Corbin-Pécresse (F), 200
– Grandis (F), 195
– Grand-Duroc-Milon (F), 196
– Les Grandes Murailles (F), 200
– Grand-Jour (F), 204
– du Grand-Jour (F), 198
– Grand-Mayne (F), 200
– Grand-Mayne Guy-né-Marc (F), 193
– Grand Mirande (F), 200
– Grand-Monteil (F), 199
– de Grand-Mouëys (F), 198
– Grand-Ormeau (F), 203
– Grand-Pey-Lescours (F), 201
– du Grand-Peyrot (F), 197
– Grand-Pontet (F), 200
– du Grand Puch (F), 199
– Grand-Puy-Ducasse (F), 195
– Grand-Puy-Lacoste (F), 195
– Grand-Renouil (F), 203
– Grand-Saint-Julien (F), 196
– Grand-Village-Capbern (F), 196
– Grangey (F), 201
– Granins (F), 196
– Grate-Cap (F), 202
– du Grava (F), 198
– Gravas (F), 193
– de la Grave (F), 204
– de la Gravère (F), 195
– des Graves (F), 194
– La Grave-Trinant-de-Boisset (F), 203
– Gravelines-Semens (F), 198
– de Graveyrion (F), 194
– La Gravière (Lalande-de-Pomerol; F), 203
– La Gravière (Sainte-Croix-du-Mont; F), 194
– La Gravière-Couerbe (F), 196
– Les Gravières (F), 194
– La Graville (F), 197
– Gressier-Grand-Poujeaux (F), 196
– Gréteau (F), 198
– Grillet (F), 126, 141
– Grillon (F), 193
– de Grissac (F), 204
– La Grolet (F), 204
– Gros (F), 201

- Gros-Moulin (F), 204
- Gruand-Laroze-Sarget (F), 195
- Gruaud-Laroze (F), 492
- du Gua (F), 199
- Guadet-le-Franc-Grâce-Dieu (F), 200
- Guadet-Saint-Julien (F), 200
- Gueyrosse (F), 201
- Gueyrot (F), 200
- Guibaud (F), 202
- Guibot-la-Fourvieille (F), 202
- Guienne (F), 204
- Guillaumet (F), 199
- Guillaumot (F), 194
- Guillemot (F), 201
- Guillonnet (F), 204
- Guillot (F), 202
- Guillou (F), 202
- Guimbalet (F), 193
- Guiraud (Bourgeais; F), 204
- Guiraud (Sauternes; F), 193
- Guiteronde (F), 193
- La Gurgue (F), 196
- Hallet (F), 193
- Hanteillan (F), 196
- L'Haouilley (F), 193
- La Hargue (F), 204
- d'Hauretz (F), 199
- Haut-Bages-Libéral (F), 195
- Haut-Bages-Monpelou (F), 196
- Haut-Bailly (F), 194
- Haut-Ballet (F), 203
- Haut-Bardin (F), 197
- Haut-Batailley (F), 195
- Haut-Bergeron (F), 193
- Haut-Bernon (F), 202
- Haut-Berthonneau (F), 200
- Haut-Bommes (F), 193
- Haut-Bourdat (F), 194
- Haut-Brana (F), 194
- Haut-Breton (F), 196
- Haut-Brignon (F), 198
- Haut-Brion (F), 194, 462
- Haut-Cabat (F), 204
- Haut-Cadet (F), 200
- Haut-Carmail (F), 196
- Haut-Carré (F), 194
- Haut-Chaigneau (F), 203
- Haute-Nauve (F), 201
- Haut-Fonrazade (F), 200
- Haut-Goujon (F), 201
- Haut-Grâce-Dieu (F), 200
- Haut-Grand-Faurie (F), 200
- du Haut-Gravat (F), 204
- Haut-Gravier (F), 194
- Haut-La-Huntasse (F), 194
- Haut-Laroque (F), 198
- Haut-Larose (F), 202
- Haut-La-Rose (F), 200
- Haut-Marbuzet (F), 168, 195
- Haut-Mayne (F), 193
- Haut-Mazerat (F), 200
- Haut-Nouchet (F), 194
- Haut-Padarnac (F), 196
- Haut-Piquat (F), 202
- Haut-Plaisance (F), 201
- Haut-Plantey (F), 201
- Haut-Plateau (F), 202
- Haut-Pontet (F), 200
- Haut-Pourret (F), 200
- du Haut-Rat (F), 194
- du Haut-Rocher (F), 201
- Haut-Sarpe (F), 200, 201
- Haut-Segotte (F), 200
- Haut-Simard (F), 200
- Haut-Troquard (F), 202
- Les Hautes-Graves (F), 201
- de Haux (F), 197
- La Haye (F), 196
- Le Hère (F), 193
- Hermitage-Mazerat (F), 200
- Houissant (F), 195
- Le Huzet (F), 194

- d'Intrans (F), 198
- d'Issan (F), 195
- Jacquemeau (F), 200
- Jacques-Blanc (F), 201
- Jacques-le-Haut (F), 193
- Janisson (F), 198
- Jany (F), 193
- du Jardin-Saint-Julien (F), 200
- du Jardin-Villemaurine (F), 200
- des Jaubertes (F), 195
- Jauque-Blanc (F), 200
- Jean-Blanc (F), 202
- Jeandeman (F), 204
- Jean-Faure (F), 200
- Jeanganne-Préfontaine (F), 198
- Jean-Gervais (F), 194
- Jean Lamat (F), 197
- Jean de Mayne (F), 200
- Jean-Voisin (F), 200
- Jonka (F), 193
- Jourdan (F), 198
- du Juge (F), 197, 198
- Junayme (F), 203
- Jura-Plaisance (F), 201
- Justa (F), 198
- Kirwan (F), 195
- Labatisse (F), 196
- Labatut (Entre-Deux-Mers; F), 199
- Labatut (Premières-Côtes-de-Bordeaux; F), 198
- de Labegorce (F), 196
- de Labegorce-Zédé (F), 195
- Laborde (F), 203
- Labory (F), 197
- Lacroix (F), 203
- Lacroix-de-Gay (F), 202
- Ladouys (F), 194
- Lafaurie (F), 203
- Lafaurie-Peyragevey (F), 193
- Lafite-Canteloup (F), 196
- Lafite Carcasset (F), 196
- Lafite-Rothschild (F), 164, 173, 195, 462, 492, 494
- Lafite (Entre-Deux-Mers; F), 199
- Lafite (Premières-Côtes-de-Bordeaux; F), 198
- Lafleur (Montagne-Saint-Emilion; F), 201
- Lafleur (Pomerol; F), 202
- Lafleur-Lambaret (F), 203
- Lafon (Médoc; F), 196
- Lafon (Sauternes; F), 193
- Lafon-Rochet (F), 195
- Lafont (F), 204
- Lafüe (F), 197
- Lagarde (F), 194
- Lagarette (F), 198
- Lagareyre (F), 197
- Lagrange (Bourg; F), 204
- Lagrange (Médoc; F), 195
- Lagrange (Pomerol; F), 203
- Lagrange-Marquis de Luppe (F), 204
- Lagraula (F), 199
- Lagueloup (F), 195
- La Lagune (F), 195
- Lalanette (F), 194
- Lalibarde (F), 204
- Lamarche-Candelayre (F), 203
- Lamarque (F), 196
- Lamartre (F), 201
- La Mothe (F), 199
- Lamothe (Bourgeais; F), 204
- Lamothe (Graves; F), 194
- Lamothe (Premières-Côtes-de-Bordeaux; F), 197
- Lamothe (Sauternes; F), 193
- Lamothe-Bergeron (F), 196
- Lamothe-Bouscaut (F), 194
- Lamothe de Haux (F), 198
- Lamourette (F), 193
- Lamouroux (F), 193
- Lande de Grauet (F), 201

- Landeron (F), 199
- Lanère (F), 193
- Lanessan (F), 195, 196
- de Langalerie (F), 199
- Langlade (F), 202
- Langoa (F), 195
- Langoiran (F), 197
- Laniotte (F), 200
- de la Lanterne (F), 156
- Lanusse-Couloumet (F), 197
- Lapelletrie (F), 201
- Lepeloue (F), 193
- Lapeyreyre (F), 197
- Lapeyruche (F), 197
- Laplagnotte-Bellevue (F), 200
- Laporte (F), 200
- Larchevesque (F), 203
- Larcis-Ducasse (F), 200, 201
- Lardiley (F), 198
- Lardit (F), 198
- Laribotte (F), 193
- Lariveau (F), 203
- Larmande (F), 200
- Laroche (F), 197
- Laroque (F), 201
- Larose (F), 198
- Larose-Perganson (F), 196
- Larose-Trintaudon (F), 196
- Laroze (F), 200
- Larquet (F), 201
- Larrieu-Terrefort (F), 196
- Larrivaux (F), 196
- Larrivet-Haut-Brion (F), 194
- Larronde-Desormes (F), 196
- Lascombes (F), 195
- Lassagne (Blayais; F), 204
- Lassagne (F), 198
- Lassègue (F), 201
- Latour (Médoc; F), 164, 195, 492
- Latour (Premières-Côtes-de-Bordeaux; F), 198
- Latour-L'Aspic (F), 196
- Latour Feugas (F), 198
- Latour de Marbuzet (F), 196
- Latour à Pomerol et Grandes Vignes Réunies (F), 203
- Latrézotte (F), 193
- Laujac (F), 196
- Laurétan (F), 197
- des Laurets (F), 202
- Laurette (F), 197
- Laureusanne (F), 204
- Lavergne (F), 199
- Laville Haut-Brion (F), 194
- Lavinot-la-Chapelle (F), 203
- Lavison (F), 198
- Léon (F), 198
- Léoville-Barton (F), 195
- Léoville-Lascases (F), 195
- Léoville-Poyféré (F), 195
- Lescadre (F), 204
- Lescart (F), 199
- de Lescours (F), 201
- de Lesparre (F), 199
- Lespault (F), 194
- Les Lesques (F), 196
- Lestage (Entre-Deux-Mers; F), 199
- Lestage (Médoc; F), 196
- Lestage (Parsac-Saint-Emilion; F), 202
- Lestage-Darquier (F), 196
- Lestange (F), 198
- Lestrille (F), 199
- Lezongard (F), 198
- Lhospital (F), 195
- Libertas (A.S.), 371, 374
- La Ligassonne (F), 197
- Lion-Perruchon (F), 202
- Liot (F), 193
- Liversan (F), 196
- Livran (F), 196
- Lognac (F), 194
- Loubens (F), 197

- Loudenne (F), 196
- de Loupiac-Gaudiet (F), 197
- Loustauvieil (F), 197
- La Louvière (F), 194
- Louys (F), 157
- Lucques-Bessan (F), 197
- Ludeman (F), 195
- Ludon-Pomiès-Agassac (F), 196
- de Luins (S), 140
- de Lussac (F), 202
- Lusseau (F), 194
- Luziès (F), 193
- de Lyde (F), 197
- Lynch-Bages (F), 195
- Lynch-Moussas (F), 195
- du Lyonnat (F), 202
- Macay (F), 204
- Mac-Carthy (F), 196
- Mac-Carthy-Moula (F), 196
- Machorre (F), 204
- de Maco (F), 204
- Macquin (F), 202
- La Madeleine (F), 200
- Madelis (F), 195
- de Madère (F), 194
- Magdelaine (F), 200
- Magence (F), 195
- Mageot (F), 198
- Magnan (F), 201
- — La-Gaffelière (F), 201
- Maillard (F), 198
- des Mailles (F), 197
- Maison-Blanche (F), 201
- Maison-Blanche (S), 139
- Malagar (F), 198
- Malagin (F), 202
- Malartic-Lagravière (F), 194
- Malbec (F), 198
- Malécot (F), 196
- Malescasse (F), 196
- Malescot-Saint-Exupéry (F), 195
- de Malgarni et Coutreau (F), 204
- Malherbes (F), 198
- Malineau (F), 201
- de Malle (F), 193
- Malleprat (F), 194
- Malleret (Graves; F), 194
- Malheret (Médoc; F), 196
- Malromé (F), 197
- Mamin (F), 195
- Mangot (F), 201
- Le Manoir (F), 200
- Maran (F), 198
- de Marbuzet (F), 195
- Marcelin-Laffitte (F), 198
- La Marche-Canon (F), 203
- Les Marcottes (F), 197
- Margaux (F), 164, 172, 195, 462, 492
- Margès-Dusseau (F), 197
- Marquis-d'Alesme-Becker (F), 195
- Marquis-de-Therme (F), 195
- Marrin (F), 201
- Marsac-Séguineau (F), 196
- de Marsan (F), 198
- Marsens (S), 140
- de Martillac (F), 197
- Martin (F), 201
- Martinens (F), 196
- Martinet (F), 201
- Martinon (F), 199
- Martouret (F), 199
- La Marzelle (F), 200
- Massereau (F), 193
- Massereau-Lapachère (F), 193
- Materre (F), 198
- Mathalin (F), 193
- Matras (F), 201
- Matras-Côte-Daugay (F), 201
- Maucamps (F), 196
- Maurac (F), 196
- Mauras (F), 193
- Maurens (F), 201

- Mauros (F), 199
- Maussé (F), 203
- Mauvezin-La-Gommerie (F), 200
- Mayence (F), 204
- du Mayne (Barsac; F), 193
- du Mayne (Puisseguin-Saint-Emilion; F), 202
- Mayne-Binet (F), 193
- Le Mayne Boye (F), 204
- Le Mayne Gozin (F), 204
- Mayne-Viel (F), 204
- Mazarin (F), 197
- Mazerat (F), 201
- Mazeris (F), 203
- Mazeris-Bellevue (F), 203
- La Mazerolle (F), 199
- Mazerolles (F), 204
- Mazeyres (F), 203
- Médouc (F), 197
- Médrac (F), 196
Châteaumeillant (F), 495
Château du Méjean (F), 194
- Menate (F), 193
- Le Menaudat (F), 204
- Menauta (F), 193
- Mendoce (F), 204
- Meneau (F), 204
- des Menuts (F), 201
- Mercier (F), 193
- Méric (F), 194
- Le Mesnil (F), 197
- Meyney (F), 195
- Mille-Secousses (F), 204
- Millet (F), 195
- Miraflorès (F), 198
- Le Mirail (F), 195
- La Mission-Haut-Brion (F), 169, 194
- Les Moines (F), 204
- des Moines (F), 201, 203
- Monbousquet (F), 201
- Monbran (F), 203
- Moncets (F), 203
- de Mongeneau (F), 158
- Monconseil (F), 204
- Monis (A.S.), 374
- Monlot-Capet (F), 201
- Monregard La Croix (F), 203
- de Mont (S), 140
- Montaigne (F), 198
- Montaiguillon (F), 201
- Mont-Belair (F), 201
- Montbrison (F), 196
- Montbrun (F), 196
- Mont-Célestin (F), 198
- Montcontour (F), 156
- de Montgouverne (F), 156
- Monthil (F), 196
- Montjoie (F), 193
- Montjon-Le-Gravier (F), 198
- Monteils (F), 193
- Montlabert (F), 201
- de Montlau (F), 199
- Montonoir (F), 198
- Montrose (F), 195, 462
- Mony (F), 198
- La Morère (F), 196
- Morin (F), 196
- La Mothe (F), 199
- Mouchac (F), 199
- Mouchet-Montagne (F), 201
- La Mouleyre (F), 197
- Moulin (F), 195
- Moulin-Avenan (F), 196
- Moulin à Vent (F), 196, 203
- Moulin-Blanc (Montagne-Saint-Emilion; F), 201
- Moulin-Blanc (Néac Lalande-de-Pomerol; F), 203
- Moulin du Cadet (F), 200
- La Mouline (F), 198
- Moulin-Pey-La-Brie (F), 203
- Moulin-Riche (F), 195

- Moulin-Rose (F), 196
- Moulin-Rouge (F), 196
- Moulin St-Georges (F), 201
- Moulinet (F), 203
- Moulis (F), 196
- Moura (F), 193
- Mouton-Baron-Philippe (F), 195
- Mouton-Blanc (F), 201
- Mouton-Mazeyres (F), 203
- Mouton-Rothschild (F), 164, 168, 174, 195
- Le Mugron (F), 204
- Musset (F), 202
- de Musset (F), 203
- de Myrat (F), 193
- Nairac (F), 193
- de Naujan (F), 199
- La Navarre (F), 198
- Négrit (F), 201
- Nenin (F), 203
- La Nère (F), 197
- Châteauneuf-du-Pape (F), 14, 111, 126, 129, 130, 141, 461
- Nicole (F), 203
- Nodoz (F), 204
- du Nozet (F), 155
- Olivier (F), 194
- d'Ories (F), 199
- Les Ormes de Pez (F), 196
- Les Ormes-Sorbet (F), 196
- d'Ouche (F), 156
- Pabeau (F), 196
- Pageot-Couloumet (F), 197
- Pailhas (F), 201
- Paillet (F), 197
- Paillon-Claverie (F), 193
- Le Palat (F), 201
- Palmer (F), 195
- Panet (Canon-Fronsac; F), 203
- Panet (Saint-Emilion; F), 201
- Le Pape (F), 194
- Pape-Clément (F), 194
- La Papeterie (F), 201
- Parabelle (F), 199
- Paradis (F), 201
- Pardaillan (F), 204
- de Parempuyre (F), 196
- Pascot (F), 198
- de la Passonne (F), 198
- Patache-d'Aux (F), 196
- Patris (F), 201
- Patrouilleau (F), 199
- Paveil-de-Luze (F), 196
- Pavie (F), 200
- Pavie-Decesse (F), 200
- du Pavillon (F), 197
- du Pavillon-Haut-Gros-Bonnet (F), 203
- du Payre (F), 198
- Péchon (F), 193
- Péconnet (F), 198
- Pédesclaux (F), 195
- Peironnin (F), 198
- Peller (F), 198
- Peneau (F), 198
- Péran (F), 195
- Pernaud (F), 193
- La Perotte (F), 204
- Perrayne (F), 197
- Perrein (F), 204
- Perreyre (F), 204
- Perron (F), 203
- Pessan (F), 195
- Pessille (F), 195
- Les Petits-Arnauds (F), 204
- Petit-Bocage (F), 203
- Petit-Clos (F), 202
- Petit-Cormey (F), 201
- Petit-Faurie-de-Soutard (F), 200
- Petit-Faurie-Trocard (F), 201
- Petit-Figeac (F), 201
- Petit-Mayne (F), 193
- Petit-Refuge (F), 202

- Petit-Trou (F), 204
- Petit-Village (F), 203
- Petrus (F), 169, 203
- Peybrune (F), 204
- Peychaud (F), 204
- du Peychaud (F), 199
- Peydebayle (F), 195
- Peygenestou (F), 201
- Pey-Labrit (F), 203
- Peyrabon (F), 196
- Peyrat (F), 198
- du Peyrat (F), 198
- Peyraud (F), 201
- Peyroutas (F), 201
- Peyruchet (F), 197
- de Pez (F), 196
- Phélan-Ségur (F), 195
- Piada (F), 193
- Pibran (F), 196
- Pic (F), 197
- Picard (F), 196
- Pichelèvre (F), 203
- La Picherie (F), 201
- Pichon-Longueville (F), 195
- Pichon-Longueville-Lalande (F), 195
- du Pick (F), 193
- Pierrot-Plaisance (F), 202
- du Pin (F), 198
- Pindefleurs (F), 201
- Pinet (F), 204
- Pinet La Roquette (F), 204
- du Pingoy (F), 195
- Piot (F), 193
- Pipeau (F), 201
- Pipeau-Ménichot (F), 201
- Pique-Caillou (Graves; F), 194
- Pique-Caillou (Premières Côtes de Bordeaux; F), 198
- Piron (Graves; F), 194
- Piron (Parsac-Saint-Emilion; F), 207
- Plaisance (F), 202
- de Plassans (F), 197
- de Pleytegeat (F), 193
- Plince (F), 203
- La Pointe (F), 203
- du Point-de-Vue (F), 198
- Poitou-Lussac (F), 202
- Pomard (F), 204
- Pomeys (F), 196
- Pomirol Le Pin (F), 198
- Pommarède (F), 197
- Pommarède-de-Haut (F), 194
- Pomys (F), 196
- Pontac (F), 197
- Pontac-Gasparini (F), 199
- Pontac-Lynch (F), 196
- Pontac-Montplaisir (F), 194
- Pontet (F), 201
- Pontet-Canet (F), 195
- Pontet-Clauzure (F), 201
- Pontet-Fontlabert (F), 201
- de Pontus (F), 204
- Le Portail Rouge (F), 197
- Portarrieu (F), 193
- de Portets (F), 195
- Potensac (F), 196
- Pouget (F), 195
- Poujeaux (F), 196
- Pougeaux (F), 196
- Pouly (F), 199
- Poumey (F), 194
- Poyanne (F), 204
- de La Prade (F), 194
- de Pranzac (F), 198
- Pressac (F), 197
- de Pressac (Entre-Deux-Mers; F), 199
- de Pressac (Saint-Emilion; F), 201
- Le Prieuré La Croix (F), 203
- Prieuré-Lichine (F), 195
- Le Prieuré Saint-Emilion (F), 206
- La Prioulette (F), 198
- La Privera (F), 196

- Prost (F), 193
- La Providence (Médoc; F), 196
- La Providence (Pomerol; F), 203
- La Providence (Premières-Côtes-de-Bordeaux; F), 197
- de Puisseguin (F), 202
- Puy-Bardens (F), 198
- Puy Beney (F), 204
- Puy Beney Lafitte (F), 204
- Puy-Blanquet (F), 201
- Puygenestou (F), 201
- Puygueraud (F), 197
- Quantin (F), 199
- Quentin (F), 201
- des Queyrats (F), 195
- Quercy (F), 201
- Queyreau-de-Haut (F), 204
- Quinault (F), 201
- Quinsac (F), 199
- Rabaud-Promis (F), 193
- Rabaud-Sigalas (F), 193
- Rahoul (F), 195
- Rambaud (F), 199
- La Rame (F), 197
- Ramondon (F), 198
- Ramonet (F), 199
- Rausan-Ségla (F), 195
- du Raux (F), 196
- Rauzan-gassies (F), 195
- Rauzé (F), 198
- Rauzé-Sybil (F), 198
- Raymond (F), 199
- Raymond-Lafon (F), 193
- Rayne-Vigneau (F), 193
- Rebeymont (F), 204
- Rebeymont-Lalibarde (F), 204
- Rebouquet (F), 204
- Régent (F), 201
- de Reignac (F), 199
- des Remparts (F), 198
- Renon (F), 197
- Renouil-Franquet (F), 196
- Respide (F), 195
- de Respide (F), 195
- Reysson (F), 196
- Ricadet (F), 204
- Les Ricards (F), 204
- de Ricaud (F), 197
- des Richards (F), 204
- Richon Red (Is), 355
- Rider (F), 204
- Rieussec (F), 169, 193
- La Rigaudière (F), 198
- La Ripaille (F), 157
- Ripeau (F), 200
- Rivasseau (F), 199
- Robert-Franquet (F), 196
- du Roc (F), 193
- Le Roc (F), 196
- du Roc de Boissac (F), 202
- La Roche (Graves; F), 194
- La Roche (Sainte-Foy-Bordeaux; F), 199
- du Rocher (F), 201
- Rocher-Corbin (F), 202
- des Rochers (F), 193
- des Roches (F), 197
- de Rol (F), 200
- Rol-de-Fombrauge (F), 201
- Rolland (Barsac; F), 193
- Rolland (Médoc; F), 196
- Romefort (F), 196
- Romer (F), 193
- La Ronde (F), 197
- de Rondillon (F), 197
- La Roque (F), 198
- de Roques (F), 199
- Roquegrave (F), 196
- Roqueys (F), 198
- La Rose (F), 200
- La Rose-Anseillan (F), 196
- Rosemont (F), 196
- La Rose Pourret (F), 200

– La Rose-Rol (F), 200
– Rose Sainte-Croix (F), 196
– Roubric (F), 198
– Rouchonne-Vignonet (F), 201
– Roudier (F), 202
– Rouge Port-Aubin (F), 196
– Rouget (F), 203
– Roulet (F), 203
– Roumieu (F), 193
– Rousselle (F), 204
– Rousset (F), 204
– Roustin (F), 197
– Roustit (F), 197
– Le Roux (A.S.), 374
– Royland (F), 201
– Ruat-Petit-Poujeaux (F), 196
– du Sable (F), 201
– Saint-Amand (F), 193
– Saint-André (F), 203
– Saint-André-Corbin (F), 202
– Saint-Bonnet (F), 196
– Saint-Christoly (F), 196
– Saint-Christophe (F), 201
– Saint-Georges (F), 202
– Saint-Georges Cap-d'Or (F), 202
– Saint-Georges-Côtes-Pavie (F), 200
– Saint-Germain (F), 198
– Saint-Jacques-Calon (F), 202
– Saint-Jérôme (F), 194
– Saint-Julien (F), 201
– -Saint-Louis (F), 202
– Saint-Marc (F), 193
– Saint-Martial (F), 201
– de Saint-Pey (F), 201
– Saint-Pierre (Médoc; F), 195
– Saint-Pierre (Pomerol; F), 203
– Saint-Pierre (Saint-Emilion; F), 201
– Saint-Robert (F), 193
– Saint-Roch (F), 196
– Saint-Sève (F), 198
– Sainte-Barbe (F), 199
– de Sales (F), 203
– La Salette (F), 194
– de La Salle (F), 199
– Samion (F), 202
– Samson (F), 203
– de Sancerre (F), 155
– Sansonnet (F), 200
– Saransot-Dupré (F), 196
– Sarpe-Grand-Jacques (F), 201
– Sarpe-Pelletan (F), 201
– La Sarre (Saint-Emilion; F), 206
– Saugeron (F), 204
– Sauvage (F), 197
– Segonzac (F), 204
– Seguin (F), 199
– Ségur (F), 196
– Semeillan Balleu-Faulat (F), 196
– Semeillan-Mazeau (F), 196
– Senailhac (F), 199
– Sénéjac (F), 196
– Sentour (F), 197
– Sergant (F), 203
– La Serre (Saint-Emilion; F), 200
– La Serre (Côtes-de-Bordeaux-
  Saint-Macaire; F), 197
– du Seuil (F), 194
– Siaurac (F), 203
– Simard (F), 201
– Simon (F), 209
– Simon (Barsac; F), 193
– Simon Carrety (F), 193
– Siran (F), 195
– Smith Haut-Lafitte (F), 194
– Sociando-Mallet (F), 196
– Sociondo (F), 204
– La Solitude (F), 194
– Souchet-Piquat (F), 202
– Soutard (F), 200
– Soutard-Cadet (F), 201
– Suau (Barsac; F), 193
– Suau (Premières-Côtes-
  de-Bordeaux; F), 198

– Sudrat-Boussaton (F), 203
– de Suduiraut (F), 193
– Sylvain (F), 193
– du Taillan (F), 196
– du Tailhas (F), 203
– Taillefer (F), 203
– Talbot (F), 195
– Tanesse (F), 197
– Tapiau (F), 198
– Tarey (F), 197
– Le Tarey (F), 197
– du Tasta (F), 198
– Tasta (F), 204
– Tasta-Guillier (F), 204
– de Taste (F), 204
– de Tastes (F), 197
– La Taure Sainte-Luce (F), 204
– Taveney (F), 202
– Tayac (F), 204
– Tayac et Siamois (F), 196
– Templiers (F), 203
– Terfort (F), 197
– Terrasson (F), 197
– Terrien (F), 202
– Le Tertre (F), 195
– de Teste (F), 198
– du Testeron (F), 196
– Tertre-Daugay (F), 200
– Tertre du Renard (F), 198
– La Tête-du-Cerf (F), 201
– Teyssier (F), 202
– de Teysson (F), 203
– de Thau (F), 204
– de Thauvenay (F), 155
– Thôme-Brousterot (F), 194
– Tiffray-Guadey (F), 202
– du Tillac (F), 199
– des Tilleuls (F), 195
– Tinan (F), 194
– de Touilla (F), 193
– de Toumalin (F), 203
– Toumalin-Jonquet (F), 203
– Toumillon (F), 195
– La Tour (F), 199
– des Tours (F), 202
– La Tour d'Anscillan (F), 196
– de la Tour Beaupoil (F), 199
– La Tour Beausite (F), 204
– La Tour-Bicheau (F), 195
– La Tour-Blanche (Médoc; F), 196
– La Tour-Blanche (Sauternes; F),
  193
– La Tour-de-By (F), 196
– La Tour-Calon (F), 201
– La Tour-Canon (F), 203
– La Tour-Carnet (F), 195
– La Tour-Corniaud (F), 201
– Des Tourelles (F), 198
– La Tour-Figeac (F), 200
– La Tour-Fonrazade (F), 200
– La Tour Gayet (F), 204
– La Tour-de-Grenet (F), 202
– La Tour-Gueyraud (F), 198
– La Tour-Haut-Brion (F), 194
– La Tour-Martillac (F), 194
– La Tour Maudan (F), 197
– La Tour-Milon (F), 196
– La Tour du Mirail (F), 196
– La Tour-de-Mons (F), 196
– La Tour-Montagne (F), 201
– La Tour-Paquillon (F), 201
– La Tour de Pas-Saint-Georges (F),
  202
– La Tour-du-Pin-Figeac (F), 200
– La Tour-Pourret (F), 201
– La Tour-Puymirand (F), 199
– La Tour-du-Roc (F), 196
– La Tour-St-Bonnet (F), 196
– La Tour-St-Christophe (F), 201
– La Tour-St-Joseph (F), 196
– La Tour-St-Pierre (F), 201
– La Tour-de-Ségur (F), 202
– La Tour-Séguy (F), 204

– La Tour-des-Termes (F), 196
– des Tourelles (F), 198
– Tournefeuille (F), 203
– La Tourte (F), 195
– Tourteau (F), 202
– Tourteau-Chollet (F), 195
– de Toutignac (F), 199
– Trapeau (F), 201
– Trianon (F), 201
– Trimoulet (F), 200
– Tristan (F), 197
– des Trois-Croix (F), 204
– « Trois-Moulins » (Médoc; F), 196
– des Trois-Moulins (Saint-Emilion; F),
  200
– Tronquoy-Lalande (F), 196
– Troplong-Mondot (F), 200
– Troquard (F), 202
– Trotanoy (F), 203
– Trottevieille (F), 200
– Truquet (F), 201
– Les Tuileries-de-Bayard (F), 202
– de Tuquet (F), 194
– de Tustal (F), 199
– Tustoc (F), 195
– Vachon (F), 201
– La Valade (F), 204
– du Vallier (F), 197
– Valmer (F), 156
– de Valois (F), 203
– Verdignan (F), 196
– du Verger (F), 197
– des Vergnes (F), 199
– du Vert (F), 199
– de Veyres (F), 193
– de Viaud (F), 203
– Victoria (F), 196
– Videau (F), 198
– de Vidasse-Pessac (F), 199
– de la Vieille-Cloche (F), 201
– Vieille-France (F), 195
– Vieille-Maison (F), 202
– Vieux-Ceps (F), 201
– Vieux-Certan (F), 203
– Les Vieux-Chênes (F), 202
– Vieux-Grand-Faurie (F), 201
– Vieux-Guillou (F), 202
– du Vieux-Guinot (F), 201
– Le Vieux-Logis (F), 202
– Vieux-Moulin (F), 197
– Vieux-Moulin-du-Cadet (F), 201
– Vieux-Pourret (F), 201
– Vieux-Sarpe (F), 201
– Villebout (F), 201
– Villefranche (F), 193
– Villegeorge (F), 195
– Ville-Georges (F), 195
– Villemaurine (F), 200
– Villotte (F), 199
– Vincent (Canon-Fronsac; F), 203
– Vincent (Côtes-de-Fronsac; F), 204
– de Vincy (S), 140
– de Vinzel (S), 140
– La Violette (F), 203
– de Virelade (F), 195
– Le Virou (F), 204
– Vrai-Canon-Bodet-La-Tour (F), 203
– Vrai-Canon-Bouché (F), 203
– Vray-Canon-Boyer (F), 203
– La-Vraye-Croix-de-Gay (F), 203
– Yon-Figeac (F), 201
– La Yotte (F), 197
– Yquem (F), 94, 193, 492, 494
– Yveline (F), 203
– Yvon-Figeac (F), 200
Châteaux Sociando-Mallet et
  Pontoise-Cabarrus (F), 202
Châtelard (S), 140
Les Chatelots (F), 107
La Chatenière (F), 108
Châtillon-en-Diois (F), 142, 481
La Châtillone (F), 142
Chatillons (F), 155

Chaudefonds (F), 158
La Chaume (F), 141
Les Chaumes (F), 107
Chavagnes (F), 158
Les Chavaroches (F), 142
Chavignol (F), 155
Les Chavoches (F), 155
Cheilly (F), 95, 109
Chelois (U.S.A), 402
Chemakha (U.R.S.S.), 350
Chemarin (F), 155
Chemin de Châteauneuf (F), 141
– de Fer (S), 140
– de Sorgues (F), 141
Chénas (F), 102, 103, 110
Chenaux (S), 140
Chêne (S), 139
Le Chêne (F), 141
Chêne Marchand (F), 155
Les Chenevery (F), 107
Les Chenevottes (F), 108, 109
Chenin Blanc (Cal), 407
Cherbaudes (F), 107
Chéri (F), 141
Cheste (E), 212
Les Chétives-Maisons (F), 155
Aux Cheusots (F), 79
La Chevalière (F), 142
Chevalier-Montrachet (F), 94, 109,
  492
Chevalier de Rhodes (G), 352
Les Chevillots (F), 155
En Chevret (F), 108
Chevrette (F), 157
Chianti (Cal), 407
– (I), 269, 280, 462, 481
– bianco (I), 270
– classico (I), 269, 280
– Colli Aretini (I), 269, 280
– Colli Fiorentini (I), 269, 280
– Colli Senesi (I), 269, 280
– Colline Pisane (I), 269, 280
– Montalbano (I), 269, 280
– Rufina (I), 269, 280
Chiaretto del Garda (I), 279, 463
Chignin (F), 141
Chincha (Pérou), 414
Chinon (F), 148, 157, 481
Chip Dry (P), 252
Chipka (Bg), 350
Chiquilla (I), 227
Chiroubles (F), 102, 103, 110
Choco (P), 252
Chopet (F), 156
Chorey-lès-Beaune (F), 88, 108, 109
Chorherrenhalde (S), 288
Chorherrenhalde (All), 331
Les Chouacheux (F), 108
Chouzé-sur-Loire (F), 157
Churer Costamser Beerli (S), 322
Churer Süssdruck Lürlibader (S), 322
Churer Tokayer aus dem Lochert (S),
  322
El Cid (E), 227
Cienega (Cal), 386
Les Cigales (S), 139
Cinqueterre (I), 261, 279, 462, 463
Cinqueterre passito (I), 279
Cinqueterre Sciachetrà (I), 261, 279
Cintra Grand Corona (P), 252
Cirial (E), 226
Cirò di Cagliari (I), 282
Cirò di Calabria (I), 282
Clairette de Die (F), 142, 435, 438,
  489
Clairette de Die Mousseux (F), 438
Clairette du Languedoc (F), 136
La Clape (F), 136, 142
Claret (F), 176
Claret (N.Y.), 407
Claret (Aust.), 415
Clarita (E), 227
Clasica (E), 227

Clastidio dell' oltrepò Pavese (I), 264, 279
Clastidio di Casteggio (I), 279
Clavoillons (F), 109
Les Clefs d'Or (S), 142
Clevner Sternenhalde (S), 322
Clevner Schipfgut (S), 288
Clevner Sternhalden Stäfa (S), 332
Climat-du-Val dit Clos-du-Val (F), 108
Clipper (P), 220
Le Clos (F), 141, 156
Clos de l'Abbaye (S), 140
– des Abbayes (S), 140
– des Abesses (S), 140
– Albizzi (F), 134
– de l'Alleau (F), 156
– d'Anzou (F), 156
– Clos de l'Archerie (F), 156
– des Arnaud (F), 203
– de l'Augmendaz (S), 140
– des Augustins (F), 156
– Avocat (F), 194
– de l'Avocat (F), 194
– Badon (F), 200
– Baguelin (F), 156
– de Balavaud (S), 139
– Barail (F), 193
– La Barde (F), 201
– des Barguins (F), 156
– Mon-Baril (F), 156
– de La Barre (F), 155, 156
– du Bas Lançon (F), 194
– des Batonnières (F), 156
– Baudouin (F), 156
– Baulet (F), 107
– des Bayels (S), 140
– Beauregard (F), 202
– de Bauregard (S), 139
– de Beauregard (F), 156
– Bel-Air (F), 156
– Belle-Vue (F), 197
– Bellevue (F), 204
– des Berneyses (S), 139
– des Bidaudières (F), 156
– de la Bienboire (F), 157
– Blanc (F), 84, 107, 108
– Blanchon (F), 202
– de Blottières (F), 157
– du Bois d'Ouche (F), 156
– du Bois-Rideau (F), 156
– de la Bordette (F), 201
– Le Bouchet (F), 156
– du Boudeur (F), 198
– de La Bourdonnerie (F), 156
– du Bourg (F), 156
– Bourgelat (F), 194
– de La Bretonnière (F), 156
– de La Brianderie (F), 156
– des Brûlées (S), 140
– La Burthe (F), 198
– Bussières (F), 107
– Cantalot (F), 195
– Cantemerle (F), 194
– des Capucins (F), 198
– des Carmes (F), 157
– du Castel (F), 203
– Cazebonne (F), 195
– de Chaillemont (F), 156
– de Chamaley (S), 140
– Champon-Ségur (F), 197
– sur La Chapelle (S), 139
– Chapitre (F), 107
– de Charmigny (F), 156
– de La Chasse-Royale (F), 156
– du Châtain (F), 203
– du Château (S), 139, 140
– du Château de Bursins (S), 140
– Château-Chevrier (F), 156
– du Châtelard (S), 139, 140
– Châtonneyre (S), 139
– Chauvin (F), 156
– de La Chenalettaz (S), 139
– des Chênes (F), 108

– Chenevières (S), 323
– du Clocher (F), 202
– du Cloître (S), 139
– des Cloîtres (S), 140
– de la Commaraine (F), 108
– de la Cour (S), 140
– des Curiades (S), 140
– de la Dame (S), 140
– Dezarneauld (F), 198
– de Dominge (F), 199
– de la Donery (S), 140
– de la Donzelle (S), 140
– Dubois (F), 156
– des Ducs (F), 108
Au Closeau (F), 107
Clos des Echelettes (S), 140
– de L'Ecole (F), 193
– L'Eglise (F), 208
– de L'Eglise (F), 203
– L'Eglise-Clinet (F), 202
– de L'Epaisse (F), 157
– de L'Epée (F), 155
– de L'Ermite (S), 140
– L'Etoile (F), 203
– de La Forêt (F), 156
– de Fougerai (F), 156
– des Fourneaux (F), 96, 109
– Fourtet (F), 200
– Franc (F), 156
– de la Frelonnerie (F), 155
– Froidefond (F), 201
– de Gaimont (F), 156
– des Galonnes (F), 157
– Gauthey (F), 108
– de La George (S), 139, 140
– des Geslets (F), 157
– des Girardières (F), 156
– de Giron (F), 197
– de Gourgues (F), 198
– du Grand-Bonneau (F), 198
– du Grand-Châtelet (F), 200
– des Gues d'Amant (F), 156
– de La Haie-Martel (F), 157
– de La Hallotière (F), 156
– Haut-Cailleau (F), 203
– Haut-Cavujon (F), 203
– Haut-Forcade (F), 198
– Haut-Peyraguey (F), 193
– Haut-Pourret (F), 200
– des Hautes-Graves (F), 202
– Hure (F), 156
– Jean (F), 197
– Jean-Voisin (F), 200
– Landry (F), 108
– du Langon (F), 157
– Lariveau (F), 203
– Léhoul (F), 195
– des Lions (F), 156
– des Longs-Réages (F), 156
– Louloumet (F), 195
– La Lucassière (F), 156
– du Lyonnat (F), 202
– La Madeleine (F), 206
– des Madères (F), 156
– La Magine (F), 195
– Marcilly (F), 96, 109
– Marie (F), 157
– de Marigny (F), 156
– Mariout (Et), 356, 358
– Marteau (F), 156
– du Martheray (S), 140
– La Marzelle (F), 200
– Matamir (Et), 356, 358
– Mauguin (F), 156
– Mazeyres (F), 203
– des Menuts (F), 201
– de La Meslerie (F), 156
– des Messieurs (F), 155
– Micot (F), 108
– de Millanges (F), 198
– des Moines (S), 140
– des Moines (Lalande-de-Pomerol; F), 203

– des Moines (Saint-Emilion; F), 201
– du Monastère du Broussey (F), 198
– Le Mont (F), 156
– des Montagnes (F), 96
– des Montaigus (F), 109
– des Morains (F), 157
– de Mosny (F), 155
– des Mouches (F), 92, 108
– du Moulin (F), 196
– du Moulin-à-Vent (F), 195
– des Moulins-de-Calon (F), 201
– des Moulins-à-Vent (F), 194
– des Mousquetaires (S), 139
– de La Mousse (F), 108
– des Murs (F), 157
– Napoléon (F), 79
– Nardon (F), 203
– Naudin (F), 156
– Nodot (F), 204
– de Nouis (F), 156
– de L'Oie-qui-casse (F), 157
– de L'Olivier (F), 156
– des Ormes (F), 107
– des Panissières (S), 140
– du Pape (Fargues; F), 193
– du Pape (La Brède; F), 194
– du Papillon (F), 158
– du Paradis (S), 139, 140
– du Parc (F), 157
– de la Patrie (F), 158
– des Pentes (F), 156
– des Pères (F), 157
– de la Perrière (F), 84, 107
– du Petit-Mont (F), 156
– du Philosophe (S), 140
– du Piat (F), 204
– Picard (F), 199
– Picon-Cravignac (F), 201
– Pilate (F), 158
– du Pin (F), 157
– du Pineau (F), 158
– des Plantaz (F), 139
– de La Platerie (F), 157
– de Pouvray (F), 156
– Prieur (F), 107
– des Princes (F), 193
– Queron (F), 157
– des Réas (F), 107
– Renard (F), 155
– René (F), 203
– des Rennauds (S), 139
– de Ricouet (F), 198
– Roc-Etoile (F), 156
– de La Roche (F), 81, 156, 158
– du Rocher (S), 139
– de La Rochère (F), 156
– des Roches (F), 156, 194
– des Roches (S), 140
– du Roi (F), 92, 108, 109, 203
– des Rois (F), 108
– des Rotissants (F), 157
– de Rougemont (F), 156
– du Roussillon (S), 140
– du-Roy (F), 96, 193
– du-Roy (Puisseguin, F), 202
– Saint-Come (F), 156
– Saint-Cricq (F), 198
– Saint-Denis (F), 81
– Saint-Emilion (F), 201
– Saint-Georges (F), 156
– Saint-Hilaire (F), 157
– Saint-Jacques (F), 107
– Saint-Jean (F), 108, 109, 199
– Saint-Martin (F), 200
– Saint-Mathurin (F), 156
– de Sainte-Catherine (F), 158
– des Saints-Pères (F), 157
– de Sarpe (F), 201
– des Sarrazins (F), 201
– du Saut-du-Loup (F), 157
– de Seillas (F), 204
– de Sens (F), 156
– Sorbés (F), 107

– des Sous-Monthaux (S), 323
– des Surins (F), 156
– de la Taisserie (F), 156
– de-Tart (F), 81, 106
– du Tauzin (F), 194
– de-Tavannes (F), 108
– des Templiers (F), 203
– de Terrefort (F), 199
– des Tertres (F), 158
– Thenot (F), 156
– des Thierrières (F), 156
– de La Torrilère (F), 157
– Toulifaut (F), 156, 203
– Toumalin (F), 203
– des Treilles (F), 157
– des Truits (S), 140
– d'Uza (F), 195
– Valentin (F), 201
– de Val-Roche (F), 156
– des Varoilles (F), 107
– de Vau (F), 156, 160
– Vaufoinard (F), 156
– Vaufuget (F), 156
– du Vendôme (F), 157
– de Venise (F), 156
– du Verger (F), 108
– les Verneries (F), 156
– de Verteuil (F), 197
– de la Vieille-Forge (F), 203
– du Vigneau (F), 157
– le Vigneau (F), 156
– de Vilmier (F), 156
– de La Vineuvaz (S), 139
– de-Vougeot (F), 69, 81, 84, 106, 107, 484
– Voyen (F), 96, 109
Les Closeaux (F), 157
Aux Clous (F), 108
Cloux (F), 109
Club (E), 227
Cob-Nut (Brown, E), 228
Cochero (E), 227
Cocktail Port (P), 252
Le Cognet (F), 142
Les Coinches (F), 155
Colares (P), 232, 233, 462
– M.J.C. (P), 251
– V.S. (P), 251
Colli Albani (I), 281
– Bolognesi di Monte San Pietro (I), 268, 280
– Berici (I), 266, 280
– di Bolzano (I), 268, 280
– Euganei (I), 266, 268, 280
– Lanuvini (I), 270, 281
– Morenici Mantovani del Garda (I), 265, 279
– Orientali del Friuli (I), 268, 280
– Tortonesi (I), 279
– del Trasimeno (I), 281
– Trevigiani (I), 280
La Colline (F), 157
Colline des Planzettes Sierre (S), 139
Collio (Yu), 45, 463
Collio Goriziano (I), 268, 280
Le Colombier (F), 141
Colombis (F), 141
Colonna (I), 281
Le Combard (F), 142
Combe de Calon (F), 142
Combe d'Enfer (S), 139
Les Combes (F), 141
Combes d'Arnavel (F), 141
Les Combes-Dessus (F), 108
Combes Masques (F), 141
Combes-aux-Moines (F), 107
Combette (F), 141
Les Combettes (F), 94, 109
Aux Combottes (F), 81, 107
Les Combottes (F), 107
Comeyre (F), 141
Comiso (I), 278
Commandaria (Cy), 354, 358, 463

La Comme (F), 108
Commendador (P), 252
Los Compadres (E), 227
Companhia Velha (P), 251
Comtes de Champagne (F), 435
La Comtesse (F), 155
Conca (I), 272, 281
– del Barbara (E), 212
Concourson (F), 158
La Condesa (E), 227
Condrieu (F), 126, 141
Consanto (A.S.), 374
Consejero (E), 228
Constantia Riesling (A.S.),373
Constantiaberg (A.S.), 372, 374
– Riesling (A.S.), 373
– Valley Stein (A.S.), 374
Les Contamines (S), 140
La Contrie (F), 157
Coonawarra Claret (Aus), 415, 488
Coquinero (E), 227
Coquinto-Riesling (Chili), 463
Corbara (I), 274
Les Corbeaux (F), 107
Corbières (F), 136, 142
– du Roussillon (F), 142
– Supérieures du Roussillon (F), 142
Cori (I), 281
– Bianco (I), 272, 281
– Rosso (I), 272, 281
Cormons (I), 268
Cornançay (F), 155
Cornas (F), 126, 128, 129
Corona (E), 225
Coronata (I), 279
Coronation (E), 228
Coronel (E), 227
Corps des Loups (F), 142
Corseaux (S), 139
Corsier (S), 139
Cortaillod (S), 323
Cortese (I), 261, 279
– dell' Oltrepò pavese (I), 264, 279
– di Gavi (I), 261, 279
Corton (F), 70, 87, 106, 108, 462
Corton-Charlemagne (F), 70, 87, 88, 109
Corveta (P), 251
Corvo (I), 278
Corvo di Casteldaccia (I), 282
Coste Claude (F), 141
Coste-Froide (F), 141
Costières-du-Gard (F), 136, 142
Coteau de L'Ange (F), 141
– de Bannon (F), 155
– de Beaumont (F), 156
– Caillard (F), 141
– de Chançay (F), 156
– Chatrie (F), 156
– de Gilly (S), 140
– des Girarmes (F), 155
– J.-Jouffroy (F), 156
– de Lully (S), 140
– de La Rochère (F), 156
– de Saint-Jean (F), 141
– de Vaux (F), 156
– de Venise (F), 156
Coteaux d'Aix-en-Provence (F), 142
– de l'Aubance (F), 149, 154, 158
– des Baux (F), 142
– des Brosses (F), 156
– de Crépy (F), 124, 141
– du Haut-Léman (S), 139
– de Khanguet (Tu), 373
– du Languedoc (F), 135, 142
– du Layon (F), 154, 158
– des Loges (F), 155
– du Loir (F), 149, 154, 158
– de la Loire (F), 154, 158
– de Mascara (Ag), 366, 373
– de Médéa (Ag), 373
– de la Méjanelle (F), 142
– de M'Silah (Ag), 373

– de Pierrevert (F), 142
– de Saint-Christol (F), 142
– de Saumur (F), 157
– de Sonnay (F), 157
– de Tlemcen (Ag), 366, 373
– du Tricastin (F), 142
– de Verargues (F), 142
La Côte (F), 141, 155
Côtes-d'Agly (F), 137
La Côte Baudnin (F), 142
Côte-de-Beaune (F), 103, 108, 109
Côtes-de-Beaune-Villages (F), 70, 87, 88, 95, 108
Côtes-de-Bergerac (F), 189
Côtes-de-Blaye (F), 188, 494
Côtes-de-Bordeaux-Saint-Macaire (F), 180
Côtes-de-Bourg (F), 186
Côte-de-Brouilly (F), 102, 110
Côtes-de-Buzet (F), 188
Côtes-de-Canon-Fronsac (F), 183, 203
Côtes-de-Castillon (F), 183
Côtes-de-Coursebœux (S), 140
Côte Dorée (S), 139
Côtes-de-Duras (F), 495
Côtes-de-Fronsac (F), 183, 204
Côtes-de-Haut-Roussillon (F), 137
Côtes-du-Jura (F), 125, 141
Côtes-du-Jura-Mousseux (F), 438
Côtes-du-Lubéron (F), 142
Côte-Mignon-Lagaffelière (F), 201
Côtes de Montravel (F), 189
Côte-de-Nuits (F), 86, 103, 107
Côte-de-Nuits-Villages (F), 79, 86, 107
Côtes-de-Pallens (S), 139
Côtes-de-Provence (F), 134, 135, 142
Côtes-du-Rhône (F), 111, 126, 130, 136, 141, 461
Côte-du-Rhône-Chusclans (F), 141
Côte-Rôtie (F), 107, 462
Côte-Rôtie (Côtes-du-Rhône, F), 11, 126, 142
Côtes-de-Saussignac (F), 189
Côte de La Vallée (F), 155
Côtes-du-Ventoux (F), 142, 481
La Côte-de-Verdigny (F), 155
Côte-de-Verschiez (S), 139, 140
Côtes-du-Zaccar (Ag), 365, 373
Les Côtelins (F), 155
Les Côtières (F), 155
Cotnar (R), 350, 462
Les Couagnons (F), 155
Aux Coucherias (F), 108
Coucoulet (F), 141
Les Coudebraults (F), 155
Coudiol (F), 141
La Coudraie (F), 156
Le Coulaire (F), 141
La Coulée de Serrant (F), 154, 158
Les Coulets (F), 141
Coup de l'Etrier (S), 140
Cour Cheverny (F), 495
La Coutière (F), 108
Les Coutures (F), 157
Couvent-des-Jacobins (F), 200
Crackling Rosé (Cal), 407
Craipillot (F), 107
Cramant (F), 494
Aux Cras (F), 107, 108
Les Cras (F), 81, 84, 107, 109
Crasto V.O.R. (P), 252
La Crau (F), 141
Cravailleu et Alexandre (F), 141
Cravant-Les-Coteaux (F), 157
Cray (F), 155
Cream Flor (Cal), 407
– Sherry (E), 228
– 201 (E), 228
Crépy (F), 124
Cressier (S), 323
Cressier La Rochette (S), 323

Le Crêt (F), 142
Crêt-Brûlé (S), 140
Crêt-Dessous (S), 140
Crêta Plan (S), 139
Crête de l'Enfer (S), 139
Creux-de-la-Net (F), 108
Les Crilles (F), 155
Criots-Bâtard-Montrachet (F), 109
Le Cristia (F), 141
Cristina (E), 228
Crochet (S), 140
La Croix (F), 141
La Croix-de-Bois (F), 141, 156
La Croix de Jamot (F), 141
La Croix-Marie (F), 157
Les Croix-Noires (F), 108
Croix-de-Vaux (F), 156
Crosex-Grillé (S), 139
Aux Crots (F), 107
Les Croulards (F), 157
La Croze (F), 141
La Crozette (F), 141
Crozes-Hermitage (F), 126, 141, 461
Cru des Arroucats (F), 203
– de Baylen (F), 195
– Baylibelle (F), 197
– Bel-Air (F), 193
– Belair (F), 202
– Bergeron (F), 193
– Du Bérot (F), 195
– de Bichon (F), 194
– Boisson (F), 194
– du Bourdieu (F), 198
– Le Bourdieu (F), 194
– des Bourguillards (S), 323
– de Brazé (F), 194
– du Brouillaou (F), 194
– des Brunetières (F), 157
– des Cabanes (F), 194
– Cantegrit (F), 198
– Casi-Devant (F), 203
– Chacha (F), 194
– des Chairs d'Ane (S), 323
– Cleyrac (F), 194
– Combes-Canon (F), 203
– du Couloumet (F), 197
– de Couloumet-Les-Boupeyres (F), 197
– Cravaillas (F), 194
– Dauphin (F), 194
– D'Eyquem (F), 194
– Fillau (F), 193
– du Freyron (F), 194
– des Gravanys (S), 323
– La Gravette (F), 198
– de la Gravière du Tich (F), 203
– Gros-Bonnet (F), 203
– Haut-Belloc (F), 194
– Haut-Boutoc (F), 194
– Haut-Mayne (F), 194
– du Haut-Roudet (F), 198
– d'Hauterive (S), 323
– de l'Hermitage (F), 195
– Hournalas (F), 193
– Larrouquey (F), 193, 194
– Lassalle (F), 196
– de Lionne (F), 194
– La Liste (F), 194
– des Magens (F), 194
– de Magneau (F), 194
– Madérot (F), 194
– Majans (F), 194
– Maucouade (F), 194
– Le Mayne (F), 194
– Menaut-Larrouquey (F), 194
– de Méric (F), 194
– du Merle (F), 197
– des Merloses (S), 323
– de Montallier-Lambrot (F), 197
– Mothes (F), 193
– du Moulin (F), 194
– du Moulin-à-Vent (F), 194
– des Moulins-à-Vent (F), 194

– Navarot (F), 194
– de Nazareth (F), 198
– de La Nouvelle-Eglise (F), 203
– Peyraguey (F), 193
– de Du Peyrat (F), 194
– Peyrouquet (F), 201
– de Peyroutène (F), 193
– Peytoupin (F), 198
– de Pineau (F), 194
– La Pinesse (F), 193
– des Ptolémées (Et), 356, 358
– Rigal (F), 203
– Ségur-Fillon-Isle-d'Arès (F), 196
– Terrefort (F), 197
– La Tour-Ballet (F), 203
– Troquart (F), 201
– de Vigneyre (F), 198
– de La Ville (S), 323
– Vincent (F), 204
– Voltaire (F), 194
Cruet Montmelian (F), 141
Crus Ferbos-Lalanette (F), 194
– des Grands-Chênes (F), 194
– Moulin-à-Vent (F), 203
Çubuk (Tu), 353
Cuenca (E), 214
Culemborg Perlé (A.S.), 374
– Rosé (A.S.), 374
– Selected Riesling (A.S.), 373
– Selected Stein (A.S.), 374
Cully (S), 140
Cure d'Attalens (S), 139
Les Curiades (S), 140
Curzille (S), 140
Cuvée Charles VII (F), 435
Cuvée Elysée (F), 435
– de L'Empereur (F), 435
– Grand Siècle (F), 435
Cvìcek (Yu), 350, 485
Cyprus (Cy), 358
Cyriakusberg (All), 330

Dabug (All), 330
Dachgewann (All), 327
Dachsberg (Rheingau; All), 314, 324
– (Württemberg; All), 332
Dachsbuckel (All), 331
Dachsteiger (All), 332
Daley Villette (S), 140
Dalgar (E), 228
Dalva's Dry White Port (P), 252
Dalva's Port (P), 252
Aux Damodes (F), 107
Le Damoiseau (S), 140
Dampierre (F), 158
Damsberg (Gy), 300
Danubio (P), 251
Dão (P), 232, 233, 462
– Cabido (P), 251
– Caves Aliança (P), 251
– Caves Império (P), 251
– Grão Vasco (P), 251
– Monástico (P), 251
– Real Vinicola (P), 251
– Sóvida (P), 251
– V.C.B. (P), 251
– Vale da Fonte (P), 251
Daubhaus (Ahr; All), 324
– (Rheingau; All), 324
– (Rheinhessen; All), 326, 327
Dautenpflänzer (All), 326
D.C. Vintage Port (A.S.), 374
Dealul Mare (R), 350
Debroï Hárslevelü (H), 338, 349
Dechantsberg (All), 324
D. Fernando Extra Dry White (P), 252
Deidesheimer Leinhöhle (All), 463
Delaware (N.Y), 377, 407
Delheim Cabernet-Sauvignon (A.S.), 374
– Late Harvest « Spatzendreck » (A.S.), 373

– Pinotage (A.S.), 374
– Riesling (A.S.), 373
– Selected Riesling (A.S.), 373
– Selected Stein Goldspatz (A.S.), 373
– White-French (A.S.), 373
Deliciosa (E), 227
Dellchen (All), 326
Demesticha (G), 351, 357
Deportivo (E), 227, 228
Les Deronières (F), 156
Derrière-La-Grange (F), 81, 107
Derrière-Saint-Jean (F), 108
Descarado (E), 228
Déseret (F), 141
Deuslay (All), 324
Deutelsberg (All), 324
Deutschherrenberg
    (Mosel-Saar-Ruwer; All), 325
– (Rheinhessen; All), 325, 327
Deutschherrenköpfchen (All), 325
Devès d'Estouard (F), 141
Devon Cream Sherry (A.S.), 374
Devonvale Port (A.S.), 374
– Solera Dry «Flor» (A.S.), 374
Dezaley (S), 122, 140, 495
Dezaley de la Ville (S), 140
Dezberg (All), 332
Dezize (F), 95, 108
D.G. Flor No. 2 (A.S.), 374
D.G. Olorose (A.S.), 374
Diamante (E), 225
Diamond Jubilee (E), 223, 228
Dickkopp (All), 328
Dieblesberg (All), 332
Diestro (E), 227, 228
Dimiat (Bg), 342, 350
Dingnac (Yu), 346, 350
Diogenes (E), 226
Les Diognères (F), 141
Les Diognères et Torras (F), 141
Diosig (F), 350
Dique (E), 227
Directorial (P), 252
Directors Reserve (P), 252
Diren (T), 358
Doctor (All), 325
Dohr (All), 318
Doktor (All), 327, 329
Doktorberg (All), 325
Doktorgarten (All), 331
Doktor und Graben (All), 316
Dolceacqua (I), 261, 279
Dolcetto (I), 258
– d'Alba (I), 258, 279
– d'Asti (I), 258, 279
– d'Acqui (I), 258, 279
– di Diana d'Alba (I), 258, 279
– di Dogliani (I), 258, 279
– delle Langue Monregalesi (I), 258, 279
– di Ovada (I), 258, 279
Dôle (S), 114, 115, 119, 139, 462, 463
– de Balavaud (S) 139
– de Chamoson (S), 139
– d'Epesses (S), 140
– du Mont (S), 139
Dôle-Pinot noir (S), 139
Dôle-Pinot noir sur Plan d'Uvrier (S), 139
Dôle Ravanay (S), 139
– von Salgesch (La Chapelle; S), 139
– de Salquenen (S), 139
Dolegna (I), 268
Doluca (T), 358
Domaine d'Armaing (F), 197
– de L'Auberidière (F), 156
– des Augiers (F), 204
– de Badon-Patarabet (F), 200
– de Balestard (F), 199
– de Barbe-Maurin (F), 197
– de La Barde (F), 202

– du Barque (F), 194
– de La Bastide (F), 198
– de La Bâtie (S), 140
– de Beaudron (F), 202
– de Beaulieu (F), 197
– de Bel-Air (F), 204
– de Belle-Croix (F), 197
– de Bellevue (F), 197
– de Bernadon (F), 198
– de la Bertrande (F), 198
– de la Bigaire (S), 140
– des Biscarets (F), 198
– de Bonne (F), 204
– du Boucaud (F), 204
– de Bouche (F), 204
– de Bourdieu-Panet (F), 203
– du Bourg (F), 203
– de Bourgalade (F), 198
– de Boustit (F), 198
– de Bouteilley (F), 198
– du Broussey (F), 198
– de Brufanno (F), 199
– de Bujan (F), 204
– de Cabirol (F), 199
– de Caillou (F), 194
– de Calamiac (F), 199
– de Calbet (F), 194
– du Calvaire (F), 201
– de Camelon (F), 198
– de Cardonne (F), 198
– des Carmes (F), 199
– de Carsin (F), 198
– de Castagnaou (F), 194
– de Castagnon (F), 198
– de Castebelle-des-Praud (F), 199
– de Cazelon (F), 202
– du Chai (F), 204
– de Chalet-de-Germignan (F), 196
– de Chambleau P.H. Burgat (S), 323
– de Champréveyres (S), 323
– de Chante-Grive-Badon (F), 200
– des Charmettes (F), 197
– de Chasse-Pierre (F), 198
– de Chastelet (F), 198
– du Château de Valeyres (S), 323
– du Châtelet (F), 200
– du Chay (F), 197
– de Chevalier (F), 194
– de Cholet (F), 198
– de Christoly (F), 204
– de Clairefont (F), 196
– de La Clotte (F), 202
– de Cluseau (F), 198
– de La Commune (Aigle; S), 139
– de La Commune (Morges; S), 140
– des Conseillants (F), 198
– Le Cossu (F), 194
– de La Côte Rôtie (F), 197
– de Côte-Rôtie-Lamothe (F), 197
– de Courbon (F), 195
– du Courlat (F), 202
– du Coy (F), 193
– Crassat-Gramman (F), 197
– de La Croix (F), 204
– Croix-de-Mission (F), 202
– de La Cure (F), 198
– du Daley (S), 140
– de L'Eglise (F), 202
– de Faizeau (F), 202
– de Fauchey (F), 199
– de Fermis (F), 199
– du Ferron (F), 199
– du Fihl (F), 198
– de Flous (F), 197
– de Fonbonne (F), 204
– de Fongrane (F), 199
– de Fontmurée (F), 202
– de La Forêt (F), 193
– de La Frairie (F), 198
– de Freyron (F), 194
– de la Gaborie (F), 199
– La Gaffelière (F), 200
– de Gallier (F), 194

– de La Gaucherie (F), 157
– de Gillet (F), 202
– de La Girofe (F), 194
– de La Girolatte (F), 199
– de Glayse (F), 199
– des Gluchets (F), 195
– de Gouas (F), 199
– du Gourdin (F), 197
– de Goursin (F), 198
– du Grand-Canteloup (F), 199
– de Grand-Chemin (F), 204
– du Grand-Faurie (F), 200
– de Grand-Maison (F), 194
– de Grand-Moine (F), 203
– du Grand-Ormeau (F), 203
– du Grand-Parc (F), 198
– des Grands-Bois-Chagneau (F), 203
– des Grands-Champs (F), 202
– de la Grangeotte (F), 199
– de Graulet (F), 204
– de Grava (F), 198
– de la Grave (F), 199
– de Gravette (F), 194
– de Grimon (F), 202
– de Guerrit (F), 204
– de Guinot (F), 197
– du Haurin (F), 198
– du Haut-Bruly (F), 201
– du Haut-Caillou (F), 203
– de Haut-Mazeris (F), 203
– du Haut-Patarabet (F), 200
– de Haut-Pignon (F), 202
– Haut-Pomerol (F), 202
– de Haut-Veyrac (F), 200, 201
– des Hautes-Graves (F), 198
– de Houre (F), 199
– de Jacob (F), 197
– du Jau (F), 194
– de Jaussan (F), 194
– de Joffre (F), 198
– de Labatut (F), 202
– de Lagaloche (F), 197
– de Lagrange (Lussac-Saint-Emilion; F), 202
– de Lagrange (Premières-Côtes-de-Bordeaux; F), 198
– de Lalibarde (F), 204
– de Lamarque (F), 198
– Lambert (F), 198
– de Lamothe-Vigneau, Château des Remparts (F), 193
– de Landreau (F), 199
– de Lasalle (F), 194
– de Lescure (F), 198
– de Lhoste (F), 198
– de Luc (F), 199
– de Machefer (F), 203
– de Maisonneuve (F), 202
– de Malendure (F), 197
– de Margalis (F), 203
– de la Maroutine (F), 198
– de la Marquise (F), 198
– du Mas des Chaux (S), 323
– Le Mayne (F), 199
– de Mayne (F), 199
– de Melin (F), 197
– de Menjon (F), 194
– de Mespley (F), 198
– de Meyssau (F), 199
– de Miqueu-Bel-Air (F), 197
– de Mondain (F), 199
– de Morange (F), 197
– du Moulin-de-Ballan (F), 198
– des Moulins-à-Vent (F), 193
– de Moutons (F), 197
– de Nicot (F), 199
– du Noble (F), 197
– de Noriou-Lalibarde (F), 204
– d'Ogoz (S), 139
– d'Ordonnat (F), 195
– de Pardaillan (F), 198
– de Pasquet (Entre-Deux-Mers; F), 199

– de Pasquet (Loupiac; F), 197
– de Paty (F), 204
– Pavie-Macquin (F), 200
– de Pédebert (F), 199
– de Petit Bois (F), 203
– Petit-Val (F), 201
– de La Peyrère (F), 194
– de Peyrines (F), 199
– de Peyror (F), 204
– de Pez (F), 196
– du Pin (F), 197, 198
– Le Pin (F), 199
– des Places (F), 195
– de Poncet (F), 198
– de Potiron (F), 198
– de Prentigarde (F), 198
– de Prouzet (F), 194
– de Rambaud (F), 202
– de Rey (F), 200
– de Riencourt (S), 140
– de Rivereau (F), 204
– de La Rivière (F), 199
– de Roby (F), 197
– du Rocher (F), 197
– de Roquebrune (F), 198
– de La Rovergue (F), 199
– de Roulet (F), 203
– de Rouquette (F), 197
– de Roustit (F), 203
– de Saint-Cricq (F), 198
– de Sainte-Anne (F), 198
– de la Salle (F), 201
– du Salut, Château Huradin (F), 194
– de Sansaric (F), 194
– de Sarraux-Dessous (S), 140
– des Sorbiers (F), 197
– de Souba (F), 193
– de Surget (F), 203
– de Talusson (F), 199
– de Terrefort (F), 199
– de Teychon (F), 195
– du Tich (F), 197
– de Toumilot (F), 195
– de Trepesson (F), 203
– de Trepesson-Lafontine (F), 203
– des 3 Etoiles (S), 140
– de Troubat (F), 199
– de Turon-Lanere (F), 197
– de Viaud (F), 203, 204
– de Videau (F), 195
– de La Vieille (F), 202
– de Vignolles (F), 199
– de Vincent (F), 204
– de Yon (F), 201
De nos Domaines (S), 139
Domberg (All), 326
Domblick (All), 327
Domdechaney (All), 314, 324
The Dome (E), 228
Domgarten (All), 324
Domherr (Mosel-Saar-Ruwer, All), 325
– (Rheinhessen; All), 327
Domherrenberg (Mosel-Saar-Ruwer; All), 324, 325
Dominikanerberg (All), 325
La Dominode (F), 108
Domlay (All), 324
Domley (All), 323
Dom Pérignon (F), 433, 435, 477
Domprobst (All), 316, 325
Dom Silvano (P), 251
Am Domstein (All), 323
Don Algar (E), 227
Don Gonzalo (E), 227
Don José (E), 228
Don Nuño (E), 227
Don Quijote (E), 227
Doña Juana (E), 227
Donnici (I), 275, 282
Don Zoïlo «Cream» (E), 228
Don Zoïlo «Dry» (E), 222, 227
Don Zoïlo «Medium» (E), 227

Donnaz (I), 254
Doosberg (All), 314, 324
Dorin (S), 119, 120, 462
Dornpfad (All), 327
Doron (Is), 357
Sous-le-Dos-d'Ane (F), 109
Döttinger Clevner Auslese (S), 322
– Süssdruck (S), 322
Double Century (E), 227
Dounavska Perla (Bg), 343
Douro Favaios (P), 251
– Velho (P), 252
Dow's Boardroom Port (P), 252
– Dry White Aperitif Port (P), 252
Drachenbrunnen (All), 326
Drachenfels (All), 323
Drachenstein (All), 324
Drâgâsani (R), 350
Drain (F), 158
Drosselborn (All), 326
Dry Creek (Cal), 380
Dry Don (E), 227
– Finish White Port (P), 252
– Grand Solera (E), 226
– Old Port (P), 252
– Dryor Pale (E), 227
– Port (P), 252
– Sack (E), 227
– Tang (P), 252
– Tua (P), 252
– Watch (Cal), 407
– White Port (P), 252
Dryor (P), 252
D.S. (E), 227
Ducal (E), 227
Ducha (E), 228
Duc de Rohan Pinot Noir (S), 463
Duff Gordon (E), 227
Dullgärten (All), 325
Duque (E), 227
El Duque (E), 227
Duque de Bragança (P), 252
Duquesa (E), 228
Durbacher Schlossberg (All), 463
– Herrenberg (All), 463
Duresse (F), 108
Les Duresses (F), 108
Dürnsteiner Himmelsstiege (A), 349
– Hollerin (A), 336, 349, 463
– Liebenberg (A), 336, 337, 349
– Muskat-Ottonel (A), 349
Dürrenberg (All), 331
Durtal (Loire; F), 158
Dutchess (U.S.A.), 377
Duvet (F), 141
D. Velhissimo (P), 252

Ebenrain (All), 330
Eberfürst (All), 332
Ebersberg (All), 327
Echézeaux (F), 84, 107
Eck (All), 324
Eckartsberg (All), 331
Eckberg (All), 331
Eckweg (All), 329
Ecloseaux (F), 109
Eco (E), 227
A L'Ecu (F), 108
Les Ecusseaux (F), 108
Edelberg (Baden; All), 330
– (Mosel-Saar-Ruwer; All), 325
– (Nahe; All), 326
Edelfrau (All), 329
Edelmann (Rheingau; All), 314, 324
– (Rheinhessen; All), 327
Edelzwicker (F), 299, 323
Der edle Twanner Chroshalde (S), 323
Edle Weingärten (All), 327
Eglisauer Blauburgunder (S), 322
– Riesling-Sylvaner (S), 322
– Stadtberger Beerli (S), 322
– Tokayer (S), 322

Egri Bikaver (H), 338, 349, 462
– Leanyka (H), 338
Ehrenberg (All), 325
Eichberg (All), 304, 331
Eichelberg (Baden; All), 331
– (Rheinhessen; All), 326
– (Württemberg; All), 332
Eichert (All), 331
Eichholz (S), 286
Eichwälde (All), 331
1827/Eighteen hundred and twenty-seven (E), 228
1870/Eighteen hundred and seventy (E), 228
1874/Eighteen hundred and seventy-four (E), 228
Eilfingerberg (All), 332
Ein Guedi (Is), 357
– Red (Is), 357
– Red Wine (Is), 357
– White (Is), 357
Eisenberg (All), 325
Eiserne Hand (All), 327
Eiswein (All), 321
Eitelsbacher Karthäuser Hofberg (All), 318
Elba (I), 276, 280
Elazig (T), 488
Elfenley (All), 323
Elfinger Blauburgunder Schlotterboden (S), 322
Elisabethenberg (All), 331
Elisenberg (All), 325
Elkersberg (All), 326
Ellergrub (All), 325
Eloro (I), 278, 282
Elster (All), 328
Elzogberg (All), 324
Embleyres (S), 140
Emir (P), 251
Emperor (P), 252
Enclos de Soutard (F), 201
Enfer d'Arvier (I), 254
Engelgrube (All), 316, 325
Engelmannsberg (All), 324
Engelsberg (Baden; All), 331
– (Rheinhessen; All), 309, 327
– (Rheinpfalz; All), 329
Engelsfelsen Frühmessler Gänsberg (All), 331
Engelstein (All), 323
Engelströpfchen (All), 324
Enggass (All), 325
Engweg (All), 332
Ennetbadener Beerli (S), 322
Enselberg (All), 331
Entre-Deux-Mers (F), 180, 182, 494
Les Epenots (F), 108
Les Epenottes (F), 108
Epesses (S), 122, 140
L'Epinay (F), 156
Eracia (I), 265
Erbaluce di Caluso (I), 261, 279
Ergots (F), 107
Erkenbrecht (All), 328
Erlach Chasselas Lamperten (S), 323
Ermitage (S), 118, 139
Ermitage « Cuvée réservée » (S), 139
Ermitage Vétroz (S), 139
Erntebringer (All), 324
Erzgrube (All), 326
Escogido (E), 227
Les Escondures (F), 141
Escuadrilla (E), 227
Eselsberg (Franken; All), 330
– (Württemberg; All), 332
Eselsbuckel (All), 329
Eselshaut (All), 328
Eselspfad (All), 326
Eselstreiber (All), 326
España (E), 227
La Especial (E), 227
Esper (All), 328

La Espuela (E), 227
Les Esqueirons (F), 141
Est! Est! Est! di Montefiascone (I), 270, 281, 462
Estournelles (F), 107
Estremadura Lezirão (P), 251
– Silveira (P), 251
Estrella de Vida (U.S.A.), 404
Etiqueta Blanca (E), 225
Etna (I), 278, 282
Etna Rosato (I), 282
L'Etoile (F), 141
– Mousseux (F), 438
Etoile de Sierre (S), 139
Etournailles (S), 139
Euchariusberg (All), 318, 325
Eulengrube (All), 310
Eulengrund (All), 330
Euxinograd (Bg), 350
Eva (E), 227, 228
Evangelio (E), 228
Evel (P), 251
L'Evêque (S), 140
Les Evois (F), 157
Evora (E), 228
Ewig Leben (All), 330
Extra Dry White (P), 252
Eyrans (F), 204

Fächern (All), 324
Les Faconnières (F), 107
Faena (E), 227
Fahrberg (All), 324
Fairyland (E), 227
Faisca (P), 233, 251
Fajardo (E), 227
Falerio dei Colli Ascolani (I), 270, 281
Falerno (F), 11, 253, 272, 281, 462, 463
Falkenberg (Mosel-Saar-Ruwer; All), 316, 325
– (Nahe; All), 326
– (Rheinhessen; All), 327
Falkenstein (All), 318, 325
Falklay (All), 325
Falset Garnacha Priorato (E), 225
Famolens (S), 140
Fandango (E), 227
Fara (I), 258, 279
Farguerol (F), 141
Faro (I), 282
Fässerlay (All), 323
Faugères, (F), 135, 142
Fauterie (F), 141
Faverges (S), 139
Favorito (E), 227
Faye-sur-Layon (F), 158
Le Feau (F), 156
Féchy (S), 122, 140
Feigenwäldchen (All), 331
Feld (All), 325
Felicita (E), 228
Fels (Nahe; All), 326
– (Rheinhessen; All), 326
Felsen (All), 327
In den Felsen (All), 326
Felsenberg (All), 309, 326
Felseneck (All), 326
Im Felseneck (All), 326
Felsengarten (Baden; All), 331
– (Württemberg; All), 332
Felsenkopf (All), 325
Felsenköpfchen (All), 326
Felsensteyer (All), 326
Felsentreppchen (All), 325
Felslay (All), 325
Fenchelberg (All), 309
Fendant (S), 114, 115, 118, 139, 462
– du Ravin (S), 139
Fenecio (E), 227
Feria Sherry (E), 227
Feteasca de Tirnava (R), 342
Fettgarten (All), 325

Feuer (All), 328
Feuerbach (All), 330
Feuerberg (Baden; All), 331
– (Mosel-Saar-Ruwer; All), 324
– (Nahe; All), 326
– (Rheinhessen; All), 327
– (Rheinpfalz; All), 328
Feuerley (All), 323
Feuermännchen (All), 328
Feuerstein (All), 330
Feuersteinrossel (All), 326
Les Fèves (F), 92, 108
Les Fichots (F), 108
54/Fifty-four Port (P), 252
Le Figuier (F), 155
Fina (E), 227
Findling (All), 327
Fine Port (P), 252
– Royal Choice (P), 252
Finest (E), 227
Finito (E), 227
Fino F.M. (E), 227
– Ideal (E), 227
– Zuleta (E), 227
Le Fin de la Pierraz (S), 139
First (Baden; All), 330
– (Franken; All), 329
Fischer (All), 330
Fischerpfad (All), 327
Fitou (F), 136, 142
Fitusberg (All), 324
Fives Roses (I), 274
Fixin (F), 79, 80, 107, 484
Flamenco (E), 227
Los Flamencos (E), 228
Flatterberg (All), 332
La Fleur du Gazin (F), 203
Fleurie (F), 102, 103, 110
Les Fleuries (F), 155
Flor de Jerez (E), 228
Flor de Montilla (E), 226
Florens Louis (P), 435
Florido (E), 227
Flors Sherry (Cal), 407
– (Aus.), 418
Flurlinger Tokayer (S), 322
Fohrenberg (All), 304, 331
Les Folatières (F), 94, 109
La Folie (F), 156
La Follière (F), 156
Folle Blanche (Cal), 407
Les Fondis (F), 157
La Font du Loup (F), 140, 141
La Font de Michelle (F), 141
La Fontainerie (F), 156
Le Fonteny (F), 107
Fongent (F), 142
Forcine (F), 157
Formiano (I), 253
Les Fornets (S), 139
Forst (Nahe; All), 326
– (Rheinpfalz), 328
Forstberg (Ahr; All), 324
– (Mittelrhein), 323
– (Württemberg; All), 332
Försterlay (All), 325
Forstgrube (All), 332
Forstweg (All), 329
Forstwein (S), 286
Les Forteresses (S), 139
La Fortisse (F), 141
La Fosse (F), 109
Les Fosses (S), 139
Fougerolles (F), 157
Les Fouinières (F), 156
Four à Chaux (F), 141
Aux Fourneaux (F), 108
Les Fournières (F), 108
Fourniers (F), 141
Fours (F), 204
Les Fousselottes (F), 81, 107
Los Frailes (E), 226
Francarmin (S), 323

Franciacorta Rosso (I), 265, 279
Franciacorta Pinot (I), 265, 279
Frangy (F), 124, 141
Franken (All), 310, 329
Franken Riesling (Cal), 393
Frankenberg (All), 330
Frankenhell (All), 323
Frankenstein (All), 327
Frankenthal (All), 324
Frankovka (Yu), 350
Franquizons (F), 141
Franzensberger (All), 331
Franzhauser Kabinett-Neuburger (A),
  349
Franziskaner (All), 331
Frappato di Vittoria (I), 282
Frascati (I), 270, 281, 462
Frauenberg (Baden; All), 331
– (Mosel-Saar-Ruwer; All), 324
– (Rheinhessen; All), 327
Frauengarten (All), 327
Frauenländchen (All), 328
Frauenzimmer (All), 332
Frecciarossa di Casteggio (I), 279
Frecciarossa Bianco (I), 264
Freisa (I), 258, 279
– d'Alba (I), 258
– d'Asti (I), 279, 279
– di Chieri (I), 258, 279
Fremersberger (All), 331
Les Fremières (F), 107
Les Fremiers (F), 108
Fremiets (F), 108
Freudenberger Beerli (S), 322
Freudental (All), 331
Freudenstück (All), 306, 328
Fricambault (F), 155
Les Frionnes (F), 108
La Frizonne (F), 142
Froher Weingarten (All), 323
Fröhlich (All), 327
Frohnwingert (Mittelrhein; All), 323
– (Rheinpfalz; All), 329
Les Froichots (F), 107
Fronhot (All), 328
Frontignan (F), 136, 232, 489
Frühlingsplätzchen (All), 326
Frühmess (All), 329
Frühmesse (All), 327
Fruska Gora (Yu), 346
Fruta (E), 228
Fuchs (All), 325
Fuchsberg (All), 314, 324
Fuchsen (All), 326
Fuchshöhle (All), 324
Fuchsloch (Moser-Saar-Ruwer, All),
  325
– (Rheinhessen; All), 327
– (Rheinpfalz; All), 328
Fuchsmantel (All), 328
Les Fuées (F), 107
Funkenberg (All), 324
Furmint (Cs), 349
Furor Divina Costiera (I), 274, 281
Furstenberg (Franken; All), 330
– (Mittelrhein; All), 323
Fürsteneck (All), 331
Fürstenlager (All), 329

Gabarnac (F), 180
Chez Gaboulet (F), 142
Gächlinger (S), 322
Gaditano (E), 227
Gaeiras (P), 234
Les Gagères (F), 142
Gaillac (F), 189
– Mousseux (F), 438
– Premières Côtes (F), 189
– Perlé (F), 189
La Gaillardière (F), 156
Am Gaisberg (All), 329
Gaisböhl (All), 326
Gaispfad (All), 318, 325

Galarza (E), 227
Galgenberg (Nahe; All), 326
– (Rheinhessen; All), 326
– (Rheinpfalz; All), 329
Les Galimardes (F), 141
La Galippe (F), 157
El Gallo (E), 227
La Gallotière (F), 157
Les Galuches (F), 157
Gamay (Cal), 407
– (S), 124
– de Gondebaud (S), 140
Gamay-Lully (S), 140
Gamay Rosé (Cal), 407
Gamay Rosé (S), 140
Gamay Pinot (S), 140
Gamay Pinot Noir (A.S.), 372
Gambellara (I), 266, 280
La Gamone (F), 141
Gamza (Bg), 343
Gamza de Novosseltzi (Bg), 350
– de Pavlikeni (Bg), 350
de Soukhindol (Bg), 350
Gäns (All), 324
Garbosa (E), 227
La Garde (F), 142
La Gardière (F), 157
La Gardine (F), 141
La Gardiole (F), 141
La Garenne (F), 109, 141
Garganega di Gambellara (I), 266,
  462
Les Gargouilles (F), 155
Gärkammer (All), 324
Garnacha (E), 226
Les Garollières ou Jarollières (F), 108
Garrett's Virginia Dare (U.S.A), 405
Les Garrigues (F), 141
Gärtchen (All), 325
Gartenlay (All), 323
Gässel (All), 328
Gässler (All), 328
Gastenklinge (All), 332
Gattinara (I), 258, 279
Les Gaudichots (F), 107
Gavi (I), 261, 279
Le Géant (F), 141
Gedeonseck (All), 323
Gehrn (All), 314, 324
Geiersberg (All), 326, 327
Geiershöll (All), 327
Geierslay (All), 318, 325
Geiersberg (Mosel-Saar-Ruwer; All),
  318, 325
– (Nahe; All), 326
Geissberg (All), 327
Geissenkopf (All), 326
Geisskopf (All), 328
Geisterberg (All), 326
Les Gémeaux (F), 107
La Genestière et Fourcadure (F), 141
En Genêt (F), 108
En Genévaz (S), 140
Les Genévrières (F), 107, 109
Les Genévrières-Dessous (F), 109
Les Genévrières-Dessus (F), 109
Gentileza (E), 228
Gerania (G), 357
Les Germines (F), 142
Gertrudenberg (All), 323
Gerümpel (All), 308, 328
Gestühl (All), 331
Gevrey-Chambertin (F), 73, 80, 81,
  86, 107, 462, 494
Gewürzgärtchen (All), 326
Gewürzgarten (All), 326
Gewürztraminer Alsace (F), 298,
  299, 323, 462
– (Cal), 389
Geyersberg (All), 326
Gezellen Liebfraumilch (A.S.), 374
Ghemme (I), 258, 279
La Gidonnière (F), 155

Gigliano (I), 282
Gigondas (F), 132, 141
Gilly (S), 140
Gipfel (All), 325
Gips (All), 332
Girandole (S), 139
Les Girarmes (F), 155
La Giroflarie (F), 142
Givry (F), 96, 109
Glanzer Berg (A), 349
Glatzen (All), 330
Glöck (All), 327
Glockenberg (All), 327
Glockenzehnt (All), 328
Gloire du Rhône (S), 139
Gloria (E), 227
Glorioso reserva (E), 225
Glottertäler (All), 304
Goguenne (F), 156
Goldatzel (All), 324
Goldbächel (All), 308, 328
Goldbäumchen (All), 324
Goldberg (Baden; All), 331
– (Mosel-Saar-Ruwer; All), 324, 325
– (Rheingau; All), 314, 324
– (Rheinhessen; All), 326, 327
– (Rheinpfalz; All), 328
– (Württemberg; All), 332
Goldblume (All), 324
Goldemund (All), 323
Golden Bonwin (A.S.), 374
Golden Cream (Is), 357
Golden Crown White Extra Dry (P),
  252
Golden Mantila (A.S.), 374
Goldene Luft (Rheihessen; All), 327
Goldenes Horn (All), 326
Goldgrübchen (All), 324
Goldgrube (Mosel-Saar-Ruwer; All),
  325
– (Nahe; All), 326
– (Rheinhessen; All), 327
– (Rheinpfalz; All), 328
Goldkaul (All), 324
Goldknöpferl-Rotgipfler (A), 349
Goldkupp (All), 325
Goldlay (All), 324, 325
Goldloch (Nahe; All), 326
– (Rheinpfalz; All), 328
Goldpfad (All), 327
Goldstückchen (All), 326
Goldtröpfchen (All), 316, 325
Goldwand (S), 288
Goldwändler (S), 322
La Goleta (E), 228
Gollenberg (All), 329
Les Gonnordes (F), 158
Gonzales (E), 228
– Byass Dry (A.S.), 374
– Byass Medium (A.S.), 374
– Byass Sweet (A.S.), 374
Goron (S), 119
Gotas de Ouro (seco) (P), 252
Götighofer (S), 322
Götterlay (All), 324
Gottesacker (Baden; All), 331
– (Rheinpfalz; All), 329
Gottesfuss (All), 325
Gottesgarten (All), 327
Gotteshilfe (All), 327
Gottesthal (All), 324
Götzenberg (All), 332
Götzenborn (All), 326
Götzenfelz (All), 326
Götzhalde (All), 331
Les Goulots (F), 107
Gourdjaani (U.R.S.S.), 348
Goût du Conseil « Mont d'Or » (S),
  139, 463
Les Gouttierreries (F), 157
La Goutte-d'Or (F), 109
Goutte d'Or (S), 323
Government House Port (A.S.), 374

La Goya (E), 227
Graben (All), 325
Graf Beyssel-Herrenberg (All), 324
Grafenberg (Mosel-Saar-Ruwer; All),
  325
– (Nahe; All), 326
– (Württemberg; All), 332
Gräfenberg (Rheingau; All), 315, 324
– (Rheinpfalz; All), 329
– (Württemberg; All), 332
Grafensprung (All), 331
Grafenstück (All), 328
Grafschaft (All), 324
Grafschafter Sonnenberg (All), 325
Gragnano (I), 272, 281
Grain (All), 328
Grainhübel (All), 306, 328
Gran Fruta (E), 228
Gran Señor (E), 227
Grand Baillif (S), 139
Grand Bathes (F), 156
Le Grand Bouchot (F), 155
Grand Bouquet (S), 139
Grandchamp (S), 140
Grand-Champ (F), 141
Le Grand Chaumoux (F), 155
Grand Chemin de Sorgues (F), 141
Le Grand Collet (F), 141
Le Grand Coteau (F), 156
Grand Devès (F), 141
Grand Echeneau (F), 156
Grand Enclos du Château de Cérons
  (F), 193
Grand Mousseux (A.S.), 386
Le Grand Pierre (F), 141
Le Grand Plantier (F), 141
Le Grand Puizac (F), 155
La Grand'Rue (F), 107
Le Grand-Schiner Chapeau Rouge
  (S), 139
– Le Père du Valais (S), 139
– Prince de l'Eglise (S), 139
– Saint-Empire (S), 139
Le Grand Taillé (F), 142
Grand Vigne (S), 139
La Grande Côte (F), 155
Grande Natal (P), 251
Grande Plantée de La Gravelle (F),
  142
Les Grands Champs (F), 108, 157
Grands-Echezeaux (F), 74, 84, 107
Les Grands Galiguières (F), 141
Aux Grands-Liards (F), 108
Les Grandes-Lolières (F), 108
Les Grandes Ouches (F), 157
Les Grandes Places (F), 142
Grandes-Ruchottes (F), 108, 109
Grandes Serres (F), 141
Grandélite (P), 251
Gran Furor Divina Costiera (I), 274,
  281
Grandjó (P), 251
Grape Cream (E), 228
Graševina (Yu), 350
Grasparossa (I), 280
Grassnitzberg (A), 336, 349
La Gratitude (A.S.), 371, 373
Graukatz (Nahe; All), 326
– (Rheinhessen; All), 326
Aux Gravains (F), 108
Grave del Friuli (I), 268, 280
Graves (F), 169, 172, 176, 177, 194,
  461, 462, 484
– de Bordeaux (F), 181
– de Vayres (F), 180, 462
Les Gravières (F), 108
Les Gravoches (F), 155
Great Western Pinot (Aus), 415
Greco del Vesuvio (I), 276
– di Gerace (I), 275, 282
– di Todi (I), 281
– di Tufo (I), 272, 281
Les Greffieux (F), 141

Greifenberg (All), 326
Greiner (All), 332
Grenache (Cal), 394, 407
La Grenade (F), 141
Le Grès (F), 141
Grésigny (F), 109
La Gresille (F), 157
Les Gresilles (F), 157
Greta (E), 227
Greth (All), 324
Les Grèves (F), 92, 108
Sur-les-Grèves (F), 108
Grey Riesling (Cal), 407
Grignolino (Cal), 407
– (I), 260, 462
– d'Asti (I), 260, 279
– d'Asti Spumante (I), 439
– del Monferrato Casalese (I), 260, 279
– Rosé (Cal), 407
La Grillette (S), 323
Le Grillon (S), 139
– Grinzing (A), 334
Griotte-Chambertin (F), 72, 80
– Gris de Pagny-sur-Moselle (F), 495
Grk (Yu), 350
Les Gros des Vignes (F), 141
Les Groseilles (F), 107
Grosse Roche et La Balayat (F), 142
Grosser Hengelberg (All), 325
Grosser Herrgott (All), 325
Grosslay (All), 324
Grossmulde (All), 332
La Grotte (F), 156
Les Groux (F), 155
Les Gruenchers (F), 107
Grumello (I), 265, 279
Grünberger Steen (A.S.), 372, 373
Grüner Veltliner (A), 349
Grünmädchen (A.S.), 371, 373
Guadalupe (E), 227
Guapito (E), 227
La Gueniettaz (S), 140
Guenoc Valley (Cal), 382
Chez Guerraud (F), 142
Les Guérets (F), 108
La Guérite (S), 139
Guerrero (E), 227
Aux Guettes (F), 108
Guigasse (F), 141
La Guillambaule (F), 142
Les Guimonières (F), 158
Güldenkern (All), 332
Güldenmorgen (All), 327
Guldenzoll (All), 329
Gumpoldskirchen (A), 334
Gumpoldskirchner Goldknöpfel (A), 349
– Grimmling (A), 349
– Rasslerin (A), 349
– Sonnberg (A), 336, 349
– Spiegel (A), 336, 349
– Stocknarrn (A), 349
– Wiege (A), 336
– Zierfandler (A), 349
Günterslay (All), 316, 325
Gurdjurni (U.R.S.S.), 350
Gut Alsenhof (All), 331
Gutenberg (All), 324
Gutenhölle (All), 326
Gutental (All), 326
Gutes Domtal (All), 327
Gutleuthaus (All), 327
Guttenberg (All), 329
Gutturnio dei Colli Piacentini (I), 268, 280
Güzelbag (T), 354
Güzel Marmara (T), 354

Haarberg-Katzensteg (All), 326
Les Habrards (F), 141
Hadar (Is), 357

Häder (All), 332
Hägenich (All), 331
Hahn (Mittelrhein; All), 323
– (Nahe; All), 326
Hähnchen (All), 326
Hahnen (All), 326
Hahnenberg (All), 318, 332
Hahnenkamm (All), 328
Hahnenschritten (All), 325
Hahnhölle (All), 326
La Haie-Martel (F), 157
Halde (All), 331
– (Rheinpfalz; All), 328
– (Württemberg; All), 332
Halenberg (All), 326
Halkidiki (G), 357
Hallauer Beerli Graf von Spiegelberg (S), 322
– Blauburgunder (S), 337
– «Im hintere Waatelbuck» (S), 287
– Süssdruck vom Schälleweg (S), 322
Haltnau (All), 331
Hambusch (All), 323
Hamm (Mosel-Saar-Ruwer; All), 324
– (Nahe; All), 326
Hämmchen (All), 323
Hammerstein (All), 318, 325
Hansenberg (All), 324
Happenhalde (All), 332
Haraszthy Zinfaudel (Cal), 388
Harchlevelu (Cs), 349
Hardilliers (F), 156
Hardt (All), 332
Hardtberg (All), 324
Harmony (E), 227, 228
Les Harrassons (F), 157
Harstell (All), 329
Hartberger Löffelbach (A), 336, 349
– Ring (A), 336, 349
Harvey's Dry Sherry (A.S.), 374
– Extra Dry (A.S.), 374
– Full Cream Sherry (A.S.), 374
Harzberg (All), 332
Häschen (All), 325
Haselstaude (All), 331
Haselstein (All), 332
Hasen (All), 329
Hasenberg (Baden; All), 331
– (Mosel-Saar-Ruwer; All), 325
Hasenbiss (All), 327
Hasenlauf (All), 327
Hasenläufer (All), 316, 325
Hasensprung (Baden; All), 331
– (Nahe; All), 326
– (Rheingau; All), 314, 324
– (Rheinhessen; All), 327
Hasenzeile (All), 328
Hassel (All), 314, 324
Hassmannsberg (All), 328
Haubenberg (All), 327
Les Haurières (F), 155
Hausgiebel (All), 326
Haut-Benauge (F), 180, 199
Haut-Brion (F), 177
Haut-Comtat (F), 142
Haut-Cousse (F), 156
Haut-Dahra (F), 373
Le Haut-Lieu (F), 156
Haut-Médoc (F), 172
Haut-Montravel (F), 189
Haute-Cour (S), 140
Haute-Némée (G), 35
Les Hauts-Bois (F), 156
Les Hauts-Champs (F), 157
Hauts-Chevots (F), 107
Les Hauts-Doix (F), 81, 107
Les Hauts-Jarrons (F), 108
Les Hauts-Marconnets (F), 108
Les Hauts-Pruliers (F), 107
Hebros (Bg), 350
Hèchacq (F), 189

Heerkretz (All), 326
Heide (All), 328
Auf der Heide (All), 325
Heidegarten (All), 328
Heil (All), 326, 327
Heilgarten (All), 323
Heilgraben (All), 324
Heiligenbaum (All), 327
Heiligenberg (Baden; All), 330
– (Nahe; All), 326
– (Rheingau; All), 324
– (Rheinpfalz; All), 328
– (Württemberg; All), 332
Heiligenborn (Mosel-Saar-Ruwer; All), 325
– (Rheinpfalz; All), 328
Heiligenhaus (All), 327
Am Heiligen Häuschen (All), 327
Heiligenhäuschen (Mosel-Saar-Ruwer; All), 325
– (Rheinhessen; All), 327
Heiligenkirche (All), 328
Heiligenpfad (All), 326
Heiligenstein (All), 331
Heiligensteiner Sauvignon (A), 342
Heiligenstock (All), 324
Heiligenthal (All), 329
Heiliger Blutberg (All), 327
Heilighäuschen (Rheinhessen; All), 327
– (Rheinpfalz; All), 328
Heiligkreuz (Rheinhessen; All), 327
– (Rheinpfalz; All), 328
– (Württemberg; All), 332
Heimberg (All), 326
Heisser Stein (All), 330
Heisterberg (All), 323
Heitersbrünnchen (All), 327
Held (Mosel-Saar-Ruwer; All), 325
– (Rheinpfalz; All), 328
Helenenkloster (All), 325
Helenenpfad (All), 326
Hémona (Bg), 350
Hemsberg (All), 329
Hendelberg (All), 315, 324
Hengstberg (All), 326
Henkenberg (All), 304, 331
Heppenstein (All), 325
Les Héridaines (F), 155
Hermannsberg (All), 309, 326
Hermannshöhle (All), 309, 326
L'Hermineau (F), 156
Hermitage (Aus), 415
– (F), 126, 128, 141, 462
– (S), 139
L'Hermite (F), 141
Hernan Cortès (E), 227
Heroldsberg (All), 329
Herrenberg (Ahr; All), 324, 325
– (Baden; All), 330, 331
– (Franken; All), 330
– (Mittelrhein; All), 323
– (Mosel-Saar-Ruwer; All), 316, 318, 324, 325
– (Nahe; All), 326
– (Rheinhessen; All), 308, 327
– (Rheinpfalz; All), 308, 328, 329
Herrenberger (All), 325
Herrenbuck (All), 331
Herrenbuckel (All), 329
Herrengarten (All), 327
Herrenletten (All), 328
Herrenmorgen (All), 328
Herrenpfad (All), 329
Herrenstück (All), 331
Herrentisch (All), 331
Herrenwingert (All), 329
Herrenzehntel (All), 326
Herrgottsacker (All), 328
Herrgottshaus (All), 327
Herrgottspfad (All), 327
Herrgottsrock (All), 325
Herrlesberg (All), 332

Herrlich (All), 329
Herrnberg (Hessische Bergstrasse; All), 329
– (Rheingau; All), 324
– (Rheinhessen; All), 326
Herrnwingert (Baden; All), 330
– (Hessische Bergstrasse; All), 329
Herrschaftsberg (All), 330
Herrschaftsgarten (All), 326
Les Hervelets (F), 79, 107
Herzchen (All), 325
Herzfeld (All), 325
Herzlay (All), 325
Herzog (All), 328
Herzogenberg (All), 332
Herzogsberg (All), 331
Hessern (All), 323
Hessische Bergstrasse (All), 329
Hessweg (All), 326
Im Heubusch (All), 328
Heuchelberg (All), 332
Hexelberg (All), 327
Hex von Dasenstein (All), 331
Hidalgo (E), 227
High Priorato (E), 225
Hilda (E), 227
Hildegardisberg (All), 326
Hildegardisbrünnchen (All), 326
Himmelacker (All), 327
Himmelberg (All), 331
Himmelchen (All), 324
Himmelgarten (All), 326
Himmelreich (Baden; All), 331
– (Mosel-Saar-Ruwer; All), 316, 324, 325
– (Rheinpfalz; All), 328
– (Württemberg; All), 332
Himmelthal (All), 327
Hinkelstein (All), 326
Hintere Klinge (All), 332
Hinterer Berg (All), 332
Hinterkirch (All), 314, 324
Hipperich (All), 325
Hipping (All), 327
Hirschberg (All), 330
Hirschlay (All), 325
Hirtengarten (All), 325
Hirtenhain (All), 326
His Eminence's Choice (P), 252
Hitzlay (All), 325
Hoch (All), 327
Hochbenn (All), 308, 328
Hochberg (Baden; All), 331
– (Franken; All), 329
– (Rheinhessen; All), 327
Hochbruderegg (A), 349
Hoch Chapf Eichberg (S), 322
Hochgericht (All), 328, 329
Hochheimer (A.S.), 371
Hochkittenberg (A), 349
Hochlay (All), 324
Hochmess (All), 328
Höchstes Kreuz (All), 326
Hochwart (All), 331
Hock (Aus), 415
Hock d'Askalon (Is), 357
Hockenmühle (All), 326
Hock Patron (Is), 357
Hoeppsley (All), 325
Hofberg (Mosel-Saar-Ruwer; All), 316, 325
– (Württemberg; All), 332
Hofberger (All), 325
Hofgut (All), 326
Hofmeister (All), 324
Hofrat (All), 330
Hofsteige (All), 332
Hofstück (Franken; All), 330
– (Rheinpfalz; All), 328
Hohberg (Baden; All), 331
– (Rheinhessen; All), 327
Hohburg (All), 310
Höhe (All), 329

Hoheburg (All), 308, 328
Hohe Eiche (All), 332
Hohenberg (Baden; All), 331
– (Württemberg; All), 332
Hohenbühl (All), 330
Hohenmorgen (All), 308, 328
Hohenneuffen (All), 332
Hohenrain (Rheingau; All), 314, 324
– (Rheinpfalz; All), 329
Am Hohen Stein (All), 328
Hoher Berg (All), 332
Hoher Herrgott (All), 330
Höhlchen (All), 327
Hohnart (All), 330
Höll (Franken; All), 330
– (Mosel-Saar-Ruwer; All), 324
– (Nahe; All), 346
Höllberg (Baden; All), 331
– (Hessische Bergstrasse; All), 329
– (Rheinhessen; All), 326
Hölle (Mittelrhein; All), 323
– (Mosel-Saar-Ruwer; All), 324, 325
– (Nahe; All), 326
– (Rheingau; All), 314, 324
– (Rheinhessen; All), 326, 327
– (Rheinpfalz; All), 329
Vor der Hölle (All), 326
Höllenberg (Nahe; All), 326
– (Rheingau; All), 314, 324
– (Rheinhessen; All), 327
Höllenbrand (Nahe, All), 326
– (Rheinhessen; All), 327
Höllenpfad (Nahe; All), 326
– (Rheinpfalz; All), 328
Höllenweg (All), 327
Höllhagen (All), 331
Höllisch Feuer (All), 332
Holzenberg (All), 332
Homberg (Rheingau; All), 324
– (Rheinhessen; All), 327
L'Homme (F), 141
Hongrie (F), 141
Honigberg (Franken; All), 330
– (Mosel-Saar-Ruwer; All), 325
– (Nahe; All), 326
– (Rheingau; All), 324
– (Rheinhessen; All), 326, 327
Honigsack (All), 328
Honigsäckel (All), 328
Hopfgarten (All), 326
Hôpital de Pourtalès (S), 323
Hörecker (All), 318, 325
Horn (Rheinhessen; All), 327
– (Rheinpfalz; All), 328
Hornberg (All), 327
Hörnchen (All), 326
Hornfelsen (All), 331
Hörnle (All), 332
Hospices Cantonaux (S), 139
Hubacker (All), 327
Hubberg (All), 330
Hubertusberg (All), 318, 324, 325
Hubertusborn (All), 324
Hubertuslay (All), 325
Huelva (E), 215, 461
Huguenot Riesling (A.S.), 373
Hühnerberg (All), 325
Huillé (F), 158
Huismes (F), 157
Humagne (S), 118, 139
– (Vétroz (S), 139
Hummelberg (All), 331
Hundert (All), 323
Hundertgulden (All), 326
Hundsberg (All), 332
Hundskopf (All), 327
Hundsteiner (All), 326
Hungerberg (All), 332
Hungerbiene (All), 327
Hungriger Wolf (All), 326
Hunnenstein (All), 324
Hunolsteiner (All), 326
Hunter River Dry Red (Aus), 415

Hurlevent (S), 139
Husi (R), 350
Les Hussières (F), 155
Hütt (All), 328
Hüttberg (All), 327
Hütte (All), 325
Hüttenberg (All), 326
Hütte-Terrassen (All), 326
Hüttwiler Stadtschryber (S), 322
Hypocras (F), 495

Ica (Pérou), 414
Idig (All), 328
Ihringer Jesuitengarten (All), 463
– Winklerberg (All), 463
Ile-des-Vergelesses (F), 108
Immengarten (All), 328
Imperial (E), 225, 227
Imperial (P), 252
Imperial Crown (P), 252
Imperial Tawny Doce (P), 252
La Ina (E), 227
Independence Wine (Is), 356, 357
Infanta (E), 228
La Infanta (E), 227
Inferno (I), 279
Ingrandes (F), 158
Ingrandes-de-Touraine (F), 157
Inkelhöll (All), 326
Innere Leiste (All), 330
Inocente (E), 227
Insel Heylesen Wert (All), 323
Irouléguy (F), 183, 495
Isabel (P), 251
Isabella (N.Y.), 407
Ischid (I), 276, 281
Isonzo (I), 280
Issartel (F), 141
Issarts (F), 107
Izmir (T), 354

La Jaca Andaluza (E), 227
La Jamasse (F), 141
Janville (F), 142
Jaquinotte (F), 141
Jarana (E), 227
Jardin (E), 227
Jarjayes (F), 495
La Jarnoterie (F), 157
Les Jarrons (F), 108
Jasnières (F), 149, 155
Les Jasnières (F), 155
Jauna (E), 227
J.C. Le Roux Mont Pellier (A.S.), 373
Jeninser Chüecher Beerliwein (S), 322
La Jennelotte (F), 109
Jerez (E), 215, 227
Jesuitenberg (Franken; All), 329
– (Mosel-Saar-Ruwer; All), 325
Jesuitengarten (Ahr, All), 324
– (Mosel-Saar-Ruwer; All), 318, 325
– (Rheingau; All), 314, 324
– (Rheinpfalz; All), 306, 328
Jesuitenhofgarten (All), 328
Jesuitenschloss (All), 331
Jesuitenwingert (All), 325
Jeu du Roy (S), 139
Jirane (F), 141
J.M. da Fonseca (P), 251
Johannesberg (All), 326
Johannes Strunk (S), 139
Johannisberg (Franken; All), 329, 330
– (Cal), 377
– (Mosel-Saar-Ruwer; All), 325
– (Nahe; All), 326
– (Rheingau; All), 324
– (Rheinhessen; All), 326, 327
– (A.S.), 372
– (S), 115, 122, 124, 139
– Balavaud (S), 139
– de Chamoson (S), 139

Johannisberger Riesling (U.S.A);
   393, 402, 407, 463
– Riesling Spätlese (N.Y.), 407
Johannisbrünnchen (All), 316, 325
Johanniskirchel (All), 328
Johannitergarten (All), 328
John Peter (E), 227
Joli Cœur (E), 140
Joli Site (S), 140
Josephberg (All), 331
Josephshöfer (All), 325
La Joubardière (F), 156
Les Jouets (F), 158
Les Journaries (F), 142
Judenkirch (All), 324
Juffer (All), 316, 325
Juffermauer (All), 324
Juffer Sonnenhur (All), 325
Juigné-sur-Loire (F), 158
Juliénas (F), 102, 103, 110
Julius-Echterberg (All), 310, 330
Jumilla (E), 215
Jumilla-Monastrell (E), 215
Jungbrunnen (All), 326
Jungfer (Rheingau; All), 315, 324
– (Württemberg; All), 332
Jungfernberg (All), 318, 325
Jungfernstieg (All), 331
Jungherrn Müller-Thurgau (A), 349
Junker (All), 326
Jupiterberg (All), 332
Jurançon (F), 189

Kabinett (All), 321
Kachelberg (All), 326
Kadarka (Bg), 342, 343
– « Vallée des Roses » (Bg), 350
Kafels (All), 325
Kaffelstein (All), 329
Kaffia (U.R.S.S.), 439
Kahlberg (All), 330
Kahlenberg (Nahe; All), 326
– (Rheinpfalz; All), 329
– Traminer (A), 349
Kahllay (All), 324
Kailberg (All), 330
Kaiserberg (Baden; All), 326, 331
– (Nahe; All), 326
– (Rheinpfalz; All), 329
– (Württemberg; All), 332
Kaisergarten (All), 326
Kaiser Karl (All), 330
Kaiserpfalz (All), 309, 327
Kaiserstuhl (All), 328
Kaiserstuhl/Tuniberg (All), 330, 331
Kalb (All), 310, 330
Kalbenstein (All), 329
Kalchrainer Blauburgunder (S), 322
– Tokayer (S), 322
Kalebag (T), 354, 358
Kalkberg (All), 328
Kalkgasse (All), 329
Kalkgrube (All), 329
Kalkofen (All), 328
Kallenberg (All), 327
Kallmuth (All), 329
Kalouger (Bg), 350
Kammer (All), 325
Kantergrube (All), 326
Kapellchen (All), 325
Kapelle (Rheinhessen; All), 326, 327
– (Rheinpfalz; All), 328
Kapellenberg (Ahr; All), 324
– (Baden; All), 331
– (Franken; All), 330
– (Mosel-Saar-Ruwer; All), 324, 325
– (Nahe; All), 326
– (Rheingau; All), 324
– (Rheinhessen; All), 326, 327
– (Rheinpfalz; All), 328
– (Württemberg; All), 332
Kapellenpfad (All), 326
Kapellenstück (All), 327

Kapellgarten (All), 328
Käppele (All), 332
Kapuzinerbuch (All), 331
Karâ-Tchanakh (U.R.S.S.), 348
Kardinalsberg (All), 316, 325
Karlsberg (Mosel-Saar-Ruwer; All),
   325
– (Württemberg; All), 331
Karlsfelsen (All), 325
Karlskopf (All), 324
Karroo Sherry (A.S.), 374
Karthäuser (Franken; All), 330
– (Nahe; All), 326
Karthäuserhofberg Burgberg (All), 325
– Kronenberg (All), 325
– Orthsberg (All), 325
– Sang (All), 325
– Stirn (All), 325
Käsberg (All), 332
Käsleberg (All), 331
Kasselberg (All), 331
Kastanienbusch (All), 329
Kataniengarten (All), 328
Kastanienhalde (All), 331
Kastell (All), 326
Kätzchen (All), 325
Katzebuckel (All), 327
Katzenbeisser (All), 332
Katzenberg (All), 331
Katzenhölle (All), 326
Katzenkopf (Franken; All), 330
– (Mosel-Saar-Ruwer; All), 324
Katzenöhrle (All), 325
Katzenstein (All), 328
Käulchen (All), 318
Kaulenberg (All), 326
Kauzenberg (All), 309
Kavalier-zierfandler (A), 347
Kavčina (Žametna črnica) (Yu), 350
Kayberg (All), 332
Kehr (All), 327
Kehrberg (All), 324
Kehrenberg (All), 326
Kehrnagel (All), 325
Kélibia (Tu), 363, 373
Kellerberg (Nahe; All), 326
Kellersberg (All), 327
Kelter (All), 329
Kelterberg (All), 332
Kemelrain (All), 330
Kernagel (All), 318
Kertz (All), 326
Kestelberg (All), 331
Keulebuckel (All), 331
Khvantchkara (U.R.S.S.), 348
Kickelskopf (All), 326
Kieselberg (Nahe; All), 326
– (Rheinhessen; All), 326
– (Rheinpfalz; All), 308, 328
Kiliansberg (All), 330
Kilzberg (All), 324
King Alfonso (E), 227
King Minos (G), 357
Kindzmaraouli (U.R.S.S.), 348
Kinzigtäler (All), 331
Kiourdamir (U.R.S.S.), 348
Kirchberg (Baden; All), 304
– (Franken; All), 330, 331, 329
– (Hessische Bergstrasse; All), 329
– (Mosel-Saar-Ruwer; All), 324, 325
– (Nahe; All), 326
– (Rheinhessen; All), 326, 327
– (Rheinpfalz; All), 328, 329
– (Württemberg; All), 332
Kirchenpfad (All), 324
Kirchenstück (Rheingau; All), 314
– (Rheinhessen; All), 326, 327
– (Rheinpfalz; All), 306, 328, 329
Kirchengärtchen (All), 326
Kirchhalde (All), 331
Kirchlay (All), 324, 325
Kirchlöh (All), 329
Kirchplatte (All), 327

Kirchspiel (All), 327
Kirchscheck (All), 326
Kirchtürmchen (All), 324
Kirchweinberg (Baden; All), 331
– (Württemberg; All), 332
Kirchweingarten (All), 324
Kirschberg (All), 310, 330
Kirschenstück (All), 328
Kirschgarten (All), 328
Kirschheck (All), 326
Kirschwingert (All), 326
Kizliark (U.R.S.S.), 347
Klamm (All), 326
Klaus (All), 324
Klausenberg (All), 327
Kläuserberg (Rheingau, All), 314
Kläuserweg (All), 324
Klepberg (All), 331
Kletterberg (All), 326
Klevner Villiger Steinbrücker
  Beerliwein (S), 322
Klinge (All), 332
Klöcher Berg (A), 336, 349
Kloosterberg (A.S.), 374
Kloovendal (A.S.), 374
Kloppberg (All), 327
Kloppenberg (All), 327
Klosterberg (Ahr; All), 324
– (Baden; All), 331
– (Mittelrhein; All), 323
– (Mosel-Saar-Ruwer; All), 324, 325
– (Nahe; All), 326
– (Rheingau; All), 314, 324
– (Rheinhessen; All), 327
– (Württemberg; All), 332
Klosterbergfelsen (All), 304, 311
Klosterbruder (All), 327
Klostercabinet (A), 349, 463
Kloster Disibodenberg (All), 326
Kloster Fürstental (All), 323
Klostergarten (Ahr; All), 324
– (Franken; All), 329
– (Mosel-Saar-Ruwer; All), 324, 325
– (Nahe; All), 326
– (Rheinhessen; All), 326, 327
– (Rheinpfalz; All), 328, 329
Klostergut (All), 331
– Schelzberg (All), 331
Klosterhofgut (All), 325
Klosterkammer (All), 324
Klosterlay (All), 314, 324
Kloster Liebfrauenberg (All), 329
Klosterneuburger Rheinriesling (A),
  349
Klosterpfad (All), 326, 328
Klosterschaffnerei (All), 328
Klosterstück (Rheinpfalz; All), 328
– (Württemberg; All), 332
Klosterweg (Mosel-Saar-Ruwer; All),
  325
– Rheinhessen; All), 326
– (Rheinpfalz; All), 328
Klotzberg (All), 331
Knopf (All), 327
Kobersberg (All), 330
Kobnert (All), 328
Köbelberg (A), 336, 349
Kochberg (All), 331
Kocherberg (All), 332
Kocher-Jegst-Tauber (All), 332
Köhler Köpfchen (All), 326
König (All), 332
Königin (Franken, All), 330
Königin Viktoriaberg (All), 324
König Johann Berg (All), 325
König Wilhelmsberg (All), 324
Königsbecher (All), 331
Königsberg (Mosel-Saar-Ruwer; All),
  318, 325
– (Württemberg; All), 332
Königsfels (Mosel-Saar-Ruwer; All),
  324

– (Nahe; All), 309, 326
Königsgarten (Nahe; All), 326
– (Rheinpfalz; All), 329
Königslay Terrassen (All), 325
Königsschild (All), 326
Königsschloss (All), 326
Königstuhl (All), 327
Königsweg (All), 328
Königsweingarten (All), 331
Königswein Zierfandler (A), 349
Königswingert (All), 328
König Wenzel (All), 323
Kopf (All), 332
Koppelstein (All), 323
Krähenberg (All), 332
Krähenschnabel (All), 329
Kramolin (Bg), 343, 350, 462
Kranzberg (All), 308, 327
Krapfenberg (All), 329
Kraski Teran (Yu), 350
Kratošija (Yu), 350
Kräuterberg (Ahr; All), 324
– (Mittelrhein; All), 323
Kräuterhaus (All), 318, 325
Kreidekeller (All), 328
Kremser Kremsleiten (A), 336, 349
– Kögl (A), 336, 349, 463
– Pfaffenberg (A), 340
– Wachtberg (A), 336, 349
Kreuz (Rheinhessen; All), 308, 326,
  327
– (Rheinpfalz; All), 328
Kreuzberg (Baden; All), 331
– (Franken; All), 330
– (Mittelrhein; All), 323
– (Mosel-Saar-Ruwer; All), 325
– (Rheinhessen; All), 327
– (Rheinpfalz; All), 328
Kreuzblick (All), 327
Kreuzhalde All), 331
Kreuzkapelle (All), 327
Kreuzlay (All), 325
Kreuznach (All), 326
Kreuzweg (Baden; All), 331
– (Rheinhessen; All), 327
Kreuzweingarten-Spätlese (A), 349
Kreuzwingert (All), 325
Kriegsberg (All), 332
Kroatenpfad (All), 328
Kronberg (All), 330
Krone (Franken; All), 330
– (Mosel-Saar-Ruwer; All), 325
– (Nahe; All), 309, 326
– (Rheingau; All), 324
Kronenberg (Mosel-Saar-Ruwer; All),
  324
– (Nahe; All), 326
– (Rheinpfalz; All), 328
Kronenbühl (All), 331
Kronenfels (All), 326
Kronsberg (All), 310, 330
Krötenbrunnen (All), 327
Krötenpfuhl (All), 309, 326
Küchenmeister (All), 330
Kugelspiel (All), 330
Kuhberg (All), 330
Kuhnchen (All), 325
Kuhstall (All), 323
Kulüp (T), 358
– Beyaz (T), 358
Kupferberger Auslese (A.S.), 373
Kupferflöz (All), 323
Kupfergrube (All), 309, 326
Kupferhalde (All), 332
Kupp (All), 318, 325
Auf der Kupp (All), 325
Kurdamir (U.R.S.S.), 350
Kurfürst (Mosel-Saar-Ruwer; All), 324
– (Rheinpfalz; All), 328
Kurfürstenberg (All), 325
Kurfürstenhofberg (All), 325
Kurfürstenstuck (All), 326
Kurfürstlay (All), 325

Laacherberg (All), 324
Laberstall (All), 326
Laboye (F), 141
Le Lac (F), 141
Lacre Gualda (E), 225
– Violeta (E), 225
Lacrima di Castrovillari (I), 282
Lacrima Christi (E), 226
– – (P), 252
– – del Vesuvio (I), 272, 281, 489
Ladoix (F), 87, 108, 109
Lagarino rosato (I), 279
Lagoa (P), 251
Lagos (P), 251
Lago di Caldaro (I), 268, 280
Lagrein (F), 279
– Kretzer (I), 268, 279
Lake Country Red (N.Y.), 407
Lake Niagara (N.Y.), 407
Lalande de Pomerol (F), 183, 203
Lalanette-Ferbos (F), 193
Lambrusco (I), 268, 280, 485
– Grasparossa di Castelvetro (I), 268,
  280
– Reggiano (I), 268, 280
– Salamino di Santa Croce (I), 268,
  280
– di Sorbara (I), 268, 280
Lämmer (All), 332
Lança 2 Coroas (P), 252
Lancement (F), 142
Lancers (P), 233
La Landonne (F), 142
Landsberg (All), 309
Landsknecht (All), 330
Landskrone (All), 324
Lange Els (All), 328
Langenberg (Frankkken; All), 329
– (Rheingau; All), 324
Langenmorgen (All), 328
Langenstein (All), 328
Langenstück (All), 314, 324
Langgarten (All), 323
Langhölle (All), 326
Langstein (All), 330
Lanzerac Cabernet (A.S.), 371, 373
– Grünmädchen (A.S.), 373
– Pinotage (A.S.), 373
– Riesenschön (A.S.), 373
– Rosé (A.S.), 373
Larchevesque (S), 139
Lare (F), 155
Les Larrets ou « Clos-des-Lambrays »
  (F), 107
Lasenberg (All), 331
Latisana (I), 268, 280
Latricières-Chambertin (F), 72, 80
Latt (All), 329
Lattenberg (S), 287
Laubenheimer (All), 309
Laudamusberg (All), 316, 325
Laudun (F), 141
Lauerweg (All), 326
Laura (E), 228
Laurel (E), 228
Laurentiusberg (Mittelrhein; All), 323
– (Mosel-Saar-Ruwer; All), 316, 324,
  325
– (Nahe; All), 326
Laurentiuslay (All), 325
Laurenziweg (All), 326
Lavaut (F), 107
Lavaux (S), 140
Sur Lavelle (F), 108
Les Lavières (F), 108
Lavilledieu (F), 188
Les Lavrottes (F), 107
Lay (All), 316, 324, 325
Layenberg (Mosel-Saar-Ruwer; All),
  324
– (Nahe; All), 326
– (Rheingau; All), 324
Layer Berg (All), 326

In den Layfelsen (All), 323
Laykaul (All), 325
Léanyka (H), 349
Leckerberg (All), 326, 327
Leckmauer (All), 324
Lefkas (G), 357
Lefouvier (F), 142
Legionario (E), 228
Leidhecke (All), 327
Leinhöhle (All), 308, 328
Leiresberg (All), 332
Leiste (All), 310
Leistenberg (All), 326
Leiterchen (All), 325
Lenchen (Rheingau; All), 314, 324
– (Rheinhessen; All), 327
Lennenborn (All), 323
Lenzenberg (All), 332
Leopoldsberg (All), 331
Lerchelsberg (All), 327
Lerchenberg (Baden; All), 331
– (Rheinpfalz; All), 329
– (Württemberg; All), 332
Lerchenböhl (All), 328
Lerchenspiel (All), 328
Lessona (I), 258, 279
Letten (Baden; All), 331
– (Rheinpfalz; All), 328
Letterlay (All), 325
Les Lézardes (F), 142
Lézigné (F), 158
Libertas (A.S.), 374
Lichtenberg (Baden; All), 331
– (Württemberg; All), 332
La Lidia (E), 227
Liebehöll (All), 326
Liebenberg (Rheinhessen; All), 327
– (Württemberg; All), 332
Liebeneck-Sonnenlay (All), 323
Liebenstein-Sterrenberg (All), 323
Lieberstein (A.S.), 371
Liebesbrunnen (Nahe; All), 326
– (Rheinpfalz; All), 328
Liebfrau (All), 326
Liebfrauborg (A.S.), 324
Liebfrauenberg (Mosel-Saar-Ruwer;
  All), 325
– (Nahe; All), 326
– (Rheinhessen; All), 327
Liebfrauenmilch (All), 308
Liebfrauenmorgen (All), 327
Liebfrauenstift-Kirchenstück (All), 327
Liebfrauenthal (All), 327
Lieseberg (All), 326
Liestaler Blauburgunder (S), 322
Lieth (All), 327
Ligerzer (S), 322
Ligerzer Kirchwein (S), 323
Les Lignes (F), 157
Les Lignys (F), 155
Ligré (F), 157
Limburg (All), 331
Lime Kiln Valley (Cal), 386
Lindelberg (All), 332
Lindhälder (All), 332
Lindos de Rhodes (G), 357
Linsenbusch (All), 328
La Lionne (F), 141
Lion de Némée (G), 352
Lipouvina (Cs), 349
Lirac (F), 126, 132, 136, 141
Liré (F), 158
Ljutomer Rulendac sivi (Yu), 463
Llano Estacado (U.S.A.), 404
Lochmühlerley (All), 324
Locorotondo (I), 274, 282
Locumba (Pérou), 414
La Loge (F), 156
La Loge aux Moines (F), 155
Löhningen (S), 322
Löhninger Clevner-Beerli (S), 322
Lohrberger Hang (All), 324

Löhrer Berg (All), 326
Loibener Kaiserwein (A), 337, 349
Lombards Liebfraumilch (A.S.), 374
Longenberg Berg (All), 323
Long Life (E), 228
Les Longues Vignes (F), 155
Lord Sherry (E), 227
Loredo (E), 227
Loreley-Edel (All), 323
Loreleyfelsen (All), 323
Lorettoberg (All), 331
Lotberg (All), 331
Lottenstück (All), 327
Loud Guidia (Bg), 350
Loupiac (F), 179, 197, 462
Lubac (F), 141
Lucinico (I), 268
Lugana (I), 265, 279
Luginsland (Rheinpfalz; All), 328
– (Württemberg; All), 332
Luins (S), 122, 140
Luisengarten (All), 326
Lully (S), 140
Lump (Franken; All), 310, 330
– (Nahe; All), 326
Lunel (F), 136
Luomilla (Cs), 356
Luque (E), 227, 228
Les Lurets (F), 108
Lussac-Saint-Emilion (F), 183, 202
Lussault (F), 155
Lutry (S), 140
Lutzelalterberg (All), 329
Lützelberg (All), 331

Macarena (E), 227
Les Macherelles (F), 108, 109
Mâcon (F), 70, 98, 110, 494
– Supérieur (F), 98, 109
Mâcon-Villages (F), 98, 110
Macvin (F), 125
La Madeleine (F), 158
Madère (Aus), 415
– (P), 248, 492,
– (U.R.S.S.), 348
Madiran (F), 189, 495
Madonnenberg (All), 330
Magdalenenkreuz (All), 324
Magdalener (I), 268
Maiberg (All), 329
Maien (All), 332
Maienfelder Blauburgunder Kuoni-Wii (S), 322
– Schloss Salenegg (S), 322
Mailly-Champagne (F), 494
Main (All), 321
Maindreieck (All), 329
Mainhölle (All), 329
Mainleite (All), 330
Mainviereck (All), 329
Mainzerweg (All), 326
Maison-Blanche (F), 141
– (S), 140
Maison Brûlée (F), 107
Les Maix-Bas (F), 107
La Maladière (F), 108
Malaga (E), 215, 226, 462
– Red (A.S.), 374
Malanser Beerli Weisstorkel (S), 322
– Blauburgunder (S), 322
– Blauburgunder Fuchsen (S), 322
– Blauburgunder Rüfiser (S), 322
– Coompleter (S), 322, 463
– Rüfiwingert (S), 322
– Tokayer (S), 322, 463
Malbec (Aus), 415
Aux Malconsorts (F), 107
Malessert (S), 140
Malgazon (F), 141
Maltesergarten (All), 331
La Maltroie (F), 108, 109
Malvasia (A.S.), 374
– (Br), 413

– (E), 225
– di Bosa (I), 276, 282
– di Cagliari (I), 282
Malvasia di Casorzo d'Asti (I), 261, 279
– di Castelnuovo Don Bosco (I), 261, 279
– di Cosenza (I), 282
– di Grotta-Ferrata (I), 281
– delle Lipari (I), 278, 282, 462
– di Lucania (I), 282
– de Sitges (E), 212
– del Vulture (I), 275, 282
Malvazija (Yu), 350
Malvoisie (I), 275, 461, 489
– (P), 232, 249, 250, 251
– (S), 115, 118, 139, 462, 463
– de La Fiancée (S), 139
– Mi-flétrie (S), 139
– Pinot Gris (S), 139
Mamertino (I), 11, 253, 278, 282
Mandis (U.R.S.S.), 350
Mancha (E), 214
Mandacher Riesling-Sylvaner (S), 322
Mandelbaum (All), 326
Mandelberg (Baden; All), 330
– (Rheinhessen; All), 326, 327
– (Rheinpfalz; All), 328, 329
Mandelbrunnen (All), 327
Mandelgarten (All), 328
Mandelgraben (All), 325
Mandelhang (All), 328
Mandelhöhe (All), 328
Mandelpfad (All), 328, 329
Mandelring (All), 328
Mandelröth (All), 328
Mandelstein (All), 323
Manduria (I), 274
Mangualde (P), 232
Manissy (F), 141
Mannaberg (All), 331
Mannberg (All), 314, 324
Mantecoso (E), 227
Mantineia (G), 351, 357
Manzanares (E), 212
Manzanilla (E), 221, 222, 224, 227
– Fina (E), 224
– Pasada (E), 224
Les Maranges (F), 108
Maraština (Yu), 350
Marbach (All), 326
Marbacher (S), 286
Marcale (F), 141
Marcelin (S), 140
Marco (G), 357
Marcobrunn (All), 324
Les Marconnets (F), 92, 108
La Maréchaude (F), 108
Les Maréchaudes (F), 108
Marestel (F), 124, 141
Mareuil-sur-Ay (F), 494
Marfil (E), 225
Margarete (All), 332
Margaux (F), 172, 173, 494
Margotey (F), 109
Maria Magdalena (All), 329
Marienberg (All), 324, 325
Marienburg (All), 325
Marienburger (All), 325
Mariengarten (All), 328
Marienholz (All), 325
Marienpforter Klosterberg (All), 326
Marignan (F), 124, 141
Marin (F), 124, 141
Marinero (E), 227
Les Marines (F), 141
Marino (I), 281
Mari-Paz (E), 227
Marismeño (E), 227
Marissou (F), 109
Marjolaine (S), 139
Markgraf (All), 330
Markgräflerland (All), 330, 331

Markobrunn (All), 314, 324
Marksburg (All), 323
Marmara Incisi (T), 358
Marmorberg (All), 323
Les Marnais (F), 155
Marquès de Pombal (P), 252
Marquès de Riscal (E), 225
Marron (F), 141
Marsala (I), 278, 282, 461, 463
– Aleatico (I), 489
– di Lipari (I), 278
Marsberg (All), 330
Marschall (All), 324
La Martellière (F), 157
Martial (E), 227
– Brown (E), 228
– Golden (E), 228
Martigné-Briand (F), 158
Martinafranca (I), 274, 282
Le Martinet (F), 157
Martinet (F), 141
Martinsberg (All), 326
Martinshöhle (All), 328
Martinshorn (All), 324
Marzemino (I), 228, 279
Marzemino d'Isera (I), 279
Mascara (Ag), 366, 373
Les Mascarrons (F), 141
Matador (E), 227
– Brown (E), 228
– Cream (E), 228
– Pale Dry (E), 227
Mateus (P), 235, 251
Matheisbildchen (All), 325
Mathias Weingarten (All), 323
Matino (I), 274, 282
Matrassa (U.R.S.S.) 348, 350
Mattersons Fine Dry (A.S.), 374
Les Mauchamps (F), 107
Maucoil (F), 141
Mauerberg (All), 304, 331
Mäuerchen (Mosel-Saar-Ruwer; All), 325
– (Rheingau; All), 326
In den Mauern (All), 326
Mauerwein (All), 304
Maury (F), 137, 138
Mäusehöhle (All), 308, 328
Maustal (All), 330
Mavrodaphni (G), 351, 352, 357, 461, 462, 489
Mavroud d'Assénovgrad (Bg), 350, 485
Maximiner (All), 325
– Burgberg (All), 325
– Herrenberg (All), 325
– Hofgarten (All), 325
– Klosterlay (All), 325
Maximin Grünhäuser (All), 318
– Staadt (All), 325
A Mayne d'Imbert (F), 194
Mayoral (E), 228
Mazis-Chambertin (F), 72, 80
Les Mazots (S), 139
Le Méal (F), 141
Médéa (Ag), 366
Mediéval Port (P), 252
La Médinette (S), 140
Medium Golden (E), 228
Médoc (F), 166, 170, 177, 195, 196, 461, 462, 476, 481, 484, 492
Meerspinne (All), 328
Mehrhötzchen (All), 324
Meilener Räuschling (S), 322
Meisenberg (All), 325
Les Meix (F), 108
Les Meix-Bas (F), 79
Le Meix-Bataille (F), 108
Meix-Caillet (F), 109
Meix-Rentiers (F), 107
Méjanelle (F), 135
Les Mejeans (F), 141
Melnik (Bg), 343, 350

Meloso (E), 228
Melser Beerli Ritterweg (S), 322
Menesteo (E), 227
Menetou-Salon (F), 146, 155
Meranese di Collina (I), 268, 280
La Merced (E), 228
Mercedes (E), 228
Mercurey (F), 75, 96, 109
Merih (T), 358
Merito (E), 227, 228
Merlot (Br), 413
– (I), 268, 279
– (S), 139
– di Aprilia (I), 272, 281
– Friulano (I), 280
– di Pramagiore (I), 268, 280
– delle Venezie (I), 279
Merveilles des Roches (S), 139
Mesland (F), 149
Messias (P), 251
Metropol (E), 225
Meursault (F), 94, 109, 463, 484, 494
Meursault-Blagny (F), 108, 109
Meursault-Charmes (F), 69
Mezières (F), 155
M.G.L. (E), 228
Mialet (F), 156
Micalet (E), 227
Michaeliskapelle (All), 326
Michaelsberg (Baden; All), 331
– (Württemberg; All), 332
Michelsberg (Mosel-Saar-Ruwer; All), 325
– (Rheinhessen; All), 327
– (Rheinpfalz; All), 308, 328
Michelsmark (All), 324
La Mignotte (F), 108
Mikwe Israel (Is), 356, 357
– Blanc (Is), 357
– Israel-Dessert (Is), 357
Mil (U.R.S.S.), 348
Miliana (Ag), 373
Les Millandes (F), 107
Millésime (S), 139
La Milletière (F), 155
Millonario (E), 227
Minervois (F), 136, 142, 495
Minière-Château (F), 157
Miranda (E), 227
– (A.S.), 374
Mireval (F), 136
Le Miroir (F), 158
Misket de Karlovo (Bg), 342
– de Songurlaré (Bg), 350
– de Vratza (Bg), 350
Les Mitans (F), 108
Mittelberg (All), 326
Mittelhaardt Deutsche Weinstrasse (All), 328
Mittelhölle (All), 324
Mittelrhein (All), 321, 323
Mois de Mai (F), 141
Molaville (F), 156
Molenberg Stein (A.S.) 374
Molenburg Riesling (A.S.), 373
Molenhof Stein (A.S.), 374
Molino (E), 228
Le Mollar (F), 142
Mollenbrunnen (All), 326
Les Mollières (F), 155
Monaco (F), 156
El Monasterio (E), 228
Monbazillac (F), 188, 189, 462
Monbazillac (F), 188, 189, 462
Mönchbäumchen (All), 327
Mönchberg (Ahr; All), 324
– (Nahe; All), 326
– (Rheinhessen; All), 326
– (Württemberg; All), 328
Mönchhalde (All), 332
Mönchhube (All), 327
Mönchpforte (All), 326
Mönchsberg (All), 332

Mönchshang (All), 330
Mönchsleite (All), 330
Mönchspfad (Rheingau; All), 324
– (Rheinhessen; All), 327
– (Rheinpfalz; All), 329
Mönchwingert (All), 323
Mondschein (All), 327
Monhard (All), 326
Monica di Sardegna (I), 276, 282
– di Cagliari (I), 276, 282
Monis Barbola (A.S.), 374
– Cardinal Port (A.S.), 374
– Dry Cream Sherry (A.S.), 374
– Marsala (A.S.), 372, 374
– Moscato (A.S.), 374
– Palido Sherry (A.S.), 374
– Steinheimer (A.S.), 374
Monopole (E), 225
Mon Pichet (S), 140
Monsteiner (S), 286
Mont (S), 122, 140
Les Montachins (F), 155
Montado (E), 228
Montagne-St-Emilion (F), 183
Montagny (F), 96, 109
– (S), 140
Montaña (E), 227
Montbenay (S), 140
Mont-Crochet (S), 140
Montebello (I), 492
Montecarlo (I), 280
– Bianco (I), 270
Montecompatri Colonna (I), 270, 281
Monte Crasto (P), 251
Monteforcone (I), 270
Montée-Rouge (F), 108
Monte-Haro (E), 225
Monte Jub (All), 323
Monteneubel (All), 325
Montepulciano d'Abruzzo (I), 272, 281
Monte Real (E), 255
Monterrey (E), 216
Monte Serves (P), 251
Monterminod (F), 141
Monterosso Val d'Arda (I), 268, 280
Montezardes et Trinquevedel (F), 141
Montfort (All), 326
Monthélie (F), 93, 108
Monthoux (F), 124, 141
Montibeux (S), 139
Montilla-Albero (E), 215
Montilla-Moriles (E), 214, 226
Montjean (F), 158
Montlouis (F), 148, 155
Montlouis Mousseux (F), 438
Montmain (F), 142
Montolivet (F), 141
La Montoise (S), 140
Mont d'Or (S), 139
Mont-Palais (F), 109
Mont-Pertuis (F), 141
Mont-Peyroux (F), 136, 142
Mont Redon (F), 141
Montrachet (F), 69, 94, 109, 463, 484
Montravel (F), 189
Montreux (S), 139
Les Montrevenots (F), 108
Montrobert (F), 157
Mont Rouge (Is), 357
Montsoreau (F), 157
Mont de Viès (F), 141
Les Monts-Damnés (F), 155
Monts-Luisants (F), 107
Monts du Tessalah (Ag), 373
Montuclas (F), 142
Mooivitsig Fine Olde Port (A.S.), 374
– Red Muscadel Ligueur Wine (A.S.), 374
– White Muscadel (A.S.), 374
– Wynkelders (A.S.), 372
Moosberg (All), 327

Moquegua (Pérou), 414
Les Morandières (F), 156
Morey-Saint-Denis (F), 81, 86, 107
In den 17 Morgen (All), 326
Morgenbachtaler (All), 323
Morgeot (F), 108, 109
Morges (S), 122, 140
Morgon (F), 102, 103, 110
Móri Ezerjó (H), 338, 349
Moriles Albero (E), 215, 463
Moriles Extra San Joaquin (E), 226
Morillon (A), 349
Morilos Marsala (A.S.), 374
Morstein (All), 327
Mortagua (P), 232
Le Mortier (F), 156
Moscatel (Br), 413
– (E), 214, 224, 226
– Delicioso (E), 226
– di Pantelleria (I), 282, 489
– de Setúbal (P), 232, 233, 235, 489, 495
– de Setúbal-Setúbal Superior (P), 251
– de Setúbal-Setúbal Roxo (P), 251
Moscatello di Montalcina (I), 280
Moscato Amabile (Cal), 393
– d'Asti (I), 261, 264, 462
– d'Asti Spumante (I), 279, 439
– Atesino (I), 279
– di Cagliari (I), 276, 282
– del Campidano (I), 282
– di Casteggio (I), 279
– di Casteggio Spumante (I), 439
– di Cosenza (I), 282
– dell'Elba (I), 276, 280
– di Noto (I), 278, 282
– dell'Oltrepò Pavese (I), 264, 279
– di Pantelleria (I), 278, 282, 489
– di Salento (Salento Liquoroso), (I), 282
– di Siracusa (I), 278, 282
– di Sorso-Sennori (I), 276, 282
– di Tempio (I), 282
– di Terracina (I), 281
– di Trani (I), 279
– Trentino (I), 279
– del Vulture (I), 282
– Lo Zucco (I), 282
Mosel (All), 315, 321
Moselle (Aus), 415
Mosel-Saar-Ruwer (All), 315, 318, 321, 324, 325
Mostaganem-Dahra (Ag), 373
Moulesne (F), 109
Moukouzani (U.R.S.S.), 348
Le Moulin (F), 142
Le Moulin-Avensan (F), 196
au Moulin des Graves (F), 198
Moulin de La Pitance (F), 204
Moulin-à-Vent (F), 102, 103, 110, 141
Moulis (F), 172
Moullay-Hofberg (All), 325
Le Mourre de Gaud (F), 143
– des Perdrix (F), 141
– de Vidal (F), 141
Mousquetaires (S), 140
La Moussière (F), 155
Les Moutonnes (F), 142
Mouzillon (F), 158
Muckerhölle (All), 326
Mühlbächer (All), 332
Mühlberg (Baden; All), 330
– (Mittelrhein; All), 323
– (Mosel-Saar-Ruwer; All), 325
– (Nahe; All), 326
– (Rheinpfalz; All), 328
– (Württemberg; All), 332
Mühlenberg (Mosel-Saar-Ruwer; All), 325
– (Nahe; All), 326
Mukuzani (U.R.S.S.), 350

La Mule (F), 155
Müller-Thurgau (A), 349
– Beerenauslese (A), 349
Les Mullonnières (F), 158
Mundklingen (All), 329
Munot (S), 287
Munötler Tokayer (S), 322
Münsterberg (All), 324
Münstersatt (All), 325
Münzberg (All), 329
Münzlay (All), 325
Les Murailles (S), 139
Muratie Bordeaux (A.S.), 372
– Cabernet Sauvignon (A.S.), 374
– Claret (A.S.), 374
– Port (A.S., 374
– Riesling (A.S.), 373
– Pinot-Noir-Gamay (A.S.), 374
– Stein (A.S.), 373
Mürefte (T), 488
Les Murets (F), 141
Les Murettes (S), 139
Murfatlar (R), 342, 350, 462
Aux Murgers (F), 107
Les Murgers-des-Dents-de-Chien (F), 108
Murs (F), 158
Murs-Erigné (F), 158
Murtelas (P), 251
La Muscadelle (F), 156
Muscadet (F), 143, 154, 461, 462, 495
– des Coteaux de La Loire (F), 158
– de Sèvre-et-Maine (F), 158
Muscadine (A.S.), 372, 374
Muscat (S), 118
– Achaia de Patras (G), 355, 357
– Alsace (F), 298, 299, 323
– Ambré (U.R.S.S.), 347
– de Chypre (Cy), 358
– de Kélibia (Iu), 363, 373
– de Limnos (G), 357
– Livadia (U.R.S.S.), 348
– de Lunel (F), 136
– Massandra (U.R.S.S.), 348
– Ottonel (N.Y.), 407
– Pierre Rouge (U.R.S.S.), 348
– de Radès (Tu), 363, 373
– de Rhodes (G), 355, 357
– Rion de Patras (G), 351, 357
– de Samos (G), 352, 357
– Supérieur (Is), 357
– de Thibar (Tu), 363, 373
– de Tunisie (Tu), 363
Muscatel-19° (Is), 356, 357
Muscel (R), 350
Musenhang (All), 328
Musigny (F), 81, 93, 106, 107, 462, 463
Musikantenbuckel (All), 328
Muskat de Lunel (Cs), 349
– Ottonel (A), 349
– Ruza (Yu), 350
– Sylvaner (A), 349
– Traminer (A), 349
– Ztly (Cs), 349
Muskateller (A), 349
Mütterle (All), 329
Myshako Riesling (U.R.S.S.), 350
Mzvane (U.R.S.S.), 350

Nacktarsch (All), 325
Nahe (All), 309, 321, 326
Naoursk (U.R.S.S.), 347
Naoussa (G), 352, 357
Napa Valley (Cal), 384
Naparéouli (U.R.S.S.), 348, 350
Narbag (T), 358
Narrenberg (All), 329
Narrenkappe (All), 309, 326
Nasco di Cagliari (I), 276, 282
Nauheimer (A.S.), 374

Navarra (E), 210, 225
Navigator (E), 228
El Navio (E), 227
Néac (F), 183, 203
Nebbiolo d'Alba (I), 260, 279, 462
– di Retorbido (I), 279
– Piemontese (I), 279, 462
Neckar (All), 321
Neckarberg (All), 332
Neckarhälde (All), 332
Nectar (E), 228
– (U.R.S.S.), 348
Nederburg Cabernet (A.S.), 371, 374
– Hochheimer (A.S.), 371, 373
– Late Harvest (A.S.), 371, 373
– Riesling (A.S.), 371, 373
– Rosé (A.S.), 371, 373
– Rosé Sec (A.S.), 371, 373
– Selected Cabernet (A.S.), 371, 373
– Selected Riesling (A.S.), 371, 373
– Stein (A.S.), 371, 373
– Sylvaner (A.S.), 371, 373
Negru de Purkar (U.R.S.S.), 348
Némée (G), 351, 357
Neroberg (All), 324
La Nerthe (F), 141
Neto Costa (P), 251
Netteler (S), 288
Neuberg (All), 326, 328, 329
Neuberg/Leckzapfen (All), 327
Im Neuberg (All), 326
Neuburger (A), 349
Neuburg Spät- und Auslese (A), 349
Neuchâtel (S), 289, 462
– Château d'Auvernier (S), 289
– Cortaillod (S), 289
– Hôpital de Pourtalès (S), 289
– Saint-Blaise (S), 289
La Neurie (F), 156
La Neuveville Œil-de-Perdrix (S), 323
Neuwies (All), 325
Neuwingert (All), 324
Nève (F), 142
Nicoresti (R), 350
Niederberg (All), 316, 325
– Helden (All), 325
Nierstein (All), 308, 309, 326, 327
Nieschen (All), 325
Niesg'en (All), 318
Nikolausberg (All), 324
Nila (E), 227
Nill (All), 308, 328
Niña (E), 228
Niños (E), 228
Nipozzano (I), 280
Nixenweg (All), 326
Nobile di Montepulciano (I), 270, 280
La Noblaie (F), 157
Noblejas (E), 212, 226
Les Noëls (F), 158
Les Noirots (F), 107
Noizay (F), 156
Nollenköpfle (All), 331
Nonnenberg (Baden; All), 330
– (Franken; All), 330
– (Mosel-Saar-Ruwer; All), 316, 325
– (Rheingau; All), 324
– (Württemberg; All), 332
Nonnengarten (Mosel-Saar-Ruwer; All), 325
– (Nahe; All), 326
– (Rheinhessen; All), 327
– (Rheinpfalz; All), 328
Nonnenrain (All), 332
Nonnenstück (All), 328
Nonnenwingert (All), 327
Norachen (U.R.S.S.), 348
North Coast (Cal), 380
Notre-Dame-d'Alençon (F), 158
Noval 20 Anos (P), 252
Novembre (S), 139
La Novia (E), 228
Novosseltzi Gámzá (Bg), 350

Noyer-de-Cens (F), 156
N.P.U. (E), 227
Nuits (F), 86
– Saint-Georges (F), 86, 107, 494
– Vaucrains (F), 69
N° 10 R.F. (E), 228
N° 28 (E), 228
Nuragus de Cagliari (I), 276, 282
Nussbaumer (S), 322
Nussberg (All), 325
Nussberger Schwarze Katz (A), 349
Nussbien (All), 308, 328
Nussbrunnen (All), 314, 324
Nussdorf (A), 334
Nussriegel (All), 328
Nusswingert (All), 325
Nutty Solera (E), 228
Nychteri (G), 352
Nyon (S), 140

Oberberg (Nahe; All), 326
– (Rheingau; All), 324
Oberdürrenberg (All), 331
Obere Heimbach (All), 326
Oberer Berg (All), 332
Oberingelheimer Sonnenberg (All), 463
Obermosel (All), 324, 325
Oberrhein Burgengau (All), 321
Oberrot (All), 329
Oberschloss (All), 328
Ocaña (E), 226
Ochavico (E), 228
Ochsenberg (All), 332
Odinstal (All), 328
Œil-de-Perdrix (S), 139, 140, 323, 463
– Chantemerle (S), 140
– Clos du Terrailex (S), 140
Oggauer Ambrosi (A), 349
– Blaufränkish (A), 349, 462
Ohlenberg (All), 323
Ohligpfad (All), 328
Ohligsberg (All), 325
Ojo de Gallo (E), 228
Ölbaum (All), 331
Ölberg (Baden; All), 330, 331
– (Rheinhessen; All), 308, 326, 327
– (Rheinpfalz; All), 328
Old Dry Classic (E), 227
Old Lodge (P), 252
Old Master Amontillado (A.S.), 374
Ölgässel (All), 328
Ölgild (All), 327
Olgaberg (All), 331
Oliena (I), 276, 282
Olivar (E), 227
Olivet (F), 141
Ollon (S), 139
Olorosa Angelita (E), 227
Oloroso Alvear (E), 226
Ölsberg (All), 323
Öllschnabel (All), 330
Ölspiel (All), 330
Oñana (E), 227
Onkelchen (All), 326
Opol Dalmatinski (Yu), 350
Oppenheim (All), 308
Oppenheimer Sackträger (All), 463
Orbel (All), 308, 327
Ordensgut (All), 328
Original Golser Welschriesling (A), 349
– Gumpoldskirchner Rheinriesling (A), 349
– Joiser Ruländer (A), 349
Orleans 1886 (E), 228
Orlenberg (All), 328
En l'Orme (F), 108
En l'Ormeau (F), 108
Oro Viejo (E), 225
– Viejo Solera 1902, (E), 226
Orrantia (E), 228

Ortelberg (All), 329
Ortenau (All), 330, 331
Orvieto (I), 270, 281, 462
Osborne (E), 227, 228
Oscaña (E), 226
Oschelskopf (All), 328
Osterberg (Baden; All), 331
– (Rheinhessen; All), 326, 327
– (Rheinpfalz; All), 328, 329
Osterbrunnen (All), 328
Osterfinger (S), 322
– Beerli Badreben (S), 322
– Blauburgunder (S), 322
Osterhöll (All), 326
Osterlämmchen (All), 324
Ostuni (I), 274, 282
Othello (Cy), 354, 358
Ottenberger Witscheinberg (A), 336, 340
Otterberg (All), 326
Ovailles (S), 119
L'Ovaille (S), 139

Paarl Valley Old Riesling (A.S.), 373, 463
Pacherenc du Vic-Bilh (F), 165
Padre Lerchundi (E), 228
Paffenberg (All), 330
Païen (S), 139, 463
Pain-Perdu (F), 156
Pajarete 1908 (E), 226
Los Palcos (E), 226
Pale Dry (Cal), 407
Palestor (F), 141
Palette (F), 142, 494
Palinteau (F), 141
Le Pallet (F), 158
Palma (E), 227
Palmberg (All), 324
– Terrassen (All), 324
Palmela-Clarete (P), 251
– Superior (P), 251
Palmengarten (All), 326
Palmenstein (All), 326
Palomino (E), 228
Pamid (Bg), 350
Panadès (E), 211, 226
Pando (E), 227
La Panesa (E), 227
Panicale (I), 270
Panzoult (F), 157
Papirusa (E), 227
Paradies (Baden; All), 331
– (Franken; All), 330
– (Mosel-Saar-Ruwer; All), 325
– (Nahe; All), 309, 326
– (Rheinpfalalz; All), 328
– (Württemberg; All), 332
Paradiesgarten (Nahe; All), 326
– (Rheinpfalz; All), 328
Paradis di Cormons (I), 268
Le Paradis (F), 155, 157
Le Parc (F), 141
Pardillo (E), 226
Pares (All), 327
Parnay (F), 157, 158
Paros (G), 357
Les Parrans (F), 141
Parrina (I), 270, 280
Parsac-Saint-Emilion (F), 183, 202
Le Parsan (F), 189
Particular (P), 252
Partinico (I), 278
Partner's Port (P), 245
Le Passe-Temps (F), 108
Passe-Tout-Grain (F), 70, 107, 108, 495
Pastorei (All), 326
Pastorenberg (All), 326
Pateau (F), 141
Paterberg (All), 327
Paterhof (All), 327
El Patio (E), 227

Patouillet (F), 142
Patureaux (F), 156
Les Patus (F), 141
Pauillac (F), 166, 168, 173, 474, 484
En Pauland (F), 108
Paulinsberg (All), 325
Paulinslay (All), 325
Paulinushofberg (All), 316
Paulinshofberg (All), 325
Paulus (All), 329
Pavillon Cadet (F), 200
Le Pavillon Rouge (F), 142
Pavlikeni Gamza (Bg), 350
Pavon (E), 227
Payaso (E), 228
Payen (S), 118
Pazo (E), 225
Pechstein (All), 328
Pedro Domecq Primero (E), 222
Pedro Dry (E), 227
Pedro Ximenes FP (E), 224, 226
Péléat (F), 141
Peligno (I), 281
Pelivet (F), 157
Pellaro (I), 282
Pelous (F), 141
Pelzerberger (All), 324
Pemartin (E), 227, 228
Periquita (P), 251
Perlan (S), 123
La Perle (S), 140
Perle du Danube (Bg), 343
Perle du Mandement (S), 140
Perle Rose (S), 140
Perle de Russie (U.R.S.S.), 347
Perle de Tirnava (R), 342
Pernand-Vergelesses (F), 88, 108, 109, 484
Perrets-de-Fou-Joint (F), 156
Perrets de Minuze (F), 156
Perrier (F), 141
La Perrière (F), 79, 107, 155
Les Perrières (F), 108
Aux Perrières (F), 109
Les Perrières-Dessous (F), 109
Les Perrières-Dessus (F), 109
Perrière-Noblet (F), 107
Perroy (S), 140
Pertuisots (F), 108
Pertuizet (S), 140
Petenera (E), 227
Petersberg (Baden; All), 331
– (Mosel-Saar-Ruwer; All), 324
– (Rheinhessen, All), 327
Petersborn-Kabertchen (All), 325
Peterstirn (All), 330
Petit Chablis (F), 63, 70, 78
Petit Clos de Brouard (F), 203
Petit Crépy (F), 124, 141
Petit-Mont (F), 157
Le Petit Soumard (F), 155
Le Petit Vignoble (S), 139
Petite Arvine (S), 118, 462
– de Chamoson (S), 118, 139
Petite Bastide (F), 141
Petite Combe (S), 139
La Petite Crau (F), 141
Petites Bastes (F), 156
Les Petites-Lolières (F), 108
Petites Serres (F), 141
Les Petits-Epenots (F), 108
Petits-Godeaux (F), 108
Aux Petits-Liards (F), 108
Les Petits-Monts (F), 107
Les Petits-Vougeots (F), 84, 107
Pettenthal (All), 308, 327
Les Petures (F), 108, 109
Peu-de-Cartes (F), 156
Les Peuilles (F), 157
Les Peuillets (F), 108
Peza (G), 357
Les Pézerolles (F), 108
Pfaffenberg (Ahr; All), 324

– (Mosel-Saar-Ruwer; All), 324
– (Nahe; All), 326
– (Rheingau; All), 324
– (Rheinhessen; All), 326
– (Rheinpfalz; All), 329
Pfaffengarten (All), 327
Pfaffengrund (All), 328
Pfaffenhalde (All), 327
Pfaffenkappe (All), 327
Pfaffenmütze (All), 327
Pfaffenpfad (All), 326
Pfaffensteig (All), 330
Pfaffenstein (All), 328
Pfaffenstück (All), 331
Pfaffenweg (All), 327
Pfaffenwies (All), 324
Pfalzgrafenstein (All), 323
Pfarrberg (All), 331
Pfarrgarten (Mittelrhein; All), 323
– (Mosel-Saar-Ruwer; All), 324
– (Nahe; All), 309, 326
– (Rheinhessen; All), 326, 327
Pfarrwingert (All), 324
Pfauenhalde (S), 286
Pfingstweide (All), 326
Pfirsichgarten (All), 324
Pfülben (All), 310, 330
La Philebernière (F), 157
Piave (I), 268
Les Picasses (F), 157
Piccolit (I), 268
Les Pichaudières (F), 156
Mon Pichet (S), 140
La Piconera (E), 227
Pico Plata (E), 228
Picpoul de Pinet (F), 136, 142
Pic Saint-Loup (F), 136, 142
La Pièce-sous-le-Bois (F), 109
Pied-de-Bau (F), 141
Pied-Redon (F), 141
Piedra (E), 227
Piegeoulet (F), 141
Les Pielons (F), 141
La Pierelle (F), 141
Les Pierrailles (S), 140
Pierre-à-Feu (F), 141
Pierrafeu (S), 139
La Pierre-Gauderie (F), 158
Pierre-Noire (S), 139
Les Pierres (F), 109
Pignan (F), 141
Pilgerberg (All), 325
Pilgerfahrt (All), 323
Pilgerpfad (All), 327
Pilgerstein (All), 327
Pilgerweg (All), 327
Pilion (G), 357
Pillot (F), 109
Le Pin (F), 157
Pinchenas (F), 141
Les Pineaux (F), 157
Pink (Is), 357
Pink Champagne (Cal), 407
Pinnerkreuzberg (All), 324
Pinot dell'Oltrepò Pavese (I), 264
Pinot Blanc (Cal), 407, 463
Pinot (I), 265, 279, 280, 463
– Clevner, Alsace (F), 296, 299, 323
– Chardonnay (Cal), 389, 407
– Chardonnay (S), 122
Pinot-Chardonnay-Mâcon (F), 110
Pinot-Gamay (S), 140
Pinot-sous-l'Auvent (S), 140
– Burignon (S), 140
– Montorgueil (S), 140
– dell'Oltrepò Pavese (I), 279
– Roche Rouge (S), 140
– Saint-Saphorin Printanier (S), 140
Pinot Gris (F), 461
– (I), 268, 280, 463
– (S), 323
Pinot Noir (U.S.A.), 388, 395, 407, 463

– (I), 268, 463
– (S), 124, 139, 140, 323
– de La Béroche (S), 323
– de Chamoson (S), 139
– Clos du Satyre (S), 140
– Clos du Terraillex (S), 323
– Coin des Serpents (S), 140
– Cru des Chanez (S), 323
– Cuvée du Docteur (S), 140
– Grand Brocard (S), 140
– Grand-Croix (S), 140
– Lully (S), 140
– Monseigneur (S), 140
– Le Notable (S), 140
– De Salquenen (S), 139
– Sept Murs (S), 140
– du Valais (S), 139
– Vin des Croisés (S), 323
Pinotage (A.S.), 372
Les Pins-Les Sablons (F), 157
Pinta (E), 227
Pintray (F), 155
La Pirée (F), 156
Pirgovo (Bg), 350
Piriquita (P), 233, 251
Pittermännchen (All), 326
Pittersberg (All), 326
Les Pitures-Dessus (F), 108
Pizarro (E), 227
Les Plagnes (F), 141
Plaine de Vallongue (F), 141
Plaisance (F), 158
Plan d'Essert (S), 139
Sur Plan d'Uvrier (S), 139
Planète (S), 139
Plans et Palus (F), 141
Les Plantes (F), 107, 155
Les Plantes-de-Maranges (F), 108
La Plantier (F), 141
La Platière (F), 108
Plavelrain (All), 331
Plavac (Yu), 350, 462
Plessiva di Cormons (I), 268
Pochola (E), 227
Pöttelsdorf Bismarkwein (A), 347
Pointe-d'Angles (F), 108
Le Pointu (F), 141
Poissenot (F), 107
Polca (E), 228
Polcevera (I), 279
Pollino (I), 275, 282
Pomerell (All), 325
Pomerol (F), 169, 184, 202, 481,
    484, 494
Pommard (F), 92, 93, 108, 484, 494
– Rugiens (F), 69
La Pommeraye (F), 158
La Pommière (F), 142
Pomoria Dimiat (Bg), 350
Pompejaner (All), 329
Porath Atic (Is), 357
Les Porets (F), 107
Poria (Is), 357
Le Portail (F), 156
Portaser Blauburgunder (S), 286, 322
La porte du Clos (F), 155
Les Portes Rouges (S), 139
Port Dry White Estoril (P), 252
Portet (F), 189
Port-Guyet (F), 157
Portnersberg (All), 325
Porto (Aus), 415
– (P), 236, 237, 238, 243, 246, 462
– (U.R.S.S.), 348
– Antonat Tawny (P), 252
– Aperitivo (P), 252
– Clube (P), 252
– Cruz (P), 252
– Dry White Estoril (P), 252
– Fino (P), 252
– Imperial Dry White (P), 252
– Nogueira Genuino (P), 252
– Triunfal (White Dry Port), (P), 252

– V.V. (P), 252
Le Poruzot (F), 109
Le Poruzot-Dessous (F), 109
Le Poruzot-Dessus (F), 109
Pošip (Yu), 350
La Possonnière (F), 158
Posten (All), 323
Postup (Yu), 346, 350
Pöttelsdorfer Bismarckwein (A), 349
Potulanum (I), 253
Pouilly-Fuissé (F), 98, 110, 461, 463
Pouilly-Fumé (F), 143, 155
Pouilly-Loché (F), 98, 110
Pouilly-sur-Loire (F), 145, 155
Pouilly-Vinzelles (F), 98, 110
Les Poulettes (F), 107
Poupine (F), 156
La Poussie (F), 155
Les Poutures (F), 108
Les Pradels (F), 141
Prälat (All), 316, 325
Prälatenwein (A), 495
Präsent (All), 326
Préau (F), 109
Predigtstuhl (All), 329
Predilecto (E), 227
Le Préféré (F), 139
Preferido (E), 227
Preiselberg (All), 326
Premières-Côtes-de-Bordeaux (F),
    179, 180, 197, 462
Les Prés (F), 141
Preslav Dimiat (Bg), 350
Prés Roc (S), 139
Prestige Selected Riesling (A.S.), 373
– Stellenblanche (A.S.), 373
Prieuré (F), 141
Primero (E), 227
Primitivo di Gioia e Manduria (I), 282
Primitivo di Manduria (F), 274, 282
Prince Henry (P), 252
Princess-Rocheray (F), 495
Principe (E), 227
– Real (P), 251
Priorato (E), 211, 225, 462
– extra Rancio Solera (E), 225
– Reserva especial (E), 225
Probstberg (Mosel-Saar-Ruwer; All),
    325
– (Württemberg; All), 332
Probstei (All), 327
Probsteiberg (All), 323
Procanico d'Elba (I), 276
Procer (E), 228
Les Procès (F), 107
Prokupac (Yu), 350
Promesa (E), 228
Prosecco di Conegliano (I), 268, 280
– Spumante (I), 439
La Provence (A.S.), 374
Province Red (A.S.), 374
Provitaro (I), 282
Les Pruliers (F), 107
Les Prunelles (F), 142
Les Pucelles (F), 94, 109
Puisseguin-Saint-Emilion (F), 183,
    202
Sous le Puits (F), 109
Pulchen (All), 325
Puligny-Montrachet (F), 94, 108, 109
Pulverbuck (All), 331
Pulvermächer (All), 332
Pusterla (I), 265, 279
Putier (F), 141
Aux Putiers (F), 141

Quakaya Yildizi (T), 358
Quarts de Chaume (F), 154, 158, 494
Quatourze (F), 136, 142
Les Quatre-Ferrures (F), 157
Quelltaler Hock (Aus), 463
Quincé (F), 158
Quincy (F), 146, 155

Quinta (E), 227
– do Bom Retiro (P), 252
– do Junco (P), 252
– do Noval (P), 244
– das Quartas (P), 252
– do Seminário (P), 251
Quirinusberg (All), 325
Quisquilla (E), 227

Rabenkopf (All), 327
Rablay (F), 158
Raboursay (F), 109
Raclot (F), 109
Radès (Tu), 363, 373
Les Raguenières (F), 157
Rainha Santa Dry White (P), 252
– 840 (P), 252
Rainwater (P), 251
Raisin d'Or (S), 139
Randersacker (All), 310
Ranzenberg (All), 332
Raposeira (P), 251
Rappen (All), 332
Rapsani (G), 352
Rare Cream (Cal), 407
– Tawny (Cal), 407
Ras-Cassa (F), 141
Rasteau (F), 132, 141
Rathausberg (All), 324
Ratsgrund (All), 326
Ratsherr (All), 330
Räuschling Küssnacht (S), 322
Raul (All), 325
Rausch (All), 325
Rauschelay (All), 323
Ravanay (S), 139
Ravello (I), 274, 281, 463
Ravensburg (All), 330
Ravyre (S), 139
Le Rayas (F), 141
Rayito (E), 227
La Raza (E), 228
Real (E), 228
Real Tesoro (E), 228
Rebsteiner Süssdruck Blauburgunder
    (S), 286, 322
Rebstöckel (All), 328
Rebtal (All), 331
Rebula (Yu), 350
Rechbächel (All), 328
Reciotto di Soave (I), 266, 280
– della Valpolicella (I), 266, 280, 462
– Veronese (I), 280
Redoble (E), 227
Redrescuts (F), 108
La Refene (F), 108
Les Referts (F), 109
Refoschi (I), 280
Refosk (Yu), 350
Reggenhag (All), 331
Regina (E), 227
Reginello (I), 272
Regio (E), 228
La Regrippière (F), 158
Rehbach (All), 308, 327
Reichelberg (All), 325
Reichesthal (All), 324
Reichshalde (All), 332
Reichskeller (All), 326
Reichsritterstift (All), 327
El Rei D. José (P), 245
Reifenstein (All), 330
Reifersley (All), 323
Les Reignots (F), 107
Reigny (F), 155
Reinig auf der Burg (All), 325
Reischklingeberg (All), 329
Reiterpfad (All), 308, 328
Reitsteig (All), 330
Relagnes (F), 141
Reliquia (E), 228
Remeyerhof (All), 327
Remstal-Stuttgart (All), 332

Renard (S), 140
La Renarde (F), 109
La Renardière (F), 156
Renchtäler (All), 331
Repos de Saint-Martin (F), 157
La République (S), 140
Requeña (E), 212
Reserva Sogrape (P), 251
– Yago (E), 225
Ma Réserve (S), 140
Réserve du Producteur (S), 139
– de Tous-Vents (S), 139
– du Vidome (S), 139
La Résidence Alto Rouge (A.S.), 374
– Theuniskraal (A.S.), 373
Restigné (F), 157
Retico (I), 253, 264
Retsina (G), 352
Reugne dit La Chapelle (F), 108
Reuilly (F), 146, 155
Reuschberg (All), 329
Reveirores (F), 141
Reverencia (E), 228
Les Reversées (F), 108
Les Revès (F), 141
Revinor (P), 252
Revisec Extra Seco (P), 252
Rèze (S), 139, 463
Rhein (All), 321
Rheinberg (Mittelrhein; All), 323
– (Nahe; All), 326
– (Rheingau; All), 324
– (Rheinhessen; All), 327
Rheinblick (All), 327
Rheinburgengau (All), 323
Rheingasse (All), 326
Rheingau (All), 310, 311, 314, 315,
    321, 324
Rheingoldberg (All), 323
Rheingrafenberg (Nahe; All), 326
– (Rheinhessen, All), 326
Rheingrafenstein (All), 326
Rheinhessen (All), 308, 309, 321,
    326, 327
Rheinhöhe (All), 327
Rheinhöller (All), 323
Rheinrieder (All), 323
Rheinpfalz (All), 306, 328
Rheinpforte (All), 327
Rhine Wine (N.Y.), 407
Rhodes Kair (G), 357
La Rhone (A.S.), 374
Rhoneblut (S), 139
Rhonegold (S), 139
Ribeiro (E), 216, 495
Richebourg (F), 84, 107, 492
La Richemonne (F), 107
Riedersbückele (All), 332
Riegelfeld (All), 324
Rieschen (All), 331
Riesling (A), 338, 461, 462, 463
– (Aus), 415
– Alsace (F), 298, 299, 461, 485
– (Br), 413
– (H), 338
– (I), 268, 279, 484
– (A.S.), 370
– (S), 139
– (U.S.A.), 377, 397, 402, 403, 462
– Abraou (U.R.S.S.), 347, 350
– Alkadar (U.R.S.S.), 350
– d'Anape (U.R.S.S.), 347, 350
– Bechtau (U.R.S.S.), 347
– de Crimée (U.R.S.S.), 348
– de Dealul-Mare (R), 342
– Italico (I), 268, 279
– de Liaskovetz (Bg), 350
– Massandra (U.R.S.S.), 350
– dell'Oltrepò Pavese (I), 264, 279
– de La Roses Valley (Bg), 359
– de Tirnava (R), 342
Riesling-Sylváner (S), 122, 124
Riesling-Sylvaner Meilen (S), 322

– Satigny (S), 140
– Berg am Irchel (S), 322
– Schloss Heidegg (S), 322
– Stäfner (S), 322
– Sternenhalde (S), 322
– Weiningen (S), 322
– Würenlingen (S), 322
Riex (S), 140
Rimonet (F), 155
Rinsol (E), 225
Rioja (E), 208, 210, 225, 462
– Alta (E), 225
– Clarete (E), 210
La Riondaz (S), 139
La Riotte (F), 107
Les Riottes (F), 108
Rio Negro (Arg), 410
Rio Viejo (E), 228
Ripaille (F), 124, 141
Ritsch (All), 325
Ritterberg (All), 327
Rittergarten (All), 328
Ritterhölle (All), 326
Ritterpfad (All), 325
Rittersberg (Baden; All), 330
– (Rheinpfalz; All), 329
Rivaz (S), 122, 139
Les Riverettes (S), 139
Rivero (E), 227
Rivesaltes (F), 137, 138
Rives du Bisse (S), 139
Riviera del Garda (I), 265, 279
Rivière (F), 157
Rkatsiteli Gedjoukh (U.R.S.S.), 347
Roaix (F), 141
Robardelle (F), 108
Rocailles (S), 139
Rocca Bernarda (I), 268
Rocca-di-Papa (I), 495
Roc Crispin et Malaven (F), 141
Roc Noir (S), 139
Les Rochains (F), 142
La Roche (All), 326
La Roche-de-Cestres (F), 156
La Roche-Clermault (F), 157
Roche-Honneur (F), 157
La Roche-aux-Moines (F), 154, 158
Roche Ronde (S), 139
Rochecordon (F), 156
Rochefort-sur-Loire (F), 158
Rochegude (F), 141
La Rochelle (F), 157
Roches Brûlées (S), 139
Rochette (F), 141, 157
Les Rochons (F), 155
Rochou de Purkar (U.R.S.S.), 348
Rochusberg (All), 325
Rochusfels (All), 325
Rocoules (F), 141
Rödchen (All), 324
Röde (All), 332
Rodenberg (All), 326
Rodo (P), 252
Romane (S), 139
Romanechti (U.R.S.S.), 348
La Romanée (F), 84, 107, 108, 109, 462, 463
Romanée-Conti (F), 84, 106, 107, 484
Romanée-Saint-Vivant (F), 84, 107
Romagnac (F), 141
Romate (E), 228
Romeira (P), 251
Römerberg (Baden; All), 331
– (Mittelrhein; All), 323
– (Mosel-Saar-Ruwer; All), 324, 325
– (Nahe; All), 326
– (Rheinhessen; All), 326, 327
Römerblut (S), 139
Römerbrunnen (All), 328
Römergarten (All), 324
Römerhalde (All), 326
Römerkrug (All), 323

Römerlay (All), 325
Römerpfad (Mosel-Saar-Ruwer; All), 325
– (Nahe; All), 326
Römerquelle (All), 325
Römerschanze (All), 327
Römersteg (All), 327
Römerstich (All), 326
Römerstrasse (All), 328
Römerweg (All), 328
Roncada Russiza (I), 268
Ronce (F), 157
Ronceret (F), 108
La Roncière (F), 107
Roodezand Sherry (A.S.), 374
Roquefort (F), 156
La Roquette (F), 141
Rosa (E), 227
Les Rosaies (F), 157
Rosala (A.S.), 374
Rosatello Colli Aretini (I), 270
– del Salento (I), 274
– di Madama (I), 276
– di Bolgheri (I), 270
Rose of Carmel (Is), 357
Rose Reine (S), 140
Rosé d'Anjou (F), 158
– de Cabernet (F), 150
– du Chalet Debonné (U.S.A.), 402
– de Chusclan (F), 136
– d'Eros (S), 139
– de Groslot (F), 152
Rosenberg (Ahr; All), 324
– (Baden; All), 331
– (Franken; All), 323
– (Mittelrhein; All), 323
– (Mosel-Saar-Ruwer; All), 324, 325
– (Nahe; All), 326
– (Rheingau; All), 324
– (Rheinhessen; All), 327
– (Rheinpfalz; All), 329
– (S), 286
Rosenborn (All), 325
Rosenbühl, (All), 328
Roseneck (All), 314
Rosengärtchen (All), 316, 325
Rosengarten (Baden; All), 331
– (Mosel-Saar-Ruwer; All), 325
– (Nahe; All), 309, 326
– (Rheingau; All), 324
– (Rheinhessen; All), 326, 327
– (Rheinpfalz; All), 328
Rosenhang (All), 324
Rosenheck (All), 309, 326
Rosenhügel (All), 326
Rosenkranz (Baden; All), 304, 331
– (Rheinpfalz; All), 329
Rosenkränzel (All), 329
Rosenkranzweg (All), 331
Rosenlay (All), 325
Rosental (Ahr, All), 324
– (Mittelrhein; All), 323
Rosenteich (All), 326
Rosette (F), 189
Les Rosettes (F), 157
Rosier (F), 142
Rossberg (Hessische Bergstrasse; All), 329
– (Rheinpfalz; All), 329
– (Württemberg; All), 332
Rossel (All), 326
Rossese di Dolceacqua (I), 261, 279
Rossi dei Colli Friulani (I), 280
Rossi del Collio Goriziano (I), 280
Rossillion (S), 139
Rosso di Cerignola (I), 274, 282
– dei Colli Veronesi (I), 280
– delle Colline Lucchesi (I), 280
– Conero (I), 270, 281
– di Montalcino (I), 270
– dell'Oltrepò Pavese (I), 264
– Piceno (I), 270, 281
Rosstein (All), 323

Rosstal (All), 329
Rote Halde (All), 331
Rotenberg (Nahe; All), 326
– (Rheinhessen; All), 308, 327
Rotenbusch (All), 331
Rotenfels (Nahe; All), 309, 326
– (Rheinhessen; All), 327
Rotenfelser im Winkel (All), 326
Roten Kreuz (All), 327
Rotenpfad (All), 326
Rotenstein (All), 327
Roter Berg (Baden; All), 331
– (Württemberg; All), 332
Roterberg (Rheinpfalz; All), 329
Roter Bur (All), 331
Roterd (All), 316, 325
Rotfeld (All), 326
Rotgipfler Spät- und Auslese (A), 349, 462
Rotgrund (All), 331
Röth (All), 328
Röthen (All), 331
Rothenack (All), 323
Rothenberg (Nahe; All), 326
– (Rheingau; All), 314, 324
– (Rheinhessen; All), 326
Rothenburg (All), 327
Rotlay (All), 325
Rotsteig (All), 331
Rott (All), 329
Röttgen (All), 324
Im Röttgen (All), 314
Rougemont (A.S.), 372, 374
La Roulerie (F), 158
Roumiguières (F), 141
Roussard (S), 140
Roussette (F), 124, 141, 462
Roussillon dels Aspres (F), 142
Les Rouvrettes (F), 108
Rouzilles (F), 157
Royal (E), 225, 228
– Brown (E), 228
– Delicate (P), 252
– Diamond (P), 252
– Double (E), 228
– Esmeralda (P), 252
– Port No 1 (P), 252
– Port No 3 (P), 252
Rozenberg (All), 332
Ruberberger (All), 324
Rubino di Cantavenna (I), 261, 279
Ruby Bonwin (A.S.), 374
– Cabernet (Cal),
Les Ruchots (F), 107
Ruchottes-Chambertin (F), 72, 80
Rudesheimer Berg (All), 314
– Schlossberg (All), 463
Rudolfinger Beerli Blauburgunder (S), 322
Rue Baffert (F), 156
Rue-de-Chaux (F), 107
Rueda (E), 216
Les Rueyres (S), 139
Les Rugiens-Bas (F), 108
Les Rugiens-Hauts (F), 108
Ruines de Crussol (F), 141
Ruländer (A), 349
– (I), 279
Rully (F), 96, 109
Russian River (Cal) 380
Rust-Limberger (A), 336, 349
De Rust Riesling (A.S.), 373
– Stein (A.S.), 373
Rustenberg (A.S.), 372, 374
Ruster Ausbruch (A), 349, 463
– Baumgarten (A), 336, 349
– Blauburgunder (A), 349
– G'märk (A), 336, 349
– Greiner (A), 336, 349
– Mittelkräften (A), 336, 349
– Muskateller (A), 349
– Ruländer (A), 349, 463
– Satz (A), 336, 349

– Turner (A), 336, 349
– Vogelsang (A), 349
Ruthe (All), 332
Rütiberg (S), 322
Ruzica (Yu), 348
Rynilla (A.S.), 374

Saarfelser Marienberg (All), 325
Saar-Ruwer (All), 324, 325
Sables-Saint-Emilion (F), 183
Sabloire du Grand Moine (F), 203
Les Sablonnettes (F), 158
Sackträger (All), 308, 327
Sacrantino (I), 270, 281
Sadilly (U.R.S.S.), 348
Sadova (R), 342
La Saillanderie (F), 158
Saillans (F), 204
Saint-Amour (F), 103, 110
– (S), 140
Sainte-Anne (S), 139
Saint-Aubin (F), 95, 108
Saint-Aubin-de-Luigné (F), 158
Saint-Augustine (A.S.), 374
Saint-Barthélémy (F), 158
Saint-Blaise (S), 289
Saint-Chinian (F), 135, 142
Saint-Christol (F), 136
Sainte-Croix-du-Mont (F), 179, 197, 494
Saint-Cyprien (Tu), 363, 373
Saint-Cyr (F), 137
Saint-Emilion (F), 168, 177, 183, 184, 200, 201, 461, 484
Saint-Estèphe (F), 168, 173, 174, 484
Saint-Etienne-de-Baïgorry (F), 188
Saint-Fiacre-sur-Maine (F), 158
Sainte-Fleurie (F), 141
Sainte-Foy-Bordeaux (F), 180, 199, 462
Saint-Georges (F), 141
Les Saint-Georges (F), 107
Saint-Georges-d'Orques (F), 136, 142
Saint-Georges-Saint-Emilion (F), 183, 202
Saint-Géréon (F), 158
Saint-Herblon (F), 158
Saint-Jacques (F), 155
Saint-Jean (F), 157
Saint-Jean-des-Mauvrets (F), 158
Saint-Jean-de-La-Porte (F), 141
Saint-Joseph (F), 126, 128, 129, 141
Saint-Julien (F), 173
Saint-Lambert-du-Lattay (F), 158
Saint-Laurent (A), 349
Saint-Laurent-Ausstich (A), 349
Saint-Louand (F), 157
Saint-Macaire (F), 462
Saint-Martin (Bordeaux; F), 204
Saint-Martin (Loire; F), 155
Saint-Martin (S), 140
Saint-Martin-Le-Beau (F), 155
Saint-Maurice-sur Eygues (F), 141
Sainte-Melaine-sur-Aubance (F), 158
Saint-Nicolas-de-Bourgueil (F), 157
Saint-Péray (F), 126, 129, 141
– Mousseux (F), 438
Saint-Pourçain (F), 495
Sainte-Radegonde (F), 156
Saint-Romain (F), 93, 108, 109
Saint-Saphorin (S), 122, 139
Saint-Saturnin (F), 136, 142
Saint-Saturnin-sur-Loire (F), 158
Saint-Théodule (S), 139
Saintes-Vierges (F), 141
Salgesch (S), 139
Salice Salentino (I), 274, 282
Salinera (E), 227
La Salpêtrerie (F), 157
Salvador (E), 227
Salvagnin (S), 119, 122, 462, 481
– du Baril (S), 140

– des Caves de l'Hôpital (S), 140
– Cep d'Or (S), 140
– Chapeau Rouge (S), 140
– Château de Saint-Saphorin (S), 140
– Chevron Rouge (S), 140
– Clos du Manoir (S), 323
– Commune de Morges (S), 140
– Coteaux-du-Haut-Léman (S), 140
– Croix-du-Val (S), 140
– Domaine-de-Valmont (S), 140
– Eminence (S), 140
– Forban (S), 140
– Grain Rouge (S), 140
– Grande Nef (S), 323
– de l'Hôpital des Bourgeois de
  Fribourg (S), 140
– Licorne (S), 140
– Mille Pierres (S), 140
– Piganot (S), 140
Salzberg (All), 332
Samonac (F), 204
Samos (G), 352, 357, 461, 462
Sampigny-lès-Maranges (F), 95,
  109
San Pasqual Valley (Cal), 390
San Patricio (E), 227
San Pedro (E), 228
San Rafael (E), 228
San Salvador (I), 278
San Severo (I), 274, 282
Sancerre (F), 145, 155, 462, 463
Sancho (E), 227, 228
Sand (All), 327
Sandberg (All), 325
Sanderberg (All), 329
Sandgrub (All), 324
Sandgrube (All), 315
Sandrocken (All), 330
Sang de L'Enfer (S), 139
Sängerei (All), 316
Sängerhalde (All), 331
Sangiovese di Aprilia (I), 270, 281
– dei Colli Pesaresi (I), 270, 281
– di Romagna (I), 268, 280
Sangue di Giuda dell' Oltrepò Pavese
  (I), 264, 279
St. Alban (All), 309, 327
St. Annaberg (Rheinhessen; All), 327
– (Rheinpfalz; All), 329
St. Antoniusweg (All), 326
St. Castorhöhle (All), 324
St. Cyriakusstift (All), 327
St. Georgen (All), 326
St. Georgenberg (All), 327
St. Georgshof (All), 325
St. Jakobsberg (All), 326
St. Johännser (All), 332
St. Jost (All), 323
St. Julianenbrunnen (All), 327
St. Kathrin (All), 326
St. Klausen (All), 329
St. Laurenzikapelle (All), 326
St. Martin (Mosel-Saar-Ruwer; All),
  325
– (Nahe; All), 326
St. Martiner Hofberg (All), 325
St. Martiner Kreuzberg (All), 325
St. Martinsberg (All), 323
St. Martinskreuz (All), 328
St. Matheiser (All), 325
St. Maximiner Kreuzberg (All), 325
St. Michael (All), 325
St. Michaelsberg (All), 331
St. Nikolaus (All), 324
St. Oswald (All), 323
St. Petrusberg (All), 325
St. Remiusberg (All), 336
St. Rochuskapelle (All), 326
St. Ruppertsberg (All), 326
St. Stephan (All), 328
St. Wernerberg (All), 323
Santa Comba (P), 232
Santa Cruz (E), 227

Santa Cruz Mountains (Cal), 386
Santa Helena (G), 351, 357
Santa Laoura (G), 351, 357
Santa Maddalena (I), 268, 279, 357
Santa Rosa (Cal), 484
Santenay (F), 95, 108
Les Santenots (F), 108
Les Santenots-Blancs (F), 109
Les Santenots-du-Milieu (F), 109
Santo Stefano di Cerignola (I), 282
Santyis Old Ruby Vintage Port
  (A.S.), 374
Sapéravi Massandra (U.R.S.S.), 348,
  350
Les Sapettes (F), 141
Sarganser Langstrich Blauburgunder
  (S), 322
Sarica-Niculitel (P), 350
Sarraux (S), 140
Le Sarrazin (S), 139
Sassay (F), 157
Sassella (I), 265, 279
Satzenberg (All), 330
Sätzler (All), 331
Sauber (All), 332
Saukopf (All), 326
Sauloch (All), 327
Les Saumades (F), 141
Saumagen (All), 328
Saumoussay (F), 158
Saumur (F), 147, 150, 154, 157, 158
– Mousseux (F), 438
Sausaler Welschriesling (A), 349
Sauschwänzel (All), 329
Les Sausilles (F), 108
Saute-aux-Loups (F), 157
Sauterne (Cal), 389
Sauternes (F), 169, 179, 193, 233,
  461, 462, 489
Sauternes-Barsac (F), 177, 178, 193
Sauvignon (A), 349
– (I), 268
– Blanc (Cal), 407
Sauvines (F), 141
Sauzelles (F), 156
Savennières (F), 154, 158
Savigny-Lès-Beaune (F), 88, 108,
  484, 492
Savoie Ayse (F), 438
Savuto (I), 275, 282
Schäf (All), 331
Schafberg (All), 328
Schäfchen (All), 326
Schäfergarten (All), 329
Schäferlay (All), 325
Schäfersberg (All), 326
Schafiser (S), 289, 323
– Bois de Dieu (S), 323
– Engel (S), 323
– Pinot Noir (S), 323
– Schlössliwy (S), 323
– Stägli-Wy (S), 323
Schafsteige (All), 332
Schalkstein (All), 332
Scharlachberg (Franken; All), 330
– (Rheinhessen; All), 326
Scharrenberg (All), 332
Scharzberg (All), 318, 325
Scharzhofberg (All), 318, 325
Schatzgarten (All), 325
Schäwer (All), 329
Scheibenbuck (All), 331
Scheidterberg (All), 325
Scheinberg (All), 329
Schellenbrunnen (All), 331
Schelm (All), 325
Schelmen (All), 327
Schelmenklinge (All), 322
Schelmenstück (All), 326
Schemelsberg (All), 332
Schenkenböhl (All), 328
Scheuerberg (All), 332
Schieferlay (All), 324

Schiesslay (All), 325
Schikanenbuckel (All), 326
Schilcher (A), 347
Schild (All), 330
Schildberg (All), 326
Schillerwein (All), 305
Schinznacher Rühberg (S), 288
– Riesling-Sylvaner (S), 322
– Rutiberger (S), 322
Schlangengraben (All), 325
Schleidberg (All), 325
Schlemmertröpfchen (All), 324
Schlierbach (All), 332
Schlipf (All), 331
Schittberg (All), 329
Schloss (Rheinhessen; All), 327
– (Rheinpfalz; All), 328
Schlossberg (A), 349
– (Baden; All), 304, 330, 331
– (Franken; All), 329, 330
– (Mittelrhein; All), 323
– (Hessische Bergstrasse; All), 329,
  330
– (Mosel-Saar-Ruwer; All), 324, 325
– (Nahe; All), 326
– (Rheingau; All), 314, 324
– (Rheinhessen; All), 309, 327
– (Rheinpfalz; All), 328, 329
– (Württemberg; All), 332
– Erlach Gutedel (S), 323
Schlossberger Erlach Blauburgunder
  (S), 323
Schlossberg-Schwätzerchen (All),
  326
Schloss Böckelheim (All), 326, 495
Schlössel (All), 328
Schloss Freundenberg (S), 323
Schlossgarten (Baden; All), 331
– (Nahe; All), 326
– (Rheingau; All), 324
– (Rheinhessen; All), 327
– (Rheinpfalz; All), 328, 329
Schloss Grohl (All), 331
– Gutenberg (All), 326
– Hammerstein (All), 327
– Heidegg Clevner (S), 322
Schlosshölle (All), 326
– Schloss Hohenrechen (All), 327
– Honeck (All), 323
– Johannissberger (All), 311, 314,
  324
Schlosskapelle (All), 309, 326
Schloss Kauzenberg (All), 326
– Kirchberg (All), 463
Schlossleute (All), 330
Schloss Ludwigshöhe (All), 328
– Neu-Windeck (All), 331
– Randeck (All), 326
– Reichenstein (All), 323
– Rheinhartshausen (All), 324
– Rodeck (All), 331
– Saarfelser Schlossberg (All), 325
– Saarsteiner (All), 325
– Schönburg (All), 323
– Schwarzburg (All), 327
– Stahlberg (All), 323
– Stahleck (All), 323
Schlosssteige (All), 332
Schloss Stolzenberg (All), 326
Schlossstück (All), 330
Schloss Thorner Kupp (All), 325
– Vaux Steinberger (All), 439
– Vollrads (All), 324
Schlosswengert (All), 332
Schloss Werdenberg (S), 286
Schloss-Westernhaus (All), 327
Schlüsselberg (All), 332
Schmecker (All), 332
Schmittskapellchen (All), 327
Schneckenberg (All), 327
Schneckenhof (All), 332
Schnepfenflug an der Weinstrasse
  (All), 328

– von Zellertal (All), 328
Schnepp (All), 328
Schollerbuckel (All), 331
Schön (All), 332
Schönberg (All), 326
Schönhell (All), 315, 324
Schönhölle (All), 326
Schoongezicht (A.S.), 373
– Frontignac (A.S.), 372
Schozachtal (All), 332
Schranzreiter (All), 332
Schubertslay (All), 325
Schutterlindenberg (All), 331
Schützenberger Rotkelch (All), 349
Schützenhaus (All), 324
Schützenhütte (All), 327
Schützenlay (All), 324
Schwalben (All), 327
Schwalbennest (All), 326
Schwanleite (All), 330
Schwarzenberg (Mosel-Saar-Ruwer;
  All), 324
– (Rheinhessen; All), 376
Schwarzenstein (All), 324
Schwarzerde (All), 328
Schwarze Katz (All), 325
Schwarzer Herrgott (All), 328
Schwarzer Letten (All), 328
Schwarzes Kreuz (All), 328
Schwarzlay (All), 325
Schwätzerchen (All), 309
Schwobajörgle (All), 332
Sciaccarello (I), 495
Sciacchetra (I), 261, 279
Secco Branco (P), 252
Sedgwick's Medium Cream (A.S.),
  374
Seehalde (All), 330
Seewein (All), 304
Segarcea Cabernet (R), 342
Séguret (F), 141
Seidenberg (All), 326
Seilgarten (All), 327
Selected Riesling (A.S.), 371
Seligmacher (Rheingau; All), 324
– (Rheinpfalz; All), 329
La Semellerie (F), 157
Sémillon (Aus), 415
– (Cal), 407
– Oréanda (U.R.S.S.), 348
Seneca (E), 226
Senex (P), 252
Senn (All), 328
Les Sentiers (F), 107
Sercial (P), 250, 251
Aux Serpentières (F), 108
Serradayres (P), 251
Les Serres (F), 141
Servatiusberg (All), 324
Setubal (P), 232
Les Seurey (F), 108
Les Sévénières (F), 142
Seyssel (F), 124, 141
– Mousseux (F), 438
Sfurzat (I), 265
Sherry (Aus), 415
– (Cal), 407
– (E), voir Jerez
– Joselito (E), 228
Shippers (P), 252
Shiraz (A.S.), 372
Sibio (P), 245
Sibligen Eisenhalder (S), 322
Les Sicots (F), 155
Sidi-Tabet (Tu), 373
Sieben Jungfrauen (All), 323
Siebering (A), 334
Siegelsberg (All), 314, 324
El Siglo (E), 225
Siglo de Oro (E), 227
Les Signaux (F), 141
Silberg (A), 331, 349
– (Ahr; All), 324

- (Baden; All), 331
- (Mosel-Saar-Ruwer; All), 324
- (Nahe; All), 326
- (Rheinhessen; All), 309, 327
- (Rheinpfalz; All), 329
Silbergrube (All), 327
Silberquell (All), 330
Siliusbrunnen (All), 327
Silvanac (Yu), 350
Silvaner Bechtaou (U.R.S.S.), 347
- Terski (U.R.S.S.), 347
Simonsgarten (All), 329
Sioner Klosterberg (All), 327
Siracusanum (I), 253
Sirena (E), 227
Les Sisies (F), 108
Sizzano (I), 258, 279
Slantchev Birag (Bg), 343
Slavianka (Bg), 343, 350
Smederevka (Yu), 346, 349, 350, 462
Soave (I), 266, 280
Söhrenberg (All), 332
Solar (P), 251
Solariego 1807 (E), 228
Soldado Brown (E), 223, 228
Solear (E), 227
Soleil de Bulgarie (Bg), 343
Soleil de Sierre (S), 139
Solera (E), 226
Solera (P), 251
- 1842 (E), 228
- 1847 Brown (E), 228
- 1865 (E), 228
- 1906 (E), 226
- Cocktail (Cal), 407
- Cream (Cal), 407
- E (E), 228
- Florido (E), 228
- Golden (Cal), 407
- Granada (E), 228
- Misa V.O.B.S. (E), 228
- P.J. (E), 228
- Ruby (Cal), 407
- Superior (E), 228
- Tawny (Cal), 407
- Tizon (E), 228
- Victoria Regina (E), 228
Solignon (S), 139
Solito (E), 227
Solopaca (I, 272, 281
Sommerberg (Baden; All), 331
- (Württemberg; All), 332
Sommerhalde (Baden; All), 331
- (Württemberg); All), 332
Sommerheil (All), 324
Sommerstuhl (All), 330
Sommerwende (All), 327
Songurlaré Misket (Bg), 342
Sonnberg (All), 330
Sonne (All), 323
Sonneck (All), 324, 325
Sonnenberg (Ahr; All), 324
- (Baden; All), 304, 330, 331
- (Franken; All), 330
- (Mittelrhein; All), 323
- (Mosel-Saar-Ruwer; All), 318, 324, 325
- (Nahe; All) 326
- (Rheingau; All), 314, 324
- (Rheinhessen; All), 326, 327
- (Rheinpfalz; All), 328, 329
- (S), 287
- (Württemberg; All), 332
Sonnenborn (All), 309, 326
Sonnenbühl (All), 332
Sonnenburger (S), 286
Sonnenbüschel (All), 330
Sonnengold (All), 324
Sonnenhalde (All), 331
Sonnenhalden (All), 332
Sonnenhang (All), 327
Sonnenhohle (All), 331
Sonnenkönig (All), 349

Sonnenköpfchen (All), 326
Sonnenlauf (All), 326
Sonnenlay (Mittelrhein; All), 323
- (Mosel-Saar-Ruwer; All), 325
Sonnenleite (All), 330
Sonnenmorgen (All), 326
Sonnenplätzchen (All), 326
Sonnenring (All), 324
Sonnenschein (Ahr; All), 324
- (Franken; All), 330
Im Sonnenschein (All), 329
Sonnenseite (All), 325
Sonnenseite ob der Bruck (All) 330
Sonnenstock (All), 323
Sonnenstück (Baden; All), 331
- (Rheinpfalz; All), 328
Sonnenstuhl (All), 330
Sonnenufer (All), 331
Sonnenuhr (All), 316, 324, 325
Sonnenweg (Nahe; All), 326
- (Rheinhessen; All), 327
Sonnenwinkel (All), 330
Sonnhalde (All), 331
Sonnheit (All), 327
Sonnhohle (All), 331
Sonnhole (All), 331
Sonntagsberg (All), 332
Soonecker Schlossberg (All), 323
Sooser Blauer Portugieser (A), 349
Sooser Blauer Burgunder (A), 349
Soproni Kékfrankos (H), 349
Sorbara (I), 268
Les Sorbés (F), 107
Sorentberg (All), 325
Sorriso di Sorrento (I), 274
Soukhindol Gamza (Bg), 350
Soulignasses (F), 141
Sous-le-Bois (F), 155
Sous-Marsens (S), 140
Souza Port Dry White (P), 251
Souzay (F), 158
Sowjetskoje Schampanskoje
  (U.R.S.S.), 439
Spalato Prosecco (Yu), 462
Spanish Red Wine (E), 226
Sparkling Burgundy (Cal), 407
- Muscat (Cal), 407
Spätlese (All), 321
Spätrot-Rotgipfler (A), 349
Spatzendreck (A.S.), 372
Special Pale Dry (P), 252
- Reserve (P), 252
- White Dry (P), 252
Spessa (I), 268
Spiegel (All), 328
Spiegelberg (Baden; All), 331
- (Rheinhessen; All), 327
Spielberg (Franken; All), 310
- (Rheinpfalz; All), 308, 328
Spielbühl (All), 332
Spiess (All), 328
Spiral (P), 251
Spitalberg (All), 326
Spitzberg (All), 327
Spitzenberg (All), 331
Sprung (All), 325
Spumante di Santa Maria della Versa
  (I), 279
Squinzano (I), 274, 282
Stacked Plain (U.S.A.), 404
Stachelberg (All), 329
Stahlberg (All), 330
Stahlbühl (All), 332
Staig (All), 332
Stammheimer Beerli Blauburgunder
  (S), 322
- Blauburgunder (S), 322
Starkenburg (All), 329
Staudenberg (All), 330
Staufenberg (All), 332
Stemiadzine (U.R.S.S.), 348
Steen (A.S.), 370, 372
- Grünmädchen (A.S.), 371

Stefansberg (All), 325
Stefanslay (All), 325
Steffensberg (All), 325
Stehlerberg (All), 323
Steig (Baden; All), 331
- (Rheingau; All), 324
- (Rheinhessen; All), 308, 309
- (Rheinpfalz; All), 328
Steige (All), 326
Steigerberg (All), 326
Steigerdell (All), 326
Steigerwald (All), 329, 330
Steig-Terrassen (All), 327
Steil (All), 324
Stein (A.S.), 370, 371, 373
- (Franken; All), 310, 329, 330
- (Rheingau; All), 314, 324
- (Rheinhessen; All), 327
Steinacker (Baden; All), 331
- (Rheinhessen; All), 326, 327
- (Rheinpfalz; All), 328
- (Württemberg; All), 332
Im Stein (All), 329
Steinbach (A), 349
- (All), 330
Steinbachhof (All), 332
Steinberg (Baden; All), 331
- (Franken; All), 329
- (Nahe; All), 326
- (Rheingau; All), 315, 324
- (Rheinhessen; All), 326, 327
- (Rheinpfalz; All), 328
- (Württemberg; All), 332
Steinberger (All), 325
Steinböhl (All), 327
Steinbuck (All), 304, 331
Steinchen (Mosel-Saar-Ruwer; All),
  324
- (Nahe; All), 326
Steiner (S), 322
- Goldberg (A), 337, 349
- Pfaffenberg (A), 349
- Schreck (A), 349
- Veltliner (A), 337
Steinert (A), 349
Steinfelsen (All), 304, 331
Steingässle (All), 331
Steingebiss (All), 329
Steingeröll (All), 329
Steingerück (All), 329
Steingrube (Baden; All), 331
- (Rheinhessen; All), 327
- (Württemberg; All), 332
Steingrüble (Baden; All), 331
- (Württemberg; All), 332
Steingrübler (Baden; All), 331
- Franken; All), 329
Steinhalde (Baden; All), 331
- (Württemberg; All), 332
Stein/Harfe (All), 330
Steinkaul (All), 324
Steinklinge (All), 330
Steinkopf (Hessische Bergstrasse;
  All), 329
- (Nahe; All), 326
- (Rheinpfalz; All), 328
Steinköpfchen (All), 326
Steinkraut (All), 326
Stienkreuz (All), 326
Steinler (All), 331
Steinmächer (All), 234
Steinmauer (All), 331
Steinmorgen (All), 324
Steinrossel (All), 326
Steinsberg (All), 331, 332
Steinweg (All), 326
Steinwein (All), 310
Steinwengert (All), 331
Steinwingert (All), 326
Stellenbosch (A.S.), 488
Stellenrood (A.S.), 373
Stellenvale Cabernet (Light-Bodied),
  (A.S.), 374

- Estate Riesling (A.S.), 374
- Hochheimer (A.S.), 374
- Marsala (A.S.), 374
- Selected Riesling (A.S.), 373
- Selected Stellenblanche (A.S.), 373
Stemmler (All), 329
Stephansberg (Baden; All), 330
- (Nahe; All), 326
Sternberg (All), 326
Sternenberg (All), 331
Sternenhalde (S), 288
Stettener Brotwasser (All), 305
Stever (All), 326
Steyerberg (All), 326
Stich den Buben (all), 331
Stiege (All), 331
Stielweg (All), 324
Stift (All), 328
Stiftsberg (Ahr; All), 324
- (Baden; All), 331
- (Württemberg; All), 332
Stirn (All), 325
Stolacer Ausbruch (Yu), 462
Stollberg (All), 330
Stollenberg (All), 326
Stolzenberg (All), 324
Storchenbrünnle (All), 330
Straussberg (All), 326
Streichling (All), 329
Stromberg (Nahe; All), 326
- (Württemberg; All), 332
Subotica (Yu), 346
Les Suchots (F), 107
Südlay (All), 325
Südliche Weinstrasse (All), 328
Sülzenberg (All), 323
Sulztal (A), 349
Sumoll (E), 226
Super Old (P), 252
Superior (E), 228
Superior Alto Douro Dry White (P),
  252
Superiore di Cartize (I), 268
Super Marfil reserva (E), 225
Suser (All), 305
Süssdruck Bündner Rheinwein (S),
  322
- Duc de Rohan (S), 322
Süssenberg (All), 325
Süsskopf (All), 328
Süssmund (All), 332
Sybillenstein (All), 327
Sylvaner (Cal), 407, 462
- (A), 462
- (Alsace; F), 296, 299, 485
- (S), 296, 299
- Edelzwincker (Alsace; F), 299, 323
- Nederburg (A.S.), 371
- Verde (I), 268, 279

Taboa (P), 232
Tabourneau (F), 156
La Tâche (F), 84, 107
Tafelheim (A.S.), 373
Tafelstein (All), 327
Taille-Pieds (F), 108
Les Talmettes (F), 108
Tambora (E), 228
Tannacker (All), 331
Tannenberg (All), 330
Taormina (I), 278
Taradeau (F), 495
Tarnovo (Bg), 350
Tarragona (E), 211, 226
- Campo (E), 211, 212
- Clasico (E), 211, 212
Tarragona-Tawny (E), 226
Tartegnin (S), 122, 140
Tasheimer Goldtröpfchen (A.S.), 371,
  374
Tassenberg (A.S.), 371
Taubenberg (All), 314, 324
Tauberberg (All), 332

Tauberhaus (All), 325
Tauberklinge (All), 330
La Taupine (F), 108
Taurasi (I), 274, 281
Tauromenitatum (I), 253
Täuscherspfad (All), 327
Tavel (F), 126, 132, 136, 141, 463
Tavelet et les Oliviers (F), 141
Tawny Port (Cal), 407
– Superior (P), 252
Tayler's Full Cream Sherry (A.S.), 374
– Pale Dry Sherry (A.S.), 374
– Rich Brown Sherry (A.S.) 374
– Smooth Medium Sherry (A.S.), 374
Tchirpan Dimiat (Bg), 350
Tébourba (Tu), 373
Tekel Gaziantes (T), 354
– Kalebag Ankara (T), 354
– Misbag Izmir (T), 354
– Ürgüp (T), 358
Tekez Misbag Izmir (T), 358
Tekirgad (T), 488
Teliani (U.R.S.S.), 348
Tempelchen (All), 327
Tendresse (U.R.S.S.), 348
Tercia (E), 226
Tercios (E), 228
Teremia-Tommatic-Comlos (R), 350
Terlaner (I), 268, 279
Terlano (I), 268, 279
Termeno (I), 279
Terne (F), 156
Teroldego Rotoliano (I), 268, 279
Terralba (I), 276, 282
Les Terranges (F), 155
Les Terrasses (S), 139
Terre à Boire (S), 140
Terre-Ferme (F), 141
Terres-Blanches (F), 141
Tersk (U.R.S.S.), 347
Tetra (U.R.S.S.), 348
Teufel (All), 330
Teufelsburg (All), 331
Teufelskeller (All), 310, 330
Teufelskopf (Baden; All), 331
– (Rheinhessen; All), 327
Teufelsküche (All), 326
Teufelspfad (All), 327
Teufelstein (All), 323
Les Teurons (F), 92, 108
Tevere Bianco (I), 270
Theuniskraal (A.S.), 372, 373
Thibar (Tu), 363, 373
Thiergarten Felsköpfchen (All), 325
– Unterm Kreuz (All), 325
Thioulet (F), 141
Thomasberg (All), 325
Aux Thorey (F), 107
Thorins (F), 102
Le Thou (F), 155
Thouarcé (F), 158
Le Thoureil (F), 158
Thramon de Gron (F), 142
Thüngersheim (All), 310
Tibaani (U.R.S.S.), 348
Tielandry ou Clos-Landry (F), 107
Tigné (F), 158
Tilgesbrunnen (All), 326
Timpert (All), 325
Tinta Madeira (Cal), 395
Tinta Port (Cal), 407
Tinto Basto (E), 226
Tio Diego (E), 227
– Guillermo (E), 227
– Mateo (E), 227
– Pepe (E), 227
Tito Jaime (E), 227
Tlemcen (Ag), 373
Tocai Friulano (I), 280
Tocai di Lison (I), 268, 280
– di San Martino della Battaglia (I), 265, 279
Tocayo (E), 227
Tokaj (H), 334, 338
Tokaji Aszu (H), 340, 349, 462
– Eszencia (H), 340
– Furmint (H), 338, 340, 349
– Máslás (H), 340
– Szamorodni (H), 338, 340, 349
Tokay (Cal), 462
Tokay d'Alsace (F), 296, 298, 299, 323, 461, 495
Tokayer Eingenbau (S), 322
– Hoch Chapf Eichberg (S), 322
– Schlossberg Villigen (S), 322
– Weiningen (S), 322
Toneless (E), 228
To-Night (E), 228
Topaz Ein Guedi (Is), 357
Top Dry (P), 252
– Honours (P), 252
La Toppe-au-Vent (F), 108
Torgiano (I), 270, 280, 281
La Tornale (S), 139
Toro (E), 216
Torre Breva (E), 227
Torre Giulia di Cerignola (I), 282
Torrecera (E), 228
Tortemains (F), 156
La Touche (F), 158
La Tour de Marsens (S), 122
La Tour-de-Peilz (S), 139
De La Tour (S), 140
Sur La Tour (S), 139
Touraine (F), 155
– Mousseux (F), 438
Tourica Souzão (Cal), 395
Tourtousse (F), 141
Les Toussaints (F), 92, 108
Trafalgar Solera 1805 (E), 228
Trakya (T), 356, 358
Traminac (Yu), 350
Traminer (Alsace, F), 299
– (Cal), 407
– (Baden; All), 304
– (I), 268, 279
– Riesling (Aus), 415
El Trapiche (Arg), 412, 488
Trappenberg (All), 329
Trasadinger (S), 322
Trautberg (All), 330
Trautlestal (All), 329
Trebbiano (Br), 413
– d'Abruzzo (I), 281
– di Aprilia (I), 272, 281
– di Romagna (I), 268, 280
– Val Trebbia (I), 268, 280
Treize Vents (S), 140
Trémazières (S), 139
La Tremblaie (F), 156
Trentino (I), 268
Treppchen (All), 318, 324, 325
Tres Cortados (E), 228
Tres Palmas (E), 227
El Tresillo (E), 227
Les Tresquous (F), 141
Treuenfels (All), 326
Les Triottes (F), 142
Triple Cream (Cal), 407
Triunfo (E), 228
Trockenauslese (All), 321
Trollberg (All), 326
Trotzenberg (All), 324
Le Truchet (F), 142
Tschugger (S), 323
– Pinot Noir (S), 323
Tsinandali (U.R.S.S.), 349, 350
Tudor Medium Cream Sherry (A.S.), 374
Les Tuileries (F), 189
Tulbagher (A.S.), 373
Tulita (E), 227
Tunisie (Tu), 363
Les Turcos (F), 189
Turmberg (All), 330, 331
Turmgut (S), 288
Turquant (F), 157
La Turque (F), 142
El Tutor (E), 228
Tvichi (U.R.S.S.), 348
Twanner (S), 289, 322
– Auslese Johanniter (S), 323
– Blauburgunder (S), 323
– Closer (S), 323
– Engelwein (S), 323
– Engelwein Pinot Gris (S), 323
– Kapfgut Clos des Merles (S), 323
– Kapfgut Sous La Roche (S), 323
– Steinächt (S), 323
Twee Jongegezellen Liebfrauenmilch (A.S.), 371, 373
– Riesling (A.S.), 371, 373
– Riesling « 39 » (A.S.), 371, 373
– Rosé (A.S.), 371, 374
– Spätlese (A.S.), 371, 373
– Stein (A.S.), 371, 373
– Stein Superior (A.S.), 371, 373

Übereltzer (All), 324
Übigberg (All), 324
Uhlen (All), 324
Ulaneneck (All), 323
Ulrichsberg (All), 331
Ultra (E), 227
– Dry (Cal), 407
– Tawny (P), 252
Umstadt (All), 329
Undhof Goldberg (A), 349
– Wieden Spät- und Auslese Grüne Veltliner (A), 349
– Wieden-Weissburgunder (A), 349, 463
Ungeheuer (All), 306, 328
Ungsberg (All), 325
Unterberg (All), 325
Unterloibener Burgstall (A), 337, 349
– Rotenberg (A), 349
Urbelt (All), 325
Ursilinengarten (All), 324
Uriel-Requeña (E), 212
La Uvita (E), 227
Uvrier (S), 139

Vacaveyras (F), 132, 141
Valais Rouge (A.S.), 374
Valcalepio (I), 265, 279
Valdadige (I), 280
Valdeorras (E), 216
Valdepeñas (E), 212, 214, 226
Valderrama (E), 228
Valdespino (E), 228
Val di Lupo (I), 278
Valdobbiadene (I), 280
Valea Lui Mitrai (R), 350
– Târnavelor (R), 350
Valencia (E), 212
Valgella (I), 265, 279
Valle Isarco (I), 280
Vallée Coquette (F), 156
Les Vallerots (F), 107
Vallet (F), 158
Valori (F), 141
Les Valozières (F), 108
Valpantena (I), 265, 280
Valpolicella (I), 266, 280, 461, 481
Valréas (F), 141
Valrosé (A.S.), 374
Valtellina (I), 279
Varela (E), 227, 228
Les Varennes (F), 155
Varna (Bg), 350
Varogne (F), 141
Les Varoilles (F), 107
Varrains (F), 158
Vasconcellos (P), 252
Le Vau-Breton (F), 157
Vau et Clos (F), 141
Vau-Louis (F), 156
Vauchrétien (F), 158
Les Vaucrains (F), 107
Vaucroze (F), 141
Vaucroze et Vacquières (F), 141
Vaudieu (F), 141
La Vaussière (F), 141
La Vaute (F), 141
Vauvry (F), 109
Vaux-Barres (F), 156
La Vauzelle (F), 157
Veaux (F), 156
Velho Seco (P), 252
Velletri (I), 272, 281
Veltliner (A), 337
La Venance (F), 141
Vendémiaire (S), 139
Venerable (E), 228
Venusbuckel (All), 329
Les Verboisières (F), 155
Les Vercots (F), 108
Verdelho (P), 250
Verdes (G), 357
Verdicchio dei Castelli di Jesi (I), 270, 281, 462
– di Matelica (I), 270, 281
Verduzzo (I), 280
Aux Vergelesses (F), 108
Les Vergers (F), 108, 109
Vergomars (F), 141
Vermentino (I), 279
– di Gallura (I), 276, 282
Vernaccia (I), 461
– di Oristano (I), 276, 282
– di San Gimignano (I), 270, 280
– di Sardegna (I), 282
– di Serrapetrona (I), 270, 281
Vernon (F), 141
Vernou-sur-Brenne (F), 156
Les Véroilles (F), 107
Verrenberg (All), 332
En Verseuil (F), 108
Very Dry, Old (P), 252
– White Port (P), 252
Very Old Superior (P), 252
Very Superior Old Port (P), 252
Vesargues (F), 136
Vestides (F), 141
Vesuvio (I), 272, 281
Vevey (S), 139
La Viallière (F), 142
La Viborne (S), 140
Les Vicairies (F), 155
Vicosa Generoso Priorato (E), 225
Victoria (P), 252
Victoria (E), 227
Vida del Sol (U.S.A.), 404
Vidal (U.S.A.), 403
Viejo M.M.M. (E), 227
Vieux Cellier (S), 139
Vieux Château Chevrol (F), 203
– Cloquet (F), 203
– Goujon (F), 202
Vieux Collège (S), 139
Vieux Rosé della Walewska (I), 276
Vieux Salquenen (S), 139
Vieux Sierre (S), 139
Vieux Sion (S), 139
Vieux Villa (S), 139
Vieux Coteaux (S), 140
Vieux-Murs (S), 140
Vieux-Plants (S), 139
La Vignée (F), 73
Les Vignes-Chatton (F), 155
Les Vignes-Franches (F), 92, 108
Les Vignes de Ménetou (F), 155
Vignes-Morier (F), 156
Les Vignes-Rondes (F), 108
Aux Vignes-Rondes (F), 107
Villa Bianca (A.S.), 372, 373
Villa di Corte Rosé (I), 270
Le Village (F), 141
Village Saint-Jacques dit « Le Clos Saint-Jacques » (F), 107
Village de Volnay (F), 108

Villalin (F), 155
Villamarta (E), 227
Villa Rosa (A.S.), 372, 374
La Villatte (F), 157
Villaudric (F), 188
Ville de Lausanne (S), 140
Villeneuve (S), 139
Villenkeller (All), 327
Villette-Grandvaux (S), 140
Vin des Chanoines (S), 139
– des Chevaliers (S), 139
– de l'Empereur (S), 139
– du Glacier (S), 118, 139
– de Haut-Pays (F), 188
– Rosé d'Askalon (Is), 357
– de Savoie (F), 141
– Supérieur de Tunisie (Tu), 363
Vina AB (E), 227
– Albina Vieja reserva (E), 225
– Ardanza (E), 225
– del Carmen (E), 227
– del Cuco (E), 225
– Ercoyen (E), 225
– Isabel (E), 228
– Monty (E), 225
– Paceta (E), 235
– del Perdon (E), 225
– Pomal (E), 225
– Real (E), 225
– Sole (E), 225
– Tondonia (E), 225
– Vial (E), 225
– Vinlo (E), 226
– Zaco (E), 225
– Zaconia (E), 225
Vinhos Verdes (P), 233, 234, 235, 462
Vinho Verde Agulha (P), 251
– Alvarinho-Cepa Velha (P), 251
– Amarante (P), 251
– Aveleda-IR (P), 251
– C. Mendes (P), 251
– Casa do Landeiro (P), 251
– Casal Garcia (P), 251
– Casal Miranda (P), 251
– Casal de Pejeiros (P), 251
– Casal de Seara (P), 251
– Casalinho (P), 251
– Deu-La-Deu (P), 251
– Folgazão, (P), 251
– Lafóes (P), 251
– Lagosta (P), 251
– Moura Basto (P), 251
– Quinta da Aveleda (P), 251
– Quinta do Tamariz (P), 251
– Reserva da Aveleda (P), 251
– São Gonçalo (P), 251
– Sico (P)), 251
– Valverde (P), 251
– Verdeal (P), 251
Vini del Piave (I), 280
Vino del Garda (I), 265, 279, 462
Vino Nobile di Montepulciano (I), 270, 280, 462
– Santo (G), 352
– Santo de Santorin (G), 357
– Santo Toscano (I), 280, 461, 489
Viño del Virrey (E), 227
Vinsobles (F), 141
Vintage Port (Cal), 407
– (P), 244
Vintners (E), 228

– Brown (E), 228
– Choice (E), 227
– Choice (P), 252
Vinzel (S), 122, 140
La Viria (F), 142
Visan (F), 141
Viseu (P), 232
Vitoria (E), 228
Viva La Pepa (E), 227
Vlakkenberg (A.S.), 374
Vlei Sherry (A.S.), 374
Vlottenheim Estates of Vlottenberg (A.S.), 372
Vlottenheimer Honigberg (A.S.), 372, 373
– Riesling Kabinet (A.S.), 372, 373
– Schlossberg (A.S.), 372, 373
– Selected Riesling (A.S.), 372, 373
– Sylvaner (A.S.), 372, 373
Vögelein (All), 330
Vogelsang (Baden; All), 331
– (Franken; All), 330
– (Mosel-Saar-Ruwer; All), 325
– (Nahe; All), 326
– (Rheingau; All), 324
– (Rheinhessen; All), 326, 327
– (Rheinpfalz; All), 328
– (Württemberg; All), 332
Vogelschlag (All), 326
Vogelsgärten (All), 327
Vogelsprung (All), 329
Vogteiberg (All), 324
Vogtein Rötteln (All), 331
Vollburg (All), 330
Volnay (F), 74, 93, 108
Volnay-Caillerets (F), 93
Volson (A.S.), 374
Vom Eissen Stein (All), 325
Vorderberg (All), 328
Vöslauer Rotwein (A), 336, 349
Vosne-Romanée (F), 74, 86
Votrys (G), 357
Vougeot (F), 86, 476
Vouvray (F), 148, 156, 462
– Mousseux (F), 438
Les Voyens (F), 96, 109
Vranac (Yu), 350
Vredenburg (A.S.), 374
Vrsac (Yu), 346
Vugava (Yu), 350
Vulkanfelsen (All), 331

Wachauer 1959 (A), 337
Wachhügel (All), 330
Wachtkopf (All), 332
Wahrheit (All), 323
Wahrsager (All), 324
Walenstadt Beerli Felixer am Ölberg (S), 322
Walkenberg (All), 324
Wallmauer (All), 331
Wallporzheim / Ahrtal (All), 324
Walterstal (All), 330
Wanne (All), 332
Warnenski Dimiat (Bg), 342
Warres Nimrod Port (P), 252
Wartberg (Rheinhessen; All), 327
– (Württemberg; All), 332
Wartbühl (All), 332
Wasseros (All), 315, 324
Wehlener Sonnenuhr (All), 463
Weilberg (All), 328

Weingrube (All), 323
Weinhecke (All), 331
Weinhex (All), 324
Weiniger Klevner (S), 322
Weininger Räuschling (S), 322
Weinkammer (All), 325
Weinkeller (All), 327
Weinsack (All), 326
Weinsteig (All), 330
Weinsteige (All), 332
Weisserburgunder (A), 347
Weissenberg (All), 324
Weissenkirchner Achleiten (A), 349
– Klaus (A), 349
Weissenstein (Mosel-Saar-Ruwer; All), 325
– (Nahe; All), 326
Weissenberg (All), 325
Weisser Burgunder (A), 349
Weiss Erd (All), 324
Weisser Storch Ruster Welschriesling (A), 349
Weisses Kreuz (All), 323
Weissherbst (All), 304, 305
Welschriesling-Spätlesen (A), 349
Wendelstück (All), 325
Westrum (All), 309, 327
Wetterkreuz (All), 326
Wettinger Herrenberg Blauburgunder (S), 322
– Kläfner (S), 322
– Scharfen (S), 322
Wetzstein (All), 322
White Leipzig (A.S.), 373
White Pinot (A.S.), 463
White Port (P), 244
White Tokay (N.Y.), 407
Wiener Nussberg (A), 334, 349
Wiesberg (All), 326
Wilberg (S), 286
Wilchinger Beerli (S), 322
Wildenberg (All), 322
Wildgrafenberg (All), 326
Wildsau (All), 324
Wilhelmsberg (Baden; All), 331
– (Franken; All), 330
Wingertsberg (Hessische Bergstrasse; All), 329
– (Rheinhessen; All), 326
Wingertstor (All), 327
Winklerberg (All), 304, 331
Winterhock Stein (A.S.), 374
A Winter's Tale (E), 227
Wisdom (E), 228
– Warter (E), 227
Wisdom's Choice (E), 228
– Cream (E), 228
Wissberg (All), 326
Wisselbrunn (All), 314
Wisselbrunnen (All), 324
Witzenberg (A.S.), 373
– Grand (A.S.), 373
– Grand Rosé (A.S.), 374
– Spätlese (A.S.), 374
Wohlfahrtsberg (All), 322
Wolfer (All), 331
Wolfhag (All), 331
Wölflein (All), 330
Wolfsaugen (All), 332
Wolfsberger (All), 329
Wolfsdarm (All), 328
Wolfshöhle (All), 323

Wolfsmagen (All), 329
Wolfsnack (All), 323
Wonneberg (All), 329
Wonnegau (All), 326, 327
Woogberg (All), 324
Worrenberger Blauburgunder Rebhüsli (S), 322
Wülfen (All), 314, 324
Wunnenstein (All), 332
Wurmberg (All), 332
Württemberg (All), 305, 332
Württembergisch Unterland (All), 332
Würtzberg (All), 325
Würzgarten (All), 318, 324, 325
Würzhölle (All), 326
Würzlay (All), 324
Wüstberg (All), 330
Wutschenberg (All), 330

Xérès (E), 215, 217, 224, 233, 462, 492
– Supérieur (E), 217, 218

Yakut Damcasi (T), 358
Yburgberg (All), 331
Yepes (E), 226
Yeux Noirs (U.R.S.S.), 347
Ymettus (G), 357
Yvorne (S), 119, 139

Zagarese (I), 282
Zagarolo (I), 270, 281
Zechberg (All), 327
Zechpeter (All), 329
Zehnmorgen (All), 327
Zeilberg (All), 322
Zeininger Clevner (S), 322
– Riesling-Sylvaner (S), 322
Zeisel (All), 324
Zehntgraf (All), 330
Zell (All), 324
Zellerberg (All), 325
Zeller Schwarzer Herrgott (All), 308
Zellerweg am Schwarzen Herrgott (All), 327
Zeppwingert (All), 325
Zickelgarten (All), 325
Zierfandler (A), 349, 462
– Ried Kramer (A), 349
– Rotgipfler Sonnberg (A), 349
Zilavka (Yu), 346, 350, 462
Auf dem Zimmerberg (All), 326
Zinfandel (Cal), 387, 394, 407
Zitadelle (All), 328
Zitsa (G), 352, 357
Zobelsberg (All), 330
Zöbinger Muskat-Ottonel (A), 349
Zollturm (All), 318, 325
Zonnebloem (A.S.), 371
Zonnebloem Cabernet (A.S.), 373
– Late Harvest (A.S.), 373
Zonneheimer (A.S.) 371
Lo Zucco (I), 282
Zuckerberg (All), 327
Zuckerle (All), 332
Zügernberg (All), 332
Zuleta (E), 228
Zumilla (E), 225
Zupa (Yu), 346
Zymljansksje (U.R.S.S.), 439
Zweifelberg (All), 332
Zwicker (Alsace; F), 296, 299, 323